2

TEACHER'S ANNOTATED EDITION

# DESCUBRE

## Lengua y cultura del mundo hispánico

**MEDIA EDITION**

VISTA
HIGHER LEARNING
Boston, Massachusetts

**Publisher:** José A. Blanco
**Executive Editor:** Sarah Kenney
**Managing Editor:** Paola Ríos Schaaf (Technology)
**Senior Project Manager:** Armando Brito
**Editors:** Christian Biagetti (Technology), Mónica M. González Peña, Lauren Krolick, Paula Andrea Orrego
**Production and Design Director:** Marta Kimball
**Design Manager:** Susan Prentiss
**Design and Production Team:** Sarah Cole, Sónia Teixeira, Nick Ventullo



Printed in the United States of America.

DESCUBRE Level 2 Student Edition ISBN: 978-1-60576-097-1
DESCUBRE Level 2 Teacher's Annotated Edition (TAE) ISBN: 978-1-60576-100-8

1 2 3 4 5 6 7 8 9 RJ 14 13 12 11 10 09

**Teacher's Annotated Edition**

# Table of Contents

## Lesson Openers
## offer a view of the content and features to come.

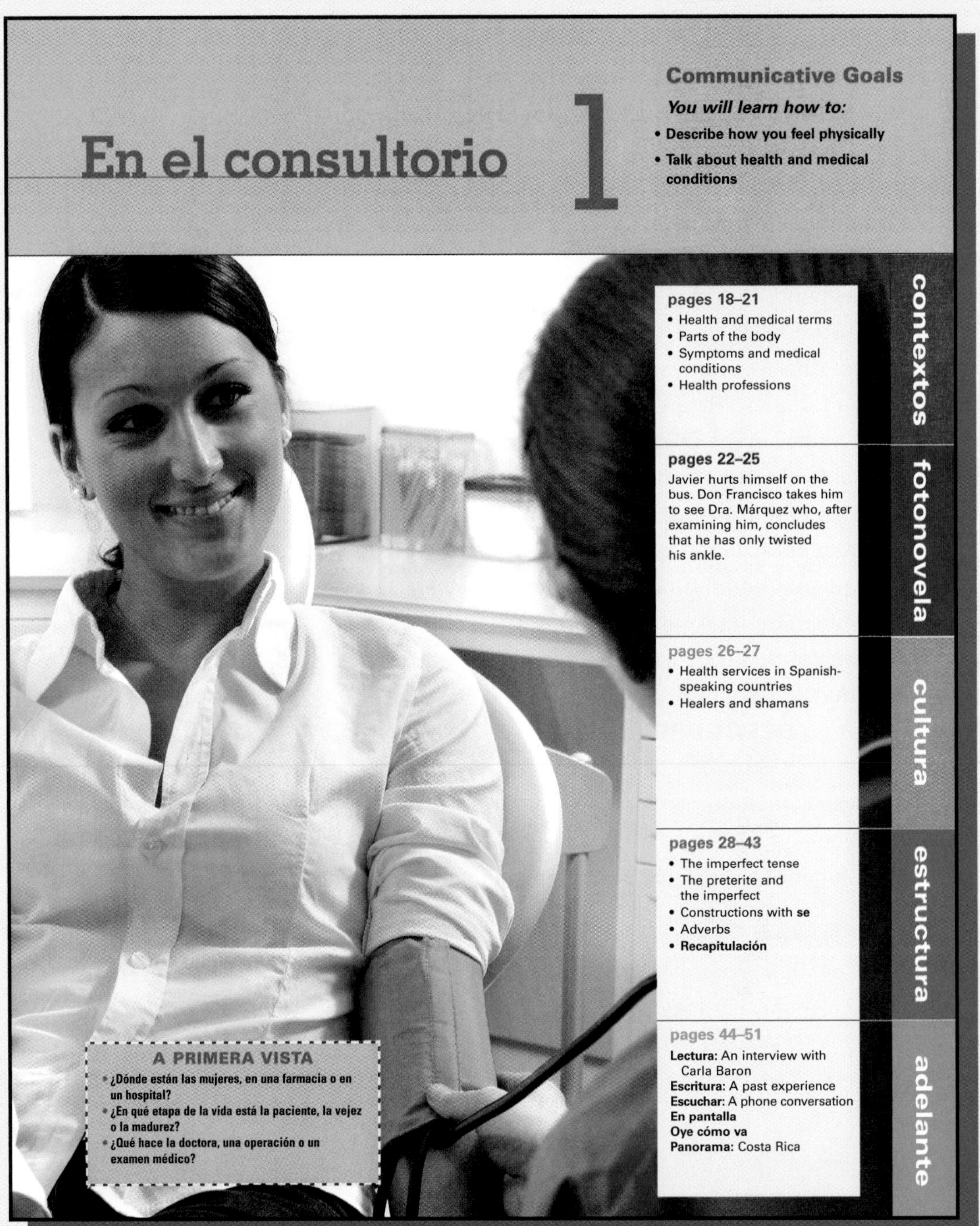


**A primera vista** questions jump-start the lessons, allowing students to use the Spanish they know to talk about the photos.

**Communicative goals** highlight the real-life tasks students will be able to carry out in Spanish by the end of each lesson.

# Contextos
## presents and practices vocabulary and structures in meaningful contexts.

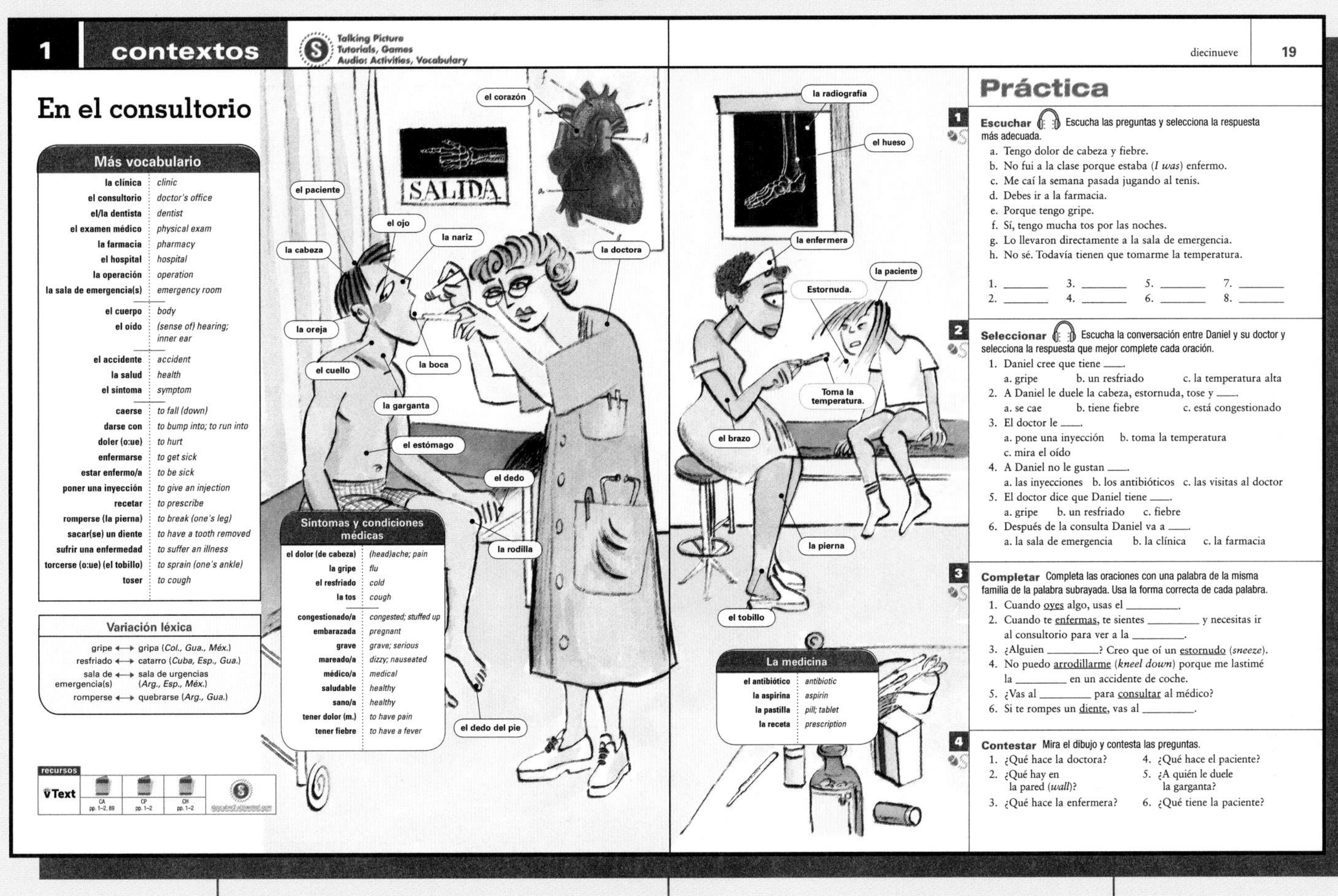


**Más vocabulario**

| | |
|---|---|
| la clínica | *clinic* |
| el consultorio | *doctor's office* |
| el/la dentista | *dentist* |
| el examen médico | *physical exam* |
| la farmacia | *pharmacy* |
| el hospital | *hospital* |
| la operación | *operation* |
| la sala de emergencia(s) | *emergency room* |
| el cuerpo | *body* |
| el oído | *(sense of) hearing; inner ear* |
| el accidente | *accident* |
| la salud | *health* |
| el síntoma | *symptom* |
| caerse | *to fall (down)* |
| darse con | *to bump into; to run into* |
| doler (o:ue) | *to hurt* |
| enfermarse | *to get sick* |
| estar enfermo/a | *to be sick* |
| poner una inyección | *to give an injection* |
| recetar | *to prescribe* |
| romperse (la pierna) | *to break (one's leg)* |
| sacar(se) un diente | *to have a tooth removed* |
| sufrir una enfermedad | *to suffer an illness* |
| torcerse (o:ue) (el tobillo) | *to sprain (one's ankle)* |
| toser | *to cough* |

**Variación léxica**

gripe ⟷ gripa (*Col., Gua., Méx.*)
resfriado ⟷ catarro (*Cuba, Esp., Gua.*)
sala de emergencia(s) ⟷ sala de urgencias (*Arg., Esp., Méx.*)
romperse ⟷ quebrarse (*Arg., Gua.*)

**Síntomas y condiciones médicas**

| | |
|---|---|
| el dolor (de cabeza) | *(head)ache; pain* |
| la gripe | *flu* |
| el resfriado | *cold* |
| la tos | *cough* |
| congestionado/a | *congested; stuffed up* |
| embarazada | *pregnant* |
| grave | *grave; serious* |
| mareado/a | *dizzy; nauseated* |
| médico/a | *medical* |
| saludable | *healthy* |
| sano/a | *healthy* |
| tener dolor (m.) | *to have pain* |
| tener fiebre | *to have a fever* |

**La medicina**

| | |
|---|---|
| el antibiótico | *antibiotic* |
| la aspirina | *aspirin* |
| la pastilla | *pill; tablet* |
| la receta | *prescription* |

**Práctica**

**1 Escuchar** Escucha las preguntas y selecciona la respuesta más adecuada.

a. Tengo dolor de cabeza y fiebre.
b. No fui a la clase porque estaba (*I was*) enfermo.
c. Me caí la semana pasada jugando al tenis.
d. Debes ir a la farmacia.
e. Porque tengo gripe.
f. Sí, tengo mucha tos por las noches.
g. Lo llevaron directamente a la sala de emergencia.
h. No sé. Todavía tienen que tomarme la temperatura.

1. ______ 3. ______ 5. ______ 7. ______
2. ______ 4. ______ 6. ______ 8. ______

**2 Seleccionar** Escucha la conversación entre Daniel y su doctor y selecciona la respuesta que mejor complete cada oración.

1. Daniel cree que tiene ____.
   a. gripe b. un resfriado c. la temperatura alta
2. A Daniel le duele la cabeza, estornuda, tose y ____.
   a. se cae b. tiene fiebre c. está congestionado
3. El doctor le ____.
   a. pone una inyección b. toma la temperatura c. mira el oído
4. A Daniel no le gustan ____.
   a. las inyecciones b. los antibióticos c. las visitas al doctor
5. El doctor dice que Daniel tiene ____.
   a. gripe b. un resfriado c. fiebre
6. Después de la consulta Daniel va a ____.
   a. la sala de emergencia b. la clínica c. la farmacia

**3 Completar** Completa las oraciones con una palabra de la misma familia de la palabra subrayada. Usa la forma correcta de cada palabra.

1. Cuando oyes algo, usas el ________.
2. Cuando te enfermas, te sientes ________ y necesitas ir al consultorio para ver a la ________.
3. ¿Alguien ________? Creo que oí un estornudo (*sneeze*).
4. No puedo arrodillarme (*kneel down*) porque me lastimé la ________ en un accidente de coche.
5. ¿Vas al ________ para consultar al médico?
6. Si te rompes un diente, vas al ________.

**4 Contestar** Mira el dibujo y contesta las preguntas.

1. ¿Qué hace la doctora?
2. ¿Qué hay en la pared (*wall*)?
3. ¿Qué hace la enfermera?
4. ¿Qué hace el paciente?
5. ¿A quién le duele la garganta?
6. ¿Qué tiene la paciente?

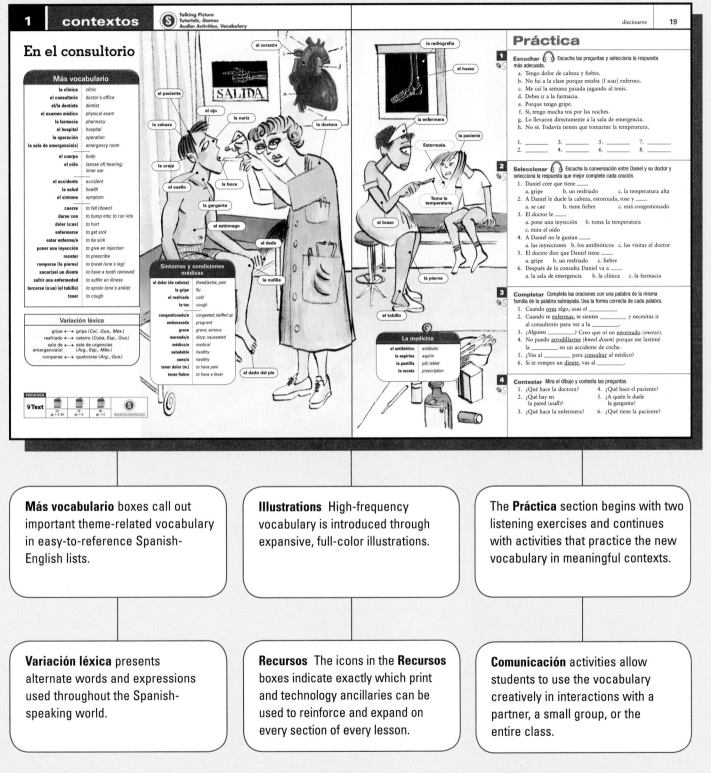

**Más vocabulario** boxes call out important theme-related vocabulary in easy-to-reference Spanish-English lists.

**Illustrations** High-frequency vocabulary is introduced through expansive, full-color illustrations.

The **Práctica** section begins with two listening exercises and continues with activities that practice the new vocabulary in meaningful contexts.

**Variación léxica** presents alternate words and expressions used throughout the Spanish-speaking world.

**Recursos** The icons in the **Recursos** boxes indicate exactly which print and technology ancillaries can be used to reinforce and expand on every section of every lesson.

**Comunicación** activities allow students to use the vocabulary creatively in interactions with a partner, a small group, or the entire class.

## The Fotonovela for DESCUBRE, niveles 1 y 2, presents the story of four students traveling in Ecuador.

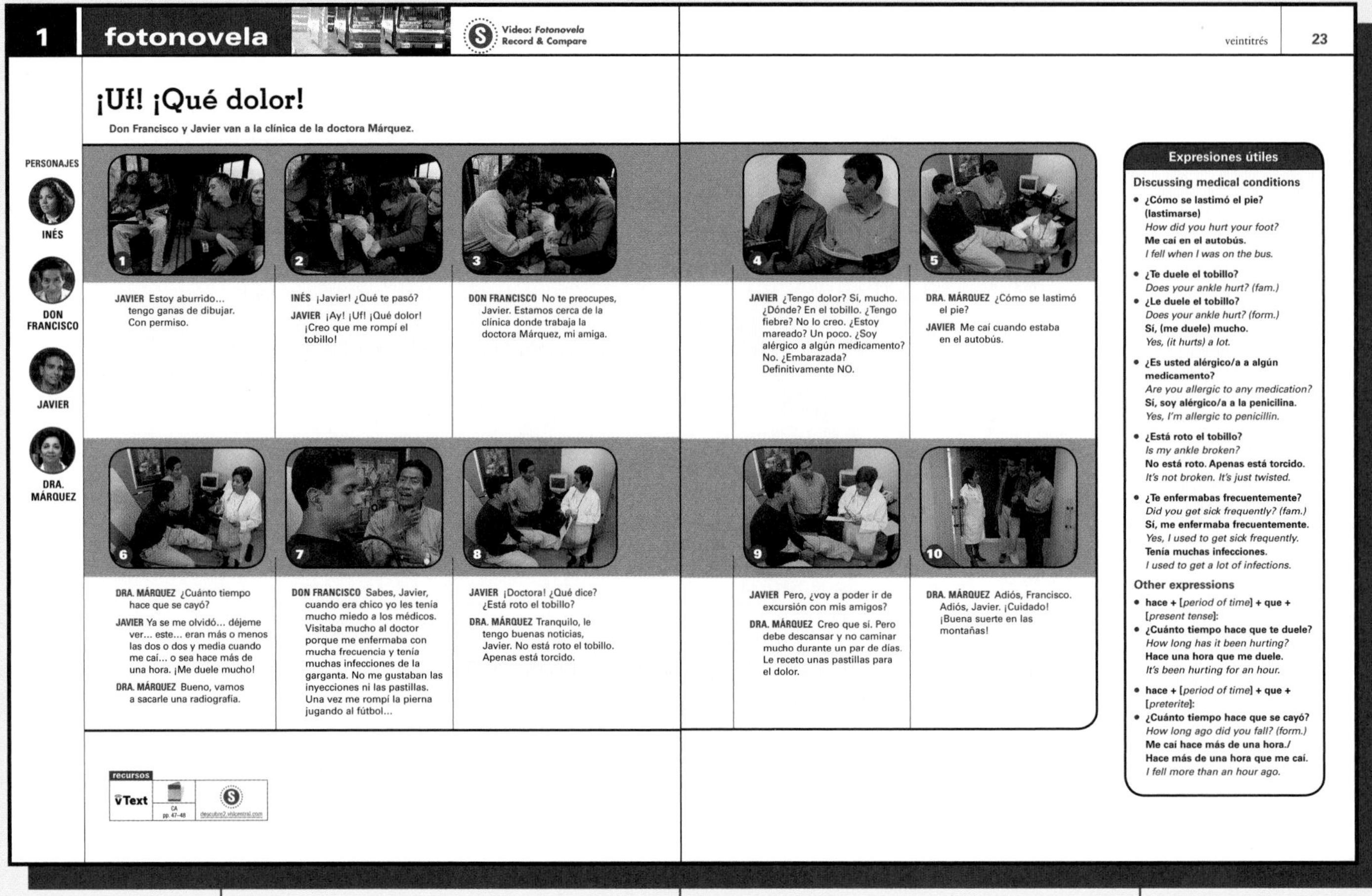

1 fotonovela

Video: *Fotonovela*
Record & Compare

veintitrés 23

### ¡Uf! ¡Qué dolor!

**Don Francisco y Javier van a la clínica de la doctora Márquez.**

PERSONAJES: INÉS, DON FRANCISCO, JAVIER, DRA. MÁRQUEZ

1. **JAVIER** Estoy aburrido… tengo ganas de dibujar. Con permiso.
2. **INÉS** ¡Javier! ¿Qué te pasó?
   **JAVIER** ¡Ay! ¡Uf! ¡Qué dolor! ¡Creo que me rompí el tobillo!
3. **DON FRANCISCO** No te preocupes, Javier. Estamos cerca de la clínica donde trabaja la doctora Márquez, mi amiga.
4. **JAVIER** ¿Tengo dolor? Sí, mucho. ¿Dónde? En el tobillo. ¿Tengo fiebre? No lo creo. ¿Estoy mareado? Un poco. ¿Soy alérgico a algún medicamento? No. ¿Embarazada? Definitivamente NO.
5. **DRA. MÁRQUEZ** ¿Cómo se lastimó el pie?
   **JAVIER** Me caí cuando estaba en el autobús.
6. **DRA. MÁRQUEZ** ¿Cuánto tiempo hace que se cayó?
   **JAVIER** Ya se me olvidó… déjeme ver… este… eran más o menos las dos o dos y media cuando me caí… o sea hace más de una hora. ¡Me duele mucho!
   **DRA. MÁRQUEZ** Bueno, vamos a sacarle una radiografía.
7. **DON FRANCISCO** Sabes, Javier, cuando era chico yo les tenía mucho miedo a los médicos. Visitaba mucho al doctor porque me enfermaba con mucha frecuencia y tenía muchas infecciones de la garganta. No me gustaban las inyecciones ni las pastillas. Una vez me rompí la pierna jugando al fútbol…
8. **JAVIER** ¡Doctora! ¿Qué dice? ¿Está roto el tobillo?
   **DRA. MÁRQUEZ** Tranquilo, le tengo buenas noticias, Javier. No está roto el tobillo. Apenas está torcido.
9. **JAVIER** Pero, ¿voy a poder ir de excursión con mis amigos?
   **DRA. MÁRQUEZ** Creo que sí. Pero debe descansar y no caminar mucho durante un par de días. Le receto unas pastillas para el dolor.
10. **DRA. MÁRQUEZ** Adiós, Francisco. Adiós, Javier. ¡Cuidado! ¡Buena suerte en las montañas!

#### Expresiones útiles

**Discussing medical conditions**

- **¿Cómo se lastimó el pie? (lastimarse)**
  *How did you hurt your foot?*
  **Me caí en el autobús.**
  *I fell when I was on the bus.*
- **¿Te duele el tobillo?**
  *Does your ankle hurt? (fam.)*
- **¿Le duele el tobillo?**
  *Does your ankle hurt? (form.)*
  **Sí, (me duele) mucho.**
  *Yes, (it hurts) a lot.*
- **¿Es usted alérgico/a a algún medicamento?**
  *Are you allergic to any medication?*
  **Sí, soy alérgico/a a la penicilina.**
  *Yes, I'm allergic to penicillin.*
- **¿Está roto el tobillo?**
  *Is my ankle broken?*
  **No está roto. Apenas está torcido.**
  *It's not broken. It's just twisted.*
- **¿Te enfermabas frecuentemente?**
  *Did you get sick frequently? (fam.)*
  **Sí, me enfermaba frecuentemente.**
  *Yes, I used to get sick frequently.*
  **Tenía muchas infecciones.**
  *I used to get a lot of infections.*

**Other expressions**

- **hace + [*period of time*] + que + [*present tense*]:**
- **¿Cuánto tiempo hace que te duele?**
  *How long has it been hurting?*
  **Hace una hora que me duele.**
  *It's been hurting for an hour.*
- **hace + [*period of time*] + que + [*preterite*]:**
- **¿Cuánto tiempo hace que se cayó?**
  *How long ago did you fall? (form.)*
  **Me caí hace más de una hora./ Hace más de una hora que me caí.**
  *I fell more than an hour ago.*

recursos: vText | CA pp. 47–48 | descubre2.vhlcentral.com

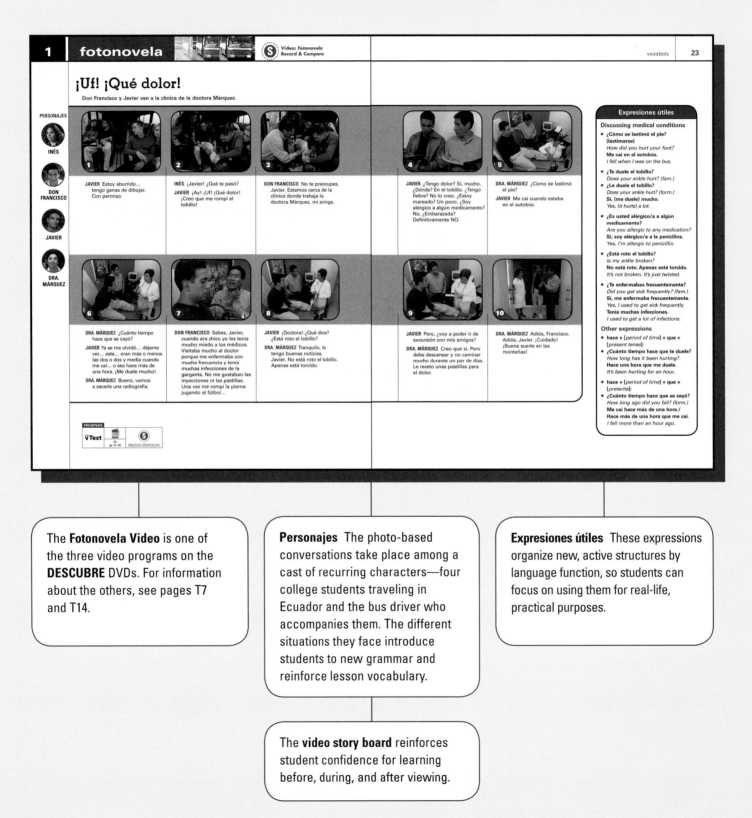

The **Fotonovela Video** is one of the three video programs on the **DESCUBRE** DVDs. For information about the others, see pages T7 and T14.

**Personajes** The photo-based conversations take place among a cast of recurring characters—four college students traveling in Ecuador and the bus driver who accompanies them. The different situations they face introduce students to new grammar and reinforce lesson vocabulary.

**Expresiones útiles** These expressions organize new, active structures by language function, so students can focus on using them for real-life, practical purposes.

The **video story board** reinforces student confidence for learning before, during, and after viewing.

# Cultura

## explores cultural themes introduced in *Contextos* and *Fotonovela*.

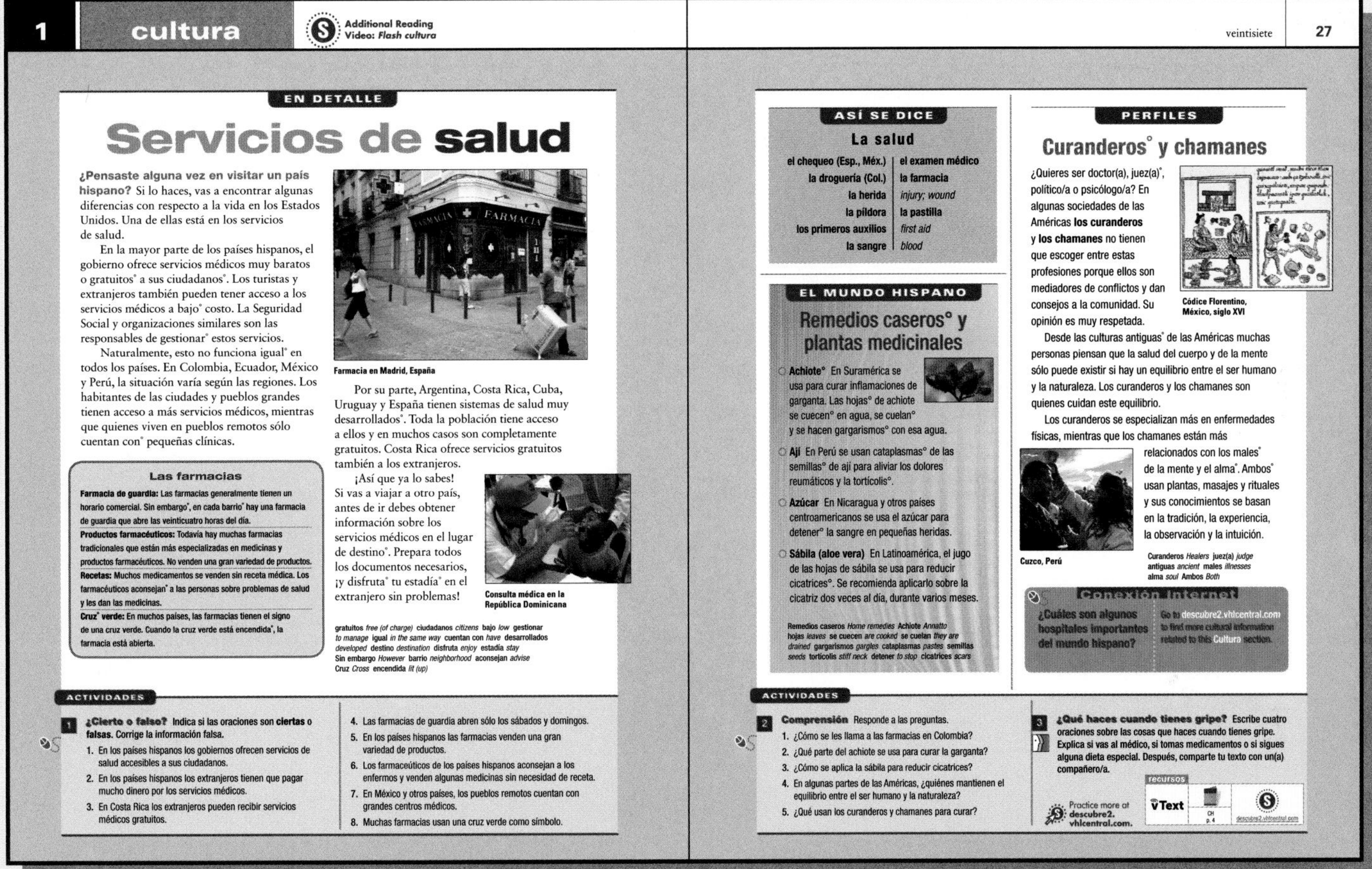

1 cultura — Additional Reading / Video: *Flash cultura*

EN DETALLE

# Servicios de salud

**¿Pensaste alguna vez en visitar un país hispano?** Si lo haces, vas a encontrar algunas diferencias con respecto a la vida en los Estados Unidos. Una de ellas está en los servicios de salud.

En la mayor parte de los países hispanos, el gobierno ofrece servicios médicos muy baratos o gratuitos° a sus ciudadanos°. Los turistas y extranjeros también pueden tener acceso a los servicios médicos a bajo° costo. La Seguridad Social y organizaciones similares son las responsables de gestionar° estos servicios.

Naturalmente, esto no funciona igual° en todos los países. En Colombia, Ecuador, México y Perú, la situación varía según las regiones. Los habitantes de las ciudades y pueblos grandes tienen acceso a más servicios médicos, mientras que quienes viven en pueblos remotos sólo cuentan con° pequeñas clínicas.

Farmacia en Madrid, España

Por su parte, Argentina, Costa Rica, Cuba, Uruguay y España tienen sistemas de salud muy desarrollados°. Toda la población tiene acceso a ellos y en muchos casos son completamente gratuitos. Costa Rica ofrece servicios gratuitos también a los extranjeros.

¡Así que ya lo sabes! Si vas a viajar a otro país, antes de ir debes obtener información sobre los servicios médicos en el lugar de destino°. Prepara todos los documentos necesarios, ¡y disfruta° tu estadía° en el extranjero sin problemas!

Consulta médica en la República Dominicana

**Las farmacias**

**Farmacia de guardia:** Las farmacias generalmente tienen un horario comercial. Sin embargo°, en cada barrio° hay una farmacia de guardia que abre las veinticuatro horas del día.

**Productos farmacéuticos:** Todavía hay muchas farmacias tradicionales que están más especializadas en medicinas y productos farmacéuticos. No venden una gran variedad de productos.

**Recetas:** Muchos medicamentos se venden sin receta médica. Los farmacéuticos aconsejan° a las personas sobre problemas de salud y les dan las medicinas.

**Cruz° verde:** En muchos países, las farmacias tienen el signo de una cruz verde. Cuando la cruz verde está encendida°, la farmacia está abierta.

gratuitos *free (of charge)* ciudadanos *citizens* bajo *low* gestionar *to manage* igual *in the same way* cuentan con *have* desarrollados *developed* destino *destination* disfruta *enjoy* estadía *stay* Sin embargo *However* barrio *neighborhood* aconsejan *advise* Cruz *Cross* encendida *lit (up)*

ACTIVIDADES

1 **¿Cierto o falso?** Indica si las oraciones son **ciertas** o **falsas**. Corrige la información falsa.

1. En los países hispanos los gobiernos ofrecen servicios de salud accesibles a sus ciudadanos.
2. En los países hispanos los extranjeros tienen que pagar mucho dinero por los servicios médicos.
3. En Costa Rica los extranjeros pueden recibir servicios médicos gratuitos.
4. Las farmacias de guardia abren sólo los sábados y domingos.
5. En los países hispanos las farmacias venden una gran variedad de productos.
6. Los farmacéuticos de los países hispanos aconsejan a los enfermos y venden algunas medicinas sin necesidad de receta.
7. En México y otros países, los pueblos remotos cuentan con grandes centros médicos.
8. Muchas farmacias usan una cruz verde como símbolo.

veintisiete 27

ASÍ SE DICE

**La salud**

| | |
|---|---|
| el chequeo (Esp., Méx.) | el examen médico |
| la droguería (Col.) | la farmacia |
| la herida | *injury; wound* |
| la píldora | la pastilla |
| los primeros auxilios | *first aid* |
| la sangre | *blood* |

EL MUNDO HISPANO

**Remedios caseros° y plantas medicinales**

- **Achiote°** En Suramérica se usa para curar inflamaciones de garganta. Las hojas° de achiote se cuecen° en agua, se cuelan° y se hacen gargarismos° con esa agua.
- **Ají** En Perú se usan cataplasmas° de las semillas° de ají para aliviar los dolores reumáticos y la tortícolis°.
- **Azúcar** En Nicaragua y otros países centroamericanos se usa el azúcar para detener° la sangre en pequeñas heridas.
- **Sábila (aloe vera)** En Latinoamérica, el jugo de las hojas de sábila se usa para reducir cicatrices°. Se recomienda aplicarlo sobre la cicatriz dos veces al día, durante varios meses.

Remedios caseros *Home remedies* Achiote *Annatto* hojas *leaves* se cuecen *are cooked* se cuelan *they are drained* gargarismos *gargles* cataplasmas *pastes* semillas *seeds* tortícolis *stiff neck* detener *to stop* cicatrices *scars*

PERFILES

**Curanderos° y chamanes**

¿Quieres ser doctor(a), juez(a)°, político/a o psicólogo/a? En algunas sociedades de las Américas **los curanderos** y **los chamanes** no tienen que escoger entre estas profesiones porque ellos son mediadores de conflictos y dan consejos a la comunidad. Su opinión es muy respetada.

Códice Florentino, México, siglo XVI

Desde las culturas antiguas° de las Américas muchas personas piensan que la salud del cuerpo y de la mente sólo puede existir si hay un equilibrio entre el ser humano y la naturaleza. Los curanderos y los chamanes son quienes cuidan este equilibrio.

Los curanderos se especializan más en enfermedades físicas, mientras que los chamanes están más relacionados con los males° de la mente y el alma°. Ambos° usan plantas, masajes y rituales y sus conocimientos se basan en la tradición, la experiencia, la observación y la intuición.

Cuzco, Perú

Curanderos *Healers* juez(a) *judge* antiguas *ancient* males *illnesses* alma *soul* Ambos *Both*

**Conexión Internet**

¿Cuáles son algunos hospitales importantes del mundo hispano?

Go to descubre2.vhlcentral.com to find more cultural information related to this **Cultura** section.

ACTIVIDADES

2 **Comprensión** Responde a las preguntas.

1. ¿Cómo se les llama a las farmacias en Colombia?
2. ¿Qué parte del achiote se usa para curar la garganta?
3. ¿Cómo se aplica la sábila para reducir cicatrices?
4. En algunas partes de las Américas, ¿quiénes mantienen el equilibrio entre el ser humano y la naturaleza?
5. ¿Qué usan los curanderos y chamanes para curar?

3 **¿Qué haces cuando tienes gripe?** Escribe cuatro oraciones sobre las cosas que haces cuando tienes gripe. Explica si vas al médico, si tomas medicamentos o si sigues alguna dieta especial. Después, comparte tu texto con un(a) compañero/a.

Practice more at descubre2.vhlcentral.com.

recursos — vText — CH p. 4 — descubre2.vhlcentral.com

**En detalle** gives students an opportunity to read in-depth about the lesson's cultural theme, using comprehension-supporting photos.

**Video** An icon lets you know this would be an appropriate point to use **Flash cultura,** the second video program on the **DESCUBRE** DVDs.

**Perfiles, Así se dice** and **El mundo hispano** spotlight contemporary language, people, perspectives, and practices to show diversity and unity in the Spanish-speaking world.

**Activities** check understanding of the material and lead students to further exploration. A mouse icon indicates that activities are available on the **DESCUBRE** Supersite (**descubre2.vhlcentral.com**).

**Conexión Internet** An icon leads students to research a topic related to the lesson theme on the **DESCUBRE** Supersite (**descubre2.vhlcentral.com**).

# Estructura

## presents grammar in clear, concise, and visually effective formats.

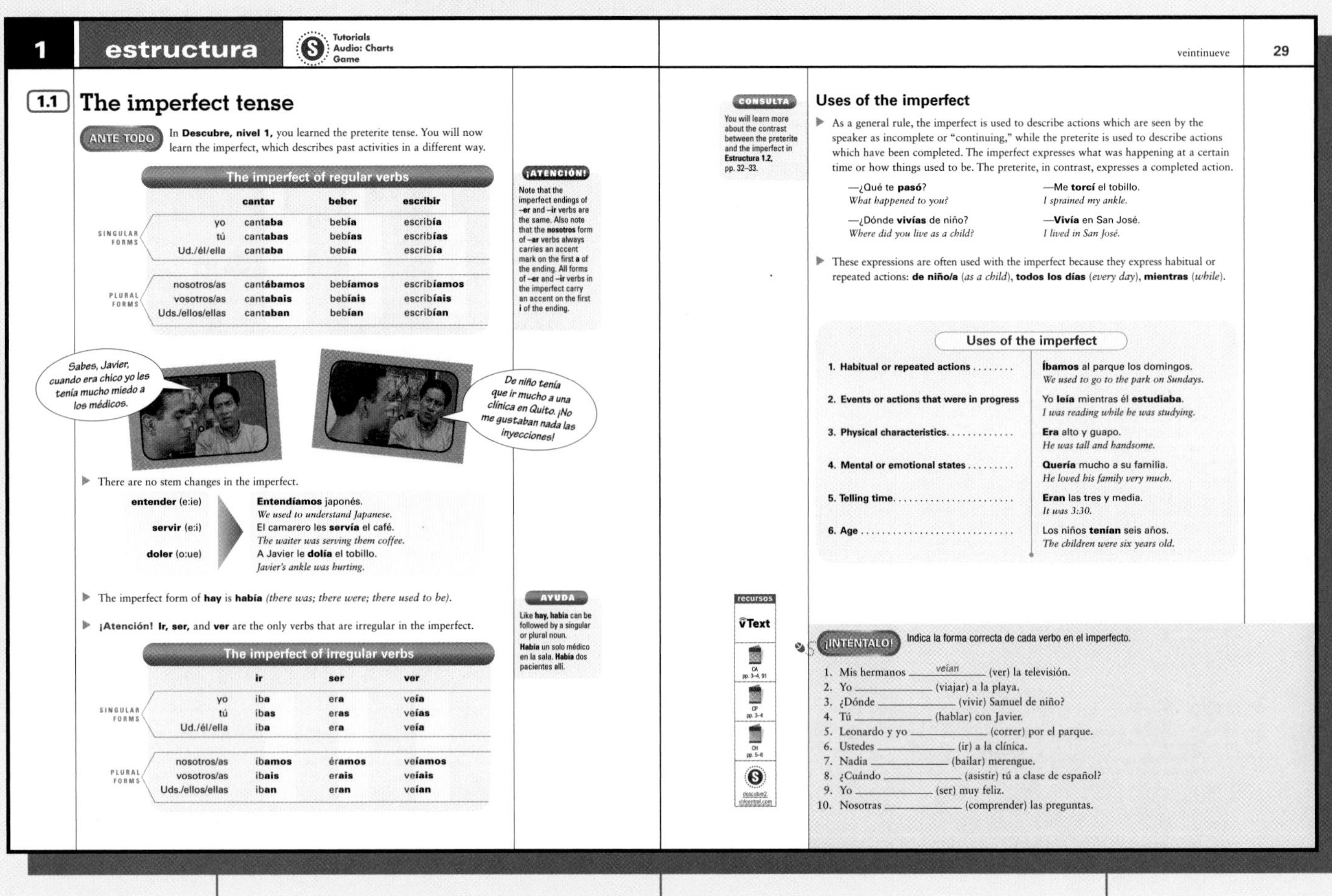

1 **estructura** Tutorials · Audio: Charts · Game

veintinueve 29

### 1.1 The imperfect tense

ANTE TODO In **Descubre, nivel 1,** you learned the preterite tense. You will now learn the imperfect, which describes past activities in a different way.

**The imperfect of regular verbs**

| | | cantar | beber | escribir |
|---|---|---|---|---|
| SINGULAR FORMS | yo | cant**aba** | beb**ía** | escrib**ía** |
| | tú | cant**abas** | beb**ías** | escrib**ías** |
| | Ud./él/ella | cant**aba** | beb**ía** | escrib**ía** |
| PLURAL FORMS | nosotros/as | cant**ábamos** | beb**íamos** | escrib**íamos** |
| | vosotros/as | cant**abais** | beb**íais** | escrib**íais** |
| | Uds./ellos/ellas | cant**aban** | beb**ían** | escrib**ían** |

¡ATENCIÓN! Note that the imperfect endings of **–er** and **–ir** verbs are the same. Also note that the **nosotros** form of **–ar** verbs always carries an accent mark on the first **a** of the ending. All forms of **–er** and **–ir** verbs in the imperfect carry an accent on the first **i** of the ending.

Sabes, Javier, cuando era chico yo les tenía mucho miedo a los médicos.
De niño tenía que ir mucho a una clínica en Quito. ¡No me gustaban nada las inyecciones!



▶ There are no stem changes in the imperfect.

**entender** (e:ie) — **Entendíamos** japonés. *We used to understand Japanese.*
**servir** (e:i) — El camarero les **servía** el café. *The waiter was serving them coffee.*
**doler** (o:ue) — A Javier le **dolía** el tobillo. *Javier's ankle was hurting.*

▶ The imperfect form of **hay** is **había** *(there was; there were; there used to be).*

▶ **¡Atención! Ir, ser,** and **ver** are the only verbs that are irregular in the imperfect.

AYUDA Like **hay, había** can be followed by a singular or plural noun. **Había** un solo médico en la sala. **Había** dos pacientes allí.

**The imperfect of irregular verbs**

| | | ir | ser | ver |
|---|---|---|---|---|
| SINGULAR FORMS | yo | iba | era | veía |
| | tú | ibas | eras | veías |
| | Ud./él/ella | iba | era | veía |
| PLURAL FORMS | nosotros/as | íbamos | éramos | veíamos |
| | vosotros/as | ibais | erais | veíais |
| | Uds./ellos/ellas | iban | eran | veían |

CONSULTA You will learn more about the contrast between the preterite and the imperfect in **Estructura 1.2,** pp. 32–33.

### Uses of the imperfect

▶ As a general rule, the imperfect is used to describe actions which are seen by the speaker as incomplete or "continuing," while the preterite is used to describe actions which have been completed. The imperfect expresses what was happening at a certain time or how things used to be. The preterite, in contrast, expresses a completed action.

—¿Qué te **pasó**? *What happened to you?*
—Me **torcí** el tobillo. *I sprained my ankle.*
—¿Dónde **vivías** de niño? *Where did you live as a child?*
—**Vivía** en San José. *I lived in San José.*

▶ These expressions are often used with the imperfect because they express habitual or repeated actions: **de niño/a** *(as a child)*, **todos los días** *(every day)*, **mientras** *(while)*.

**Uses of the imperfect**

1. **Habitual or repeated actions** ........ **Íbamos** al parque los domingos. *We used to go to the park on Sundays.*
2. **Events or actions that were in progress** — Yo **leía** mientras él **estudiaba**. *I was reading while he was studying.*
3. **Physical characteristics** ............ **Era** alto y guapo. *He was tall and handsome.*
4. **Mental or emotional states** ......... **Quería** mucho a su familia. *He loved his family very much.*
5. **Telling time** ....................... **Eran** las tres y media. *It was 3:30.*
6. **Age** ............................... Los niños **tenían** seis años. *The children were six years old.*

recursos: vText · CA pp. 3–4, 91 · CP pp. 3–4 · CH pp. 5–6

¡INTÉNTALO! Indica la forma correcta de cada verbo en el imperfecto.

1. Mis hermanos ___veían___ (ver) la televisión.
2. Yo ______ (viajar) a la playa.
3. ¿Dónde ______ (vivir) Samuel de niño?
4. Tú ______ (hablar) con Javier.
5. Leonardo y yo ______ (correr) por el parque.
6. Ustedes ______ (ir) a la clínica.
7. Nadia ______ (bailar) merengue.
8. ¿Cuándo ______ (asistir) tú a clase de español?
9. Yo ______ (ser) muy feliz.
10. Nosotras ______ (comprender) las preguntas.

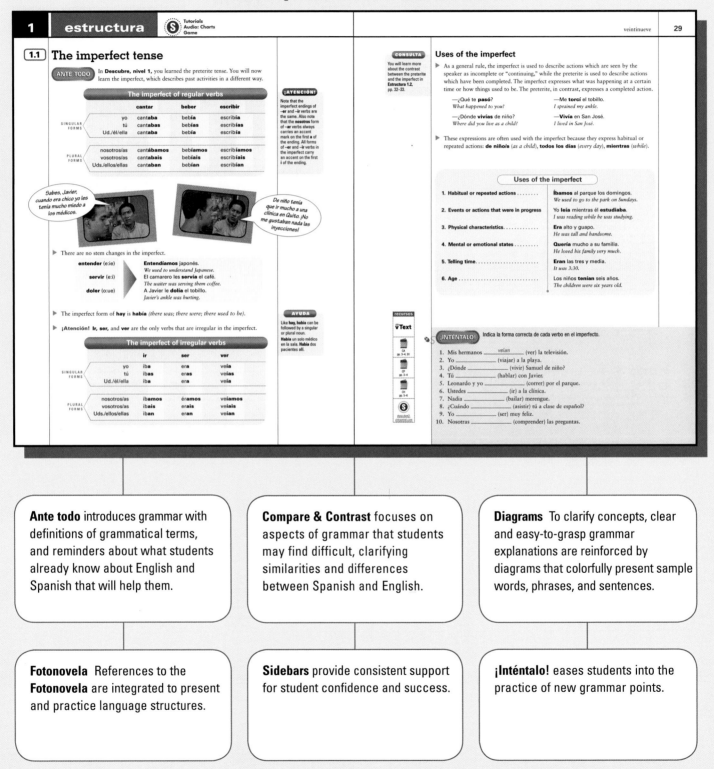

**Ante todo** introduces grammar with definitions of grammatical terms, and reminders about what students already know about English and Spanish that will help them.

**Compare & Contrast** focuses on aspects of grammar that students may find difficult, clarifying similarities and differences between Spanish and English.

**Diagrams** To clarify concepts, clear and easy-to-grasp grammar explanations are reinforced by diagrams that colorfully present sample words, phrases, and sentences.

**Fotonovela** References to the **Fotonovela** are integrated to present and practice language structures.

**Sidebars** provide consistent support for student confidence and success.

**¡Inténtalo!** eases students into the practice of new grammar points.

# Estructura
## provides directed and communicative practice.

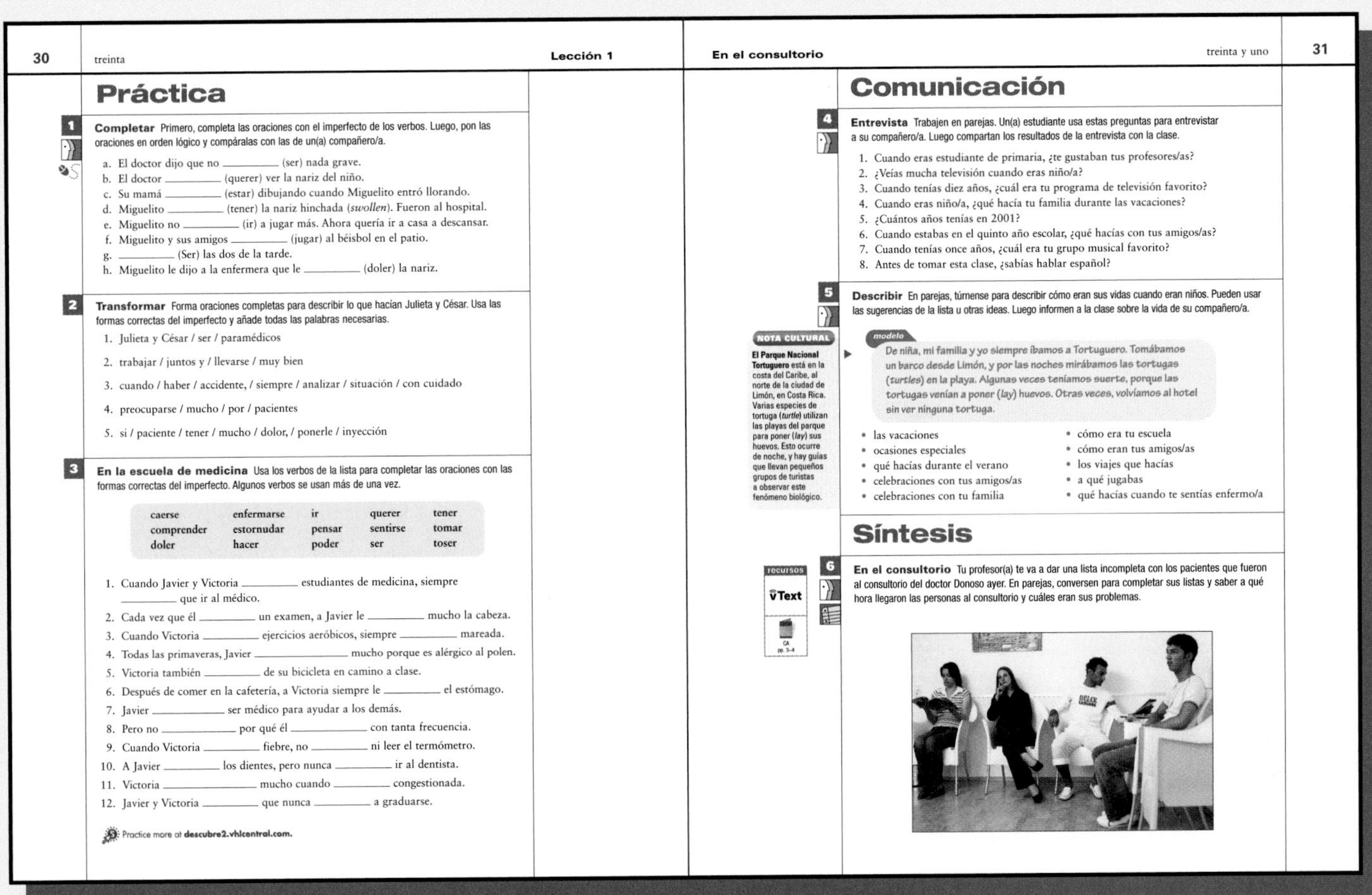

30 treinta Lección 1

## Práctica

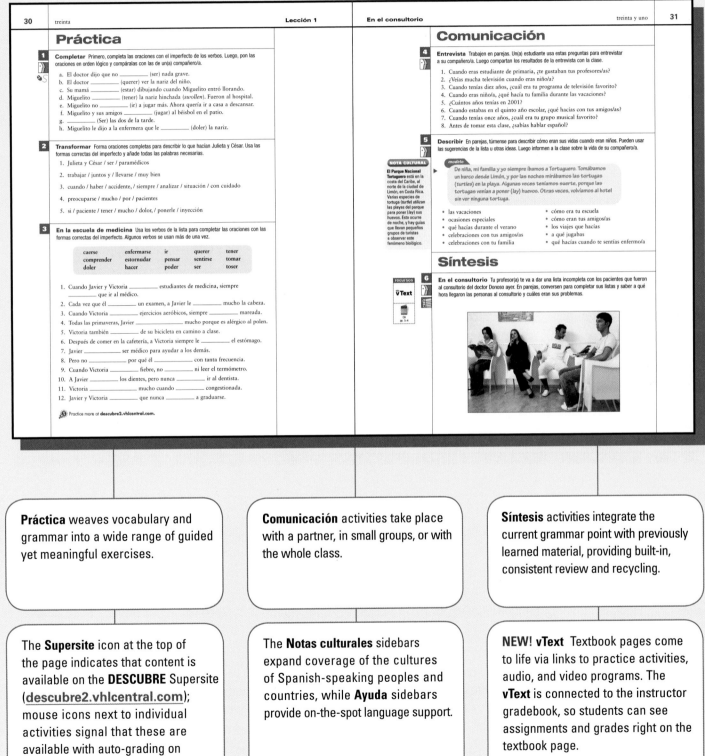

**1** **Completar** Primero, completa las oraciones con el imperfecto de los verbos. Luego, pon las oraciones en orden lógico y compáralas con las de un(a) compañero/a.

a. El doctor dijo que no ______ (ser) nada grave.
b. El doctor ______ (querer) ver la nariz del niño.
c. Su mamá ______ (estar) dibujando cuando Miguelito entró llorando.
d. Miguelito ______ (tener) la nariz hinchada (*swollen*). Fueron al hospital.
e. Miguelito no ______ (ir) a jugar más. Ahora quería ir a casa a descansar.
f. Miguelito y sus amigos ______ (jugar) al béisbol en el patio.
g. ______ (Ser) las dos de la tarde.
h. Miguelito le dijo a la enfermera que le ______ (doler) la nariz.

**2** **Transformar** Forma oraciones completas para describir lo que hacían Julieta y César. Usa las formas correctas del imperfecto y añade todas las palabras necesarias.

1. Julieta y César / ser / paramédicos
2. trabajar / juntos y / llevarse / muy bien
3. cuando / haber / accidente, / siempre / analizar / situación / con cuidado
4. preocuparse / mucho / por / pacientes
5. si / paciente / tener / mucho / dolor, / ponerle / inyección

**3** **En la escuela de medicina** Usa los verbos de la lista para completar las oraciones con las formas correctas del imperfecto. Algunos verbos se usan más de una vez.

| caerse | enfermarse | ir | querer | tener |
|---|---|---|---|---|
| comprender | estornudar | pensar | sentirse | tomar |
| doler | hacer | poder | ser | toser |

1. Cuando Javier y Victoria ______ estudiantes de medicina, siempre ______ que ir al médico.
2. Cada vez que él ______ un examen, a Javier le ______ mucho la cabeza.
3. Cuando Victoria ______ ejercicios aeróbicos, siempre ______ mareada.
4. Todas las primaveras, Javier ______ mucho porque es alérgico al polen.
5. Victoria también ______ de su bicicleta en camino a clase.
6. Después de comer en la cafetería, a Victoria siempre le ______ el estómago.
7. Javier ______ ser médico para ayudar a los demás.
8. Pero no ______ por qué él ______ con tanta frecuencia.
9. Cuando Victoria ______ fiebre, no ______ ni leer el termómetro.
10. A Javier ______ los dientes, pero nunca ______ ir al dentista.
11. Victoria ______ mucho cuando ______ congestionada.
12. Javier y Victoria ______ que nunca ______ a graduarse.

Practice more at **descubre2.vhlcentral.com.**

En el consultorio treinta y uno 31

## Comunicación

**4** **Entrevista** Trabajen en parejas. Un(a) estudiante usa estas preguntas para entrevistar a su compañero/a. Luego compartan los resultados de la entrevista con la clase.

1. Cuando eras estudiante de primaria, ¿te gustaban tus profesores/as?
2. ¿Veías mucha televisión cuando eras niño/a?
3. Cuando tenías diez años, ¿cuál era tu programa de televisión favorito?
4. Cuando eras niño/a, ¿qué hacía tu familia durante las vacaciones?
5. ¿Cuántos años tenías en 2001?
6. Cuando estabas en el quinto año escolar, ¿qué hacías con tus amigos/as?
7. Cuando tenías once años, ¿cuál era tu grupo musical favorito?
8. Antes de tomar esta clase, ¿sabías hablar español?

**5** **Describir** En parejas, túrnense para describir cómo eran sus vidas cuando eran niños. Pueden usar las sugerencias de la lista u otras ideas. Luego informen a la clase sobre la vida de su compañero/a.

**NOTA CULTURAL**
**El Parque Nacional Tortuguero** está en la costa del Caribe, al norte de la ciudad de Limón, en Costa Rica. Varias especies de tortuga (*turtle*) utilizan las playas del parque para poner (*lay*) sus huevos. Esto ocurre de noche, y hay guías que llevan pequeños grupos de turistas a observar este fenómeno biológico.

*modelo*
*De niña, mi familia y yo siempre íbamos a Tortuguero. Tomábamos un barco desde Limón, y por las noches mirábamos las tortugas (turtles) en la playa. Algunas veces teníamos suerte, porque las tortugas venían a poner (lay) huevos. Otras veces, volvíamos al hotel sin ver ninguna tortuga.*

- las vacaciones
- ocasiones especiales
- qué hacías durante el verano
- celebraciones con tus amigos/as
- celebraciones con tu familia
- cómo era tu escuela
- cómo eran tus amigos/as
- los viajes que hacías
- a qué jugabas
- qué hacías cuando te sentías enfermo/a

## Síntesis

RECURSOS
vText
CA pp. 3–4

**6** **En el consultorio** Tu profesor(a) te va a dar una lista incompleta con los pacientes que fueron al consultorio del doctor Donoso ayer. En parejas, conversen para completar sus listas y saber a qué hora llegaron las personas al consultorio y cuáles eran sus problemas.

**Práctica** weaves vocabulary and grammar into a wide range of guided yet meaningful exercises.

**Comunicación** activities take place with a partner, in small groups, or with the whole class.

**Síntesis** activities integrate the current grammar point with previously learned material, providing built-in, consistent review and recycling.

The **Supersite** icon at the top of the page indicates that content is available on the **DESCUBRE** Supersite (**descubre2.vhlcentral.com**); mouse icons next to individual activities signal that these are available with auto-grading on the Supersite.

The **Notas culturales** sidebars expand coverage of the cultures of Spanish-speaking peoples and countries, while **Ayuda** sidebars provide on-the-spot language support.

**NEW! vText** Textbook pages come to life via links to practice activities, audio, and video programs. The **vText** is connected to the instructor gradebook, so students can see assignments and grades right on the textbook page.

# Estructura

## *Recapitulación* provides in-text and online diagnostic activities to encourage and support reflective learning.

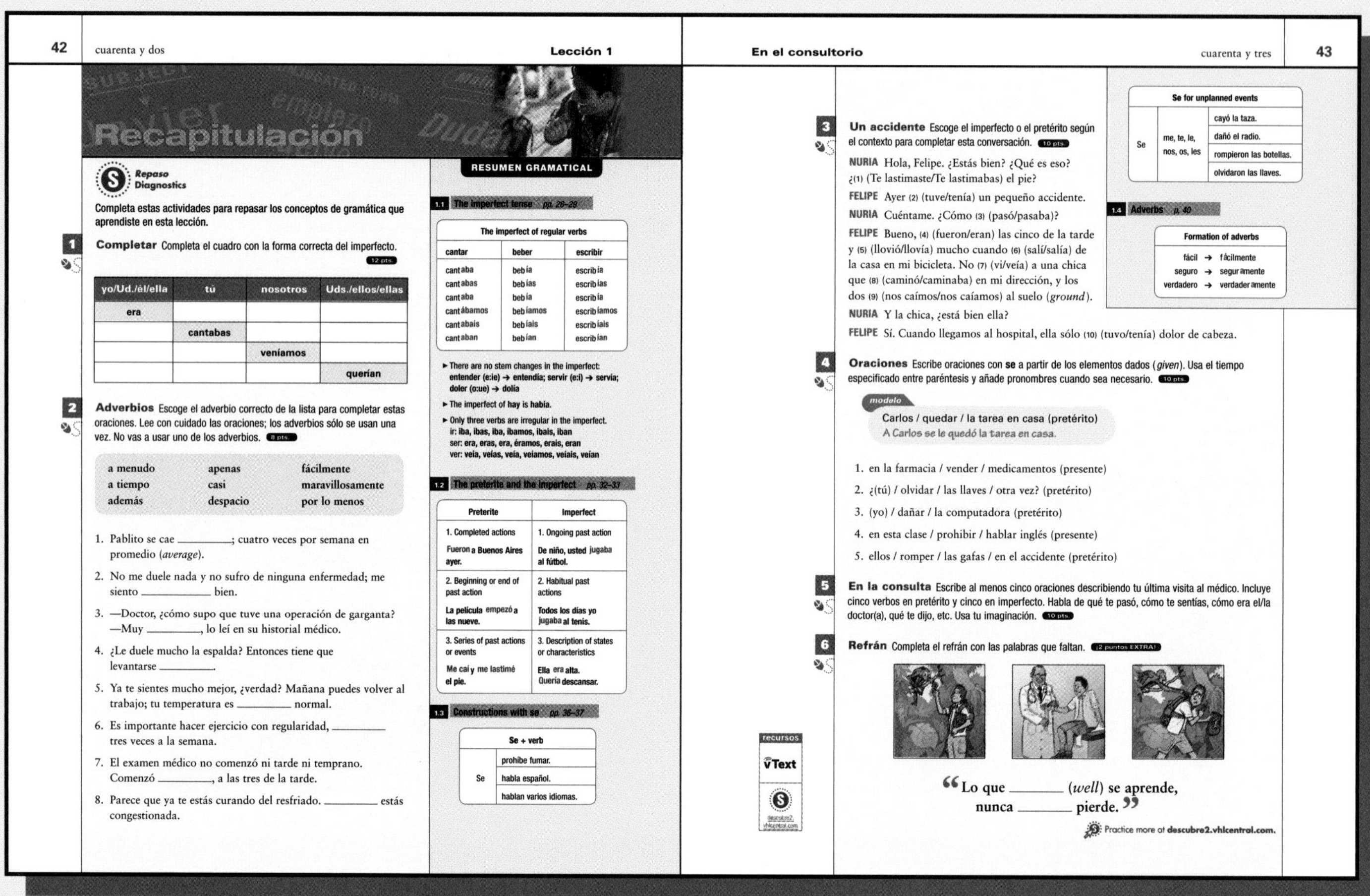

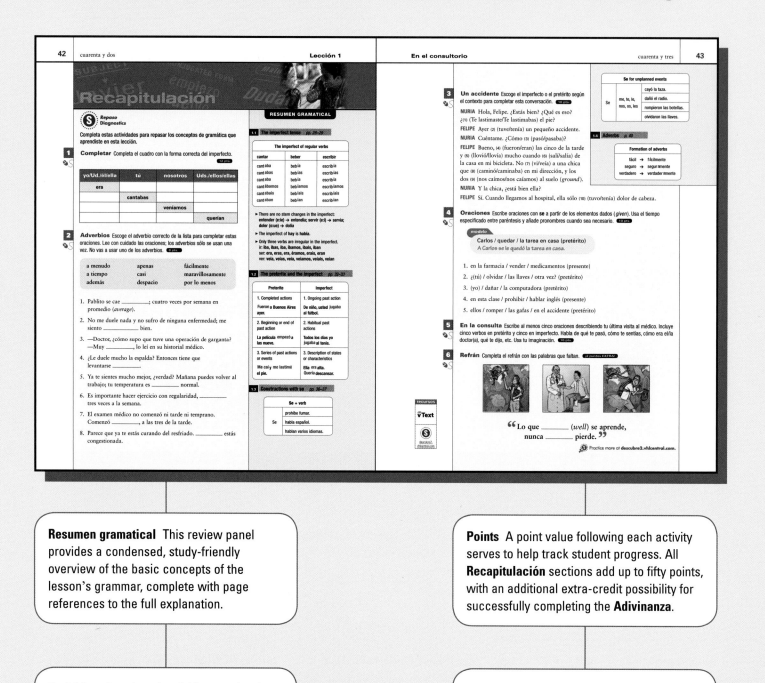

**Resumen gramatical** This review panel provides a condensed, study-friendly overview of the basic concepts of the lesson's grammar, complete with page references to the full explanation.

**Points** A point value following each activity serves to help track student progress. All **Recapitulación** sections add up to fifty points, with an additional extra-credit possibility for successfully completing the **Adivinanza**.

**Activities** A series of activities, moving from directed to open-ended, systematically tests the lesson's grammar. The section ends with an **Adivinanza,** a riddle or puzzle using the lesson's grammar.

**Supersite** An icon leading to the Supersite lets students know that they can complete the **Recapitulación** activities online with automatic scoring and diagnostics to identify areas where they need the most review.

# Adelante

## *Lectura* develops reading skills in the context of the lesson theme.

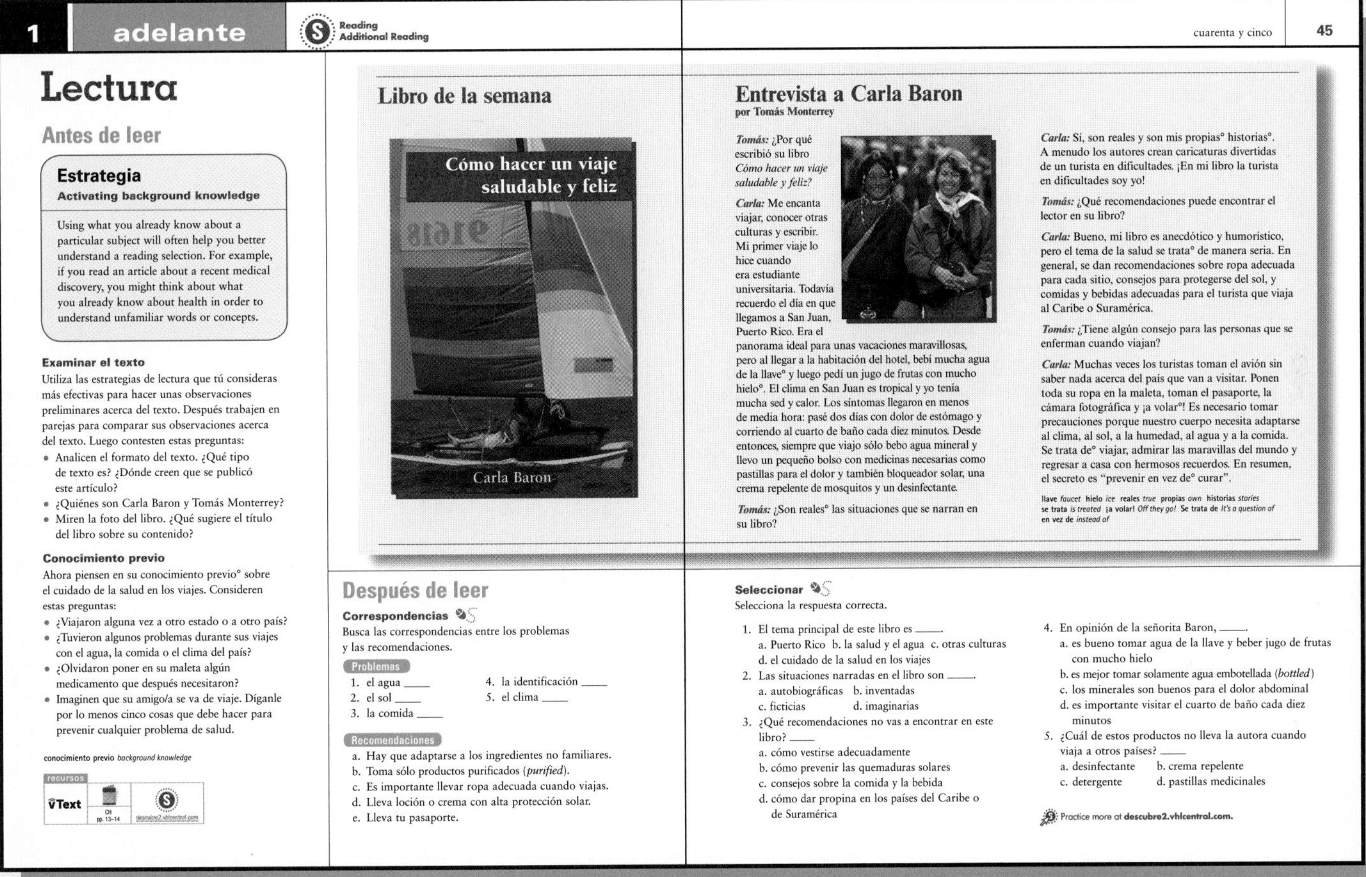

1 adelante

Reading
Additional Reading

cuarenta y cinco 45

# Lectura

## Antes de leer

**Estrategia**
**Activating background knowledge**

Using what you already know about a particular subject will often help you better understand a reading selection. For example, if you read an article about a recent medical discovery, you might think about what you already know about health in order to understand unfamiliar words or concepts.

**Examinar el texto**

Utiliza las estrategias de lectura que tú consideras más efectivas para hacer unas observaciones preliminares acerca del texto. Después trabajen en parejas para comparar sus observaciones acerca del texto. Luego contesten estas preguntas:

- Analicen el formato del texto. ¿Qué tipo de texto es? ¿Dónde creen que se publicó este artículo?
- ¿Quiénes son Carla Baron y Tomás Monterrey?
- Miren la foto del libro. ¿Qué sugiere el título del libro sobre su contenido?

**Conocimiento previo**

Ahora piensen en su conocimiento previo° sobre el cuidado de la salud en los viajes. Consideren estas preguntas:

- ¿Viajaron alguna vez a otro estado o a otro país?
- ¿Tuvieron algunos problemas durante sus viajes con el agua, la comida o el clima del país?
- ¿Olvidaron poner en su maleta algún medicamento que después necesitaron?
- Imaginen que su amigo/a se va de viaje. Díganle por lo menos cinco cosas que debe hacer para prevenir cualquier problema de salud.

**conocimiento previo** *background knowledge*

recursos
VText | CH pp. 13–14 | descubre2.vhlcentral.com

## Libro de la semana

Cómo hacer un viaje saludable y feliz
Carla Baron

## Entrevista a Carla Baron

**por Tomás Monterrey**

***Tomás:*** ¿Por qué escribió su libro *Cómo hacer un viaje saludable y feliz?*

***Carla:*** Me encanta viajar, conocer otras culturas y escribir. Mi primer viaje lo hice cuando era estudiante universitaria. Todavía recuerdo el día en que llegamos a San Juan, Puerto Rico. Era el panorama ideal para unas vacaciones maravillosas, pero al llegar a la habitación del hotel, bebí mucha agua de la llave° y luego pedí un jugo de frutas con mucho hielo°. El clima en San Juan es tropical y yo tenía mucha sed y calor. Los síntomas llegaron en menos de media hora: pasé dos días con dolor de estómago y corriendo al cuarto de baño cada diez minutos. Desde entonces, siempre que viajo sólo bebo agua mineral y llevo un pequeño bolso con medicinas necesarias como pastillas para el dolor y también bloqueador solar, una crema repelente de mosquitos y un desinfectante.

***Tomás:*** ¿Son reales° las situaciones que se narran en su libro?

***Carla:*** Sí, son reales y son mis propias° historias°. A menudo los autores crean caricaturas divertidas de un turista en dificultades. ¡En mi libro la turista en dificultades soy yo!

***Tomás:*** ¿Qué recomendaciones puede encontrar el lector en su libro?

***Carla:*** Bueno, mi libro es anecdótico y humorístico, pero el tema de la salud se trata° de manera seria. En general, se dan recomendaciones sobre ropa adecuada para cada sitio, consejos para protegerse del sol, y comidas y bebidas adecuadas para el turista que viaja al Caribe o Suramérica.

***Tomás:*** ¿Tiene algún consejo para las personas que se enferman cuando viajan?

***Carla:*** Muchas veces los turistas toman el avión sin saber nada acerca del país que van a visitar. Ponen toda su ropa en la maleta, toman el pasaporte, la cámara fotográfica y ¡a volar°! Es necesario tomar precauciones porque nuestro cuerpo necesita adaptarse al clima, al sol, a la humedad, al agua y a la comida. Se trata de° viajar, admirar las maravillas del mundo y regresar a casa con hermosos recuerdos. En resumen, el secreto es "prevenir en vez de° curar".

**llave** *faucet* **hielo** *ice* **reales** *true* **propias** *own* **historias** *stories* **se trata** *is treated* **¡a volar!** *Off they go!* **Se trata de** *It's a question of* **en vez de** *instead of*

## Después de leer

**Correspondencias**

Busca las correspondencias entre los problemas y las recomendaciones.

Problemas

1. el agua ____
2. el sol ____
3. la comida ____
4. la identificación ____
5. el clima ____

Recomendaciones

a. Hay que adaptarse a los ingredientes no familiares.
b. Toma sólo productos purificados (*purified*).
c. Es importante llevar ropa adecuada cuando viajas.
d. Lleva loción o crema con alta protección solar.
e. Lleva tu pasaporte.

**Seleccionar**

Selecciona la respuesta correcta.

1. El tema principal de este libro es ____.
   a. Puerto Rico b. la salud y el agua c. otras culturas
   d. el cuidado de la salud en los viajes
2. Las situaciones narradas en el libro son ____.
   a. autobiográficas b. inventadas
   c. ficticias d. imaginarias
3. ¿Qué recomendaciones no vas a encontrar en este libro? ____
   a. cómo vestirse adecuadamente
   b. cómo prevenir las quemaduras solares
   c. consejos sobre la comida y la bebida
   d. cómo dar propina en los países del Caribe o de Suramérica
4. En opinión de la señorita Baron, ____.
   a. es bueno tomar agua de la llave y beber jugo de frutas con mucho hielo
   b. es mejor tomar solamente agua embotellada (*bottled*)
   c. los minerales son buenos para el dolor abdominal
   d. es importante visitar el cuarto de baño cada diez minutos
5. ¿Cuál de estos productos no lleva la autora cuando viaja a otros países? ____
   a. desinfectante b. crema repelente
   c. detergente d. pastillas medicinales

Practice more at **descubre2.vhlcentral.com.**

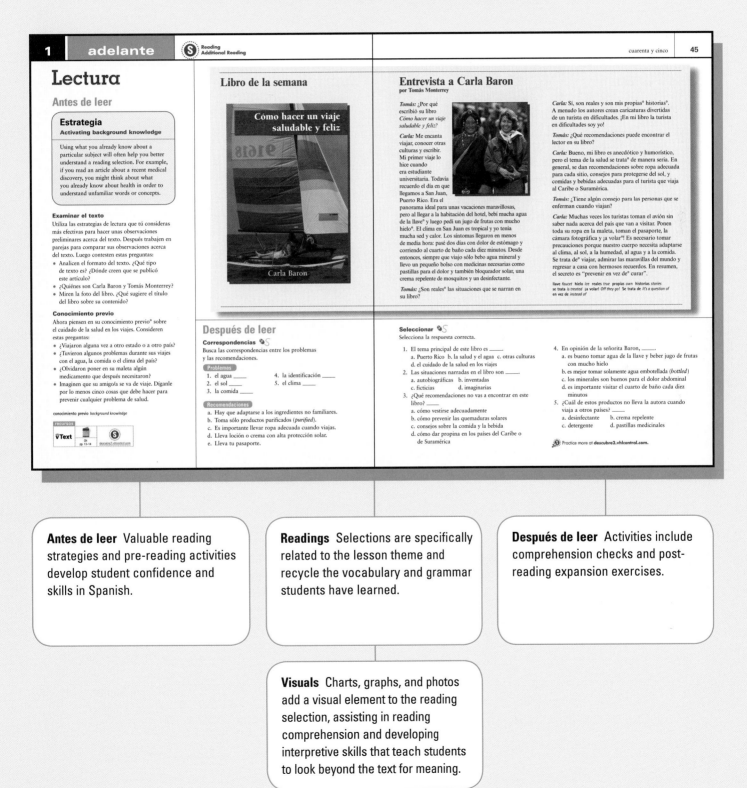

**Antes de leer** Valuable reading strategies and pre-reading activities develop student confidence and skills in Spanish.

**Readings** Selections are specifically related to the lesson theme and recycle the vocabulary and grammar students have learned.

**Después de leer** Activities include comprehension checks and post-reading expansion exercises.

**Visuals** Charts, graphs, and photos add a visual element to the reading selection, assisting in reading comprehension and developing interpretive skills that teach students to look beyond the text for meaning.

## Adelante

# *Escritura* develops writing while *Escuchar* practices listening skills in the context of the lesson theme.

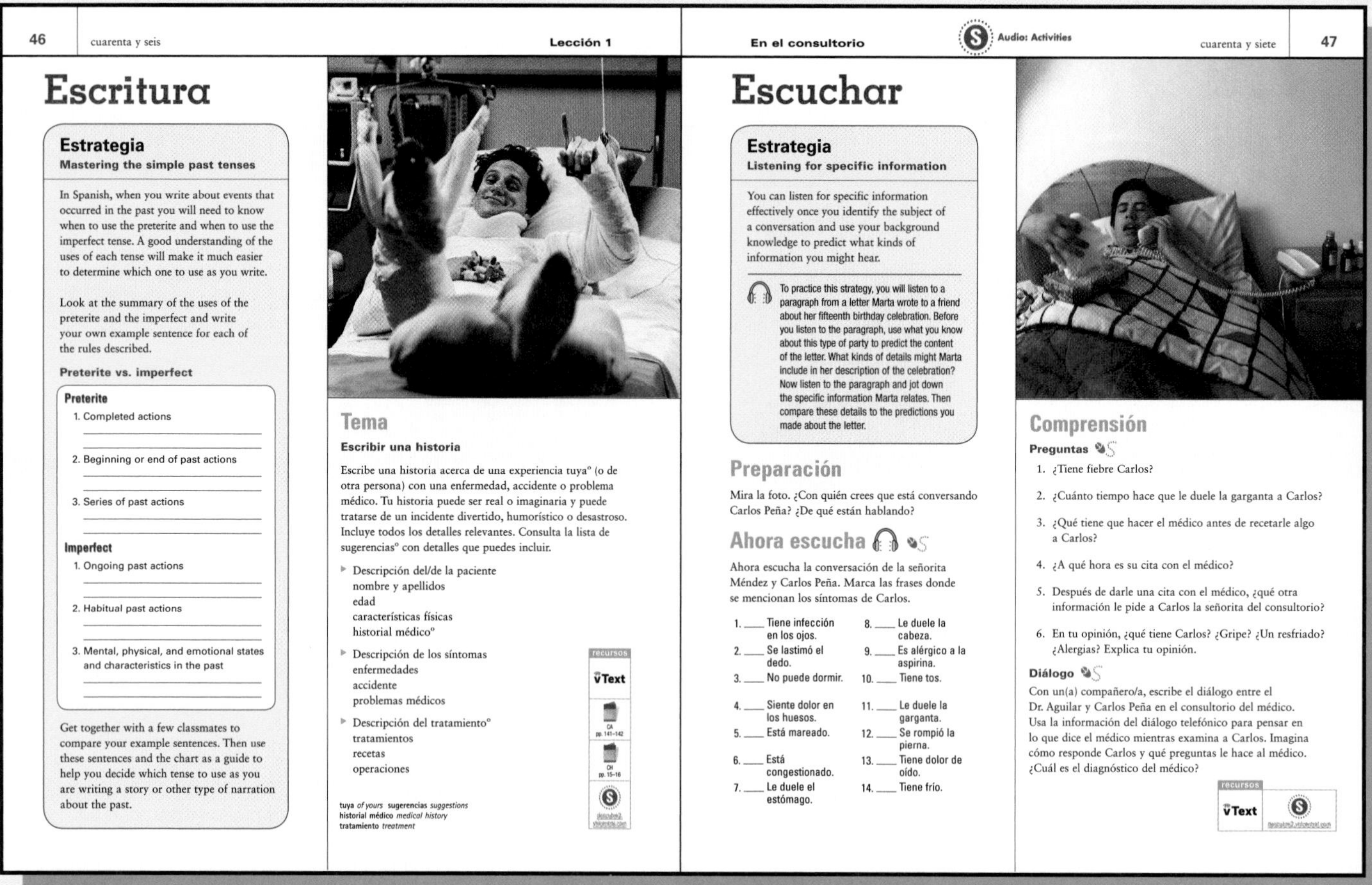

46 cuarenta y seis Lección 1

# Escritura

**Estrategia**
**Mastering the simple past tenses**

In Spanish, when you write about events that occurred in the past you will need to know when to use the preterite and when to use the imperfect tense. A good understanding of the uses of each tense will make it much easier to determine which one to use as you write.

Look at the summary of the uses of the preterite and the imperfect and write your own example sentence for each of the rules described.

**Preterite vs. imperfect**

**Preterite**
1. Completed actions
2. Beginning or end of past actions
3. Series of past actions

**Imperfect**
1. Ongoing past actions
2. Habitual past actions
3. Mental, physical, and emotional states and characteristics in the past

Get together with a few classmates to compare your example sentences. Then use these sentences and the chart as a guide to help you decide which tense to use as you are writing a story or other type of narration about the past.

**Tema**

**Escribir una historia**

Escribe una historia acerca de una experiencia tuya° (o de otra persona) con una enfermedad, accidente o problema médico. Tu historia puede ser real o imaginaria y puede tratarse de un incidente divertido, humorístico o desastroso. Incluye todos los detalles relevantes. Consulta la lista de sugerencias° con detalles que puedes incluir.

- Descripción del/de la paciente
  nombre y apellidos
  edad
  características físicas
  historial médico°
- Descripción de los síntomas
  enfermedades
  accidente
  problemas médicos
- Descripción del tratamiento°
  tratamientos
  recetas
  operaciones

**tuya** *of yours* **sugerencias** *suggestions* **historial médico** *medical history* **tratamiento** *treatment*

recursos
vText
CA pp. 141–142
CH pp. 15–16

En el consultorio — Audio: Activities — cuarenta y siete 47

# Escuchar

**Estrategia**
**Listening for specific information**

You can listen for specific information effectively once you identify the subject of a conversation and use your background knowledge to predict what kinds of information you might hear.

To practice this strategy, you will listen to a paragraph from a letter Marta wrote to a friend about her fifteenth birthday celebration. Before you listen to the paragraph, use what you know about this type of party to predict the content of the letter. What kinds of details might Marta include in her description of the celebration? Now listen to the paragraph and jot down the specific information Marta relates. Then compare these details to the predictions you made about the letter.

**Preparación**

Mira la foto. ¿Con quién crees que está conversando Carlos Peña? ¿De qué están hablando?

**Ahora escucha**

Ahora escucha la conversación de la señorita Méndez y Carlos Peña. Marca las frases donde se mencionan los síntomas de Carlos.

1. ___ Tiene infección en los ojos.
2. ___ Se lastimó el dedo.
3. ___ No puede dormir.
4. ___ Siente dolor en los huesos.
5. ___ Está mareado.
6. ___ Está congestionado.
7. ___ Le duele el estómago.
8. ___ Le duele la cabeza.
9. ___ Es alérgico a la aspirina.
10. ___ Tiene tos.
11. ___ Le duele la garganta.
12. ___ Se rompió la pierna.
13. ___ Tiene dolor de oído.
14. ___ Tiene frío.

**Comprensión**

**Preguntas**

1. ¿Tiene fiebre Carlos?
2. ¿Cuánto tiempo hace que le duele la garganta a Carlos?
3. ¿Qué tiene que hacer el médico antes de recetarle algo a Carlos?
4. ¿A qué hora es su cita con el médico?
5. Después de darle una cita con el médico, ¿qué otra información le pide a Carlos la señorita del consultorio?
6. En tu opinión, ¿qué tiene Carlos? ¿Gripe? ¿Un resfriado? ¿Alergias? Explica tu opinión.

**Diálogo**

Con un(a) compañero/a, escribe el diálogo entre el Dr. Aguilar y Carlos Peña en el consultorio del médico. Usa la información del diálogo telefónico para pensar en lo que dice el médico mientras examina a Carlos. Imagina cómo responde Carlos y qué preguntas le hace al médico. ¿Cuál es el diagnóstico del médico?

recursos
vText

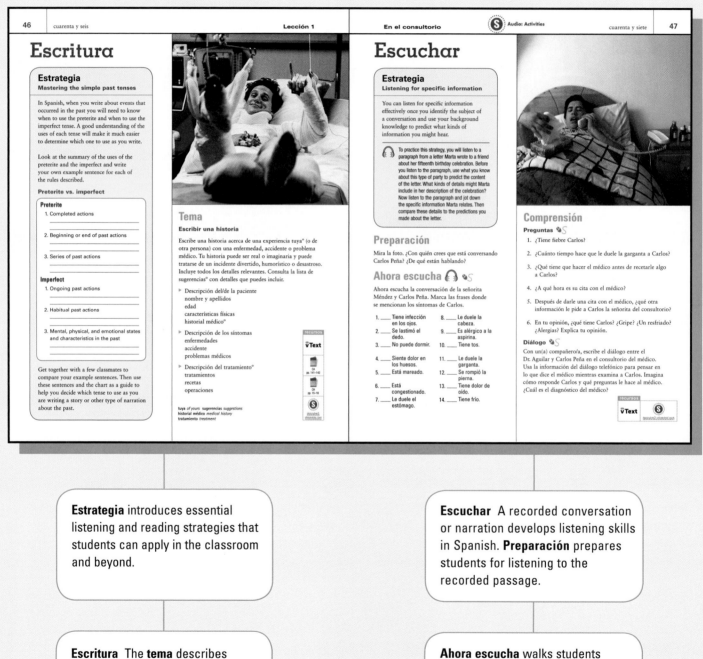

**Estrategia** introduces essential listening and reading strategies that students can apply in the classroom and beyond.

**Escritura** The **tema** describes the writing topic and includes suggestions for approaching it.

**Escuchar** A recorded conversation or narration develops listening skills in Spanish. **Preparación** prepares students for listening to the recorded passage.

**Ahora escucha** walks students through the passage, and **Comprensión** checks their understanding of what they heard.

# Adelante

## *En pantalla* and *Oye cómo va* present an authentic television clip and song tied to the lesson theme.

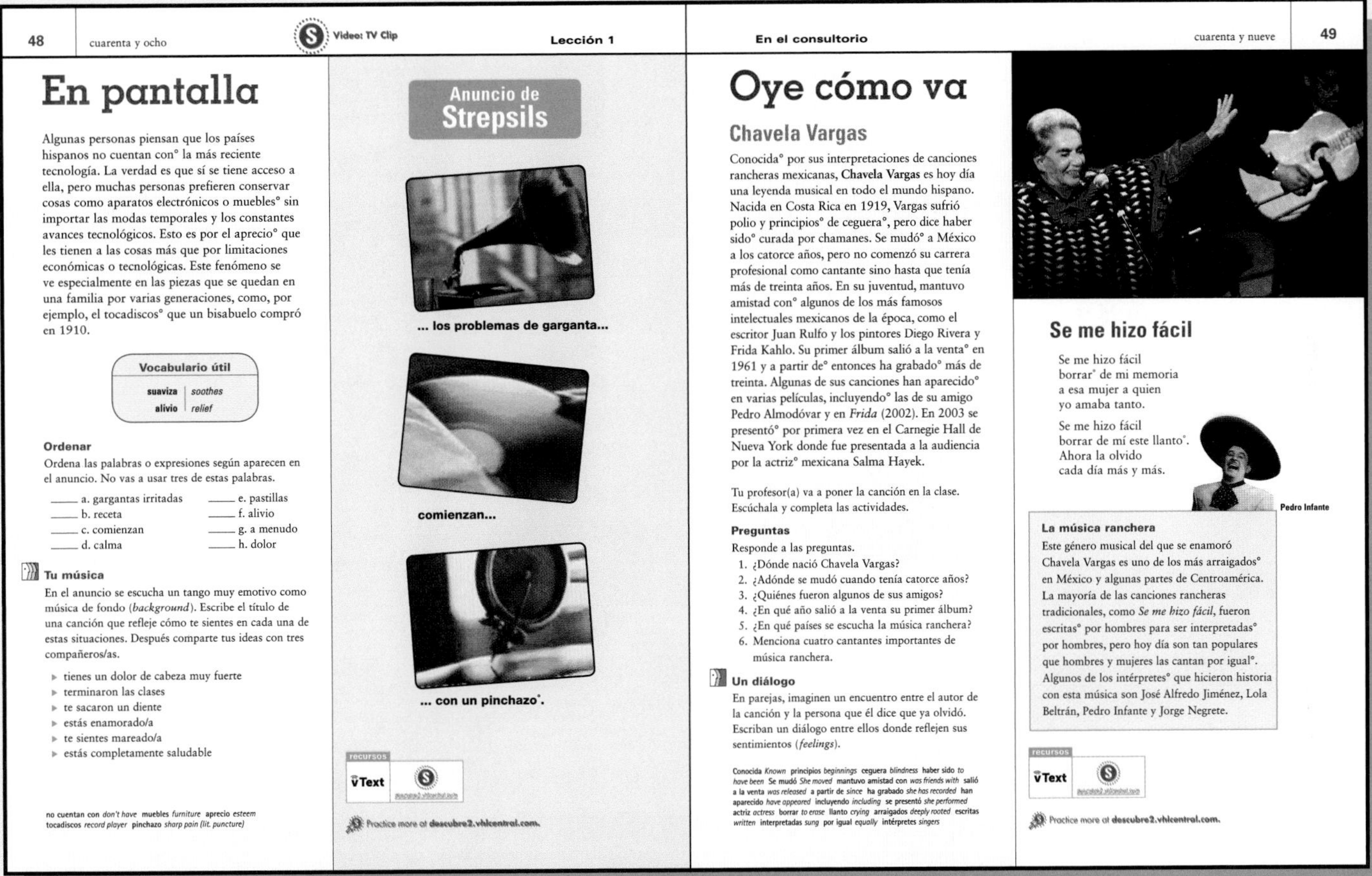

48 cuarenta y ocho | Video: TV Clip | Lección 1

# En pantalla

Algunas personas piensan que los países hispanos no cuentan con° la más reciente tecnología. La verdad es que sí se tiene acceso a ella, pero muchas personas prefieren conservar cosas como aparatos electrónicos o muebles° sin importar las modas temporales y los constantes avances tecnológicos. Esto es por el aprecio° que les tienen a las cosas más que por limitaciones económicas o tecnológicas. Este fenómeno se ve especialmente en las piezas que se quedan en una familia por varias generaciones, como, por ejemplo, el tocadiscos° que un bisabuelo compró en 1910.

**Vocabulario útil**

| | |
|---|---|
| **suaviza** | *soothes* |
| **alivio** | *relief* |

**Ordenar**

Ordena las palabras o expresiones según aparecen en el anuncio. No vas a usar tres de estas palabras.

| | |
|---|---|
| ____ a. gargantas irritadas | ____ e. pastillas |
| ____ b. receta | ____ f. alivio |
| ____ c. comienzan | ____ g. a menudo |
| ____ d. calma | ____ h. dolor |

**Tu música**

En el anuncio se escucha un tango muy emotivo como música de fondo (*background*). Escribe el título de una canción que refleje cómo te sientes en cada una de estas situaciones. Después comparte tus ideas con tres compañeros/as.

- tienes un dolor de cabeza muy fuerte
- terminaron las clases
- te sacaron un diente
- estás enamorado/a
- te sientes mareado/a
- estás completamente saludable

**no cuentan con** *don't have* **muebles** *furniture* **aprecio** *esteem* **tocadiscos** *record player* **pinchazo** *sharp pain (lit. puncture)*

Anuncio de Strepsils

... los problemas de garganta...

comienzan...

... con un pinchazo°.

recursos: vText | descubre2.vhlcentral.com

Practice more at **descubre2.vhlcentral.com.**

En el consultorio | cuarenta y nueve 49

# Oye cómo va

## Chavela Vargas

Conocida° por sus interpretaciones de canciones rancheras mexicanas, **Chavela Vargas** es hoy día una leyenda musical en todo el mundo hispano. Nacida en Costa Rica en 1919, Vargas sufrió polio y principios° de ceguera°, pero dice haber sido° curada por chamanes. Se mudó° a México a los catorce años, pero no comenzó su carrera profesional como cantante sino hasta que tenía más de treinta años. En su juventud, mantuvo amistad con° algunos de los más famosos intelectuales mexicanos de la época, como el escritor Juan Rulfo y los pintores Diego Rivera y Frida Kahlo. Su primer álbum salió a la venta° en 1961 y a partir de° entonces ha grabado° más de treinta. Algunas de sus canciones han aparecido° en varias películas, incluyendo° las de su amigo Pedro Almodóvar y en *Frida* (2002). En 2003 se presentó° por primera vez en el Carnegie Hall de Nueva York donde fue presentada a la audiencia por la actriz° mexicana Salma Hayek.

Tu profesor(a) va a poner la canción en la clase. Escúchala y completa las actividades.

**Preguntas**

Responde a las preguntas.

1. ¿Dónde nació Chavela Vargas?
2. ¿Adónde se mudó cuando tenía catorce años?
3. ¿Quiénes fueron algunos de sus amigos?
4. ¿En qué año salió a la venta su primer álbum?
5. ¿En qué países se escucha la música ranchera?
6. Menciona cuatro cantantes importantes de música ranchera.

**Un diálogo**

En parejas, imaginen un encuentro entre el autor de la canción y la persona que él dice que ya olvidó. Escriban un diálogo entre ellos donde reflejen sus sentimientos (*feelings*).

**Conocida** *Known* **principios** *beginnings* **ceguera** *blindness* **haber sido** *to have been* **Se mudó** *She moved* **mantuvo amistad con** *was friends with* **salió a la venta** *was released* **a partir de** *since* **ha grabado** *she has recorded* **han aparecido** *have appeared* **incluyendo** *including* **se presentó** *she performed* **actriz** *actress* **borrar** *to erase* **llanto** *crying* **arraigados** *deeply rooted* **escritas** *written* **interpretadas** *sung* **por igual** *equally* **intérpretes** *singers*

### Se me hizo fácil

Se me hizo fácil
borrar° de mi memoria
a esa mujer a quien
yo amaba tanto.

Se me hizo fácil
borrar de mí este llanto°.
Ahora la olvido
cada día más y más.

Pedro Infante

**La música ranchera**

Este género musical del que se enamoró Chavela Vargas es uno de los más arraigados° en México y algunas partes de Centroamérica. La mayoría de las canciones rancheras tradicionales, como *Se me hizo fácil*, fueron escritas° por hombres para ser interpretadas° por hombres, pero hoy día son tan populares que hombres y mujeres las cantan por igual°. Algunos de los intérpretes° que hicieron historia con esta música son José Alfredo Jiménez, Lola Beltrán, Pedro Infante y Jorge Negrete.

recursos: vText | descubre2.vhlcentral.com

Practice more at **descubre2.vhlcentral.com.**

**En pantalla** TV clips from all over the Spanish-speaking world give exposure to authentic language. The clips, one per lesson, include commercials, newscasts, and TV shows, and feature the language, vocabulary, and theme of the lesson.

**Supersite icons** and **Recursos** boxes lead students to the Supersite (descubre2.vhlcentral.com), where they can view the TV clip and get further practice.

**Activities** A series of activities checks students' comprehension of the material and expands on the ideas presented.

**Oye cómo va** A biography of an artist from the featured country introduces students to the music of the Spanish-speaking world. Sample lyrics, photos, and explanations of the genre accompany the biography.

## Panorama

# presents the nations of the Spanish-speaking world.

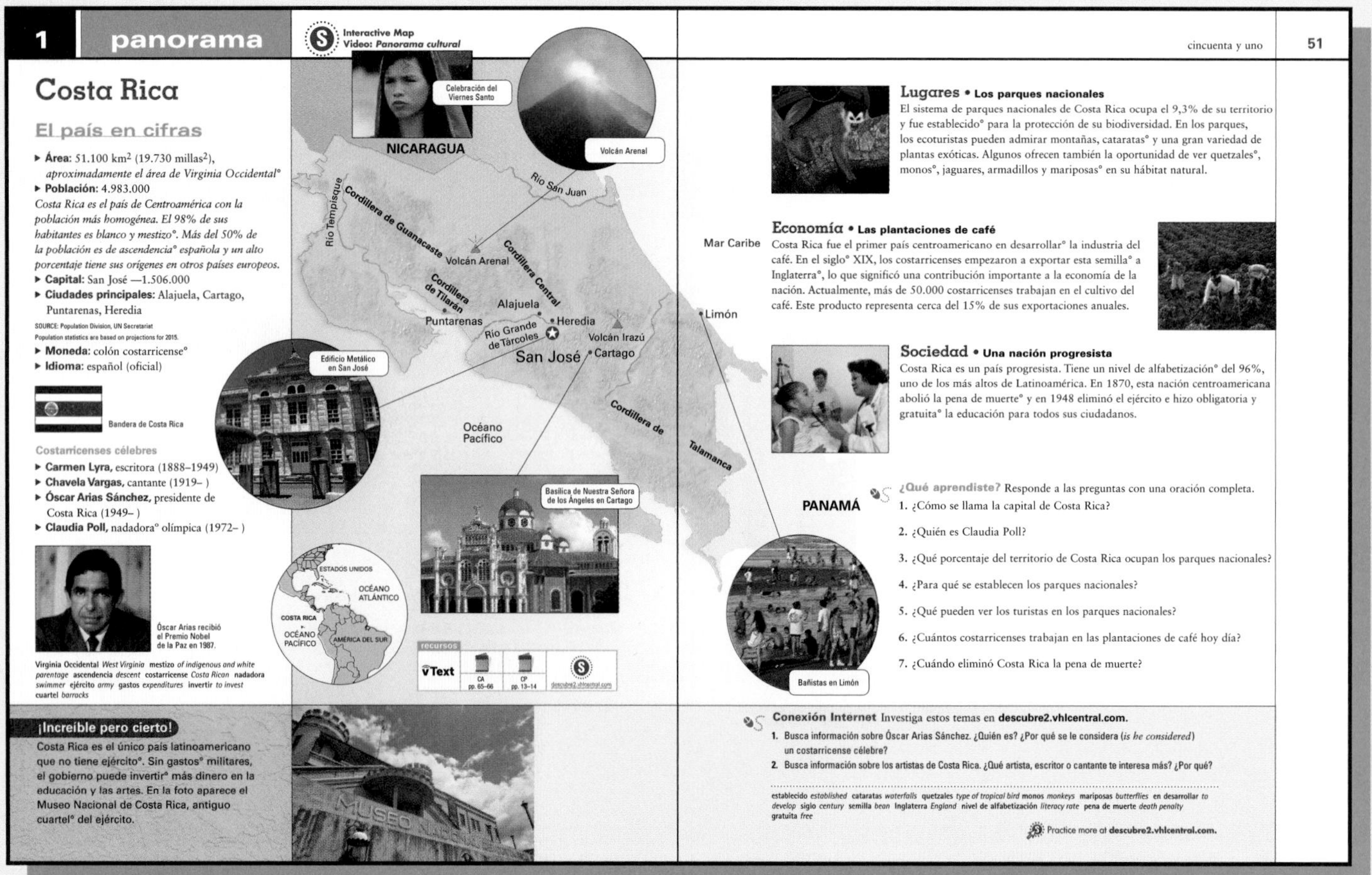

1 panorama

Interactive Map
Video: Panorama cultural

cincuenta y uno 51

## Costa Rica

### El país en cifras

- **Área:** 51.100 km² (19.730 millas²), *aproximadamente el área de Virginia Occidental°*
- **Población:** 4.983.000

*Costa Rica es el país de Centroamérica con la población más homogénea. El 98% de sus habitantes es blanco y mestizo°. Más del 50% de la población es de ascendencia° española y un alto porcentaje tiene sus orígenes en otros países europeos.*

- **Capital:** San José —1.506.000
- **Ciudades principales:** Alajuela, Cartago, Puntarenas, Heredia

SOURCE: Population Division, UN Secretariat
Population statistics are based on projections for 2015.

- **Moneda:** colón costarricense°
- **Idioma:** español (oficial)

Bandera de Costa Rica

**Costarricenses célebres**

- **Carmen Lyra,** escritora (1888–1949)
- **Chavela Vargas,** cantante (1919– )
- **Óscar Arias Sánchez,** presidente de Costa Rica (1949– )
- **Claudia Poll,** nadadora° olímpica (1972– )

Óscar Arias recibió el Premio Nobel de la Paz en 1987.

**Virginia Occidental** *West Virginia* **mestizo** *of indigenous and white parentage* **ascendencia** *descent* **costarricense** *Costa Rican* **nadadora** *swimmer* **ejército** *army* **gastos** *expenditures* **invertir** *to invest* **cuartel** *barracks*



### ¡Increíble pero cierto!

Costa Rica es el único país latinoamericano que no tiene ejército°. Sin gastos° militares, el gobierno puede invertir° más dinero en la educación y las artes. En la foto aparece el Museo Nacional de Costa Rica, antiguo cuartel° del ejército.

### Lugares • Los parques nacionales

El sistema de parques nacionales de Costa Rica ocupa el 9,3% de su territorio y fue establecido° para la protección de su biodiversidad. En los parques, los ecoturistas pueden admirar montañas, cataratas° y una gran variedad de plantas exóticas. Algunos ofrecen también la oportunidad de ver quetzales°, monos°, jaguares, armadillos y mariposas° en su hábitat natural.

### Economía • Las plantaciones de café

Costa Rica fue el primer país centroamericano en desarrollar° la industria del café. En el siglo° XIX, los costarricenses empezaron a exportar esta semilla° a Inglaterra°, lo que significó una contribución importante a la economía de la nación. Actualmente, más de 50.000 costarricenses trabajan en el cultivo del café. Este producto representa cerca del 15% de sus exportaciones anuales.

### Sociedad • Una nación progresista

Costa Rica es un país progresista. Tiene un nivel de alfabetización° del 96%, uno de los más altos de Latinoamérica. En 1870, esta nación centroamericana abolió la pena de muerte° y en 1948 eliminó el ejército e hizo obligatoria y gratuita° la educación para todos sus ciudadanos.

**¿Qué aprendiste?** Responde a las preguntas con una oración completa.

1. ¿Cómo se llama la capital de Costa Rica?
2. ¿Quién es Claudia Poll?
3. ¿Qué porcentaje del territorio de Costa Rica ocupan los parques nacionales?
4. ¿Para qué se establecen los parques nacionales?
5. ¿Qué pueden ver los turistas en los parques nacionales?
6. ¿Cuántos costarricenses trabajan en las plantaciones de café hoy día?
7. ¿Cuándo eliminó Costa Rica la pena de muerte?

**Conexión Internet** Investiga estos temas en **descubre2.vhlcentral.com.**

1. Busca información sobre Óscar Arias Sánchez. ¿Quién es? ¿Por qué se le considera (*is he considered*) un costarricense célebre?
2. Busca información sobre los artistas de Costa Rica. ¿Qué artista, escritor o cantante te interesa más? ¿Por qué?

**establecido** *established* **cataratas** *waterfalls* **quetzales** *type of tropical bird* **monos** *monkeys* **mariposas** *butterflies* **en desarrollar** *to develop* **siglo** *century* **semilla** *bean* **Inglaterra** *England* **nivel de alfabetización** *literacy rate* **pena de muerte** *death penalty* **gratuita** *free*

Practice more at **descubre2.vhlcentral.com.**

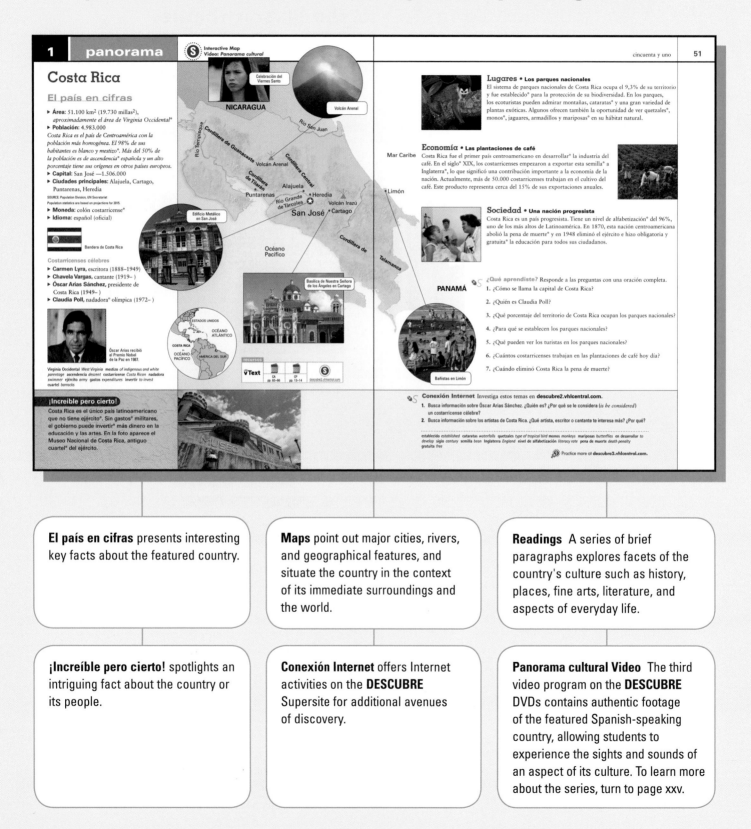

**El país en cifras** presents interesting key facts about the featured country.

**Maps** point out major cities, rivers, and geographical features, and situate the country in the context of its immediate surroundings and the world.

**Readings** A series of brief paragraphs explores facets of the country's culture such as history, places, fine arts, literature, and aspects of everyday life.

**¡Increíble pero cierto!** spotlights an intriguing fact about the country or its people.

**Conexión Internet** offers Internet activities on the **DESCUBRE** Supersite for additional avenues of discovery.

**Panorama cultural Video** The third video program on the **DESCUBRE** DVDs contains authentic footage of the featured Spanish-speaking country, allowing students to experience the sights and sounds of an aspect of its culture. To learn more about the series, turn to page xxv.

## DESCUBRE provides everything you need to make sure your students succeed.

### Teacher Materials

- **Teacher's Resource CD**
  The Teacher's Resource CD delivers the teacher materials marked with an * in the following descriptions, all on one convenient CD.
- **Teacher's Annotated Edition**
  The Teacher's Annotated Edition contains a wealth of teaching information designed to support teaching in the classroom and to save preparation time.
- **Textbook CD**
  This audio program, recorded by native Spanish speakers, integrates directly with the **Contextos** and **Vocabulario** sections of the textbook.
- **Video Program on DVD**
  Three separate video programs provide linguistic and cultural input. The **Fotonovela** program features a storyline closely integrated with the lesson's content. The thematically based **Flash cultura** program expands on the content presented in the **Cultura** section of the textbook. The **Panorama cultural** program contains authentic footage and narrations about the Spanish-speaking countries featured in **Panorama** in the textbook.
- **Audio Activity CD**
  The Audio Program provides the recordings to be used in conjunction with the audio activities in the **DESCUBRE Cuaderno de actividades**. It is available in a variety of audio formats to suit your classroom needs.
- **Supersite, powered by MAESTRO®**
  The **DESCUBRE** Supersite utilizes the power of MAESTRO® to provide tracking, grading, and monitoring of student performance and to facilitate communication with the class. Teachers have access to the student site, as well as the entire Teacher Package.
- **Audio and Video Scripts ***
  The Audio and Video Scripts contain the Textbook Audio Program and the Audio Program scripts; the Video scripts; and English translations of the Video scripts.
- **Answer Keys ***
  This contains answers to activities in the **Cuaderno de práctica** and the **Cuaderno de actividades**.
- **Overhead Transparencies ***
  The Overhead Transparencies include maps, drawings to reinforce vocabulary, and other useful illustrations for presenting or practicing other concepts. They are available as PDFs as well.
- **Testing Program ***
  The Testing Program consists of four versions of tests for each textbook lesson, a final exam, listening scripts, answer keys, and suggestions for oral tests. It is provided in ready-to-print PDFs, in RTF word-processing files, and in a Test Generator (Test Generator provided on separate CD only). Testing audio files are also available.

*Materials also available on Teacher's Resource CD and Instructor Supersite

### Student Materials

- **NEW! vText**
  Dynamic and easy-to-use, the **DESCUBRE vText** pages link to practice activities as well as the audio and video programs. The **vText** is connected to the instructor gradebook, allowing students to see assignments and grades right on the page. The **vText** provides a learning environment that will engage and support students.
- **Cuaderno de actividades**
  The **Cuaderno de actividades** offers audio activities that build listening comprehension, speaking, and pronunciation skills, as well as video activities for pre-, while-, and post-viewing of the video programs. It also provides worksheets for paired communication activities, making it an invaluable supplement for your classroom.
- **Cuaderno de práctica**
  The **Cuaderno de práctica** provides additional practice and comprehension of the vocabulary, grammar, and cultural information presented in **Panorama** in each textbook lesson. The **Cuaderno de práctica** is a practical homework option for your students.
- **e-Cuaderno powered by MAESTRO®**
  The **e-Cuaderno** contains the **Cuaderno de práctica** and the audio and video activities from the **Cuaderno de actividades** in an online environment powered by the MAESTRO® engine.
- **Cuaderno para hispanohablantes**
  For classrooms that require differentiated instruction, this workbook (only available in print) focuses on the development of reading and writing skills for students who have grown up in a Spanish-speaking family environment but have had little or no formal Spanish language training.
- **Supersite powered by MAESTRO®**
  The **DESCUBRE** Supersite includes, in an auto-graded format, activities found in the textbook; additional, auto-graded activities with feedback for practice, expansion, and research; the complete audio and video programs; and much more!
- **Pocket Dictionary & Language Guide**
  The VHL Intro Spanish Pocket Dictionary & Language Guide is a portable reference for Spanish words, expressions, idioms, and more, created expressly to complement and expand the vocabulary in the student text.

# The Vista Higher Learning Story

## Your Specialized Foreign Language Publisher

Independent, specialized, and privately owned, Vista Higher Learning was founded in 2000 with one mission: to raise the teaching and learning of world languages to a higher level. This mission is based on the following beliefs:

- It is essential to prepare students for a world in which learning another language is a necessity, not a luxury.
- Language learning should be fun and rewarding, and all students should have the tools necessary for achieving success.
- Students who experience success learning a language will be more likely to continue their language studies both inside and outside the classroom.

With this in mind, we decided to take a fresh look at all aspects of language instructional materials. Because we are specialized, we dedicate 100 percent of our resources to this goal and base every decision on how well it supports language learning.

That is where you come in. Since our founding in 2000, we have relied on the continuous and invaluable feedback from language instructors and students nationwide. This partnership has proved to be the cornerstone of our success, allowing us to constantly improve our programs to meet your instructional needs.

The result? Programs that make language learning exciting, relevant, and effective through:

- an unprecedented access to resources
- a wide variety of contemporary, authentic materials
- the integration of text, technology, and media
- a bold and engaging textbook design

By focusing on our singular passion, we let you focus on yours.

The Vista Higher Learning Team

31 St. James Avenue Boston, MA 02116-4104 TOLLFREE: 800-618-7375
TELEPHONE: 617-426-4910 FAX: 617-426-5209 **www.vistahigherlearning.com**

# DESCUBRE and the *Standards for Foreign Language Learning*

**DESCUBRE** promotes and enhances student learning and motivation through its instructional design, based on and informed by the best practices of the *Standards for Foreign Language Learning in the 21st Century* (American Council on the Teaching of Foreign Languages).

**DESCUBRE** blends the underlying principles of the five C's (Communication, Cultures, Connections, Comparisons, Communities) with features and strategies tailored specifically to build students' speaking, listening, reading, and writing skills. As a result, right from the start students are given the tools to express themselves articulately, interact meaningfully with others, and become highly competent communicators in Spanish.

## The Five C's of Foreign Language Learning

### Communication

**Students:**

1. Engage in conversation, provide and obtain information, express feelings and emotions, and exchange opinions. (Interpersonal mode)
2. Understand and interpret written and spoken language. (Interpretive mode)
3. Present information, concepts, and ideas to an audience of listeners or readers. (Presentational mode)

### Cultures

**Students demonstrate an understanding of the relationship between:**

1. The practices and perspectives of the culture studied.
2. The products and perspectives of the culture studied.

### Connections

**Students:**

1. Reinforce and further their knowledge of other disciplines through Spanish.
2. Acquire information and recognize distinctive viewpoints only available through Spanish language and cultures.

### Comparisons

**Students demonstrate understanding of:**

1. The nature of language through comparisons of the Spanish language and their own.
2. The concept of culture through comparisons of the cultures studied and their own.

### Communities

**Students:**

1. Use Spanish both within and beyond the school setting.
2. Show evidence of becoming life-long learners by using Spanish for personal enjoyment and enrichment.

Adapted from ACTFL's *Standards for Foreign Language Learning in the 21st Century*

# Good Teaching Practices

The design and format of the presentations and activities in the **DESCUBRE** program incorporate research-based instructional principles to address your instructional needs and goals.

### Contextualized Vocabulary

Vocabulary concepts are explicitly presented, carefully organized, and frequently reviewed—always in context—to reinforce student understanding. Each lesson provides ample opportunities for students to practice and work with all the vocabulary they have learned up to that point. The **Contextos** section presents vocabulary in meaningful contexts and reinforces new words, phrases, and expressions through varied and engaging practice activities.

### Ongoing Comprehensible Input

The *Fotonovela* Video Program features conversations that reinforce vocabulary from **Contextos**. The video storyboard—the companion script with accompanying visuals in the textbook—provides students with instructional reinforcement and preparation that ensure successful and confident use of Spanish.

### Contextualized Grammar

Grammatical terms are clearly and concisely defined in the **Estructura** section. Grammatical structures are carefully called out and modeled with sample context sentences. Students are encouraged to apply their knowledge of English grammar to make comparisons with grammatical concepts in Spanish.

### Communication

The language practice activities provided in the **Contextos** and **Estructura** sections are carefully designed to progress from directed to open-ended to fully communicative, all within context-based, personalized activities. The varied **Comunicación** and **Síntesis** activity formats include pair and small-group work, class interaction, and task-based, to name a few. The **DESCUBRE** program offers ample opportunities for all types of learners to demonstrate what they can do with the vocabulary and grammar they have learned.

### Cultural Context for Learning

Language learning, like any academic subject, requires context. Without it, the vocabulary and grammar students learn lack real meaning. Culture is the framework that provides the necessary context to students. It adds depth and color to their linguistic landscape, and over time it becomes a powerful incentive for continued study.

Culture is a prominent feature of the **DESCUBRE** program. Students are continually prompted to use Spanish in different cultural contexts and to use critical thinking skills to make connections and comparisons to their own culture. In particular, the **Cultura** and **Panorama** textbook sections, with their respective emphases on culture from thematic and geographical perspectives, provide opportunities for teaching Spanish in a cultural context. In addition to the cultural material in the textbook, you can enrich your students' learning experience with the ***Flash cultura*** and ***Panorama cultural*** videos and by bringing to the classroom authentic items from different Hispanic cultures, such as restaurant menus, songs, poetry, podcasts, documentaries, or films.

# Universal Access

You can build a unique classroom community by engaging all students and encouraging them to participate regularly in class. Knowing how to appeal to learners of different abilities and learning styles will allow you to foster a positive teaching environment and motivate all your students.

Here are some strategies for creating inclusive learning environments for students who are cognitively, emotionally, or physically challenged as well as for heritage language and advanced learners.

## Learners with Special Needs

Learners with special needs include students with attention priority disorders, students with learning disabilities, slower-paced learners, at-risk learners, and English-language learners. Some inclusion strategies that work well with the special needs of such students are:

**Clear Structure** By teaching concepts related to language in a predictable or understandable order, you can help students classify language in logical groups. For example, encourage students to keep outlines of materials they read, classify words under categories such as colors, shapes, etc., or follow prewriting steps.

**Frequent Review and Repetition** Preview material to be taught and review material covered at the end of each lesson. Pair proficient learners with less proficient ones to practice and reinforce concepts. Help students retain concepts through continuous practice and review.

**Multi-sensory Input and Output** Use visual, auditory, and kinesthetic tasks and activities to add interest and motivation, and to achieve long-term retention. For example, vary input with the use of audio recordings, video, guided visualization, rhymes, and mnemonics. Or use specially prepared displays for emphasizing key vocabulary and concepts. Encourage students to repeat words or mime responses to questions.

**Sentence Completion** Provide sentence starters for students who struggle to remember vocabulary or grammar. Emphasize different sentence structures. Write cloze sentences and encourage students to copy them before filling in blanks.

**Additional Time** Consider how physical limitations may affect participation in special projects or daily routines. Allow extra time for completing a task or moving around the classroom. Provide additional time and recommended accommodations for hearing-impaired or visually-impaired students.

## Advanced Learners

Advanced learners have the potential to learn language concepts and complete assignments at an accelerated pace. They may be enrolled in school programs such as Advanced Placement or International Baccalaureate that require them to sharpen writing and problem-solving skills, study subjects in greater detail, and develop the study skills needed for tackling rigorous coursework.

As a result, advanced learners may benefit from assignments that are more challenging than the ones given to their peers. Examples include reading a variety of texts and sharing their perspectives with the class, retelling detailed stories, preparing analyses of texts, or adding to discussions. The key to differentiating for advanced learners is adapting or enriching existing activities by adding a degree of challenge to a given task. Here are some strategies for engaging advanced learners:

**Timed Answers** Have students answer questions within a specified time limit.

**Persuading** Adapt activities so students have to write or present their points of view in order to persuade an audience. Pair or group advanced learners to form debating teams and have them present their opinions on a lesson topic to the rest of the class.

**Circumlocution** Prompt students to discover various ways of expressing ideas and of overcoming potential blocks to communication through the use of circumlocution and paraphrasing.

**Identifying Cause and Effect** After reading passages in the text or other types of writing, students should explain why something happened and what followed as a result. Encourage them to vary vocabulary and use precise words and appropriate conjunctions to indicate sequence and the relation between events.

### Heritage Language Learners

Heritage language learners are students who come from homes where a language other than English is spoken. Spanish heritage learners are likely to have adequate comprehension and conversation skills (although oral proficiency levels may vary widely), but they could require as much explicit instruction of reading and writing skills as their non-heritage peers. Because of their background, heritage language learners can attain, with instruction adapted to their needs, a high level of proficiency and literacy in Spanish. In addition to the suggestions provided in the Heritage Learner notes in the Teacher's Annotated Edition, you may want to incorporate some of the following strategies for harnessing bilingualism and biculturalism among this student population:

**Support and Validate Experiences** Acknowledge students' experiences with Spanish and their heritage culture and encourage them to share what they know with the class.

**Focus on Accuracy** Alert students to common spelling and grammatical errors made by native speakers, such as distinguishing between **c**, **s**, and **z** or **b** and **v** and appropriate use of irregular verb forms such as **hubo** instead of **hubieron**.

**Develop Literacy and Writing Skills** Help students focus on reading as well as grammar, punctuation, and syntax skills, but be careful not to assign a workload significantly greater than what is assigned to non-heritage learners.

For each level of the **DESCUBRE** program, the **Cuaderno para hispanohablantes** supports the two latter strategies with materials developed specifically for heritage learners. Each lesson of the **Cuaderno** focuses on the development of reading and writing skills, while also providing vocabulary, grammar, and spelling practice appropriate for heritage language learners.

### All Learners

**Use Technology to Reach All Learners** No matter what their ability level or learning style, students are surrounded by technology. Many are adept at using it to understand their world. They use it enthusiastically, but they need your guidance in how to use it for learning Spanish. You can use technology to customize your students' learning experience by providing materials for visual, auditory, and kinesthetic learners, as well as for learners who need more time to accomplish certain tasks.

The **DESCUBRE** program provides a wide range of technology that is designed to make sure that all your students, no matter what their home or school environment, have equal access to all instructional materials—and to success.

| Level of Computer Access | | | |
|---|---|---|---|
| | **None** | **Moderate** | **High** |
| **Practice activities** | Textbook | Textbook, Supersite, and vText | Textbook, Supersite, and vText |
| **Audio** | Audio CDs | Supersite and vText | Supersite, **e-Cuaderno,** and vText |
| **Audio activities** | Textbook and **Cuaderno de actividades** | Supersite and vText | Supersite, **e-Cuaderno,** and vText |
| **Video** | Video DVD | Supersite and vText | Supersite, **e-Cuaderno,** and vText |
| **Video activities** | Textbook and **Cuaderno de actividades** | Supersite and vText | Supersite, **e-Cuaderno,** and vText |
| **Homework** | **Cuaderno de práctica** | **Cuaderno de práctica** | **e-Cuaderno** |

If your students have no access to computers, you can bring audio and video into your classroom with the Textbook and Audio Program CDs and the Video DVDs. Accompanying activities are found in both the textbook and the **Cuaderno de actividades.** If you wish, you can use the **Cuaderno de práctica** for homework to reinforce concepts learned in class.

If students have access to computers through your classroom or a school language lab, they can complete activities on the **DESCUBRE** Supersite and vText. Supersite activities include interactive flashcards, games, self-quizzes, and more. The vText makes the print textbook come alive, and both are connected to an online gradebook.

If all students have access to computers at home as well as at school, consider having them use the **e-Cuaderno**, which incorporates the **Cuaderno de práctica** with the audio and video activities from the **Cuaderno de actividades** in an online, auto-graded format, connected to a gradebook.

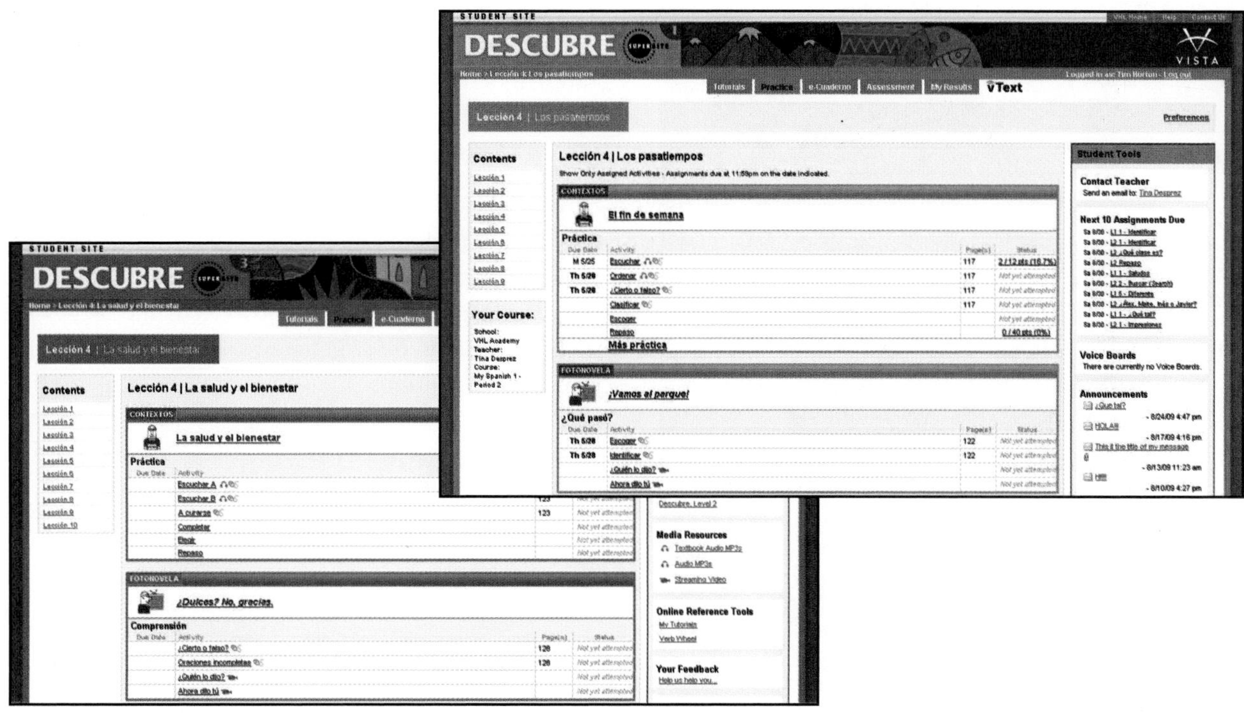

# Classroom Environment

The creators of **DESCUBRE** understand that there are many different approaches to successful language teaching and that no one method works perfectly for all teachers or all learners. The strategies and tips provided in this Teacher's Annotated Edition take into account the many widely accepted language-teaching methods applied by successful teachers today.

### Strategies for Creating a Communicative Learning Community

The aim of communicative learning is to develop oral and listening proficiency, literacy skills, and cultural knowledge in order to have meaningful exchanges with others through conversation, writing, listening, and viewing. Think of communicative interaction as being an instructional method as well as the ultimate reason for learning Spanish.

Apply the following strategies to address challenges commonly faced by Spanish-language learners. Good strategies will help your students gain confidence to communicate clearly, fully, accurately, personally, and confidently. Always focus on ways to engage students and increase meaningful interaction.

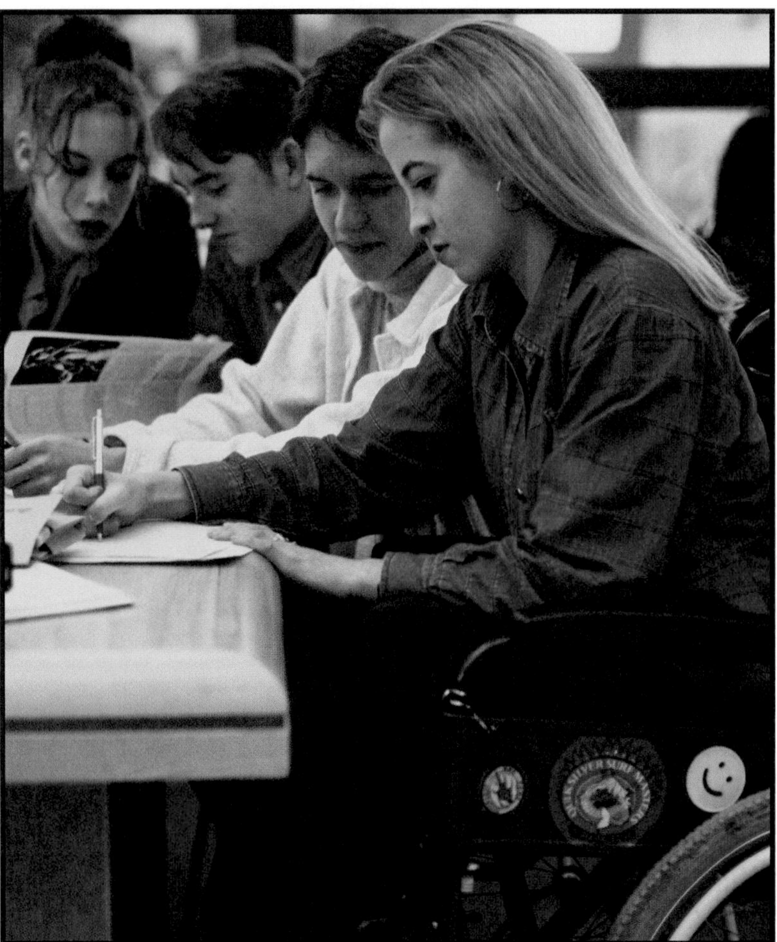

### Maintain the Target Language

As much as possible, create an immersion environment by using Spanish to *teach* Spanish. Encourage the exclusive use of the target language in your classroom, employing visual aids, circumlocution, or gestures to complement what you say. Encourage students to perceive meaning directly through careful listening and observation, and by using cognates and familiar structures and patterns to deduce meaning. Employ mnemonics, and encourage students to develop strategies to expand and retain their knowledge of Spanish.

### Accommodate Different Learning Styles

**Visual Learners** learn best by seeing, so engage them in activities and projects that are visually creative. Encourage them to write down information and think in pictures as a long-term retention strategy; reinforce their learning through visual displays such as diagrams, videos, and handouts.

**Auditory Learners** best retain information by listening. Engage them in discussions, debates, and role-playing. Reinforce their learning by playing audio versions of texts or reading aloud passages and stories. Encourage them to pay attention to voice, tone, and pitch to infer meaning.

**Kinesthetic Learners** learn best through moving, touching, and doing hands-on activities. Involve such students in skits and dramatizations; to infer or convey meaning, have them observe or model gestures such as those used for greeting someone or getting someone's attention.

### Cultivate Critical Thinking

Prompt students to reflect, observe, reason, and form judgments in Spanish. Engaging students in activities that require them to compare, contrast, predict, criticize, and estimate will help them to internalize the language structures they have learned.

## Encourage Cooperative Learning

There are many reasons for encouraging cooperative learning among your students, particularly in the context of Spanish-language learning. Pair or group students of differing abilities and levels of proficiency to encourage peer coaching, promote student self-confidence, help enhance individual and group social skills and promote positive relations in your classroom.

Pair and group work can promote learning and achievement among students, create positive learning experiences, and improve students' abilities to retain information for longer periods of time.

Monitor group interactions and presentations regularly. Allow for flexible grouping and encourage movement within and among groups, so that group leaders and facilitators as well as group members are constantly changing. If possible, match students with common interests to encourage them to engage in conversation and share knowledge. You may want to allow for equal special needs or heritage learner representation among groups, when possible, to allow for different perspectives.

## Consider the Affective Dimension

While many factors contribute to the quality and success rate of learning experiences, two factors are particularly important to language learning. One is students' beliefs about how language is learned; the other is language-learning anxiety.

As studies show, students often come to language classes either with a lack of knowledge about how to approach language learning or with mistaken notions about how to do so. Mistaken and unrealistic beliefs can cause frustration, significantly undermining students' ability to achieve a successful language-learning experience.

Similarly, language learning anxiety can have a negative impact on students. The late Dr. Philip Redwine Donley, **DESCUBRE** co-author and author of articles on language-learning anxiety, spoke with many students who reported feeling nervous or apprehensive in their classes. They mentioned "freezing" when called on by their teachers or going inexplicably blank when taking tests. Some students so dreaded their classes that they consistently skipped them or even dropped the course.

**DESCUBRE** contains several features designed to reduce students' language anxiety. Its structured, visually dramatic interior design was conceived as a learning tool to make students feel comfortable with the content and confident about navigating the lessons. The Teacher's Annotated Edition includes recurring *Affective Dimension* annotations with suggestions for managing and reducing language-learning anxieties. The student text provides a wealth of helpful sidebars that assist students by making immediately relevant connections with new information or reminding them of previously learned concepts.

### Student Sidebars

| | |
|---|---|
| **¡Atención!** | Provides active, testable information about the vocabulary or grammar point |
| **Ayuda** | Offers specific grammar and vocabulary reminders related to a particular activity or suggests pertinent language-learning strategies |
| **Consulta** | References related material introduced in previous or upcoming lessons |
| **¡Lengua viva!** | Presents immediately relevant information on everyday language use |
| **Nota cultural** | Provides a wide range of cultural information relevant to the topic of an activity or section |

# The Four Skills and Grammar

Effective second-language teaching equips students with the ability to recognize, understand, and produce the target language. Think of listening and reading as forms of input, and focus on speaking and writing as student output.

## Listening/Speaking Skills

As students begin to study Spanish, it is likely that they will expect to need to recognize every word they hear in order to understand. The audio and video materials in the **DESCUBRE** program build on what students have already learned but also introduce words, phrases, and structures to which they will be exposed later. It will be important for you to train students to listen for tone, the gist of the message, and cues that will help them situate meaning, such as **ayer** or **mañana** to distinguish between past and future.

The **DESCUBRE** audio program is adaptable to the method for developing listening skills that works best for you and your students. Remind students to look for the headset icons that appear throughout the lessons, but particularly those in **Contextos** and **Escuchar**. Remind students also to approach listening passages in stages in order to understand them and to become proficient listeners.

**Three Stages of Listening** In the first stage, students should read any pre-listening strategies and post-listening activity items before listening to a passage. This will help them anticipate the main ideas as they listen to the passage the first time. Encourage them to listen to it in its entirety while jotting down words and ideas, and while keeping in mind what the comprehension items ask. Remind students that they should not expect to understand every word. As students listen to the passage a second time, they should attempt to answer as many of the activity items as they can, leaving the more challenging ones for the final time they listen to the passage. If you choose to do these activities as a class, modeling the various listening stages for students will establish constructive precedents for future listening situations, both in and out of the classroom.

**Sequence of Speaking Activities** The activities in **DESCUBRE** progress from guided to open-ended, with speaking opportunities becoming more numerous from one activity to the next. In the **Contextos** and **Estructura** sections, the activities found in the **Comunicación** panel were specifically designed to elicit abundant oral production. Often, the **Síntesis** activity in this panel is a Communication Activities worksheet that requires students to work in pairs to perform a common task. Some of these activities require students to fill in information on a worksheet. In both cases, students communicate orally with classmates in a fully open-ended context in order to complete the task.

Before starting open-ended speaking activities in any section, make sure students have practiced and understood any relevant lexical or grammatical forms by completing guided activities that precede the communicative ones. Practice circumlocution with your students on a regular basis as part of your curriculum so that it is always clear to them that talking their way around an unknown word or expression is a normal communication strategy in Spanish just as in their first language. This way, when students carry out the open-ended speaking activities in **DESCUBRE**, they should already feel comfortable expressing themselves. After any type of speaking activity, remember to review what students have said in their groups and to share the information with the entire class.

## Reading/Writing Skills

As students develop reading comprehension skills in Spanish, encourage them to evaluate texts by applying the reading strategies they learn both within and beyond the classroom. Remind them to predict or infer content by observing supporting information such as pictures and captions. Have them focus on text organization (main idea and details, order of events, and so on).

Every lesson of **DESCUBRE** contains ample reading opportunities, not only in sections with longer reading passages such as **Cultura**, **Lectura**, and **Panorama**, but also in the video still captions of **Fotonovela** and in reading passages for practicing grammar points in **Estructura** activities. As with listening practice, students should approach reading in stages.

**Three Stages of Reading** Remind students to look over pre-reading activities or strategies to familiarize themselves with the topic of the reading passage. They should also look at post-reading activities in order to anticipate the reading's theme and story details when reading the selection through the first time. At this point, they should only stop to jot down notes, but they should strive to reach the end of the selection without looking up English translations since their focus should be on understanding the gist of the passage. Remind them that it is fine if they do not understand every word.

As students read the passage a second time, they should consult the glosses of unfamiliar words or phrases, and when finished, revisit post-reading activities in order to answer as many items as possible, leaving the more difficult ones for the time being, before beginning a third or subsequent reading of the passage. Most importantly, any reading assignment should be integrated into a broader framework of tasks consisting of all the language skills, giving students the opportunity to speak, listen, and write about the reading selection's topic. To this end, consider using the reading as a springboard for pair or group discussions or a short essay soliciting students' reactions to the reading's theme.

**Writing Activities** Writing skill development should focus on meaning and comprehensibility. As needed, remind students to take into account spelling, mechanics, and a logical structure to their paragraphs.

Differentiate assignments to allow for a more accurate evaluation of individual students' abilities. For example, assign specific questions to different individuals or groups. Have each student or group answer the same number of questions, but vary the complexity of questions from group to group.

**DESCUBRE** offers many opportunities for writing practice. The most prominent is the **Escritura** section of **Adelante** and the writing activities in the **Cuaderno de actividades**, where students learn and practice strategies for becoming more proficient writers in Spanish. However, other activities in strands such as **Cultura** and **Estructura** provide writing practice with shorter tasks.

### Grammar in a Communicative Environment

Help students understand that learning Spanish is about communication; in other words, about understanding and expressing oneself. While vocabulary and grammar are the basic elements of language, rules and patterns in themselves are not the goal of Spanish study. Help students use grammar as a tool that permits them to engage in varied, meaningful, and broader written and spoken interactions in Spanish.

The **Estructura** section in **DESCUBRE** begins with clear, brief, and meaningful introductions to a limited number of concepts on which students are asked to focus. Examples (including photos) from the lesson's **Fotonovela** episode reinforce the communicative context for the grammar point. After introducing the grammar point, the **Práctica, Comunicación,** and **Síntesis** activity sequences provide an integrated and carefully sequenced progression of practice activities, moving from directed to open-ended to fully communicative, all with a context-based, personalized focus.

Students will internalize grammar faster and more efficiently if a variety of methods is applied. An implicit focus on grammar, especially when integrated into a range of communicative activities, should increase motivation and allow students to express themselves relevantly, use an acceptable level of accuracy, and, most importantly, make themselves understood.

# Assessment

As you use the **DESCUBRE** program, you can employ a variety of assessments to check for student comprehension and evaluate progress. You can also use assessment as a way to identify student needs and modify your instruction accordingly. The program provides both traditional assessments that are comprehensive in scope and elicit discrete answers, as well as less traditional ones that offer a more communicative approach by eliciting open-ended, personalized responses.

## Diagnostic Testing

The **Recapitulación** section that follows the **Estructuras** sections in each lesson of Levels 1 and 2 provides you with an informal opportunity to assess students' readiness for the listening, reading, and writing activities in the **Adelante** section. If some students need additional practice or instruction in a particular area, you can identify this before students move on.

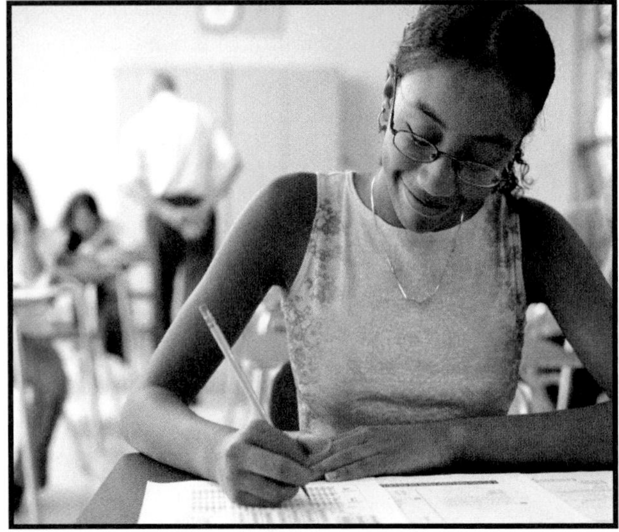

If students have moderate or high access to computers, they could complete the **Recapitulación** auto-graded quiz, also available for Level 3, on the **DESCUBRE** Supersite. After finishing the quiz, each student receives an evaluation of his or her progress, indicating areas where he or she needs to focus. The student is then presented with several options—viewing a summary chart, accessing an online tutorial, or completing some practice items—to reach an appropriate level before beginning the activities in the **Adelante** section. You will be able to monitor how well students have done through the **MAESTRO®** gradebook and be able to recommend appropriate study paths until they develop as reflective learners and can decide on their own what works best for them.

## Writing Assessment

In each lesson of Levels 1 and 2, the **Adelante** section includes an **Escritura** page that introduces a writing strategy, which students apply as they complete the writing activity. The Teacher's Annotated Edition contains suggested rubrics for evaluating students' written work.

You can also apply these rubrics to the process writing activities in the **Cuaderno de actividades** and the **Cuaderno para hispanohablantes** for all three levels of **DESCUBRE**. These activities also include suggestions for peer- and self-editing that will focus students' attention on what is important for attaining clarity in written communication, while at the same time helping them to develop into reflective language learners.

## Testing Program

The **DESCUBRE** Testing Program provides four tests for each lesson. All of the tests include listening, reading, and writing sections. There are additional sections about culture that you may choose to use, as well as oral test suggestions. **Pruebas A** and **B** are discrete-item tests that are effective measures of progress in contexts where you may want to stress a balance between form and usage, as well as communication. **Pruebas C** and **D** use open-ended formats that can be effective in contexts where the focus is primarily communication. The Testing Program also provides cumulative tests that allow you to assess students' spiraling knowledge of vocabulary and grammar and evaluate listening, speaking, reading, and writing abilities.

You can use the tests just as they appear in the printed Testing Program. They are also available on the Teacher's Resource CD and the Supersite so that you can customize the tests by adding, eliminating, or moving items according to your classroom and student needs.

### Portfolio Assessment

Portfolios can provide further valuable evidence of your students' learning. They are useful tools for evaluating students' progress in Spanish and also suggest to students how they are likely to be assessed in the real world. Since portfolio activities often comprise classroom tasks that you would assign as part of a lesson or as homework, you should think of the planning, selecting, recording, and interpreting of information about individual performance as a way of blending assessment with instruction.

You may find it helpful to refer to portfolio contents, such as drafts, essays, and samples of presentations when writing student reports and conveying the status of a student's progress to his or her parents.

Ask students regularly to consider which pieces of their own work they would like to share with family and friends, and help them develop criteria for selecting representative samples of essays, stories, poems, recordings of plays or interviews, mock documentaries, and so on. Prompt students to choose a variety of media in their activities wherever possible to demonstrate development in all four language skills. Encourage them to seek peer and parental input as they generate and refine criteria to help them organize and reflect on their own work.

### Strategies for Differentiating Assessment

Here are some strategies for modifying tests and other forms of assessment according to your students' needs and your own purposes for administering the assessment.

**Adjust Questions** Direct complex or higher-level questions to students who are equipped to answer them adequately and modify questions for students with greater needs. Always ask questions that elicit thinking, but keep in mind the students' abilities.

**Provide Tiered Assignments** Assign tasks of varying complexity depending on individual student needs. Refer to the Universal Access section on page T19 for tips on making activities simpler or more challenging.

**Promote Flexible Grouping** Encourage movement among groups of students so that all learners are appropriately challenged. Group students according to interest, oral proficiency levels, or learning styles.

**Adjust Pacing** Pace the sequence and speed of assessments to suit your students' learning needs. Time advanced learners to challenge them and allow slower-paced learners more time to complete tasks or answer questions.

## Block Scheduling and Pacing

Planning is essential to block scheduling, as it allows you to establish routines, pace instruction, integrate concepts thoroughly, and modify activities to respond to individual and group learning needs. Refer to the sample pacing guides on pages T28 and T29 for suggestions on sequencing and timing instruction. The guides have been generated to help you establish engaging routines (such as warm-ups and quick reviews) as well as use either 50- or 90-minute periods to cover lesson objectives effectively and keep students on task with receptive and productive oral and written communicative activities.

The sequence of instruction in each **DESCUBRE** lesson and accompanying activities (noted in teacher tips and the student practice workbooks) provide you with an effective instructional progression that integrates all four language skills (listening, speaking, reading, and writing) within a single class period, whatever its length.

## 50-Minute / 18-Day Suggested Lesson Pacing Guide

| | | | | |
|---|---|---|---|---|
| **Day 1** | Present Communicative Goals. Go over the contents of each section presented on the lesson opener page. 15 min | Discuss the **A primera vista** questions. Preview **Contextos** section. Present **Contextos** vocabulary. 25 min | Begin **Práctica** activities. 10 min | |
| **Day 2** | Review **Contextos** vocabulary. 10 min | Complete **Práctica** activities. 20 min | Begin **Comunicación** activities. 20 min | |
| **Day 3** | Review **Contextos** vocabulary. 10 min Complete **Comunicación** activities. 15 min | Present **Fotonovela** and **Expresiones útiles.** 15 min | Begin reading the **Fotonovela** storyboard as a class. 10 min | |
| **Day 4** | Review the **Expresiones útiles.** 10 min | Finish reading the **Fotonovela** storyboard as a class. 15 min | Show the **Fotonovela** video episode. 25 min | |
| **Day 5** | Review the **Fotonovela** and **Expresiones** útiles. 20 min | Complete the **¿Qué pasó?** activities. 20 min Preview the **Pronunciación** section. 10 min | | |
| **Day 6** | Present the **Pronunciación** section. 10 min | Present and work through the **En detalle** reading in the **Cultura** section. 25 min | Have students complete the **¿Cierto o falso?** activities. 15 min | |
| **Day 7** | Present the **Así se dice** vocabulary. Present and work through the **Perfil** reading in the **Cultura** section. 20 min | Have students finish the **Actividades** questions in the **Cultura** section. 10 min Show the **Flash cultura** video. 20 min | | |
| **Day 8** | Present and work through the first **Estructura** grammar explanation. 25 min | Have students complete the **Inténtalo** and **Práctica** activities. 25 min | | |
| **Day 9** | Review the first **Estructura** grammar explanation. 5 min | Have students complete the **Comunicación** and **Síntesis** activities. 25 min | Present and work through the second **Estructura** grammar explanation. 20 min | |
| **Day 10** | Review the second **Estructura** grammar explanation. 5 min | Have students complete the **Inténtalo** and **Práctica** activities. 20 min | Have students complete the **Comunicación** and **Síntesis** activities. 25 min | |
| **Day 11** | Present and work through the third **Estructura** grammar explanation. 20 min | Have students complete the **Inténtalo** and **Práctica** activities. 20 min | Have students begin the **Comunicación** and **Síntesis** activities. 10 min | |
| **Day 12** | Review the third **Estructura** grammar explanation. 5 min | Have students complete the **Comunicación** and **Síntesis** activities. 15 min | Present and work through the fourth **Estructura** grammar explanation. 20 min | Have students begin the **Inténtalo** and **Práctica** activities. 10 min |
| **Day 13** | Review the fourth **Estructura** grammar explanation. 5 min | Have students complete the **Inténtalo** and **Práctica** activities. 10 min | Have students complete the **Comunicación** and **Síntesis** activities. 20 min | Recycle lesson vocabulary. 15 min |
| **Day 14** | Present and work through the activities in the **Recapitulación** section. 25 min | Present and work through the **Lectura** section in **Adelante**. 25 min | | |
| **Day 15** | Present and work through the **Escritura** section in **Adelante**. 35 min | Present and work through the **Escuchar** section in **Adelante.** 15 min | | |
| **Day 16** | Present and work through the **En pantalla** section in **Adelante**. 15 min | Present and work through the **Oye cómo va** section in **Adelante**. 15 min | Present and work through the **Panorama** section. 20 min | |
| **Day 17** | Show the **Panorama cultural** video. 20 min | Review and recycle lesson vocabulary and grammar points. 30 min | | |
| **Day 18** | Administer the lesson **Prueba.** 30 min | Preview the next lesson theme. 20 min | | |

## 90-Minute (Block Schedule) / 10-Day Suggested Lesson Pacing Guide

| | | | | | |
|---|---|---|---|---|---|
| **Day 1** | Present Communicative Goals. Go over the contents of each section presented on the lesson opener page. 10 min | Discuss the **A primera vista** questions. Present **Contextos** vocabulary. 20 min | Complete **Práctica** activities. 40 min | Go over **Comunicación** activities in preparation for Day 2. 20 min | |
| **Day 2** | Review **Contextos** vocabulary. 10 min | Complete **Comunicación** activities. 35 min | Present **Fotonovela** and **Expresiones útiles.** 10 min | Read the **Fotonovela** storyboard as a class. 25 min | Wrap up and review the topics and vocabulary covered in class. 10 min |
| **Day 3** | Review **Expresiones útiles.** 10 min | Show the **Fotonovela** video episode. 25 min | Complete the **¿Qué pasó?** activities. 25 min | Present **Pronunciación.** 20 min | Wrap up lesson. 10 min |
| **Day 4** | Review **Pronunciación** section. 10 min | Present and work through the **En detalle** reading in the **Cultura** section. 35 min | Have students complete the **¿Cierto o falso?** activities. 15 min | Present the **Así se dice** vocabulary. 10 min | Work through the **Perfil** section as a class. 20 min |
| **Day 5** | Review the **Perfil** reading. 5 min | Have students finish the **Actividades** in the **Cultura** section. 10 min | Show the **Flash cultura** video. 25 min | Present and work through the first **Estructura** grammar explanation. 25 min | Have students complete the **Inténtalo** and **Práctica** activities. 25 min |
| **Day 6** | Review the first **Estructura** grammar explanation. 5 min | Have students complete **Comunicación** and **Síntesis** activities. 25 min | Present and work through the second **Estructura** grammar explanation. 20 min | Have students complete the **Inténtalo** and **Práctica** activities. 15 min | Have students complete the **Comunicación** and **Síntesis** activities. 25 min |
| **Day 7** | Review the second **Estructura** grammar explanation. 5 min | Present and work through the third **Estructura** grammar explanation. 20 min | Have students complete the **Inténtalo** and **Práctica** activities. 25 min | Have students complete the **Comunicación** and **Síntesis** activities. 25 min | Present and work through the fourth **Estructura** grammar explanation. 15 min |
| **Day 8** | Review the third and fourth **Estructura** grammar explanations. 10 min | Have students complete the **Inténtalo** and **Práctica** activities. 20 min | Have students complete the **Comunicación** and **Síntesis** activities. 25 min | Recycle lesson vocabulary. 10 min | Present and work through the activities in the **Recapitulación** section. 25 min |
| **Day 9** | Present and work through the **Lectura** and **Escritura** sections in **Adelante**. 45 min | Present and work through the **Escuchar, En pantalla**, and **Oye cómo va** sections in **Adelante**. 45 min | | | |
| **Day 10** | Present and work through the **Panorama** section. 20 min | Show the **Panorama cultural** video. 20 min | Review lesson vocabulary and grammar points. 20 min | Administer the lesson **Prueba.** 30 min | |

# Professional Resources

## Printed Resources


- American Council on the Teaching of Foreign Languages (2006). *Standards for Foreign Language Learning in the 21st Century.* Third Edition. Yonkers, NY: ACTFL.
- Brown, H. Douglas (2000). *Principles of Language Learning and Teaching.* Fourth Edition. White Plains, NY: Pearson Education.
- Crawford, L. W. (1993). *Language and Literacy Learning in Multicultural Classrooms.* Boston, MA: Allyn & Bacon.
- Hughes, Arthur (2002). *Testing for Language Teachers.* Second Edition. Cambridge, UK: Cambridge University Press.
- Kramasch, Claire (2004). *Context and Culture in Language Teaching.* Oxford, UK: Oxford University Press.
- Krashen, S.D., & Terrell, T.D. (1996). *The Natural Approach: Language Acquisition in the Classroom.* Highgreen, UK: Bloodaxe Books Ltd.
- Larsen-Freeman, D. (2000). *Techniques and Principles in Language Teaching.* Second Edition. Oxford, UK: Oxford University Press.
- Nunan, D. (1999). *Second Language Teaching and Learning.* Boston: Heinle & Heinle.
- O'Malley, J. Michael and Anna Uhl Chamot (1990). *Learning Strategies in Language Acquisition.* Cambridge, UK: Cambridge University Press.
- Ommagio Hadley, Alice (2000). *Teaching Language in Context.* Third Edition. Boston, MA: Heinle & Heinle.
- Richards, Jack C. and Rodgers, Theodore S (2001). *Approaches and Methods in Language Teaching.* Cambridge, UK: Cambridge University Press.
- Shrum, Judith L. and Glisan, Eileen W. (2005). *Teacher's Handbook: Contextualized Language Instruction.* Third Edition. Boston: Heinle & Heinle.
- Tomlinson, C. A. (1999). *The Differentiated Classroom: Responding to the Needs of Learners.* Alexandria, VA: Association for Curriculum and Supervision Development.
- Tomlinson, C.A. (2001). *How to Differentiate Instruction in Mixed-Ability Classrooms.* Alexandria, VA: Association for Curriculum and Supervision Development.


## Online resources

*American Council on the Teaching of Foreign Languages (ACTFL)*
www.actfl.org

*American Association of Teachers of Spanish and Portuguese (AATSP)*
www.aatsp.org

*Modern Language Association (MLA)*
www.mla.org

*Center for Applied Linguistics (CAL)*
www.cal.org

*Computer Assisted Language Instruction Consortium (CALICO)*
www.calico.org

*The Center for Advanced Research on Language Acquisition (CARLA)*
www.carla.acad.umn.edu

*The Joint National Committee for Languages and National Council for Languages (JNCL/NCLIS)*
www.languagepolicy.org

*International Association for Language Learning Technology (IALLT)*
http://iallt.org/

*Linguistic Society of America (LSA)*
www.lsadc.org/

*National K-12 Foreign Language Resource Center (NFLRC K-12 )*
http://nflrc.iastate.edu

*National Foreign Language Resource Center (NFLRC)*
http://nflrc.hawaii.edu

*National Capital Language Resource Center (NCLRC)*
http://www.nclrc.org

*Center for Advanced Language Proficiency Education and Research (CALPER)*
http://calper.la.psu.edu/

*Center for Applied Second Language Studies (CASLS)*
http://casls.uoregon.edu/

# Index of Cultural References

2

# DESCUBRE

## Lengua y cultura del mundo hispánico

**MEDIA EDITION**

Boston, Massachusetts

**Publisher:** José A. Blanco
**Executive Editor:** Sarah Kenney
**Managing Editor:** Paola Ríos Schaaf (Technology)
**Senior Project Manager:** Armando Brito
**Editors:** Christian Biagetti (Technology), Mónica M. González Peña, Lauren Krolick, Paula Andrea Orrego
**Production and Design Director:** Marta Kimball
**Design Manager:** Susan Prentiss
**Design and Production Team:** Sarah Cole, Sónia Teixeira, Nick Ventullo



Printed in the United States of America.

DESCUBRE Level 2 Student Edition ISBN: 978-1-60576-097-1

Library of Congress Control Number: 2009935440

1 2 3 4 5 6 7 8 9 RJ 14 13 12 11 10 09

2

# DESCUBRE

## Lengua y cultura del mundo hispánico

**MEDIA EDITION**

# Table of Contents

**cultura**



**así pasó**



**así nos gusta**



**cultura**



**estructura**



**adelante**

# Table of Contents

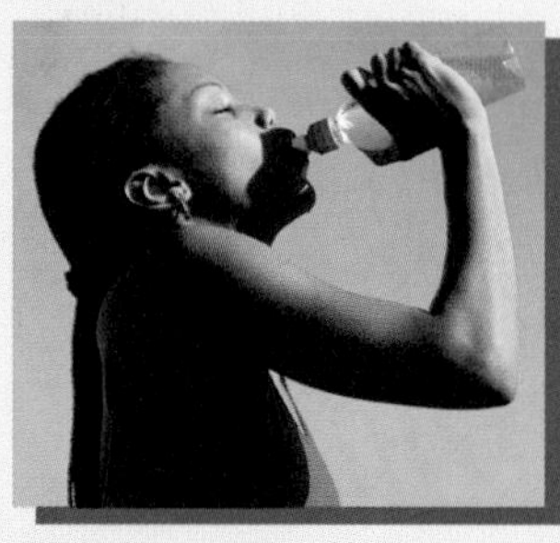

| cultura | estructura | adelante |
|---|---|---|

# Table of Contents

| | contextos | fotonovela |
|---|---|---|

## Lección 7
## El mundo del trabajo

## Lección 8
## Un festival de arte

## Lección 9
## Las actualidades

## Consulta

| cultura | estructura | adelante |
| --- | --- | --- |

# The Spanish-speaking World

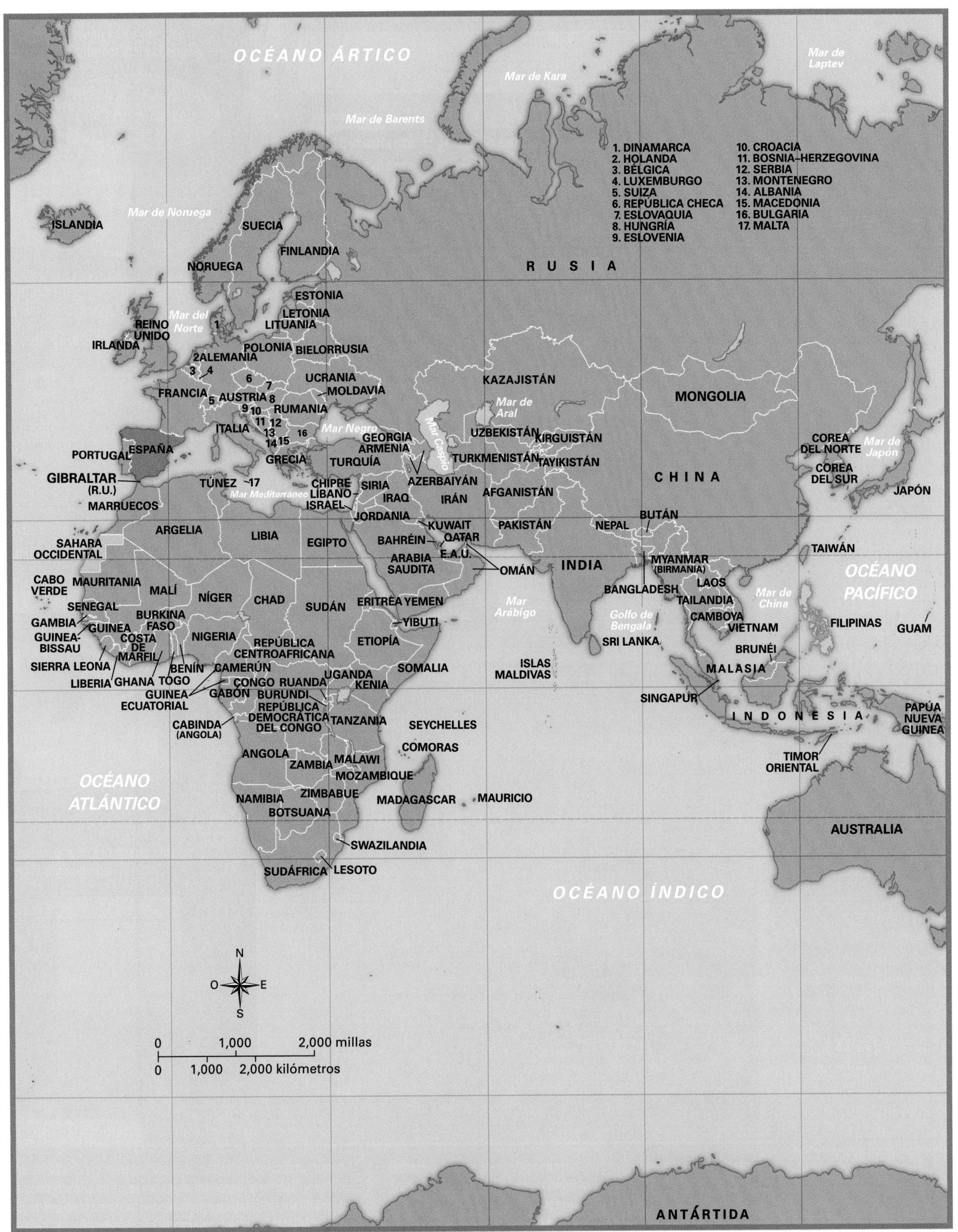
OCÉANO ÁRTICO
Mar de Kara
Mar de Laptev
Mar de Barents
1. DINAMARCA
2. HOLANDA
3. BÉLGICA
4. LUXEMBURGO
5. SUIZA
6. REPÚBLICA CHECA
7. ESLOVAQUIA
8. HUNGRÍA
9. ESLOVENIA
10. CROACIA
11. BOSNIA-HERZEGOVINA
12. SERBIA
13. MONTENEGRO
14. ALBANIA
15. MACEDONIA
16. BULGARIA
17. MALTA
ISLANDIA
Mar de Noruega
SUECIA
FINLANDIA
NORUEGA
RUSIA
ESTONIA
LETONIA
LITUANIA
REINO UNIDO
Mar del Norte
IRLANDA
POLONIA
BIELORRUSIA
ALEMANIA
UCRANIA
MOLDAVIA
FRANCIA
AUSTRIA
RUMANIA
ITALIA
KAZAJISTÁN
MONGOLIA
Mar de Aral
Mar Negro
Mar Caspio
GEORGIA
ARMENIA
UZBEKISTÁN
KIRGUISTÁN
TURKMENISTÁN
TAYIKISTÁN
PORTUGAL
ESPAÑA
GRECIA
TURQUÍA
AZERBAIYÁN
COREA DEL NORTE
Mar de Japón
COREA DEL SUR
JAPÓN
CHINA
GIBRALTAR (R.U.)
TÚNEZ
Mar Mediterráneo
CHIPRE
LÍBANO
ISRAEL
SIRIA
IRAQ
IRÁN
AFGANISTÁN
MARRUECOS
JORDANIA
KUWAIT
QATAR
BAHRÉIN
E.A.U.
PAKISTÁN
NEPAL
BUTÁN
ARGELIA
LIBIA
EGIPTO
ARABIA SAUDITA
OMÁN
INDIA
SAHARA OCCIDENTAL
TAIWÁN
MYANMAR (BIRMANIA)
CABO VERDE
MAURITANIA
MALÍ
NÍGER
CHAD
SUDÁN
ERITREA
YEMEN
Mar Arábigo
BANGLADESH
LAOS
TAILANDIA
Mar de China
OCÉANO PACÍFICO
SENEGAL
GAMBIA
GUINEA
GUINEA-BISSAU
BURKINA FASO
COSTA DE MARFIL
NIGERIA
YIBUTI
ETIOPÍA
Golfo de Bengala
CAMBOYA
VIETNAM
FILIPINAS
GUAM
REPÚBLICA CENTROAFRICANA
SRI LANKA
BRUNÉI
SIERRA LEONA
LIBERIA
GHANA
TOGO
BENÍN
CAMERÚN
UGANDA
KENIA
SOMALIA
ISLAS MALDIVAS
MALASIA
GUINEA ECUATORIAL
GABÓN
CONGO
RUANDA
BURUNDI
REPÚBLICA DEMOCRÁTICA DEL CONGO
SINGAPUR
INDONESIA
PAPÚA NUEVA GUINEA
CABINDA (ANGOLA)
TANZANIA
SEYCHELLES
COMORAS
ANGOLA
ZAMBIA
MALAWI
MOZAMBIQUE
TIMOR ORIENTAL
OCÉANO ATLÁNTICO
NAMIBIA
ZIMBABUE
BOTSUANA
MADAGASCAR
MAURICIO
AUSTRALIA
SWAZILANDIA
SUDÁFRICA
LESOTO
OCÉANO ÍNDICO
N
O
E
S
0
1,000
2,000 millas
0
1,000
2,000 kilómetros
ANTÁRTIDA

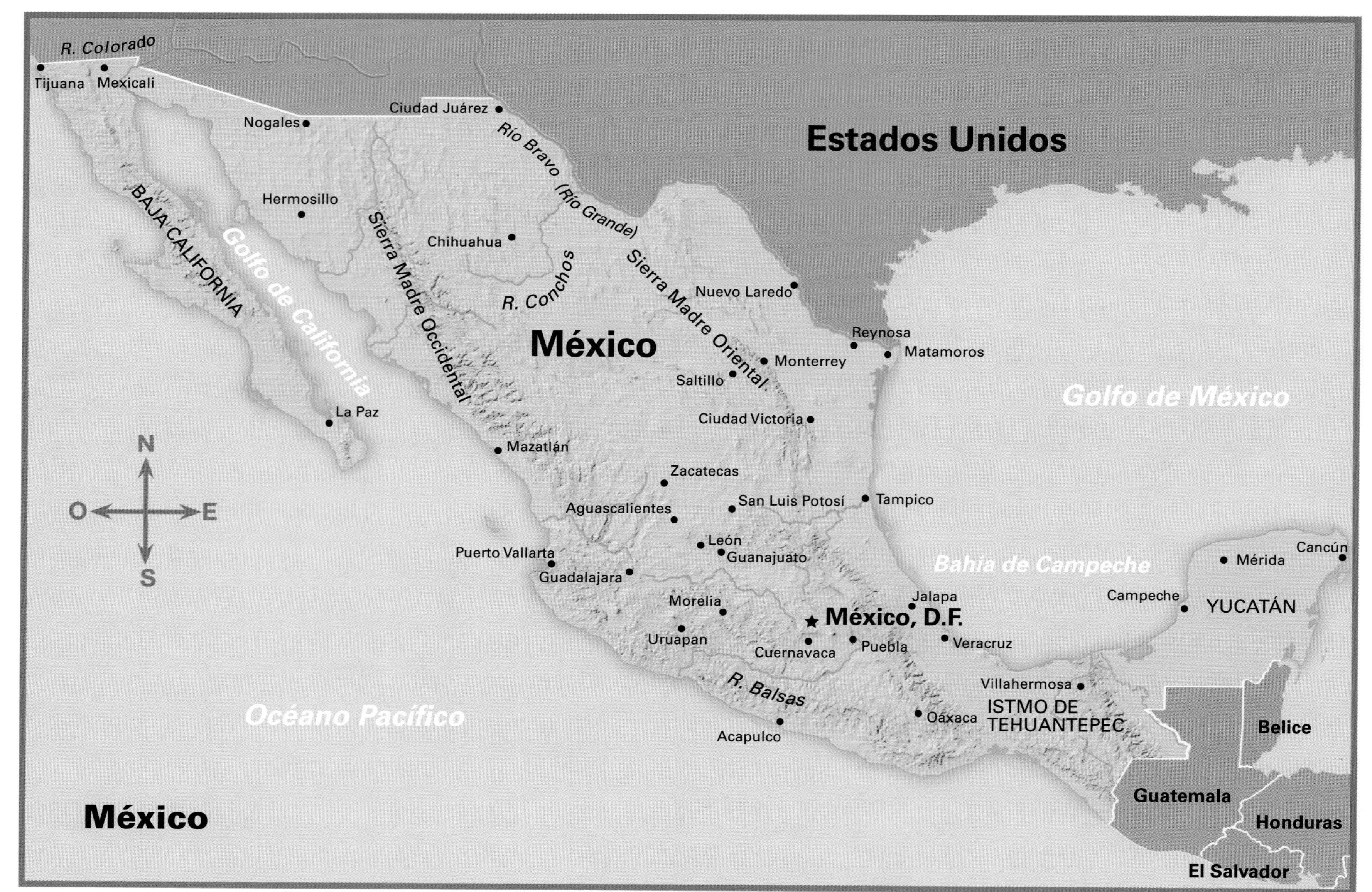
R. Colorado
Tijuana
Mexicali
Ciudad Juárez
Nogales
Estados Unidos
Río Bravo (Río Grande)
Hermosillo
BAJA CALIFORNIA
Golfo de California
Sierra Madre Occidental
Chihuahua
R. Conchos
Sierra Madre Oriental
Nuevo Laredo
México
Reynosa
Matamoros
Monterrey
Saltillo
La Paz
Golfo de México
Ciudad Victoria
Mazatlán
N
O
E
S
Zacatecas
San Luis Potosí
Tampico
Aguascalientes
León
Guanajuato
Puerto Vallarta
Guadalajara
Bahía de Campeche
Mérida
Cancún
Morelia
Jalapa
México, D.F.
Campeche
YUCATÁN
Uruapan
Cuernavaca
Puebla
Veracruz
Villahermosa
R. Balsas
ISTMO DE TEHUANTEPEC
Oaxaca
Océano Pacífico
Acapulco
Belice
Guatemala
Honduras
El Salvador
México

# América Central y el Caribe

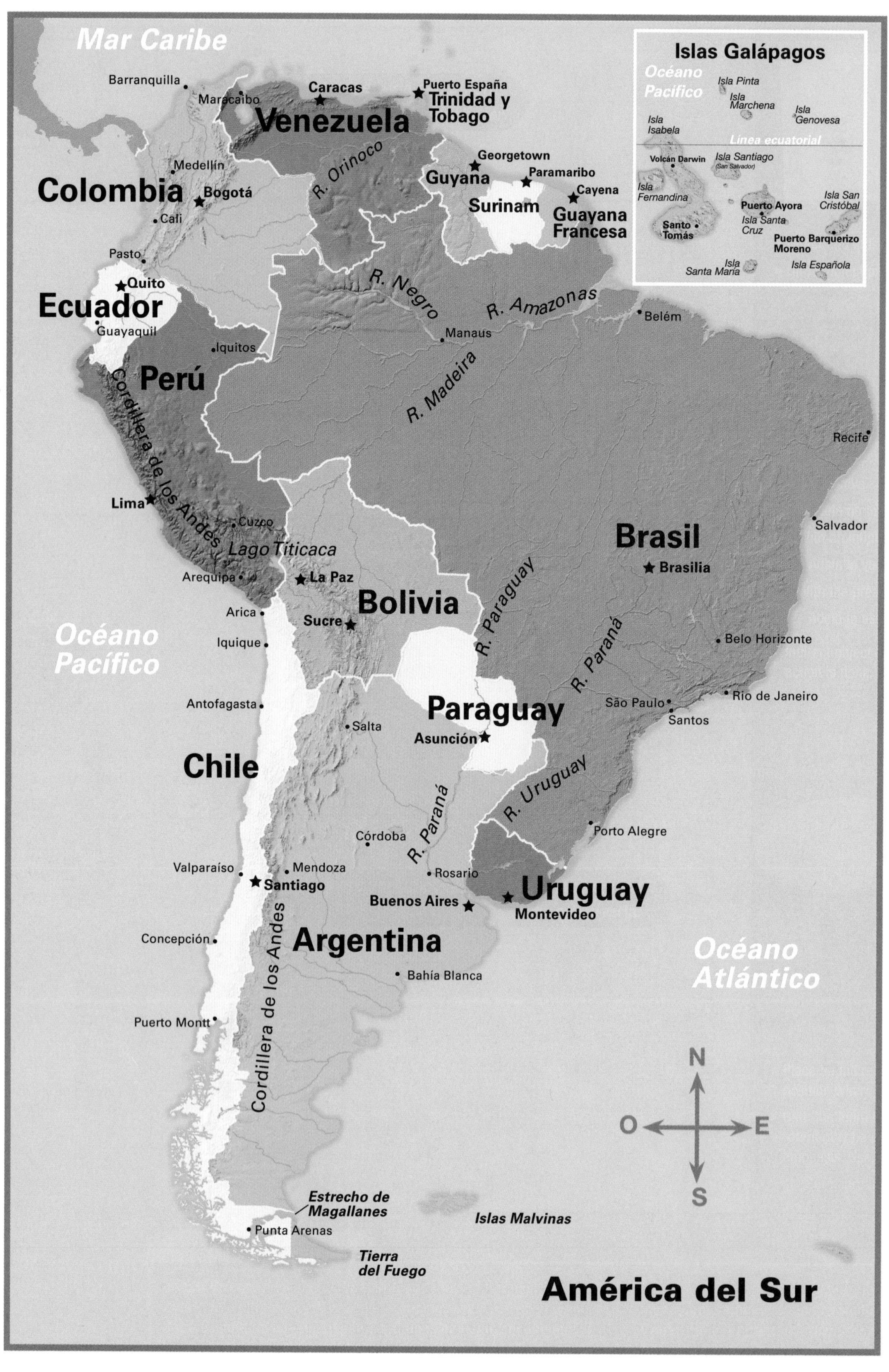
Mar Caribe
Islas Galápagos
Océano Pacífico
Isla Pinta
Isla Marchena
Isla Genovesa
Isla Isabela
Línea ecuatorial
Volcán Darwin
Isla Santiago
(San Salvador)
Isla Fernandina
Puerto Ayora
Isla San Cristóbal
Santo Tomás
Isla Santa Cruz
Puerto Barquerizo Moreno
Isla Santa María
Isla Española
Barranquilla
Maracaibo
Caracas
Puerto España
Trinidad y Tobago
Venezuela
Georgetown
Guyana
Paramaribo
Surinam
Cayena
Guayana Francesa
Medellín
Colombia
Bogotá
Cali
R. Orinoco
Pasto
Quito
Ecuador
Guayaquil
R. Negro
R. Amazonas
Belém
Manaus
Iquitos
Perú
R. Madeira
Cordillera de los Andes
Recife
Lima
Cuzco
Lago Titicaca
Salvador
Brasil
Brasilia
Arequipa
La Paz
Bolivia
R. Paraguay
Arica
Sucre
Océano Pacífico
Iquique
Belo Horizonte
R. Paraná
Antofagasta
São Paulo
Rio de Janeiro
Santos
Paraguay
Salta
Asunción
Chile
R. Uruguay
R. Paraná
Córdoba
Porto Alegre
Valparaíso
Mendoza
Rosario
Santiago
Uruguay
Buenos Aires
Montevideo
Concepción
Argentina
Océano Atlántico
Bahía Blanca
Cordillera de los Andes
Puerto Montt
N
O
E
S
Estrecho de Magallanes
Islas Malvinas
Punta Arenas
Tierra del Fuego
América del Sur

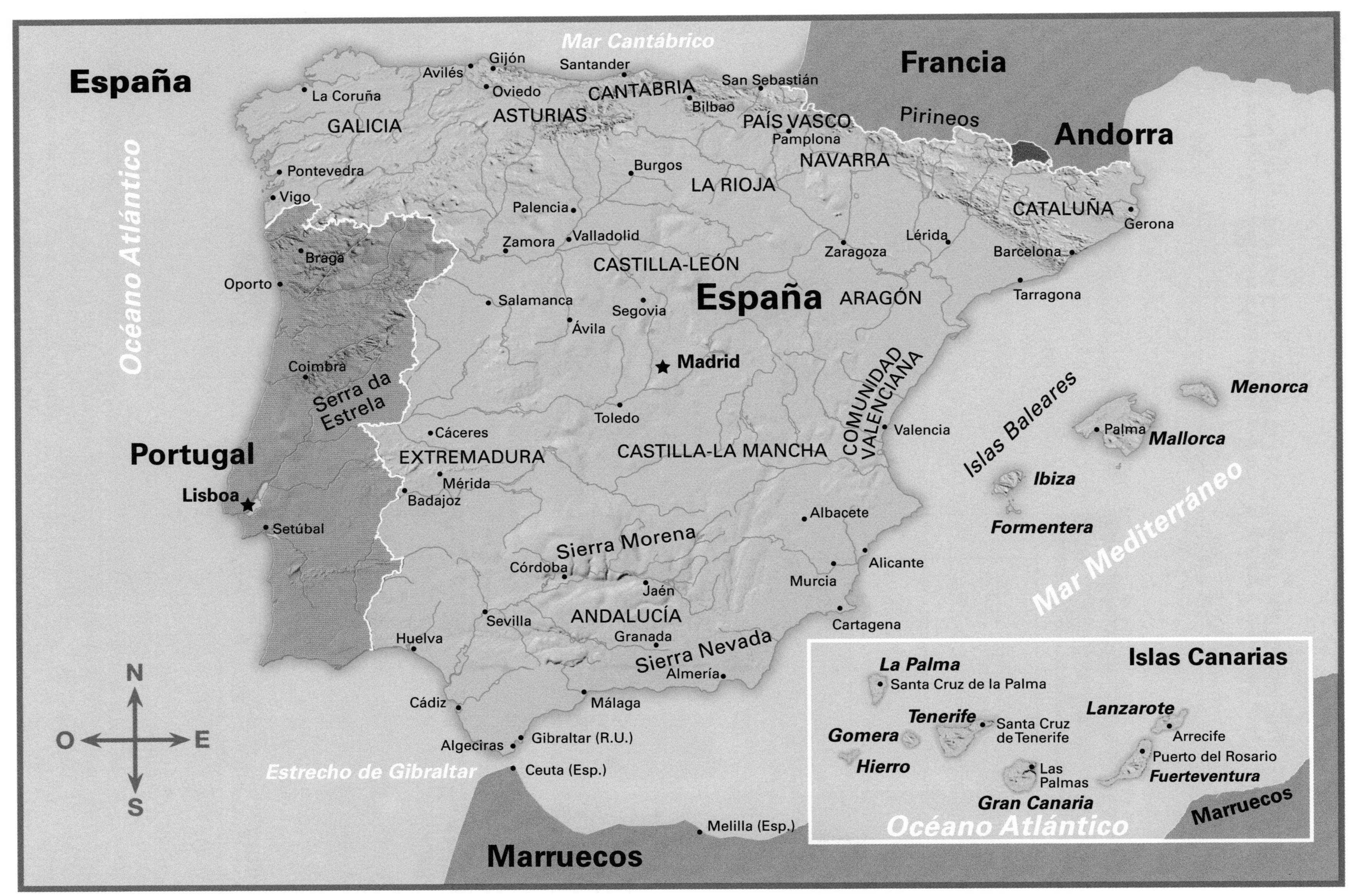
Mar Cantábrico
España
Francia
Pirineos
Andorra
Océano Atlántico
Gijón
Avilés
Santander
La Coruña
Oviedo
CANTABRIA
San Sebastián
Bilbao
GALICIA
ASTURIAS
PAÍS VASCO
Pamplona
NAVARRA
Pontevedra
Vigo
Burgos
LA RIOJA
Palencia
CATALUÑA
Gerona
Zamora
Valladolid
Zaragoza
Lérida
Barcelona
Braga
CASTILLA-LEÓN
Oporto
Salamanca
Segovia
España
ARAGÓN
Tarragona
Ávila
Madrid
Coimbra
COMUNIDAD VALENCIANA
Serra da Estrela
Toledo
Menorca
Islas Baleares
Cáceres
Valencia
Palma
Mallorca
Portugal
EXTREMADURA
CASTILLA-LA MANCHA
Mérida
Ibiza
Lisboa
Badajoz
Albacete
Setúbal
Formentera
Sierra Morena
Mar Mediterráneo
Alicante
Córdoba
Murcia
Jaén
Sevilla
ANDALUCÍA
Cartagena
Huelva
Granada
Sierra Nevada
Almería
Cádiz
Málaga
N
O
E
S
Algeciras
Gibraltar (R.U.)
Estrecho de Gibraltar
Ceuta (Esp.)
Melilla (Esp.)
Marruecos
Islas Canarias
La Palma
Santa Cruz de la Palma
Lanzarote
Tenerife
Santa Cruz de Tenerife
Gomera
Arrecife
Hierro
Las Palmas
Puerto del Rosario
Fuerteventura
Gran Canaria
Océano Atlántico
Marruecos

# The Spanish-speaking World

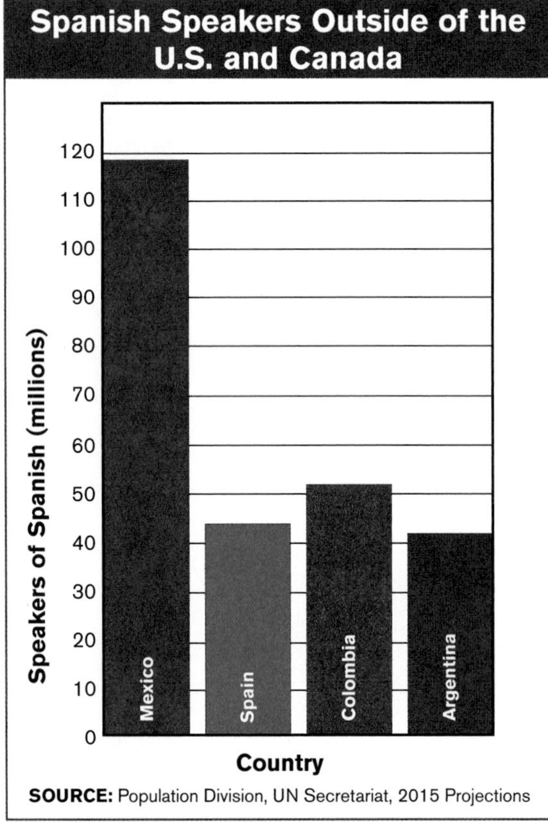


Do you know someone whose first language is Spanish? Chances are you do! More than approximately forty million people living in the U.S. speak Spanish; after English, it is the second most commonly spoken language in this country. It is the official language of twenty-two countries and an official language of the European Union and United Nations.

## The Growth of Spanish

Have you ever heard of a language called Castilian? It's Spanish! The Spanish language as we know it today has its origins in a dialect called Castilian (**castellano** in Spanish). Castilian developed in the 9th century in north-central Spain, in a historic provincial region known as Old Castile. Castilian gradually spread towards the central region of New Castile, where it was adopted as the main language of commerce. By the 16th century, Spanish had become the official language of Spain and eventually, the country's role in exploration, colonization, and overseas trade led to its spread across Central and South America, North America, the Caribbean, parts of North Africa, the Canary Islands, and the Philippines.

## Spanish in the United States

1500 | 1600 | 1700

**16th Century**
Spanish is the official language of Spain.

**1565**
The Spanish arrive in Florida and found St. Augustine.

**1610**
The Spanish found Santa Fe, today's capital of New Mexico, the state with the most Spanish speakers in the U.S.

# Spanish in the United States

Spanish came to North America in the 16th century with the Spanish who settled in St. Augustine, Florida. Spanish-speaking communities flourished in several parts of the continent over the next few centuries. Then, in 1848, in the aftermath of the Mexican-American War, Mexico lost almost half its land to the United States, including portions of modern-day Texas, New Mexico, Arizona, Colorado, California, Wyoming, Nevada, and Utah. Overnight, hundreds of thousands of Mexicans became citizens of the United States, bringing with them their rich history, language, and traditions.

This heritage, combined with that of the other Hispanic populations that have immigrated to the United States over the years, has led to the remarkable growth of Spanish around the country. After English, it is the most commonly spoken language in 43 states. More than 12 million people in California alone claim Spanish as their first or "home" language.

You've made a popular choice by choosing to take Spanish in school. Not only is Spanish found and heard almost everywhere in the United States, but it is the most commonly taught foreign language in classrooms throughout the country! Have you heard people speaking Spanish in your community? Chances are that you've come across an advertisement, menu, or magazine that is in Spanish. If you look around, you'll find that Spanish can be found in some pretty common places. For example, most ATMs respond to users in both English and Spanish. News agencies and television stations such as CNN and **Telemundo** provide Spanish-language broadcasts. When you listen to the radio or download music from the Internet, some of the most popular choices are Latino artists who perform in Spanish. Federal government agencies such as the Internal Revenue Service and the Department of State provide services in both languages. Even the White House has an official Spanish-language webpage! Learning Spanish can create opportunities within your everyday life.

**1800** — **1900** — **2000**

**1848**
Mexicans who choose to stay in the U.S. after the Mexican-American War become U.S. citizens.

**1959**
After the Cuban Revolution, thousands of Cubans emigrate to the U.S.

**2000**
Spanish is the 2nd most commonly spoken language in the U.S., with more than approximately 40 million speakers.

# Why Study Spanish?

## Learn an International Language

There are many reasons to learn Spanish, a language that has spread to many parts of the world and has along the way embraced words and sounds of languages as diverse as Latin, Arabic, and Nahuatl. Spanish has evolved from a medieval dialect of north-central Spain into the fourth most commonly spoken language in the world. It is the second language of choice among the majority of people in North America.

## Understand the World Around You

Knowing Spanish can also open doors to communities within the United States, and it can broaden your understanding of the nation's history and geography. The very names Colorado, Montana, Nevada, and Florida are Spanish in origin. Just knowing their meanings can give you some insight into, of all things, the landscapes for which the states are renowned. Colorado means "colored red;" Montana means "mountain;" Nevada is derived from "snow-capped mountain;" and Florida means "flowered." You've already been speaking Spanish whenever you talk about some of these states!

| State Name | Meaning in Spanish |
|---|---|
| Colorado | "colored red" |
| Florida | "flowered" |
| Montana | "mountain" |
| Nevada | "snow-capped mountain" |

## Connect with the World

Learning Spanish can change how you view the world. While you learn Spanish, you will also explore and learn about the origins, customs, art, music, and literature of people in close to two dozen countries. When you travel to a Spanish-speaking country, you'll be able to converse freely with the people you meet. And whether in the U.S., Canada, or abroad, you'll find that speaking to people in their native language is the best way to bridge any culture gap.

# Why Study Spanish?

## Explore Your Future

How many of you are already planning your future careers? Employers in today's global economy look for workers who know different languages and understand other cultures. Your knowledge of Spanish will make you a valuable candidate for careers abroad as well as in the United States or Canada. Doctors, nurses, social workers, hotel managers, journalists, businessmen, pilots, flight attendants, and many other professionals need to know Spanish or another foreign language to do their jobs well.

## Expand Your Skills

Studying a foreign language can improve your ability to analyze and interpret information and help you succeed in many other subject areas. When you first begin learning Spanish, your studies will focus mainly on reading, writing, grammar, listening, and speaking skills. You'll be amazed at how the skills involved with learning how a language works can help you succeed in other areas of study. Many people who study a foreign language claim that they gained a better understanding of English. Spanish can even help you understand the origins of many English words and expand your own vocabulary in English. Knowing Spanish can also help you pick up other related languages, such as Italian, Portuguese, and French. Spanish can really open doors for learning many other skills in your school career.

# How to Learn Spanish

## Start with the Basics!

As with anything you want to learn, start with the basics and remember that learning takes time! The basics are vocabulary, grammar, and culture.

**Vocabulary** Every new word you learn in Spanish will expand your vocabulary and ability to communicate. The more words you know, the better you can express yourself. Focus on sounds and think about ways to remember words. Use your knowledge of English and other languages to figure out the meaning of and memorize words like **conversación, teléfono, oficina, clase,** and **música.**

**Grammar** Grammar helps you put your new vocabulary together. By learning the rules of grammar, you can use new words correctly and speak in complete sentences. As you learn verbs and tenses, you will be able to speak about the past, present, or future, express yourself with clarity, and be able to persuade others with your opinions. Pay attention to structures and use your knowledge of English grammar to make connections with Spanish grammar.

**Culture** Culture provides you with a framework for what you may say or do. As you learn about the culture of Spanish-speaking communities, you'll improve your knowledge of Spanish. Think about a word like **salsa,** and how it connects to both food and music. Think about and explore customs observed on **Nochevieja** (New Year's Eve) or at a **fiesta de quince años** (a girl's fifteenth birthday party). Watch people greet each other or say good-bye. Listen for idioms and sayings that capture the spirit of what you want to communicate!

Teenagers celebrating at a **fiesta de quince años.**

# Listen, Speak, Read, and Write

**Listening** Listen for sounds and for words you can recognize. Listen for inflections and watch for key words that signal a question such as **cómo** (*how*), **dónde** (*where*), or **qué** (*what*). Get used to the sound of Spanish. Play Spanish pop songs or watch Spanish movies. Borrow books on CD from your local library, or try to visit places in your community where Spanish is spoken. Don't worry if you don't understand every single word. If you focus on key words and phrases, you'll get the main idea. The more you listen, the more you'll understand!

**Speaking** Practice speaking Spanish as often as you can. As you talk, work on your pronunciation, and read aloud texts so that words and sentences flow more easily. Don't worry if you don't sound like a native speaker, or if you make some mistakes. Time and practice will help you get there. Participate actively in Spanish class. Try to speak Spanish with classmates, especially native speakers (if you know any), as often as you can.

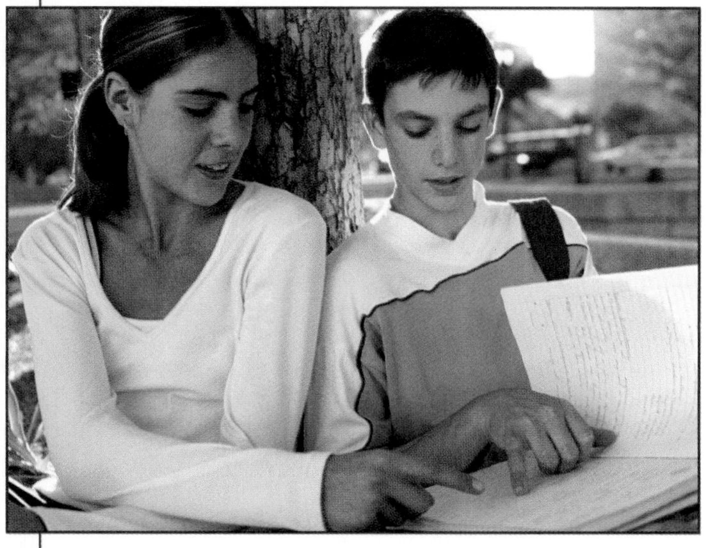

**Reading** Pick up a Spanish-language newspaper or a pamphlet on your way to school, read the lyrics of a song as you listen to it, or read books you've already read in English translated into Spanish. Use reading strategies that you know to understand the meaning of a text that looks unfamiliar. Look for cognates, or words that are related in English and Spanish, to guess the meaning of some words. Read as often as you can, and remember to read for fun!

**Writing** It's easy to write in Spanish if you put your mind to it. And remember that Spanish spelling is phonetic, which means that once you learn the basic rules of how letters and sounds are related, you can probably become an expert speller in Spanish! Write for fun—make up poems or songs, write e-mails or instant messages to friends, or start a journal or blog in Spanish.

# Tips for Learning Spanish

## Practice, practice, practice!

Seize every opportunity you find to listen, speak, read, or write Spanish. Think of it like a sport or learning a musical instrument—the more you practice, the more you will become comfortable with the language and how it works. You'll marvel at how quickly you can begin speaking Spanish and how the world that it transports you to can change your life forever!

- **Listen** to Spanish radio shows. Write down words that you can't recognize or don't know and look up the meaning.
- **Watch** Spanish TV shows or movies. Read subtitles to help you grasp the content.
- **Read** Spanish-language newspapers, magazines, or blogs.
- **Listen** to Spanish songs that you like —anything from Shakira to a traditional mariachi melody. Sing along and concentrate on your pronunciation.

- **Seek** out Spanish speakers. Look for neighborhoods, markets, or cultural centers where Spanish might be spoken in your community. Greet people, ask for directions, or order from a menu at a Mexican restaurant in Spanish.
- **Pursue** language exchange opportunities (**intercambio cultural**) in your school or community. Try to join language clubs or cultural societies, and explore opportunities for studying abroad or hosting a student from a Spanish-speaking country in your home or school.
- **Connect** your learning to everyday experiences. Think about naming the ingredients of your favorite dish in Spanish. Think about the origins of Spanish place names in the U.S., like Cape Canaveral and Sacramento, or of common English words like *adobe, chocolate, mustang, tornado,* and *patio*.
- **Use** mnemonics, or a memorizing device, to help you remember words. Make up a saying in English to remember the order of the days of the week in Spanish (L, M, M, J, V, S, D).
- **Visualize** words. Try to associate words with images to help you remember meanings. For example, think of a **paella** as you learn the names of different types of seafood or meat. Imagine a national park and create mental pictures of the landscape as you learn names of animals, plants, and habitats.
- **Enjoy** yourself! Try to have as much fun as you can learning Spanish. Take your knowledge beyond the classroom and find ways to make the learning experience your very own.

# ICONS AND *RECURSOS* BOXES

## Icons

Familiarize yourself with these icons that appear throughout **DESCUBRE**.

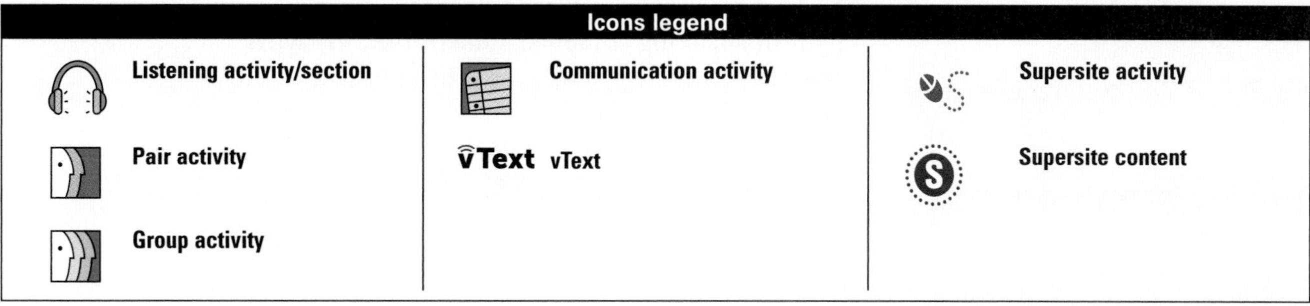

Icons legend
Listening activity/section
Pair activity
Group activity
Communication activity
vText vText
Supersite activity
Supersite content


- You will see the listening icon in each lesson's **Contextos, Pronunciación, Escuchar,** and **Vocabulario** sections.
- Supersite icons appear in every strand of every lesson. Visit descubre2.vhlcentral.com.
- The Supersite icon spells out a strand's related resources.
- The extra practice icon at the end of a strand points you to the Supersite for more practice online.
- The vText icon appears in every strand of every lesson. Visit descubre2.vhlcentral.com.

## *Recursos* Boxes

**Recursos** boxes let you know exactly what print and technology supplements you can use to reinforce and expand on every section of each lesson in your textbook. They even include page numbers when applicable.

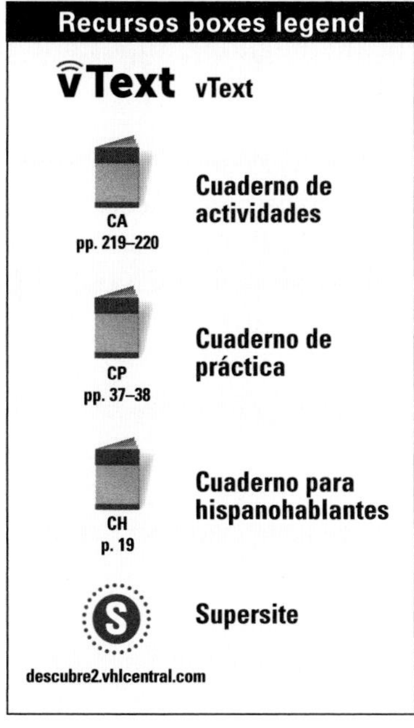

Recursos boxes legend
vText vText
CA pp. 219–220
Cuaderno de actividades
CP pp. 37–38
Cuaderno de práctica
CH p. 19
Cuaderno para hispanohablantes
Supersite
descubre2.vhlcentral.com

## *FOTONOVELA* VIDEO PROGRAM

Wouldn't it be great if you could travel to a Latin American country and learn the language from Spanish-speaking students? One of the best ways to learn a language is to hear it used in real-world situations. Since you might not be able to take a long trip to Latin America, we've created the next best thing: a video! The **DESCUBRE *Fotonovela*** video will introduce you to four international students who are studying at the **Universidad de San Francisco** in Quito, Ecuador. The nine episodes, one for each lesson in your book, follow the students on a bus tour of the Ecuadorian countryside. In addition to the four students, you'll also meet Don Francisco, the tour bus driver, and a whole supporting cast of native speakers.

In most of the video episodes, the characters will share information about their home countries in a flashback format. These flashbacks give you a chance to learn about everyday life in Spain, Mexico, Puerto Rico, and different parts of Ecuador.

As you begin watching each episode, the characters will interact using the same vocabulary and grammar that you are studying in your lesson. As the episode progresses, the characters continue to use new vocabulary and grammar along with language you already know. In the **Resumen** section, one of the main characters will summarize the episode, highlighting important grammar and vocabulary.

An abbreviated version of each episode can be found in the **Fotonovela** section in each lesson of your textbook. In this section you will read character dialogues, practice useful phrases, and learn more about culture.

## THE CAST

Here are the main characters you will meet when you watch the video:

From Ecuador,
**Inés Ayala Loor**

From Spain,
**María Teresa (Maite) Fuentes de Alba**

From Mexico,
**Alejandro (Álex) Morales Paredes**

From Puerto Rico,
**Javier Gómez Lozano**

And, also from Ecuador,
**don Francisco Castillo Moreno**

## *PANORAMA CULTURAL* VIDEO PROGRAM

You can continue your virtual travel experience into the world of Spanish-speaking communities with the ***Panorama cultural*** video. You don't even need a suitcase! The video works directly with the **Panorama** section in each lesson of **DESCUBRE**. The video shows a short clip about the country featured in the lesson. The clips give you a first-hand look at the different countries. You will also notice that the Spanish narrations cover grammar and vocabulary from your lessons.

These videos will transport you to many Spanish-speaking countries, the United States, and Canada. The video segments will give you a first-hand look at the cities, monuments, traditions, festivals, archaeological sites, and geographical wonders of each exciting destination. You will have the opportunity to learn about a variety of cultures and perspectives that tie directly to what you are learning in **DESCUBRE**.

## *FLASH CULTURA* VIDEO PROGRAM

Have you ever wondered what life is like for young people your age in Mexico, Argentina, or Puerto Rico? What could you have in common? Do you think about the same things? Now you can go right to the source! The entertaining ***Flash cultura*** video provides a humorous side to the **Cultura** section in **DESCUBRE**. Students from all over the Spanish-speaking world share information about their countries and cultures. The similarities and differences among Spanish-speaking countries that come up through these exchanges will challenge you to think about your own cultural practices and values.

# Useful Spanish Expressions

The following expressions will be very useful in getting you started learning Spanish. You can use them in class to check your understanding or to ask and answer questions about the lessons. Read **En las instrucciones** ahead of time to help you understand direction lines in Spanish, as well as your teacher's instructions. Remember to practice your Spanish as often as you can!

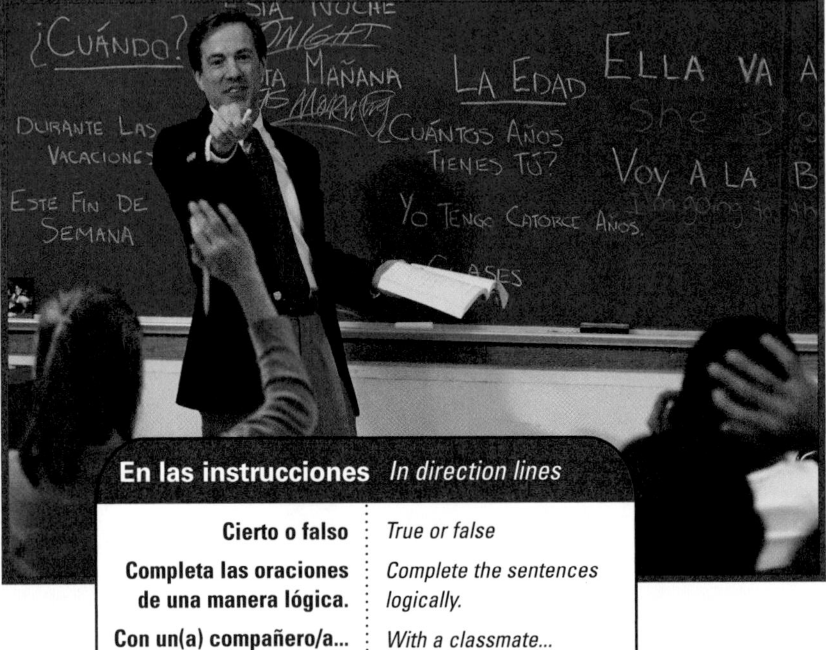


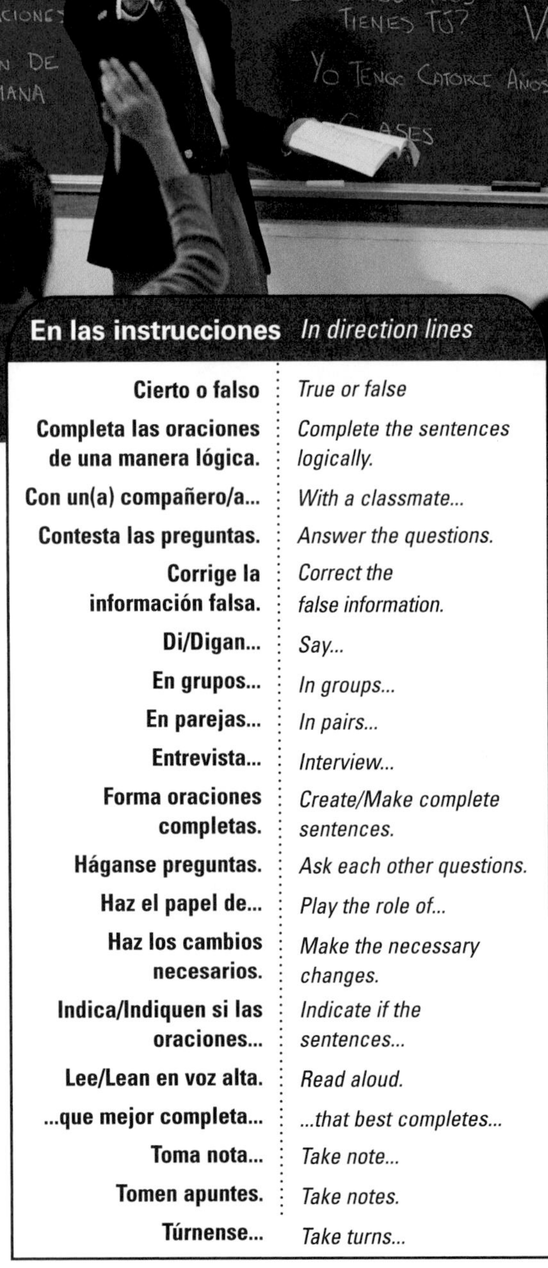

**En las instrucciones** *In direction lines*

| | |
|---|---|
| **Cierto o falso** | *True or false* |
| **Completa las oraciones de una manera lógica.** | *Complete the sentences logically.* |
| **Con un(a) compañero/a...** | *With a classmate...* |
| **Contesta las preguntas.** | *Answer the questions.* |
| **Corrige la información falsa.** | *Correct the false information.* |
| **Di/Digan...** | *Say...* |
| **En grupos...** | *In groups...* |
| **En parejas...** | *In pairs...* |
| **Entrevista...** | *Interview...* |
| **Forma oraciones completas.** | *Create/Make complete sentences.* |
| **Háganse preguntas.** | *Ask each other questions.* |
| **Haz el papel de...** | *Play the role of...* |
| **Haz los cambios necesarios.** | *Make the necessary changes.* |
| **Indica/Indiquen si las oraciones...** | *Indicate if the sentences...* |
| **Lee/Lean en voz alta.** | *Read aloud.* |
| **...que mejor completa...** | *...that best completes...* |
| **Toma nota...** | *Take note...* |
| **Tomen apuntes.** | *Take notes.* |
| **Túrnense...** | *Take turns...* |

**Expresiones útiles** *Useful expressions*

| | |
|---|---|
| **¿Cómo se dice ________ en español?** | *How do you say ________ in Spanish?* |
| **¿Cómo se escribe ________?** | *How do you spell ________?* |
| **¿Comprende(n)?** | *Do you understand?* |
| **Con permiso.** | *Excuse me.* |
| **De acuerdo.** | *Okay.* |
| **De nada.** | *You're welcome.* |
| **¿De veras?** | *Really?* |
| **¿En qué página estamos?** | *What page are we on?* |
| **Enseguida.** | *Right away.* |
| **Más despacio, por favor.** | *Slower, please.* |
| **Muchas gracias.** | *Thanks a lot.* |
| **No entiendo.** | *I don't understand.* |
| **No sé.** | *I don't know.* |
| **Perdone.** | *Excuse me.* |
| **Pista** | *Clue* |
| **Por favor.** | *Please.* |
| **Por supuesto.** | *Of course.* |
| **¿Qué significa ________?** | *What does ________ mean?* |
| **Repite, por favor.** | *Please repeat.* |
| **Tengo una pregunta.** | *I have a question.* |
| **¿Tiene(n) alguna pregunta?** | *Do you have questions?* |
| **Vaya(n) a la página dos.** | *Go to page 2.* |

# Common Names

Get started learning Spanish by using a Spanish name in class. You can choose from the lists on these pages, or you can find one yourself. How about learning the Spanish equivalent of your name? The most popular Spanish female names are Ana, Isabel, Elena, Sara, and María. The most popular male names in Spanish are Alejandro, Jorge, Juan, José, and Pedro. Is your name, or that of someone you know, in the Spanish top five?

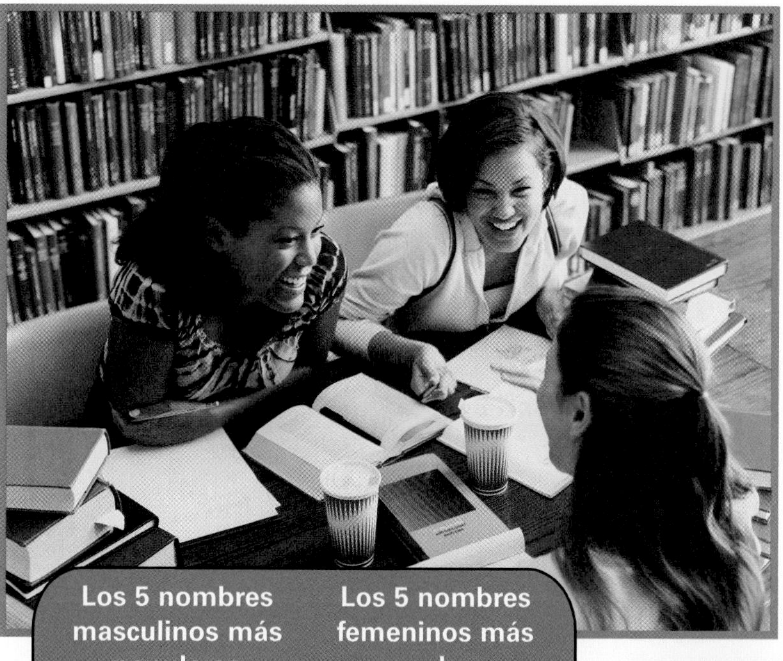

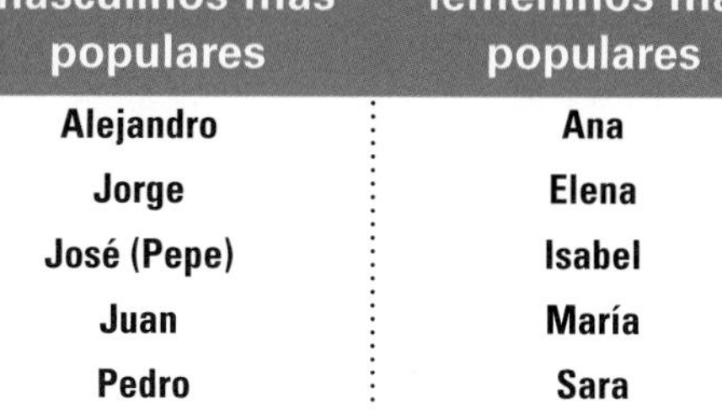

| Los 5 nombres masculinos más populares | Los 5 nombres femeninos más populares |
|---|---|
| Alejandro | Ana |
| Jorge | Elena |
| José (Pepe) | Isabel |
| Juan | María |
| Pedro | Sara |

| Más nombres masculinos | Más nombres femeninos |
|---|---|
| Alfonso | Alicia |
| Antonio (Toni) | Beatriz (Bea, Beti, Biata) |
| Carlos | Blanca |
| César | Carolina (Carol) |
| Diego | Claudia |
| Ernesto | Diana |
| Felipe | Emilia |
| Francisco (Paco) | Irene |
| Guillermo | Julia |
| Ignacio (Nacho) | Laura |
| Javier (Javi) | Leonor |
| Leonardo | Lourdes |
| Luis | Lucía |
| Manolo | Margarita (Marga) |
| Marcos | Marta |
| Oscar (Óscar) | Noelia |
| Rafael (Rafa) | Paula |
| Sergio | Rocío |
| Vicente | Verónica |

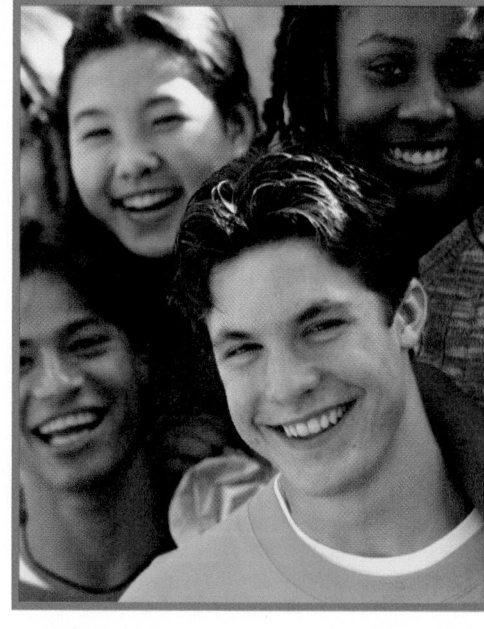

# Acknowledgments

On behalf of its authors and editors, Vista Higher Learning expresses its sincere appreciation to the many instructors and teachers across the U.S. and Canada who contributed their ideas and suggestions. Their insights and detailed comments were invaluable to us as we created **DESCUBRE**.

## In-depth reviewers

Patrick Brady
Tidewater Community College, VA

Christine DeGrado
Chestnut Hill College, PA

Martha L. Hughes
Georgia Southern University, GA

Aida Ramos-Sellman
Goucher College, MD

## Reviewers

Kathleen Aguilar
Fort Lewis College, CO

Aleta Anderson
Grand Rapids Community College, MI

Gunnar Anderson
SUNY Potsdam, NY

Nona Anderson
Ouachita Baptist University, AR

Ken Arant
Darton College, GA

Vicki Baggia
Phillips Exeter Academy, NH

Jorge V. Bajo
Oracle Charter School, NY

Ana Basoa-McMillan
Columbia State Community College, TN

Timothy Benson
Lake Superior College, MN

Georgia Betcher
Fayetteville Technical Community College, NC

Teresa Borden
Columbia College, CA

Courtney Bradley
The Principia, MO

Vonna Breeze-Marti
Columbia College, CA

Christa Bucklin
University of Hartford, CT

Mary Cantu
South Texas College, TX

Christa Chatrnuch
University of Hartford, CT

Tina Christodouleas
SUNY Cortland, NY

Edwin Clark
SUNY Potsdam, NY

Donald Clymer
Eastern Mennonite University, VA

Ann Costanzi
Chestnut Hill College, PA

Patricia Crespo-Martin
Foothill College, CA

Miryam Criado
Hanover College, KY

Thomas Curtis
Madison Area Technical College, WI

Patricia S. Davis
Darton College, GA

Danion Doman
Truman State University, MO

Deborah Dubiner
Carnegie Mellon University, PA

Benjamin Earwicker
Northwest Nazarene University, ID

Deborah Edson
Tidewater Community College, VA

Matthew T. Fleming
Grand Rapids Community College, MI

Ruston Ford
Indian Hills Community College, IA

Marianne Franco
Modesto Junior College, CA

Elena García
Muskegon Community College, MI

María D. García
Fayetteville Technical Community College, NC

Lauren Gates
East Mississippi Community College, MS

Marta M. Gómez
Gateway Academy, MO

Danielle Gosselin
Bishop Brady High School, NH

## Reviewers

Charlene Grant
Skidmore College, NY

Betsy Hance
Kennesaw State University, GA

Marti Hardy
Laurel School, OH

Dennis Harrod
Syracuse University, NY

Fanning Hearon
Brunswick School, CT

Richard Heath
Kirkwood Community College, IA

Óscar Hernández
South Texas College, TX

Yolanda Hernández
Community College of Southern Nevada, North Las Vegas, NV

Martha L. Hughes
Georgia Southern University, GA

Martha Ince
Cushing Academy, MA

Stacy Jazan
Glendale Community College, CA

María Jiménez Smith
Tarrant County College, TX

Emory Kinder
Columbia Prep School, NY

Marina Kozanova
Crafton Hills College, CA

Tamara Kunkel
Alice Lloyd College, KY

Anna Major
The Westminster Schools, GA

Armando Maldonado
Morgan Community College, CO

Molly Marostica Smith
Canterbury School of Florida, FL

Jesús G. Martínez
Fresno City College, CA

Laura Martínez
Centralia College, WA

Daniel Millis
Verde Valley School, AZ

Deborah Mistron
Middle Tennessee State University, TN

Mechteld Mitchin
Village Academy, OH

Anna Montoya
Florida Institute of Technology, FL

Robert P. Moore
Loyola Blakefield Jesuit School, MD

S. Moshir
St. Bernard High School, CA

Javier Muñoz-Basols
Trinity School, NY

William Nichols
Grand Rapids Community College, MI

Bernice Nuhfer-Halten
Southern Polytechnic State University, GA

Amanda Papanikolas
Drew School, CA

Elizabeth M. Parr
Darton College, GA

Julia E. Patiño
Dillard University, LA

Martha Pérez
Kirkwood Community College, IA

Teresa Pérez-Gamboa
University of Georgia, GA

Marion Perry
The Thacher School, CA

Molly Perry
The Thacher School, CA

Melissa Pytlak
The Canterbury School, CT

Ana F. Sache
Emporia State University, KS

Celia S. Samaniego
Cosumnes River College, CA

Virginia Sánchez-Bernardy
San Diego Mesa College, CA

Frank P. Sanfilippo
Columbia College, CA

Piedad Schor
South Kent School, CT

David Schuettler
The College of St. Scholastica, MN

Romina Self
Ankeny Christian Academy, IA

David A. Short
Indian Hills Community College, IA

Carol Snell-Feikema
South Dakota State University, SD

Matias Stebbings
Columbia Grammar & Prep School, NY

Mary Studer Shea
Napa Valley College, CA

Cathy Swain
University of Maine, Machias, ME

Cristina Szterensus
Rock Valley College, IL

John Tavernakis
College of San Mateo, CA

David E. Tipton
Circleville Bible College, OH

Larry Thornton
Trinity College School, ON

Linda Tracy
Santa Rosa Junior College, CA

# Acknowledgments

## Reviewers

Beverly Turner
Truckee Meadows Community College, OK

Christine Tyma DeGrado
Chestnut Hill College, PA

Fanny Vera de Viacava
Canterbury School, CT

Luis Viacava
Canterbury School, CT

María Villalobos-Buehner
Grand Valley State University, MI

Hector Villarreal
South Texas College, TX

Juanita Villena-Álvarez
University of South Carolina, Beaufort, SC

Marcella Anne Wendzikowski
Villa Maria College of Buffalo, NY

Doug West
Sage Hill School, CA

Paula Whittaker
Bishop Brady High School, NH

Mary Zold-Herrera
Glenbrook North High School, IL

## About the Authors

**José A. Blanco** founded Vista Higher Learning in 1998. A native of Barranquilla, Colombia, Mr. Blanco holds degrees in Literature and Hispanic Studies from Brown University and the University of California, Santa Cruz. He has worked as a writer, editor, and translator for Houghton Mifflin and D.C. Heath and Company, and has taught Spanish at the secondary and university levels. Mr. Blanco is also the co-author of several other Vista Higher Learning programs: **Panorama, Aventuras,** and **¡Viva!** at the introductory level; **Ventanas, Facetas, Enfoques, Imagina,** and **Sueña** at the intermediate level; and **Revista** at the advanced conversation level.

**Philip Redwine Donley** received his M.A. in Hispanic Literature from the University of Texas at Austin in 1986 and his Ph.D. in Foreign Language Education from the University of Texas at Austin in 1997. Dr. Donley taught Spanish at Austin Community College, Southwestern University, and the University of Texas at Austin. He published articles and conducted workshops about language anxiety management and the development of critical thinking skills, and was involved in research about teaching languages to the visually impaired. Dr. Donley was also the co-author of **Aventuras** and **Panorama,** two other introductory college Spanish textbook programs published by Vista Higher Learning.

## About the Illustrators

**Yayo**, an internationally acclaimed illustrator, was born in Colombia. He has illustrated children's books, newspapers, and magazines, and has been exhibited around the world. He currently lives in Montreal, Canada.

**Pere Virgili** lives and works in Barcelona, Spain. His illustrations have appeared in textbooks, newspapers, and magazines throughout Spain and Europe.

Born in Caracas, Venezuela, **Hermann Mejía** studied illustration at the *Instituto de Diseño de Caracas*. Hermann currently lives and works in the United States.

# Lección preliminar

## Goals

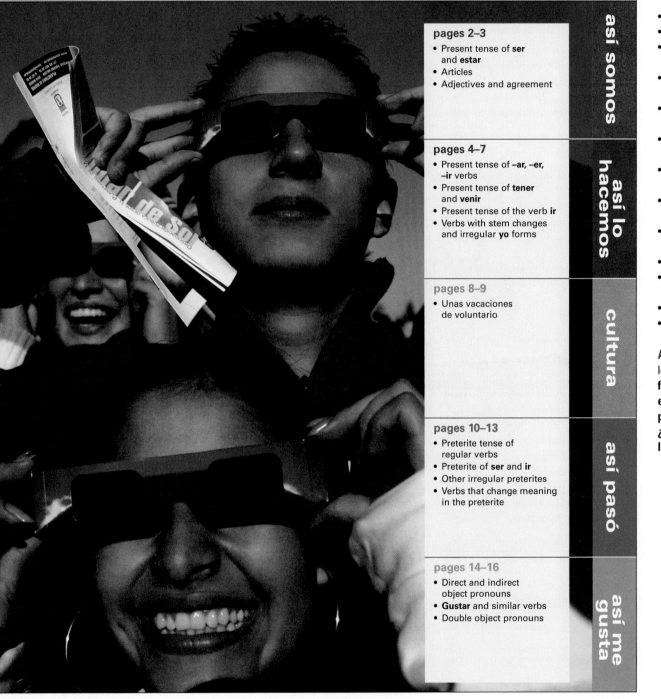

***You will review how to:***

- **Identify yourself and others**
- **Describe people and things**
- **Discuss everyday activities**
- **Tell what happened in the past**
- **Express preferences**



## Lesson Goals

In **Lección preliminar**, students will review the following:

- identifying and describing people and things
- present tense of **ser** and **estar**
- articles, adjectives, and agreement
- discussing everyday activities
- present tense of **–ar** verbs
- present tense of **–er** and **–ir** verbs
- present tense of **tener, venir,** and **ir**
- stem-changing verbs **(e:ie, o:ue, e:i)**
- information about summer activities in Latin America
- preterite tense of regular verbs
- preterite of **ser** and **ir,** and other irregular preterites
- verbs that change meaning in the preterite
- expressing preferences
- direct and indirect object pronouns
- **gustar** and similar verbs
- double object pronouns

**A primera vista** Have students look at the photo. Say: **En la foto, unos jóvenes miran un eclipse.** Then ask: **¿Qué llevan puesto? (gafas protectoras) ¿Por qué? (para protegerse de los rayos del sol)**

P | así somos

## Section Goals

In **Lección preliminar**, students will review grammar and vocabulary from **DESCUBRE, nivel 1**.

**1 Teaching Tip** Before completing **Actividad 1**, have students underline the subject in each sentence. Warn them that there is no stated subject when telling time, as in item 5.

**1 Expansion** Have students use each of their answers from **Actividad 1** in an original sentence.

**2 Teaching Tip** Remind students of common expressions that use the verb **estar** by having them repeat the following questions and answers: **1. ¿Cómo está usted? Bien, gracias. ¿Y usted? 2. ¿Dónde están ustedes? Estamos en clase. 3. ¿Qué tiempo hace hoy? Está soleado/nublado.**

**3 Expansion** Elicit from students key words in each sentence that cue the use of either **ser** or **estar**. Ex: 1. **de** (indicates origin); 2. **en** (indicates location); etc.

**4 Teaching Tip** Point out that feminine singular nouns that begin with **a–** require masculine definite and indefinite articles to avoid repetition of the **a** sound. For example, **águila** or **agua** would take **el/un** in the singular **(el agua, el águila)** but **las/unas** in the plural **(las aguas, las águilas)**.

**4 Expansion** After correcting the answers as a class, have students change the number of each noun and its corresponding article.

**1 Completar** Complete the sentences with the correct form of the verb **ser**.

NATIONAL STANDARDS comparisons communication

1. Maite __es__ de España, ¿verdad?
2. ¿Quiénes __son__ los chicos en el autobús?
3. Juan y yo __somos__ estudiantes.
4. ¿De dónde __eres__ tú?
5. __Son__ las nueve de la mañana.

**2 El primer día de clases** Fill in the blanks in the conversation below with the correct form of **estar**.

—Hola, Martín. ¿Cómo (1) __estás__ (tú)?
—Bien. Oye, ¿sabes dónde (2) __está__ el gimnasio? Mis compañeros del equipo de béisbol (3) __están__ allí.
—Pero, hombre, ¡yo también (4) __estoy__ en el equipo! Vamos juntos al gimnasio, (5) (nosotros) __estamos__ muy cerca.

Historia

**3 ¿Ser o estar?** Complete with the correct forms of **ser** or **estar**.

Me llamo Julio. Mis padres (1) __son__ de México, pero mi familia (2) __está__ en Arizona ahora. Mi padre (3) __es__ médico en el hospital; la agencia de viajes de mi mamá (4) __está__ cerca de nuestra casa. Nosotros tres (5) __somos__ altos y morenos. Yo (6) __soy__ estudiante de décimo grado. Mis clases (7) __son__ buenas, pero a veces (yo) (8) __estoy__ aburrido. Todos los estudiantes (9) __están__ nerviosos hoy porque hoy empiezan los exámenes finales.

**4 Género y número** Add the appropriate definite or indefinite article for each noun.

| Definidos | Indefinidos |
|---|---|
| 1. __la__ comunidad | 6. __un__ lápiz |
| 2. __los__ pintores | 7. __unos__ pasajeros |
| 3. __el__ programa | 8. __unas__ computadoras |
| 4. __la__ natación | 9. __un__ traje de baño |
| 5. __las__ revistas | 10. __una__ lección |

### 1.1 Present tense of ser and estar

¿De dónde eres?
Yo soy de México.

| ser | | | |
|---|---|---|---|
| yo | soy | nosotros/as | somos |
| tú | eres | vosotros/as | sois |
| Ud./él/ella | es | Uds./ellos/ellas | son |

- Uses of ser: nationality, origin, profession or occupation, characteristics, generalizations, possession, what something is made of, time and date, time and place of events

| estar | | | |
|---|---|---|---|
| yo | estoy | nosotros/as | estamos |
| tú | estás | vosotros/as | estáis |
| Ud./él/ella | está | Uds./ellos/ellas | están |

- Uses of estar: location, health, physical states and conditions, emotional states, weather expressions, ongoing actions
- Ser and estar can both be used with many of the same adjectives, but the meaning will change.

Juan **es** delgado. *Juan is thin.*

Juan **está** más delgado hoy. *Juan looks thinner today.*

### 1.2 Articles

- Articles tell the gender (masculine/feminine) and number (singular/plural) of the nouns they precede.

| Definite articles | |
|---|---|
| el libro | la lección |
| los programas | las profesoras |

| Indefinite articles | |
|---|---|
| un chico | una silla |
| unos chicos | unas sillas |

#### TEACHING OPTIONS

**Pairs** Using **Actividad 3** as a model, have students write an introduction to their own family, including their origin, where they live, what each person does, their physical descriptions, and how each one is doing today. Remind students to pay attention to how they use **ser** and **estar** in each construction. After completing their paragraphs, have students exchange papers with a classmate and find three similarities between their families.

**Extra Practice** Have each student design a party invitation, answering the following questions: **¿Qué es? ¿Dónde es? ¿A qué hora es?** Then have them write a few sentences describing the guest of honor. Pass the finished invitations around the room and ask students to tell how they feel upon receiving them, and why. **(Estoy emocionado. Es el cumpleaños de mi amigo.)**

## 1.3 Adjectives and agreement

Mi abuelo es muy simpático.

¡Qué alto es tu papá! Y tu mamá, ¡qué bonita!


- Adjectives are words that describe nouns. In Spanish, adjectives agree with, or match, the nouns they modify in both gender and number.

**Descriptive Adjectives**

| Masculine | | Feminine | |
|---|---|---|---|
| **Singular** | **Plural** | **Singular** | **Plural** |
| alto | altos | alta | altas |
| inteligente | inteligentes | inteligente | inteligentes |
| trabajador | trabajadores | trabajadora | trabajadoras |

- Descriptive adjectives and adjectives of nationality follow the noun:

  **el chico rubio, la mujer española**

- Adjectives of quantity precede the noun:

  **muchos libros, dos turistas**

**Note:** When placed before a masculine noun, these adjectives are shortened.

**bueno → buen** **malo → mal** **grande → gran**

**Possessive Adjectives**

| Singular | | Plural | |
|---|---|---|---|
| mi | nuestro/a | mis | nuestros/as |
| tu | vuestro/a | tus | vuestros/as |
| su | su | sus | sus |

- Possesive adjectives are always placed before the nouns they modify.

  **nuestros amigos** **mi madre**

**5 Opuestos** Complete the sentences with the appropriate form of **ser** or **estar** and an adjective with the opposite meaning of the adjective in italics.

*modelo*

La biblioteca está *cerrada* hoy, pero los bancos están abiertos.

1. La habitación de mi hermana siempre está *sucia*, pero mi habitación (ser/estar) está limpia/ordenada.
2. Estoy *contento* porque estamos de vacaciones, pero mis padres (ser/estar) están tristes porque tienen que trabajar.
3. Tu primo es *alto* y *moreno*, pero tú (ser/estar) eres bajo/a y rubio/a.
4. Mi amigo Fernando dice que las matemáticas son *difíciles*, pero yo creo que (ser/estar) son fáciles.

**6 Entrevista** Write down as many descriptive adjectives about yourself as you can in three minutes. Then, in pairs, use **ser** or **estar** to ask your partner if he/she has the same characteristics. Finally, tell the class what you have in common. Answers will vary.

*modelo*

(Yo): delgada, morena, trabajadora, contenta, simpática.
(Preguntas): ¿Tú eres trabajadora? ¿Estás contenta?
(Oraciones): Somos morenas, estamos contentas y somos trabajadoras.

**7 Posesivos** Write the appropriate form of each possessive adjective. The first item has been done for you.

1. Él es mi (*my*) hermano.
2. Tu (*Your*, fam.) familia es muy simpática.
3. Nuestro (*Our*) sobrino es italiano.
4. ¿Ella es su (*his*) profesora?
5. Su (*Your*, form.) maleta es de color verde.
6. Sus (*Her*) amigos son de Colombia.
7. Son nuestras (*our*) compañeras de clase.
8. Mis (*My*) padres están en el trabajo.

**8 Mi familia y mis amigos** Write a brief description of your family, your relatives, and your friends. Use as many possessive adjectives as possible to identify the person or persons you are describing. Answers will vary.

Practice more at **descubre2.vhlcentral.com.**

**5 Teaching Tip** Students are likely to refer to bilingual dictionaries for adjectives that they have forgotten. Remind them to double-check the "candidate" words that they find by looking up their English translations in the Spanish section of the dictionary, to make sure that they are not depending on a rarely used meaning of a word.

**5 Expansion** Have students write three sentences following the pattern established in **Actividad 5** to compare themselves to a friend, using the adjectives **cómico/serio, perezoso/trabajador,** or **deportista/estudioso.** Challenge advanced students to use other adjectives.

**6 Teaching Tip** As students are brainstorming, ask questions to get them thinking about both their enduring characteristics and their current condition. **¿Cómo eres? ¿Alto, bajo, moreno, rubio? ¿Cómo estás? ¿Contento, triste, aburrido, emocionado?**

**6 Expansion** If time allows, shuffle students' papers and redistribute them, with names folded down. Have students guess whose paper they have by the description given.

**7 Expansion**
- Have students change the sentences' subjects from singular to plural and vice versa, paying attention to the agreement between noun and adjective.
- Replace the English possessive adjectives in parentheses with other possessive adjectives and have the class give the corresponding Spanish forms.

**TEACHING OPTIONS**

**Heritage Speakers** The terms *definite* and *indefinite article* (in English or Spanish) may be intimidating to many students. You may want to take time to explain that **definido** refers to a particular (rather than any) subject. Give the examples: **Una profesora está en el pasillo** vs. **La profesora está en el pasillo.** Allow a heritage speaker to explain the difference in implication.

**Game ¿Quién es?** Play a game of twenty questions to reinforce the distinction between definite and indefinite articles while also reviewing descriptive adjectives. Name a person such as **director**. Students have to ask questions to determine whether it is **el director (de nuestra escuela),** or **un director (cualquiera).** They may ask yes/no questions, such as "**¿Es moreno?**" or "**¿Es amable?**" You might also use the names of students in your class.

**1 Teaching Tip** Many students will benefit from rewriting the **–ar, –er,** and **–ir** verb charts in their notebooks. Consider requiring that they rewrite the charts in the margins of any relevant class work or homework assignments until they demonstrate relative mastery.

**1 Expansion** As you go over the answers to the activity, hold the attention of advanced students and heritage speakers by asking personalized questions. Ex: **Rosa baila un tango en el teatro. ¿Dónde bailas tú, Magda?**

**2 Teaching Tip** After going over the answers, practice the **yo** form of **tener**. Ask: **¿Tiene alguien frío? ______, ¿tienes frío?** Elicit responses in sentence form.

**2 Expansion** Remind students of the usefulness of **tener** in giving physical descriptions. Say, for example, **tiene pelo corto y rubio** and have students point out the character to which you are referring. After one or two examples, let students try using **tener** in a description of their own, and have them trade papers to identify the illustration corresponding to their partner's description.

**3 Teaching Tip** Compare **al** to English contractions. Emphasize the fact that this contraction is different from most English contractions since it is obligatory.

**3 Expansion** After completing **Actividad 3,** review the structure **Tengo que…** and have students come up with three reasons they might give for not accepting the speaker's invitation to the museum.

**1 Completar** Complete each sentence with the appropriate form of the verb.

1. Rosa __baila__ (bailar) un tango en el teatro.
2. Mis amigos __hablan__ (hablar) francés muy bien.
3. Yo __abro__ (abrir) la ventana cuando hace calor.
4. Mi hermano y yo __aprendemos__ (aprender) a nadar en la piscina.
5. ¿Dónde __viven__ (vivir) ustedes?
6. ¿Tú __recibes__ (recibir) regalos el día de tu cumpleaños?
7. Los estudiantes __corren__ (correr) a casa por la tarde.
8. Nosotros __miramos__ (mirar) la televisión.
9. Usted nunca __come__ (comer) comida picante, ¿verdad?
10. Mis hermanos y yo __practicamos__ (practicar) el fútbol después de las clases.
11. Ustedes siempre __desayunan__ (desayunar) en la cafetería.
12. ¿__Viajan__ (Viajar) tus padres a Roma esta semana?

**2 Tener** Look at the drawings and describe these people, using an expression with **tener**.

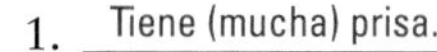

1. Tiene (mucha) prisa.

2. Tiene (mucho) calor.

3. Tiene veintiún años.

4. Tienen (mucha) hambre.

5. Tienen (mucho) frío.

6. Tiene (mucha) sed.

**2.1 Present tense of –ar, –er, –ir verbs**

► To create the present-tense forms of most regular verbs, drop the infinitive endings (-ar, -er, -ir) and add the appropriate endings that correspond to the different subject pronouns.

| hablar | | | |
|---|---|---|---|
| yo | hablo | nosotros/as | hablamos |
| tú | hablas | vosotros/as | habláis |
| Ud./él/ella | habla | Uds./ellos/ellas | hablan |

| comer | | escribir | |
|---|---|---|---|
| como | comemos | escribo | escribimos |
| comes | coméis | escribes | escribís |
| come | comen | escribe | escriben |

**2.2 Present tense of tener and venir**

| tener | | venir | |
|---|---|---|---|
| tengo | tenemos | vengo | venimos |
| tienes | tenéis | vienes | venís |
| tiene | tienen | viene | vienen |

► **Tener** is used in many common phrases expressing feelings and age.

| | |
|---|---|
| **tener... años** | *to be... years old* |
| **tener calor** | *to be hot* |
| **tener frío** | *to be cold* |
| **tener ganas de + inf.** | *to feel like doing something* |
| **tener hambre** | *to be hungry* |
| **tener prisa** | *to be in a hurry* |
| **tener razón** | *to be right* |
| **tener sed** | *to be thirsty* |
| **tener que + inf.** | *to have to do something* |

**TEACHING OPTIONS**

**Small Groups** Have students form small, heterogeneous groups, if possible arranging it so that each group has at least one heritage speaker or advanced student. Have students reread the paragraph in **Actividad 3** and determine, if it were one side of a phone conversation, at what points the speaker would pause and listen to the other person talk. Then have groups invent what the other person might have said, and use these invented lines as they take turns practicing a two-way conversation. Call on a few groups to present their conversations to the class.

**TPR** Prepare strips of paper with phrases like **tengo hambre** or **tengo que estudiar** from the list of **tener** expressions. Have a volunteer choose a strip of paper and act out the phrase. Have the rest of the class guess. The first to guess correctly is the next to act out a phrase.

## 2.3 Present tense of the verb ir

| ir | | | |
|---|---|---|---|
| yo | voy | nos. | vamos |
| tú | vas | vos. | vais |
| Ud./él/ella | va | Uds./ellos/ellas | van |

▸ **Ir** has many everyday uses, including expressing future plans:

**ir a + [*infinitivo*] = *to be going to* + [*infinitive*]**

**vamos a [*infinitivo*] = *let's do something***

## 2.4 Verbs with stem changes and irregular yo forms

Álex y Maite vuelven al autobús.

**e:ie o:ue u:ue stem-changing verbs**

| | empezar | volver | jugar |
|---|---|---|---|
| yo | empiezo | vuelvo | juego |
| tú | empiezas | vuelves | juegas |
| Ud./él/ella | empieza | vuelve | juega |
| nosotros/as | empezamos | volvemos | jugamos |
| vosotros/as | empezáis | volvéis | jugáis |
| Uds./ellos/ellas | empiezan | vuelven | juegan |

Other e:ie verbs: **cerrar, comenzar, entender, pensar, perder, preferir, querer**

Other o:ue verbs: **almorzar, contar, dormir, encontrar, mostrar, poder, recordar**

**e:i stem-changing verbs**

| pedir | | | |
|---|---|---|---|
| yo | pido | nos. | pedimos |
| tú | pides | vos. | pedís |
| él | pide | ellas | piden |

Other e:i verbs: **conseguir, decir, repetir, seguir**

**Verbs with irregular yo forms**

| hacer | poner | salir | suponer | traer |
|---|---|---|---|---|
| hago | pongo | salgo | supongo | traigo |

**ver:** veo, ves, ve, vemos, veis, ven
**oír:** oigo, oyes, oye, oímos, oís, oyen

**3** **Ir** Complete this paragraph with the present-tense forms of **ir**.

El sábado yo (1) voy al Museo de Bellas Artes porque mi artista favorito (2) va a presentar una exposición. Mis amigos no (3) van al museo conmigo porque todos (4) van a jugar al fútbol, pero yo (5) voy a ir porque yo (6) voy a ser artista. ¿(7) Vas (tú) al museo también? ¿Por qué no (8) vamos juntos?

**4** **Verbos** Complete the chart with the correct verb forms.

| Infinitive | yo | nosotros/as | ellos/as |
|---|---|---|---|
| poder | **puedo** | podemos | pueden |
| **comenzar** | comienzo | **comenzamos** | comienzan |
| hacer | hago | **hacemos** | **hacen** |
| **oír** | oigo | oímos | oyen |
| jugar | **juego** | jugamos | juegan |
| **repetir** | repito | repetimos | **repiten** |

**5** **Oraciones** Arrange the words in the correct order to form complete logical sentences. **¡Ojo!** Remember to conjugate the verbs according to the subject.

1. amigos / unos / tener / interesantes / tú / muy
   Tú tienes unos amigos muy interesantes.
2. autobús / yo / en / comercial / centro / venir / del
   Yo vengo en autobús del centro comercial./Yo vengo del centro comercial en autobús.
3. tener / dinero / no / suficiente / ellos
   Ellos no tienen suficiente dinero.
4. sábados / cine / todos / los / ir / yo / al
   Yo voy al cine todos los sábados./Todos los sábados, yo voy al cine.

**6** **Conversación** Complete this conversation with the appropriate forms of the verbs. Then act it out with a partner.

**PABLO** Óscar, voy al centro ahora.

**ÓSCAR** ¿A qué hora (1) piensas (pensar) volver? El partido de fútbol (2) empieza (empezar) a las dos.

**PABLO** (3) Vuelvo (Volver) a la una. (4) Quiero (Querer) ver el partido.

**ÓSCAR** (5) ¿Recuerdas (Recordar) (tú) que nuestro equipo es muy bueno? (6) ¡Podemos (Poder) ganar!

**PABLO** No, (7) pienso (pensar) que vamos a (8) perder (perder). Los jugadores de Guadalajara son salvajes (*wild*) cuando (9) juegan (jugar).

**4 Teaching Tips**
- Remind students of subject substitutions they might make under categories like **ellos/ellas**. Explain that gender has no bearing on verb conjugation.
- Give students the option of inserting names into their charts, such as **Ana y Paco** for **ellos/Uds.**

**4 Expansion** In pairs, have one student formulate questions using the conjugated verbs from the chart and another answer in complete sentences. They can reverse the roles and use other personal pronouns such as **tú** or **él/ella** for further practice.

**5 Teaching Tip** You may want to allow slower-paced students to work together on this activity. Coach students having difficulty to begin the process by finding the verb. Knowing the verb should help them to identify the subject.

**6 Teaching Tip** Alert students to the fact that all of the verbs in **Actividad 6** are stem-changing. By way of review, you may choose to have the class recite the conjugations of each of the verbs in the exercise. Allow the more verbal students to take the lead in this exercise.

**6 Expansion** Discuss the popular concept of **el centro (de la ciudad),** referenced in this conversation. Ask if your town or city has a **centro,** and what qualifies it as such.

**TEACHING OPTIONS**

**TPR** Practice the **vamos a...** construction with a classic game of *Simon Says.* Enlist the class's help in listing on the board a number of familiar action verbs (Ex: **saltar, bailar, dormir, tocar una silla, mirar la ventana, etc.**). Instruct students to do as you say only when they hear **Vamos a...** The last student standing may be the next to lead.

**Pairs** Preview the construction **ir a +** *infinitive* (which appears in **Actividad 3**). Have students form pairs and write out plans for what they, themselves, and each other are going to do this afternoon. **(Yo voy a practicar el béisbol. Tú vas a hacer mucha tarea.)** Then have them hypothesize what **el/la profesor(a), todos nosotros,** and **los profesores** are going to do after school. Remind students that they need to use every form of the verb **ir** by the time they are finished.

**7 Teaching Tip** Remind students of the function of the personal **a** in Spanish. Give some examples, such as: **Veo la televisión** vs. **Veo al director mañana.** Have students point out an instance of the personal **a** in the activity.

**7 Expansion** Have early finishers amend **Marta's** paragraph by writing sentences employing unused words from the list (**cerrar, hacer, mostrar**).

**8 Teaching Tip** Remind students that there is no stem change in the **nosotros/as** form.

**8 Expansion** Drop something on the floor near a student's seat and let them "find" it. As they alert you to their discovery, ask the class **¿Qué encuentra ______?** Elicit a full-sentence response. Then ask another student **¿Puedes cerrar la ventana?** As students get the idea that they are acting out items from **Actividad 8,** call on others to **dormir, almorzar, contar,** and **mostrar su cuaderno**. Use whatever props make it most interesting. Discuss each action as a class. (**¿Qué hace Alicia?**)

**7 Un día típico** Complete the paragraph with the appropriate forms of the verbs in the word list. Not all verbs will be used. Some may be used more than once.

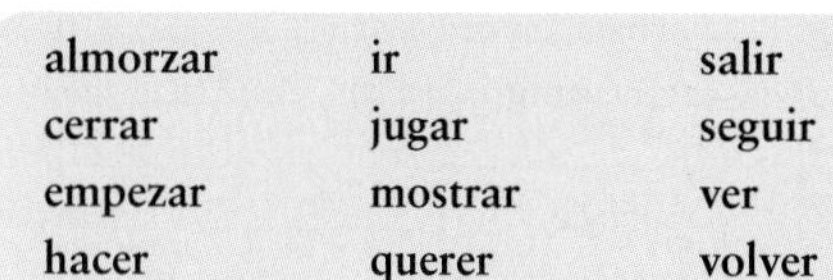

| almorzar | ir | salir |
|---|---|---|
| cerrar | jugar | seguir |
| empezar | mostrar | ver |
| hacer | querer | volver |

¡Hola! Me llamo Marta y vivo en Guadalajara, México. ¿Cómo es un día típico en mi vida? Pues, por la mañana desayuno con mis padres y juntos (1) vemos las noticias (*news*) en la televisión. A las siete y media, (yo) (2) salgo de mi casa y tomo el autobús. Es bueno llegar temprano a la escuela porque siempre (3) veo a mis amigos en la cafetería. Conversamos y planeamos lo que (4) queremos hacer cada día. A las ocho y cuarto, mi amiga Susana y yo (5) vamos al laboratorio de lenguas. La clase de francés (6) empieza a las ocho y media. ¡Es mi clase favorita! A las doce y media (yo) (7) almuerzo en la cafetería con mis amigos. Después, (yo) (8) sigo con mis clases. Por las tardes, mis amigos (9) vuelven a sus casas, pero yo (10) juego al vóleibol con el equipo de mi escuela.

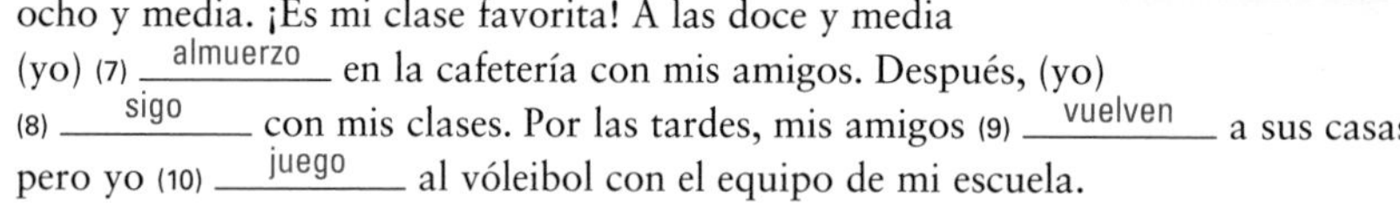

**8 Describir** Use a verb from the list to describe what these people are doing.

| almorzar | contar | dormir |
|---|---|---|
| cerrar | encontrar | mostrar |

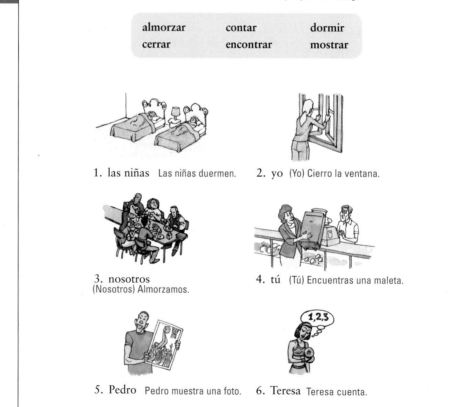

1. las niñas Las niñas duermen.

2. yo (Yo) Cierro la ventana.

3. nosotros (Nosotros) Almorzamos.

4. tú (Tú) Encuentras una maleta.

5. Pedro Pedro muestra una foto.

6. Teresa Teresa cuenta.

**TEACHING OPTIONS**

**Pairs** Review the use of the **usted** form and continue to practice stem-changing verbs by having students write out questions about your own daily routine, using the verbs from **Actividad 7**. Have them role-play with a partner the responses you might give. Then call on students for their questions and answer them.

**Heritage Speakers** Generate interest in **Actividad 7** by allowing heritage speakers to speak about differences in high school students' daily routines in their countries of origin and the U.S. What daily activities do they miss participating in?

**9** **Contestar** Answer these questions. Answers will vary.

*modelo*

¿Qué pides en la cafetería?
En la cafetería, yo pido pizza.

1. ¿Cuántas horas duermes cada noche? ¿Tienes sueño ahora?
2. ¿Cuándo haces la tarea de matemáticas?
3. ¿Adónde sales con tus amigos?
4. ¿Prefieres ver películas en el cine o en casa? Cuando ves películas en el cine, ¿con quién vas?
5. ¿Qué traes a la clase de español?
6. ¿Quién pone (*sets*) la mesa en tu casa?
7. ¿A qué hora almuerzas en la escuela? ¿Qué comes? ¿Traes comida de tu casa o compras comida?
8. ¿Oyes música cuando estudias? ¿Qué música tienes?
9. ¿Practicas deportes o prefieres los juegos (*games*) de mesa? ¿Qué juegas?
10. ¿Crees que esta clase va a ser fácil o difícil?

**10** **Preguntas** Use four different verbs from the list to ask a partner four questions about his or her life. In total, you and your partner should use at least eight verbs. Answers will vary.

| | | |
|---|---|---|
| almorzar | hacer | poder |
| dormir | ir | preferir |
| empezar | pedir | tener |

*modelo*

**Estudiante 1:** ¿Tienes hermanos?
**Estudiante 2:** Sí, tengo dos hermanos.

**11** **Una carta** Write a letter to a friend describing what you do on a typical day and your plans for this weekend. Use at least six verbs from pages 4–5, **ir a** + *infinitive* to talk about your plans for the weekend, and **tener que** + *infinitive* to talk about your obligations. You may use the paragraph in **Actividad 7** as a model. Answers will vary.

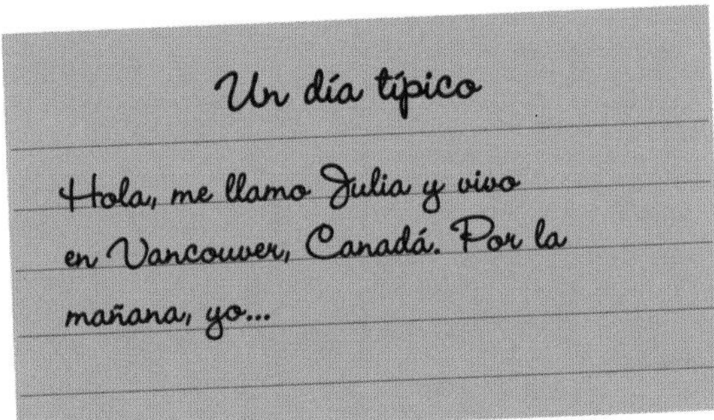

Un día típico
Hola, me llamo Julia y vivo
en Vancouver, Canadá. Por la
mañana, yo...


Practice more at **descubre2.vhlcentral.com.**

**9 Teaching Tip** Instead of reviewing answers as a whole class, give students more verbal practice by having them go over the questions and answers with a partner. Write the **yo** forms of each of the verbs on the board so that students can verify their correct written forms.

**9 Expansion** Have early finishers try to predict what their partners' answers will be before pairing up to go over each other's responses.

**10 Teaching Tips**
- Point out the consistent pattern of the stem-changing verbs in the list: only in the first-, second-, and third-person singular and in the third person plural.
- It may be helpful to use a different color to highlight stem changes on the board as you go over answers. Ask students to point out stem-changing verbs that are used in common classroom directions. Ex: **sigue, repite, cierra**.

**11 Teaching Tip** Have students plan their compositions by using a story map structured around **la mañana, la tarde,** and **la noche**. Make sure that students describe at least a couple of activities falling under each heading.

TEACHING OPTIONS

**Small Groups** Have students form groups of three to write a conversation among three people who have just met at a birthday party. Have them use one of the questions in **Actividad 9** as a conversation starter and include in the dialogue at least three other stem-changing verbs. Encourage groups to create interesting characters with some atypical responses. Allow some groups to present their conversations to the class.

**Small Groups** Divide students into groups of three and have them read their letters from **Actividad 11** to one another. Each member of the group is to write one specific, positive comment (not just "good," but telling why it is good) and at least one thing to correct or improve upon (Ex: "check this verb form"). Have students initial beneath their comments. Writers should implement their peers' recommendations before turning in their work.

**Section Goals**

In **Cultura,** students will:

- read about service internships in Latin American countries
- read about surfing and other popular sports in Latin America
- learn vocabulary related to both topics
- reflect on personal testimonies of volunteers and athletes
- respond to comprehension questions

**En detalle**

**Antes de leer** Have students look at the students in the photo and describe them. Ask specifically about what they appear to be doing, and their mood.

**Lectura**

- Discuss what a **centro comunitario** might be, if there is not one nearby. What venues exist for students to help other students?
- The U.N.-sponsored CEPAL report **(Comisión Económica Para América Latina)** details the growth of the unemployment rate in Argentina from 8.8 percent in 1990 to 19.7 percent in 2002. It estimates, furthermore, that 40 percent of Argentina's population lives below the poverty line. Discuss what bearing those conditions might have had on the creation of the **Programa Nacional de Escuela y Comunidad** in Argentina.
- Discuss the different types of activities that could come under the umbrella **aprendizaje-servicio**. What stands to be gained by the student in each scenario?

EN DETALLE

# Unas vacaciones de **voluntario**

**¿Qué hiciste durante las vacaciones de verano?** Muchos estudiantes de secundaria contestarían° esta pregunta con historias de cómo disfrutaron° de su tiempo libre. Pero otra actividad ha ganado° atención recientemente: el trabajo voluntario durante las vacaciones.

En Latinoamérica, se le llama **aprendizaje-servicio**°, una combinación de educación formal y voluntariado°. En países como México, Argentina y Chile, los jóvenes reciben crédito académico mientras° usan su creatividad y su talento en beneficio de los demás°. Así se promueve° la participación activa de los jóvenes estudiantes en la sociedad. Los voluntarios también ganan experiencias que no podrían° obtener en el salón de clases: en Buenos Aires, un grupo de adolescentes de los colegios más exclusivos ayuda con las tareas en centros comunitarios; en una escuela de Resistencia, en Argentina, los chicos de barrios marginales° les enseñan computación a los adultos desocupados° de su propia comunidad.

En 2001, la Secretaría de Educación de Argentina creó el Programa Nacional de Escuela y Comunidad para los proyectos de aprendizaje-servicio por todo el país. ¿Hay algún requisito° de servicio comunitario para graduarse en tu escuela?

contestarían *would answer* disfrutaron *they enjoyed* ha ganado *has gained* aprendizaje-servicio *service learning* voluntariado *volunteerism* mientras *while* los demás *others* Así se promueve *Thus it promotes* no podrían *they could not* barrios marginales *disadvantaged neighborhoods* desocupados *unemployed* requisito *requirement* costarricenses *Costa Rican* Podía *I was able to* útil *useful* molinos de viento *windmills* mapuches *indigenous people of Central and Southern Chile and Southern Argentina* premio *prize*

**Otras vacaciones de voluntarios**

**En León, Nicaragua,** 16 estudiantes costarricenses° construyeron casas para familias nicaragüenses como parte del programa Hábitat para la Humanidad. Adrián, un voluntario, dijo: "Fue una experiencia increíble. Podía° divertirme y al mismo tiempo hacer algo útil° y de beneficio para otros durante mis vacaciones".

**Los estudiantes de la escuela técnica de Junín de los Andes** adaptaron molinos de viento° a las necesidades de las poblaciones mapuches°. Por este proyecto ganaron un premio° en la Feria Mundial de Ciencias de 1999.

**ACTIVIDADES**

**1** **¿Cierto o falso?** Indica si lo que dice cada oración es cierto o falso. Corrige la información falsa.

1. El aprendizaje-servicio es ir a cursos de verano. Falso. Es una combinación de educación formal y voluntariado.
2. En este programa, los jóvenes voluntarios aprenden cosas que no se aprenden en el salón de clases. Cierto.
3. Los estudiantes de Resistencia, Argentina, les enseñan computación a los chicos de los colegios más exclusivos. Falso. Les enseñan computación a los adultos desocupados de su propia comunidad.
4. En 2001, la Secretaría de Educación de Argentina creó un programa nacional de aprendizaje-servicio. Cierto.
5. De su experiencia como voluntario en Nicaragua, el joven Adrián dijo: "Fue una experiencia horrible". Falso. Adrián dijo: "Fue una experiencia increíble".
6. Los estudiantes de una escuela técnica adaptaron molinos de viento a las necesidades de las poblaciones indígenas de su país. Cierto.

**TEACHING OPTIONS**

**Project** Have students form research groups to gather more information about the Mapuches. Designate a group member to report on the history of the Mapuches from pre-Columbian times to the recent past. Have a second group member describe interesting aspects of the Mapuche culture. Have a third member report on some of the economic, social, and political challenges to their survival.

**Heritage Speakers** As an alternative assignment, challenge native speakers to investigate what has taken place in Argentina as a result of the **Programa Nacional de Escuela y Comunidad** or a similar social service initiative for students in their own country of origin. Encourage them to seek out Spanish-language sources, and to give a short report on their findings in class. Remind them to document their sources.

## ASÍ SE DICE

| | |
|---|---|
| **el buceo** | *diving* |
| **el ciclismo** | *cycling* |
| **el colegio** | *high school, elementary school, middle school* |
| **la ola** | *[ocean] wave* |
| **los países hispanohablantes** | **países donde se habla español** |
| **surfear, hacer surf** | *to surf* |
| **el/la surfista, el/la surfero/a, el/la surfo/a, tablista** | *surfer* |

## EL MUNDO HISPANO

### Deportes importantes

No cabe duda° que el fútbol y el vóleibol son los deportes más populares en Latinoamérica. Sin embargo°, también se practican otros deportes en el mundo hispano.

| Deporte | Lugar(es) |
|---|---|
| el béisbol | el Caribe (esp. la República Dominicana y Cuba), México, Venezuela |
| el ciclismo | Colombia, España y otras regiones montañosas |
| el rugby | Argentina, Chile |
| el baloncesto (básquetbol) | España, Puerto Rico, Colombia, Centroamérica |
| el jai-alai° | Originado en el País Vasco (España), ahora también es popular en México |
| la equitación (montar a caballo) | México, Argentina, España |
| el surf | las Islas Canarias (España), México, Chile, Perú, etc. |

**no cabe duda** *there is no doubt* **sin embargo** *nevertheless* **jai-alai** *Basque sport played with a small ball hurled at high speeds*

## PERFIL

# Hacer surf al estilo hispano

"Hay que sentir la ola. Cuando la sientes, te paras en la tabla° y la agarras". La frase "agarrar° una ola" nunca tendrá° el mismo significado para alguien que no ha practicado° el deporte del surf. Originado en Hawai, es popular en muchas partes del mundo, incluso en el mundo hispano. Sólo necesitas una tabla y una costa marina.

La surfista argentina Ornella Pellizari

**Gabriel Villarán** es probablemente el surfista hispanoamericano más famoso del mundo. Nació en 1984 en Lima, Perú, donde su madre, su padre y su hermano eran° surfistas. Villarán fue el campeón° latinoamericano dos veces y en enero de 2006 ganó el primer lugar en los Juegos Panamericanos de Surf.

A los once años, la argentina **Ornella Pellizari** se compró una tabla con el dinero que había ahorrado°. A los dieciocho años, ganó el Campeonato Latinoamericano de Surf Profesional femenino. Dice **Pellizari**: "Una vez que empecé a surfear, no salí más del agua".

**te paras** *you stand* **la tabla** *surfboard* **agarrar** *to grab* **nunca tendrá** *will never have* **no ha practicado** *has not practiced* **eran** *were* **el campeón** *champion* **había ahorrado** *she had saved*

## ACTIVIDADES

**2** **Comprensión** Completa las oraciones.

1. El deporte del surf se originó en Hawai.
2. Gabriel Villarán nació en Lima, Perú.
3. Junto con el fútbol, el vóleibol es uno de los deportes más populares en Latinoamérica.
4. A los dieciocho años, Pellizari ganó el Campeonato Latinoamericano de Surf Profesional para mujeres.
5. El deporte del jai-alai tiene su origen en el País Vasco.

**3**  **¿Qué vamos a hacer?** Your class has the opportunity to go on a week's vacation. Working in a small group, decide whether **el aprendizaje-servicio** or **los deportes** best suits the group's talents and interests. Plan activities you can agree on, including where you might go, and the type of volunteering or sport activity. Present your vacation plans to the class.

Answers will vary.

 Practice more at **descubre2.vhlcentral.com.**

**TEACHING OPTIONS**

**TPR** Brainstorm as a class phrases that might be used by announcers during a surfing competition. Then have a volunteer come up and role-play a surfer, according to your narration. **(Busca una ola. Espera y espera... agarra una ola. Se pone de pie en la tabla. Sigue... sigue... y se cae al agua. ¡Qué lástima!)** Allow other student volunteers to take the roles of announcer and surfer.

**Game** If time allows, let a student draw on the board a person taking part in a sport of your choice. Have the class guess what sport is depicted. The first to correctly guess is the next to draw.

**Así se dice** Have students first listen as you model the pronunciation of each new term. Then have them repeat after you.

**Perfiles**

- **Gabriel Villarán** began surfing at the age of five, although he was eight before he had his own board. And although his family had a lot to do with his love of the sport, he has worked hard to earn the success he now enjoys. He says that he hopes "to show other young people who don't have any money that it's possible to achieve your dreams..."
- As in the Villarán family, surfing is a family affair for **Ornella Pellizari**. She and her sister, Agostina, took first and second place at the Latin Pro 2005 surfing competition. Both sisters enjoy participating in sports other than surfing, including skateboarding, soccer, and rugby.

**El mundo hispano** Have students rank the listed sports in order of least interesting to most interesting for them. Then, have them list the three countries that are most compatible with their sports interests.

**2 Expansion** Have students expand one of the statements in **Actividad 2** into a short paragraph, using the information they learned in **Cultura**, and anything else they might know about the subject.

**3 Teaching Tip** As groups are trying to come to an agreement, encourage them to make a list of pros and cons for each option (**aprendizaje-servicio** and **deportes**). After group members have had a chance to contribute to the lists, conduct a vote.

# P así pasó

**1 Expansion** Have students rewrite each sentence in the present, replacing time references when necessary with **ahora**. **(1. Yo cierro las ventanas ahora.)**

**2 Teaching Tip** Emphasize that the preterites with j-stems omit the letter **i** in the third person plural form. Have students write out the forms in their notebooks and repeat them out loud. Use them in sentences: **Mis amigos trajeron comida a la fiesta. Dijeron la verdad.**

**2 Expansion** To further comprehension, have students reread the paragraph and bullet the activities described as they would appear on a daily calendar.

**3 Teaching Tip** Discuss different context clues to help students determine whether a sentence should be completed with **ser** or **ir**. An **a** following the verb often indicates use of **ir (Los viajeros fueron al Perú)**. A place or destination also often indicates **ir (Patricia fue a la cafetería)**. An adjective usually indicates **ser (Tú fuiste muy generoso)**. A profession usually indicates **ser (El abuelo fue arquitecto)**.

**1 Completar** Complete each sentence with the appropriate preterite form.

1. Yo _cerré_ (cerrar) las ventanas anoche.
2. Los estudiantes _escribieron_ (escribir) las respuestas en la pizarra.
3. María y yo _nadamos_ (nadar) en la piscina el sábado.
4. Tú _viviste_ (vivir) en la casa amarilla, ¿no?
5. Mis abuelos no _gastaron_ (gastar) mucho dinero.
6. Enrique no _bebió_ (beber) ni té ni café.
7. ¿_Tomaste_ (Tomar) tú la última galleta?
8. Todos los jugadores _oyeron_ (oír) las malas noticias.
9. Yo _decidí_ (decidir) comer más frutas y verduras.
10. Ellos _olvidaron_ (olvidar) la dirección de la tienda.

NATIONAL STANDARDS: comparisons, communication

**2 El fin de semana pasado** Complete the paragraph by choosing the correct verb and conjugating it in the appropriate preterite form.

El sábado a las diez de la mañana, mi hermano (1) _ganó_ (costar, usar, ganar) un partido de tenis. A la una, yo (2) _llegué_ (llegar, compartir, llevar) a la tienda con mis amigos y nosotros (3) _compramos_ (costar, comprar, abrir) dos o tres cosas. A las tres, mi amigo Pepe (4) _llamó_ (pasear, nadar, llamar) a su novia por teléfono. ¿Y el domingo? Mis primos me (5) _visitaron_ (salir, gastar, visitar) y nosotros (6) _hablamos_ (hablar, traer, pedir) por horas. Mi mamá (7) _preparó_ (mostrar, leer, preparar) mi comida favorita y mis primos (8) _comieron_ (vender, comer, empezar) con nosotros. Después, (yo) (9) _vi_ (salir, ver, servir) una película en la televisión.

**3 ¿Ser o ir?** Complete these sentences with the appropriate preterite form of **ser** or **ir**. Indicate the infinitive of each verb form.

1. Los viajeros _fueron (ir)_ al Perú.
2. Usted _fue (ser)_ muy amable.
3. Yo _fui (ser)_ muy cordial.
4. Patricia _fue (ir)_ a la cafetería.
5. Guillermo y yo _fuimos (ir)_ a ver una película.
6. Ellos _fueron (ser)_ simpáticos.
7. Yo _fui (ir)_ a su casa.
8. Él _fue (ir)_ a Machu Picchu.
9. Tú _fuiste (ir)_ pronto a clase.
10. Tomás y yo _fuimos (ser)_ muy felices.
11. Tú _fuiste (ser)_ muy generoso.
12. Este semestre los exámenes _fueron (ser)_ muy difíciles.
13. Cuatro estudiantes no _fueron (ir)_ a la fiesta.
14. La película _fue (ser)_ muy divertida.
15. Mi amiga y yo _fuimos (ir)_ al gimnasio el domingo.

## 3.1 Preterite tense of regular verbs

- The preterite tense is used to describe actions or states that were completed at a definite time in the past.
- The preterite of regular verbs is formed by dropping the infinitive ending (**-ar, -er, -ir**) and adding the preterite endings. Note that the endings of regular **-er** and **-ir** verbs are identical in the preterite tense.

| comprar | vender | escribir |
|---|---|---|
| compré | vendí | escribí |
| compraste | vendiste | escribiste |
| compró | vendió | escribió |
| compramos | vendimos | escribimos |
| comprasteis | vendisteis | escribisteis |
| compraron | vendieron | escribieron |

- These verbs have spelling changes in the preterite:

  **-car:** buscar → yo busqué

  **-gar:** llegar → yo llegué

  **-zar:** empezar → yo empecé

  **creer:** creí, creíste, creyó, creímos, creísteis, creyeron

  **leer:** leí, leíste, leyó, leímos, leísteis, leyeron

  **oír:** oí, oíste, oyó, oímos, oísteis, oyeron

  **ver:** vi, viste, vio, vimos, visteis, vieron

- **-ar** and **-er** verbs that have a stem change in the present tense are regular in the preterite.

  **jugar (u:ue):** Él **jugó** al fútbol ayer.

  **volver (o:ue):** Ellas **volvieron** tarde anoche.

- **-ir** verbs that have a stem change in the present tense also have a stem change in the preterite.

  **pedir (e:i):** La semana pasada, él **pidió** tacos.

## 3.2 Preterite of ser and ir

Inés y yo fuimos a un mercado. Fue muy divertido.


- The preterite forms of **ser** and **ir** are identical. Context will determine the meaning.

| ser and ir | |
|---|---|
| fui | fuimos |
| fuiste | fuisteis |
| fue | fueron |

**TEACHING OPTIONS**

**Game** Make a list of all the verbs students have studied in the preterite. Call out the present tense of a verb and toss a ball to a student. The student has ten seconds to convert the verb into the preterite and toss the ball to another student, at which point you call out the present tense of another verb. For a greater degree of difficulty, shorten the time limit, or write the verb list on the board and have the students run the game.

**Pairs** Have students write a paragraph about what they did yesterday using seven verbs from this page. Then have them pair up with a classmate for general peer editing, paying special attention to using correct preterite forms. Have peer editors initial their partners' papers.

## 3.3 Other irregular preterites

► The preterite forms of the following verbs are also irregular. Pay attention to the different stem changes.

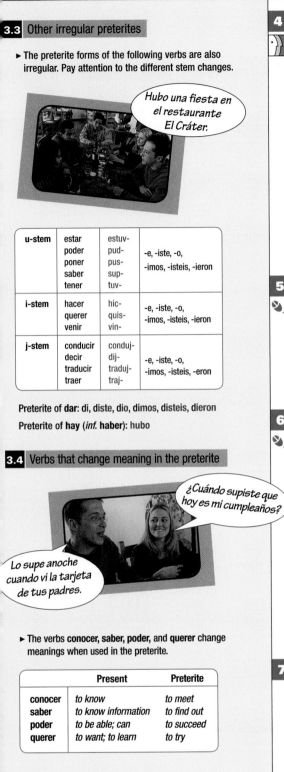

Hubo una fiesta en el restaurante El Cráter.

| | | | |
|---|---|---|---|
| **u-stem** | estar<br>poder<br>poner<br>saber<br>tener | estuv-<br>pud-<br>pus-<br>sup-<br>tuv- | -e, -iste, -o,<br>-imos, -isteis, -ieron |
| **i-stem** | hacer<br>querer<br>venir | hic-<br>quis-<br>vin- | -e, -iste, -o,<br>-imos, -isteis, -ieron |
| **j-stem** | conducir<br>decir<br>traducir<br>traer | conduj-<br>dij-<br>traduj-<br>traj- | -e, -iste, -o,<br>-imos, -isteis, -eron |

Preterite of **dar:** di, diste, dio, dimos, disteis, dieron

Preterite of **hay** (*inf.* **haber**): hubo

## 3.4 Verbs that change meaning in the preterite

¿Cuándo supiste que hoy es mi cumpleaños?
Lo supe anoche cuando vi la tarjeta de tus padres.

► The verbs **conocer, saber, poder,** and **querer** change meanings when used in the preterite.

| | Present | Preterite |
|---|---|---|
| **conocer** | *to know* | *to meet* |
| **saber** | *to know information* | *to find out* |
| **poder** | *to be able; can* | *to succeed* |
| **querer** | *to want; to learn* | *to try* |

**4 ¿Cuándo?** In pairs, use the time expressions from the word list to ask and answer questions about when you and others did the activities. Answers will vary.

| | | | |
|---|---|---|---|
| anoche | anteayer | el mes pasado | una vez |
| ayer | la semana pasada | el año pasado | dos veces |

*modelo*

**Estudiante 1:** ¿Cuándo escribiste una carta?
**Estudiante 2:** Yo escribí una carta anoche.

1. mi compañero/a: llegar tarde a clase
2. mi mejor (*best*) amigo/a: volver de Brasil
3. mis padres: ver una película
4. yo: llevar un traje/vestido
5. el presidente de los EE.UU.: no escuchar a la gente
6. mis amigos y yo: comer en un restaurante

**5 Verbos** Complete the chart with the preterite form of the verbs.

| Infinitive | yo | ella | nosotros |
|---|---|---|---|
| **conducir** | conduje | condujo | condujimos |
| **hacer** | hice | hizo | hicimos |
| **saber** | supe | supo | supimos |

**6 Cambiar** Change each verb from present to preterite.

*modelo*

Escucho la canción.
Escuché la canción.

1. **Tengo** que ayudar a mi padre. Tuve
2. La maestra **repite** la pregunta. repitió
3. ¿**Vas** al cine con tu amigo? Fuiste
4. Mis padres **piden** arroz en el restaurante del barrio. pidieron
5. El camarero les **sirve** papas fritas. sirvió
6. **Vengo** de la escuela en autobús. Vine
7. El concierto **es** a las ocho. fue
8. ¿Dónde **pones** las llaves del auto? pusiste
9. ¿Y ellos cómo lo **saben**? supieron
10. ¿Quién **trae** la comida? trajo

**7 Oraciones** Form complete sentences using the information provided in the correct order. Use the preterite tense of the verbs.

1. ir / al / semana / pasada / yo / dentista / la
   Yo fui al dentista la semana pasada./La semana pasada yo fui al dentista.
2. parque / Pablo / y / correr / perro / su / por / el
   Pablo y su perro corrieron por el parque.
3. día / leer / ellos / periódicos / tres / cada
   Ellos leyeron tres periódicos cada día./Cada día, ellos leyeron tres periódicos.
4. nunca / la historia / Doña Rita / la verdad / saber / de
   Doña Rita nunca supo la verdad de la historia.

**4 Teaching Tip** Discourage students from going directly to the dictionary for definitions of time expressions. You might draw a calendar on the board, use gestures to indicate the passage of time, and talk around each term until you see signals of comprehension.

**4 Expansion** Have students make whatever changes necessary in each sentence to make it true. They may negate it, change the time expression, or change the subject.

**5 Teaching Tip** Talk with students about the spelling change necessary in the third person singular preterite of **hacer**. Elicit from them what "hico" would sound like. If necessary, compare to words like **chico** or **pico**.

**5 Expansion** Have students add three more lines to the chart and supply preterite conjugations for three verbs that they have trouble with. Encourage them to consult recent homework assignments if necessary.

**6 Teaching Tip** Remind students that when studying the preterite there will be some verb conjugations that seem easy and others that take more practice. Encourage them to highlight the verbs that they have trouble with. This way they can go back and write down their forms, and read through them out loud with a study partner.

**7 Expansion** Have students determine in which context they would most likely find each sentence. Ex: **una carta a un amigo, una novela,** or **un periódico.**

### TEACHING OPTIONS

**Heritage Speakers** For extra credit or an alternative assignment, have heritage speakers interview a parent, grandparent, or other older relative about the experience of moving from where they used to live. Have students share their stories with the class. Coach students to speak slowly. Help foster understanding by writing key words on the board as the student shares. If necessary, allow another heritage speaker to paraphrase an interpretation. Follow with comprehension questions.

**Extra Practice** Record a number of interesting television commercials or a short segment of a television show. Play the recording back in class without any sound. Have students use the preterite to tell what happened.

**8 Escoger** Choose the most logical option.

1. Ayer te llamé varias veces, pero tú no contestaste. a
   a. Quise hablar contigo. b. Pude hablar contigo.
2. Las chicas fueron a la fiesta. Cantaron y bailaron mucho. a
   a. Ellas pudieron divertirse. b. Ellas no supieron divertirse.
3. Yo no hice lo que ellos me pidieron. ¡Tengo mis principios! b
   a. No supe hacerlo. b. No quise hacerlo.

**9 ¿Presente o pretérito?** Choose the correct form of the verbs in parentheses.

1. Después de muchos intentos (*tries*), (podemos/pudimos) hacer una piñata.
2. —¿Conoces a Pepe?
   —Sí, lo (conozco/conocí) en tu fiesta.
3. Como no es de aquí, Cristina no (sabe/supo) mucho de las celebraciones locales.
4. Yo no (quiero/quise) ir a un restaurante grande, pero tú decides.
5. Ellos (quieren/quisieron) darme una sorpresa, pero Nina me lo dijo todo.
6. Mañana se terminan las clases; por fin (podemos/pudimos) divertirnos.
7. Ayer no (tengo/tuve) tiempo de llamarte.
8. ¿(Quieres/Quisiste) ir al cine conmigo esta tarde?
9. Todavía no sabemos quiénes lo (dicen/dijeron), pero mañana lo vamos a saber.
10. Dos veces al año, mi hermano y yo (hacemos/hicimos) algo especial juntos.

**10 Preguntas** Pretend that your friend or parent keeps checking up on what you did. Respond that you already (**ya**) did what he/she asks. (Switch roles every two questions.)

*modelo*
leer la lección
**Estudiante 1:** *¿Leíste la lección?*
**Estudiante 2:** *Sí, ya leí la lección.*

1. escribir el correo electrónico
   ¿Escribiste...?/Sí, ya lo escribí.
2. lavar (*to wash*) la ropa
   ¿Lavaste...?/Sí, ya la lavé.
3. oír las noticias
   ¿Oíste...?/Sí, ya las oí.
4. practicar los verbos
   ¿Practicaste...?/Sí, ya los practiqué.
5. empezar la tarea
   ¿Empezaste...?/Sí, ya la empecé.
6. buscar las llaves
   ¿Buscaste...?/Sí, ya las busqué.

**8 Teaching Tips**
- Stress the meaning of **poder** in the preterite by giving examples of both its affirmative (*to manage; to succeed*) and negative (*to try and fail*) meanings. Ex: **Pude hacer toda la tarea de español anoche, pero no pude hacer toda la tarea de ciencias.**
- Stress the meaning of **querer** in the preterite by giving examples of both its affirmative (*to try*) and negative (*to refuse*) meanings. Ex: **Quisimos ver una película el sábado, pero no quise ver ninguna película violenta.**

**9 Teaching Tip** A few of the items in this activity could use either the present or the past tense and make sense. In item 1, if the text were the narration of a real-time documentary, or if the party planners in item 5 are unaware that the speaker knows their plans, the present tense is appropriate. Allow students to defend and explain their responses if they differ.

**9 Expansion** Have students suppose that the series of statements in this activity are excerpted from a book chapter about a party. Have them determine in what sequence they most likely would have appeared. After, have them pair up with a classmate, compare thoughts, and tell their partner how and why they came to their conclusion.

**10 Teaching Tip** Since direct object pronouns are not reviewed until page 14, allow students to repeat objects in their responses, if needed. **(Sí, ya escribí el correo electrónico.)** Do not discourage students from using pronouns if they wish.

**10 Expansion** Ask students to reread the questions and put checkmarks next to the tasks that they have truly already done today.

**TEACHING OPTIONS**

**Extra Practice** Have all students practice conjugating at least one, and up to six verbs that they have a hard time remembering in the preterite. Allow students who finish early to create a class set of flashcards of these verbs, with the infinitive form on one side and the conjugation on the other.

**Small Groups** Create small groups of three or four. Give the first student in each group the task of beginning a story, with the option of choosing a sentence from a recent homework or in-class assignment (as the first sentence only). Instruct them to write one paragraph using the preterite. On the next day, have the second student take the story opener home and add another paragraph to it, and so on, until the whole group has contributed a paragraph. When groups have finished, share the stories in class.

**11** 

**Una película** Working with a partner, prepare a brief summary of a movie you have seen. First, make a list of verbs you will use to describe the film's plot. Then present your summary to the class and have the other students guess what movie you described. Answers will vary.

**modelo**
*decidir, decir, llegar, tener miedo, traducir, ver*
*Un día, Anakin decidió...*

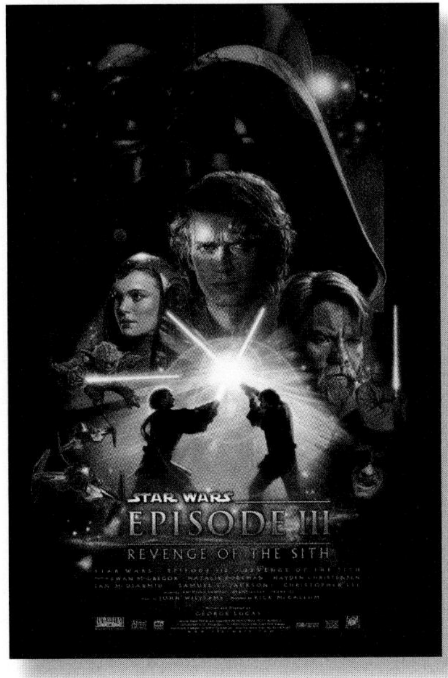


**12** 

**Conversar** In small groups, ask each other what you did yesterday or last weekend. Use the word list and keep track of the activities that more than one person did so you can share them later with the class. Answers will vary.

| | |
|---|---|
| hacer la tarea | escribir una carta |
| asistir a una reunión | mirar la televisión |
| limpiar la habitación | traducir un poema |
| cenar en un restaurante | dar una fiesta |
| pasarlo bien | tener un sueño (*dream*) |
| ir al cine | tener una idea |
| ir al centro comercial | dar un regalo |
| ir de compras | visitar a un amigo |
| escuchar música | poner un anuncio en el periódico |
| empezar una novela | escribir un correo electrónico |

**13** **Escribir** Describe a dream (**un sueño**) you had recently, or invent one. Use at least six preterite verbs, including a minimum of two irregular verbs. You may write your description as a paragraph or as a poem. Answers will vary.

**AYUDA**
**soñar con =** *to dream about*

 Practice more at **descubre2.vhlcentral.com.**

**11 Teaching Tips**
- If possible, do not have groups perform on the same day that the assignment is given, so that they have more time to prepare.
- Encourage students to memorize their lines and polish their presentation, employing props as necessary to create an interesting performance.

**11 Expansion** After the class guesses the movie, have them share (in the preterite) what happened that gave it away.

**12 Teaching Tips**
- Review forms of the verb **ir** on the board and out loud as a class.
- Provide students with some additional verbs that might be useful in this activity: **comprar, escuchar, estudiar, hacer, jugar,** and **leer**.

**12 Expansion** Have students summarize in writing what each of their group members did. Encourage them to record at least two activities for each person in their group. Circulate and make sure that group members are conversing in the second and first person. Remind them that when they tell about what someone else did, they will need to use a different verb form. Allow advanced students to take the lead and help others in their groups.

**13 Teaching Tip** Before beginning, create a rubric or writers' checklist as a class. Then have students team up in pairs or triads to edit one another's work using the rubric.

**TEACHING OPTIONS**

**Game** Toward the end of the class period, tell students you want to see how closely they have been paying attention to you. Challenge them to write down as many things as they can in the preterite that they remember you doing since the beginning of class. (Ex: **Usted abrió la ventana. Repasó la tarea...** etc.) Offer a small incentive to the individual who comes up with the longest legitimate list. (Check it as a class.) This can also be done as a paired activity.

**Extra Practice** Assign each student a Latin American country with a colonial history. Ask them to create a timeline showing major milestones on the road to independence. Remind them to use the preterite, and provide useful vocabulary words, such as **luchar, ganar, perder, batalla, invadir, conquistar, reinar, triunfar,** etc. Have students present their timelines as mini-reports to the class.

**1 Teaching Tip** Remind students that when object pronouns are attached to infinitives or participles, a written accent is often required to maintain proper word stress. Call out several examples and have volunteers write them on the board before students begin the activity.

**1 Expansion** If students finish the activity early, have them go back and give the alternate version of their answer (if they have placed the pronoun before the verb, put it after and attached to the verb, and vice versa).

**2 Teaching Tips**
- Draw students' attention to the difference between **mi** (the possessive pronoun, as in: **Es mi chaqueta**) and **mí** with an accent (the object of a preposition, as in: **Me vieron a mí**).
- Students may wonder why **ti** never needs an accent. Explain that this is because the accent's function is to differentiate between **mi** and **mí**. **Tu (Es tu chaqueta)** and **ti (Te vieron a ti)** are already different.

**2 Expansion** Have students convert each sentence into the preterite. (Do not worry about the slight meaning change in number 4; this will not become an issue until students start to differentiate the imperfect from the preterite.)

**3 Teaching Tip** Discuss as a class verbs that are likely to be used with indirect object pronouns (**dar, decir, traer, mostrar**, etc.). Advise students to be sure they can conjugate these verbs in the present as well as the preterite tense.

**3 Expansion** Challenge students to think of another object that could replace the pronoun they used in their answer. For example, in number 1, **le** could stand for **a mi padre, a mi hermano,** or **a mi profesora**.

# P | así me gusta

**1** **Vacaciones** Ramón is going to San Juan, Puerto Rico with his friends, Javier and Marcos. Express his thoughts more succinctly using direct object pronouns.

NATIONAL STANDARDS: comparisons, communication

modelo
Quiero hacer una excursión.
*Quiero hacerla./La quiero hacer.*

1. Voy a hacer mi maleta. *Voy a hacerla./La voy a hacer.*
2. Necesitamos llevar los pasaportes. *Necesitamos llevarlos./Los necesitamos llevar.*
3. Marcos está pidiendo el folleto turístico. *Marcos está pidiéndolo./Marcos lo está pidiendo.*
4. Javier debe llamar a sus padres. *Javier debe llamarlos./Javier los debe llamar.*
5. Ellos esperan visitar el Viejo San Juan. *Ellos esperan visitarlo./Ellos lo esperan visitar.*
6. Puedo llamar a Javier por la mañana. *Puedo llamarlo por la mañana./Lo puedo llamar por la mañana.*
7. Prefiero llevar mi cámara. *Prefiero llevarla./La prefiero llevar.*
8. No queremos perder nuestras reservaciones de hotel. *No queremos perderlas./No las queremos perder.*

**2** **Oraciones** Form complete sentences using the information provided. Use indirect object pronouns and the present tense of the verbs.

1. Javier / prestar / el abrigo / a Gabriel
   *Javier le presta el abrigo a Gabriel.*
2. nosotros / vender / ropa / a los clientes
   *Nosotros les vendemos ropa a los clientes.*
3. el vendedor / traer / las camisetas / a mis amigos y a mí
   *El vendedor nos trae las camisetas (a mis amigos y a mí).*
4. yo / querer dar / consejos / a ti
   *Yo quiero darte consejos (a ti)./Yo te quiero dar consejos (a ti).*
5. ¿tú / ir a comprar / un regalo / a mí?
   *¿Tú me vas a comprar un regalo (a mí)?/¿Vas a comprarme un regalo (a mí)?*
6. Carmen y Sofía / mostrar / las fotos / a Milena
   *Carmen y Sofía le muestran las fotos a Milena.*

**3** **¿Directo o indirecto?** Restate the sentences, replacing the underlined words with the correct direct or indirect object pronoun.

modelo
Lidia quiere ver <u>una película.</u> → *Lidia la quiere ver./Lidia quiere verla.*

1. Siempre digo la verdad <u>a mi madre</u>. *Siempre le digo la verdad.*
2. Juan Carlos puede traer <u>los refrescos</u> a la fiesta. *Juan Carlos los puede traer./Puede traerlos.*
3. ¿No quieres ver <u>las pinturas</u> (*paintings*) en el museo? *¿No las quieres ver en el museo?/¿No quieres verlas en el museo?*
4. Raquel va a comprar un regalo <u>para su prima</u>. *Raquel le va a comprar un regalo./Raquel va a comprarle un regalo.*
5. Leí <u>el último libro de Harry Potter</u> anoche. *Lo leí anoche.*
6. Voy a regalar estos libros <u>a mis padres</u>. *Les voy a regalar estos libros./Voy a regalarles estos libros.*

## 4.1 Direct and indirect object pronouns

Hay muchos lugares interesantes por aquí. ¿Quieren ir a verlos?


- Direct and indirect object pronouns take the place of nouns.
- Direct object pronouns directly receive the action of the verb.

**Direct object pronouns**

| Singular | | Plural | |
|---|---|---|---|
| me | lo | nos | los |
| te | la | os | las |

In affirmative sentences:

Adela practica el tenis. → Adela lo practica.

In negative sentences:

Adela **no** lo practica.

With an infinitive:

Adela lo va a practicar. / Adela va a practicarlo.

With the present progressive:

Adela lo está practicando. / Adela está practicándolo.

- Indirect object pronouns identify *to whom* or *for whom* an action is done.

Buenas tardes. ¿Le puedo servir en algo?


**Indirect object pronouns**

| Singular | Plural |
|---|---|
| me | nos |
| te | os |
| le | les |

- Place an indirect object pronoun in a sentence in the same position where a direct object pronoun would go.
- Both the indirect object pronoun and the person to which it refers may be used together in a sentence for clarity or extra emphasis. Use the construction a + [*prepositional pronoun*].

Su madre **les** ofrece una solución **a los niños.**

**TEACHING OPTIONS**

**Small Groups** Have students gather in teams of three or four. In the middle of each team, place a grouping of objects, such as **unos lápices, una revista, un espejo,** and **unas gafas de sol.** Include a few photos of people. Make sure there is an object or picture that can represent each of the different indirect and direct object pronouns. Call out an object pronoun (direct or indirect), and the student whose turn it is has to name someone or something that could be represented by that pronoun. For **los** the student might name **unos lápices**. Continue until all students have had a turn.

**Pairs** Have students work with a classmate to correct **Actividad 3** in order to gain more oral practice. Instruct pairs to have one student read the given sentence and the other to read its shorter equivalent without looking at their paper. Have students switch roles after one or two turns.

## 4.2 Gustar and similar verbs

▸ Though **gustar** is translated as *to like*, its literal meaning is *to please*. **Gustar** is preceded by an indirect object pronoun indicating who is pleased. It is followed by a noun (the subject) indicating *the thing that pleases*. Many verbs follow this pattern.

¿Te gustan las computadoras?

| aburrir | faltar | importar | molestar |
|---|---|---|---|
| encantar | fascinar | interesar | quedar |

▸ With singular subjects or verbs in the infinitive, use the third person singular form.

Me **gusta** la clase.

No nos **interesó** el proyecto.

Les **fascina** ir al cine.

▸ With plural subjects, use the third person plural form.

Te **quedaron** diez dólares.

Le **aburren** los documentales.

▸ The construction **a** + [*noun/pronoun*] may be added for clarity or emphasis.

**A mí** me encanta bailar, ¿y a ti?

## 4.3 Double object pronouns

Les recomiendo el jugo de piña... ¿Se lo traigo a todos?

▸ When direct and indirect object pronouns are used together, the indirect object pronoun always goes before the direct object pronoun.

Nos van a servir los platos. → **Nos los** van a servir. / Van a servir**noslos**.

▸ The indirect object pronouns **le** and **les** always change to **se** when they precede **lo, la, los,** and **las**.

**Le** escribí una carta. → **Se la** escribí.

▸ Spanish speakers often clarify to whom the pronoun **se** refers by adding **a usted, a él, a ella, a ustedes, a ellos,** or **a ellas**.

**4 La música** Complete each sentence with the correct indirect object pronoun and verb form. Use the present tense.

1. A Adela _le_ _gusta_ (gustar) la música de Enrique Iglesias.
2. A mí _me_ _encantan_ (encantar) las canciones (*songs*) de Maná.
3. A mis amigos no _les_ _molesta_ (molestar) la música alta (*loud*).
4. A nosotros _nos_ _fascinan_ (fascinar) los grupos de pop latino.
5. A mi padre no _le_ _interesan_ (interesar) los cantantes (*singers*) de hoy.
6. ¿Qué tipo de música _te_ _gusta_ (gustar) a ti?

**5 Descripciones** Look at the pictures and describe what is happening. Use the verbs from the word bank. Answers may vary.

| molestar | encantar | interesar | quedar |
|---|---|---|---|

1. a ti  A ti no te queda bien este vestido. A ti te queda mal/grande este vestido.

LIBROS DE ARTE MODERNO
ARTE

2. a Sara  A Sara le interesan los libros de arte moderno.

3. a Ramón  A Ramón le molesta el despertador.

4. a nosotros  A nosotros nos encanta esquiar.

**6 En el restaurante** Complete each sentence with the missing direct or indirect object pronoun.

**Objeto directo**

1. ¿La ensalada? El camarero nos _la_ sirvió.
2. ¿El salmón? La dueña me _lo_ recomienda.
3. ¿La comida? Voy a preparárte_la_.
4. ¿Las bebidas? Estamos pidiéndose_las_.
5. ¿Los refrescos? Te _los_ puedo traer ahora.

**Objeto indirecto**

1. ¿Puedes traerme tu plato? No, no _te_ lo puedo traer.
2. ¿Quieres mostrarle la carta? Sí, voy a mostrár_se_la ahora.
3. ¿Les serviste la carne? No, no _se_ la serví.
4. ¿Vas a leerle el menú? No, no _se_ lo voy a leer.
5. ¿Me recomiendas la langosta? Sí, _te_ la recomiendo.

**4 Teaching Tips**
- Remind students that **me, te, le, nos,** and **les** never function as subjects. Therefore, verbs should never be made to agree with them.
- Have students underline the subject in each sentence before they conjugate the verb. Remind them that for **gustar** and similar verbs, the subject is placed at the end of the sentence.

**4 Expansion** Have students ask a partner three questions regarding their tastes in music. Have them begin with **A ti...** and use three different verbs from the exercise. Have them record their classmate's responses as complete sentences.

**5 Teaching Tips**
- Remind students that **quedar** can mean *to fit* or *to remain; to have left*. **No me queda esta blusa. Sólo me quedan cinco dólares.**
- Have students compare the sentences to their likely corresponding English translations, and discuss in which instances English will make the person the object, as in Spanish. Number 1 (*the dress does not fit you*) and number 3 (*the alarm clock bothers Ramón*) would most likely be handled in the same way in English as in Spanish. Numbers 2 and 4 would not.

**6 Teaching Tip** Draw the students' attention to the accentuation of the verbs that have pronouns after and attached. Elicit from students the fact that accents are always written on verbs followed by double object pronouns, always on the third-to-last syllable.

**6 Expansion** Have students draw arrows from each of their answers under **objeto directo** to the noun to which it refers.

**TEACHING OPTIONS**

**Extra Practice** Have each student choose one of the verbs like **gustar** (**aburrir, encantar, faltar, fascinar, importar, interesar, molestar,** or **quedar**). Then have them conduct a survey of at least ten classmates, asking **¿Qué te molesta? ¿Qué te encanta?** or other questions using whatever verbs they have chosen. Have them record their classmates' responses in sentence form, and share the most interesting answers with the class.

**Pairs** Have students help you list a number of popular TV shows on the board. Then, instruct them to go down the list with a classmate, asking **¿Te gusta...?** Encourage them to use as many of the verbs like **gustar** as they can. If they have not seen a show, they can say **No lo veo** (or **No lo he visto**).

**7 Teaching Tip** Students who prefer the "after and attached" position of the pronouns will often over-generalize its use. If a student converts **Mi hija manda las invitaciones** to **Mi hija mándaselas,** watch for your heritage speakers to notice these errors. They will hear the problem and will be able to explain the implication of the phrase (that it is a command), if not the rule behind it.

**7 Expansion** If time allows, have students determine which items can be expressed alternately (by moving the pronouns), and then have them write the alternate expressions.

**8 Teaching Tip** Depending on class size and available time, you may choose to have students work in small groups for this activity, rather than giving reports to the whole class. Call on a volunteer from each group to summarize the responses.

**8 Expansion** Teach students the expressions **A mí también** and **A mí tampoco**. As they complete the activity, encourage them to use **a mí también** for affirmative sentences and **a mí tampoco** for negative sentences whenever they agree with someone's likes and dislikes. Ex:

—**A Tony le aburre el béisbol.**
—**A mí también.**
—**A Luisa no le interesan las matemáticas.**
—**A mí tampoco.**

**7** **¿Quién?** Ms. Cervallos had a dinner party and is now remembering the different things people did to help her. Change the underlined nouns to direct object pronouns and make any other necessary changes.

*modelo*

¿Quién me trajo la carne del supermercado? (mi esposo)
*Mi esposo me la trajo.*

1. ¿Quién mandó las invitaciones a mis sobrinas Raquel y María Eugenia? (mi hija) Mi hija se las mandó.
2. No pude ir a la tienda para buscar bebidas. ¿Quién me compró el agua mineral? (mi hijo) Mi hijo me la compró.
3. ¿Quién me prestó los platos? (mi mamá) Mi mamá me los prestó.
4. Los entremeses fueron todos muy ricos. ¿Quién nos preparó los entremeses? (Silvia y Renata) Silvia y Renata nos los prepararon.
5. No hubo suficientes sillas en el comedor (*dining room*). ¿Quién nos trajo las sillas que faltaban (*were lacking*)? (Héctor y Lorena) Héctor y Lorena nos las trajeron.
6. No tuve tiempo de pedirle la sal y la pimienta a Mónica. ¿Quién le pidió la sal y la pimienta a Mónica? (mi hijo) Mi hijo se las pidió.
7. Muchas personas estuvieron en la fiesta. ¿Quién sirvió el pastel de chocolate a los invitados? (mis hijos) Mis hijos se lo sirvieron.

**8** **Entrevista** Interview a classmate (or friend/relative) using all the **gustar**-like verbs in the box on page 15. Write down his or her answers and report to the class. (There will be three sentences per verb, as in the model.) Answers will vary.

*modelo*

**Pregunta:** *¿Qué te molesta mucho (a ti)?*
**Respuesta:** *A mí me molestan las preguntas estúpidas.*
**A la clase:** *A mi amigo Arturo le molestan las preguntas estúpidas.*

**9** **En la tienda** In groups of three, write a brief conversation between a salesperson and two friends who are out shopping. Each person should use at least two verbs like **gustar**, two direct and indirect object pronouns, and one sentence with double object pronouns. Use the instructions as a guide or invent your own details. Answers will vary.

*modelo*

**Dependiente:** *Buenas tardes. ¿En qué les puedo servir?*
**Clienta 1:** *Hola, necesito un vestido, pero éstos no me gustan.*
**Dependiente:** *¡Ay, tengo unos que le van a quedar perfecto! Voy a traérselos.*
**Clienta 2:** *A mí me fascinan estos zapatos. Los voy a comprar.*

| Dependiente/a | Clientes/as |
|---|---|
| Saluda a los/las clientes/as y pregúntales en qué les puedes servir. | Saluden al/a la dependiente/a y díganle (*tell him/her*) qué quieren comprar. |
| Habla de los gustos de los/las clientes/as y empieza a mostrarles la ropa. | Hablen de los colores y estilos que más les interesan. |
| Da opiniones favorables (las botas le quedan fantásticas)... | Decidan cuáles son las cosas que les gustan y qué van a comprar. |

Practice more at **descubre2.vhlcentral.com.**

**TEACHING OPTIONS**

**Heritage Speakers** Have heritage speakers share alternate expressions of like or dislike from their countries of origin. For example, in many countries a slang expression for **No me gusta mucho** would be **No me mata**. Encourage students to ask friends and relatives if they are not familiar with such phrases.
**Extra Practice** If time and resources permit, show a video-recorded clip from a performance-based reality TV show in Spanish, such as one designed to discover a new pop star every season. After watching the performance and the judges' critiques, have students discuss (in Spanish) the judges' opinions. (Ex: **A Paula le encanta el cantante. A Simón no le gusta para nada.**) Remind students to focus on nonverbal language to determine the characters' likes and dislikes.

# En el consultorio

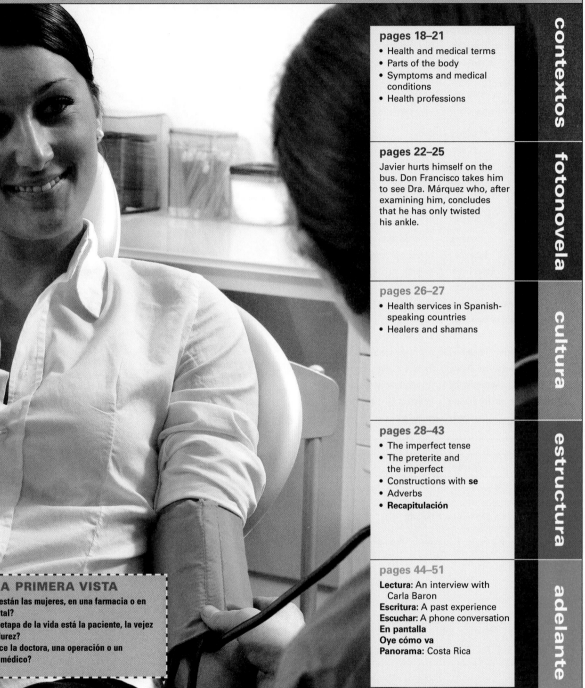

# 1

## Communicative Goals

*You will learn how to:*

- Describe how you feel physically
- Talk about health and medical conditions



### A PRIMERA VISTA

- ¿Dónde están las mujeres, en una farmacia o en un hospital?
- ¿En qué etapa de la vida está la paciente, la vejez o la madurez?
- ¿Qué hace la doctora, una operación o un examen médico?

## Lesson Goals

In **Lección 1**, students will be introduced to the following:

- names of parts of the body
- health-related terms
- medical-related vocabulary
- health services in Spanish-speaking countries
- healers and shamans
- imperfect tense
- uses of the preterite and imperfect tenses
- impersonal constructions with **se**
- using **se** for unplanned events
- forming adverbs using [*adjective*] + **–mente**
- common adverbs and adverbial expressions
- activating background knowledge
- mastering the simple past tenses
- writing about an illness or accident
- listening for specific information
- a television commercial for **Strepsils,** a throat lozenge
- Costa Rican singer **Chavela Vargas**
- cultural, geographic, and economic information about Costa Rica

**A primera vista** Here are some additional questions you can ask based on the photo: **¿Cuándo fue la última vez que viste a tu médico/a? ¿Vas mucho a verlo/a? ¿Estuviste en su consultorio la semana pasada? ¿El año pasado? ¿Cuáles son las mejores comidas para sentirte bien? ¿Cuáles son las peores?**

### INSTRUCTIONAL RESOURCES

**Student Materials**

**Print:** Student Book, Workbooks (*Cuaderno de actividades, Cuaderno de práctica, Cuaderno para hispanohablantes*)

**Technology:** **vText**, MAESTRO® *E-Cuaderno* and Supersite (Audio, Video, Practice)

**Teacher Materials**

DVDs (*Fotonovela, Flash cultura, Panorama cultural*)
Teacher's Resource CD-ROM (Scripts, Answer Keys, *PowerPoints*, Testing Program)
Testing Program, Textbook, Audio Activity CDs
MAESTRO® Supersite: Resources (Planning and Teaching Resources from Teacher's Resource CD-ROM); Learning Management System (Gradebook, Assignments)
Vista Higher Learning *Cancionero*
Resources also available in print

**DESCUBRE 2 Supersite:** descubre2.vhlcentral.com

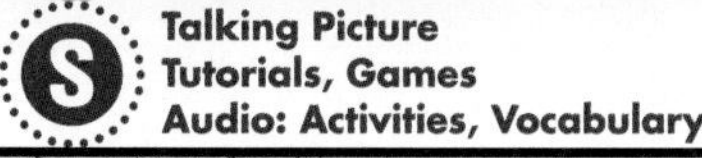


## Section Goals

In **Contextos**, students will learn and practice:

- names of parts of the body
- vocabulary for talking about illnesses and accidents
- vocabulary associated with medical visits

**Instructional Resources**

**vText**

***Cuaderno de actividades,*** pp. 1–2, 89

***Cuaderno de práctica,*** pp. 1–2

***Cuaderno para hispanohablantes,*** pp. 1–2

***e-Cuaderno***

**Supersite:** Textbook, Vocabulary, & Audio Activity MP3 Audio Files

**Supersite/TRCD/Print:** *PowerPoints* (**Lección 1 Contextos** Presentation, Overhead #9); Communication Activities, Textbook Audio Script, Audio Activity Script, Answer Keys

**Textbook CD:** CD 1, Tracks 1–2

**Audio Activity CD:** CD 1, Tracks 1–2

## Teaching Tips

- Pretend to have had an accident-filled day. Ex: **Ayer pasé un día horrible. Fui a pasear en bicicleta y me caí. Me lastimé las rodillas y los brazos. Luego, cuando llegué a casa, me di con la puerta y me lastimé el ojo. Esta mañana cerré la puerta del auto y me lastimé el dedo.** Then ask comprehension questions about what hurts. Ex: **¿Me duele la garganta? (No.)** Finally, ask students about likely treatment options.
- Show *Overhead PowerPoint #9.* Have students refer to the scene and the vocabulary boxes as you give yes/no statements about the new vocabulary. Ex: **¿Sí o no? La enfermera le toma la temperatura a la paciente. (Sí.) La doctora le pone una inyección al hombre. (No.)** Then ask volunteers to describe what is going on in the scene, using as much of the new vocabulary as possible.

# En el consultorio

### Más vocabulario

| | |
|---|---|
| **la clínica** | *clinic* |
| **el consultorio** | *doctor's office* |
| **el/la dentista** | *dentist* |
| **el examen médico** | *physical exam* |
| **la farmacia** | *pharmacy* |
| **el hospital** | *hospital* |
| **la operación** | *operation* |
| **la sala de emergencia(s)** | *emergency room* |
| **el cuerpo** | *body* |
| **el oído** | *(sense of) hearing; inner ear* |
| **el accidente** | *accident* |
| **la salud** | *health* |
| **el síntoma** | *symptom* |
| **caerse** | *to fall (down)* |
| **darse con** | *to bump into; to run into* |
| **doler (o:ue)** | *to hurt* |
| **enfermarse** | *to get sick* |
| **estar enfermo/a** | *to be sick* |
| **poner una inyección** | *to give an injection* |
| **recetar** | *to prescribe* |
| **romperse (la pierna)** | *to break (one's leg)* |
| **sacar(se) un diente** | *to have a tooth removed* |
| **sufrir una enfermedad** | *to suffer an illness* |
| **torcerse (o:ue) (el tobillo)** | *to sprain (one's ankle)* |
| **toser** | *to cough* |

### Variación léxica

gripe ⟷ gripa (*Col., Gua., Méx.*)

resfriado ⟷ catarro (*Cuba, Esp., Gua.*)

sala de emergencia(s) ⟷ sala de urgencias (*Arg., Esp., Méx.*)

romperse ⟷ quebrarse (*Arg., Gua.*)

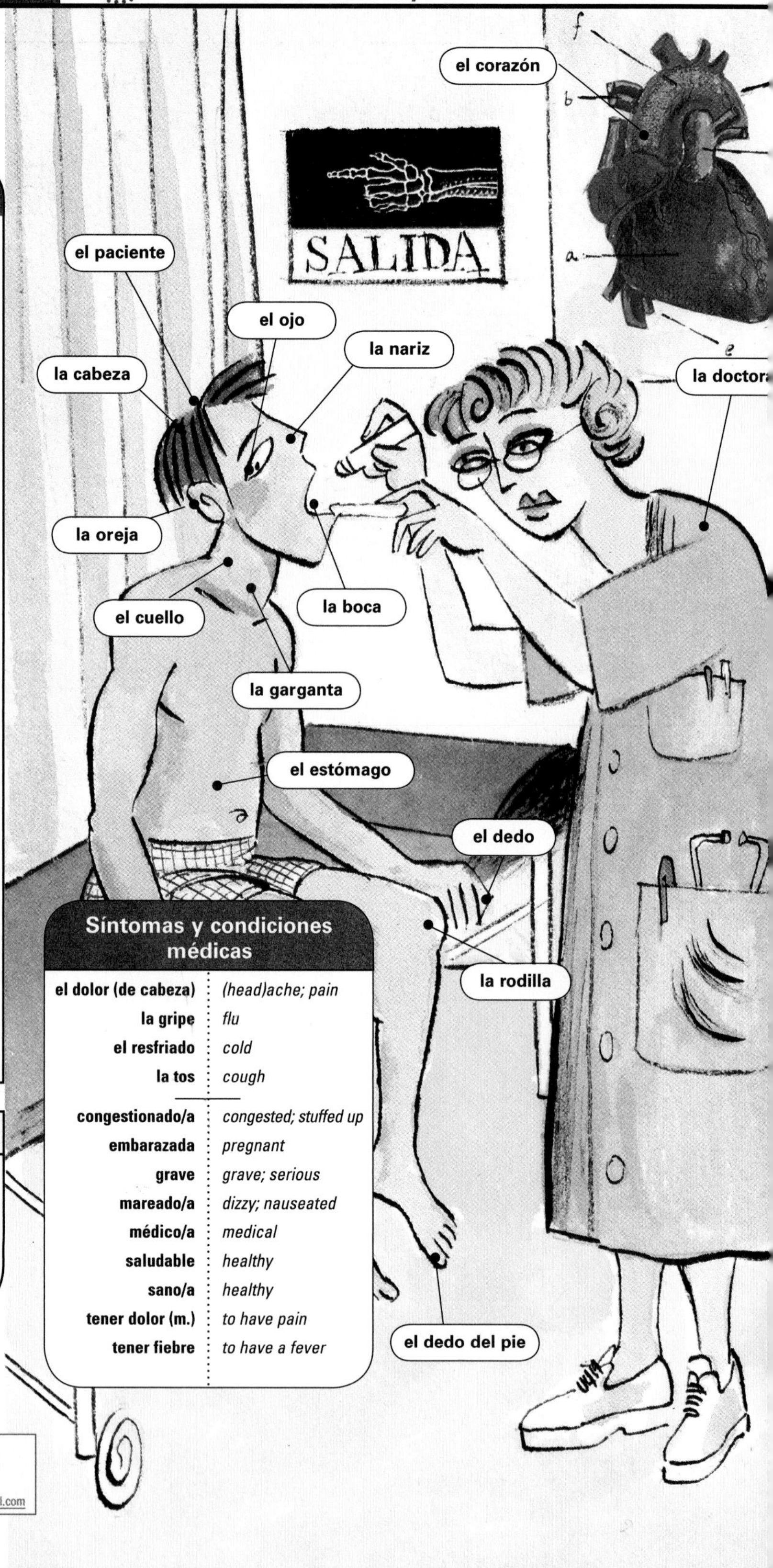

### Síntomas y condiciones médicas

| | |
|---|---|
| **el dolor (de cabeza)** | *(head)ache; pain* |
| **la gripe** | *flu* |
| **el resfriado** | *cold* |
| **la tos** | *cough* |
| **congestionado/a** | *congested; stuffed up* |
| **embarazada** | *pregnant* |
| **grave** | *grave; serious* |
| **mareado/a** | *dizzy; nauseated* |
| **médico/a** | *medical* |
| **saludable** | *healthy* |
| **sano/a** | *healthy* |
| **tener dolor (m.)** | *to have pain* |
| **tener fiebre** | *to have a fever* |

**recursos**

| vText | CA pp. 1–2, 89 | CP pp. 1–2 | CH pp. 1–2 | descubre2.vhlcentral.com |
|---|---|---|---|---|

## TEACHING OPTIONS

**TPR** Play a game of **Simón dice.** Write **señalen** on the board and explain that it means *point.* Start by saying: **Simón dice... señalen la nariz.** Students are to touch their noses and keep their hands there until instructed to do otherwise. Work through various parts of the body. Be sure to give instructions occasionally without saying **Simón dice...**

**Variación léxica** Point out differences in health-related vocabulary, as well as some false cognates. **Embarazada** means *pregnant*, not *embarrassed.* You may also want to present **constipado/a** and explain that it does not mean *constipated*, but rather *congested* or *stuffed up.* Point out that, whereas in English people have ten fingers and ten toes, in Spanish people have twenty **dedos**: **diez dedos de las manos y diez de los pies**.

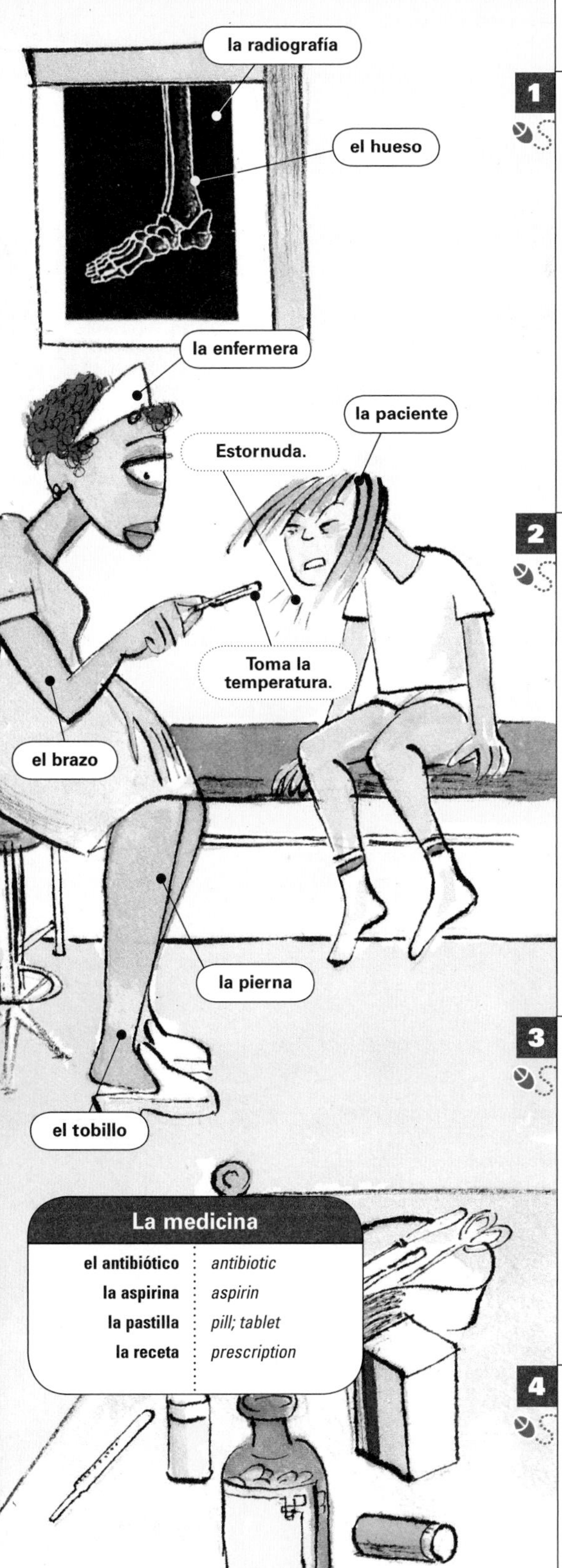


**La medicina**

| | |
|---|---|
| **el antibiótico** | *antibiotic* |
| **la aspirina** | *aspirin* |
| **la pastilla** | *pill; tablet* |
| **la receta** | *prescription* |

# Práctica

**1 Escuchar** Escucha las preguntas y selecciona la respuesta más adecuada.

a. Tengo dolor de cabeza y fiebre.
b. No fui a la clase porque estaba (*I was*) enfermo.
c. Me caí la semana pasada jugando al tenis.
d. Debes ir a la farmacia.
e. Porque tengo gripe.
f. Sí, tengo mucha tos por las noches.
g. Lo llevaron directamente a la sala de emergencia.
h. No sé. Todavía tienen que tomarme la temperatura.

1. __c__ 3. __g__ 5. __f__ 7. __a__
2. __e__ 4. __d__ 6. __h__ 8. __b__

**2 Seleccionar** Escucha la conversación entre Daniel y su doctor y selecciona la respuesta que mejor complete cada oración.

1. Daniel cree que tiene __a__.
   a. gripe b. un resfriado c. la temperatura alta
2. A Daniel le duele la cabeza, estornuda, tose y __c__.
   a. se cae b. tiene fiebre c. está congestionado
3. El doctor le __b__.
   a. pone una inyección b. toma la temperatura c. mira el oído
4. A Daniel no le gustan __a__.
   a. las inyecciones b. los antibióticos c. las visitas al doctor
5. El doctor dice que Daniel tiene __b__.
   a. gripe b. un resfriado c. fiebre
6. Después de la consulta Daniel va a __c__.
   a. la sala de emergencia b. la clínica c. la farmacia

**3 Completar** Completa las oraciones con una palabra de la misma familia de la palabra subrayada. Usa la forma correcta de cada palabra.

1. Cuando oyes algo, usas el __oído__.
2. Cuando te enfermas, te sientes __enfermo/a__ y necesitas ir al consultorio para ver a la __enfermera__.
3. ¿Alguien __estornudó__? Creo que oí un estornudo (*sneeze*).
4. No puedo arrodillarme (*kneel down*) porque me lastimé la __rodilla__ en un accidente de coche.
5. ¿Vas al __consultorio__ para consultar al médico?
6. Si te rompes un diente, vas al __dentista__.

**4 Contestar** Mira el dibujo y contesta las preguntas. Answers will vary.

1. ¿Qué hace la doctora?
2. ¿Qué hay en la pared (*wall*)?
3. ¿Qué hace la enfermera?
4. ¿Qué hace el paciente?
5. ¿A quién le duele la garganta?
6. ¿Qué tiene la paciente?

**TEACHING OPTIONS**

**Game** Play **Concentración**. On eight cards, write names for parts of the body or items found in a doctor's office. On another eight cards, draw or paste a picture that matches each word. Place the cards facedown in four rows of four. In pairs, students select two cards. If the cards match, the pair keeps them. If the cards do not match, students replace them in their original position. The pair with the most cards at the end wins.

**Heritage Speakers** Ask heritage speakers to describe a visit they made to a doctor's office. Verify comprehension by having students relate what was said. On the board, write any non-active vocabulary that students may use, such as **auscultar los pulmones, sacar la lengua, tomar la presión arterial, la sangre,** and so forth.

**1 Teaching Tip** Have students check their answers as you go over **Actividad 1** with the class.

**1 Script** 1. ¿Cuándo te caíste? 2. ¿Por qué vas al médico? 3. ¿Adónde llevaron a Juan después del accidente? 4. ¿Adónde debo ir para conseguir estas pastillas? 5. ¿Tienes mucha tos? 6. ¿Tienes fiebre? 7. ¿Cuáles son sus síntomas, señor? 8. Ayer no te vi en la clase de biología. ¿Por qué? *Textbook CD*

**2 Teaching Tip** To challenge students, write the activity items on the board as cloze sentences. Have students complete them as they listen to the audio.

**2 Script** DANIEL: Hola, doctor. Me siento enfermo. Creo que tengo gripe. DOCTOR: ¿Cuándo te enfermaste? DA: La semana pasada. DO: ¿Cuáles son tus síntomas? DA: Me duele la cabeza, estornudo y tengo mucha tos por las noches. Ah, y también estoy congestionado. DO: Voy a tomarte la temperatura. DA: ¿Me va a poner una inyección, doctor? No me gustan las inyecciones. DO: No tienes fiebre y, tranquilo, no necesitas inyecciones. Esto es un simple resfriado. Voy a recetarte unas pastillas y pronto tu salud va a mejorar. DA: Gracias, doctor. Voy a pasar por la farmacia al salir de la consulta. *Textbook CD*

**3 Teaching Tip** Have students say which part of speech the underlined word is and which part of speech the word they write in the blank is.

**3 Expansion** Have students write two additional cloze sentences for a partner to complete.

**4 Expansion** Ask additional questions about the doctor's office scene. Ex: **¿Qué hace la chica? (Estornuda.)**

**5 Teaching Tip** Point out that there may be several parts of the body associated with each activity. Encourage students to list as many as they can.

**5 Expansion** Do the activity in reverse. Say parts of the body and ask pairs of students to associate them with as many activities as they can.

**6 Expansion**
- Write the three categories with their point totals on the board. Ask for a show of hands for those who fall into the different groups based on their point totals. Analyze the trends of the class—are your students healthy or unhealthy?
- Ask for volunteers from each of the three groups to explain whether they think the results of the survey are accurate or not. Ask them to give examples based on their own eating, exercise, and other health habits.
- You may want to have students brainstorm a few additional health-related questions and responses and adjust the point totals accordingly. Ex: **¿Con qué frecuencia te lavas las manos? ¿Con qué frecuencia usas seda dental? ¿Tomas el sol sin bloqueador solar? ¿Comes comida rápida (McDonald's, etc.)? ¿Consumes mucha cafeína?**

**5** 

**Asociaciones** Trabajen en parejas para identificar las partes del cuerpo que ustedes asocian con estas actividades. Sigan el modelo. Answers will vary.

*modelo*
nadar
**Estudiante 1:** Usamos los brazos para nadar.
**Estudiante 2:** Usamos las piernas también.

1. hablar por teléfono
2. tocar el piano
3. correr en el parque
4. escuchar música
5. ver una película
6. toser
7. llevar zapatos
8. comprar perfume
9. estudiar biología
10. comer lomo a la plancha

**AYUDA**
Remember that in Spanish, body parts are usually referred to with an article and not a possessive adjective: **Me duelen los pies.** The idea of *my* is expressed by the indirect object pronoun **me.**

**6** 

**Cuestionario** Contesta el cuestionario seleccionando las respuestas que reflejen mejor tus experiencias. Suma (*Add*) los puntos de cada respuesta y anota el resultado. Después, con el resto de la clase, compara y analiza los resultados del cuestionario y comenta lo que dicen de la salud y de los hábitos de todo el grupo. Answers will vary.

## ¿Tienes buena salud?

| | |
|---|---|
| **27–30 puntos** | Salud y hábitos excelentes |
| **23–26 puntos** | Salud y hábitos buenos |
| **22 puntos o menos** | Salud y hábitos problemáticos |

1. **¿Con qué frecuencia te enfermas? (resfriados, gripe, etc.)**
   Cuatro veces por año o más. (1 punto)
   Dos o tres veces por año. (2 puntos)
   Casi nunca. (3 puntos)
2. **¿Con qué frecuencia tienes dolores de estómago o problemas digestivos?**
   Con mucha frecuencia. (1 punto)
   A veces. (2 puntos)
   Casi nunca. (3 puntos)
3. **¿Con qué frecuencia sufres de dolores de cabeza?**
   Frecuentemente. (1 punto)
   A veces. (2 puntos)
   Casi nunca. (3 puntos)
4. **¿Comes verduras y frutas?**
   No, casi nunca como verduras ni frutas. (1 punto)
   Sí, a veces. (2 puntos)
   Sí, todos los días. (3 puntos)
5. **¿Eres alérgico/a a algo?**
   Sí, a muchas cosas. (1 punto)
   Sí, a algunas cosas. (2 puntos)
   No. (3 puntos)
6. **¿Haces ejercicios aeróbicos?**
   No, casi nunca hago ejercicios aeróbicos. (1 punto)
   Sí, a veces. (2 puntos)
   Sí, con frecuencia. (3 puntos)
7. **¿Con qué frecuencia te haces un examen médico?**
   Nunca o casi nunca. (1 punto)
   Cada dos años. (2 puntos)
   Cada año y/o antes de practicar un deporte. (3 puntos)
8. **¿Con qué frecuencia vas al dentista?**
   Nunca voy al dentista. (1 punto)
   Sólo cuando me duele un diente. (2 puntos)
   Por lo menos una vez por año. (3 puntos)
9. **¿Qué comes normalmente por la mañana?**
   No como nada por la mañana. (1 punto)
   Tomo una bebida dietética. (2 puntos)
   Como cereal y fruta. (3 puntos)
10. **¿Con qué frecuencia te sientes mareado/a?**
    Frecuentemente. (1 punto)
    A veces. (2 puntos)
    Casi nunca. (3 puntos)

Practice more at **descubre2.vhlcentral.com.**

**TEACHING OPTIONS**

**Small Groups** On the board, write popular expressions related to parts of the body and guide students in guessing their meanings. Ex: **tomarle el pelo (a alguien), no tener pelos en la lengua, salvarse por un pelo, costar un ojo de la cara, no tener dos dedos de frente, ponerle los pelos de punta, hablar hasta por los codos**. In small groups, have students create a sentence about a famous person or classmate for each expression.

**Game** Play a modified version of **20 Preguntas**. Ask a volunteer to think of a part of the body. Other students get one chance each to ask a yes/no question until someone guesses the item correctly. Limit attempts to ten questions per item. Encourage students to guess by associating activities with various parts of the body.

# Comunicación

**7** **¿Qué le pasó?** Trabajen en un grupo de dos o tres personas. Hablen de lo que les pasó y de cómo se sienten las personas que aparecen en los dibujos. Answers will vary.

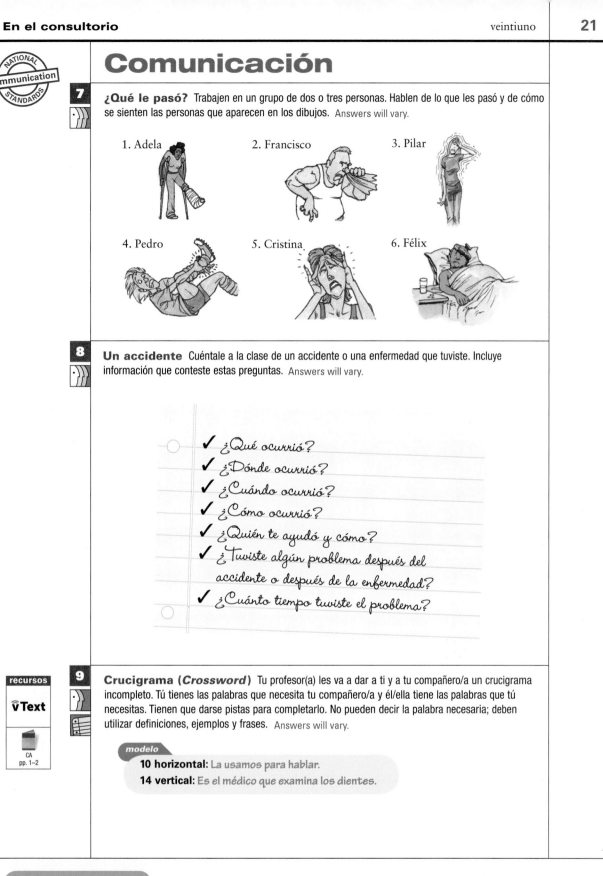

1. Adela 
2. Francisco 
3. Pilar 
4. Pedro 
5. Cristina 
6. Félix 

**8** **Un accidente** Cuéntale a la clase de un accidente o una enfermedad que tuviste. Incluye información que conteste estas preguntas. Answers will vary.

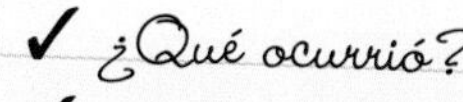

- ✓ ¿Qué ocurrió?
- ✓ ¿Dónde ocurrió?
- ✓ ¿Cuándo ocurrió?
- ✓ ¿Cómo ocurrió?
- ✓ ¿Quién te ayudó y cómo?
- ✓ ¿Tuviste algún problema después del accidente o después de la enfermedad?
- ✓ ¿Cuánto tiempo tuviste el problema?

recursos

vText
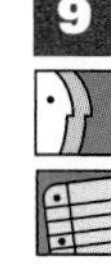
CA pp. 1–2

**9** **Crucigrama (*Crossword*)** Tu profesor(a) les va a dar a ti y a tu compañero/a un crucigrama incompleto. Tú tienes las palabras que necesita tu compañero/a y él/ella tiene las palabras que tú necesitas. Tienen que darse pistas para completarlo. No pueden decir la palabra necesaria; deben utilizar definiciones, ejemplos y frases. Answers will vary.

*modelo*

**10 horizontal:** La usamos para hablar.
**14 vertical:** Es el médico que examina los dientes.

**Successful Language Learning** Tell students to imagine situations in which they commonly see a doctor and to think about what they would say in Spanish in each of these situations.

**7 Expansion**
- Ask students to list the various possibilities of what happened to these people and how they feel. Have them name possible treatments for each.
- Bring in magazine pictures related to illness, medicine, and medical appointments. Have students describe what is going on in the images.

**8 Teaching Tip** Model this activity by talking about an illness or accident you had.

**8 Expansion** To practice more verb forms, have students talk about an illness or accident that someone they know had.

**9 Teaching Tip** Divide the class into pairs and distribute the Communication Activities worksheets that correspond to this activity. Give students ten minutes to complete this activity.

**9 Expansion** Have pairs use words from the crossword to role-play a visit to a doctor's office.

**TEACHING OPTIONS**

**Pairs** For homework, ask students to draw an alien or other fantastic being. In the next class period, have students describe the alien to a classmate, who will draw it according to the description. Ex: **Tiene una cabeza grande y tres piernas delgadas con pelo en las rodillas. Encima de la cabeza tiene ocho ojos pequeños y uno grande...** Then have students compare the drawings for accuracy.

**Extra Practice** Write **Mido ____ pies y ____ pulgadas** on the board and explain what it means. Have students write physical descriptions of themselves. Students should use as much vocabulary from this lesson as they can. Collect the papers, shuffle them, and read the descriptions aloud. The rest of the class has to guess who is being described.

## Section Goals

In **Fotonovela**, students will:

- receive comprehensible input from free-flowing discourse
- learn functional phrases that preview lesson grammatical structures

**Instructional Resources**
**vText**
***Cuaderno de actividades,*** pp. 47–48,
***e-Cuaderno***
**Supersite/DVD: *Fotonovela***
**Supersite/TRCD/Print: *Fotonovela*** Videoscript & Translation, Answer Keys

**Video Synopsis** While on the bus, **Javier** injures his foot. **Don Francisco** tells the group that they are close to the clinic of his friend, **Doctora Márquez**. **Doctora Márquez** determines that **Javier** simply twisted his ankle. She prescribes some pain medication and sends **Javier** and **Don Francisco** on their way.

**Teaching Tips**

- Before watching the **Fotonovela** have students scan the dialogue for words and expressions related to health care. Then have them predict what will happen in this episode.
- Review the predictions and ask a few questions to guide students in summarizing this episode.

# ¡Uf! ¡Qué dolor!

NATIONAL communication cultures STANDARDS

**Don Francisco y Javier van a la clínica de la doctora Márquez.**

**PERSONAJES**

**INÉS**

**DON FRANCISCO**

**JAVIER**

**DRA. MÁRQUEZ**

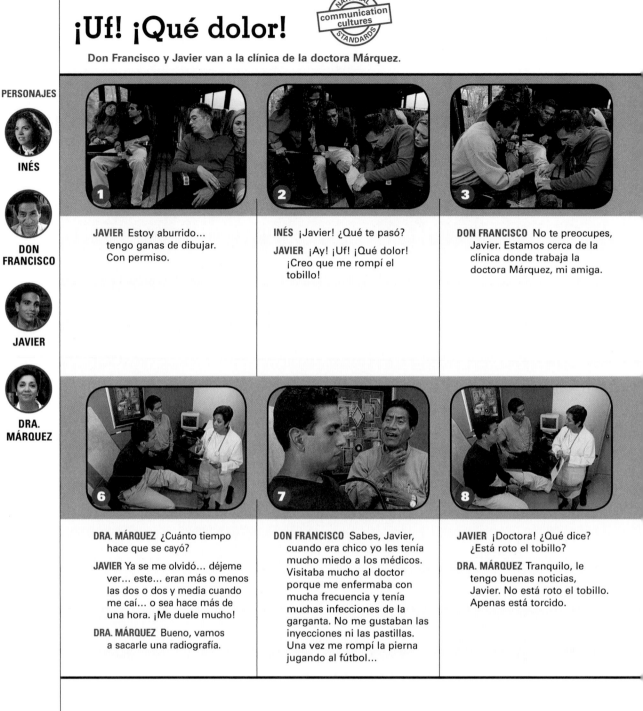

**JAVIER** Estoy aburrido... tengo ganas de dibujar. Con permiso.

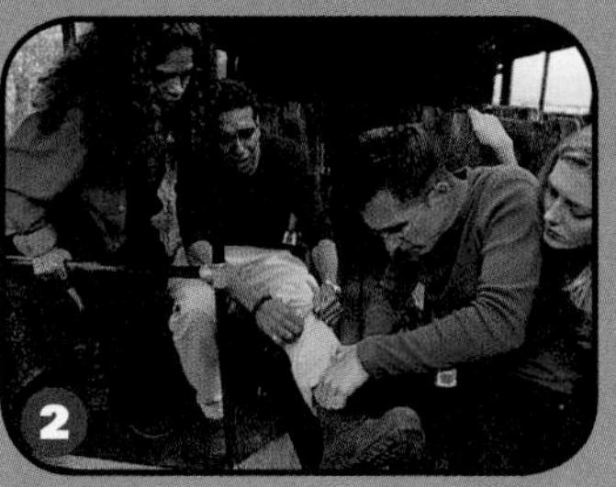


**INÉS** ¡Javier! ¿Qué te pasó?

**JAVIER** ¡Ay! ¡Uf! ¡Qué dolor! ¡Creo que me rompí el tobillo!

**DON FRANCISCO** No te preocupes, Javier. Estamos cerca de la clínica donde trabaja la doctora Márquez, mi amiga.

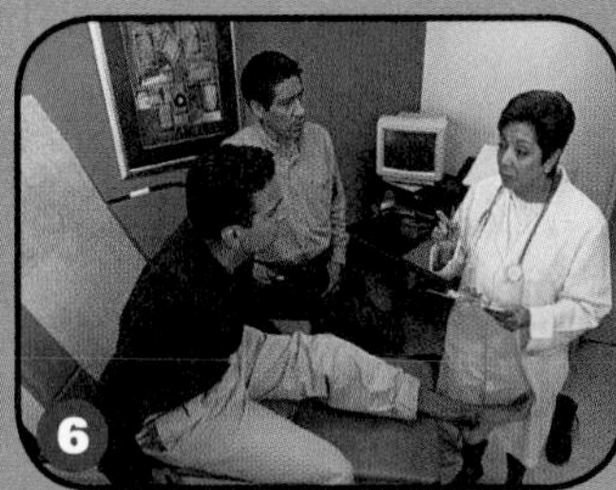


**DRA. MÁRQUEZ** ¿Cuánto tiempo hace que se cayó?

**JAVIER** Ya se me olvidó... déjeme ver... este... eran más o menos las dos o dos y media cuando me caí... o sea hace más de una hora. ¡Me duele mucho!

**DRA. MÁRQUEZ** Bueno, vamos a sacarle una radiografía.

**DON FRANCISCO** Sabes, Javier, cuando era chico yo les tenía mucho miedo a los médicos. Visitaba mucho al doctor porque me enfermaba con mucha frecuencia y tenía muchas infecciones de la garganta. No me gustaban las inyecciones ni las pastillas. Una vez me rompí la pierna jugando al fútbol...

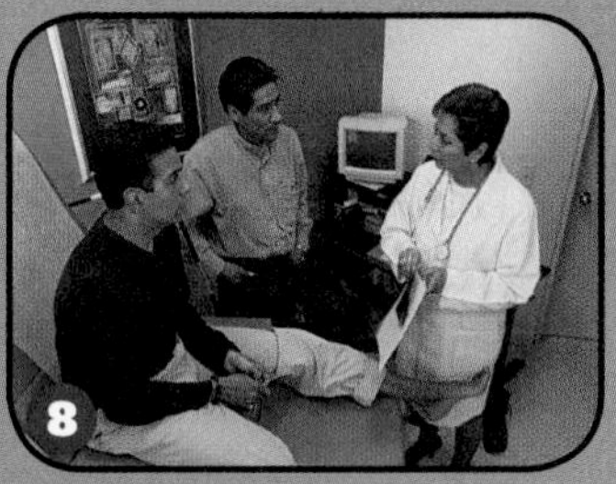


**JAVIER** ¡Doctora! ¿Qué dice? ¿Está roto el tobillo?

**DRA. MÁRQUEZ** Tranquilo, le tengo buenas noticias, Javier. No está roto el tobillo. Apenas está torcido.

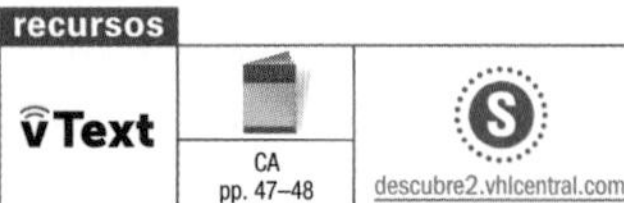


**TEACHING OPTIONS**

**¡Uf! ¡Qué dolor!** Play the **¡Uf! ¡Qué dolor!** segment and have students jot down key words that they hear. Then have them work in small groups to prepare a brief plot summary based on their lists of key words. Play the segment again and have students return to their groups to refine their summaries. Finally, discuss the plot of this episode with the entire class and correct any errors of fact or sequencing.

**Extra Practice** Photocopy the **Fotonovela** Videoscript (Supersite/TRCD/Print) and white out words related to injuries and illnesses in order to make a master for a cloze activity. Have students fill in the missing words as they watch the episode.

**JAVIER** ¿Tengo dolor? Sí, mucho. ¿Dónde? En el tobillo. ¿Tengo fiebre? No lo creo. ¿Estoy mareado? Un poco. ¿Soy alérgico a algún medicamento? No. ¿Embarazada? Definitivamente NO.

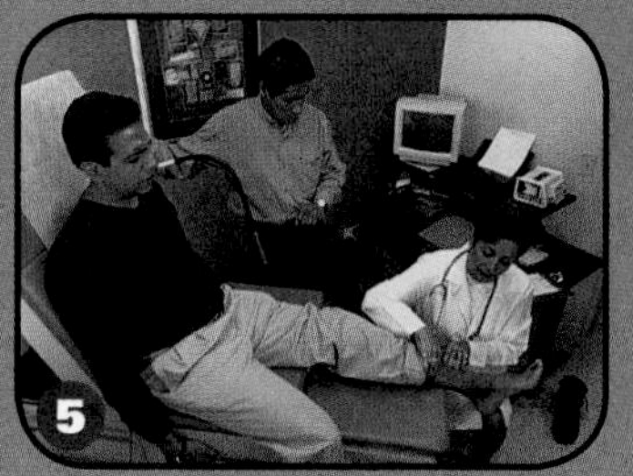

**DRA. MÁRQUEZ** ¿Cómo se lastimó el pie?

**JAVIER** Me caí cuando estaba en el autobús.

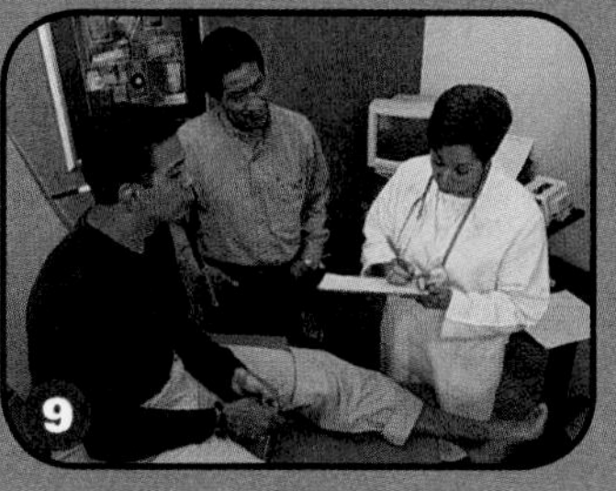

**JAVIER** Pero, ¿voy a poder ir de excursión con mis amigos?

**DRA. MÁRQUEZ** Creo que sí. Pero debe descansar y no caminar mucho durante un par de días. Le receto unas pastillas para el dolor.

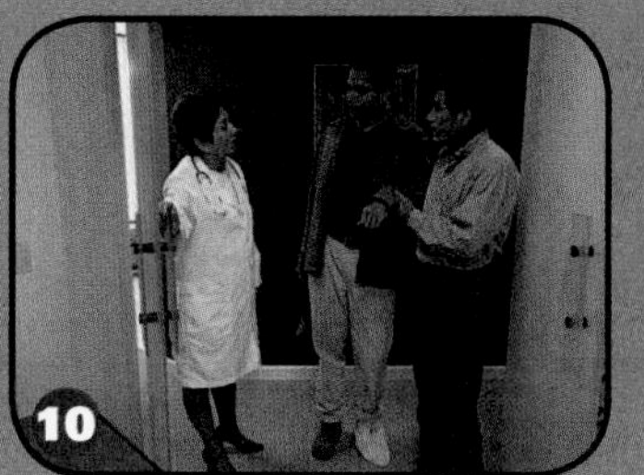

**DRA. MÁRQUEZ** Adiós, Francisco. Adiós, Javier. ¡Cuidado! ¡Buena suerte en las montañas!

## Expresiones útiles

### Discussing medical conditions

- **¿Cómo se lastimó el pie? (lastimarse)**
  *How did you hurt your foot?*
  **Me caí en el autobús.**
  *I fell when I was on the bus.*
- **¿Te duele el tobillo?**
  *Does your ankle hurt? (fam.)*
- **¿Le duele el tobillo?**
  *Does your ankle hurt? (form.)*
  **Sí, (me duele) mucho.**
  *Yes, (it hurts) a lot.*
- **¿Es usted alérgico/a a algún medicamento?**
  *Are you allergic to any medication?*
  **Sí, soy alérgico/a a la penicilina.**
  *Yes, I'm allergic to penicillin.*
- **¿Está roto el tobillo?**
  *Is my ankle broken?*
  **No está roto. Apenas está torcido.**
  *It's not broken. It's just twisted.*
- **¿Te enfermabas frecuentemente?**
  *Did you get sick frequently? (fam.)*
  **Sí, me enfermaba frecuentemente.**
  *Yes, I used to get sick frequently.*
  **Tenía muchas infecciones.**
  *I used to get a lot of infections.*

### Other expressions

- **hace** + [*period of time*] + **que** + [*present tense*]:
- **¿Cuánto tiempo hace que te duele?**
  *How long has it been hurting?*
  **Hace una hora que me duele.**
  *It's been hurting for an hour.*
- **hace** + [*period of time*] + **que** + [*preterite*]:
- **¿Cuánto tiempo hace que se cayó?**
  *How long ago did you fall? (form.)*
  **Me caí hace más de una hora./ Hace más de una hora que me caí.**
  *I fell more than an hour ago.*

**Teaching Tip** Ask students to read the **Fotonovela** captions in groups of four. Ask one or two groups to role-play the dialogue for the class.

**Expresiones útiles** Point out the verb forms **enfermaba, enfermabas,** and **tenía**. Explain that these are imperfect tense forms, used here to talk about habitual events in the past. Point out the adverb **frecuentemente** and tell the class that many adverbs end in **–mente**. Under video still 6, point out the phrase **se me olvidó** and inform the class that **se** constructions are often used to talk about unplanned events. Tell students that they will learn more about these concepts in **Estructura**.

**Successful Language Learning** Tell students that before traveling to a Spanish-speaking country, they should make a list of their allergies and medical needs and learn how to say them in Spanish.

### TEACHING OPTIONS

**Pairs** On the board, write the paradigms for **hace** + [*time period*] + **que** + [*present*] and **hace** + [*time period*] + **que** + [*preterite*]. Ask a few comprehension questions to contrast their uses. Ex: **¿Cuánto tiempo hace que te graduaste de la escuela primaria? ¿Cuánto tiempo hace que estudias español?** Then write two lists on the board, one with activities (Ex: **ir al oculista, leer un buen libro, ver una película extranjera, hacerse un examen médico, comer comida orgánica**) and one with time expressions (Ex: **un año, un mes, una semana, dos días, una hora**). Then have pairs interview each other to find out how long it has been since they have done these activities. Ex: **—¿Cuánto tiempo hace que fuiste al oculista? —Hace dos años que fui al oculista./Fui al oculista hace dos años.** Have students report to the class about their partners' activities.

**1 Expansion** Give students these sentences as items 6–7: **6. Javier tiene el tobillo roto. (Falso. El tobillo no está roto. Está torcido.) 7. La doctora Márquez le receta un poco de penicilina. (Falso. Le receta unas pastillas para el dolor.)**

**2 Expansion** Give students these sentences as items 7–8: **7. Le voy a recetar unas pastillas para el dolor. (Dra. Márquez) 8. Cuando era niño, no me gustaba mucho ir al doctor. (don Francisco)**

**3 Teaching Tip** Divide the class into groups of three and distribute six strips of paper to each. Each strip should contain one of the sentences from the activity. Distribute the strips in random order so that each group member receives two sentences. Have groups put the sentences from correct order and then choose a volunteer to read them out loud.

**4 Possible Conversation**
**E1: Buenos días. ¿Cómo se lastimó?**
**E2: Doctor, me caí en casa.**
**E1: ¿Y cuánto tiempo hace que se cayó?**
**E2: Hace más de dos horas. Creo que me rompí el dedo.**
**E1: ¿Ah, sí? ¿Le duele mucho?**
**E2: Me duele muchísimo, doctor. Y estoy mareada.**
**E1: Bueno, le voy a sacar una radiografía primero.**
**E2: ¿Está roto el dedo?**
**E1: No se preocupe. No está roto el dedo. Como le duele mucho, le receto unas pastillas para el dolor.**
**E2: Sí, doctor. Gracias.**

# ¿Qué pasó?

**1** **¿Cierto o falso?** Decide si lo que dicen estas oraciones sobre Javier es **cierto** o **falso**. Corrige las oraciones falsas.

| | Cierto | Falso | |
|---|---|---|---|
| 1. Está aburrido y tiene ganas de hacer algo creativo. | ✓ | ○ | |
| 2. Cree que se rompió la rodilla. | ○ | ✓ | Cree que se rompió el tobillo. |
| 3. Se lastimó cuando se cayó en el autobús. | ✓ | ○ | |
| 4. Es alérgico a dos medicamentos. | ○ | ✓ | No es alérgico a ningún medicamento. |
| 5. No está mareado pero sí tiene un poco de fiebre. | ○ | ✓ | Está un poco mareado pero no tiene fiebre. |

**2** **Identificar** Identifica quién puede decir estas oraciones.

1. Hace años me rompí la pierna cuando estaba jugando al fútbol. don Francisco
2. Hace más de una hora que me lastimé el pie. Me duele muchísimo. Javier
3. Tengo que sacarle una radiografía. No sé si se rompió uno de los huesos del pie. Dra. Márquez
4. No hay problema, vamos a ver a mi amiga, la doctora Márquez. don Francisco
5. Bueno, parece que el tobillo no está roto. Qué bueno, ¿no? Dra. Márquez
6. No sé si voy a poder ir de excursión con el grupo. Javier

DRA. MÁRQUEZ

DON FRANCISCO

JAVIER

**3** **Ordenar** Pon estos eventos en el orden correcto.

a. La doctora le saca una radiografía. 4
b. La doctora le receta unas pastillas para el dolor. 6
c. Javier se lastima el tobillo en el autobús. 2
d. Don Francisco le habla a Javier de cuando era chico. 5
e. Javier quiere dibujar un rato (*a while*). 1
f. Don Francisco lo lleva a una clínica. 3

**4** **En el consultorio** Trabajen en parejas para representar los papeles de un(a) médico/a y su paciente. Usen las instrucciones como guía.

| El/La médico/a | El/La paciente |
|---|---|
| Pregúntale al / a la paciente qué le pasa. | Te caíste en casa. Describe tu dolor. |
| Pregúntale cuánto tiempo hace que se cayó. | Describe la situación. Piensas que te rompiste el dedo. |
| Mira el dedo. Debes recomendar un tratamiento (*treatment*) al / a la paciente. | Debes hacer preguntas al / a la médico/a sobre el tratamiento (*treatment*). |

 Practice more at **descubre2.vhlcentral.com.**

**AYUDA**
Here are some useful expressions:
**¿Cómo se lastimó...?**
**¿Le duele...?**
**¿Cuánto tiempo hace que...?**
**Tengo...**
**Estoy...**
**¿Es usted alérgico/a a algún medicamento?**
**Usted debe...**

**TEACHING OPTIONS**

**Heritage Speakers** Ask heritage speakers to prepare a poster about the health-care system of their families' countries of origin or other Spanish-speaking countries they have visited. Have them present their posters to the class, who can ask questions about the information.

**Extra Practice** Ask students questions about the **Fotonovela**. Ex: **1. ¿Quién se lastimó en el autobús? (Javier) 2. ¿Cómo se llama la amiga de don Francisco? (Dra. Márquez) 3. ¿Adónde lleva don Francisco a Javier? (a la clínica de la doctora Márquez) 4. ¿Quién tenía muchas infecciones de la garganta? (don Francisco)**

# Ortografía

## El acento y las sílabas fuertes

In Spanish, written accent marks are used on many words. Here is a review of some of the principles governing word stress and the use of written accents.

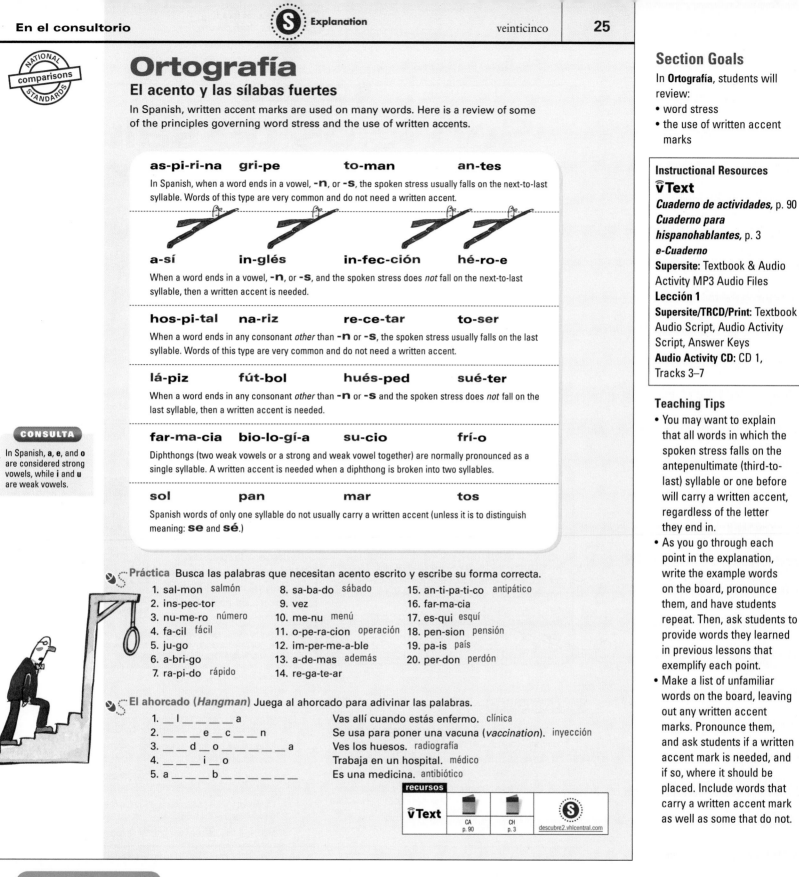

**as-pi-ri-na** **gri-pe** **to-man** **an-tes**

In Spanish, when a word ends in a vowel, **-n**, or **-s**, the spoken stress usually falls on the next-to-last syllable. Words of this type are very common and do not need a written accent.

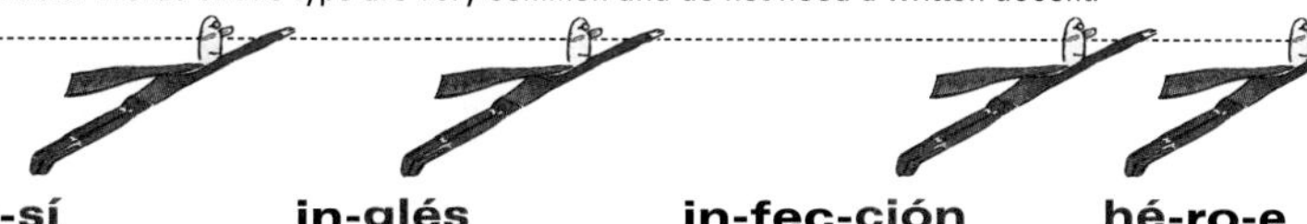

**a-sí** **in-glés** **in-fec-ción** **hé-ro-e**

When a word ends in a vowel, **-n**, or **-s**, and the spoken stress does *not* fall on the next-to-last syllable, then a written accent is needed.

**hos-pi-tal** **na-riz** **re-ce-tar** **to-ser**

When a word ends in any consonant *other* than **-n** or **-s**, the spoken stress usually falls on the last syllable. Words of this type are very common and do not need a written accent.

**lá-piz** **fút-bol** **hués-ped** **sué-ter**

When a word ends in any consonant *other* than **-n** or **-s** and the spoken stress does *not* fall on the last syllable, then a written accent is needed.

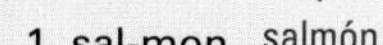

**CONSULTA**

In Spanish, **a**, **e**, and **o** are considered strong vowels, while **i** and **u** are weak vowels.

**far-ma-cia** **bio-lo-gí-a** **su-cio** **frí-o**

Diphthongs (two weak vowels or a strong and weak vowel together) are normally pronounced as a single syllable. A written accent is needed when a diphthong is broken into two syllables.

**sol** **pan** **mar** **tos**

Spanish words of only one syllable do not usually carry a written accent (unless it is to distinguish meaning: **se** and **sé**.)

**Práctica** Busca las palabras que necesitan acento escrito y escribe su forma correcta.

1. sal-mon salmón
2. ins-pec-tor
3. nu-me-ro número
4. fa-cil fácil
5. ju-go
6. a-bri-go
7. ra-pi-do rápido
8. sa-ba-do sábado
9. vez
10. me-nu menú
11. o-pe-ra-cion operación
12. im-per-me-a-ble
13. a-de-mas además
14. re-ga-te-ar
15. an-ti-pa-ti-co antipático
16. far-ma-cia
17. es-qui esquí
18. pen-sion pensión
19. pa-is país
20. per-don perdón

**El ahorcado (*Hangman*)** Juega al ahorcado para adivinar las palabras.

1. _ l _ _ _ _ a — Vas allí cuando estás enfermo. clínica
2. _ _ _ e _ c _ _ n — Se usa para poner una vacuna (*vaccination*). inyección
3. _ _ d _ o _ _ _ _ _ a — Ves los huesos. radiografía
4. _ _ _ i _ o — Trabaja en un hospital. médico
5. a _ _ _ b _ _ _ _ _ _ — Es una medicina. antibiótico

**recursos** | vText | CA p. 90 | CH p. 3 | descubre2.vhlcentral.com

### Section Goals

In **Ortografía**, students will review:

- word stress
- the use of written accent marks

**Instructional Resources**
**vText**
***Cuaderno de actividades,*** p. 90
***Cuaderno para hispanohablantes,*** p. 3
***e-Cuaderno***
**Supersite:** Textbook & Audio Activity MP3 Audio Files
**Lección 1**
**Supersite/TRCD/Print:** Textbook Audio Script, Audio Activity Script, Answer Keys
**Audio Activity CD:** CD 1, Tracks 3–7

### Teaching Tips

- You may want to explain that all words in which the spoken stress falls on the antepenultimate (third-to-last) syllable or one before will carry a written accent, regardless of the letter they end in.
- As you go through each point in the explanation, write the example words on the board, pronounce them, and have students repeat. Then, ask students to provide words they learned in previous lessons that exemplify each point.
- Make a list of unfamiliar words on the board, leaving out any written accent marks. Pronounce them, and ask students if a written accent mark is needed, and if so, where it should be placed. Include words that carry a written accent mark as well as some that do not.

**TEACHING OPTIONS**

**Extra Practice** Add an auditory aspect to this **Ortografía** section. Have students close their books. Dictate the sentences in **Actividad 1, ¿Cierto o falso?**, page 24. Say each sentence twice slowly and once at normal speed to give students enough time to write. Then have them open their books and check their work.

**Pairs** Ask students to work in pairs and explain why each word in the **Práctica** activity does or does not have a written accent mark. The same process can be followed with the words in the **El ahorcado** activity.

Additional Reading
Video: *Flash cultura*

## Section Goals

In **Cultura**, students will:

- read about health services in Spanish-speaking countries
- learn health-related terms
- read about **curanderos** and **chamanes**
- read about home remedies and medicinal plants

**Instructional Resources**
**vText**
***Cuaderno para hispanohablantes,*** p. 4
**Supersite/DVD:** ***Flash cultura***
**Supersite /TRCD/Print:** ***Flash cultura*** Videoscript & Translation

**En detalle**

**Antes de leer** Ask students about their experiences with health care while traveling. Ex: **¿Alguna vez te enfermaste durante un viaje? ¿Dónde? ¿Fuiste al hospital o al médico? ¿Quién lo pagó?**

**Lectura**

- Point out that many over-the-counter health-care products in the U.S. are available by request at pharmacies in Spanish-speaking countries (e.g. face cleansers, sun block, contact solution).
- Tell students that most pharmacies are closed on Sundays.
- While traditional pharmacies are privately owned and consist of a small counter and retail space, large chain pharmacies are entering the market, especially in Latin America.

**Después de leer**

- Ask students what facts in this reading are new or surprising to them.

**1 Expansion** Give students these true/false statements as items 9–10: **9. El sistema de salud en Cuba no es muy desarrollado. (Falso. Es muy desarrollado.) 10. Las farmacias generalmente tienen un horario comercial. (Cierto.)**

EN DETALLE

# Servicios de salud

National Standards: connections, cultures

**¿Pensaste alguna vez en visitar un país hispano?** Si lo haces, vas a encontrar algunas diferencias con respecto a la vida en los Estados Unidos. Una de ellas está en los servicios de salud.

En la mayor parte de los países hispanos, el gobierno ofrece servicios médicos muy baratos o gratuitos° a sus ciudadanos°. Los turistas y extranjeros también pueden tener acceso a los servicios médicos a bajo° costo. La Seguridad Social y organizaciones similares son las responsables de gestionar° estos servicios.

Naturalmente, esto no funciona igual° en todos los países. En Colombia, Ecuador, México y Perú, la situación varía según las regiones. Los habitantes de las ciudades y pueblos grandes tienen acceso a más servicios médicos, mientras que quienes viven en pueblos remotos sólo cuentan con° pequeñas clínicas.

**Farmacia en Madrid, España**

Por su parte, Argentina, Costa Rica, Cuba, Uruguay y España tienen sistemas de salud muy desarrollados°. Toda la población tiene acceso a ellos y en muchos casos son completamente gratuitos. Costa Rica ofrece servicios gratuitos también a los extranjeros.

¡Así que ya lo sabes! Si vas a viajar a otro país, antes de ir debes obtener información sobre los servicios médicos en el lugar de destino°. Prepara todos los documentos necesarios, ¡y disfruta° tu estadía° en el extranjero sin problemas!

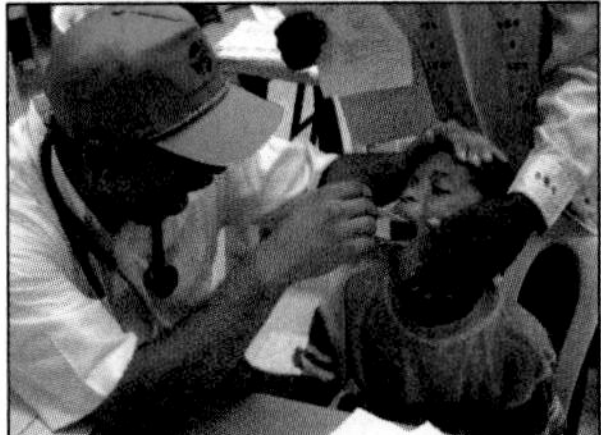
**Consulta médica en la República Dominicana**

**Las farmacias**

**Farmacia de guardia:** Las farmacias generalmente tienen un horario comercial. Sin embargo°, en cada barrio° hay una farmacia de guardia que abre las veinticuatro horas del día.

**Productos farmacéuticos:** Todavía hay muchas farmacias tradicionales que están más especializadas en medicinas y productos farmacéuticos. No venden una gran variedad de productos.

**Recetas:** Muchos medicamentos se venden sin receta médica. Los farmacéuticos aconsejan° a las personas sobre problemas de salud y les dan las medicinas.

**Cruz° verde:** En muchos países, las farmacias tienen el signo de una cruz verde. Cuando la cruz verde está encendida°, la farmacia está abierta.

**gratuitos** *free (of charge)* **ciudadanos** *citizens* **bajo** *low* **gestionar** *to manage* **igual** *in the same way* **cuentan con** *have* **desarrollados** *developed* **destino** *destination* **disfruta** *enjoy* **estadía** *stay*
**Sin embargo** *However* **barrio** *neighborhood* **aconsejan** *advise*
**Cruz** *Cross* **encendida** *lit (up)*

ACTIVIDADES

**1** **¿Cierto o falso?** Indica si las oraciones son **ciertas** o **falsas. Corrige la información falsa.**

1. En los países hispanos los gobiernos ofrecen servicios de salud accesibles a sus ciudadanos. Cierto
2. En los países hispanos los extranjeros tienen que pagar mucho dinero por los servicios médicos. Falso. Los extranjeros tienen acceso a los servicios médicos a bajo costo.
3. En Costa Rica los extranjeros pueden recibir servicios médicos gratuitos. Cierto.
4. Las farmacias de guardia abren sólo los sábados y domingos. Falso. Las farmacias de guardia abren las 24 horas del día.
5. En los países hispanos las farmacias venden una gran variedad de productos. Falso. En los países hispanos las farmacias están más especializadas en medicinas y productos farmacéuticos.
6. Los farmacéuticos de los países hispanos aconsejan a los enfermos y venden algunas medicinas sin necesidad de receta. Cierto.
7. En México y otros países, los pueblos remotos cuentan con grandes centros médicos. Falso. Cuentan con pequeñas clínicas.
8. Muchas farmacias usan una cruz verde como símbolo. Cierto

TEACHING OPTIONS

**Cultural Comparison** Ask students to write a short paragraph in which they compare the health-care systems in the U.S. or Canada with those of different Spanish-speaking countries. You may want to have students review comparisons before writing.

**Pairs** Ask pairs to write a dialogue in which a foreign tourist in Costa Rica goes to the emergency room due to an injury. Have them use vocabulary from **Contextos** and **Expresiones útiles**. Have students role-play their dialogues for the class.

ASÍ SE DICE

## La salud

| | |
|---|---|
| el chequeo (Esp., Méx.) | el examen médico |
| la droguería (Col.) | la farmacia |
| la herida | *injury; wound* |
| la píldora | la pastilla |
| los primeros auxilios | *first aid* |
| la sangre | *blood* |

EL MUNDO HISPANO

## Remedios caseros° y plantas medicinales

- **Achiote°** En Suramérica se usa para curar inflamaciones de garganta. Las hojas° de achiote se cuecen° en agua, se cuelan° y se hacen gargarismos° con esa agua.
- **Ají** En Perú se usan cataplasmas° de las semillas° de ají para aliviar los dolores reumáticos y la tortícolis°.
- **Azúcar** En Nicaragua y otros países centroamericanos se usa el azúcar para detener° la sangre en pequeñas heridas.
- **Sábila (aloe vera)** En Latinoamérica, el jugo de las hojas de sábila se usa para reducir cicatrices°. Se recomienda aplicarlo sobre la cicatriz dos veces al día, durante varios meses.

Remedios caseros *Home remedies* Achiote *Annatto* hojas *leaves* se cuecen *are cooked* se cuelan *they are drained* gargarismos *gargles* cataplasmas *pastes* semillas *seeds* tortícolis *stiff neck* detener *to stop* cicatrices *scars*

PERFILES

## Curanderos° y chamanes

¿Quieres ser doctor(a), juez(a)°, político/a o psicólogo/a? En algunas sociedades de las Américas **los curanderos** y **los chamanes** no tienen que escoger entre estas profesiones porque ellos son mediadores de conflictos y dan consejos a la comunidad. Su opinión es muy respetada.

Códice Florentino, México, siglo XVI

Desde las culturas antiguas° de las Américas muchas personas piensan que la salud del cuerpo y de la mente sólo puede existir si hay un equilibrio entre el ser humano y la naturaleza. Los curanderos y los chamanes son quienes cuidan este equilibrio.

Los curanderos se especializan más en enfermedades físicas, mientras que los chamanes están más relacionados con los males° de la mente y el alma°. Ambos° usan plantas, masajes y rituales y sus conocimientos se basan en la tradición, la experiencia, la observación y la intuición.

Cuzco, Perú

Curanderos *Healers* juez(a) *judge* antiguas *ancient* males *illnesses* alma *soul* Ambos *Both*

**Conexión Internet**

¿Cuáles son algunos hospitales importantes del mundo hispano?

Go to descubre2.vhlcentral.com to find more cultural information related to this Cultura section.

ACTIVIDADES

**2 Comprensión** Responde a las preguntas.

1. ¿Cómo se les llama a las farmacias en Colombia? droguerías
2. ¿Qué parte del achiote se usa para curar la garganta? las hojas
3. ¿Cómo se aplica la sábila para reducir cicatrices? Se aplica el jugo sobre la cicatriz dos veces al día.
4. En algunas partes de las Américas, ¿quiénes mantienen el equilibrio entre el ser humano y la naturaleza? los chamanes y curanderos
5. ¿Qué usan los curanderos y chamanes para curar? Usan plantas, masajes y rituales.

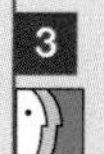

**3 ¿Qué haces cuando tienes gripe?** Escribe cuatro oraciones sobre las cosas que haces cuando tienes gripe. Explica si vas al médico, si tomas medicamentos o si sigues alguna dieta especial. Después, comparte tu texto con un(a) compañero/a. Answers will vary.

Practice more at descubre2.vhlcentral.com.

recursos

vText

CH p. 4

descubre2.vhlcentral.com

**Así se dice**

- You may want to point out that in Spain a **droguería** is not a pharmacy, but rather a shop selling cleaning and decorating materials, as well as some cosmetics.
- To challenge students, add these health-related words to the list: **la espalda** (*back*); **la fractura** (*fracture*); **el hombro** (*shoulder*); **el jarabe** (*cough syrup*); **la lengua** (*tongue*); **la muñeca** (*wrist*); **sangrar** (*to bleed*); **tener escalofríos** (*to have the chills*); **el vendaje** (*bandage*).
- Practice new vocabulary by asking questions. Ex: **¿Vas todos los años a hacerte un chequeo?**

**Perfiles** **Curanderos** sometimes experience discrimination in the medical field. However, recently, some medical doctors have grown to understand the beliefs of **los Curanderos** and are working with them to help support their ceremonies and natural care while providing additional modern medical attention.

**El mundo hispano**

- Ask students: **¿Conocen otros remedios caseros o naturales?**
- Ask heritage speakers to describe home remedies used in their families.

**2 Expansion** Give students these questions as items 6–8: **6. ¿Para qué se usa el azúcar en Nicaragua? (para detener la sangre) 7. ¿Quiénes curan los males de la mente y el alma? (los chamanes) 8. ¿En qué se basan los conocimientos de los curanderos y chamanes? (en la tradición, la experiencia, la observación y la intuición)**

**3 Teaching Tip** As a variant, have students create a list of recommendations for a friend who has the flu. Ex: **Debes tomar sopa de pollo con verduras.**

TEACHING OPTIONS

**TPR** Divide the class into two teams, **remedios naturales** and **medicina moderna**, and have them stand at opposite sides of the room. Choose a member from each team to go first and read a medical scenario aloud. The student whose team name defines the situation most accurately has five seconds to step forward. Ex: **1. Juan tiene dolor de cabeza. Decide comprar vitamina B2. (remedios naturales) 2. María tiene mucha ansiedad. Toma pastillas calmantes. (medicina moderna)**

**Small Groups** Have students work in small groups to create a television commercial for a new natural product. Encourage students to include a testimonial from a satisfied customer about how long he or she has had these symptoms (**hace** + [*time period*] + **que** + [*present*]), when he or she started using the product (**hace** + [*time period*] + **que** + [*preterite*]), and how he or she feels now.

## Section Goal

In **Estructura 1.1**, students will learn the imperfect tense.

**Instructional Resources**
**vText**
***Cuaderno de actividades,*** pp. 3–4, 91
***Cuaderno de práctica,*** pp. 3–4
***Cuaderno para hispanohablantes,*** pp. 5–6
***e-Cuaderno***
**Supersite:** Audio Activity MP3 Audio Files
**Supersite/TRCD/Print:** *PowerPoints* (**Lección 1 Estructura** Presentation); Communication Activities, Audio Activity Script, Answer Keys
**Audio Activity CD:** CD 1, Tracks 8–11

**Teaching Tips**

- Explain to students that they can already express the past with the preterite tense, and now they are learning the imperfect tense, which they can use to express the past in a different way.
- As you work through the discussion of the imperfect, test comprehension by asking volunteers to supply the correct form of verbs for the subjects you name. Ex: **romper/nosotros (rompíamos)**
- Point out that **había** is impersonal and can be followed by a singular or plural noun. Ex: **Había una enfermera. Había muchos pacientes.**

**¡Atención!** To demonstrate that the accents on **–er** and **–ir** verbs break diphthongs, write **farmacia** and **vendia** on the board. Ask volunteers to pronounce each word, and have the class identify which needs a written accent to break the diphthong (**vendía**).

# 1.1 The imperfect tense

**ANTE TODO** In **Descubre, nivel 1,** you learned the preterite tense. You will now learn the imperfect, which describes past activities in a different way.

**The imperfect of regular verbs**

| | | cantar | beber | escribir |
|---|---|---|---|---|
| SINGULAR FORMS | yo | cant**aba** | beb**ía** | escrib**ía** |
| | tú | cant**abas** | beb**ías** | escrib**ías** |
| | Ud./él/ella | cant**aba** | beb**ía** | escrib**ía** |
| PLURAL FORMS | nosotros/as | cant**ábamos** | beb**íamos** | escrib**íamos** |
| | vosotros/as | cant**abais** | beb**íais** | escrib**íais** |
| | Uds./ellos/ellas | cant**aban** | beb**ían** | escrib**ían** |

**¡ATENCIÓN!**
Note that the imperfect endings of **–er** and **–ir** verbs are the same. Also note that the **nosotros** form of **–ar** verbs always carries an accent mark on the first **a** of the ending. All forms of **–er** and **–ir** verbs in the imperfect carry an accent on the first **i** of the ending.

Sabes, Javier, cuando era chico yo les tenía mucho miedo a los médicos.

De niño tenía que ir mucho a una clínica en Quito. ¡No me gustaban nada las inyecciones!


- There are no stem changes in the imperfect.

| | |
|---|---|
| **entender** (e:ie) | **Entendíamos** japonés. *We used to understand Japanese.* |
| **servir** (e:i) | El camarero les **servía** el café. *The waiter was serving them coffee.* |
| **doler** (o:ue) | A Javier le **dolía** el tobillo. *Javier's ankle was hurting.* |

- The imperfect form of **hay** is **había** *(there was; there were; there used to be).*
- **¡Atención! Ir, ser,** and **ver** are the only verbs that are irregular in the imperfect.

**AYUDA**
Like **hay, había** can be followed by a singular or plural noun.
**Había** un solo médico en la sala. **Había** dos pacientes allí.

**The imperfect of irregular verbs**

| | | ir | ser | ver |
|---|---|---|---|---|
| SINGULAR FORMS | yo | iba | era | veía |
| | tú | ib**as** | er**as** | veí**as** |
| | Ud./él/ella | iba | era | veía |
| PLURAL FORMS | nosotros/as | íb**amos** | ér**amos** | veí**amos** |
| | vosotros/as | ib**ais** | er**ais** | veí**ais** |
| | Uds./ellos/ellas | ib**an** | er**an** | veí**an** |

**TEACHING OPTIONS**

**Extra Practice** To provide oral practice with the imperfect tense, change the subjects in **¡Inténtalo!** on page 29. Have students say aloud appropriate forms for each infinitive.
**Large Group** Write a list of activities on the board. Ex: **1. tenerle miedo a la oscuridad 2. ir a la escuela en autobús 3. llevar el almuerzo a la escuela 4. comer brócoli 5. ser atrevido/a en clase 6. creer en Santa Claus.** Have students copy the list on a sheet of paper and check off the items that they used to do when they were in the second grade. Then have them circulate around the room and find other students that used to do the same activities. Ex: **¿Le tenías miedo a la oscuridad?** When they find a student who used to do the same activity, have them write that student's name next to the item. Then have students report back to the class. Ex: **Mark y yo creíamos en Santa Claus.**

**CONSULTA**

You will learn more about the contrast between the preterite and the imperfect in **Estructura 1.2**, pp. 32–33.

## Uses of the imperfect

- As a general rule, the imperfect is used to describe actions which are seen by the speaker as incomplete or "continuing," while the preterite is used to describe actions which have been completed. The imperfect expresses what was happening at a certain time or how things used to be. The preterite, in contrast, expresses a completed action.

—¿Qué te **pasó**?
*What happened to you?*

—Me **torcí** el tobillo.
*I sprained my ankle.*

—¿Dónde **vivías** de niño?
*Where did you live as a child?*

—**Vivía** en San José.
*I lived in San José.*

- These expressions are often used with the imperfect because they express habitual or repeated actions: **de niño/a** (*as a child*), **todos los días** (*every day*), **mientras** (*while*).

### Uses of the imperfect

| | |
|---|---|
| 1. **Habitual or repeated actions** | **Íbamos** al parque los domingos. *We used to go to the park on Sundays.* |
| 2. **Events or actions that were in progress** | Yo **leía** mientras él **estudiaba**. *I was reading while he was studying.* |
| 3. **Physical characteristics** | **Era** alto y guapo. *He was tall and handsome.* |
| 4. **Mental or emotional states** | **Quería** mucho a su familia. *He loved his family very much.* |
| 5. **Telling time** | **Eran** las tres y media. *It was 3:30.* |
| 6. **Age** | Los niños **tenían** seis años. *The children were six years old.* |

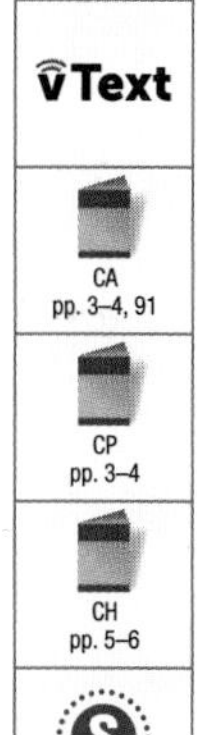

Indica la forma correcta de cada verbo en el imperfecto.

1. Mis hermanos ___veían___ (ver) la televisión.
2. Yo ___viajaba___ (viajar) a la playa.
3. ¿Dónde ___vivía___ (vivir) Samuel de niño?
4. Tú ___hablabas___ (hablar) con Javier.
5. Leonardo y yo ___corríamos___ (correr) por el parque.
6. Ustedes ___iban___ (ir) a la clínica.
7. Nadia ___bailaba___ (bailar) merengue.
8. ¿Cuándo ___asistías___ (asistir) tú a clase de español?
9. Yo ___era___ (ser) muy feliz.
10. Nosotras ___comprendíamos___ (comprender) las preguntas.

**Teaching Tips**

- Ask students to compare and contrast what can be captured by a home video and a snapshot in the family picture album. Then call their attention to the brief description of the uses of the imperfect. Which actions would be best captured by a home video? (Continuing actions; incomplete actions; what was happening; how things used to be.) Which actions are best captured in a snapshot? (A completed action.)
- Ask students to answer questions about themselves in the past. Ex: **Y tú, ____, ¿ibas al parque los domingos cuando eras niño/a? ¿Qué hacías mientras tu madre preparaba la comida? ¿Cómo eras de niño/a?**
- Ask questions about the **Fotonovela** characters using the imperfect. Ex: **¿A quién le tenía miedo don Francisco cuando era niño?**

**Successful Language Learning** Ask students to think about what they used to do when they were younger and imagine how to say it in Spanish. This is good practice for real-life conversations because people often talk about their childhood when making new friends.

**TEACHING OPTIONS**

**Extra Practice** Add an auditory aspect to this grammar presentation. Prepare a list of sentences in the present tense. Ex: **Todos los días jugamos al tenis.** Read each sentence twice, pausing to allow students to write. Students should convert the present tense to the imperfect. Ex: **Todos los días jugábamos al tenis.**

**Extra Practice** Ask students to write a description of their first-grade classroom and teacher, using the imperfect. Ex: **En la sala de clases había... La maestra se llamaba... Ella era...** Have students share their descriptions with a classmate.

**TPR** Have the class stand and form a circle. Call out a name or subject pronoun and an infinitive (Ex: **ellas/ver**). Toss a foam or paper ball to a student, who will say the correct imperfect form (Ex: **veían**). He or she should then name another subject and infinitive and throw the ball to another student.

**1 Teaching Tips**

- Before assigning the activity, review the forms of the imperfect by calling out an infinitive and a series of subject pronouns. Ask volunteers to give the corresponding forms. Ex: **querer: usted (quería); yo (quería); nosotras (queríamos).** Include irregular verbs.
- As a model, write these sentences on the board and have volunteers supply the verb forms and then reorder the sentences. **No ____ (dormir) bien. (dormía/1) ____ (Ser) la una de la mañana cuando llamé al doctor. (Era/3) Me desperté a las once porque ____ (sentirse) mal. (me sentía/2)**

**1 Expansion** Have students write a conversation between **Miguelito** and his friends in which he relates what happened after the accident.

**2 Expansion** To challenge students, ask them to identify the reason why the imperfect was necessary in each sentence.

**3 Expansion** Write these sentences on the board, and have students complete them in pairs. **1. Fui al doctor porque ____. 2. Tuvo que ir al dentista porque ____. 3. El médico le dio unas pastillas porque ____. 4. La enfermera le tomó la temperatura porque ____.**

# Práctica

**1**

**Completar** Primero, completa las oraciones con el imperfecto de los verbos. Luego, pon las oraciones en orden lógico y compáralas con las de un(a) compañero/a.

a. El doctor dijo que no ___era___ (ser) nada grave. 7
b. El doctor ___quería___ (querer) ver la nariz del niño. 6
c. Su mamá ___estaba___ (estar) dibujando cuando Miguelito entró llorando. 3
d. Miguelito ___tenía___ (tener) la nariz hinchada (*swollen*). Fueron al hospital. 4
e. Miguelito no ___iba___ (ir) a jugar más. Ahora quería ir a casa a descansar. 8
f. Miguelito y sus amigos ___jugaban___ (jugar) al béisbol en el patio. 2
g. ___Eran___ (Ser) las dos de la tarde. 1
h. Miguelito le dijo a la enfermera que le ___dolía___ (doler) la nariz. 5

**2**

**Transformar** Forma oraciones completas para describir lo que hacían Julieta y César. Usa las formas correctas del imperfecto y añade todas las palabras necesarias.

1. Julieta y César / ser / paramédicos
   Julieta y César eran paramédicos.
2. trabajar / juntos y / llevarse / muy bien
   Trabajaban juntos y se llevaban muy bien.
3. cuando / haber / accidente, / siempre / analizar / situación / con cuidado
   Cuando había un accidente, siempre analizaban la situación con cuidado.
4. preocuparse / mucho / por / pacientes
   Se preocupaban mucho por los pacientes.
5. si / paciente / tener / mucho / dolor, / ponerle / inyección
   Si el paciente tenía mucho dolor, le ponían una inyección.

**3**

**En la escuela de medicina** Usa los verbos de la lista para completar las oraciones con las formas correctas del imperfecto. Algunos verbos se usan más de una vez. Some answers will vary.

| | | | | |
|---|---|---|---|---|
| caerse | enfermarse | ir | querer | tener |
| comprender | estornudar | pensar | sentirse | tomar |
| doler | hacer | poder | ser | toser |

1. Cuando Javier y Victoria ___eran___ estudiantes de medicina, siempre ___tenían___ que ir al médico.
2. Cada vez que él ___tomaba___ un examen, a Javier le ___dolía___ mucho la cabeza.
3. Cuando Victoria ___hacía___ ejercicios aeróbicos, siempre ___se sentía___ mareada.
4. Todas las primaveras, Javier ___estornudaba/tosía___ mucho porque es alérgico al polen.
5. Victoria también ___se caía___ de su bicicleta en camino a clase.
6. Después de comer en la cafetería, a Victoria siempre le ___dolía___ el estómago.
7. Javier ___quería/pensaba___ ser médico para ayudar a los demás.
8. Pero no ___comprendía___ por qué él ___se enfermaba___ con tanta frecuencia.
9. Cuando Victoria ___tenía___ fiebre, no ___podía___ ni leer el termómetro.
10. A Javier ___le dolían___ los dientes, pero nunca ___quería___ ir al dentista.
11. Victoria ___tosía/estornudaba___ mucho cuando ___se sentía___ congestionada.
12. Javier y Victoria ___pensaban___ que nunca ___iban___ a graduarse.

Practice more at **descubre2.vhlcentral.com.**

**TEACHING OPTIONS**

**TPR** Model gestures for physical or emotional states using the imperfect. Ex: **Me dolía la cabeza.** (Furrow your brow and rub your forehead.) **Tenía fiebre.** (Fan yourself.) Have students stand. Say an expression at random (Ex: **Estornudabas**) and signal a student to act it out. Keep a brisk pace. Vary by pointing to more than one student (Ex: **Ustedes se enfermaban**).

**Small Groups** Ask students to write about a doctor or a dentist they used to visit. Refer them to **Actividad 2** for ideas. When they are finished, have them read each other's descriptions in groups of four.

**Extra Practice** If possible, have students bring in video clips from popular movies or YouTube. Choose three or four clips and have the students describe the events after viewing each one.

# Comunicación

**4** **Entrevista** Trabajen en parejas. Un(a) estudiante usa estas preguntas para entrevistar a su compañero/a. Luego compartan los resultados de la entrevista con la clase. Answers will vary.

1. Cuando eras estudiante de primaria, ¿te gustaban tus profesores/as?
2. ¿Veías mucha televisión cuando eras niño/a?
3. Cuando tenías diez años, ¿cuál era tu programa de televisión favorito?
4. Cuando eras niño/a, ¿qué hacía tu familia durante las vacaciones?
5. ¿Cuántos años tenías en 2001?
6. Cuando estabas en el quinto año escolar, ¿qué hacías con tus amigos/as?
7. Cuando tenías once años, ¿cuál era tu grupo musical favorito?
8. Antes de tomar esta clase, ¿sabías hablar español?

**4 Teaching Tip** Have students record the results of their interviews in a Venn diagram, which they can use to present the information to the class.

**5** **Describir** En parejas, túrnense para describir cómo eran sus vidas cuando eran niños. Pueden usar las sugerencias de la lista u otras ideas. Luego informen a la clase sobre la vida de su compañero/a. Answers will vary.

*De niña, mi familia y yo siempre íbamos a Tortuguero. Tomábamos un barco desde Limón, y por las noches mirábamos las tortugas (turtles) en la playa. Algunas veces teníamos suerte, porque las tortugas venían a poner (lay) huevos. Otras veces, volvíamos al hotel sin ver ninguna tortuga.*

- las vacaciones
- ocasiones especiales
- qué hacías durante el verano
- celebraciones con tus amigos/as
- celebraciones con tu familia
- cómo era tu escuela
- cómo eran tus amigos/as
- los viajes que hacías
- a qué jugabas
- qué hacías cuando te sentías enfermo/a

**NOTA CULTURAL**

**El Parque Nacional Tortuguero** está en la costa del Caribe, al norte de la ciudad de Limón, en Costa Rica. Varias especies de tortuga (*turtle*) utilizan las playas del parque para poner (*lay*) sus huevos. Esto ocurre de noche, y hay guías que llevan pequeños grupos de turistas a observar este fenómeno biológico.

**5 Teaching Tips**

- Before students report to the class, divide the class into groups of four. After each report, the groups decide on a question for the presenter. Then have the groups take turns asking the student about his or her experience.
- You may want to assign this activity as a short written composition.

# Síntesis

**6** **En el consultorio** Tu profesor(a) te va a dar una lista incompleta con los pacientes que fueron al consultorio del doctor Donoso ayer. En parejas, conversen para completar sus listas y saber a qué hora llegaron las personas al consultorio y cuáles eran sus problemas. Answers will vary.

recursos

CA pp. 3–4

**6 Teaching Tip** Divide the class into pairs and distribute the Communication Activities worksheets that correspond to this activity. Give students ten minutes to complete this activity.

**6 Expansion** Have pairs write **Dr. Donoso's** advice for three of the patients. Then have them read the advice to the class and compare it with what other pairs wrote for the same patients.

**TEACHING OPTIONS**

**Large Groups** Label the four corners of the room **La Revolución Americana, Tiempos prehistóricos, El Imperio Romano,** and **El Japón de los samurai.** Have students go to the corner that best represents the historical period they would visit if they could. Each group should then discuss their reasons for choosing that period using the imperfect tense. A spokesperson will report the group's responses to the rest of the class.

**Game** Divide the class into teams of three. Each team should choose a historical or fictional villain. When it is their turn, they will give the class one hint. The other teams are allowed three questions, which must be answered truthfully. At the end of the question/answer session, teams must guess the identity. Award one point for each correct guess and two to any team able to stump the class.

## Section Goal

In **Estructura 1.2**, students will compare and contrast the uses and meanings of the preterite and imperfect tenses.

**Instructional Resources**

**vText**
***Cuaderno de actividades,*** p. 92
***Cuaderno de práctica,*** pp. 5–8
***Cuaderno para hispanohablantes,*** pp. 7–8
***e-Cuaderno***
**Supersite:** Audio Activity MP3 Audio Files
**Supersite/TRCD/Print:** *PowerPoints* (**Lección 1 Estructura** Presentation); Audio Activity Script, Answer Keys
**Audio Activity CD:** CD 1, Tracks 12–14

**Teaching Tips**

- Have a volunteer read **Javier's** words in the caption of the left-hand video still on this page. Ask which verb is imperfect (**estaba**) and which is preterite (**Me caí**). Repeat for the right-hand video still showing **don Francisco (jugaba/me rompí)**.
- Give personalized examples as you contrast the preterite and the imperfect. Ex: **La semana pasada tuve que ir al dentista. Me dolía el diente.**
- Involve the class in a conversation about what they did in the past. Ask: ____, **¿paseabas en bicicleta cuando eras niño/a?** ____, **¿cuando eras niño/a adónde iba tu familia de vacaciones todos los años?**
- Add a visual aspect to this grammar presentation. Create a series of simple drawings. As you hold up each one, have students narrate the events in English and say whether they would use the preterite or imperfect in each case. Ex: 1. The man was sleeping (imperfect). It was midnight (imperfect). The door was open (imperfect). 2. It was 12:05. (imperfect). The man heard a noise (preterite). Etc. Then have volunteers narrate the scenes in Spanish.

NATIONAL STANDARDS comparisons

# 1.2 The preterite and the imperfect

**ANTE TODO** Now that you have learned the forms of the preterite and the imperfect, you will learn more about how they are used. The preterite and the imperfect are not interchangeable. In Spanish, the choice between these two tenses depends on the context and on the point of view of the speaker.

*De niño jugaba mucho al fútbol. Una vez me rompí la pierna.*


**COMPARE & CONTRAST**

**Use the preterite to...**

**1.** Express actions that are viewed by the speaker as completed

Don Francisco **se rompió** la pierna.
*Don Francisco broke his leg.*

**Fueron** a Buenos Aires ayer.
*They went to Buenos Aires yesterday.*

**2.** Express the beginning or end of a past action

La película **empezó** a las nueve.
*The movie began at nine o'clock.*

Ayer **terminé** el proyecto para la clase de química.
*Yesterday I finished the project for chemistry class.*

**3.** Narrate a series of past actions or events

La doctora me **miró** los oídos, me **hizo** unas preguntas y **escribió** la receta.
*The doctor looked in my ears, asked me some questions, and wrote the prescription.*

**Me di** con la mesa, **me caí** y **me lastimé** el pie.
*I bumped into the table, I fell, and I injured my foot.*

**Use the imperfect to...**

**1.** Describe an ongoing past action with no reference to its beginning or end

Don Francisco **esperaba** a Javier.
*Don Francisco was waiting for Javier.*

El médico **se preocupaba** por sus pacientes.
*The doctor worried about his patients.*

**2.** Express habitual past actions and events

Cuando **era** joven, **jugaba** al tenis.
*When I was young, I used to play tennis.*

De niño, don Francisco **se enfermaba** con mucha frecuencia.
*As a child, Don Francisco used to get sick very frequently.*

**3.** Describe physical and emotional states or characteristics

La chica **quería** descansar. **Se sentía** mal y **tenía** dolor de cabeza.
*The girl wanted to rest. She felt ill and had a headache.*

Ellos **eran** altos y **tenían** ojos verdes.
*They were tall and had green eyes.*

**Estábamos** felices de ver a la familia.
*We were happy to see our family.*

**AYUDA**

These words and expressions, as well as similar ones, commonly occur with the preterite: **ayer, anteayer, una vez, dos veces, tres veces, el año pasado, de repente.**
They usually imply that an action has happened at a specific point in time.

**AYUDA**

These words and expressions, as well as similar ones, commonly occur with the imperfect: **de niño/a, todos los días, mientras, siempre, con frecuencia, todas las semanas.**
They usually express habitual or repeated actions in the past.

**TEACHING OPTIONS**

**Extra Practice** Write in English a simple, humorous retelling of a well-known fairy tale. Read it to the class, pausing after each verb in the past to ask the class whether the imperfect or preterite would be used in Spanish. Ex: Once upon a time there was a girl named Little Red Riding Hood. She wanted to take lunch to her ailing grandmother. She put a loaf of bread, a wedge of cheese, and a bottle of champagne in a basket and set off through the woods. Meanwhile, farther down the path, a big, ugly, snaggle-toothed wolf was leaning against a tree, filing his nails . . .

**Pairs** On separate slips of paper, have students write six personalized statements, one for each of the uses of the preterite and imperfect in **Compare & Contrast**. Have them shuffle the slips and exchange them with a partner, who will identify which preterite or imperfect use each of the sentences illustrates.

▶ The preterite and the imperfect often appear in the same sentence. In such cases the imperfect describes what *was happening*, while the preterite describes the action that "interrupted" the ongoing activity.

**Miraba** la tele cuando **sonó** el teléfono.
*I was watching TV when the phone rang.*

Maite **leía** el periódico cuando **llegó** Álex.
*Maite was reading the newspaper when Álex arrived.*

▶ You will also see the preterite and the imperfect together in narratives such as fiction, news, and the retelling of events. The imperfect provides background information, such as time, weather, and location, while the preterite indicates the specific events that occurred.

**Eran** las dos de la mañana y el detective ya no **podía** mantenerse despierto. **Se bajó** lentamente del coche, **estiró** las piernas y **levantó** los brazos hacia el cielo oscuro.
*It was two in the morning, and the detective could no longer stay awake. He slowly stepped out of the car, stretched his legs, and raised his arms toward the dark sky.*

La luna **estaba** llena y no **había** en el cielo ni una sola nube. De repente, el detective **escuchó** un grito espeluznante proveniente del parque.
*The moon was full and there wasn't a single cloud in the sky. Suddenly, the detective heard a piercing scream coming from the park.*

**Un médico colombiano descubrió la vacuna contra la malaria**

**El doctor colombiano Manuel Elkin Patarroyo** descubrió una vacuna contra la malaria. Esta enfermedad se erradicó hace décadas en muchas partes del mundo. Sin embargo, los casos de malaria empezaban a aumentar otra vez, justo cuando salió la vacuna de Patarroyo. En mayo de 1993, el doctor Patarroyo donó la vacuna, a nombre de Colombia, a la Organización Mundial de la Salud. Los grandes laboratorios farmacéuticos presionaron a la OMS porque querían la vacuna. Pero en 1995 las dos partes, el doctor Patarroyo y la OMS, ratificaron el pacto original.

**¡INTÉNTALO!** Elige el pretérito o el imperfecto para completar la historia. Explica por qué se usa ese tiempo verbal en cada ocasión. Answers will vary. Suggested answers:

1. Eran (Fueron/Eran) las doce.
2. Había (Hubo/Había) mucha gente en la calle.
3. A las doce y media, Tomás y yo entramos (entramos/entrábamos) en el restaurante Tárcoles.
4. Todos los días yo almorzaba (almorcé/almorzaba) con Tomás al mediodía.
5. El camarero llegó (llegó/llegaba) inmediatamente, para darnos el menú.
6. Nosotros empezamos (empezamos/empezábamos) a leerlo.
7. Yo pedí (pedí/pedía) el pescado.
8. De repente, el camarero volvió (volvió/volvía) a nuestra mesa.
9. Y nos dio (dio/daba) una mala noticia.
10. Desafortunadamente, no tenían (tuvieron/tenían) más pescado.
11. Por eso Tomás y yo decidimos (decidimos/decidíamos) comer en otro lugar.
12. Llovía (Llovió/Llovía) mucho cuando salimos (salimos/salíamos) del restaurante.
13. Así que regresamos (regresamos/regresábamos) al restaurante Tárcoles.
14. Esta vez, pedí (pedí/pedía) el arroz con pollo.

**recursos**

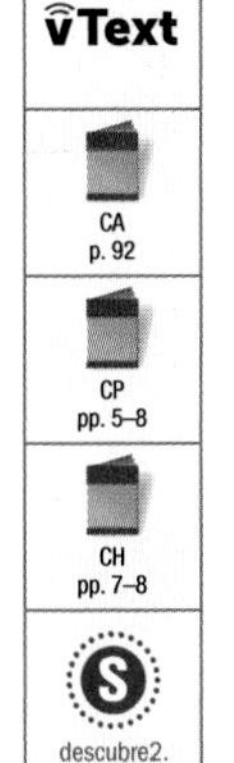


**Teaching Tips**

- Give further examples from your own experiences that contrast the imperfect and the preterite. Ex: **Quería ver la nueva película ____, pero anoche sólo pude ir a las nueve de la noche. La película fue buena, pero terminó muy tarde. Era medianoche cuando llegué a casa. Me acosté muy tarde y esta mañana, cuando me levanté, estaba cansadísimo/a.**
- Have students find the example of an interrupted action in the realia.
- Create a two-layer overhead of a simple narration in Spanish in such a way that the first layer shows only the sentences with imperfect verbs and the second layer has only the preterite. Project the first transparency and read it aloud. Ask students what tense is used (imperfect) and if they know what happened and why not (no, it only sets the scene). Remove the first transparency and show the second. After reading through the sentences, ask students the tense (preterite), if they know what happened (yes), and if this is an interesting story (no). Then layer the transparencies together and read through the complete narration. Explain that, now that students have learned both the imperfect and the preterite, they are able to communicate in a more complete, interesting way.
- After completing **¡Inténtalo!**, have students explain why the preterite or imperfect was used in each case. Then call on different students to create new sentences illustrating the same uses.

**TEACHING OPTIONS**

**Pairs** Ask students to narrate the most interesting, embarrassing, exciting, or annoying thing that has happened to them recently. Tell them to describe what happened and how they felt, using preterite and imperfect verbs.

**Video** Show the **Fotonovela** again to give students more input about the use of the imperfect. Stop the video at appropriate moments to contrast the use of preterite and imperfect tenses.

**Heritage Speakers** Have heritage speakers work with other students in pairs to write a simple summary of this lesson's **Fotonovela**. First, as a class, briefly summarize the episode in English and, in a two-column chart on the board, write which verbs would be in the imperfect or preterite. Then have pairs write their paragraphs. Tell them they should set the scene, and describe where the characters were, what they were doing, and what happened.

**1 Teaching Tip** To simplify, begin by reading through the items as a class and having students identify whether the verb should be in the imperfect or preterite.

**1 Expansion** Have volunteers explain why they chose the preterite or imperfect in each case. Ask them to point out any words or expressions that triggered one tense or the other.

**2 Expansion** Ask comprehension questions about the article. Ex: **¿Qué pasó ayer? (Hubo un accidente.) ¿Dónde hubo un accidente? (en el centro de San José) ¿Qué tiempo hacía? (Estaba muy nublado y llovía.) ¿Qué le pasó a la mujer que manejaba? (Murió al instante.) ¿Y a su pasajero? (Sufrió varias fracturas.) ¿Qué hizo el conductor del autobús? (Intentó dar un viraje brusco y perdió el control del autobús.) ¿Qué les pasó a los pasajeros del autobús? (Nada; no se lastimó ninguno.)**

**3 Expansion**

- After students compare their sentences, ask them to report to the class on the most interesting things their partners said.
- To challenge students, ask them to expand on one of their sentences, creating a paragraph about an imaginary or actual past experience.

# Práctica

**1** **Seleccionar** Utiliza el tiempo verbal adecuado, según el contexto.

1. La semana pasada, Manolo y Aurora __querían__ (querer) dar una fiesta. __Decidieron__ (Decidir) invitar a seis amigos y servirles mucha comida.
2. Manolo y Aurora __estaban__ (estar) preparando la comida cuando Elena __llamó__ (llamar). Como siempre, __tenía__ (tener) que estudiar para un examen.
3. A las seis, __volvió__ (volver) a sonar el teléfono. Su amigo Francisco tampoco __podía__ (poder) ir a la fiesta, porque __tenía__ (tener) fiebre. Manolo y Aurora __se sentían__ (sentirse) muy tristes, pero __tenían__ (tener) que preparar la comida.
4. Después de otros quince minutos, __sonó__ (sonar) el teléfono. Sus amigos, los señores Vega, __estaban__ (estar) en camino (*en route*) al hospital: a su hijo le __dolía__ (doler) mucho el estómago. Sólo dos de los amigos __podían__ (poder) ir a la cena.
5. Por supuesto, __iban__ (ir) a tener demasiada comida. Finalmente, cinco minutos antes de las ocho, __llamaron__ (llamar) Ramón y Javier. Ellos __pensaban__ (pensar) que la fiesta __era__ (ser) la próxima semana.
6. Tristes, Manolo y Aurora __se sentaron__ (sentarse) a comer solos. Mientras __comían__ (comer), pronto __llegaron__ (llegar) a la conclusión de que __era__ (ser) mejor estar solos: ¡La comida __estaba__ (estar) malísima!

**2** **En el periódico** Completa esta noticia con la forma correcta del pretérito o el imperfecto.

## Un accidente trágico

Ayer temprano por la mañana (1) __hubo__ (haber) un trágico accidente en el centro de San José cuando el conductor de un autobús no (2) __vio__ (ver) venir un carro. La mujer que (3) __manejaba__ (manejar) el carro (4) __murió__ (morir) al instante y los paramédicos (5) __tuvieron__ (tener) que llevar al pasajero al hospital porque (6) __sufrió__ (sufrir) varias fracturas. El conductor del autobús (7) __dijo__ (decir) que no (8) __vio__ (ver) el carro hasta el último momento porque (9) __estaba__ (estar) muy nublado y (10) __llovía__ (llover). Él (11) __intentó__ (intentar) (*to attempt*) dar un viraje brusco (*to swerve*), pero (12) __perdió__ (perder) el control del autobús y no (13) __pudo__ (poder) evitar (*to avoid*) el accidente. Según nos informaron, no (14) __se lastimó__ (lastimarse) ningún pasajero del autobús.

**AYUDA**

Reading Spanish-language newspapers is a good way to practice verb tenses. You will find that both the imperfect and the preterite occur with great regularity. Many newsstands carry international papers, and many Spanish-language newspapers (such as Spain's ***El País***, Mexico's ***Reforma***, and Argentina's ***Clarín***) are on the Web.

**3** 

**Completar** Completa las frases de una manera lógica. Usa el pretérito o el imperfecto. En parejas, comparen sus respuestas. Answers will vary.

1. De niño/a, yo...
2. Yo conducía el auto mientras...
3. Anoche mi hermano/a...
4. Ayer el/la profesor(a)...
5. La semana pasada un(a) amigo/a...
6. Con frecuencia mis padres...
7. Esta mañana en la cafetería...
8. Hablábamos con el doctor cuando...

**TEACHING OPTIONS**

**Small Groups** In groups of four, have students write a short article about an imaginary trip they took last summer. Students should use the imperfect to set the scene and the preterite to narrate the events. Each student should contribute three sentences to the article. When finished, have students read their articles to the class.

**Heritage Speakers** Ask heritage speakers to write a brief narration of a well-known fairy tale, such as *Little Red Riding Hood* (***Caperucita Roja***). Allow them to change details as they see fit, modernizing the story or setting it in another country, for example, but tell them to pay special attention to the use of preterite and imperfect verbs. Have them share their retellings with the class.

# Comunicación

**4**

**Entrevista** Usa estas preguntas para entrevistar a un(a) compañero/a acerca de la primera persona que conoció de un país hispanohablante. Si quieres, puedes añadir otras preguntas. Answers will vary.

1. ¿Cómo se llamaba?
2. ¿Cuántos años tenían ustedes cuando se conocieron?
3. ¿Cómo era él/ella?
4. ¿Qué le gustaba hacer?
5. ¿Le interesaban los deportes?
6. ¿Por cuánto tiempo fueron amigos?
7. ¿Qué hacían ustedes juntos?
8. ¿Alguna vez se fueron de viaje?

**5**

**La sala de emergencias** En parejas, miren la lista e inventen qué les pasó a estas personas que están en la sala de emergencias. Answers will vary.

*modelo*

*Eran las tres de la tarde. Como todos los días, Pablo jugaba al fútbol con sus amigos. Estaba muy contento. De repente, se cayó y se rompió el brazo. Después fue a la sala de emergencias.*

| Paciente | Edad | Hora | Estado |
|---|---|---|---|
| 1. Pablo Romero | 9 años | 15:20 | hueso roto (el brazo) |
| 2. Estela Rodríguez | 45 años | 15:25 | tobillo torcido |
| 3. Lupe Quintana | 29 años | 15:37 | embarazada, dolores |
| 4. Manuel López | 52 años | 15:45 | infección de garganta |
| 5. Marta Díaz | 3 años | 16:00 | temperatura muy alta, fiebre |
| 6. Roberto Salazar | 32 años | 16:06 | dolor de oído |
| 7. Marco Brito | 18 años | 16:18 | daño en el cuello, posible fractura |
| 8. Ana María Ortiz | 66 años | 16:29 | reacción alérgica a un medicamento |

**6**

**Situación** Anoche alguien robó (*stole*) el examen de la **Lección 1** del escritorio de tu profesor(a) y tú tienes que averiguar quién lo hizo. Pregúntales a tres compañeros dónde estaban, con quién estaban y qué hicieron entre las ocho y las doce de la noche. Answers will vary.

# Síntesis

**7**

**La primera vez** En grupos, cuéntense cómo fue la primera vez que les pusieron una inyección, se rompieron un hueso, pasaron la noche en un hospital, estuvieron mareados/as, etc. Incluyan estos puntos en su conversación: una descripción del tiempo que hacía, sus edades, qué pasó y cómo se sentían. Answers will vary.

 Practice more at **descubre2.vhlcentral.com.**

**4 Teaching Tip** To simplify, have students prepare a few notes to help them with their responses.

**4 Expansion** Have students write a summary of their partners' responses, omitting all names. Collect the summaries, then read them to the class. Have students guess who had the relationship described in the summary.

**5 Teaching Tip** Remind students that the 24-hour clock is often used for schedules. Go through a few of the times and ask volunteers to provide the equivalent in the 12-hour clock.

**5 Expansion** Have pairs share their answers with the class, but without mentioning the patient's name. The class must guess who is being described.

**7 Teaching Tip** To simplify, before assigning groups, have students list information they can include in their descriptions, such as their age, the time, the date, what the weather was like, and so forth. Then have them list the events of the day in the order they happened.

**7 Expansion** Have students decide who in their group is the most accident-prone on the basis of his or her responses. Ask the group to prepare a doctor's account of his or her treatments.

**TEACHING OPTIONS**

**Small Groups** Have groups of four write a skit and perform it for the class. Three students walk into the nurse's office. Each explains to the nurse what happened and why he or she should be seen first. Students should use the preterite and imperfect.

**Game** Create a short narrative in the past based on a well known story. Allow space between sentences so they may be easily cut apart into strips. Then make a copy of the narrative and edit it, changing all preterites to imperfects and vice versa. Make two copies of each version and cut the sentences apart. Place a complete set of both the versions into two separate bags, mix the strips up, and challenge two teams to reconstruct the correct version. The team that does so first wins.

## Section Goals

In **Estructura 1.3**, students will be introduced to:
- constructions with **se**
- using **se** for unplanned events

**Instructional Resources**
**vText**
***Cuaderno de actividades,*** p. 93
***Cuaderno de práctica,*** pp. 9–10
***Cuaderno para hispanohablantes,*** pp. 9–10
***e-Cuaderno***
**Supersite:** Audio Activity MP3 Audio Files
**Supersite/TRCD/Print:** *PowerPoints* (**Lección 1 Estructura** Presentation); Audio Activity Script, Answer Keys
**Audio Activity CD:** CD 1, Tracks 15–17

**Teaching Tips**
- Have students look at the three signs in the grammar explanation, and ask simple questions about the situations. Ex: **¿Podemos nadar en esta playa? (No, se prohíbe nadar.)**
- Test comprehension by asking questions based on similar **se** constructions. Ex: **¿Se habla español en Inglaterra? (No, se habla inglés.) ¿Dónde se hacen las películas norteamericanas? (Se hacen en Hollywood.)**
- Divide the board into two columns, labeled **Sí** and **No**. Ask volunteers to describe what is and is not allowed in Spanish class, using constructions with **se**. Ex: **Se debe hablar español. Se prohíben las gafas de sol.**

# 1.3 Constructions with se

NATIONAL STANDARDS comparisons

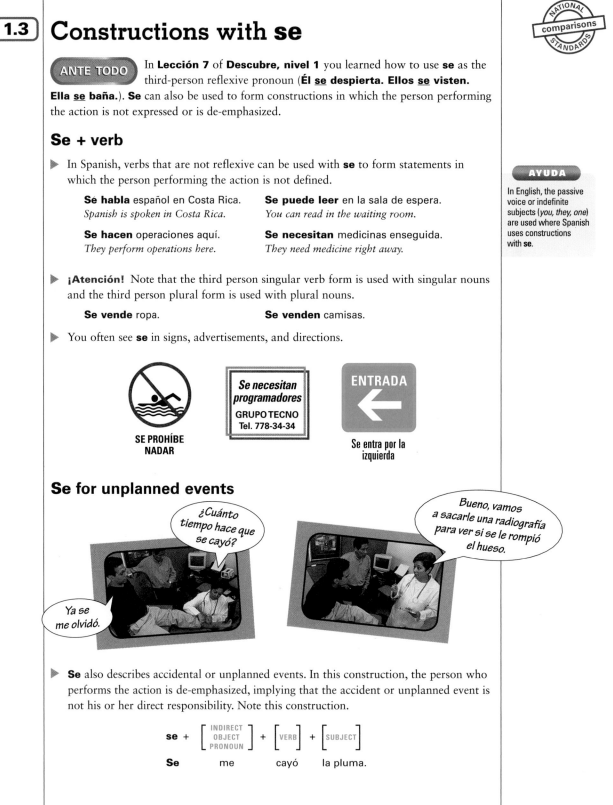

**ANTE TODO** In **Lección 7** of **Descubre, nivel 1** you learned how to use **se** as the third-person reflexive pronoun (**Él se despierta. Ellos se visten. Ella se baña.**). **Se** can also be used to form constructions in which the person performing the action is not expressed or is de-emphasized.

## Se + verb

- In Spanish, verbs that are not reflexive can be used with **se** to form statements in which the person performing the action is not defined.

| | |
|---|---|
| **Se habla** español en Costa Rica.<br>*Spanish is spoken in Costa Rica.* | **Se puede leer** en la sala de espera.<br>*You can read in the waiting room.* |
| **Se hacen** operaciones aquí.<br>*They perform operations here.* | **Se necesitan** medicinas enseguida.<br>*They need medicine right away.* |

**AYUDA**
In English, the passive voice or indefinite subjects (*you, they, one*) are used where Spanish uses constructions with **se**.

- **¡Atención!** Note that the third person singular verb form is used with singular nouns and the third person plural form is used with plural nouns.

**Se vende** ropa. **Se venden** camisas.

- You often see **se** in signs, advertisements, and directions.

SE PROHÍBE NADAR

Se necesitan programadores
GRUPO TECNO
Tel. 778-34-34

Se entra por la izquierda

## Se for unplanned events

¿Cuánto tiempo hace que se cayó?
Ya se me olvidó.


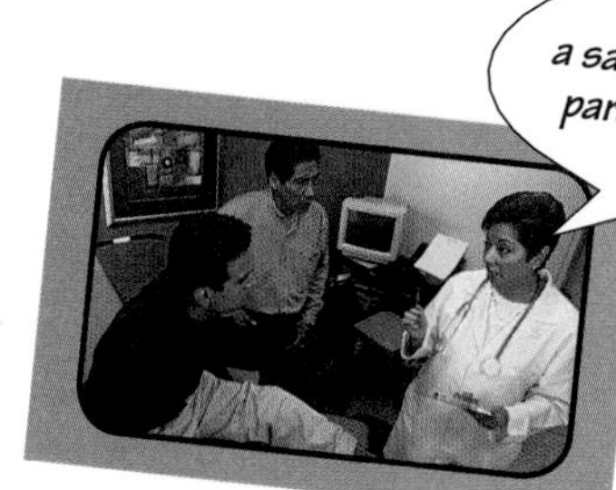

Bueno, vamos a sacarle una radiografía para ver si se le rompió el hueso.


- **Se** also describes accidental or unplanned events. In this construction, the person who performs the action is de-emphasized, implying that the accident or unplanned event is not his or her direct responsibility. Note this construction.

| **se** + | [INDIRECT OBJECT PRONOUN] + | [VERB] + | [SUBJECT] |
|---|---|---|---|
| **Se** | me | cayó | la pluma. |

**TEACHING OPTIONS**

**TPR** Use impersonal constructions with **se** to have students draw what you say. Ex: You say: **Se prohíbe entrar,** and students draw a door with a diagonal line through it. Other possible expressions could be: **Se sale por la derecha. Se permiten perros. Se prohíben botellas.**

**Extra Practice** For homework, have students research the Internet for common icons or international signs. Then pair students to write directions using **se** for each of the icons and signs. Ex: **Se prohíbe pasear en bicicleta. Se prohíbe pasar. Se habla español.**

**TPR** Mime activities and have students state what happened, using **se**. Ex: Leave your keys out on the table, wave goodbye, and head for the door. (**Se le olvidaron/quedaron las llaves.**) Mime turning a key in the ignition, but the car does not start. (**Se le dañó el auto.**)

▶ In this type of construction, what would normally be the direct object of the sentence becomes the subject, and it agrees with the verb, not with the indirect object pronoun.

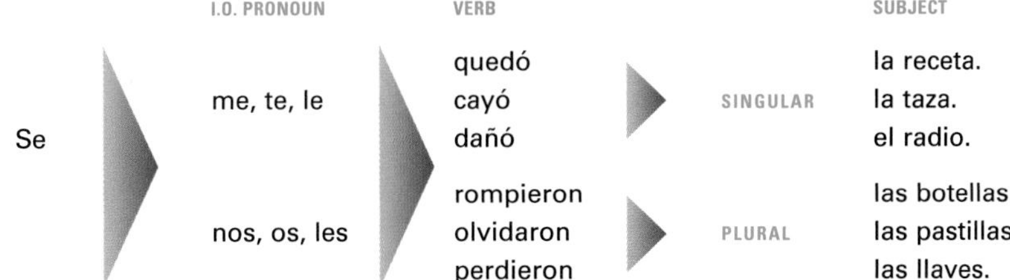

I.O. PRONOUN
VERB
SUBJECT
Se
me, te, le
quedó
cayó
dañó
SINGULAR
la receta.
la taza.
el radio.
nos, os, les
rompieron
olvidaron
perdieron
PLURAL
las botellas.
las pastillas.
las llaves.


▶ These verbs are the ones most frequently used with **se** to describe unplanned events.

**Verbs commonly used with se**

| | | | |
|---|---|---|---|
| **caer** | *to fall; to drop* | **perder (e:ie)** | *to lose* |
| **dañar** | *to damage; to break down* | **quedar** | *to be left behind* |
| **olvidar** | *to forget* | **romper** | *to break* |

**Se me perdió** el teléfono de la farmacia.
*I lost the pharmacy's phone number.*

**Se nos olvidaron** los pasajes.
*We forgot the tickets.*

▶ **¡Atención!** While Spanish has a verb for *to fall* (**caer**), there is no direct translation for *to drop*. **Dejar caer** (*To let fall*) or a **se** construction is often used to mean *to drop*.

El médico **dejó caer** la aspirina.
*The doctor dropped the aspirin.*

A mí **se me cayeron** los cuadernos.
*I dropped the notebooks.*

▶ To clarify or emphasize who the person involved in the action is, this construction commonly begins with the preposition **a** + [*noun*] or **a** + [*prepositional pronoun*].

**Al paciente** se le perdió la receta.
*The patient lost his prescription.*

**A ustedes** se les quedaron los libros en casa.
*You left the books at home.*

Completa las oraciones con **se** + la forma correcta del verbo.

1. Se enseñan (enseñar) cinco lenguas en esta escuela.
2. Se come (comer) muy bien en El Cráter.
3. Se venden (vender) muchas camisetas allí.
4. Se sirven (servir) platos exquisitos cada noche.

Completa las oraciones con **se** y los verbos en pretérito.

1. Se me rompieron (*I broke*) las gafas.
2. Se te cayeron (*You* (fam., sing.) *dropped*) las pastillas.
3. Se les perdió (*They lost*) la receta.
4. Se le quedó (*You* (form., sing.) *left*) aquí la radiografía.

**recursos**

vText

CA p. 93

CP pp. 9–10

CH pp. 9–10

descubre2.vhlcentral.com

### Teaching Tips

- Test comprehension by asking volunteers to change sentences from plural to singular and vice versa. Ex: **Se me perdieron las llaves. (Se me perdió la llave.)**
- Have students finish sentences using a construction with **se** to express an unplanned event. Ex: **1. Al doctor ____. (se le cayó el termómetro) 2. A la profesora ____. (se le quedaron los papeles en casa)**
- Involve students in a conversation about unplanned events that happened to them recently. Say: **Se me olvidaron las gafas de sol esta mañana. Y a ti, ____, ¿se te olvidó algo esta mañana? ¿Qué se te olvidó?** Continue with other verbs. Ex: **¿A quién se le perdió algo importante esta semana? ¿Qué se te perdió?**

**Successful Language Learning** Tell students that this construction has no exact equivalent in English. Tell them to examine the examples in the textbook and make up some of their own in order to get a feel for how this construction works.

### TEACHING OPTIONS

**Video** Show the **Fotonovela** again to give students more input containing constructions with **se**. Have students write down as many of the examples as they can. After viewing, have students edit their lists and cross out any reflexive verbs that they mistakenly understood to be constructions with **se.**

**Heritage Speakers** Ask heritage speakers to write a fictional or true account of a day in which everything went wrong. Ask them to include as many constructions with **se** as possible. Have them read their accounts aloud to the class, who will summarize the events.

**Extra Practice** Have students use **se** constructions to make excuses in different situations. Ex: You did not bring in a composition to class. (**Se me dañó la computadora.**)

**1 Expansion**
- Change the date from 1901 to 2005 and go through the exercise again orally.
- Have students work in pairs and, using constructions with **se**, write a description of a period in history such as the French or American Revolution, the Sixties, Prohibition, and so forth. Then have pairs form groups of six and read their descriptions aloud to their group.
- Have students use **se** constructions to compare cultural differences between Spanish-speaking countries and their own. Ex: **Aquí se habla inglés, pero en ____ se habla español.**

**2 Teaching Tips**
- Model the activity by asking volunteers to translate similar sentences. Ex: Nurse sought. **(Se busca enfermera.)** Used books bought. **(Se compran libros usados.)**
- Ask students to describe where these signs could be found locally.

**3 Teaching Tip** To simplify, have students work in pairs to brainstorm verbs that could be used to complete this activity.

**3 Expansion** Add another visual aspect to this activity. Use magazine pictures to have students continue describing past events using constructions with **se**.

# Práctica

**1** 

**¿Cierto o falso?** Lee estas oraciones sobre la vida en 1901. Indica si lo que dice cada oración es **cierto** o **falso**. Luego corrige las oraciones falsas.

1. Se veía mucha televisión. Falso. No se veía televisión. Se leía mucho.
2. Se escribían muchos libros. Cierto.
3. Se viajaba mucho en tren. Cierto.
4. Se montaba a caballo. Cierto.
5. Se mandaba mucho correo electrónico. Falso. No se mandaba correo electrónico. Se mandaban muchas cartas y postales.
6. Se preparaban muchas comidas en casa. Cierto.
7. Se llevaban minifaldas. Falso. No se llevaban minifaldas. Se llevaban faldas largas.
8. Se pasaba mucho tiempo con la familia. Cierto.

**2** **Traducir** Traduce estos letreros (*signs*) y anuncios al español.

1. Nurses needed Se necesitan enfermeros/as
2. Eating and drinking prohibited Se prohíbe comer y beber
3. Programmers sought Se buscan programadores
4. English is spoken Se habla inglés
5. Computers sold Se venden computadoras
6. No talking Se prohíbe hablar
7. Teacher needed Se necesita profesor(a)
8. Books sold Se venden libros
9. Do not enter Se prohíbe entrar
10. Spanish is spoken Se habla español

**3** **¿Qué pasó?** Mira los dibujos e indica lo que pasó en cada uno. Some answers will vary.

1. camarero / pastel

Al camarero se le cayó el pastel.

2. Sr. Álvarez / espejo

Al señor Álvarez se le rompió el espejo.

3. Arturo / tarea

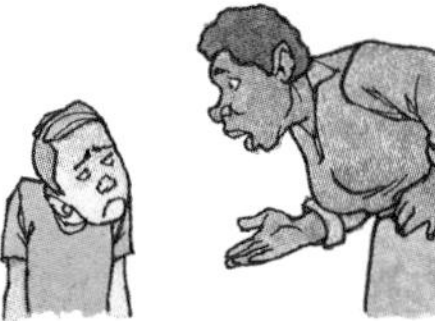

A Arturo se le olvidó la tarea.

4. Sra. Domínguez / llaves

A la Sra. Domínguez se le perdieron las llaves.

5. Carla y Lupe / botellas de refresco

A Carla y a Lupe se les rompieron las botellas de refresco.

6. Juana / platos

A Juana se le rompieron los platos.

**TEACHING OPTIONS**

**Extra Practice** Have students imagine that they have just seen a movie about the future. Have them work in groups to prepare a description of the way of life portrayed in the movie using the imperfect tense and constructions with **se**. Ex: **No se necesitaba trabajar. Se usaban robots para hacerlo todo. Se viajaba por telepatía. Sólo se comía los fines de semana.**

**Game** Divide the class into teams of four. Have each team think of a famous place or public building and compose four signs that could be found on the premises. Teams will take turns reading their signs aloud. Each team that correctly identifies the place or building receives one point. The team with the most points wins.

# Comunicación

**4** **Preguntas** Trabajen en parejas y usen estas preguntas para entrevistarse. Answers will vary.

1. ¿Qué comidas se sirven en tu restaurante favorito?
2. ¿Se te olvidó invitar a alguien a tu última fiesta o comida? ¿A quién?
3. ¿A qué hora se abre la cafetería de tu escuela?
4. ¿Alguna vez se te quedó algo importante en la casa? ¿Qué?
5. ¿Alguna vez se te perdió algo importante durante un viaje? ¿Qué?
6. ¿Qué se vende en una farmacia?
7. ¿Sabes si en la farmacia se aceptan cheques?
8. ¿Alguna vez se te rompió algo muy caro? ¿Qué?

**5** **Opiniones** En parejas, terminen cada oración con ideas originales. Después, comparen los resultados con la clase para ver qué pareja tuvo las mejores ideas. Answers will vary.

1. No se tiene que dejar propina cuando...
2. Antes de viajar, se debe...
3. Si se come bien,...
4. Para tener una vida sana, se debe...
5. Se sirve la mejor comida en...
6. Se hablan muchas lenguas en...

# Síntesis

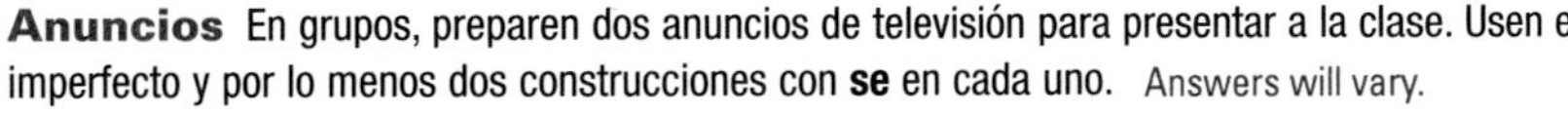

**6** **Anuncios** En grupos, preparen dos anuncios de televisión para presentar a la clase. Usen el imperfecto y por lo menos dos construcciones con **se** en cada uno. Answers will vary.

*modelo*

*Se me cayeron unos libros en el pie y me dolía mucho. Pero ahora no, gracias a SuperAspirina 500. ¡Dos pastillas y se me fue el dolor! Se puede comprar SuperAspirina 500 en todas las farmacias Recetamax.*

Practice more at **descubre2.vhlcentral.com.**

**4 Teaching Tip** Model a detailed answer by choosing among questions 4, 5, and 8, providing as many details as possible. Ex: **Una vez cuando era adolescente se me rompió un plato muy caro de mi abuela. Pero ella no se enojó. Me dijo: No te preocupes por el plato. ¿Te lastimaste?**

**4 Expansion** Have each pair decide on the most unusual answer to the questions. Ask the student who gave it to describe the event to the class.

**5 Expansion** Ask pairs to write similar beginnings to three different statements using **se** constructions. Have pairs exchange papers and finish each other's sentences.

**6 Expansion** After all the groups have presented their ads, have each group write a letter of complaint. Their letter should be directed to one of the other groups, claiming false advertising.

**TEACHING OPTIONS**

**Extra Practice** Write these sentence fragments on the board and ask students to supply several logical endings using a construction with **se**. **1. Cuando ella subía al avión, ____. (se le cayó la maleta; se le torció el tobillo) 2. Una vez, cuando yo comía en un restaurante elegante, ____. (se me rompió un vaso; se me perdió la tarjeta de crédito) 3. Ayer cuando yo venía a clase, ____. (se me dañó la bicicleta; me caí y se me rompió el brazo) 4. Cuando era niño/a, siempre ____. (se me olvidaban las cosas; se me perdían las cosas) 5. El otro día cuando yo lavaba los platos, ____. (se me rompieron tres vasos; se me terminó el detergente)**

## Section Goals

In **Estructura 1.4**, students will learn:

- the formation of adverbs using [*adjective*] + **–mente**
- common adverbs and adverbial expressions

**Instructional Resources**
**vText**
***Cuaderno de actividades,*** p. 94
***Cuaderno de práctica,*** pp. 11–12
***Cuaderno para hispanohablantes,*** pp. 11–12
***e-Cuaderno***
**Supersite:** Audio Activity MP3 Audio Files
**Supersite/TRCD/Print:** *PowerPoints* (**Lección 1 Estructura** Presentation); Audio Activity Script, Answer Keys
**Audio Activity CD:** CD 1, Tracks 18–21

**Teaching Tips**

- Add a visual aspect to this grammar presentation. Use magazine pictures to review known adverbs. Ex: **Miren la foto que tengo *aquí*. *Hoy* esta chica se siente *bien*, pero *ayer* se sentía *mal*.** Write the adverbs on the board as you proceed.
- After presenting the formation of adverbs that end in **–mente**, ask volunteers to convert known adjectives into adverbs and then use them in a sentence. Ex: **cómodo/cómodamente: Alberto se sentó cómodamente en la silla.**
- Name celebrities and have students create sentences about them, using adverbs. Ex: **Shakira (Shakira baila maravillosamente.)**

# 1.4 Adverbs

**ANTE TODO** Adverbs are words that describe how, when, and where actions take place. They can modify verbs, adjectives, and even other adverbs. In previous lessons, you have already learned many Spanish adverbs, such as the ones below.

| | | |
|---|---|---|
| aquí | hoy | nunca |
| ayer | mal | siempre |
| bien | muy | temprano |

- The most common adverbs end in **–mente**, equivalent to the English ending *-ly*.

**verdaderamente** *truly, really* **generalmente** *generally* **simplemente** *simply*

- To form these adverbs, add **–mente** to the feminine form of the adjective. If the adjective does not have a special feminine form, just add **–mente** to the standard form. **¡Atención!** Adjectives do not lose their accents when adding **–mente**.

| ADJECTIVE | FEMININE FORM | SUFFIX | ADVERB |
|---|---|---|---|
| seguro | segura | -mente | seguramente |
| fabuloso | fabulosa | -mente | fabulosamente |
| enorme | | -mente | enormemente |
| fácil | | -mente | fácilmente |

- Adverbs that end in **–mente** generally follow the verb, while adverbs that modify an adjective or another adverb precede the word they modify.

Javier dibuja **maravillosamente**.
*Javier draws wonderfully.*

Inés está **casi siempre** ocupada.
*Inés is almost always busy.*

**¡ATENCIÓN!**
When a sentence contains two or more adverbs in sequence, the suffix **–mente** is dropped from all but the last adverb.
Ex: **El médico nos habló simple y abiertamente.** *The doctor spoke to us simply and openly.*

**¡ATENCIÓN!**
**Rápido** functions as an adjective (**Ella tiene una computadora rápida**) as well as an adverb (**Ella corre rápido**). Note that as an adverb, **rápido** does not need to agree with any other word in the sentence. You can also use the adverb **rápidamente** (**Ella corre rápidamente**).

### Common adverbs and adverbial expressions

| | | | | | |
|---|---|---|---|---|---|
| **a menudo** | *often* | **así** | *like this; so* | **menos** | *less* |
| **a tiempo** | *on time* | **bastante** | *enough; rather* | **muchas veces** | *a lot; many times* |
| **a veces** | *sometimes* | **casi** | *almost* | **poco** | *little* |
| **además (de)** | *furthermore; besides* | **con frecuencia** | *frequently* | **por lo menos** | *at least* |
| **apenas** | *hardly; scarcely* | **de vez en cuando** | *from time to time* | **pronto** | *soon* |
| | | **despacio** | *slowly* | **rápido** | *quickly* |

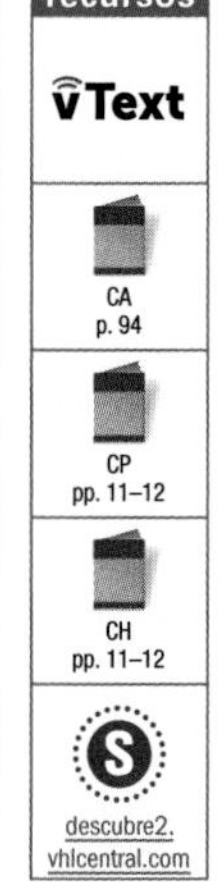


**¡INTÉNTALO!** Transforma los adjetivos en adverbios.

1. alegre alegremente
2. constante constantemente
3. gradual gradualmente
4. perfecto perfectamente
5. real realmente
6. frecuente frecuentemente
7. tranquilo tranquilamente
8. regular regularmente
9. maravilloso maravillosamente
10. normal normalmente
11. básico básicamente
12. afortunado afortunadamente

**TEACHING OPTIONS**

**Heritage Speakers** Have heritage speakers interview an older friend or family member about daily life when he or she was a young adult. Students should write a summary of the information, using at least eight of the common adverbs and adverbial expressions listed.

**Extra Practice** Have pairs of students write sentences using adverbs such as **nunca, hoy, lentamente,** and so forth. When they have finished, ask volunteers to dictate their sentences to you to write on the board. After you have written a sentence and checked for accuracy, ask a volunteer to create a sentence that uses the antonym of the adverb.

# Práctica

1

**Escoger** Completa las oraciones con los adverbios adecuados.

1. La cita era a las dos, pero llegamos ___tarde___. (mientras, nunca, tarde)
2. El problema fue que ___ayer___ se nos dañó el despertador. (aquí, ayer, despacio)
3. La recepcionista no se enojó porque sabe que normalmente llego ___a tiempo___. (a veces, a tiempo, poco)
4. ___Por lo menos___ el doctor estaba listo. (Por lo menos, Muchas veces, Casi)
5. ___Apenas___ tuvimos que esperar cinco minutos. (Así, Además, Apenas)
6. El doctor dijo que nuestra hija Irene necesitaba cambiar su rutina diaria ___inmediatamente___. (temprano, menos, inmediatamente)
7. El doctor nos explicó ___bien___ las recomendaciones del Secretario de Sanidad (*Surgeon General*) sobre la salud de los jóvenes. (de vez en cuando, bien, apenas)
8. ___Afortunadamente___ nos dijo que Irene estaba bien, pero tenía que hacer más ejercicio y comer mejor. (Bastante, Afortunadamente, A menudo)

**NOTA CULTURAL**

La doctora Antonia Novello, de Puerto Rico, fue la primera mujer y la primera hispana en tomar el cargo de **Secretaria de Sanidad** (*Surgeon General*) de los Estados Unidos (1990–1993).

# Comunicación

2

**Aspirina** Lee el anuncio y responde a las preguntas con un(a) compañero/a. Answers will vary.

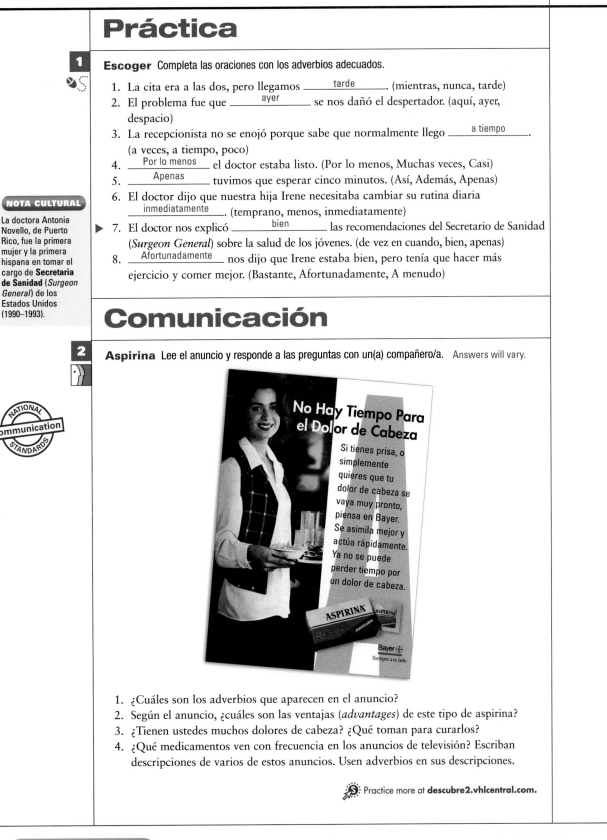

No Hay Tiempo Para el Dolor de Cabeza
Si tienes prisa, o simplemente quieres que tu dolor de cabeza se vaya muy pronto, piensa en Bayer. Se asimila mejor y actúa rápidamente. Ya no se puede perder tiempo por un dolor de cabeza.
ASPIRINA
masticable
Bayer
Siempre a tu lado.


1. ¿Cuáles son los adverbios que aparecen en el anuncio?
2. Según el anuncio, ¿cuáles son las ventajas (*advantages*) de este tipo de aspirina?
3. ¿Tienen ustedes muchos dolores de cabeza? ¿Qué toman para curarlos?
4. ¿Qué medicamentos ven con frecuencia en los anuncios de televisión? Escriban descripciones de varios de estos anuncios. Usen adverbios en sus descripciones.

**1 Teaching Tip** Review common adverbs and adverbial expressions by drawing a three-column chart on the board. Title the columns **¿Cómo?, ¿Cuándo?,** and **¿Dónde?** Ask volunteers to call out adverbs for each column. Write the correct answers on the board. Ex: **¿Cómo? (a tiempo, lentamente, temprano) ¿Cuándo? (nunca, siempre, a menudo) ¿Dónde? (aquí, allí)**

**2 Teaching Tip** Before assigning the activity, ask some general questions about the ad. Ex: **¿Qué producto se vende? (aspirina) ¿Dónde se encuentra un anuncio de este tipo? (en una revista)**

**2 Expansion** Have pairs create a similar ad for a different pharmaceutical product. Collect the ads and read the descriptions aloud. The rest of the class should guess what product is being advertised.

**TEACHING OPTIONS**

**Extra Practice** Add an auditory aspect to this grammar practice. Prepare sentences using adverbs and read them aloud slowly to allow students time to write. Ex: **1. A mi profesor de español siempre se le olvidan las cosas. 2. Con frecuencia se pone dos zapatos diferentes por la mañana. 3. Habla despacio cuando es necesario. 4. De vez en cuando se le pierden los papeles.**

**Game** Divide the class into teams of three. Each team should have a piece of paper or a transparency. Say the name of a historical figure and give teams three minutes to write down as many facts as they can about that person, using adverbs and adverbial expressions. At the end of each round, have teams project their answers or read them aloud. Award one point to the team with the most correct answers for each historical figure.

## Section Goal

In **Recapitulación**, students will review the grammar concepts from this lesson.

**Instructional Resources**
**vText**
**Supersite**
**Testing Program CD:**
Tracks 1–4

**1 Teaching Tip** Ask students to identify the infinitive for each row.

**1 Expansion** Ask students to provide the forms for **ir**, **ver**, and **doler**.

**2 Expansion**
- To challenge students, have them create sentences to express the opposite meaning for each item. Ex: **1. Pablito se cae muy poco.**
- Ask students to write a paragraph in which they use at least five of the listed adverbs. Then have them exchange papers with a partner for peer editing.

# Recapitulación

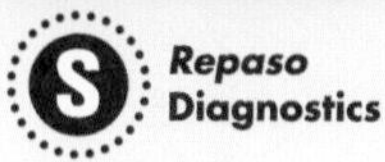


Completa estas actividades para repasar los conceptos de gramática que aprendiste en esta lección.

**1** **Completar** Completa el cuadro con la forma correcta del imperfecto. 12 pts.

| yo/Ud./él/ella | tú | nosotros | Uds./ellos/ellas |
|---|---|---|---|
| **era** | eras | éramos | eran |
| cantaba | **cantabas** | cantábamos | cantaban |
| venía | venías | **veníamos** | venían |
| quería | querías | queríamos | **querían** |

**2** **Adverbios** Escoge el adverbio correcto de la lista para completar estas oraciones. Lee con cuidado las oraciones; los adverbios sólo se usan una vez. No vas a usar uno de los adverbios. 8 pts.

| | | |
|---|---|---|
| a menudo | apenas | fácilmente |
| a tiempo | casi | maravillosamente |
| además | despacio | por lo menos |

1. Pablito se cae __a menudo__; cuatro veces por semana en promedio (*average*).
2. No me duele nada y no sufro de ninguna enfermedad; me siento __maravillosamente__ bien.
3. —Doctor, ¿cómo supo que tuve una operación de garganta?
   —Muy __fácilmente__, lo leí en su historial médico.
4. ¿Le duele mucho la espalda? Entonces tiene que levantarse __despacio__.
5. Ya te sientes mucho mejor, ¿verdad? Mañana puedes volver al trabajo; tu temperatura es __casi__ normal.
6. Es importante hacer ejercicio con regularidad, __por lo menos__ tres veces a la semana.
7. El examen médico no comenzó ni tarde ni temprano. Comenzó __a tiempo__, a las tres de la tarde.
8. Parece que ya te estás curando del resfriado. __Apenas__ estás congestionada.

## RESUMEN GRAMATICAL

### 1.1 The imperfect tense pp. 28–29

The imperfect of regular verbs

| cantar | beber | escribir |
|---|---|---|
| cantaba | bebía | escribía |
| cantabas | bebías | escribías |
| cantaba | bebía | escribía |
| cantábamos | bebíamos | escribíamos |
| cantabais | bebíais | escribíais |
| cantaban | bebían | escribían |

- There are no stem changes in the imperfect: **entender (e:ie) → entendía; servir (e:i) → servía; doler (o:ue) → dolía**
- The imperfect of **hay** is **había**.
- Only three verbs are irregular in the imperfect.
  ir: **iba, ibas, iba, íbamos, ibais, iban**
  ser: **era, eras, era, éramos, erais, eran**
  ver: **veía, veías, veía, veíamos, veíais, veían**

### 1.2 The preterite and the imperfect pp. 32–33

| Preterite | Imperfect |
|---|---|
| 1. Completed actions<br>**Fueron a Buenos Aires ayer.** | 1. Ongoing past action<br>**De niño, usted** jugaba **al fútbol.** |
| 2. Beginning or end of past action<br>**La película** empezó **a las nueve.** | 2. Habitual past actions<br>**Todos los días yo** jugaba **al tenis.** |
| 3. Series of past actions or events<br>**Me** caí **y me** lastimé **el pie.** | 3. Description of states or characteristics<br>**Ella** era **alta.**<br>Quería **descansar.** |

### 1.3 Constructions with se pp. 36–37

| Se + verb | |
|---|---|
| Se | prohíbe fumar. |
| | habla español. |
| | hablan varios idiomas. |

## TEACHING OPTIONS

**TPR** Divide the class into three groups: **-ar** verbs, **-er** verbs, and **-ir** verbs. Read a series of sentences that contain the imperfect tense. Have groups stand up when their verb form is used. Ex: **Mi escuela primaria tenía un patio grande.** (**-er** verb group stands)

**Extra Practice** Ask students to use the preterite and imperfect to write a paragraph about a celebrity's imaginary injury and trip to the emergency room. Have students describe the person's age, where he or she was, the weather, the time, what he or she was doing when the accident occurred, and what happened at the hospital. Ask volunteers to read their paragraphs aloud.

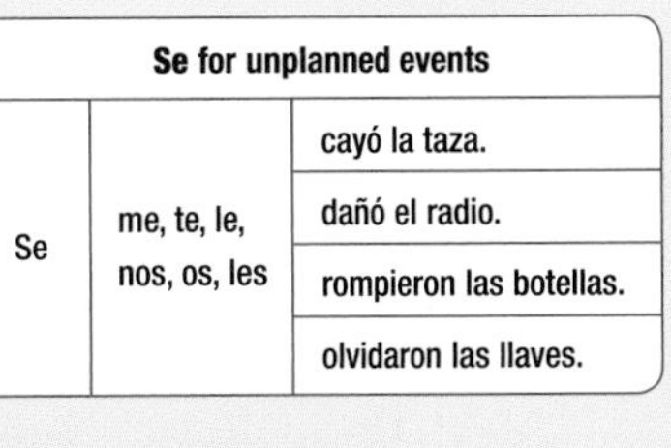

**Se for unplanned events**

| | | |
|---|---|---|
| Se | me, te, le, nos, os, les | cayó la taza. |
| | | dañó el radio. |
| | | rompieron las botellas. |
| | | olvidaron las llaves. |

**1.4 Adverbs** p. 40

**Formation of adverbs**

| | | |
|---|---|---|
| fácil | → | fácilmente |
| seguro | → | seguramente |
| verdadero | → | verdaderamente |

**3** **Un accidente** Escoge el imperfecto o el pretérito según el contexto para completar esta conversación. 10 pts.

**NURIA** Hola, Felipe. ¿Estás bien? ¿Qué es eso? ¿(1) (**Te lastimaste**/Te lastimabas) el pie?

**FELIPE** Ayer (2) (**tuve**/tenía) un pequeño accidente.

**NURIA** Cuéntame. ¿Cómo (3) (**pasó**/pasaba)?

**FELIPE** Bueno, (4) (fueron/**eran**) las cinco de la tarde y (5) (llovió/**llovía**) mucho cuando (6) (**salí**/salía) de la casa en mi bicicleta. No (7) (**vi**/veía) a una chica que (8) (caminó/**caminaba**) en mi dirección, y los dos (9) (**nos caímos**/nos caíamos) al suelo (*ground*).

**NURIA** Y la chica, ¿está bien ella?

**FELIPE** Sí. Cuando llegamos al hospital, ella sólo (10) (tuvo/**tenía**) dolor de cabeza.

**4** **Oraciones** Escribe oraciones con **se** a partir de los elementos dados (*given*). Usa el tiempo especificado entre paréntesis y añade pronombres cuando sea necesario. 10 pts.

*modelo*

Carlos / quedar / la tarea en casa (pretérito)

*A Carlos se le quedó la tarea en casa.*

1. en la farmacia / vender / medicamentos (presente) En la farmacia se venden medicamentos.
2. ¿(tú) / olvidar / las llaves / otra vez? (pretérito) ¿Se te olvidaron las llaves otra vez?
3. (yo) / dañar / la computadora (pretérito) Se me dañó la computadora.
4. en esta clase / prohibir / hablar inglés (presente) En esta clase se prohíbe hablar inglés.
5. ellos / romper / las gafas / en el accidente (pretérito) A ellos se les rompieron las gafas en el accidente.

**5** **En la consulta** Escribe al menos cinco oraciones describiendo tu última visita al médico. Incluye cinco verbos en pretérito y cinco en imperfecto. Habla de qué te pasó, cómo te sentías, cómo era el/la doctor(a), qué te dijo, etc. Usa tu imaginación. 10 pts. Answers will vary.

**6**  **Refrán** Completa el refrán con las palabras que faltan. ¡2 puntos EXTRA!

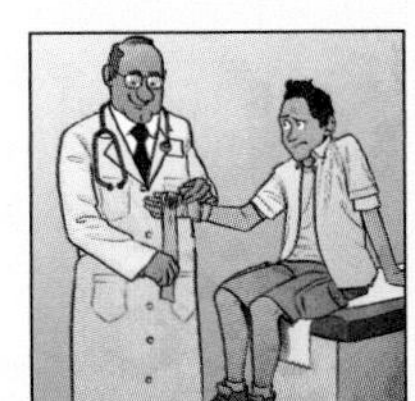

"Lo que ___bien___ (*well*) se aprende, nunca ___se___ pierde."

Practice more at **descubre2.vhlcentral.com.**

**recursos**

**3 Teaching Tip** To challenge students, have them explain why they used the preterite and imperfect in each case and how the meaning might change if the other tense was used.

**4 Teaching Tip** For items 2, 3, and 5, have volunteers rewrite the sentences on the board using other subjects. Ex: **2. (nosotros) ¿Se nos olvidaron las llaves otra vez?**

**4 Expansion** Give students these additional items: **6. (yo) / caer / el vaso de cristal (pretérito) (Se me cayó el vaso de cristal.) 7. (ustedes) / quedar / las maletas en el aeropuerto (pretérito) (A ustedes se les quedaron las maletas en el aeropuerto.) 8. en esta tienda / hablar / español e italiano (presente) (En esta tienda se hablan español e italiano.)**

**5 Teaching Tip** After writing their paragraphs, have students work in pairs and ask each other follow-up questions about their visits.

**6 Teaching Tips**
- Have volunteers give additional examples of situations in which one might use this expression.
- Ask students to give the English equivalent of this phrase.

## TEACHING OPTIONS

**Extra Practice** Write questions on the board that elicit the use of **se**. Have pairs write two responses for each question. Ex: **¿Qué se hace para mantener la salud? ¿Dónde se come bien en esta ciudad? ¿Cuándo se dan fiestas en esta escuela? ¿Dónde se consiguen los jeans más baratos?**

**Game** Divide the class into two teams and have them line up. Point to the first member of each team and call out an adjective that can be changed into an adverb (Ex: **lento**). The first student to reach the board and correctly write the adverb (**lentamente**) earns a point for his or her team. If the student can also write an "opposite" adverb (Ex: **rápidamente**), he or she earns a bonus point. The team with the most points at the end wins.

## Section Goals

In **Lectura**, students will:

- learn to activate background knowledge to understand a reading selection
- read a content-rich text on caring for your health while traveling

**Instructional Resources**
**vText**
***Cuaderno para hispanohablantes,*** pp. 13–14
**Supersite**

**Estrategia** Tell students that they will find it easier to understand the content of a reading selection on a particular topic by reviewing what they know about the subject before reading. Then ask students to brainstorm ways to stay healthy while traveling. Possible responses: do not drink the water, do not eat raw fruit or vegetables.

**Examinar el texto** Students should mention that the text is an interview (**entrevista**) by a journalist (**periodista**) of an author (**autora**) whose book is about health care while traveling.

**Conocimiento previo** Have small groups write a paragraph summarizing ways to safeguard health while traveling. Their recommendations should be based on their collective experiences. Encourage them to draw on the experiences of people they know if no one in the group can relate personally to one of the situations mentioned in the items. Have groups share their paragraphs with the class.

**The Affective Dimension** Remind students that they will probably feel less anxious about reading in Spanish if they follow the suggestions in the **Estrategia** sections, which are designed to reinforce and increase reading comprehension skills.

# Lectura

## Antes de leer

### Estrategia

**Activating background knowledge**

Using what you already know about a particular subject will often help you better understand a reading selection. For example, if you read an article about a recent medical discovery, you might think about what you already know about health in order to understand unfamiliar words or concepts.

**Examinar el texto**

Utiliza las estrategias de lectura que tú consideras más efectivas para hacer unas observaciones preliminares acerca del texto. Después trabajen en parejas para comparar sus observaciones acerca del texto. Luego contesten estas preguntas:

- Analicen el formato del texto. ¿Qué tipo de texto es? ¿Dónde creen que se publicó este artículo?
- ¿Quiénes son Carla Baron y Tomás Monterrey?
- Miren la foto del libro. ¿Qué sugiere el título del libro sobre su contenido?

**Conocimiento previo**

Ahora piensen en su conocimiento previo° sobre el cuidado de la salud en los viajes. Consideren estas preguntas:

- ¿Viajaron alguna vez a otro estado o a otro país?
- ¿Tuvieron algunos problemas durante sus viajes con el agua, la comida o el clima del país?
- ¿Olvidaron poner en su maleta algún medicamento que después necesitaron?
- Imaginen que su amigo/a se va de viaje. Díganle por lo menos cinco cosas que debe hacer para prevenir cualquier problema de salud.

conocimiento previo *background knowledge*

recursos

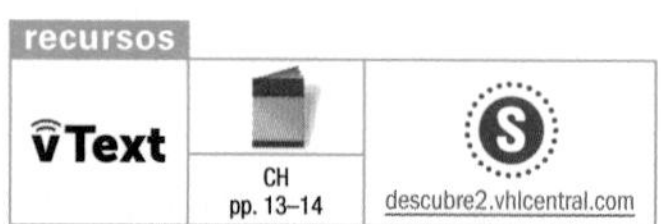


## Libro de la semana

## Después de leer

**Correspondencias** 

Busca las correspondencias entre los problemas y las recomendaciones.

**Problemas**

1. el agua __b__
2. el sol __d__
3. la comida __a__
4. la identificación __e__
5. el clima __c__

**Recomendaciones**

a. Hay que adaptarse a los ingredientes no familiares.
b. Toma sólo productos purificados (*purified*).
c. Es importante llevar ropa adecuada cuando viajas.
d. Lleva loción o crema con alta protección solar.
e. Lleva tu pasaporte.

**TEACHING OPTIONS**

**Heritage Speakers** Ask heritage speakers to state consequences for a tourist who does not follow the recommendations in **Correspondencias**. Ex: **a. La persona prueba una comida picante y le da dolor de estómago.** After each consequence is stated, have volunteers suggest an appropriate course of action or treatment. Ex: **Debe ir a una farmacia y comprar unas pastillas, como *Tums*.**

**Small Groups** Have groups of three select a country they would like to visit. Ask students to research what food and beverage precautions should be taken (**precauciones que se deben tomar**) by visitors to that country. Students should mention precautions such as not eating undercooked meat, uncooked seafood or vegetables, raw fruits, or unpasteurized dairy products, and not drinking tap water or drinks with ice or mixed with water.

# Entrevista a Carla Baron

por Tomás Monterrey

*Tomás:* ¿Por qué escribió su libro *Cómo hacer un viaje saludable y feliz?*

*Carla:* Me encanta viajar, conocer otras culturas y escribir. Mi primer viaje lo hice cuando era estudiante universitaria. Todavía recuerdo el día en que llegamos a San Juan, Puerto Rico. Era el panorama ideal para unas vacaciones maravillosas, pero al llegar a la habitación del hotel, bebí mucha agua de la llave° y luego pedí un jugo de frutas con mucho hielo°. El clima en San Juan es tropical y yo tenía mucha sed y calor. Los síntomas llegaron en menos de media hora: pasé dos días con dolor de estómago y corriendo al cuarto de baño cada diez minutos. Desde entonces, siempre que viajo sólo bebo agua mineral y llevo un pequeño bolso con medicinas necesarias como pastillas para el dolor y también bloqueador solar, una crema repelente de mosquitos y un desinfectante.

*Tomás:* ¿Son reales° las situaciones que se narran en su libro?

*Carla:* Sí, son reales y son mis propias° historias°. A menudo los autores crean caricaturas divertidas de un turista en dificultades. ¡En mi libro la turista en dificultades soy yo!

*Tomás:* ¿Qué recomendaciones puede encontrar el lector en su libro?

*Carla:* Bueno, mi libro es anecdótico y humorístico, pero el tema de la salud se trata° de manera seria. En general, se dan recomendaciones sobre ropa adecuada para cada sitio, consejos para protegerse del sol, y comidas y bebidas adecuadas para el turista que viaja al Caribe o Suramérica.

*Tomás:* ¿Tiene algún consejo para las personas que se enferman cuando viajan?

*Carla:* Muchas veces los turistas toman el avión sin saber nada acerca del país que van a visitar. Ponen toda su ropa en la maleta, toman el pasaporte, la cámara fotográfica y ¡a volar°! Es necesario tomar precauciones porque nuestro cuerpo necesita adaptarse al clima, al sol, a la humedad, al agua y a la comida. Se trata de° viajar, admirar las maravillas del mundo y regresar a casa con hermosos recuerdos. En resumen, el secreto es "prevenir en vez de° curar".

llave *faucet* hielo *ice* reales *true* propias *own* historias *stories* se trata *is treated* ¡a volar! *Off they go!* Se trata de *It's a question of* en vez de *instead of*

**Seleccionar** 

Selecciona la respuesta correcta.

1. El tema principal de este libro es __d__.
   a. Puerto Rico b. la salud y el agua c. otras culturas
   d. el cuidado de la salud en los viajes
2. Las situaciones narradas en el libro son __a__.
   a. autobiográficas b. inventadas
   c. ficticias d. imaginarias
3. ¿Qué recomendaciones no vas a encontrar en este libro? __d__
   a. cómo vestirse adecuadamente
   b. cómo prevenir las quemaduras solares
   c. consejos sobre la comida y la bebida
   d. cómo dar propina en los países del Caribe o de Suramérica
4. En opinión de la señorita Baron, __b__.
   a. es bueno tomar agua de la llave y beber jugo de frutas con mucho hielo
   b. es mejor tomar solamente agua embotellada (*bottled*)
   c. los minerales son buenos para el dolor abdominal
   d. es importante visitar el cuarto de baño cada diez minutos
5. ¿Cuál de estos productos no lleva la autora cuando viaja a otros países? __c__
   a. desinfectante b. crema repelente
   c. detergente d. pastillas medicinales

 Practice more at **descubre2.vhlcentral.com.**

**Correspondencias** Ask students to work together in pairs and use cognates or context clues to match **Problemas** with **Recomendaciones**.

**Seleccionar**
- Have students check their work by locating the sections in the text where the answers can be found.
- Ask the class the questions. Have volunteers answer orally or write their answers on the board.

**TEACHING OPTIONS**

**Pairs** Ask pairs to use the items in **Correspondencias** on page 44 as a model. Have them work together to write additional possibilities for **Problemas** and **Recomendaciones**. Ex: **Problema: el dinero; Recomendación: Lleva cheques de viajero o una tarjeta de crédito internacional.** When pairs have completed five more items, have them exchange their items with another pair, who will match them.

**Heritage Speakers** Ask heritage speakers to prepare a short presentation of health tips for traveling in their families' countries of origin. Students should include information on any immunizations that may be required; appropriate clothing, particularly for countries in which the seasons are opposite ours; spicy regional foods or dishes that may cause digestive problems; and so forth.

## Section Goals

In **Escritura**, students will:
- write a narrative using the preterite and the imperfect
- integrate lesson vocabulary and structures in their narrative

**Instructional Resources**
**v̂Text**
***Cuaderno de actividades,*** pp. 141–142
***Cuaderno para hispanohablantes,*** pp. 15–16
**Supersite**

**Estrategia** Write these sentences on the board: **1. La enfermera le puso una inyección. 2. Cuando el médico estaba en la sala de emergencias, no había antibióticos para todos los pacientes. 3. Fue a sacarse un diente la semana pasada. 4. Mi abuelo tenía dolor en las rodillas y no podía caminar mucho.** Ask volunteers to explain why the preterite or imperfect tense was used in each case.

**Tema** Explain that the story or composition students are to write will be about something that occurred in the past. Encourage them to brainstorm as many details as possible about the event before they begin writing. Tell them that one way of organizing a narrative is by first making a list of the story's actions in chronological order.

**Successful Language Learning** Remind students to check for the correct use of the preterite and the imperfect whenever they write about the past in Spanish. Tell them they may find it helpful to memorize the summary of the preterite versus imperfect in **Estrategia.**

**Teaching Tip** Tell students to consult the **Plan de escritura** in the endmatter for step-by-step writing instructions.

# Escritura

## Estrategia

### Mastering the simple past tenses

In Spanish, when you write about events that occurred in the past you will need to know when to use the preterite and when to use the imperfect tense. A good understanding of the uses of each tense will make it much easier to determine which one to use as you write.

Look at the summary of the uses of the preterite and the imperfect and write your own example sentence for each of the rules described.

**Preterite vs. imperfect**

**Preterite**
1. Completed actions
______________________
______________________
2. Beginning or end of past actions
______________________
______________________
3. Series of past actions
______________________
______________________

**Imperfect**
1. Ongoing past actions
______________________
______________________
2. Habitual past actions
______________________
______________________
3. Mental, physical, and emotional states and characteristics in the past
______________________
______________________

Get together with a few classmates to compare your example sentences. Then use these sentences and the chart as a guide to help you decide which tense to use as you are writing a story or other type of narration about the past.

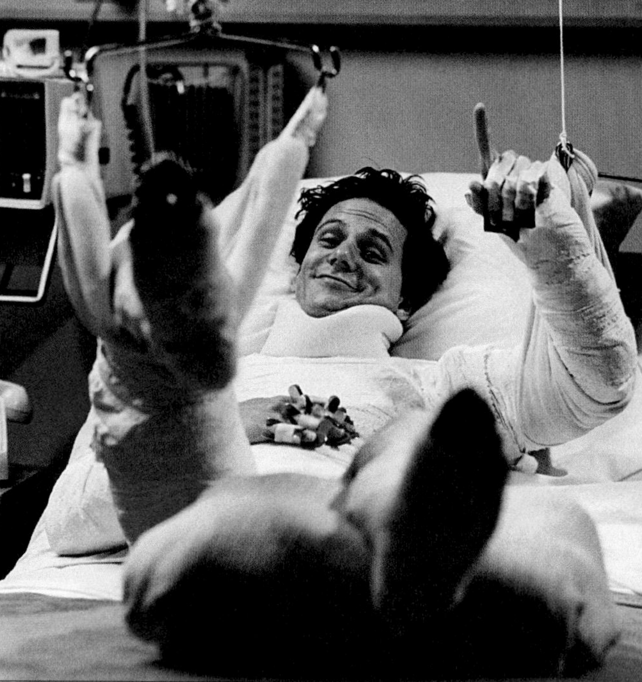

## Tema

### Escribir una historia

Escribe una historia acerca de una experiencia tuya° (o de otra persona) con una enfermedad, accidente o problema médico. Tu historia puede ser real o imaginaria y puede tratarse de un incidente divertido, humorístico o desastroso. Incluye todos los detalles relevantes. Consulta la lista de sugerencias° con detalles que puedes incluir.

- Descripción del/de la paciente
  nombre y apellidos
  edad
  características físicas
  historial médico°
- Descripción de los síntomas
  enfermedades
  accidente
  problemas médicos
- Descripción del tratamiento°
  tratamientos
  recetas
  operaciones

**tuya** *of yours* **sugerencias** *suggestions*
**historial médico** *medical history*
**tratamiento** *treatment*

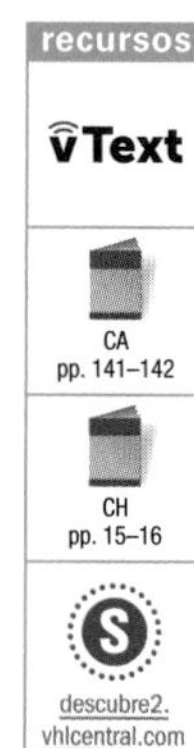

recursos
v̂Text
CA pp. 141–142
CH pp. 15–16
S
descubre2.vhlcentral.com


**EVALUATION: Historia**

| Criteria | Scale |
|---|---|
| Content | 1 2 3 4 |
| Organization | 1 2 3 4 |
| Use of preterite and imperfect | 1 2 3 4 |
| Use of vocabulary | 1 2 3 4 |
| Accuracy and mechanics | 1 2 3 4 |

| Scoring | |
|---|---|
| Excellent | 18–20 points |
| Good | 14–17 points |
| Satisfactory | 10–13 points |
| Unsatisfactory | < 10 points |

# Escuchar

## Estrategia

**Listening for specific information**

You can listen for specific information effectively once you identify the subject of a conversation and use your background knowledge to predict what kinds of information you might hear.

To practice this strategy, you will listen to a paragraph from a letter Marta wrote to a friend about her fifteenth birthday celebration. Before you listen to the paragraph, use what you know about this type of party to predict the content of the letter. What kinds of details might Marta include in her description of the celebration? Now listen to the paragraph and jot down the specific information Marta relates. Then compare these details to the predictions you made about the letter.

## Preparación

Mira la foto. ¿Con quién crees que está conversando Carlos Peña? ¿De qué están hablando?

## Ahora escucha  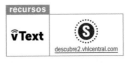 

Ahora escucha la conversación de la señorita Méndez y Carlos Peña. Marca las frases donde se mencionan los síntomas de Carlos.

1. ___ Tiene infección en los ojos.
2. ___ Se lastimó el dedo.
3. ✓ No puede dormir.
4. ✓ Siente dolor en los huesos.
5. ___ Está mareado.
6. ✓ Está congestionado.
7. ___ Le duele el estómago.
8. ✓ Le duele la cabeza.
9. ___ Es alérgico a la aspirina.
10. ✓ Tiene tos.
11. ✓ Le duele la garganta.
12. ___ Se rompió la pierna.
13. ___ Tiene dolor de oído.
14. ✓ Tiene frío.

## Comprensión

**Preguntas**

1. ¿Tiene fiebre Carlos? Carlos no sabe si tiene fiebre pero tiene mucho frío y le duelen los huesos.
2. ¿Cuánto tiempo hace que le duele la garganta a Carlos? Hace cinco días que le duele la garganta.
3. ¿Qué tiene que hacer el médico antes de recetarle algo a Carlos? Tiene que ver si tiene una infección.
4. ¿A qué hora es su cita con el médico? Es a las tres de la tarde.
5. Después de darle una cita con el médico, ¿qué otra información le pide a Carlos la señorita del consultorio? Le pide su nombre, su fecha de nacimiento y su número de teléfono.
6. En tu opinión, ¿qué tiene Carlos? ¿Gripe? ¿Un resfriado? ¿Alergias? Explica tu opinión. Answers will vary.

**Diálogo**

Con un(a) compañero/a, escribe el diálogo entre el Dr. Aguilar y Carlos Peña en el consultorio del médico. Usa la información del diálogo telefónico para pensar en lo que dice el médico mientras examina a Carlos. Imagina cómo responde Carlos y qué preguntas le hace al médico. ¿Cuál es el diagnóstico del médico?

recursos

descubre2.vhlcentral.com

### Section Goals

In **Escuchar**, students will:
- listen to a short paragraph and jot down specific information
- answer questions based on the content of a recorded conversation

**Instructional Resources**
**vText**
**Supersite:** Textbook, MP3 Audio Files
**Supersite/TRCD/Print:** Textbook Audio Script
**Textbook CD:** CD 1, Tracks 3–4

**Estrategia**
**Script** Ya sé que no pudiste venir a mi quinceañera. ¡Cuánto lo siento, Juanita! Vinieron muchos invitados, ¡creo que eran más de cien! Todos se divirtieron y yo lo pasé fenomenal. Llevé un traje largo y rosado con mucho encaje, y guantes y zapatos del mismo color. Mi tía Rosa, la madrina de la fiesta, me preparó el pastel. Me imagino que sabes que el pastel era de chocolate porque me fascina el chocolate. Me dieron muchos regalos. ¡Imagínate!, mis abuelos me regalaron un viaje para ir a visitarte.

**Teaching Tip** Have students look at the photo and guide them to see that **Carlos Peña** is talking to a health-care provider about his illness.

**Ahora escucha**
**Script** SRTA. MÉNDEZ: Consultorio del Dr. Aguilar. Buenos días.
CARLOS PEÑA: Buenos días, señorita. Habla Carlos Peña. Mire, no me siento nada bien.
M: ¿Qué tiene?
C: Tengo mucha tos. Apenas me deja dormir. Estoy muy congestionado y tengo un tremendo dolor de cabeza.
M: ¿Cuánto tiempo hace que se siente así?
C: Bueno, hace cinco días que me empezó a doler la garganta. Fue de mal en peor.
*(Script continues at far left in the bottom panels.)*

M: ¿Tiene fiebre?
C: Pues, en realidad, no lo sé. No me tomé la temperatura, pero creo que sí tengo fiebre porque tengo mucho frío y me duelen los huesos.
M: Pienso que usted tiene la gripe. Primero hay que verificar que no tiene una infección, pero creo que el doctor le va a recetar algo que va a ayudarle. Le puedo dar una cita con el médico hoy a las tres de la tarde.
C: Excelente.
M: ¿Cómo me dijo que se llama?
C: Carlos Peña, señorita.
M: ¿Y su fecha de nacimiento y su teléfono, por favor?
C: 4 de octubre de 1983, y mi teléfono... seis cuarenta y tres, veinticinco, cincuenta y dos.
M: Muy bien. Hasta las tres.
C: Sí. Muchas gracias, señorita, y hasta luego.

## Section Goals

In **En pantalla**, students will:

- read about technology in Spanish-speaking countries
- watch a television commercial for **Strepsils**, a Spanish throat lozenge

**Instructional Resources**
**vText**
**Supersite:** ***En pantalla***
Transcript & Translation

**Introduction**
Ask students what their families' habits are with regard to material items. Do they prefer to use something for a long time or would they rather replace it with a newer version? Is there anything in students' families that has been passed down from generation to generation?

**Antes de ver**

- Have students look at the video stills, read the captions, and predict how music might be used to sell throat lozenges.
- Read through the **Vocabulario útil** with students and model the pronunciation.
- Before showing the ad, assure students that they do not need to understand every word they hear. Tell them to rely on visual cues and to listen for the words from **Vocabulario útil**.

**Ordenar** In pairs, have students summarize the commercial in four or five sentences. Show the ad a second time so that they can check their work and make any corrections.

**Tu música** To challenge students, ask them to think of two additional situations and corresponding song titles.

# En pantalla

Algunas personas piensan que los países hispanos no cuentan con° la más reciente tecnología. La verdad es que sí se tiene acceso a ella, pero muchas personas prefieren conservar cosas como aparatos electrónicos o muebles° sin importar las modas temporales y los constantes avances tecnológicos. Esto es por el aprecio° que les tienen a las cosas más que por limitaciones económicas o tecnológicas. Este fenómeno se ve especialmente en las piezas que se quedan en una familia por varias generaciones, como, por ejemplo, el tocadiscos° que un bisabuelo compró en 1910.

**Vocabulario útil**

| | |
|---|---|
| **suaviza** | *soothes* |
| **alivio** | *relief* |

### Ordenar

Ordena las palabras o expresiones según aparecen en el anuncio. No vas a usar tres de estas palabras.

| | |
|---|---|
| 4 a. gargantas irritadas | ___ e. pastillas |
| ___ b. receta | 5 f. alivio |
| 2 c. comienzan | 1 g. a menudo |
| 3 d. calma | ___ h. dolor |

### Tu música

En el anuncio se escucha un tango muy emotivo como música de fondo (*background*). Escribe el título de una canción que refleje cómo te sientes en cada una de estas situaciones. Después comparte tus ideas con tres compañeros/as. Answers will vary.

- tienes un dolor de cabeza muy fuerte
- terminaron las clases
- te sacaron un diente
- estás enamorado/a
- te sientes mareado/a
- estás completamente saludable

**no cuentan con** *don't have* **muebles** *furniture* **aprecio** *esteem* **tocadiscos** *record player* **pinchazo** *sharp pain (lit. puncture)*

NATIONAL STANDARDS communication cultures

## Anuncio de Strepsils

**... los problemas de garganta...**

**comienzan...**

**... con un pinchazo°.**

recursos

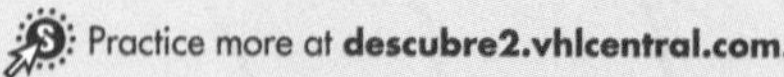


**TEACHING OPTIONS**

**Extra Practice** Have students imagine that they used **Strepsils** the last time they had a sore throat, and they did not work. Tell them to write a letter to the company in which they complain about the product. Encourage them to use the preterite and imperfect tense, as well as at least one adverb in their letter.

**Pairs** Organize a debate about the latest technology. One group should argue that new technology is not necessary if the older technology still serves one's needs. The other should explain the benefits of using the latest and most advanced technology.

# Oye cómo va

## Chavela Vargas

Conocida° por sus interpretaciones de canciones rancheras mexicanas, **Chavela Vargas** es hoy día una leyenda musical en todo el mundo hispano. Nacida en Costa Rica en 1919, Vargas sufrió polio y principios° de ceguera°, pero dice haber sido° curada por chamanes. Se mudó° a México a los catorce años, pero no comenzó su carrera profesional como cantante sino hasta que tenía más de treinta años. En su juventud, mantuvo amistad con° algunos de los más famosos intelectuales mexicanos de la época, como el escritor Juan Rulfo y los pintores Diego Rivera y Frida Kahlo. Su primer álbum salió a la venta° en 1961 y a partir de° entonces ha grabado° más de treinta. Algunas de sus canciones han aparecido° en varias películas, incluyendo° las de su amigo Pedro Almodóvar y en *Frida* (2002). En 2003 se presentó° por primera vez en el Carnegie Hall de Nueva York donde fue presentada a la audiencia por la actriz° mexicana Salma Hayek.

Tu profesor(a) va a poner la canción en la clase. Escúchala y completa las actividades.

### Preguntas

Responde a las preguntas.

1. ¿Dónde nació Chavela Vargas? en Costa Rica
2. ¿Adónde se mudó cuando tenía catorce años? a México
3. ¿Quiénes fueron algunos de sus amigos? Juan Rulfo, Diego Rivera y Frida Kahlo
4. ¿En qué año salió a la venta su primer álbum? en 1961
5. ¿En qué países se escucha la música ranchera? en México y algunas partes de Centroamérica
6. Menciona cuatro cantantes importantes de música ranchera. José Alfredo Jiménez, Lola Beltrán, Pedro Infante y Jorge Negrete

### Un diálogo

En parejas, imaginen un encuentro entre el autor de la canción y la persona que él dice que ya olvidó. Escriban un diálogo entre ellos donde reflejen sus sentimientos (*feelings*). Answers will vary.

Conocida *Known* principios *beginnings* ceguera *blindness* haber sido *to have been* Se mudó *She moved* mantuvo amistad con *was friends with* salió a la venta *was released* a partir de *since* ha grabado *she has recorded* han aparecido *have appeared* incluyendo *including* se presentó *she performed* actriz *actress* borrar *to erase* llanto *crying* arraigados *deeply rooted* escritas *written* interpretadas *sung* por igual *equally* intérpretes *singers*

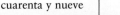

## Se me hizo fácil

Se me hizo fácil
borrar° de mi memoria
a esa mujer a quien
yo amaba tanto.

Se me hizo fácil
borrar de mí este llanto°.
Ahora la olvido
cada día más y más.

Pedro Infante

### La música ranchera

Este género musical del que se enamoró Chavela Vargas es uno de los más arraigados° en México y algunas partes de Centroamérica. La mayoría de las canciones rancheras tradicionales, como *Se me hizo fácil*, fueron escritas° por hombres para ser interpretadas° por hombres, pero hoy día son tan populares que hombres y mujeres las cantan por igual°. Algunos de los intérpretes° que hicieron historia con esta música son José Alfredo Jiménez, Lola Beltrán, Pedro Infante y Jorge Negrete.

recursos

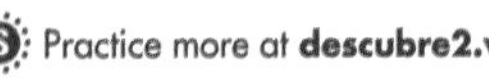

Practice more at **descubre2.vhlcentral.com.**

### Section Goals

In **Oye cómo va**, students will:
- read about **Chavela Vargas**
- read about **música ranchera**
- listen to a song by **Chavela Vargas**

**Instructional Resources**
**vText**
**Supersite**
**Vista Higher Learning *Cancionero***

**Antes de escuchar**
- Ask a volunteer to read the song title aloud and explain the use of **se**.
- Have students scan the lyrics for uses of the preterite and imperfect.
- Ask students to read the biography, look at the photo, and scan the lyrics. Tell them this song was recorded live at Carnegie Hall. Have them predict the rhythm and overall tone of the song.

**Preguntas** Give students these questions as items 7–9: **7. ¿Quiénes fueron los intérpretes originales de la música ranchera? (hombres) 8. ¿En qué película salió una canción de Chavela Vargas? (*Frida*) 9. ¿Quiénes curaron a Chavela Vargas cuando sufrió polio y principios de ceguera? (chamanes)**

**Un diálogo** Before students begin writing, play the song again. As they listen, have them jot down notes about the singer's feelings.

**TEACHING OPTIONS**

**Small Groups** If time and resources permit, have students listen to a Mexican **ranchera** by another artist. Tell them to note any common themes or sounds, and to compare and contrast the lyrics with ***Se me hizo fácil***. What is the effect of a man singing versus a woman? Ask volunteers to share their findings with the class.

**Extra Practice** On the board, write the lyrics for ***Se me hizo fácil*** with key words removed, such as verbs in the preterite and imperfect, and expressions with **se**. As students listen to the song, have them fill in the missing words.

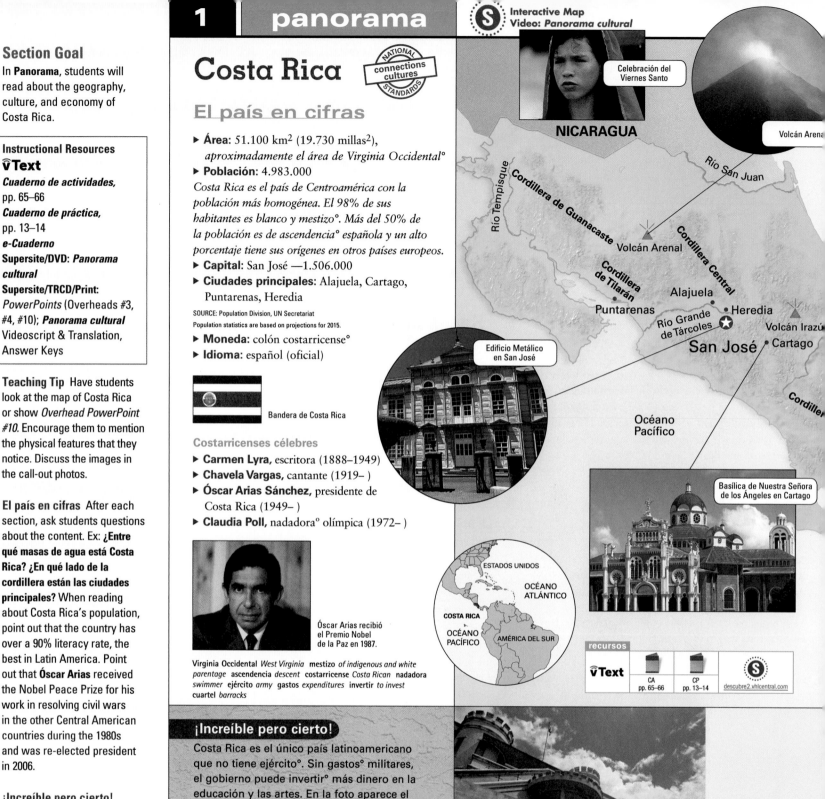

Interactive Map
Video: *Panorama cultural*

## Section Goal

In **Panorama**, students will read about the geography, culture, and economy of Costa Rica.

**Instructional Resources**
**vText**
***Cuaderno de actividades,*** pp. 65–66
***Cuaderno de práctica,*** pp. 13–14
***e-Cuaderno***
**Supersite/DVD:** ***Panorama cultural***
**Supersite/TRCD/Print:** *PowerPoints* (Overheads #3, #4, #10); ***Panorama cultural*** Videoscript & Translation, Answer Keys

**Teaching Tip** Have students look at the map of Costa Rica or show *Overhead PowerPoint #10.* Encourage them to mention the physical features that they notice. Discuss the images in the call-out photos.

**El país en cifras** After each section, ask students questions about the content. Ex: **¿Entre qué masas de agua está Costa Rica? ¿En qué lado de la cordillera están las ciudades principales?** When reading about Costa Rica's population, point out that the country has over a 90% literacy rate, the best in Latin America. Point out that **Óscar Arias** received the Nobel Peace Prize for his work in resolving civil wars in the other Central American countries during the 1980s and was re-elected president in 2006.

**¡Increíble pero cierto!** Costa Rica has one of the most longstanding democratic traditions in the Americas. Although it has no army, it does have a national police force and a rural guard.

# Costa Rica

## El país en cifras

- **Área:** 51.100 km² (19.730 millas²), *aproximadamente el área de Virginia Occidental°*
- **Población:** 4.983.000

*Costa Rica es el país de Centroamérica con la población más homogénea. El 98% de sus habitantes es blanco y mestizo°. Más del 50% de la población es de ascendencia° española y un alto porcentaje tiene sus orígenes en otros países europeos.*

- **Capital:** San José —1.506.000
- **Ciudades principales:** Alajuela, Cartago, Puntarenas, Heredia

SOURCE: Population Division, UN Secretariat
Population statistics are based on projections for 2015.

- **Moneda:** colón costarricense°
- **Idioma:** español (oficial)

Bandera de Costa Rica

### Costarricenses célebres

- **Carmen Lyra,** escritora (1888–1949)
- **Chavela Vargas,** cantante (1919– )
- **Óscar Arias Sánchez,** presidente de Costa Rica (1949– )
- **Claudia Poll,** nadadora° olímpica (1972– )

Óscar Arias recibió el Premio Nobel de la Paz en 1987.

**Virginia Occidental** *West Virginia* **mestizo** *of indigenous and white parentage* **ascendencia** *descent* **costarricense** *Costa Rican* **nadadora** *swimmer* **ejército** *army* **gastos** *expenditures* **invertir** *to invest* **cuartel** *barracks*

Celebración del Viernes Santo

Volcán Arenal

NICARAGUA
Río San Juan
Río Tempisque
Cordillera de Guanacaste
Volcán Arenal
Cordillera Central
Cordillera de Tilarán
Alajuela
Puntarenas
Heredia
Río Grande de Tárcoles
Volcán Irazú
San José
Cartago
Océano Pacífico

Edificio Metálico en San José

Basílica de Nuestra Señora de los Ángeles en Cartago

recursos
vText
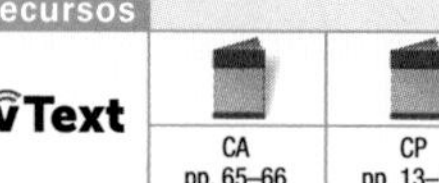
CA pp. 65–66

CP pp. 13–14
descubre2.vhlcentral.com

### ¡Increíble pero cierto!

Costa Rica es el único país latinoamericano que no tiene ejército°. Sin gastos° militares, el gobierno puede invertir° más dinero en la educación y las artes. En la foto aparece el Museo Nacional de Costa Rica, antiguo cuartel° del ejército.

**TEACHING OPTIONS**

**Heritage Speakers** Invite students of Costa Rican background or whose families are from Central America to share information about the national nicknames that Central Americans use for each other. Costa Ricans are called **ticos**, Nicaraguans are called **nicas**, and Guatemalans are called **chapines**.

**Variación léxica** Tell students that if they visit Costa Rica, they may hear a few interesting colloquialisms such as these. **Pulpería** is the word for the *corner grocery store.* A gas station is called a **bomba**, literally a *pump.* When giving directions, a city block is **cien metros**, literally *a hundred meters.*

## Lugares • Los parques nacionales

El sistema de parques nacionales de Costa Rica ocupa el 9,3% de su territorio y fue establecido° para la protección de su biodiversidad. En los parques, los ecoturistas pueden admirar montañas, cataratas° y una gran variedad de plantas exóticas. Algunos ofrecen también la oportunidad de ver quetzales°, monos°, jaguares, armadillos y mariposas° en su hábitat natural.

## Economía • Las plantaciones de café

Costa Rica fue el primer país centroamericano en desarrollar° la industria del café. En el siglo° XIX, los costarricenses empezaron a exportar esta semilla° a Inglaterra°, lo que significó una contribución importante a la economía de la nación. Actualmente, más de 50.000 costarricenses trabajan en el cultivo del café. Este producto representa cerca del 15% de sus exportaciones anuales.

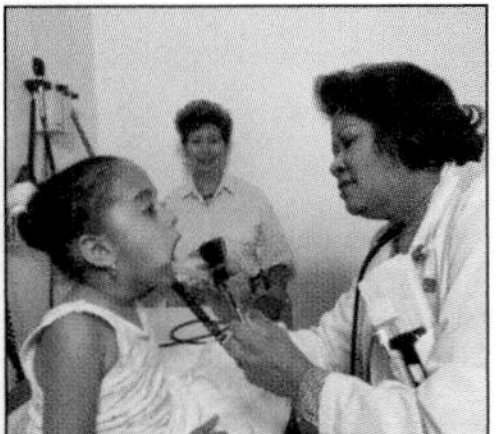

## Sociedad • Una nación progresista

Costa Rica es un país progresista. Tiene un nivel de alfabetización° del 96%, uno de los más altos de Latinoamérica. En 1870, esta nación centroamericana abolió la pena de muerte° y en 1948 eliminó el ejército e hizo obligatoria y gratuita° la educación para todos sus ciudadanos.

Mar Caribe

Limón

anca

PANAMÁ

Bañistas en Limón

**¿Qué aprendiste?** Responde a las preguntas con una oración completa.

1. ¿Cómo se llama la capital de Costa Rica? La capital de Costa Rica se llama San José.
2. ¿Quién es Claudia Poll? Claudia Poll es una nadadora olímpica.
3. ¿Qué porcentaje del territorio de Costa Rica ocupan los parques nacionales? Los parques nacionales ocupan el 9,3% del territorio de Costa Rica.
4. ¿Para qué se establecen los parques nacionales? Los parques nacionales se establecen para proteger los ecosistemas de la región y su biodiversidad.
5. ¿Qué pueden ver los turistas en los parques nacionales? En los parques nacionales, los turistas pueden ver cataratas, montañas y muchas plantas exóticas.
6. ¿Cuántos costarricenses trabajan en las plantaciones de café hoy día? Más de 50.000 costarricenses trabajan en las plantaciones de café hoy día.
7. ¿Cuándo eliminó Costa Rica la pena de muerte? Costa Rica eliminó la pena de muerte en 1870.

**Conexión Internet** Investiga estos temas en **descubre2.vhlcentral.com.**

1. Busca información sobre Óscar Arias Sánchez. ¿Quién es? ¿Por qué se le considera (*is he considered*) un costarricense célebre?
2. Busca información sobre los artistas de Costa Rica. ¿Qué artista, escritor o cantante te interesa más? ¿Por qué?

**establecido** *established* **cataratas** *waterfalls* **quetzales** *type of tropical bird* **monos** *monkeys* **mariposas** *butterflies* **en desarrollar** *to develop* **siglo** *century* **semilla** *bean* **Inglaterra** *England* **nivel de alfabetización** *literacy rate* **pena de muerte** *death penalty* **gratuita** *free*

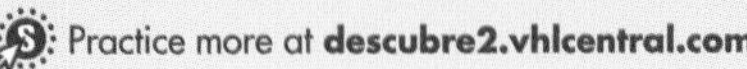

Practice more at **descubre2.vhlcentral.com.**

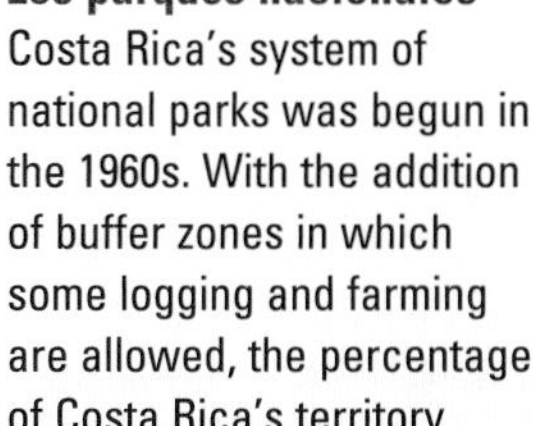

**Los parques nacionales** Costa Rica's system of national parks was begun in the 1960s. With the addition of buffer zones in which some logging and farming are allowed, the percentage of Costa Rica's territory protected by environmental legislation rose to 27%.

**Las plantaciones de café** Invite students to prepare a coffee-tasting session, where they sample the coffees of Central America. You may wish to compare them to South American or African coffees as well. Teach vocabulary to describe the flavors: **rico, amargo, fuerte,** and so forth.

**Una nación progresista** Because of its mild climate (in terms of weather and politics), Costa Rica has become a major destination for retired and expatriate North Americans. Survey students to see how many have visited Costa Rica already, and how many know of friends or family who have visited or live there.

**Conexión Internet** Students will find supporting Internet activities and links at **descubre2.vhlcentral.com**.

**Teaching Tip** You may want to wrap up this section by playing the ***Panorama cultural*** video footage for this lesson.

### TEACHING OPTIONS

**Worth Noting** Costa Rica has three types of lands protected by ecological legislation: **parques nacionales, refugios silvestres,** and **reservas biológicas**. Costa Rica's most famous protected area is the **Reserva Biológica Bosque Nuboso Monteverde** (Monteverde Cloud Forest Biological Reserve), where over 400 different species of birds have been recorded. The town of Monteverde was founded in 1951 by Quakers from the United States, who began dairy farming and cheese-making there. In order to protect the watershed, the settlers decided to preserve about a third of their property as a biological reserve. In 1972 this area was more than doubled, and then became the **Reserva Biológica**. Today Monteverde still has a cheese factory (**La Fábrica**) and its cheeses are sold throughout the country.

Audio: Vocabulary Flashcards

**Instructional Resources**
**vText**
***Cuaderno de actividades,*** p. 94
***e-Cuaderno***
**Supersite:** Textbook & Vocabulary MP3 Audio Files
**Lección 1**
**Supersite/TRCD/Print:** Answer Keys, *Testing Program* (**Lección 1 Pruebas,** Test Generator, Testing Progam MP3 Audio Files)
**Textbook CD:** CD 1, Tracks 5–9
**Audio Activity CD:** CD 1, Tracks 22–26
**Testing Program CD:** Tracks 1–4

## El cuerpo

| | |
|---|---|
| **la boca** | *mouth* |
| **el brazo** | *arm* |
| **la cabeza** | *head* |
| **el corazón** | *heart* |
| **el cuello** | *neck* |
| **el cuerpo** | *body* |
| **el dedo** | *finger* |
| **el dedo del pie** | *toe* |
| **el estómago** | *stomach* |
| **la garganta** | *throat* |
| **el hueso** | *bone* |
| **la nariz** | *nose* |
| **el oído** | *(sense of) hearing; inner ear* |
| **el ojo** | *eye* |
| **la oreja** | *(outer) ear* |
| **el pie** | *foot* |
| **la pierna** | *leg* |
| **la rodilla** | *knee* |
| **el tobillo** | *ankle* |

## La salud

| | |
|---|---|
| **el accidente** | *accident* |
| **el antibiótico** | *antibiotic* |
| **la aspirina** | *aspirin* |
| **la clínica** | *clinic* |
| **el consultorio** | *doctor's office* |
| **el/la dentista** | *dentist* |
| **el/la doctor(a)** | *doctor* |
| **el dolor (de cabeza)** | *(head)ache; pain* |
| **el/la enfermero/a** | *nurse* |
| **el examen médico** | *physical exam* |
| **la farmacia** | *pharmacy* |
| **la gripe** | *flu* |
| **el hospital** | *hospital* |
| **la infección** | *infection* |
| **el medicamento** | *medication* |
| **la medicina** | *medicine* |
| **la operación** | *operation* |
| **el/la paciente** | *patient* |
| **la pastilla** | *pill; tablet* |
| **la radiografía** | *X-ray* |
| **la receta** | *prescription* |
| **el resfriado** | *cold (illness)* |
| **la sala de emergencia(s)** | *emergency room* |
| **la salud** | *health* |
| **el síntoma** | *symptom* |
| **la tos** | *cough* |

## Verbos

| | |
|---|---|
| **caerse** | *to fall (down)* |
| **dañar** | *to damage; to break down* |
| **darse con** | *to bump into; to run into* |
| **doler (o:ue)** | *to hurt* |
| **enfermarse** | *to get sick* |
| **estar enfermo/a** | *to be sick* |
| **estornudar** | *to sneeze* |
| **lastimarse (el pie)** | *to injure (one's foot)* |
| **olvidar** | *to forget* |
| **poner una inyección** | *to give an injection* |
| **prohibir** | *to prohibit* |
| **recetar** | *to prescribe* |
| **romper** | *to break* |
| **romperse (la pierna)** | *to break (one's leg)* |
| **sacar(se) un diente** | *to have a tooth removed* |
| **ser alérgico/a (a)** | *to be allergic (to)* |
| **sufrir una enfermedad** | *to suffer an illness* |
| **tener dolor *(m.)*** | *to have a pain* |
| **tener fiebre** | *to have a fever* |
| **tomar la temperatura** | *to take someone's temperature* |
| **torcerse (o:ue) (el tobillo)** | *to sprain (one's ankle)* |
| **toser** | *to cough* |

## Adjetivos

| | |
|---|---|
| **congestionado/a** | *congested; stuffed-up* |
| **embarazada** | *pregnant* |
| **grave** | *grave; serious* |
| **mareado/a** | *dizzy; nauseated* |
| **médico/a** | *medical* |
| **saludable** | *healthy* |
| **sano/a** | *healthy* |

## Adverbios

| | |
|---|---|
| **a menudo** | *often* |
| **a tiempo** | *on time* |
| **a veces** | *sometimes* |
| **además (de)** | *furthermore; besides* |
| **apenas** | *hardly; scarcely* |
| **así** | *like this; so* |
| **bastante** | *enough; rather* |
| **casi** | *almost* |
| **con frecuencia** | *frequently* |
| **de niño/a** | *as a child* |
| **de vez en cuando** | *from time to time* |
| **despacio** | *slowly* |
| **menos** | *less* |
| **mientras** | *while* |
| **muchas veces** | *a lot; many times* |
| **poco** | *little* |
| **por lo menos** | *at least* |
| **pronto** | *soon* |
| **rápido** | *quickly* |
| **todos los días** | *every day* |

| | |
|---|---|
| **Expresiones útiles** | *See page 23.* |

**recursos**

| | | |
|---|---|---|
| vText | CA p. 94 | descubre2.vhlcentral.com |

# La tecnología

# 2

## Communicative Goals

***You will learn how to:***

- **Talk about using technology and electronic products**
- **Use common expressions on the telephone**
- **Talk about car trouble**

### contextos



### fotonovela



Inés and Javier tease Álex about his obsession with computers. Don Francisco asks everyone to get off the bus because of mechanical problems. Inés and Álex come to the rescue.

### cultura



### estructura



### adelante



### A PRIMERA VISTA

- **¿Se llevan ellos bien o mal?**
- **¿Crees que hace mucho tiempo que se conocen?**
- **¿Son saludables?**
- **¿Qué partes del cuerpo se ven en la foto?**

## Lesson Goals

In **Lección 2**, students will be introduced to the following:
- terms related to home electronics and the Internet
- terms related to cars and their accessories
- cell phone use in Spanish-speaking countries
- cybercafés in Latin America
- familiar (**tú**) commands
- uses of **por** and **para**
- reciprocal reflexive verbs
- stressed possessive adjectives and pronouns
- recognizing borrowed words
- listing key words before writing
- giving instructions in an e-mail
- recognizing the genre of spoken discourse
- a television commercial for **Euskaltel,** a communications company in Spain's Basque region
- Argentine singer **León Gieco**
- cultural, geographic, and historical information about Argentina

**A primera vista** Here are some additional questions you can ask based on the photo: **¿Te gustan las computadoras? ¿Para qué usas el correo electrónico? ¿Cómo se escribían tus abuelos cuando no existía el correo electrónico?**

### INSTRUCTIONAL RESOURCES

**Student Materials**
**Print:** Student Book, Workbooks (*Cuaderno de actividades, Cuaderno de práctica, Cuaderno para hispanohablantes*)
**Technology:** **vText**, MAESTRO® *E-Cuaderno* and Supersite (Audio, Video, Practice)

**Teacher Materials**
DVDs (*Fotonovela, Flash cultura, Panorama cultural*)
Teacher's Resource CD-ROM (Scripts, Answer Keys, *PowerPoints*, Testing Program)
Testing Program, Textbook, Audio Activity CDs
MAESTRO® Supersite: Resources (Planning and Teaching Resources from Teacher's Resource CD-ROM); Learning Management System (Gradebook, Assignments)
Vista Higher Learning *Cancionero*
Resources also available in print

**DESCUBRE 2 Supersite:** descubre2.vhlcentral.com

Talking Picture
Tutorials, Games
Audio: Activities, Vocabulary

## Section Goals

In **Contextos**, students will learn and practice:

- vocabulary related to home electronics and the Internet
- terms related to cars and their accessories

**Instructional Resources**

**vText**

***Cuaderno de actividades,*** p. 95

***Cuaderno de práctica,*** pp. 15–16

***Cuaderno para hispanohablantes,*** pp. 17–18

***e-Cuaderno***

**Supersite:** Textbook, Vocabulary, & Audio Activity MP3 Audio Files

**Supersite/TRCD/Print:** PowerPoints (**Lección 2 Contextos** Presentation, Overheads #11, #12); Textbook Audio Script, Audio Activity Script, Answer Keys

**Textbook CD:** CD 1, Tracks 10–11

**Audio Activity CD:** CD 2, Tracks 1–3

**Teaching Tips**

- Ask students about electronic items they have. Ex: **¿Quiénes tienen cámara digital? ¿Quiénes tienen un sitio web? ¿Quiénes tienen teléfono celular? ¿Cuántas veces al día lo usas?**
- Have students look at the drawing on pages 54–55 or show *Overhead PowerPoint #11*. Ask students questions to elicit computer vocabulary and ask them about their computer use. Ex: **¿Es portátil la computadora? ¿Qué se usa para mover el cursor? ¿Quiénes navegan en la red? ¿Cuál es tu sitio web favorito?**
- Give students true-false statements about electronic items and have them react. Ex: **El control remoto se usa con el televisor. (Cierto.)**

# La tecnología

## Más vocabulario

| | |
|---|---|
| **la calculadora** | *calculator* |
| **la cámara digital (de video)** | *digital (video) camera* |
| **el canal** | *(TV) channel* |
| **la contestadora** | *answering machine* |
| **el estéreo** | *stereo* |
| **el *fax*** | *fax (machine)* |
| **la televisión por cable** | *cable television* |
| **el tocadiscos compacto** | *compact disc player* |
| **el video(casete)** | *video(cassette)* |
| **el archivo** | *file* |
| **arroba** | *@ symbol* |
| **la dirección electrónica** | *e-mail address* |
| **Internet** | *Internet* |
| **el mensaje de texto** | *text message* |
| **la página principal** | *home page* |
| **el programa de computación** | *software* |
| **la red** | *network; Web* |
| **el sitio web** | *website* |
| **apagar** | *to turn off* |
| **borrar** | *to erase* |
| **descargar** | *to download* |
| **funcionar** | *to work* |
| **grabar** | *to record* |
| **guardar** | *to save* |
| **imprimir** | *to print* |
| **llamar** | *to call* |
| **navegar (en Internet)** | *to surf (the Internet)* |
| **poner, prender** | *to turn on* |
| **quemar** | *to burn (a CD)* |
| **sonar (o:ue)** | *to ring* |
| **descompuesto/a** | *not working; out of order* |
| **lento/a** | *slow* |
| **lleno/a** | *full* |

## Variación léxica

computadora ←→ ordenador (*Esp.*), computador (*Col.*)
descargar ←→ bajar (*Esp., Col., Arg., Ven.*)

recursos: vText | CA p. 95 | CP pp. 15–16 | CH pp. 17–18 | descubre2.vhlcentral.com

**TEACHING OPTIONS**

**Large Group** Ask students to write down a list of six electronic or other technology items they have or use frequently. If possible, have them specify the brand name. Then have them circulate around the room asking others if they have those items too. When someone answers affirmatively, the student asks for his or her signature (**Firma aquí, por favor**). Students should try to get a different signature for each item.

**Game** Add a visual aspect to this vocabulary practice. Play **Concentración**. On eight cards, write names of electronic items. On another eight cards, draw or paste a picture that matches each name. Place the cards facedown in four rows of four. In pairs, students select two cards. If the cards match, the pair keeps them. If the cards do not match, students replace them in their original position. The pair with the most cards at the end wins.

# Práctica

**1 Escuchar** Escucha la conversación entre dos amigas. Después completa las oraciones.

1. María y Ana están en __b__.
   a. una tienda b. un cibercafé c. un restaurante
2. A María le encantan __b__.
   a. los celulares b. las cámaras digitales c. los cibercafés
3. Ana prefiere guardar las fotos en __c__.
   a. la pantalla b. un archivo c. un cederrón
4. María quiere tomar un café y __c__.
   a. poner la computadora b. sacar fotos digitales
   c. navegar en Internet
5. Ana paga por el café y __a__.
   a. el uso de Internet b. la impresora c. el cederrón

**2 ¿Cierto o falso?** Escucha las oraciones e indica si lo que dice cada una es **cierto** o **falso**, según el dibujo.

1. cierto
2. falso
3. falso
4. cierto
5. cierto
6. falso
7. cierto
8. falso

**3 Oraciones** Escribe oraciones usando estos elementos. Usa el pretérito y añade las palabras necesarias.

1. yo / descargar / fotos digitales / Internet
   Yo descargué las fotos digitales por Internet.
2. tú / apagar / televisor / diez / noche
   Tú apagaste el televisor a las diez de la noche.
3. Daniel y su esposa / comprar / computadora portátil / ayer
   Daniel y su esposa compraron una computadora portátil ayer.
4. Sara y yo / ir / cibercafé / para / navegar en Internet
   Sara y yo fuimos al cibercafé para navegar en Internet.
5. Jaime / decidir / comprar / reproductor de MP3
   Jaime decidió comprar un reproductor de MP3.
6. teléfono celular / sonar / pero / yo / no contestar
   El teléfono celular sonó, pero yo no contesté.

**4 Preguntas** Mira el dibujo y contesta las preguntas. Answers will vary.

1. ¿Qué tipo de café es?
2. ¿Cuántas impresoras hay? ¿Cuántos ratones?
3. ¿Por qué vinieron estas personas al café?
4. ¿Qué hace el camarero?
5. ¿Qué hace la mujer en la computadora? ¿Y el hombre?
6. ¿Qué máquinas están cerca del televisor?
7. ¿Dónde hay un cibercafé en tu comunidad?
8. ¿Por qué puedes tú necesitar un cibercafé?

**TEACHING OPTIONS**

**Pairs** Have pairs of students role-play one of these situations in a cybercafé. 1. One student plays an irate customer who claims to have been overcharged for brief Internet use. The second plays the employee, who insists on being paid the full amount, claiming that the customer spent quite a bit of time online. 2. One student plays a customer who has been waiting over an hour to use a computer and must ask another customer to log off and give him or her a chance. The second customer becomes annoyed at the request and the two must sort it out.

**Heritage Speakers** Ask heritage speakers to describe their experiences with Spanish-language Web applications, such as e-mail or websites. Do they or their families regularly visit Spanish-language websites? Which ones?

**1 Teaching Tip** Have students check their answers by going over **Actividad 1** with the class.

**1 Script** ANA: ¿María? ¿Qué haces aquí en el cibercafé? ¿No tienes Internet en casa? MARÍA: Pues, sí, pero la computadora está descompuesta. Tengo que esperar unos días más. A: Te entiendo. Me pasó lo mismo con la computadora portátil hace poco. Todavía no funciona bien ... por eso vine aquí. M: ¿Recibiste algún mensaje interesante? A: Sí. Mi hijo está de vacaciones con unos amigos en Argentina. Tiene una cámara digital y me mandó unas fotos digitales. M: ¡Qué bien! Me encantan las cámaras digitales. Normalmente imprimimos las fotos con nuestra impresora y no tenemos que ir a ninguna tienda. Es muy conveniente. *Script continues on page 56.*

**2 Teaching Tip** To challenge students, have them provide the correct information.

**2 Script** 1. Hay dos personas navegando en Internet. 2. El camarero está hablando por su teléfono celular. 3. Dos señoras están mirando la televisión por cable. 4. En la pantalla del televisor se puede ver un partido de fútbol. 5. Un hombre habla por teléfono mientras navega en la red. 6. Hay cuatro computadoras portátiles en el cibercafé. 7. Hay dos discos compactos encima de una mesa. 8. El cibercafé tiene videocasetera pero no tiene reproductor de DVD. *Textbook CD*

**3 Expansion** Have students create three dehydrated sentences for a partner to complete.

**4 Expansion** For question 8, survey the class for overall trends and opinions.

**1 Script (continued)**
A: Claro que sí. También imprimo fotos, pero no voy a imprimirlas ahora. Prefiero guardarlas en un cederrón. M: Buena idea. Ahí está mi café. Voy a navegar en Internet mientras tomo mi cafecito. A: Bueno. Tengo que irme. Voy a pagar por el café y el uso de Internet. ¿No es muy caro, verdad? M: Para nada, es muy barato. Hasta luego. A: Chau. Nos vemos.
*Textbook CD*

**Teaching Tips**

- Using cognate vocabulary, ask students about cars. Ex: **¿Quiénes tienen carro? ¿Qué tipo de carro es? ¿Cuánto cuesta la gasolina ahora?**
- Show *Overhead PowerPoint #12.* Have students refer to the scene as you give true-false statements. Ex: **Un mecánico limpia el parabrisas. (Falso.)**

**5 Teaching Tip** Before beginning the activity, ask several brief yes-no questions to test comprehension. Ex: **¿Sí o no? ¿Se usa el baúl para llenar el tanque? (No.)**

**5 Expansion** Have students create three similar sentence starters for a partner to complete. Write some on the board and have the class complete them together.

**6 Expansion** Ask groups to discuss car troubles they or someone they know has had. Possible subjects are: a visit to the mechanic, a car accident, getting a speeding ticket, etc. Write helpful vocabulary on the board. Ex: **ponerle una multa, exceder la velocidad máxima,** etc. Have each group pick the strangest or funniest story to share with the class.

**En la gasolinera**

**Más vocabulario**

| | |
|---|---|
| la autopista, la carretera | highway |
| la calle | street |
| la circulación, el tráfico | traffic |
| el garaje, el taller (mecánico) | (mechanic's) garage; repair shop |
| la licencia de conducir | driver's license |
| el/la mecánico/a | mechanic |
| la policía | police (force) |
| la velocidad máxima | speed limit |
| arrancar | to start |
| arreglar | to fix; to arrange |
| bajar(se) de | to get off of/out of (a vehicle) |
| conducir, manejar | to drive |
| estacionar | to park |
| parar | to stop |
| subir(se) a | to get on/into (a vehicle) |

**5** **Completar** Completa estas oraciones con las palabras correctas.

1. Para poder conducir legalmente, necesitas... una licencia de conducir.
2. Puedes poner las maletas en... el baúl.
3. Si tu carro no funciona, debes llevarlo a... un mecánico / un taller.
4. Para llenar el tanque de tu coche, necesitas ir a... la gasolinera.
5. Antes de un viaje largo, es importante revisar... el aceite.
6. Otra palabra para autopista es... carretera.
7. Mientras hablas por teléfono celular, no es buena idea... manejar/conducir.
8. Otra palabra para coche es... carro.

**6** **Conversación** Completa la conversación con las palabras de la lista. No vas a usar dos de las palabras.

| | | | | |
|---|---|---|---|---|
| el aceite | la gasolina | llenar | revisar | el taller |
| el baúl | las llantas | manejar | el parabrisas | el volante |

**EMPLEADO** Bienvenido al ___taller___ mecánico *Óscar*. ¿En qué le puedo servir?
**JUAN** Buenos días. Quiero ___llenar___ el tanque y revisar ___el aceite___, por favor.
**EMPLEADO** Con mucho gusto. Si quiere, también le limpio ___el parabrisas___.
**JUAN** Sí, gracias. Está un poquito sucio. La próxima semana tengo que ___manejar___ hasta Buenos Aires. ¿Puede cambiar ___las llantas___? Están gastadas (*worn*).
**EMPLEADO** Claro que sí, pero voy a tardar (*it will take me*) un par de horas.
**JUAN** Mejor regreso mañana. Ahora no tengo tiempo. ¿Cuánto le debo por ___la gasolina___?
**EMPLEADO** Sesenta pesos. Y veinticinco por ___revisar___ y cambiar el aceite.

Practice more at **descubre2.vhlcentral.com.**

**CONSULTA**
For more information about **Buenos Aires,** see **Panorama,** p. 86.

**TEACHING OPTIONS**

**TPR** Draw a car on the board. Be sure to include identifiable parts (windshield, steering wheel, etc.). Make sticky notes that contain the Spanish names for these items. Have students place the notes on the corresponding car parts.
**Variación léxica** Ask students if they can explain why a trunk is called **maletera** in Peru (It is where one puts the **maletas**) or a **cajuela** in Mexico (It is related to the words **caja** and **cajón**).

**TPR** Divide the class into groups of three or four. Have students take turns miming actions involving home electronics or parts of a car. The other group members should guess the object being used. Ex: A student mimes clicking a mouse. (**el ratón**)
**Heritage Speakers** Ask heritage speakers to describe general car trends in their families' countries of origin. What brands are available? Are larger or smaller models more popular?

# Comunicación

**7**

**Preguntas** Trabajen en grupos para contestar estas preguntas. Después compartan sus respuestas con la clase. Answers will vary.

1. a. ¿Tienes un teléfono celular? ¿Para qué lo usas?
   b. ¿Qué utilizas más: el teléfono o el correo electrónico? ¿Por qué?
   c. En tu opinión, ¿cuáles son las ventajas (*advantages*) y desventajas de los diferentes modos de comunicación?
2. a. ¿Con qué frecuencia usas la computadora?
   b. ¿Para qué usas Internet?
   c. ¿Tienes tu propio sitio web? ¿Cómo es?
3. a. ¿Miras la televisión con frecuencia? ¿Qué programas ves?
   b. ¿Tienes televisión por cable? ¿Por qué?
   c. ¿Tienes una videocasetera? ¿Un reproductor de DVD? ¿Un reproductor de DVD en la computadora?
   d. A través de (*By*) qué medio escuchas música: ¿radio, estéreo, tocadiscos compacto, reproductor de MP3 o computadora?
4. a. ¿Tienes licencia de conducir?
   b. ¿Cuánto tiempo hace que la conseguiste?
   c. ¿Tienes carro? Descríbelo.
   d. ¿Llevas tu carro al taller? ¿Para qué?

**NOTA CULTURAL**

Algunos sitios web utilizan códigos para identificar su país de origen. Éstos son los códigos para algunos países hispanohablantes.

**Argentina** .ar
**Colombia** .co
**España** .es
**México** .mx
**Venezuela** .ve

**CONSULTA**

To review expressions like **hace...que**, see **Lección 1, Expresiones útiles**, p. 23.

**7 Expansion** Write names of different communication devices on the board (Ex: **teléfono celular, *fax*, computadora**). Then survey the class to find out how many people own or use these items. Analyze the trends of the class.

**8**

**Postal** En parejas, lean la tarjeta postal. Después contesten las preguntas. Answers will vary.

19 julio de 1979

Hola, Paco:

¡Saludos! Estamos de viaje por unas semanas. La Costa del Sol es muy bonita. No hemos encontrado (*we haven't found*) a tus amigos porque nunca están en casa cuando llamamos. El teléfono suena y suena y nadie contesta. Vamos a seguir llamando.

Sacamos muchas fotos muy divertidas. Cuando regresemos y las revelemos (*get them developed*), te las voy a enseñar. Las playas son preciosas. Hasta ahora el único problema fue que la oficina en la cual reservamos un carro perdió nuestros papeles y tuvimos que esperar mucho tiempo.

También tuvimos un pequeño problema con el hotel. La agencia de viajes nos reservó una habitación en un hotel que está muy lejos de todo. No podemos cambiarla, pero no me importa mucho. A pesar de eso, estamos contentos.

Tu hermana, Gabriela

Francisco Jiménez
San Lorenzo 3250
Rosario, Argentina 2000

1. ¿Cuáles son los problemas que ocurren en el viaje de Gabriela?
2. Con la tecnología de hoy, ¿existen los mismos problemas cuando se viaja? ¿Por qué?
3. Hagan una comparación entre la tecnología de los años 70 y 80 y la de hoy.
4. Imaginen que la hija de Gabriela escribe un correo electrónico sobre el mismo tema con fecha de hoy. Escriban ese correo, incorporando la tecnología de hoy (teléfonos celulares, Internet, cámaras digitales, etc.). Inventen nuevos problemas.

**8 Teaching Tip** Possible answers: **1. Gabriela no encuentra a los amigos de Paco porque nunca están en casa, tuvo que esperar mucho por el carro y su hotel estaba muy lejos de todo. 2. No existen los mismos problemas porque existen las contestadoras y los teléfonos celulares, se puede reservar un carro en Internet y se puede buscar información sobre un hotel en la red antes del viaje.**

**8 Expansion** Ask groups to write a postcard similar to the one in the activity, except that in theirs the problems encountered during the trip are a direct result of the existence of technology, not its absence.

**TEACHING OPTIONS**

**Extra Practice** For homework, have students do an Internet research project on technology and technology terminology in the Spanish-speaking world. Suggest possible topics and websites where students may look for information. Have students write out their reports and present them to the class.

**Large Groups** Stage a debate about the role of technology in today's world. Divide the class into two groups and assign each side a position. Propose this debate topic: **La tecnología: ¿beneficio o no?** Allow groups time to plan their arguments before staging the debate.

## Section Goals

In **Fotonovela**, students will:

- receive comprehensible input from free-flowing discourse
- learn functional phrases that preview lesson grammatical structures

**Instructional Resources**
**v̂Text**
***Cuaderno de actividades,*** pp. 49–50
***e-Cuaderno***
**Supersite/DVD:** ***Fotonovela***
**Supersite/TRCD/Print:** ***Fotonovela*** Videoscript & Translation, Answer Keys

**Video Recap: Lección 1**
Before doing this **Fotonovela** section, review the previous one with this activity.
**1. ¿Qué le pasó a Javier en el autobús? (Se lastimó el tobillo.) 2. ¿Adónde llevó don Francisco a Javier? (a ver a su amiga, la doctora Márquez) 3. ¿Qué mostró la radiografía? (El tobillo de Javier estaba torcido.) 4. ¿Qué le recetó la doctora a Javier? (unas pastillas para el dolor)**

**Video Synopsis** On the way to Ibarra, the bus breaks down. **Don Francisco** cannot locate the problem, but **Inés,** an experienced mechanic, diagnoses it as a burned out alternator. **Álex** uses his cell phone to call **Don Francisco's** friend, **Sr. Fonseca,** who is a mechanic. **Maite** and **Don Francisco** praise **Inés** and **Álex** for saving the day.

**Teaching Tips**

- Have students predict the content of this episode based on the video stills only.
- Quickly review the predictions and ask students a few questions to guide them in summarizing this episode.

# Tecnohombre, ¡mi héroe!

**El autobús se daña.**

**PERSONAJES**

**MAITE**

**INÉS**

**DON FRANCISCO**

**ÁLEX**

**JAVIER**

**SR. FONSECA**

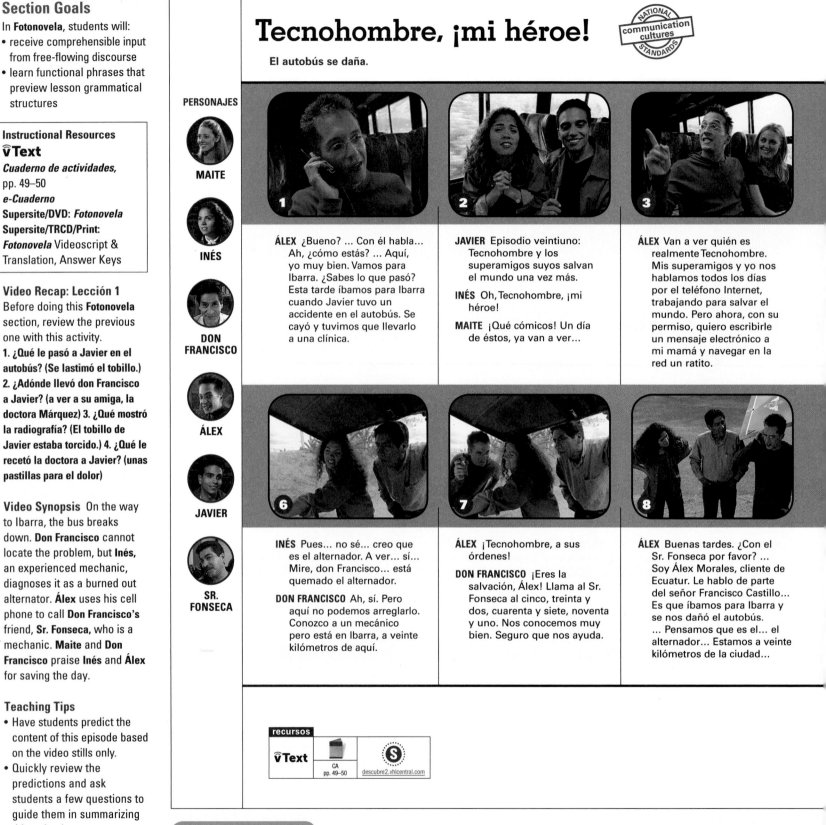

**ÁLEX** ¿Bueno? ... Con él habla... Ah, ¿cómo estás? ... Aquí, yo muy bien. Vamos para Ibarra. ¿Sabes lo que pasó? Esta tarde íbamos para Ibarra cuando Javier tuvo un accidente en el autobús. Se cayó y tuvimos que llevarlo a una clínica.

**JAVIER** Episodio veintiuno: Tecnohombre y los superamigos suyos salvan el mundo una vez más.

**INÉS** Oh, Tecnohombre, ¡mi héroe!

**MAITE** ¡Qué cómicos! Un día de éstos, ya van a ver...

**ÁLEX** Van a ver quién es realmente Tecnohombre. Mis superamigos y yo nos hablamos todos los días por el teléfono Internet, trabajando para salvar el mundo. Pero ahora, con su permiso, quiero escribirle un mensaje electrónico a mi mamá y navegar en la red un ratito.

**INÉS** Pues... no sé... creo que es el alternador. A ver... sí... Mire, don Francisco... está quemado el alternador.

**DON FRANCISCO** Ah, sí. Pero aquí no podemos arreglarlo. Conozco a un mecánico pero está en Ibarra, a veinte kilómetros de aquí.

**ÁLEX** ¡Tecnohombre, a sus órdenes!

**DON FRANCISCO** ¡Eres la salvación, Álex! Llama al Sr. Fonseca al cinco, treinta y dos, cuarenta y siete, noventa y uno. Nos conocemos muy bien. Seguro que nos ayuda.

**ÁLEX** Buenas tardes. ¿Con el Sr. Fonseca por favor? ... Soy Álex Morales, cliente de Ecuatur. Le hablo de parte del señor Francisco Castillo... Es que íbamos para Ibarra y se nos dañó el autobús. ... Pensamos que es el... el alternador... Estamos a veinte kilómetros de la ciudad...

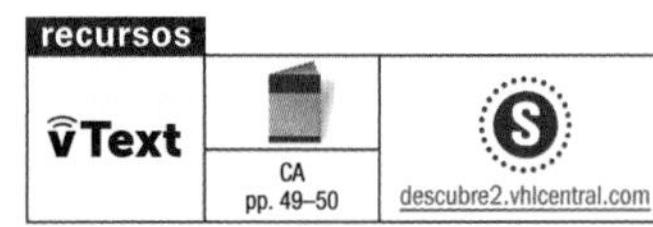


**TEACHING OPTIONS**

**Video Tips** General suggestions for using video clips in the classroom can be found in the frontmatter of this Teacher's Annotated Edition.

**Tecnohombre, ¡mi héroe!** Show the **Tecnohombre, ¡mi héroe!** episode once without sound and have the class create a plot summary based on the visual cues. Then show the episode with sound and have the class make corrections and fill in any gaps in the plot summary.

4

**DON FRANCISCO** Chicos, creo que tenemos un problema con el autobús. ¿Por qué no se bajan?

5

**DON FRANCISCO** Mmm, no veo el problema.

**INÉS** Cuando estaba en la escuela secundaria, trabajé en el taller de mi tío. Me enseñó mucho sobre mecánica. Por suerte, arreglé unos autobuses como éste.

**DON FRANCISCO** ¡No me digas!

9

**SR. FONSECA** Creo que va a ser mejor arreglar el autobús allí mismo. Tranquilo, enseguida salgo.

10

**ÁLEX** Buenas noticias. El señor Fonseca viene enseguida. Piensa que puede arreglar el autobús aquí mismo.

**MAITE** ¡La Mujer Mecánica y Tecnohombre, mis héroes!

**DON FRANCISCO** ¡Y los míos también!

## Expresiones útiles

### Talking on the telephone

- **Aló./¿Bueno?/Diga.**
  *Hello.*
- **¿Quién habla?**
  *Who is speaking?*
- **¿De parte de quién?**
  *Who is calling?*
  **Con él/ella habla.**
  *This is he/she.*
  **Le hablo de parte de Francisco Castillo.**
  *I'm speaking to you on behalf of Francisco Castillo.*
- **¿Puedo dejar un recado?**
  *May I leave a message?*
  **Está bien. Llamo más tarde.**
  *That's fine. I'll call later.*

### Talking about bus or car problems

- **¿Qué pasó?**
  *What happened?*
  **Se nos dañó el autobús.**
  *The bus broke down.*
  **Se nos pinchó una llanta.**
  *We had a flat tire.*
  **Está quemado el alternador.**
  *The alternator is burned out.*

### Saying how far away things are

- **Está a veinte kilómetros de aquí.**
  *It's twenty kilometers from here.*
- **Estamos a veinte millas de la ciudad.**
  *We're twenty miles from the city.*

### Expressing surprise

- **¡No me digas!**
  *You don't say!* (fam.)
- **¡No me diga!**
  *You don't say!* (form.)

### Offering assistance

- **A sus órdenes.**
  *At your service.*

### Additional vocabulary

- **aquí mismo**
  *right here*

**Teaching Tips** Have the class read through the **Fotonovela** captions, with volunteers playing the various roles. Have students take turns playing the roles so that everyone participates.

**Expresiones útiles** Draw attention to the phrase **nos hablamos** in the caption of video still 3. Explain that this is a reciprocal reflexive construction that expresses a shared action between **Álex** and his friends. Point out the words **llama al Sr. Fonseca** in video still 7 and explain that **llama** is a **tú** command. Point out the words **los míos** in the caption of video still 10 and tell the class that this is an example of a stressed possessive pronoun. Tell students that they will learn more about these grammar concepts in **Estructura**.

**TEACHING OPTIONS**

**Extra Practice** Make a photocopy of the **Fotonovela** Videoscript (Supersite/TRCD) and white out key words to create a master for a cloze activity. Hand out photocopies of the master to students and have them fill in the missing words as they watch the **Tecnohombre, ¡mi héroe!** episode. You may have students share their answers in small groups and help each other fill in any gaps.

**Pairs** Write some phone call scenarios on the board. Ex: **1. Llamas a la casa de tu mejor amigo/a, pero no está. 2. Llamas a tu madre/padre para explicarle por qué te saltaste la clase hoy.** Ask students to sit or stand in twos, back-to-back and have them role-play the conversations, using phrases from **Expresiones útiles**. To simplify, you may want to have students brainstorm phrases for each situation before they do their role-play. If nearly all students have cell phones, have them use the phones as props for this activity.

**1 Teaching Tip** Read the activity items to the class as true-false statements. Ask students to correct the false statements. Ex: **1. Álex quiere llamar a su mamá por teléfono celular. (Falso.)**

**2 Expansion** Give students these sentences as items 6–8: **6. El problema es el alternador, creo. (Inés) 7. Hola. ¿Está el señor Fonseca? (Álex) 8. Tengo ganas de navegar en la red. (Álex)**

**3 Possible Conversation**
**E1: ¿Bueno? Taller Mendoza.**
**E2: Buenos días. Tengo un problema con mi carro.**
**E1: ¿Qué pasó? ¿Cuál es el problema exactamente?**
**E2: El carro no arranca cuando hace frío. No sé si es el alternador.**
**E1: Tengo que revisarlo. ¿Puede venir al taller?**
**E2: Creo que sí. ¿A qué hora debo pasar?**
**E1: Tengo tiempo esta tarde a las tres.**
**E2: Muy bien. Es buena hora para mí también.**
**E1: Nos vemos a las tres. Gracias, y hasta esta tarde.**
**E2: Hasta luego.**

**The Affective Dimension**
Talking on the phone can be more stressful than talking with someone in person because one does not see the other person's facial expressions or gestures. Remind students that they do not need to understand every word, and that they should ask their partner to repeat if necessary. Have students use expressions such as **¿Cómo?** and **Repite otra vez, por favor.**

# ¿Qué pasó?

**1** 

**Seleccionar** Selecciona las respuestas que completan correctamente estas oraciones.

1. Álex quiere __b__.
   a. llamar a su mamá por teléfono celular b. escribirle a su mamá y navegar en la red c. hablar por teléfono Internet y navegar en la red
2. Se les dañó el autobús. Inés dice que __a__.
   a. el alternador está quemado b. se pinchó una llanta c. el taller está lejos
3. Álex llama al mecánico, el señor __c__.
   a. Castillo b. Ibarra c. Fonseca
4. Maite llama a Inés la "Mujer Mecánica" porque antes __a__.
   a. trabajaba en el taller de su tío b. arreglaba computadoras c. conocía a muchos mecánicos
5. El grupo está a __c__ de la ciudad.
   a. veinte millas b. veinte grados centígrados c. veinte kilómetros

**2**

**Identificar** Identifica quién puede decir estas oraciones.

1. Gracias a mi tío tengo un poco de experiencia arreglando autobuses. Inés
2. Sé manejar un autobús pero no sé arreglarlo. ¿Por qué no llamamos a mi amigo? don Francisco
3. Sabes, admiro mucho a la Mujer Mecánica y a Tecnohombre. Maite
4. Aló... Sí, ¿de parte de quién? Álex
5. El nombre de Tecnohombre fue idea mía. ¡Qué cómico!, ¿no? Javier

**3** 

**Problema mecánico** Trabajen en parejas para representar los papeles de un(a) mecánico/a y un(a) cliente/a que está llamando al taller porque su carro está descompuesto. Usen las instrucciones como guía. Answers will vary.

| Mecánico/a | Cliente/a |
|---|---|
| Contesta el teléfono con un saludo y el nombre del taller. | Saluda y explica que tu carro está descompuesto. |
| Pregunta qué tipo de problema tiene exactamente. | Explica que tu carro no arranca cuando hace frío. |
| Di que debe traer el carro al taller. | Pregunta cuándo puedes llevarlo. |
| Ofrece una hora para revisar el carro. | Acepta la hora que ofrece el/la mecánico/a. |
| Da las gracias y despídete. | Despídete y cuelga (*hang up*). |

Ahora cambien los papeles y representen otra conversación. Ustedes son un(a) técnico/a y un(a) cliente/a. Usen estas ideas:

el celular no guarda mensajes
la computadora no descarga fotos
la impresora imprime muy lentamente
el reproductor de DVD está descompuesto

 Practice more at **descubre2.vhlcentral.com.**

**TEACHING OPTIONS**

**Extra Practice** Have each student choose one of the **Fotonovela** characters and prepare a five-to-six sentence summary of the day's events from that person's point of view. Have a few volunteers read their summaries to the class; the class will guess which character would have given each summary.

**Small Groups** Have the class work in small groups to write questions about the **Fotonovela**. Have each group hand its questions to another group, which will write the answers. Ex: **G1: ¿A quién llamó Álex? G2: Álex llamó al señor Fonseca, el mecánico.**

# Ortografía

## La acentuación de palabras similares

Although accent marks usually indicate which syllable in a word is stressed, they are also used to distinguish between words that have the same or similar spellings.

**Él maneja el coche.** **Sí, voy si quieres.**

Although one-syllable words do not usually carry written accents, some *do* have accent marks to distinguish them from words that have the same spelling but different meanings.

**Sé cocinar.** **Se baña.** **¿Tomas té?** **Te duermes.**

**Sé** (*I know*) and **té** (*tea*) have accent marks to distinguish them from the pronouns **se** and **te**.

**para mí** **mi cámara** **Tú lees.** **tu estéreo**

**Mí** (*Me*) and **tú** (*you*) have accent marks to distinguish them from the possessive adjectives **mi** and **tu**.

**¿Por qué vas?** **Voy porque quiero.**

Several words of more than one syllable also have accent marks to distinguish them from words that have the same or similar spellings.

**Éste es rápido.** **Este módem es rápido.**

Demonstrative pronouns have accent marks to distinguish them from demonstrative adjectives.

**¿Cuándo fuiste?** **Fui cuando me llamó.**
**¿Dónde trabajas?** **Voy al taller donde trabajo.**

Adverbs have accent marks when they are used to convey a question.

**Práctica** Marca los acentos en las palabras que los necesitan.

**ANA** Alo, soy Ana. ¿Que tal? Aló/¿Qué?
**JUAN** Hola, pero... ¿por que me llamas tan tarde? ¿por qué?
**ANA** Porque mañana tienes que llevarme a la escuela. Mi auto esta dañado. está
**JUAN** ¿Como se daño? ¿Cómo?/dañó
**ANA** Se daño el sabado. Un vecino (*neighbor*) choco con (*crashed into*) el. dañó/sábado/chocó/él

**Crucigrama** Utiliza las siguientes pistas (*clues*) para completar el crucigrama. ¡Ojo con los acentos!

**Horizontales**

1. Él _________ levanta.
4. No voy _________ no puedo.
7. Tú _________ acuestas.
9. ¿_________ es el examen?
10. Quiero este video y _________.

**Verticales**

2. ¿Cómo _________ usted?
3. Eres _________ mi hermano.
5. ¿_________ tal?
6. Me gusta _________ suéter.
8. Navego _________ la red.

| | | | | | | | | | |
|---|---|---|---|---|---|---|---|---|---|
| | 1 S | 2 E | | | 3 C | | | | |
| | | S | | 4 P | O | R | 5 Q | U | 6 E |
| | | 7 T | 8 E | | M | | U | | S |
| 9 C | U | Á | N | D | O | | 10 É | S | E |

**recursos** | **vText** | CA p. 96 | CH p. 19 | descubre2.vhlcentral.com

## Section Goal

In **Ortografía**, students will learn about the use of accent marks to distinguish between words that have the same or similar spellings.

**Instructional Resources**
**vText**
***Cuaderno de actividades,*** p. 96
***Cuaderno para hispanohablantes,*** p. 19
***e-Cuaderno***
**Supersite:** Textbook & Audio Activity MP3 Audio Files
**Supersite/TRCD/Print:** Textbook Audio Script; Audio Activity Script, Answer Keys
**Audio Activity CD:** CD 2, Tracks 4–8

## Teaching Tips

- As you go through each point in the explanation, pronounce the example sentences, as well as some of your own, and have students write them on the board.
- Write the example sentences, as well as some of your own, on the board without accent marks. Ask students where the written accents should go.
- Emphasize the difference in stress between **por qué** and **porque**.
- Ask students to provide words they learned in previous lessons that exemplify each point. Have them make a two-column chart of words they know. Ex: **mi/mí, tu/tú, te/té, el/él, si/sí, se/sé,** etc.

## TEACHING OPTIONS

**Small Groups** Have students work in groups to explain which words in the **Práctica** activity need written accents and why. If necessary, have them quickly review the information about accents in the **Ortografía** section of **Lección 1**, page 25.

**Extra Practice** Add an auditory aspect to this **Ortografía** section. Prepare a series of mini-dialogues. Slowly read each one aloud, pausing to allow students to write. Then, in pairs, have students check their work. Ex: **1. —¿Ésta es tu cámara? —Sí, papá la trajo de Japón para mí. 2. —¿Dónde encontraste mi mochila? —¡Pues, donde la dejaste! 3. —¿Cuándo visitó Buenos Aires Mario? —Yo sé que Laura fue allí el año pasado, ¿pero cuándo fue él? ¡Ni idea! 4. —¿Me quieres explicar por qué llegas tarde? —Porque mi carro está descompuesto.**

## Section Goals

In **Cultura**, students will:

- read about cell phone use in Spanish-speaking countries
- learn technology-related terms
- read about different types of **motos**
- read about cybercafés in Latin America

**Instructional Resources**
**vText**
***Cuaderno para hispanohablantes***, p. 20
**Supersite/DVD:** ***Flash cultura***
**Supersite/TRCD/Print:**
***Flash cultura*** Videoscript & Translation

**En detalle**

**Antes de leer** Survey the class about cell phone use. **¿Tienes celular? ¿Cuántos años tenías cuando recibiste tu primer celular? Hoy día, ¿es posible vivir sin celular?**

**Lectura**

- Point out that many cell phone providers in Spanish-speaking countries do not charge for incoming calls.
- Explain that, unlike in the U.S., phone booths are still quite common in Spanish-speaking countries, due to the fact that land line rates are high and phone companies offer calling cards and deals that only work on public phones.
- Give students phrases and have them guess how they would be written as text messages. Ex: **¡Qué suerte! (¡K SRT!)**

**Después de leer** Ask students: **En tu opinión, ¿nos comunicábamos mejor antes del invento del celular? ¿Por qué?**

**1 Expansion** Ask students to write two additional true-false statements. Then have them exchange papers with a classmate and complete the activity.

EN DETALLE

# El teléfono celular

**¿Cómo te comunicas con tus amigos y con tu familia?** En países como Argentina y España, el servicio de teléfono común° es bastante caro, por lo que **el teléfono celular**, más accesible y barato, es el favorito de mucha gente.

El servicio más popular entre los jóvenes es el sistema de tarjetas prepagadas°, porque no requiere de un contrato ni de cuotas° extras. En muchas ciudades puedes encontrar estas tarjetas en cualquier° tienda. Para tener un servicio todavía más económico, mucha gente usa el mensaje de texto en sus teléfonos celulares. Un mensaje típico de un joven frugal podría° ser, por ejemplo: **N LLMS X TL. ¡S MY KRO!** (No llames por teléfono. ¡Es muy caro!)

Los celulares de la década de 1980 eran grandes e incómodos, y estaban limitados al uso de la voz°. Los celulares de hoy tienen muchas funciones más. Se pueden usar como despertadores, como cámara de fotos y hasta para leer y escribir correo electrónico. Sin embargo°, la función favorita de muchos jóvenes es la de poder descargar música de Internet en sus teléfonos para poder escucharla cuando lo deseen°, es decir, ¡casi todo el tiempo!

**Mensajes de texto en español**

| | | | |
|---|---|---|---|
| **¿K TL?** | ¿Qué tal? | **CONT, XFA** | Contesta, por favor. |
| **STY S3A2** | Estoy estresado°. | **TB** | también |
| **TQ MXO.** | Te quiero mucho. | **¿A K ORA S L FSTA?** | ¿A qué hora es la fiesta? |
| **A2** | Adiós. | **M DBS $** | Me debes dinero. |
| **¿XQ?** | ¿Por qué? | **5MNTRIOS** | Sin comentarios. |
| **GNL** | genial | **¿K ACS?** | ¿Qué haces? |
| **¡K RSA!** | ¡Qué risa!° | **STY N L BBLIOTK** | Estoy en la biblioteca. |
| **¡QT 1 BD!** | ¡Que tengas un buen día!° | **1 BSO** | Un beso. |
| **SALU2, PP** | Saludos, Pepe. | **NS VMS + TRD** | Nos vemos más tarde. |

**común** *ordinary* **prepagadas** *prepaid* **cuotas** *fees* **cualquier** *any* **podría** *could* **voz** *voice* **Sin embargo** *However* **cuando lo deseen** *whenever they wish* **estresado** *stressed out* **¡Qué risa!** *So funny!* **¡Que tengas un buen día!** *Have a nice day!*

ACTIVIDADES

**1** **¿Cierto o falso?** Indica si lo que dicen estas oraciones es **cierto** o **falso**. Corrige la información falsa.

1. El teléfono común es un servicio caro en Argentina. Cierto.
2. Muchas personas usan más el teléfono celular que el teléfono común. Cierto.
3. Es difícil encontrar tarjetas prepagadas en las ciudades hispanas. Falso. Puedes encontrar tarjetas prepagadas en cualquier tienda.
4. Los jóvenes suelen (*tend to*) usar el mensaje de texto para pagar menos por el servicio de teléfono celular. Cierto.
5. Los primeros teléfonos celulares eran muy cómodos y pequeños. Falso. Los primeros teléfonos celulares eran incómodos y grandes.
6. En la década de 1980, los teléfonos celulares tenían muchas funciones. Falso. En la década de 1980, los celulares estaban limitados al uso de la voz.
7. **STY S3A2** significa "Te quiero mucho". Falso. **STY S3A2** significa "Estoy estresado".

TEACHING OPTIONS

**Pairs** For homework, ask student pairs to write a short dialogue between two people using text messages. If necessary, have them research additional text message abbreviations on the Internet. Encourage humor and creativity. In the next class period, have pairs exchange dialogues with another pair, who will decipher the conversation.

**Extra Practice** Tell students to imagine that they are writing to a friend who refuses to use a cell phone. Have students persuade their friend by describing how it has changed their own lives. If necessary, review comparatives and superlatives, **hace** + [*time period*] + **que** + [*present*] and **hace** + [*time period*] + **que** + [*preterite*].

**Heritage Speakers** Ask heritage speakers to describe cell phone use in their families.

## ASÍ SE DICE

### La tecnología

| | |
|---|---|
| los audífonos (Méx., Col.), los auriculares (Arg.), los cascos (Esp.) | *headset; earphones* |
| el móvil (Esp.) | el celular |
| (teléfono) deslizable | *slider (phone)* |
| inalámbrico/a | *cordless; wireless* |
| el manos libres (Amér. S.) | *free-hands system* |
| (teléfono) plegable | *flip (phone)* |

## EL MUNDO HISPANO

### Las bicimotos

- **Argentina** El ciclomotor se usa mayormente° para repartir a domicilio° comidas y medicinas.
- **Perú** La motito se usa mucho para el reparto a domicilio de pan fresco todos los días.
- **México** La *Vespa* se usa para evitar° el tráfico en grandes ciudades.
- **España** La población usa el *Vespino* para ir y volver al trabajo cada día.
- **Puerto Rico** Una *scooter* es el medio de transporte favorito en las zonas rurales.
- **República Dominicana** Las moto-taxis son el medio de transporte más económico, ¡pero no olvides el casco°!

mayormente *mainly* repartir a domicilio *home delivery of* evitar *to avoid* casco *helmet*

## PERFIL

# Los cibercafés

Hoy día, en casi cualquier ciudad grande latinoamericana te puedes encontrar en cada esquina° un nuevo tipo de café: **el cibercafé**. Allí uno puede disfrutar de° un refresco o un café mientras navega en Internet, escribe correo electrónico o chatea° en múltiples foros virtuales.

De hecho°, el negocio° del cibercafé está mucho más desarrollado° en Latinoamérica que en los Estados Unidos. En una ciudad hispana, es común ver varios en una misma cuadra°. Los extranjeros piensan que no puede haber suficientes clientes para todos, pero los cibercafés ofrecen servicios especializados que permiten su coexistencia. Por ejemplo, mientras que el cibercafé Videomax atrae° a los niños con videojuegos, el Conécta-T ofrece servicio de chat con cámara para jóvenes, y el Mundo° Ejecutivo atrae a profesionales, todo en la misma calle.

esquina *corner* disfrutar de *enjoy* chatea *chat (from the English verb to chat)* De hecho *In fact* negocio *business* desarrollado *developed* cuadra *(city) block* atrae *attracts* Mundo *World*

**Conexión Internet**

¿Qué sitios web son populares entre los jóvenes hispanos?

Go to descubre2.vhlcentral.com to find more cultural information related to this **Cultura** section.

## ACTIVIDADES

**2 Comprensión** Responde a las preguntas.

1. ¿Cuáles son tres formas de decir *headset*? los audífonos, los auriculares, los cascos
2. ¿Para qué se usan las bicimotos en Argentina? para repartir a domicilio comidas y medicinas
3. ¿Qué puedes hacer mientras tomas un refresco en un cibercafé? Puedes navegar en Internet, escribir correo electrónico o chatear.
4. ¿Qué tienen de especial los cibercafés en Latinoamérica? Ofrecen servicios especializados.

Practice more at **descubre2.vhlcentral.com.**

**3 ¿Cómo te comunicas?** Escribe un párrafo breve en donde expliques qué utilizas para comunicarte con tus amigos/as (correo electrónico, teléfono, etc.) y de qué hablan cuando se llaman por teléfono. Answers will vary.

recursos

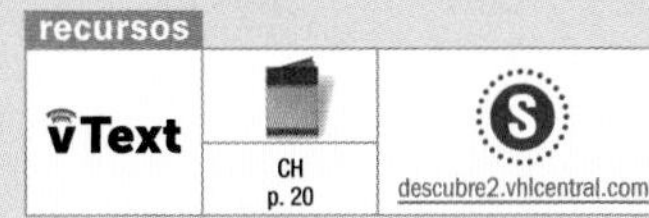


**Así se dice**

- Model the pronunciation of each term and have students repeat it.
- To challenge students, add these words to the list: **la señal** (*signal*); **tener la batería baja** (*to have a low battery*).
- Ask students questions using these terms. Ex: **¿Qué tipo de celular tienes, deslizable o plegable? ¿Tu servicio de Internet es inalámbrico?**

**Perfil**

- Explain that many cybercafés offer monthly passes and packages at very economical prices.
- Ask students: **¿Por qué creen ustedes que los cibercafés son más populares en los países hispanos que en este país?**

**El mundo hispano**

- Ask students: **¿Alguna vez paseaste en moto? ¿Qué te parece este modo de transporte?**
- Have students create three fill-in-the-blank sentences about this section. Then have them get together with a classmate and take turns completing the sentences.

**2 Expansion** Ask additional comprehension questions. Ex: **Si hablas por teléfono cuando manejas, ¿qué tipo de celular debes utilizar? (manos libres)**

**3 Teaching Tip** Allow students ten minutes to write a rough draft of their paragraph without looking up any words or grammar. Then have students work with a classmate to peer edit their text and consult any necessary resources (dictionary, thesaurus, etc.).

**3 Expansion** To challenge students, have them also explain how they expect their methods of communication will be different in ten years, using **ir a +** [*infinitive*].

**TEACHING OPTIONS**

**Small Groups** In small groups, have students discuss how they would design and run their own cybercafé. Encourage them to be creative and include as many details as possible, including a name, location, the clientele, services offered, prices, and hours of operation. Have groups present their businesses to the class, who will vote for their favorite one.

**TPR** Call out true-false statements about the information presented on pages 62–63. If the statement is true, have students raise their right hand, and if it is false, have students raise their left hand. To challenge students, have volunteers correct the false statements.

**Heritage Speakers** If heritage speakers have family in Spanish-speaking countries, ask them to discuss Internet use there.

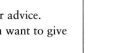

### Section Goals

In **Estructura 2.1**, students will learn:

- affirmative **tú** commands
- negative **tú** commands

**Instructional Resources**
**vText**
***Cuaderno de actividades,*** pp. 5–6, 97
***Cuaderno de práctica,*** pp. 17–18
***Cuaderno para hispanohablantes,*** pp. 21–24
***e-Cuaderno***
**Supersite:** Audio Activity MP3 Audio Files
**Supersite/TRCD/Print:** PowerPoints (Lección 2 Estructura Presentation); Communication Activities, Audio Activity Script, Answer Keys
**Audio Activity CD:** CD 2, Tracks 9–11

### Teaching Tips

- Model the use of informal commands with simple examples using TPR and gestures. Ex: Point to a student and say: ____, **levántate. Gracias, ahora siéntate.** Give other commands using **camina, vuelve, toca,** and **corre.**
- Help students recognize that the affirmative **tú** command forms of regular verbs are the same as the third-person singular forms.
- Emphasize that **tú** commands are used with people one addresses as **tú.**

NATIONAL STANDARDS comparisons

# 2.1 Familiar commands

**ANTE TODO** In Spanish, the command forms are used to give orders or advice. You use **tú** commands (**mandatos familiares**) when you want to give an order or advice to someone you normally address with the familiar **tú.**

**Affirmative tú commands**

| Infinitive | Present tense él/ella form | Affirmative tú command |
|---|---|---|
| hablar | habla | **habla** (tú) |
| guardar | guarda | **guarda** (tú) |
| prender | prende | **prende** (tú) |
| volver | vuelve | **vuelve** (tú) |
| pedir | pide | **pide** (tú) |
| imprimir | imprime | **imprime** (tú) |

- Affirmative **tú** commands usually have the same form as the **él/ella** form of the present indicative.

**Guarda** el documento antes de cerrarlo.
*Save the document before closing it.*

**Imprime** tu tarea para la clase de inglés.
*Print your homework for English class.*

- There are eight irregular affirmative **tú** commands.

**Irregular affirmative tú commands**

| Infinitive | Command | Infinitive | Command |
|---|---|---|---|
| decir | **di** | salir | **sal** |
| hacer | **haz** | ser | **sé** |
| ir | **ve** | tener | **ten** |
| poner | **pon** | venir | **ven** |

¡**Sal** de aquí ahora mismo!
*Leave here at once!*

**Haz** los ejercicios.
*Do the exercises.*

- Since **ir** and **ver** have the same **tú** command (**ve**), context will determine the meaning.

**Ve** al cibercafé con Yolanda.
*Go to the cybercafé with Yolanda.*

**Ve** ese programa... es muy interesante.
*See that program... it's very interesting.*

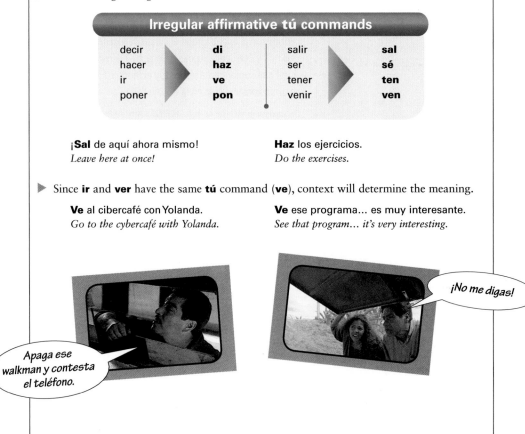

Apaga ese walkman y contesta el teléfono.

¡No me digas!


**TEACHING OPTIONS**

**TPR** Ask individual students to comply with a series of commands requiring them to perform actions or move around the room. While the student follows the command, the class writes it down as a volunteer writes it on the board. Be sure to use both affirmative and negative commands. Ex: **Recoge ese papel. Ponlo en la basura. Regresa a tu escritorio. No te sientes. Siéntate ahora.**

**Pairs** Ask students to imagine they are starting a computer club. Have them make a list of five things to do in order to get ready for the first meeting and five things not to do to make sure everything runs smoothly, using infinitives. Then have students take turns telling partners what to do or not do.

## Negative tú commands

| Infinitive | Present tense yo form | Negative tú command |
|---|---|---|
| hablar | hablo | **no hables** (tú) |
| guardar | guardo | **no guardes** (tú) |
| prender | prendo | **no prendas** (tú) |
| volver | vuelvo | **no vuelvas** (tú) |
| pedir | pido | **no pidas** (tú) |

- The negative **tú** commands are formed by dropping the final **-o** of the **yo** form of the present tense. For **-ar** verbs, add **-es**. For **-er** and **-ir** verbs, add **-as**.

Héctor, **no pares** el carro aquí.
*Héctor, don't stop the car here.*

**No prendas** la computadora todavía.
*Don't turn on the computer yet.*

- Verbs with irregular **yo** forms maintain the same irregularity in their negative **tú** commands. These verbs include **conducir, conocer, decir, hacer, ofrecer, oír, poner, salir, tener, traducir, traer, venir,** and **ver**.

**No pongas** el cederrón en la computadora.
*Don't put the CD-ROM in the computer.*

**No conduzcas** tan rápido.
*Don't drive so fast.*

- Note also that stem-changing verbs keep their stem changes in negative **tú** commands.

No p**ie**rdas tu celular.
*Don't lose your cell phone.*

No v**ue**lvas a esa gasolinera.
*Don't go back to that gas station.*

No rep**i**tas las instrucciones.
*Don't repeat the instructions.*

- Verbs ending in **-car**, **-gar**, and **-zar** have a spelling change in the negative **tú** commands.

| | | |
|---|---|---|
| sa**car** | **c** → **qu** | no sa**qu**es |
| apa**gar** | **g** → **gu** | no apa**gu**es |
| almor**zar** | **z** → **c** | no almuer**c**es |

- The following verbs have irregular negative **tú** commands.

## Irregular negative tú commands

| | |
|---|---|
| dar | **no des** |
| estar | **no estés** |
| ir | **no vayas** |
| saber | **no sepas** |
| ser | **no seas** |

**¡ATENCIÓN!**

In affirmative commands, reflexive, indirect, and direct object pronouns are always attached to the end of the verb. In negative commands, these pronouns always precede the verb.

**Bórralos./No los borres.**
**Escríbeles** un correo electrónico./**No les escribas** un correo electrónico.

•••

When a pronoun is attached to an affirmative command that has two or more syllables, an accent mark is added to maintain the original stress:
**borra** → **bórralos**
**prende** → **préndela**
**imprime** → **imprímelo**

recursos
vText
CA pp. 5–6, 97
CP pp. 17–18
CH pp. 21–24
descubre2.vhlcentral.com

**¡INTÉNTALO!** Indica los mandatos familiares afirmativos y negativos de estos verbos.

1. correr — *Corre* más rápido. — No *corras* más rápido.
2. llenar — Llena el tanque. — No llenes el tanque.
3. salir — Sal ahora. — No salgas ahora.
4. descargar — Descarga ese documento. — No descargues ese documento.
5. levantarse — Levántate temprano. — No te levantes temprano.
6. hacerlo — Hazlo ya. — No lo hagas ahora.

**Teaching Tips**

- Contrast the negative forms of **tú** commands by giving an affirmative command followed by a negative command. Ex: ____ **, camina a la puerta. No camines rápidamente.** Write the examples on the board as you go along.
- Test comprehension and practice negative **tú** commands by calling out the infinitives of a variety of regular verbs the students already know and asking individual students to convert them into negative commands. Ex: **toser: no tosas; pedir: no pidas; pensar: no pienses.**
- Ask volunteers to convert affirmative **tú** commands with reflexive and object pronouns into negative forms. Ex: **Imprímelo. (No lo imprimas.) Vete. (No te vayas.)**

**TEACHING OPTIONS**

**Heritage Speakers** Ask heritage speakers to look for an advertisement in a Spanish-language magazine or newspaper in which they find informal commands used. Have students bring a copy of the ad to class. Ask them to share it with the class and explain why they think informal commands were used instead of formal ones.

**Pairs** Have pairs imagine that they are in charge of a computer lab. Have them make a handout of four things students must do and four things they must not do while in the lab. Instruct them to use **tú** commands throughout. Write **Mandatos afirmativos** and **Mandatos negativos** on the board and ask individuals to write one of their commands in the appropriate column.

**1 Expansion** Continue this activity orally with the class, using regular verbs. Call out a negative command and designate individuals to make corresponding affirmative commands. Ex: **No sirvas la comida ahora. (Sirve la comida ahora./Sírvela ahora.)**

**2 Expansion** Ask volunteers to role-play the exchanges between **Pedro** and **Marina**.

**3 Teaching Tip** To simplify, review the vocabulary in the word bank by asking students to make associations with each word. Ex: **imprimir (documento), descargar (programa)**

# Práctica

**1** **Completar** Tu mejor amigo no entiende nada de tecnología y te pide ayuda. Completa los comentarios de tu amigo con el mandato de cada verbo.

1. No ___vengas___ en una hora. ___Ven___ ahora mismo. (venir)
2. ___Haz___ tu tarea después. No la ___hagas___ ahora. (hacer)
3. No ___vayas___ a la tienda a comprar papel para la impresora. ___Ve___ a la cafetería a comprarme algo de comer. (ir)
4. No ___me digas___ que no puedes abrir un archivo. ___Dime___ que el programa de computación funciona sin problemas. (decirme)
5. ___Sé___ generoso con tu tiempo, y no ___seas___ antipático si no entiendo fácilmente. (ser)
6. ___Ten___ mucha paciencia y no ___tengas___ prisa. (tener)
7. ___Apaga___ tu teléfono celular, pero no ___apagues___ la computadora. (apagar)

**2** **Cambiar** Pedro y Marina no pueden ponerse de acuerdo (*agree*) cuando viajan en el carro. Cuando Pedro dice que algo es necesario, Marina expresa una opinión diferente. Usa la información entre paréntesis para formar las órdenes que Marina le da a Pedro.

*modelo*

**Pedro:** Necesito revisar el aceite del carro. (seguir hasta el próximo pueblo)
**Marina:** *No revises el aceite del carro. Sigue hasta el próximo pueblo.*

1. Necesito conducir más rápido. (parar el carro) No conduzcas más rápido. Para el carro.
2. Necesito poner el radio. (hablarme) No pongas el radio. Háblame.
3. Necesito almorzar ahora. (comer más tarde) No almuerces ahora. Come más tarde.
4. Necesito sacar los discos compactos. (manejar con cuidado) No saques… Maneja…
5. Necesito estacionar el carro en esta calle. (pensar en otra opción) No estaciones… Piensa…
6. Necesito volver a esa gasolinera. (arreglar el carro en un taller) No vuelvas… Arregla…
7. Necesito leer el mapa. (pedirle ayuda a aquella señora) No leas… Pídele…
8. Necesito dormir en el carro. (acostarse en una cama) No duermas… Acuéstate…

**3** **Problemas** Tú y tu compañero/a son voluntarios en el centro de computadoras de la escuela. Muchos estudiantes están llegando con problemas. Denles órdenes para ayudarlos a resolverlos.
Answers will vary. Suggested answers:

*modelo*

**Problema:** *No veo nada en la pantalla.*
**Tu respuesta:** *Prende la pantalla de tu computadora.*

| apagar… | descargar… | grabar… | imprimir… | prender… |
|---|---|---|---|---|
| borrar… | funcionar… | guardar… | navegar… | quemar… |

1. No me gusta este programa de computación. Descarga otro.
2. Tengo miedo de perder mi documento. Guárdalo.
3. Prefiero leer este sitio web en papel. Imprímelo.
4. Mi correo electrónico funciona muy lentamente. Borra los mensajes más viejos.
5. Busco información sobre los gauchos de Argentina. Navega en Internet.
6. Tengo demasiados archivos en mi computadora. Borra algunos archivos.
7. Mi computadora se congeló (*froze*). Apaga la computadora y luego préndela.
8. Quiero ver las fotos del cumpleaños de mi hermana. Descárgalas.

**NOTA CULTURAL**

**Los gauchos** (*nomadic cowboys*), conocidos por su habilidad (*skill*) para montar caballos y utilizar lazos, viven en la región más extensa de Argentina, la Patagonia. Esta región ocupa casi la mitad (*half*) de la superficie (*land area*) del país.

**TEACHING OPTIONS**

**TPR** Have pairs of students brainstorm a list of actions that can be mimed. Then have them give each other **tú** commands based on the actions. Call on several pairs to demonstrate their actions for the class. When a repertoire of mimable actions is established, do TPR with the class using these commands/actions.

**Pairs** Have students create three questions that they might have about electronic equipment, then work with a partner to ask and respond to the questions with affirmative and negative commands. If a student responds with a negative command, he or she must follow it with an affirmative command. Ex: **¿Debo apagar la computadora todos los días antes de acostarme? (No, no la apagues. Pero guarda todos tus documentos.)**

# Comunicación

4 **Órdenes** Circula por la clase e intercambia mandatos negativos y afirmativos con tus compañeros/as. Debes seguir los mandatos que ellos te dan o reaccionar apropiadamente. Answers will vary.

*modelo*

**Estudiante 1:** *Dame todo tu dinero.*
**Estudiante 2:** *No, no quiero dártelo. Muéstrame tu cuaderno.*
**Estudiante 1:** *Aquí está.*
**Estudiante 3:** *Ve a la pizarra y escribe tu nombre.*
**Estudiante 4:** *No quiero. Hazlo tú.*

5 **Anuncios** Miren este anuncio. Luego, en grupos pequeños, preparen tres anuncios adicionales para tres escuelas que compiten (*compete*) con ésta. Answers will vary.

INFORMÁTICA ARGENTINA
Toma nuestros cursos y aprende a usar la computadora
abre y lee tus archivos
imprime tus documentos
entra al campo de la tecnología
¡Ponte en contacto con nosotros llamando al 11-4-129-1508 HOY!

 Practice more at **descubre2.vhlcentral.com.**

# Síntesis

6 **¡Tanto que hacer!** Tu profesor(a) te va a dar una lista de diligencias (*errands*). Algunas las hiciste tú y algunas las hizo tu compañero/a. Las diligencias que ya hicieron tienen esta marca ✔. Pero quedan cuatro diligencias por hacer. Dale mandatos a tu compañero/a, y él/ella responde para confirmar si hay que hacerla o si ya la hizo. Answers will vary.

*modelo*

**Estudiante 1:** *Llena el tanque.*
**Estudiante 2:** *Ya llené el tanque. / ¡Ay, no! Tenemos que llenar el tanque.*

recursos

CA pp. 5–6

NATIONAL communication STANDARDS

**4 Teaching Tip** To simplify, ask students to brainstorm a list of commands they might ask their classmates to do.

**4 Expansion** Have volunteers report to the class what they were asked to do, what they did, and what they did not do.

**5 Teaching Tip** Ask comprehension questions about the ad. **¿Qué se anuncia? (cursos de informática) ¿Cómo puedes informarte? (llamar por teléfono) ¿Dónde se encuentra este tipo de anuncio? (en periódicos y revistas)**

**5 Expansion** Post the finished ads in different places around the classroom. Have groups circulate and write one question for each poster. Then have group members ask their questions. Group answers should include a **tú** command.

**6 Teaching Tips**

- Divide the class into pairs and distribute the Communication Activities worksheets that correspond to this activity. Give students ten minutes to finish.
- Ask volunteers to give examples of **tú** commands that college students would give to their lazy roommate. Ex: **Saca la basura. Apaga la tele. No te acuestes en el sofá.**

## TEACHING OPTIONS

**Pairs** Have pairs prepare a conversation between two siblings who are getting ready for a party. Students should use affirmative and negative **tú** commands. Ex: **E1: ¡Sal del baño ya! E2: ¡No me grites!**

**TPR** Have the class stand in a circle. Name an infinitive and toss a foam or paper ball to a student. He or she will give the affirmative **tú** command and throw the ball to another student, who will provide the negative form.

**Extra Practice** Add an auditory aspect to this grammar practice. Prepare series of commands that would be said to certain individuals. Write the names on the board and read each series aloud. Have students match the commands to each name. Ex: **No comas eso. Dame el periódico. No te subas al sofá. Tráeme las pantuflas. (un perro)**

## Section Goal

In **Estructura 2.2**, students will learn when to use **por** and **para**.

**Instructional Resources**
**vText**
***Cuaderno de actividades,*** p. 98
***Cuaderno de práctica,*** pp. 19–20
***Cuaderno para hispanohablantes,*** pp. 25–26
***e-Cuaderno***
**Supersite:** Audio Activity MP3 Audio Files
**Supersite/TRCD/Print:** PowerPoints (Lección 2 Estructura Presentation); Audio Activity Script, Answer Keys
**Audio Activity CD:** CD 2, Tracks 13–15

**Teaching Tips**

- Have a volunteer read the caption of video still 3 on page 58. Focus on **...nos hablamos todos los días por el teléfono Internet, trabajando para salvar el mundo.** Point out the uses of **por** and **para**.
- Ask students to translate phrases requiring **por**. Ex: *talk by phone, send information by e-mail, walk across campus, walk along Bécquer Street, arrive in the afternoon/in the morning, be worried about the accident/about your friend, drive 30 miles per hour, study for four hours.*

# 2.2 Por and para

NATIONAL STANDARDS comparisons

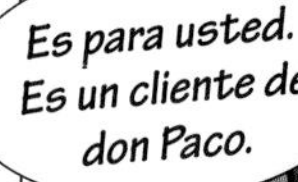

Unlike English, Spanish has two words that mean *for*: **por** and **para.** These two prepositions are not interchangeable. Study the following charts to see how they are used.

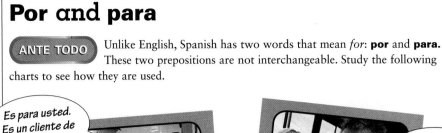

Es para usted. Es un cliente de don Paco.

**Por is used to indicate...**

1. **Motion or a general location** (*around, through, along, by*)
   La excursión nos llevó **por** el centro. *The tour took us through downtown.*
   Pasamos **por** el parque y **por** el río. *We passed by the park and along the river.*
2. **Duration of an action** (*for, during, in*)
   Estuve en la Patagonia **por** un mes. *I was in Patagonia for a month.*
   Ana navegó la red **por** la tarde. *Ana surfed the net in the afternoon.*
3. **Reason or motive for an action** (*because of, on account of, on behalf of*)
   Lo hizo **por** su familia. *She did it on behalf of her family.*
   Papá llegó a casa tarde **por** el tráfico. *Dad arrived home late because of the traffic.*
4. **Object of a search** (*for, in search of*)
   Vengo **por** ti a las ocho. *I'm coming for you at eight.*
   Javier fue **por** su cámara digital. *Javier went in search of his digital camera.*
5. **Means by which something is done** (*by, by way of, by means of*)
   Ellos viajan **por** la autopista. *They travel by (by way of) the highway.*
   ¿Hablaste con la policía **por** teléfono? *Did you talk to the police by (on the) phone?*
6. **Exchange or substitution** (*for, in exchange for*)
   Le di dinero **por** la videocasetera. *I gave him money for the VCR.*
   Muchas gracias **por** el cederrón. *Thank you very much for the CD-ROM.*
7. **Unit of measure** (*per, by*)
   José manejaba a 120 kilómetros **por** hora. *José was driving 120 kilometers per hour.*

**¡ATENCIÓN!**

**Por** is also used in several idiomatic expressions, including:
**por aquí** *around here*
**por ejemplo** *for example*
**por eso** *that's why; therefore*
**por fin** *finally*

**AYUDA**

Remember that when giving an exact time, **de** is used instead of **por** before **la mañana, la tarde,** or **la noche.**
La clase empieza a las nueve **de** la mañana.

• • •

In addition to **por**, **durante** is also commonly used to mean *for* when referring to time.
Esperé al mecánico **durante** cincuenta minutos.

**TEACHING OPTIONS**

**TPR** Call out a sentence, omitting either **por** or **para**. If students think **por** should be used in the sentence, they raise one hand. If they think **para** should be used, they raise two hands. Avoid cases where either **por** or **para** could be used. Ex: **Tengo que leer el capítulo 11 ____ mañana.** (two hands) **Jimena trabaja ____ la noche.** (one hand) **Estuve en Buenos Aires ____ dos años.** (one hand)

**Game** Divide the class into four or five teams. Call out a use of either **por** or **para**. Teams have one minute to write as many sentences as they can, employing that use. Check answers by having a volunteer read his or her team's sentences. Give one point for each correct sentence. Keep score on the board. The team with the most correct sentences wins.

**Para is used to indicate...**

| | |
|---|---|
| 1. **Destination** (*toward, in the direction of*) | Salimos **para** Córdoba el sábado. *We are leaving for Córdoba on Saturday.* |
| 2. **Deadline or a specific time in the future** (*by, for*) | Él va a arreglar el carro **para** el viernes. *He will fix the car by Friday.* |
| 3. **Purpose or goal + [*infinitive*]** (*in order to*) | Juan estudia **para** (ser) mecánico. *Juan is studying to be a mechanic.* |
| 4. **Purpose + [*noun*]** (*for, used for*) | Es una llanta **para** el carro. *It's a tire for the car.* |
| 5. **The recipient of something** (*for*) | Compré una impresora **para** mi abuelo. *I bought a printer for my grandfather.* |
| 6. **Comparison with others or an opinion** (*for, considering*) | **Para** un joven, es demasiado serio. *For a young person, he is too serious.* **Para** mí, esta lección no es difícil. *For me, this lesson isn't difficult.* |
| 7. **In the employ of** (*for*) | Sara trabaja **para** Telecom Argentina. *Sara works for Telecom Argentina.* |

▶ In many cases it is grammatically correct to use either **por** or **para** in a sentence. The meaning of the sentence is different, however, depending on which preposition is used.

Caminé **por** el parque.
*I walked through the park.*

Caminé **para** el parque.
*I walked to (toward) the park.*

Trabajó **por** su padre.
*He worked for (in place of) his father.*

Trabajó **para** su padre.
*He worked for his father('s company).*

**recursos**

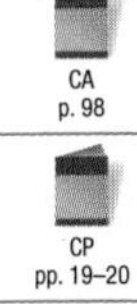

CA p. 98

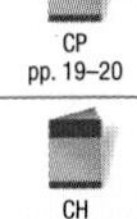

CP pp. 19–20

CH pp. 25–26

descubre2.vhlcentral.com

**¡INTÉNTALO!** Completa estas oraciones con las preposiciones **por** o **para**.

1. Fuimos al cibercafé __por__ la tarde.
2. Necesitas un módem __para__ navegar en la red.
3. Entraron __por__ la puerta.
4. Quiero un pasaje __para__ Buenos Aires.
5. __Para__ arrancar el carro, necesito la llave.
6. Arreglé el televisor __para__ mi amigo.
7. Estuvieron nerviosos __por__ el examen.
8. ¿No hay una gasolinera __por__ aquí?
9. El reproductor de MP3 es __para__ usted.
10. Juan está enfermo. Tengo que trabajar __por__ él.
11. Estuvimos en Canadá __por__ dos meses.
12. __Para__ mí, el español es fácil.
13. Tengo que estudiar la lección __para__ el lunes.
14. Voy a ir __por__ la carretera.
15. Compré dulces __para__ mi novia.
16. Compramos el auto __por__ un buen precio.

**Teaching Tips**

- Create a matching activity for the uses of **para**. Write sentences exemplifying each use of **para** listed, but not in the order they are given in the text. Ex: **1. El señor López compró el Ferrari para Mariana. 2. Este autobús va para Corrientes. 3. Para don Francisco, conducir un autobús no es nada difícil. 4. Don Francisco trabaja para Ecuatur. 5. Estudia para llegar a ser ingeniero. 6. El baúl es para las maletas. 7. Tengo que pagar la multa para el lunes.** Call on individual students to match each sentence with its usage.
- Have students make two flashcards. On one they write **por** and on the other **para**. Call out one of the uses for either word. Students show the appropriate card. Then call on a volunteer to write a sentence illustrating that use on the board. The class determines whether the sentence is correct or not.
- Add a visual aspect to this grammar presentation. Use magazine pictures to practice sentences demonstrating the uses of **por** and **para**. Ex: **Este señor hace la cena para su esposa. Los novios montan a caballo por el campo.**

**TEACHING OPTIONS**

**Large Group** Give each student in the class a strip of paper on which you have written one of the uses of **por** or **para**, or a sentence that is an example of one of the uses. Have students circulate around the room until they find the person who has the match for their use or sentence. After everyone has found a partner, the pairs read their sentences and uses to the class.

**Game** Play **Concentración**. Create one card for each use of **por** and **para**, and one card with a sentence illustrating each use, for a total of 28 cards. Shuffle the cards and lay them face down. Then, taking turns, students uncover two cards at a time, trying to match a use to a sentence. The student with the most matches wins.

# Práctica

**1 Expansion** To challenge students, have them list the uses of **por** and **para** found in the paragraph. Then ask them to work in pairs to add sentences to the paragraph, employing the remaining uses of **por** and **para**. (Remaining uses of **por**: reason or motive, object of search, means, unit of measure; remaining uses of **para**: destination, deadline, purpose + [*noun*], comparison, employment.)

**2 Teaching Tips**
- Model the activity by creating a sentence with an element from each column. Ask a volunteer to explain your choice of **por** or **para**. Possible sentences: **Fuimos al mercado para comprar frutas por la mañana. No fueron a Buenos Aires por tres días para divertirse.**
- Divide the class into groups of three. Groups should write as many sentences as they can by combining elements from each column in a given amount of time. The group with the most correct sentences wins.

**3 Expansion** Have students take turns with a partner to expand their descriptions to a short oral narrative. After each drawing has been described, ask students to pick two or three of their narratives and link them into a story.

**1** **Completar** Completa este párrafo con las preposiciones **por** o **para.**

El mes pasado mi familia y yo hicimos un viaje a Buenos Aires y sólo pagamos dos mil dólares (1) por los pasajes. Estuvimos en Buenos Aires (2) por una semana y paseamos por toda la ciudad. Durante el día caminamos (3) por la plaza San Martín, el microcentro y el barrio de La Boca, donde viven muchos artistas. (4) Por la noche fuimos a una tanguería, que es una especie de teatro, (5) para mirar a la gente bailar tango. Dos días después decidimos hacer una excursión (6) por las pampas (7) para ver el paisaje y un rodeo con gauchos. Alquilamos (*We rented*) un carro y manejamos (8) por todas partes y pasamos unos días muy agradables. El último día que estuvimos en Buenos Aires fuimos a Galerías Pacífico (9) para comprar recuerdos (*souvenirs*) (10) para nuestros parientes. Compramos tantos regalos que tuvimos que pagar impuestos (*duties*) en la aduana al regresar.

**2** **Oraciones** Crea oraciones originales con los elementos de las columnas. Une los elementos usando **por** o **para**. Answers will vary.

*modelo*
Fuimos a Mar del Plata por razones de salud para visitar a un especialista.

| | | | | |
|---|---|---|---|---|
| (no) fuimos al mercado | por/para | comprar frutas | por/para | ¿? |
| (no) fuimos a las montañas | por/para | tres días | por/para | ¿? |
| (no) fuiste a Mar del Plata | por/para | razones de salud | por/para | ¿? |
| (no) fueron a Buenos Aires | por/para | tomar el sol | por/para | ¿? |

**NOTA CULTURAL**
**Mar del Plata** es un centro turístico en la costa de Argentina. La ciudad es conocida como "la perla del Atlántico" y todos los años muchos turistas visitan sus playas y casinos.

**3** **Describir** Usa **por** o **para** y el tiempo presente para describir estos dibujos. Answers will vary.

1. ____________ 2. ____________ 3. ____________

4. ____________ 5. ____________ 6. ____________

Practice more at **descubre2.vhlcentral.com.**

**TEACHING OPTIONS**

**Large Group** Have students create ten questions for a survey about the use of modern technology. Questions should include as many uses of **por** and **para** as possible. When finished, have students administer their survey to five different people in the room, then compile their results. Ex: **¿Por cuántos minutos al día hablas por teléfono celular?**

**Extra Practice** Ask students to imagine they are explaining to a younger sibling how to take care of the family car and why certain types of maintenance are necessary. Students should employ as many different uses of **por** and **para** in their explanations as possible.

# Comunicación

**4** **Descripciones** Usa **por** o **para** y completa estas frases de manera lógica. Luego, compara tus respuestas con las de un(a) compañero/a. Answers will vary.

1. En casa, hablo con mis amigos...
2. Mi padre/madre trabaja...
3. Ayer fui al taller...
4. Los miércoles tengo clases...
5. A veces voy a la biblioteca...
6. Esta noche tengo que estudiar...
7. Necesito... dólares...
8. Compré un regalo...
9. Mi mejor amigo/a estudia...
10. Necesito hacer la tarea...

**5** **Situación** En parejas, dramaticen esta situación. Utilicen muchos ejemplos de **por** y **para**.
Answers will vary.

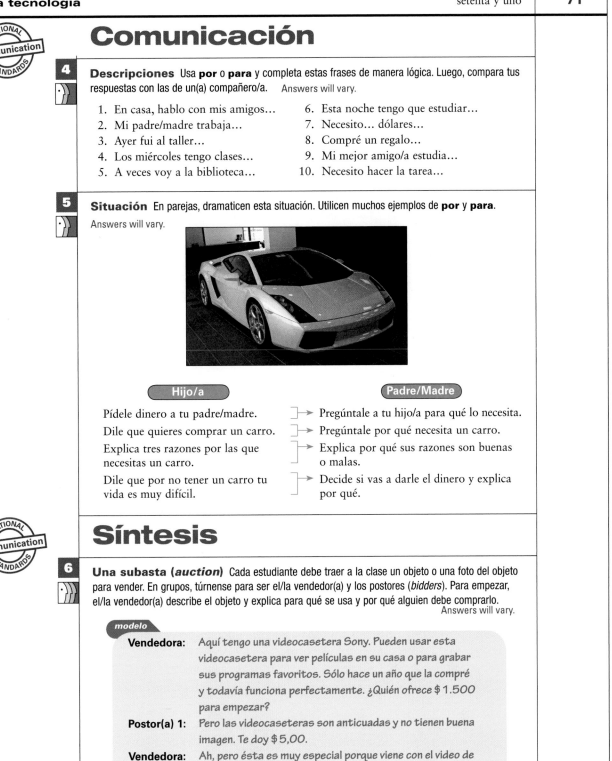

| Hijo/a | Padre/Madre |
|---|---|
| Pídele dinero a tu padre/madre. | → Pregúntale a tu hijo/a para qué lo necesita. |
| Dile que quieres comprar un carro. | → Pregúntale por qué necesita un carro. |
| Explica tres razones por las que necesitas un carro. | → Explica por qué sus razones son buenas o malas. |
| Dile que por no tener un carro tu vida es muy difícil. | → Decide si vas a darle el dinero y explica por qué. |

# Síntesis

**6**  **Una subasta (*auction*)** Cada estudiante debe traer a la clase un objeto o una foto del objeto para vender. En grupos, túrnense para ser el/la vendedor(a) y los postores (*bidders*). Para empezar, el/la vendedor(a) describe el objeto y explica para qué se usa y por qué alguien debe comprarlo.
Answers will vary.

*modelo*

**Vendedora:** *Aquí tengo una videocasetera Sony. Pueden usar esta videocasetera para ver películas en su casa o para grabar sus programas favoritos. Sólo hace un año que la compré y todavía funciona perfectamente. ¿Quién ofrece $ 1.500 para empezar?*

**Postor(a) 1:** *Pero las videocaseteras son anticuadas y no tienen buena imagen. Te doy $ 5,00.*

**Vendedora:** *Ah, pero ésta es muy especial porque viene con el video de mi fiesta de quinceañera.*

**Postor(a) 2:** *¡Yo te doy $ 2.000!*

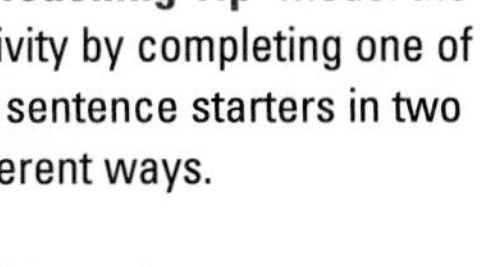

**4 Teaching Tip** Model the activity by completing one of the sentence starters in two different ways.

**4 Expansion** Have students create new sentences, employing additional uses of **por** and **para**.

**5 Teaching Tip** Ask students about the car in the picture. Ex: **¿Te gusta este carro? ¿Cuánto se paga por un carro así? ¿A cuántas millas por hora corre este carro?**

**5 Expansion**
- Ask volunteers to role-play their conversation for the class.
- Show a picture of an old used car and ask students to create a new conversation. The parents are offering to buy their son/daughter this car instead of the one shown in the activity.

**6 Teaching Tips**
- Before the bidding begins, display the items to be auctioned off and name them. Invite students to walk around with their group members and discuss what the items are, their purposes, and how much they will pay for them.
- Have groups prepare the opening statements for the items their members brought. Students then take turns opening up the bidding for the entire class. Non-group members may bid on each item. Group members should place bids to keep the bidding alive.

**TEACHING OPTIONS**

**Small Groups** Have students create a television advertisement for a car or piece of technological equipment. Students should: describe the item, why the customer should buy it, and reveal how much it costs; explain that the item is on sale only until a certain date; and detail any possible trade-ins. Students should use **por** and **para** as much as possible in their ad.

**Extra Practice** For students still having trouble distinguishing between **por** and **para**, have them create a mnemonic device, like a story or chant, for remembering the different uses. Ex: **Vine por la tarde y busqué por el parque, por el río y por el centro. Busqué por horas. Viajé por carro, por tren y por avión.** Do the same for **para**.

## Section Goal

In **Estructura 2.3**, students will learn the use of reciprocal reflexives.

**Instructional Resources**
**vText**
***Cuaderno de actividades,*** p. 99
***Cuaderno de práctica,*** pp. 21–22
***Cuaderno para hispanohablantes,*** pp. 27–28
***e-Cuaderno***
**Supersite:** Audio Activity MP3 Audio Files
**Supersite/TRCD/Print:** PowerPoints (Lección 2 Estructura Presentation); Audio Activity Script, Answer Keys
**Audio Activity CD:** CD 2, Tracks 16–18

### Teaching Tips

- Ask a volunteer to explain what reflexive verbs are. Ask other students to provide examples. Review reflexive verbs and pronouns by asking students questions about their personal routine. Ex: **Yo me desperté a las seis de la mañana. Y tú, ____ , ¿a qué hora te despertaste?**
- After going over the example sentences, ask students questions that contain or require reciprocal constructions. Ex: **¿Los estudiantes y los profesores siempre se saludan? ¿Se ven ustedes con frecuencia durante la semana? ¿Los candidatos siempre se respetan?**
- Add a visual aspect to this grammar presentation. Hold up images of pairs of celebrities and have students make statements about them, using reciprocal reflexives. Remind students they can use present, preterite, or imperfect tense. Ex: Photos of Jennifer López and Ben Affleck (**Antes se querían mucho, pero ahora no se hablan.**)

# 2.3 Reciprocal reflexives

NATIONAL STANDARDS comparisons

**ANTE TODO** You have learned that reflexive verbs indicate that the subject of a sentence does the action to itself. Reciprocal reflexives **(los reflexivos recíprocos)**, on the other hand, express a shared or reciprocal action between two or more people or things. In this context, the pronoun means *(to) each other* or *(to) one another.*

Luis y Marta **se** miran en el espejo.
*Luis and Marta look at themselves in the mirror.*

Luis y Marta **se** miran.
*Luis and Marta look at each other.*

▶ Only the plural forms of the reflexive pronouns (**nos, os, se**) are used to express reciprocal actions because the action must involve more than one person or thing.

Cuando **nos vimos** en la calle, **nos abrazamos**.
*When we saw each other on the street, we hugged one another.*

Ustedes **se** van a **encontrar** en el cibercafé, ¿no?
*You are meeting each other at the cybercafé, right?*

**Nos ayudamos** cuando usamos la computadora.
*We help each other when we use the computer.*

Las amigas **se saludaron** y **se besaron**.
*The friends greeted each other and kissed one another.*

**¡ATENCIÓN!**
Here is a list of common verbs that can express reciprocal actions:
**abrazar(se)** *to hug; to embrace (each other)*
**ayudar(se)** *to help (each other)*
**besar(se)** *to kiss (each other)*
**encontrar(se)** *to meet (each other); to run into (each other)*
**saludar(se)** *to greet (each other)*

**¡INTÉNTALO!** Indica el reflexivo recíproco adecuado y el presente o el pretérito de estos verbos.

**presente**

1. (escribir) Los novios _se escriben_.
   Nosotros _nos escribimos_.
   Ana y Ernesto _se escriben_.
2. (escuchar) Mis tíos _se escuchan_.
   Nosotros _nos escuchamos_.
   Ellos _se escuchan_.
3. (ver) Nosotros _nos vemos_.
   Fernando y Tomás _se ven_.
   Ustedes _se ven_.
4. (llamar) Ellas _se llaman_.
   Mis hermanos _se llaman_.
   Pepa y yo _nos llamamos_.

**pretérito**

1. (saludar) Nicolás y tú _se saludaron_.
   Nuestros vecinos _se saludaron_.
   Nosotros _nos saludamos_.
2. (hablar) Los amigos _se hablaron_.
   Elena y yo _nos hablamos_.
   Nosotras _nos hablamos_.
3. (conocer) Alberto y yo _nos conocimos_.
   Ustedes _se conocieron_.
   Ellos _se conocieron_.
4. (encontrar) Ana y Javier _se encontraron_.
   Los primos _se encontraron_.
   Mi hermana y yo _nos encontramos_.

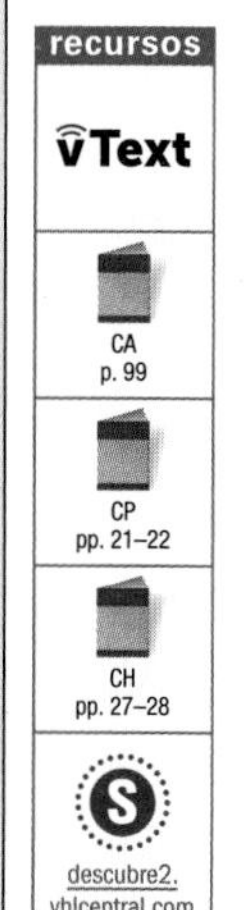


**TEACHING OPTIONS**

**Extra Practice** Have students describe what they and their best friend do together, or what their friends do together. Have them use these verbs: **llamarse por teléfono, verse, decirse, ayudarse, encontrarse, reunirse.** Ex: **Mi amigo y yo siempre nos ayudamos con la tarea.**

**Pairs** Have students write a conversation in which they discuss two friends who are romantically involved, but have had a misunderstanding. Ask them to incorporate these verbs: **conocerse, encontrarse, quererse, hablarse, enojarse, besarse, mirarse,** and **entenderse.** Have pairs read their conversations to the class.

# Práctica

**1** **Un amor recíproco** Describe a Laura y a Elián usando los verbos recíprocos.

*modelo*

Laura veía a Elián todos los días. Elián veía a Laura todos los días.
*Laura y Elián se veían todos los días.*

1. Laura conocía bien a Elián. Elián conocía bien a Laura.
   Laura y Elián se conocían bien.
2. Laura miraba a Elián con amor. Elián la miraba con amor también.
   Laura y Elián se miraban con amor.
3. Laura entendía bien a Elián. Elián entendía bien a Laura.
   Laura y Elián se entendían bien.
4. Laura hablaba con Elián todas las noches por teléfono. Elián hablaba con Laura todas las noches por teléfono.
   Laura y Elián se hablaban todas las noches por teléfono.
5. Laura ayudaba a Elián con sus problemas. Elián la ayudaba también con sus problemas.
   Laura y Elián se ayudaban con sus problemas.

**2** **Describir** Mira los dibujos y describe lo que estas personas hicieron.
Answers will vary. Possible answers:

1. Las hermanas se abrazaron.
2. Ellos se besaron.

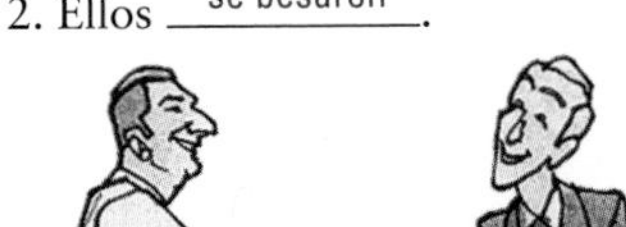

3. Gilberto y Mercedes no se miraron / no se hablaron / se enojaron.
4. Tú y yo nos saludamos / nos encontramos en la calle.

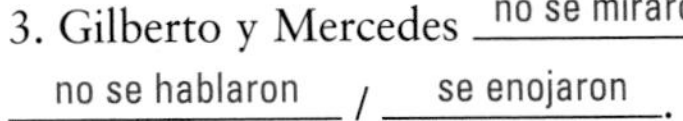

# Comunicación

NATIONAL communication STANDARDS

**3**  **Preguntas** En parejas, túrnense para hacerse estas preguntas. Answers will vary.

1. ¿Se vieron tú y tu mejor amigo/a ayer? ¿Cuándo se ven ustedes normalmente?
2. ¿Dónde se encuentran tú y tus amigos?
3. ¿Se ayudan tú y tu mejor amigo/a con sus problemas?
4. ¿Se entienden bien tú y tu hermano/a menor?
5. ¿Dónde se conocieron tú y tu mejor amigo/a? ¿Cuánto tiempo hace que se conocen ustedes?
6. ¿Cuándo se dan regalos tú y tus amigos?
7. ¿Se escriben tú y tus amigos mensajes de texto o prefieren llamarse por teléfono?
8. ¿Siempre se llevan bien tú y tus parientes? Explica.

Practice more at **descubre2.vhlcentral.com.**

**1 Teaching Tip** To simplify, before beginning the activity, review conjugations of the imperfect tense.

**1 Expansion**
- Have students expand upon the sentences to create a story about **Laura** and **Elián** falling in love.
- Have students rewrite the sentences, imagining that they are talking about themselves and their boyfriend/girlfriend, a close friend, or a relative.

**2 Teaching Tip** Have pairs choose a drawing and create the story of what the characters did leading up to the moment pictured and what they did after. Ask pairs to share their stories and have the class vote for the most original or funniest one.

**3 Teaching Tips**
- To simplify, ask students to read through the questions and prepare short answers before talking to their partner.
- Encourage students to verify what they hear by paraphrasing or summarizing their partner's responses.

**3 Expansion** Have students ask follow-up questions after their partner has answered the original ones. Ex: **¿A qué hora se vieron ayer? ¿Dónde se vieron? ¿Por qué se vieron ayer? ¿Para qué se ven ustedes normalmente?**

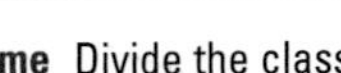

TEACHING OPTIONS

**Game** Divide the class into teams of four to play a guessing game. Write a verb on the board. Teams have twenty seconds to come up with a famous couple or two famous people or entities that behave or feel that way toward each other. The verb may be conjugated in the present, imperfect, or preterite tense. Ex: **quererse (Romeo y Julieta se querían.)** All teams with a correct answer earn one point.

**TPR** Call on a pair of volunteers to act out a reciprocal action. The class will guess the action, using the verb in a sentence.

**Heritage Speakers** Ask heritage speakers to summarize the action of their favorite love story, soap opera, or television drama. They should try to use as many reciprocal reflexives as possible in their summaries.

Tutorial
Audio: Chart
Game



## Section Goals

In **Estructura 2.4**, students will learn:

- the stressed possessive adjectives and pronouns
- placement of stressed possessive adjectives

**Instructional Resources**

**vText**

***Cuaderno de actividades,*** pp. 7–8, 100
***Cuaderno de práctica,*** pp. 23–24
***Cuaderno para hispanohablantes,*** p. 29
***e-Cuaderno***
**Supersite:** Audio Activity MP3 Audio Files
**Supersite/TRCD/Print:** PowerPoints (Lección 2 Estructura Presentation); Communication Activities, Audio Activity Script, Answer Keys
**Audio Activity CD:** CD 2, Tracks 19–21

## Teaching Tips

- Ask questions that involve possessive adjectives and respond to student answers with statements that involve the stressed possessive pronouns. Write each stressed pronoun you introduce on the board as you say it. Ex: ____, **¿es éste tu lápiz? (Sí.) Pues, este lápiz es tuyo,** ____. Show your own pencil. **Éste es mi lápiz. Este lápiz es mío.**
- Write the masculine forms of the stressed possessive adjectives/pronouns on the board, and ask volunteers to give the feminine and plural forms. Emphasize that when a stressed possessive adjective is used, the word it modifies is preceded by an article.

# 2.4 Stressed possessive adjectives and pronouns

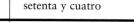

**ANTE TODO** Spanish has two types of possessive adjectives: the unstressed (or short) forms you learned in **Descubre, nivel 1** and the stressed (or long) forms. The stressed forms are used for emphasis or to express *of mine, of yours,* and so on.

### Stressed possessive adjectives

| Masculine singular | Feminine singular | Masculine plural | Feminine plural | |
|---|---|---|---|---|
| **mío** | **mía** | **míos** | **mías** | *my; (of) mine* |
| **tuyo** | **tuya** | **tuyos** | **tuyas** | *your; (of) yours* (fam.) |
| **suyo** | **suya** | **suyos** | **suyas** | *your; (of) yours* (form.)*; his; (of) his; her; (of) hers; its* |
| **nuestro** | **nuestra** | **nuestros** | **nuestras** | *our; (of) ours* |
| **vuestro** | **vuestra** | **vuestros** | **vuestras** | *your; (of) yours* (fam.) |
| **suyo** | **suya** | **suyos** | **suyas** | *your; (of) yours* (form.)*; their; (of) theirs* |

- **¡Atención!** Used with **un/una**, these possessives are similar in meaning to the English expression *of mine/yours/*etc.

Juancho es **un** amigo **mío.**
*Juancho is a friend of mine.*

Ella es **una** compañera **nuestra**.
*She is a classmate of ours.*

- Stressed possessive adjectives agree in gender and number with the nouns they modify. Stressed possessive adjectives are placed after the noun they modify, while unstressed possessive adjectives are placed before the noun.

**su** impresora
*her printer*

**nuestros** televisores
*our television sets*

la impresora **suya**
*her printer*

los televisores **nuestros**
*our television sets*

- A definite article, an indefinite article, or a demonstrative adjective usually precedes a noun modified by a stressed possessive adjective.

Me encantan
- **unos** discos compactos **tuyos**. *I love some of your CDs.*
- **los** discos compactos **tuyos**. *I love your CDs.*
- **estos** discos compactos **tuyos**. *I love these CDs of yours.*

- Since **suyo, suya, suyos,** and **suyas** have more than one meaning, you can avoid confusion by using the construction: [*article*] + [*noun*] + **de** + [*subject pronoun*].

**el** teclado **suyo**

el teclado **de él/ella** — *his/her keyboard*
el teclado **de ustedes** — *your keyboard*

**TEACHING OPTIONS**

**TPR** Have the class stand in a circle. Call out a sentence using a possessive adjective. (Ex: **Nuestros radios son nuevos.**) Toss a foam or paper ball to a student, who restates the sentence with a stressed possessive adjective (Ex: **Los radios nuestros son nuevos.**), and throws the ball to another student. He or she must restate it using a stressed possessive pronoun (Ex: **Los nuestros son nuevos.**) and toss the ball back to you.

**Extra Practice** Call out a noun and subject, then ask students to say which stressed possessive adjective they would use. Ex: **discos compactos, ustedes (suyos)**
**TPR** Place photos of objects in a bag. Ask students to retrieve one photo and mime how they would use the item. Have volunteers use stressed possessives to guess the item. Ex: **Es el carro de ____ y ____. Es el carro suyo.**

## Possessive pronouns

- Possessive pronouns **(los pronombres posesivos)** are used to replace a noun + [*possessive adjective*]. In Spanish, the possessive pronouns have the same forms as the stressed possessive adjectives, and they are preceded by a definite article.

**la** calculadora **nuestra** → **la nuestra**
**el** *fax* **tuyo** → **el tuyo**
**los** archivos **suyos** → **los suyos**

- A possessive pronoun agrees in number and gender with the noun it replaces.

—Aquí está **mi coche**. ¿Dónde está **el tuyo**?
*Here's my car. Where is yours?*

—**El mío** está en el taller de mi hermano.
*Mine is at my brother's garage.*

—¿Tienes **las revistas** de Carlos?
*Do you have Carlos' magazines?*

—No, pero tengo **las nuestras.**
*No, but I have ours.*

Episodio veintiuno: Tecnohombre y los superamigos suyos salvan el mundo una vez más.


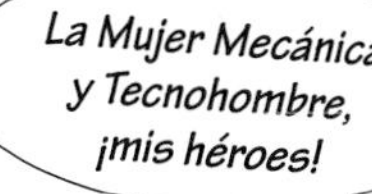

La Mujer Mecánica y Tecnohombre, ¡mis héroes!
¡Y los míos también!

**¡INTÉNTALO!** Indica las formas tónicas (*stressed*) de estos adjetivos posesivos y los pronombres posesivos correspondientes.

| | adjetivos | pronombres |
|---|---|---|
| 1. su videocasetera | la videocasetera suya | la suya |
| 2. mi televisor | el televisor mío | el mío |
| 3. nuestros discos compactos | los discos compactos nuestros | los nuestros |
| 4. tus calculadoras | las calculadoras tuyas | las tuyas |
| 5. su monitor | el monitor suyo | el suyo |
| 6. mis videos | los videos míos | los míos |
| 7. nuestra impresora | la impresora nuestra | la nuestra |
| 8. tu estéreo | el estéreo tuyo | el tuyo |
| 9. nuestro cederrón | el cederrón nuestro | el nuestro |
| 10. mi computadora | la computadora mía | la mía |

**recursos**

vText

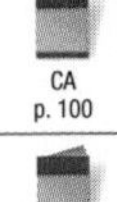
CA p. 100

CP pp. 23–24

CH p. 29

descubre2.vhlcentral.com

**Teaching Tips**

- Ask students questions using unstressed possessive adjectives or the [*article*] + [*noun*] + **de** construction before a name, and have them answer with a possessive pronoun. Ex: **Es tu cuaderno, ¿verdad? (Sí, es el mío.) Clase, ¿son éstos sus exámenes? (Sí, son los nuestros.) Ésta es la mochila negra de ____, ¿no? (No, no es la suya. La mochila roja es la suya.)**
- Point out that the function of the stressed possessives is to give emphasis. They are often used to point out contrasts. Ex: **¿Tu carro es azul? Pues, el carro mío es rojo. ¿Tu cámara digital no es buena? La mía es excelente.**

**TEACHING OPTIONS**

**Video** Replay the **Fotonovela**, having students listen for each use of an unstressed possessive adjective and write down the sentence in which it occurs. Next, have students rewrite those sentences using a stressed possessive adjective. Then, discuss how the use of stressed possessive adjectives affected the meaning or fluidity of the sentences.

**Pairs** Tell students that their laundry has gotten mixed up with their twin sibling's and since they are the same size and have the same tastes in clothing, they cannot tell what belongs to whom. Have them ask each other questions about different articles of clothing. Ex: **—¿Son tuyos estos pantalones de rayas? —Sí, son míos. —Y, ¿estos calcetines rojos son tuyos? —Sí, son míos, pero esta camisa grandísima no es mía.**

**1 Expansion** Have students write four additional dehydrated sentences that use stressed possessive adjectives or pronouns. Have them exchange papers with a classmate, who will "rehydrate" them.

**2 Expansion** Have students continue the activity, using these items: **la impresora, el teléfono celular, la videocasetera, el reproductor de DVD, la contestadora,** and **el reproductor de MP3.**

# Práctica

**1 Oraciones** Forma oraciones con estas palabras. Usa el presente y haz los cambios necesarios.

1. un / amiga / suyo / vivir / Mendoza Una amiga suya vive en Mendoza.
2. ¿me / prestar / calculadora / tuyo? ¿Me prestas la calculadora tuya?
3. el / coche / suyo / nunca / funcionar / bien El coche suyo nunca funciona bien.
4. no / nos / interesar / problemas / suyo No nos interesan los problemas suyos.
5. yo / querer / cámara digital / mío / ahora mismo Yo quiero la cámara digital mía ahora mismo.
6. un / amigos / nuestro / manejar / como / loco Unos amigos nuestros manejan como locos.

**2 ¿Es suyo?** Un policía ha capturado (*has captured*) al hombre que robó (*robbed*) en tu casa. Ahora quiere saber qué cosas son tuyas. Túrnate con un(a) compañero/a para hacer el papel del policía y usa las pistas para contestar las preguntas.

**modelo**

no/viejo

**Policía:** Esta calculadora, ¿es suya?

**Estudiante:** No, no es mía. La mía era más vieja.

1. sí Este estéreo, ¿es suyo?/Sí, es mío.

2. sí Esta computadora portátil, ¿es suya?/Sí, es mía.

3. sí Este radio, ¿es suyo?/Sí, es mío.

4. no/grande Este televisor, ¿es suyo?/ No, no es mío. El mío era más grande.

5. no/pequeño Esta cámara de video, ¿es suya?/ No, no es mía. La mía era más pequeña.

6. no/de Shakira Estos discos compactos, ¿son suyos?/ No, no son míos. Los míos eran de Shakira.

**3 Conversaciones** Completa estas conversaciones con las formas adecuadas de los pronombres posesivos.

1. —La casa de ellos estaba en la Avenida Borges. ¿Dónde estaba la casa de ustedes?
   —La nuestra estaba en la calle Bolívar.
2. —A Carmen le encanta su monitor nuevo.
   —¿Sí? A José no le gusta el suyo.
3. —Puse mis discos aquí. ¿Dónde pusiste los tuyos, Alfonso?
   —Puse los míos en el escritorio.
4. —Se me olvidó traer mis llaves. ¿Trajeron ustedes las suyas?
   —No, dejamos las nuestras en casa.
5. —Yo compré mi computadora en una tienda y Marta compró la suya en Internet. Y la tuya, ¿dónde la compraste?
   —La mía es de Cíbermax.

**3 Teaching Tip** To simplify, have students begin by scanning the conversations and writing the English translation of the word for each blank. Ex: 1. *Ours*. Then have them identify the noun that the pronoun refers to and state its gender and number. Ex: 1. **la casa;** feminine singular.

**3 Expansion** Have students create conversations modeled after the ones in the activity and perform them for the class. Each one should consist of at least six lines and use as many stressed possessive adjectives and pronouns as possible.

## TEACHING OPTIONS

**Large Groups** Have students bring in a photo of their favorite car and tell them to imagine that everyone in town is picking up his or her car at the mechanic's shop at the same time. Have students role-play a scene between the mechanic and several customers. The mechanic tries to determine to whom each car belongs.

**Pairs** In pairs have students make a wish list consisting of ten items, then give it to another pair. Students should decide who gets what on the list, justifying their claim. Ex: **La bicicleta nueva es mía. La necesito para ir a la escuela.** Students should try to use at least one possessive adjective or pronoun in their claims.

# Comunicación

4 **Identificar** Trabajen en grupos. Cada estudiante da tres objetos. Pongan todos los objetos juntos. Luego, un(a) estudiante escoge uno o dos objetos y le pregunta a otro/a si esos objetos son suyos. Usen los adjetivos posesivos en sus preguntas. Answers will vary.

*modelo*

**Estudiante 1:** Felipe, ¿son tuyos estos discos compactos?
**Estudiante 2:** Sí, son míos.
No, no son míos. Son los discos compactos de Bárbara.

5 **Comparar** Trabajen en parejas. Intenta (*Try to*) convencer a tu compañero/a de que algo que tú tienes es mejor que lo que él/ella tiene. Pueden hablar de sus carros, estéreos, discos compactos, clases, horarios o trabajos. Answers will vary.

*modelo*

**Estudiante 1:** Mi computadora tiene una pantalla de quince pulgadas (*inches*). ¿Y la tuya?
**Estudiante 2:** La mía es mejor porque tiene una pantalla de diecisiete pulgadas.
**Estudiante 1:** Pues la mía...

 Practice more at **descubre2.vhlcentral.com.**

# Síntesis

6 **Inventos locos** En grupos pequeños, lean la descripción de este invento fantástico. Después diseñen su propio invento y expliquen por qué es mejor que el de los demás grupos. Utilicen los posesivos, **por** y **para** y el vocabulario de **Contextos**. Answers will vary.

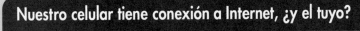

**Nuestro celular tiene conexión a Internet, ¿y el tuyo?**

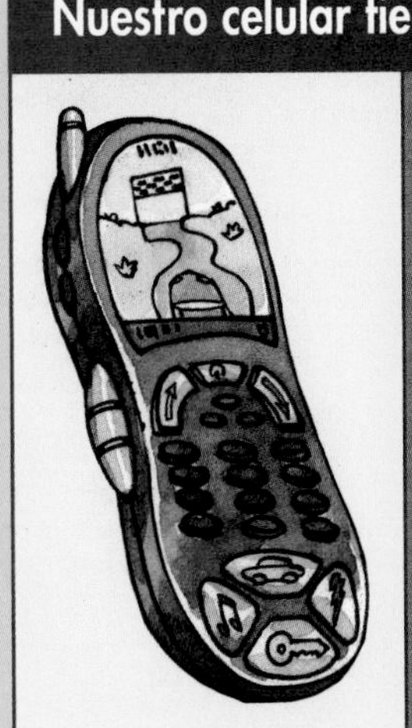

**Este teléfono celular es mucho mejor que el tuyo por estas razones:**

- El nuestro tiene capacidad para guardar un millón de mensajes electrónicos.
- El celular nuestro toma video.
- Da la temperatura.
- Funciona como control remoto para la tele.
- También arranca el coche y tiene reproductor de MP3.

**Sirve para todo.**

Oferta: $45 por mes (con un contrato mínimo de dos años)
Para más información, llama al 607-362-1990 o visita nuestro sitio web www.telefonoloco.com

**4 Teaching Tip** If students cannot bring in three objects, have them either find photos of objects or draw them. Students should find one feminine, one masculine, and one plural object to do the activity.

**5 Teaching Tip** Before beginning the activity, have students make a list of objects to compare. Then have them brainstorm as many different qualities or features of those objects as they can. Finally, have them list adjectives that they might use to compare the objects they have chosen.

**5 Expansion** Have pairs who had a heated discussion perform it for the class.

**6 Expansion** To challenge students, have them modify their ad for television or radio.

**Teaching Tip** See the Communication Activities for an additional activity to practice the material presented in this section.

**TEACHING OPTIONS**

**Large Group** Add a visual aspect to this grammar practice. Ask each student to bring in a photo of an object. Tell students not to tell anyone what their object is, and place it in a bowl. Call students up one at a time to choose a photo from the bowl. Students then circulate around the classroom, trying to find the owner of their photo. Ex: **¿Es tuyo este disco compacto? (No, no es mío.** or **Sí, es mío.)**

**Extra Practice** Have students imagine that they work at a car dealership in sales and they are writing a letter to a customer explaining why their cars are better than those of the other dealerships in town. Students should compare several attributes of the cars and use stressed possessive adjectives and pronouns as much as possible.

## Section Goal

In **Recapitulación**, students will review the grammar concepts from this lesson.

**Instructional Resources**
**v̂Text**
**Supersite**
**Testing Program CD:**
Tracks 5–8

**1 Teaching Tip** Remind students that the **–s** ending is only present in negative familiar commands.

**1 Expansion** To challenge students, have them write mini-dialogues that include these command forms and the vocabulary of the lesson.

**2 Teaching Tip** Ask students to identify the rule associated with each use of **por** or **para** in the sentences.

**2 Expansion** Ask questions using **por** and **para**. Ex: **¿Hablan mucho por el *messenger*? ¿Para qué clase estudian más, la clase de español o la clase de matemáticas?**

**3 Expansion** Change the number of the noun in each question and have students repeat the activity. Ex: **1. ¿Éstos son mis bolígrafos? (Sí, son los tuyos.)**

# Recapitulación

**Completa estas actividades para repasar los conceptos de gramática que aprendiste en esta lección.**

**1 Completar** Completa la tabla con las formas de los mandatos familiares. 8 pts.

| Infinitivo | Mandato | |
|---|---|---|
| | Afirmativo | Negativo |
| comer | come | no comas |
| hacer | haz | no hagas |
| sacar | saca | no saques |
| venir | ven | no vengas |
| ir | ve | no vayas |

**2 Por y para** Completa el diálogo con **por** o **para**. 10 pts.

**MARIO** Hola, yo trabajo (1) para el periódico de la escuela. ¿Puedo hacerte unas preguntas?

**INÉS** Sí, claro.

**MARIO** ¿Navegas mucho (2) por la red?

**INÉS** Sí, todos los días me conecto a Internet (3) para leer mi correo y navego (4) por una hora. También me gusta hablar (5) por el *messenger* con mis amigos. Es barato y, (6) para mí, es divertido.

**MARIO** ¿Y qué piensas sobre hacer la tarea en la computadora?

**INÉS** En general, me parece bien, pero (7) por ejemplo, anoche hice unos ejercicios (8) para la clase de álgebra y al final me dolieron los ojos. (9) Por eso a veces prefiero hacer la tarea a mano.

**MARIO** Muy bien. Muchas gracias (10) por tu ayuda.

**3 Posesivos** Completa las oraciones y confirma de quién son las cosas. 6 pts.

1. —¿Éste es mi bolígrafo? —Sí, es el tuyo (*fam.*).
2. —¿Ésta es la cámara de tu papá? —Sí, es la suya.
3. —¿Ese teléfono es de Pilar? —Sí, es el suyo.
4. —¿Éstos cederrones son de ustedes? —No, no son nuestros.
5. —¿Ésta es tu computadora portátil? —No, no es mía.
6. —¿Ésas son mis calculadoras? —Sí, son las suyas (*form.*).

### RESUMEN GRAMATICAL

**2.1 Familiar commands** pp. 64–65

| tú commands | | |
|---|---|---|
| Infinitive | Affirmative | Negative |
| guardar | guarda | no guardes |
| volver | vuelve | no vuelvas |
| imprimir | imprime | no imprimas |

Irregular **tú** command forms

- dar → no des
- decir → di
- estar → no estés
- hacer → haz
- ir → ve, no vayas
- poner → pon
- saber → no sepas
- salir → sal
- ser → sé, no seas
- tener → ten
- venir → ven

► Verbs ending in **-car, -gar, -zar** have a spelling change in the negative **tú** commands:

sacar → no saques
apagar → no apagues
almorzar → no almuerces

**2.2 Por and para** pp. 68–69

► Uses of **por**:

motion or general location; duration; reason or motive; object of a search; means by which something is done; exchange or substitution; unit of measure

► Uses of **para**:

destination; deadline; purpose or goal; recipient of something; comparison or opinion; in the employ of

**2.3 Reciprocal reflexives** p. 72

► Reciprocal reflexives express a shared or reciprocal action between two or more people or things. Only the plural forms (**nos, os, se**) are used.

Cuando **nos vimos** en la calle, **nos abrazamos**.

► Common verbs that can express reciprocal actions:

**abrazar(se), ayudar(se), besar(se), conocer(se), encontrar(se), escribir(se), escuchar(se), hablar(se), llamar(se), mirar(se), saludar(se), ver(se)**

### TEACHING OPTIONS

**Pairs** Have pairs create a short survey about technology use. Encourage them to use **por** and **para**, as well as adverbs like **a menudo, normalmente**, etc. Then have them exchange their surveys with another pair and complete them. Ask volunteers to share their survey results with the class.

**Extra Practice** Tell students that you are a new student in class who likes to take people's things. Go around the room and gather students' belongings (books, pens, bags, etc.). In each case, insist that the item is yours. Ex: **Esta mochila es mía.** Have students protest and take their item back. Ex: **Esta mochila no es tuya, es mía.** Have other students contribute by asking, **¿Esta mochila es suya o es mía?**

**4** **Ángel y diablito** A Juan le gusta pedir consejos a su ángel y a su diablito imaginarios. Completa las respuestas con mandatos familiares desde las dos perspectivas. 8 pts.

1. Estoy manejando. ¿Voy más rápido?
   Á No, no vayas más rápido.
   D Sí, ve más rápido.
2. Es el disco compacto favorito de mi hermana. ¿Lo pongo en mi mochila?
   Á No, no lo pongas en tu mochila.
   D Sí, ponlo en tu mochila.
3. Necesito estirar (*to stretch*) las piernas. ¿Doy un paseo?
   Á Sí, da un paseo.
   D No, no des un paseo.
4. Mi amigo necesita imprimir algo. ¿Apago la impresora?
   Á No, no apagues la impresora.
   D Sí, apaga la impresora.

**2.4 Stressed possessive adjectives and pronouns** *pp. 74–75*

| Stressed possessive adjectives | |
|---|---|
| **Masculine** | **Feminine** |
| mío(s) | mía(s) |
| tuyo(s) | tuya(s) |
| suyo(s) | suya(s) |
| nuestro(s) | nuestra(s) |
| vuestro(s) | vuestra(s) |
| suyo(s) | suya(s) |

la impresora **suya** → **la suya**
las llaves **mías** → **las mías**

**5** **Oraciones** Forma oraciones para expresar acciones recíprocas con el tiempo indicado. 6 pts.

*modelo*
tú y yo / conocer / bien (presente) *Tú y yo nos conocemos bien.*

1. José y Paco / llamar / una vez por semana (imperfecto)
   José y Paco se llamaban una vez por semana.
2. mi novia y yo / ver / todos los días (presente)
   Mi novia y yo nos vemos todos los días.
3. los compañeros de clase / ayudar / con la tarea (pretérito)
   Los compañeros de clase se ayudaron con la tarea.
4. tú y tu mamá / escribir / por correo electrónico / cada semana (imperfecto)
   Tú y tu mamá se escribían por correo electrónico cada semana.
5. mis hermanas y yo / entender / perfectamente (presente)
   Mis hermanas y yo nos entendemos perfectamente.
6. los profesores / saludar / con mucho respeto (pretérito)
   Los profesores se saludaron con mucho respeto.

**6** **La tecnología** Escribe al menos seis oraciones diciéndole a un(a) amigo/a qué hacer para tener "una buena relación" con la tecnología. Usa mandatos familiares afirmativos y negativos. 12 pts.
Answers will vary.

**7** **Saber compartir** Completa la expresión con los dos pronombres posesivos que faltan.
¡2 puntos EXTRA!

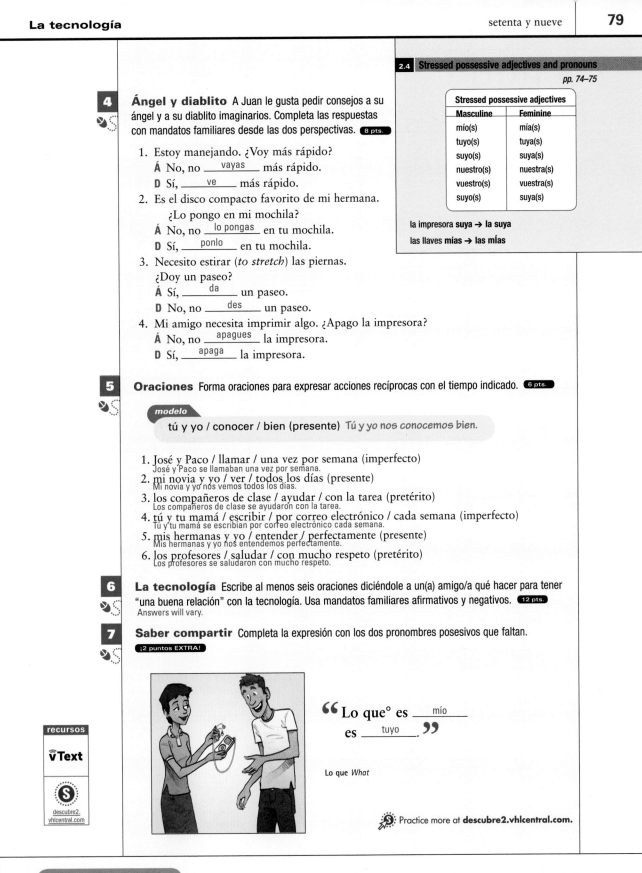

"Lo que° es mío es tuyo."

Lo que *What*

**recursos**
vText

descubre2.vhlcentral.com

 Practice more at **descubre2.vhlcentral.com.**

**4 Teaching Tip** Have volunteers role-play each exchange for the class.

**4 Expansion** Give students these situations as items 5–8: **5. Mi amigo tiene las respuestas del examen final de historia. ¿Se las pido? (No, no se las pidas.; Sí, pídeselas.) 6. Es el cumpleaños de mi madrastra. ¿Le compro algo? (Sí, cómprale algo.; No, no le compres nada.) 7. Rompí la computadora portátil de mi padre. ¿Se lo digo? (Sí, díselo.; No, no se lo digas.) 8. No tengo nada de dinero. ¿Busco trabajo? (Sí, búscalo.; No, no lo busques.)**

**5 Expansion** Have students create two additional dehydrated sentences. Then have them exchange papers with a classmate and complete the exercise.

**6 Teaching Tip** To challenge students, have them first write a letter from the point of view of the friend who needs help with technology. Then have students write their suggestions according to the problems outlined in the letter.

**7 Teaching Tip** Explain that this expression takes the masculine possessive form because it does not refer to anything specific, as denoted by **lo que**.

**TEACHING OPTIONS**

**TPR** Divide the class into two groups, **por** and **para**, and have them line up. Choose a volunteer to go first from each team and say an English sentence using an equivalent of **por** or **para**. Ex: Yesterday I got sick and my brother worked *for* me. The student whose team corresponds to the correct Spanish equivalent of *for* has five seconds to step forward and give the Spanish translation. Ex: **Ayer me enfermé y mi hermano trabajó *por* mí.**

**Small Groups** As a class, brainstorm a list of infinitives that can be made reciprocal (**llamar, abrazar, conocer**, etc.) and write them on the board. In small groups, have students create a dialogue using at least six of these infinitives. Then have students act out their dialogues for the class. Encourage students to use the lesson's vocabulary.

## Section Goals

In **Lectura**, students will:

- learn how to recognize borrowed words
- increase their reading comprehension in Spanish by using borrowed words to predict content
- read a content-rich text with borrowed words

**Instructional Resources**
**vText**
***Cuaderno para hispanohablantes,*** pp. 30–32
**Supersite**

**Estrategia** Tell students that recognizing words borrowed from English will help them understand unfamiliar texts.

**Examinar el texto** Ask students to scan the text for borrowed words. When they are finished, ask volunteers to tell what the text is about.

**Buscar** Model for the whole class the pronunciation of the borrowed words.

**Predecir** Discuss how borrowed words coupled with other context clues helped students predict content.

# Lectura

## Antes de leer

### Estrategia

**Recognizing borrowed words**

One way languages grow is by borrowing words from each other. English words that relate to technology often are borrowed by Spanish and other languages throughout the world. Sometimes the words are modified slightly to fit the sounds of the languages that borrow them. When reading in Spanish, you can often increase your understanding by looking for words borrowed from English or other languages you know.

**Examinar el texto**

Mira brevemente° la selección. ¿De qué trata°? ¿Cómo lo sabes? Answers will vary.

**Buscar**

Esta lectura contiene varias palabras tomadas° del inglés. Trabaja con un(a) compañero/a para encontrarlas. Internet, fax, Deep Blue

**Predecir**

Trabaja con un(a) compañero/a para contestar estas preguntas. Answers will vary.

1. En la foto, ¿quiénes participan en el juego?
2. ¿Jugabas en una computadora cuando eras niño/a? ¿Juegas ahora?
3. ¿Cómo cambiaron las computadoras y la tecnología en los años 80? ¿En los años 90? ¿En los principios del siglo XXI?
4. ¿Qué tipo de "inteligencia" tiene una computadora?
5. ¿Qué significa "inteligencia artificial" para ti?

brevemente *briefly*
¿De qué trata? *What is it about?*
tomadas *taken*

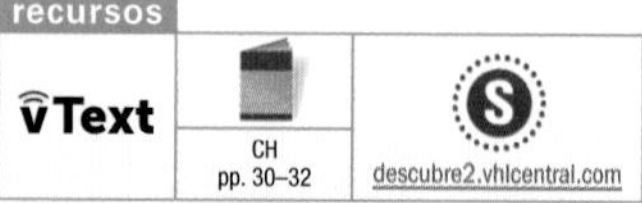


# Inteligencia y memoria: **la inteligencia artificial**

por **Alfonso Santamaría**

Una de las principales características de la película de ciencia ficción *2001: Una odisea del espacio*, es la gran inteligencia de su protagonista no humano, la computadora HAL-9000. Para muchas personas, la genial película de Stanley Kubrick es una reflexión sobre la evolución de la inteligencia, desde que el hombre utilizó por primera vez un hueso como herramienta° hasta la llegada de la inteligencia artificial (I.A.).

Ahora que vivimos en el siglo XXI, un mundo en el que Internet y el *fax* son ya comunes, podemos preguntarnos: ¿consiguieron los científicos especialistas en I.A. crear una computadora como HAL? La respuesta es no. Hoy día no existe una computadora con las capacidades intelectuales de HAL porque todavía no existen *inteligencias*

herramienta *tool*

## Después de leer

**¿Cierto o falso?**

Indica si cada oración es **cierta** o **falsa**. Corrige las falsas.

Cierta 1. La computadora HAL-9000 era muy inteligente.

Falsa 2. Deep Blue es un buen ejemplo de la inteligencia artificial general. Deep Blue es un buen ejemplo de la inteligencia artificial especializada.

Falsa 3. El maestro de ajedrez Garry Kasparov le ganó a Deep Blue en 1997. Deep Blue le ganó a Garry Kasparov en 1997.

Cierta 4. Las computadoras no tienen la creatividad de Mozart o Picasso.

Falsa 5. Hoy hay computadoras como HAL-9000. Las computadoras con la inteligencia de HAL-9000 son pura ciencia ficción.

**TEACHING OPTIONS**

**Pairs** Have pairs of students work together to write at least two true-false statements about each paragraph in the reading. Then have them exchange papers with another pair, who will complete the activity and correct the false information.

**Game** Have students write a short description of a new type of technology that has changed their lives. Tell them to present the most general clues first, moving toward more specific clues. Ex: **Con esto puedo enviarles mensajes cortos a mis amigos. Y los amigos míos pueden contestarme inmediatamente. Uso el celular sin usar minutos. (mensajes de texto)** Have students read their descriptions for the class to guess.

*artificiales generales* que demuestren lo que llamamos "sentido común"°. Sin embargo, la I.A. está progresando mucho en el desarrollo° de las inteligencias especializadas. El ejemplo más famoso es Deep Blue, la computadora de IBM especializada en jugar al ajedrez°.

La idea de crear una máquina con capacidad para jugar al ajedrez se originó en 1950. En esa década, el científico Claude Shannon desarrolló una teoría que se convirtió en realidad en 1967, cuando apareció el primer programa que permitió a una computadora competir, aunque sin éxito°, en un campeonato° de ajedrez. Más de veinte años después, un grupo de expertos en I.A. fue al centro de investigación

Thomas J. Watson de Nueva York para desarrollar Deep Blue, la computadora que en 1997 derrotó° al campeón mundial de ajedrez, Garry Kasparov. Esta extraordinaria computadora pudo ganarle al maestro ruso de ajedrez porque estaba diseñada para procesar 200 millones de jugadas° por segundo. Además, Deep Blue guardaba en su memoria una recopilación de los movimientos de ajedrez más brillantes de toda la historia, entre ellos los que Kasparov efectuó en sus competiciones anteriores.

Para muchas personas, la victoria de Deep Blue sobre Kasparov simbolizó la victoria de la inteligencia artificial sobre la del ser humano°. Debemos reconocer los grandes avances científicos en el área de las computadoras y las ventajas° que pueden traernos en un futuro, pero también tenemos que entender sus limitaciones. Las computadoras generan nuevos modelos con conocimientos° muy definidos, pero todavía no tienen sentido común: una computadora como Deep Blue puede ganar una partida° de ajedrez, pero no puede explicar la diferencia entre una reina° y un peón°. Tampoco puede crear algo nuevo y original a partir de lo establecido, como hicieron Mozart o Picasso.

Las inteligencias artificiales especializadas son una realidad. ¿Pero una inteligencia como la de HAL-9000? Pura ciencia ficción. ■

sentido común *common sense* desarrollo *development* ajedrez *chess* éxito *success* campeonato *championship* derrotó *defeated* jugadas *moves* la del ser humano *that of the human being* ventajas *advantages* conocimientos *knowledge* partida *match* reina *queen* peón *pawn*

**¿Cierto o falso?** If students have difficulty with any item, have them work in pairs to locate the source of that information in the text.

**Preguntas** As you go over the items with the class, have students jot down the correct answers in complete sentences. Then, assign each answer to a small group, who will use it as a topic sentence for a short paragraph that elaborates on the answer based on the reading. This elaboration can be done orally and groups should later share their discussions with the class.

**Conversar** Ask students how the views expressed in the article might have influenced their answers to these questions.

## Preguntas 

Contesta las preguntas.

1. ¿Qué tipo de inteligencia se relaciona con HAL-9000? La inteligencia artificial general se relaciona con HAL-9000.
2. ¿Qué tipo de inteligencia tienen las computadoras como Deep Blue? Las computadoras como Deep Blue tienen una inteligencia especializada.
3. ¿Cuándo se originó la idea de crear una máquina para jugar al ajedrez? La idea de crear una máquina para jugar al ajedrez se originó en 1950.
4. ¿Qué compañía inventó Deep Blue? IBM inventó Deep Blue.
5. ¿Por qué Deep Blue le pudo ganar a Garry Kasparov? Deep Blue le ganó a Garry Kasparov porque podía procesar 200 millones de jugadas por segundo.

## Conversar

En grupos pequeños, hablen de estos temas.
Answers will vary.

1. ¿Son las computadoras más inteligentes que los seres humanos?
2. ¿Para qué cosas son mejores las computadoras, y para qué cosas son mejores los seres humanos? ¿Por qué?
3. En el futuro, ¿van a tener las computadoras la inteligencia de los seres humanos? ¿Cuándo?

 Practice more at **descubre2.vhlcentral.com.**

### TEACHING OPTIONS

**Large Groups** Ask students to work in groups of six. Tell them to improvise and create a humorous story about computers, artificial intelligence or a topic related to the lesson. Ask one person in the group to start it off by giving an introductory sentence, such as: **Ayer estuvimos en el coche y ocurrió algo muy raro.** Others add sentences, one at a time, with additional details to complete the story. Encourage students to be creative and make the story as long as they wish.

**Pairs** Ask students to work together to create answers and corresponding questions. Have one partner create the answers to questions about artificial intelligence. The other partner develops the questions that relate to the answers. Then have the partners switch roles.

## Section Goals

In **Escritura**, students will:

- learn to prepare for writing by making a list of key words they plan to use as they write
- write an e-mail to a friend giving instructions for creating a website

**Instructional Resources**
**v̂Text**
***Cuaderno de actividades,*** pp. 143–144
***Cuaderno para hispanohablantes,*** pp. 33–34
**Supersite**

**Estrategia** Discuss the importance of writing clear instructions and the need to be precise. Encourage students to rely primarily on vocabulary they already know when preparing their list of key words. They should consult the dictionary only if they need a word that they consider central to their writing. Explain that spending too much time looking through a dictionary could sidetrack them and make them lose the focus of the writing activity.

**Tema** Have students brainstorm and categorize a list of verbs and instructions that they may use in their e-mails. Ask a volunteer to record students' suggestions on the board. Tell students they will be composing their e-mails using affirmative and negative **tú** commands.

# Escritura

## Estrategia

### Listing key words

Once you have determined a topic for a piece of writing, it is helpful to make a list of key words you can use while you write. If you were to write a description of your school's campus, for example, you would probably need a list of prepositions that describe location, such as **en frente de, al lado de,** and **detrás de.** Likewise, a list of descriptive adjectives would be useful to you if you were writing about the people and places of your childhood.

By preparing a list of potential words ahead of time, you will find it easier to avoid using the dictionary while writing your first draft. You will probably also learn a few new words in Spanish while preparing your list of key words.

Listing useful vocabulary is also a valuable organizational strategy, since the act of brainstorming key words will help you to form ideas about your topic. In addition, a list of key words can help you avoid redundancy when you write.

If you were going to help someone write a personal ad, what words would be most helpful to you? Jot a few of them down and compare your list with a partner's. Did you choose the same words? Would you choose any different or additional words, based on what your partner wrote?

1. ______________________
2. ______________________
3. ______________________
4. ______________________
5. ______________________
6. ______________________

## Tema

### Escribir instrucciones

Uno de tus amigos argentinos quiere crear un sitio web sobre películas estadounidenses. Te pide sugerencias sobre qué información puede incluir y no incluir en su sitio web.

Escríbele un correo en el que le explicas claramente° cómo organizar el sitio web y qué información puede incluir.

Cuando escribas tu correo, considera esta información:

- una sugerencia para el nombre del sitio web
- mandatos afirmativos para describir en detalle lo que tu amigo/a puede incluir en el sitio web
- una lista de las películas americanas más importantes de todos los tiempos (en tu opinión)
- mandatos negativos para sugerirle a tu amigo/a qué información no debe incluir en el sitio web

**claramente** *clearly*

recursos: v̂Text | CA pp. 143–144 | CH pp. 33–34 | descubre2.vhlcentral.com

**EVALUATION: Instrucciones**

| Criteria | Scale |
|---|---|
| Content | 1 2 3 4 5 |
| Organization | 1 2 3 4 5 |
| Use of vocabulary | 1 2 3 4 5 |
| Grammatical accuracy | 1 2 3 4 5 |

| Scoring | |
|---|---|
| Excellent | 18–20 points |
| Good | 14–17 points |
| Satisfactory | 10–13 points |
| Unsatisfactory | < 10 points |

# Escuchar

## Estrategia

**Recognizing the genre of spoken discourse**

You will encounter many different genres of spoken discourse in Spanish. For example, you may hear a political speech, a radio interview, a commercial, a message on an answering machine, or a news broadcast. Try to identify the genre of what you hear so that you can activate your background knowledge about that type of discourse and identify the speakers' motives and intentions.

To practice this strategy, you will now listen to two short selections. Identify the genre of each one.

## Preparación

Mira la foto de Ricardo Moreno. ¿Puedes imaginarte qué tipo de discurso vas a oír?

## Ahora escucha  

Mientras escuchas a Ricardo Moreno, responde a las preguntas.

1. ¿Qué tipo de discurso es?
   a. las noticias° por radio o televisión
   b. una conversación entre amigos
   (c.) un anuncio comercial
   d. una reseña° de una película
2. ¿De qué habla?
   a. del tiempo
   b. de su vida
   (c.) de un producto o servicio
   d. de algo que oyó o vio
3. ¿Cuál es el propósito°?
   a. informar
   (b.) vender
   c. relacionarse con alguien
   d. dar opiniones

**noticias** *news* **reseña** *review* **propósito** *purpose*

recursos

vText | descubre2.vhlcentral.com

## Comprensión

### Identificar 

Indica si esta información está incluida en el discurso; si está incluida, escribe los detalles que escuchaste.

| | Sí | No |
|---|---|---|
| 1. El anuncio describe un servicio. *Venden computadoras y productos para computadoras.* | ✓ | ○ |
| 2. Explica cómo está de salud. | ○ | ✓ |
| 3. Informa sobre la variedad de productos. *programas de computación, impresoras, computadoras portátiles* | ✓ | ○ |
| 4. Pide tu opinión. | ○ | ✓ |
| 5. Explica por qué es la mejor tienda. *Tiene buenos precios/Los dependientes conocen los últimos avances.* | ✓ | ○ |
| 6. Informa sobre el tiempo para mañana. | ○ | ✓ |
| 7. Informa dónde se puede conseguir el servicio. *en Mundo de Computación* | ✓ | ○ |
| 8. Informa sobre las noticias del mundo. | ○ | ✓ |

### Haz un anuncio

Con tres o cuatro compañeros, hagan un anuncio comercial de algún producto. No se olviden de dar toda la información necesaria. Después presenten su anuncio a la clase.

de computación, conexiones a Internet, computadoras portátiles, impresoras y más. También tenemos los mejores precios. Venga inmediatamente a Mundo de Computación en Paseo Las Américas para ver qué fácil es comprar la computadora perfecta. O visite nuestro sitio web en la dirección www.mundodecom.ar.

### Section Goals

In **Escuchar**, students will:
- practice recognizing the genre of two short examples of spoken discourse
- answer questions based on a broadcast advertisement for a computer store

**Instructional Resources**
**vText**
**Supersite:** Textbook MP3 Audio Files
**Supersite/TRCD/Print:** Textbook Audio Script
**Textbook CD:** CD 1, Tracks 12–13

**Estrategia**
**Script** 1. Buenos días. Hoy tenemos la gran oportunidad de conversar con el futbolista Carlos Roa del equipo argentino. Carlos, ¿qué opinas del partido que ganaron contra Chile? 2. Buenos días. Ésta es la residencia del arquitecto Rivera. No hay nadie en casa en estos momentos. Por favor, deje un mensaje y lo llamaré lo más pronto posible.

**Teaching Tip** Make sure students correctly identified the two genres in the **Estrategia** recording as **entrevista** and **mensaje de contestadora**. Then, have them look at the photo and describe what they see. Guide them to see that **Ricardo Moreno** is broadcasting from a radio studio.

**Ahora escucha**
**Script** ¿Necesita navegar en Internet o imprimir documentos? ¿Descargar fotos o quemar un cederrón? Si usted está buscando una computadora y no está seguro del tipo de computadora que necesita, hable con nosotros. Le ayudamos a escoger la computadora más adecuada para usted. ¡Es facilísimo! Los dependientes de nuestra tienda de computación conocen los últimos avances en programas

*(Script continues at far left in the bottom panels.)*

## Section Goals

In **En pantalla**, students will:
- read about the Basque language
- watch a television commercial for **Euskaltel,** a communications company in Spain's Basque region

**Instructional Resources**
**v̂Text**
**Supersite:** ***En pantalla***
Transcript & Translation

**Introduction**
- Ask a volunteer to point out **País Vasco** on a map or use *Overhead PowerPoints #7* and *#8*. Explain that the Basque Country is also part of southern France.
- Ask comprehension questions. Ex: **¿Cómo se llama el idioma del País Vasco? (Se llama el euskera.) ¿Con qué lenguas tiene parentesco el euskera? (con ninguna)**

**Antes de ver**
- Have students look at the video stills and predict the product being advertised.
- Read through the **Vocabulario útil** with students and model the pronunciation.
- Ask students to predict what they would hear in a message left for a friend who is not at home.

**Preguntas** Ask additional discussion questions. Ex: **¿Creen que este anuncio es cómico? ¿Qué les parece la comunicación entre el chico que busca a Patxi y la mujer?**

**Mensaje**
- Have volunteers read their message aloud.
- Once students have written their voice message, have them reduce it to a text message. Ask volunteers to share their text messages with the class.

# En pantalla

El nombre "Patxi", que se escucha en el anuncio, es el diminutivo del nombre vasco "Frantzisco". Euskadi, o País Vasco, es una de las diecisiete comunidades autónomas de España. Está ubicada° en el norte de la península ibérica, sobre la costa del mar Cantábrico. Una de sus principales características culturales es que sus habitantes, además del español, hablan el euskera. Esta lengua no tiene parentesco° lingüístico con ninguna otra lengua del mundo°. Algunas personas importantes de origen vasco son Anabel Alonso (actriz), Bernardo Atxaga (escritor), Álex de la Iglesia (director de cine), La Oreja de Van Gogh (grupo musical), Karlos Arguiñano (chef) y Miguel Indurain (ciclista), entre otros.

**Vocabulario útil**

| | |
|---|---|
| **Aún** | **Todavía** |
| **llamadas** | *calls* |
| **señal** | *beep* |
| **Infórmate** | *Get information* |
| **lo que nos une** | *what gets us together* |

 **Preguntas**

Responde a las preguntas. Después comparte tus respuestas con un(a) compañero/a. Answers will vary.

1. ¿Quién piensas que es el chico que busca a Patxi?
2. ¿Para qué crees que lo busca?
3. ¿Quién es la mujer en la ventana?
4. ¿Cómo piensas que es Patxi?

 **Mensaje**

En parejas imaginen que llaman a un(a) amigo/a, pero no está en casa. Escriban el mensaje que van a dejar en su contestadora. Denle (*Give him/her*) instrucciones para que visite **descubre2.vhlcentral.com** y vea el anuncio de Euskaltel. Answers will vary.

ubicada *located* parentesco *relationship* mundo *world*

## Anuncio de Euskaltel

¡Patxi! ¡Patxi!

¡Patxi no está en casa!

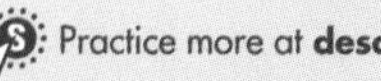 Practice more at **descubre2.vhlcentral.com.**

**TEACHING OPTIONS**

**Extra Practice** Ask students to write a paragraph about a time when communication technology failed them. Remind them to use new vocabulary and reciprocal reflexives. Have students exchange their papers for peer editing.

**Large Groups** Write the names of four different means of communication on slips of paper and post them in different corners of the room: **el correo electrónico, el teléfono, el mensaje de texto, una carta**. Tell students to pick their preferred means of communication and go to that corner. Then have each group write five reasons for their choice as well as one reason why they did not choose any of the others.

# Oye cómo va

## León Gieco

**Raúl Alberto Antonio (León) Gieco** nació en 1951 en Santa Fe, Argentina, y en 1959 compró su primera guitarra. Desde entonces formó parte de diferentes grupos con quienes tocaba canciones de los Rolling Stones y de los Beatles. En 1969 llegó a Buenos Aires con su guitarra al hombro° y muy poco dinero. Cuatro años después grabó su primer álbum. Su estilo, que mezcla° ritmos folklóricos y rock, le ha ganado° un lugar en el gusto del público no sólo en Latinoamérica sino también en países como Rusia y Alemania, entre otros. Sobre las letras de sus canciones, Gieco dice que "fue la música la que despertó en mí el interés por entender el destino de los pueblos°, el por qué de las injusticias. De ahí en adelante traté de° reflejar, con el máximo de honestidad, mis propias° preguntas, mis propias salidas y hasta mis propias angustias°."

Tu profesor(a) va a poner la canción en la clase. Escúchala y completa las actividades.

### Preguntas

Responde a las preguntas.

1. ¿Cuándo y dónde nació León Gieco? Nació en 1951 en Santa Fe, Argentina.
2. ¿En qué países tiene seguidores (*fans*)? en Latinoamérica, en Rusia y en Alemania, entre otros
3. ¿Qué interés le despertó la música? el interés por entender el destino de los pueblos y el por qué de las injusticias
4. ¿Qué trata de reflejar en sus canciones? sus propias preguntas, sus propias salidas y sus propias angustias
5. Menciona tres artistas que han (*have*) colaborado con Gieco. Answers will vary.

### La canción

Trabajen en parejas para responder a las preguntas. Answers will vary.

1. ¿Cómo creen que es el padre del cantante?
2. ¿Piensan que el cantante visita a su padre a menudo? ¿Cómo lo saben?
3. ¿Qué siente el cantante sobre el lugar donde vive su padre?
4. Imaginen que el cantante visita a su padre. Escriban un diálogo entre ellos.

**hombro** *shoulder* **mezcla** *mixes* **le ha ganado** *has earned him* **pueblos** *nations* **traté de** *I tried* **propias** *own* **angustias** *distress* **mansos** *gentle* **pensamientos** *thoughts* **compartido** *shared* **ha** *has*

## Si ves a mi padre

Busca a mi padre y dile
que estoy bien,
que mi conciencia sigue libre
y que siguen muy mansos°
mis pensamientos°;
y que siguen muy mansos
mis pensamientos.

**El arte compartido°**

León Gieco ha° compartido su música con otros reconocidos intérpretes de música folklórica y de rock. Algunos de ellos son:

- Fito Páez (Argentina)
- Pete Seeger (Estados Unidos)
- Mercedes Sosa (Argentina)
- Pablo Milanés (Cuba)
- Charly García (Argentina)
- Tania Libertad (Perú)

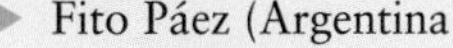

recursos

Practice more at **descubre2.vhlcentral.com.**

### Section Goals

In **Oye cómo va**, students will:

- read about **León Gieco**
- listen to a song by **León Gieco**

**Instructional Resources**
**vText**
**Supersite**
**Vista Higher Learning**
***Cancionero***

**Antes de escuchar**

- Have students read the title of the song and scan the lyrics for cognates and familiar words.
- Ask students to predict what musical genre this song might belong to and which instruments they expect to hear. They should support their opinions by citing from the lyrics.

**Preguntas** Have a student read the quote by **León Gieco** aloud. Ask students to explain in their own words what this singer is saying about his music.

**La canción**

- Ask additional questions about the song. Ex: **¿Cómo es la relación entre el cantante y la naturaleza? ¿El tono de la canción es positivo o negativo? Expliquen sus respuestas.**
- For item 4, have volunteers role-play their dialogues for the class.

**TEACHING OPTIONS**

**Extra Practice** Ask students to imagine that they have not seen their families for a year or more. Have them choose a family member and write a short poem in the same style as ***Si ves a mi padre***.

**Cultural Comparison** Have students think of popular U.S. folk songs. Then have them choose one and write a short paragraph comparing and contrasting the themes and lyrics of the song with ***Si ves a mi padre***.

## Section Goal

In **Panorama**, students will read about the geography, history, and culture of Argentina.

**Instructional Resources**

**vText**

***Cuaderno de actividades,*** pp. 67–68

***Cuaderno de práctica,*** pp. 25–26

***e-Cuaderno***

**Supersite/DVD: *Panorama cultural***

**Supersite/TRCD/Print:** PowerPoints (Overheads #5, #6, #13); ***Panorama cultural*** Videoscript & Translation Answer Keys

**Teaching Tips**

- Have students look at the map of Argentina or show *Overhead PowerPoint #13.* Guide students to recognize Argentina's great size and the variety of topographical features, such as mountains (**los Andes**), vast plains (**las pampas**), and large rivers.
- Point out that Argentina is one of the largest beef producers in the world and that **gauchos** have played an important role in the culture of the country. Bariloche is an important winter recreation area. Remind students that June–August is winter in the southern hemisphere.

**El país en cifras** Patagonia is very sparsely populated, but Buenos Aires is a metropolis about the size of New York City. Invite students to mention anything they know about Argentina.

**¡Increíble pero cierto!** Under the leadership of **General José de San Martín**, Argentina won its independence from Spain on July 9, 1816. Like **Simón Bolívar, San Martín** is venerated as one of the great heroes of Latin America.

Interactive Map
Video: *Panorama cultural*

# Argentina

NATIONAL STANDARDS connections cultures

## El país en cifras

- **Área:** 2.780.400 km² (1.074.000 millas²)
  *Argentina es el país de habla española más grande del mundo. Su territorio es dos veces el tamaño° de Alaska.*
- **Población:** 42.676.000
- **Capital:** Buenos Aires —13.396.000
  *En Buenos Aires vive más del treinta por ciento de la población total del país. La ciudad es conocida° como el "París de Suramérica" por el estilo parisino° de muchas de sus calles y edificios.*

Buenos Aires

- **Ciudades principales:**
  Córdoba —1.552.000, Rosario —1.280.000, Mendoza —956.000

SOURCE: Population Division, UN Secretariat

- **Moneda:** peso argentino
- **Idiomas:** español (oficial), guaraní

Bandera de Argentina

**Argentinos célebres**

- **Jorge Luis Borges,** escritor (1899–1986)
- **María Eva Duarte de Perón ("Evita"),** primera dama° (1919–1952)
- **Mercedes Sosa,** cantante (1935–2009)
- **Gato Barbieri,** saxofonista (1932– )

**recursos** | **vText** | CA pp. 67–68 | CP pp. 25–26 | descubre2.vhlcentral.com

tamaño *size* conocida *known* parisino *Parisian* primera dama *First Lady* ancha *wide* mide *it measures* campo *field*

### ¡Increíble pero cierto!

La Avenida 9 de Julio en Buenos Aires es la calle más ancha° del mundo. De lado a lado mide° cerca de 140 metros, lo que es equivalente a un campo° y medio de fútbol. Su nombre conmemora el Día de la Independencia de Argentina.

**TEACHING OPTIONS**

**Worth Noting** The Argentinian cowboy, the **gaucho**, has played as significant a role in the folklore of Argentina as the cowboy of the Old West has played in that of the United States. Two classic works of Argentinian literature focus on the **gaucho**. ***El gaucho Martín Fierro***, an epic poem by **José Hernández** (1834–1886), celebrates the **gaucho's** fiercely independent way of life, whereas **Domingo Sarmiento's** (1811–1888) biography, ***Facundo: Civilización y barbarie***, describes the nomadic, uneducated **gauchos** as hindrances in Argentina's pursuit of economic, social, and political progress.

**Extra Practice** Have students listen to a song of one of the many recordings by singer **Mercedes Sosa**. Then, have pairs work together to transcribe the lyrics. Invite volunteers to share their work with the class.

## Historia • Inmigración europea

Se dice que Argentina es el país más "europeo" de toda Latinoamérica. Después del año 1880, immigrantes italianos, alemanes, españoles e ingleses llegaron para establecerse en esta nación. Esta diversidad cultural ha dejado° una profunda huella° en la música, el cine y la arquitectura argentinos.

BRASIL

## Artes • El tango

El tango es uno de los símbolos culturales más importantes de Argentina. Este género° musical es una mezcla° de ritmos de origen africano, italiano y español, y se originó a finales del siglo° XIX entre los porteños°. Poco después se hizo popular entre el resto de los argentinos y su fama llegó hasta Paris. Como baile, el tango en un principio° era provocativo y violento, pero se hizo más romántico durante los años 30. Hoy día, este estilo musical es popular en muchas partes del mundo°.

## Lugares • Las cataratas de Iguazú

Las famosas cataratas° de Iguazú se encuentran entre las fronteras de Argentina, Paraguay y Brasil, al norte de Buenos Aires. Cerca de ellas confluyen° los ríos Iguazú y Paraná. Estas extensas caídas de agua tienen unos 70 metros (230 pies) de altura° y en época° de lluvias llegan a medir 4 kilómetros (2,5 millas) de ancho. Situadas en el Parque Nacional Iguazú, las cataratas son un destino° turístico muy visitado.

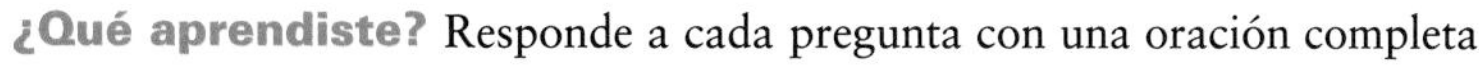

**¿Qué aprendiste?** Responde a cada pregunta con una oración completa.

1. ¿Qué porcentaje de la población de Argentina vive en la capital?
   Más del treinta por ciento de la población de Argentina vive en la capital.
2. ¿Quién es Mercedes Sosa?
   Mercedes Sosa es una cantante argentina.
3. Se dice que Argentina es el país más europeo de Latinoamérica. ¿Por qué? Se dice que Argentina es el país más europeo de Latinoamérica porque muchos inmigrantes europeos se establecieron allí.
4. ¿Qué tipo de baile es uno de los símbolos culturales más importantes de Argentina?
   El tango es uno de los símbolos culturales más importantes de Argentina.
5. ¿Dónde y cuándo se originó el tango?
   El tango se originó entre los porteños a finales del siglo XIX.
6. ¿Cómo era el baile del tango originalmente?
   El tango era un baile provocativo y violento.
7. ¿En qué parque nacional están las cataratas de Iguazú?
   Las cataratas de Iguazú están en el Parque Nacional Iguazú.

Ceramista en Buenos Aires

**Conexión Internet** Investiga estos temas en **descubre2.vhlcentral.com.**

1. Busca información sobre el tango. ¿Te gustan los ritmos y sonidos del tango? ¿Por qué? ¿Se baila el tango en tu comunidad?
2. ¿Quiénes fueron Juan y Eva Perón y qué importancia tienen en la historia de Argentina?

**ha dejado** *has left* **huella** *mark* **género** *genre* **mezcla** *blend* **siglo** *century* **porteños** *people of Buenos Aires* **en un principio** *at first* **mundo** *world* **cataratas** *waterfalls* **confluyen** *converge* **altura** *height* **época** *season* **destino** *destination*

Practice more at **descubre2.vhlcentral.com.**

**Inmigración europea** Among the European immigrants who arrived in waves on Argentina's shores were thousands of Jews. An interesting chapter in the history of the **pampas** features Jewish **gauchos**. A generous, pre-Zionist philanthropist purchased land for Jews who settled on the Argentine grasslands. At one time, the number of Yiddish-language newspapers in Argentina was second only to that in New York City.

**El tango Carlos Gardel** (1890–1935) is considered the great classic interpreter of **tango**. If possible, bring in a recording of his version of a **tango** such as ***Cuesta abajo*** or ***Volver.*** **Astor Piazzola** (1921–1992) was a modern exponent of **tango**. His **tango nuevo** has found interpreters such as cellist Yo-Yo Ma and the Kronos Quartet. For more information about **el tango**, you may want to play the ***Panorama cultural*** video footage for this lesson.

**Las cataratas de Iguazú** In the **guaraní** language, **Iguazú** means "big water." The falls are three times wider than Niagara and have been declared a World Heritage Site by UNESCO. **Iguazú** National Park was established in 1934 to protect and preserve this natural treasure.

**Conexión Internet** Students will find supporting Internet activities and links at **descubre2.vhlcentral.com**.

### TEACHING OPTIONS

**Variación léxica** Argentinians frequently use the word **¡che!** to get the attention of someone they are talking to. **Che** also serves as a kind of spoken exclamation point with which Argentinians pepper their speech. This is so noticeable to outsiders that Argentinians are often given the nickname **Che** in other parts of the Spanish-speaking world. Another notable feature of Argentinian Spanish is the existence, alongside **tú**, of **vos** as the second-person singular familiar pronoun. **Vos** is also heard in other parts of Latin America, and it is accompanied by corresponding verb forms in the present tense. Here are some equivalents: **vos contás / tú cuentas, vos pensás / tú piensas, vos sos / tú eres, vos ponés / tú pones, vos venís / tú vienes.**

Audio: Vocabulary Flashcards

**Instructional Resources**
**vText**
***Cuaderno de actividades,*** p. 100
***e-Cuaderno***
**Supersite:** Textbook & Vocabulary MP3 Audio Files
**Supersite/TRCD/Print:** Answer Keys; *Testing Program* (**Lección 2 Pruebas**, Test Generator, Testing Program MP3 Audio Files
**Textbook CD:** CD 1, Tracks 14–18
**Audio Activity CD:** CD 2, Tracks 22–26
**Testing Program CD:** Tracks 5–8

## La tecnología

| | |
|---|---|
| **la calculadora** | *calculator* |
| **la cámara digital (de video)** | *digital (video) camera* |
| **el canal** | *(TV) channel* |
| **el cibercafé** | *cybercafé* |
| **la contestadora** | *answering machine* |
| **el control remoto** | *remote control* |
| **el disco compacto** | *compact disc* |
| **el estéreo** | *stereo* |
| **el *fax*** | *fax (machine)* |
| **el radio** | *radio (set)* |
| **el reproductor de MP3** | *MP3 player* |
| **el teléfono celular** | *cell phone* |
| **la televisión por cable** | *cable television* |
| **el televisor** | *televison set* |
| **el tocadiscos compacto** | *compact disc player* |
| **el video(casete)** | *video(cassette)* |
| **la videocasetera** | *VCR* |
| **apagar** | *to turn off* |
| **funcionar** | *to work* |
| **llamar** | *to call* |
| **poner, prender** | *to turn on* |
| **sonar (o:ue)** | *to ring* |
| **descompuesto/a** | *not working; out of order* |
| **lento/a** | *slow* |
| **lleno/a** | *full* |

## Verbos

| | |
|---|---|
| **abrazar(se)** | *to hug; to embrace (each other)* |
| **ayudar(se)** | *to help (each other)* |
| **besar(se)** | *to kiss (each other)* |
| **encontrar(se) (o:ue)** | *to meet (each other); to run into (each other)* |
| **saludar(se)** | *to greet (each other)* |

## La computadora

| | |
|---|---|
| **el archivo** | *file* |
| **arroba** | *@ symbol* |
| **el cederrón** | *CD-ROM* |
| **la computadora (portátil)** | *(portable) computer; (laptop)* |
| **la dirección electrónica** | *e-mail address* |
| **el disco compacto** | *compact disc* |
| **la impresora** | *printer* |
| **Internet** | *Internet* |
| **el mensaje de texto** | *text message* |
| **el monitor** | *(computer) monitor* |
| **la página principal** | *home page* |
| **la pantalla** | *screen* |
| **el programa de computación** | *software* |
| **el ratón** | *mouse* |
| **la red** | *network; Web* |
| **el reproductor de DVD** | *DVD player* |
| **el sitio web** | *website* |
| **el teclado** | *keyboard* |
| **borrar** | *to erase* |
| **descargar** | *to download* |
| **grabar** | *to record* |
| **guardar** | *to save* |
| **imprimir** | *to print* |
| **navegar (en Internet)** | *to surf (the Internet)* |
| **quemar** | *to burn (a CD)* |

## El carro

| | |
|---|---|
| **la autopista, la carretera** | *highway* |
| **el baúl** | *trunk* |
| **la calle** | *street* |
| **el capó, el cofre** | *hood* |
| **el carro, el coche** | *car* |
| **la circulación, el tráfico** | *traffic* |
| **el garaje, el taller (mecánico)** | *garage; (mechanic's) repair shop* |
| **la gasolina** | *gasoline* |
| **la gasolinera** | *gas station* |
| **la licencia de conducir** | *driver's license* |
| **la llanta** | *tire* |
| **el/la mecánico/a** | *mechanic* |
| **el parabrisas** | *windshield* |
| **la policía** | *police (force)* |
| **la velocidad máxima** | *speed limit* |
| **el volante** | *steering wheel* |
| **arrancar** | *to start* |
| **arreglar** | *to fix; to arrange* |
| **bajar(se) de** | *to get off of/out of (a vehicle)* |
| **conducir, manejar** | *to drive* |
| **estacionar** | *to park* |
| **llenar (el tanque)** | *to fill (the tank)* |
| **parar** | *to stop* |
| **revisar (el aceite)** | *to check (the oil)* |
| **subir(se) a** | *to get on/into (a vehicle)* |

## Otras palabras y expresiones

| | |
|---|---|
| **por aquí** | *around here* |
| **por ejemplo** | *for example* |
| **por eso** | *that's why; therefore* |
| **por fin** | *finally* |

| | |
|---|---|
| **Por** and **para** | *See pages 68–69.* |
| **Stressed possessive adjectives and pronouns** | *See pages 74–75.* |
| **Expresiones útiles** | *See page 59.* |

recursos

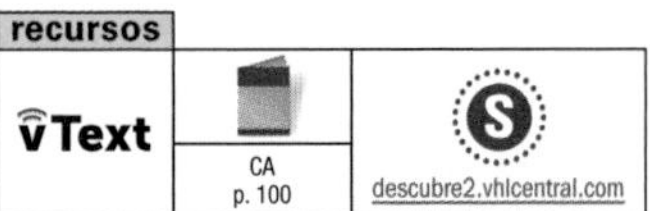

# La vivienda

# 3

## Communicative Goals

***You will learn how to:***

- **Welcome people to your home**
- **Describe your house or apartment**
- **Talk about household chores**
- **Give instructions**



### A PRIMERA VISTA

- **¿Están los chicos en casa?**
- **¿Viven en una casa o en un apartamento?**
- **¿Ya comieron o van a comer?**
- **¿Están ellos de buen humor o de mal humor?**

## Lesson Goals

In **Lección 3**, students will be introduced to the following:

- terms for parts of a house
- names of common household objects
- terms for household chores
- central patios
- floating islands in Lake Titicaca
- relative pronouns
- formal commands
- object pronouns with formal commands
- present subjunctive
- subjunctive with verbs and expressions of will and influence
- locating the main parts of a sentence
- using linking words
- writing a lease agreement
- using visual cues while listening
- a television commercial for **Balay**, a Spanish appliance brand
- Panamanian singer **Rubén Blades**
- cultural and geographic information about Panama

**A primera vista** Here are some additional questions you can ask based on the photo: **¿Cómo es tu casa? ¿Qué haces en casa por la noche? ¿Qué haces los fines de semana? ¿Tienes una computadora en casa? ¿Qué otros productos tecnológicos tienes?**

### INSTRUCTIONAL RESOURCES

**Student Materials**
**Print:** Student Book, Workbooks (*Cuaderno de actividades, Cuaderno de práctica, Cuaderno para hispanohablantes*)
**Technology:** **vText**, MAESTRO® *E-Cuaderno* and Supersite (Audio, Video, Practice)

**Teacher Materials**
DVDs (*Fotonovela, Flash cultura, Panorama cultural*)
Teacher's Resource CD-ROM (Scripts, Answer Keys, *PowerPoints*, Testing Program)
Testing Program, Textbook, Audio Activity CDs
MAESTRO® Supersite: Resources (Planning and Teaching Resources from Teacher's Resource CD-ROM); Learning Management System (Gradebook, Assignments)
Vista Higher Learning *Cancionero*
Resources also available in print

**DESCUBRE 2 Supersite:** descubre2.vhlcentral.com

Talking Picture
Tutorials, Games
Audio: Activities, Vocabulary

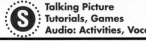

## Section Goals

In **Contextos**, students will learn and practice:
- names of rooms in a house
- names of common household objects
- terms for household chores

**Instructional Resources**
**vText**
***Cuaderno de actividades,*** pp. 9–10, 101
***Cuaderno de práctica,*** pp. 27–28
***Cuaderno para hispanohablantes,*** pp. 35–36
***e-Cuaderno***
**Supersite:** Textbook, Vocabulary, & Audio Activity MP3 Audio Files
**Supersite/TRCD/Print:** *PowerPoints* (**Lección 3 Contextos** Presentation, Overheads #14, #15); Communication Activities, Textbook Audio Script, Audio Activity Script, Answer Keys
**Textbook CD:** CD 1, Tracks 19–20
**Audio Activity CD:** CD 3, Tracks 1–4

### Teaching Tips

- Show *Overhead PowerPoint #14* and describe the house, naming the kinds of rooms and introducing those that are not shown. Ex: **Ésta es la casa de los Hernández. Hay una sala grande, un dormitorio, una oficina, una cocina y un altillo. También hay un cuarto de baño, un sótano, un patio y un garaje, pero no vemos estos cuartos en la ilustración.**
- Show *Overhead PowerPoint #14.* Ask open-ended questions about the house and housework. Ex: **¿Dónde se pone la comida después de regresar del supermercado?** Ask personalized questions. Ex: _____, **¿vives en una casa o en un apartamento? ¿Cuántos cuartos hay?**

# La vivienda

### Más vocabulario

| | |
|---|---|
| **las afueras** | *suburbs; outskirts* |
| **el alquiler** | *rent (payment)* |
| **el ama (*m., f.*) de casa** | *housekeeper; caretaker* |
| **el barrio** | *neighborhood* |
| **el edificio de apartamentos** | *apartment building* |
| **el/la vecino/a** | *neighbor* |
| **la vivienda** | *housing* |
| **el balcón** | *balcony* |
| **la entrada** | *entrance* |
| **la escalera** | *stairs; stairway* |
| **el garaje** | *garage* |
| **el jardín** | *garden; yard* |
| **el patio** | *patio; yard* |
| **el sótano** | *basement; cellar* |
| **la cafetera** | *coffee maker* |
| **el electrodoméstico** | *electrical appliance* |
| **el horno (de microondas)** | *(microwave) oven* |
| **la lavadora** | *washing machine* |
| **la luz** | *light; electricity* |
| **la secadora** | *clothes dryer* |
| **la tostadora** | *toaster* |
| **el cartel** | *poster* |
| **la mesita de noche** | *night stand* |
| **los muebles** | *furniture* |
| **alquilar** | *to rent* |
| **mudarse** | *to move (from one house to another)* |

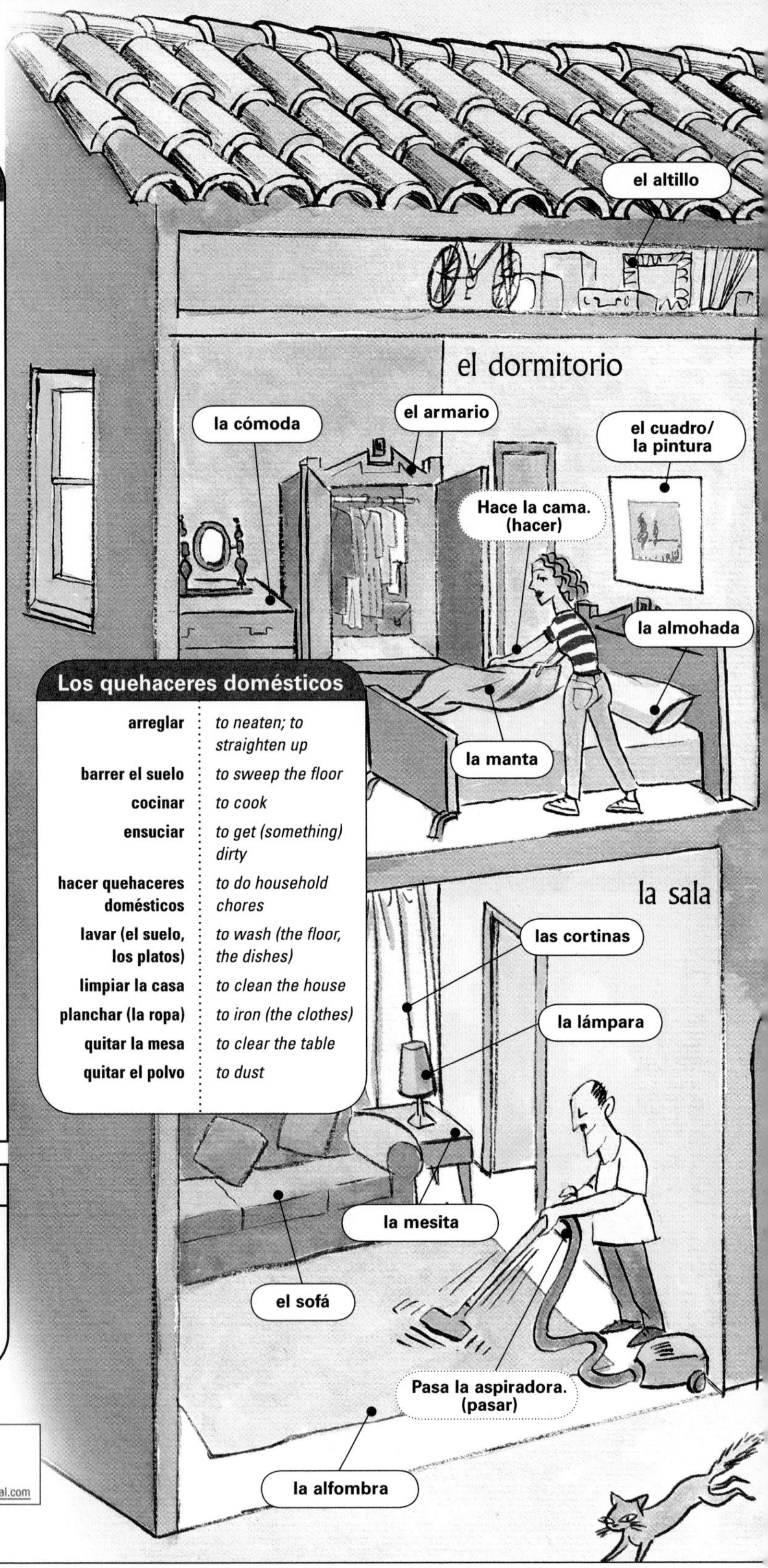

### Los quehaceres domésticos

| | |
|---|---|
| **arreglar** | *to neaten; to straighten up* |
| **barrer el suelo** | *to sweep the floor* |
| **cocinar** | *to cook* |
| **ensuciar** | *to get (something) dirty* |
| **hacer quehaceres domésticos** | *to do household chores* |
| **lavar (el suelo, los platos)** | *to wash (the floor, the dishes)* |
| **limpiar la casa** | *to clean the house* |
| **planchar (la ropa)** | *to iron (the clothes)* |
| **quitar la mesa** | *to clear the table* |
| **quitar el polvo** | *to dust* |

### Variación léxica

dormitorio ⟷ aposento (*Rep. Dom.*); recámara (*Méx.*)
apartamento ⟷ departamento (*Arg., Chile*); piso (*Esp.*)
lavar los platos ⟷ lavar/fregar los trastes (*Amér. C., Rep. Dom.*)

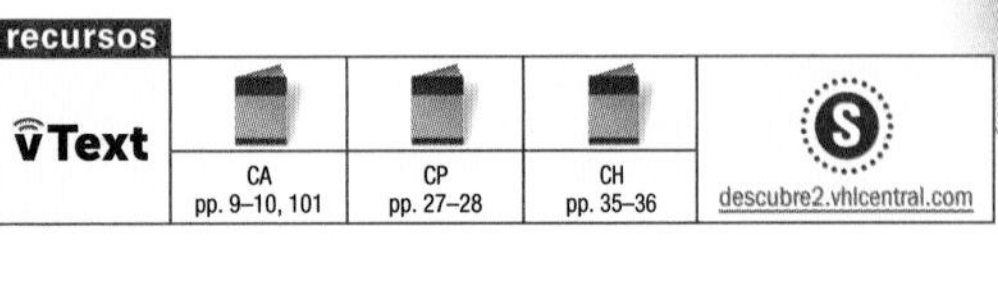

recursos
vText
CA pp. 9–10, 101
CP pp. 27–28
CH pp. 35–36
descubre2.vhlcentral.com


### TEACHING OPTIONS

**Extra Practice** Ask students to complete these analogies.
1. **aspiradora : ____ :: lavadora : ropa (alfombra) (*Aspiradora* es a ____ como *lavadora* es a ropa.)**
2. **frío : calor :: congelador : ____ (horno)**
3. **cama : alcoba :: ____ : oficina (escritorio)**
4. **platos : cocina :: carro : ____ (garaje)**

**Heritage Speakers** Ask heritage speakers to tell the class any other terms their families use to refer to rooms in a home or household appliances. Ex: **el lavaplatos = el lavavajillas; el altillo = el ático, el desván.**

# Práctica

**1** **Escuchar** Escucha la conversación y completa las oraciones.

1. Pedro va a limpiar primero ___la sala___.
2. Paula va a comenzar en ___la cocina___.
3. Pedro va a ___planchar la ropa___ en el sótano.
4. Pedro también va a limpiar ___la oficina___.
5. Ellos están limpiando la casa porque ___la madre de Pedro viene a visitarlos___.

**2** **Respuestas** Escucha las preguntas y selecciona la respuesta más adecuada. Una respuesta no se va a usar.

__3__ a. Sí, la alfombra estaba muy sucia.
__5__ b. No, porque todavía se están mudando.
__1__ c. Sí, sacudí la mesa y el estante.
____ d. Sí, puse el pollo en el horno.
__2__ e. Hice la cama, pero no limpié los muebles.
__4__ f. Sí, después de sacarla de la secadora.

**3** **Escoger** Escoge la letra de la respuesta correcta.

1. Cuando quieres tener una lámpara y un despertador cerca de tu cama, puedes ponerlos en ___c___.
   a. el barrio b. el cuadro c. la mesita de noche
2. Si no quieres vivir en el centro de la ciudad, puedes mudarte ___b___.
   a. al alquiler b. a las afueras c. a la vivienda
3. Guardamos (*We keep*) los pantalones, las camisas y los zapatos en ___b___.
   a. la secadora b. el armario c. el patio
4. Para subir de la planta baja al primer piso, usamos ___c___.
   a. la entrada b. el cartel c. la escalera
5. Ponemos cuadros y pinturas en ___a___.
   a. las paredes b. los quehaceres c. los jardines

**4** **Definiciones** En parejas, identifiquen cada cosa que se describe. Luego inventen sus propias descripciones de algunas palabras y expresiones de **Contextos**.

*modelo*
**Estudiante 1:** *Es donde pones los libros.*
**Estudiante 2:** *el estante*

1. Es donde pones la cabeza cuando duermes. una almohada
2. Es el quehacer doméstico que haces después de comer. lavar los platos/quitar la mesa
3. Algunos de ellos son las cómodas y los sillones. los muebles
4. Son las personas que viven en tu barrio. los vecinos

**TEACHING OPTIONS**

**Small Groups** Have groups of three interview each other about their dream house, one conducting the interview, one answering, and one taking notes. At three-minute intervals have students switch roles until each has been interviewer, interviewee, and note-taker. Then have a volunteer from each group use the notes to tell the class about their team members' dream houses.

**Game** Ask students to bring in pictures of mansions, castles, or palaces. Divide the class into teams of three, and have each team make up an imaginary description of the rest of the residence not shown in the picture. Have each team read its description aloud. To determine the winner, ask the students to vote for the best description.

**1 Teaching Tip** Help students check their answers by converting each sentence into a question. Ex: **1. ¿Qué va a limpiar Pedro primero?**

**1 Script** PEDRO: Paula, tenemos que limpiar toda la casa esta mañana. ¿Por dónde podemos empezar? PAULA: Pienso empezar por la cocina. Voy a lavar los platos, sacar la basura y barrer el suelo. PE: Pues, primero voy a limpiar la sala. Necesito pasar la aspiradora y sacudir los muebles. PA: Después de la sala, ¿qué cuarto quieres limpiar? PE: Después quiero limpiar la oficina. PA: Entonces yo voy a limpiar la alcoba de huéspedes. PE: Bueno. Debes hacer la cama en esa alcoba también. PA: Ya lo sé. Ah, ¿puedes planchar la ropa en el sótano, Pedro? PE: Sí… Espero que todo vaya bien durante la visita de mi madre. PA: Sí. Pues yo espero que ella no venga hasta que todo esté limpio. ¡No nos queda mucho tiempo para terminar!
*Textbook CD*

**2 Teaching Tip** To simplify, before listening, have students read through the items and brainstorm questions that could have elicited these answers.

**2 Script** 1. ¿Sacudiste los muebles de la oficina? 2. ¿Arreglaste tu dormitorio? 3. ¿Pasaste la aspiradora? 4. ¿Planchaste la ropa? 5. ¿Visitaste a los nuevos vecinos?
*Textbook CD*

**3 Expansion** To challenge students, write these items on the board as a cloze activity.

**4 Expansion** Have pairs give each other words from **Contextos** for their partners to define. Ex: **el pasillo (Es el lugar que sirve para pasar de un cuarto al otro.)**

### Teaching Tips

- Show *Overhead PowerPoint #15* and ask volunteers to name the items on the table. Then talk about the uses of the silverware (**cubiertos**), glassware (**cristalería**), and china (**vajilla**) pictured. Ex: **La copa sirve para tomar vino, pero la taza es para el café o el té.**
- Add a visual aspect to this vocabulary presentation. Bring in silverware, plates, and glasses. As you hold up each item, have students name it and guide you in setting the table. Ex: **¿Dónde pongo el tenedor, a la derecha o a la izquierda del plato?** Then model table manners common to many Spanish-speaking countries but different from those in the U.S. Ex: resting wrists (never elbows!) on the table, rather than placing one hand in your lap.

### 5 Expansion

- Ask students additional questions, modeled on the sentence starters in **Actividad 5**. Ex: **¿Qué se necesita para comer la carne?**
- Add a visual aspect to this activity. Using pictures of a food or dish, ask students what utensils are needed. Ex: **¿Qué se necesita para comer este plato de espaguetis? (un tenedor y una cuchara)**

**6 Teaching Tip** Before breaking the class into groups, model the activity using your own situation. Ex: **En casa, mi esposa siempre pasa la aspiradora, pero yo sacudo los muebles. Mi hijo...**

**5** **Completar** Completa estas frases con la palabra más adecuada.

1. Para comer una ensalada necesitas... un tenedor/un plato
2. Para tomar café necesitas... una taza
3. Para poner la comida en la mesa necesitas... un plato/poner la mesa
4. Para limpiarte la boca después de comer necesitas... una servilleta
5. Para cortar (*to cut*) un bistec necesitas... un cuchillo (y un tenedor)
6. Para tomar agua necesitas... un vaso
7. Para tomar sopa necesitas... una cuchara/un plato

**6** **Los quehaceres** Trabajen en grupos para indicar quién hace estos quehaceres domésticos en sus casas. Luego contesten las preguntas. Answers will vary.

*modelo*

**Estudiante 1:** *¿Quién pasa la aspiradora en tu casa?*
**Estudiante 2:** *Mi hermano y yo pasamos la aspiradora.*

| | | |
|---|---|---|
| barrer el suelo | lavar los platos | planchar la ropa |
| cocinar | lavar la ropa | sacar la basura |
| hacer las camas | pasar la aspiradora | sacudir los muebles |

1. ¿Quién hace más quehaceres, tú o tus compañeros/as?
2. ¿Quiénes hacen la mayoría de los quehaceres, los hombres o las mujeres?
3. ¿Piensas que debes hacer más quehaceres? ¿Por qué?

Practice more at **descubre2.vhlcentral.com.**

### TEACHING OPTIONS

**Heritage Speakers** Ask heritage speakers to talk about rooms or areas of their homes that are the most important to them or their families. Also, if their families have told them about houses and apartments in their countries of origin, have them share these details with the class.

**Extra Practice** Write these sentence starters on the board, and have the students complete them with appropriate chores. **1. Antes de pasar la aspiradora, tienes que... (sacudir los muebles.) 2. Después de lavar y secar la ropa, normalmente... (tienes que plancharla.) 3. Después de comer, tienes que... (lavar los platos.) 4. Tienes que levantarte antes de... (hacer la cama.) 5. Antes de sentarte a comer, tienes que... (poner la mesa.)**

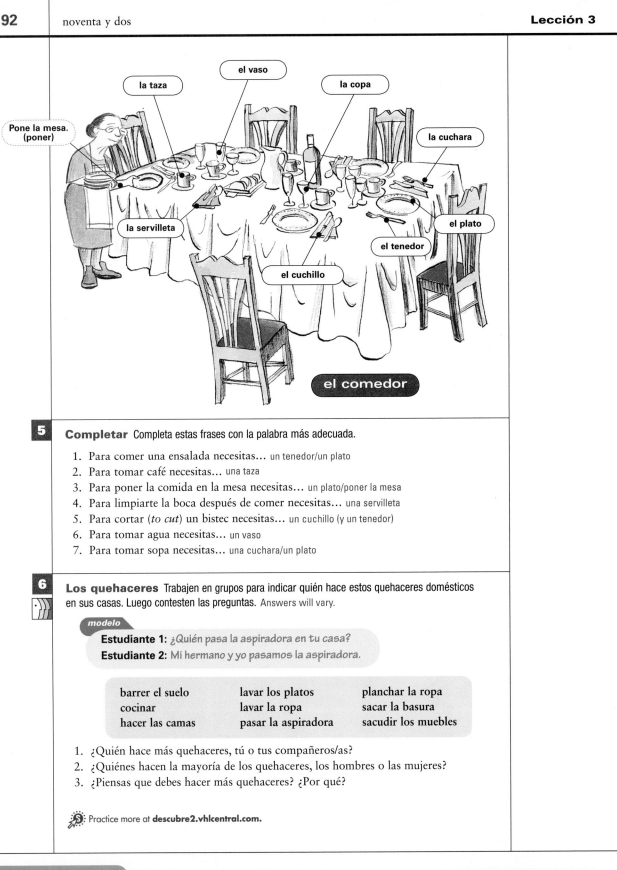

# Comunicación

7 

**La vida doméstica** En parejas, describan las habitaciones que ven en estas fotos. Identifiquen y describan cinco muebles o adornos (*accessories*) de cada foto y digan dos quehaceres que se pueden hacer en cada habitación. Answers will vary.

8 

**Mi apartamento** Dibuja el plano (*floor plan*) de un apartamento amueblado (*furnished*) imaginario y escribe los nombres de las habitaciones y de los muebles. En parejas, pónganse espalda contra espalda (*sit back to back*). Uno/a de ustedes describe su apartamento mientras su compañero/a lo dibuja según la descripción. Cuando terminen, miren el segundo dibujo. ¿Es similar al dibujo original? Hablen de los cambios que se necesitan hacer para mejorar el dibujo. Repitan la actividad intercambiando los papeles. Answers will vary.

9

recursos

vText

CA pp. 9–10

**¡Corre, corre!** Tu profesor(a) va a darte una serie incompleta de dibujos que forman una historia. Tú y tu compañero/a tienen dos series diferentes. Descríbanse los dibujos para completar la historia. Answers will vary.

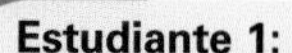

modelo

**Estudiante 1:** Marta quita la mesa.
**Estudiante 2:** Francisco...

**7 Teaching Tips**

- Model the activity using a magazine picture. Ex: **¡Qué comedor más desordenado! ¡Es un desastre! Alguien debe quitar los platos sucios de la mesa. También es necesario sacudir los muebles y pasar la aspiradora. La mesa y las sillas son muy bonitas, pero el comedor está muy sucio.**
- To simplify, give students three minutes to look at the pictures and brainstorm possible answers.

**8 Teaching Tips**

- Draw a floor plan of a three-room apartment on the board. Ask volunteers to describe it.
- Have students draw their floor plans before you assign pairs. Make sure they understand the activity so that their floor plans do not become too complicated.

**8 Expansion**

- Have students make the suggested changes on their floor plans and repeat the activity again with a different partner.
- Have pairs repeat the activity, drawing floor plans of their real homes or apartments.

**9 Teaching Tip** Divide the class into pairs and distribute the Communication Activities worksheets that correspond to this activity. Give students ten minutes to complete this activity.

**9 Expansion** Have pairs tell each other about an occasion when they have had to clean up their home for a particular reason. Ask them to share their stories with the class.

**TEACHING OPTIONS**

**Extra Practice** Have students complete this cloze activity. **La vida doméstica de un estudiante universitario puede ser un desastre, ¿no? Nunca hay tiempo para hacer los ____ (quehaceres) domésticos. Sólo ____ (pasa) la aspiradora una vez al semestre y nunca ____ (sacude) los muebles. Los ____ (platos) sucios llenan la ____ (cocina). Saca la ropa de la ____ (secadora) y se la pone sin ____ (planchar). Y, ¿por qué hacer la ____ (cama)? Se va a acostar en ella de nuevo este mismo día, ¿no?**

**Game** Have students bring in real estate ads. Ask teams of three to write a description of a property. Teams then take turns reading their descriptions aloud. Other teams guess the price. The team that guesses the amount closest to the real price without going over scores one point.

Video: *Fotonovela* Record & Compare

## Section Goals

In **Fotonovela**, students will:

- receive comprehensible input from free-flowing discourse
- learn functional phrases that preview lesson grammatical structures

**Instructional Resources**
**v̂Text**
***Cuaderno de actividades,*** pp. 51–52
***e-Cuaderno***
**Supersite/DVD:** ***Fotonovela***
**Supersite/TRCD/Print:** ***Fotonovela*** Videoscript & Translation, Answer Keys

**Video Recap: Lección 2**
Before doing this **Fotonovela** section, review the previous one with these questions:
**1. ¿Qué hace Álex con sus amigos todos los días? (Hablan por teléfono Internet.) 2. ¿Por qué sabe Inés mucho de mecánica? (Trabajó en el taller de su tío.) 3. ¿Qué problema tiene el autobús? (El alternador está quemado.) 4. ¿Quién es el señor Fonseca? (Es un mecánico de Ibarra, amigo de don Francisco.) 5. ¿Cómo va a ayudar el señor Fonseca? (Va a arreglar el autobús allí mismo.)**

**Video Synopsis** **Don Francisco** and the students go to the house where they will stay before their hike. The housekeeper shows the students around. **Don Francisco** tells the students to help with the chores, and he advises them to go to bed early because their guide for the hike will arrive at seven the next morning.

**Teaching Tips**

- Have students predict the content of this episode, based on its title and the video stills.
- Ask the class if this episode was what they expected, based on the predictions they made.

# ¡Les va a encantar la casa!

NATIONAL STANDARDS communication cultures

**Don Francisco y los estudiantes llegan a Ibarra.**

**PERSONAJES**

INÉS

DON FRANCISCO

ÁLEX

JAVIER

SRA. VIVES

**SRA. VIVES** ¡Hola, bienvenidos!

**DON FRANCISCO** Señora Vives, le presento a los chicos. Chicos, ésta es la señora Vives, el ama de casa.

**SRA. VIVES** Encantada. Síganme que quiero mostrarles la casa. ¡Les va a encantar!

**SRA. VIVES** Esta alcoba es para los chicos. Tienen dos camas, una mesita de noche, una cómoda... En el armario hay más mantas y almohadas por si las necesitan.

**SRA. VIVES** Ésta es la sala. El sofá y los sillones son muy cómodos. Pero, por favor, ¡no los ensucien!

**SRA. VIVES** Allí están la cocina y el comedor. Al fondo del pasillo hay un baño.

**DON FRANCISCO** Chicos, a ver... ¡atención! La señora Vives les va a preparar las comidas. Pero quiero que ustedes la ayuden con los quehaceres domésticos. Quiero que arreglen sus alcobas, que hagan las camas, que pongan la mesa... ¿entendido?

**JAVIER** No se preocupe... la vamos a ayudar en todo lo posible.

**ÁLEX** Sí, cuente con nosotros.

recursos

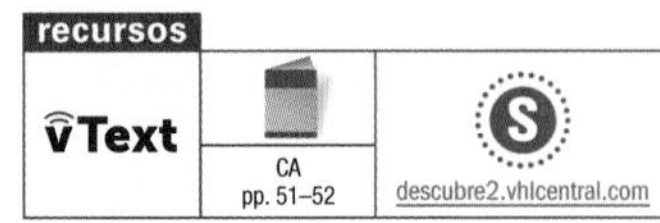

v̂Text | CA pp. 51–52 | descubre2.vhlcentral.com

**TEACHING OPTIONS**

**¡Les va a encantar la casa!** Play the last half of the **¡Les va a encantar la casa!** episode, except the **Resumen** segment. Have students summarize what they see and hear. Then, have the class predict what will happen in the first half of the episode, based on their observations. Write their predictions on the board. Then play the entire episode, including the **Resumen**, and, through discussion, guide the class to a correct summary of the plot.

4

**SRA. VIVES** Javier, no ponga las maletas en la cama. Póngalas en el piso, por favor.

5

**SRA. VIVES** Tomen ustedes esta alcoba, chicas.

9

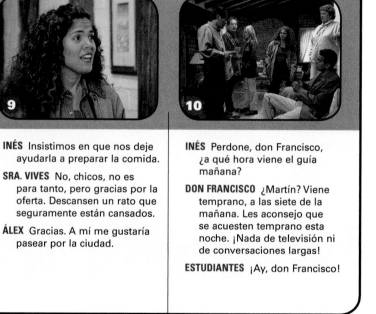

**INÉS** Insistimos en que nos deje ayudarla a preparar la comida.

**SRA. VIVES** No, chicos, no es para tanto, pero gracias por la oferta. Descansen un rato que seguramente están cansados.

**ÁLEX** Gracias. A mí me gustaría pasear por la ciudad.

10

**INÉS** Perdone, don Francisco, ¿a qué hora viene el guía mañana?

**DON FRANCISCO** ¿Martín? Viene temprano, a las siete de la mañana. Les aconsejo que se acuesten temprano esta noche. ¡Nada de televisión ni de conversaciones largas!

**ESTUDIANTES** ¡Ay, don Francisco!

## Expresiones útiles

### Welcoming people

- **¡Bienvenido(s)/a(s)!**
  *Welcome!*

### Showing people around the house

- **Síganme... que quiero mostrarles la casa.**
  *Follow me... I want to show you the house.*
- **Esta alcoba es para los chicos.**
  *This bedroom is for the guys.*
- **Ésta es la sala.**
  *This is the living room.*
- **Allí están la cocina y el comedor.**
  *The kitchen and dining room are over there.*
- **Al fondo del pasillo hay un baño.**
  *At the end of the hall there is a bathroom.*

### Telling people what to do

- **Quiero que la ayude(n) con los quehaceres domésticos.**
  *I want you to help her with the household chores.*
- **Quiero que arregle(n) su(s) alcoba(s).**
  *I want you to straighten your room(s).*
- **Quiero que haga(n) las camas.**
  *I want you to make the beds.*
- **Quiero que ponga(n) la mesa.**
  *I want you to set the table.*
- **Cuente con nosotros.**
  *(You can) Count on us.*
- **Insistimos en que nos deje ayudarla a preparar la comida.**
  *We insist that you let us help you make the food.*
- **Le (Les) aconsejo que se acueste(n) temprano.**
  *I recommend that you go to bed early.*

### Other expressions

- **No es para tanto.**
  *It's not a big deal.*
- **Gracias por la oferta.**
  *Thanks for the offer.*

**Teaching Tips** Have the class read through the entire **Fotonovela**, with volunteers playing the various parts. You may want to point out the form **gustaría** in the caption under video still 9. Explain to students that it is the conditional of **gustar** and that they will learn more about it in **Estructura 8.1**. Tell them that **me gustaría** means *I would like.*

**Expresiones útiles** Point out that the verbs **Síganme** and **Cuente** are formal command forms. Have the class guess which is an **usted** command and which is an **ustedes** command. Then point out the sentences that begin with **Quiero que…**, **Insistimos en que…**, and **Le(s) aconsejo que….** Explain that these sentences are examples of the present subjunctive with verbs of will or influence. Write two or three of these sentences on the board. Point out that the main clause in each sentence contains a verb of will or influence, while the subordinate clause contains a verb in the present subjunctive. Tell students that they will learn more about these concepts in **Estructura**.

**The Affective Dimension** Tell students that travelers in a foreign country may feel culture shock for a while. These feelings are normal and tend to diminish with time.

**TEACHING OPTIONS**

**Extra Practice** Photocopy the **Fotonovela** Videoscript (Supersite/TRCD) and white out words related to houses and household chores in order to create a master for a cloze activity. Distribute the photocopies and tell students to fill in the missing words as they view the episode.

**Pairs** Have students imagine that the house in this episode is for sale. Ask pairs of students to write a real estate advertisement for the house. Encourage creativity. Have volunteers share their ads with the class.

# ¿Qué pasó?

**1 ¿Cierto o falso?** Indica si lo que dicen estas oraciones es **cierto** o **falso**. Corrige las oraciones falsas.

| | Cierto | Falso |
|---|---|---|
| 1. Las alcobas de los estudiantes tienen dos camas, dos mesitas de noche y una cómoda. Tienen sólo una mesita de noche. | ❍ | ✓ |
| 2. La señora Vives no quiere que Javier ponga las maletas en la cama. | ✓ | ❍ |
| 3. El sofá y los sillones están en la sala. | ✓ | ❍ |
| 4. Los estudiantes tienen que sacudir los muebles y sacar la basura. Tienen que arreglar las alcobas, hacer las camas y poner la mesa. | ❍ | ✓ |
| 5. Los estudiantes van a preparar las comidas. La señora Vives va a preparar las comidas. | ❍ | ✓ |

**2 Identificar** Identifica quién puede decir estas oraciones.

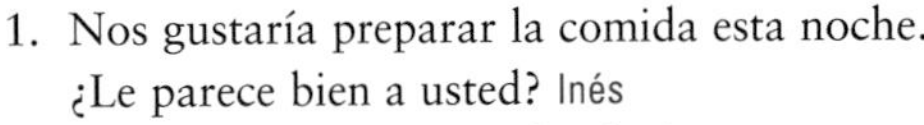
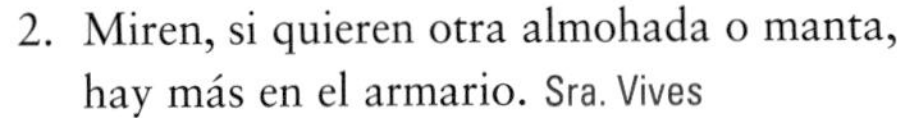
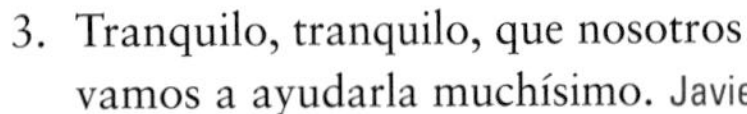

1. Nos gustaría preparar la comida esta noche. ¿Le parece bien a usted? Inés
2. Miren, si quieren otra almohada o manta, hay más en el armario. Sra. Vives
3. Tranquilo, tranquilo, que nosotros vamos a ayudarla muchísimo. Javier
4. Tengo ganas de caminar un poco por la ciudad. Álex
5. No quiero que nadie mire la televisión esta noche. ¡Tenemos que levantarnos temprano mañana! don Francisco

ÁLEX

JAVIER

INÉS

DON FRANCISCO

SRA. VIVES

**3 Completar** Los estudiantes y la señora Vives están haciendo los quehaceres. Adivina en qué cuarto está cada uno de ellos.

1. Inés limpia el congelador. Inés está en la cocina.
2. Javier limpia el escritorio. Javier está en la oficina.
3. Álex pasa la aspiradora debajo de la mesa y las sillas. Álex está en el comedor.
4. La señora Vives sacude el sillón. La señora Vives está en la sala.
5. Don Francisco no está haciendo nada. Él está dormido en el dormitorio/ la alcoba.

**4 Mi casa** Dibuja el plano de una casa o de un apartamento. Puede ser el plano de la casa o del apartamento donde vive tu familia o donde te gustaría (*you would like*) vivir. Después, trabajen en parejas y describan lo que se hace en cuatro de las habitaciones. Para terminar, pídanse (*ask for*) ayuda para hacer dos quehaceres domésticos. Pueden usar estas frases en su conversación. Answers will vary.

| | |
|---|---|
| Quiero mostrarte... | Al fondo hay... |
| Ésta es (la cocina). | Quiero que me ayudes a (sacar la basura). |
| Allí yo (preparo la comida). | Por favor, ayúdame con... |

Practice more at **descubre2.vhlcentral.com.**

**1 Expansion** Give students these true/false statements as items 6–7: **6. Álex quiere descansar. (Falso. Álex quiere pasear por la ciudad.) 7. Martín va a llegar mañana a las cuatro de la tarde. (Falso. Martín va a llegar a las siete de la mañana.)**

**2 Teaching Tip** Before beginning this activity, have the class skim the **Fotonovela** captions on pages 94–95.

**2 Expansion** Give students these sentences as items 6–9: **6. Ésta es la alcoba de las chicas. (Sra. Vives) 7. El guía va a llegar a las siete de la mañana. (don Francisco) 8. ¿Quieren descansar un rato? (Sra. Vives) 9. Chicos, les presento a la señora Vives. (don Francisco)**

**3 Expansion** Ask pairs to come up with lists of other household chores that can be done in each of the rooms. Have them share their answers with the class. Keep count of the items on their lists to find out which pair came up with the most correct possibilities.

**4 Possible Conversation**
**E1: Quiero mostrarte mi casa. Ésta es la sala. Me gusta mirar la televisión allí. Aquí está la oficina. Allí hablo por teléfono y trabajo en la computadora. Éste es el garaje. Es donde tengo mis dos coches. Y aquí está la cocina, donde preparo las comidas. Quiero que me ayudes a sacudir los muebles y pasar la aspiradora.**
**E2: Está bien. Ahora quiero mostrarte mi apartamento...**

**TEACHING OPTIONS**

**Small Groups** Have the class label various parts of the classroom with the names of rooms one would typically find in a house. Then have groups of three perform a skit in which the owner of the house is showing it to two inquisitive exchange students who are going to be spending the semester there. Give the groups time to prepare.

**Game** Have students write a few sentences that one of the characters in this **Fotonovela** episode would say. They can look at the **Fotonovela** captions for ideas, but they should not copy sentences from it word for word. Then have students read their sentences to the class. The class will guess which character would say those sentences.

# Ortografía

## Mayúsculas y minúsculas

Here are some of the rules that govern the use of capital letters (**mayúsculas**) and lowercase letters (**minúsculas**) in Spanish.

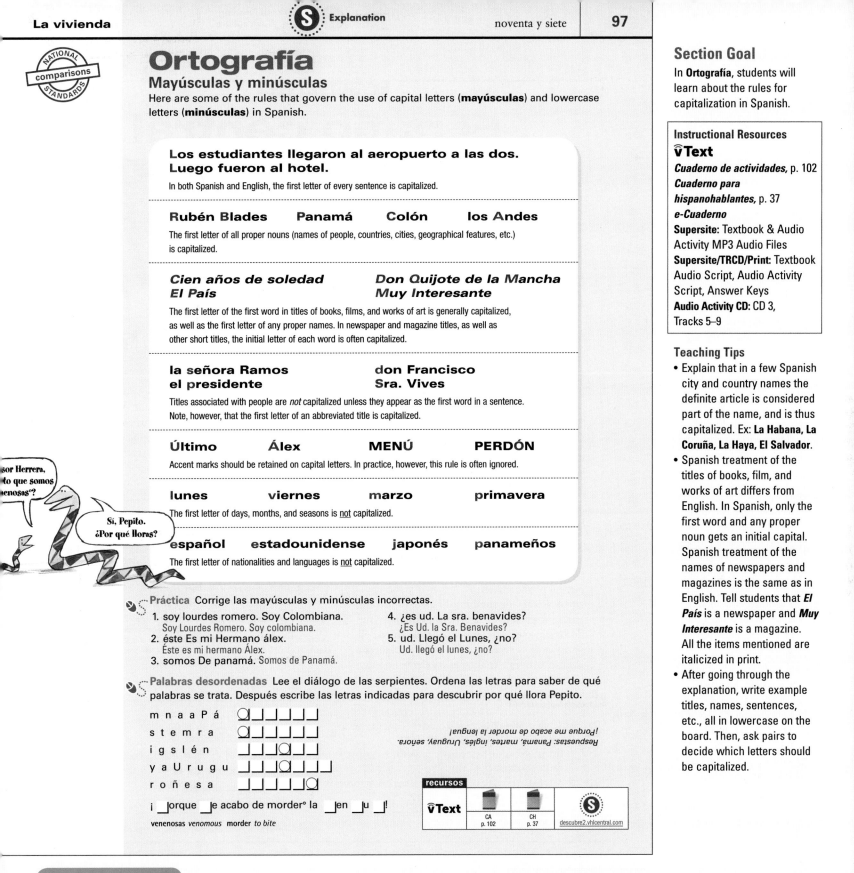

**Los estudiantes llegaron al aeropuerto a las dos.**
**Luego fueron al hotel.**

In both Spanish and English, the first letter of every sentence is capitalized.

**Rubén Blades** **Panamá** **Colón** **los Andes**

The first letter of all proper nouns (names of people, countries, cities, geographical features, etc.) is capitalized.

***Cien años de soledad*** ***Don Quijote de la Mancha***
***El País*** ***Muy Interesante***

The first letter of the first word in titles of books, films, and works of art is generally capitalized, as well as the first letter of any proper names. In newspaper and magazine titles, as well as other short titles, the initial letter of each word is often capitalized.

**la señora Ramos** **don Francisco**
**el presidente** **Sra. Vives**

Titles associated with people are *not* capitalized unless they appear as the first word in a sentence. Note, however, that the first letter of an abbreviated title is capitalized.

**Último** **Álex** **MENÚ** **PERDÓN**

Accent marks should be retained on capital letters. In practice, however, this rule is often ignored.

**lunes** **viernes** **marzo** **primavera**

The first letter of days, months, and seasons is not capitalized.

**español** **estadounidense** **japonés** **panameños**

The first letter of nationalities and languages is not capitalized.

**Práctica** Corrige las mayúsculas y minúsculas incorrectas.

1. soy lourdes romero. Soy Colombiana.
   Soy Lourdes Romero. Soy colombiana.
2. éste Es mi Hermano álex.
   Éste es mi hermano Álex.
3. somos De panamá. Somos de Panamá.
4. ¿es ud. La sra. benavides?
   ¿Es Ud. la Sra. Benavides?
5. ud. Llegó el Lunes, ¿no?
   Ud. llegó el lunes, ¿no?

**Palabras desordenadas** Lee el diálogo de las serpientes. Ordena las letras para saber de qué palabras se trata. Después escribe las letras indicadas para descubrir por qué llora Pepito.

m n a a P á ______
s t e m r a ______
i g s l é n ______
y a U r u g u _______
r o ñ e s a ______

¡ _orque _e acabo de morder° la _en _u _!

venenosas *venomous* morder *to bite*

Respuestas: Panamá, martes, inglés, Uruguay, señora.
¡Porque me acabo de morder la lengua!

**recursos**

| vText | CA p. 102 | CH p. 37 | descubre2.vhlcentral.com |
|---|---|---|---|

### Section Goal

In **Ortografía**, students will learn about the rules for capitalization in Spanish.

**Instructional Resources**
**vText**
***Cuaderno de actividades,*** p. 102
***Cuaderno para hispanohablantes,*** p. 37
***e-Cuaderno***
**Supersite:** Textbook & Audio Activity MP3 Audio Files
**Supersite/TRCD/Print:** Textbook Audio Script, Audio Activity Script, Answer Keys
**Audio Activity CD:** CD 3, Tracks 5–9

### Teaching Tips

- Explain that in a few Spanish city and country names the definite article is considered part of the name, and is thus capitalized. Ex: **La Habana, La Coruña, La Haya, El Salvador**.
- Spanish treatment of the titles of books, film, and works of art differs from English. In Spanish, only the first word and any proper noun gets an initial capital. Spanish treatment of the names of newspapers and magazines is the same as in English. Tell students that ***El País*** is a newspaper and ***Muy Interesante*** is a magazine. All the items mentioned are italicized in print.
- After going through the explanation, write example titles, names, sentences, etc., all in lowercase on the board. Then, ask pairs to decide which letters should be capitalized.

### TEACHING OPTIONS

**Extra Practice** Have students scan the reading on the next page. Have them circle all the capital letters and explain why each is capitalized. Then point out the words **árabe, españoles,** and **islámica** and have volunteers explain why they are not capitalized.

**Extra Practice** Add an auditory aspect to this **Ortografía** section. Read this sentence aloud: **El doctor Guzmán, el amigo panameño de la señorita Rivera, llegó a Quito el lunes, doce de mayo.** To allow students time to write, read the sentence twice slowly and once at full speed. Tell the class to abbreviate all titles. Have volunteers write their version of the sentence on the board, and as a class correct any mistakes they may have made.

## Section Goals

In **Cultura**, students will:

- read about central patios and courtyards in Spanish and colonial architecture
- learn terms related to the home
- read about the floating islands of Lake Titicaca
- read about unique furniture pieces

**Instructional Resources**
**vText**
***Cuaderno para hispanohablantes,*** p. 38
**Supersite/DVD: *Flash cultura***
**Supersite/TRCD/Print:**
***Flash cultura*** Videoscript & Translation

**En detalle**

**Antes de leer** Have students look at the photos and predict the content of this reading. Ask students if they have seen similar architecture in North America or abroad.

**Lectura**

- Explain that Spanish homes with central patios are most common in the southern regions of the country.
- Point out that university and administrative buildings often have central patios as well.
- As students read, have them make a list of characteristics of central patios.

**Después de leer** Ask students to give possible reasons why this architecture is not as common in the U.S. and Canada. Have heritage speakers share whether courtyards are popular in their families' home countries.

**1 Expansion** Give students these true/false statements as items 8–9: **8. Los patios centrales son comunes en las casas de México, España y Colombia. (Cierto.) 9. Nunca se decora el patio central. (Falso. La decoración se cuida mucho.)**

EN DETALLE

# El patio central

**En las tardes cálidas° de Oaxaca, México; Córdoba, España o Popayán, Colombia,** es un placer sentarse en **el patio central** de una casa y tomar un refresco disfrutando de° una buena conversación. De influencia árabe, esta característica arquitectónica° fue traída° a las Américas por los españoles. En la época° colonial, se construyeron casas, palacios, monasterios, hospitales y escuelas con patio central. Éste es un espacio privado e íntimo en donde se puede disfrutar del sol y de la brisa° estando aislado° de la calle.

El centro del patio es un espacio abierto. Alrededor de° él, separado por columnas, hay un pasillo cubierto°. Así, en el patio hay zonas de sol y de sombra°. El patio es una parte importante de la vivienda familiar y su decoración se cuida° mucho. En el centro del patio muchas veces hay una fuente°, plantas e incluso árboles°. El agua es un elemento muy importante en la ideología islámica porque simboliza la purificación del cuerpo y del alma°. Por esta razón y para disminuir° la temperatura, el agua en estas construcciones es muy importante. El agua y la vegetación ayudan a mantener la temperatura fresca y el patio proporciona° luz y ventilación a todas las habitaciones.

### La distribución

Las casas con patio central eran usualmente las viviendas de familias adineradas°. Son casas de dos o tres pisos. Los cuartos de la planta baja son las áreas comunes: cocina, comedor, sala, etc., y tienen puertas al patio. En los pisos superiores están las habitaciones privadas de la familia.

**cálidas** *hot* **disfrutando de** *enjoying* **arquitectónica** *architectural* **traída** *brought* **época** *era* **brisa** *breeze* **aislado** *isolated* **Alrededor de** *Surrounding* **cubierto** *covered* **sombra** *shade* **se cuida** *is looked after* **fuente** *fountain* **árboles** *trees* **alma** *soul* **disminuir** *lower* **proporciona** *provides* **adineradas** *wealthy*

ACTIVIDADES

**1** **¿Cierto o falso?** Indica si lo que dicen estas oraciones es **cierto** o **falso**. Corrige la información falsa.

1. Los patios centrales de Latinoamérica tienen su origen en la tradición indígena. Falso. Los patios tienen su origen en la arquitectura árabe.
2. En la época colonial las casas eran las únicas construcciones con patio central. Falso. Se construyeron casas, palacios, monasterios, hospitales y escuelas con patio central.
3. El patio es una parte importante en estas construcciones. Cierto.
4. El patio central es un lugar de descanso que da luz y ventilación a las habitaciones. Cierto.
5. Las casas con patio central eran para personas adineradas. Cierto.
6. Los cuartos de la planta baja son privados. Falso. Los cuartos de la planta baja son las áreas comunes.
7. Las fuentes en los patios tienen importancia por razones ideológicas y porque bajan la temperatura. Cierto.

 Practice more at **descubre2.vhlcentral.com.**

TEACHING OPTIONS

**Cultural Comparison** Discuss other features of homes in Spanish-speaking countries. For example, in Spain, washing machines are typically the front-loading type and are located in the kitchen. Dryers are not commonly found in homes, and therefore most families hang their clothing to air-dry on a balcony, patio, or in a laundry room.

**Small Groups** Have students work in groups of three and compare a house with a central patio to a house with a backyard. Tell them to make a list of **similitudes** and **diferencias**. After completing their charts, have two groups get together and compare their lists.

ASÍ SE DICE

## La vivienda

| | |
|---|---|
| el ático, el desván | el altillo |
| la cobija (Méx.), la frazada (Arg., Cuba, Ven.) | la manta |
| el escaparate (Cuba, Ven.), el ropero (Méx.) | el armario |
| el fregadero | *kitchen sink* |
| el frigidaire (Perú); el frigorífico (Esp.), la nevera | el refrigerador |
| el lavavajillas (Arg., Esp., Méx.) | el lavaplatos |

EL MUNDO HISPANO

## Los muebles

- **Mecedora°** La mecedora es un mueble típico de Latinoamérica, especialmente de la zona del Caribe. A las personas les gusta relajarse mientras se mecen° en el patio.
- **Mesa camilla** Era un mueble popular en España hasta hace algunos años. Es una mesa con un bastidor° en la parte inferior° para poner un brasero°. En invierno, las personas se sentaban alrededor de la mesa camilla para conversar, jugar a las cartas o tomar café.

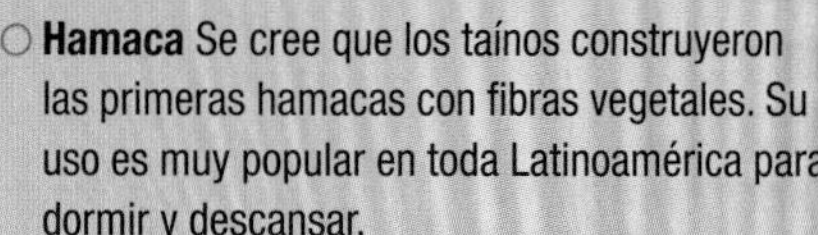

- **Hamaca** Se cree que los taínos construyeron las primeras hamacas con fibras vegetales. Su uso es muy popular en toda Latinoamérica para dormir y descansar.

**Mecedora** *Rocking chair* **se mecen** *they rock themselves* **bastidor** *frame* **inferior** *bottom* **brasero** *container for hot coals*

PERFIL

# Las islas flotantes del lago Titicaca

Bolivia y Perú comparten **el lago Titicaca**, donde viven los **uros**, uno de los pueblos indígenas más antiguos de América. Hace muchos años, los uros fueron a vivir al lago escapando de **los incas**. Hoy en día, siguen viviendo allí en cuarenta **islas flotantes** que ellos mismos hacen con unos juncos° llamados **totora**. Primero tejen° grandes plataformas. Luego, con el mismo material, construyen sus casas sobre las plataformas. La totora es resistente, pero con el tiempo el agua la pudre°. Los habitantes de las islas necesitan renovar continuamente las plataformas y las casas. Sus muebles y sus barcos también están hechos° de juncos. Los uros viven de la pesca y del turismo; en las islas hay unas tiendas donde venden artesanías° hechas con totora.

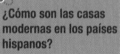

**juncos** *reeds* **tejen** *they weave* **la pudre** *rots it* **hechos** *made* **artesanías** *handcrafts*

Conexión Internet

**¿Cómo son las casas modernas en los países hispanos?**

Go to descubre2.vhlcentral.com to find more cultural information related to this Cultura section.

ACTIVIDADES

**2 Comprensión** Responde a las preguntas.

1. Tu amigo mexicano te dice: "La **cobija** azul está en el **ropero**". ¿Qué quiere decir? La manta azul está en el armario.
2. ¿Quiénes hicieron las primeras hamacas? ¿Qué material usaron? los taínos; fibras vegetales
3. ¿Qué grupo indígena vive en el lago Titicaca? Los uros viven en el lago Titicaca.
4. ¿Qué pueden comprar los turistas en las islas flotantes del lago Titicaca? Pueden comprar artesanías hechas con totora.

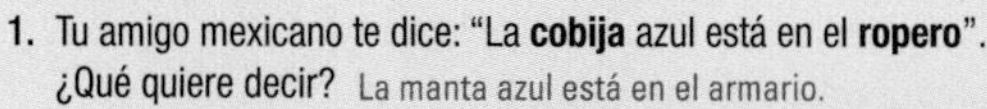

**3 Viviendas tradicionales** Escribe cuatro oraciones sobre una vivienda tradicional que conoces. Explica en qué lugar se encuentra, de qué materiales está hecha y cómo es. Answers will vary.

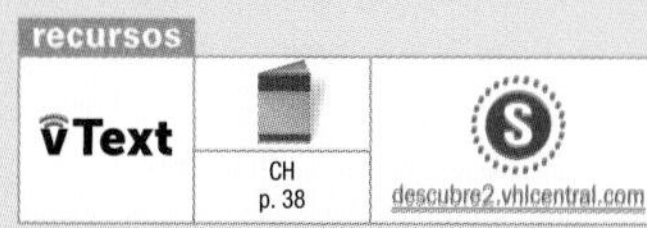


TEACHING OPTIONS

**Small Groups** In small groups, have students research the floating islands of Lake Titicaca and make a poster or collage. Tell them to include information about the **uro** way of life, tourism, and any other significant details about the islands. Have groups present their posters to the class.

**Extra Practice** Ask students to write a short description of their favorite room in their family's house or apartment. Encourage them to give details about the furniture and decorations. Have them share their paragraphs with a partner, who will ask clarifying questions about the room.

**Así se dice**

- Model the pronunciation of each term and have students repeat it.
- Explain that compound words like **lavavajillas** are often masculine: **el lavavajillas, los lavavajillas**.
- To challenge students, add these household-related words to the list: **arrendar (Chi., Col.), rentar (Cuba, Méx, P. Rico)** (*to rent*); **la chimenea** (*fireplace*); **el corredor** (*hallway*); **el gavetero (Cuba, Pan., P. Rico)** (*dresser, bureau*); **la licuadora, la batidora (Cuba, Esp., Rep. Dom., Ven.)** (*blender*); **las persianas** (*blinds*); **el plato hondo, el tazón** (*bowl*); **el tragaluz, la claraboya** (*skylight*).

**Perfil**

- Have students share any facts from the reading that are new or surprising to them.
- Ask students: **¿Les interesa visitar estas islas? ¿Cuáles son las ventajas y desventajas de vivir en un sitio así?**

**El mundo hispano**

- If possible, bring in photos of the three pieces of furniture.
- Ask students if they have similar furniture in their homes.

**2 Expansion** Give students these questions as items 5–8: **5. ¿Por qué los uros se fueron a vivir al lago Titicaca? (para escapar de los incas.) 6. ¿Cuántas islas flotantes hay entre Bolivia y Perú? (cuarenta) 7. ¿Cómo se hace la base de las casas flotantes? (Se tejen con totora.) 8. ¿Por qué se usaba una mesa camilla en invierno y no en verano? (Daba calor a los pies.)**

**3 Teaching Tip** To add a visual aspect to this activity, have students find a photo of a traditional dwelling and use the photo as a basis for their written description.

## Section Goal

In **Estructura 3.1**, students will learn the relative pronouns **que, quien(es), lo que** and their uses.

**Instructional Resources**
**vText**
***Cuaderno de actividades,*** p. 103
***Cuaderno de práctica,*** pp. 29–30
***Cuaderno para hispanohablantes,*** p. 39
***e-Cuaderno***
**Supersite:** Audio Activity MP3 Audio Files
**Supersite/TRCD/Print:** *PowerPoints* (**Lección 3 Estructura** Presentation); Audio Activity Script, Answer Keys
**Audio Activity CD:** CD 3, Tracks 10–13

## Teaching Tips

- Have students open to the **Fotonovela** on pages 94–95. Ask open-ended questions about the situation and then rephrase the students' short answers into sentences using relative pronouns. Write your sentences on the board and underline the relative pronoun. Ex: **1. ¿Quién va a preparar la comida? (la Sra. Vives) Sí, ella es la persona que va a preparar la comida. 2. ¿Qué cuarto tiene un sofá y sillones cómodos? (la sala) Sí, la sala es el cuarto que tiene un sofá y sillones cómodos.**
- Compare and contrast the use of **que** and **quien** by writing some examples on the board. Ex: **Es la chica que vino con Carlos a mi fiesta. Es la chica a quien conocí en mi fiesta.** Have students deduce the rule.

## 3.1 Relative pronouns

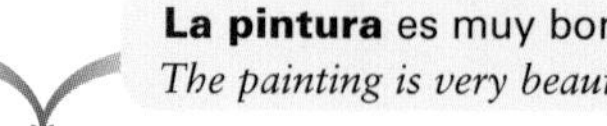


**ANTE TODO** In both English and Spanish, relative pronouns **(pronombres relativos)** are used to combine two sentences or clauses that share a common element, such as a noun or pronoun. Study this diagram.

Mis padres me regalaron **la pintura**.
*My parents gave me the painting.*

**La pintura** es muy bonita.
*The painting is very beautiful.*

La pintura **que** me regalaron mis padres es muy bonita.
*The painting that my parents gave me is very beautiful.*

**Lourdes** es muy inteligente.
*Lourdes is very intelligent.*

**Lourdes** estudia español.
*Lourdes is studying Spanish.*

Lourdes, **quien** estudia español, es muy inteligente.
*Lourdes, who studies Spanish, is very intelligent.*

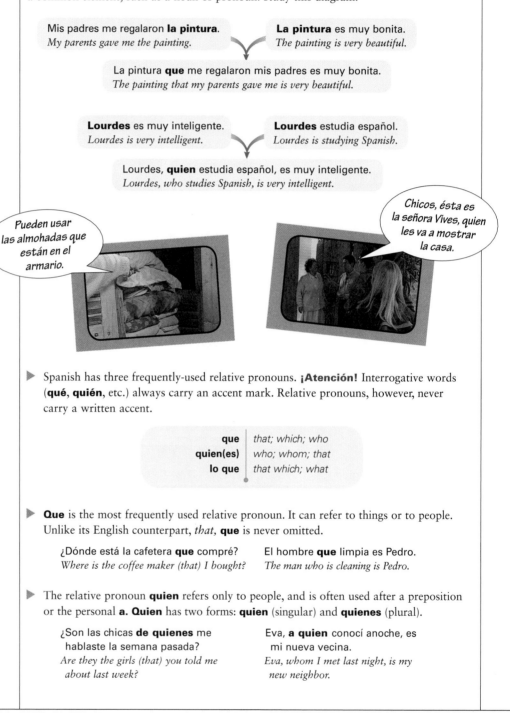

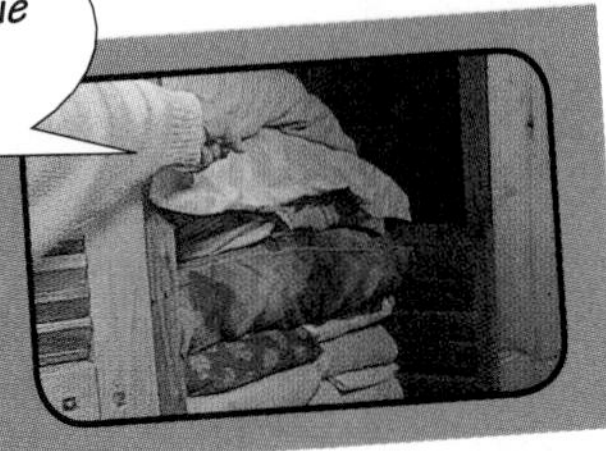

Pueden usar las almohadas que están en el armario.

Chicos, ésta es la señora Vives, quien les va a mostrar la casa.


- Spanish has three frequently-used relative pronouns. **¡Atención!** Interrogative words (**qué**, **quién**, etc.) always carry an accent mark. Relative pronouns, however, never carry a written accent.

| | |
|---|---|
| **que** | *that; which; who* |
| **quien(es)** | *who; whom; that* |
| **lo que** | *that which; what* |

- **Que** is the most frequently used relative pronoun. It can refer to things or to people. Unlike its English counterpart, *that,* **que** is never omitted.

¿Dónde está la cafetera **que** compré?
*Where is the coffee maker (that) I bought?*

El hombre **que** limpia es Pedro.
*The man who is cleaning is Pedro.*

- The relative pronoun **quien** refers only to people, and is often used after a preposition or the personal **a. Quien** has two forms: **quien** (singular) and **quienes** (plural).

¿Son las chicas **de quienes** me hablaste la semana pasada?
*Are they the girls (that) you told me about last week?*

Eva, **a quien** conocí anoche, es mi nueva vecina.
*Eva, whom I met last night, is my new neighbor.*

**TEACHING OPTIONS**

**Extra Practice** Write these sentences on the board, and have students supply the correct relative pronoun.
**1. Hay una escalera ____ sube al primer piso. (que)**
**2. Elena es la muchacha a ____ le presté la aspiradora. (quien)**
**3. ¿Dónde pusiste la ropa ____ acabas de quitarte? (que)**
**4. ¿Cuál es el señor a ____ le alquilas tu casa? (quien)**
**5. La cómoda ____ compramos la semana pasada está en el dormitorio de mi hermana. (que)**

**Heritage Speakers** Using complex sentences with relative pronouns, have heritage speakers describe a location in their families' communities where people can get together. Ex: town square, park, café, etc.

**¡LENGUA VIVA!**

In English, it is generally recommended that *who(m)* be used to refer to people, and that *that* and *which* be used to refer to things. In Spanish, however, it is perfectly acceptable to use **que** when referring to people.

▶ **Quien(es)** is occasionally used instead of **que** in clauses set off by commas.

Lola, **quien** es cubana, es médica.
*Lola, who is Cuban, is a doctor.*

Su tía, **que** es alemana, ya llegó.
*His aunt, who is German, already arrived.*

▶ Unlike **que** and **quien(es), lo que** doesn't refer to a specific noun. It refers to an idea, a situation, or a past event and means *what, that which,* or *the thing that.*

Este mercado tiene todo lo que Inés necesita.

A la señora Vives no le gustó lo que hizo Javier.

**Lo que** me molesta es el calor.
*What bothers me is the heat.*

**Lo que** quiero es una casa.
*What I want is a house.*

**¡INTÉNTALO!** Completa estas oraciones con pronombres relativos.

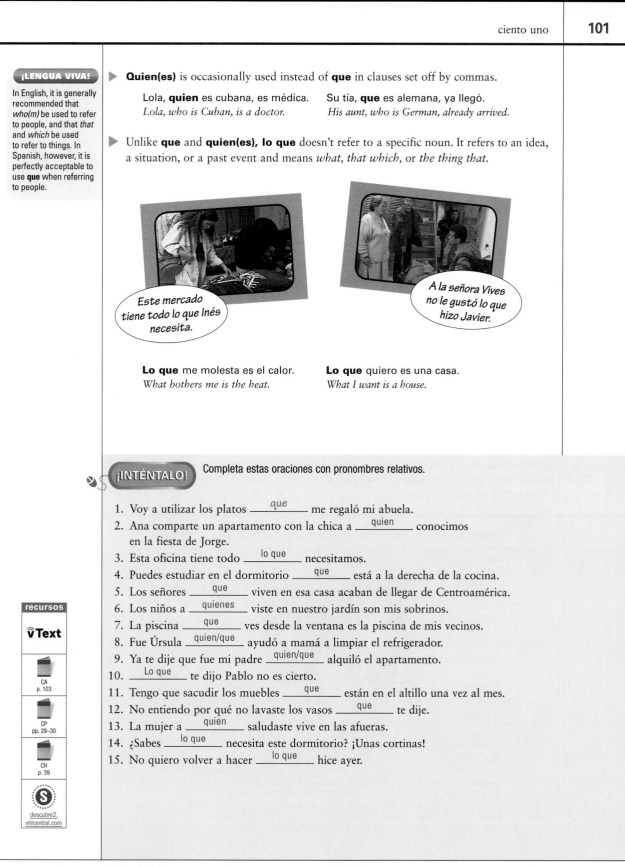

1. Voy a utilizar los platos ___que___ me regaló mi abuela.
2. Ana comparte un apartamento con la chica a ___quien___ conocimos en la fiesta de Jorge.
3. Esta oficina tiene todo ___lo que___ necesitamos.
4. Puedes estudiar en el dormitorio ___que___ está a la derecha de la cocina.
5. Los señores ___que___ viven en esa casa acaban de llegar de Centroamérica.
6. Los niños a ___quienes___ viste en nuestro jardín son mis sobrinos.
7. La piscina ___que___ ves desde la ventana es la piscina de mis vecinos.
8. Fue Úrsula ___quien/que___ ayudó a mamá a limpiar el refrigerador.
9. Ya te dije que fue mi padre ___quien/que___ alquiló el apartamento.
10. ___Lo que___ te dijo Pablo no es cierto.
11. Tengo que sacudir los muebles ___que___ están en el altillo una vez al mes.
12. No entiendo por qué no lavaste los vasos ___que___ te dije.
13. La mujer a ___quien___ saludaste vive en las afueras.
14. ¿Sabes ___lo que___ necesita este dormitorio? ¡Unas cortinas!
15. No quiero volver a hacer ___lo que___ hice ayer.

**recursos**

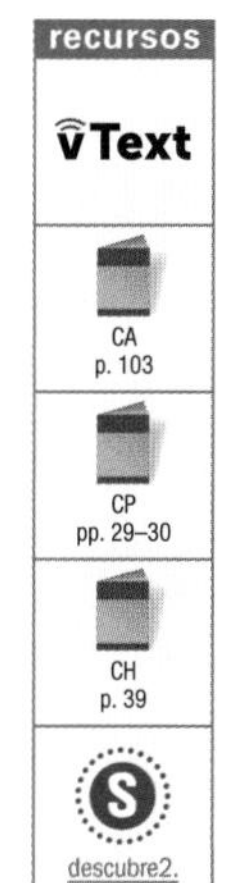

vText

CA p. 103

CP pp. 29–30

CH p. 39

descubre2.vhlcentral.com

### Teaching Tips

- Test comprehension as you proceed by asking volunteers to answer questions about students and objects in the classroom. Ex: **¿Cómo se llama la estudiante que se sienta detrás de ___? ¿Cómo se llaman los estudiantes a quienes acabo de hacer esta pregunta? ¿Dónde está la tarea que ustedes hicieron para hoy?**
- Add a visual aspect to this grammar presentation. Line up four to five pictures. Ask questions that use relative pronouns or elicit them in student answers. Ex: **¿Quién está comiendo una hamburguesa? (El muchacho que está sentado en la playa está comiendo una hamburguesa.) ¿Quién sabe lo que está haciendo esta muchacha? (Está quitando la mesa.)**
- Ask students to make two short lists: **Lo que tengo en mi dormitorio** and **Lo que quiero tener en mi dormitorio.** Ask volunteers to read part of their lists to the class. Encourage a conversation by asking questions such as: **¿Es esto lo que tienes en tu dormitorio? ¿Es un ___ lo que quieres tú?**

### TEACHING OPTIONS

**Video** Show the **Fotonovela** again to give students more input containing relative pronouns. Stop the video where appropriate to discuss how relative pronouns were used.

**Game** Ask students to bring in some interesting pictures from magazines or the Internet, but tell them not to show these photos to one another. Divide the class into teams of three. Each team should pick a picture. One student will write an accurate description of it, and the others will write imaginary descriptions. Tell them to use relative pronouns in the descriptions. Each team will read its three descriptions aloud without showing the picture. Give the rest of the class two minutes to ask questions about the descriptions before guessing which is the accurate one. Award one point for a correct guess and two points to the team able to fool the class.

**1 Expansion** Ask students to write alternate endings for each of the sentences. Then ask several volunteers to read their sentences aloud.

**2 Expansion** Ask questions about the content of the activity. Ex: **1. ¿Quiénes quieren comprar una casa? (Jaime y Tina) 2. ¿Qué casa quieren comprar? (una casa que está en las afueras de la ciudad) 3. ¿De quién era la casa? (de una artista famosa) 4. ¿Cómo venden la casa? (con todos los muebles que tenía) 5. ¿Qué tipo de alfombra tiene la sala? (una alfombra que la artista trajo de Kuwait)**

**3 Teaching Tip** Ask a volunteer to read the **modelo** aloud. Ask another volunteer to explain what word is replaced by the relative pronoun **que**.

**3 Expansion** Have pairs write two more sentences that contain relative pronouns and refer to **Javier** and **Ana's** new home.

# Práctica

**1**

**Combinar** Combina elementos de la columna A y la columna B para formar oraciones lógicas.

**A**

1. Ése es el hombre __d__.
2. Rubén Blades, __c__.
3. No traje __e__.
4. ¿Te gusta la manta __b__?
5. ¿Cómo se llama el programa __g__?
6. La mujer __a__.

**B**

a. con quien bailaba es mi vecina
b. que te compró Cecilia
c. quien es de Panamá, es un cantante muy bueno
d. que arregló mi lavadora
e. lo que necesito para la clase de matemáticas
f. que comiste en el restaurante
g. que escuchaste en la radio anoche

**NOTA CULTURAL**

**Rubén Blades** es un cantante y actor panameño muy famoso. Para más información sobre este artista, ve a la página 123.

**2**

**Completar** Completa la historia sobre la casa que Jaime y Tina quieren comprar, usando los pronombres relativos **que, quien, quienes** o **lo que**.

1. Jaime y Tina son las personas a __quienes__ conocí la semana pasada.
2. Quieren comprar una casa __que__ está en las afueras de la ciudad.
3. Es una casa __que__ era de una artista famosa.
4. La artista, a __quien__ yo conocía, murió el año pasado y no tenía hijos.
5. Ahora se vende la casa con todos los muebles __que__ ella tenía.
6. La sala tiene una alfombra __que__ ella trajo de Kuwait.
7. La casa tiene muchos estantes, __lo que__ a Tina le encanta.

**3**

**Oraciones** Javier y Ana acaban de casarse y han comprado (*they have bought*) una casa y muchas otras cosas. Combina sus declaraciones para formar una sola oración con los pronombres relativos **que, quien(es)** y **lo que**.

*modelo*

Vamos a usar los vasos nuevos mañana. Los pusimos en el comedor.
*Mañana vamos a usar los vasos nuevos que pusimos en el comedor.*

1. Tenemos una cafetera nueva. Mi prima nos la regaló.
   Tenemos una cafetera nueva que mi prima nos regaló.
2. Tenemos una cómoda nueva. Es bueno porque no hay espacio en el armario.
   Tenemos una cómoda nueva, lo que es bueno porque no hay espacio en el armario.
3. Esos platos no nos costaron mucho. Están encima del horno.
   Esos platos que están encima del horno no nos costaron mucho.
4. Esas copas me las regaló mi amiga Amalia. Ella viene a visitarme mañana.
   Esas copas me las regaló mi amiga Amalia, quien viene a visitarme mañana.
5. La lavadora está casi nueva. Nos la regalaron mis suegros.
   La lavadora que nos regalaron mis suegros está casi nueva.
6. La vecina nos dio una manta de lana. Ella la compró en México.
   La vecina nos dio una manta de lana que compró en México.

**TEACHING OPTIONS**

**Extra Practice** Have students use relative pronouns to complete this series. **1. ____ tenemos que hacer es buscar otro apartamento. (Lo que) 2. El apartamento ____ tenemos sólo tiene dos alcobas. (que) 3. Ayer hablamos con un compañero ____ alquila una casa cerca de aquí. (que) 4. Buscamos algo similar a ____ él tiene: tres alcobas, dos cuartos de baño, una cocina, una sala, un comedor… ¡y un alquiler bajo! (lo que) 5. Nos dio el nombre de unos agentes a ____ podemos contactar. (quienes)**

**Pairs** Ask pairs of students to write a description of a new household gadget, using relative pronouns. Their descriptions should include the purpose of the gadget and how it is used.

# Comunicación

**4** **Entrevista** En parejas, túrnense para hacerse estas preguntas. Answers will vary.

1. ¿Qué es lo que más te gusta de vivir en las afueras o en la ciudad?
2. ¿Cómo son las personas que viven en tu barrio?
3. ¿Cuál es el quehacer doméstico que menos te gusta? ¿Y el que más te gusta?
4. ¿Quién es la persona que hace los quehaceres domésticos en tu casa?
5. ¿Quiénes son las personas con quienes más sales los fines de semana? ¿Quién es la persona a quien más llamas por teléfono?
6. ¿Cuál es el deporte que más te gusta? ¿Cuál es el que menos te gusta?
7. ¿Cuál es el barrio de tu ciudad que más te gusta y por qué?
8. ¿Quién es la persona a quien más llamas cuando tienes problemas?
9. ¿Quién es la persona a quien más admiras? ¿Por qué?
10. ¿Qué es lo que más te gusta de tu casa?
11. ¿Qué es lo que más te molesta de tus amigos?
12. ¿Qué es lo que menos te gusta de tu barrio?

**4 Teaching Tip** Have students take notes on the answers provided by their partners to use in expansion activities.

**4 Expansion**
- Have pairs team up to form groups of four. Each student will report on his or her partner, using the information obtained in the interview.
- Have pairs of students write four additional questions. Ask pairs to exchange their questions with another pair.

**5** **Adivinanza** En grupos, túrnense para describir distintas partes de una vivienda usando pronombres relativos. Los demás compañeros tienen que hacer preguntas hasta que adivinen (*they guess*) la palabra. Answers will vary.

*modelo*

**Estudiante 1:** Es lo que tenemos en el dormitorio.
**Estudiante 2:** ¿Es el mueble que usamos para dormir?
**Estudiante 1:** No. Es lo que usamos para guardar la ropa.
**Estudiante 3:** Lo sé. Es la cómoda.

Practice more at **descubre2.vhlcentral.com.**

**5 Expansion** Have groups choose their three best **adivinanzas** and present them to the class.

# Síntesis

**6** **Definir** En parejas, definan las palabras. Usen los pronombres relativos **que, quien(es)** y **lo que.** Luego compartan sus definiciones con la clase. Answers will vary.

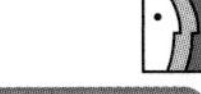

**AYUDA**

Remember that **de,** followed by the name of a material, means *made of.*
**Es de algodón.**
*It's made of cotton.*
•••
**Es un tipo de** means *It's a kind/sort of...*
**Es un tipo de flor.**
*It's a kind of flower.*

*modelo*

lavadora Es lo que se usa para lavar la ropa.
pastel Es un postre que comes en tu cumpleaños.

| | | | |
|---|---|---|---|
| alquiler | flan | patio | tenedor |
| amigos | guantes | postre | termómetro |
| aspiradora | jabón | sillón | vaso |
| enfermera | manta | sótano | vecino |

**6 Expansion** Have pairs select one of the items listed in the activity and develop a magazine ad that advertises the item they chose. Their ad should include three sentences with relative pronouns.

**TEACHING OPTIONS**

**Small Groups** Have students bring in pictures of houses (exterior only). Have them work in groups of three to write a description of what they imagine the interiors to be like. Remind them to use relative pronouns in their descriptions.

**Extra Practice** Add an auditory aspect to this grammar practice. Prepare short descriptions of easily recognizable residences, such as the White House, Hearst Castle, Alcatraz prison, Graceland, and Buckingham Palace. Write their names on the board in random order. Then read your descriptions aloud and have students match each one to the appropriate name. Ex: **Es un castillo que está situado en una pequeña montaña cerca del océano Pacífico de California. Lo construyó un norteamericano considerado bastante excéntrico. Es un sitio que visitan muchos turistas cada año.** (Hearst Castle)

## Section Goals

In **Estructura 3.2**, students will learn:

- formal commands
- use of object pronouns with formal commands

**Instructional Resources**

**vText**

***Cuaderno de actividades,*** pp. 11–12, 104

***Cuaderno de práctica,*** pp. 31–32

***Cuaderno para hispanohablantes,*** pp. 40–43

***e-Cuaderno***

**Supersite:** Audio Activity MP3 Audio Files

**Supersite/TRCD/Print:** *PowerPoints* (**Lección 3 Estructura** Presentation); Communication Activities, Audio Activity Script, Answer Keys

**Audio Activity CD:** CD 3, Tracks 14–18

## Teaching Tips

- Model the use of formal commands with simple examples using TPR and gestures. Ex: **Levántense. Siéntense.** Then point to individual students and give commands in an exaggerated formal tone. Ex: **Señor(ita) ____, levántese.** Give other commands using **salga/salgan, vuelva/vuelvan,** and **venga/vengan.**
- Write these sentences on the board, contrasting their meaning with the examples in the text: **Habla con ellos. Come frutas y verduras. Laven los platos ahora mismo. Beban menos té y café.**
- Have volunteers give the command forms for other verbs, such as **alquilar, correr,** or **imprimir.**

# 3.2 Formal commands

NATIONAL comparisons STANDARDS

**ANTE TODO** As you learned in **Lección 2**, the command forms are used to give orders or advice. Formal commands are used with people you address as **usted** or **ustedes.** Observe these examples, then study the chart.

**Hable** con ellos, don Francisco.
*Talk with them, Don Francisco.*

**Coma** frutas y verduras.
*Eat fruits and vegetables.*

**Laven** los platos ahora mismo.
*Wash the dishes right now.*

**Beban** menos té y café.
*Drink less tea and coffee.*

**Formal commands (Ud. and Uds.)**

| Infinitive | Present tense yo form | Ud. command | Uds. command |
|---|---|---|---|
| limpiar | limpi**o** | limpi**e** | limpi**en** |
| barrer | barr**o** | barr**a** | barr**an** |
| sacudir | sacud**o** | sacud**a** | sacud**an** |
| decir (e:i) | dig**o** | dig**a** | dig**an** |
| pensar (e:ie) | piens**o** | piens**e** | piens**en** |
| volver (o:ue) | vuelv**o** | vuelv**a** | vuelv**an** |
| servir (e:i) | sirv**o** | sirv**a** | sirv**an** |

- The **usted** and **ustedes** commands, like the negative **tú** commands, are formed by dropping the final **-o** of the **yo** form of the present tense. For **-ar** verbs, add **-e** or **-en.** For **-er** and **-ir** verbs, add **-a** or **-an.**

No se preocupe...
La vamos a ayudar en
todo lo posible.

- Verbs with irregular **yo** forms maintain the same irregularity in their formal commands. These verbs include **conducir, conocer, decir, hacer, ofrecer, oír, poner, salir, tener, traducir, traer, venir,** and **ver.**

**Oiga,** don Francisco...
*Listen, Don Francisco...*

**¡Salga** inmediatamente!
*Leave immediately!*

**Ponga** la mesa, por favor.
*Set the table, please.*

**Hagan** la cama antes de salir.
*Make the bed before leaving.*

- Note also that verbs maintain their stem changes in **usted** and **ustedes** commands.

| e:ie | o:ue | e:i |
|---|---|---|
| No **pierda** la llave. | **Vuelva** temprano, joven. | **Sirva** la sopa, por favor. |
| **Cierren** la puerta. | **Duerman** bien, chicos. | **Repitan** las frases. |

**AYUDA**

By learning formal commands, it will be easier for you to learn the subjunctive forms that are presented in **Estructura 3.3**, p. 108.

**TEACHING OPTIONS**

**Video** Replay the **Fotonovela**, having students focus on formal commands. Ask them to write down each formal command that they hear. Then form groups of three and have students compare their lists.

**Extra Practice** Describe situations and have students call out **ustedes** commands that would be used. Ex: A mother sending her kids off to overnight camp. (**Cepíllense los dientes antes de dormir.**) An aerobics class. (**Levanten los brazos.**)

**TPR** Have students stand. Using the verbs presented in the discussion of formal commands, give commands at random (Ex: **Barra el suelo.**) and point to a student who should perform the appropriate gesture. Keep a brisk pace. Vary by pointing to more than one student. Ex: **Pongan la mesa.**

AYUDA

It may help you to study the following five series of syllables. Note that within each series, the consonant sound doesn't change.

**ca que qui co cu**
**za ce ci zo zu**
**ga gue gui go gu**
**ja ge gi jo ju**

- Verbs ending in **-car, -gar,** and **-zar** have a spelling change in the command forms.

| | | |
|---|---|---|
| sa**car** | **c → qu** | sa**qu**e, sa**qu**en |
| ju**gar** | **g → gu** | jue**gu**e, jue**gu**en |
| almor**zar** | **z → c** | almuer**c**e, almuer**c**en |

- These verbs have irregular formal commands.

| Infinitive | Ud. command | Uds. command |
|---|---|---|
| dar | **dé** | **den** |
| estar | **esté** | **estén** |
| ir | **vaya** | **vayan** |
| saber | **sepa** | **sepan** |
| ser | **sea** | **sean** |

- To make a formal command negative, simply place **no** before the verb.

**No ponga** las maletas en la cama.
*Don't put the suitcases on the bed.*

**No ensucien** los sillones.
*Don't dirty the armchairs.*

- In affirmative commands, reflexive, indirect and direct object pronouns are always attached to the end of the verb.

Siénten**se**, por favor.
Síga**me,** Laura.
Acuésten**se** ahora.
Póngan**las** en el suelo, por favor.

- **¡Atención!** When a pronoun is attached to an affirmative command that has two or more syllables, an accent mark is added to maintain the original stress.

**limpie → límpielo**
**diga → dígamelo**
**lean → léanlo**
**sacudan → sacúdanlos**

- In negative commands, these pronouns always precede the verb.

No **se** preocupe.
No **me lo** dé.
No **los** ensucien.
No **nos las** traigan.

- **Usted** and **ustedes** can be used with the command forms to strike a more formal tone. In such instances they follow the command form.

**Muéstrele usted** la foto a su amigo.
*Show the photo to your friend.*

**Tomen ustedes** esta alcoba.
*Take this bedroom.*

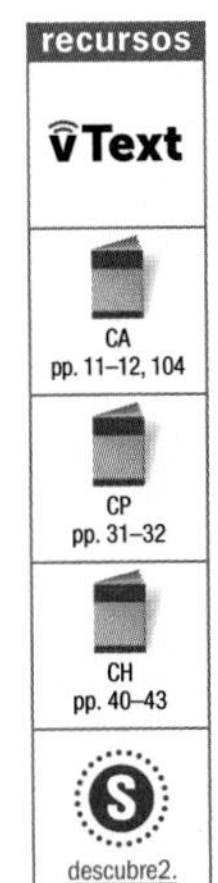

Indica los mandatos (*commands*) afirmativos y negativos correspondientes.

1. escucharlo (Ud.) Escúchelo. No lo escuche.
2. decírmelo (Uds.) Díganmelo. No me lo digan.
3. salir (Ud.) Salga. No salga.
4. servírnoslo (Uds.) Sírvannoslo. No nos lo sirvan.
5. barrerla (Ud.) Bárrala. No la barra.
6. hacerlo (Ud.) Hágalo. No lo haga.

**Teaching Tips**

- Ask volunteers to write formal command forms of other verbs with spelling changes on the board. Ex: **empezar (empiece); comenzar (comience); buscar (busque); pagar (pague); llegar (llegue).**
- Test comprehension as you proceed by asking volunteers to supply the correct form of other infinitives you name.
- Point out that the written accent mark on **dé** serves to distinguish the verb form from the preposition **de**.
- Point out that the affirmative answer for item 4 of **¡Inténtalo!** is spelled with a double **n**: **Sírvannoslo.**

TEACHING OPTIONS

**Extra Practice** Write a list of situations on the board using singular and plural forms. Ex: **La cocina está sucia. Mis amigos y yo tenemos hambre. Tenemos miedo.** Then have students write responses in the form of commands. Ex: **Límpiela. Hagan la cena. No tengan miedo.**

**Heritage Speakers** Ask heritage speakers to make a list of ten commands they would hear in their home that may not be heard elsewhere. Ex: **Sírvale el café al niño. Acuéstese después de almorzar.**

**1 Expansion**

- Ask volunteers to give more organizational tips not included in the activity for **señora González**.
- To challenge students, have them work in pairs to formulate a list of instructions for the movers. Ex: **Tengan cuidado con los platos. No pongan los cuadros en una caja.** Then, with the class, compare and contrast the commands the pairs have formulated.

**2 Teaching Tip** To simplify, before starting the activity, have volunteers describe the situation in each of the drawings. Have them first identify who is speaking to whom.

**2 Expansion** Continue the exercise by using magazine pictures. Ex: **Tengan paciencia con los niños.**

# Práctica

**1** **Completar** La señora González quiere mudarse de casa. Ayúdala a organizarse. Indica el mandato formal de cada verbo.

1. ___Lea___ los anuncios del periódico y ___guárdelos___. (Leer, guardarlos)
2. ___Vaya___ personalmente y ___vea___ las casas usted misma. (Ir, ver)
3. Decida qué casa quiere y ___llame___ al agente. ___Pídale___ un contrato de alquiler. (llamar, Pedirle)
4. ___Contrate___ un camión (*truck*) para ese día y ___pregúnteles___ la hora exacta de llegada. (Contratar, preguntarles)
5. El día de la mudanza (*On moving day*) ___esté___ tranquila. ___Vuelva___ a revisar su lista para completar todo lo que tiene que hacer. (estar, Volver)
6. Primero, ___dígales___ a todos en casa que usted va a estar ocupada. No ___les diga___ que usted va a hacerlo todo. (decirles, decirles)
7. ___Saque___ tiempo para hacer las maletas tranquilamente. No ___les haga___ las maletas a los niños más grandes. (Sacar, hacerles)
8. No ___se preocupe___. ___Sepa___ que todo va a salir bien. (preocuparse, Saber)

**2** **¿Qué dicen?** Mira los dibujos y escribe un mandato lógico para cada uno. Usa palabras que aprendiste en **Contextos**. Answers will vary. Suggested answers:

1. Abran sus libros, por favor.

2. Cierre la puerta. ¡Hace frío!

3. Traiga usted la cuenta, por favor.

4. La cocina está sucia. Bárranla, por favor.

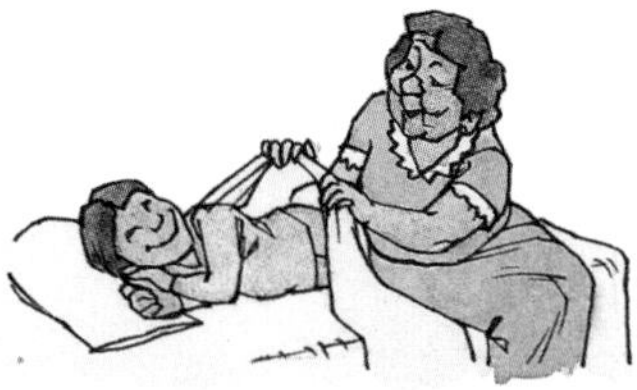

5. Duerma bien, niña.

6. Arreglen el cuarto, por favor. Está desordenado.

Practice more at **descubre2.vhlcentral.com.**

**TEACHING OPTIONS**

**Small Groups** In groups of 3 or 4, have students imagine that they are going to be roommates in a study-abroad program. Have the groups make a list of ground rules for their living arrangements. Ex: **No ponga usted la tele después de las diez. Saque la basura temprano. No estacione usted el carro en la calle. No invite a sus amigos a la casa después de las once.**

**Extra Practice** Add an auditory aspect to this grammar practice. Prepare a series of sentences that contain formal commands. Read each twice, pausing after the second time for students to write. Then have students volunteer to write their sentences on the board and correct them as a class. Ex: **1. Saquen la basura a la calle. 2. Almuerce usted conmigo hoy. 3. Niños, no jueguen en la calle. 4. Váyase inmediatamente. 5. Esté usted aquí a las diez.**

# Comunicación

**3** **Solucionar** Trabajen en parejas para presentar estos problemas. Un(a) estudiante presenta los problemas de la columna A y el/la otro/a los de la columna B. Usen mandatos formales y túrnense para ofrecer soluciones. Answers will vary.

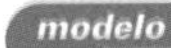

*modelo*

**Estudiante 1:** Vilma se torció un tobillo jugando al tenis. Es la tercera vez.
**Estudiante 2:** No juegue más al tenis. / Vaya a ver a un especialista.

**A**

1. Se me perdió el libro de español con todas mis notas.
2. A Vicente se le cayó la botella de agua mineral para la cena.
3. ¿Cómo? ¿Se le olvidó traer el traje de baño a la playa?
4. Se nos quedaron los boletos en la casa. El avión sale en una hora.

**B**

1. Mis hermanas no se levantan temprano. Siempre llegan tarde a la escuela.
2. A mi abuela le robaron (*stole*) las maletas. Era su primer día de vacaciones.
3. Nuestra casa es demasiado pequeña para nuestra familia.
4. Me preocupo constantemente por Roberto. Trabaja demasiado.

**4** **Conversaciones** En parejas, escojan dos situaciones y preparen conversaciones para presentar a la clase. Usen mandatos formales. Answers will vary.

*modelo*

**Lupita:** Señor Ramírez, siento mucho llegar tan tarde. Mi niño se enfermó. ¿Qué debo hacer?
**Sr. Ramírez:** No se preocupe. Siéntese y descanse un poco.

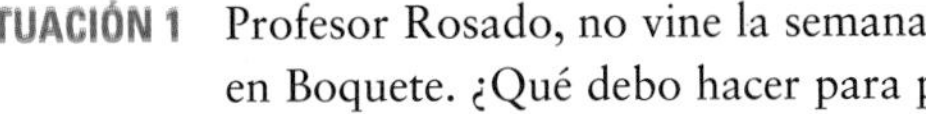

**SITUACIÓN 1** Profesor Rosado, no vine la semana pasada porque el equipo jugaba en Boquete. ¿Qué debo hacer para ponerme al día (*catch up*)?

**SITUACIÓN 2** Los invitados de la boda llegan a las cuatro de la tarde, las mesas están sin poner y el champán sin servir. Los camareros apenas están llegando. ¿Qué deben hacer los camareros?

**SITUACIÓN 3** Mi novio es un poco aburrido. No le gustan ni el cine, ni los deportes, ni salir a comer. Tampoco habla mucho. ¿Qué puedo hacer?

▶ **SITUACIÓN 4** Tengo que preparar una presentación para mañana sobre el Canal de Panamá. ¿Por dónde comienzo?

**NOTA CULTURAL**

El 31 de diciembre de 1999, los Estados Unidos cedió el control del **Canal de Panamá** al gobierno de Panamá, terminando así con casi 100 años de administración estadounidense.

# Síntesis

**5** **Presentar** En grupos, preparen un anuncio de televisión para presentar a la clase. El anuncio debe tratar de un detergente, un electrodoméstico o una agencia inmobiliaria (*real estate agency*). Usen mandatos formales, los pronombres relativos (**que, quien(es)** o **lo que**) y el **se** impersonal. Answers will vary.

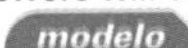

*modelo*

Compre el lavaplatos Siglo XXI. Tiene todo lo que usted desea. Es el lavaplatos que mejor funciona. Venga a verlo ahora mismo... No pierda ni un minuto más. Se aceptan tarjetas de crédito.

**TEACHING OPTIONS**

**Heritage Speakers** Have heritage speakers write a description of a kitchen item commonly found in their homes, but not typically in other communities. Ex: **comal, molcajete, cafetera exprés, paellera.** Have them read their descriptions to the class. Then, have them use formal commands to share with the class a recipe that calls for using one of the items described.

**Pairs** Have pairs of students write a list of commands for the principal of your school. Ex: **Por favor, no suba el costo de la comida en la cafetería. Cambie el horario de las clases.** Then have them write a list of commands for their fellow students. Ex: **No hablen en la biblioteca.**

**3 Teaching Tip** Ask volunteers to offer other suggestions for the problem in the **modelo**. Ex: **Tenga usted más cuidado. Compre nuevos zapatos de tenis.**

**3 Expansion** Ask pairs to pick their most humorous or unusual response to present to the class.

**4 Expansion** Have pairs write an additional scenario on a sheet of paper. Then ask them to exchange papers with another pair and give them two minutes to prepare a new dialogue. Have them act out their dialogues for the authors.

**5 Teaching Tip** Divide the class into small groups. Have them choose a product or business and brainstorm positive attributes that they want to advertise.

**5 Expansion**
- Ask groups to share their commercials with the class.
- Have groups videotape their ads outside of class. Encourage them to be as creative as possible.

**The Affective Dimension** Students may feel more comfortable speaking if they assume the personae of celebrity endorsers when presenting the television commercial.

**Teaching Tip** See the Communication Activities for an additional activity to practice the material presented in this section.

## Section Goals

In **Estructura 3.3**, students will learn:

- present subjunctive of regular verbs
- present subjunctive of stem-changing verbs
- irregular verbs in the present subjunctive
- general uses of the subjunctive

**Instructional Resources**
**vText**
***Cuaderno de actividades,*** p. 105
***Cuaderno de práctica,*** pp. 33–34
***Cuaderno para hispanohablantes,*** pp. 44–47
***e-Cuaderno***
**Supersite:** Audio Activity MP3 Audio Files
**Supersite/TRCD/Print:** *PowerPoints* (**Lección 3 Estructura** Presentation); Audio Activity Script, Answer Keys
**Audio Activity CD:** CD 3, Tracks 19–22

## Teaching Tips

- Write sentences like these on the board in two columns labeled *Indicative* and *Subjunctive.* Column 1: **Mi esposo lava los platos. Mi esposo barre el suelo. Mi esposo cocina.** Column 2: **Mi esposo quiere que yo lave los platos. Mi esposo quiere que yo barra el suelo. Mi esposo quiere que yo cocine.** Underline **yo lave**, asking students what the indicative form would be. Do the same for the other sentences.
- Check for understanding by asking volunteers to give subjunctive forms of other regular verbs from this lesson such as **planchar, barrer,** and **sacudir.**
- Emphasize that the formation of the subjunctive is very similar to formal commands and negative **tú** commands.

# 3.3 The present subjunctive

NATIONAL STANDARDS comparisons

**ANTE TODO** With the exception of commands, all the verb forms you have been using have been in the indicative mood. The indicative is used to state facts and to express actions or states that the speaker considers to be real and definite. In contrast, the subjunctive mood expresses the speaker's attitudes toward events, as well as actions or states the speaker views as uncertain or hypothetical.

*Quiero que ustedes ayuden con los quehaceres domésticos.*

Insistimos en que nos deje ayudarla a preparar la comida.


**Present subjunctive of regular verbs**

| | | hablar | comer | escribir |
|---|---|---|---|---|
| SINGULAR FORMS | yo | hable | coma | escriba |
| | tú | hables | comas | escribas |
| | Ud./él/ella | hable | coma | escriba |
| PLURAL FORMS | nosotros/as | hablemos | comamos | escribamos |
| | vosotros/as | habléis | comáis | escribáis |
| | Uds./ellos/ellas | hablen | coman | escriban |

**¡LENGUA VIVA!** You may think that English has no subjunctive, but it does! While once common, it now survives mostly in set expressions such as *if I were you* and *be that as it may.*

- The present subjunctive is formed very much like **usted** and **ustedes** commands and *negative* **tú** commands. From the **yo** form of the present indicative, drop the **-o** ending, and replace it with the subjunctive endings.

| INFINITIVE | PRESENT INDICATIVE | VERB STEM | PRESENT SUBJUNCTIVE |
|---|---|---|---|
| hablar | **hablo** | **habl-** | **hable** |
| comer | **como** | **com-** | **coma** |
| escribir | **escribo** | **escrib-** | **escriba** |

- The present subjunctive endings are:

| -ar verbs | | -er and -ir verbs | |
|---|---|---|---|
| **-e** | **-emos** | **-a** | **-amos** |
| **-es** | **-éis** | **-as** | **-áis** |
| **-e** | **-en** | **-a** | **-an** |

**AYUDA** Note that, in the present subjunctive, **-ar** verbs use endings normally associated with present tense **-er** and **-ir** verbs. Likewise, **-er** and **-ir** verbs in the present subjunctive use endings normally associated with **-ar** verbs in the present tense. Note also that, in the present subjunctive, the **yo** form is the same as the **Ud./él/ella** form.

### TEACHING OPTIONS

**TPR** Have the class stand in a circle. Name an infinitive of a regular verb and subject pronoun (Ex: **alquilar/yo**), and toss a foam or paper ball to a student. He or she must provide the correct subjunctive form (Ex: **alquile**) and toss the ball back to you. You may want to have students give an entire phrase (Ex: **que yo alquile**) so that they become accustomed to this structure.

**Extra Practice** Create sentences that use the subjunctive. Say the sentence, and have students repeat. Then call out a different subject for the subordinate clause. Have students then say the sentence with the new subject, making all other necessary changes. Ex: **Quiero que ustedes trabajen mucho. Javier. (Quiero que Javier trabaje mucho.) Quiero que lleguen temprano. Nosotras. (Quiero que lleguemos temprano.)**

▶ Verbs with irregular **yo** forms show the same irregularity in all forms of the present subjunctive.

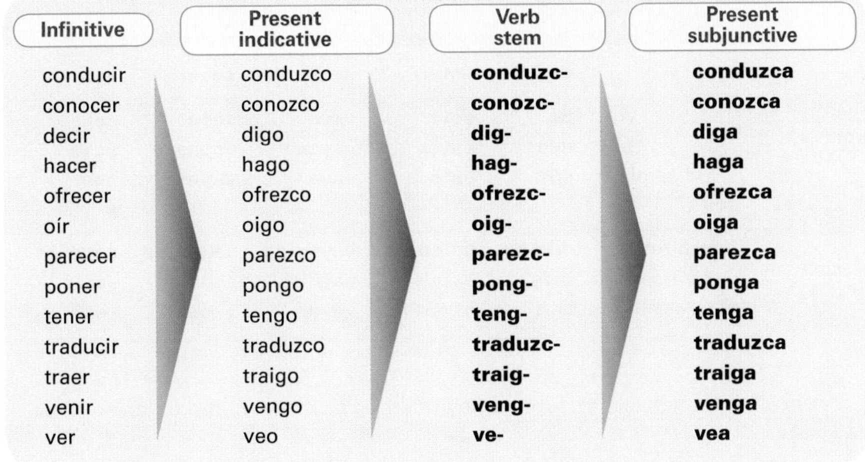

| Infinitive | Present indicative | Verb stem | Present subjunctive |
|---|---|---|---|
| conducir | conduzco | **conduzc-** | **conduzca** |
| conocer | conozco | **conozc-** | **conozca** |
| decir | digo | **dig-** | **diga** |
| hacer | hago | **hag-** | **haga** |
| ofrecer | ofrezco | **ofrezc-** | **ofrezca** |
| oír | oigo | **oig-** | **oiga** |
| parecer | parezco | **parezc-** | **parezca** |
| poner | pongo | **pong-** | **ponga** |
| tener | tengo | **teng-** | **tenga** |
| traducir | traduzco | **traduzc-** | **traduzca** |
| traer | traigo | **traig-** | **traiga** |
| venir | vengo | **veng-** | **venga** |
| ver | veo | **ve-** | **vea** |

▶ To maintain the **-c, -g,** and **-z** sounds, verbs ending in **-car, -gar,** and **-zar** have a spelling change in all forms of the present subjunctive.

**sacar:** sa**qu**e, sa**qu**es, sa**qu**e, sa**qu**emos, sa**qu**éis, sa**qu**en

**jugar:** jue**gu**e, jue**gu**es, jue**gu**e, ju**gu**emos, ju**gu**éis, jue**gu**en

**almorzar:** almuer**c**e, almuer**c**es, almuer**c**e, almor**c**emos, almor**c**éis, almuer**c**en

## Present subjunctive of stem-changing verbs

**AYUDA**

Note that stem-changing verbs and verbs that have a spelling change have the same ending as regular verbs in the present subjunctive.

▶ **-Ar** and **-er** stem-changing verbs have the same stem changes in the subjunctive as they do in the present indicative.

**pensar (e:ie):** p**ie**nse, p**ie**nses, p**ie**nse, pensemos, penséis, p**ie**nsen

**mostrar (o:ue):** m**ue**stre, m**ue**stres, m**ue**stre, mostremos, mostréis, m**ue**stren

**entender (e:ie):** ent**ie**nda, ent**ie**ndas, ent**ie**nda, entendamos, entendáis, ent**ie**ndan

**volver (o:ue):** v**ue**lva, v**ue**lvas, v**ue**lva, volvamos, volváis, v**ue**lvan

▶ **-Ir** stem-changing verbs have the same stem changes in the subjunctive as they do in the present indicative, but in addition, the **nosotros/as** and **vosotros/as** forms undergo a stem change. The unstressed **e** changes to **i,** while the unstressed **o** changes to **u.**

**pedir (e:i):** p**i**da, p**i**das, p**i**da, p**i**damos, p**i**dáis, p**i**dan

**sentir (e:ie):** s**ie**nta, s**ie**ntas, s**ie**nta, s**i**ntamos, s**i**ntáis, s**ie**ntan

**dormir (o:ue):** d**ue**rma, d**ue**rmas, d**ue**rma, d**u**rmamos, d**u**rmáis, d**ue**rman

**Teaching Tips**

- It may be helpful for students to be aware how English uses the subjunctive mood. Ex: *I wish she were here. I insist that he take notes. I suggest you be there tomorrow. If it were me, I would be happy. Be that as it may...*
- Emphasize the stem changes that occur in the **nosotros/as** and **vosotros/as** forms of **–ir** stem-changing verbs.

**TEACHING OPTIONS**

**Pairs** Have pairs of students role-play a conversation between a landlord and his/her new tenant. Students should refer to the **Fotonovela** as a model for their conversations. Give pairs sufficient time to plan and practice. When all pairs have completed the activity, ask a few of them to introduce their characters and perform the conversation for the class.

**Extra Practice** Ask students to compare family members' attitudes toward domestic life using the subjunctive. Ex: **Los padres quieren que los hijos... Los hijos insisten en que...**

## Irregular verbs in the present subjunctive

▶ These five verbs are irregular in the present subjunctive.

**Irregular verbs in the present subjunctive**

| | | dar | estar | ir | saber | ser |
|---|---|---|---|---|---|---|
| SINGULAR FORMS | yo | **dé** | **esté** | **vaya** | **sepa** | **sea** |
| | tú | **des** | **estés** | **vayas** | **sepas** | **seas** |
| | Ud./él/ella | **dé** | **esté** | **vaya** | **sepa** | **sea** |
| PLURAL FORMS | nosotros/as | **demos** | **estemos** | **vayamos** | **sepamos** | **seamos** |
| | vosotros/as | **deis** | **estéis** | **vayáis** | **sepáis** | **seáis** |
| | Uds./ellos/ellas | **den** | **estén** | **vayan** | **sepan** | **sean** |

▶ **¡Atención!** The subjunctive form of **hay** (*there is, there are*) is also irregular: **haya**.

## General uses of the subjunctive

▶ The subjunctive is mainly used to express: 1) will and influence, 2) emotion, 3) doubt, disbelief, and denial, and 4) indefiniteness and nonexistence.

▶ The subjunctive is most often used in sentences that consist of a main clause and a subordinate clause. The main clause contains a verb or expression that triggers the use of the subjunctive. The conjunction **que** connects the subordinate clause to the main clause.

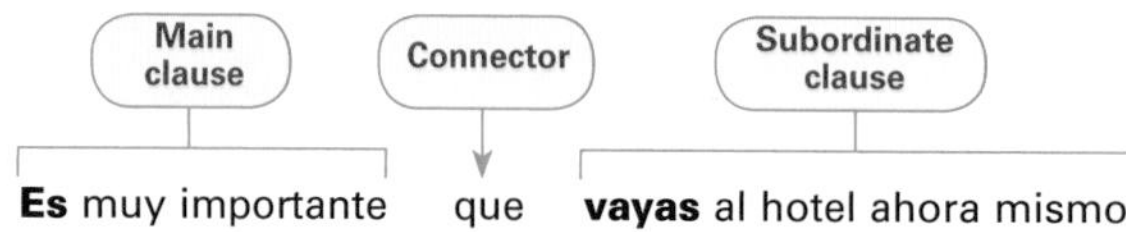


▶ These impersonal expressions are always followed by clauses in the subjunctive:

| | | |
|---|---|---|
| **Es bueno que...** *It's good that...* | **Es mejor que...** *It's better that...* | **Es malo que...** *It's bad that...* |
| **Es importante que...** *It's important that...* | **Es necesario que...** *It's necessary that...* | **Es urgente que...** *It's urgent that...* |

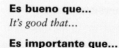

**¡INTÉNTALO!** Indica el presente del subjuntivo de estos verbos.

1. (alquilar, beber, vivir) que yo alquile, beba, viva
2. (estudiar, aprender, asistir) que tú estudies, aprendas, asistas
3. (encontrar, poder, dormir) que él encuentre, pueda, duerma
4. (hacer, tener, venir) que nosotras hagamos, tengamos, vengamos
5. (dar, hablar, escribir) que ellos den, hablen, escriban
6. (pagar, empezar, buscar) que ustedes paguen, empiecen, busquen
7. (ser, ir, saber) que yo sea, vaya, sepa
8. (estar, dar, oír) que tú estés, des, oigas

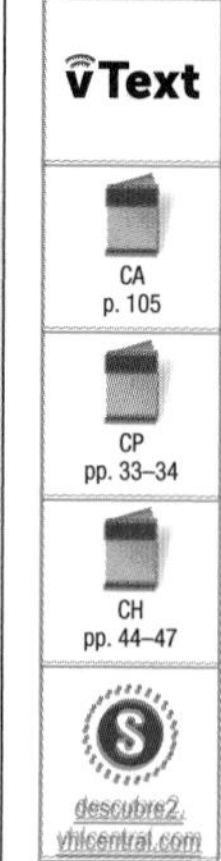


**Teaching Tips**

- Give examples of sentences for one or two forms of each verb, using **Quiero que...** Ex: ____, **quiero que le des tu lápiz a** ____. **Quiero que ustedes estén en la clase a las** ____ **en punto. Quiero que mi hija vaya de compras conmigo esta tarde. Quiero que ustedes sepan todas las formas del subjuntivo.**
- Check understanding by writing on the board main clauses ending in **que** that require a subjunctive in the subordinate clause. Invite volunteers to suggest several endings for each, using verbs they have just gone over. Ex: **Es importante que... (aprendamos español, yo entienda la lección, los estudiantes traigan sus libros).**
- Point out that, in order to use the subjunctive in the subordinate clause, the conjunction **que** must be present and there must be a change of subject. Write these sentences on the board: **Es importante que limpies la cocina. Es importante limpiar la cocina.** Have a volunteer explain why the subjunctive is used only in the first sentence. Emphasize that, while the first example states one person's responsibility, the second is a broad statement about the importance of cleaning kitchens.
- Reiterate that, whereas the word *that* is usually optional in English, **que** is required in Spanish. As in the **¡Inténtalo!**, you may want to have students practice subjunctive forms with **que**, so that its use becomes routine.

**TEACHING OPTIONS**

**Video** Show the **Fotonovela** again to give students more comprehensible input that uses the present subjunctive. Stop the video where appropriate and ask students to say which of the four principal uses of the subjunctive (will and influence; emotion; doubt, disbelief, and denial; indefiniteness and nonexistence) is expressed in each instance.

**Extra Practice** Add an auditory aspect to this grammar presentation. Prepare sentences containing the present subjunctive. Read each one twice, pausing after the second time for students to write. Ex: **1. Es urgente que encontremos una casa nueva. 2. Es mejor que cada uno tenga su propio dormitorio. 3. Necesitamos una casa que esté cerca de la escuela. 4. No es urgente que nos mudemos inmediatamente. 5. Es importante que empecemos a buscar la casa ya.**

# Práctica

**1** **Completar** Completa las oraciones con el presente del subjuntivo de los verbos entre paréntesis. Luego empareja las oraciones del primer grupo con las del segundo grupo.

**NOTA CULTURAL**

**Las casas colgantes** (*hanging*) de Cuenca, España, son muy famosas. Estas casas están situadas en un acantilado (*cliff*) y forman parte del paisaje de la ciudad.

A

1. Es mejor que cenemos en casa. (nosotros, cenar) b
2. Es importante que visites las casas colgantes de Cuenca. (tú, visitar) c
3. Señora, es urgente que le saque el diente. Tiene una infección. (yo, sacar) e
4. Es malo que Ana les dé tantos dulces a los niños. (dar) a
5. Es necesario que lleguen a la una de la tarde. (ustedes, llegar) f
6. Es importante que nos acostemos temprano. (nosotros, acostarse) d

B

a. Es importante que coman más verduras. (ellos, comer)
b. No, es mejor que salgamos a comer. (nosotros, salir)
c. Y yo creo que es bueno que vaya a Madrid después. (yo, ir)
d. En mi opinión, no es necesario que durmamos tanto. (nosotros, dormir)
e. ¿Ah, sí? ¿Es necesario que me tome un antibiótico también? (yo, tomar)
f. Para llegar a tiempo, es necesario que almorcemos temprano. (nosotros, almorzar)

# Comunicación

**2** **Minidiálogos** En parejas, completen los minidiálogos con expresiones impersonales de una manera lógica. Answers will vary.

*modelo*

**Miguelito:** Mamá, no quiero arreglar mi cuarto.
**Sra. Casas:** *Es necesario que lo arregles. Y es importante que sacudas los muebles también.*

1. **MIGUELITO** Mamá, no quiero estudiar. Quiero salir a jugar con mis amigos.
   **SRA. CASAS** ______
2. **MIGUELITO** Mamá, es que no me gustan las verduras. Prefiero comer pasteles.
   **SRA. CASAS** ______
3. **MIGUELITO** ¿Tengo que poner la mesa, mamá?
   **SRA. CASAS** ______
4. **MIGUELITO** No me siento bien, mamá. Me duele todo el cuerpo y tengo fiebre.
   **SRA. CASAS** ______

**3** **Entrevista** Trabajen en parejas. Entrevístense usando estas preguntas. Expliquen sus respuestas. Answers will vary.

1. ¿Es importante que los niños ayuden con los quehaceres domésticos?
2. ¿Es urgente que los norteamericanos aprendan otras lenguas?
3. Si un(a) norteamericano/a quiere aprender francés, ¿es mejor que lo aprenda en Francia?
4. En su escuela, ¿es necesario que los estudiantes coman en la cafetería?
5. ¿Es importante que todas las personas asistan a la universidad?

Practice more at **descubre2.vhlcentral.com.**

**1 Expansion** After students have paired the sentences from each group, have them continue a couple of the short conversations with two more sentences using the subjunctive. Ex: **No es posible que encontremos un restaurante con mesas disponibles a las siete. Es mejor que salgamos ahora mismo para no tener ese problema.**

**2 Teaching Tip** To simplify, before assigning the activity, have students brainstorm impersonal expressions that a mother would say to her young son.

**2 Expansion**
- Ask volunteers to share their mini-dialogues with the rest of the class.
- Ask questions about **Miguelito** and **señora Casas** to elicit the subjunctive. Ex: **¿En qué insiste la señora Casas? (Insiste en que Miguelito arregle su cuarto, que coma verduras y que ponga la mesa.) ¿Qué quiere Miguelito? (Quiere salir a jugar y comer pasteles.)**

**3 Expansion** Ask students to report on their partner's answers using complete sentences and explanations.

**TEACHING OPTIONS**

**Heritage Speakers** Have heritage speakers think of any major social differences between their own cultural communities and mainstream culture. Invite them to share these comparisons with the class using impersonal expressions. Ex: **Aquí, es necesario que llames antes de ir a visitar a un amigo. En nuestra cultura, es normal que lleguemos sin llamar a la casa de un amigo.**

**Small Groups** Divide the class into groups of four. Assign each group one of these personal characteristics: **apariencia física, dinero, inteligencia, personalidad.** Have groups use the subjunctive to write sentences about the importance or unimportance of this trait for certain individuals. Ex: **Para ser presidente es importante que la persona sea inteligente.**

## Section Goals

In **Estructura 3.4**, students will learn:

- the subjunctive with verbs and expressions of will and influence
- common verbs of will and influence

### Instructional Resources

**vText**
***Cuaderno de actividades,*** p. 106
***Cuaderno de práctica,*** pp. 35–36
***Cuaderno para hispanohablantes,*** pp. 48–49
***e-Cuaderno***
**Supersite:** Audio Activity MP3 Audio Files
**Supersite/TRCD/Print:** *PowerPoints* (**Lección 3 Estructura** Presentation, Overhead #16); Audio Activity Script, Answer Keys
**Audio Activity CD:** CD 3, Tracks 23–26

### Teaching Tips

- Write the word **Recomendaciones** on the board. Ask volunteers for household tips and write them on the board in the infinitive with the student's name in parentheses. Ex: **hacer todos los quehaceres los sábados** (Paul); **lavar los platos en el lavaplatos** (Sara) When you have approximately ten suggestions, begin rephrasing them using verbs of will and influence with subordinate clauses. Ex: **Paul nos aconseja que hagamos todos los quehaceres los sábados. Sara recomienda que lavemos los platos en el lavaplatos.** After you have modeled several responses, ask volunteers to continue.
- Go through the lists of verbs of will and influence and impersonal expressions that generally take the subjunctive, giving examples of their use and asking volunteers for others.
- Have a volunteer read the advertisement for **Dentabrit** and ask students what is the subject of each clause.

# 3.4 Subjunctive with verbs of will and influence

NATIONAL STANDARDS comparisons

**ANTE TODO** You will now learn how to use the subjunctive with verbs and expressions of will and influence.

Quiero que tengas dientes más blancos.
Dentabrit
BLANQUEADOR
Dentabrit
BLANQUEADOR


- Verbs of will and influence are often used when someone wants to affect the actions or behavior of other people.

Enrique **quiere** que salgamos a cenar.
*Enrique wants us to go out to dinner.*

Paola **prefiere** que cenemos en casa.
*Paola prefers that we have dinner at home.*

- Here is a list of widely used verbs of will and influence.

**Verbs of will and influence**

| | | | |
|---|---|---|---|
| **aconsejar** | *to advise* | **pedir** (e:i) | *to ask (for)* |
| **desear** | *to wish; to desire* | **preferir** (e:ie) | *to prefer* |
| **importar** | *to be important; to matter* | **prohibir** | *to prohibit* |
| | | **querer** (e:ie) | *to want* |
| **insistir (en)** | *to insist (on)* | **recomendar** (e:ie) | *to recommend* |
| **mandar** | *to order* | **rogar** (o:ue) | *to beg; to plead* |
| **necesitar** | *to need* | **sugerir** (e:ie) | *to suggest* |

- Some impersonal expressions, such as **es necesario que, es importante que, es mejor que,** and **es urgente que,** are considered expressions of will or influence.

- When the main clause contains an expression of will or influence, the subjunctive is required in the subordinate clause, provided that the two clauses have different subjects.

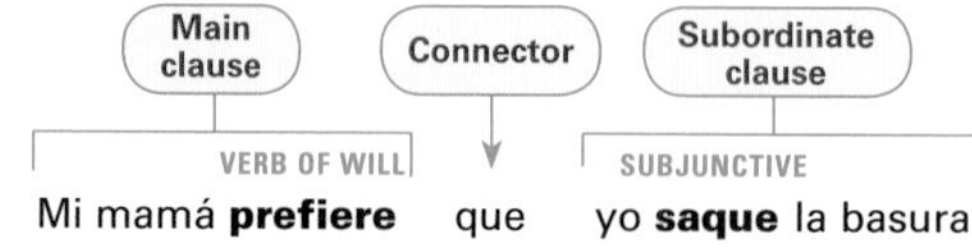


Mi mamá **prefiere** que yo **saque** la basura.

**¡ATENCIÓN!**

In English, constructions using the infinitive, such as *I want you to go,* are often used with verbs or expressions of will or influence. This is not the case in Spanish, where the subjunctive would be used in a subordinate clause.

### TEACHING OPTIONS

**Small Groups** Have groups of three write nine sentences, each of which uses a different verb of will and influence with the subjunctive. Ask volunteers to write some of their group's best sentences on the board. Work with the class to read the sentences and check for accuracy.

**Extra Practice** Have students finish these sentence starters. **1. Yo insisto en que mis amigos... 2. No quiero que mi familia... 3. Para mí es importante que el amor... 4. Prefiero que mi comida... 5. Mi novio/a no quiere que yo... 6. Los profesores siempre recomiendan a los estudiantes que... 7. El doctor sugiere que nosotros... 8. Mi madre me ruega que... 9. El policía manda que los estudiantes... 10. El fotógrafo prefiere que la gente...**

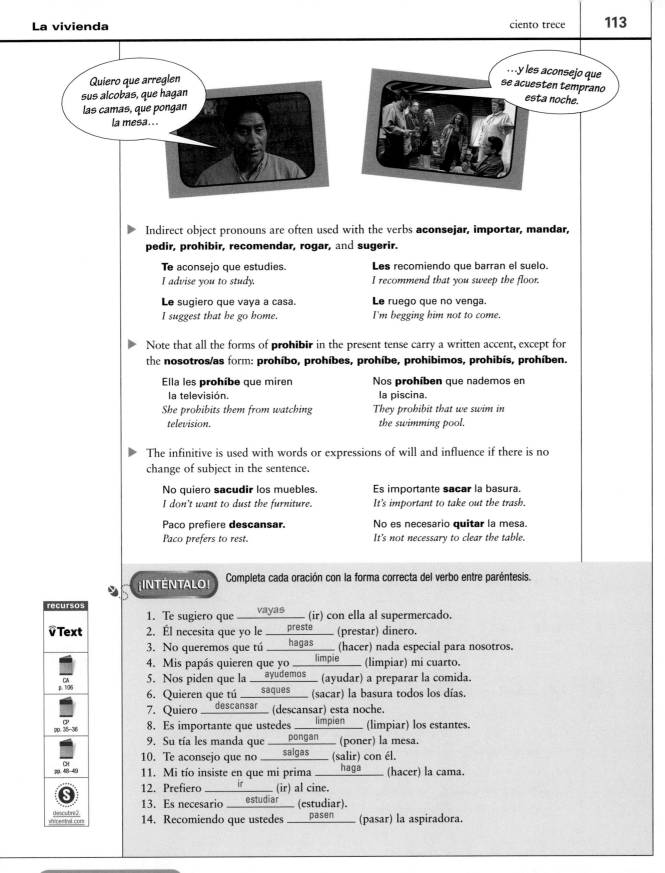

- Indirect object pronouns are often used with the verbs **aconsejar, importar, mandar, pedir, prohibir, recomendar, rogar,** and **sugerir.**

**Te** aconsejo que estudies.
*I advise you to study.*

**Le** sugiero que vaya a casa.
*I suggest that he go home.*

**Les** recomiendo que barran el suelo.
*I recommend that you sweep the floor.*

**Le** ruego que no venga.
*I'm begging him not to come.*

- Note that all the forms of **prohibir** in the present tense carry a written accent, except for the **nosotros/as** form: **prohíbo, prohíbes, prohíbe, prohibimos, prohibís, prohíben.**

Ella les **prohíbe** que miren la televisión.
*She prohibits them from watching television.*

Nos **prohíben** que nademos en la piscina.
*They prohibit that we swim in the swimming pool.*

- The infinitive is used with words or expressions of will and influence if there is no change of subject in the sentence.

No quiero **sacudir** los muebles.
*I don't want to dust the furniture.*

Paco prefiere **descansar.**
*Paco prefers to rest.*

Es importante **sacar** la basura.
*It's important to take out the trash.*

No es necesario **quitar** la mesa.
*It's not necessary to clear the table.*

**¡INTÉNTALO!** Completa cada oración con la forma correcta del verbo entre paréntesis.

1. Te sugiero que vayas (ir) con ella al supermercado.
2. Él necesita que yo le preste (prestar) dinero.
3. No queremos que tú hagas (hacer) nada especial para nosotros.
4. Mis papás quieren que yo limpie (limpiar) mi cuarto.
5. Nos piden que la ayudemos (ayudar) a preparar la comida.
6. Quieren que tú saques (sacar) la basura todos los días.
7. Quiero descansar (descansar) esta noche.
8. Es importante que ustedes limpien (limpiar) los estantes.
9. Su tía les manda que pongan (poner) la mesa.
10. Te aconsejo que no salgas (salir) con él.
11. Mi tío insiste en que mi prima haga (hacer) la cama.
12. Prefiero ir (ir) al cine.
13. Es necesario estudiar (estudiar).
14. Recomiendo que ustedes pasen (pasar) la aspiradora.

**recursos**
vText
CA p. 106
CP pp. 35–36
CH pp. 48–49
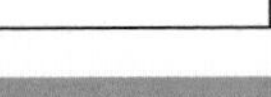
descubre2.vhlcentral.com

### Teaching Tips

- Have a volunteer read aloud the captions to the video stills. Point out that in each example the subject of the verb in the main clause is different from the subject of the verb in the subordinate clause.
- Elicit indirect object pronouns with verbs of influence by making statements that give advice and asking students for advice. Ex: **Yo siempre les aconsejo a mis estudiantes que estudien mucho. ¿Qué me recomiendan ustedes a mí?** Continue: **1. Mi coche no arranca cuando hace mucho frío. ¿Qué me recomiendas, ____? 2. Mi apartamento está siempre desordenado. ¿Qué me aconsejan? 3. Voy a tener huéspedes este fin de semana. ¿Qué nos sugieren que hagamos?**
- Write these sentences on the board: **Quiero que almuerces en la cafetería. Quiero almorzar en la cafetería.** Ask a volunteer to explain why an infinitive is used in the second sentence instead of the subjunctive.

### TEACHING OPTIONS

**Extra Practice** Create sentences that follow the pattern of the sentences in **¡Inténtalo!** Say the sentence, have students repeat it, then give a different subject pronoun for the subordinate clause, varying the person and number. Have students then say the sentence with the new subject, changing pronouns and verbs as necessary.

**TPR** Have students stand. At random, call out implied commands using statements with verbs of will or influence and actions that can be mimed. Ex: **Quiero que laves los platos. Insisto en que hagas la cama.** When you make a statement, point to a student to mime the action. Also use plural statements and point to more than one student. When you use negative statements, students should do nothing. Keep a brisk pace.

# Práctica

**1 Teaching Tip** Before beginning the activity, ask a volunteer to read the first line of the dialogue aloud. Guide students to see that the subject of the verb in the blank is **yo**, which is implied by **me** in the main clause.

**1 Expansion** Have pairs write a summary of the dialogue in the third person. Ask one or two volunteers to read their summaries to the class.

**1 Completar** Completa el diálogo con palabras de la lista.

| | | | |
|---|---|---|---|
| cocina | haga | quiere | sea |
| comas | ponga | saber | ser |
| diga | prohíbe | sé | vaya |

**IRENE** Tengo problemas con Vilma. Sé que debo hablar con ella. ¿Qué me recomiendas que le (1) diga ?

**JULIA** Pues, necesito (2) saber más antes de darte consejos.

**IRENE** Bueno, para empezar me (3) prohíbe que traiga dulces a la casa.

**JULIA** Pero chica, tiene razón. Es mejor que tú no (4) comas cosas dulces.

**IRENE** Sí, ya lo sé. Pero quiero que (5) sea más flexible. Además, insiste en que yo (6) haga todo en la casa.

**JULIA** Yo (7) sé que Vilma (8) cocina y hace los quehaceres todos los días.

**IRENE** Sí, pero siempre que hay fiesta me pide que (9) ponga los cubiertos y las copas en la mesa y que (10) vaya al sótano por las servilletas y los platos. ¡Es lo que más odio: ir al sótano!

**JULIA** Mujer, ¡Vilma sólo (11) quiere que ayudes en la casa!

**2 Teaching Tip** Ask two volunteers to read the **modelo**. Then ask other volunteers to offer additional suggestions for **Isabel**.

**2 Expansion** Have students create two suggestions for each person. In the second they should use one of the impersonal expressions listed on page 112.

**2 Aconsejar** En parejas, lean lo que dice cada persona. Luego den consejos lógicos usando verbos como **aconsejar, recomendar** y **prohibir**. Sus consejos deben ser diferentes de lo que la persona quiere hacer. Answers will vary.

*modelo*

**Isabel:** Quiero conseguir un comedor con los muebles más caros del mundo.

**Consejo:** *Te aconsejamos que consigas unos muebles menos caros.*

1. **DAVID** Pienso poner el cuadro del lago de Maracaibo en la cocina.
2. **SARA** Voy a ir a la gasolinera para comprar unas copas de cristal elegantes.
3. **SR. ALARCÓN** Insisto en comenzar a arreglar el jardín en marzo.
4. **SRA. VILLA** Quiero ver las tazas y los platos de la tienda El Ama de Casa Feliz.
5. **DOLORES** Voy a poner servilletas de tela (*cloth*) para los cuarenta invitados.
6. **SR. PARDO** Pienso poner todos mis muebles nuevos en el altillo.
7. **SRA. GONZÁLEZ** Hay una fiesta en casa esta noche pero no quiero limpiarla.
8. **CARLITOS** Hoy no tengo ganas de hacer las camas ni de quitar la mesa.

**NOTA CULTURAL**

En el **lago de Maracaibo,** en Venezuela, hay casas suspendidas sobre el agua que se llaman palafitos. Los palafitos son reminiscencias de Venecia, Italia, de donde viene el nombre "Venezuela", que significa "pequeña Venecia".

**3 Expansion** Have a conversation with the class about the information they learned in their interviews. Ask: **¿A quiénes siempre les dan consejos sus amigos? ¿Quiénes siempre les dan consejos a los amigos suyos? ¿Qué tipo de cosas aconsejan?**

**3 Preguntas** En parejas, túrnense para contestar las preguntas. Usen el subjuntivo. Answers will vary.

1. ¿Te dan consejos tus amigos/as? ¿Qué te aconsejan? ¿Aceptas sus consejos? ¿Por qué?
2. ¿Qué te sugieren tus profesores que hagas antes de terminar las clases que tomas?
3. ¿Insisten tus amigos/as en que salgas mucho con ellos?
4. ¿Qué quieres que te regalen tu familia y tus amigos/as en tu cumpleaños?
5. ¿Qué le recomiendas tú a un(a) amigo/a que no quiere salir los sábados con su novio/a?
6. ¿Qué les aconsejas a los nuevos estudiantes de tu escuela?

**TEACHING OPTIONS**

**Small Groups** Have small groups prepare skits in which a family is discussing how to divide the household chores equitably. Give groups time to prepare and practice their skits before presenting them to the class.

**Pairs** Give pairs of students five minutes to write a conversation in which they logically use as many of the verbs of will and influence with the subjunctive as they can. After the time is up, ask pairs to count the number of subjunctive constructions they used in their conversations. Have the top three or four perform their conversations for the class.

# Comunicación

4 **Inventar** En parejas, preparen una lista de seis personas famosas. Un(a) estudiante da el nombre de una persona famosa y el/la otro/a le da un consejo. Answers will vary.

*modelo*

**Estudiante 1:** *Judge Judy.*
**Estudiante 2:** *Le recomiendo que sea más simpática con la gente.*
**Estudiante 2:** *Orlando Bloom.*
**Estudiante 1:** *Le aconsejo que haga más películas.*

5 **Hablar** En parejas, miren la ilustración. Imaginen que Gerardo es su hermano y necesita ayuda para arreglar su casa y resolver sus problemas románticos y económicos. Usen expresiones impersonales y verbos como **aconsejar, sugerir** y **recomendar**. Answers will vary.

*modelo*

*Es mejor que arregles el apartamento más a menudo.*
*Te aconsejo que no dejes para mañana lo que puedes hacer hoy.*

Practice more at **descubre2.vhlcentral.com.**

# Síntesis

6 **La doctora Salvamórez** Hernán tiene problemas con su madre y le escribe a la doctora Salvamórez, columnista del periódico *Panamá y su gente*. Ella responde a las cartas de personas con problemas familiares. En parejas, lean la carta de Hernán y después usen el subjuntivo para escribir los consejos de la doctora. Answers will vary.

Estimada doctora Salvamórez:

Mi madre nunca quiere que yo salga de casa. No le molesta que vengan mis amigos a visitarme. Pero insiste en que nosotros sólo miremos los programas de televisión que ella quiere. Necesita saber dónde estoy en cada momento, y yo necesito que ella me dé un poco de independencia. ¿Qué hago?

Hernán

**4 Teaching Tip** Ask volunteers to read the **modelo** aloud and provide other suggestions for Judge Judy and Orlando Bloom.

**4 Expansion** Ask each pair to pick their favorite response and share it with the class, who will vote for the most clever, most shocking, or funniest suggestion.

**5 Teaching Tip** Before beginning the activity, show *Overhead PowerPoint #16* and ask volunteers to describe the drawing, naming everything they see and all the chores that need to be done.

**5 Expansion** Have students change partners and take turns playing the roles of **Gerardo** and his sibling giving him advice. Ex: **Te sugiero que pongas la pizza en la basura.**

**6 Expansion**

- Have pairs compare their responses in groups of four. Ask groups to choose which among all of the suggestions are the most likely to work for **Hernán** and have them share these with the class.
- Have pairs choose a famous couple in history or fiction. Ex: Romeo and Juliet or Napoleon and Josephine. Then have them write a letter from one of the couples to **doctora Salvamórez**. Finally, have them exchange their letters with another pair and write the corresponding responses from the doctor.

## TEACHING OPTIONS

**Heritage Speakers** Have heritage speakers write a list of five suggestions for students participating in an exchange program in their cultural communities. Their suggestions should focus on participating in the daily life of their host family's home.

**Large Group** Write the names of famous historical figures on individual sticky notes and place them on the students' backs. Have students circulate around the room, giving each other advice that will help them guess their "identity."

## Section Goal

In **Recapitulación**, students will review the grammar concepts from this lesson.

**Instructional Resources**
**vText**
**Supersite**
**Testing Program CD:**
Tracks 9–12

**1 Expansion** Give students additional verbs to conjugate in the subjunctive. Ex: **comer, dar, estar, saber, traer**.

**2 Expansion**
- Have volunteers take turns reading the brochure aloud.
- To challenge students, ask them to work in pairs to write four pieces of advice for a real estate agent, using impersonal expressions. Ex: **Es importante que sea honesto.** Have a few pairs read their sentences for the class.

# Recapitulación

Completa estas actividades para repasar los conceptos de gramática que aprendiste en esta lección.

**1** **Completar** Completa el cuadro con la forma correspondiente del presente de subjuntivo. 12 pts.

| yo/él/ella | tú | nosotros/as | Uds./ellos/ellas |
|---|---|---|---|
| **limpie** | limpies | limpiemos | limpien |
| venga | **vengas** | vengamos | vengan |
| quiera | quieras | **queramos** | quieran |
| ofrezca | ofrezcas | ofrezcamos | **ofrezcan** |

**2** **El apartamento ideal** Completa este folleto (*brochure*) informativo con la forma correcta del presente de subjuntivo. 8 pts.

*A los jóvenes que buscan su primera vivienda, les ofrecemos estos consejos:*

- Te sugiero que primero (tú) (1) escribas (escribir) una lista de las cosas que quieres en un apartamento.
- Quiero que después (2) pienses (pensar) muy bien cuáles son tus prioridades. Es necesario que cada persona (3) tenga (tener) sus prioridades claras, porque el hogar (*home*) perfecto no existe.
- Antes de decidir en qué área quieren vivir, les aconsejo a ti y a tu futuro/a compañero/a de apartamento que (4) salgan (salir) a ver la ciudad y que (5) conozcan (conocer) los distintos barrios y las afueras.
- Pidan que el agente les (6) muestre (mostrar) todas las partes de cada casa.
- Finalmente, como consumidores, es importante que nosotros (7) sepamos (saber) bien nuestros derechos (*rights*); por eso, deben insistir en que todos los puntos del contrato (8) estén (estar) muy claros antes de firmarlo (*signing it*).

*¡Buena suerte!*

**RESUMEN GRAMATICAL**

**3.1 Relative pronouns** *pp. 100–101*

| Relative pronouns | |
|---|---|
| que | *that; which; who* |
| quien(es) | *who; whom; that* |
| lo que | *that which; what* |

**3.2 Formal commands** *pp. 104–105*

Formal commands (Ud. and Uds.)

| Infinitive | Present tense yo form | Ud(s). command |
|---|---|---|
| limpiar | limpio | limpie(n) |
| barrer | barro | barra(n) |
| sacudir | sacudo | sacuda(n) |

► Verbs with stem changes or irregular yo forms maintain the same irregularity in the formal commands:

hacer: yo **hago** → **Hagan** la cama.

| Irregular formal commands | |
|---|---|
| dar | **dé (Ud.); den (Uds.)** |
| estar | **esté(n)** |
| ir | **vaya(n)** |
| saber | **sepa(n)** |
| ser | **sea(n)** |

**3.3 The present subjunctive** *pp. 108–110*

Present subjunctive of regular verbs

| hablar | comer | escribir |
|---|---|---|
| hable | coma | escriba |
| hables | comas | escribas |
| hable | coma | escriba |
| hablemos | comamos | escribamos |
| habléis | comáis | escribáis |
| hablen | coman | escriban |

**TEACHING OPTIONS**

**TPR** Add an auditory aspect to this grammar review. Have students imagine they are landlords with students as tenants. Prepare statements about the tenants, using impersonal expressions. As you read each statement, have students give a thumbs-up if they like what they hear or a thumbs-down if they do not. Ex: **Es importante que los estudiantes mantengan el apartamento limpio.** (thumbs-up) **Es urgente que den fiestas todos los sábados.** (thumbs-down)

**Extra Practice** Write items like these on the board and have students give the subjunctive forms: **1. barrer: yo/ella/ustedes (que yo barra, que ella barra, que ustedes barran) 2. mudarse: ellos/usted/tú (que ellos se muden, que usted se mude, que tú te mudes) 3. dormir: nosotros/tú/ella (que nosotros durmamos, que tú duermas, que ella duerma)**

| Irregular verbs in the present subjunctive | | |
|---|---|---|
| dar | | dé, des, dé, demos, deis, den |
| estar | est- + | -é, -és, -é, -emos, -éis, -én |
| ir | vay- + | -a, -as, -a, -amos, -áis, -an |
| saber | sep- + | |
| ser | se- + | |

**3.4 Subjunctive with verbs of will and influence**

*pp. 112–113*

► **Verbs of will and influence: aconsejar, desear, importar, insistir (en), mandar, necesitar, pedir** (e:i), **preferir** (e:ie), **prohibir, querer** (e:ie), **recomendar** (e:ie), **rogar** (o:ue), **sugerir** (e:ie)

**3**  **Relativos** Completa las oraciones con **lo que, que** o **quien(es)**. 8 pts.

1. Me encanta la alfombra _que_ está en el comedor.
2. Mi amiga Tere, con _quien_ trabajo, me regaló ese cuadro.
3. Todas las cosas _que_ tenemos vienen de la casa de mis abuelos.
4. Hija, no compres más cosas. _Lo que_ debes hacer ahora es organizarlo todo.
5. La agencia de decoración de _que_ le hablé se llama Casabella.
6. Esas flores las dejaron en la puerta mis nuevos vecinos, a _quienes_ aún (*yet*) no conozco.
7. Leonor no compró nada, porque _lo que_ le gustaba era muy caro.
8. Mi amigo Aldo, a _quien_ visité ayer, es un cocinero excelente.

**3 Teaching Tip** Have students circle the noun or idea to which each relative pronoun refers.

**3 Expansion**
- Ask volunteers to give the corresponding questions for each item. Ex: **1. ¿Qué alfombra te encanta?**
- Have students work in pairs to create four additional sentences using relative pronouns.

**4**  **Los señores Mejía** Martín y Ángela Mejía van a hacer un curso de verano en Costa Rica y una vecina va a cuidarles (*take care of*) la casa mientras ellos no están. Completa las instrucciones de la vecina con mandatos formales. Usa cada verbo una sola vez y añade pronombres de objeto directo o indirecto si es necesario. 10 pts.

| | | | | |
|---|---|---|---|---|
| arreglar | dejar | hacer | pedir | sacudir |
| barrer | ensuciar | limpiar | poner | tener |

Primero, (1) _hagan_ ustedes las maletas. Las cosas que no se llevan a Costa Rica, (2) _pónganlas_ en el altillo. Ángela, (3) _arregle/limpie_ las habitaciones y Martín, (4) _limpie/arregle_ usted la cocina y el baño. Después, los dos (5) _barran_ el suelo y (6) _sacudan_ los muebles de toda la casa. Ángela, no (7) _deje_ sus joyas (*jewelry*) en el apartamento. (8) _Tengan_ cuidado ¡y (9) _no ensucien_ nada antes de irse! Por último, (10) _pídanle_ a alguien que recoja (*pick up*) su correo.

**4 Teaching Tips**
- To simplify, have students begin by scanning the paragraph and identifying which blanks call for **usted** commands and which call for **ustedes** commands.
- Tell students that some answers will contain object pronouns (items 2 and 10).

**5**  **Los quehaceres** A tu hermano no le gusta ayudar con los quehaceres. Escribe al menos seis oraciones dándole consejos para hacer los quehaceres más divertidos. 12 pts.

*Te sugiero que pongas música mientras lavas los platos....*

**5 Teaching Tip** Before beginning this activity, have pairs discuss their own habits regarding chores.

**6** **El circo (*circus*)** Completa esta famosa frase que tiene su origen en el circo. ¡2 puntos EXTRA!

"¡ _Pasen_ (Pasar) ustedes y _vean_ (ver)! El espectáculo va a comenzar."

**6 Expansion** To challenge students, ask them to write two **ustedes** commands for people attending a circus and one **usted** command for the master of ceremonies.

**TEACHING OPTIONS**

**Extra Practice** Call out formal commands. Ex: **Sacudan los muebles.** Have students respond by naming the infinitive and subject. Ex: **sacudir, ustedes**. Reverse the drill by calling out verb phrases and either **usted** or **ustedes**. Have students give the command form.

**TPR** Review present subjunctive and vocabulary from previous lessons. Divide the class into two teams and have them line up. Name a person or group of people. Ex: **estudiantes de informática, Miley Cyrus, un niño en su primer día de la escuela primaria**. Then point to the first member of team A, who has three seconds to create a piece of advice. Ex: **Quiero que apaguen las computadoras.** Then the first member of team B has to give another sentence. Continue until the chain is broken, then name a new person.

## Section Goals

In **Lectura**, students will:
- learn to locate the main parts of a sentence
- read a content-rich text with long sentences

**Instructional Resources**
**vText**
***Cuaderno para hispanohablantes,*** pp. 50–51
**Supersite**

# Lectura

## Antes de leer

### Estrategia

**Locating the main parts of a sentence**

Did you know that a text written in Spanish is an average of 15% longer than the same text written in English? Because the Spanish language tends to use more words to express ideas, you will often encounter long sentences when reading in Spanish. Of course, the length of sentences varies with genre and with authors' individual styles. To help you understand long sentences, identify the main parts of the sentence before trying to read it in its entirety. First locate the main verb of the sentence, along with its subject, ignoring any words or phrases set off by commas. Then reread the sentence, adding details like direct and indirect objects, transitional words, and prepositional phrases.

**Examinar el texto** Students should see from the layout (cover page with title, photo, and phone numbers; interior pages with an introduction and several headings followed by short paragraphs) that this is a brochure. Revealing cognates are: **información** (cover) and **residencia oficial del Presidente de Panamá** (introduction).

**¿Probable o improbable?** Ask volunteers to read aloud each item and give the answer. Have a volunteer rephrase the improbable statement so that it is probable.

**Oraciones largas** Ask pairs to suggest a couple of long sentences. Have them point out the main verb and subject.

### Examinar el texto

Mira el formato de la lectura. ¿Qué tipo de documento es? ¿Qué cognados encuentras en la lectura? ¿Qué te dicen sobre el tema de la selección?

### ¿Probable o improbable?

Mira brevemente el texto e indica si estas oraciones son probables o improbables.

1. Este folleto° es de interés turístico. probable
2. Describe un edificio moderno cubano. improbable
3. Incluye algunas explicaciones de arquitectura. probable
4. Espera atraer° a visitantes al lugar. probable

### Oraciones largas

Mira el texto y busca algunas oraciones largas. Con un(a) compañero/a, identifiquen las partes principales de la oración y después examinen las descripciones adicionales. ¿Qué significan las oraciones?

folleto *brochure*
atraer *to attract*
épocas *time periods*

**recursos**

descubre2.vhlcentral.com

*Bienvenidos al Palacio de Las Garzas*

**El palacio está abierto de martes a domingo.
Para más información,
llame al teléfono 507-226-7000.
También puede solicitar° un folleto
a la casilla° 3467,
Ciudad de Panamá, Panamá.**

## Después de leer

### Ordenar

Pon estos eventos en el orden cronológico adecuado.

3 El palacio se convirtió en residencia presidencial.
2 Durante diferentes épocas°, maestros, médicos y banqueros practicaron su profesión en el palacio.
4 El Dr. Belisario Porras ocupó el palacio por primera vez.
1 Los españoles construyeron el palacio.
5 Se renovó el palacio.
6 Los turistas pueden visitar el palacio de martes a domingo.

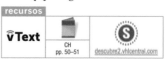

**TEACHING OPTIONS**

**Heritage Speakers** Ask heritage speakers to give a brief presentation about the official residence of the president of their parents' home country. Tell them to include in their description recommendations to visitors about what rooms and objects are particularly noteworthy and should not be missed. If possible, they should illustrate their presentation with photographs or brochures.

**Extra Practice** Ask students to write ten statements using the subjunctive to describe their dream house **(la casa de mis sueños)**. Ex: **Para mí es importante que haya una piscina de tamaño olímpico en la casa de mis sueños. Recomiendo que la cocina sea grande porque me gusta cocinar. Es necesario que tenga varios dormitorios porque siempre tengo huéspedes.** Have students share their sentences with a partner.

El Palacio de Las Garzas° es la residencia oficial del Presidente de Panamá desde 1903. Fue construido en 1673 para ser la casa de un gobernador español. Con el paso de los años fue almacén, escuela, hospital, aduana, banco y por último, palacio presidencial.

En la actualidad el edificio tiene tres pisos, pero los planos originales muestran una construcción de un piso con un gran patio en el centro. La restauración del palacio comenzó en el año 1922 y los trabajos fueron realizados por el arquitecto Villanueva-Myers y el pintor Roberto Lewis. El palacio, un monumento al estilo colonial, todavía conserva su elegancia y buen gusto, y es una de las principales atracciones turísticas del barrio Casco Viejo°.

## Planta baja

### El patio de las Garzas

Una antigua puerta de hierro° recibe a los visitantes. El patio interior todavía conserva los elementos originales de la construcción: piso de mármol°, columnas cubiertas° de nácar° y una magnífica fuente° de agua en el centro. Aquí están las nueve garzas que le dan el nombre al palacio y que representan las nueve provincias de Panamá.

## Primer piso

### El salón Amarillo

Aquí el turista puede visitar una galería de cuarenta y un retratos° de gobernadores y personajes ilustres de Panamá. La principal atracción de este salón es el sillón presidencial, que se usa especialmente cuando hay cambio de presidente. Otros atractivos de esta área son el comedor de Los Tamarindos, que se destaca° por la elegancia de sus muebles y sus lámparas de cristal, y el patio andaluz, con sus coloridos mosaicos que representan la unión de la cultura indígena y la española.

### El salón Dr. Belisario Porras

Este elegante y majestuoso salón es uno de los lugares más importantes del Palacio de Las Garzas. Lleva su nombre en honor al Dr. Belisario Porras, quien fue tres veces presidente de Panamá (1912–1916, 1918–1920 y 1920–1924).

## Segundo piso

Es el área residencial del palacio y el visitante no tiene acceso a él. Los armarios, las cómodas y los espejos de la alcoba fueron comprados en Italia y Francia por el presidente Porras, mientras que las alfombras, cortinas y frazadas° son originarias de España.

**solicitar** *request* **casilla** *post office box* **Garzas** *Herons* **Casco Viejo** *Old Quarter* **hierro** *iron* **mármol** *marble* **cubiertas** *covered* **nácar** *mother-of-pearl* **fuente** *fountain* **retratos** *portraits* **se destaca** *stands out* **frazadas** *blankets*

### Preguntas

Contesta las preguntas.

1. ¿Qué sala es notable por sus muebles elegantes y sus lámparas de cristal? el comedor de Los Tamarindos
2. ¿En qué parte del palacio se encuentra la residencia del presidente? en el segundo piso
3. ¿Dónde empiezan los turistas su visita al palacio? en el patio de las Garzas
4. ¿En qué lugar se representa artísticamente la rica herencia cultural de Panamá? en el patio andaluz
5. ¿Qué salón honra la memoria de un gran panameño? el salón Dr. Belisario Porras
6. ¿Qué partes del palacio te gustaría (*would you like*) más visitar? ¿Por qué? Answers will vary.

### Conversación

En grupos de tres o cuatro estudiantes, hablen sobre lo siguiente: Answers will vary.

1. ¿Qué tiene en común el Palacio de Las Garzas con otras residencias presidenciales u otras casas muy grandes?
2. ¿Te gustaría vivir en el Palacio de Las Garzas? ¿Por qué?
3. Imagina que puedes diseñar tu palacio ideal. Describe los planos para cada piso del palacio.

Practice more at **descubre2.vhlcentral.com.**

**Ordenar** Quickly go over the correct order by asking a volunteer to read the sentence he or she believes should be first, another volunteer to read the sentence that should be second, and so forth.

**Preguntas**

- Go over the answers as a class.
- To add a visual aspect to this reading, have students work in pairs to create a detailed floor plan of the **Palacio de Las Garzas**. Then have volunteers use **usted** commands to tell you how to draw the floor plan on the board. Ex: **Dibuje la planta baja. Ponga una fuente de agua en el centro.**

**Conversación** After groups have finished their conversations, encourage the class to discuss the three questions. Ask additional questions, such as: **¿En qué se diferencia el Palacio de Las Garzas con otras casas? ¿A quién no le gustaría vivir en el Palacio de Las Garzas? ¿Por qué? ¿Quién está de acuerdo?**

### TEACHING OPTIONS

**Variación léxica** Point out that **piso** may mean *floor, flooring; apartment, flat;* or *story* (of a building). In Spanish, the **planta baja** of a building is its ground floor. The second story is called the **primer piso**; the third story is called the **segundo piso**, and so forth. The top floor in a building is called the **planta alta**. In the **Palacio de Las Garzas,** the **segundo piso** is also the **planta alta**.

**Large Groups** Ask students to work in groups of five to role-play a guided tour of the **Palacio de Las Garzas.** One group member plays the guide and the others play tourists. Encourage the guide to develop a script and the tourists to ask questions about the residence and its occupants. Give each group time to prepare and practice before performing their skit for the class.

## Section Goals

In **Escritura**, students will:
- learn to use linking words
- integrate the **Lección 3** vocabulary and structures
- write a lease agreement

**Instructional Resources**
**v̂Text**
***Cuaderno de actividades,*** pp. 145–146
***Cuaderno para hispanohablantes,*** pp. 52–53
**Supersite**

**Estrategia** Review the linking words. Point out that they are all words with which students are familiar. Ask volunteers to use a few of them in sentences.

**Tema**
- Review with students the details suggested for inclusion in the lease agreement. You may wish to present the following terms students can use in their agreements: **arrendatario** (*tenant*); **arrendador** (*landlord*); **propietario** (*owner*); **estipulaciones** (*stipulations*); **parte** (*party*); **de anticipación, con antelación** (*in advance*).
- Provide students with samples of legal documents in Spanish. (Many legal forms are downloadable from the Internet.) Go over the format of these documents with students, clarifying legal terminology as necessary.

# Escritura

## Estrategia

### Using linking words

You can make your writing sound more sophisticated by using linking words to connect simple sentences or ideas and create more complex sentences. Consider these passages, which illustrate this effect:

**Without linking words**

En la actualidad el edificio tiene tres pisos. Los planos originales muestran una construcción de un piso con un gran patio en el centro. La restauración del palacio comenzó en el año 1922. Los trabajos fueron realizados por el arquitecto Villanueva-Myers y el pintor Roberto Lewis.

**With linking words**

En la actualidad el edificio tiene tres pisos, pero los planos originales muestran una construcción de un piso con un gran patio en el centro. La restauración del palacio comenzó en el año 1922 y los trabajos fueron realizados por el arquitecto Villanueva-Myers y el pintor Roberto Lewis.

**Linking words**

| | |
|---|---|
| **cuando** | *when* |
| **mientras** | *while* |
| **o** | *or* |
| **pero** | *but* |
| **porque** | *because* |
| **pues** | *since* |
| **que** | *that; who; which* |
| **quien** | *who* |
| **sino** | *but (rather)* |
| **y** | *and* |

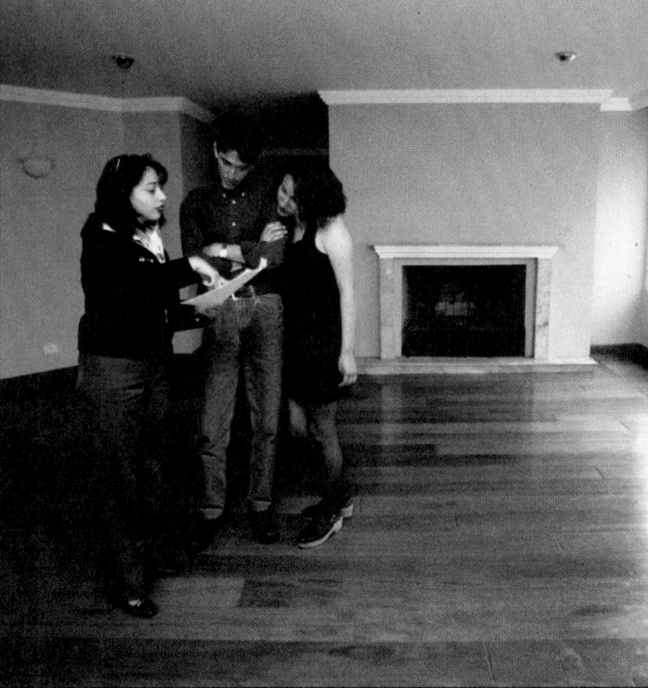

## Tema

NATIONAL communication STANDARDS

**Escribir un contrato de arrendamiento°**

Eres el/la administrador(a)° de un edificio de apartamentos. Prepara un contrato de arrendamiento para los nuevos inquilinos°. El contrato debe incluir estos detalles:

- la dirección° del apartamento y del/de la administrador(a)
- las fechas del contrato
- el precio del alquiler y el día que se debe pagar
- el precio del depósito
- información y reglas° acerca de:
  - la basura
  - el correo
  - los animales domésticos
  - el ruido°
  - los servicios de electricidad y agua
  - el uso de electrodomésticos
- otros aspectos importantes de la vida comunitaria

**contrato de arrendamiento** *lease* **administrador(a)** *manager* **inquilinos** *tenants* **dirección** *address* **reglas** *rules* **ruido** *noise*

**recursos**

| v̂Text | CA pp. 145–146 | CH pp. 52–53 | descubre2.vhlcentral.com |
|---|---|---|---|

**EVALUATION: Contrato**

| Criteria | Scale |
|---|---|
| Content | 1 2 3 4 |
| Organization | 1 2 3 4 |
| Use of vocabulary | 1 2 3 4 |
| Use of linking words | 1 2 3 4 |
| Grammatical accuracy | 1 2 3 4 |

| Scoring | |
|---|---|
| Excellent | 18–20 points |
| Good | 14–17 points |
| Satisfactory | 10–13 points |
| Unsatisfactory | < 10 points |

# Escuchar

## Estrategia

**Using visual cues**

Visual cues like illustrations and headings provide useful clues about what you will hear.

To practice this strategy, you will listen to a passage related to the following photo. Jot down the clues the photo gives you as you listen.

## Preparación

Mira el dibujo. ¿Qué pistas te da para comprender la conversación que vas a escuchar? ¿Qué significa *bienes raíces*?

## Ahora escucha  

Mira los anuncios de esta página y escucha la conversación entre el señor Núñez, Adriana y Felipe. Luego indica si cada descripción se refiere a la casa ideal de Adriana y Felipe, a la casa del anuncio o al apartamento del anuncio.

| Frases | La casa ideal | La casa del anuncio | El apartamento del anuncio |
|---|---|---|---|
| Es barato. | ___ | ___ | ✔ |
| Tiene cuatro alcobas. | ___ | ✔ | ___ |
| Tiene una oficina. | ✔ | ___ | ___ |
| Tiene un balcón. | ___ | ___ | ✔ |
| Tiene una cocina moderna. | ___ | ✔ | ___ |
| Tiene un jardín muy grande. | ___ | ✔ | ___ |
| Tiene un patio. | ✔ | ___ | ___ |

**18G**

**Bienes raíces**

Se vende.
4 alcobas, 3 baños, cocina moderna, jardín con árboles frutales.
B/. 225.000

Se alquila.
2 alcobas, 1 baño.
Balcón.
Urbanización Las Brisas. B/. 525

## Comprensión

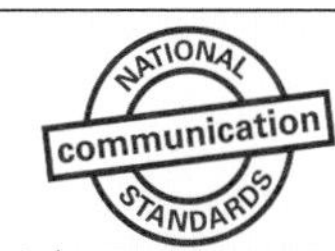


**Preguntas**

1. ¿Cuál es la relación entre el señor Núñez, Adriana y Felipe? ¿Cómo lo sabes? El Sr. Núñez es el padre de Adriana y Adriana es la esposa de Felipe.
2. ¿Qué diferencia de opinión hay entre Adriana y Felipe sobre dónde quieren vivir? Felipe prefiere vivir en la ciudad, pero Adriana quiere vivir en las afueras.
3. Usa la información de los dibujos y la conversación para entender lo que dice Adriana al final. ¿Qué significa "todo a su debido tiempo"? Answers will vary. Suggested answer: All in good time!

**Conversación** 

En parejas, túrnense para hacer y responder a las preguntas. Answers will vary.

1. ¿Qué tienen en común el apartamento y la casa del anuncio con el lugar donde tú vives?
2. ¿Qué piensas de la recomendación del señor Núñez?
3. ¿Dónde prefieres vivir tú, en un apartamento o en una casa? Explica por qué.

recursos

vText

### Section Goals

In **Escuchar**, students will:

- use visual clues to help them understand an oral passage
- answer questions based on the content of a recorded conversation

**Instructional Resources**

**vText**

**Supersite:** Textbook MP3 Audio Files

**Supersite/TRCD/Print:** Textbook Audio Script

**Textbook CD:** CD 1, Tracks 21–22

**Estrategia**

**Script** En mi niñez lo pasé muy bien. Vivíamos en una pequeña casa en la isla Colón con vistas al mar. Pasaba las horas buceando alrededor de los arrecifes de coral. A veces me iba a pasear por las plantaciones de bananos o a visitar el pueblo de los indios guayamí. Otros días iba con mi hermano al mar en una pequeña lancha para pescar. Era una vida feliz y tranquila. Ahora vivo en la ciudad de Panamá. ¡Qué diferencia!

**Ahora escucha**

**Script** ADRIANA: Mira, papá, tienen una sección especial de bienes raíces en el periódico. Felipe, mira esta casa… tiene un jardín enorme.
FELIPE: ¡Qué linda! ¡Uy, qué cara! ¿Qué piensa usted? ¿Debemos buscar una casa o un apartamento?
SR. NÚÑEZ: Bueno, hijos, hay muchas cosas que deben considerar. Primero, ¿les gustaría vivir en las afueras o en el centro de la ciudad?
F: Pues, señor Núñez, yo prefiero vivir en la ciudad. Así tenemos el teatro, los parques, los centros comerciales… todo cerca de casa. Sé que Adriana quiere vivir en las afueras porque es más tranquilo.
S: De todos modos van a necesitar un mínimo de dos

*(Script continues at far left in the bottom panels.)*

alcobas, un baño, una sala grande… ¿Qué más?
A: Es importante que tengamos una oficina para mí y un patio para las plantas.
S: Como no tienen mucho dinero ahorrado, es mejor que alquilen un apartamento pequeño por un tiempo. Así pueden ahorrar su dinero para comprar la casa ideal. Miren este apartamento. Tiene un balcón precioso y está en un barrio muy seguro y bonito. Y el alquiler es muy razonable.
F: Adriana, me parece que tu padre tiene razón. Con un alquiler tan barato, podemos comprar muebles y también ahorrar dinero cada mes.
A: ¡Ay!, quiero mi casa. Pero, bueno, ¡todo a su debido tiempo!

## Section Goals

In **En pantalla**, students will:

- read about the use of electrical appliances in Spanish-speaking countries
- watch a television commercial for **Balay,** a Spanish appliance brand

**Instructional Resource**
**v̂Text**
**Supersite:** ***En pantalla***
Transcript & Translation

**Introduction**
To check comprehension, ask these questions. **1. En los países hispanos, ¿por qué no son muy comunes algunos electrodomésticos? (El servicio de electricidad es muy caro.) 2. ¿Qué hacen en vez de usar el lavaplatos? ¿Y la aspiradora? (Lavan los platos a mano. Barren el suelo.)**

**Antes de ver**

- Have students look at the video stills, read the captions, and predict what is being sold in this commercial.
- Ask a volunteer to read the **Vocabulario útil** aloud.
- Tell students to rely on visual cues and to listen for cognates as they watch the commercial.

**Identificar** If necessary, show the commercial a second time. Have students revise their answers or fill in any gaps.

**El apartamento**

- To simplify, have students list the rooms of the apartment. Under each room, have them write the furniture and appliances.
- Have each group draw a floor plan of their apartment.

# En pantalla

En los países hispanos el costo del servicio de electricidad y de los electrodomésticos es muy caro. Es por esto que no es muy común tener muchos electrodomésticos. Por ejemplo, en los lugares donde hace mucho calor, mucha gente no tiene aire acondicionado°; utiliza los ventiladores°, que usan menos electricidad. Muchas personas lavan los platos a mano o barren el suelo en vez de usar un lavaplatos o una aspiradora.

**Vocabulario útil**

| | |
|---|---|
| **fabrica** | *manufactures* |
| **lavavajillas** | **lavaplatos** |
| **aislante** | *insulation* |
| **campanas** | *hoods* |

**Identificar**

Indica lo que veas en el anuncio.

✓ 1. llaves
___ 2. sofá
✓ 3. puerta
✓ 4. oficina
✓ 5. bebé (*baby*)
✓ 6. calle
✓ 7. despertador
___ 8. altillo

**El apartamento**

Trabajen en grupos pequeños. Imaginen que terminaron la escuela y la universidad, consiguieron el trabajo (*job*) de sus sueños (*dreams*) y comparten un apartamento en el centro de una gran ciudad. Describan el apartamento, los muebles y los electrodomésticos y digan qué quehaceres hace cada quien. Answers will vary.

aire acondicionado *air conditioning* ventiladores *fans*
se agradece *it's appreciated*

National Standards: connections, communities

## Anuncio de Balay

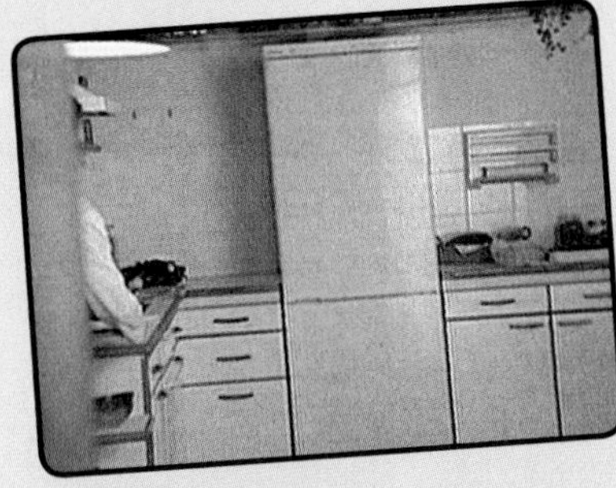

**Sabemos lo mucho que se agradece°...**

**... en algunos momentos...**

**... un poco de silencio.**

recursos

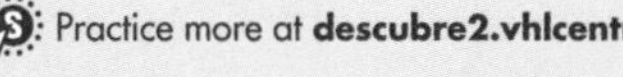

Practice more at **descubre2.vhlcentral.com.**

**TEACHING OPTIONS**

**Pairs** Divide the class into pairs. Assign half of the pairs to create an ad for an appliance using the latest technology. Tell the other pairs to create an ad for an appliance that would appeal to people who aren't comfortable with new technology.
**Large Groups** Divide the class into two groups and have each one create a survey consisting of eight questions about their classmates' lifestyles. One group should ask about students' living space, the second should ask about students' daily chores and habits. Once groups have created their surveys, have them exchange surveys with other groups and complete them. Then ask volunteers from each group to summarize the survey results.

# Oye cómo va

## Rubén Blades

**Rubén Blades** es uno de los vocalistas con más éxito° en la historia de la música panameña. En 1974 se graduó en Derecho° en la Universidad Nacional de Panamá y diez años más tarde hizo un máster de Derecho en la Universidad de Harvard. Ha sido compositor, cantante y también actor de cine. Ha grabado° más de veinte álbumes y ha actuado° en más de treinta películas. En sus canciones expresa su amor por la literatura y la política. En el año 2000 fue nombrado° Embajador Mundial° Contra° el Racismo por las Naciones Unidas. Desde el año 2004 hasta el 2009 fue ministro del Instituto Panameño de Turismo.

Tu profesor(a) va a poner la canción en la clase. Escúchala y completa las actividades.

### Completar

Completa las oraciones con la opción correcta.

1. En __b__, Rubén Blades se graduó en Derecho.
   a. 1979 b. 1974 c. 1971
2. Le interesan la literatura y __a__.
   a. la política b. los deportes c. la tecnología
3. Desde __c__ fue ministro de Turismo de Panamá.
   a. 2002 b. 2003 c. 2004
4. Trabajó en la película __b__.
   a. *Brick* b. *Spin* c. *Elf*

### Preguntas

En parejas, respondan a las preguntas. Answers will vary.

1. ¿Esta canción tiene un mensaje positivo o negativo? ¿Cómo lo saben?
2. ¿Qué actitud creen que se debe tomar al final de una etapa (*phase*) o en una despedida importante?
3. ¿Cuáles son las seis cosas más importantes que se van a llevar con ustedes cuando se gradúen?

éxito *success* Derecho *Law* Ha grabado *He has recorded* ha actuado *he has acted* nombrado *appointed* Embajador Mundial *World Ambassador* Contra *Against* ciudadanos *citizens* se acabó lo que se daba *it's all over* trago *sip* mundo *world* ha participado *has taken part*

## La canción del final del mundo

Prepárense ciudadanos°:
se acabó lo que se daba°;
a darse el último trago°.
No se me pueden quejar;
el *show* fue bueno y barato.
Ante el dolor, buen humor es esencial.
Por eso saca a tu pareja y ponte a bailar
la canción del final del mundo°;
la canción del final del mundo.

NATIONAL STANDARDS connections communities

**Rubén Blades en el cine**

Una de las facetas artísticas de Rubén Blades es la de actor de cine y televisión en varios países. Algunas de las películas en las que ha participado° son *All the Pretty Horses* (2000), *Once Upon a Time in Mexico* (2003, véase la foto), *Imagining Argentina* (2003) y *Spin* (2005), entre muchas otras.

recursos

vText

descubre2.vhlcentral.com

Practice more at **descubre2.vhlcentral.com.**

### Section Goals

In **Oye cómo va**, students will:
- read about **Rubén Blades**
- listen to a song by **Rubén Blades**

**Instructional Resources**
**vText**
**Supersite**
**Vista Higher Learning**
***Cancionero***

**Antes de escuchar**
- Have students read the song title and read the first five lines. Have them predict the tone and rhythm of the song, based on the subject matter.
- Ask students to scan the lyrics for cognates and familiar words.

**Completar** Call on a volunteer to draw a timeline of **Rubén Blades'** life on the board based on the reading.

**Preguntas** Ask students additional questions about the song. Ex: **En su opinión, ¿qué quiere decir "el *show* fue bueno y barato"? ¿Creen que Rubén Blades tiene una actitud demasiado alegre para este tema? Expliquen sus respuestas.**

**TEACHING OPTIONS**

**Cultural Comparison** Ask students to give other examples in art (cinema, literature, or music) where the theme of the end of the world is addressed. How do those representations differ from ***La canción del final del mundo***?

**Extra Practice** Tell students to imagine they have been chosen to give a speech at graduation. Have them write a short speech, using relative pronouns, formal commands, and the subjunctive, in order to give closure to the graduating class and help them look toward the future. Call on volunteers to read their speeches to the class.

**Pairs** Write on the board the lyrics of ***La canción del final del mundo***. Have pairs analyze the use of commands, using a chart in which they list the **tú, usted,** and **ustedes** commands, as well as the infinitives for each verb.

Interactive Map
Video: *Panorama cultural*

## Section Goal

In **Panorama**, students will read about the geography and culture of Panama.

**Instructional Resources**
**vText**
***Cuaderno de actividades,*** pp. 69–70
***Cuaderno de práctica,*** pp. 37–38
***e-Cuaderno***
**Supersite/DVD: *Panorama cultural***
**Supersite/TRCD/Print:** *PowerPoints* (Overheads #3, #4, #17); ***Panorama cultural*** Videoscript & Translation, Answer Keys

**Teaching Tip** Have students look at the map of Panama or show *Overhead PowerPoint #17* and discuss the physical features of the country. Point out the bodies of water that run along the coasts of Panama, and the canal that cuts through the isthmus (**istmo**). Then, have students look at the call-out photos and read the captions. Point out that the Kuna people live on the San Blas Islands in the Caribbean Sea.

**El país en cifras** Mention that the national currency, the balboa, is named for **Vasco Núñez de Balboa**, who explored the Isthmus of Panama in 1501. Tell students that **chibcha** is a major indigenous language group, with dialects spoken by people from central Colombia through eastern Nicaragua. After reading about the **Panameños célebres**, ask students to share what they know about the individuals.

**¡Increíble pero cierto!** The opening of the Panama Canal not only dramatically reduced the distance ships had to travel to get from the Atlantic Ocean to the Pacific, it also provided a much safer route than the stormy, perilous route around Cape Horn and through the Straits of Magellan.

# Panamá

NATIONAL STANDARDS connections cultures

## El país en cifras

- **Área:** 78.200 km² (30.193 millas²), *aproximadamente el área de Carolina del Sur*
- **Población:** 3.774.000
- **Capital:** La Ciudad de Panamá —1.527.000
- **Ciudades principales:** Colón, David

SOURCE: Population Division, UN Secretariat

- **Moneda:** balboa; Es equivalente al dólar estadounidense.

*En Panamá circulan los billetes de dólar estadounidense. El país centroamericano, sin embargo, acuña° sus propias monedas. "El peso" es una moneda grande equivalente a cincuenta centavos°. La moneda de cinco centavos es llamada frecuentemente "real".*

- **Idiomas:** español (oficial), chibcha, inglés

*La mayoría de los panameños es bilingüe. La lengua materna del 14% de los panameños es el inglés.*

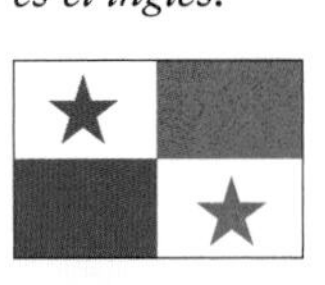
Bandera de Panamá

Mujer kuna lavando una mola

Un turista disfruta del bosque tropical colgado de un cable.

COSTA RICA · Lago Gatún · Canal de Panamá · Islas San Blas · Bocas del Toro · Mar Caribe · Colón · Cordillera de San Blas · Río Chepo · Serranía de Tabasará · Ciudad de Panamá · David · Río Cobre · Isla del Rey · Océano Pacífico · Golfo de Panamá · Isla de Coiba · ESTADOS UNIDOS · OCÉANO ATLÁNTICO · PANAMÁ · AMÉRICA DEL SUR

Ruinas de un fuerte panameño

### Panameños célebres

- **Rod Carew,** beisbolista (1945– )
- **Mireya Moscoso,** política (1946– )
- **Rubén Blades,** músico y político (1948– )

acuña *mints* centavos *cents*
Actualmente *Currently*
peaje *toll* promedio *average*

recursos: vText; CA pp. 69–70; CP pp. 37–38; descubre1.vhlcentral.com

### ¡Increíble pero cierto!

¿Conocías estos datos sobre el Canal de Panamá?

- Gracias al Canal de Panamá, el viaje en barco de Nueva York a Tokio es 3.000 millas más corto.
- Su construcción costó 639 millones de dólares.
- Actualmente° lo usan 38 barcos al día.
- El peaje° promedio° cuesta 40.000 dólares.

Tokio · Nueva York · PANAMÁ

**TEACHING OPTIONS**

**Extra Practice** After listening to ***La canción del final del mundo*** in **Oye cómo va**, discuss how **Rubén Blades** changed the world of salsa music by introducing lyrics with social commentary into what had previously been simply dance music. If possible, bring in his recording ***Buscando América***, and have students listen to ***El padre Antonio y su monaguillo Andrés***, based on the story of Archbishop **Óscar Romero** of El Salvador. Or, listen to the story of ***Pedro Navaja*** on ***Siembra***, **Blades'** classic collaboration with **Willie Colón**. Have students write a summary of the song in English or describe how **Blades'** salsa differs from traditional "romantic" salsa.

## Lugares • El Canal de Panamá

El Canal de Panamá conecta el océano Pacifico con el océano Atlántico. La construcción de este cauce° artificial empezó en 1903 y concluyó diez años después. Es la fuente° principal de ingresos° del país, gracias al dinero que aportan° los más de 12.000 buques° que transitan anualmente por esta ruta.

## Artes • La mola

La mola es una forma de arte textil de los kunas, una tribu indígena que vive en las islas San Blas. Esta pieza artesanal se confecciona° con fragmentos de tela° de colores vivos. Algunos de sus diseños son abstractos, inspirados en las formas del coral, y otros son geométricos, como en las molas más tradicionales. Antiguamente, estos tejidos° se usaban como ropa, pero hoy día también sirven para decorar las casas.

## Deportes • El buceo

Panamá, cuyo° nombre significa "lugar de muchos peces°", es un país muy frecuentado por los aficionados del buceo y la pesca. El territorio panameño cuenta con° una gran variedad de playas en los dos lados del istmo°, con el mar Caribe a un lado y el océano Pacífico al otro. Algunas de las zonas costeras de esta nación están destinadas al turismo y otras son protegidas por la diversidad de su fauna marina, en la que abundan los arrecifes° de coral. En la playa Bluff, por ejemplo, se pueden observar cuatro especies de tortugas° en peligro° de extinción.

COLOMBIA

Vista de la Ciudad de Panamá

**¿Qué aprendiste?** Responde a cada pregunta con una oración completa.

1. ¿Cuál es la lengua materna del catorce por ciento de los panameños?
   El inglés es la lengua materna del catorce por ciento de los panameños.
2. ¿A qué unidad monetaria (*monetary unit*) es equivalente el balboa?
   El balboa es equivalente al dólar estadounidense.
3. ¿Qué océanos une el Canal de Panamá?
   El Canal de Panamá une los océanos Atlántico y Pacífico.
4. ¿Quién es Rod Carew?
   Rod Carew es un beisbolista panameño.
5. ¿Qué son las molas?
   Las molas son una forma de arte textil común entre los kunas.
6. ¿Cómo son los diseños de las molas?
   Sus diseños son abstractos.
7. ¿Para qué se usaban las molas antes?
   Las molas se usaban como ropa.
8. ¿Cómo son las playas de Panamá?
   Son muy variadas; unas están destinadas al turismo, otras tienen valor ecológico.
9. ¿Qué significa "Panamá"?
   "Panamá" significa "lugar de muchos peces".

**Conexión Internet** Investiga estos temas en **descubre2.vhlcentral.com.**

1. Investiga la historia de las relaciones entre Panamá y los Estados Unidos y la decisión de devolver (*give back*) el Canal de Panamá. ¿Estás de acuerdo con la decisión? Explica tu opinión.
2. Investiga sobre los kunas u otro grupo indígena de Panamá. ¿En qué partes del país viven? ¿Qué lenguas hablan? ¿Cómo es su cultura?

**cauce** *channel* **fuente** *source* **ingresos** *income* **aportan** *contribute* **buques** *ships* **se confecciona** *is made* **tela** *fabric* **tejidos** *fabrics* **cuyo** *whose* **peces** *fish* **cuenta con** *has* **istmo** *isthmus* **arrecifes** *reefs* **tortugas** *turtles* **peligro** *danger*

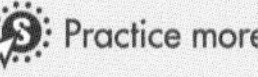

Practice more at **descubre2.vhlcentral.com.**

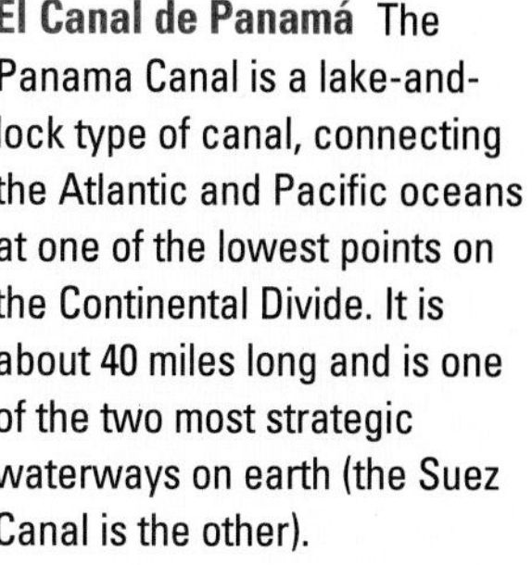

**El Canal de Panamá** The Panama Canal is a lake-and-lock type of canal, connecting the Atlantic and Pacific oceans at one of the lowest points on the Continental Divide. It is about 40 miles long and is one of the two most strategic waterways on earth (the Suez Canal is the other).

**La mola** The Kuna people originally lived on mainland Panama, but preferred to move to the San Blas Islands, where they could maintain their way of life. Elaborate traditions accompany every life-cycle event in Kuna culture, and many of these ceremonies are depicted on the elaborate appliqué **molas**.

**El buceo** An excellent place for diving in Panama is the **Parque Nacional Bastimentos**, in the **Archipiélago de Bocas del Toro**. In this nature reserve, turtles nest on some of the beaches. Its coral reefs are home to more than 200 species of tropical fish, in addition to lobsters, manatees, and other marine life. The park is also known for its mangroves, which offer snorkelers another aquatic experience. For more information about **el buceo** and other ocean sports, you may want to show the ***Panorama cultural*** video footage for this lesson.

**Conexión Internet** Students will find supporting Internet activities and links at **descubre2.vhlcentral.com**.

### TEACHING OPTIONS

**Worth Noting** The Kuna people have a strong, rich oral tradition. During regular community meetings, ritual forms of speaking, including storytelling and speeches, are presented by community elders. It is only over the past decade that a written form of the Kuna language has been developed by outsiders. However, as Spanish—and even English—begin to encroach more into **Kuna Yala** (the Kuna name for their homeland), linguistic anthropologists have highlighted the urgency of recording and preserving the rich Kuna oral tradition, fearing that the traditional Kuna language and culture will begin to be diluted by outside influences.

Audio: Vocabulary Flashcards

**Instructional Resources**
**vText**
***Cuaderno de actividades,*** p. 106
***e-Cuaderno***
**Supersite:** Textbook & Vocabulary MP3 Audio Files
**Lección 3**
**Supersite/TRCD/Print:** Answer Keys; *Testing Program* (**Lección 3 Pruebas,** Test Generator, Testing Program MP3 Audio Files)
**Textbook CD:** CD 1, Tracks 23–29
**Audio Activity CD:** CD 3, Tracks 27–33
**Testing Program CD:** Tracks 9–12

## Las viviendas

| | |
|---|---|
| **las afueras** | *suburbs; outskirts* |
| **el alquiler** | *rent (payment)* |
| **el ama (*m., f.*) de casa** | *housekeeper; caretaker* |
| **el barrio** | *neighborhood* |
| **el edificio de apartamentos** | *apartment building* |
| **el/la vecino/a** | *neighbor* |
| **la vivienda** | *housing* |
| **alquilar** | *to rent* |
| **mudarse** | *to move (from one house to another)* |

## Los cuartos y otros lugares

| | |
|---|---|
| **el altillo** | *attic* |
| **el balcón** | *balcony* |
| **la cocina** | *kitchen* |
| **el comedor** | *dining room* |
| **el dormitorio** | *bedroom* |
| **la entrada** | *entrance* |
| **la escalera** | *stairs; stairway* |
| **el garaje** | *garage* |
| **el jardín** | *garden; yard* |
| **la oficina** | *office* |
| **el pasillo** | *hallway* |
| **el patio** | *patio; yard* |
| **la sala** | *living room* |
| **el sótano** | *basement; cellar* |

## Los muebles y otras cosas

| | |
|---|---|
| **la alfombra** | *carpet; rug* |
| **la almohada** | *pillow* |
| **el armario** | *closet* |
| **el cartel** | *poster* |
| **la cómoda** | *chest of drawers* |
| **las cortinas** | *curtains* |
| **el cuadro** | *picture* |
| **el estante** | *bookcase; bookshelves* |
| **la lámpara** | *lamp* |
| **la luz** | *light; electricity* |
| **la manta** | *blanket* |
| **la mesita** | *end table* |
| **la mesita de noche** | *night stand* |
| **los muebles** | *furniture* |
| **la pared** | *wall* |
| **la pintura** | *painting; picture* |
| **el sillón** | *armchair* |
| **el sofá** | *couch; sofa* |

## Los electrodomésticos

| | |
|---|---|
| **la cafetera** | *coffee maker* |
| **la cocina, la estufa** | *stove* |
| **el congelador** | *freezer* |
| **el electrodoméstico** | *electric appliance* |
| **el horno (de microondas)** | *(microwave) oven* |
| **la lavadora** | *washing machine* |
| **el lavaplatos** | *dishwasher* |
| **el refrigerador** | *refrigerator* |
| **la secadora** | *clothes dryer* |
| **la tostadora** | *toaster* |

## La mesa

| | |
|---|---|
| **la copa** | *wineglass; goblet* |
| **la cuchara** | *(table or large) spoon* |
| **el cuchillo** | *knife* |
| **el plato** | *plate* |
| **la servilleta** | *napkin* |
| **la taza** | *cup* |
| **el tenedor** | *fork* |
| **el vaso** | *glass* |

## Los quehaceres domésticos

| | |
|---|---|
| **arreglar** | *to neaten; to straighten up* |
| **barrer el suelo** | *to sweep the floor* |
| **cocinar** | *to cook* |
| **ensuciar** | *to get (something) dirty* |
| **hacer la cama** | *to make the bed* |
| **hacer quehaceres domésticos** | *to do household chores* |
| **lavar (el suelo, los platos)** | *to wash (the floor, the dishes)* |
| **limpiar la casa** | *to clean the house* |
| **pasar la aspiradora** | *to vacuum* |
| **planchar (la ropa)** | *to iron (the clothes)* |
| **poner la mesa** | *to set the table* |
| **quitar la mesa** | *to clear the table* |
| **quitar el polvo** | *to dust* |
| **sacar la basura** | *to take out the trash* |
| **sacudir los muebles** | *to dust the furniture* |

## Verbos y expresiones verbales

| | |
|---|---|
| **aconsejar** | *to advise* |
| **insistir (en)** | *to insist (on)* |
| **mandar** | *to order* |
| **recomendar (e:ie)** | *to recommend* |
| **rogar (o:ue)** | *to beg; to plead* |
| **sugerir (e:ie)** | *to suggest* |
| **Es bueno que...** | *It's good that...* |
| **Es importante que...** | *It's important that...* |
| **Es malo que...** | *It's bad that...* |
| **Es mejor que...** | *It's better that...* |
| **Es necesario que...** | *It's necessary that...* |
| **Es urgente que...** | *It's urgent that...* |

| | |
|---|---|
| **Relative pronouns** | *See page 100.* |
| **Expresiones útiles** | *See page 95.* |

**recursos**

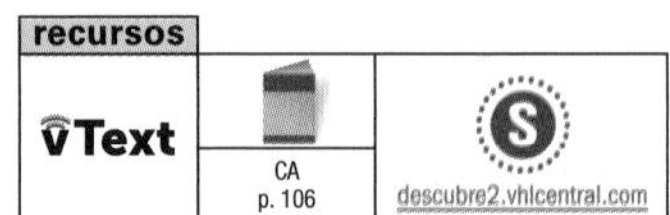

# La naturaleza

# 4

## Communicative Goals

*You will learn how to:*

- **Talk about and discuss the environment**
- **Express your beliefs and opinions about issues**



**A PRIMERA VISTA**

- ¿Son estas personas excursionistas?
- ¿Es importante que usen zapatos deportivos?
- ¿Se llevan bien o mal?
- ¿Se divierten o no?

## Lesson Goals

In **Lección 4**, students will be introduced to the following:

- terms to describe nature and the environment
- conservation and recycling terms
- the Andes mountain range
- Colombia's Santa Marta mountain range
- subjunctive with verbs and expressions of emotion
- subjunctive with verbs and expressions of doubt, disbelief, and denial
- expressions of certainty
- subjunctive with conjunctions
- when the infinitive follows a conjunction
- recognizing the purpose of a text
- considering audience and purpose when writing
- writing a persuasive letter or article
- using background knowledge and context to guess meaning
- a television commercial for **Altomayo**, a Peruvian coffee brand
- Colombian singer **Juanes**
- cultural, geographic, and historical information about Colombia

**A primera vista** Here are some additional questions you can ask based on the photo: **¿Vives en la ciudad? ¿En las afueras? ¿En el campo? ¿Te gusta pasar tiempo fuera de la casa? ¿Por qué? ¿Escalas montañas? ¿Te gusta acampar? ¿Dónde puedes hacer estas actividades?**

**INSTRUCTIONAL RESOURCES**

**Student Materials**
**Print:** Student Book, Workbooks (*Cuaderno de actividades, Cuaderno de práctica, Cuaderno para hispanohablantes*)
**Technology:** **vText**, MAESTRO® *E-Cuaderno* and Supersite (Audio, Video, Practice)

**Teacher Materials**
DVDs (*Fotonovela, Flash cultura, Panorama cultural*)
Teacher's Resource CD-ROM (Scripts, Answer Keys, *PowerPoints*, Testing Program)
Testing Program, Textbook, Audio Activity CDs
MAESTRO® Supersite: Resources (Planning and Teaching Resources from Teacher's Resource CD-ROM); Learning Management System (Gradebook, Assignments)
Vista Higher Learning *Cancionero*
Resources also available in print

**DESCUBRE 2 Supersite:** descubre2.vhlcentral.com

Talking Picture
Tutorials, Games
Audio: Activities, Vocabulary

## Section Goals

In **Contextos**, students will learn and practice:

- terms to describe nature and the environment
- conservation terms

**Instructional Resources**

**vText**

***Cuaderno de actividades,*** p. 107
***Cuaderno de práctica,*** pp. 41–42
***Cuaderno para hispanohablantes,*** pp. 55–56
***e-Cuaderno***
**Supersite:** Textbook Vocabulary & Audio Activity MP3 Audio Files
**Supersite/TRCD/Print:** *PowerPoints* (**Lección 4 Contextos** Presentation Overheads #18, 19); Textbook Audio Script, Audio Activity Script, Answer Keys
**Textbook CD:** CD 1, Tracks 30–31
**Audio Activity CD:** CD 4, Tracks 1–4

## Teaching Tips

- Write the headings **la naturaleza** and **la conservación** on the board and ask students to guess what they mean. Then, have two volunteers come to the board and write down all the English words the class can brainstorm pertaining to nature and conservation. After the class has produced at least fifteen words under each heading, have students look in their texts to see how many of their Spanish equivalents they can find.
- Show *Overhead PowerPoint #18.* Point to the illustrated vocabulary items and ask volunteers to identify each item. Then ask questions about the items in **Más vocabulario.** Ex: **¿Cuáles son los recursos naturales de nuestra región? ¿Cuáles son los problemas de contaminación del medio ambiente de nuestra región? ¿Cómo se llama el río en nuestra ciudad? ¿Se puede nadar allí? ¿Por qué no?**

# La naturaleza

### Más vocabulario

| | |
|---|---|
| **el animal** | *animal* |
| **el bosque (tropical)** | *(tropical; rain) forest* |
| **el desierto** | *desert* |
| **la naturaleza** | *nature* |
| **la planta** | *plant* |
| **la selva, la jungla** | *jungle* |
| **la tierra** | *land; soil* |
| **el cielo** | *sky* |
| **la estrella** | *star* |
| **la luna** | *moon* |
| **la conservación** | *conservation* |
| **la contaminación (del aire; del agua)** | *(air; water) pollution* |
| **la deforestación** | *deforestation* |
| **la ecología** | *ecology* |
| **el ecoturismo** | *ecotourism* |
| **la energía (nuclear; solar)** | *(nuclear; solar) energy* |
| **la extinción** | *extinction* |
| **la lluvia (ácida)** | *(acid) rain* |
| **el medio ambiente** | *environment* |
| **el peligro** | *danger* |
| **el recurso natural** | *natural resource* |
| **la solución** | *solution* |
| **el gobierno** | *government* |
| **la ley** | *law* |
| **la población** | *population* |
| **puro/a** | *pure* |

### Variación léxica

hierba ⟷ pasto (*Perú*); grama (*Venez., Col.*); zacate (*Méx.*)

**recursos**

| vText | CA p. 107 | CP pp. 41–42 | CH pp. 55–56 | descubre2.vhlcentral.com |
|---|---|---|---|---|

### TEACHING OPTIONS

**Heritage Speakers** Tell students that they might see **hierba** spelled **yerba**. In either case, the pronunciation is the same. Ask heritage speakers to think of things found in nature that have more than one name. Ex: **culebra/serpiente/víbora** (*snake*); **piedra/roca** (*rock*); **bosque tropical/selva tropical** (*rain forest*).

**Extra Practice** Write a vocabulary word on a scrap of paper and show it to a volunteer. That student should draw on the board pictures that represent the word. The class must guess the word, then spell it in Spanish as another volunteer writes it on the board.

**TPR** Have students stand in a circle. Pronounce a word from **Contextos**, use it in a sentence, then repeat the word. Toss a ball to a student, who must spell the word (including accents) and toss the ball back. Students who misspell are eliminated.

# Práctica

**1** **Escuchar** Mientras escuchas las frases, anota los sustantivos (*nouns*) que se refieren a las plantas, los animales, la tierra y el cielo.

| Plantas | Animales | Tierra | Cielo |
|---|---|---|---|
| flores | perro | valle | sol |
| hierba | gatos | volcán | nubes |
| árboles | vacas | bosques tropicales | estrellas |

**2** **¿Cierto o falso?** Escucha las oraciones e indica si lo que dice cada una es **cierto** o **falso**, según el dibujo.

1. cierto
2. falso
3. falso
4. cierto
5. cierto
6. falso

**3** **Seleccionar** Selecciona la palabra que no está relacionada.

1. estrella • gobierno • luna • sol gobierno
2. lago • río • mar • peligro peligro
3. vaca • gato • pájaro • población población
4. cielo • cráter • aire • nube cráter
5. desierto • solución • selva • bosque solución
6. flor • hierba • sendero • árbol sendero

**4** **Definir** Trabaja con un(a) compañero/a para definir o describir cada palabra. Sigue el modelo. Answers will vary.

*modelo*

**Estudiante 1:** *¿Qué es el cielo?*
**Estudiante 2:** *El cielo está sobre la tierra y tiene nubes.*

1. la población
2. un valle
3. la lluvia
4. la naturaleza
5. un desierto
6. la extinción
7. la ecología
8. un sendero

**5** **Describir** Trabajen en parejas para describir estas fotos. Answers will vary.

**1 Teaching Tip** Check the answers orally as a class.

**1 Script** 1. Mi novio siempre me compra flores para nuestro aniversario. 2. Cuando era pequeño, jugaba con mi perro todo el tiempo. 3. Javier prefiere jugar al fútbol norteamericano sobre hierba natural. 4. Antes de las vacaciones, los estudiantes tomaban el sol en el parque. 5. No puedo visitarte porque soy alérgico a los gatos.
*Script continues on page 130.*

**2 Teaching Tip** To challenge students, have them correct the false statements.

**2 Script** 1. Hay un gato jugando con un perro. 2. La vaca está en un sendero de la montaña. 3. No hay nubes sobre el valle. 4. La vaca está comiendo hierba. 5. Una pareja come sobre la hierba. 6. Las piedras están lejos del río.
*Textbook CD*

**3 Teaching Tip** Have students give answers and state a category for each group. Ex: **1. cosas que están en el cielo**

**4 Expansion** Have pairs read their definitions aloud in random order for the class to guess which term is being described.

**5 Teaching Tip** To simplify, give students these guidelines to help them prepare their descriptions: objects in the photos, colors, what the weather is like, the time of day, the location where the photo was taken.

**5 Expansion** Ask students to imagine the photos were taken on a recent vacation. Have them write a brief essay about their vacation, incorporating their descriptions.

## TEACHING OPTIONS

**TPR** Make a series of true-false statements related to the lesson theme using the vocabulary. Tell students to remain seated if a statement is true and to stand if it is false. Ex: **A los gatos les gusta nadar en los lagos.** (Students stand.) **Los carros son responsables en parte de la contaminación del aire.** (Students remain seated.)

**Game** Have students fold a sheet of paper into sixteen squares (four folds in half) and choose one vocabulary word to write in each square. Call out definitions for the vocabulary words. If students have the defined word, they mark their paper. The first student to mark four words in a row (across, down, or diagonally) calls out **¡Loto!** Have the student read aloud his or her words to check if the definitions have been given.

**1 Script (continued)**
6. Durante la tormenta, las nubes grises cubrían toda la ciudad. 7. Cerca de la casa de mi hermana hay un valle donde siempre hay muchas vacas. 8. Algunas noches vamos al campo para ver las estrellas. 9. El Puracé es un volcán activo en los Andes colombianos. 10. Los árboles de los bosques tropicales contienen las curas para muchas enfermedades. *Textbook CD*

**Teaching Tip** Involve students in a discussion about recycling and conservation. Show *Overhead PowerPoint #19* and ask volunteers to describe what is happening in the drawing. Ask: **¿Qué hace la señora de la izquierda? (Recicla una lata de aluminio.)** Cover the active vocabulary, then ask about students' own experiences and opinions. Ex: **¿Tiene un buen programa de reciclaje nuestra ciudad? ¿Qué hacen ustedes para reducir la contaminación del medio ambiente? ¿Qué hace la escuela? ¿Cómo estamos afectados por la contaminación en nuestra ciudad/región? ¿Cuál es el mayor problema ecológico de nuestra región? ¿Qué evitan ustedes por razones ecológicas?**

**6 Expansion**
- Ask questions that require students to recycle the activity vocabulary. Ex: **¿Qué debemos hacer para mantener las calles limpias de basura? ¿Para qué trabajan los científicos? ¿Por qué es necesario que trabajemos para proteger el medio ambiente?**
- Have students write five additional sentences, using different forms of the verbs. Ask volunteers to share their sentences with the class.

Recicla la lata de aluminio. (reciclar)
el envase de plástico
Recoge la botella de vidrio. (recoger)

**El reciclaje**

### Más vocabulario

| | |
|---|---|
| **cazar** | *to hunt* |
| **conservar** | *to conserve* |
| **contaminar** | *to pollute* |
| **controlar** | *to control* |
| **cuidar** | *to take care of* |
| **dejar de (+ *inf.*)** | *to stop (doing something)* |
| **desarrollar** | *to develop* |
| **descubrir** | *to discover* |
| **destruir** | *to destroy* |
| **estar afectado/a (por)** | *to be affected (by)* |
| **estar contaminado/a** | *to be polluted* |
| **evitar** | *to avoid* |
| **mejorar** | *to improve* |
| **proteger** | *to protect* |
| **reducir** | *to reduce* |
| **resolver (o:ue)** | *to resolve; to solve* |
| **respirar** | *to breathe* |

**6** **Completar** Selecciona la palabra o la expresión adecuada para completar cada oración.

| | | |
|---|---|---|
| contaminar | destruyen | reciclamos |
| controlan | están afectadas | recoger |
| cuidan | mejoramos | resolver |
| descubrir | proteger | se desarrollaron |

1. Si vemos basura en las calles, la debemos recoger.
2. Los científicos trabajan para descubrir nuevas soluciones.
3. Es necesario que todos trabajemos juntos para resolver los problemas del medio ambiente.
4. Debemos proteger el medio ambiente porque hoy día está en peligro.
5. Muchas leyes nuevas controlan el número de árboles que se puede cortar (*cut down*).
6. Las primeras civilizaciones se desarrollaron cerca de los ríos y los mares.
7. Todas las personas están afectadas por la contaminación.
8. Los turistas deben tener cuidado de no contaminar los lugares que visitan.
9. Podemos conservar los recursos si reciclamos el aluminio, el vidrio y el plástico.
10. La lluvia ácida, la contaminación y la deforestación destruyen el medio ambiente.

Practice more at **descubre2.vhlcentral.com.**

**TEACHING OPTIONS**

**Pairs** Have pairs of students write each vocabulary word from this page on index cards. Pairs then shuffle the cards and take turns drawing from the stack. The student who draws a card then must make a comment about conservation or the environment, using the word he or she has drawn. The other student writes down the comment. After students finish the stack, call on volunteers to share their comments.

**Small Groups** Divide the class into groups of three or four. Have each group make a list of eight environmental problems in the region. Ask groups to trade lists. Have them write solutions to the problems on the list they receive, and then give the lists back to the original group. After reading the solutions, the original groups should give reasons why the solutions are viable or not.

# Comunicación

**7** **¿Es importante?** Lee este párrafo y, en parejas, contesta las preguntas.
Some answers will vary.

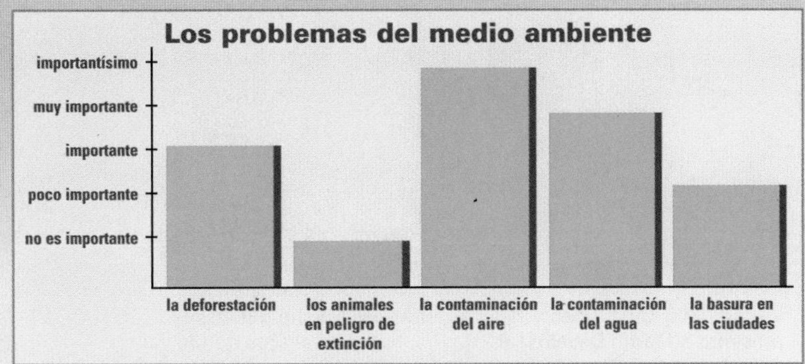


**Para celebrar el Día de la Tierra**, una estación de radio colombiana hizo una pequeña encuesta entre estudiantes de escuela secundaria y les preguntaron sobre los problemas del medio ambiente. Se les preguntó cuáles creían que eran los cinco problemas más importantes del medio ambiente. Ellos también tenían que decidir el orden de importancia de estos problemas, del uno al cinco.

Los resultados probaron (*proved*) que la mayoría de los estudiantes están preocupados por la contaminación del aire. Muchos mencionaron que no hay aire puro en las ciudades. El problema número dos para los estudiantes es que los ríos y los lagos están afectados por la contaminación. La deforestación quedó como el problema número tres, la basura en las ciudades como el número cuatro y los animales en peligro de extinción como el número cinco.

1. Según la encuesta, ¿qué problema consideran más grave? ¿Qué problema consideran menos grave? la contaminación del aire; los animales en peligro de extinción
2. ¿Cómo creen que se puede evitar o resolver el problema más importante?
3. ¿Es necesario resolver el problema menos importante? ¿Por qué?
4. ¿Consideran ustedes que existen los mismos problemas en su comunidad? Den algunos ejemplos.

**8** **Situaciones** Trabajen en grupos pequeños para representar estas situaciones. Answers will vary.

1. Unos/as representantes de una agencia ambiental (*environmental*) hablan con el/la presidente/a de una compañía industrial que está contaminando un río o el aire.
2. Un(a) guía de ecoturismo habla con un grupo sobre cómo disfrutar (*enjoy*) de la naturaleza y conservar el medio ambiente.
3. Un(a) representante de la escuela habla con un grupo de nuevos estudiantes sobre la campaña (*campaign*) ambiental de la escuela y trata de reclutar (*tries to recruit*) miembros para un club que trabaja por la protección del medio ambiente.

**9** **Escribir una carta** Trabajen en parejas para escribir una carta a una empresa real o imaginaria que esté contaminando el medio ambiente. Expliquen las consecuencias que sus acciones van a tener para el medio ambiente. Sugiéranle algunas ideas para que solucione el problema. Utilicen por lo menos diez palabras de **Contextos**. Answers will vary.

**7 Expansion** Divide the class into groups of five to discuss questions 2–4. Groups should reach a consensus for each question, then report back to the class.

**8 Teaching Tip** Divide the class into groups of three or four. Have each group choose a situation, but make sure that all situations are covered. Have students take turns playing each role. After groups have had time to prepare their situations, invite some of them to present them to the class.

**9 Teaching Tips**
- Remind students that a business letter in Spanish begins with a salutation, such as **Estimado(s) señor(es)**, and ends with a closing such as **Atentamente**.
- With the class, brainstorm a list of agencies or companies that are known to not be environmentally conscious. Ask the class to categorize the companies according to what they do to harm the environment. Then divide the class into pairs and have them choose a company for the activity. Alternately, you can vary the activity to have it focus on green companies.

**TEACHING OPTIONS**

**Heritage Speakers** Ask heritage speakers to interview family members or people in their community about the environmental challenges in their families' countries of origin. Encourage them to find out how the problems affect the land and the people. Have students report their findings to the class.

**Large Group** Prepare two sets of index cards, one with environmental problems and the other with possible solutions. Ex: **la destrucción de los bosques – reducir las áreas de deforestación; la contaminación de los ríos – controlar el tipo de sustancias que hay en el agua**. Shuffle the two sets of cards and distribute them. Have students with problem cards circulate around the room, asking their classmates questions until they find a viable solution.

## Section Goals

In **Fotonovela**, students will:

- receive comprehensible input from free-flowing discourse
- learn functional phrases that preview lesson grammatical structures

**Instructional Resources**
**vText**
***Cuaderno de actividades*,**
pp. 53–54
***e-Cuaderno***
**Supersite/DVD: *Fotonovela***
**Supersite/TRCD/Print:**
***Fotonovela*** Video Script & Translation, Answer Keys

**Video Recap: Lección 3**
Before doing this **Fotonovela** section, review the previous one with these questions:
**1. ¿Quién es la señora Vives? (el ama de casa) 2. ¿Qué muebles tiene la alcoba de los chicos? (dos camas, una mesita de noche, una cómoda, un armario) 3. ¿Qué quiere don Francisco que hagan los chicos? (Quiere que ayuden a la señora Vives con los quehaceres domésticos.) 4. ¿Por qué les aconseja don Francisco a los chicos que se acuesten temprano? (Porque Martín, el guía, viene a las siete de la mañana.)**

**Video Synopsis** **Don Francisco** introduces the students to **Martín**, who will be their guide on the hike. **Martín** takes the students to the site of the hike, where they discuss the need for environmental protection.

**Teaching Tips**

- Have students scan the **Fotonovela** captions and list words related to nature and the environment. Then have them predict what will happen in this episode. Write their predictions on the board.
- Quickly review the guesses students made about the episode. Through discussion, guide the class to an accurate summary of the plot.

# ¡Qué paisaje más hermoso!

**Martín y los estudiantes visitan el sendero en las montañas.**

**PERSONAJES**

MAITE

INÉS

DON FRANCISCO

ÁLEX

JAVIER

MARTÍN

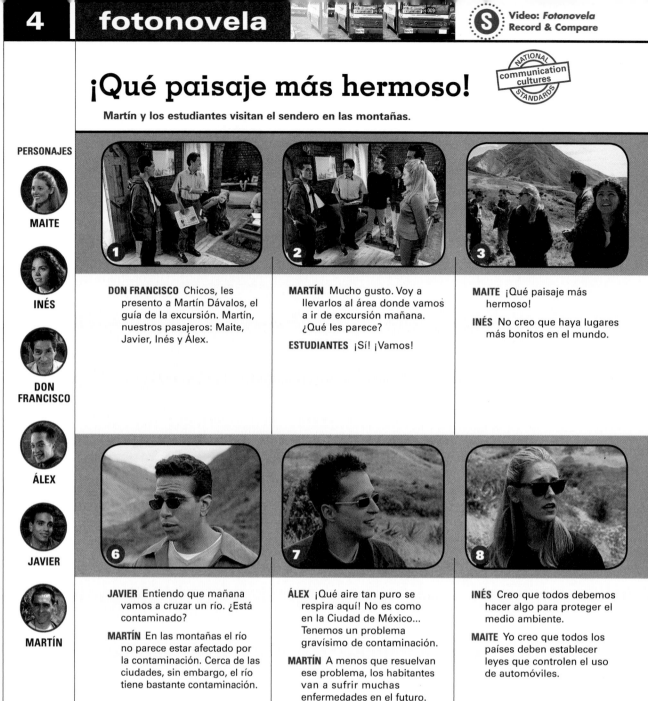

**DON FRANCISCO** Chicos, les presento a Martín Dávalos, el guía de la excursión. Martín, nuestros pasajeros: Maite, Javier, Inés y Álex.

**MARTÍN** Mucho gusto. Voy a llevarlos al área donde vamos a ir de excursión mañana. ¿Qué les parece?

**ESTUDIANTES** ¡Sí! ¡Vamos!

**MAITE** ¡Qué paisaje más hermoso!

**INÉS** No creo que haya lugares más bonitos en el mundo.

**JAVIER** Entiendo que mañana vamos a cruzar un río. ¿Está contaminado?

**MARTÍN** En las montañas el río no parece estar afectado por la contaminación. Cerca de las ciudades, sin embargo, el río tiene bastante contaminación.

**ÁLEX** ¡Qué aire tan puro se respira aquí! No es como en la Ciudad de México... Tenemos un problema gravísimo de contaminación.

**MARTÍN** A menos que resuelvan ese problema, los habitantes van a sufrir muchas enfermedades en el futuro.

**INÉS** Creo que todos debemos hacer algo para proteger el medio ambiente.

**MAITE** Yo creo que todos los países deben establecer leyes que controlen el uso de automóviles.

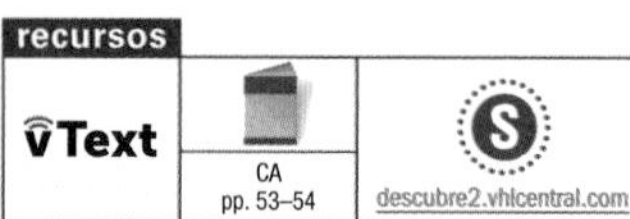


**TEACHING OPTIONS**

**¡Qué paisaje más hermoso!** Play the **¡Qué paisaje más hermoso!** episode and have students give you a "play-by-play" description of the action. Write their descriptions on the board. Then replay it, asking the class to list any key words they hear. Write some of their key words on the board. Finally, discuss the material on the board and guide the class toward an accurate summary of the plot.

**MARTÍN** Esperamos que ustedes se diviertan mucho, pero es necesario que cuiden la naturaleza.

**JAVIER** Se pueden tomar fotos, ¿verdad?

**MARTÍN** Sí, con tal de que no toques las flores o las plantas.

**ÁLEX** ¿Hay problemas de contaminación en esta región?

**MARTÍN** La contaminación es un problema en todo el mundo. Pero aquí tenemos un programa de reciclaje. Si ves por el sendero botellas, papeles o latas, recógelos.

**JAVIER** Pero Maite, ¿tú vas a dejar de usar tu carro en Madrid?

**MAITE** Pues voy a tener que usar el metro... Pero tú sabes que mi coche es tan pequeñito... casi no contamina nada.

**INÉS** ¡Ven, Javier!

**JAVIER** ¡¡Ya voy!!

## Expresiones útiles

### Talking about the environment

- **¿Hay problemas de contaminación en esta región?**
  *Are there problems with pollution in this region/area?*
  **La contaminación es un problema en todo el mundo.**
  *Pollution is a problem throughout the world.*
- **¿Está contaminado el río?**
  *Is the river polluted?*
  **En las montañas el río no parece estar afectado por la contaminación.**
  *In the mountains, the river does not seem to be affected by pollution.*
  **Cerca de las ciudades el río tiene bastante contaminación.**
  *Near the cities, the river is pretty polluted.*
- **¡Qué aire tan puro se respira aquí!**
  *The air you breathe here is so pure!*
- **Puedes tomar fotos, con tal de que no toques las plantas.**
  *You can take pictures, provided that you don't touch the plants.*
- **Es necesario que cuiden la naturaleza.**
  *It's necessary that you take care of nature/respect the environment.*
- **Tenemos un problema gravísimo de contaminación.**
  *We have an extremely serious problem with pollution.*
- **A menos que resuelvan el problema, los habitantes van a sufrir muchas enfermedades.**
  *Unless they solve the problem, the inhabitants are going to suffer many illnesses.*
- **Tenemos un programa de reciclaje.**
  *We have a recycling program.*
- **Si ves por el sendero botellas, papeles o latas, recógelos.**
  *If you see bottles, papers, or cans along the trail, pick them up.*

### Teaching Tips

- Continue the conversation that you began in **Contextos** about the state of the environment in your area. Integrate **Expresiones útiles** into the conversation. Ex: **¿Cuál es el mayor problema de contaminación en esta región? ¿Qué creen ustedes que debemos hacer para proteger el medio ambiente?**
- Have the class work in groups to read through the entire **Fotonovela** aloud, with volunteers playing the various parts.

**Expresiones útiles** Have the class look at video still 3 of the **Fotonovela**. Explain that **No creo que haya lugares más bonitos en el mundo** is an example of the present subjunctive used with an expression of doubt. In video still 4, point out that **Esperamos que ustedes se diviertan mucho** is an example of the present subjunctive with a verb of emotion. Draw attention to **con tal de que no toques las flores** in video still 4 and **A menos que resuelvan ese problema** in video still 7; explain that **con tal de que** and **a menos que** are conjunctions that are always followed by the subjunctive. Tell students that they will learn more about these concepts in **Estructura**.

### TEACHING OPTIONS

**TPR** As you play the episode, have students raise their hands each time they hear the subjunctive.

**Extra Practice** Photocopy the **Fotonovela** Videoscript (Supersite/TRCD/Print) and white out target vocabulary and expressions in order to create a master for a cloze activity. Have students fill in the blanks as they watch the episode.

**Large Groups** Divide the class into four groups and assign each one a famous national park in a Spanish-speaking country (Ex: Puerto Rico's **El Yunque**, Peru's **Parque Nacional Manu**, Venezuela's **Parque Nacional Canaima**, and Chile's **Parque Nacional Torres del Paine**). For homework, have each group prepare a presentation, including size, flora and fauna, environmental issues the park faces, and any other significant information.

**1 Teaching Tip** To challenge students, do this exercise as a cloze activity. Write the sentences on the board without the multiple choice items and have students write down the complete sentences.

**2 Expansion** Have pairs come up with a response that **Martín** would give for each of the comments listed in the activity, with the exception of items 3 and 6.

**3 Expansion** Have pairs use the answers to the questions as if they were lines of dialogue, incorporating them into a conversation, different from the one in the episode, among the **Fotonovela** characters. Have pairs perform their conversations for the class.

**4 Possible Conversation**
**E1: ¿Hay problemas de contaminación donde vives?**
**E2: Sí, tenemos un problema muy grave de contaminación de los ríos. Hay muchos papeles, botellas y latas en los ríos. En las montañas, los ríos no están afectados por la contaminación pero en las ciudades, sí.**
**E1: Sí, tenemos un problema gravísimo de contaminación del aire. Esto causa enfermedades para los habitantes.**
**E2: Qué terrible. ¿Cómo podemos resolver los problemas de la contaminación?**
**E1: Bueno, nosotros tenemos un programa de reciclaje ahora. También algunas personas tratan de no usar el auto. Usan el metro o caminan.**

**The Affective Dimension** Many students feel nervous when called on to give an answer or to read aloud. You can minimize this source of anxiety by asking for volunteers and by having students work in pairs or groups.

# ¿Qué pasó?

**1 Seleccionar** Selecciona la respuesta más lógica para completar cada oración.

1. Martín va a llevar a los estudiantes al lugar donde van a ___c___.
   a. contaminar el río b. bailar c. ir de excursión
2. El río está más afectado por la contaminación ___b___.
   a. cerca de los bosques b. en las ciudades c. en las montañas
3. Martín quiere que los estudiantes ___a___.
   a. limpien los senderos b. descubran nuevos senderos c. no usen sus autos
4. La naturaleza está formada por ___c___.
   a. los ríos, las montañas y las leyes b. los animales, las latas y los ríos c. los lagos, los animales y las plantas
5. La contaminación del aire puede producir ___b___.
   a. problemas del estómago b. enfermedades respiratorias c. enfermedades mentales

**2 Identificar** Identifica quién puede decir estas oraciones. Puedes usar algunos nombres más de una vez.

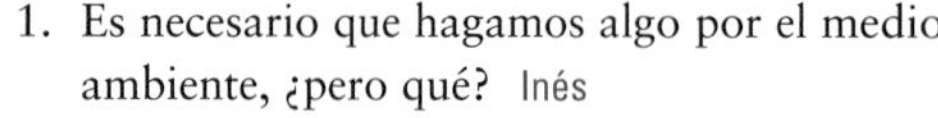
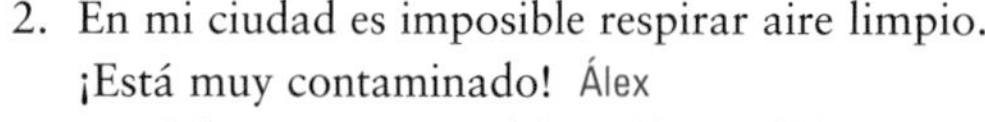
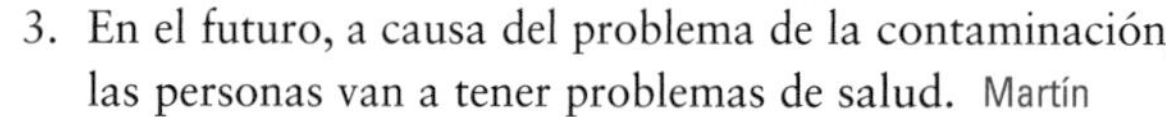

ÁLEX INÉS MAITE MARTÍN JAVIER

1. Es necesario que hagamos algo por el medio ambiente, ¿pero qué? Inés
2. En mi ciudad es imposible respirar aire limpio. ¡Está muy contaminado! Álex
3. En el futuro, a causa del problema de la contaminación, las personas van a tener problemas de salud. Martín
4. El metro es una excelente alternativa al coche. Maite
5. ¿Está limpio o contaminado el río? Javier
6. Es importante reciclar latas y botellas. Martín
7. De todos los lugares del mundo, me parece que éste es el mejor. Inés
8. Como todo el mundo usa automóviles, debemos establecer leyes para controlar cómo y cuándo usarlos. Maite

**NOTA CULTURAL**
En la capital de México existe la ley de "Hoy no circula", la cual controla el uso de **los automóviles**. Las personas no deben manejar su carro un día a la semana. Por ejemplo, los automóviles con placas (*plates*) que terminan en 5 y 6 no deben circular los lunes.

**3 Preguntas** Responde a estas preguntas usando la información de **Fotonovela**.

1. Según Martín, ¿qué es necesario que hagan los estudiantes? ¿Qué no pueden hacer?
   Es necesario que cuiden la naturaleza. No pueden tocar las plantas ni las flores.
2. ¿Qué problemas del medio ambiente mencionan Martín y los estudiantes?
   Hay problemas de contaminación del aire y de los ríos.
3. ¿Qué cree Maite que deben hacer los países?
   Los países deben establecer leyes que controlen el uso de los automóviles.
4. ¿Qué cosas se pueden reciclar? Menciona tres.
   Se pueden reciclar las botellas, los papeles y las latas.
5. ¿Qué otro medio de transporte importante dice Maite que hay en Madrid?
   Dice que el metro es importante.

**4 El medio ambiente** En parejas, discutan algunos problemas ambientales y sus posibles soluciones. Usen estas preguntas y frases en su conversación.
Answers will vary.

- ¿Hay problemas de contaminación donde vives?
- Tenemos un problema muy grave de contaminación de...
- ¿Cómo podemos resolver los problemas de la contaminación?

Practice more at **descubre2.vhlcentral.com.**

**TEACHING OPTIONS**

**Extra Practice** Add an auditory aspect to this vocabulary practice. Use the sentences in **Actividad 1** or **Actividad 2** for a dictation activity. Have students close their books, and write what they hear as each sentence is read twice slowly and once at regular speed. Then have students open their books and check their work for accuracy.

**Small Groups** Have students work in groups of three to write a short article about their environmental concerns for a local newsletter (**boletín informativo**). Their articles should include a description of a few environmental problems and some suggestions for solving them. Have groups share their articles with the class.

# Ortografía

## Los signos de puntuación

In Spanish, as in English, punctuation marks are important because they help you express your ideas in a clear, organized way.

**No podía ver las llaves. Las buscó por los estantes, las mesas, las sillas, el suelo; minutos después, decidió mirar por la ventana. Allí estaban...**

The **punto y coma** (;), the **tres puntos** (...), and the **punto** (.) are used in very similar ways in Spanish and English.

**Argentina, Brasil, Paraguay y Uruguay son miembros de Mercosur.**

In Spanish, the **coma** (,) is not used before **y** or **o** in a series.

**13,5%** **29,2°** **3.000.000** **$2.999,99**

In numbers, Spanish uses a **coma** where English uses a decimal point and a **punto** where English uses a comma.

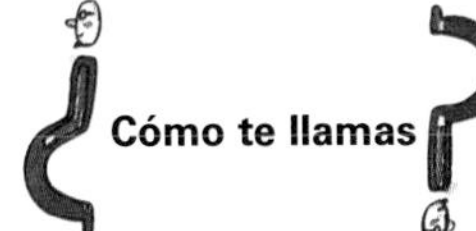


¿Dónde está? ¡Ven aquí! ¡Hola!

Questions in Spanish are preceded and followed by **signos de interrogación** (¿ ?), and exclamations are preceded and followed by **signos de exclamación** (¡ !).

**Práctica** Lee el párrafo e indica los signos de puntuación necesarios. Answers will vary.

Ayer recibí la invitación de boda de Marta mi amiga colombiana inmediatamente empecé a pensar en un posible regalo fui al almacén donde Marta y su novio tenían una lista de regalos había de todo copas cafeteras tostadoras finalmente decidí regalarles un perro ya sé que es un regalo extraño pero espero que les guste a los dos

**¿Palabras de amor?** El siguiente diálogo tiene diferentes significados (*meanings*) dependiendo de los signos de puntuación que utilices y el lugar donde los pongas. Intenta encontrar los diferentes significados. Answers will vary.

**JULIÁN** me quieres
**MARISOL** no puedo vivir sin ti
**JULIÁN** me quieres dejar
**MARISOL** no me parece mala idea
**JULIÁN** no eres feliz conmigo
**MARISOL** no soy feliz

**recursos**

| vText | CA p. 108 | CH p. 57 | descubre2.vhlcentral.com |
|---|---|---|---|

## Section Goal

In **Ortografía**, students will learn the use of punctuation marks in Spanish.

**Instructional Resources**
**vText**
***Cuaderno de actividades,*** p. 108
***Cuaderno para hispanohablantes,*** p. 57
***e-Cuaderno***
**Supersite:** Textbook & Audio Activity MP3 Audio Files
**Supersite/TRCD/Print:** Textbook Audio Script, Audio Activity Script, Answer Keys
**Audio Activity CD:** CD 4, Tracks 5–9

## Teaching Tips

- Explain that there is no space before or between ellipsis marks in Spanish. There is, however, a space after them.
- Model reading the numerical examples. Ex: **13,5% = trece coma cinco por ciento.** Write numbers on the board for translations into Spanish. Ex: 89.3%; 5,020,307; $13.50.
- Explain that the inverted question mark or exclamation point does not always come at the beginning of a sentence, but where the question or exclamation begins. Ex:
  **—¿Cómo estás, Mirta?**
  **—¡Bien! Y tú, ¿cómo estás?**
  **—¡Ay, me duele la cabeza!**

**¿Palabras de amor?** Two possibilities for punctuation:

**J: ¿Me quieres?**
**M: ¡No puedo vivir sin ti!**
**J: ¿Me quieres dejar?**
**M: No. Me parece mala idea.**
**J: ¿No eres feliz conmigo?**
**M: No. Soy feliz.**

**J: ¿Me quieres?**
**M: No. Puedo vivir sin ti.**
**J: ¡Me quieres dejar!**
**M: No me parece mala idea.**
**J: ¿No eres feliz conmigo?**
**M: No soy feliz.**

### TEACHING OPTIONS

**Pairs** Have pairs write example sentences for each of the four punctuation rules explained in **Ortografía**. Ask volunteers to write their sentences on the board and have the class identify the rules.

**Video** Photocopy the **Fotonovela** Videoscript (Supersite/TRCD/Print) and white out the punctuation in order to make a master for a cloze activity. Distribute the photocopies and, as you replay the episode, have students mark the punctuation.

**Extra Practice** To simplify the **¿Palabras de amor?** activity, go over the dialogue and point out how it can be punctuated in different ways to express opposite meanings. Reinforce this by having students work in pairs to dramatize the dialogue in both ways. Ask a few pairs to role-play the contrasting dialogues for the class.

## Section Goals

In **Cultura**, students will:

- read about the Andes mountain range
- learn nature-related terms
- read about Colombia's **Sierra Nevada de Santa Marta**
- read about important lakes in Latin America

**Instructional Resources**
**vText**
***Cuaderno para hispanohablantes,*** p. 58
**Supersite/DVD:** ***Flash cultura***
**Supersite/TRCD/Print:**
***Flash cultura*** Videoscript & Translation

**En detalle**

**Antes de leer** Preview the reading by asking these questions: **¿Qué montañas conocen? ¿Qué les parece más interesante, pasar tiempo en la playa o en las montañas? ¿Por qué?**

**Lectura**

- Point out that the Andes pass through seven different countries.
- Tell students that the high plateau of the Andes is known as the **altiplano,** where farmers raise sheep, llamas, alpacas, and vicuñas. They use these animals' wool to make clothing and blankets.
- Add a visual aspect to this reading. Bring in topographic maps of Spain, Central America, and South America and indicate other important mountain ranges in Spanish-speaking countries, such as **los Pirineos** (Spain), or **la Sierra Madre Occidental** and **Oriental** (Mexico).

**Después de leer** Ask students what facts from this reading are new or surprising to them.

**1 Teaching Tip** To challenge students, rephrase the items as comprehension questions. Ex: **1. ¿Qué es "la espina dorsal de Suramérica"?**

EN DETALLE

NATIONAL STANDARDS connections cultures

# ¡Los Andes se mueven!

**Los Andes,** la cadena° de montañas más extensa de las Américas, son conocidos como "la espina dorsal° de Suramérica". Sus 7.240 kilómetros (4.500 millas) van desde el norte° de la región entre Venezuela y Colombia, hasta el extremo sur°, entre Argentina y Chile, y pasan por casi todos los países suramericanos. La cordillera° de los Andes, formada hace 27 millones de años, es la segunda más alta del mundo, después de los Himalayas (aunque° ésta última es mucho más "joven", ya que se formó hace apenas cinco millones de años).

Para poder atravesar° de un lado a otro de los Andes, existen varios pasos o puertos° de montaña. Situados a grandes alturas°, son generalmente estrechos° y peligrosos. En algunos de ellos hay, también, vías ferroviarias°.

De acuerdo con° varias instituciones científicas, la cordillera de los Andes se eleva° y se hace más angosta° cada año. La capital de Chile se acerca° a la capital de Argentina a un ritmo° de 19,4 milímetros por año. Si ese ritmo se mantiene°, Santiago y Buenos Aires podrían unirse° en unos... ¡63 millones de años, casi el mismo tiempo que ha transcurrido° desde la extinción de los dinosaurios!

cadena *range* espina dorsal *spine* norte *north* sur *south* cordillera *mountain range* aunque *although* atravesar *to cross* puertos *passes* alturas *heights* estrechos *narrow* vías ferroviarias *railroad tracks* De acuerdo con *According to* se eleva *rises* angosta *narrow* se acerca *gets closer* ritmo *rate* se mantiene *keeps going* podrían unirse *could join together* ha transcurrido *has gone by* a.C. *Before Christ (B.C.)* desarrollo *development* pico *peak*

Arequipa, Perú

### Los Andes en números

**3** Cordilleras que forman los Andes: Las cordilleras Central, Occidental y Oriental

**900** (a.C.°) Año aproximado en que empezó el desarrollo° de la cultura chavín, en los Andes peruanos

**600** Número aproximado de volcanes que hay en los Andes

**6.960** Metros (22.835 pies) de altura del Aconcagua (Argentina), el pico° más alto de los Andes

### ACTIVIDADES

**1 Escoger** Escoge la opción que completa mejor cada oración.

1. "La espina dorsal de Suramérica" es...
   (a.) los Andes. b. los Himalayas. c. el Aconcagua.
2. La cordillera de los Andes se extiende...
   a. de este a oeste. b. de sur a oeste. (c.) de norte a sur.
3. Los Himalayas y los Andes tienen...
   (a.) diferente altura. b. la misma altura. c. el mismo color.
4. Los Andes es la cadena montañosa más extensa del...
   a. mundo. (b.) continente americano. c. hemisferio norte.
5. En 63 millones de años, Buenos Aires y Santiago podrían...
   a. separarse. b. desarrollarse. (c.) unirse.
6. El Aconcagua es...
   (a.) una montaña. b. un grupo indígena. c. un volcán.
7. En algunos de los puertos de montaña de los Andes hay...
   a. puertas. (b.) vías ferroviarias. c. cordilleras.

Practice more at **descubre2.vhlcentral.com.**

### TEACHING OPTIONS

**Extra Practice** List on the board: **3; 900; 600; 6.960; 27 millones; 63 millones; 7.240; 19,4; 4.500**. Have students form sentences about the reading using each number. Ex: **Los Andes están formados por tres cordilleras.**

**Cultural Comparison** For homework, ask students to research a North American mountain range and compare and contrast it with one of the ranges mentioned on these pages. To simplify, brainstorm a list of research categories, such as climate, local industries, tourism, flora and fauna, and inhabitants.

**Pairs** Have pairs create questions and corresponding answers about the reading. One student should first create the answers and then have the other student develop the questions. After five minutes, have partners switch roles.

## ASÍ SE DICE

### La naturaleza

| | |
|---|---|
| el arco iris | *rainbow* |
| la cascada; la catarata | *waterfall* |
| el cerro; la colina; la loma | *hill, hillock* |
| la cima; la cumbre; el tope (Col.) | *summit; mountain top* |
| la maleza; los rastrojos (Col.); la yerba mala (Cuba); los hierbajos (Méx.); los yuyos (Arg.) | *weeds* |
| la niebla | *fog* |

## EL MUNDO HISPANO

### Lagos importantes

- **Lago de Maracaibo** es el único lago de agua dulce° en el mundo que tiene una conexión directa y natural con el mar. Además, es el lago más grande de Suramérica.
- **Lago Titicaca** es el lago navegable más alto del mundo. Se encuentra a más de 3.000 metros de altitud.
- **Lago de Nicaragua** tiene los únicos tiburones° de agua dulce del mundo y es el mayor lago de Centroamérica.

agua dulce *fresh water* tiburones *sharks*

## PERFIL

# La Sierra Nevada de Santa Marta

**La Sierra Nevada de Santa Marta** es una cadena de montañas en la costa norte de Colombia. Se eleva abruptamente desde las costas del mar Caribe y en apenas 42 kilómetros llega a una altura de 5.775 metros (18.947 pies) en sus picos nevados°. Tiene las montañas más altas de Colombia y es la formación montañosa costera° más alta del mundo.

Los pueblos indígenas que habitan esta zona lograron° mantener los frágiles ecosistemas de estas montañas a través de° un sofisticado sistema de terrazas° y senderos empedrados° que permitieron° el control de las aguas en una región de muchas lluvias, evitando° así la erosión de la tierra.

nevados *snowcapped* costera *coastal* lograron *managed* a través de *by means of* terrazas *terraces* empedrados *cobblestone* permitieron *allowed* evitando *avoiding*

**Conexión Internet**

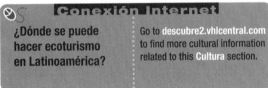

¿Dónde se puede hacer ecoturismo en Latinoamérica?

Go to **descubre2.vhlcentral.com** to find more cultural information related to this **Cultura** section.

## ACTIVIDADES

**2 Comprensión** Indica si lo que dice cada oración es **cierto** o **falso**. Corrige la información falsa.

1. En Colombia, *weeds* se dice hierbajos. Falso. Se dice rastrojos.
2. El lago Titicaca es el más grande del mundo. Falso. Es el lago navegable más alto del mundo.
3. La Sierra Nevada de Santa Marta es la formación montañosa costera más alta del mundo. Cierto.
4. Los indígenas destruyeron el ecosistema de Santa Marta. Falso. Lograron mantener los ecosistemas de las montañas.

**3 Maravillas de la naturaleza** Escribe un párrafo breve donde describas alguna maravilla de la naturaleza que has (*you have*) visitado y que te impresionó. Puede ser cualquier (*any*) sitio natural: un río, una montaña, una selva, etc.
Answers will vary.

recursos: vText | CH p. 58 | descubre2.vhlcentral.com

**Así se dice**
- Model the pronunciation of each term and have students repeat it.
- To challenge students, add these nature-related words to the list: **el acantilado** (*cliff*); **el calentamiento global** (*global warming*); **la marisma, el pantano** (*swamp; wetlands*); **la pradera** (*prairie*); **el recurso (no) renovable** (*[non] renewable resource*).
- Ask questions using the terms. Ex: **¿Es fácil manejar cuando hay niebla?**

**Perfil**
- Point out the **Sierra Nevada de Santa Marta** on the map on page 158.
- As students read, have them think about the similarities and differences between the **Sierra Nevada de Santa Marta** and the Andes.

**El mundo hispano** Ask students to name important lakes in the U.S. and Canada. Have them compare and contrast the North American lakes with the lakes in the reading.

**2 Expansion** Give students these statements as items 5–8: **5. El Lago de Nicaragua tiene tiburones de agua salada. (Falso. Tiene tiburones de agua dulce.) 6. La Sierra Nevada de Santa Marta es más extensa que la cordillera de los Andes. (Falso. La cordillera de los Andes es más extensa.) 7. El lago Titicaca está a más de 3.000 metros de altitud. (Cierto.) 8. Un arco iris se ve cuando hay precipitación y sol a la vez. (Cierto.)**

**3 Teaching Tips**
- To add a visual aspect to this activity, have students make a simple drawing or collage.
- If students have not visited any place in nature that impresssed them, give them the option of researching a place that they would like to visit.

**TEACHING OPTIONS**

**TPR** Add an auditory aspect to this **Cultura** presentation. Prepare statements about the lakes and mountain ranges mentioned on these pages. Ex: **Es la formación montañosa más alta del mundo.** Give each student a set of cards with the names of the lakes and ranges, and have them hold up the corresponding name for each sentence you read.

**Large Group** Give five volunteers each a slip of paper with a different lake or mountain range: **el lago Titicaca, el lago de Maracaibo, el lago de Nicaragua, los Andes,** and **la Sierra Nevada de Santa Marta**. Then have the class circulate around the room and ask questions to find out what lake or mountain range each volunteer represents. Ex: **¿Eres lago o montaña? ¿En qué país(es) estás?**

## Section Goals

In **Estructura 4.1**, students will learn:

- to use the subjunctive with verbs and expressions of emotion
- common verbs and expressions of emotion

**Instructional Resources**
**vText**
***Cuaderno de actividades,*** pp. 13–14, 109
***Cuaderno de práctica,*** pp. 43–44
***Cuaderno para hispanohablantes,*** pp. 59–60
***e-Cuaderno***
**Supersite:** Audio Activity MP3 Audio Files
**Supersite/TRCD/Print:** *PowerPoints* (**Lección 4 Estructura** Presentation); Communication Activities, Audio Activity Script, Answer Keys
**Audio Activity CD:** CD 4, Tracks 10–13

**Teaching Tips**

- Ask students to call out some of the verbs that trigger the subjunctive in subordinate clauses that follow them (see Verbs of will and influence in **Estructura 3.4**, p. 112.). Write them on the board and ask students to use some of them in sentences to review the conjugation of regular **–ar, –er,** and **–ir** verbs.
- Model the use of some common verbs and expressions of emotion. Ex: **Me molesta mucho que recojan la basura sólo una vez a la semana. Me sorprende que alguna gente no se interese por cuestiones del medio ambiente. Es ridículo que produzcamos tanta basura.** Then ask volunteers to use other verbs and expressions in sentences.

NATIONAL comparisons STANDARDS

# 4.1 The subjunctive with verbs of emotion

**ANTE TODO** In the previous lesson, you learned how to use the subjunctive with expressions of will and influence. You will now learn how to use the subjunctive with verbs and expressions of emotion.

| Main clause | | Subordinate clause |
|---|---|---|
| Marta **espera** | que | yo **vaya** al lago este fin de semana. |

▶ When the verb in the main clause of a sentence expresses an emotion or feeling such as hope, fear, joy, pity, surprise, etc., the subjunctive is required in the subordinate clause.

**Nos alegramos de** que te **gusten** las flores.
*We are happy that you like the flowers.*

**Siento** que tú no **puedas** venir mañana.
*I'm sorry that you can't come tomorrow.*

**Temo** que Ana no **pueda** ir mañana con nosotros.
*I'm afraid that Ana won't be able to go with us tomorrow.*

Le **sorprende** que Juan **sea** tan joven.
*It surprises him that Juan is so young.*

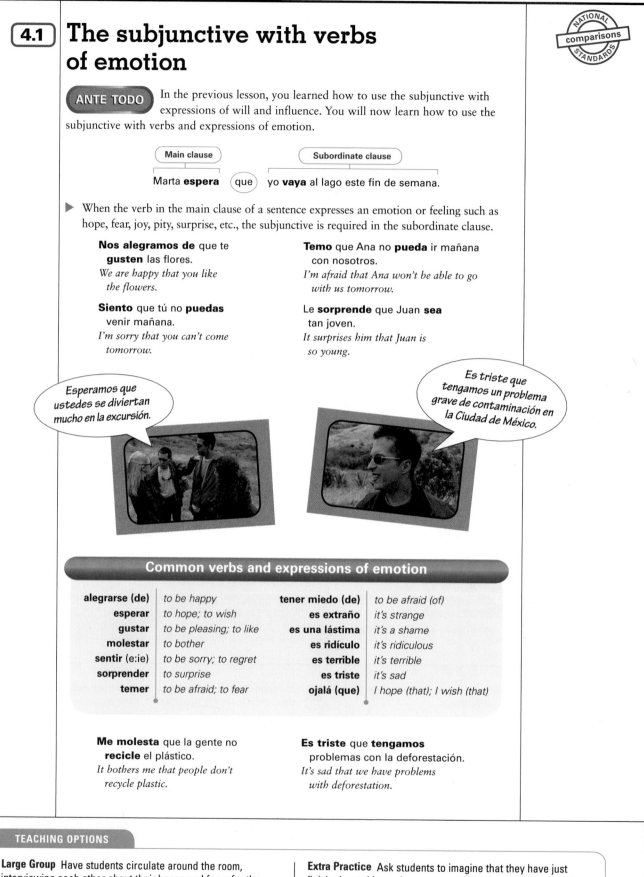

Esperamos que ustedes se diviertan mucho en la excursión.

Es triste que tengamos un problema grave de contaminación en la Ciudad de México.


### Common verbs and expressions of emotion

| | | | |
|---|---|---|---|
| **alegrarse (de)** | *to be happy* | **tener miedo (de)** | *to be afraid (of)* |
| **esperar** | *to hope; to wish* | **es extraño** | *it's strange* |
| **gustar** | *to be pleasing; to like* | **es una lástima** | *it's a shame* |
| **molestar** | *to bother* | **es ridículo** | *it's ridiculous* |
| **sentir** (e:ie) | *to be sorry; to regret* | **es terrible** | *it's terrible* |
| **sorprender** | *to surprise* | **es triste** | *it's sad* |
| **temer** | *to be afraid; to fear* | **ojalá (que)** | *I hope (that); I wish (that)* |

**Me molesta** que la gente no **recicle** el plástico.
*It bothers me that people don't recycle plastic.*

**Es triste** que **tengamos** problemas con la deforestación.
*It's sad that we have problems with deforestation.*

**TEACHING OPTIONS**

**Large Group** Have students circulate around the room, interviewing each other about their hopes and fears for the future of the environment. Ex: **¿Qué esperas para el futuro del medio ambiente? (Espero que encontremos una solución al problema de la contaminación.) ¿Qué es lo que más temes? (Temo que destruyamos nuestro medio ambiente.)** Encourage students to use the common verbs and expressions of emotion.

**Extra Practice** Ask students to imagine that they have just finished watching a documentary about the effects of pollution. Have them write five responses to what they saw and heard, using different verbs or expressions of emotion in each sentence. Ex: **Me sorprende que el río esté contaminado.**

- As with expressions of will and influence, the infinitive, not the subjunctive, is used after an expression of emotion when there is no change of subject from the main clause to the subordinate clause. Compare these sentences.

| | |
|---|---|
| Temo **llegar** tarde.<br>*I'm afraid I'll arrive late.* | Temo que mi novio **llegue** tarde.<br>*I'm afraid my boyfriend will arrive late.* |

- The expression **ojalá (que)** means *I hope* or *I wish,* and it is always followed by the subjunctive. Note that the use of **que** with this expression is optional.

| | |
|---|---|
| **Ojalá (que) se conserven** nuestros recursos naturales.<br>*I hope (that) our natural resources will be conserved.* | **Ojalá (que) recojan** la basura hoy.<br>*I hope (that) they collect the garbage today.* |

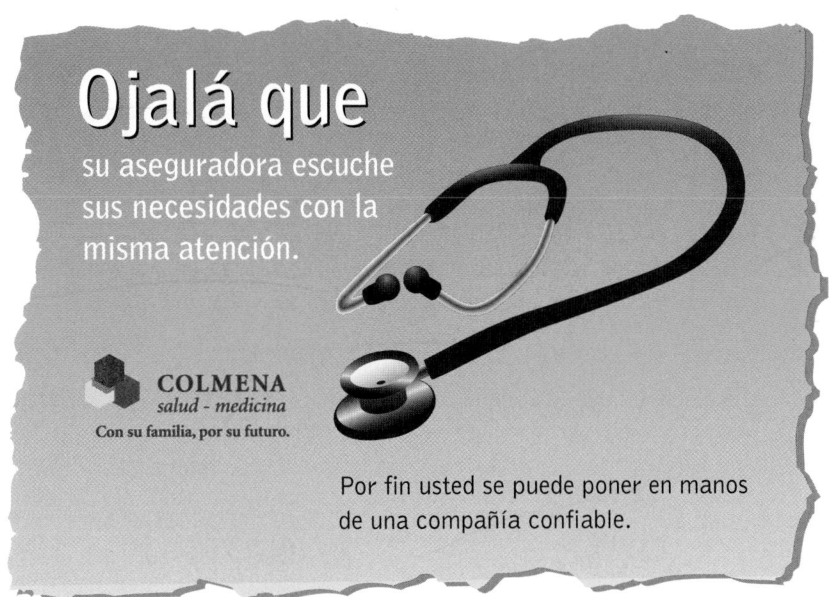
Ojalá que
su aseguradora escuche sus necesidades con la misma atención.
COLMENA
salud - medicina
Con su familia, por su futuro.
Por fin usted se puede poner en manos de una compañía confiable.

recursos

vText

CA pp. 13–14, 109

CP pp. 43–44

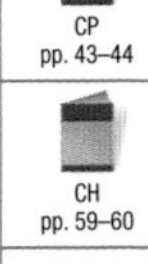
CH pp. 59–60

descubre2.vhlcentral.com

¡INTÉNTALO! Completa las oraciones con las formas correctas de los verbos.

1. Ojalá que ellos descubran (descubrir) nuevas formas de energía.
2. Espero que Ana nos ayude (ayudar) a recoger la basura en la carretera.
3. Es una lástima que la gente no recicle (reciclar) más.
4. Esperamos proteger (proteger) el aire de nuestra comunidad.
5. Me alegro de que mis amigos quieran (querer) conservar la naturaleza.
6. Espero que tú vengas (venir) a la reunión (*meeting*) del Club de Ecología.
7. Es malo contaminar (contaminar) el medio ambiente.
8. A mis padres les gusta que nosotros participemos (participar) en la reunión.
9. Siento que nuestras ciudades estén (estar) afectadas por la contaminación.
10. Ojalá que yo pueda (poder) hacer algo para reducir la contaminación.

**Teaching Tip** Compare and contrast the use of the infinitive and the subjunctive with examples like these: **Juan espera hacer algo para aliviar el problema de la contaminación ambiental. Juan espera que el gobierno haga algo para aliviar el problema de la contaminación ambiental.** Then ask: **¿Es terrible no reciclar? ¿Es terrible que yo no recicle? ¿Les molesta sentarse aquí? ¿Les molesta que nos sentemos aquí?**

**The Affective Dimension** Reassure students that they will feel more comfortable with the subjunctive as they continue studying Spanish.

## TEACHING OPTIONS

**Extra Practice** Have students look at the drawing for **Contextos** on pages 128–129. Ask them to imagine they are one of the people pictured. Then have them write five sentences about how they feel from the point of view of that person. Ex: **Ojalá Gustavo no pierda las llaves del carro esta vez.**

**Pairs** Have students tell a partner three things that bother him or her and three things he or she is happy about.

**TPR** Expand the **¡Inténtalo!** activity. Read the beginning of one of the sentences (stop just before the blank) and throw a foam or paper ball to a student. He or she must complete the sentence in an original manner, using the correct subjunctive form or an infinitive.

**1 Teaching Tips**
- To simplify, start by having students read the items listed in the word bank. Ask volunteers to point out which verbs are in the subjunctive and which items trigger it.
- Ask individuals to explain why they chose the verbs or expressions they did.

**1 Expansion** Ask pairs to create an original conversation based on the one in the activity. Students should use the subjunctive at least six times. Call on pairs to perform their conversations for the class. Have the class vote for the funniest or most original one.

**2 Teaching Tip** Have volunteers look at the dehydrated sentences and name elements that could trigger the subjunctive in a following clause. Ex: **esperar, ojalá, molestarme**

# Práctica

**1** **Completar** Completa el diálogo con palabras de la lista. Compara tus respuestas con las de un(a) compañero/a. No vas a usar dos de las palabras.

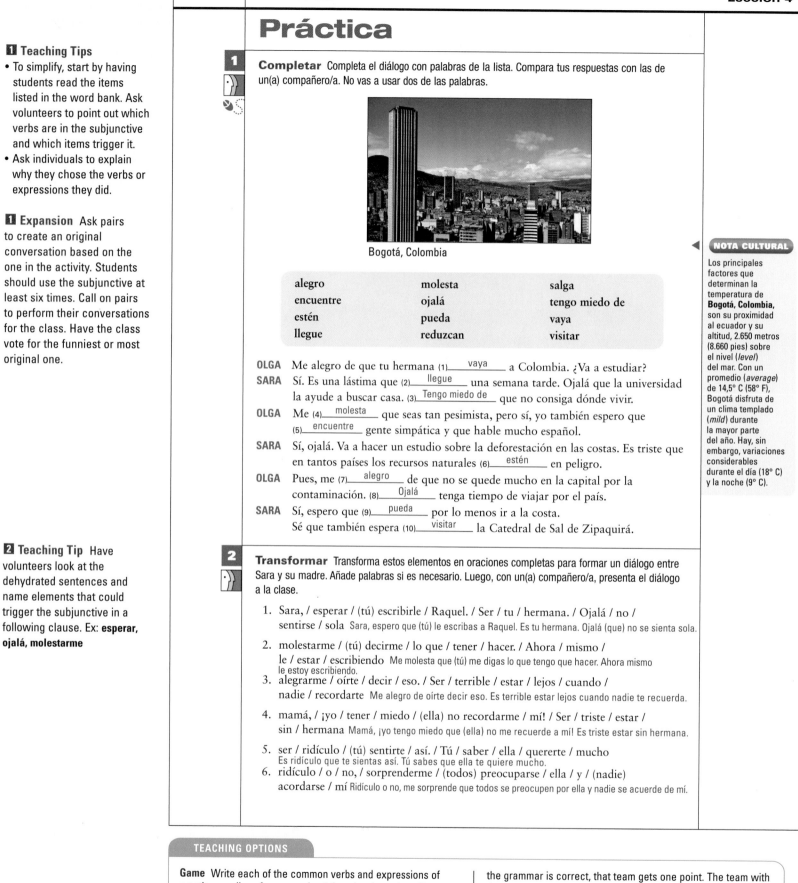

Bogotá, Colombia

**NOTA CULTURAL**

Los principales factores que determinan la temperatura de **Bogotá, Colombia,** son su proximidad al ecuador y su altitud, 2.650 metros (8.660 pies) sobre el nivel (*level*) del mar. Con un promedio (*average*) de 14,5° C (58° F), Bogotá disfruta de un clima templado (*mild*) durante la mayor parte del año. Hay, sin embargo, variaciones considerables durante el día (18° C) y la noche (9° C).

| | | |
|---|---|---|
| alegro | molesta | salga |
| encuentre | ojalá | tengo miedo de |
| estén | pueda | vaya |
| llegue | reduzcan | visitar |

**OLGA** Me alegro de que tu hermana (1) vaya a Colombia. ¿Va a estudiar?

**SARA** Sí. Es una lástima que (2) llegue una semana tarde. Ojalá que la universidad la ayude a buscar casa. (3) Tengo miedo de que no consiga dónde vivir.

**OLGA** Me (4) molesta que seas tan pesimista, pero sí, yo también espero que (5) encuentre gente simpática y que hable mucho español.

**SARA** Sí, ojalá. Va a hacer un estudio sobre la deforestación en las costas. Es triste que en tantos países los recursos naturales (6) estén en peligro.

**OLGA** Pues, me (7) alegro de que no se quede mucho en la capital por la contaminación. (8) Ojalá tenga tiempo de viajar por el país.

**SARA** Sí, espero que (9) pueda por lo menos ir a la costa. Sé que también espera (10) visitar la Catedral de Sal de Zipaquirá.

**2** **Transformar** Transforma estos elementos en oraciones completas para formar un diálogo entre Sara y su madre. Añade palabras si es necesario. Luego, con un(a) compañero/a, presenta el diálogo a la clase.

1. Sara, / esperar / (tú) escribirle / Raquel. / Ser / tu / hermana. / Ojalá / no / sentirse / sola Sara, espero que (tú) le escribas a Raquel. Es tu hermana. Ojalá (que) no se sienta sola.
2. molestarme / (tú) decirme / lo que / tener / hacer. / Ahora / mismo / le / estar / escribiendo Me molesta que (tú) me digas lo que tengo que hacer. Ahora mismo le estoy escribiendo.
3. alegrarme / oírte / decir / eso. / Ser / terrible / estar / lejos / cuando / nadie / recordarte Me alegro de oírte decir eso. Es terrible estar lejos cuando nadie te recuerda.
4. mamá, / ¡yo / tener / miedo / (ella) no recordarme / mí! / Ser / triste / estar / sin / hermana Mamá, ¡yo tengo miedo que (ella) no me recuerde a mí! Es triste estar sin hermana.
5. ser / ridículo / (tú) sentirte / así. / Tú / saber / ella / quererte / mucho Es ridículo que te sientas así. Tú sabes que ella te quiere mucho.
6. ridículo / o / no, / sorprenderme / (todos) preocuparse / ella / y / (nadie) acordarse / mí Ridículo o no, me sorprende que todos se preocupen por ella y nadie se acuerde de mí.

**TEACHING OPTIONS**

**Game** Write each of the common verbs and expressions of emotion on slips of paper and put them in a large bag. On separate strips, write an equal number of infinitives and subject pronouns. Place these in two separate bags. Divide the class into two teams. One member of each team draws a slip of paper from each bag and writes a sentence on the board using the elements on the three slips. If the sentence makes sense and the grammar is correct, that team gets one point. The team with the most points at the end wins.

**Pairs** Have students write five sentences describing nature or the environment. Students then read their sentences to a partner who will respond to each one, expressing a feeling or hope. Ex: **Hay muchos animales que están en peligro de extinción. (Es terrible que haya muchos animales en peligro de extinción.)**

# Comunicación

**3** **Comentar** En parejas, túrnense para formar oraciones sobre su ciudad, sus clases, su gobierno o algún otro tema, usando expresiones como **me alegro de que, temo que** y **es extraño que.** Luego reaccionen a los comentarios de su compañero/a. Answers will vary.

modelo

**Estudiante 1:** *Me alegro de que vayan a limpiar el río.*
**Estudiante 2:** *Yo también. Me preocupa que el agua del río esté tan sucia.*

**4** **Contestar** Lee el mensaje electrónico que Raquel le escribió a su hermano. Luego, en parejas, contesten el mensaje usando expresiones como **me sorprende que, me molesta que** y **es una lástima que.** Answers will vary.

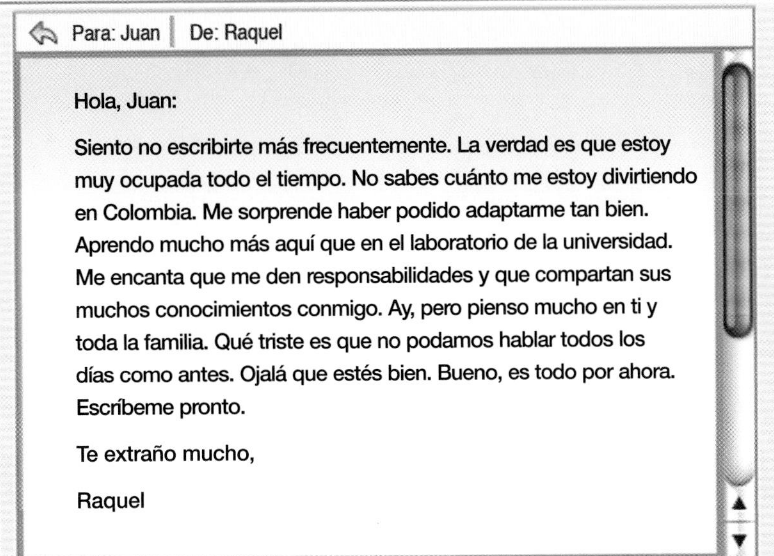

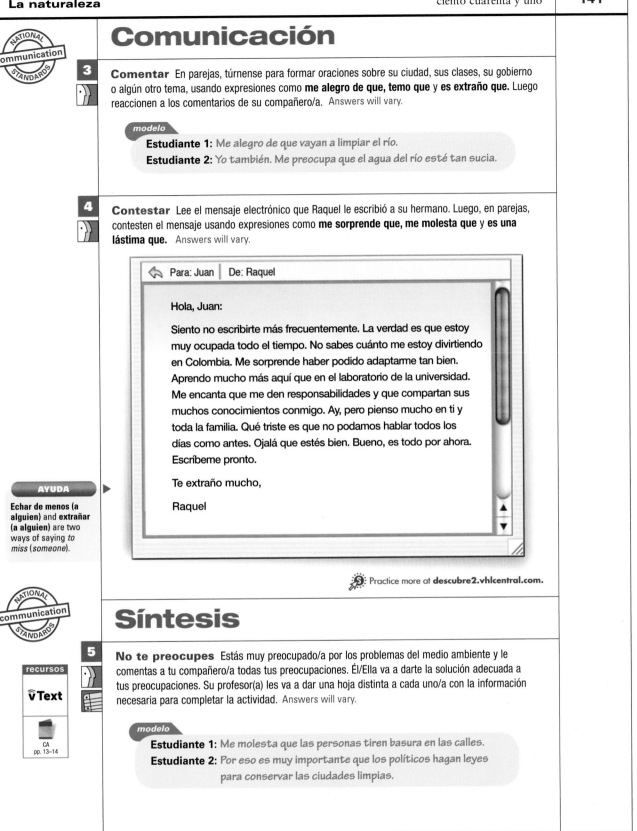

Para: Juan | De: Raquel

Hola, Juan:

Siento no escribirte más frecuentemente. La verdad es que estoy muy ocupada todo el tiempo. No sabes cuánto me estoy divirtiendo en Colombia. Me sorprende haber podido adaptarme tan bien. Aprendo mucho más aquí que en el laboratorio de la universidad. Me encanta que me den responsabilidades y que compartan sus muchos conocimientos conmigo. Ay, pero pienso mucho en ti y toda la familia. Qué triste es que no podamos hablar todos los días como antes. Ojalá que estés bien. Bueno, es todo por ahora. Escríbeme pronto.

Te extraño mucho,

Raquel

**AYUDA**

**Echar de menos (a alguien)** and **extrañar (a alguien)** are two ways of saying *to miss (someone)*.

Practice more at **descubre2.vhlcentral.com.**

# Síntesis

**5** **No te preocupes** Estás muy preocupado/a por los problemas del medio ambiente y le comentas a tu compañero/a todas tus preocupaciones. Él/Ella va a darte la solución adecuada a tus preocupaciones. Su profesor(a) les va a dar una hoja distinta a cada uno/a con la información necesaria para completar la actividad. Answers will vary.

recursos

CA pp. 13–14

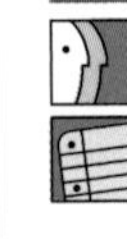

modelo

**Estudiante 1:** *Me molesta que las personas tiren basura en las calles.*
**Estudiante 2:** *Por eso es muy importante que los políticos hagan leyes para conservar las ciudades limpias.*

**3 Teaching Tips**

- To simplify, have students divide a sheet of paper into four columns, with these headings: **Nuestra ciudad, Las clases, El gobierno,** and another subject of their choosing. Ask them to brainstorm topics or issues for each column.
- Have groups write statements about these issues and then give them to another group for its reactions. The second group should write down their comments and exchange them with the first group.

**4 Expansion** In pairs, have students tell each other about a memorable e-mail that they have written. Using verbs and expressions of emotion, partners must respond to the e-mail as if they had received it. Wherever applicable, ask pairs to compare their partners' responses with the one they actually received from the real recipients.

**5 Teaching Tip** Divide the class into pairs and distribute the handouts from the Communication Activities worksheets that correspond to this activity. Give students ten minutes to complete the activity.

**5 Expansion** Have students work in groups of three to create a public service announcement. Groups should choose one of the ecological problems they mentioned in the activity, and include the proposed solutions for that problem in their announcement.

**TEACHING OPTIONS**

**Small Groups** Divide students into groups of three. Have students write three predictions about the future on separate pieces of paper and put them in a bag. Students take turns drawing predictions and reading them to the group. Group members respond with an appropriate expression of emotion. Ex: **Voy a ganar millones de dólares algún día. (Me alegro que vayas a ganar millones de dólares.)**

**Extra Practice** Ask students to imagine that they are world leaders speaking at an environmental summit. Have students deliver a short speech to the class about some of the world's environmental problems and how they hope to solve them. Students should use as many verbs and expressions of emotion as possible.

## Section Goals

In **Estructura 4.2**, students will learn:

- to use the subjunctive with verbs and expressions of doubt, disbelief, and denial
- common verbs and expressions of doubt, disbelief, and denial
- expressions of certainty

**Instructional Resources**
**vText**
***Cuaderno de actividades,*** p. 110
***Cuaderno de práctica,*** pp. 45–46
***Cuaderno para hispanohablantes,*** pp. 61–62
***e-Cuaderno***
**Supersite:** Audio Activity MP3 Audio Files
**Supersite/TRCD/Print:** *PowerPoints* (**Lección 4 Estructura** Presentation); Audio Activity Script, Answer Keys
**Audio Activity CD:** CD 4, Tracks 14–16

**Teaching Tips**

- Introduce a few of the expressions of doubt, disbelief, or denial by talking about a topic familiar to the class. Ex: **Dudo que el equipo de baloncesto vaya a ganar el partido este fin de semana. Es probable que el equipo contrario gane.** As you introduce each expression of doubt, disbelief, or denial, write it on the board, making sure that students understand its meaning and recognize the subjunctive verb in the subordinate clause.
- Ask volunteers to read the captions to the video stills, having them identify the phrase that triggers the subjunctive and the verb in the subjunctive.
- Bring in articles and photos from Spanish-language tabloids. As you hold up each one, have students react, using expressions of doubt, disbelief, and denial. Ex: **Es improbable que una señora hable con extraterrestres.**

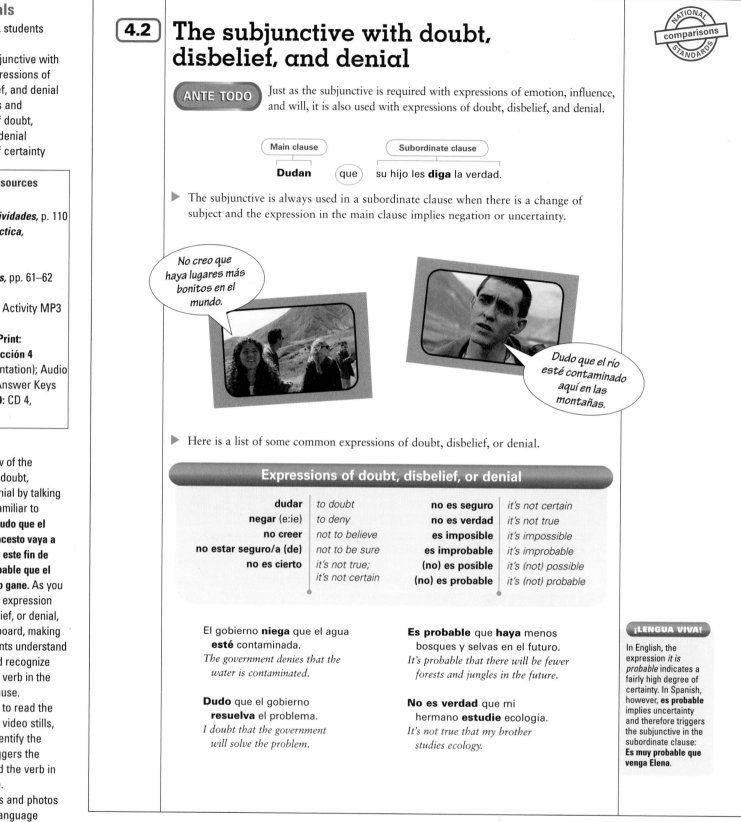

# 4.2 The subjunctive with doubt, disbelief, and denial

NATIONAL STANDARDS comparisons

**ANTE TODO** Just as the subjunctive is required with expressions of emotion, influence, and will, it is also used with expressions of doubt, disbelief, and denial.

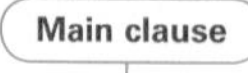

Main clause — **Dudan** (que) Subordinate clause — su hijo les **diga** la verdad.

▶ The subjunctive is always used in a subordinate clause when there is a change of subject and the expression in the main clause implies negation or uncertainty.

*No creo que haya lugares más bonitos en el mundo.*

*Dudo que el río esté contaminado aquí en las montañas.*

▶ Here is a list of some common expressions of doubt, disbelief, or denial.

**Expressions of doubt, disbelief, or denial**

| | | | |
|---|---|---|---|
| **dudar** | *to doubt* | **no es seguro** | *it's not certain* |
| **negar** (e:ie) | *to deny* | **no es verdad** | *it's not true* |
| **no creer** | *not to believe* | **es imposible** | *it's impossible* |
| **no estar seguro/a (de)** | *not to be sure* | **es improbable** | *it's improbable* |
| **no es cierto** | *it's not true; it's not certain* | **(no) es posible** | *it's (not) possible* |
| | | **(no) es probable** | *it's (not) probable* |

El gobierno **niega** que el agua **esté** contaminada.
*The government denies that the water is contaminated.*

**Dudo** que el gobierno **resuelva** el problema.
*I doubt that the government will solve the problem.*

**Es probable** que **haya** menos bosques y selvas en el futuro.
*It's probable that there will be fewer forests and jungles in the future.*

**No es verdad** que mi hermano **estudie** ecología.
*It's not true that my brother studies ecology.*

**¡LENGUA VIVA!**
In English, the expression *it is probable* indicates a fairly high degree of certainty. In Spanish, however, **es probable** implies uncertainty and therefore triggers the subjunctive in the subordinate clause: **Es muy probable que venga Elena.**

**TEACHING OPTIONS**

**Extra Practice** Write these statements on the board. Ask students to write their reactions using a different expression of doubt, disbelief, or denial for each. **1. Muchos tipos de peces viven en el desierto. 2. El cielo se está cayendo. 3. Plantas enormes crecen en la luna. 4. Los carros pequeños no contaminan. 5. No hay ningún animal en peligro de extinción.**

**Pairs** Ask students to write five absurd statements and read them aloud to a partner, who will react with an expression of doubt, disbelief, or denial. Ex: **Unos hombres verdes vienen a visitarme todos los días. (No creo que unos hombres verdes vengan a visitarte todos los días.)**

▶ The indicative is used in a subordinate clause when there is no doubt or uncertainty in the main clause. Here is a list of some expressions of certainty.

## Expressions of certainty

| | | | |
|---|---|---|---|
| **no dudar** | *not to doubt* | **estar seguro/a (de)** | *to be sure* |
| **no cabe duda de** | *there is no doubt* | **es cierto** | *it's true; it's certain* |
| **no hay duda de** | *there is no doubt* | **es seguro** | *it's certain* |
| **no negar** (e:ie) | *not to deny* | **es verdad** | *it's true* |
| **creer** | *to believe* | **es obvio** | *it's obvious* |

**No negamos** que **hay** demasiados carros en las carreteras.
*We don't deny that there are too many cars on the highways.*

**Es verdad** que Colombia **es** un país bonito.
*It's true that Colombia is a beautiful country.*

**No hay duda de** que el Amazonas **es** uno de los ríos más largos.
*There is no doubt that the Amazon is one of the longest rivers.*

**Es obvio** que los tigres **están** en peligro de extinción.
*It's obvious that tigers are in danger of extinction.*

▶ In affirmative sentences, the verb **creer** expresses belief or certainty, so it is followed by the indicative. In negative sentences, however, when doubt is implied, **creer** is followed by the subjunctive.

**No creo** que **haya** vida en el planeta Marte.
*I don't believe that there is life on the planet Mars.*

**Creo** que **debemos** usar exclusivamente la energía solar.
*I believe we should use solar energy exclusively.*

▶ The expressions **quizás** and **tal vez** are usually followed by the subjunctive because they imply doubt about something.

**Quizás haga** sol mañana.
*Perhaps it will be sunny tomorrow.*

**Tal vez veamos** la luna esta noche.
*Perhaps we will see the moon tonight.*

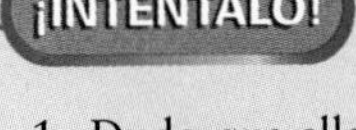

**¡INTÉNTALO!** Completa estas oraciones con la forma correcta del verbo.

1. Dudo que ellos trabajen (trabajar).
2. Es cierto que él come (comer) mucho.
3. Es imposible que ellos salgan (salir).
4. Es probable que ustedes ganen (ganar).
5. No creo que ella vuelva (volver).
6. Es posible que nosotros vayamos (ir).
7. Dudamos que tú recicles (reciclar).
8. Creo que ellos juegan (jugar) al fútbol.
9. No niego que ustedes estudian (estudiar).
10. Es posible que ella no venga (venir) a casa.
11. Es probable que Lucio y Carmen duerman (dormir).
12. Es posible que mi prima Marta llame (llamar).
13. Tal vez Juan no nos oiga (oír).
14. No es cierto que Paco y Daniel nos ayuden (ayudar).

**recursos**
vText
CA p. 110
CP pp. 45–46
CH pp. 61–62
descubre2.vhlcentral.com

### Teaching Tips

- Have students respond to statements that elicit expressions of doubt, disbelief, or denial and expressions of certainty. Ex: **Terminan el nuevo gimnasio antes del próximo año. (Es seguro que lo terminan antes del próximo año.) La escuela va a tener un nuevo director pronto. (No es verdad que la escuela vaya a tener un nuevo director pronto.)**
- Have students change the items in **¡Inténtalo!**, making the affirmative verbs in the main clauses negative, and the negative ones affirmative, and making all corresponding changes. Ex: **1. No dudo que ellos trabajan.**

### TEACHING OPTIONS

**TPR** Call out a series of sentences, using either an expression of certainty or an expression of doubt, disbelief, or denial. Have students stand if they hear an expression of certainty or remain seated if they hear an expression of doubt. Ex: **Es cierto que algunos pájaros hablan.** (Students stand.)

**Heritage Speakers** Ask heritage speakers to jot down a few statements about things unique to their cultural communities. Ex: **Como chiles en el desayuno.** Have the class react using expressions of doubt, disbelief, denial, or certainty. Ex: **Dudo que comas chiles en el desayuno.**

**Extra Practice** Ask students to write sentences about three things of which they are certain and three things they doubt or cannot believe. Have students share some of their sentences with the class.

**1 Expansion** Have pairs prepare another conversation between **Raúl** and his father using expressions of doubt, disbelief, and denial, as well as expressions of certainty. This time, **Raúl** is explaining the advantages of the Internet to his reluctant father and trying to persuade him to use it. Have pairs role-play their conversations for the class.

**2 Expansion** Continue the activity by making other false statements. Ex: **Voy a hacer una excursión a la Patagonia mañana. Mi abuela sólo come pasteles y cebollas.**

# Práctica

**1 Escoger** Escoge las respuestas correctas para completar el diálogo. Luego dramatiza el diálogo con un(a) compañero/a.

**RAÚL** Ustedes dudan que yo realmente (1) estudie (estudio/estudie). No niego que a veces me (2) divierto (divierto/divierta) demasiado, pero no cabe duda de que (3) tomo (tomo/tome) mis estudios en serio. Estoy seguro de que cuando me vean graduarme van a pensar de manera diferente. Creo que no (4) tienen (tienen/tengan) razón con sus críticas.

**PAPÁ** Es posible que tu mamá y yo no (5) tengamos (tenemos/tengamos) razón. Es cierto que a veces (6) dudamos (dudamos/dudemos) de ti. Pero no hay duda de que te (7) pasas (pasas/pases) toda la noche en Internet y oyendo música. No es nada seguro que (8) estés (estás/estés) estudiando.

**RAÚL** Es verdad que (9) uso (uso/use) mucho la computadora pero, ¡piensen! ¿No es posible que (10) sea (es/sea) para buscar información para mis clases? ¡No hay duda de que Internet (11) es (es/sea) el mejor recurso del mundo! Es obvio que ustedes (12) piensan (piensan/piensen) que no hago nada, pero no es cierto.

**PAPÁ** No dudo que esta conversación nos (13) va (va/vaya) a ayudar. Pero tal vez esta noche (14) puedas (puedes/puedas) trabajar sin música. ¿Está bien?

**2 Dudas** Carolina es una chica que siempre miente. Expresa tus dudas sobre lo que Carolina está diciendo ahora. Usa las expresiones entre paréntesis para tus respuestas.

*modelo*

El próximo año Marta y yo vamos de vacaciones por diez meses. (dudar)
*¡Ja! Dudo que vayan de vacaciones por ese tiempo. ¡Ustedes no son ricas!*

1. Estoy escribiendo una novela en español. (no creer)
   No creo que estés escribiendo una novela en español.
2. Mi tía es la directora del *Sierra Club.* (no ser verdad)
   No es verdad que tu tía sea la directora del *Sierra Club.*
3. Dos profesores míos juegan para los Osos *(Bears)* de Chicago. (ser imposible)
   Es imposible que dos profesores tuyos jueguen para los Osos de Chicago.
4. Mi mejor amiga conoce al chef Emeril. (no ser cierto)
   No es cierto que tu mejor amiga conozca al chef Emeril.
5. Mi padre es dueño del Centro Rockefeller. (no ser posible)
   No es posible que tu padre sea dueño del Centro Rockefeller.
6. Yo ya tengo un doctorado *(doctorate)* en lenguas. (ser improbable)
   Es improbable que ya tengas un doctorado en lenguas.

Practice more at **descubre2.vhlcentral.com.**

**AYUDA**

Here are some useful expressions to say that you don't believe someone.
**¡Qué va!**
**¡Imposible!**
**¡No te creo!**
**¡Es mentira!**

**TEACHING OPTIONS**

**Large Groups** Divide the class into groups of six to stage an environmental debate. Some groups should play the role of environmental advocates while others represent industrialists and big business. Have students take turns presenting a policy platform for the group they represent. When they are finished, opposing groups express their doubts, disbeliefs, and denials.

**Heritage Speakers** Ask heritage speakers to write a brief editorial about a current event or political issue in their cultural community. In the body of their essay, students should include expressions of certainty as well as expressions of doubt, disbelief, or denial.

# Comunicación

**3** **Entrevista** En parejas, imaginen que trabajan para un periódico y que tienen que hacerle una entrevista a la conservacionista Mary Axtmann, quien colaboró en la fundación del programa Ciudadanos Pro Bosque San Patricio, en Puerto Rico. Escriban seis preguntas para la entrevista después de leer las declaraciones de Mary Axtmann. Al final, inventen las respuestas de Axtmann. Answers will vary.

**NOTA CULTURAL**

La asociación de **Mary Axtmann** trabaja para la conservación del bosque San Patricio. También ofrece conferencias sobre temas ambientales, hace un censo anual de pájaros y tiene un grupo de guías voluntarios. La comunidad hace todo el trabajo; la asociación no recibe ninguna ayuda del gobierno.

## Declaraciones de Mary Axtmann:

**"... que el bosque es un recurso ecológico educativo para la comunidad."**

**"El bosque San Patricio es un pulmón (*lung*) que produce oxígeno para la ciudad."**

**"El bosque San Patricio está en medio de la ciudad de San Juan. Por eso digo que este bosque es una esmeralda (*emerald*) en un mar de concreto."**

**"El bosque pertenece (*belongs*) a la comunidad."**

**"Salvamos este bosque mediante (*by means of*) la propuesta (*proposal*) y no la protesta."**

**3 Teaching Tip** Before starting, have the class brainstorm different topics that might be discussed with Mary Axtmann.

**3 Expansion** Ask pairs to role-play their interviews for the class.

**4** **Adivinar** Escribe cinco oraciones sobre tu vida presente y futura. Cuatro deben ser falsas y sólo una debe ser cierta. Presenta tus oraciones al grupo. El grupo adivina cuál es la oración cierta y expresa sus dudas sobre las oraciones falsas. Answers will vary.

*modelo*

**Estudiante 1:** Quiero irme un año a la selva a trabajar.
**Estudiante 2:** Dudo que te guste vivir en la selva.
**Estudiante 3:** En veinte años voy a ser presidente de los Estados Unidos.
**Estudiante 2:** No creo que seas presidente de los Estados Unidos en veinte años. ¡Tal vez en cuarenta!

**AYUDA**

Here are some useful verbs for talking about plans.

**esperar** → *to hope*
**querer** → *to want*
**pretender** → *to intend*
**pensar** → *to plan*

Note that **pretender** and *pretend* are false cognates. To express *to pretend*, use the verb **fingir**.

**4 Teaching Tip** Ask students to choose a secretary to write down the group members' true statements to present to the class.

# Síntesis

**5** **Intercambiar** En grupos, escriban un párrafo sobre los problemas del medio ambiente en su estado o en su comunidad. Compartan su párrafo con otro grupo, que va a ofrecer opiniones y soluciones. Luego presenten su párrafo, con las opiniones y soluciones del otro grupo, a la clase. Answers will vary.

**5 Teaching Tip** Assign students to groups of four. Ask group members to appoint a mediator to lead the discussion, a secretary to write the paragraph, a checker to proofread what was written, and a stenographer to take notes on the opinions and solutions of the other group.

**5 Expansion** Have students create a poster illustrating the environmental problems in their community and proposing possible solutions.

**TEACHING OPTIONS**

**Small Groups** In groups of three, have students pretend they are filming a live news cast on a local news station. Give each group some breaking news and have one student play the reporter that interviews the other two about what is happening. The interviewees should use the expressions from this chapter when responding to the reporter's questions. Possible breaking news: protest in favor of animal rights, a volcano about to erupt, a local ecological problem.

**Game** Divide the class into two teams. Team A writes sentences with expressions of certainty while team B writes sentences with expressions of doubt, disbelief, or denial. Put all the sentences in a hat. Each team takes turns drawing sentences and stating the opposite of what the sentence says. The team with the most correct sentences wins.

## Section Goals

In **Estructura 4.3**, students will learn:
- conjunctions that require the subjunctive
- when the infinitive follows a conjunction
- conjunctions followed by the subjunctive or the indicative

**Instructional Resources**
**vText**
***Cuaderno de actividades,*** pp. 15-16, 111
***Cuaderno de práctica,*** pp. 47–48
***Cuaderno para hispanohablantes,*** pp. 63–64
***e-Cuaderno***
**Supersite:** Audio Activity MP3 Audio Files
**Supersite/TRCD/Print:** *PowerPoints* (**Lección 4 Estructura** Presentation); Communication Activities, Audio Activity Script, Answer Keys
**Audio Activity CD:** CD 4, Tracks 17–19

### Teaching Tips

- To introduce conjunctions that require the subjunctive, make a few statements about yourself. Ex: **Nunca llego a clase tarde a menos que tenga un problema con mi carro. Siempre leo mis mensajes electrónicos antes de que empiece mi primera clase. Camino a clase con tal de que no llueva.** Write each conjunction on the board as you go.
- Have volunteers read the captions to the video stills. Help them identify the conjunctions in the sentences and the subjunctive verbs in the subordinate clauses.

NATIONAL STANDARDS comparisons

# 4.3 The subjunctive with conjunctions

**ANTE TODO** Conjunctions are words or phrases that connect other words and clauses in sentences. Certain conjunctions commonly introduce adverbial clauses, which describe *how, why, when,* and *where* an action takes place.

| Main clause | Conjunction | Adverbial clause |
|---|---|---|
| Vamos a visitar a Carlos | **antes de que** | **regrese** a California. |

Se pueden tomar fotos, ¿verdad?
Sí, con tal de que no toques ni las flores ni las plantas.

A menos que resuelvan el problema de la contaminación, los habitantes van a sufrir muchas enfermedades en el futuro.


- The subjunctive is used to express a hypothetical situation, uncertainty as to whether an action or event will take place, or a condition that may or may not be fulfilled.

Voy a dejar un recado **en caso de que Gustavo me llame.**
*I'm going to leave a message in case Gustavo calls me.*

Voy al supermercado **para que tengas** algo de comer.
*I'm going to the store so that you'll have something to eat.*

- Here is a list of the conjunctions that always require the subjunctive.

**Conjunctions that require the subjunctive**

| | | | |
|---|---|---|---|
| **a menos que** | *unless* | **en caso (de) que** | *in case (that)* |
| **antes (de) que** | *before* | **para que** | *so that* |
| **con tal (de) que** | *provided that* | **sin que** | *without* |

Algunos animales van a morir **a menos que** haya leyes para protegerlos.
*Some animals are going to die unless there are laws to protect them.*

Ellos nos llevan a la selva **para que** veamos las plantas tropicales.
*They are taking us to the jungle so that we may see the tropical plants.*

- The infinitive is used after the prepositions **antes de, para**, and **sin** when there is no change of subject; the subjunctive is used when there is. **¡Atención!** Note that, while you may use a present participle with the English equivalent of these conjunctions, in Spanish you cannot.

Te llamamos **antes de salir** de la casa.
*We will call you before leaving the house.*

Te llamamos mañana **antes de que salgas.**
*We will call you tomorrow before you leave.*

**TEACHING OPTIONS**

**Extra Practice** Write these partial sentences on the board. Have students complete them with true or invented information about their own lives. **1. Voy a asistir la universidad con tal de que..., 2. Necesito $500 en caso de que..., 3. Puedo salir este sábado a menos que..., 4. El mundo cambia sin que..., 5. Debo... antes de que..., 6. Mis padres... para que yo...**

**Video** Have students divide a sheet of paper into four columns, labeling them **Voluntad, Emoción, Duda,** and **Conjunción**. Replay the **Fotonovela** episode. Have them listen for each use of the subjunctive, marking the example they hear in the appropriate column. Play the episode again, then have students write a short summary that includes each use of the subjunctive.

## Conjunctions with subjunctive or indicative

Voy a formar un club de ecología tan pronto como vuelva a España.

Cuando veo basura, la recojo.

### Conjunctions used with subjunctive or indicative

| | | | |
|---|---|---|---|
| **cuando** | *when* | **hasta que** | *until* |
| **después de que** | *after* | **tan pronto como** | *as soon as* |
| **en cuanto** | *as soon as* | | |

- With the conjunctions above, use the subjunctive in the subordinate clause if the main clause expresses a future action or command.

  Vamos a resolver el problema **cuando desarrollemos** nuevas tecnologías.
  *We are going to solve the problem when we develop new technologies.*

  **Después de que** ustedes **tomen** sus refrescos, reciclen las botellas.
  *After you drink your soft drinks, recycle the bottles.*

- With these conjunctions, the indicative is used in the subordinate clause if the verb in the main clause expresses an action that habitually happens, or that happened in the past.

  Contaminan los ríos **cuando construyen** nuevos edificios.
  *They pollute the rivers when they build new buildings.*

  Contaminaron el río **cuando construyeron** ese edificio.
  *They polluted the river when they built that building.*

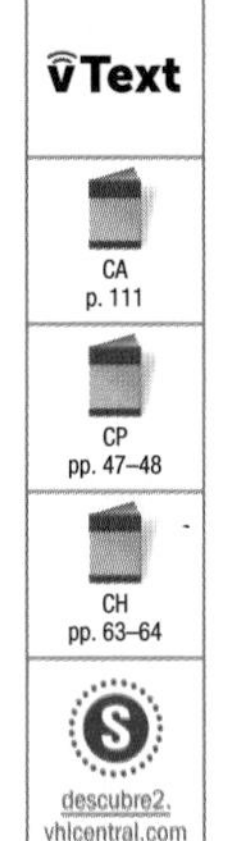

recursos
vText
CA p. 111
CP pp. 47–48
CH pp. 63–64
descubre2.vhlcentral.com

Completa las oraciones con las formas correctas de los verbos.

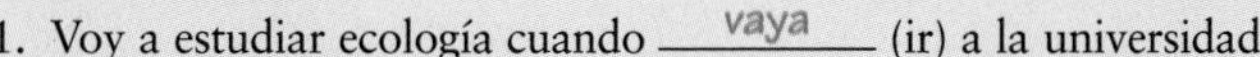

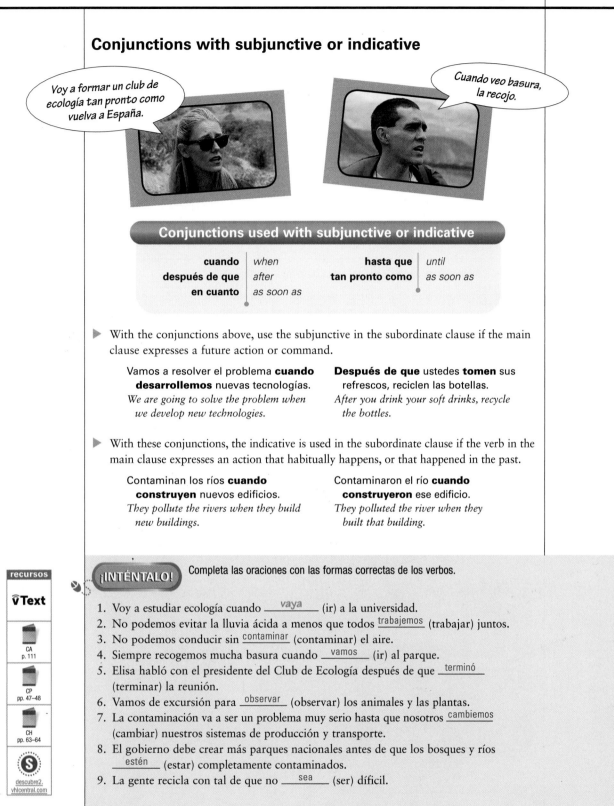

1. Voy a estudiar ecología cuando vaya (ir) a la universidad.
2. No podemos evitar la lluvia ácida a menos que todos trabajemos (trabajar) juntos.
3. No podemos conducir sin contaminar (contaminar) el aire.
4. Siempre recogemos mucha basura cuando vamos (ir) al parque.
5. Elisa habló con el presidente del Club de Ecología después de que terminó (terminar) la reunión.
6. Vamos de excursión para observar (observar) los animales y las plantas.
7. La contaminación va a ser un problema muy serio hasta que nosotros cambiemos (cambiar) nuestros sistemas de producción y transporte.
8. El gobierno debe crear más parques nacionales antes de que los bosques y ríos estén (estar) completamente contaminados.
9. La gente recicla con tal de que no sea (ser) difícil.

**Teaching Tips**

- Write sentences that use **antes de** and **para** and ask volunteers to rewrite them so that they end with subordinate clauses instead of a preposition and an infinitive. Ex: **Voy a hablar con Paula antes de ir a clase. (... antes de que ella vaya a clase; ... antes de que Sergio le hable; ... antes de que ella compre esas botas.)**
- As students complete the **¡Inténtalo!** activity, have them identify the conjunctions that always require the subjunctive.

**TEACHING OPTIONS**

**TPR** Add an auditory aspect to this grammar presentation. Have students write **I** for **infinitivo** on one piece of paper and **S** for **subjuntivo** on another. Make several statements, some with conjunctions followed by the infinitive and some with conjunctions followed by the subjunctive. Students should hold up the paper that represents what they heard. Ex: **Juan habla despacio para que todos lo entiendan. (S) No necesitan un carro para ir a al restaurante. (I)**

**Extra Practice** Have students use these prepositions and cojunctions to make statements about the environment: **para, para que, sin, sin que, antes de,** and **antes de que.** Ex: **Es importante empezar un programa de reciclaje antes de que tengamos demasiada basura. No es posible conservar los bosques sin que se deje de cortar tantos árboles.**

# Práctica

**1 Completar** La señora Montero habla de una excursión que quiere hacer con su familia. Completa las oraciones con la forma correcta de cada verbo.

1. Voy a llevar a mis hijos al parque para que __aprendan__ (aprender) sobre la naturaleza.
2. Voy a pasar todo el día allí a menos que __haga__ (hacer) mucho frío.
3. En bicicleta podemos explorar el parque sin __caminar__ (caminar) demasiado.
4. Vamos a bajar al cráter con tal de que no se __prohíba__ (prohibir).
5. Siempre llevamos al perro cuando __vamos__ (ir) al parque.
6. No pensamos ir muy lejos en caso de que __llueva__ (llover).
7. Vamos a almorzar a la orilla (*shore*) del río cuando nosotros __terminemos__ (terminar) de preparar la comida.
8. Mis hijos van a dejar todo limpio antes de __salir__ (salir) del parque.

**2 Frases** Completa estas frases de una manera lógica. Answers will vary.

1. No podemos controlar la contaminación del aire a menos que…
2. Voy a reciclar los productos de papel y de vidrio en cuanto…
3. Debemos comprar coches eléctricos tan pronto como…
4. Protegemos los animales en peligro de extinción para que…
5. Mis amigos y yo vamos a recoger la basura de la escuela después de que…
6. No podemos desarrollar nuevas fuentes (*sources*) de energía sin…
7. Hay que eliminar la contaminación del agua para…
8. No podemos proteger la naturaleza sin que…

**3 Organizaciones** En parejas, lean las descripciones de las organizaciones de conservación. Luego expresen en sus propias (*own*) palabras las opiniones de cada organización. Answers will vary.

**Organización:** Fundación Río Orinoco
**Problema:** La destrucción de los ríos
**Solución:** Programa para limpiar las orillas de los ríos y reducir la erosión y así proteger los ríos

**Organización:** Oficina de Turismo Internacional
**Problema:** Necesidad de mejorar la imagen del país en el mercado turístico internacional
**Solución:** Plan para promover el ecoturismo en los 33 parques nacionales, usando agencias de publicidad e implementando un plan agresivo de conservación

**Organización:** Asociación Nabusimake-Pico Colón
**Problema:** Un lugar turístico popular en la Sierra Nevada de Santa Marta necesita mejor mantenimiento
**Solución:** Programa de voluntarios para limpiar y mejorar los senderos

Practice more at **descubre2.vhlcentral.com.**

**AYUDA**

Here are some expressions you can use as you complete **Actividad 3.**

**Se puede evitar… con tal de que…**
**Es necesario… para que…**
**Debemos prohibir… antes de que…**
**No es posible… sin que…**
**Vamos a… tan pronto como…**
**A menos que… no vamos a…**

**1 Expansion**
- Ask students to write new endings for each sentence. Ex: **Voy a llevar a mis hijos al parque para que… (hagan más ejercicio/jueguen con sus amigos/pasen más tiempo fuera de la casa).**
- Ask pairs to write six original sentences about a trip they plan to take. Have them use one conjunction that requires the subjunctive in each sentence.

**2 Teaching Tip** As you go through the items, ask students which conjunctions require the subjunctive and which could be followed by either the subjunctive or the indicative. For those that could take both, discuss which one students used and why.

**3 Expansion**
- Ask students to identify the natural resources and environmental problems mentioned in the reading.
- Have students create a newspaper advertisement for an environmental agency that protects one of the natural resources mentioned in the reading. Students should state the name and goals of the agency, how these goals serve public interest, and where and how donations can be made.

**TEACHING OPTIONS**

**Pairs** Ask students to imagine that, unless some dramatic environmental actions are taken, the world as we know it will end in five days. It is their responsibility as community leaders to give a speech warning people what will happen unless everyone takes action. Have students work with a partner to prepare a three-minute presentation for the class, using as many different conjunctions that require the subjunctive as possible.

**Small Groups** Divide the class into groups of four. The first student begins a sentence, the second picks a conjunction, and the third student finishes the sentence. The fourth student writes the sentence down. Students should take turns playing the different roles until they have created eight sentences.

# Comunicación

**4** **Preguntas** En parejas, túrnense para hacerse estas preguntas. Answers will vary.

1. ¿Qué haces cada noche antes de acostarte?
2. ¿Qué haces después de salir de la escuela?
3. ¿Qué piensas hacer tan pronto como te gradúes?
4. ¿Qué quieres hacer mañana, a menos que haga mal tiempo?
5. ¿Qué haces en tus clases sin que los profesores lo sepan?

**5** **Comparar** En parejas, comparen una actividad rutinaria que ustedes hacen con algo que van a hacer en el futuro. Usen palabras de la lista. Answers will vary.

| antes de | después de que | hasta que | sin (que) |
|---|---|---|---|
| antes de que | en caso de que | para (que) | tan pronto como |

*modelo*

**Estudiante 1:** *El sábado vamos al lago. Tan pronto como volvamos, vamos a estudiar para el examen.*
**Estudiante 2:** *Todos los sábados llevo a mi primo al parque para que juegue. Pero el sábado que viene, con tal de que no llueva, lo voy a llevar a las montañas.*

# Síntesis

**6** **Tres en raya (*Tic-Tac-Toe*)** Formen dos equipos. Una persona comienza una frase y otra persona de su equipo la termina usando palabras de la gráfica. El primer equipo que forme tres oraciones seguidas (*in a row*) gana el tres en raya. Hay que usar la conjunción o la preposición y el verbo correctamente. Si no, ¡no cuenta! Answers will vary.

**¡LENGUA VIVA!**

*Tic-Tac-Toe* has various names in the Spanish-speaking world, including **tres en raya, tres en línea, ta-te-ti, gato, la vieja,** and **triqui-triqui**.

*modelo*

*Equipo 1*
**Estudiante 1:** *Dudo que podamos eliminar la deforestación...*
**Estudiante 2:** *sin que nos ayude el gobierno.*
*Equipo 2*
**Estudiante 1:** *Creo que podemos conservar nuestros recursos naturales...*
**Estudiante 2:** *con tal de que todos hagamos algo para ayudar.*

| | | |
|---|---|---|
| cuando | con tal de que | para que |
| antes de que | para | sin que |
| hasta que | en caso de que | antes de |

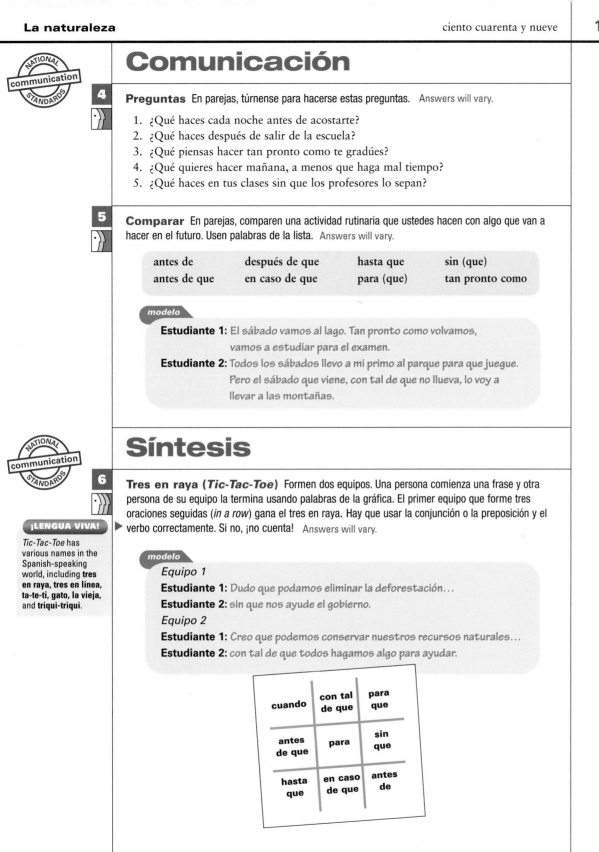

**4 Expansion** When pairs have finished asking and answering the questions, work with the whole class, asking several individuals each of the questions and asking other students to react to their responses. Ex: ____ **hace aeróbicos antes de acostarse. ¿Quién más hace ejercicio? ¡Uf! Hacer ejercicio me parece excesivo. ¿Quiénes ven la tele? ¿Nadie lee un libro antes de acostarse?**

**5 Teaching Tip** Have partners compare the routines of other people they know and what they are going to do in the future. Have them do the same with celebrities, making guesses about their routines.

**6 Teaching Tip** Have groups prepare *Tic-Tac-Toe* cards like the one shown in the activity.

**6 Expansion** Regroup the students to do a second round of *Tic-Tac-Toe*.

**Teaching Tip** See the Communication Activities worksheets for an additional activity to practice the material presented in this section.

**TEACHING OPTIONS**

**Heritage Speakers** Ask heritage speakers if they played *Tic-Tac-Toe* when growing up. What did they call it? Was it one of the names listed in **¡Lengua viva!**? Ask them the names of other childhood games they played and to describe them. Are the games similar to those played by other students in the class?

**Pairs** Ask partners to interview each other about what they must do today for their future goals to become a reality. Students should state what their goals are, the necessary conditions to achieve them, and talk about obstacles they may encounter. Students should use as many conjunctions as possible in their interviews. Have pairs present their interviews to the class.

## Section Goal

In **Recapitulación**, students will review the grammar concepts from this lesson.

**Instructional Resources**
**vText**
**Supersite**
**Testing Program CD:**
Tracks 13–16

**1 Teaching Tip** To simplify, have students first identify the conjunction in each sentence. Then have them determine which conjunctions must take the subjunctive and which may take either the subjunctive or indicative. Finally, have them complete the activity.

**1 Expansion** Ask students to create three additional sentences using conjunctions.

**2 Teaching Tips**
- Before students complete the activity, have them identify expressions of doubt, disbelief, or denial that take the subjunctive.
- Have volunteers role-play each dialogue for the class.

**2 Expansion** Have students rewrite the dialogue using expressions that convey similar meanings. Ex: **1. No cabe duda de que debemos escribir nuestra presentación sobre el reciclaje.**

# Recapitulación

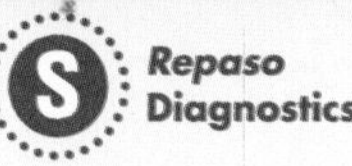

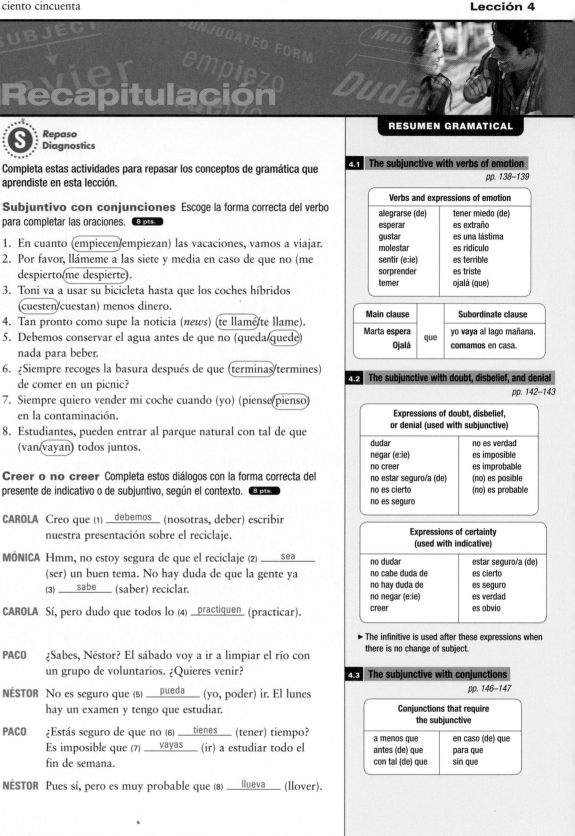

Completa estas actividades para repasar los conceptos de gramática que aprendiste en esta lección.

**1 Subjuntivo con conjunciones** Escoge la forma correcta del verbo para completar las oraciones. 8 pts.

1. En cuanto (empiecen/empiezan) las vacaciones, vamos a viajar.
2. Por favor, llámeme a las siete y media en caso de que no (me despierto/me despierte).
3. Toni va a usar su bicicleta hasta que los coches híbridos (cuesten/cuestan) menos dinero.
4. Tan pronto como supe la noticia (*news*) (te llamé/te llame).
5. Debemos conservar el agua antes de que no (queda/quede) nada para beber.
6. ¿Siempre recoges la basura después de que (terminas/termines) de comer en un picnic?
7. Siempre quiero vender mi coche cuando (yo) (piense/pienso) en la contaminación.
8. Estudiantes, pueden entrar al parque natural con tal de que (van/vayan) todos juntos.

**2 Creer o no creer** Completa estos diálogos con la forma correcta del presente de indicativo o de subjuntivo, según el contexto. 8 pts.

**CAROLA** Creo que (1) ___debemos___ (nosotras, deber) escribir nuestra presentación sobre el reciclaje.

**MÓNICA** Hmm, no estoy segura de que el reciclaje (2) ___sea___ (ser) un buen tema. No hay duda de que la gente ya (3) ___sabe___ (saber) reciclar.

**CAROLA** Sí, pero dudo que todos lo (4) ___practiquen___ (practicar).

**PACO** ¿Sabes, Néstor? El sábado voy a ir a limpiar el río con un grupo de voluntarios. ¿Quieres venir?

**NÉSTOR** No es seguro que (5) ___pueda___ (yo, poder) ir. El lunes hay un examen y tengo que estudiar.

**PACO** ¿Estás seguro de que no (6) ___tienes___ (tener) tiempo? Es imposible que (7) ___vayas___ (ir) a estudiar todo el fin de semana.

**NÉSTOR** Pues sí, pero es muy probable que (8) ___llueva___ (llover).

## RESUMEN GRAMATICAL

### 4.1 The subjunctive with verbs of emotion
*pp. 138–139*

| Verbs and expressions of emotion | |
|---|---|
| alegrarse (de) | tener miedo (de) |
| esperar | es extraño |
| gustar | es una lástima |
| molestar | es ridículo |
| sentir (e:ie) | es terrible |
| sorprender | es triste |
| temer | ojalá (que) |

| Main clause | | Subordinate clause |
|---|---|---|
| Marta espera | que | yo **vaya** al lago mañana. |
| Ojalá | | **comamos** en casa. |

### 4.2 The subjunctive with doubt, disbelief, and denial
*pp. 142–143*

| Expressions of doubt, disbelief, or denial (used with subjunctive) | |
|---|---|
| dudar | no es verdad |
| negar (e:ie) | es imposible |
| no creer | es improbable |
| no estar seguro/a (de) | (no) es posible |
| no es cierto | (no) es probable |
| no es seguro | |

| Expressions of certainty (used with indicative) | |
|---|---|
| no dudar | estar seguro/a (de) |
| no cabe duda de | es cierto |
| no hay duda de | es seguro |
| no negar (e:ie) | es verdad |
| creer | es obvio |

► The infinitive is used after these expressions when there is no change of subject.

### 4.3 The subjunctive with conjunctions
*pp. 146–147*

| Conjunctions that require the subjunctive | |
|---|---|
| a menos que | en caso (de) que |
| antes (de) que | para que |
| con tal (de) que | sin que |

**TEACHING OPTIONS**

**TPR** Divide the class into two teams, **indicativo** and **subjuntivo**, and have them line up. Point to the first member of each team and call out an expression of doubt, disbelief, denial, or certainty. The student whose team corresponds to the mood has ten seconds to step forward and give an example sentence. Ex: **es posible** (The student from the **subjuntivo** team steps forward. Example sentence: **Es posible que el río esté contaminado.**)

**Extra Practice** Tell students to imagine they are the president of their school's environmental club. Have them prepare a short speech in which they try to convince new students about the importance of the environment and nature. Have them use at least three expressions with the subjunctive.

► The infinitive is used after the prepositions **antes de**, **para**, and **sin** when there is no change of subject.

Te llamamos **antes de salir** de casa.

Te llamamos mañana **antes de que salgas**.

| Conjunctions used with subjunctive or indicative | |
|---|---|
| cuando<br>después de que<br>en cuanto | hasta que<br>tan pronto como |

3 **Reacciones** Reacciona a estas oraciones según las pistas (*clues*). Sigue el modelo. 10 pts.

*modelo*

Tú casi nunca reciclas nada. (yo, molestar)

*A mí me molesta que tú casi nunca recicles nada.*

1. La Ciudad de México tiene un problema grave de contaminación. (ser una lástima) Es una lástima que la Ciudad de México tenga un problema grave de contaminación.
2. En ese safari permiten tocar a los animales. (ser extraño) Es extraño que en ese safari permitan tocar a los animales.
3. Julia y Víctor no pueden ir a las montañas. (yo, sentir) Yo siento que Julia y Víctor no puedan ir a las montañas.
4. El nuevo programa de reciclaje es un éxito. (nosotros, esperar) Nosotros esperamos que el nuevo programa de reciclaje sea un éxito.
5. A María no le gustan los perros. (ser una lástima) Es una lástima que a María no le gusten los perros.
6. Existen leyes para controlar la deforestación. (Juan, alegrarse de) Juan se alegra de que existan leyes para controlar la deforestación.
7. El gobierno no busca soluciones. (ellos, temer) Ellos temen que el gobierno no busque soluciones.
8. La mayoría de la población no cuida el medio ambiente. (ser triste) Es triste que la mayoría de la población no cuide el medio ambiente.
9. Muchas personas cazan animales en esta región. (yo, sorprender) A mí me sorprende que muchas personas cacen animales en esta región.
10. La situación mejora día a día. (ojalá que) Ojalá que la situación mejore día a día.

4 **Oraciones** Forma oraciones con estos elementos. Usa el subjuntivo cuando sea necesario. 10 pts.

1. ser ridículo / los coches / contaminar tanto Es ridículo que los coches contaminen tanto.
2. no caber duda de / tú y yo / poder / hacer mucho más No cabe duda de que tú y yo podemos hacer mucho más.
3. los ecologistas / temer / los recursos naturales / desaparecer / poco a poco Los ecologistas temen que los recursos naturales desaparezcan poco a poco.
4. yo / alegrarse de / en mi ciudad / reciclarse / el plástico, el vidrio y el aluminio Yo me alegro de que en mi ciudad se reciclen el plástico, el vidrio y el aluminio.
5. todos (nosotros) / ir a respirar / mejor / cuando / (nosotros) llegar / a la montaña Todos vamos a respirar mejor cuando lleguemos a la montaña.

5 **Escribir** Escribe un diálogo de al menos siete oraciones en el que un(a) amigo/a hace comentarios pesimistas sobre la situación del medio ambiente en tu región y tú respondes con comentarios optimistas. Usa verbos y expresiones de esta lección. 14 pts.
Answers will vary.

6 **Canción** Completa estos versos de una canción de Juan Luis Guerra. ¡2 puntos EXTRA!

"Ojalá que llueva (llover) café en el campo. Pa'° que todos los niños canten (cantar) en el campo."

Pa' *short for* Para

Practice more at **descubre2.vhlcentral.com.**

recursos

vText

descubre2.vhlcentral.com

**3 Teaching Tip** Have a volunteer read the model aloud. Remind students that an indirect object pronoun is used with verbs like **molestar**.

**3 Expansion**
- To challenge students, have them rewrite each item, using other verbs of emotion.
- Give students these sentences as items 11–12: **11. No hay un programa de reciclaje en la escuela. (ser ridículo) (Es ridículo que no haya un programa de reciclaje en la escuela.) 12. Los voluntarios trabajan para limpiar el río. (yo, gustar) (A mí me gusta que los voluntarios trabajen para limpiar el río.)**

**4 Expansion** Ask students to create three additional dehydrated sentences. Then have them exchange papers with a partner and hydrate each other's sentences. When students are done, have them switch the papers back and correct the sentences together.

**5 Teaching Tip** Remind students that there must be a change of subject in order to use the subjunctive.

**6 Expansion** Have students create their own song verse by replacing **llueva café** and **canten** with other verbs in the subjunctive. Ex: **crezca café** and **bailen.**

TEACHING OPTIONS

**Game** Have students make *Bingo* cards of different verbs, expressions, and conjunctions that require the subjunctive in subordinate clauses. Read aloud sentences using the subjunctive. If students have the verb, expression, or phrase on their card, they should cover the space. The first student to complete a horizontal, vertical, or diagonal row is the winner.

**Pairs** Ask students to write down two true sentences and two false ones. Encourage them to write sentences that are all very likely. In pairs, have students take turns reading their sentences. Their partner should react, using expressions of doubt, disbelief, denial, or certainty. The student who stumps his or her partner with all four statements wins. Have pairs share their most challenging sentences with the class.

Audio: Dramatic Recording
Additional Reading

## Section Goals

In **Lectura**, students will:

- learn that recognizing the purpose of a text can help them to understand it
- read two fables

**Instructional Resources**
**vText**
***Cuaderno para hispanohablantes,*** pp. 65–66
**Supersite**

**Estrategia** Tell students that recognizing the writer's purpose will help them comprehend an unfamiliar text.

**Examinar los textos** Have students scan the texts, using the reading strategies they have learned to determine the authors' purposes. Then have them work with a partner to answer the questions. Students should recognize that the texts are fables because the characters are animals.

**Predicciones**

- Tell pairs that where their predictions differ they should refer back to the texts for resolution.
- Give students these additional predictions: **5. Los textos son infantiles. 6. Se trata de una historia romántica.**

**Determinar el propósito**

- Tell students to take notes about the characters as they read. Remind students that they should be able to retell the stories in their own words.
- Ask who generally reads fables. Ex: **Por lo general, ¿las fábulas se escriben para niños, adultos o ambos? Expliquen sus respuestas.**

# Lectura

## Antes de leer

### Estrategia
**Recognizing the purpose of a text**

When you are faced with an unfamiliar text, it is important to determine the writer's purpose. If you are reading an editorial in a newspaper, for example, you know that the journalist's objective is to persuade you of his or her point of view. Identifying the purpose of a text will help you better comprehend its meaning.

### Examinar los textos

Primero, utiliza la estrategia de lectura para familiarizarte con los textos. Después contesta estas preguntas y compara tus respuestas con las de un(a) compañero/a. Answers will vary.

- ¿De qué tratan los textos?°
- ¿Son fábulas°, poemas, artículos de periódico…?
- ¿Cómo lo sabes?

### Predicciones

Lee estas predicciones sobre la lectura e indica si estás de acuerdo° con ellas. Después compara tus opiniones con las de un(a) compañero/a. Answers will vary.

1. Los textos son del género° de ficción.
2. Los personajes son animales.
3. La acción de los textos tiene lugar en un zoológico.
4. Hay alguna moraleja°.

### Determinar el propósito

Con un(a) compañero/a, hablen de los posibles propósitos° de los textos. Consideren estas preguntas: Answers will vary.

- ¿Qué te dice el género de los textos sobre los posibles propósitos de los textos?
- ¿Piensas que los textos pueden tener más de un propósito? ¿Por qué?

¿De qué tratan los textos? *What are the texts about?* fábulas *fables* estás de acuerdo *you agree* género *genre* moraleja *moral* propósitos *purposes*

**recursos**
vText

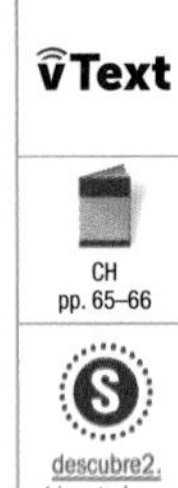


## Sobre los autores

**Félix María Samaniego** (1745–1801) nació en España y escribió las *Fábulas morales* que ilustran de manera humorística el carácter humano. Los protagonistas de muchas de sus fábulas son animales que hablan.

### El perro y el cocodrilo

Bebiendo un perro en el Nilo°,
al mismo tiempo corría.
"Bebe quieto°", le decía
un taimado° cocodrilo.

Díjole° el perro prudente:
"Dañoso° es beber y andar°;
pero ¿es sano el aguardar
a que me claves el diente°? "

¡Oh qué docto° perro viejo!
Yo venero° su sentir°
en esto de no seguir
del enemigo el consejo.

**TEACHING OPTIONS**

**Pairs** Pair more advanced students with weaker students. Have them write a short description of the events in one of the fables presented here. Encourage them to use transitional words and expressions, such as **primero, finalmente, por eso,** and **entonces.**

**Heritage Speakers** Ask heritage speakers to describe any fables in Spanish with which they are familiar. If possible, have them bring in copies of the text. Have the class compare the protagonists and moral of the fable to those in this **Lectura** section.

**Tomás de Iriarte** (1750–1791) nació en las islas Canarias y tuvo gran éxito° con su libro *Fábulas literarias.* Su tendencia a representar la lógica a través de° símbolos de la naturaleza fue de gran influencia para muchos autores de su época°.

## El pato° y la serpiente

A orillas° de un estanque°,
diciendo estaba un pato:
"¿A qué animal dio el cielo°
los dones que me ha dado°?

"Soy de agua, tierra y aire:
cuando de andar me canso°,
si se me antoja, vuelo°;
si se me antoja, nado".

Una serpiente astuta
que le estaba escuchando,
le llamó con un silbo°,
y le dijo "¡Seo° guapo!

"No hay que echar tantas plantas°;
pues ni anda como el gamo°,
ni vuela como el sacre°,
ni nada como el barbo°;

"y así tenga sabido
que lo importante y raro°
no es entender de todo,
sino ser diestro° en algo".

Nilo *Nile* quieto *in peace* taimado *sly* Díjole *Said to him* Dañoso *Harmful* andar *to walk* ¿es sano... diente? *Is it good for me to wait for you to sink your teeth into me?* docto *wise* venero *revere* sentir *wisdom* éxito *success* a través de *through* época *time* pato *duck* orillas *banks* estanque *pond* cielo *heaven* los dones... dado *the gifts that it has given me* me canso *I get tired* si se... vuelo *if I feel like it, I fly* silbo *hiss* Seo *Señor* No hay... plantas *There's no reason to boast* gamo *deer* sacre *falcon* barbo *barbel (a type of fish)* raro *rare* diestro *skillful*

# Después de leer

### Comprensión

Escoge la mejor opción para completar cada oración.

1. El cocodrilo ____ perro.
   a. está preocupado por el  (b.) quiere comerse al
   c. tiene miedo del
2. El perro ____ cocodrilo.
   (a.) tiene miedo del  b. es amigo del
   c. quiere quedarse con el
3. El pato cree que es un animal ____.
   a. muy famoso  b. muy hermoso
   (c.) de muchos talentos
4. La serpiente cree que el pato es ____.
   a. muy inteligente  (b.) muy tonto  c. muy feo

### Preguntas

Responde a las preguntas. Answers will vary.

1. ¿Qué representa el cocodrilo?
2. ¿Qué representa el pato?
3. ¿Cuál es la moraleja (*moral*) de "El perro y el cocodrilo"?
4. ¿Cuál es la moraleja de "El pato y la serpiente"?

### Coméntalo

En parejas, túrnense para hacerse estas preguntas. Answers will vary. ¿Estás de acuerdo con las moralejas de estas fábulas? ¿Por qué? ¿Cuál de estas fábulas te gusta más? ¿Por qué? ¿Conoces otras fábulas? ¿Cuál es su propósito?

### Escribir

Escribe una fábula para compartir con la clase. Puedes escoger algunos animales de la lista o escoger otros. ¿Qué características deben tener estos animales?

- una abeja (*bee*)
- un gato
- un burro
- un perro
- un águila (*eagle*)
- un pavo real (*peacock*)

 Practice more at **descubre2.vhlcentral.com.**

**Comprensión**
- To simplify, before beginning the activity, call on volunteers to explain the fables in their own words.
- Encourage students to justify their answers by citing the text.

**Preguntas** For items 1 and 2, have the class brainstorm a list of adjectives to describe each animal.

**Coméntalo** For additional discussion, have students imagine they must rewrite fables with the same morals, but using other animals as the protagonists. **¿Qué animales escogen para sustituir a estos animales? ¿Cómo cambia la historia?**

**Escribir** Before writing, encourage students to outline their fables. Have them include the characters, the setting, the basic plot, and the moral in their outlines.

**TEACHING OPTIONS**

**Extra Practice** To challenge students, have them write a story from the viewpoint of the dog, the crocodile, the duck, or the snake, in which they explain their encounter with another animal and what they learned from the experience. You may want to review the imperfect and preterite tenses before assigning this activity.

**Small Groups** If time and resources permit, bring in other fables in Spanish, such as **Samaniego's *El herrero y el perro*** or ***La abeja haragana*** by **Horacio Quiroga**. Have students work in small groups to analyze one fable in terms of its characters and moral. Then have one representative from each group summarize their analysis for the class.

## Section Goals

In **Escritura**, students will:
- learn about a writer's audience and purpose
- integrate lesson vocabulary and structures
- write a persuasive letter or article in Spanish

**Instructional Resources**
**vText**
***Cuaderno de actividades,*** pp. 147–148
***Cuaderno para hispanohablantes,*** pp. 67–68
**Supersite**

**Estrategia** Review the purposes and suggested audiences, as well as questions 1–5, with the class. Then ask students to apply the answers to the questions to each of the scenarios listed in **Tema**. Students should discuss the purpose of their writing and how to determine their audience.

**Tema** If possible, provide students with samples of persuasive letters, such as letters to the editor, in Spanish. Ask students to identify the audience and the author's purpose for each letter.

**The Affective Dimension**
After students have handed in their letters, ask them if the topics they chose interest them. Then discuss with them how their writing was influenced by their level of interest in the topic.

# Escritura

## Estrategia

**Considering audience and purpose**

Writing always has a specific purpose. During the planning stages, a writer must determine to whom he or she is addressing the piece, and what he or she wants to express to the reader. Once you have defined both your audience and your purpose, you will be able to decide which genre, vocabulary, and grammatical structures will best serve your literary composition.

Let's say you want to share your thoughts on local traffic problems. Your audience can be either the local government or the community. You could choose to write a newspaper article, a letter to the editor, or a letter to the city's governing board. But first you should ask yourself these questions:

1. Are you going to comment on traffic problems in general, or are you going to point out several specific problems?
2. Are you simply intending to register a complaint?
3. Are you simply intending to inform others and increase public awareness of the problems?
4. Are you hoping to persuade others to adopt your point of view?
5. Are you hoping to inspire others to take concrete actions?

The answers to these questions will help you establish the purpose of your writing and determine your audience. Of course, your writing can have more than one purpose. For example, you may intend for your writing to both inform others of a problem and inspire them to take action.

## Tema

NATIONAL communication STANDARDS

**Escribir una carta o un artículo**

Escoge uno de estos temas. Luego decide si vas a escribir una carta a un(a) amigo/a, una carta a un periódico, un artículo de periódico o de revista, etc.

1. Escribe sobre los programas que existen para proteger la naturaleza en tu comunidad. ¿Funcionan bien? ¿Participan todos los vecinos de tu comunidad en los programas? ¿Tienes dudas sobre el futuro del medio ambiente en tu comunidad?
2. Describe uno de los atractivos naturales de tu región. ¿Te sientes optimista sobre el futuro de tu región? ¿Qué están haciendo el gobierno y los ciudadanos° de tu región para proteger la naturaleza? ¿Es necesario hacer más?
3. Escribe sobre algún programa para proteger el medio ambiente a nivel° nacional. ¿Es un programa del gobierno o de una empresa° privada°? ¿Cómo funciona? ¿Quiénes participan? ¿Tienes dudas sobre el programa? ¿Crees que debe cambiarse o mejorarse? ¿Cómo?

**ciudadanos** *citizens* **nivel** *level* **empresa** *company* **privada** *private*

**recursos**: vText | CA pp. 147–148 | CH pp. 67–68 | descubre2.vhlcentral.com

**EVALUATION: Una carta o un artículo**

| Criteria | Scale |
|---|---|
| Content | 1 2 3 4 |
| Organization | 1 2 3 4 |
| Use of vocabulary | 1 2 3 4 |
| Accuracy and mechanics | 1 2 3 4 |
| Creativity | 1 2 3 4 |

| Scoring | |
|---|---|
| Excellent | 18–20 points |
| Good | 14–17 points |
| Satisfactory | 10–13 points |
| Unsatisfactory | < 10 points |

# Escuchar

## Estrategia

**Using background knowledge/ Guessing meaning from context**

Listening for the general idea, or gist, can help you follow what someone is saying even if you can't hear or understand some of the words. When you listen for the gist, you simply try to capture the essence of what you hear without focusing on individual words.

To practice these strategies, you will listen to a paragraph written by Jaime Urbinas, an urban planner. Before listening to the paragraph, write down what you think it will be about, based on Jaime Urbinas' profession. As you listen to the paragraph, jot down any words or expressions you don't know and use context clues to guess their meanings.

## Preparación

Mira el dibujo. ¿Qué pistas° te da sobre el tema del discurso° de Soledad Morales?

## Ahora escucha  

Vas a escuchar un discurso de Soledad Morales, una activista preocupada por el medio ambiente. Antes de escuchar, marca las palabras y frases que tú crees que ella va a usar en su discurso. Después marca las palabras y frases que escuchaste.

| Palabras | Antes de escuchar | Después de escuchar |
|---|---|---|
| el futuro | | ✓ |
| el cine | | |
| los recursos naturales | | ✓ |
| el aire | | ✓ |
| los ríos | | ✓ |
| la contaminación | | ✓ |
| las diversiones | | |
| el reciclaje | | |

pistas *clues* discurso *speech* Subraya *Underline*

## Comprensión

NATIONAL communication STANDARDS

**Escoger** 

Subraya° la definición correcta de cada palabra.

1. patrimonio (fatherland, heritage, acrimony) heritage
2. ancianos (elderly, ancient, antiques) elderly
3. entrelazadas (destined, interrupted, intertwined) intertwined
4. aguantar (to hold back, to destroy, to pollute) to hold back
5. apreciar (to value, to imitate, to consider) to value
6. tala (planting, cutting, watering) cutting

**Ahora ustedes**

Trabaja con un(a) compañero/a. Escriban seis recomendaciones que creen que la señora Morales va a darle al gobierno colombiano para mejorar los problemas del medio ambiente. Answers will vary.

1. ______
2. ______
3. ______
4. ______
5. ______
6. ______

recursos

descubre2.vhlcentral.com

### Section Goals

In **Escuchar**, students will:

- use background knowledge and context to guess the meaning of unknown words
- listen to a short speech

**Instructional Resources**

**vText**

**Supersite:** Textbook MP3 Audio Files

**Supersite/TRCD/Print:** Textbook Audio Script

**Textbook CD:** CD 1, Tracks 32–33

**Estrategia**

**Script** Es necesario que las casas del futuro sean construidas en barrios que tengan todos los recursos esenciales para la vida cotidiana: tiendas, centros comerciales, cines, restaurantes y parques, por ejemplo. El medio ambiente ya no soporta tantas autopistas llenas de coches y, por lo tanto, es importante que la gente pueda caminar para ir de compras o para ir a divertirse. Recomiendo que vivamos en casas con jardines compartidos para usar menos espacio y, más importante, para que los vecinos se conozcan.

**Teaching Tip** Have students look at the drawing and guess what it depicts.

**Ahora escucha**

**Script** Les vengo a hablar hoy porque aunque espero que el futuro sea color de rosa, temo que no sea así. Vivimos en esta tierra de preciosos recursos naturales —nuestros ríos de los cuales dependemos para el agua que nos da vida, el aire que respiramos, los árboles que nos protegen, los animales cuyas vidas están entrelazadas con nuestras vidas. Es una lástima que no apreciemos lo mucho que tenemos.
Es terrible que haya días con tanta contaminación del aire que nuestros ancianos se

*(Script continues at far left in the bottom panels.)*

enferman y nuestros hijos no pueden respirar. La tala de árboles es un problema grave... hoy día, cuando llueve, el río Cauca se llena de tierra porque no hay árboles que aguanten la tierra. La contaminación del río está afectando gravemente la ecología de las playas de Barranquilla, una de nuestras joyas.

Ojalá que me oigan y piensen bien en el futuro de nuestra comunidad. Espero que aprendamos a conservar la naturaleza y que podamos cuidar el patrimonio de nuestros hijos.

## Section Goals

In **En pantalla**, students will:
- read about the Peruvian Amazon
- watch a television commercial for **Altomayo**, a Peruvian coffee brand

**Instructional Resources**
**vText**
**Supersite:** ***En pantalla***
Transcript & Translation

**Introduction**
To check comprehension, ask these questions. **1. ¿Qué producen en el área norte de Perú? (Producen madera, arroz, frutas, café y hojas de té.) 2. ¿Cómo es el clima de la amazonía peruana? (Es tropical. Hay mucha humedad.) 3. ¿Cuáles son los ríos más importantes de la zona amazónica de Perú? (el Marañón, el Ucayali, el Huallaga y el Amazonas)**

**Antes de ver**
- Ask students to think of coffee ads they have seen. Ask: **¿Cómo se vende café en la cultura norteamericana? ¿Qué cualidades se enfatizan? ¿Creen que es distinto en los países hispanos?**
- Read through the **Vocabulario útil** with students. Tell students that for this commercial, they will not hear the words, but rather they will see these items.

**Completar** Show the commercial a second time so that students can check their work.

**Diálogo** Encourage students to perform their dialogues from memory. You may want to tell them to jot down key words and phrases on index cards to use as a reference.

# En pantalla

Este anuncio de café Altomayo está filmado en la zona amazónica de Perú. Esta área del norte° peruano se caracteriza por su producción de madera°, arroz, frutas, café y hojas° de té. Con un ecosistema de bosque tropical, cuenta con° aproximadamente 400 especies de mamíferos°, 300 de reptiles, 1.700 de aves y más de 50.000 de plantas. Por su clima tropical, la amazonía peruana tiene una humedad anual de 80% en promedio°. Cuenta con numerosos ríos; los más importantes son el Marañón, el Ucayali y el Huallaga, que juntos dan nacimiento al majestuoso° río Amazonas.

**Vocabulario útil**

| | |
|---|---|
| **foco** | *light bulb* |
| **libélula** | *dragonfly* |
| **luciérnaga** | *firefly* |
| **mariposa** | *butterfly* |
| **sapo** | *toad* |
| **técnico** | *technician* |

**Completa**
Completa las oraciones con la opción correcta.
1. La historia ocurre en un pequeño ____.
   a. mercado b. automóvil (c.) pueblo
2. La lámpara ____ se apagó.
   a. de la mujer (b.) del hombre c. del niño
3. El técnico trae un ____ para que se prenda.
   a. foco (b.) sapo c. control remoto
4. La lámpara tiene una ____ adentro.
   (a.) luciérnaga b. mariposa c. libélula

**Completa**
En parejas, imaginen que son guionistas (*screenwriters*). Escriban un diálogo entre los dos hombres de este anuncio. Después, represéntenlo frente a la clase.
Answers will vary.

**norte** *north* **madera** *timber* **hojas** *leaves* **cuenta con** *it has* **mamíferos** *mammals* **promedio** *average* **majestuoso** *majestic* **sabor** *flavor*

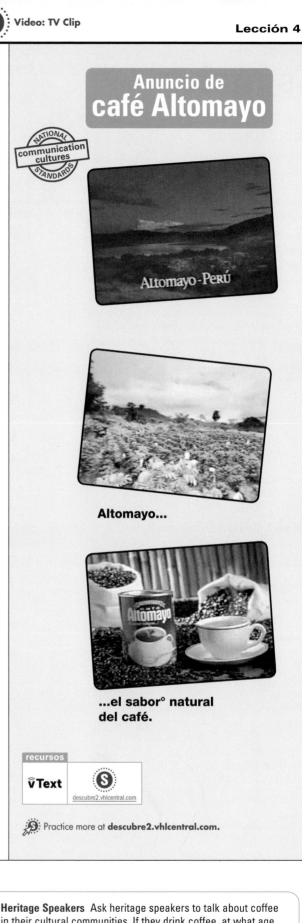

## Anuncio de café Altomayo

NATIONAL STANDARDS communication cultures

**Altomayo...**

**...el sabor° natural del café.**

recursos

 Practice more at **descubre2.vhlcentral.com.**

**TEACHING OPTIONS**

**Juan Valdez** In 2006, Colombian coffee grower **Carlos Castañeda** became the new face of the iconic fictional character **Juan Valdez,** who has represented the Colombian coffee farmer in ads since 1959. People around the world were sad to see the previous **Juan Valdez** retire after 37 years.

**Heritage Speakers** Ask heritage speakers to talk about coffee in their cultural communities. If they drink coffee, at what age did they start? How is it served?

**Cultural Comparison** Have small groups create a new commercial for **Altomayo** to sell coffee in the North American market. After each group presents their ad, have the class comment on the similarities and differences with the original **Altomayo** ad.

# Oye cómo va

## Juanes

La carrera musical de **Juan Esteban Aristizábal,** más conocido como **Juanes,** empezó en **Medellín, Colombia,** cuando sólo tenía quince años. Allí formó el grupo de rock/metal Ekhymosis con el que grabó° cinco álbumes, convirtiéndose en el grupo favorito de Colombia. Después de once años, en 1999, decidió dejar el grupo para iniciar una carrera de solista como Juanes, y en cuatro años y con tres álbumes grabados, se convirtió en el artista latino con más discos vendidos en todo el mundo.

Este artista colombiano es cantante, guitarrista y autor de la mayoría de las canciones que canta. A los 34 años ya había ganado° nueve Premios *Grammy* Latinos, cinco Premios MTV y seis Premios Lo Nuestro, entre otros muchos reconocimientos° internacionales.

Tu profesor(a) va a poner la canción en la clase. Escúchala y completa las actividades.

### ¿Cierto o falso?

Indica si lo que dice cada oración es **cierto** o **falso**. Corrige la información falsa.

1. Juanes comenzó su carrera en Bogotá, Colombia. Falso. Juanes comenzó su carrera en Medellín.
2. Empezó su carrera a los quince años. Cierto.
3. Grabó cinco álbumes con el grupo Euskadi. Falso. Grabó cinco álbumes con el grupo Ekhymosis.
4. En 1999 inició su carrera de solista. Cierto.
5. Juanes no es conocido ni en Finlandia ni en Japón. Falso. Juanes es conocido en Finlandia y en Japón.

### Preguntas

En parejas, respondan a las preguntas. Answers will vary.

1. ¿Creen que el autor de la canción está enamorado? ¿Cómo lo saben?
2. ¿Esta canción es optimista o pesimista?
3. Escriban cinco deseos (*wishes*): uno para ustedes mismos, uno para su familia, uno para sus amigos, uno para su país y uno para el mundo.

grabó *he recorded* había ganado *he had won* reconocimientos *acknowledgments* vos *you* voz *voice* Dios *God* mirada *gaze* alma *soul* de amarte se trate *it is a question of loving you* Éxito *Success* se ha presentado *has performed* lejanos *faraway* Suiza *Switzerland* Países Bajos *the Netherlands*

## A Dios le pido

NATIONAL communication cultures STANDARDS

Que si me muero sea de amor
y si me enamoro sea de vos°
y que de tu voz° sea este corazón,
todos los días a Dios° le pido.

A Dios le pido...

Que mis ojos se despierten con la luz de tu
mirada°, yo...
A Dios le pido que mi madre no se muera y que
mi padre me recuerde.
A Dios le pido que te quedes a mi lado y que
más nunca te me vayas, mi vida.
A Dios le pido que mi alma° no descanse
cuando de amarte se trate°, mi cielo.

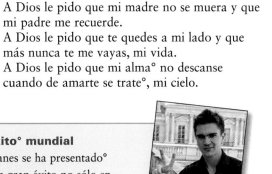

**Éxito° mundial**

Juanes se ha presentado° con gran éxito no sólo en Latinoamérica, sino en países tan lejanos° como Finlandia, Suiza°, Japón, Francia, Países Bajos°, China, Alemania y Dinamarca, entre muchos otros.

recursos

Practice more at **descubre2.vhlcentral.com.**

### Section Goals

In **Oye cómo va**, students will:
- read about **Juanes**
- listen to a song by **Juanes**

**Instructional Resources**
**vText**
**Supersite**
**Vista Higher Learning**
***Cancionero***

**Antes de escuchar**
- Ask students to predict what type of song this is. They should support their opinions by citing lyrics.
- Have students scan the lyrics and identify each use of the subjunctive.

**¿Cierto o falso?** Give students these true/false statements as items 6–8: **6. Aunque Juanes ha ganado muchos premios, nunca ganó un *Grammy*. (Falso. Ha ganado nueve.) 7. Juanes estuvo con el grupo Ekhymosis por once años. (Cierto.) 8. A pesar de su popularidad, Juanes no ha podido vender muchos discos. (Falso. Es el artista latino con más discos vendidos en todo el mundo.)**

**Preguntas** After pairs discuss the questions, call on volunteers to share their ideas with the class. For item 3, divide the board into five columns with the headings **Ustedes mismos, La familia, Los amigos, El país,** and **El mundo**. Have volunteers write their wishes in the corresponding columns.

**TEACHING OPTIONS**

**TPR** Play ***A Dios le pido*** a second time. Have students raise their hands each time they hear the subjunctive.

**Extra Practice** For homework, have students write a fan letter to **Juanes**. Encourage them to comment on his career and music and to ask questions about his future hopes and dreams using the subjunctive. In class, have students work in pairs to peer edit each other's letters.

Interactive Map
Video: *Panorama cultural*

## Section Goal

In **Panorama**, students will read about the geography, history, and culture of Colombia.

**Instructional Resources**
**vText**
***Cuaderno de actividades,*** pp. 71–72
***Cuaderno de práctica,*** pp. 49–50
***e-Cuaderno***
**Supersite/DVD: *Panorama Cultural***
**Supersite/TRCD/Print:** *PowerPoints* (Overheads #5, #6, #20); ***Panorama Cultural*** Videoscript & Translation, Answer Keys

**Teaching Tip** Have students look at the map of Colombia or show *Overhead PowerPoint #20* and talk about the physical features of the country. Point out the three parallel ranges of the Andes in the west, and the Amazon Basin in the east and south. After students look at the call-out photos and read the captions, point out that there are no major cities in the eastern half of the country. Ask students to suggest reasons for the lack of population in that area.

**El país en cifras** After reading the **Población** section, ask students what the impact might be of having 55% of the nation's territory unpopulated, and the sort of problems this might create for a national government. Point out that, although Spanish is the official language, some indigenous peoples speak **chibcha** and **araucano**.

**¡Increíble pero cierto!** In their desperation to uncover the gold from Lake Guatavita, Spaniards made several attempts to drain the lake. Around 1545, **Hernán Pérez de Quesada** set up a bucket brigade that lowered the water level by several meters, allowing gold to be gathered.

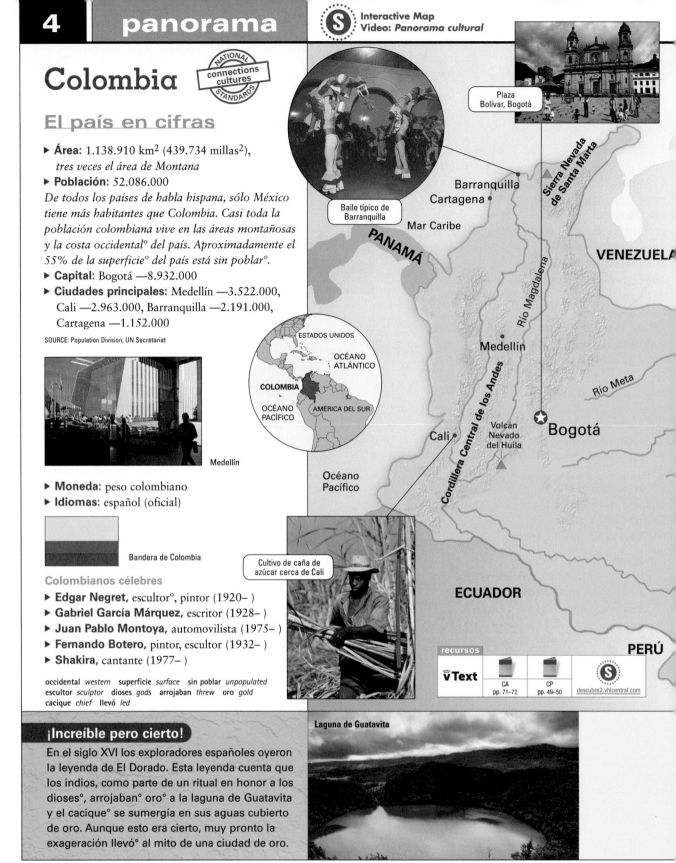

# Colombia

NATIONAL STANDARDS connections cultures

## El país en cifras

- **Área:** 1.138.910 km² (439.734 millas²), *tres veces el área de Montana*
- **Población:** 52.086.000

*De todos los países de habla hispana, sólo México tiene más habitantes que Colombia. Casi toda la población colombiana vive en las áreas montañosas y la costa occidental° del país. Aproximadamente el 55% de la superficie° del país está sin poblar°.*

- **Capital:** Bogotá —8.932.000
- **Ciudades principales:** Medellín —3.522.000, Cali —2.963.000, Barranquilla —2.191.000, Cartagena —1.152.000

SOURCE: Population Division, UN Secretariat

Medellín

- **Moneda:** peso colombiano
- **Idiomas:** español (oficial)

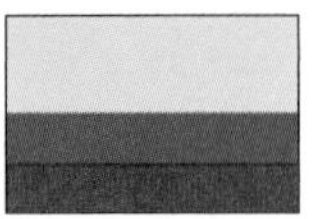
Bandera de Colombia

### Colombianos célebres

- **Edgar Negret,** escultor°, pintor (1920– )
- **Gabriel García Márquez,** escritor (1928– )
- **Juan Pablo Montoya,** automovilista (1975– )
- **Fernando Botero,** pintor, escultor (1932– )
- **Shakira,** cantante (1977– )

occidental *western* superficie *surface* sin poblar *unpopulated* escultor *sculptor* dioses *gods* arrojaban *threw* oro *gold* cacique *chief* llevó *led*

Baile típico de Barranquilla

Plaza Bolívar, Bogotá

Cultivo de caña de azúcar cerca de Cali

recursos: vText; CA pp. 71–72; CP pp. 49–50; descubre2.vhlcentral.com

## ¡Increíble pero cierto!

En el siglo XVI los exploradores españoles oyeron la leyenda de El Dorado. Esta leyenda cuenta que los indios, como parte de un ritual en honor a los dioses°, arrojaban° oro° a la laguna de Guatavita y el cacique° se sumergía en sus aguas cubierto de oro. Aunque esto era cierto, muy pronto la exageración llevó° al mito de una ciudad de oro.

Laguna de Guatavita

### TEACHING OPTIONS

**La música** One of Colombia's contributions to Latin popular music is the dance called the **cumbia**. The **cumbia** was born out of the fusion of musical elements contributed by each of Colombia's three main ethnic groups: indigenous Andeans, Africans, and Europeans. According to ethnomusicologists, the flutes and wind instruments characteristically used in the **cumbia** derive from indigenous Andean music, the rhythms have their origin in African music, and the melodies are shaped by Spanish popular melodies. **Cumbias** are popular outside of Colombia, particularly in Mexico. Another Colombian dance, native to the Caribbean coast, is the **vallenato**, a fusion of African and European elements. If possible, bring in examples of **cumbias** and **vallenatos** for the class to listen to and compare and contrast.

## Lugares • El Museo del Oro

El famoso Museo del Oro del Banco de la República fue fundado° en Bogotá en 1939 para preservar las piezas de orfebrería° de la época precolombina. En el museo, que tiene más de 30.000 piezas de oro, se pueden ver joyas°, ornamentos religiosos y figuras que sirvieron de ídolos. El cuidado con el que se hicieron los objetos de oro refleja la creencia° de las tribus indígenas de que el oro era la expresión física de la energía creadora° de los dioses.

## Literatura • Gabriel García Márquez (1928– )

Gabriel García Márquez, ganador del Premio Nobel de Literatura en 1982, es uno de los escritores contemporáneos más importantes del mundo. García Márquez publicó su primer cuento° en 1947, cuando era estudiante universitario. Su libro más conocido, *Cien años de soledad,* está escrito en el estilo° literario llamado "realismo mágico", un estilo que mezcla° la realidad con lo irreal y lo mítico°.

## Historia • Cartagena de Indias

Los españoles fundaron la ciudad de Cartagena de Indias en 1533 y construyeron a su lado la fortaleza° más grande de las Américas, el Castillo de San Felipe de Barajas. En la ciudad de Cartagena se conservan muchos edificios de la época colonial, como iglesias, monasterios, palacios y mansiones. Cartagena es conocida también por el Festival de Música del Caribe y su prestigioso Festival Internacional de Cine.

## Costumbres • El Carnaval

Durante el Carnaval de Barranquilla, la ciudad vive casi exclusivamente para esta fiesta. Este festival es una fusión de las culturas que han llegado° a las costas caribeñas de Colombia y de sus grupos autóctonos°. El evento más importante es la Batalla° de Flores, un desfile° de carrozas° decoradas con flores. En 2003, la UNESCO declaró este carnaval como Patrimonio de la Humanidad°.

BRASIL

**¿Qué aprendiste?** Responde a cada pregunta con una oración completa.

1. ¿Cuáles son las principales ciudades de Colombia? Bogotá, Medellín, Cali, Barranquilla y Cartagena
2. ¿Qué país de habla hispana tiene más habitantes que Colombia? México
3. ¿Quién es Edgar Negret? Edgar Negret es un escultor y pintor colombiano.
4. ¿Cuándo oyeron los españoles la leyenda de El Dorado? en el siglo XVI
5. ¿Para qué fue fundado el Museo del Oro? para preservar las piezas de orfebrería de la época precolombina
6. ¿Quién ganó el Premio Nobel de Literatura en 1982? Gabriel García Márquez
7. ¿Qué construyeron los españoles al lado de la ciudad de Cartagena de Indias? el Castillo de San Felipe de Barajas
8. ¿Cuál es el evento más importante del Carnaval de Barranquilla? la Batalla de Flores

**Conexión Internet** Investiga estos temas en **descubre2.vhlcentral.com.**

1. Busca información sobre las ciudades más grandes de Colombia. ¿Qué lugares de interés hay en estas ciudades? ¿Qué puede hacer un(a) turista en estas ciudades?
2. Busca información sobre pintores y escultores colombianos como Edgar Negret, Débora Arango o Fernando Botero. ¿Cuáles son algunas de sus obras más conocidas? ¿Cuáles son sus temas?

**fundado** *founded* **orfebrería** *goldsmithing* **joyas** *jewels* **creencia** *belief* **creadora** *creative* **cuento** *story* **estilo** *style* **mezcla** *mixes* **mítico** *mythical* **fortaleza** *fortress* **han llegado** *have arrived* **autóctonos** *indigenous* **Batalla** *Battle* **desfile** *parade* **carrozas** *floats* **Patrimonio de la Humanidad** *World Heritage*

Practice more at **descubre2.vhlcentral.com.**

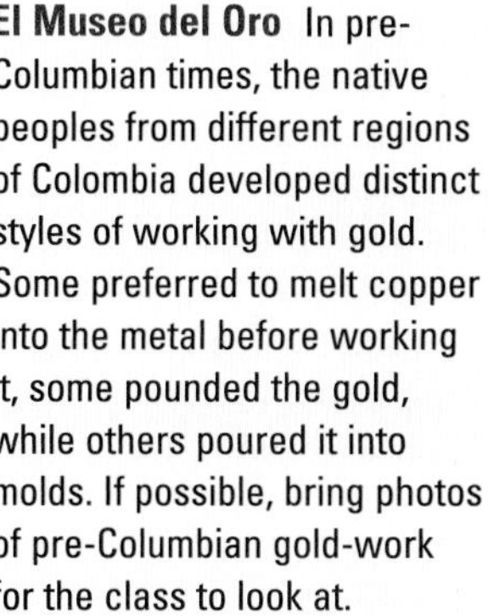

**El Museo del Oro** In pre-Columbian times, the native peoples from different regions of Colombia developed distinct styles of working with gold. Some preferred to melt copper into the metal before working it, some pounded the gold, while others poured it into molds. If possible, bring photos of pre-Columbian gold-work for the class to look at.

**Gabriel García Márquez (1928– )** **García Márquez** was raised primarily by his maternal grandparents, who made a profound impression upon his life and literature. His grandfather was a man of strong ideals and a military hero. His grandmother, who held many superstitious beliefs, regaled the young **García Márquez** with fantastical stories.

**Cartagena de Indias** Since Cartagena de Indias was the point of departure for shipments of Andean gold to Spain, it was the frequent target of pirate attacks from the sixteenth through the eighteenth centuries. The most famous siege was led by the English pirate Sir Francis Drake, in 1586. He held the city for 100 days, until the residents surrendered to him some 100,000 pieces of gold.

**El Carnaval** The many events that make up the **Carnaval de Barranquilla** are spread out over about a month. Although the carnival queen is crowned at the beginning of the month, the real opening act is the **Guacherna**, which is a nighttime street parade involving **comparsas** (live bands) and costumed dancers. The **Carnaval's** official slogan is **¡Quien lo vive es quien lo goza!**

**Conexión Internet** Students will find supporting Internet activities and links at **descubre2.vhlcentral.com**.

### TEACHING OPTIONS

**Worth Noting** Colombia, like other mountainous countries near the equator, does not experience the four seasons that are known in parts of the United States and Canada. The average temperature of a given location does not vary much during the course of a year. Climate, however, changes dramatically with elevation, the higher altitudes being cooler than the low-lying ones. While the average temperature at sea level is 86°, 57° is the average temperature in Bogotá, the third highest capital in the world, behind La Paz, Bolivia, and Quito, Ecuador. When Colombians speak of **verano** or **invierno**, they are referring to the dry season **(verano)** and the rainy season **(invierno).** When these seasons occur varies from one part of the country to another. In the Andean region, the **verano**, or dry season, generally falls between December and March.

Audio: Vocabulary Flashcards

**Instructional Resources**
**vText**
***Cuaderno de actividades,*** p. 111
***e-Cuaderno***
**Supersite:** Textbook & Vocabulary MP3 Audio Files
**Supersite/TRCD/Print:** Answer Keys; *Testing Program* (**Lección 4 Pruebas,** Test Generator, Testing Program MP3 Audio Files)
**Textbook CD:** CD 1, Tracks 324–39
**Audio Activity CD:** CD 4, Tracks 20–25
**Testing Program CD:** Tracks 13–16

## La naturaleza

| | |
|---|---|
| **el árbol** | *tree* |
| **el bosque (tropical)** | *(tropical; rain) forest* |
| **el cielo** | *sky* |
| **el cráter** | *crater* |
| **el desierto** | *desert* |
| **la estrella** | *star* |
| **la flor** | *flower* |
| **la hierba** | *grass* |
| **el lago** | *lake* |
| **la luna** | *moon* |
| **la naturaleza** | *nature* |
| **la nube** | *cloud* |
| **la piedra** | *stone* |
| **la planta** | *plant* |
| **el río** | *river* |
| **la selva, la jungla** | *jungle* |
| **el sendero** | *trail; trailhead* |
| **el sol** | *sun* |
| **la tierra** | *land; soil* |
| **el valle** | *valley* |
| **el volcán** | *volcano* |

## Los animales

| | |
|---|---|
| **el animal** | *animal* |
| **el ave, el pájaro** | *bird* |
| **el gato** | *cat* |
| **el perro** | *dog* |
| **el pez** | *fish* |
| **la vaca** | *cow* |

## El medio ambiente

| | |
|---|---|
| **la conservación** | *conservation* |
| **la contaminación (del aire; del agua)** | *(air; water) pollution* |
| **la deforestación** | *deforestation* |
| **la ecología** | *ecology* |
| **el ecoturismo** | *ecotourism* |
| **la energía (nuclear, solar)** | *(nuclear, solar) energy* |
| **el envase** | *container* |
| **la extinción** | *extinction* |
| **el gobierno** | *government* |
| **la lata** | *(tin) can* |
| **la ley** | *law* |
| **la lluvia (ácida)** | *(acid) rain* |
| **el medio ambiente** | *environment* |
| **el peligro** | *danger* |
| **la población** | *population* |
| **el reciclaje** | *recycling* |
| **el recurso natural** | *natural resource* |
| **la solución** | *solution* |
| **cazar** | *to hunt* |
| **conservar** | *to conserve* |
| **contaminar** | *to pollute* |
| **controlar** | *to control* |
| **cuidar** | *to take care of* |
| **dejar de (+ *inf.*)** | *to stop (doing something)* |
| **desarrollar** | *to develop* |
| **descubrir** | *to discover* |
| **destruir** | *to destroy* |
| **estar afectado/a (por)** | *to be affected (by)* |
| **estar contaminado/a** | *to be polluted* |
| **evitar** | *to avoid* |
| **mejorar** | *to improve* |
| **proteger** | *to protect* |
| **reciclar** | *to recycle* |
| **recoger** | *to pick up* |
| **reducir** | *to reduce* |
| **resolver (o:ue)** | *to resolve; to solve* |
| **respirar** | *to breathe* |
| **de aluminio** | *(made) of aluminum* |
| **de plástico** | *(made) of plastic* |
| **de vidrio** | *(made) of glass* |
| **puro/a** | *pure* |

## Las emociones

| | |
|---|---|
| **alegrarse (de)** | *to be happy* |
| **esperar** | *to hope; to wish* |
| **sentir (e:ie)** | *to be sorry; to regret* |
| **temer** | *to fear* |
| **es extraño** | *it's strange* |
| **es una lástima** | *it's a shame* |
| **es ridículo** | *it's ridiculous* |
| **es terrible** | *it's terrible* |
| **es triste** | *it's sad* |
| **ojalá (que)** | *I hope (that); I wish (that)* |

## Las dudas y certezas

| | |
|---|---|
| **(no) creer** | *(not) to believe* |
| **(no) dudar** | *(not) to doubt* |
| **(no) negar (e:ie)** | *(not) to deny* |
| **es imposible** | *it's impossible* |
| **es improbable** | *it's improbable* |
| **es obvio** | *it's obvious* |
| **No cabe duda de** | *There is no doubt that...* |
| **No hay duda de** | *There is no doubt that...* |
| **(no) es cierto** | *it's (not) certain* |
| **(no) es posible** | *it's (not) possible* |
| **(no) es probable** | *it's (not) probable* |
| **(no) es seguro** | *it's (not) certain* |
| **(no) es verdad** | *it's (not) true* |

## Conjunciones

| | |
|---|---|
| **a menos que** | *unless* |
| **antes (de) que** | *before* |
| **con tal (de) que** | *provided (that)* |
| **cuando** | *when* |
| **después de que** | *after* |
| **en caso (de) que** | *in case (that)* |
| **en cuanto** | *as soon as* |
| **hasta que** | *until* |
| **para que** | *so that* |
| **sin que** | *without* |
| **tan pronto como** | *as soon as* |

| | |
|---|---|
| **Expresiones útiles** | *See page 133.* |

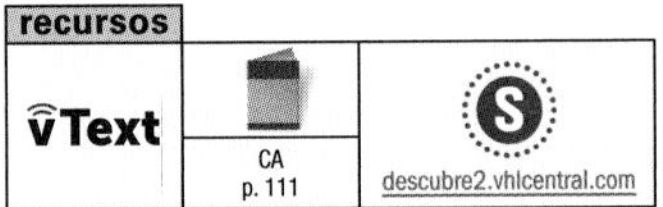

# En la ciudad

# 5

## Communicative Goals

***You will learn how to:***

- **Give advice to others**
- **Give and receive directions**
- **Discuss daily errands and city life**

### A PRIMERA VISTA

- **¿Viven estas personas en un bosque, un pueblo o una ciudad?**
- **¿Dónde están, en una calle o en un sendero?**
- **¿Es posible que estén afectadas por la contaminación? ¿Por qué?**
- **¿Está limpio o sucio el lugar donde están?**



## Lesson Goals

In **Lección 5**, students will be introduced to the following:

- names of commercial establishments
- banking terminology
- citing locations
- means of transportation
- Mexican architect **Luis Barragán**
- subjunctive in adjective clauses
- **nosotros/as** commands
- forming regular past participles
- irregular past participles
- past participles used as adjectives
- identifying a narrator's point of view
- avoiding redundancy
- writing an e-mail
- listening for specific information and linguistic cues
- a news report about student loans
- Venezuelan singer **Franco De Vita**
- geographic, economic, and historical information about Venezuela

**A primera vista** Here are some additional questions you can ask based on the photo: **¿Cómo es la vida en la ciudad? ¿Y en el campo? ¿Dónde prefieres vivir? ¿Por qué? ¿Es posible que no haya contaminación en una ciudad? ¿Cómo? ¿Qué responsabilidades tienen las personas que viven en una ciudad para proteger el medio ambiente?**

### INSTRUCTIONAL RESOURCES

**Student Materials**
**Print:** Student Book, Workbooks (*Cuaderno de actividades, Cuaderno de práctica, Cuaderno para hispanohablantes*)
**Technology:** **vText**, MAESTRO® *E-Cuaderno* and Supersite (Audio, Video, Practice)

**Teacher Materials**
DVDs (*Fotonovela, Flash cultura, Panorama cultural*)
Teacher's Resource CD-ROM (Scripts, Answer Keys, *PowerPoints*, Testing Program)
Testing Program, Textbook, Audio Activity CDs
MAESTRO® Supersite: Resources (Planning and Teaching Resources from Teacher's Resource CD-ROM); Learning Management System (Gradebook, Assignments)
Vista Higher Learning *Cancionero*
Resources also available in print

**DESCUBRE 2 Supersite:** descubre2.vhlcentral.com

## Section Goals

In **Contextos**, students will learn and practice:

- names of commercial establishments
- banking terminology
- citing locations

**Instructional Resources**
**vText**
***Cuaderno de actividades,*** p. 113
***Cuaderno de práctica,*** pp. 51–52
***Cuaderno para hispanohablantes,*** pp. 69–70
***e-Cuaderno***
**Supersite:** Textbook, Vocabulary, & Audio Activity MP3 Audio Files
**Supersite/TRCD/Print:** *PowerPoints* (**Lección 5 Contextos** Presentation, Overheads #21, #22); Textbook Audio Script, Audio Activity Script, Answer Keys
**Textbook CD:** CD 1, Tracks 40–41
**Audio Activity CD:** CD 5, Tracks 1–4

## Teaching Tips

- Using realia or magazine pictures, ask volunteers to identify the items. Ex: **carne, zapato, pan.** As students give their answers, write the names of corresponding establishments on the board (**carnicería, zapatería, panadería**). Then present banking vocabulary by miming common transactions. Ex: **Cuando necesito dinero, voy al banco. Escribo un cheque y lo cobro.**
- Show *Overhead PowerPoint #21.* Have students refer to the scene to answer your questions about it. Ex: **¿Qué tienda queda entre la lavandería y la carnicería? Las dos señoras frente a la estatua, ¿de qué hablan? ¿Qué tipo de transacciones pueden hacerse en un banco?**

**Successful Language Learning** Ask students to imagine how they would use this vocabulary when traveling.

# En la ciudad

## Más vocabulario

| | |
|---|---|
| **la frutería** | *fruit store* |
| **la heladería** | *ice cream shop* |
| **la pastelería** | *pastry shop* |
| **la pescadería** | *fish market* |
| **la cuadra** | *(city) block* |
| **la dirección** | *address* |
| **la esquina** | *corner* |
| **el estacionamiento** | *parking lot* |
| **derecho** | *straight (ahead)* |
| **enfrente de** | *opposite; facing* |
| **hacia** | *toward* |
| **cruzar** | *to cross* |
| **doblar** | *to turn* |
| **hacer diligencias** | *to run errands* |
| **quedar** | *to be located* |
| **el cheque (de viajero)** | *(traveler's) check* |
| **la cuenta corriente** | *checking account* |
| **la cuenta de ahorros** | *savings account* |
| **ahorrar** | *to save (money)* |
| **cobrar** | *to cash (a check)* |
| **depositar** | *to deposit* |
| **firmar** | *to sign* |
| **llenar (un formulario)** | *to fill out (a form)* |
| **pagar a plazos** | *to pay in installments* |
| **pagar al contado/ en efectivo** | *to pay in cash* |
| **pedir prestado/a** | *to borrow* |
| **pedir un préstamo** | *to apply for a loan* |
| **ser gratis** | *to be free of charge* |

## Variación léxica

cuadra ⟷ manzana (*Esp.*)
direcciones ⟷ indicaciones (*Esp.*)
doblar ⟷ girar; virar; voltear
hacer diligencias ⟷ hacer mandados

**recursos**

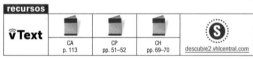

| vText | CA p. 113 | CP pp. 51–52 | CH pp. 69–70 | descubre2.vhlcentral.com |
|---|---|---|---|---|

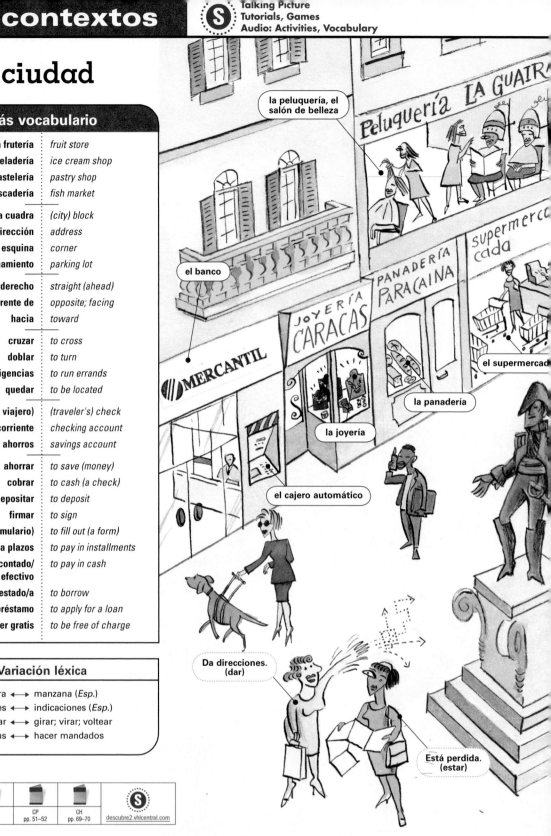

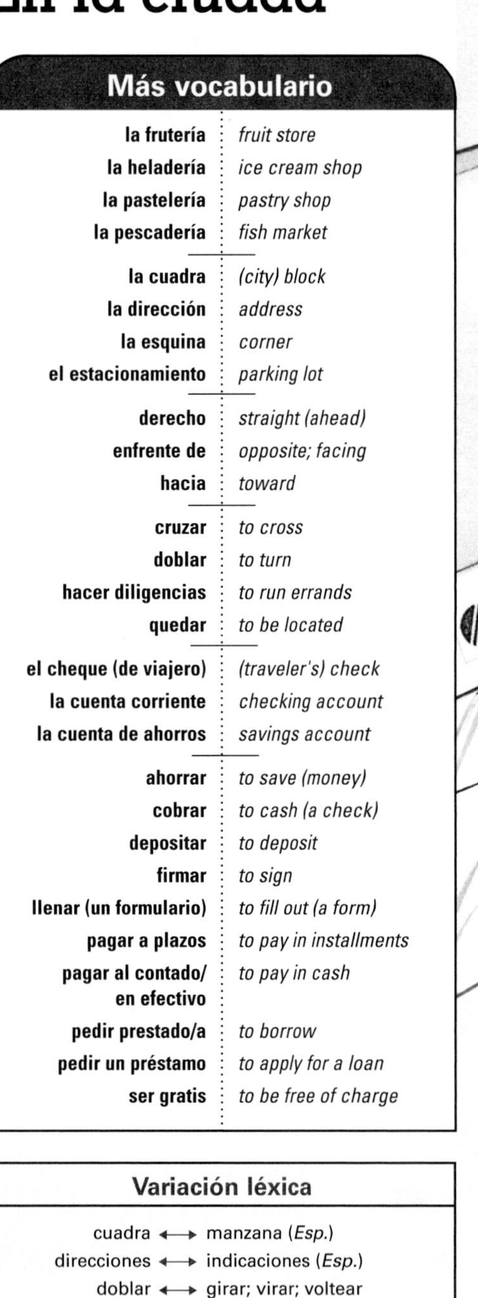


### TEACHING OPTIONS

**Extra Practice** Add an auditory aspect to this vocabulary presentation. Prepare a series of mini-dialogues. Read each exchange aloud and have students name the place or activity. Ex: **—Señorita, ¿no tienen un número más grande? —Sí, creo que un 42 le queda bien. (la zapatería) —Perdón, ¿cómo llego a la carnicería? —Cruzas la plaza y está allá, en la esquina. (dar direcciones)** This activity may also be done in pairs.

**Pairs** Have students individually draw schematic maps of a couple of blocks around a city square, labeling every establishment and naming the streets. Then have them each write a description of the location of each establishment and exchange it with a partner. Have each student use the partner's description to recreate the city map. Finally, have partners compare the two sets of maps to check for accuracy.

# Práctica

**1** **Escuchar** Mira el dibujo. Luego escucha las oraciones e indica si lo que dice cada una es **cierto** o **falso**.

| | Cierto | Falso | | Cierto | Falso |
|---|---|---|---|---|---|
| 1. | ○ | ✓ | 6. | ✓ | ○ |
| 2. | ✓ | ○ | 7. | ✓ | ○ |
| 3. | ○ | ✓ | 8. | ○ | ✓ |
| 4. | ✓ | ○ | 9. | ○ | ✓ |
| 5. | ○ | ✓ | 10. | ✓ | ○ |

**2** **¿Quién la hizo?** Escucha la conversación entre Telma y Armando. Escribe el nombre de la persona que hizo cada diligencia o una X si nadie la hizo. Una diligencia la hicieron los dos.

1. abrir una cuenta corriente Armando
2. abrir una cuenta de ahorros Telma
3. ir al banco Armando, Telma
4. ir a la panadería X
5. ir a la peluquería Telma
6. ir al supermercado Armando

**3** **Seleccionar** Indica dónde haces estas diligencias.

| | | |
|---|---|---|
| banco | joyería | pescadería |
| carnicería | lavandería | salón de belleza |
| frutería | pastelería | zapatería |

1. comprar galletas pastelería
2. comprar manzanas frutería
3. lavar la ropa lavandería
4. comprar mariscos pescadería
5. comprar pollo carnicería
6. comprar sandalias zapatería

**4** **Completar** Completa las oraciones con las palabras más adecuadas.

1. El banco me regaló un reloj. Fue gratis.
2. Me gusta ahorrar dinero, pero no me molesta gastarlo.
3. La cajera me dijo que tenía que firmar el cheque en el dorso (*on the back*) para cobrarlo.
4. Para pagar con un cheque, necesito tener dinero en mi cuenta corriente.
5. Mi madre va a un cajero automático para obtener dinero en efectivo cuando el banco está cerrado.
6. Cada viernes, Julio lleva su cheque al banco y lo cobra para tener dinero en efectivo.
7. Ana deposita su cheque en su cuenta de ahorros.
8. Cuando viajas, es buena idea llevar cheques de viajero.

**TEACHING OPTIONS**

**Game** Add a visual aspect to this vocabulary presentation by playing **Concentración**. On eight cards, write names of types of commercial establishments. On another eight cards, draw or paste a picture that matches each commercial establishment. Place the cards facedown in four rows of four. In pairs, students select two cards. If the cards match, the pair keeps them. If the cards do not match, students replace them in their original position. The pair with the most cards at the end wins.

**Pairs** Have each student write a shopping list with ten items. Have students include items found in different stores. Then have them exchange their shopping list with a partner. Each student tells his or her partner where to go to get each item. Ex: **unas botas (Para comprar unas botas, tienes que ir a la zapatería que queda en la calle ____.)**

**1 Teaching Tip** Have students check their answers by reading each statement in the script to the class and asking volunteers to say whether it is true or false. To challenge students, have them correct the false statements.

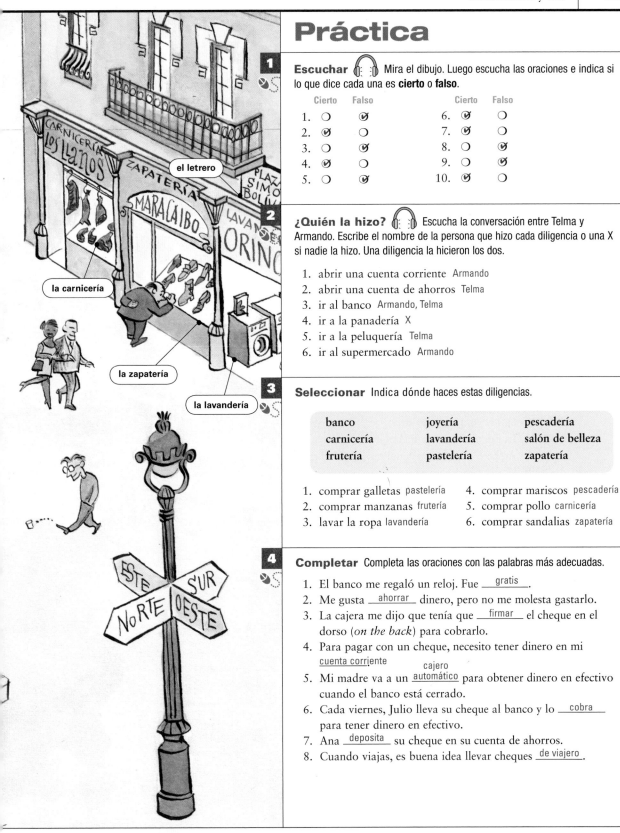

**1 Script** 1. El supermercado queda al este de la plaza, al lado de la joyería. 2. La zapatería está al lado de la carnicería. 3. El banco queda al sur de la plaza. 4. Cuando sales de la zapatería, la lavandería está a su lado. 5. La carnicería está al lado del banco. *Script continues on page 164.*

**2 Teaching Tip** Do this listening exercise as a TPR activity. Have students raise their right hand if **Armando** did the errand, their left hand if it was **Telma**, both hands if both people did it, or no hands if nobody did it.

**2 Script** TELMA: Hola, Armando, ¿qué tal? ARMANDO: Pues bien. Acabo de hacer unas diligencias. Fui a la carnicería y al supermercado. ¿Y tú? Estás muy guapa. ¿Fuiste a la peluquería? T: Sí, fui al nuevo salón de belleza que está enfrente de la panadería. También fui al banco. A: ¿A qué banco fuiste? T: Fui al banco Mercantil. Está aquí en la esquina. A: Ah, ¿sí? Yo abrí una cuenta corriente ayer, ¡y fue gratis! T: Sí, yo abrí una cuenta de ahorros esta mañana y no me cobraron nada.
*Textbook CD*

**3 Expansion** After students finish, ask them what else can be bought in the establishments. Ex: **¿Qué más podemos comprar en la pastelería?**

**4 Expansion** Ask students to compare and contrast aspects of banking. Ex: ATM vs. traditional tellers; credit card vs. check; savings account vs. checking account. Have them work in groups of three to make a list of **Ventajas** and **Desventajas**.

**1 Script (continued)**
6. Cuando sales de la joyería, el cajero automático está a su lado. 7. No hay ninguna heladería cerca de la plaza. 8. La joyería está al oeste de la peluquería. 9. Hay una frutería al norte de la plaza. 10. No hay ninguna pastelería cerca de la plaza.
*Textbook CD*

**Teaching Tip** Show *Overhead PowerPoint #22* and ask students questions about the scene to elicit active vocabulary. Ex: **¿Qué hace la señora en la ventanilla? Y la gente que espera detrás de ella, ¿qué hace?** Then, involve students in a conversation about sending mail and the post office. Ex: **Necesito estampillas. ¿Dónde está el correo que está más cerca de aquí? A mí me parece que la carta es una forma de escritura en vías de extinción. Desde que uso el correo electrónico, casi nunca escribo cartas. ¿Quiénes todavía escriben cartas?**

**5 Expansion**
- After you have gone over the activity, have pairs role-play the conversation.
- Have pairs create short conversations similar to the one presented in the activity, but set in a different place of business. Ex: **el salón de belleza, la pescadería.**

**6 Teaching Tips**
- To simplify, create a word bank of useful phrases on the board. Ask volunteers to suggest expressions and grammatical constructions that will help students develop their role-plays.
- Go over the new vocabulary by asking questions. Ex: **¿Cuándo pedimos un préstamo? ¿Los cheques son para una cuenta corriente o una cuenta de ahorros?**

**¡LENGUA VIVA!**
Note that **correo** can mean either *mail* or *post office*. Other ways to say *post office* are **la oficina de correos** and **correos**.

**5** **Conversación** Completa la conversación entre Juanita y el cartero con las palabras más adecuadas.

CARTERO Buenas tardes, ¿es usted la señorita Ramírez? Le traigo un (1) paquete.
JUANITA Sí, soy yo. ¿Quién lo envía?
CARTERO La señora Ramírez. Y también tiene dos (2) cartas.
JUANITA Ay, pero ¡ninguna es de mi novio! ¿No llegó nada de Manuel Fuentes?
CARTERO Sí, pero él echó la carta al (3) buzón sin poner un (4) sello en el sobre.
JUANITA Entonces, ¿qué recomienda usted que haga?
CARTERO Sugiero que vaya al (5) correo. Con tal de que pague el costo del sello, se le puede dar la carta sin ningún problema.
JUANITA Uy, otra diligencia, y no tengo mucho tiempo esta tarde para (6) hacer cola en el correo, pero voy enseguida. ¡Ojalá que sea una carta de amor!

**¡LENGUA VIVA!**
In Spanish, **Soy yo** means *That's me* or *It's me*. **¿Eres tú?/ ¿Es usted?** means *Is that you?*

**6** **En el banco** Tú eres un(a) empleado/a de banco y tu compañero/a es un(a) estudiante que necesita abrir una cuenta corriente. En parejas, hagan una lista de las palabras que pueden necesitar para la conversación. Después lean estas situaciones y modifiquen su lista original según la situación.
Answers will vary.

- una pareja de recién casados quiere pedir un préstamo para comprar una casa
- una persona quiere información de los servicios que ofrece el banco
- un(a) estudiante va a estudiar al extranjero (*abroad*) y quiere saber qué tiene que hacer para llevar su dinero de una forma segura
- una persona acaba de ganar 50 millones de dólares en la lotería y quiere saber cómo invertirlos (*invest it*)

Ahora, escojan una de las cuatro situaciones y represéntenla para la clase.

Practice more at **descubre2.vhlcentral.com.**

**TEACHING OPTIONS**

**Extra Practice** Ask students to use the Internet to research banks in Spanish-speaking countries. Have them write a summary of branches, services, rates, and hours offered by the bank.
**Pairs** Have pairs list the five best local places for students. Ex: **la mejor pizza, el mejor corte de pelo.** Then have them write directions to each place from school. Expand by having students debate their choices.

**Game** Divide the class into two teams and have them sit in two rows facing one another so that a person from team A is directly across from a person from team B. Begin with the first two students and work your way down the rows. Say a word, and the first student to make an association with a different word wins a point for his or her team. Ex: You say: **correo**. The first person from team B answers: **sello**. Team B wins one point.

# Comunicación

**AYUDA**

Note these different meanings:

**quedar** *to be located; to be left over; to fit*

**quedarse** *to stay, to remain*

**7** **Diligencias** En parejas, decidan quién va a hacer cada diligencia y cuál es la manera más rápida de llegar a los diferentes lugares desde su escuela. Answers will vary.

*modelo*

cobrar unos cheques

**Estudiante 1:** *Yo voy a cobrar unos cheques. ¿Cómo llego al banco?*

**Estudiante 2:** *Conduce hacia el norte hasta cruzar la calle Oak. El banco queda en la esquina a la izquierda.*

1. enviar un paquete
2. comprar botas nuevas
3. comprar un pastel de cumpleaños
4. lavar unas camisas
5. comprar helado
6. cortarse (*to cut*) el pelo

**7 Teaching Tips** Draw a map of your school's campus and nearby streets with local commerce. Ask students to direct you. Ex: **¿En qué calle queda el banco más cercano? ¿Qué tienda se encuentra en la esquina de ____ y ____?**

**8** **El Hatillo** Trabajen en parejas para representar los papeles de un(a) turista que está perdido/a en El Hatillo y de un(a) residente de la ciudad que quiere ayudarlo/la. Answers will vary.

**NOTA CULTURAL**

**El Hatillo** es una ciudad cerca de Caracas, popular por su arquitectura pintoresca, sus restaurantes y sus tiendas de artesanía.

*modelo*

Plaza Sucre, café Primavera

**Estudiante 1:** *Perdón, ¿por dónde queda la Plaza Sucre?*

**Estudiante 2:** *Del café Primavera, camine derecho por la calle Sucre hasta cruzar la calle Comercio…*

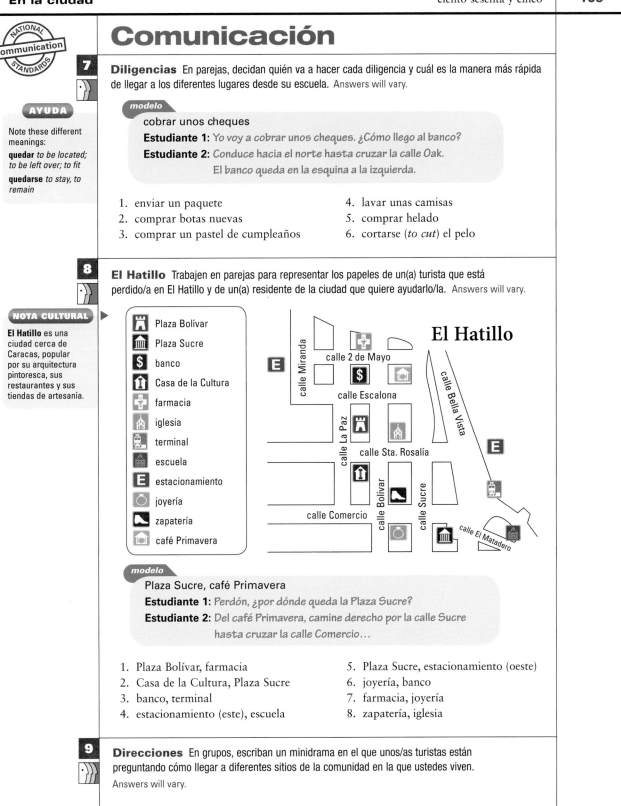

1. Plaza Bolívar, farmacia
2. Casa de la Cultura, Plaza Sucre
3. banco, terminal
4. estacionamiento (este), escuela
5. Plaza Sucre, estacionamiento (oeste)
6. joyería, banco
7. farmacia, joyería
8. zapatería, iglesia

**8 Teaching Tips**
- Go over the icons in the map's legend finding the places each represents.
- Explain that the task is to give directions to the first place from the second place. Ask students to find **café Primavera** and **Plaza Sucre** on the map.

**8 Expansion** Ask students to research **El Hatillo** on the Internet.

**9** **Direcciones** En grupos, escriban un minidrama en el que unos/as turistas están preguntando cómo llegar a diferentes sitios de la comunidad en la que ustedes viven. Answers will vary.

**9 Teaching Tips**
- As a class, brainstorm different tourist sites in and around your area. Write them on the board.
- Using one of the places listed on the board, model the activity by asking volunteers to give driving directions.

**TEACHING OPTIONS**

**TPR** Have students work in pairs. One partner is blindfolded and the other gives directions to get from one place in the classroom to another. Ex: **¿Quieres llegar de tu escritorio a la puerta? Bueno, camina derecho cinco pasos. Da tres pasos a la izquierda. Luego dobla a la derecha y camina cuatro pasos para que no choques con el escritorio. Estás cerca de la puerta. Sigue derecho dos pasos más. Allí está la puerta.**

**Game** Divide the class into teams of three. Each must write directions to a particular commercial establishment close to school. The teams read their directions, and the other teams try to guess what errand they are running. Each team that guesses correctly wins a point. The team with the most points wins.

## Section Goals

In **Fotonovela**, students will:

- receive comprehensible input from free-flowing discourse
- learn functional phrases that preview lesson grammatical structures

**Instructional Resources**
**v̂Text**
***Cuaderno de actividades,*** pp. 55–56
***e-Cuaderno***
**Supersite/DVD:** ***Fotonovela***
**Supersite/TRCD/Print:** ***Fotonovela*** Videoscript & Translation, Answer Keys

**Video Recap: Lección 4**
Before doing this **Fotonovela** section, review the previous one with this activity.
**1. ¿Adónde lleva Martín a los chicos? (al área donde van a ir de excursión) 2. ¿Qué dice él de la contaminación en la región? (Es un problema en todo el mundo; tienen un programa de reciclaje.) 3. ¿Qué dice Martín de la contaminación del río? (En las montañas no está contaminado; cerca de las ciudades tiene bastante contaminación.) 4. ¿Qué va a hacer Maite para proteger el medio ambiente? (Va a usar el metro.)**

**Video Synopsis** **Don Francisco** and **Martín** advise the students about things they need for the hike. **Álex** and **Maite** decide to go to the supermarket, the bank, and the post office. They get lost downtown, but a young man gives them directions. After finishing their errands, **Álex** and **Maite** return to the house.

**Teaching Tip** Ask students to predict what they would see and hear in an episode in which the main characters get lost while running errands. Then, ask them a few questions to help them summarize this episode.

# Estamos perdidos.

NATIONAL STANDARDS communication cultures

**Maite y Álex hacen diligencias en el centro.**

**PERSONAJES**

**MAITE**

**INÉS**

**DON FRANCISCO**

**ÁLEX**

**JAVIER**

**MARTÍN**

**JOVEN**

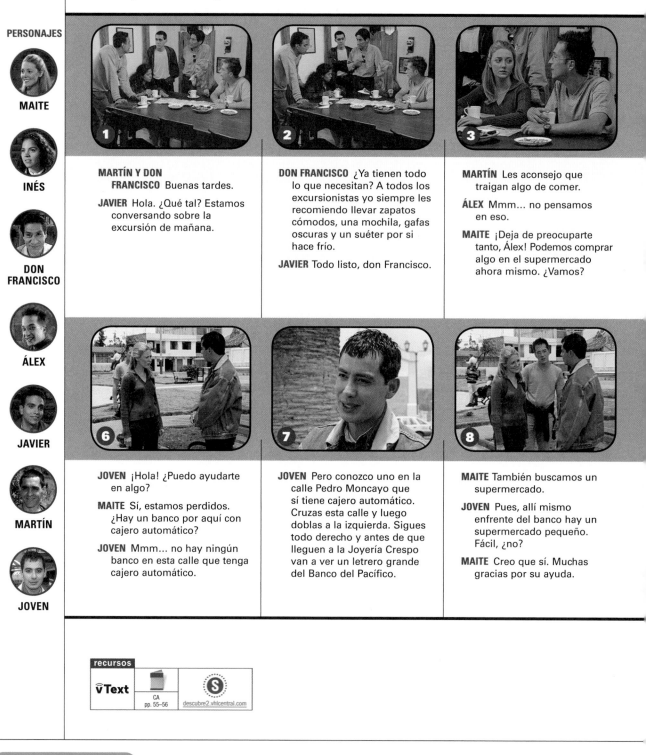

**MARTÍN Y DON FRANCISCO** Buenas tardes.

**JAVIER** Hola. ¿Qué tal? Estamos conversando sobre la excursión de mañana.

**DON FRANCISCO** ¿Ya tienen todo lo que necesitan? A todos los excursionistas yo siempre les recomiendo llevar zapatos cómodos, una mochila, gafas oscuras y un suéter por si hace frío.

**JAVIER** Todo listo, don Francisco.

**MARTÍN** Les aconsejo que traigan algo de comer.

**ÁLEX** Mmm... no pensamos en eso.

**MAITE** ¡Deja de preocuparte tanto, Álex! Podemos comprar algo en el supermercado ahora mismo. ¿Vamos?

**JOVEN** ¡Hola! ¿Puedo ayudarte en algo?

**MAITE** Sí, estamos perdidos. ¿Hay un banco por aquí con cajero automático?

**JOVEN** Mmm... no hay ningún banco en esta calle que tenga cajero automático.

**JOVEN** Pero conozco uno en la calle Pedro Moncayo que sí tiene cajero automático. Cruzas esta calle y luego doblas a la izquierda. Sigues todo derecho y antes de que lleguen a la Joyería Crespo van a ver un letrero grande del Banco del Pacífico.

**MAITE** También buscamos un supermercado.

**JOVEN** Pues, allí mismo enfrente del banco hay un supermercado pequeño. Fácil, ¿no?

**MAITE** Creo que sí. Muchas gracias por su ayuda.

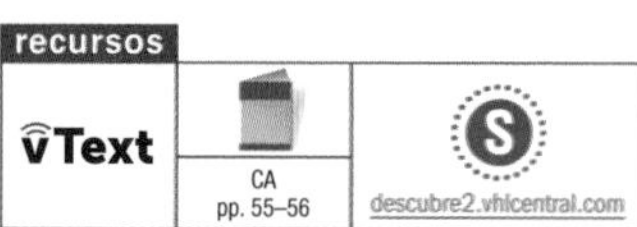


**TEACHING OPTIONS**

**Estamos perdidos** Play the **Resumen** segment of the **Estamos perdidos** episode without sound and ask the class to summarize what they see. Ask them to predict the content of the main episode based on what they see in the **Resumen**. Write their predictions on the board. Then play the entire episode and the **Resumen** with sound. Finally, through questions and discussion, lead the class to an accurate summary of the plot.

**ÁLEX** ¡Excelente idea! En cuanto termine mi café te acompaño.

**MAITE** Necesito pasar por el banco y por el correo para mandar unas cartas.

**ÁLEX** Está bien.

**ÁLEX** ¿Necesitan algo del centro?

**INÉS** ¡Sí! Cuando vayan al correo, ¿pueden echar estas postales al buzón? Además necesito unas estampillas.

**ÁLEX** Por supuesto.

**MAITE** Ten, guapa, tus sellos.

**INÉS** Gracias, Maite. ¿Qué tal les fue en el centro?

**MAITE** ¡Súper bien! Fuimos al banco y al correo. Luego en el supermercado compramos comida para la excursión. Y antes de regresar, paramos en una heladería.

**MAITE** ¡Ah! Y otra cosa. Cuando llegamos al centro conocimos a un joven muy simpático que nos dio direcciones. Era muy amable... ¡y muy guapo!

## Expresiones útiles

### Giving advice

- **Les recomiendo.../Hay que llevar zapatos cómodos.**
  *I recommend that you.../It's necessary to wear comfortable shoes.*
- **Les aconsejo que traigan algo de comer.**
  *I advise you to bring something to eat.*

### Talking about errands

- **Necesito pasar por el banco.**
  *I need to go by the bank.*
  **En cuanto termine mi café te acompaño.**
  *As soon as I finish my coffee, I'll go with you.*

### Getting directions

- **Estamos perdidos/as.**
  *We're lost.*
- **¿Hay un banco por aquí con cajero automático?**
  *Is there a bank around here with an ATM?*
  **Crucen esta calle y luego doblen a la izquierda/derecha.**
  *Cross this street and then turn to the left/right.*
  **Sigan todo derecho.**
  *Go straight ahead.*
  **Antes de que lleguen a la joyería van a ver un letrero grande.**
  *Before you get to the jewelry store, you're going to see a big sign.*
- **¿Por dónde queda el supermercado?**
  *Where is the supermarket?*
  **Está a dos cuadras de aquí.**
  *It's two blocks from here.*
  **Queda en la calle Flores.**
  *It's on Flores Street.*
  **Pues, allí mismo enfrente del banco hay un supermercado.**
  *Well, right in front of the bank there is a supermarket.*

**Teaching Tip** Ask volunteers to read the captions for the various parts for video stills 1–5 of the **Fotonovela**. Then have the class work in groups of four to read aloud the captions for video stills 6–10.

**Expresiones útiles** Draw attention to the title, **Estamos perdidos**. Tell the class that **perdidos** is a past participle of the verb **perder** and that it is used here as an adjective. Then point out the sentence in video still 6 **...no hay ningún banco en esta calle que tenga cajero automático.** Explain that its subordinate clause also functions as an adjective and, in this particular case, requires the subjunctive because the bank does not exist. Tell students that they will learn more about these concepts in **Estructura**.

### TEACHING OPTIONS

**Extra Practice** Photocopy the **Fotonovela** Videoscript (Supersite/TRCD/Print) and white out key vocabulary in order to make a master for a cloze activity. Distribute the copies and, as you play the **Estamos perdidos** episode, have students fill in the blanks.

**Small Groups** Ask volunteers to ad-lib the scenes in video stills 6–10 for the class. Tell them that it is not necessary to memorize the episode; they should just try to get the general meaning across with the vocabulary they know. Give students time to prepare or have them do their skit as a review activity in the next class period.

**1 Expansion** Give students these true/false statements as items 5–6: **5. El joven llevó a Álex y a Maite al banco. (Falso. El joven les dio direcciones.) 6. Después de hacer sus diligencias, Maite y Álex fueron a una heladería. (Cierto.)**

**2 Teaching Tip** Have students write these sentences on separate slips of paper so that they can rearrange them until they determine the correct order.

**3 Expansion** Have pairs come up with an additional situation and then make a list of the errands the **Fotonovela** characters need to run in order to complete it. Then have them read the list of errands aloud so the class can guess what the situation might be.

**4 Possible Conversation**
**E1: Voy al supermercado y a la heladería. ¿Quieres ir conmigo?**
**E2: Sí, en cuanto termine mi almuerzo te acompaño.**
**E1: Necesito pasar por el banco porque necesito dinero.**
**E2: Yo también necesito ir al banco. ¿Hay un banco por aquí con cajero automático?**
**E1: Hay un cajero automático a tres cuadras de aquí. Queda en la calle Libertad.**
**E2: También necesito ir a la lavandería y a una panadería para comprar pan.**
**E1: No hay problema… la panadería y la lavandería están cerca del banco.**
**E2: Oye, ¿qué vas a hacer esta noche?**
**E1: Voy a ir a la fiesta que celebran para un amigo. ¿Quieres venir?**
**E2: ¡Sí, gracias!**

# ¿Qué pasó?

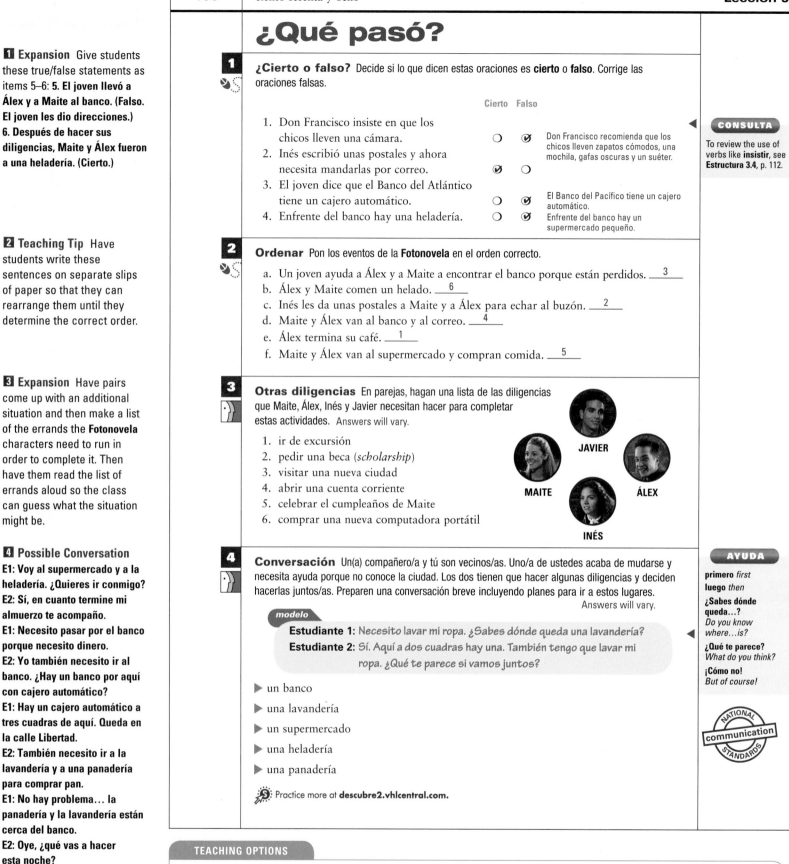

**1** **¿Cierto o falso?** Decide si lo que dicen estas oraciones es **cierto** o **falso**. Corrige las oraciones falsas.

| | Cierto | Falso | |
|---|---|---|---|
| 1. Don Francisco insiste en que los chicos lleven una cámara. | ○ | ✓ | Don Francisco recomienda que los chicos lleven zapatos cómodos, una mochila, gafas oscuras y un suéter. |
| 2. Inés escribió unas postales y ahora necesita mandarlas por correo. | ✓ | ○ | |
| 3. El joven dice que el Banco del Atlántico tiene un cajero automático. | ○ | ✓ | El Banco del Pacífico tiene un cajero automático. |
| 4. Enfrente del banco hay una heladería. | ○ | ✓ | Enfrente del banco hay un supermercado pequeño. |

**CONSULTA**
To review the use of verbs like **insistir**, see **Estructura 3.4**, p. 112.

**2** **Ordenar** Pon los eventos de la **Fotonovela** en el orden correcto.

a. Un joven ayuda a Álex y a Maite a encontrar el banco porque están perdidos. 3
b. Álex y Maite comen un helado. 6
c. Inés les da unas postales a Maite y a Álex para echar al buzón. 2
d. Maite y Álex van al banco y al correo. 4
e. Álex termina su café. 1
f. Maite y Álex van al supermercado y compran comida. 5

**3** **Otras diligencias** En parejas, hagan una lista de las diligencias que Maite, Álex, Inés y Javier necesitan hacer para completar estas actividades. Answers will vary.

1. ir de excursión
2. pedir una beca (*scholarship*)
3. visitar una nueva ciudad
4. abrir una cuenta corriente
5. celebrar el cumpleaños de Maite
6. comprar una nueva computadora portátil

JAVIER

MAITE

ÁLEX

INÉS

**4** **Conversación** Un(a) compañero/a y tú son vecinos/as. Uno/a de ustedes acaba de mudarse y necesita ayuda porque no conoce la ciudad. Los dos tienen que hacer algunas diligencias y deciden hacerlas juntos/as. Preparen una conversación breve incluyendo planes para ir a estos lugares. Answers will vary.

*modelo*
**Estudiante 1:** Necesito lavar mi ropa. ¿Sabes dónde queda una lavandería?
**Estudiante 2:** Sí. Aquí a dos cuadras hay una. También tengo que lavar mi ropa. ¿Qué te parece si vamos juntos?

- un banco
- una lavandería
- un supermercado
- una heladería
- una panadería

Practice more at **descubre2.vhlcentral.com.**

**AYUDA**
**primero** *first*
**luego** *then*
**¿Sabes dónde queda…?** *Do you know where…is?*
**¿Qué te parece?** *What do you think?*
**¡Cómo no!** *But of course!*

**TEACHING OPTIONS**

**Extra Practice** Add an auditory aspect to this vocabulary practice. Prepare several sets of directions that explain how to get to well-known places in your community, without mentioning the destinations by name. Read each set of directions aloud and ask the class to tell you where they would end up if they followed your directions.

**Pairs** Ask pairs to create a skit in which a tourist asks for directions in a Spanish-speaking country. Give the class sufficient time to prepare and rehearse the skits, then ask a few volunteers to role-play their skits for the class.

# Ortografía

## Las abreviaturas

In Spanish, as in English, abbreviations are often used in order to save space and time while writing. Here are some of the most commonly used abbreviations in Spanish.

**usted → Ud.** **ustedes → Uds.**

As you have already learned, the subject pronouns **usted** and **ustedes** are often abbreviated.

**don → D.** **doña → Dña.** **doctor(a) → Dr(a).**
**señor → Sr.** **señora → Sra.** **señorita → Srta.**

These titles are frequently abbreviated.

**centímetro → cm** **metro → m** **kilómetro → km**
**litro → l** **gramo → g, gr** **kilogramo → kg**

The abbreviations for these units of measurement are often used, but without periods.

**por ejemplo → p. ej.** **página(s) → pág(s).**

These abbreviations are often seen in books.

**derecha → dcha.** **izquierda → izq., izqda.**
**código postal → C.P.** **número → n.º**

These abbreviations are often used in mailing addresses.

**Banco → Bco.** **Compañía → Cía.**
**cuenta corriente → c/c.** **Sociedad Anónima (*Inc.*) → S.A.**

These abbreviations are frequently used in the business world.

**Práctica** Escribe otra vez esta información usando las abreviaturas adecuadas.

1. doña María Dña. María
2. señora Pérez Sra. Pérez
3. Compañía Mexicana de Inversiones Cía. Mexicana de Inversiones
4. usted Ud.
5. Banco de Santander Bco. de Santander
6. doctor Medina Dr. Medina
7. Código Postal 03697 C.P. 03697
8. cuenta corriente número 20-453 c/c.n.º 20-453

**Emparejar** En la tabla hay nueve abreviaturas. Empareja los cuadros necesarios para formarlas. S.A., Bco., cm, Dña., c/c., dcha., Srta., C.P., Ud.

| S. | c. | C. | c | co. | U |
|---|---|---|---|---|---|
| B | c/ | Sr | A. | D | dc |
| ta. | P. | ña. | ha. | m | d. |

**recursos**

| vText | CA p. 114 | CH p. 71 | descubre2.vhlcentral.com |
|---|---|---|---|

### Section Goal

In **Ortografía**, students will learn some common Spanish abbreviations.

**Instructional Resources**
**vText**
***Cuaderno de actividades***, p. 114
***Cuaderno para hispanohablantes***, p. 71
***e-Cuaderno***
**Supersite:** Textbook & Audio Activity MP3 Audio Files
**Supersite/TRCD/Print:** Textbook Audio Script; Audio Activity Script, Answer Keys
**Audio Activity CD:** CD 5, Tracks 5–9

### Teaching Tips

- Point out that the abbreviations **Ud.** and **Uds.** begin with a capital letter, though the spelled-out forms do not.
- Write **D., Dña., Dr., Dra., Sr., Sra.,** and **Srta.** on the board. Again, point out that the abbreviations begin with a capital letter, though the spelled-out forms do not.
- Point out that the period in **n.º** appears immediately after the **n**.

**Successful Language Learning** Tell students that the ability to recognize common abbreviations will make it easier for them to interpret written information in a Spanish-speaking country.

**TEACHING OPTIONS**

**Pairs** Working in pairs, have students write an imaginary mailing address that uses as many abbreviations as possible. Then have a few pairs write their work on the board and ask for volunteers to read the addresses aloud.

**Extra Practice** Write a list of abbreviations on the board; each abbreviation should have one letter missing. Have the class fill in the missing letters and tell you what each abbreviation stands for. Ex: **U__., D__a., g__, Bc__., d__ha., p__gs., __zq., S.__.**

## Section Goals

In **Cultura**, students will:

- read about public transportation
- learn transportation-related terms
- read about Mexican architect **Luis Barragán**
- read about nicknames for Latin American and Spanish cities

**Instructional Resources**
**vText**
***Cuaderno para hispanohablantes***, p. 72
**Supersite/DVD: *Flash cultura***
**Supersite/TRCD/Print:**
***Flash cultura*** Videoscript & Translation

**En detalle**

**Antes de leer** Ask students to predict the content of this reading based on the title, photo, and map. Have them share their experiences with public transportation.

**Lectura**

- Explain that most bus and subway stations have detailed maps with colors and station names in order to facilitate system use. Many stations are named after a neighborhood, an important building, or a monument in the area.
- Of the 175 stations in Mexico City's subway system, at least two downtown stations are attractions in themselves. **Insurgentes** is packed with market stalls and is a popular place for shopping. Near the National Palace, **Pino Suárez** houses an Aztec pyramid, which was unearthed during the **metro's** construction.

**Después de leer** Ask students to give examples of U.S. or Canadian cities that have transit systems, and if possible what type (**autobús, metro, tranvía,** or **tren**).

**1 Expansion** Ask students to write two additional true/false statements for a partner to complete.

EN DETALLE

# Paseando en metro

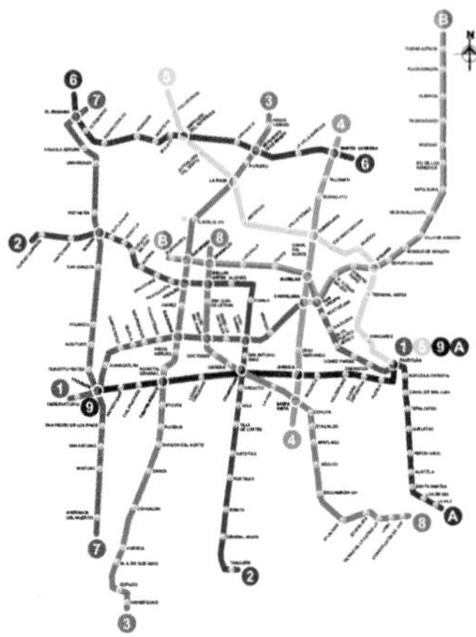

**Hoy es el primer día de Teresa en la Ciudad de México.** Debe tomar el metro para ir del centro de la ciudad a Coyoacán, en el sur. Llega a la estación Zócalo y compra un pasaje por el equivalente a veinte centavos° de dólar, ¡qué ganga! Con este pasaje puede ir a cualquier° parte de la ciudad o del área metropolitana.

NATIONAL STANDARDS connections cultures

No sólo en México, sino también en ciudades de Venezuela, Chile, Argentina y España, hay sistemas de transporte público eficientes y muy económicos. También suele haber° varios tipos de transporte: autobús, metro, tranvía°, microbús y tren. Generalmente se pueden comprar abonos° de uno o varios días para un determinado tipo de transporte.

Metro de Madrid

**El metro**

El primer metro de Suramérica que se abrió al público fue el de Buenos Aires, Argentina (1° de diciembre de 1913); el último, el de Valparaíso, Chile (23 de noviembre de 2005).

| Ciudad | Pasajeros/Día (aprox.) |
|---|---|
| México D.F., México | 4.500.000 |
| Madrid, España | 2.500.000 |
| Santiago, Chile | 2.500.000 |
| Buenos Aires, Argentina | 1.700.000 |
| Caracas, Venezuela | 1.623.216 |
| Medellín, Colombia | 500.000 |
| Guadalajara, México | 161.910 |

En algunas ciudades también existen abonos de transporte combinados que permiten usar, por ejemplo, el metro y el autobús o el autobús y el tren. En estas ciudades, los metros, autobuses y trenes pasan con mucha frecuencia. Las paradas° y estaciones están bien señalizadas°.

Vaya°, Teresa ya está llegando a Coyoacán. Con lo que ahorró en el pasaje del metro, puede comprarse un helado de mango y unos esquites° en el jardín Centenario.

centavos *cents* cualquier *any* suele haber *there usually are* tranvía *streetcar* abonos *passes* paradas *stops* señalizadas *labeled* Vaya *Well* esquites *toasted corn kernels*

ACTIVIDADES

**1** **¿Cierto o falso?** Indica si lo que dice cada oración es **cierto** o **falso**. Corrige la información falsa.

1. En la Ciudad de México, el pasaje de metro cuesta 20 dólares. Falso. Cuesta 20 centavos de dólar.
2. En México, un pasaje se puede usar sólo para ir al centro de la ciudad. Falso. Se puede usar para ir a cualquier parte de la ciudad y el área metropolitana.
3. Los trenes, autobuses y metros pasan con mucha frecuencia. Cierto.
4. En Venezuela, Chile, Argentina y España hay varios tipos de transporte. Cierto.
5. En ningún caso los abonos de transporte sirven para más de un tipo de transporte. Falso. Hay abonos combinados que permiten usar distintos tipos de transporte.
6. Hay pocos letreros en las paradas y estaciones. Falso. Las paradas y estaciones están bien señalizadas.
7. Los dos metros en los que viaja más gente cada día están en México y España. Cierto.
8. El metro que lleva menos tiempo en servicio es el de Medellín, Colombia. Falso. Es el de Valparaíso, Chile.

Practice more at **descubre2.vhlcentral.com.**

TEACHING OPTIONS

**Small Groups** Have students work in small groups, research one of the transportation systems mentioned in the reading, and create an informational poster. Tell them to include a system map, the pricing scheme, a brief history, and any other significant information. Have groups present their posters to the class.

**Pairs** In pairs, have students use the Internet to research a map of a Spanish-speaking city's subway system and write a dialogue between a tourist trying to get to a museum and a subway ticket agent. Encourage students to use formal commands. Have pairs role-play their dialogues for the class.

ASÍ SE DICE

## En la ciudad

| | |
|---|---|
| **el aparcamiento (Esp.); el parqueadero (Col., Pan.); el parqueo (Bol., Cuba, Amér. C.)** | **el estacionamiento** |
| **dar un aventón (Méx.); dar botella (Cuba); dar un chance (Col.)** | *to give (someone) a ride* |
| **el subterráneo, el subte (Arg.)** | **el metro** |

EL MUNDO HISPANO

## Apodos de ciudades

Así como Nueva York es la Gran Manzana, muchas ciudades hispanas tienen un apodo°.

- **La tacita° de plata°** A Cádiz, España, se le llama así por sus edificios blancos de estilo árabe.
- **Ciudad de la eterna primavera** Arica, Chile; Cuernavaca, México, y Medellín, Colombia, llevan este sobrenombre por su clima templado° durante todo el año.
- **La docta°** Así se conoce a la ciudad argentina de Córdoba por su gran tradición universitaria.
- **La ciudad de los reyes** Así se conoce Lima, Perú, porque fue la capital del Virreinato° del Perú y allí vivían los virreyes°.
- **Curramba la Bella** A Barranquilla, Colombia, se le llama así por su gente alegre y espíritu festivo.

apodo *nickname* tacita *little cup* plata *silver* templado *mild* docta *erudite* Virreinato *Viceroyalty* virreyes *viceroys*

PERFIL

# Luis Barragán: arquitectura y emoción

Para el arquitecto mexicano **Luis Barragán** (1902–1988) los sentimientos° y emociones que despiertan sus diseños eran muy importantes. Afirmaba° que la arquitectura tiene una dimensión espiritual. Para él, era belleza, inspiración, magia°, serenidad, misterio, silencio, privacidad, asombro°...

Las obras de Barragán muestran un suave° equilibrio entre la naturaleza y la creación humana. Su estilo también combina características de la arquitectura tradicional mexicana con conceptos modernos. Una característica de sus casas es las paredes envolventes° de diferentes colores con muy pocas ventanas.

Casa Barragán, Ciudad de México, 1947-1948

En 1980, Barragán obtuvo° el Premio Pritzker, algo así como el Premio Nobel de Arquitectura. Está claro que este artista logró° que sus casas transmitieran sentimientos especiales.

sentimientos *feelings* Afirmaba *He stated* magia *magic* asombro *amazement* suave *smooth* envolventes *enveloping* obtuvo *received* logró *managed*

**Conexión Internet**

¿Qué otros arquitectos combinan las construcciones con la naturaleza?

Go to **descubre2.vhlcentral.com** to find more cultural information related to this **Cultura** section.

ACTIVIDADES

**2** **Comprensión** Responde a las preguntas.

1. ¿En qué país estás si te dicen "Dame un chance al parqueadero"? en Colombia
2. ¿Qué ciudades tienen clima templado todo el año? Arica, Chile; Cuernavaca, México; y Medellín, Colombia
3. ¿Qué es más importante en los diseños de Barragán: la naturaleza o la creación humana? Son igual de importantes.
4. ¿Qué premio obtuvo Barragán y cuándo? Barragán obtuvo el Premio Pritzker en 1980.

**3** **¿Qué ciudad te gusta?** Escribe un párrafo breve sobre el sentimiento que despiertan las construcciones que hay en una ciudad o un pueblo que te guste mucho. Explica cómo es el lugar y cómo te sientes cuando estás allí. Inventa un apodo para este lugar. Answers will vary.

recursos

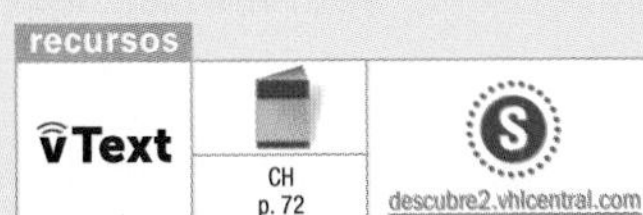


TEACHING OPTIONS

**Large Groups** Divide the class into two groups. Give each member of the first group a card with a nickname from **El mundo hispano**. Give each member of the second group a card with the reason for the nickname. Have students circulate around the room, asking questions until they find their partners. Finally, have the class form a "map" of the cities. Ask pairs to read their cards aloud.

**Extra Practice** If time and resources permit, have students use the Internet or library to find and copy a picture of one of **Luis Barragán's** buildings or spaces. Ask them to write five sentences describing the photo. Also tell them to include their personal opinions. Encourage students to compare the work to another building or space with which they are familiar.

**Así se dice** To challenge students, add these words to the list: **el estanco (Esp.)** (*shop where tobacco, stamps, and postcards are sold*); **llevar** (*to give [someone] a ride*); **la nevería (Méx.)** (*ice cream shop*); **el parquímetro** (*parking meter*); **la perfumería** (*perfume shop*); **el quiosco** (*newsstand*); **la relojería** (*clock and watch shop*); **la tienda de abarrotes (Méx., Andes), la abarrotería (Guat., Méx., Pan.), la bodega (Cuba, Perú, Ven.), el colmado (R. Dom., P. Rico)** (*grocery store*).

**Perfil** **Luis Barragán** traveled extensively in Spain, France, and Morocco. These experiences inspired him to relate the architecture of North Africa and the Mediterranean to that of Mexico. In 2004, **Barragán's** home and studio were named a UNESCO World Heritage site.

**El mundo hispano**

- You may want to include other city nicknames. Ex: **La arenosa (Barranquilla, Colombia), La Atenas suramericana (Bogotá, Colombia), La ciudad blanca (Arequipa, Perú), La ciudad imperial (Cuzco, Perú), La perla del Pacífico (Guayaquil, Ecuador).**
- Ask students what city they would like to visit and why.

**2 Expansion** Give students these questions as items 5–6:
**5. ¿En qué país estás si un amigo te da botella a un lugar? (Cuba)**
**6. ¿Qué ciudad argentina es conocida por su gran tradición universitaria? (Córdoba)**

**3 Teaching Tips**

- To simplify, have students work in small groups to brainstorm a list of descriptive adjectives and verbs of emotion.
- To add a visual aspect to this activity, have students bring in or draw pictures of the place they are describing.

## 5 estructura

### Section Goal

In **Estructura 5.1**, students will learn the use of the subjunctive in adjective clauses.

**Instructional Resources**
**vText**
***Cuaderno de actividades,*** pp. 17–18, 21, 115
***Cuaderno de práctica,*** pp. 53–54
***Cuaderno para hispanohablantes,*** p. 73
***e-Cuaderno***
**Supersite:** Audio Activity MP3 Audio Files
**Supersite/TRCD/Print:** *PowerPoints* (**Lección 5 Estructura** Presentation); Communication Activities, Audio Activity Script, Answer Keys
**Audio Activity CD:** CD 5, Tracks 10–13

### Teaching Tips

- Add a visual aspect to this grammar presentation. Use magazine pictures to compare and contrast the uses of the indicative and subjunctive in adjective clauses. Ex: **Esta casa tiene una fuente en el jardín. Yo busco una casa que tenga piscina. Este señor come insectos vivos. ¿Conocen a alguien que coma insectos vivos?**
- Ask volunteers to answer questions that describe their wishes. Ex: **¿Qué buscas en una casa? ¿Qué buscas en un(a) amigo/a?**
- Ask volunteers to read the captions to the video stills and point out the subordinate adjective clause and its antecedent, then indicate the verb in the present subjunctive.
- Make sure to point out the role that definite vs. indefinite articles play in determining the use of the indicative vs. the subjunctive.

# 5.1 The subjunctive in adjective clauses

NATIONAL STANDARDS comparisons

**ANTE TODO** In **Lección 4**, you learned that the subjunctive is used in adverbial clauses after certain conjunctions. You will now learn how the subjunctive can be used in adjective clauses (**cláusulas adjetivas**) to express that the existence of someone or something is uncertain or indefinite.

¿Hay un banco por aquí que tenga cajero automático?

No hay ningún banco en esta calle que tenga cajero automático.


▶ The subjunctive is used in an adjective (or subordinate) clause that refers to a person, place, thing, or idea that either does not exist or whose existence is uncertain or indefinite. In the examples below, compare the differences in meaning between the statements using the indicative and those using the subjunctive.

**¡ATENCIÓN!**
Adjective clauses are subordinate clauses that modify a noun or pronoun in the main clause of a sentence. That noun or pronoun is called the *antecedent*.

| Indicative | Subjunctive |
|---|---|
| Necesito **el libro** que **tiene** información sobre Venezuela.<br>*I need **the book** that has information about Venezuela.* | Necesito **un libro** que **tenga** información sobre Venezuela.<br>*I need **a book** that has information about Venezuela.* |
| Quiero vivir en **esta casa** que **tiene** jardín.<br>*I want to live in **this house** that has a garden.* | Quiero vivir en **una casa** que **tenga** jardín.<br>*I want to live in **a house** that has a garden.* |
| En mi barrio, hay **una heladería** que **vende** helado de mango.<br>*In my neighborhood, **there's an ice cream shop** that sells mango ice cream.* | En mi barrio no hay **ninguna heladería** que **venda** helado de mango.<br>*In my neighborhood, **there is no ice cream shop** that sells mango ice cream.* |

▶ When the adjective clause refers to a person, place, thing, or idea that is clearly known, certain, or definite, the indicative is used.

Quiero ir **al supermercado** que **vende** productos venezolanos.
*I want to go to the supermarket that sells Venezuelan products.*

Busco **al profesor** que **enseña** japonés.
*I'm looking for the professor who teaches Japanese.*

Conozco **a alguien** que **va** a esa peluquería.
*I know someone who goes to that beauty salon.*

Tengo **un amigo** que **vive** cerca de mi casa.
*I have a friend who lives near my house.*

### TEACHING OPTIONS

**Extra Practice** To provide oral practice with adjective clauses in the subjunctive and indicative, create sentences that follow the pattern of the sentences in the examples. Say a sentence, have students repeat it, then change the main clause. Have students then say the sentence with the new clause, changing the subordinate clause as necessary. **Conozco una tienda donde venden helados riquísimos. (Busco una tienda donde...)**

**Heritage Speakers** Ask heritage speakers to compare and contrast business establishments in their cultural communities and communities outside it. They should use both the indicative and the subjunctive, varying the verbs in the main clause as much as possible.

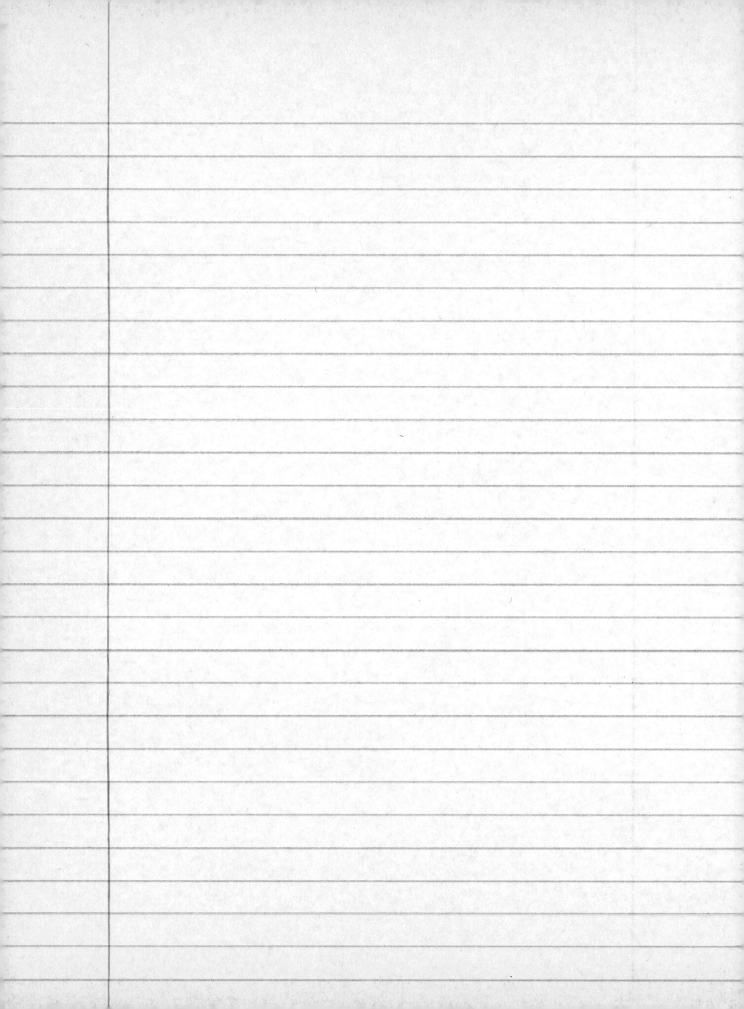

- The personal **a** is not used with direct objects that are hypothetical people. However, as you learned in **Descubre, nivel 1**, **alguien** and **nadie** are always preceded by the personal **a** when they function as direct objects.

| | |
|---|---|
| Necesitamos **un empleado** que **sepa** usar computadoras. *We need an employee who knows how to use computers.* | Necesitamos **al empleado** que **sabe** usar computadoras. *We need the employee who knows how to use computers.* |
| Buscamos **a alguien** que **pueda** cocinar. *We're looking for someone who can cook.* | No conocemos **a nadie** que **pueda** cocinar. *We don't know anyone who can cook.* |

- The subjunctive is commonly used in questions with adjective clauses when the speaker is trying to find out information about which he or she is uncertain. However, if the person who responds to the question knows the information, the indicative is used.

| | |
|---|---|
| —¿Hay un parque que **esté** cerca de nuestro hotel? *Is there a park that's near our hotel?* | —Sí, hay un parque que **está** muy cerca del hotel. *Yes, there's a park that's very near the hotel.* |

- **¡Atención!** Here are some verbs which are commonly followed by adjective clauses in the subjunctive:

**Words commonly used with subjunctive**

| | |
|---|---|
| **buscar** | **haber** |
| **conocer** | **necesitar** |
| **no encontrar** | **querer** |

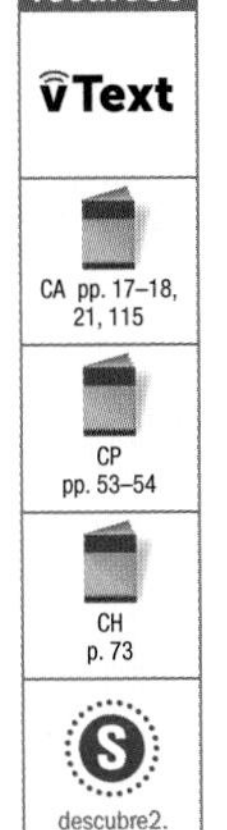


**¡INTÉNTALO!** Escoge entre el subjuntivo y el indicativo para completar cada oración.

1. Necesito una persona que __pueda__ (puede/pueda) cantar bien.
2. Buscamos a alguien que __tenga__ (tiene/tenga) paciencia.
3. ¿Hay restaurantes aquí que __sirvan__ (sirven/sirvan) comida japonesa?
4. Tengo una amiga que __saca__ (saca/saque) fotografías muy bonitas.
5. Hay una carnicería que __está__ (está/esté) cerca de aquí.
6. No vemos ningún apartamento que nos __interese__ (interesa/interese).
7. Conozco a un estudiante que __come__ (come/coma) hamburguesas todos los días.
8. ¿Hay alguien que __diga__ (dice/diga) la verdad?

**Teaching Tips**

- Ask closed-ended questions, repeating students' answers using complete sentences and the subjunctive. Ex: ____, **¿conoces a alguien que sepa hablar japonés? (No.) ____ no conoce a nadie que sepa japonés, pero ____ conoce a una joven japonesa que estudia inglés.**
- Test comprehension as you proceed by asking volunteers to supply the correct form of verbs for adjective clauses you suggest. Ex: **Prefiero la playa donde ____ menos gente. (hay) Prefiero una playa donde ____ menos gente. (haya)**
- Suggest main clauses with the verbs from the list and ask students to write the adjective clause. Ex: **Necesito un coche que... ; Busco al señor que... ; No hay nadie que...**
- Ask a volunteer to read the realia and explain why the verb **necesite** is in the subjunctive.

**TEACHING OPTIONS**

**Pairs** Ask pairs to rewrite the sentences in the **¡Inténtalo!** activity with the unused verbs **(puede, tiene, sirven, saque, esté, interesa, coma, dice)** and change the main clauses accordingly.

**Extra Practice** Ask students to describe the ideal community. Their descriptions should include only sentences in the subjunctive. Refer them to the verbs in the list to help them develop their descriptions.

# Práctica

**1 Teaching Tip** Briefly review the use of the indicative and subjunctive in adjective clauses. Write two contrasting sentences on the board. Ex: **Conozco una pastelería donde sirven café. No hay ninguna pastelería en este barrio donde sirvan café.** Then ask volunteers to explain why the indicative or subjunctive was used in each sentence.

**2 Teaching Tip** Have volunteers write each "rehydrated" sentence on the board. Ask other volunteers to point out why the subjunctive or indicative was used in each sentence.

**2 Expansion** Ask pairs to invent an ending to **Marta's** day of running errands by writing a few sentences using the subjunctive in adjective clauses. Ex: **No encuentro una estación de metro que quede cerca.**

**3 Teaching Tips**
- Ask volunteers to discuss the types of information found in classified ads. Write them on the board.
- Have students do the activity by studying the ads for a few minutes and then discussing them with a partner with their books closed.

**3 Expansion** Have pairs compose their own classified ad for one of the topics listed on the board but not covered in the activity.

**1** **Completar** Completa estas oraciones con la forma correcta del indicativo o del subjuntivo de los verbos entre paréntesis.

1. Buscamos un hotel que tenga (tener) piscina.
2. ¿Sabe usted dónde queda (quedar) el Correo Central?
3. ¿Hay algún buzón por aquí donde yo pueda (poder) echar una carta?
4. Ana quiere ir a la carnicería que está (estar) en la avenida Lecuna.
5. Encontramos un restaurante que sirve (servir) comida típica venezolana.
6. ¿Conoces a alguien que sepa (saber) mandar un *fax* por computadora?
7. Necesitas al empleado que entiende (entender) este nuevo programa de computación.
8. No hay nada en este mundo que sea (ser) gratis.

**2** **Oraciones** Marta está haciendo diligencias en Caracas con una amiga. Forma oraciones con estos elementos, usando el presente del indicativo o del subjuntivo. Haz los cambios que sean necesarios.

1. yo / conocer / un / panadería / que / vender / pan / cubano
   Yo conozco una panadería que vende pan cubano.
2. ¿hay / alguien / que / saber / dirección / de / un / buen / carnicería?
   ¿Hay alguien que sepa la dirección de una buena carnicería?
3. yo / querer / comprarle / mi / hermana / un / zapatos / que / gustar
   Yo quiero comprarle a mi hermana unos zapatos que le gusten.
4. ella / no / encontrar / nada / que / gustar / en / ese / zapatería
   Ella no encuentra nada que le guste en esa zapatería.
5. ¿tener / dependientas / algo / que / ser / más / barato?
   ¿Tienen las dependientas algo que sea más barato?
6. ¿conocer / tú / alguno / banco / que / ofrecer / cuentas / corrientes / gratis?
   ¿Conoces tú algún banco que ofrezca cuentas corrientes gratis?
7. nosotras / no / conocer / nadie / que / hacer / tanto / diligencias / como / nosotras
   Nosotras no conocemos a nadie que haga tantas diligencias como nosotras.
8. nosotras / necesitar / un / línea / de / metro / que / nos / llevar / a / casa
   Nosotras necesitamos una línea de metro que nos lleve a casa.

**NOTA CULTURAL**

El **metro** de Caracas empezó a funcionar en 1983, después de varios años de intensa publicidad para promoverlo (*promote it*). El arte fue un recurso importante en la promoción del metro. En las estaciones se pueden admirar obras (*works*) de famosos escultores venezolanos como Carlos Cruz-Diez y Jesús Rafael Soto.

**3** **Anuncios clasificados** En parejas, lean estos anuncios y luego describan el tipo de persona u objeto que se busca. Answers will vary.

**CLASIFICADOS**

**VENDEDOR(A)** Se necesita persona dinámica y responsable con buena presencia. Experiencia mínima de un año. Horario de trabajo flexible. Llamar a Joyería Aurora de 10 a 13h y de 16 a 18h. Tel: 263-7553

**PELUQUERÍA UNISEX** Se busca persona con experiencia en peluquería y maquillaje para trabajar tiempo completo. Llamar de 9 a 13: 30h. Tel: 261-3548

**COMPARTIR APARTAMENTO** Se necesita compañera para compartir apartamento de 2 alcobas en el Chaco. Alquiler $500 por mes. No fumar. Llamar al 951-3642 entre 19 y 22h.

**CLASES DE INGLÉS** Profesor de Inglaterra con diez años de experiencia ofrece clases para grupos o instrucción privada para individuos. Llamar al 933-4110 de 16:30 a 18:30.

**SE BUSCA CONDOMINIO** Se busca condominio en Sabana Grande con 3 alcobas, 2 baños, sala, comedor y aire acondicionado. Tel: 977-2018.

**EJECUTIVO DE CUENTAS** Se requiere joven profesional con al menos dos años de experiencia en el sector financiero. Se ofrecen beneficios excelentes. Enviar currículum vitae al Banco Unión, Avda. Urdaneta 263, Caracas.

Practice more at **descubre2.vhlcentral.com.**

**TEACHING OPTIONS**

**Pairs** Have students write a description of the kind of place where they would like to vacation, using the subjunctive. Then have them exchange papers and suggest places that satisfy the desired characteristics. Ex: **Quiero ir de vacaciones a un lugar donde pueda esquiar en julio. (Bariloche, Argentina, es un lugar donde puedes esquiar en julio.)**

**Extra Practice** Add an auditory aspect to this grammar practice. Prepare a series of sentences. Read each one twice, pausing to allow students time to write. Ex: **1. ¿Conoces una peluquería donde un corte de pelo no sea muy caro? 2. Sí, el salón de belleza que está al lado del banco tiene precios bajos. 3. No hay otra peluquería que tenga tan buen servicio. 4. Gracias, tú siempre me das consejos que me ayudan. 5. Espero que te guste la peluquería.** Ask students why the subjunctive was or wasn't used in each example.

# Comunicación

**4** 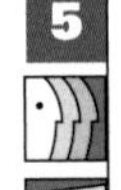

**Subjuntivo** Completa estas frases de una manera lógica. Luego, compara tus respuestas con las de un(a) compañero/a. Answers will vary.

1. Algún día deseo un trabajo (*job*) que...
2. Algún día espero tener un apartamento (una casa) que...
3. Mis padres buscan un carro que..., pero yo quiero un carro que...
4. Tengo un(a) amigo/a que...
5. Un(a) consejero/a (*advisor*) debe ser una persona que...
6. Me gustaría (*I would like*) conocer a alguien que...
7. En esta clase no hay nadie que...
8. No tengo ningún profesor que...

**5**

**Encuesta** Tu profesor(a) va a darte una hoja de actividades. Circula por la clase y pregúntales a tus compañeros/as si conocen a alguien que haga cada actividad de la lista. Si responden que sí, pregúntales quién es y anota sus respuestas. Luego informa a la clase los resultados de tu encuesta. Answers will vary.

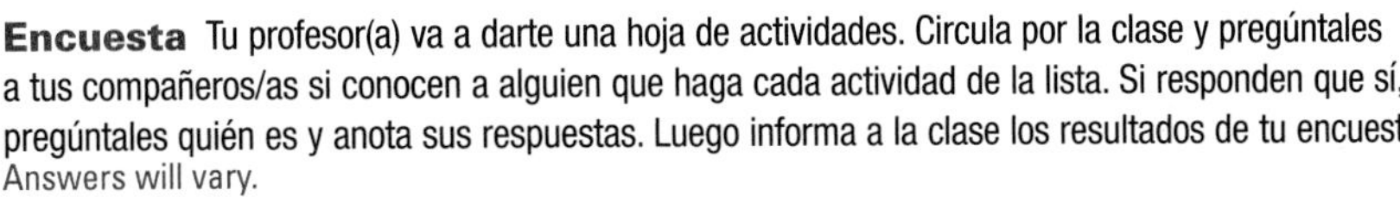

modelo

trabajar en un supermercado
**Estudiante 1:** ¿Conoces a alguien que trabaje en un supermercado?
**Estudiante 2:** Sí, conozco a alguien que trabaja en un supermercado. Es mi hermano menor.

| Actividades | Nombres | Respuestas |
|---|---|---|
| 1. dar direcciones buenas | | |
| 2. hablar japonés | | |
| 3. graduarse este año | | |
| 4. necesitar un préstamo | | |
| 5. pedir prestado un carro | | |
| 6. odiar ir de compras | | |
| 7. ser venezolano/a | | |
| 8. manejar una motocicleta | | |
| 9. trabajar en una zapatería | | |
| 10. no tener tarjeta de crédito | | |

# Síntesis

**6**  

**Busca los cuatro** Tu profesor(a) te va a dar una hoja con ocho anuncios clasificados y a tu compañero/a otra hoja con ocho anuncios distintos a los tuyos. Háganse preguntas para encontrar los cuatro anuncios de cada hoja que tienen su respuesta en la otra. Answers will vary.

modelo

**Estudiante 1:** ¿Hay alguien que necesite una alfombra?
**Estudiante 2:** No, no hay nadie que necesite una alfombra.

recursos

vText

CA pp. 17–18, 21

**TEACHING OPTIONS**

**Video** Show the **Fotonovela** episode again to give students more input on the use of the subjunctive in adjective clauses. Stop the video where appropriate to discuss why the subjunctive or indicative was used.

**Small Groups** Ask students to bring in travel brochures or tourist information from the Internet. Divide the class into groups of four and have them write a short radio spot for one of the tourist locations using only the subjunctive and formal commands.

**4 Teaching Tip** Model the activity by giving a personal example. Write, for example, **No conozco ningún restaurante que...** on the board, then complete the sentence. Ex: **No conozco ningún restaurante que sirva comida venezolana. No conozco ningún restaurante que tenga un patio grande.**

**4 Expansion** Assign students to groups of six. Have each student compare his or her responses with those of the rest of the group. Then ask the group to pick two responses and make a visual representation of them. Designate a student from each group to show the visual and have the class guess what the response was. Guesses should include an adjective clause.

**5 Teaching Tip** Distribute the Communication Activities worksheets that correspond to this activity.

**5 Expansion** Have pairs write six original sentences with adjective clauses based on the answers of the **encuesta**. Three sentences should have subordinate clauses in the subjunctive and three in the indicative.

**6 Teaching Tip** Divide the class into pairs and distribute the Communication Activities worksheets that correspond to this activity. Give students ten minutes to complete the activity.

**6 Expansion** Have pairs write counterparts for two of the ads that do not have them. One ad should be for someone wanting to buy something and the other for someone wanting to sell something.

## Section Goal

In **Estructura 5.2**, students will learn **nosotros/as** commands.

**Instructional Resources**
**vText**
***Cuaderno de actividades,*** pp. 19–20, 116
***Cuaderno de práctica,*** pp. 55–56
***Cuaderno para hispanohablantes,*** p. 74
***e-Cuaderno***
**Supersite:** Audio Activity MP3 Audio Files
**Supersite/TRCD/Print:** *PowerPoints* (**Lección 5 Estructura** Presentation); Communication Activities, Audio Activity Script, Answer Keys
**Audio Activity CD:** CD 5, Tracks 14–17

### Teaching Tips

- Model the **nosotros/as** commands by making suggestions to the class. Begin by having students respond to **tú** and **ustedes** commands, and then add commands for the class as a whole. Ex: ____, **abre el libro.** ____ **y** ____, **abran el libro. Ahora todos, abramos el libro. Abrámoslo.**
- Check comprehension by asking volunteers to convert **vamos a** + [*infinitive*] suggestions into **nosotros/as** commands.
- Call out affirmative commands and point to individuals to convert them into negative commands (and vice versa).
- Call out commands with object nouns and ask volunteers to repeat the commands with the appropriate pronouns.

**Successful Language Learning** Ask students how they might use the **nosotros/as** commands when they are out with a group of Spanish speakers.

# 5.2 Nosotros/as commands

NATIONAL STANDARDS comparisons

**ANTE TODO** You have already learned familiar (**tú**) commands and formal (**usted/ustedes**) commands. You will now learn **nosotros/as** commands, which are used to give orders or suggestions that include yourself and other people.

- **Nosotros/as** commands correspond to the English *Let's.*

- Both affirmative and negative **nosotros/as** commands are generally formed by using the first-person plural form of the present subjunctive.

| | |
|---|---|
| **Crucemos** la calle. | **No crucemos** la calle. |
| *Let's cross the street.* | *Let's not cross the street.* |

- The affirmative *Let's* + [*verb*] command may also be expressed with **vamos a** + [*infinitive*]. Remember, however, that **vamos a** + [*infinitive*] can also mean *we are going to (do something).* Context and tone of voice determine which meaning is being expressed.

| | |
|---|---|
| **Vamos a cruzar** la calle. | **Vamos a trabajar** mucho. |
| *Let's cross the street.* | *We're going to work a lot.* |

- To express *Let's go*, the present indicative form of **ir** (**vamos**) is used, not the subjunctive. For the negative command, however, the subjunctive is used.

| | |
|---|---|
| **Vamos** a la pescadería. | No **vayamos** a la pescadería. |

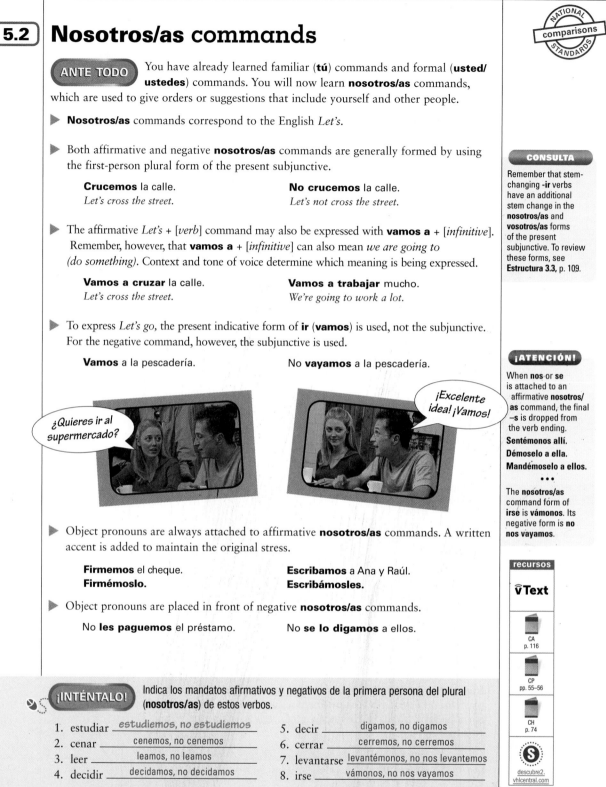

¿Quieres ir al supermercado?

- Object pronouns are always attached to affirmative **nosotros/as** commands. A written accent is added to maintain the original stress.

| | |
|---|---|
| **Firmemos** el cheque. | **Escribamos** a Ana y Raúl. |
| **Firmémoslo.** | **Escribámosles.** |

- Object pronouns are placed in front of negative **nosotros/as** commands.

| | |
|---|---|
| No **les paguemos** el préstamo. | No **se lo digamos** a ellos. |

**CONSULTA**

Remember that stem-changing **-ir** verbs have an additional stem change in the **nosotros/as** and **vosotros/as** forms of the present subjunctive. To review these forms, see **Estructura 3.3**, p. 109.

**¡ATENCIÓN!**

When **nos** or **se** is attached to an affirmative **nosotros/as** command, the final **-s** is dropped from the verb ending.

**Sentémonos allí.**
**Démoselo a ella.**
**Mandémoselo a ellos.**

• • •

The **nosotros/as** command form of **irse** is **vámonos**. Its negative form is **no nos vayamos**.

**¡INTÉNTALO!** Indica los mandatos afirmativos y negativos de la primera persona del plural (**nosotros/as**) de estos verbos.

1. estudiar *estudiemos, no estudiemos*
2. cenar cenemos, no cenemos
3. leer leamos, no leamos
4. decidir decidamos, no decidamos
5. decir digamos, no digamos
6. cerrar cerremos, no cerremos
7. levantarse levantémonos, no nos levantemos
8. irse vámonos, no nos vayamos

**recursos**

**vText**

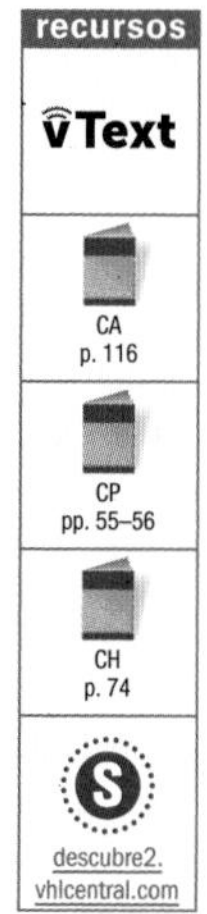

CA
p. 116
CP
pp. 55–56
CH
p. 74
descubre2.vhlcentral.com


**TEACHING OPTIONS**

**TPR** Brainstorm gestures related to this lesson's vocabulary. Have students stand. At random, call out **nosotros/as** commands. All students should perform the appropriate gesture. Keep a brisk pace. Ex: **Echemos una carta al buzón. Hagamos cola. Firmemos un cheque. Paguemos en efectivo. Pidamos un préstamo. Llenemos un formulario.**

**Extra Practice** To provide oral practice with **nosotros/as** commands, create sentences with **vamos a** before the name of a business. Ex: **Vamos al banco./Vamos a la peluquería.** Say the sentence, have students repeat it, then call on individual students to add an appropriate **nosotros/as** command form. Ex: **Saquemos dinero./Cortémonos el pelo.**

# Práctica

**1** **Completar** Completa esta conversación con mandatos de **nosotros/as.** Luego, representa la conversación con un(a) compañero/a.

**MARÍA** Sergio, ¿quieres hacer diligencias ahora o por la tarde?
**SERGIO** No (1) las dejemos (dejarlas) para más tarde. (2) Hagámoslas (Hacerlas) ahora. ¿Qué tenemos que hacer?
**MARÍA** Necesito comprar sellos.
**SERGIO** Yo también. (3) Vamos (Ir) al correo.
**MARÍA** Pues, antes de ir al correo, necesito sacar dinero de mi cuenta corriente.
**SERGIO** Bueno, (4) busquemos (buscar) un cajero automático.
**MARÍA** ¿Tienes hambre?
**SERGIO** Sí. (5) Crucemos (Cruzar) la calle y (6) entremos (entrar) en ese café.
**MARÍA** Buena idea.
**SERGIO** ¿Nos sentamos aquí?
**MARÍA** No, no (7) nos sentemos (sentarse) aquí; (8) sentémonos (sentarse) enfrente de la ventana.
**SERGIO** ¿Qué pedimos?
**MARÍA** (9) Pidamos (Pedir) café y pan dulce.

**1 Expansion** Encourage pairs performing in front of the class to ad-lib additional material as they see fit.

**2** **Responder** Responde a cada mandato de **nosotros/as** según las indicaciones. Sustituye los sustantivos por los objetos directos e indirectos.

modelo

Vamos a vender el carro. (sí)
*Sí, vendámoslo.*

1. Vamos a levantarnos a las seis. (sí) Sí, levantémonos a las seis.
2. Vamos a enviar los paquetes. (no) No, no los enviemos.
3. Vamos a depositar el cheque. (sí) Sí, depositémoslo.
4. Vamos al supermercado. (no) No, no vayamos al supermercado.
5. Vamos a mandar esta postal a nuestros amigos. (no) No, no se la mandemos.
6. Vamos a limpiar la habitación. (sí) Sí, limpiémosla.
7. Vamos a mirar la televisión. (no) No, no la miremos.
8. Vamos a bailar. (sí) Sí, bailemos.
9. Vamos a pintar la sala. (no) No, no la pintemos.
10. Vamos a comprar estampillas. (sí) Sí, comprémoslas.

**2 Expansion** To challenge students, have pairs create another logical **nosotros/as** command for each item. Ex: **1. Vamos a levantarnos a las seis. (Sí, levantémonos a las seis. Y acostémonos temprano por la noche.)**

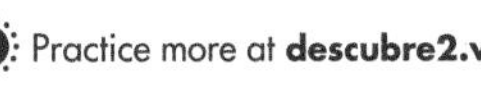
Practice more at **descubre2.vhlcentral.com.**

**TEACHING OPTIONS**

**Small Groups** Divide the class into groups of three. Student A writes a sentence that contains a **nosotros/as** command with direct or indirect objects. Ex: **Firmemos el cheque.** Student B must rewrite the sentence using pronouns. Ex: **Firmémoslo.** Then, student C must express the statement negatively. Ex: **No lo firmemos.** Have them switch roles and continue writing sentences until each has played student A twice.

**Game** Divide the class into teams of three. Teams will take turns responding to your cues with a **nosotros/as** command. Ex: **Necesitamos pan. (Vamos a la panadería.)** Give the cue. Allow the team members to confer and come up with a team answer, and then call on a team. Each correct answer earns one point. The team with the most points at the end wins.

**3 Expansion** To challenge students, ask them to expand their answers by adding a reason for their choice. Ex: **Paguemos en efectivo. Tenemos bastante dinero.**

**4 Expansion** Have groups bring in tourist information for another city in the Spanish-speaking world and repeat the activity. Encourage them to make copies of this information for the class. They should then present to the class their suggestions for what to do, using **nosotros/as** commands.

**5 Expansion** Call on pairs to perform their **Situación** for the class.

**Teaching Tip** See the Communication Activities for an additional activity to practice the material presented in this section.

# Comunicación

**3** **Preguntar** Tú y tu compañero/a están de vacaciones en Caracas con un grupo de la escuela y se hacen sugerencias para resolver las situaciones que se presentan. Inventen mandatos afirmativos o negativos de **nosotros/as.** Answers will vary.

**modelo**

Se nos olvidaron las tarjetas de crédito.
*Paguemos en efectivo./No compremos más regalos.*

A

1. El museo está a sólo una cuadra de aquí.
2. Tenemos hambre.
3. Hay mucha cola en el cine.

B

1. Tenemos muchos cheques de viajero.
2. Tenemos prisa para llegar al cine.
3. Estamos cansados y queremos dormir.

**4** **Decisiones** Trabajen en grupos pequeños. Ustedes están en Caracas por dos días. Lean esta página de una guía turística sobre la ciudad y decidan qué van a hacer hoy por la mañana, por la tarde y por la noche. Hagan oraciones con mandatos afirmativos o negativos de **nosotros/as.** Answers will vary.

**modelo**

*Visitemos el Museo de Arte Contemporáneo Sofía Imber esta tarde. Quiero ver las esculturas de Jesús Rafael Soto.*

**NOTA CULTURAL**

**Jesús Rafael Soto** (1923–2005) fue un escultor y pintor venezolano. Sus obras cinéticas (*kinetic works*) frecuentemente incluyen formas que brillan (*shimmer*) y vibran. En muchas de ellas el espectador se puede integrar a la obra.

**MUSEOS**

- **Museo de Arte Colonial** Avenida Panteón
- **Museo de Arte Contemporáneo Sofía Imber** Parque Central. Esculturas de Jesús Rafael Soto y pinturas de Miró, Chagall y Picasso.
- **Galería de Arte Nacional** Parque Central. Colección de más de 4000 obras de arte venezolano.

**SITIOS DE INTERÉS**

- **Plaza Bolívar**
- **Jardín Botánico** Avenida Interna UCV. De 8:00 a 5:00.
- **Parque del Este** Avenida Francisco de Miranda. Parque más grande de la ciudad con terrario.
- **Casa Natal de Simón Bolívar** Esquina de Sociedad de la avenida Universitaria. Casa colonial donde nació El Libertador.

**RESTAURANTES**

- **El Barquero** Avenida Luis Roche
- **Restaurante El Coyuco** Avenida Urdaneta
- **Restaurante Sorrento** Avenida Francisco Solano
- **Café Tonino** Avenida Andrés Bello

# Síntesis

**5** **Situación** Tú y un(a) compañero/a tienen problemas económicos. Cada uno/a quiere ahorrar más dinero. Describan cómo gastan el dinero y sugieran algunas ideas para ahorrarlo. Hagan oraciones con mandatos afirmativos o negativos de **nosotros/as.** Answers will vary.

**modelo**

*—Voy al cine mucho.*
*—Yo también. Saquemos DVDs de la biblioteca para ahorrar dinero.*

**TEACHING OPTIONS**

**Heritage Speakers** Ask heritage speakers to write a conversation using **nosotros/as** commands. The topic of the conversation should be typical errands run in their communities. Have them read their conversations to the class, making sure to note any new vocabulary on the board.

**Pairs** Working in pairs, have students create a guide of their favorite city, based on the **Guía de Caracas** in **Actividad 4.** Have them exchange their guides with another pair. That pair should decide what places they will and will not visit, using **nosotros/as** commands.

**Pairs** Have students create a dialogue in which two friends are deciding at which local restaurant to have dinner. Students should use **nosotros/as** commands as much as possible. Have pairs perform their role-plays for the class.

## 5.3 Past participles used as adjectives

NATIONAL STANDARDS comparisons

**ANTE TODO** In **Descubre, nivel 1**, you learned about present participles (**estudiando**). Both Spanish and English have past participles (**participios pasados**). The past participles of English verbs often end in **-ed** (*to turn* → *turned*), but many are also irregular (*to buy* → *bought; to drive* → *driven*).

▶ In Spanish, regular **-ar** verbs form the past participle with **-ado.** Regular **-er** and **-ir** verbs form the past participle with **-ido.**

| INFINITIVE | STEM | PAST PARTICIPLE |
|---|---|---|
| bailar | bail- | **bailado** |
| comer | com- | **comido** |
| vivir | viv- | **vivido** |

▶ **¡Atención!** The past participles of **-er** and **-ir** verbs whose stems end in **-a, -e,** or **-o** carry a written accent mark on the **i** of the **-ido** ending.

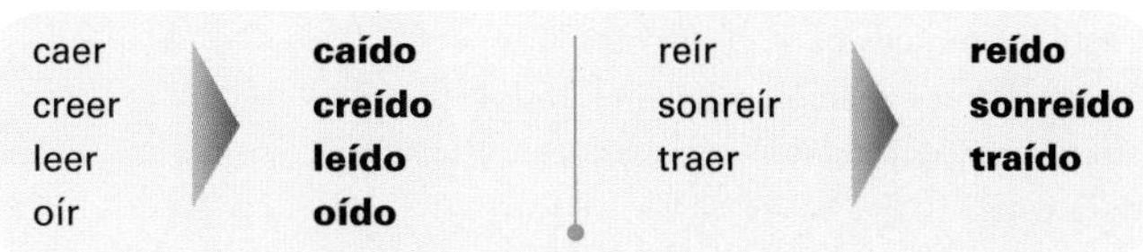

| | | | |
|---|---|---|---|
| caer | **caído** | reír | **reído** |
| creer | **creído** | sonreír | **sonreído** |
| leer | **leído** | traer | **traído** |
| oír | **oído** | | |

**Irregular past participles**

| | | | |
|---|---|---|---|
| abrir | **abierto** | morir | **muerto** |
| decir | **dicho** | poner | **puesto** |
| describir | **descrito** | resolver | **resuelto** |
| descubrir | **descubierto** | romper | **roto** |
| escribir | **escrito** | ver | **visto** |
| hacer | **hecho** | volver | **vuelto** |

**AYUDA**

You already know several past participles used as adjectives: **aburrido, interesado, nublado, perdido,** etc.

•••

Note that all irregular past participles except **dicho** and **hecho** end in **-to.**

▶ In Spanish, as in English, past participles can be used as adjectives. They are often used with the verb **estar** to describe a condition or state that results from an action. Like other Spanish adjectives, they must agree in gender and number with the nouns they modify.

En la entrada hay algunos letreros **escritos** en español.
*In the entrance, there are some signs written in Spanish.*

Tenemos la mesa **puesta** y la cena **hecha.**
*We have the table set and dinner made.*

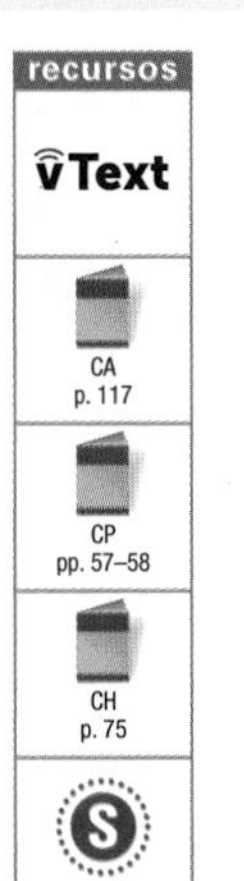

recursos
vText
CA p. 117
CP pp. 57–58
CH p. 75
descubre2.vhlcentral.com

**¡INTÉNTALO!** Indica la forma correcta del participio pasado de estos verbos.

1. hablar *hablado*
2. beber bebido
3. decidir decidido
4. romper roto
5. escribir escrito
6. cantar cantado
7. oír oído
8. traer traído
9. correr corrido
10. leer leído
11. ver visto
12. hacer hecho

### Section Goals

In **Estructura 5.3**, students will learn:

- to form regular past participles
- irregular past participles
- to use past participles as adjectives

**Instructional Resources**

**vText**
***Cuaderno de actividades,*** p. 117
***Cuaderno de práctica,*** pp. 57–58
***Cuaderno para hispanohablantes,*** p. 75
***e-Cuaderno***
**Supersite:** Audio Activity MP3 Audio Files
**Supersite/TRCD/Print:** *PowerPoints* (**Lección 5 Estructura** Presentation); Audio Activity Script, Answer Keys
**Audio Activity CD:** CD 5, Tracks 18–20

### Teaching Tips

- Use magazine pictures to review some of the regular past participles that students have learned as adjectives: **aburrido, afectado, avergonzado, cansado, casado, cerrado, desordenado, enamorado, enojado, equivocado, mareado, ocupado, ordenado, preocupado.** As you review these forms, have students indicate the corresponding infinitives.
- Check for understanding by calling out known infinitives and asking volunteers to give their past participles. Ex: **mirar, comprender, cumplir.**
- Practice irregular forms by asking students to finish incomplete sentences. Ex: **Esas piñatas son ____ en México. (hechas) La biblioteca está ____ toda la noche. (abierta)**

**TEACHING OPTIONS**

**Extra Practice** To provide oral practice with past participle agreement, create substitution drills. Ex: ***Felipe*** **está enojado. (Lupe/Los estudiantes/Mis hermanas/El profesor)** Say a sentence and have students repeat. Say a cue. Have students replace the subject of the original sentence with the cued subject and make any other necessary changes.

**Game** Divide the class into teams of five and have each team sit in a row. The first person in the row has a blank piece of paper. Have five infinitives in mind. Call out one of them. Allow the student with the paper five seconds to write down the past participle of the infinitive and pass the paper to the next student in his or her row. The team with the most correct responses wins.

**1 Expansion** Have pairs make a list of new nouns of different gender and/or number, one for each item in the activity, to replace the original nouns being modified by past participles. They should double-check that the new sentences will make sense. Have them exchange their list with another pair, who should rewrite the sentences, then return them to the first pair for correction.

**2 Expansion** Have students redo the activity using a negative response and a different past participle used as an adjective to provide a reason. Ex: **1. No, no están comprados porque el banco está cerrado hoy. 2. No, no están confirmadas porque el teléfono del hotel está ocupado.**

**3 Expansion** Ask pairs to write 2–4 additional situations. Have them exchange papers with another pair and complete the activity.

# Práctica

**1**

**Completar** Completa las oraciones con la forma adecuada del participio pasado del verbo que está entre paréntesis.

1. Hoy mi peluquería favorita está cerrada (cerrar).
2. Por eso, voy a otro salón de belleza que está abierto (abrir) todos los días.
3. Queda en la Plaza Bolívar, una plaza muy conocida (conocer).
4. Todos los productos y servicios de esta tienda están descritos (describir) en un catálogo.
5. El nombre del salón está escrito (escribir) en el letrero y en la acera (*sidewalk*).
6. Cuando esta diligencia esté hecha (hacer), necesito pasar por el banco.

**NOTA CULTURAL**

**Simón Bolívar** (1783–1830) es considerado el "libertador" de cinco países de Suramérica: Venezuela, Perú, Bolivia, Colombia y Ecuador. Su apellido se ve en nombres como Bolivia, Ciudad Bolívar, la Universidad Simón Bolívar, el bolívar (la moneda venezolana) y en los nombres de muchas plazas y calles.

**2**

**Preparativos** Tú y tu compañero/a van a hacer un viaje. Túrnense para hacerse estas preguntas sobre los preparativos (*preparations*). Usen el participio pasado en sus respuestas.

*modelo*

**Estudiante 1:** *¿Firmaste el cheque de viajero?*
**Estudiante 2:** *Sí, el cheque de viajero ya está firmado.*

1. ¿Compraste los pasajes para el avión? Sí, los pasajes ya están comprados.
2. ¿Confirmaste las reservaciones para el hotel? Sí, las reservaciones ya están confirmadas.
3. ¿Firmaste tu pasaporte? Sí, mi pasaporte ya está firmado.
4. ¿Lavaste la ropa? Sí, la ropa ya está lavada.
5. ¿Resolviste el problema con el banco? Sí, el problema con el banco ya está resuelto.
6. ¿Pagaste todas las cuentas? Sí, las cuentas ya están pagadas.
7. ¿Hiciste todas las diligencias? Sí, todas las diligencias ya están hechas.
8. ¿Hiciste las maletas? Sí, las maletas ya están hechas.

**3**

**El estudiante competitivo** En parejas, túrnense para hacer el papel de un(a) estudiante que es muy competitivo/a y siempre quiere ser mejor que los demás. Usen los participios pasados de los verbos subrayados. Answers will vary. Sample answers:

*modelo*

**Estudiante 1:** *A veces se me daña la computadora.*
**Estudiante 2:** *Yo sé mucho de computadoras. Mi computadora nunca está dañada.*

1. Yo no hago la cama todos los días.
   Soy muy ordenado/a. Mi cama siempre está hecha.
2. Casi nunca resuelvo mis problemas.
   Soy muy eficiente. Mis problemas siempre están resueltos.
3. Nunca guardo mis documentos importantes.
   Soy muy organizado/a. Mis documentos importantes siempre están guardados.
4. Es difícil para mí terminar mis tareas.
   Soy muy responsable. Mis tareas siempre están terminadas.
5. Siempre se me olvida preparar mi almuerzo.
   Soy muy responsable. Mi almuerzo siempre está preparado.
6. Nunca pongo la mesa cuando ceno.
   Soy muy organizado/a. Mi mesa siempre está puesta.
7. No quiero escribir la composición para mañana.
   Soy muy buen(a) estudiante. Mi composición ya está escrita.
8. Casi nunca lavo mi carro.
   Yo soy muy limpio/a. Mi carro siempre está lavado.

Practice more at **descubre2.vhlcentral.com.**

**TEACHING OPTIONS**

**TPR** In pairs, have students take turns miming actions for places or situations that you name. Their partners should describe the result of the action, using past participles. Ex: You say: **el banco** and a student mimes signing a check. (**El cheque está firmado.**)

**Extra Practice** Write these sentences on the board. Have students copy them and draw a happy or sad face next to each to show the situations and/or feelings expressed. **1. El reloj está descompuesto.** (sad) **2. Con el dinero ahorrado en las compras, podemos ir al cine.** (happy) **3. Todo el dinero está perdido.** (sad) **4. Con el préstamo del banco está resuelto nuestro problema.** (happy) **5. Vamos a la pastelería abierta recientemente.** (happy)

# Comunicación

**4** **Preguntas** En parejas, túrnense para hacerse estas preguntas. Answers will vary.

1. ¿Dejas alguna luz prendida en tu casa por la noche?
2. ¿Está ordenado tu cuarto?
3. ¿Prefieres comprar libros usados o nuevos? ¿Por qué?
4. ¿Tienes mucho dinero ahorrado?
5. ¿Necesitas pedirles dinero prestado a tus padres?
6. ¿Estás preocupado/a por el medio ambiente?
7. ¿Qué haces cuando no estás preparado/a para una clase?
8. ¿Qué haces cuando estás perdido/a en una ciudad?

**5** **Describir** Tú y un(a) compañero/a son agentes de policía y tienen que investigar un crimen. Miren el dibujo y describan lo que encontraron en la habitación del señor Villalonga. Usen el participio pasado en la descripción. Luego, comparen su descripción con la de otra pareja. Answers will vary.

*modelo*

*La puerta del baño no estaba cerrada.*

**AYUDA**

You may want to use the past participles of these verbs to describe the illustration: **abrir, desordenar, hacer, poner, tirar** (*to throw*), **romper**

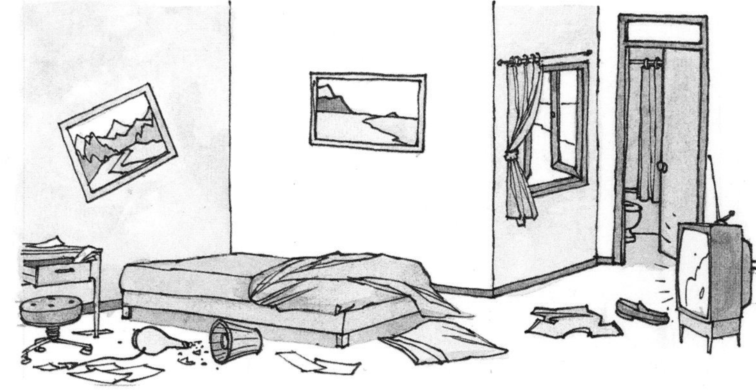

# Síntesis

**6** **Entre líneas** En parejas, representen una conversación entre un empleado de banco y una clienta. Usen las primeras dos líneas para empezar y la última para terminar, pero inventen las líneas del medio (*middle*). Usen participios pasados. Answers will vary.

**EMPLEADO** Buenos días, señora Ibáñez. ¿En qué la puedo ayudar?

**CLIENTA** Tengo un problema con este banco. ¡Todavía no está resuelto!

...

**CLIENTA** ¡No vuelvo nunca a este banco!

**4 Teaching Tip** Tell students to use complex sentences whenever possible. Ex: **Nunca dejo la luz prendida en mi cuarto porque quiero ahorrar energía.**

**4 Expansion** Have one member of each pair write down the answers, choosing only one per question and mixing up his or her own with his or her partner's. Then have pairs exchange papers with another pair, who will read the list of answers and guess who from the first pair gave each answer. Have pairs work in groups of four to correct each other's guesses.

**5 Teaching Tip** To simplify, before assigning the activity to pairs, allow students a couple of minutes to make notes about the crime scene.

**5 Expansion** Have students give their answers in round-robin format. Remind them that each contribution has to contain new information not previously supplied.

**6 Teaching Tip** Have the class brainstorm a list of banking problems an individual might have. Write the list on the board.

**6 Expansion** Invite volunteers to role-play their conversations for the class.

**TEACHING OPTIONS**

**Pairs** Have pairs make a promotional flyer for a new business in town. Their flyers should include at least three past participles used as adjectives. When they have finished, circulate the flyers in the class. Have students say which businesses they would most like to visit and why.

**Game** Divide the class into teams of three. Each team should think of a famous place or a historical monument. The other teams will take turns asking questions about the monument. Questions can only be answered with **sí/no** and each one should have a past participle used as an adjective. Ex: **¿Está abierto al público? ¿Es conocido solamente en este país?** The first team to guess the identity of the site wins a point.

## Section Goal

In **Recapitulación**, students will review the grammar concepts from this lesson.

**Instructional Resources**
**vText**
**Supersite**
**Testing Program CD:**
Tracks 17–20

**1 Teaching Tips**
- Before beginning the activity, ask students to identify any verbs that have irregular past participles.
- Have students check their answers by going over **Actividad 1** as a class.

**1 Expansion** Ask students to create sentences using the past participles from the chart. Remind them that they must agree with the noun they modify. Ex: **Los exámenes ya están corregidos.**

**2 Teaching Tip** Have students begin by identifying which commands are negative. Call on a volunteer to explain the difference in the formation of affirmative and negative **nosotros/as** commands.

**2 Expansion** Have students work in pairs to create an original dialogue using **nosotros/as** commands.

# Recapitulación

Completa estas actividades para repasar los conceptos de gramática que aprendiste en esta lección.

**1** **Completar** Completa la tabla con la forma correcta de los verbos. 8 pts.

| Infinitivo | Participio (f.) | Infinitivo | Participio (m.) |
|---|---|---|---|
| **completar** | **completada** | **hacer** | hecho |
| **corregir** | corregida | **pagar** | **pagado** |
| **cubrir** | cubierta | **pedir** | pedido |
| **decir** | dicha | **perder** | perdido |
| **escribir** | escrita | **poner** | puesto |

**2** **Los novios** Completa este diálogo entre dos novios con mandatos en la forma de **nosotros/as**. 10 pts.

**SIMÓN** ¿Quieres ir al cine mañana?

**CARLA** Sí, ¡qué buena idea! (1) Compremos (Comprar) los boletos (*tickets*) por teléfono.

**SIMÓN** No, mejor (2) pidámoselos (pedírselos) gratis a mi prima, quien trabaja en el cine.

**CARLA** ¡Fantástico!

**SIMÓN** Y también quiero visitar la nueva galería de arte el fin de semana que viene.

**CARLA** ¿Por qué esperar? (3) Visitémosla (Visitarla) esta tarde.

**SIMÓN** Bueno, pero primero tengo que limpiar mi apartamento.

**CARLA** No hay problema. (4) Limpiémoslo (Limpiarlo) juntos.

**SIMÓN** Muy bien. ¿Y tú no tienes que hacer diligencias hoy? (5) Hagámoslas (Hacerlas) también.

**CARLA** Sí, tengo que ir al correo y al banco. (6) Vamos (Ir) al banco hoy, pero no (7) vayamos (ir) al correo todavía. Antes tengo que escribir una carta.

**SIMÓN** (8) Escribámosla (Escribirla) ahora.

**CARLA** No, mejor no (9) la escribamos (escribirla) hasta que regresemos de la galería donde venden un papel reciclado muy lindo (*cute*).

**SIMÓN** ¿Papel lindo? ¿Pues para quién es la carta?

**CARLA** No importa. (10) Empecemos (Empezar) a limpiar.

## RESUMEN GRAMATICAL

**5.1 The subjunctive in adjective clauses** *pp. 172–173*

- When adjective clauses refer to something that is known, certain, or definite, the indicative is used.

Necesito **el libro** que **tiene** fotos.

- When adjective clauses refer to something that is uncertain or indefinite, the subjunctive is used.

Necesito **un libro** que **tenga** fotos.

**5.2 Nosotros/as commands** *p. 176*

- Same as **nosotros/as** form of present subjunctive.

| Affirmative | Negative |
|---|---|
| Démosle un libro a Lola. | No le demos un libro a Lola. |
| Démoselo. | No se lo demos. |

- While the subjunctive form of the verb **ir** is used for the negative **nosotros/as** command, the indicative is used for the affirmative command.

**Vamos** a la plaza. No **vayamos** a la plaza.

**5.3 Past participles used as adjectives** *p. 179*

| Past participles | | |
|---|---|---|
| Infinitive | Stem | Past participle |
| bailar | bail- | **bailado** |
| comer | com- | **comido** |
| vivir | viv- | **vivido** |

| Irregular past participles | | | |
|---|---|---|---|
| abrir | **abierto** | morir | **muerto** |
| decir | **dicho** | poner | **puesto** |
| describir | **descrito** | resolver | **resuelto** |
| descubrir | **descubierto** | romper | **roto** |
| escribir | **escrito** | ver | **visto** |
| hacer | **hecho** | volver | **vuelto** |

- Like common adjectives, past participles must agree with the noun they modify.

Hay unos letreros **escritos** en español.

### TEACHING OPTIONS

**TPR** Have students stand and form a circle. Have one student step forward and name a situation. Ex: **Tenemos un examen mañana.** The student to the right should step forward and propose a solution, using a **nosotros/as** command form. Ex: **Estudiemos el subjuntivo.** Continue around the circle until each student has had a turn forming commands.

**Game** Divide the class into two teams. Alternating between teams, select one student from each group to take a turn. Call out an infinitive and have the selected team member give the correct past participle. Award one point for each correct answer. The team with the most points wins.

**3** **Verbos** Escribe los verbos en el presente del indicativo o del subjuntivo. 10 pts.

1. —¿Sabes dónde hay un restaurante donde nosotros (1) podamos (poder) comer paella valenciana? —No, no conozco ninguno que (2) sirva (servir) paella, pero conozco uno que (3) se especializa (especializarse) en tapas españolas.
2. Busco vendedores que (4) sean (ser) educados. No estoy seguro de conocer a alguien que (5) tenga (tener) esa característica. Pero ahora que lo pienso, ¡sí! Tengo dos amigos que (6) trabajan (trabajar) en el almacén Excelencia. Los voy a llamar. Y debo decirles que necesitamos que (ellos) (7) sepan (saber) hablar inglés.
3. Se busca apartamento que (8) esté (estar) bien situado, que (9) cueste (costar) menos de $800 al mes y que (10) permita (permitir) tener perros.

**4** **La mamá de Pedro** Completa las respuestas de Pedro a las preguntas de su mamá. 10 pts.

*modelo*
**MAMÁ:** ¿Te ayudo a guardar la ropa?
**PEDRO:** La ropa ya *está guardada.*

1. **MAMÁ** ¿Cuándo se van a vestir tú y tu hermano para la fiesta?
   **PEDRO** Nosotros ya estamos vestidos.
2. **MAMÁ** Hijo, ¿puedes ordenar tu habitación?
   **PEDRO** La habitación ya está ordenada.
3. **MAMÁ** ¿Ya se murieron tus peces?
   **PEDRO** No, todavía no están muertos.
4. **MAMÁ** ¿Te ayudo a hacer tus diligencias?
   **PEDRO** Gracias, mamá, pero las diligencias ya están hechas.
5. **MAMÁ** ¿Cuándo terminas tu proyecto?
   **PEDRO** El proyecto ya está terminado.

**5** **La ciudad ideal** Escribe un párrafo de al menos seis oraciones describiendo cómo es la comunidad ideal donde te gustaría (*you would like*) vivir en el futuro y compárala con la comunidad donde vives ahora. Usa cláusulas adjetivas y el vocabulario de esta lección. 12 pts.
Answers will vary.

**6** **Adivinanza** Completa la adivinanza y adivina la respuesta. ¡2 puntos EXTRA!

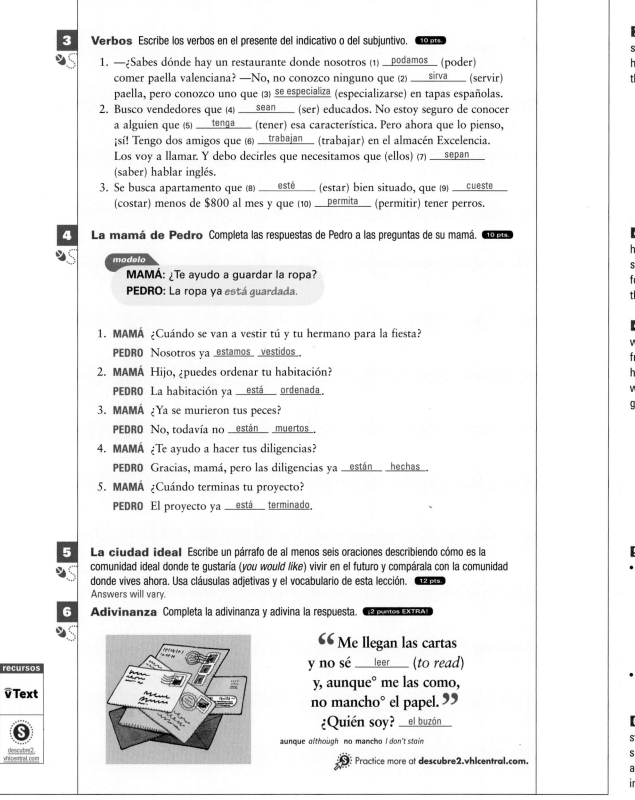

**"Me llegan las cartas**
**y no sé** leer (*to read*)
**y, aunque° me las como,**
**no mancho° el papel."**
**¿Quién soy?** el buzón

**aunque** *although* **no mancho** *I don't stain*

Practice more at **descubre2.vhlcentral.com.**

recursos
vText

descubre2.vhlcentral.com

**3 Teaching Tip** Before students complete the activity, have them identify the verbs in the main clause.

**4 Teaching Tip** To simplify, have students identify the subject, gender, and number for each item before filling in the blanks.

**4 Expansion** Have students write four additional questions from **Pedro's** mother. Then have them exchange papers with a classmate, who will give **Pedro's** responses.

**5 Teaching Tips**
- Have students make a Venn diagram with the headings **Mi comunidad, Mi comunidad ideal,** and **Las dos**. Have them fill in each area with short phrases to include in their paragraphs.
- Have students exchange their papers for peer editing.

**6 Expansion** To challenge students, have them work in small groups to create a riddle about an object or place found in the city.

**TEACHING OPTIONS**

**Heritage Speakers** Ask heritage speakers to compare a city or town from their families' countries of origin with their current hometown. What forms of transportation are available? Is there a downtown area? Where do people tend to live and work? Encourage classmates to ask follow-up questions.

**Game** Divide the class into two teams. Write a main clause on the board. Ex: **Busco un apartamento...** and have one member from each team come to the board and complete the sentence with subordinate clauses in the indicative or subjunctive. Each correct answer earns one point. The team with the most points at the end wins.

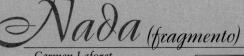

## Section Goals

In **Lectura**, students will:

- learn the strategy of identifying a narrator's point of view
- read an authentic narrative in Spanish

**Instructional Resources**
**vText**
***Cuaderno para hispanohablantes,*** pp. 76–78
**Supersite**

**Estrategia** Tell students that recognizing the point of view from which a narrative is told will help them comprehend it. Write examples of first-person and omniscient narratives on the board and ask students to identify the point of view.

**Examinar el texto** Ask students to read the first two paragraphs of ***Nada*** and determine whether the narrative is written from the first- or third-person point of view. Call on a volunteer to explain what clues in the text help reveal the narrator. Ask what words indicate that the narrator is a woman (**sola, asustada**).

**Seleccionar** Have students do this activity in pairs. If a student has difficulty answering an item, suggest that his or her partner read aloud the corresponding portions of the text.

**Teaching Tips**

- Explain that ***Nada*** was published during the early years of **Francisco Franco's** dictatorship (1939–1975), a time in which literature was heavily censored. It is one of the few books from this era that is considered a classic of twentieth-century Spanish literature. **Carmen Laforet** was only in her early twenties when she wrote the novel.
- Bring in maps of Barcelona and photos of the places mentioned in the excerpt. Have students trace the protagonist's arrival.

# Lectura

## Antes de leer

### Estrategia
**Identifying point of view**

You can understand a narrative more completely if you identify the point of view of the narrator. You can do this by simply asking yourself from whose perspective the story is being told. Some stories are narrated in the first person. That is, the narrator is a character in the story, and everything you read is filtered through that person's thoughts, emotions, and opinions. Other stories have an omniscient narrator who is not one of the story's characters and who reports the thoughts and actions of all the characters.

**Examinar el texto**

Lee brevemente el texto. ¿De qué trata?° ¿Cómo lo sabes? ¿Se narra en primera persona o tiene un narrador omnisciente? ¿Cómo lo sabes?

**Seleccionar**

Completa cada oración con la opción correcta.

1. La narradora de *Nada* es _b_.
   a. una abuela b. una joven c. una doctora
2. La protagonista describe su llegada a _c_.
   a. Madrid b. Francia c. Barcelona
3. Ella viajó _b_.
   a. en avión b. en tren c. en barco
4. Su maleta es pesada° porque lleva muchos _a_.
   a. libros b. zapatos c. pantalones
5. Ella se va a quedar en Barcelona con _a_.
   a. unos parientes b. una amiga
   c. sus compañeras de clase

¿De qué trata? *What is it about?* pesada *heavy*

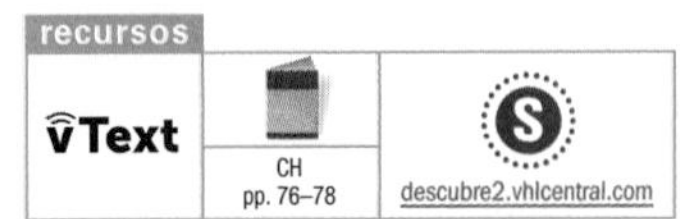


# *Nada* (fragmento)

*Carmen Laforet*

Carmen Laforet nació en Barcelona en 1921. Estudió Filosofía y Letras° y Derecho°. Escribió novelas, relatos y ensayos. Vivió apartada° de las letras las últimas décadas de su vida y murió en el año 2004 tras una larga enfermedad. Aquí presentamos un fragmento de su novela *Nada*, que en 1944 ganó el Premio Nadal, el más importante y antiguo° de España.

Por dificultades en el último momento para adquirir billetes°, llegué a Barcelona a medianoche, en un tren distinto del que había anunciado, y no me esperaba nadie.

Era la primera noche que viajaba sola°, pero no estaba asustada°; por el contrario, [...] parecía una aventura agradable° y excitante aquella profunda libertad en la noche. La sangre°, después del viaje largo y cansado, me empezaba a circular en las piernas entumecidas° y con una sonrisa de asombro° miraba la gran estación de Francia y los grupos que estaban aguardando° el expreso y los que llegábamos con tres horas de retraso°.

El olor° especial, el gran rumor de la gente, las luces siempre tristes, tenían para mí un gran encanto, ya que envolvía° todas mis impresiones en la maravilla de haber llegado por fin a una ciudad grande, adorada en mis ensueños° por desconocida°.

Empecé a seguir —una gota° entre la corriente°— el rumbo° de la masa humana que, cargada de maletas, se volcaba en° la salida. Mi equipaje era un maletón muy pesado —porque estaba casi lleno de libros— y lo llevaba yo misma con toda la fuerza° de mi juventud y de mi ansiosa expectación.

## Después de leer

**Completar**

Completa cada oración con la información adecuada.

1. La protagonista llega a Barcelona a las _doce_ de la noche.
2. Ella llegó a la _estación_ de Francia.
3. Siguió a la gente hacia la _salida_.
4. Las personas tomaban taxis, _tranvías_ y coches de caballos.
5. El _coche_ que ella tomó era viejo.
6. Sus parientes vivían en la calle de _Aribau_.

**TEACHING OPTIONS**

**Pairs** Have pairs of students reread the excerpt from ***Nada*** and write four discussion questions about the selection. When they have finished, have them exchange questions with another pair and work together to answer them.

**Cultural Comparison** Ask students to think of other stories in the *bildungsroman* (or "novel of formation") genre, such as *The Adventures of Tom Sawyer* or *The Catcher in the Rye*. Have students compare and contrast how the protagonist starts out to **Andrea's** arrival in Barcelona in ***Nada***.

Un aire marino, pesado y fresco, entró en mis pulmones° con la primera sensación confusa de la ciudad: una masa de casas dormidas; de establecimientos cerrados; de faroles° como centinelas borrachos de soledad°. Una respiración grande, dificultosa, venía con el cuchicheo° de la madrugada°. Muy cerca, a mi espalda°, enfrente de las callejuelas misteriosas que conducen al Borne°, sobre mi corazón excitado, estaba el mar.

Debía parecer una figura extraña con mi aspecto risueño° y mi viejo abrigo que, a impulsos de la brisa, me azotaba° las piernas, defendiendo mi maleta, desconfiada° de los obsequiosos «camàlics»°.

Recuerdo que, en pocos minutos, me quedé sola en la gran acera°, porque la gente corría a coger los escasos taxis o luchaba por arracimarse° en el tranvía°.

Uno de esos viejos coches de caballos que han vuelto a surgir después de la guerra° se detuvo° delante de mí y lo tomé sin titubear°, causando la envidia de un señor que se lanzaba° detrás de él desesperado, agitando° el sombrero.

Corrí aquella noche, en el desvencijado° vehículo, por anchas calles vacías° y atravesé° el corazón de la ciudad lleno de luz a toda hora, como yo quería que estuviese, en un viaje que me pareció corto y que para mí se cargaba de° belleza.

El coche dio vuelta a la plaza de la Universidad y recuerdo que el bello edificio me conmovió° como un grave saludo de bienvenida.

Enfilamos° la calle de Aribau, donde vivían mis parientes, con sus plátanos llenos aquel octubre de espeso verdor° y su silencio vívido de la respiración de mil almas° detrás de los balcones apagados. Las ruedas del coche levantaban una estela° de ruido°, que repercutía° en mi cerebro°. De improviso° sentí crujir° y balancearse todo el armatoste°. Luego quedó inmóvil.

Filosofía y Letras *Arts* Derecho *Law* apartada *isolated* antiguo *old* adquirir billetes *buy tickets* sola *alone* asustada *afraid* agradable *pleasant* sangre *blood* entumecidas *stiff* asombro *astonishment* estaban aguardando *were awaiting* retraso *delay* olor *smell* envolvía *it encompassed* ensueños *fantasies* desconocida *unknown* gota *drop* corriente *current* rumbo *direction* se volcaba en *was throwing itself towards* fuerza *strength* pulmones *lungs* faroles *streetlights* borrachos de soledad *drunk with loneliness* cuchicheo *whispering* madrugada *dawn* espalda *back* Borne *market in Barcelona* risueño *smiling* azotaba *was lashing* desconfiada *distrustful* camàlics *porters (in Catalan)* acera *sidewalk* arracimarse *cluster together* tranvía *streetcar* guerra *war* se detuvo *stopped* titubear *hesitating* se lanzaba *was throwing himself* agitando *waving* desvencijado *beat-up* vacías *empty* atravesé *I crossed* se cargaba de *was full of* me conmovió *moved me* Enfilamos *We took* espeso verdor *thick greenery* almas *souls* estela *trail* ruido *noise* repercutía *reverberated* cerebro *brain* De improviso *Unexpectedly* crujir *creak* armatoste *bulky thing*

### Interpretación 

Responde a las preguntas. Answers will vary.

1. ¿Cómo se siente la protagonista cuando descubre que nadie fue a recogerla a la estación? Busca algunas palabras que describan las sensaciones de ella.
2. Sabiendo que la protagonista es una chica joven, ¿qué significado pueden tener las palabras "aventura agradable" y "profunda libertad" en este contexto?
3. ¿Qué impresión crees que siente ella ante la gran ciudad y qué expectativas tiene para el futuro?
4. ¿Qué significa la expresión "una gota entre la corriente" en el cuarto párrafo? ¿Qué idea nos da esto del individuo ante la "masa humana" de la gran ciudad?
5. ¿Qué edificio le gustó especialmente a la protagonista y qué tiene que ver esto con su viaje?

### Sensaciones

Trabaja con un(a) compañero/a. Descríbele tus sensaciones, ideas e impresiones de la primera vez que llegaste a un lugar desconocido. Comparen sus experiencias. Answers will vary.

### Debate

Trabajen en grupos. La mitad (*half*) del grupo debe defender los beneficios (*benefits*) de vivir en una gran ciudad y la otra mitad debe exponer sus inconvenientes. Answers will vary.

 Practice more at **descubre2.vhlcentral.com.**

**Completar** Give students these cloze sentences as items 7–9: **7. El coche pasó por la plaza de ____. (la Universidad) 8. Ella llevaba un ____ viejo. (abrigo) 9. Era la ____ noche que ella viajaba sola. (primera)**

**Interpretación**

- Ask volunteers to answer these questions orally in class. For item 2, involve the class in discussing the meanings of **aventura agradable** and **profunda libertad**. Ask students what they think might happen to the protagonist in her new environment. Do they sense that the young woman will have a positive or negative experience in the city?
- Ask students to discuss how the city itself becomes a character in this story fragment.

**Sensaciones** Encourage students to use descriptive adjectives in order to help their classmates picture the unknown place. Also tell students to include if their first impressions changed over time and what factors contributed to that change.

**Debate** Give groups ten minutes to prepare statements supporting their point of view. Point out that it is also important to predict the other side's main arguments in order to hold a more effective debate.

**TEACHING OPTIONS**

**Extra Practice** Have students make a list of adjectives that describe the main character and the space in which she moves. Encourage students to justify their lists with quotes from the text.

**Pairs** Working in pairs, have students create a dialogue between the protagonist of the story and her relatives when she arrives at their house in Barcelona. Call on volunteers to role-play their dialogues for the class.

**Extra Practice** If time permits, tell students to bring in a map of a city where they have lived or that they have visited. Have them describe important landmarks, points of interest, and transportation routes and indicate them on the map.

# Escritura

## Estrategia

**Avoiding redundancies**

Redundancy is the needless repetition of words or ideas. To avoid redundancy with verbs and nouns, consult a Spanish language thesaurus (**Diccionario de sinónimos**). You can also avoid redundancy by using object pronouns, possessive adjectives, demonstrative adjectives and pronouns, and relative pronouns. Remember that, in Spanish, subject pronouns are generally used only for clarification, emphasis, or contrast. Study the example below:

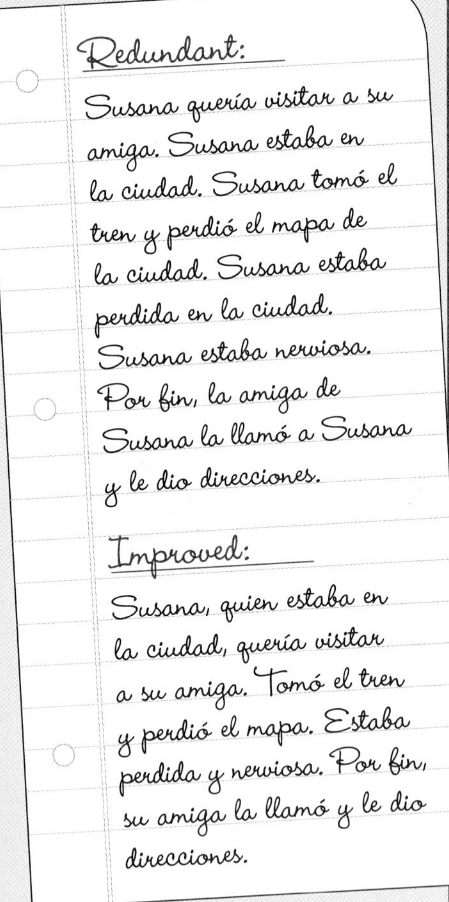

Redundant:

Susana quería visitar a su amiga. Susana estaba en la ciudad. Susana tomó el tren y perdió el mapa de la ciudad. Susana estaba perdida en la ciudad. Susana estaba nerviosa. Por fin, la amiga de Susana la llamó a Susana y le dio direcciones.

Improved:

Susana, quien estaba en la ciudad, quería visitar a su amiga. Tomó el tren y perdió el mapa. Estaba perdida y nerviosa. Por fin, su amiga la llamó y le dio direcciones.

## Tema

NATIONAL communication STANDARDS

**Escribir un correo electrónico**

Vas a visitar a un(a) amigo/a que vive con su familia en una ciudad que no conoces. Vas a pasar allí una semana. Quieres conocer la ciudad, pero también debes hacer un proyecto para tu clase de literatura.

Escríbele a tu amigo/a un correo electrónico describiendo lo que te interesa hacer allí y dale sugerencias de actividades que pueden hacer juntos/as. Menciona lo que necesitas para hacer tu trabajo. Puedes basarte en una visita real o imaginaria.

Considera esta lista de datos que puedes incluir:

- El nombre de la ciudad que vas a visitar
- Los lugares que más te interesa visitar
- Lo que necesitas para hacer tu trabajo:
  - acceso a Internet
  - direcciones para llegar a la biblioteca pública
  - tiempo para estar solo/a
  - libros para consultar
- Mandatos para las actividades que van a compartir

**recursos**

| vText | CA pp. 149–150 | CH pp. 79–80 | descubre2.vhlcentral.com |
|---|---|---|---|

### Section Goals

In **Escritura**, students will:
- learn to avoid redundancies
- integrate lesson vocabulary and structures
- write an e-mail in Spanish

**Instructional Resources**
**vText**
***Cuaderno de actividades,*** pp. 149–150
***Cuaderno para hispanohablantes,*** pp. 79–80
**Supersite**

**Estrategia** Have a volunteer write the paragraph labeled *Redundant* on the board as you dictate it. Ask another volunteer to read the second sentence and identify the redundancy (**redundancia**). Continue asking volunteers to point out the redundancies until everyone is satisfied with the revised paragraph.

**Tema** Brainstorm a list of Spanish-speaking cities where students might like to spend a week, especially considering that they must spend part of their time working on a literature assignment. Have the class suggest the types of sites they could visit during their stay and how they plan to divide up their time.

**The Affective Dimension** Students will feel less anxious about writing in Spanish if they follow the advice in the **Estrategia** and **Tema** sections.

**EVALUATION: Correo electrónico**

| Criteria | Scale |
|---|---|
| Content | 1 2 3 4 5 |
| Organization | 1 2 3 4 5 |
| Use of vocabulary | 1 2 3 4 5 |
| Grammatical accuracy | 1 2 3 4 5 |

| Scoring | |
|---|---|
| Excellent | 18–20 points |
| Good | 14–17 points |
| Satisfactory | 10–13 points |
| Unsatisfactory | < 10 points |

# Escuchar

## Estrategia

**Listening for specific information/ Listening for linguistic cues**

As you already know, you don't have to hear or understand every word when listening to Spanish. You can often get the facts you need by listening for specific pieces of information. You should also be aware of the linguistic structures you hear. For example, by listening for verb endings, you can ascertain whether the verbs describe past, present, or future actions, and they can also indicate who is performing the action.

To practice these strategies, you will listen to a short paragraph about an environmental issue. What environmental problem is being discussed? What is the cause of the problem? Has the problem been solved, or is the solution under development?

## Preparación

Describe la foto. Según la foto, ¿qué información específica piensas que vas a oír en el diálogo?

## Ahora escucha  

Lee estas frases y luego escucha la conversación entre Alberto y Eduardo. Indica si cada verbo se refiere a algo en el pasado, en el presente o en el futuro.

**Acciones**

1. Demetrio / comprar en Macro ___pasado___
2. Alberto / comprar en Macro ___futuro___
3. Alberto / estudiar psicología ___pasado___
4. carro / tener frenos malos ___presente___
5. Eduardo / comprar un anillo para Rebeca ___pasado___
6. Eduardo / estudiar ___futuro___

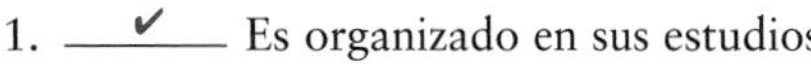

## Comprensión

### Descripciones

Marca las frases que describen correctamente a Alberto.

1. ___✔___ Es organizado en sus estudios.
2. ______ Compró unas flores para su novia.
3. ______ No le gusta tomar el metro.
4. ___✔___ No conoce bien la zona de Sabana Grande y Chacaíto.
5. ___✔___ No tiene buen sentido de la orientación°.
6. ___✔___ Le gusta ir a los lugares que están de moda.

### Preguntas

1. ¿Por qué Alberto prefiere ir en metro a Macro?
   Porque es muy difícil estacionar el carro en Sabana Grande.
2. ¿Crees que Alberto y Eduardo viven en una ciudad grande o en un pueblo? ¿Cómo lo sabes?
   Viven en una ciudad grande porque tiene metro.
3. ¿Va Eduardo a acompañar a Alberto? ¿Por qué?
   No puede porque tiene que estudiar y tiene una cita con Rebeca.

### Conversación

En grupos pequeños, hablen de sus tiendas favoritas y de cómo llegar a ellas desde su escuela. ¿En qué lugares tienen la última moda? ¿Los mejores precios? ¿Hay buenas tiendas cerca de su escuela?
Answers will vary.

**sentido de la orientación** *sense of direction*

recursos: vText · descubre2.vhlcentral.com

A: Es mejor ir por metro. Es muy difícil estacionar el carro en Sabana Grande. No me gusta manejarlo tampoco porque los frenos están malos.
E: Bueno, súbete al metro en la línea amarilla hasta Plaza Venezuela. Cuando salgas de la estación de metro dobla a la izquierda hacia Chacaíto. Sigue derecho por dos cuadras.
A: Ah, sí, enfrente de la joyería donde le compraste el anillo a Rebeca.
E: No, la joyería queda una cuadra hacia el sur. Pasa el Banco Mercantil y dobla a la derecha. Tan pronto como pases la pizzería Papagallo, vas a ver un letrero rojo grandísimo a mano izquierda que dice Macro.
A: Gracias, Eduardo. ¿No quieres ir? Así no me pierdo.
E: No, hoy no puedo. Tengo que estudiar y a las cuatro tengo una cita con Rebeca. Pero estoy seguro que vas a llegar lo más bien.

### Section Goals

In **Escuchar**, students will:
- listen for specific information and linguistic cues
- answer questions based on a recorded conversation

**Instructional Resources**
**vText**
**Supersite:** Textbook MP3 Audio Files
**Supersite/TRCD/Print:** Textbook Audio Script
**Textbook CD:** CD 1, Tracks 42–43

**Estrategia**
**Script** Hace muchos años que los residentes de nuestra ciudad están preocupados por la contaminación del aire. El año pasado se mudaron más de cinco mil personas a nuestra ciudad. Hay cada año más carros en las calles y el problema de la contaminación va de mal en peor. Los estudiantes de la Universidad de Puerto Ordaz piensan que este problema es importante; quieren desarrollar carros que usen menos gasolina para evitar más contaminación ambiental.

**Teaching Tip** Have students describe the photo. Guide them to guess who **Eduardo** and **Alberto** are and what they are doing.

**Ahora escucha**
**Script** ALBERTO: Demetrio me dijo que fue de compras con Carlos y Roberto a Macro. Y tú, Eduardo, ¿has ido?
EDUARDO: ¡Claro que sí, Alberto! Tienen las últimas modas. Me compré estos zapatos allí. ¡Carísimos!, pero me fascinan y, de ñapa, son cómodos.
A: Pues, ya acabé de estudiar para el examen de psicología. Creo que voy a ir esta tarde porque me siento muy fuera de la onda. ¡Soy el único que no ha ido a Macro! ¿Dónde queda?
E: Es por Sabana Grande. ¿Vas a ir por metro o en carro?

*(Script continues at far left in the bottom panels.)*

## Section Goals

In **En pantalla**, students will:
- read about paying for university studies in Spanish-speaking countries
- watch a news report about student loans

**Instructional Resource**
**vText**
**Supersite:** ***En pantalla***
Transcript & Translation

**Introduction**
To check comprehension, ask these questions. **1. ¿Por qué los jóvenes en muchos países hispanos no tienen que pedir préstamos universitarios? (Las universidades públicas cobran cuotas muy bajas.) 2. ¿Qué recurso hay para las familias españolas con más de tres hijos? (Hay becas educativas.)**

**Antes de ver**
- Have students look at the video stills, read the captions, and predict what this news report is about.
- Read through the **Vocabulario útil** with students and model the pronunciation.
- Ask students what they already know about student loans. Use words from **Vocabulario útil** to talk about common ways to finance university studies. Then tell students to listen for additional information in the report.

**Ordenar** Show the report a second time so that students can check their work.

**El préstamo**
- Encourage students to use at least five examples of the subjunctive in their paragraphs.
- As a variant, have pairs create a dialogue between a student and a guidance counselor. Have volunteers role-play their dialogues for the class.

# En pantalla

En países hispanos como México, España, Costa Rica y Argentina, la mayoría° de los jóvenes que estudian en las universidades públicas no necesita pedir préstamos a ningún banco para pagar sus estudios porque estas instituciones cobran cuotas° extremadamente bajas°. Aún así°, existen sistemas de becas° para estudiantes de bajos recursos° y de familias numerosas°. Por ejemplo, en España, las familias de tres o más hijos tienen derecho° a recibir becas educativas para todos los hijos.

**Vocabulario útil**

| | |
|---|---|
| **solicitudes** | *applications* |
| **época** | *time* |
| **acumulan** | *accumulate* |
| **intereses** | *interest* |
| **educativos** | *educational* |
| **necesitados** | *in need* |
| **previsores** | *farsighted* |
| **inversiones** | *investments* |
| **anualidades** | *annuities* |
| **bonos** | *bonds* |
| **prepagada** | *prepaid* |

### Ordenar

Numera las palabras en el orden en que las escuches en el video de televisión. No vas a usar dos de ellas.

| | |
|---|---|
| 3 a. estudiante | 7 f. alumno |
| 8 b. cuentas de ahorro | 1 g. préstamo |
| __ c. estampillas | __ h. letrero |
| 2 d. año | 4 i. pagarse |
| 5 e. graduación | 6 j. gobierno |

### El préstamo

En grupos pequeños, escriban un párrafo donde un padre o una madre le da consejos sobre préstamos educativos a un(a) estudiante que va a comenzar la universidad. Después, comparen su texto con el de otro grupo. Answers will vary.

mayoría *majority* cobran cuotas *charge fees* bajas *low* Aún así *Even so* becas *scholarships* bajos recursos *low-income* numerosas *large* derecho *the right* orgulloso *proud* ha sido *has been*

## Préstamos educativos

**Nada hace más orgulloso° a un padre que...**

**...saber que su hijo ha sido° aceptado...**

**...en su [...] universidad preferida.**

recursos

 Practice more at **descubre2.vhlcentral.com.**

**TEACHING OPTIONS**

**Large Groups** In groups of six to eight, have students debate this question: **¿La educación universitaria es un derecho o un privilegio?** Have them discuss the access to university education in different countries in terms of tuition cost. You may want to brainstorm additional vocabulary. Ex: **la ayuda financiera** (*financial aid*), **la matrícula** (*tuition*), **subvencionar** (*to subsidize*).

**Heritage Speakers** Ask heritage speakers to share what they know about scholarships and recruitment services to U.S. schools that are available specifically to Latinos.

# Oye cómo va

## Franco De Vita

De padres italianos, **Franco De Vita** nació en Caracas, Venezuela en 1954. Después de estudiar piano por varios años, De Vita formó la banda Ícaro en 1982 y, dos años después, dejó el grupo para comenzar su carrera como solista y compositor. Con más de diez álbumes grabados°, es uno de los cantautores° más reconocidos° del mundo hispano. En 2004, su disco° *Stop* fue uno de los diez más populares de Latinoamérica y de la audiencia hispana en los Estados Unidos. Algunas de las canciones más famosas de Franco De Vita son *Un buen perdedor*, *Te amo*, *Louis*, *No basta* y *Tú de qué vas*.

Tu profesor(a) va a poner la canción en la clase. Escúchala y completa las actividades.

### Emparejar

Encuentra los elementos de la segunda columna que correspondan con los de la primera.

1. año en que nació Franco De Vita g
2. país donde nacieron sus padres j
3. popular álbum de De Vita a
4. país donde nació Franco De Vita f
5. año en que empezó su carrera de solista c
6. famosa canción de De Vita i
7. canción de Sin Bandera e
8. país donde nació Leonel García b

a. *Stop*
b. México
c. 1984
d. diez
e. *Kilómetros*
f. Venezuela
g. 1954
h. compositor
i. *No basta*
j. Italia

### Preguntas

En parejas, respondan a las preguntas. Answers will vary.

1. ¿De qué habla la canción?
2. ¿Creen que el autor piensa en su pareja anterior?
3. ¿A quién piensan que le está cantando?
4. Escriban cinco consejos para que el autor se sienta mejor.

**grabados** *recorded* **cantautores** *singer-songwriters* **reconocidos** *well-known* **disco** *album* **me has visto** *you have seen me* **se han pasado** *have gone by* **ni cuenta yo me he dado** *I haven't even realized it* **ha quitado** *has taken away* **nunca he estado** *I have never been* **¡qué va!** *nonsense!* **agradecer** *to be thankful* **Aunque** *Although* **ya** *anymore* **han trabajado** *have worked*

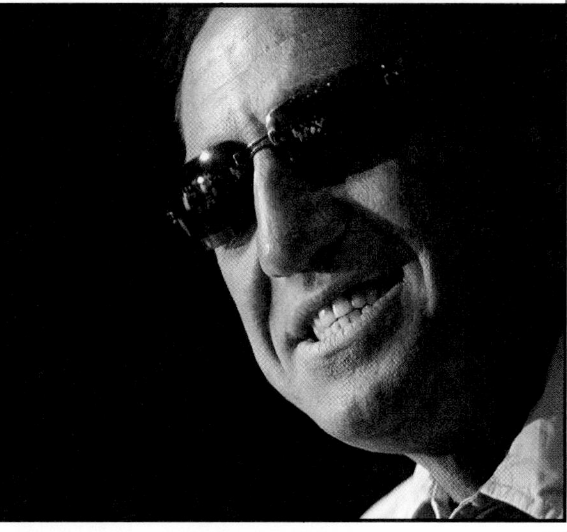

## Si la ves (con Sin Bandera)

National Standards: communication, cultures

Si la ves, dile que...
que me has visto° mejorado
y que hay alguien a mi lado
que me tiene enamorado;
que los días se han pasado°
y ni cuenta yo me he dado°;
que no me ha quitado° el sueño
y que lo nuestro está olvidado.

Dile que yo estoy muy bien,
que nunca he estado° mejor.
Si piensa que tal vez me muero
porque ella no está, ¡qué va°!
Dile que al final de todo
se lo voy a agradecer°.
Aunque° pensándolo bien,
mejor dile que ya° no me ves.

**Sin Bandera**

Sin Bandera es un dueto formado por Leonel García de México y Noel Schajris de Argentina. Estos jóvenes cantautores son conocidos por sus baladas rítmicas como *Sirena*, *Kilómetros* y *Entra en mi vida*. Además de Franco De Vita, ellos han trabajado° con Vico C, Laura Pausini y Brian McKnight.

recursos

descubre2.vhlcentral.com

Practice more at **descubre2.vhlcentral.com.**

### Section Goals

In **Oye cómo va**, students will:
- read about **Franco De Vita**
- read about **Sin Bandera**
- listen to a song by **Franco De Vita**

**Instructional Resources**
**vText**
**Supersite**
**Vista Higher Learning *Cancionero***

**Antes de escuchar**
- Have students read the song title and scan the lyrics for past participles.
- Ask students to predict what type of song this is and what instruments they expect to hear.
- You may want to point out the auxiliary verb construction **has visto** and explain that this is an example of the present perfect. Tell students that they will learn more about this structure in **Lección 6**.

**Emparejar** As a variant, write a series of sentences from the biographical reading on strips of paper. Have volunteers draw sentences and put them in chronological order.

**Preguntas** Ask additional discussion questions. Ex: **¿Por qué creen que el cantante quiere fingir (*pretend*) que está bien? ¿Quién creen que cortó la relación, él o ella? ¿Creen que dejaron la relación hace mucho o poco tiempo?**

**TEACHING OPTIONS**

**Pairs** Tell students to imagine that the singer runs into his ex-girlfriend on the street. Have them work in pairs and invent a dialogue based on what they know from the song. Call on volunteers to role-play their dialogues for the class.

**Extra Practice** Write on the board the lyrics of ***Si la ves*** with the past participles removed. Play the song again and have the students fill in the blanks. To simplify, list the infinitives of the verbs used as a reference.

Interactive Map
Video: *Panorama cultural*

## Section Goal

In **Panorama**, students will read about the history, geography, and economy of Venezuela.

**Instructional Resources**
**vText**
***Cuaderno de actividades,*** pp. 73–74
***Cuaderno de práctica,*** pp. 59–60
***e-Cuaderno***
**Supersite/DVD: *Panorama cultural***
**Supersite/TRCD/Print:** *PowerPoints* (Overheads #5, #6, #24); ***Panorama cultural*** Videoscript & Translation, Answer Keys

**Teaching Tip** Have students look at the map of Venezuela or show *Overhead PowerPoint #24* and talk about the physical features of the country. Have students trace the Orinoco River and notice the types of terrain it runs through. Note that the principal cities are all located along the Caribbean coast.

**El país en cifras** Point out that the national currency is named for **Simón Bolívar,** the Latin American hero who played a central role in the struggle for independence from Spain. Point out that **Bolívar's** birthplace was Caracas. After reading about the **yanomami,** point out the vastness of Venezuela's jungle area, and remind students that various indigenous groups inhabit this largely undeveloped area.

**¡Increíble pero cierto!** Angel Falls is located in the rugged, nearly inaccessible Guiana Highlands in southeastern Venezuela, and is most easily viewed from the air. In fact, that is how American pilot James C. Angel explored this natural wonder.

# Venezuela

## El país en cifras

- **Área:** 912.050 km² (352.144 millas²), *aproximadamente dos veces el área de California*
- **Población:** 31.330.000
- **Capital:** Caracas —3.144.000
- **Ciudades principales:** Valencia —3.499.000, Maracaibo —2.911.000, Maracay —1.463.000, Barquisimeto —1.243.000

SOURCE: Population Division, UN Secretariat

- **Moneda:** bolívar
- **Idiomas:** español (oficial), arahuaco, caribe

*El yanomami es uno de los idiomas indígenas que se habla en Venezuela. La cultura de los yanomami tiene su centro en el sur de Venezuela, en el bosque tropical. Son cazadores° y agricultores y viven en comunidades de hasta 400 miembros.*

Bandera de Venezuela

### Venezolanos célebres

- **Teresa Carreño,** compositora y pianista (1853–1917)
- **Rómulo Gallegos,** escritor y político (1884–1979)
- **Andrés Eloy Blanco,** poeta (1897–1955)
- **Baruj Benacerraf,** científico (1920– )

*En 1980, Baruj Benacerraf, junto con dos de sus colegas, recibió el Premio Nobel por sus investigaciones en el campo° de la inmunología y las enfermedades autoinmunes. Nacido en Caracas, Benacerraf también vivió en París y reside ahora en los Estados Unidos.*

**cazadores** *hunters* **campo** *field* **caída** *drop* **Salto Ángel** *Angel Falls* **catarata** *waterfall*

### ¡Increíble pero cierto!

Con una caída° de 979 metros (3.212 pies) desde la meseta de Auyan Tepuy, Salto Ángel°, en Venezuela, es la catarata° más alta del mundo, ¡diecisiete veces más alta que las cataratas del Niágara! James C. Angel la descubrió en 1935. Los indígenas de la zona la denominan "Kerekupai-merú".

### TEACHING OPTIONS

**Variación léxica** Venezuelan Spanish has a rich repertoire of regionalisms and colloquialisms. If students go to Caracas, they are certainly going to hear the word **pana**, which means both **amigo** and **amiga**. Ex: **¡Eso es chévere, pana!** The Venezuelan equivalent of *guy* or *girl* is **chamo/a**. An inhabitant of the city of Caracas is a **caraqueño/a.** Some other words that are specific to Venezuela are **cambur** for **banana** and **caraota** for **frijol**.

**Worth Noting** **Rómulo Gallegos's** great novel, ***Doña Bárbara***, is set in the **Llanos** of Venezuela, a region known for its cattle raising culture. The theme of the novel is one that has been explored by many Latin American writers, the struggle between **civilización y barbarie**.

## Economía • El petróleo

La industria petrolera° es muy importante para la economía venezolana. La mayor concentración de petróleo del país se encuentra debajo del lago Maracaibo. En 1976 se nacionalizaron las empresas° petroleras y pasaron a ser propiedad° del estado con el nombre de *Petróleos de Venezuela*. Este producto representa más del 70% de las exportaciones del país, siendo los Estados Unidos su principal comprador°.

## Actualidades • Caracas

El *boom* petrolero de los años cincuenta transformó a Caracas en una ciudad cosmopolita. Sus rascacielos° y excelentes sistemas de transporte la hacen una de las ciudades más modernas de Latinoamérica. El metro, construido en 1983, es uno de los más modernos del mundo y sus extensas carreteras y autopistas conectan la ciudad con el interior del país. El corazón de la ciudad es el Parque Central, una zona de centros comerciales, tiendas, restaurantes y clubes.

## Historia • Simón Bolívar (1783–1830)

A finales del siglo° XVIII, Venezuela, al igual que otros países suramericanos, todavía estaba bajo el dominio de la corona° española. El general Simón Bolívar, nacido en Caracas, es llamado "El Libertador" porque fue el líder del movimiento independentista suramericano en el área que hoy es Venezuela, Colombia, Ecuador, Perú y Bolivia.

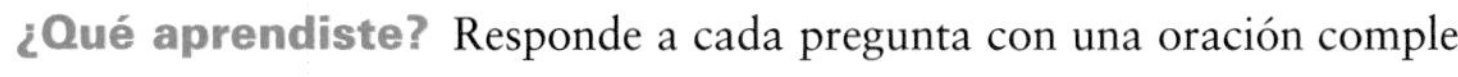

**¿Qué aprendiste?** Responde a cada pregunta con una oración completa.

1. ¿Cuál es la moneda de Venezuela?
   La moneda de Venezuela es el bolívar.
2. ¿Quién fue Rómulo Gallegos?
   Rómulo Gallegos fue un escritor y político venezolano.
3. ¿Cuándo fue descubierto el Salto Ángel?
   Salto Ángel fue descubierto en 1935.
4. ¿Cuál es el producto más exportado de Venezuela?
   El producto más exportado de Venezuela es el petróleo.
5. ¿Qué ocurrió en 1976 con las empresas petroleras?
   En 1976 las empresas petroleras se nacionalizaron.
6. ¿Cómo se llama la capital de Venezuela?
   La capital de Venezuela se llama Caracas.
7. ¿Qué hay en el Parque Central de Caracas?
   Hay centros comerciales, tiendas, restaurantes y clubes.
8. ¿Por qué es conocido Simón Bolívar como "El Libertador"?
   Simón Bolívar es conocido como "El Libertador" porque fue el líder del movimiento independentista suramericano.

Tejedor° en Los Aleros, aldea° en los Andes de Venezuela

**Conexión Internet** Investiga estos temas en **descubre2.vhlcentral.com.**

1. Busca información sobre Simón Bolívar. ¿Cuáles son algunos de los episodios más importantes de su vida? ¿Crees que Bolívar fue un estadista (*statesman*) de primera categoría? ¿Por qué?
2. Prepara un plan para un viaje de ecoturismo por el Orinoco. ¿Qué quieres ver y hacer durante la excursión?

**industria petrolera** *oil industry* **empresas** *companies* **propiedad** *property* **comprador** *buyer* **rascacielos** *skyscrapers* **siglo** *century* **corona** *crown* **Tejedor** *Weaver* **aldea** *village*

Practice more at **descubre2.vhlcentral.com.**

**El petróleo** Students may be surprised to learn that Venezuela is among the world's top ten crude oil producers, with 73 billion barrels of petroleum reserves. Venezuela may have up to as much as 1.2 trillion barrels of extra-heavy oil, including bitumen.

**Caracas** Both Caracas and Houston, Texas, are major urban areas fueled by oil booms. Students may find it interesting to compare how these cities have developed. Houston's urban development is limited only by the coastline, allowing it to sprawl in all other directions; Caracas is hemmed into a narrow valley by two mountain ranges, leading to its dense development and its many high-rises.

**Simón Bolívar** The life of **Simón Bolívar** has inspired artists of every sort: from painters and sculptors to musicians and writers. In 1989, Colombian Nobel winner **Gabriel García Márquez** published ***El general en su laberinto***, his vision of **Bolívar** toward the end of his life, as he muses about his accomplishments and disappointments.

**Conexión Internet** Students will find supporting Internet activities and links at **descubre2.vhlcentral.com**.

**Teaching Tip** You may want to wrap up this section by playing the ***Panorama cultural*** video footage for this lesson.

### TEACHING OPTIONS

**Worth Noting** Tell students that the **Salto Ángel**, besides being the highest uninterrupted waterfall in the world, falls from a **tepuy**, a flat-topped, sandstone mountain with vertical sides. Because of the isolation that results from the great elevation and the vertical sides, the top of each **tepuy** is a unique ecosystem, featuring plants and animals of different species that grow nowhere else on earth, including the tops of neighboring **tepuyes**. The chilly, damp climate atop a **tepuy** differs so markedly from the tropical climate at its base that **tepuy** species cannot survive on the **sabana** below and vice versa.

**Heritage Speakers** Ask heritage speakers whose families are of Venezuelan origin or students who have visited there to tell the class about their experiences in the country.

Audio: Vocabulary Flashcards

**Instructional Resources**
**vText**
***Cuaderno de actividades,*** p. 117
***e-Cuaderno***
**Supersite:** Textbook & Vocabulary MP3 Audio Files
**Supersite/TRCD/Print:** Answer Keys; *Testing Program* (**Lección 5 Pruebas,** Test Generator, Testing Program MP3 Audio Files)
**Textbook CD:** CD 1, Tracks 44–47
**Audio Activity CD:** CD 5, Tracks 21–24
**Testing Program CD:** Tracks 17–20

## En la ciudad

| | |
|---|---|
| **el banco** | *bank* |
| **la carnicería** | *butcher shop* |
| **el correo** | *post office* |
| **el estacionamiento** | *parking lot* |
| **la frutería** | *fruit store* |
| **la heladería** | *ice cream shop* |
| **la joyería** | *jewelry store* |
| **la lavandería** | *laundromat* |
| **la panadería** | *bakery* |
| **la pastelería** | *pastry shop* |
| **la peluquería, el salón de belleza** | *beauty salon* |
| **la pescadería** | *fish market* |
| **el supermercado** | *supermarket* |
| **la zapatería** | *shoe store* |
| **hacer cola** | *to stand in line* |
| **hacer diligencias** | *to run errands* |

## En el correo

| | |
|---|---|
| **el cartero** | *mail carrier* |
| **el correo** | *mail/post office* |
| **el paquete** | *package* |
| **la estampilla, el sello** | *stamp* |
| **el sobre** | *envelope* |
| **echar (una carta) al buzón** | *to put (a letter) in the mailbox; to mail* |
| **enviar, mandar** | *to send; to mail* |

## En el banco

| | |
|---|---|
| **el cajero automático** | *ATM* |
| **el cheque (de viajero)** | *(traveler's) check* |
| **la cuenta corriente** | *checking account* |
| **la cuenta de ahorros** | *savings account* |
| **ahorrar** | *to save (money)* |
| **cobrar** | *to cash (a check)* |
| **depositar** | *to deposit* |
| **firmar** | *to sign* |
| **llenar (un formulario)** | *to fill out (a form)* |
| **pagar a plazos** | *to pay in installments* |
| **pagar al contado, en efectivo** | *to pay in cash* |
| **pedir prestado/a** | *to borrow* |
| **pedir un préstamo** | *to apply for a loan* |
| **ser gratis** | *to be free of charge* |

## Las direcciones

| | |
|---|---|
| **la cuadra** | *(city) block* |
| **la dirección** | *address* |
| **la esquina** | *corner* |
| **el letrero** | *sign* |
| **cruzar** | *to cross* |
| **dar direcciones** | *to give directions* |
| **doblar** | *to turn* |
| **estar perdido/a** | *to be lost* |
| **quedar** | *to be located* |
| **(al) este** | *(to the) east* |
| **(al) norte** | *(to the) north* |
| **(al) oeste** | *(to the) west* |
| **(al) sur** | *(to the) south* |
| **derecho** | *straight (ahead)* |
| **enfrente de** | *opposite; facing* |
| **hacia** | *toward* |

| | |
|---|---|
| **Past participles used as adjectives** | *See page 179.* |
| **Expresiones útiles** | *See page 167.* |

recursos

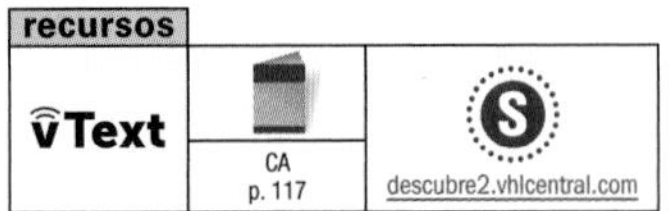

# El bienestar

# 6

**Communicative Goals**

***You will learn how to:***

- **Talk about health, well-being, and nutrition**
- **Talk about physical activities**

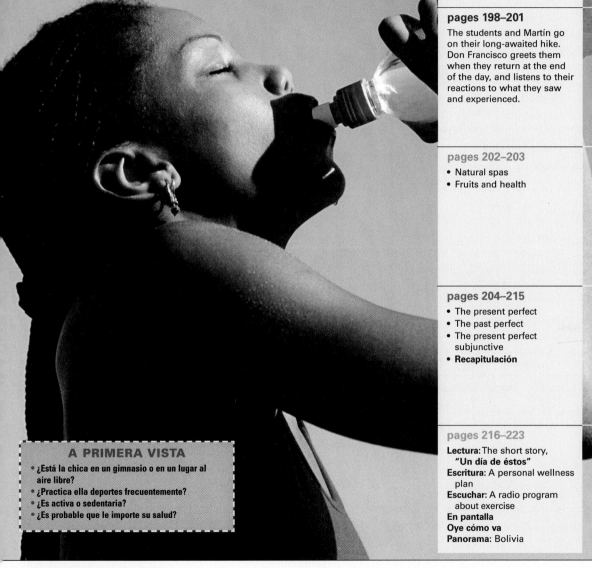



**A PRIMERA VISTA**

- **¿Está la chica en un gimnasio o en un lugar al aire libre?**
- **¿Practica ella deportes frecuentemente?**
- **¿Es activa o sedentaria?**
- **¿Es probable que le importe su salud?**

## Lesson Goals

In **Lección 6**, students will be introduced to the following:

- terms for health and exercise
- nutrition terms
- natural spas
- fruits and health
- present perfect
- past perfect
- present perfect subjunctive
- making inferences
- organizing information logically when writing
- writing a personal wellness plan
- listening for the gist and for cognates
- a news report about swimming
- Bolivian musical group **Los Kjarkas**
- cultural, geographic, and historical information about Bolivia

**A primera vista** Here are some additional questions you can ask based on the photo: **¿Crees que tienes buena salud? ¿Haces ejercicio regularmente? ¿Qué haces cuando te sientes nervioso/a o cansado/a? ¿Es importante que desayunes todas las mañanas? ¿Cuántas horas duermes cada noche?**

**INSTRUCTIONAL RESOURCES**

**Student Materials**
**Print:** Student Book, Workbooks (*Cuaderno de actividades, Cuaderno de práctica, Cuaderno para hispanohablantes*)
**Technology:** vText, MAESTRO® *E-Cuaderno* and Supersite (Audio, Video, Practice)

**Teacher Materials**
DVDs (*Fotonovela, Flash cultura, Panorama cultural*)
Teacher's Resource CD-ROM (Scripts, Answer Keys, *PowerPoints*, Testing Program)
Testing Program, Textbook, Audio Activity CDs
MAESTRO® Supersite: Resources (Planning and Teaching Resources from Teacher's Resource CD-ROM); Learning Management System (Gradebook, Assignments)
Vista Higher Learning *Cancionero*
Resources also available in print

**DESCUBRE 2 Supersite:** descubre2.vhlcentral.com

Talking Picture
Tutorials, Games
Audio: Activities, Vocabulary

## Section Goals

In **Contextos**, students will learn and practice:

- vocabulary used to talk about health and exercise
- vocabulary used to discuss nutrition and a healthy diet

**Instructional Resources**
**vText**
***Cuaderno de actividades,*** pp. 23–24, 119
***Cuaderno de práctica,*** pp. 61–62
***Cuaderno para hispanohablantes,*** pp. 81–82
***e-Cuaderno***
**Supersite:** Textbook, Vocabulary, & Audio Activity MP3 Audio Files
**Supersite/TRCD/Print:** *PowerPoints* (**Lección 6 Contextos** Presentation, Overheads #25, #26); Communication Activities Textbook Audio Script, Audio Activity Script, Answer Keys
**Textbook CD:** CD 2, Tracks 1–2
**Audio Activity CD:** CD 6, Tracks 1–3

### Teaching Tips

- Write **hacer ejercicio** on the board, then ask personalized questions, writing new vocabulary on the board: Ex: **¿Quiénes hacen ejercicio regularmente? ¿Hacen ejercicios aeróbicos? ¿Quiénes levantan pesas?**
- Show *Overhead PowerPoint #25.* Give the people names and make statements and ask questions about their activities. Ex: **El señor Garza es teleadicto. Él no hace ejercicio. Ve televisión y come papas fritas. ¿Es activo o sedentario? ¿Lleva una vida sana?** After you have gone over the active vocabulary, ask students personalized questions about their exercise habits. Ex: **¿Qué hacen para aliviar el estrés? ¿Creen que se puede hacer demasiada gimnasia?**
- Point out the *no smoking* sign at the top right of the drawing. Explain that the infinitive, instead of a command form, is often found on public signs to express prohibitions or instructions.

# El bienestar

### Más vocabulario

| | |
|---|---|
| **adelgazar** | *to lose weight; to slim down* |
| **aliviar el estrés** | *to reduce stress* |
| **aliviar la tensión** | *to reduce tension* |
| **apurarse, darse prisa** | *to hurry; to rush* |
| **aumentar de peso, engordar** | *to gain weight* |
| **calentarse (e:ie)** | *to warm up* |
| **disfrutar (de)** | *to enjoy; to reap the benefits (of)* |
| **entrenarse** | *to practice; to train* |
| **estar a dieta** | *to be on a diet* |
| **estar en buena forma** | *to be in good shape* |
| **hacer gimnasia** | *to work out* |
| **llevar una vida sana** | *to lead a healthy lifestyle* |
| **mantenerse en forma** | *to stay in shape* |
| **sufrir muchas presiones** | *to be under a lot of pressure* |
| **tratar de (+ *inf.*)** | *to try (to do something)* |
| **la droga** | *drug* |
| **el/la drogadicto/a** | *drug addict* |
| **activo/a** | *active* |
| **débil** | *weak* |
| **en exceso** | *in excess; too much* |
| **flexible** | *flexible* |
| **fuerte** | *strong* |
| **sedentario/a** | *sedentary; related to sitting* |
| **tranquilo/a** | *calm; quiet* |
| **el bienestar** | *well-being* |

### Variación léxica

hacer ejercicios aeróbicos ⟷ hacer aeróbic *(Esp.)*
entrenador ⟷ monitor

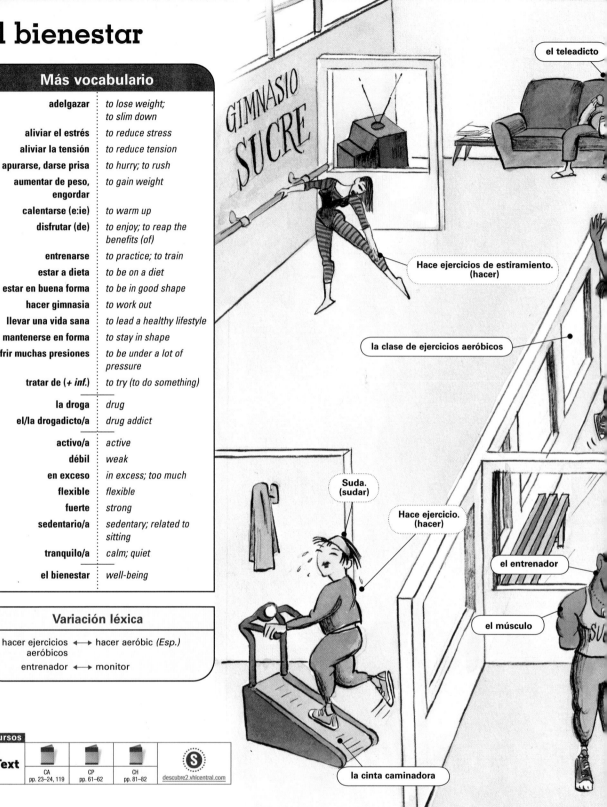

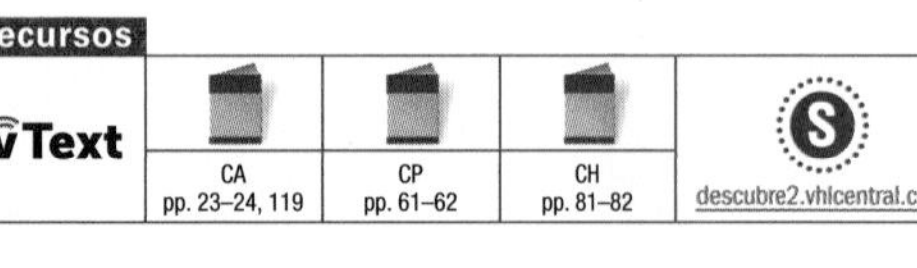




### TEACHING OPTIONS

**TPR** Ask students to stand. Call out commands based on the lesson vocabulary. Ex: **¡Levanten pesas! ¡Hagan ejercicios aeróbicos! ¡Apúrense! ¡Descansen!** Working with students, invent a gesture to mime each activity. When you have invented gestures to cover all the vocabulary, carry out a TPR activity with the class. Keep a brisk pace. Vary singular and plural commands.

**Heritage Speakers** Have volunteers read the words in the **Variación léxica** box aloud. Ask heritage speakers if they can name any additional terms related to fitness, health, and wellbeing. Ex: **tener mucho estrés, estar estresado/a; trotar**

el masaje
No fumar.
Hacen ejercicios aeróbicos. (hacer)
Levanta pesas. (levantar)

# Práctica

**1 Escuchar** Mira el dibujo. Luego escucha las oraciones e indica si lo que se dice en cada oración es **cierto** o **falso**.

| | Cierto | Falso | | Cierto | Falso |
|---|---|---|---|---|---|
| 1. | ❍ | ✓ | 6. | ❍ | ✓ |
| 2. | ❍ | ✓ | 7. | ❍ | ✓ |
| 3. | ✓ | ❍ | 8. | ✓ | ❍ |
| 4. | ✓ | ❍ | 9. | ❍ | ✓ |
| 5. | ✓ | ❍ | 10. | ❍ | ✓ |

**2 Seleccionar** Escucha el anuncio del gimnasio Sucre. Marca con una **X** los servicios que se ofrecen.

__X__ 1. dietas para adelgazar
_____ 2. programa para aumentar de peso
__X__ 3. clases de gimnasia
__X__ 4. entrenador personal
__X__ 5. masajes
_____ 6. programa para dejar de fumar

**3 Identificar** Identifica el opuesto (*opposite*) de cada palabra.

| | |
|---|---|
| apurarse | fuerte |
| disfrutar | mantenerse en forma |
| engordar | sedentario |
| estar enfermo | sufrir muchas presiones |
| flexible | tranquilo |

1. activo sedentario
2. adelgazar engordar
3. aliviar el estrés sufrir muchas presiones
4. débil fuerte
5. ir despacio apurarse
6. estar sano estar enfermo
7. nervioso tranquilo
8. ser teleadicto mantenerse en forma

**4 Combinar** Combina palabras de cada columna para formar ocho oraciones lógicas sobre el bienestar.

1. David levanta pesas h
2. Estás en buena forma d
3. Felipe se lastimó f
4. José y Rafael e
5. Mi hermano a
6. Sara hace ejercicios de b
7. Mis primas están a dieta c
8. Para llevar una vida sana, g

a. aumentó de peso.
b. estiramiento.
c. porque quieren adelgazar.
d. porque haces ejercicio.
e. sudan mucho en el gimnasio.
f. un músculo de la pierna.
g. no se debe fumar.
h. y corre mucho.

**1 Teaching Tip** Check answers by reading each statement and asking volunteers to say whether it is true or false. To challenge students, have them correct the false information.

**1 Script** 1. Se puede fumar dentro del gimnasio. 2. El teleadicto está en buena forma. 3. Los músculos del entrenador son grandes. 4. La mujer que está corriendo también está sudando.
*Script continues on page 196.*

**2 Teaching Tip** For this exercise, tell students not to look at the drawing, rather only to listen to the audio.

**2 Script** Si quieres estar en buena forma, aliviar el estrés o adelgazar, el gimnasio Sucre te ofrece una serie de programas que se adaptarán a tus gustos. Tenemos un equipo de entrenadores que te pueden ayudar a mantenerte en forma con las clases de ejercicios aeróbicos y de gimnasia. Si sufres muchas presiones y lo que necesitas es un servicio más especial, puedes trabajar con un entrenador personal en nuestros programas privados de pesas, masajes y dietas para adelgazar.
*Textbook CD*

**3 Expansion** Have students use each pair of opposite terms in sentences. Ex: **José está muy nervioso porque no estudió para el examen. Roberto estudió por dos horas; por eso está tranquilo.**

**4 Expansion** Have students create original endings for the sentence starters in the left column.

**TEACHING OPTIONS**

**Pairs** Have pairs of students interview each other about what they do to stay in shape. Interviewers should also find out how often their partner does these things and when he or she did them over the past week. Ask students to write a brief report summarizing the interview.

**Game** Divide the class into teams of three. Ask a team to leave the room while the class chooses a vocabulary word or expression. When the team returns, they must try to guess it by asking the class yes/no questions. If the team guesses the word within ten questions, they get a point. Ex: **¿Es un lugar? ¿Describe a una persona? ¿Es una acción? ¿Es algo que haces para estar en buena forma?**

**1 Script (continued)** 5. Se puede recibir un masaje en el gimnasio Sucre. 6. Hay cuatro hombres en la clase de ejercicios aeróbicos. 7. El hombre que levanta pesas lleva una vida muy sedentaria. 8. La instructora de la clase de ejercicios aeróbicos lleva una vida muy activa. 9. El hombre que mira televisión está a dieta. 10. No hay nadie en el gimnasio que haga ejercicios de estiramiento.
*Textbook CD*

**Teaching Tips** Show *Overhead PowerPoint #26.* First, ask open-ended or yes/no questions that elicit the names of the foods depicted. Ex: **¿Qué es esto? (un huevo) Y esto al lado del queso, ¿son papas fritas?** Then ask students either-or questions to elicit the vocabulary in **La nutrición**. Ex: **¿La carne tiene proteínas o vitaminas?** Continue asking for information or opinions. Ex: **La cafeína, ¿creen que es una droga? ¿Por qué?**

**5 Expansion** After checking each item, ask students personalized questions, or have them comment on the information. Ex: **¿Comen ustedes comidas con mucha proteína después de hacer ejercicio? ¿Piensan que es buena idea comer comidas de todos los grupos alimenticios? ¿Por qué?**

**Ayuda** Present the vocabulary using the words in sentences that describe your eating or physical activity patterns.

**6 Expansion** As students share their answers with the class, write on the board common themes. Have a class discussion about these themes and their origins.

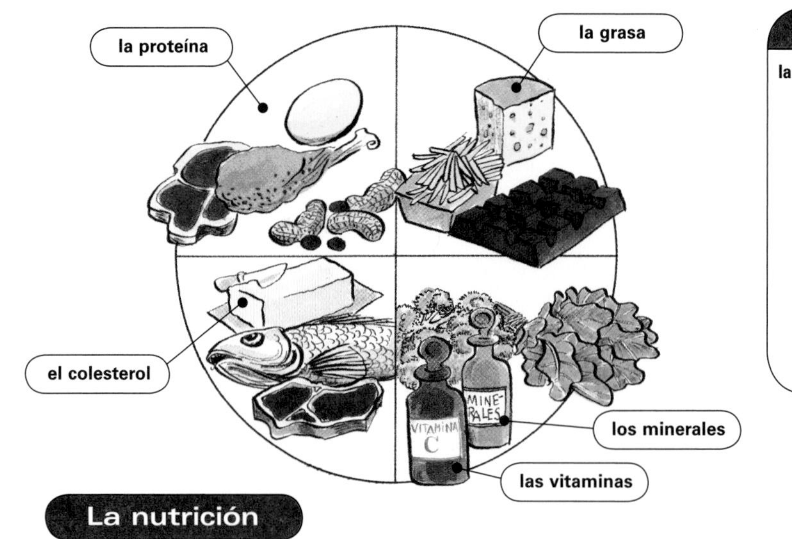


## La nutrición

### Más vocabulario

| | |
|---|---|
| la bebida alcohólica | *alcoholic beverage* |
| la cafeína | *caffeine* |
| la caloría | *calorie* |
| la merienda | *afternoon snack* |
| la nutrición | *nutrition* |
| el/la nutricionista | *nutritionist* |
| comer una dieta equilibrada | *to eat a balanced diet* |
| consumir alcohol | *to consume alcohol* |
| descafeinado/a | *decaffeinated* |

**5** **Completar** Completa cada oración con la palabra adecuada.

1. Después de hacer ejercicio, como pollo o bistec porque contienen __b__.
   a. drogas b. proteínas c. grasa
2. Para __c__, es necesario consumir comidas de todos los grupos alimenticios (*nutrition groups*).
   a. aliviar el estrés b. correr c. comer una dieta equilibrada
3. Mis primas __a__ una buena comida.
   a. disfrutan de b. tratan de c. sudan
4. Mi entrenador no come chocolate ni papas fritas porque contienen __c__.
   a. dietas b. vitaminas c. mucha grasa
5. Mi padre no come mantequilla porque él necesita reducir __b__.
   a. la nutrición b. el colesterol c. el bienestar
6. Mi novio cuenta __c__ porque está a dieta.
   a. las pesas b. los músculos c. las calorías

**6** **La nutrición** En parejas, hablen de los tipos de comida que comen y las consecuencias que tienen para su salud. Luego compartan la información con la clase. Answers will vary.

1. ¿Cuántas comidas con mucha grasa comes regularmente? ¿Piensas que debes comer menos comidas de este tipo? ¿Por qué?
2. ¿Comes comidas con muchos minerales y vitaminas? ¿Necesitas consumir más comidas que los contienen? ¿Por qué?
3. ¿Tiene algún miembro de tu familia problemas con el colesterol? ¿Qué haces para evitar problemas con el colesterol?
4. ¿Eres vegetariano/a? ¿Conoces a alguien que sea vegetariano/a? ¿Qué piensas de la idea de no comer carne u otros productos animales? ¿Es posible comer una dieta equilibrada sin comer carne? Explica.
5. ¿Tomas cafeína en exceso? ¿Qué ventajas (*advantages*) y desventajas tiene la cafeína? Da ejemplos de productos que contienen cafeína y de productos descafeinados.
6. ¿Llevas una vida sana? ¿Y tus amigos? ¿Crees que, en general, los estudiantes llevan una vida sana? ¿Por qué?

**AYUDA**

Some useful words:
**sano = saludable**
**en general = por lo general**
**estricto**
**normalmente**
**muchas veces**
**a veces**
**de vez en cuando**

**TEACHING OPTIONS**

**TPR** Add an auditory aspect to this vocabulary practice. Have students write **bueno** on one piece of paper and **malo** on another. Prepare a series of statements about healthy and unhealthy habits. As you read each statement, have students hold up the corresponding paper. Ex: **Antes de hacer ejercicio, siempre como comidas con mucha grasa. (malo) Como una dieta equilibrada. (bueno)**

**Small Groups** In groups of three and four, have students take turns miming actions involving fitness, health, and well-being. The other group members should guess the verb or verb phrase. Ex: A student mimes lifting weights. (**Estás levantando pesas.**)

# Comunicación

7 **Un anuncio** En grupos de cuatro, imaginen que son dueños/as de un gimnasio con un equipo (*equipment*) moderno, entrenadores calificados y un(a) nutricionista. Preparen y presenten un anuncio para la televisión que hable del gimnasio y atraiga (*attracts*) a una gran variedad de nuevos clientes. No se olviden de presentar esta información: Answers will vary.

- las ventajas de estar en buena forma
- el equipo que tienen
- los servicios y clases que ofrecen
- las características únicas del gimnasio
- la dirección y el teléfono del gimnasio
- el precio para los socios (*members*) del gimnasio

8 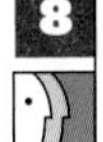 **Recomendaciones para la salud** En parejas, imaginen que están preocupados/as por los malos hábitos de un(a) amigo/a que no está bien últimamente (*lately*). Escriban y representen una conversación en la cual hablen de lo que está pasando en la vida de su amigo/a y los cambios que necesita hacer para llevar una vida sana. Answers will vary.

9  **El teleadicto** Con un(a) compañero/a, representen los papeles de un(a) nutricionista y un(a) teleadicto/a. La persona sedentaria habla de sus malos hábitos para la comida y de que no hace ejercicio. También dice que toma demasiado café y que siente mucho estrés. El/La nutricionista le sugiere una dieta equilibrada con bebidas descafeinadas y una rutina para mantenerse en buena forma. El/La teleadicto/a le da las gracias por su ayuda. Answers will vary.

10  **El gimnasio perfecto** Tú y tu compañero/a quieren encontrar el gimnasio perfecto. Tú tienes el anuncio del gimnasio Bienestar y tu compañero/a tiene el del gimnasio Músculos. Hazle preguntas a tu compañero/a sobre las actividades que se ofrecen en el otro gimnasio. Tu profesor(a) le va a dar a cada uno de ustedes una hoja distinta con la información necesaria para completar la actividad. Answers will vary.

*modelo*

**Estudiante 1:** *¿Se ofrecen clases para levantar pesas?*
**Estudiante 2:** *Sí, para levantar pesas se ofrecen clases todos los lunes a las seis de la tarde.*

 Practice more at **descubre2.vhlcentral.com.**

**7 Teaching Tips**
- If possible, have students visit health clubs in your area to gather advertising brochures and/or fitness magazines to help them brainstorm ideas for their commercials.
- Have groups write their advertisement so that each student gets to speak for an equal amount of time.

**8 Teaching Tips**
- Suggest that students use expressions of doubt followed by the subjunctive or expressions of certainty. Review the verbs and expressions on pages 142–143 as necessary.
- Have students discuss at least five bad habits their friend has, explain why he or she has them, and what he or she tried to do to overcome them. Then, have students discuss ways of successfully overcoming each habit.

**9 Teaching Tip** Before doing this activity, review the verbs and expressions of will and influence on pages 112–113.

**9 Expansion** Have students conduct a follow-up interview which takes place one month after the initial meeting.

**10 Teaching Tip** Divide the class into pairs and distribute the Communication Activities worksheets that correspond to this activity. Give students ten minutes to complete the activity.

**10 Expansion**
- Have pairs work in groups to discuss which gym they would join and why.
- Have groups compare the gyms described in the activity with your school's gym and share their comparisons with the class.

**TEACHING OPTIONS**

**Pairs** Tell students to imagine that they are personal wellness consultants. Have them give their partner a set of ten guidelines on how to begin a comprehensive health program. Suggestions should be made regarding diet, aerobic exercise, strength training, flexibility training, and stress management. Have students switch roles.

**Extra Practice** Ask students to write down five personal goals for achieving or maintaining a healthy lifestyle. Then have them write a brief paragraph explaining why they want to attain these goals and how they plan to achieve them. Call on volunteers to share their goals with the class.

## 6 fotonovela

### Section Goals
In **Fotonovela**, students will:
- receive comprehensible input from free-flowing discourse
- learn functional phrases that preview lesson grammatical structures

**Instructional Resources**
**vText**
***Cuaderno de actividades,*** pp. 57–58
***e-Cuaderno***
**Supersite/DVD:** ***Fotonovela***
**Supersite/TRCD/Print:** ***Fotonovela*** Videoscript & Translation, Answer Keys

**Video Recap: Lección 5**
Before doing this **Fotonovela** section, review the previous one with these questions:
**1. ¿Qué recomienda don Francisco que lleven todos los excursionistas? (zapatos cómodos, una mochila, gafas oscuras y un suéter) 2. ¿Qué quiere Inés que Álex y Maite le compren en el centro? (unas estampillas/unos sellos) 3. ¿Por qué hablaron Maite y Álex con un joven? (porque estaban perdidos) 4. ¿Dónde estaba el supermercado? (enfrente del banco)**

**Video Synopsis** **Martín** leads the students in some warm-up stretches before the hike. During the hike, the students chat, take pictures, and admire their surroundings. Afterward, they talk about the wonderful time they had. **Don Francisco** tells the group that it is time to go back for dinner.

**Teaching Tips**
- Ask students to read only the first statement in each caption. Then have them predict the content of the episode, based only on those sentences. Write down their predictions.
- Quickly review the predictions students made about the episode. Through discussion, help the class summarize the plot.

# ¡Qué buena excursión!

NATIONAL communication cultures STANDARDS

**Martín y los estudiantes van de excursión a las montañas.**

**PERSONAJES**

MAITE

INÉS

DON FRANCISCO

ÁLEX

JAVIER

MARTÍN

**MARTÍN** Buenos días, don Francisco.

**DON FRANCISCO** ¡Hola, Martín!

**MARTÍN** Ya veo que han traído lo que necesitan. ¡Todos han venido muy bien equipados!

**MARTÍN** Muy bien. ¡Atención, chicos! Primero hagamos algunos ejercicios de estiramiento...

**MARTÍN** Es bueno que se hayan mantenido en buena forma. Entonces, jóvenes, ¿ya están listos?

**JAVIER** ¡Sí, listísimos! No puedo creer que finalmente haya llegado el gran día.

**DON FRANCISCO** ¡Hola! ¡Qué alegría verlos! ¿Cómo les fue en la excursión?

**JAVIER** Increíble, don Efe. Nunca había visto un paisaje tan espectacular. Es un lugar estupendo. Saqué mil fotos y tengo montones de escenas para dibujar.

**MAITE** Nunca había hecho una excursión. ¡Me encantó! Cuando vuelva a España, voy a tener mucho que contarle a mi familia.

**INÉS** Ha sido la mejor excursión de mi vida. Amigos, Martín, don Efe, mil gracias.

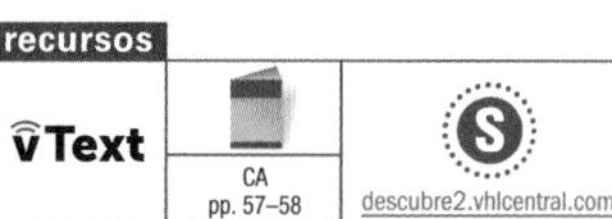


**TEACHING OPTIONS**

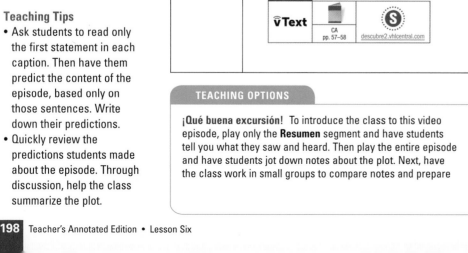

**¡Qué buena excursión!** To introduce the class to this video episode, play only the **Resumen** segment and have students tell you what they saw and heard. Then play the entire episode and have students jot down notes about the plot. Next, have the class work in small groups to compare notes and prepare summaries of the episode. Ask one or two groups to read their summaries to the class. Finally, discuss the plot with the class and check for accuracy.

**Teaching Tip** Have the class read through the entire **Fotonovela**, with volunteers playing the various parts.

**MARTÍN** ¡Fabuloso! ¡En marcha, pues!

**DON FRANCISCO** ¡Adiós! ¡Cuídense!

*Martín y los estudiantes pasan ocho horas caminando en las montañas. Hablan, sacan fotos y disfrutan del paisaje. Se divierten muchísimo.*

**ÁLEX** Sí, gracias, Martín. Gracias por todo.

**MARTÍN** No hay de qué. Ha sido un placer.

**DON FRANCISCO** Chicos, pues, es hora de volver. Creo que la señora Vives nos ha preparado una cena muy especial.

## Expresiones útiles

### Getting ready to start a hike

- **Ya veo que han traído lo que necesitan.**
  *I see that you have brought what you need.*
- **¡Todos han venido muy bien equipados!**
  *Everyone has come very well equipped!*
- **Primero hagamos algunos ejercicios de estiramiento.**
  *First let's do some stretching exercises.*
- **No puedo creer que finalmente haya llegado el gran día.**
  *I can't believe that the big day has finally arrived.*
- **¿(Están) listos?**
  *(Are you) ready?*
  **¡En marcha, pues!**
  *Let's get going, then!*

### Talking about a hike

- **¿Cómo les fue en la excursión?**
  *How did the hike go?*
  **Nunca había visto un paisaje tan espectacular.**
  *I had never seen such spectacular scenery.*
  **Nunca había hecho una excursión. ¡Me encantó!**
  *I had never gone on a hike before. I loved it!*
  **Ha sido la mejor excursión de mi vida.**
  *It's been the best hike of my life.*

### Courtesy expressions

- **Gracias por todo.**
  *Thanks for everything.*
- **Ha sido un placer.**
  *It's been a pleasure.*
- **¡Cuídense!**
  *Take care!*

**Expresiones útiles** Point out that **han traído, han venido,** and **Ha sido** are examples of the present perfect, which combines a present-tense form of the verb **haber** with the past participle of another verb. Explain that **había visto** and **había hecho** are examples of the past perfect, which combines an imperfect-tense form of **haber** with a past participle. Finally, draw attention to the sentence **No puedo creer que finalmente haya llegado el gran día.** Tell students that **haya llegado** is an example of the present perfect subjunctive, which combines a present subjunctive form of **haber** with a past participle. Tell students that they will learn more about these concepts in **Estructura**.

**TEACHING OPTIONS**

**Pairs** Have students work in pairs to write five true/false statements about the **¡Qué buena excursión!** episode. Then, have pairs exchange papers with another pair, who will work together to complete the activity and correct the false information.

**Extra Practice** Photocopy the **Fotonovela** Videoscript (Supersite/TRCD) and white out key vocabulary in order to make a master for a cloze activity. Distribute the copies and, as you play the **¡Qué buena excursión!** episode, have students fill in the blanks.

**1 Expansion** Have the class work in pairs or small groups to write a question that would elicit each statement.

**2 Expansion**
- Give the class these statements as items 7–8: **7. Bueno, chicos… hay que hacer unos ejercicios antes de empezar. (Martín) 8. ¿Qué tal les fue en la excursión? (don Francisco)**
- Add an auditory aspect to this activity. Have students close their books, then give them these sentences as a dictation. Read each sentence twice slowly and then once at regular speed so that students will have time to write.

**3 Teaching Tip** Ask students a few questions using words from the list. Ex: **¿Comes mucha grasa? ¿Qué es un teleadicto? ¿Cómo te mantienes en forma?**

**3 Expansion** Have pairs write sentences using any leftover words from the word bank. Ask volunteers to share their sentences with the class.

# ¿Qué pasó?

**1 Seleccionar** Selecciona la respuesta que mejor completa cada oración.

1. Antes de salir, Martín les recomienda a los estudiantes que hagan ___a___.
   a. ejercicios de estiramiento b. ejercicios aeróbicos c. gimnasia
2. Los excursionistas hablaron, ___c___ en las montañas.
   a. levantaron pesas y se divirtieron b. caminaron y dibujaron
   c. sacaron fotos y disfrutaron del paisaje
3. Inés dice que ha sido la mejor excursión ___c___.
   a. del viaje b. del año c. de su vida
4. Cuando Maite vuelva a España, va a ___b___.
   a. tener montones de escenas para dibujar b. tener mucho que contarle a su familia
   c. tener muchas fotos que enseñarle a su familia
5. La señora Vives les ha preparado ___a___.
   a. una cena especial b. un día en las montañas muy especial
   c. una excursión espectacular

**NOTA CULTURAL**

En Latinoamérica, hay muchos lugares populares para ir de **excursión**. Cientos de personas viajan anualmente a México para escalar los volcanes Popocatépetl e Iztaccíhuatl.

En Centroamérica, el bosque Monteverde de Costa Rica y el Parque Internacional La Amistad de Panamá son muy famosos. En Suramérica, la zona montañosa de los Andes es muy visitada.

**2 Identificar** Identifica quién puede decir estas oraciones.

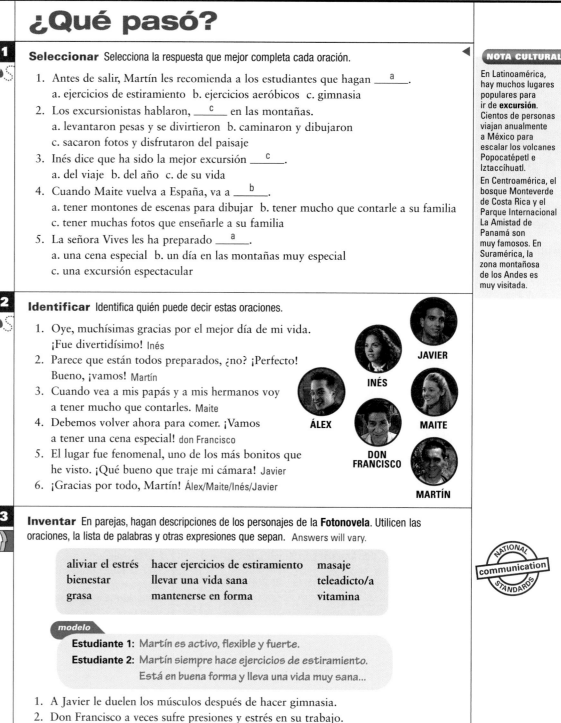

1. Oye, muchísimas gracias por el mejor día de mi vida. ¡Fue divertidísimo! Inés
2. Parece que están todos preparados, ¿no? ¡Perfecto! Bueno, ¡vamos! Martín
3. Cuando vea a mis papás y a mis hermanos voy a tener mucho que contarles. Maite
4. Debemos volver ahora para comer. ¡Vamos a tener una cena especial! don Francisco
5. El lugar fue fenomenal, uno de los más bonitos que he visto. ¡Qué bueno que traje mi cámara! Javier
6. ¡Gracias por todo, Martín! Álex/Maite/Inés/Javier

JAVIER

INÉS

ÁLEX

MAITE

DON FRANCISCO

MARTÍN

**3 Inventar** En parejas, hagan descripciones de los personajes de la **Fotonovela**. Utilicen las oraciones, la lista de palabras y otras expresiones que sepan. Answers will vary.

| | | |
|---|---|---|
| aliviar el estrés | hacer ejercicios de estiramiento | masaje |
| bienestar | llevar una vida sana | teleadicto/a |
| grasa | mantenerse en forma | vitamina |

*modelo*

**Estudiante 1:** *Martín es activo, flexible y fuerte.*
**Estudiante 2:** *Martín siempre hace ejercicios de estiramiento. Está en buena forma y lleva una vida muy sana...*

1. A Javier le duelen los músculos después de hacer gimnasia.
2. Don Francisco a veces sufre presiones y estrés en su trabajo.
3. A Inés le encanta salir con amigos o leer un buen libro.
4. Álex trata de comer una dieta equilibrada.
5. Maite no es muy flexible.

Practice more at **descubre2.vhlcentral.com.**

**TEACHING OPTIONS**

**Extra Practice** Ask the class a few additional questions about the **Fotonovela**. Ex: **¿Qué hicieron Martín y los chicos antes de empezar la excursión? (Hicieron unos ejercicios de estiramiento.) ¿Qué hicieron los estudiantes durante la excursión? (Caminaron, hablaron, sacaron fotos y miraron el paisaje.)**

**Pairs** Have pairs prepare a television program in which a traveler is interviewed about a recent hiking trip. Have them talk about where the traveler went hiking, what he/she saw, and to give any recommendations for future travelers. Give them time to prepare and rehearse; then ask volunteers to present their programs to the class. Alternately, you may want the students to videotape their programs and play them for the class.

# Ortografía

## Las letras b y v

Since there is no difference in pronunciation between the Spanish letters **b** and **v**, spelling words that contain these letters can be tricky. Here are some tips.

**nombre** **blusa** **absoluto** **descubrir**

The letter **b** is always used before consonants.

**bonita** **botella** **buscar** **bienestar**

At the beginning of words, the letter **b** is usually used when it is followed by the letter combinations **-on, -or, -ot, -u, -ur, -us, -ien,** and **-ene.**

**adelgazaba** **disfrutaban** **ibas** **íbamos**

The letter **b** is used in the verb endings of the imperfect tense for **-ar** verbs and the verb **ir.**

**voy** **vamos** **estuvo** **tuvieron**

The letter **v** is used in the present tense forms of **ir** and in the preterite forms of **estar** and **tener.**

**octavo** **huevo** **activa** **grave**

The letter **v** is used in these noun and adjective endings: **-avo/a, -evo/a, -ivo/a, -ave, -eve.**

**Práctica** Completa las palabras con las letras **b** o **v**.

1. Una _v_ez me lastimé el _b_razo cuando esta_b_a _b_uceando.
2. Manuela se ol_v_idó sus li_b_ros en el auto_b_ús.
3. El nue_v_o gimnasio tiene clases educati_v_as.
4. Para tener una _v_ida sana y saluda_b_le, necesitas tomar _v_itaminas.
5. En mi pue_b_lo hay un _b_ule_v_ar que tiene muchos ár_b_oles.

**El ahorcado** (*Hangman*) Juega al ahorcado para adivinar las palabras.

1. n u b e s — Están en el cielo. nubes
2. b u z ó n — Relacionado con el correo buzón
3. b o t e l l a — Está llena de líquido. botella
4. n i e v e — Fenómeno meteorológico nieve
5. v e n t a n a s — Los "ojos" de la casa ventanas

**recursos**

| vText | CA p. 120 | CH p. 83 | descubre2.vhlcentral.com |
|---|---|---|---|

## Section Goal

In **Ortografía**, students will learn about the spelling of words that contain **b** and **v**.

**Instructional Resources**
**vText**
***Cuaderno de actividades,*** p. 120
***Cuaderno para hispanohablantes,*** p. 83
***e-Cuaderno***
**Supersite:** Textbook & Audio Activity MP3 Audio Files
**Supersite/TRCD/Print:** Textbook Audio Script, Audio Activity Script, Answer Keys
**Audio Activity CD:** CD 6, Tracks 4–8

**Teaching Tips**

- Ask the class if **b** or **v** is used before a consonant. Then say the words **nombre, blusa, absoluto,** and **descubrir** and have volunteers write them on the board.
- Write the words **bonita, botella, buscar,** and **bienestar** on the board. Ask the class to explain why these words start with a **b**.
- Ask the class if **b** or **v** is used in the endings of **-ar** verbs and the verb **ir** in the imperfect tense. Then say the words **adelgazaba, disfrutaban, ibas,** and **íbamos** and ask volunteers to write them on the board.
- Ask why the words **voy, vamos, estuvo,** and **tuvieron** are spelled with **v** and have volunteers write them on the board.
- Write the words **octavo, huevo, activa,** and **grave** on the board and ask the class to explain why these words are spelled with **v**.

**TEACHING OPTIONS**

**Extra Practice** Add an auditory aspect to this **Ortografía** presentation. Prepare a dictation exercise with words containing **b** and **v**. Slowly read each sentence twice, allowing time for students to write. Ex: **1. Doña Victoria era muy activa y llevaba una vida muy sana. 2. Siempre almorzaba verduras y nunca tomaba vino ni refrescos. 3. Nunca fumaba e iba al gimnasio casi todos los días para tomar clases de aeróbicos.**

**Pairs** Have partners use the **Vocabulario** section at the back of the book to help them write five sentences that contain words with **b** and **v**. Encourage students to use as many of these words as they can. They should leave blanks in place of these letters, as in the **Práctica** activity. Then have pairs exchange papers with another pair, and complete the words.

Additional Reading
Video: *Flash cultura*

## Section Goals

In **Cultura**, students will:
- read about natural spas
- learn exercise-related terms
- read about the health benefits of papaya and pineapple
- read about popular beliefs regarding health

**Instructional Resources**
**vText**
***Cuaderno para hispanohablantes,*** p. 84
**Supersite/DVD:** ***Flash cultura***
**Supersite/TRCD/Print:**
***Flash cultura*** Videoscript & Translation

**En detalle**

**Antes de leer** Have students look at the photos and describe what they see. Then ask: **¿Alguna vez han ido a un balneario? ¿Por qué creen que las personas van a los balnearios?**

**Lectura**
- While people of all ages visit spas, the elderly in particular have discovered their specific health benefits. In places like Villa Elisa, Argentina, many go to thermal baths to reduce swelling in their joints and relieve backaches.
- Point out the word **lodoterapia**. Have a volunteer explain what it means and how this word is formed.
- Point out the chart and ask students what information it shows.

**Después de leer** Ask students which spa they would like to visit and why.

**1 Expansion** Have students rephrase each statement as a question. Ex: **1. ¿Desde cuándo se conocen los tratamientos con agua y lodo?**

EN DETALLE

# Spas naturales

**¿Hay algo mejor que un buen baño° para descansar y aliviar la tensión?** Y si el baño se toma en una terma°, el beneficio° es mayor. Los tratamientos° con agua y lodo° para mejorar la salud y el bienestar son populares en las Américas desde hace muchos siglos°. Las termas son manantiales° naturales de agua caliente. La temperatura facilita la absorción de minerales y otros elementos que el agua contiene y que son buenos para la salud. El agua de las termas se usa en piscinas, baños y duchas o en el sitio natural en el que surge° el agua: pozas°, estanques° o cuevas°.

Volcán de lodo El Totumo, Colombia

En Baños de San Vicente, en Ecuador, son muy populares los tratamientos con lodo volcánico. El lodo caliente se extiende por el cuerpo; así la piel° absorbe los minerales beneficiosos para la salud; también se usa para dar masajes. La lodoterapia es útil para tratar varias enfermedades, además hace que la piel se vea radiante.

Tabacón, Costa Rica

En Costa Rica, la actividad volcánica también ha dado° origen a fuentes° y pozas termales. Si te gusta cuidarte y amas la naturaleza, recuerda estos nombres: Las Hornillas y Las Pailas. Son pozas naturales de aguas termales que están cerca del volcán Rincón de la Vieja. ¡Un baño termal en medio de un paisaje tan hermoso es una experiencia única!

### Otros balnearios°

Todos ofrecen piscinas, baños, pozas y duchas de aguas termales y además...

| Lugar | Servicios |
|---|---|
| El Edén y Yanasara, Curgos (Perú) | cascadas° de aguas termales |
| Montbrió del Camp, Tarragona (España) | baños de algas° |
| Puyuhuapi (Chile) | duchas de agua de mar; baños de algas |
| Termas de Río Hondo, Santiago del Estero (Argentina) | baños de lodo |
| Tepoztlán, Morelos (México) | temazcales° aztecas |
| Uyuni, Potosí (Bolivia) | baños de sal |

**baño** *bath* **terma** *hot spring* **beneficio** *benefit* **tratamientos** *treatments* **lodo** *mud* **siglos** *centuries* **manantiales** *springs* **surge** *springs forth* **pozas** *small pools* **estanques** *ponds* **cuevas** *caves* **piel** *skin* **ha dado** *has given* **fuentes** *springs* **balnearios** *spas* **cascadas** *waterfalls* **algas** *seaweed* **temazcales** *steam and medicinal herb baths*

ACTIVIDADES

**1**  **¿Cierto o falso?** Indica si lo que dice cada oración es **cierto** o **falso**. Corrige la información falsa.

1. Los tratamientos con agua y lodo se conocen sólo desde hace pocos años. Falso. Son populares desde hace muchos siglos.
2. Las termas son manantiales naturales de agua caliente. Cierto.
3. La temperatura de las aguas termales no afecta la absorción de los minerales. Falso. Facilita la absorción de minerales y otros elementos.
4. Las Hornillas y Las Pailas son pozas de aguas termales en Costa Rica. Cierto.
5. Mucha gente va a Baños de San Vicente, Ecuador, por sus playas. Falso. Mucha gente va por los tratamientos de lodo.
6. Montbrió del Camp ofrece baños de sal. Falso. Montbrió del Camp ofrece baños de algas.
7. Es posible ver aguas termales en forma de cascadas. Cierto.
8. Tepoztlán ofrece temazcales aztecas. Cierto.

Practice more at **descubre2.vhlcentral.com.**

TEACHING OPTIONS

**TPR** Call out true/false statements about the reading. If the statement is true, have students raise one hand. If the statement is false, have students raise both hands. To challenge students, have volunteers correct the false information.

**Small Groups** Have students work in small groups. Tell them to imagine that they are planning a trip to one of the spas mentioned in the reading. Have them do additional Internet research and find out how to travel there, the services offered, and the prices. Then have groups present their itineraries to the class.

## ASÍ SE DICE

### El ejercicio

| | |
|---|---|
| **los abdominales** | *sit-ups* |
| **la bicicleta estática** | *stationary bicycle* |
| **el calambre muscular** | *(muscular) cramp* |
| **el (fisi)culturismo; la musculación (Esp.)** | *bodybuilding* |
| **las flexiones de pecho; las lagartijas (Méx.; Col.); las planchas (Esp.)** | *push-ups* |
| **la (cinta) trotadora (Arg.; Chile)** | **la cinta caminadora** |

## EL MUNDO HISPANO

### Creencias° sobre la salud

- **Colombia** Como algunos suelos son de baldosas°, se cree que si uno anda descalzo° se enfrían° los pies y esto puede causar un resfriado o artritis.
- **Cuba** Por la mañana, muchas madres sacan a sus bebés a los patios y a las puertas de las casas. La creencia es que unos cinco minutos de sol ayudan a fijar° el calcio en los huesos y aumentan la inmunidad contra las enfermedades.
- **México** Muchas personas tienen la costumbre de tomar a diario un vaso de jugo del cactus conocido como nopal. Se dice que es bueno para reducir el colesterol y el azúcar en la sangre y que ayuda a adelgazar.

**Creencias** *Beliefs* **baldosas** *tiles* **anda descalzo** *walks barefoot* **se enfrían** *get cold* **fijar** *to set*

## PERFIL

### Las frutas y la salud

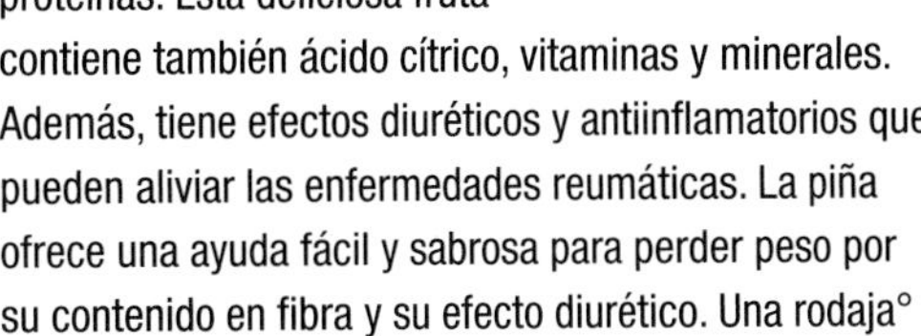

Desde hace muchos años se conocen las propiedades de la papaya para tratar problemas digestivos. Esta fruta contiene una enzima, la papaína, que actúa de forma semejante° a como lo hacen los jugos gástricos. Una porción de papaya o un vaso de jugo de esta fruta ayuda a la digestión. La papaya también es rica en vitaminas A y C.

Otra fruta buena para la digestión es la piña°. La piña contiene bromelina, una enzima que, como la papaína, ayuda a digerir° las proteínas. Esta deliciosa fruta contiene también ácido cítrico, vitaminas y minerales. Además, tiene efectos diuréticos y antiinflamatorios que pueden aliviar las enfermedades reumáticas. La piña ofrece una ayuda fácil y sabrosa para perder peso por su contenido en fibra y su efecto diurético. Una rodaja° o un vaso de jugo de piña fresca antes de comer puede ayudar en cualquier° dieta para adelgazar.

**semejante** *similar* **piña** *pineapple* **digerir** *to digest* **rodaja** *slice* **cualquier** *any*

### Conexión Internet

**¿Qué sistemas de ejercicio son más populares entre los hispanos?**

Go to **descubre2.vhlcentral.com** to find more cultural information related to this **Cultura** section.

## ACTIVIDADES

**2 Comprensión** Responde a las preguntas.

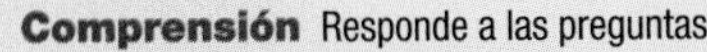

1. Una argentina te dice: "Voy a usar la trotadora." ¿Qué va a hacer? Va a usar la cinta caminadora.
2. Según los colombianos, ¿qué efectos negativos tiene el no usar zapatos en casa? Puede causar un resfriado o artritis.
3. ¿Cómo se llama la enzima de la papaya que ayuda a la digestión? la papaína
4. ¿Cómo se aconseja consumir la piña en dietas de adelgazamiento? una rodaja o un vaso de jugo de piña fresca antes de comer

**3 Para sentirte mejor** Entrevista a un(a) compañero/a sobre las cosas que hace todos los días, las cosas que hace al menos una o dos veces a la semana y lo que le ayuda a sentirse mejor. Hablen sobre actividades deportivas, la alimentación y lo que hacen en sus ratos libres.

Answers will vary.

recursos: vText | CH p. 84 | descubre2.vhlcentral.com

**Así se dice**
- Model the pronunciation of each term and have students repeat it.
- To challenge students, add these exercise-related words to the list: **estar cachas (Esp.)** (*to be very muscular*); **la fatiga** (*fatigue*); **rebajar** (*to lose weight*); **la resistencia** (*endurance*); **trotar, hacer footing (Esp.)** (*to jog*).
- Ask students personalized questions using the new vocabulary. Ex: **¿Qué haces si te da un calambre muscular? (Hago ejercicios de estiramiento.)**

**Perfil**
- Take a quick survey of the class to find out who likes papaya and pineapple. If possible, bring in papaya and pineapple juice for students to sample.
- Papaya is also called **fruta bomba** (Cuba), **lechosa** (Dominican Republic, Puerto Rico), and **lechoso** (Venezuela). Pineapple is known as **ananá** in Uruguay.

**El mundo hispano** Ask students if any of these popular beliefs are surprising to them.

**2 Expansion** Give students these questions as items 5–6: **5. ¿Qué vitaminas contiene la papaya? (las vitaminas A y C) 6. Si eres parte del ejército español, es probable que hagas planchas. ¿Qué haces? (flexiones de pecho)**

**3 Teaching Tip**
- To simplify, before coming to class, have students brainstorm a list of interview questions to ask their partners.

**3 Expansion** Call on volunteers to summarize their partners' responses.

### TEACHING OPTIONS

**Heritage Speakers** Ask heritage speakers to talk about popular health beliefs or foods with healing properties that they have encountered in their communities or from their relatives.

**Pairs** Divide the class into pairs. Have students take turns quizzing each other about the health beliefs and practices mentioned on these pages. Write a question on the board for students to use as a model. Ex: **¿Para qué sirve la lodoterapia?**

**Game** Play a *Jeopardy*-style game. Divide the class into three teams and have one member from each team stand up. Read a definition. Ex: **Es una enzima de la papaya.** The first student to raise his or her hand must answer in the form of a question. Ex: **¿Qué es la papaína?** Each correct answer earns one point. The team with the most points wins.

### Section Goal

In **Estructura 6.1**, students will learn the use of the present perfect.

**Instructional Resources**
**vText**
***Cuaderno de actividades,*** p. 121
***Cuaderno de práctica,*** pp. 63–64
***Cuaderno para hispanohablantes,*** pp. 85–86
***e-Cuaderno***
**Supersite:** Audio Activity MP3 Audio Files
**Supersite/TRCD/Print:** *PowerPoints* (**Lección 6 Estructura** Presentation); Audio Activity Script, Answer Keys
**Audio Activity CD:** CD 6, Tracks 9–12

### Teaching Tips

- Have students turn to pages 198–199. Ask them to read the **Fotonovela** captions again and write down the past participles they find. Ask students if they are used as adjectives or as parts of verbs.
- Model the present perfect by making statements about what you and others in the class have done, or by asking students questions. Ex: **Yo he preparado una lección. Ustedes han leído la sección de Estructura, ¿verdad? ¿Quién no la ha leído?**

**Consulta** Tell students that while the present perfect is generally used in Spanish just as it is in English, the expression *to have just done something* is expressed in Spanish by **acabar de** + [*infinitive*]. Write these sentences on the board and contrast them: **Acabo de venir del gimnasio. He venido del gimnasio.**

# 6.1 The present perfect

NATIONAL STANDARDS comparisons

**ANTE TODO** In **Lección 5**, you learned how to form past participles. You will now learn how to form the present perfect indicative (**el pretérito perfecto del indicativo**), a compound tense that uses the past participle. The present perfect is used to talk about what someone *has done*. In Spanish, it is formed with the present tense of the auxiliary verb **haber** and a past participle.

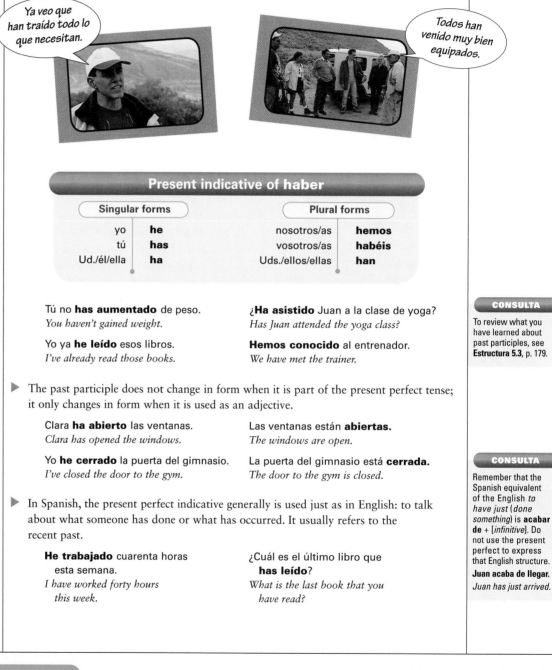

Ya veo que han traído todo lo que necesitan.

**Present indicative of haber**

| Singular forms | | Plural forms | |
|---|---|---|---|
| yo | **he** | nosotros/as | **hemos** |
| tú | **has** | vosotros/as | **habéis** |
| Ud./él/ella | **ha** | Uds./ellos/ellas | **han** |

Tú no **has aumentado** de peso.
*You haven't gained weight.*

Yo ya **he leído** esos libros.
*I've already read those books.*

¿**Ha asistido** Juan a la clase de yoga?
*Has Juan attended the yoga class?*

**Hemos conocido** al entrenador.
*We have met the trainer.*

**CONSULTA**
To review what you have learned about past participles, see **Estructura 5.3**, p. 179.

▶ The past participle does not change in form when it is part of the present perfect tense; it only changes in form when it is used as an adjective.

Clara **ha abierto** las ventanas.
*Clara has opened the windows.*

Yo **he cerrado** la puerta del gimnasio.
*I've closed the door to the gym.*

Las ventanas están **abiertas.**
*The windows are open.*

La puerta del gimnasio está **cerrada.**
*The door to the gym is closed.*

**CONSULTA**
Remember that the Spanish equivalent of the English *to have just* (*done something*) is **acabar de** + [*infinitive*]. Do not use the present perfect to express that English structure.
**Juan acaba de llegar.**
*Juan has just arrived.*

▶ In Spanish, the present perfect indicative generally is used just as in English: to talk about what someone has done or what has occurred. It usually refers to the recent past.

**He trabajado** cuarenta horas esta semana.
*I have worked forty hours this week.*

¿Cuál es el último libro que **has leído**?
*What is the last book that you have read?*

**TEACHING OPTIONS**

**Extra Practice** Ask students what they have done over the past week to lead a healthy lifestyle. Ask follow-up questions to elicit a variety of different conjugations of the present perfect. Ex: **¿Qué han hecho esta semana para llevar una vida sana? Y tú, ____, ¿qué has hecho? ¿Qué ha hecho ____ esta semana?**

**Pairs** Ask students to tell their partners five things they have done in the past to stay in shape. Partners repeat back what the person has said, using the **tú** form of the present perfect. Ex: **He levantado pesas. (Muy bien. Has levantado pesas.)**

**TPR** Have the class stand in a circle. Call out a subject pronoun and an infinitive. Ex: **yo/sufrir**. Toss a foam or paper ball to a student, who will say the correct present perfect form (Ex: **yo he sufrido**) and toss the ball to another student, who will use the verb in a sentence.

▶ In English, the auxiliary verb and the past participle are often separated. In Spanish, however, these two elements—**haber** and the past participle—cannot be separated by any word.

Siempre **hemos vivido** en Bolivia.
*We have always lived in Bolivia.*

Usted nunca **ha venido** a mi oficina.
*You have never come to my office.*

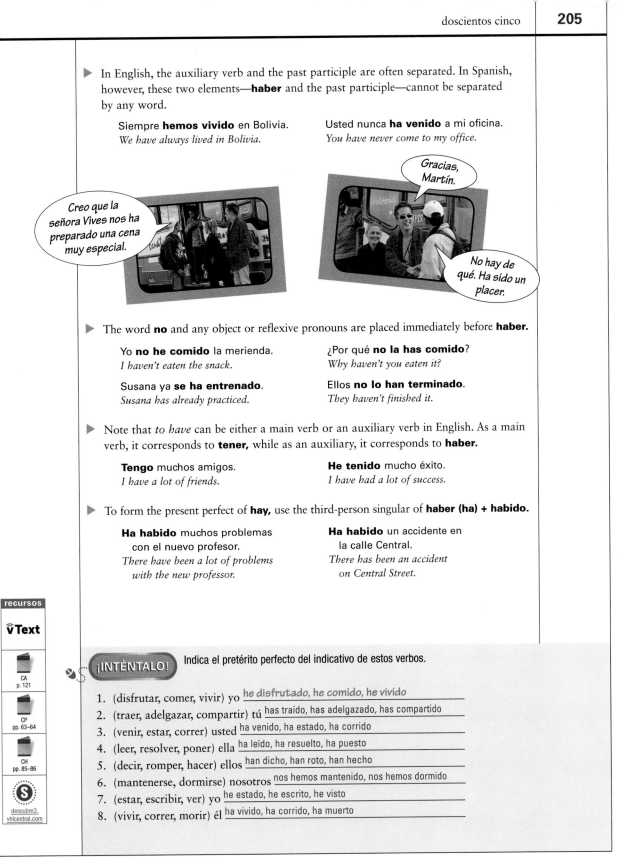

▶ The word **no** and any object or reflexive pronouns are placed immediately before **haber.**

Yo **no he comido** la merienda.
*I haven't eaten the snack.*

¿Por qué **no la has comido**?
*Why haven't you eaten it?*

Susana ya **se ha entrenado**.
*Susana has already practiced.*

Ellos **no lo han terminado**.
*They haven't finished it.*

▶ Note that *to have* can be either a main verb or an auxiliary verb in English. As a main verb, it corresponds to **tener,** while as an auxiliary, it corresponds to **haber.**

**Tengo** muchos amigos.
*I have a lot of friends.*

**He tenido** mucho éxito.
*I have had a lot of success.*

▶ To form the present perfect of **hay,** use the third-person singular of **haber (ha) + habido.**

**Ha habido** muchos problemas con el nuevo profesor.
*There have been a lot of problems with the new professor.*

**Ha habido** un accidente en la calle Central.
*There has been an accident on Central Street.*

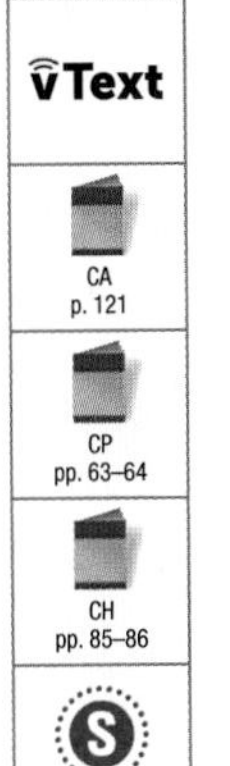

Indica el pretérito perfecto del indicativo de estos verbos.

1. (disfrutar, comer, vivir) yo he disfrutado, he comido, he vivido
2. (traer, adelgazar, compartir) tú has traído, has adelgazado, has compartido
3. (venir, estar, correr) usted ha venido, ha estado, ha corrido
4. (leer, resolver, poner) ella ha leído, ha resuelto, ha puesto
5. (decir, romper, hacer) ellos han dicho, han roto, han hecho
6. (mantenerse, dormirse) nosotros nos hemos mantenido, nos hemos dormido
7. (estar, escribir, ver) yo he estado, he escrito, he visto
8. (vivir, correr, morir) él ha vivido, ha corrido, ha muerto

**Teaching Tips**

- Ask students questions in the present perfect with indirect and direct objects. Have students respond using the correct pronoun and placement. Ex: ____, **¿has estudiado bien la lección? (Sí, la he estudiado bien.)** ____, **¿has entendido todo lo que te he dicho? (No, no lo he entendido todo.) ¿Todos me han entregado el trabajo de hoy? (Sí, todos se lo hemos entregado.)**
- Explain that, although an adverb can never appear between **haber** and its past participle, it may appear in other positions in the sentence to change emphasis. Ex: **Hemos vivido siempre en Bolivia. Siempre hemos vivido en Bolivia.**
- Practice adverb placement by supplying an adverb for each item in the **¡Inténtalo!** activity. Ex: **siempre (Siempre he disfrutado./He disfrutado siempre.)**

**TEACHING OPTIONS**

**Large Groups** Divide the class into three groups. Have students write down five physical activities. Then have them ask each of their group members if they have ever done those activities and record their answers. Ex: **¿Has hecho ejercicios de estiramiento alguna vez? ¿Has levantado pesas? ¿Has hecho ejercicio en un gimnasio?**

**Extra Practice** Add a visual aspect to this grammar presentation. Draw a time line on the board. On the far right of the line, write **el presente**. Just to the left of that point, write **el pasado muy reciente**. To the left of that, write **el pasado reciente**. Then to the far left, write **el pasado**. Make a statement using the preterite, the present perfect, or **acabar de** + [*infinitive*]. Have students indicate on the time line when the action took place.

**1 Expansion** Have students write five original sentences using the present perfect to describe their past health and that of their friends and family members.

**Ayuda** Practice the expressions by using sentences that describe you and your students' lives. Ex: **He comido sushi un par de veces. ¿Quién ha comido sushi muchas veces?**

**2 Expansion**
- Ask students follow-up questions about their responses.
- To challenge students, have partners elaborate on their responses by asking each other questions about what they have done. Ex: **—¿Has buceado? —Sí, he buceado varias veces. —¡Qué suerte! ¿Dónde has buceado, en el Caribe?**

**3 Expansion**
- Take a survey of the answers given and write the results on the board. Then ask volunteers to summarize the results. Ex: **Casi todos hemos dejado de tomar refrescos.**
- Ask students to give examples of the benefits of adopting some of the healthy habits listed. Ex: **Ahora puedo subir la escalera hasta el quinto piso sin llegar cansado/a.**

# Práctica

**1** **Completar** Estas oraciones describen el bienestar o los problemas de unos estudiantes. Completa las oraciones con el pretérito perfecto del indicativo de los verbos de la lista. No vas a usar uno de los verbos.

| adelgazar | comer | llevar |
|---|---|---|
| aumentar | hacer | sufrir |

1. Luisa ha sufrido muchas presiones este año.
2. Juan y Raúl han aumentado de peso porque no hacen ejercicio.
3. Pero María y yo hemos adelgazado porque trabajamos en exceso y nos olvidamos de comer.
4. Desde siempre, yo he llevado una vida muy sana.
5. Pero tú y yo no hemos hecho gimnasia este semestre.

**2** **¿Qué has hecho?** Indica si has hecho lo siguiente. Answers will vary.

*modelo*

escalar una montaña

*Sí, he escalado varias montañas./No, no he escalado nunca una montaña.*

1. jugar al baloncesto
2. viajar a Bolivia
3. conocer a una persona famosa
4. levantar pesas
5. comer un insecto
6. recibir un masaje
7. aprender varios idiomas
8. bailar salsa
9. ver una película en español
10. escuchar música latina
11. estar despierto/a 24 horas
12. bucear

**AYUDA**

You may use some of these expressions in your answers:

**una vez** *once*
**un par de veces** *a couple of times*
**algunas veces** *a few times*
**varias veces** *several times*
**muchas veces** *many times, often*

**3** **La vida sana** En parejas, túrnense para hacer preguntas sobre el tema de la vida sana. Sean creativos. Answers will vary.

*modelo*

encontrar un gimnasio
**Estudiante 1:** *¿Has encontrado un buen gimnasio cerca de tu casa?*
**Estudiante 2:** *Yo no he encontrado un gimnasio pero sé que debo buscar uno.*

1. tratar de estar en forma
2. estar a dieta los últimos dos meses
3. dejar de tomar refrescos
4. hacerse una prueba del colesterol
5. entrenarse cinco días a la semana
6. cambiar de una vida sedentaria a una vida activa
7. tomar vitaminas por las noches y por las mañanas
8. hacer ejercicio para aliviar la tensión
9. consumir mucha proteína
10. dejar de comer comidas grasosas

Practice more at **descubre2.vhlcentral.com.**

**TEACHING OPTIONS**

**Small Groups** Divide the class into groups of four to write and perform skits in which one student plays a personal trainer, another plays a nutritionist, and the other two play clients. The personal trainer and nutritionist ask the clients whether they have done the things they have recommended. The clients explain what they have done and make excuses for what they have not done.

**Pairs** Have students discuss with a classmate five things they have already done today. Ex: **He estudiado la lección para esta clase. He ido al gimnasio. He jugado al baloncesto. He almorzado con unos amigos. He escrito un correo electrónico a mis abuelos. ¿Qué has hecho tú?**

# Comunicación

4 **Descripción** En parejas, describan lo que han hecho y no han hecho estas personas. Usen la imaginación. Answers will vary.

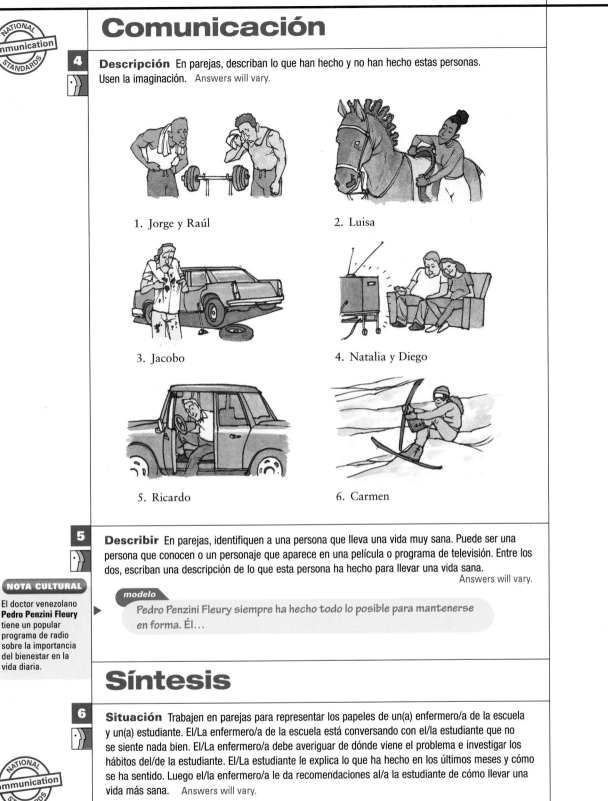

1. Jorge y Raúl

2. Luisa

3. Jacobo

4. Natalia y Diego

5. Ricardo

6. Carmen

5 **Describir** En parejas, identifiquen a una persona que lleva una vida muy sana. Puede ser una persona que conocen o un personaje que aparece en una película o programa de televisión. Entre los dos, escriban una descripción de lo que esta persona ha hecho para llevar una vida sana. Answers will vary.

*modelo*

*Pedro Penzini Fleury siempre ha hecho todo lo posible para mantenerse en forma. Él…*

**NOTA CULTURAL**

El doctor venezolano **Pedro Penzini Fleury** tiene un popular programa de radio sobre la importancia del bienestar en la vida diaria.

# Síntesis

6 **Situación** Trabajen en parejas para representar los papeles de un(a) enfermero/a de la escuela y un(a) estudiante. El/La enfermero/a de la escuela está conversando con el/la estudiante que no se siente nada bien. El/La enfermero/a debe averiguar de dónde viene el problema e investigar los hábitos del/de la estudiante. El/La estudiante le explica lo que ha hecho en los últimos meses y cómo se ha sentido. Luego el/la enfermero/a le da recomendaciones al/a la estudiante de cómo llevar una vida más sana. Answers will vary.

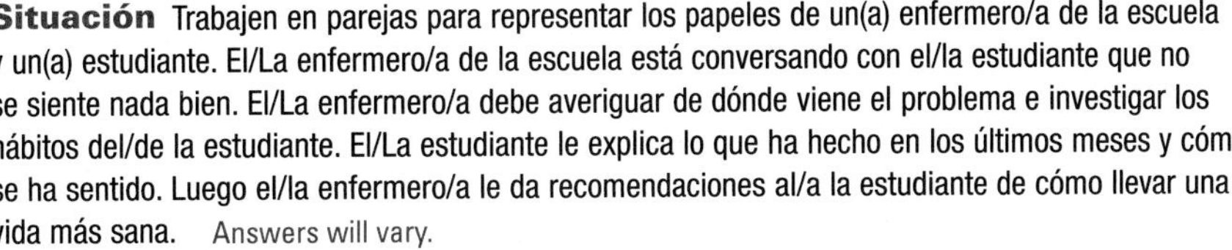

**4 Teaching Tip** To simplify, before beginning the activity, ask volunteers to describe the people in the drawings and how they think they feel.

**5 Teaching Tip** Have pairs describe eight things their chosen person has done that exemplify a healthy lifestyle. Remind them to include introductory and concluding statements in their descriptions.

**5 Expansion** Have students choose someone who is the exact opposite of the healthy person they chose earlier and write a description of what that person has done that exemplifies an unhealthy lifestyle.

**6 Expansion** While pairs are performing their role-plays for the class, stop the action after the patient has described his or her symptoms and what he or she has done in the last few months. Ask the class to make a diagnosis. Then have the players finish their presentation.

**TEACHING OPTIONS**

**Game** Have students write three important things they have done over the past year on a slip of paper and put it in a box. Ex: **Este año he creado un sitio web.** Have students draw a paper from the box, then circulate around the room, asking students if they have done the activities listed, until they find the person who wrote the slip of paper. The first person to find a match wins.

**Heritage Speakers** Have heritage speakers interview someone who has immigrated from a Spanish-speaking country to the United States or Canada to find out how that person's life has changed since moving. Students should find out if the interviewee's physical activity and diet have changed. Have students present their findings in a brief written report.

## Section Goal

In **Estructura 6.2**, students will learn the use of the past perfect tense.

**Instructional Resources**
**vText**
***Cuaderno de actividades,*** pp. 25–27, 122
***Cuaderno de práctica,*** pp. 65–66
***Cuaderno para hispanohablantes,*** p. 87
***e-Cuaderno***
**Supersite:** Audio Activity MP3 Audio Files
**Supersite/TRCD/Print:** *PowerPoints* (**Lección 6 Estructura** Presentation); Communication Activities, Audio Activity Script, Answer Keys
**Audio Activity CD:** CD 6, Tracks 13–16

### Teaching Tips

- Introduce the past perfect tense by making statements about the past that are true for you. Write examples of the past perfect on the board as you use them. Ex: **Esta mañana vine a la escuela en la bicicleta de mi hijo. Nunca antes había venido en bicicleta. Por lo general, vengo en carro. Muchas veces antes había caminado y también había venido en autobús cuando tenía prisa, pero nunca en bicicleta.**
- Check for comprehension of **ya** by contrasting it with **nunca**. Ex: **Antes del año pasado, nunca había enseñado este curso, pero ya había enseñado otros cursos de español.**

**Successful Language Learning** Tell students to imagine how they might use the past perfect to tell someone about their lives.

# 6.2 The past perfect

NATIONAL STANDARDS comparisons

**ANTE TODO** The past perfect indicative (**el pretérito pluscuamperfecto del indicativo**) is used to talk about what someone *had done* or what *had occurred* before another past action, event, or state. Like the present perfect, the past perfect uses a form of **haber**—in this case, the imperfect—plus the past participle.

**Past perfect indicative**

| | | cerrar | perder | asistir |
|---|---|---|---|---|
| SINGULAR FORMS | yo | **había** cerrado | **había** perdido | **había** asistido |
| | tú | **habías** cerrado | **habías** perdido | **habías** asistido |
| | Ud./él/ella | **había** cerrado | **había** perdido | **había** asistido |
| PLURAL FORMS | nosotros/as | **habíamos** cerrado | **habíamos** perdido | **habíamos** asistido |
| | vosotros/as | **habíais** cerrado | **habíais** perdido | **habíais** asistido |
| | Uds./ellos/ellas | **habían** cerrado | **habían** perdido | **habían** asistido |

Antes de 2003, **había vivido** en La Paz.
*Before 2003, I had lived in La Paz.*

Cuando llegamos, Luis ya **había salido.**
*When we arrived, Luis had already left.*

- The past perfect is often used with the word **ya** (*already*) to indicate that an action, event, or state had already occurred before another. Remember that, unlike its English equivalent, **ya** cannot be placed between **haber** and the past participle.

Ella **ya había salido** cuando llamaron.
*She had already left when they called.*

Cuando llegué, Raúl **ya se había acostado.**
*When I arrived, Raúl had already gone to bed.*

- **¡Atención!** The past perfect is often used in conjunction with **antes de** + [*noun*] or **antes de** + [*infinitive*] to describe when the action(s) occurred.

**Antes de este año, nunca había estudiado química.**
*Before this year, I had never studied chemistry.*

**Luis me había llamado antes de venir.**
*Luis had called me before he came.*

Indica el pretérito pluscuamperfecto del indicativo de cada verbo.

1. Nosotros ya ___habíamos cenado___ (cenar) cuando nos llamaron.
2. Antes de tomar esta clase, yo no ___había estudiado___ (estudiar) nunca el español.
3. Antes de ir a México, ellos nunca ___habían ido___ (ir) a otro país.
4. Eduardo nunca ___se había entrenado___ (entrenarse) tanto en invierno.
5. Tú siempre ___habías llevado___ (llevar) una vida sana antes del año pasado.
6. Antes de conocerte, yo ya te ___había visto___ (ver) muchas veces.

**recursos**
vText
CA pp. 25–27, 122
CP pp. 65–66
CH p. 87
descubre2.vhlcentral.com

**TEACHING OPTIONS**

**Extra Practice** Have students write sentences using the past perfect and each of the following twice: **antes de** + [*noun*], **antes de** + [*infinitive*], the preterite, and the imperfect. Have students peer edit their work before sharing their sentences with the class. Ex: **Nuestros bisabuelos ya habían muerto cuando éramos niños.**

**TPR** Make a series of statements about the past, using two different verbs. Make sure one of these verbs is in the past perfect indicative. After making a statement aloud to the class, call out the infinitive of one of the verbs. If that verb represents the action that occurred first in the sentence, have students raise one hand. If it occurred second, have them raise two hands. Ex: **Tomás ya había bajado de la montaña cuando empezó a nevar. Empezar.** (two hands)

# Práctica

**1**

**Completar** Completa los minidiálogos con las formas correctas del pretérito pluscuamperfecto del indicativo.

1. **SARA** Antes de cumplir los 13 años, ¿ habías estudiado (estudiar) tú otra lengua?
   **JOSÉ** Sí, había tomado (tomar) clases de inglés y de italiano.
2. **DOLORES** Antes de ir a Argentina, ¿ habían probado (probar) tú y tu familia el mate?
   **TOMÁS** Sí, ya habíamos tomado (tomar) mate muchas veces.
3. **ANTONIO** Antes de este año, ¿ había corrido (correr) usted en un maratón?
   **SRA. VERA** No, nunca lo había hecho (hacer).
4. **SOFÍA** Antes de su enfermedad, ¿ había sufrido (sufrir) muchas presiones tu tío?
   **IRENE** Sí... y él nunca se había mantenido (mantenerse) en buena forma.

**NOTA CULTURAL**

**El mate**, una bebida similar al té, es muy popular en Argentina, Uruguay y Paraguay. Se dice que controla el estrés y la obesidad, y que estimula el sistema inmunológico.

**2**

**Quehaceres** Indica lo que ya había hecho cada miembro de la familia antes de la llegada de la madre, la señora Ferrer. Answers will vary.

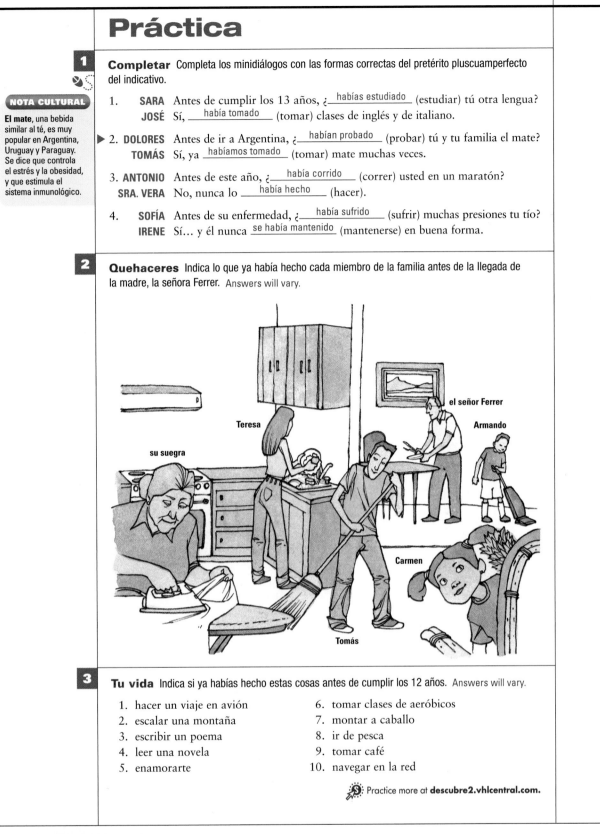

**3**

**Tu vida** Indica si ya habías hecho estas cosas antes de cumplir los 12 años. Answers will vary.

1. hacer un viaje en avión
2. escalar una montaña
3. escribir un poema
4. leer una novela
5. enamorarte
6. tomar clases de aeróbicos
7. montar a caballo
8. ir de pesca
9. tomar café
10. navegar en la red

 Practice more at **descubre2.vhlcentral.com.**

**1 Expansion**
- Have students pick one of the exchanges and expand upon it to create a conversation with six lines.
- Have students create an original conversation like the ones in the activity. Call on volunteers to perform them for the class.

**Nota cultural** Traditionally, drinking **mate** is a social custom. The leaves are steeped in a decorative gourd and the beverage is sipped through a filtering straw called a **bombilla**. The **mate** is shared by all those present by passing the gourd from person to person.

**2 Expansion** Divide the class into groups of six. Have each person in a group choose the role of one of the family members. Tell students that they are cleaning the house because they want to surprise **señora Ferrer** for Mother's Day. Have students ask each other questions about what they have already done and what still needs to be done.

**3 Teaching Tip** Ask students questions to elicit the answers for the activity. Ex: **¿Quién había hecho un viaje en avión antes de cumplir los doce años?** Ask follow-up questions to elicit other conjugations of the past perfect. Ex: **Entonces clase, ¿quiénes habían hecho un viaje en avión antes de cumplir los doce años? (____ y ____ habían hecho...)**

**TEACHING OPTIONS**

**Pairs** Have students imagine that they have joined a gym for the first time and are telling a friend about their new experiences. Ask students to tell their partners five things they had never done before going to a gym. Ex: **Nunca había sudado tanto antes de empezar a ir al gimnasio.**

**Extra Practice** Add an auditory aspect to this grammar practice. Prepare sentences about five celebrities or students in your class. Write the names on the board. As you read each description aloud, have students match it to the name. Ex: **Antes de comenzar este semestre, ____ ya había viajado a México.**

**Extra Practice** Ask students to write six things they had already done before certain birthdays: **los tres años, los siete años, los diez años, los trece años, etc.** Ex: **Antes de los tres años ya había caminado.**

**4 Teaching Tip** Distribute the Communication Activity worksheets that correspond to this activity.

**4 Expansion** Call on volunteers to read their sentences aloud for the class to react to them. Then make statements about your own life and have students react to them.

# Comunicación

recursos

vText

CA p. 25

4 **Lo dudo** Tu profesor(a) va a darte una hoja de actividades. Escribe cinco oraciones, algunas ciertas y algunas falsas, de cosas que habías hecho antes de venir a esta escuela. Luego, en grupos, túrnense para leer sus oraciones. Cada miembro del grupo debe decir "es cierto" o "lo dudo" después de cada una. Escribe la reacción de cada compañero/a en la columna apropiada. ¿Quién obtuvo más respuestas ciertas? Answers will vary.

| Oraciones | Miguel | Ana | Beatriz |
|---|---|---|---|
| 1. Cuando tenía 10 años, ya había manejado el carro de mi papá. | Lo dudo. | Es cierto. | Lo dudo. |
| 2. | | | |
| 3. | | | |
| 4. | | | |
| 5. | | | |

# Síntesis

NATIONAL communication STANDARDS

**5 Teaching Tip** Before beginning the activity, survey the class to find out who exercises regularly and/or carefully watches what he or she eats. Ask these students to use the past perfect to say what they had done in their life prior to starting their fitness or diet program. Ex: **Había comido pastel de chocolate todos los días.**

**5 Expansion** Have groups create an ad for a different type of health-related business, such as a vegetarian restaurant.

**Teaching Tip** See the Communication Activities for additional activities to practice the material presented in this section.

5 **Gimnasio Olímpico** En parejas, lean el anuncio y contesten las preguntas.

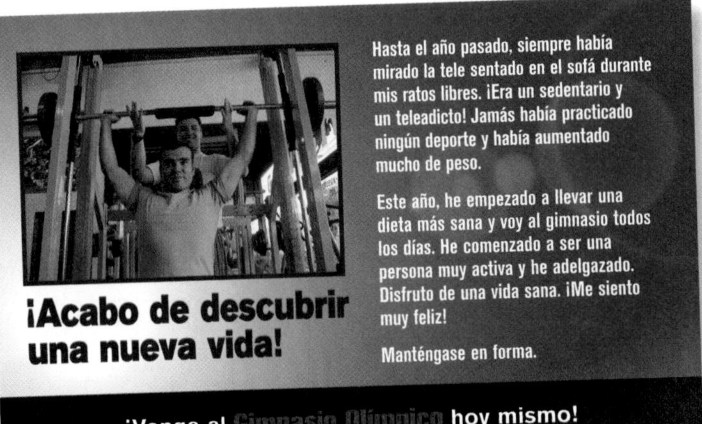

Hasta el año pasado, siempre había mirado la tele sentado en el sofá durante mis ratos libres. ¡Era un sedentario y un teleadicto! Jamás había practicado ningún deporte y había aumentado mucho de peso.
Este año, he empezado a llevar una dieta más sana y voy al gimnasio todos los días. He comenzado a ser una persona muy activa y he adelgazado. Disfruto de una vida sana. ¡Me siento muy feliz!
Manténgase en forma.
¡Acabo de descubrir una nueva vida!
¡Venga al Gimnasio Olímpico hoy mismo!


1. Identifiquen los elementos del pretérito pluscuamperfecto del indicativo en el anuncio. había mirado; había practicado; había aumentado
2. ¿Cómo era la vida del hombre cuando llevaba una vida sedentaria? ¿Cómo es ahora? Answers will vary.
3. ¿Se identifican ustedes con algunos de los hábitos, presentes o pasados, de este hombre? ¿Con cuáles? Answers will vary.
4. ¿Qué les recomienda el hombre del anuncio a los lectores? ¿Creen que les da buenos consejos? Answers will vary.

**TEACHING OPTIONS**

**Small Groups** Divide students into groups of three. Student A begins a sentence with **antes de** + [*infinitive*]. Student B finishes the sentence with a verb in the past perfect. Student C writes the sentence down. Have students alternate their roles until they have created nine sentences. Then, have all group members check the sentences before sharing them with the class.

**Large Groups** Divide the class into groups of six. The first student states something he or she had done before a certain age. The second student tells what the first one had done, then counters with something even more outrageous that he or she had done, and so on, until everyone has participated. Ex: ____ **había viajado en avión antes de cumplir los cinco años, pero yo había viajado en barco antes de tener tres años.**

# 6.3 The present perfect subjunctive

**ANTE TODO** The present perfect subjunctive (**el pretérito perfecto del subjuntivo**), like the present perfect indicative, is used to talk about what *has happened*. The present perfect subjunctive is formed using the present subjunctive of the auxiliary verb **haber** and a past participle.

| Present perfect indicative | | | Present perfect subjunctive | | |
|---|---|---|---|---|---|
| | PRESENT INDICATIVE OF **HABER** | PAST PARTICIPLE | | PRESENT SUBJUNCTIVE OF **HABER** | PAST PARTICIPLE |
| **yo** | **he** | **hablado** | **yo** | **haya** | **hablado** |

**Present perfect subjunctive**

| | | cerrar | perder | asistir |
|---|---|---|---|---|
| SINGULAR FORMS | yo | **haya** cerrado | **haya** perdido | **haya** asistido |
| | tú | **hayas** cerrado | **hayas** perdido | **hayas** asistido |
| | Ud./él/ella | **haya** cerrado | **haya** perdido | **haya** asistido |
| PLURAL FORMS | nosotros/as | **hayamos** cerrado | **hayamos** perdido | **hayamos** asistido |
| | vosotros/as | **hayáis** cerrado | **hayáis** perdido | **hayáis** asistido |
| | Uds./ellos/ellas | **hayan** cerrado | **hayan** perdido | **hayan** asistido |

**¡ATENCIÓN!**

In Spanish the present perfect subjunctive is used to express a recent action.

No creo que lo **hayas dicho** bien.
*I don't think that you have said it right.*

Espero que él **haya llegado**.
*I hope that he has arrived.*

▶ The same conditions which trigger the use of the present subjunctive apply to the present perfect subjunctive.

| Present subjunctive | Present perfect subjunctive |
|---|---|
| Espero que **duermas** bien.<br>*I hope that you sleep well.* | Espero que **hayas dormido** bien.<br>*I hope that you have slept well.* |
| No creo que **aumente** de peso.<br>*I don't think he will gain weight.* | No creo que **haya aumentado** de peso.<br>*I don't think he has gained weight.* |

▶ The action expressed by the present perfect subjunctive is seen as occurring before the action expressed in the main clause.

Me alegro de que ustedes **se hayan reído** tanto esta tarde.
*I'm glad that you have laughed so much this afternoon.*

Dudo que ella **se haya divertido** mucho con su suegra.
*I doubt that she has enjoyed herself much with her mother-in-law.*

**recursos**

vText

CA p. 123

CP pp. 67–68

CH p. 88

descubre2.vhlcentral.com

**¡INTÉNTALO!** Indica el pretérito perfecto del subjuntivo de los verbos entre paréntesis.

1. Me gusta que ustedes ___hayan dicho___ (decir) la verdad.
2. No creo que tú ___hayas comido___ (comer) tanto.
3. Es imposible que usted ___haya podido___ (poder) hacer tal (*such a*) cosa.
4. Me alegro de que tú y yo ___hayamos merendado___ (merendar) juntas.
5. Es posible que yo ___haya adelgazado___ (adelgazar) un poco esta semana.
6. Espero que ___haya habido___ (haber) suficiente comida en la celebración.

## Section Goal

In **Estructura 6.3**, students will learn the use of the present perfect subjunctive.

**Instructional Resources**

**vText**

***Cuaderno de actividades,*** p. 123
***Cuaderno de práctica,*** pp. 67–68
***Cuaderno para hispanohablantes,*** p. 88
***e-Cuaderno***
**Supersite:** Audio Activity MP3 Audio Files
**Supersite/TRCD/Print:** *PowerPoints* (**Lección 6 Estructura** Presentation); Audio Activity Script, Answer Keys
**Audio Activity CD:** CD 6, Tracks 17–19

**Teaching Tips**

- Ask a volunteer to tell you something he or she has done this week. Respond with a comment using the present perfect subjunctive. Ex: **Me alegro de que hayas levantado pesas. ¡Ay, no exageres chico/a! ¡Dudo que hayas trabajado tanto!** Write present perfect subjunctive forms on the board as you say them.
- Ask volunteers to tell you what they have done during the past week. Again, comment on their statements in ways that trigger the present perfect subjunctive, but this time elicit peer comments that use the present perfect subjunctive.

**TEACHING OPTIONS**

**Extra Practice** Ask students to write their reactions to these statements: **1. La señora Guzmán ha dejado de fumar. 2. Roberto ya ha estudiado ocho horas hoy. 3. Todos los teleadictos han seguido una dieta balanceada. 4. No he preparado la prueba para mañana. 5. Mi marido y yo hemos estado enfermos.** Ex: **Es bueno que la señora Guzmán haya dejado de fumar.**

**Small Groups** Divide the class into groups of three. Have students take turns telling the group three wishes they hope to have fulfilled by the end of the day. Ex: **Espero que alguien haya limpiado mi cuarto.**

**1 Teaching Tips** Call on volunteers to read each completed sentence to the class. Then call on different students to point out the verb or expression triggering the subjunctive.

**1 Expansion** After students have read each completed item, ask them these comprehension questions: **1. ¿Por qué crees que Julio se ha sentido mal? 2. ¿Ha cambiado Lourdes de trabajo, según la persona que habla? 3. ¿Por qué están Nuria y su amiga tristes? 4. ¿Qué ha hecho Samuel? ¿Por qué? 5. ¿Qué es increíble? ¿Por qué? 6. ¿Cuántos años tiene la abuela? ¿Ha llevado una vida sana?**

**2 Teaching Tips**

- To simplify, work with the class to elicit descriptions of what each of the characters depicted is like and how he or she got that way.
- Have students write their comments and then exchange them with a partner for peer editing. Students should make sure that their partner's sentences are logical and grammatically correct.

**2 Expansion** Call on a student to read one of his or her comments, omitting any character's name. Have the class indicate which person is being described.

# Práctica

**1 Completar** Laura está preocupada por su familia y sus amigos/as. Completa las oraciones con la forma correcta del pretérito perfecto del subjuntivo de los verbos entre paréntesis.

1. ¡Qué lástima que Julio __se haya sentido__ (sentirse) tan mal en la competencia! Dudo que __se haya entrenado__ (entrenarse) lo suficiente.
2. No creo que Lourdes y su amiga __se hayan ido__ (irse) de ese trabajo donde siempre tienen tantos problemas. Espero que Lourdes __haya aprendido__ (aprender) a aliviar el estrés.
3. Es triste que Nuria y yo __hayamos perdido__ (perder) el partido. Esperamos que los entrenadores del gimnasio nos __hayan preparado__ (preparar) un buen programa para ponernos en forma.
4. No estoy segura de que Samuel __haya llevado__ (llevar) una vida sana. Es bueno que él __haya decidido__ (decidir) mejorar su dieta.
5. Me preocupa mucho que Ana y Rosa __hayan fumado__ (fumar) tanto de jóvenes. Es increíble que ellas todavía no __se hayan enfermado__ (enfermarse).
6. Me alegro de que mi abuela __haya disfrutado__ (disfrutar) de buena salud toda su vida. Es maravilloso que ella __haya cumplido__ (cumplir) noventa años.

**2 Describir** Usa el pretérito perfecto del subjuntivo para hacer dos comentarios sobre la(s) persona(s) que hay en cada dibujo. Usa expresiones como **no creo que, dudo que, es probable que, me alegro de que, espero que** y **siento que**. Answers will vary.

**CONSULTA**
To review verbs of will and influence, see **Estructura 3.4**, p. 112.
To review expressions of doubt, disbelief, and denial, see **Estructura 4.2**, p. 142.

*modelo*
*Es probable que Javier haya levantado pesas por muchos años.*
*Me alegro de que Javier se haya mantenido en forma.*

Javier

1. Rosa y Sandra

2. Roberto

3. Mariela

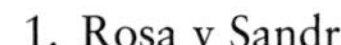

4. Lorena y su amigo

5. la señora Matos

6. Sonia y René

Practice more at **descubre2.vhlcentral.com.**

**TEACHING OPTIONS**

**Pairs** Divide the class into pairs. Have students tell their partners three true things and three untrue things they have done this past year. Partners respond with an expression of doubt and the present perfect subjunctive to those things they believe are false and an expression of certainty and the present perfect indicative to those they believe are true.

**TPR** Replay the **Fotonovela** episode. Each time students hear the present perfect indicative have them raise one hand. Each time they hear the past perfect indicative have them raise two hands. Each time they hear the present perfect subjunctive have them stand.

# Comunicación

**3** **¿Sí o no?** En parejas, comenten estas afirmaciones (*statements*) usando las expresiones de la lista. Answers will vary.

| | | |
|---|---|---|
| Dudo que... | Es imposible que... | Me alegro de que (no)... |
| Es bueno que (no)... | Espero que (no)... | No creo que... |

*modelo*

**Estudiante 1:** Ya llegó el fin del año escolar.
**Estudiante 2:** Es imposible que haya llegado el fin del año escolar.

1. Recibí una A en la clase de español.
2. Tu mejor amigo/a aumentó de peso recientemente.
3. Madonna dio un concierto ayer con Plácido Domingo.
4. Mis padres ganaron un millón de dólares.
5. He aprendido a hablar japonés.
6. Nuestro/a profesor(a) vino aquí de Bolivia.
7. Salí anoche con...
8. El año pasado mi familia y yo fuimos de excursión a...

**4** **Viaje por Bolivia** Imaginen que sus amigos, Luis y Julia, están viajando por Bolivia y que les han mandado postales a ustedes. En grupos, lean las postales y conversen de lo que les han escrito Luis y Julia. Usen expresiones como **dudo que, espero que, me alegro de que, temo que, siento que** y **es posible que.** Answers will vary.

**NOTA CULTURAL**

**Aimará** es una de las lenguas oficiales de Bolivia, como el español y el quechua. Aproximadamente la mitad (*half*) de la población del país habla lenguas indígenas.

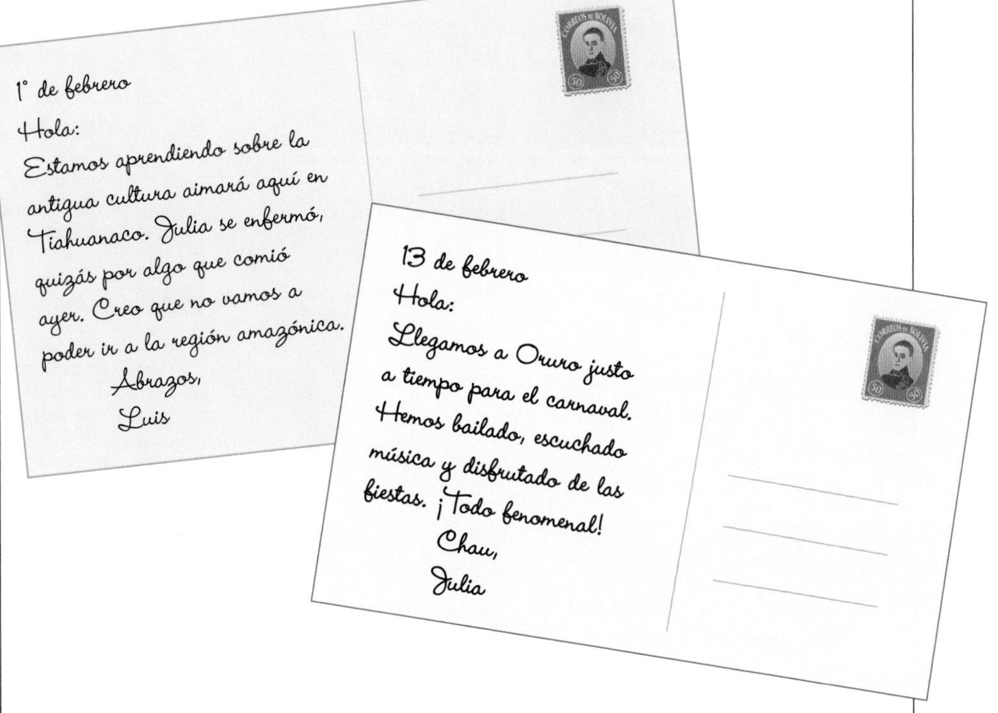

1° de febrero
Hola:
Estamos aprendiendo sobre la antigua cultura aimará aquí en Tiahuanaco. Julia se enfermó, quizás por algo que comió ayer. Creo que no vamos a poder ir a la región amazónica.
Abrazos,
Luis

13 de febrero
Hola:
Llegamos a Oruro justo a tiempo para el carnaval. Hemos bailado, escuchado música y disfrutado de las fiestas. ¡Todo fenomenal!
Chau,
Julia

**TEACHING OPTIONS**

**Small Groups** Divide the class into groups of three or four. Have students describe the last time they went to the gym or engaged in an outdoor sports activity. Each group member will react appropriately using the present perfect subjunctive. Ex: **La última vez que fui al gimnasio, asistí a tres clases de aeróbicos. (No creo que hayas asistido a tres clases. Es demasiado ejercicio.)**

**Pairs** Have students imagine they are having a follow-up session with a nutritionist. Students should talk about five things they have done to change their diet. The nutritionist will respond appropriately using the present perfect subjunctive. Have students switch roles.

**3 Teaching Tips**

- Before dividing the class into pairs, go over the expressions in the word bank and ask two volunteers to read the **modelo**. Then offer one more possible response.
- Remind students to take turns reading statements and responding to them so that both partners generate half the responses.

**3 Expansion**

- Assign pairs to groups of four. Have them compare their answers and then form new responses to each statement.
- Ask pairs to write four additional statements about what they have done and have a second pair respond to them. Ex: **Nosotros hemos viajado a la luna. (Es imposible que ustedes hayan viajado a la luna.)**

**4 Teaching Tips**

- Have students read the postcards silently to themselves. Ask them to note the verbs expressing actions to which they might react.
- Call on volunteers to read the postcards aloud. Allow pairs five minutes to write as many reactions to them as they can. Have students exchange their written reactions with another pair for correction. After the corrected statements are returned, call on students to share some of them with the class.

**4 Expansion** Ask students to imagine they are **Luis** and **Julia's** close friends. Have them write a response to each postcard. Students should react to what they wrote, ask questions about what **Luis** had done before **Julia** became ill or before they went to the carnival festivities, and talk about what they have done while **Luis** and **Julia** have been away.

## Section Goal

In **Recapitulación**, students will review the grammar concepts from this lesson.

**Instructional Resources**
**vText**
**Supersite**
**Testing Program CD:** Tracks 21–24

**1 Teaching Tips**
- Before beginning the activity, call on a volunteer to name the reflexive verbs in the exercise. Remind students that the reflexive pronoun should appear before the conjugated verb.
- Complete this activity orally as a class.

**1 Expansion** To challenge students, have them provide the remaining verb forms.

**2 Teaching Tips**
- Call on volunteers to read the model aloud.
- To simplify, have students begin by identifying the subject and infinitive for each blank.

**2 Expansion** Have students change the response for each item to the present perfect. Ex: **1. No, he hecho ejercicio en el parque.**

# Recapitulación

*Repaso Diagnostics*

Completa estas actividades para repasar los conceptos de gramática que aprendiste en esta lección.

**1 Completar** Completa cada tabla con el pretérito pluscuamperfecto del indicativo y el pretérito perfecto del subjuntivo de los verbos. 12 pts.

**PRETÉRITO PLUSCUAMPERFECTO**

| Infinitivo | tú | nosotros | ustedes |
|---|---|---|---|
| **disfrutar** | habías disfrutado | habíamos disfrutado | habían disfrutado |
| **apurarse** | te habías apurado | nos habíamos apurado | se habían apurado |

**PRETÉRITO PERFECTO DEL SUBJUNTIVO**

| Infinitivo | yo | él | ellas |
|---|---|---|---|
| **tratar** | haya tratado | haya tratado | hayan tratado |
| **entrenarse** | me haya entrenado | se haya entrenado | se hayan entrenado |

**2 Preguntas** Completa las preguntas usando el pretérito perfecto del indicativo. 8 pts.

*modelo*
—¿*Has llamado* a tus padres? —Sí, los llamé ayer.

1. —¿Tú has hecho ejercicio esta mañana en el gimnasio?
—No, hice ejercicio en el parque.
2. —Y ustedes, ¿han desayunado ya? —Sí, desayunamos en el hotel.
3. —Y Juan y Felipe, ¿adónde han ido ? —Fueron al cine.
4. —Paco, ¿(nosotros) hemos recibido la cuenta del gimnasio?
—Sí, la recibimos la semana pasada.
5. —Señor Martín, ¿ha pescado algo ya? —Sí, pesqué uno grande. Ya me puedo ir a casa contento.
6. —Inés, ¿has visto mi pelota de fútbol? —Sí, la vi esta mañana en el coche.
7. —Yo no he tomado café todavía. ¿Alguien quiere acompañarme? —No, gracias. Yo ya tomé mi café en casa.
8. —¿Ya te ha dicho el doctor que puedes comer chocolate?
—Sí, me lo dijo ayer.

**RESUMEN GRAMATICAL**

**6.1 The present perfect** *pp. 204–205*

| Present indicative of **haber** | |
|---|---|
| he | hemos |
| has | habéis |
| ha | han |

**Present perfect:** present tense of **haber** + past participle

| Present perfect indicative | |
|---|---|
| **he** empezado | **hemos** empezado |
| **has** empezado | **habéis** empezado |
| **ha** empezado | **han** empezado |

**He empezado** a ir al gimnasio con regularidad.
*I **have begun** to go to the gym regularly.*

**6.2 The past perfect** *p. 208*

**Past perfect:** imperfect tense of **haber** + past participle

| Past perfect indicative | |
|---|---|
| **había** vivido | **habíamos** vivido |
| **habías** vivido | **habíais** vivido |
| **había** vivido | **habían** vivido |

Antes de 2006, yo ya **había vivido** en tres países diferentes.
*Before 2006, I **had** already **lived** in three different countries.*

**6.3 The present perfect subjunctive** *p. 211*

**Present perfect subjunctive:** present subjunctive of **haber** + past participle

| Present perfect subjunctive | |
|---|---|
| **haya** comido | **hayamos** comido |
| **hayas** comido | **hayáis** comido |
| **haya** comido | **hayan** comido |

Espero que **hayas comido** bien.
*I hope that **you have eaten** well.*

**TEACHING OPTIONS**

**Pairs** Divide the class into pairs. Have students write and perform a conversation in which a student talks about the hard week he or she has had, using the present perfect. The other student should ask questions and offer advice, using the present perfect subjunctive.

**TPR** Have students form a circle. Throw a foam or paper ball to a student and call out a time expression. Ex: **Antes de este semestre...** The student must complete the sentence using the past perfect (Ex: **Antes de este semestre, había estudiado japonés.**) and throw the ball to another student, who should do the same. Continue through a few more students, then provide a new sentence starter. Ex: **Antes del año pasado...**

**3** **Oraciones** Forma oraciones completas con los elementos dados. Usa el pretérito pluscuamperfecto del indicativo y haz todos los cambios necesarios. Sigue el modelo. 8 pts.

*modelo*

yo / ya / conocer / muchos amigos *Yo ya había conocido a muchos amigos.*

1. tú / todavía no / aprender / mantenerse en forma Tú todavía no habías aprendido a mantenerte en forma.
2. los hermanos Falcón / todavía no / perder / partido de vóleibol Los hermanos Falcón todavía no habían perdido un partido de vóleibol.
3. Elías / ya / entrenarse / para / maratón Elías ya se había entrenado para el maratón.
4. nosotros / siempre / sufrir / muchas presiones Nosotros siempre habíamos sufrido muchas presiones.

**4** **Una carta** Completa esta carta con el pretérito perfecto del indicativo o del subjuntivo. 12 pts.

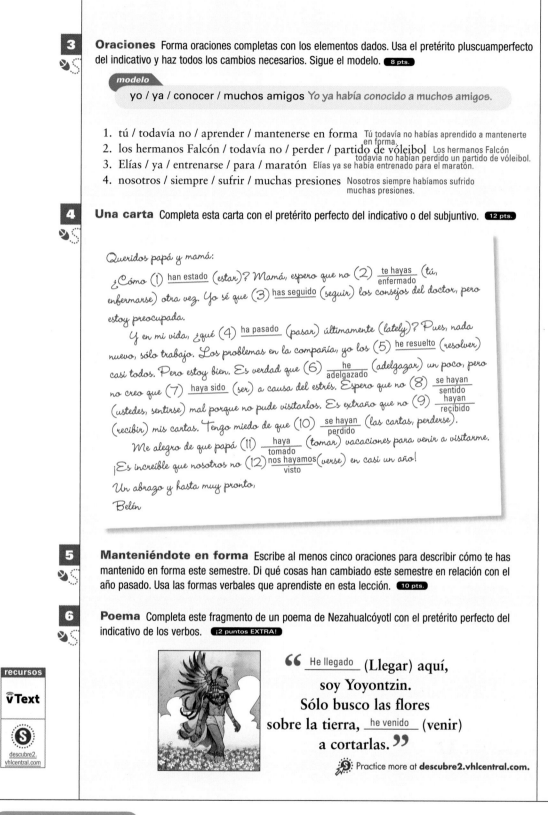

Queridos papá y mamá:

¿Cómo (1) han estado (estar)? Mamá, espero que no (2) te hayas enfermado (tú, enfermarse) otra vez. Yo sé que (3) has seguido (seguir) los consejos del doctor, pero estoy preocupada.

Y en mi vida, ¿qué (4) ha pasado (pasar) últimamente (lately)? Pues, nada nuevo, sólo trabajo. Los problemas en la compañía, yo los (5) he resuelto (resolver) casi todos. Pero estoy bien. Es verdad que (6) he adelgazado (adelgazar) un poco, pero no creo que (7) haya sido (ser) a causa del estrés. Espero que no (8) se hayan sentido (ustedes, sentirse) mal porque no pude visitarlos. Es extraño que no (9) hayan recibido (recibir) mis cartas. Tengo miedo de que (10) se hayan perdido (las cartas, perderse).

Me alegro de que papá (11) haya tomado (tomar) vacaciones para venir a visitarme. ¡Es increíble que nosotros no (12) nos hayamos visto (verse) en casi un año!

Un abrazo y hasta muy pronto,

Belén

**5** **Manteniéndote en forma** Escribe al menos cinco oraciones para describir cómo te has mantenido en forma este semestre. Di qué cosas han cambiado este semestre en relación con el año pasado. Usa las formas verbales que aprendiste en esta lección. 10 pts.

**6** **Poema** Completa este fragmento de un poema de Nezahualcóyotl con el pretérito perfecto del indicativo de los verbos. ¡2 puntos EXTRA!

"He llegado (Llegar) aquí,
soy Yoyontzin.
Sólo busco las flores
sobre la tierra, he venido (venir)
a cortarlas."

Practice more at **descubre2.vhlcentral.com.**

**recursos**

vText

descubre2.vhlcentral.com

**3 Expansion**

- Give students these sentence cues as items 5–8: **5. Margarita / ya / dejar / fumar (Margarita ya había dejado de fumar.) 6. Julio / ya / casarse (Julio ya se había casado.) 7. Mabel y yo / nunca / practicar / yoga (Mabel y yo nunca habíamos practicado yoga.) 8. Óscar / nunca / ir al gimnasio (Óscar nunca había ido al gimnasio.)**
- To challenge students, ask them to create a subordinate clause for each item, using **cuando** or **pero.** Ex: **1. Tú todavía no habías aprendido a mantenerte en forma, pero el entrenador te ayudó con los ejercicios.**

**4 Teaching Tip** To simplify, have students identify which blanks will require the present perfect subjunctive by having them identify the verbs and expressions of emotion and disbelief.

**4 Expansion** Have students work in pairs to write a response letter from **Belén's** parents. Encourage them to use at least four verbs in the present perfect and four verbs in the present perfect subjunctive.

**5 Teaching Tip** To simplify, before students begin writing, encourage them to list their ideas under two columns: **El año pasado** and **Este semestre.** Have students brainstorm a few verbs in the past perfect for the first column and in the present perfect for the second.

**6 Expansion** Have students write a personalized version of the poem fragment. Ex: **He venido aquí, soy ____. Sólo busco ____. He ____ a ____.**

**TEACHING OPTIONS**

**Extra Practice** Prepare sentences that use the present perfect and present perfect subjunctive. Say each sentence, have students repeat it, then say a different subject, varying the number. Have students then say the sentence with the new subject, making any necessary changes.

**Game** Divide the class into teams of five and have them sit in rows. Give the first student in each row a piece of paper. Call out an infinitive and have the first team member write the past perfect **yo** form of the verb and pass the paper to the second team member, who writes the **tú** form, and so forth. The first team to complete the paradigm correctly earns a point. The team with the most points at the end wins.

## Section Goals

In **Lectura**, students will:

- learn to make inferences and draw conclusions to understand a text
- read a short story and practice inferential reading

**Instructional Resources**
**vText**
***Cuaderno para hispanohablantes,*** pp. 89–91
**Supersite**

**Estrategia** Tell students that authors do not always spell out everything for their readers. Explain that they will need to look for clues in the story to infer information left unstated.

**El autor** Have students read the biography and list three important facts about the author.

**El título** Ask students to read the title and come up with an English equivalent for it. (*One of These Days*) Have pairs explain the different meanings this expression can convey. (revenge, hope)

**El cuento** Have students work in pairs to look up the words and answer the question. When they have finished, survey the class to see what most students think the story is about.

# Lectura

## Antes de leer

### Estrategia
**Making inferences**

For dramatic effect and to achieve a smoother writing style, authors often do not explicitly supply the reader with all the details of a story or poem. Clues in the text can help you infer those things the writer chooses not to state in a direct manner. You simply "read between the lines" to fill in the missing information and draw conclusions. To practice making inferences, read these statements:

A Liliana le encanta ir al gimnasio. Hace años que empezó a levantar pesas.

Based on this statement alone, what inferences can you draw about Liliana?

### El autor

Ve a la página 159 de tu libro y lee la biografía de Gabriel García Márquez.

### El título

Sin leer el texto del cuento (*story*), lee el título. Escribe cinco oraciones que empiecen con la frase "Un día de éstos".

### El cuento

Éstas son algunas palabras que vas a encontrar al leer *Un día de éstos*. Busca su significado en el diccionario. Según estas palabras, ¿de qué piensas que trata (*is about*) el cuento?

| | |
|---|---|
| **alcalde** | **lágrimas** |
| **dentadura postiza** | **muela** |
| **displicente** | **pañuelo** |
| **enjuto** | **rencor** |
| **guerrera** | **teniente** |

recursos

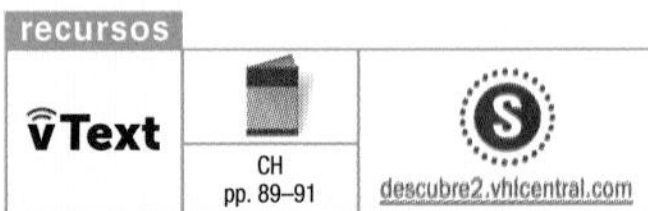


# Un día de éstos

Gabriel García Márquez

El lunes amaneció tibio° y sin lluvia. Don Aurelio Escovar, dentista sin título y buen madrugador°, abrió su gabinete° a las seis. Sacó de la vidriera° una dentadura postiza montada aún° en el molde de yeso° y puso sobre la mesa un puñado de instrumentos que ordenó de mayor a menor, como en una exposición. Llevaba una camisa a rayas, sin cuello, cerrada arriba con un botón dorado°, y los pantalones sostenidos con cargadores° elásticos. Era rígido, enjuto, con una mirada que raras veces correspondía a la situación, como la mirada de los sordos°.

Cuando tuvo las cosas dispuestas sobre la mesa rodó la fresa° hacia el sillón de resortes y se sentó a pulir° la dentadura postiza. Parecía no pensar en lo que hacía, pero trabajaba con obstinación, pedaleando en la fresa incluso cuando no se servía de ella.

Después de las ocho hizo una pausa para mirar el cielo por la ventana y vio dos gallinazos° pensativos que se secaban al sol en el caballete° de la casa vecina. Siguió trabajando con la idea de que antes del almuerzo volvería a llover°. La voz destemplada° de su hijo de once años lo sacó de su abstracción.

—Papá.

—Qué.

—Dice el alcalde que si le sacas una muela.

—Dile que no estoy aquí.

Estaba puliendo un diente de oro°. Lo retiró a la distancia del brazo y lo examinó con los ojos a medio cerrar. En la salita de espera volvió a gritar su hijo.

—Dice que sí estás porque te está oyendo.

El dentista siguió examinando el diente. Sólo cuando lo puso en la mesa con los trabajos terminados, dijo:

**amaneció tibio** *dawn broke warm* **madrugador** *early riser* **gabinete** *office* **vidriera** *glass cabinet* **montada aún** *still set* **yeso** *plaster* **dorado** *gold* **sostenidos con cargadores** *held by suspenders* **sordos** *deaf* **rodó la fresa** *he turned the drill* **pulir** *to polish* **gallinazos** *vultures* **caballete** *ridge* **volvería a llover** *it would rain again* **voz destemplada** *discordant voice* **oro** *gold* **cajita de cartón** *small cardboard box* **puente** *bridge* **te pega un tiro** *he will shoot you* **Sin apresurarse** *Without haste* **gaveta** *drawer* **Hizo girar** *He turned* **apoyada** *resting* **umbral** *threshold* **mejilla** *cheek* **hinchada** *swollen* **barba** *beard* **marchitos** *faded* **hervían** *were boiling* **pomos de loza** *china bottles* **cancel de tela** *cloth screen* **se acercaba** *was approaching* **talones** *heels* **mandíbula** *jaw* **cautelosa** *cautious* **cacerola** *saucepan* **pinzas** *pliers* **escupidera** *spittoon* **aguamanil** *washstand* **cordal** *wisdom tooth* **gatillo** *pliers* **se aferró** *clung* **barras** *arms* **descargó** *unloaded* **vacío helado** *icy hollowness* **riñones** *kidneys* **no soltó un suspiro** *he didn't let out a sigh* **muñeca** *wrist* **amarga ternura** *bitter tenderness* **crujido** *crunch* **a través de** *through* **sudoroso** *sweaty* **jadeante** *panting* **se desabotonó** *he unbuttoned* **a tientas** *blindly* **bolsillo** *pocket* **trapo** *cloth* **cielorraso desfondado** *ceiling with the paint sagging* **telaraña polvorienta** *dusty spiderweb* **haga buches de** *rinse your mouth out with* **vaina** *thing*

TEACHING OPTIONS

**Pairs** Have students work in pairs to compare and contrast **don Aurelio Escovar** and **el alcalde**. Encourage them to use adjectives and descriptive phrases from the reading to make inferences about the personality of these characters. Have volunteers present their character analyses to the class.

**Small Groups** Have students work in groups of three to rewrite the story from a different point of view. Assign groups the point of view of the boy, the dentist, or the mayor. Have groups share their stories with the class to compare and contrast the different versions.

—Mejor.

Volvió a operar la fresa. De una cajita de cartón° donde guardaba las cosas por hacer, sacó un puente° de varias piezas y empezó a pulir el oro.

—Papá.

—Qué.

Aún no había cambiado de expresión.

—Dice que si no le sacas la muela te pega un tiro°.

Sin apresurarse°, con un movimiento extremadamente tranquilo, dejó de pedalear en la fresa, la retiró del sillón y abrió por completo la gaveta° inferior de la mesa. Allí estaba el revólver.

—Bueno —dijo—. Dile que venga a pegármelo.

Hizo girar° el sillón hasta quedar de frente a la puerta, la mano apoyada° en el borde de la gaveta. El alcalde apareció en el umbral°. Se había afeitado la mejilla° izquierda, pero en la otra, hinchada° y dolorida, tenía una barba° de cinco días. El dentista vio en sus ojos marchitos° muchas noches de desesperación. Cerró la gaveta con la punta de los dedos y dijo suavemente:

—Siéntese.

—Buenos días —dijo el alcalde.

—Buenos —dijo el dentista.

Mientras hervían° los instrumentos, el alcalde apoyó el cráneo en el cabezal de la silla y se sintió mejor. Respiraba un olor glacial. Era un gabinete pobre: una vieja silla de madera, la fresa de pedal y una vidriera con pomos de loza°. Frente a la silla, una ventana con un cancel de tela° hasta la altura de un hombre. Cuando sintió que el dentista se acercaba°, el alcalde afirmó los talones° y abrió la boca.

Don Aurelio Escovar le movió la cabeza hacia la luz. Después de observar la muela dañada, ajustó la mandíbula° con una presión cautelosa° de los dedos.

—Tiene que ser sin anestesia —dijo.

—¿Por qué?

—Porque tiene un absceso.

El alcalde lo miró en los ojos.

—Está bien —dijo, y trató de sonreír. El dentista no le correspondió. Llevó a la mesa de trabajo la cacerola° con los instrumentos hervidos y los sacó del agua con unas pinzas° frías, todavía sin apresurarse. Después rodó la escupidera° con la punta del zapato y fue a lavarse las manos en el aguamanil°. Hizo todo sin mirar al alcalde. Pero el alcalde no lo perdió de vista.

Era una cordal° inferior. El dentista abrió las piernas y apretó la muela con el gatillo° caliente. El alcalde se aferró° a las barras° de la silla, descargó° toda su fuerza en los pies y sintió un vacío helado° en los riñones°, pero no soltó un suspiro°. El dentista sólo movió la muñeca°. Sin rencor, más bien con una amarga ternura°, dijo:

—Aquí nos paga veinte muertos, teniente.

El alcalde sintió un crujido° de huesos en la mandíbula y sus ojos se llenaron de lágrimas. Pero no suspiró hasta que no sintió salir la muela. Entonces la vio a través de° las lágrimas. Le pareció tan extraña a su dolor, que no pudo entender la tortura de sus cinco noches anteriores. Inclinado sobre la escupidera, sudoroso°, jadeante°, se desabotonó° la guerrera y buscó a tientas° el pañuelo en el bolsillo° del pantalón. El dentista le dio un trapo° limpio.

—Séquese las lágrimas —dijo.

El alcalde lo hizo. Estaba temblando. Mientras el dentista se lavaba las manos, vio el cielorraso desfondado° y una telaraña polvorienta° con huevos de araña e insectos muertos. El dentista regresó secándose. "Acuéstese —dijo— y haga buches de° agua de sal." El alcalde se puso de pie, se despidió con un displicente saludo militar, y se dirigió a la puerta estirando las piernas, sin abotonarse la guerrera.

—Me pasa la cuenta —dijo.

—¿A usted o al municipio?

El alcalde no lo miró. Cerró la puerta, y dijo, a través de la red metálica:

—Es la misma vaina°.

# Después de leer

## Comprensión

Completa las oraciones con la palabra o expresión correcta.

1. Don Aurelio Escovar es _dentista_ sin título.
2. Al alcalde le duele _una muela_.
3. Aurelio Escovar y el alcalde se llevan _mal_.
4. El alcalde amenaza (*threatens*) al dentista con pegarle un _tiro_.
5. Finalmente, Aurelio Escovar _le saca_ la muela al alcalde.
6. El alcalde llevaba varias noches sin _dormir_.

Practice more at **descubre2.vhlcentral.com.**

## Interpretación

En parejas, respondan a estas preguntas. Luego comparen sus respuestas con las de otra pareja. Answers will vary.

1. ¿Cómo reacciona don Aurelio cuando escucha que el alcalde amenaza con pegarle un tiro? ¿Qué les dice esta actitud sobre las personalidades del dentista y del alcalde?
2. ¿Por qué creen que don Aurelio y el alcalde no se llevan bien?
3. ¿Creen que era realmente necesario no usar anestesia?
4. ¿Qué piensan que significa el comentario "aquí nos paga veinte muertos, teniente"? ¿Qué les dice esto del alcalde y su autoridad en el pueblo?
5. ¿Cómo se puede interpretar el saludo militar y la frase final del alcalde "es la misma vaina"?

**TEACHING OPTIONS**

**Pairs** Have students work in pairs to invent two characters for a **minicomedia**: a dentist from New York and an easily frightened patient. Tell students to begin by writing a physical and psychological description of each character. Then have them write the dialogue for their **minicomedia**. Encourage humor and creativity. Have volunteers role-play their dialogues for the class.

**Extra Practice** To challenge students, have them work in pairs to write an alternate ending to the story, had the dentist refused to treat the mayor's toothache. Encourage students to share their alternate endings with the class.

**Teaching Tips**

- Explain that ***Un día de éstos*** is part of the short story collection ***Los funerales de la Mamá Grande***, which **García Márquez** finished writing in 1959.
- The events of ***Un día de éstos*** take place during **La Violencia,** an era of intense civil conflict in Colombian history, which started in 1946 and lasted two decades. This complex conflict generally centered around supporters of liberal and conservative political parties. The liberal and communist parties organized self-defense groups and guerrilla units, both of which fought against the conservatives and amongst each other.

**Comprensión** Ask pairs to work together to complete the sentences. When they have finished, go over the answers orally with the class.

**Interpretación** Give students these questions as items 6–9: **6. ¿Creen que el dentista y el alcalde habían sido amigos antes de ese día? 7. En su opinión, ¿quién tiene más poder, el dentista o el alcalde? 8. ¿Cómo creen que es la relación entre el gobierno y la gente de este pueblo? 9. ¿Qué creen que va a pasar cuando el alcalde se mejore?**

## Section Goals

In **Escritura**, students will:

- learn to organize information logically
- integrate lesson vocabulary and structures
- write a personal wellness plan in Spanish

**Instructional Resources**
**vText**
***Cuaderno de actividades,*** pp. 151–152
***Cuaderno para hispanohablantes,*** pp. 92–93
**Supersite**

**Estrategia** Have students brainstorm details of maintaining a personal wellness plan that includes nutrition, exercise, and stress reduction. Then have a volunteer talk about his or her plan, and guide students in organizing the information in three different ways: chronologically, sequentially, and in order of importance.

**Tema** Review the three suggested categories of details to include. Then, have volunteers make up questions or use the ones on this page to interview you regarding your personal wellness plan.

**Successful Language Learning** Point out to students that this strategy will help them improve their writing in both Spanish and English.

# Escritura

## Estrategia

**Organizing information logically**

Many times a written piece may require you to include a great deal of information. You might want to organize your information in one of three different ways:

- chronologically (e.g., events in the history of a country)
- sequentially (e.g., steps in a recipe)
- in order of importance

Organizing your information beforehand will make both your writing and your message clearer to your readers. If you were writing a piece on weight reduction, for example, you would need to organize your ideas about two general areas: eating right and exercise. You would need to decide which of the two is more important according to your purpose in writing the piece. If your main idea is that eating right is the key to losing weight, you might want to start your piece with a discussion of good eating habits. You might want to discuss the following aspects of eating right in order of their importance:

- quantities of food
- selecting appropriate foods from the food pyramid
- healthy recipes
- percentage of fat in each meal
- calorie count
- percentage of carbohydrates in each meal
- frequency of meals

You would then complete the piece by following the same process to discuss the various aspects of the importance of getting exercise.

recursos

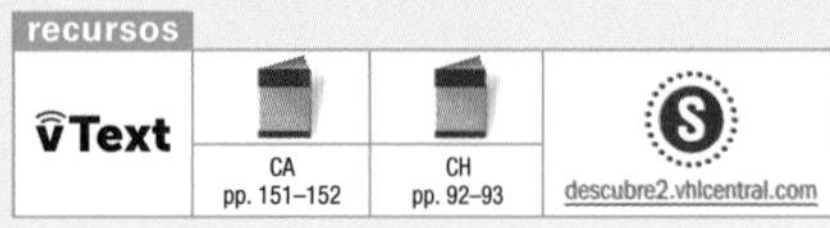

vText
CA pp. 151–152
CH pp. 92–93
descubre2.vhlcentral.com

## Tema

NATIONAL communication STANDARDS

**Escribir un plan personal de bienestar**

Desarrolla un plan personal para mejorar tu bienestar, tanto físico como emocional. Tu plan debe describir:

1. lo que has hecho para mejorar tu bienestar y llevar una vida sana
2. lo que no has podido hacer todavía
3. las actividades que debes hacer en los próximos meses

Considera también estas preguntas.

**La nutrición**

- ¿Comes una dieta equilibrada?
- ¿Consumes suficientes vitaminas y minerales? ¿Consumes demasiada grasa?
- ¿Quieres aumentar de peso o adelgazar?
- ¿Qué puedes hacer para mejorar tu dieta?

**El ejercicio**

- ¿Haces ejercicio? ¿Con qué frecuencia?
- ¿Vas al gimnasio? ¿Qué tipo de ejercicios haces allí?
- ¿Practicas algún deporte?
- ¿Qué puedes hacer para mejorar tu bienestar físico?

**El estrés**

- ¿Sufres muchas presiones?
- ¿Qué actividades o problemas te causan estrés?
- ¿Qué haces (o debes hacer) para aliviar el estrés y sentirte más tranquilo/a?
- ¿Qué puedes hacer para mejorar tu bienestar emocional?

**EVALUATION: Plan personal de bienestar**

| Criteria | Scale |
|---|---|
| Content | 1 2 3 4 |
| Organization | 1 2 3 4 |
| Use of vocabulary | 1 2 3 4 |
| Accuracy and mechanics | 1 2 3 4 |
| Creativity | 1 2 3 4 |

| Scoring | |
|---|---|
| Excellent | 18–20 points |
| Good | 14–17 points |
| Satisfactory | 10–13 points |
| Unsatisfactory | < 10 points |

# Escuchar

## Estrategia

**Listening for the gist/ Listening for cognates**

Combining these two strategies is an easy way to get a good sense of what you hear. When you listen for the gist, you get the general idea of what you're hearing, which allows you to interpret cognates and other words in a meaningful context. Similarly, the cognates give you information about the details of the story that you might not have understood when listening for the gist.

To practice these strategies, you will listen to a short paragraph. Write down the gist of what you hear and jot down a few cognates. Based on the gist and the cognates, what conclusions can you draw about what you heard?

## Preparación

Mira la foto. ¿Qué pistas° te da de lo que vas a oír?

## Ahora escucha 

Escucha lo que dice Ofelia Cortez de Bauer. Anota algunos de los cognados que escuchas y también la idea general del discurso°. Answers will vary.

____________________

____________________

____________________

____________________

Idea general: ____________________

Ahora contesta las siguientes preguntas.

1. ¿Cuál es el género° del discurso?
2. ¿Cuál es el tema?
3. ¿Cuál es el propósito°?

recursos
vText

descubre2.vhlcentral.com

pistas *clues* discurso *speech* género *genre*
propósito *purpose* público *audience*
debía haber incluido *should have included*

## Comprensión

National Standards: communication

**¿Cierto o falso?**

Indica si lo que dicen estas oraciones es **cierto** o **falso**. Corrige las oraciones que son falsas.

| | Cierto | Falso |
|---|---|---|
| 1. La señora Bauer habla de la importancia de estar en buena forma y de hacer ejercicio. | ✓ | ○ |
| 2. Según ella, lo más importante es que lleves el programa sugerido por los expertos. Lo más importante es que lleves un programa variado que te guste. | ○ | ✓ |
| 3. La señora Bauer participa en actividades individuales y de grupo. | ✓ | ○ |
| 4. El único objetivo del tipo de programa que ella sugiere es adelgazar. Los objetivos de su programa son: condicionar el sistema cardiopulmonar, aumentar la fuerza muscular y mejorar la flexibilidad. | ○ | ✓ |

**Preguntas** Answers will vary.

1. Imagina que el programa de radio sigue. Según las pistas que ella dio, ¿qué vas a oír en la segunda parte?
2. ¿A qué tipo de público° le interesa el tema del que habla la señora Bauer?
3. ¿Sigues los consejos de la señora Bauer? Explica tu respuesta.
4. ¿Qué piensas de los consejos que ella da? ¿Hay otra información que ella debía haber incluido°?

### Section Goals

In **Escuchar**, students will:
- listen for the gist and for cognates
- answer questions about a radio program

**Instructional Resources**
**vText**
**Supersite:** Textbook MP3 Audio Files
**Supersite/TRCD/Print:** Textbook Audio Script
**Textbook CD:** CD 2, Tracks 3–4

**Estrategia**

**Script** Cuando nos casamos le prometí a Magdalena que no íbamos a residir con su familia por más de un año. Y si Dios quiere, ¡así va a ser! Magdalena y yo encontramos un condominio absolutamente perfecto. Hoy pasamos por el banco para pedir el préstamo hipotecario. ¡Espero que no haya problema con el chequeo del crédito!

**Teaching Tip** Have students describe what they see.

**Ahora escucha**

**Script** Buenos días, radioyentes, y bienvenidos a "Tu bienestar". Les habla Ofelia Cortez de Bauer. Hoy vamos a hablar de la importancia de estar en buena forma. Primero, quiero que entiendan que estar en buena forma no es sólo cosa de estar delgado o ser fuerte. Para mantenerse en forma deben tener tres objetivos: condicionar el sistema cardiopulmonar, aumentar la fuerza muscular y mejorar la flexibilidad. Cada persona tiene sus propios objetivos, y también sus propias limitaciones físicas, y debe diseñar su programa con un monitor de acuerdo con éstos. Pero óiganme bien, ¡lo más importante es tener una rutina variada, con ejercicios que les gusten—porque de otro modo no lo van a hacer!

*(Script continues at far left in the bottom panels.)*

Mi rutina personal es la siguiente. Dos días por semana voy a la clase de ejercicios aeróbicos, claro con un buen calentamiento al comienzo. Tres días por semana corro en el parque, o si hace mal tiempo, uso una caminadora en el gimnasio. Luego levanto pesas y termino haciendo estiramientos de los músculos. Los fines de semana me mantengo activa pero hago una variedad de cosas de acuerdo a lo que quiere hacer la familia. A veces practico la natación; otras, vamos de excursión al campo, por ejemplo. Como les había dicho la semana pasada, como unas 1.600 calorías al día, mayormente alimentos con poca grasa y sin sal. Disfruto mucho del bienestar que estos hábitos me producen. Ahora iremos a unos anuncios de nuestros patrocinadores. Cuando regresemos, voy a contestar sus preguntas acerca del ejercicio, la dieta o el bienestar en general. El teléfono es el 43.89.76. No se vayan. Ya regresamos con mucha más información.

### Section Goals

In **En pantalla**, students will:
- read about Argentine swimmer **Georgina Bardach**
- watch a news report about swimming

**Instructional Resource**
**v̂Text**
**Supersite:** ***En pantalla***
Transcript & Translation

**Introduction**
To check comprehension, ask these questions. **1. En los Juegos Olímpicos de Atenas 2004, ¿qué medalla ganó Georgina Bardach en los 400 metros combinados? (la medalla de bronce) 2. ¿Cuándo empezó a nadar ella? (cuando era niña) 3. ¿Qué hizo en 2006? (Rompió el récord suramericano en los 200 metros de espalda.) 4. Según ella, ¿qué es lo más importante si quieres triunfar en un deporte? (Te tiene que gustar el deporte.)**

**Antes de ver**
- Take a quick survey of the class to find out how many students know how to swim. Then ask: **¿A qué edad aprendiste a nadar? Antes de aprender a nadar, ¿habías tenido miedo al agua?**
- Read through the **Vocabulario útil** and model the pronunciation.
- Reassure students that they do not need to understand every word they hear. Tell them to rely on visual clues and to listen for cognates, health-related vocabulary, and words from **Vocabulario útil**.

**¿Cierto o falso?**
- Show the news report a second time so that students can check their work.
- Have students correct the false information.

**Entrevista** Ask volunteers to role-play their interviews for the class.

# En pantalla

NATIONAL STANDARDS communication cultures

## Reportaje sobre natación

Georgina Bardach, nacida en Córdoba, Argentina, en 1983, es una versátil nadadora° que ha triunfado a nivel° internacional. En los Juegos Olímpicos de Atenas 2004, ganó la medalla de bronce en los 400 metros combinados°. En mayo de 2006, rompió el récord suramericano en los 200 metros de espalda°. Ella, como los niños de este reportaje° de televisión, aprendió a nadar desde pequeña y comenta que para triunfar en la natación o en cualquier° actividad deportiva, en primer lugar "te tiene que gustar. El segundo papel° lo juega la familia, que te apoya°."

**Vocabulario útil**

| | |
|---|---|
| **cordón** | *cord* |
| **cloro** | *chlorine* |
| **por medio de** | *through* |
| **familiarizando** | *getting familiar* |
| **beneficios** | *benefits* |
| **sí mismos** | *themselves* |
| **chiquitos** | *little* |
| **reglas** | *rules* |
| **capacidad pulmonar** | *lung capacity* |

### ¿Cierto o falso?

Indica si lo que dice cada oración es **cierto** o **falso**.

1. Algunos bebés pueden empezar a nadar antes de los cuatro meses. cierto
2. Los juegos les ayudan a familiarizarse con la tierra. falso
3. Las clases son buenas para aprender a socializar. cierto
4. También hacen a los niños menos independientes. falso
5. El entrenador debe ser un profesional certificado. cierto

### Entrevista

En parejas, escriban una entrevista sobre el bienestar a un(a) atleta, un(a) entrenador(a) o un(a) doctor(a). Escriban las preguntas y lo que piensan que esa persona va a responder. Answers will vary.

nadadora *swimmer* nivel *level* combinados *medley* de espalda *backstroke* reportaje *report* cualquier *any* papel *role* apoya *supports* bebés *babies* a partir de *from* juguetes *toys*

La actividad acuática para bebés° se puede empezar...

... a partir de° los cuatro o cinco meses de edad...

... con canciones y juegos y juguetes°.

recursos

v̂Text | descubre2.vhlcentral.com

Practice more at **descubre2.vhlcentral.com.**

**TEACHING OPTIONS**

**Georgina Bardach** At seven years old, **Georgina Bardach** learned to swim, but never with the intention of becoming a professional. Like many children, she played a variety of sports, including hockey and tennis. However, her natural swimming talent set her on the path to the Olympics. While **Bardach** credits her family for their support, she gives special recognition to her mother: **"A mí me enseñó a amar todo lo que hago".**

**Large Groups** Divide the class into two groups. Have each group create a survey for the other group to fill out. Group A should survey students' opinions on the importance of sports for children. Group B should survey students' personal experiences with swimming and water sports. Summarize the results on the board.

# Oye cómo va

## Los Kjarkas

El grupo folklórico **Los Kjarkas** fue fundado en el año de 1965 por los tres hermanos Wilson, Castel y Gonzalo Hermosa, junto con Edgar Villarroel. La idea era crear° una forma nueva y original de interpretar la música andina boliviana. A través de° los años, esta agrupación musical ha cambiado de integrantes°, pero mantienen la misma filosofía. Actualmente°, este grupo es conocido en Latinoamérica, Norteamérica, Europa y Asia. Los Kjarkas han fundado tres escuelas para el estudio de la música andina y sus instrumentos musicales, una en Bolivia, otra en Perú y otra en Ecuador. Algunas de sus canciones más famosas son *El amor y la libertad, Wa ya yay, Sueño de los Andes* y el éxito internacional *Llorando se fue.*

Tu profesor(a) va a poner la canción en la clase. Escúchala y completa las actividades.

### Completar

Completa las frases.

1. Los hermanos Hermosa y Edgar Villarroel fundaron... el grupo Los Kjarkas.
2. Los Kjarkas interpretan música... andina boliviana.
3. Este grupo ha cambiado varias veces de... integrantes.
4. Pero ha mantenido la misma... filosofía.
5. La zampoña, la quena y el charango son... instrumentos andinos.

### Preguntas

En grupos pequeños, respondan a las preguntas. Answers will vary.

1. ¿De qué habla la canción?
2. ¿Qué consejos le da el autor de la canción a la chica?
3. ¿Creen ustedes en el amor a primera vista? ¿Por qué?
4. ¿Conoce alguno/a de ustedes a una pareja que se haya enamorado a primera vista? Describe su historia a tus compañeros/as.

**crear** *to create* **A través de** *Over* **integrantes** *members* **Actualmente** *Nowadays* **labios** *lips* **madrugadas** *dawns* **golpear** *knocking (on)* **carmín** *lipstick* **tiernos** *tender* **camino** *path* **encuentro** *meeting* **flauta** *flute* **quena** *reed flute* **bombo** *bass drum*

## El hombre equivocado

NATIONAL STANDARDS communication cultures

Tengo quince años y no he vivido.
En mis labios° besos nunca he sentido.
Mis ojos vieron mil madrugadas° y
pasó el amor sin golpear° mi puerta.
Mis ojos vieron mil madrugadas
y pasó el amor sin golpear mi puerta.

Un día se puso el mejor vestido
y puso carmín° en sus labios tiernos°.
Forzó el camino° de su destino.
No quiso esperar y salió al encuentro°.
Forzó el camino de su destino.
No quiso esperar y salió al encuentro.

Quena

### Instrumentos andinos

Los instrumentos que se utilizan en la interpretación de la música andina son la zampoña o flauta° de pan, la quena°, el arpa, el bombo°, la guitarra y el charango, que es una guitarra pequeña.

recursos

vText

Practice more at **descubre2.vhlcentral.com.**

### Section Goals

In **Oye cómo va**, students will:
- read about **Los Kjarkas**
- read about Andean musical instruments
- listen to a song by **Los Kjarkas**

**Instructional Resources**
**vText**
**Supersite**
**Vista Higher Learning *Cancionero***

**Antes de escuchar**
- Have students scan the lyrics and identify the verbs in the present perfect.
- Ask students to predict what musical instruments and sounds they will hear.

**Completar** Give students these sentences as items 6–8: **6. El grupo Los Kjarkas fue fundado en el año... (1965.) 7. Además de Latinoamérica, este grupo musical ha tenido éxito en... (Norteamérica, Europa y Asia.) 8. La zampoña también se conoce como... (la flauta de pan.)**

**Preguntas** Ask additional discussion questions. Ex: **En tu opinión, ¿a qué se refiere la frase "las mariposas con alas rotas no podrán volar ni tocar el cielo"?**

**TEACHING OPTIONS**

**Small Groups** If time and resources permit, have students work in small groups and listen to another song by **Los Kjarkas,** such as ***Llorando se fue.*** Have them note any common themes or sounds, and compare and contrast the lyrics with ***El hombre equivocado.*** Ask group members to summarize their findings for the class.

**Pairs** Have students work in pairs to create a dialogue in which the singer meets the girl for the first time. Have them refer to the song lyrics for ideas. Have students perform their dialogues for the class, who will vote for the most creative one.

**Heritage Speakers** Ask heritage speakers if they are familiar with Andean music. If possible, have them bring in examples for the class to compare them with ***El hombre equivocado.***

Interactive Map
Video: *Panorama cultural*

## Section Goal

In **Panorama**, students will read about the geography, culture, and history of Bolivia.

**Instructional Resources**
**vText**
***Cuaderno de actividades,*** pp. 75–76
***Cuaderno de práctica,*** pp. 69–70
***e-Cuaderno***
**Supersite/DVD: *Panorama cultural***
**Supersite/TRCD/Print:** *PowerPoints* (Overheads #5, #6, #27); ***Panorama cultural*** Videoscript & Translation, Answer Keys

**Teaching Tip** Have students look at the map of Bolivia or show *Overhead PowerPoint #27*. Note that Bolivia is a completely landlocked country. Have students name the five countries that share its borders. Point out Bolivia's three main regions: the Andes region, the high plain (**altiplano**), and the Amazon basin. Ask students to read aloud the places labeled on the map and to identify whether place names are in Spanish or in an indigenous language.

**El país en cifras** Have volunteers create a pie chart that represents Bolivia's ethnic makeup as described in the **Población** section. As students read about the **Ciudades principales**, have them locate each city on the map. As students read about **Idiomas**, point out that **quechua** was the language of the ancient Incan empire.

**¡Increíble pero cierto!** Visitors to La Paz and other Andean cities often experience **el soroche**, or altitude sickness. Andean natives typically develop increased lung capacity and a greater capacity for diffusing oxygen to the body, helping to compensate for decreased oxygen levels at these heights.

# Bolivia

## El país en cifras

- **Área:** 1.098.580 km$^2$ (424.162 millas$^2$), *equivalente al área total de Francia y España*
- **Población:** 10.854.000

*Los indígenas quechua y aimará constituyen más de la mitad° de la población de Bolivia. Estos grupos indígenas han mantenido sus culturas y lenguas tradicionales. Las personas de ascendencia° indígena y europea representan la tercera parte de la población. Los demás son de ascendencia europea nacida en Latinoamérica. Una gran mayoría de los bolivianos, más o menos el 70%, vive en el altiplano°.*

- **Capital:** La Paz, sede° del gobierno, capital administrativa—1.864.000; Sucre, sede del Tribunal Supremo, capital constitucional y judicial
- **Ciudades principales:** Santa Cruz de la Sierra—1.724.000, Cochabamba, Oruro, Potosí

SOURCE: Population Division, UN Secretariat

- **Moneda:** peso boliviano
- **Idiomas:** español (oficial), aimará (oficial), quechua (oficial)

Bandera de Bolivia

### Bolivianos célebres

- **Jesús Lara,** escritor (1898–1980)
- **Víctor Paz Estenssoro,** político y presidente (1907–2001)
- **María Luisa Pacheco,** pintora (1919–1982)
- **Matilde Casazola,** poeta (1942– )

mitad *half* ascendencia *descent* restante *remaining* altiplano *high plateau* sede *seat* paraguas *umbrella* cascada *waterfall*

recursos
vText | CA pp. 75–76 | CP pp. 69–70 | descubre2.vhlcentral.com

### ¡Increíble pero cierto!

La Paz es la capital más alta del mundo. Su aeropuerto está situado a una altitud de 3.600 metros (12.000 pies). Ah, y si viajas en carro hasta La Paz, ¡no te olvides del paraguas°! En la carretera, que cruza 9.000 metros de densa selva, te encontrarás con una cascada°.

### TEACHING OPTIONS

**Cultural Activity** Another way to become acquainted with the traditions of Bolivia's different regions is through regional dances. The **cueca chaqueña** is a traditional dance from the **altiplano** region, while the **cueca chapaca** is from the **Chaco** area. The **chiringueros del Bení** is traditionally performed by rubber tappers from the Amazon area.

**Cultural Activity** To give students the opportunity to listen to the sounds of **quechua** or **aimará**, as well as the music of the Andes, bring in recordings made by Andean musicians, such as **Inti Illimani** or **Inkuyo**. Some recordings may include lyrics in the original language and in translation.

## Lugares • El lago Titicaca

Titicaca, situado en los Andes de Bolivia y Perú, es el lago navegable más alto del mundo, a una altitud de 3.815 metros (12.500 pies). Con un área de más de 8.000 kilómetros$^2$ (3.000 millas$^2$), también es el segundo lago más grande de Suramérica. La mitología inca cuenta que los hijos del dios° Sol emergieron de las profundas aguas del lago Titicaca para fundar su imperio°.

**El lago Titicaca** Sitting more than two miles above sea level, Lake Titicaca is larger than the area of Delaware and Rhode Island combined. More than twenty-five rivers drain into the lake, which has forty-one islands.

## Artes • La música andina

La música andina, compartida por Bolivia, Perú, Ecuador, Chile y Argentina, es el aspecto más conocido de su folklore. Hay muchos conjuntos° profesionales que dan a conocer° esta música popular, de origen indígena, alrededor° del mundo. Algunos de los grupos más importantes y que llevan más de treinta años actuando en escenarios internacionales son Los Kjarkas (Bolivia), Inti Illimani (Chile), Los Chaskis (Argentina) e Illapu (Chile).

**La música andina** Andean music is characterized by its plaintive, haunting melodies, often based in a minor or pentatonic scale.

## Historia • Tiahuanaco

Tiahuanaco, que significa "Ciudad de los dioses", es un sitio arqueológico de ruinas preincaicas situado cerca de La Paz y del lago Titicaca. Se piensa que los antepasados° de los indígenas aimará fundaron este centro ceremonial hace unos 15.000 años. En el año 1100, la ciudad tenía unos 60.000 habitantes. En este sitio se pueden ver el Templo de Kalasasaya, el Monolito Ponce, el Templete Subterráneo, la Puerta del Sol y la Puerta de la Luna. La Puerta del Sol es un impresionante monumento que tiene tres metros de alto y cuatro de ancho° y que pesa unas 10 toneladas.

**Tiahuanaco** The pre-Incan civilization that flourished at **Tiahuanaco** was probably a theocracy, governed by priest-kings. The primary deity was **Viracocha,** a sky and thunder god worshipped throughout much of the Andean world. The Tiahuanacan head of state was viewed as **Viracocha's** embodiment on earth.

**¿Qué aprendiste?** Responde a las preguntas con una oración completa.

1. ¿Cuáles son los tres idiomas oficiales de Bolivia? Son el español, el quechua y el aimará.
2. ¿Dónde vive la mayoría de los bolivianos? La mayoría de los bolivianos vive en el altiplano.
3. ¿Cuál es la capital administrativa de Bolivia? La capital administrativa de Bolivia es La Paz.
4. Según la mitología inca, ¿qué ocurrió en el lago Titicaca? Los hijos del dios Sol emergieron del lago para fundar el imperio inca.
5. ¿De qué países es la música andina? La música andina es de Bolivia, Perú, Ecuador, Chile y Argentina.
6. ¿Qué origen tiene esta música? Es música de origen indígena.
7. ¿Cómo se llama el sitio arqueológico situado cerca de La Paz y el lago Titicaca? El sitio arqueológico situado cerca de La Paz y el lago Titicaca se llama Tiahuanaco.
8. ¿Qué es la Puerta del Sol? La Puerta del Sol es un monumento que está en Tiahuanaco.

**Conexión Internet** Investiga estos temas en **descubre2.vhlcentral.com.**

1. Busca información sobre un(a) boliviano/a célebre. ¿Cuáles son algunos de los episodios más importantes de su vida? ¿Qué ha hecho esta persona? ¿Por qué es célebre?
2. Busca información sobre Tiahuanaco u otro sitio arqueológico en Bolivia. ¿Qué han descubierto los arqueólogos en ese sitio?

**dios** *god* **imperio** *empire* **conjuntos** *groups* **dan a conocer** *make known* **alrededor** *around* **antepasados** *ancestors* **ancho** *wide*

Practice more at descubre2.vhlcentral.com.

**Conexión Internet** Students will find supporting Internet activities and links at **descubre2.vhlcentral.com.**

**Teaching Tip** You may want to wrap up this section by playing the ***Panorama cultural*** video footage for this lesson.

### TEACHING OPTIONS

**Worth Noting** Teams of scientists have extracted sediment samples from Titicaca's lakebed to study the history of climatological change in the region. Such research helps scientists build models to analyze contemporary trends in global climate change.

**Worth Noting** Students might enjoy learning this indigenous riddle about the **armadillo,** the animal whose outer shell is used to make the **charango,** a small guitar used in Andean music.
**Vive en el cerro, lejos del mar.**
**De concha el saco sin abrochar.**
**Cuando se muere... ¡pues a cantar!**

Audio: Vocabulary Flashcards

**Instructional Resources**
**vText**
***Cuaderno de actividades,*** p. 123
***e-Cuaderno***
**Supersite:** Textbook & Vocabulary MP3 Audio Files
**Supersite/TRCD/Print:** Answer Keys; *Testing Program* (**Lección 6 Pruebas,** Test Generator, Testing Program MP3 Audio Files)
**Textbook CD:** CD 2, Tracks 5–7
**Audio Activity CD:** CD 6, Tracks 20–22
**Testing Program CD:** Tracks 21–24

## El bienestar

| | |
|---|---|
| **el bienestar** | *well-being* |
| **la droga** | *drug* |
| **el/la drogadicto/a** | *drug addict* |
| **el masaje** | *massage* |
| **el/la teleadicto/a** | *couch potato* |
| **adelgazar** | *to lose weight; to slim down* |
| **aliviar el estrés** | *to reduce stress* |
| **aliviar la tensión** | *to reduce tension* |
| **apurarse, darse prisa** | *to hurry; to rush* |
| **aumentar de peso, engordar** | *to gain weight* |
| **disfrutar (de)** | *to enjoy; to reap the benefits (of)* |
| **estar a dieta** | *to be on a diet* |
| **(no) fumar** | *(not) to smoke* |
| **llevar una vida sana** | *to lead a healthy lifestyle* |
| **sufrir muchas presiones** | *to be under a lot of pressure* |
| **tratar de (+ *inf.*)** | *to try (to do something)* |
| **activo/a** | *active* |
| **débil** | *weak* |
| **en exceso** | *in excess; too much* |
| **flexible** | *flexible* |
| **fuerte** | *strong* |
| **sedentario/a** | *sedentary; related to sitting* |
| **tranquilo/a** | *calm; quiet* |

## En el gimnasio

| | |
|---|---|
| **la cinta caminadora** | *treadmill* |
| **la clase de ejercicios aeróbicos** | *aerobics class* |
| **el/la entrenador(a)** | *trainer* |
| **el músculo** | *muscle* |
| **calentarse (e:ie)** | *to warm up* |
| **entrenarse** | *to practice; to train* |
| **estar en buena forma** | *to be in good shape* |
| **hacer ejercicio** | *to exercise* |
| **hacer ejercicios aeróbicos** | *to do aerobics* |
| **hacer ejercicios de estiramiento** | *to do stretching exercises* |
| **hacer gimnasia** | *to work out* |
| **levantar pesas** | *to lift weights* |
| **mantenerse en forma** | *to stay in shape* |
| **sudar** | *to sweat* |

## La nutrición

| | |
|---|---|
| **la bebida alcohólica** | *alcoholic beverage* |
| **la cafeína** | *caffeine* |
| **la caloría** | *calorie* |
| **el colesterol** | *cholesterol* |
| **la grasa** | *fat* |
| **la merienda** | *afternoon snack* |
| **el mineral** | *mineral* |
| **la nutrición** | *nutrition* |
| **el/la nutricionista** | *nutritionist* |
| **la proteína** | *protein* |
| **la vitamina** | *vitamin* |
| **comer una dieta equilibrada** | *to eat a balanced diet* |
| **consumir alcohol** | *to consume alcohol* |
| **descafeinado/a** | *decaffeinated* |

| | |
|---|---|
| **Expresiones útiles** | *See page 199.* |

**recursos**

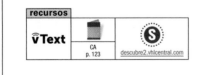

| vText | CA p. 123 | descubre2.vhlcentral.com |
|---|---|---|

# El mundo del trabajo 7

## Communicative Goals

*You will learn how to:*

- **Talk about your future plans**
- **Talk about and discuss work**
- **Interview for a job**
- **Express agreement and disagreement**

**contextos**

pages 226–229
- Professions and occupations
- The workplace
- Job interviews

**fotonovela**

pages 230–233

The students and Don Francisco talk about their plans for the future while they enjoy a delicious meal prepared by Sra. Vives. Don Francisco makes an announcement that makes everybody happy.

**cultura**

pages 234–235
- Work benefits
- César Chávez

**estructura**

pages 236–247
- The future
- The future perfect
- The past subjunctive
- **Recapitulación**

**adelante**

pages 248–257

**Lectura:** A poem
**Escritura:** An essay about your plans for the future
**Escuchar:** A job interview
**En pantalla**
**Oye cómo va**
**Panorama:** Nicaragua y la República Dominicana

**A PRIMERA VISTA**
- ¿Están trabajando las personas en la foto?
- ¿Arreglan algo?
- ¿Llevan ropa profesional?
- ¿Están descansando o están ocupados?

## Lesson Goals

In **Lección 7**, students will be introduced to the following:
- terms for professions and occupations
- work-related vocabulary
- work benefits in the Spanish-speaking world
- **César Chávez**
- future tense
- irregular future tense verbs
- future perfect tense
- past subjunctive tense
- recognizing similes and metaphors
- using note cards in preparation for writing
- writing a composition on personal and professional goals
- using background knowledge when listening
- listening for specific information
- a television commercial for **Banco Sudamericano**, a Peruvian bank
- Dominican singer **Sergio Vargas**
- cultural and geographic information about Nicaragua
- cultural and geographic information about the Dominican Republic

**A primera vista** Ask these additional questions based on the photo: **¿Has tenido un trabajo? ¿Dónde? ¿Qué hacías? ¿Te gusta trabajar? ¿Por qué? ¿Has sufrido presiones? ¿Qué haces para aliviar el estrés?**

**INSTRUCTIONAL RESOURCES**

**Student Materials**
**Print:** Student Book, Workbooks (*Cuaderno de actividades, Cuaderno de práctica, Cuaderno para hispanohablantes*)
**Technology:** **vText**, MAESTRO® *E-Cuaderno* and Supersite (Audio, Video, Practice)

**Teacher Materials**
DVDs (*Fotonovela, Flash cultura, Panorama cultural*)
Teacher's Resource CD-ROM (Scripts, Answer Keys, *PowerPoints*, Testing Program)
Testing Program, Textbook, Audio Activity CDs
MAESTRO® Supersite: Resources (Planning and Teaching Resources from Teacher's Resource CD-ROM); Learning Management System (Gradebook, Assignments)
Vista Higher Learning *Cancionero*
Resources also available in print

**DESCUBRE 2 Supersite:** descubre2.vhlcentral.com

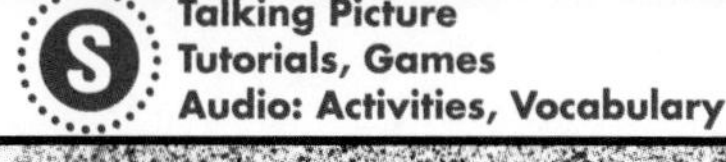


## Section Goals

In **Contextos**, students will learn and practice:

- words for professions and occupations
- work-related terminology

**Instructional Resources**

**vText**

***Cuaderno de actividades,*** p. 125

***Cuaderno de práctica,*** pp. 73–74

***Cuaderno para hispanohablantes,*** pp. 95–96

***e-Cuaderno***

**Supersite:** Textbook, Vocabulary, & Audio Activity MP3 Audio Files

**Supersite/TRCD/Print:** *PowerPoints* (**Lección 7 Contextos** Presentation, Overhead #27); Textbook Audio Script, Audio Activity Script, Answer Keys

**Textbook CD:** CD 2, Tracks 8–9

**Audio Activity CD:** CD 7, Tracks 1–3

## Teaching Tips

- Add a visual aspect to this vocabulary presentation. Using magazine pictures, ask volunteers to identify places of business and occupations. Ex: **¿Qué tipo de negocio es? (peluquería) La persona que trabaja en una peluquería se llama peluquero/a.** Write each job you mention on the board.
- Show *Overhead PowerPoint #27.* Ask questions that elicit the occupations. Ex: **¿Quién crea planos de edificios? (el/la arquitecto/a) Y, ¿quiénes usan los planos? (los carpinteros)** Then talk about yourself and ask students about their career interests. Ex: **Cuando yo estudiaba, también trabajaba dos noches a la semana de cocinera en una pizzería. ¿Hay alguien en esta clase que desee ser cocinero/a? ____, ¿para qué profesión piensas estudiar? ____, ¿cuál será tu especialización?**

# El mundo del trabajo

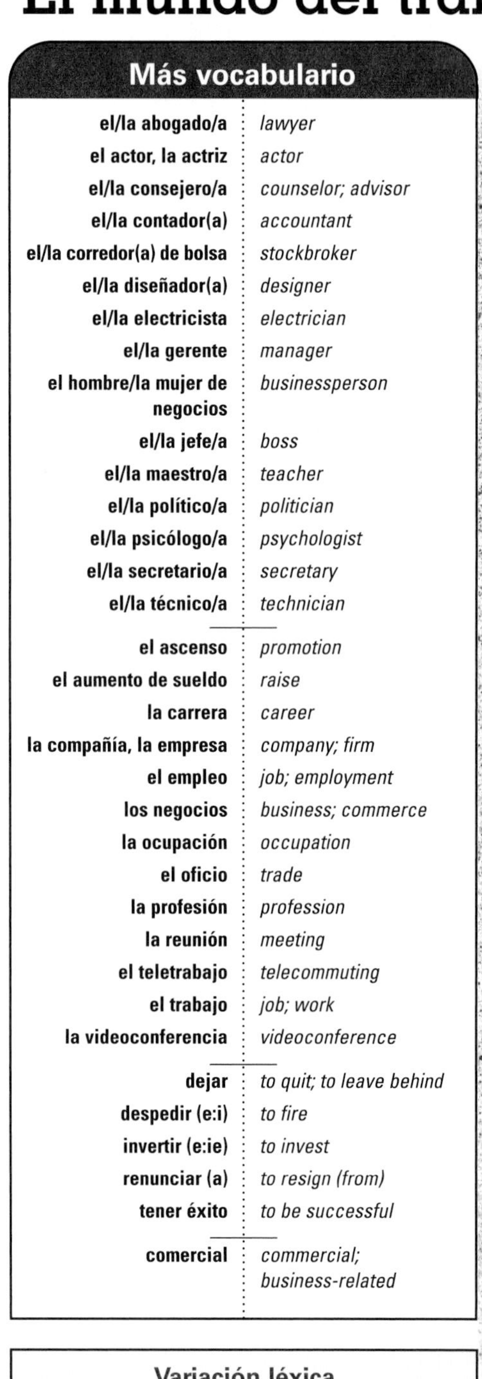

## Más vocabulario

| | |
|---|---|
| **el/la abogado/a** | *lawyer* |
| **el actor, la actriz** | *actor* |
| **el/la consejero/a** | *counselor; advisor* |
| **el/la contador(a)** | *accountant* |
| **el/la corredor(a) de bolsa** | *stockbroker* |
| **el/la diseñador(a)** | *designer* |
| **el/la electricista** | *electrician* |
| **el/la gerente** | *manager* |
| **el hombre/la mujer de negocios** | *businessperson* |
| **el/la jefe/a** | *boss* |
| **el/la maestro/a** | *teacher* |
| **el/la político/a** | *politician* |
| **el/la psicólogo/a** | *psychologist* |
| **el/la secretario/a** | *secretary* |
| **el/la técnico/a** | *technician* |
| **el ascenso** | *promotion* |
| **el aumento de sueldo** | *raise* |
| **la carrera** | *career* |
| **la compañía, la empresa** | *company; firm* |
| **el empleo** | *job; employment* |
| **los negocios** | *business; commerce* |
| **la ocupación** | *occupation* |
| **el oficio** | *trade* |
| **la profesión** | *profession* |
| **la reunión** | *meeting* |
| **el teletrabajo** | *telecommuting* |
| **el trabajo** | *job; work* |
| **la videoconferencia** | *videoconference* |
| **dejar** | *to quit; to leave behind* |
| **despedir (e:i)** | *to fire* |
| **invertir (e:ie)** | *to invest* |
| **renunciar (a)** | *to resign (from)* |
| **tener éxito** | *to be successful* |
| **comercial** | *commercial; business-related* |

## Variación léxica

abogado/a ⟷ licenciado/a (*Amér. C.*)
contador(a) ⟷ contable (*Esp.*)

**recursos**

vText | CA p. 125 | CP pp. 73–74 | CH pp. 95–96 | descubre2.vhlcentral.com

**TEACHING OPTIONS**

**TPR** Divide the class into groups of five. Have students take turns miming the work of different professionals. The other group members have to name the professional. Ex: Student mimes hammering a nail into the floor. (**carpintero/a**)

**Pairs** Write **acción, definición,** and **asociación** on the board. Tell students to take turns choosing a vocabulary word and deciding if they will act it out, give a definition, or provide other words associated with the vocabulary item. Their partner must guess the word. Ex: For **cocinero**, students can act out preparing food, define what a cook does (**Prepara la comida en un restaurante**), or name associated words (**Wolfgang Puck, cocina, comida**).

**Extra Practice** Name a job (Ex: **cocinero**). Have students write down as many words as possible that they associate with this job. Ex: **cocinero: cocina, cuchara, horno, restaurante**.

# Práctica

**1 Escuchar** Escucha la descripción que hace Juan Figueres de su profesión y luego completa las oraciones con las palabras adecuadas.

1. El Sr. Figueres es __b__.
   a. actor b. hombre de negocios c. pintor
2. El Sr. Figueres es el __c__ de una compañía multinacional.
   a. secretario b. técnico c. gerente
3. El Sr. Figueres quería __a__ en la cual pudiera (*he could*) trabajar en otros países.
   a. una carrera b. un ascenso c. un aumento de sueldo
4. El Sr. Figueres viaja mucho porque __a__.
   a. tiene reuniones en otros países b. es político
   c. toma muchas vacaciones

**2 ¿Cierto o falso?** Escucha las descripciones de las profesiones de Ana y Marco. Indica si lo que dice cada oración es **cierto** o **falso**.

1. Ana es maestra de inglés. falso
2. Ana asiste a muchas reuniones. cierto
3. Ana recibió un aumento de sueldo. falso
4. Marco hace muchos viajes. cierto
5. Marco quiere dejar su empresa. cierto
6. El jefe de Marco es cocinero. falso

**3 Escoger** Escoge la ocupación que corresponda a cada descripción.

| | | |
|---|---|---|
| la arquitecta | el científico | la electricista |
| el bombero | el corredor de bolsa | el maestro |
| la carpintera | el diseñador | la técnica |

1. Desarrolla teorías de biología, química, física, etc. el científico
2. Nos ayuda a iluminar nuestras casas. la electricista
3. Combate los incendios (*fires*) que destruyen edificios. el bombero
4. Ayuda a la gente a invertir su dinero. el corredor de bolsa
5. Enseña a los niños. el maestro
6. Diseña ropa. el diseñador
7. Arregla las computadoras. la técnica
8. Diseña edificios. la arquitecta

**4 Asociaciones** ¿Qué profesiones asocias con estas palabras?

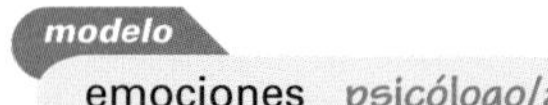


1. pinturas pintor(a)
2. consejos consejero/a
3. elecciones político/a
4. comida cocinero/a
5. leyes abogado/a
6. teatro actor/actriz
7. pirámide arqueólogo/a
8. periódico reportero/a
9. pelo peluquero/a

**TEACHING OPTIONS**

**Pairs** Ask students to categorize the professions according to two different paradigms. Ex: **trabajos al aire libre/trabajos en lugares cerrados; profesiones/ocupaciones; trabajos que requieren mucha fuerza/trabajos que no requieren mucha fuerza.** Have each pair read their categories aloud to the class.

**Game** Play a modified version of **20 Preguntas**. Ask a volunteer to think of a profession or occupation from the drawing or vocabulary list. Other students get one chance each to ask a yes-no question until someone guesses the profession or occupation correctly. Limit attempts to ten questions per item. Ex: **¿Es un oficio o una profesión? ¿Hay que hablar con mucha gente?**

**1 Teaching Tip** Help students check their answers by reading the script to the class and having volunteers complete each statement.

**1 Script** Yo soy de una familia de artistas. Mi madre es diseñadora gráfica, mi padre es pintor y mi hermano es actor. *Script continues on page 228.*

**2 Teaching Tip** To challenge students, have them correct the false statements.

**2 Script** Ana trabaja como mujer de negocios desde hace cuatro años, aunque siempre quiso ser maestra de inglés. Trabaja mucho en la computadora y siempre tiene reuniones con los contadores de su empresa. Ana invierte muchas horas en su trabajo y es muy responsable. Su jefe está muy contento con el trabajo de Ana y le va a dar un aumento de sueldo. Marco es un exitoso arquitecto. Por su ocupación, Marco tiene que viajar frecuentemente a diferentes ciudades. Marco quiere ser gerente de su empresa pero su jefe no quiere darle un ascenso; por eso piensa renunciar a su puesto y dejar la empresa. Quizá Marco cambie de carrera y se dedique a la profesión de su padre, que trabaja como cocinero en el restaurante de su familia. *Textbook CD*

**3 Teaching Tip** Model the activity by making a statement about a profession not listed. Have a volunteer identify the occupation that corresponds to your description. Ex: **Defiende a una persona acusada de un crimen. (la abogada)**

**4 Teaching Tip** Read the **modelo** and ask volunteers to suggest names of other associated professions. Ex: **consejero/a**

**1 Script (continued)** Pero yo me gradué con una especialización en negocios internacionales porque quería trabajar en otros países. Ahora soy el gerente de una compañía multinacional y viajo todos los meses. Sé que a muchos hombres de negocios no les gusta viajar y prefieren utilizar el correo electrónico, el teletrabajo y la videoconferencia para hacer negocios con empresas extranjeras. Yo, sin embargo, prefiero conocer a la gente personalmente; por eso yo viajo a sus países cuando tenemos reuniones importantes. *Textbook CD*

**Teaching Tip** Introduce the vocabulary presented on this page by asking students about their experiences with interviews. Ex: **Algunas personas se ponen muy nerviosas antes de una entrevista. ¿Eso les pasa a ustedes? ¿Cómo se preparan para una entrevista?**

**5 Teaching Tip** Have pairs play the roles of **entrevistador** and **aspirante**. Each student should look at the entire conversation but should only complete the lines that correspond to his or her role. Have pairs rehearse by reading their sentences to each other for peer correction. Then have pairs role-play the conversation for the class.

**6 Expansion** To challenge students, have them write logical sentences with the unused choices. Ex: **1. Me llamaron de una empresa porque me van a entrevistar.**

**7 Teaching Tip** This activity may be done in pairs or in groups of three or four in round-robin fashion. Allow approximately ten minutes for completion of the activity. Then call on students to report on their group's responses.

**5** **Conversación** Completa la entrevista con el nuevo vocabulario que se ofrece en la lista de la derecha.

**ENTREVISTADOR** Recibí la (1) solicitud (de trabajo) que usted llenó y vi que tiene mucha experiencia.

**ASPIRANTE** Por eso decidí mandar una copia de mi (2) currículum cuando vi su (3) anuncio en el periódico.

**ENTREVISTADOR** Me alegro de que lo haya hecho. Pero dígame, ¿por qué dejó usted su (4) puesto anterior?

**ASPIRANTE** Lo dejé porque quiero un mejor (5) salario/sueldo.

**ENTREVISTADOR** ¿Y cuánto quiere (6) ganar usted?

**ASPIRANTE** Pues, eso depende de los (7) beneficios que me puedan ofrecer.

**ENTREVISTADOR** Muy bien. Pues, creo que usted tiene la experiencia necesaria, pero tengo que (8) entrevistar a dos aspirantes más. Le vamos a llamar la semana que viene.

**ASPIRANTE** Hasta pronto, y gracias por la (9) entrevista.

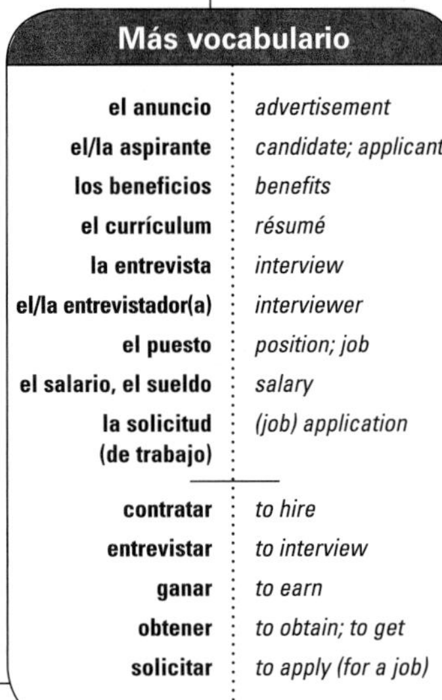

**Más vocabulario**

| | |
|---|---|
| **el anuncio** | *advertisement* |
| **el/la aspirante** | *candidate; applicant* |
| **los beneficios** | *benefits* |
| **el currículum** | *résumé* |
| **la entrevista** | *interview* |
| **el/la entrevistador(a)** | *interviewer* |
| **el puesto** | *position; job* |
| **el salario, el sueldo** | *salary* |
| **la solicitud (de trabajo)** | *(job) application* |
| **contratar** | *to hire* |
| **entrevistar** | *to interview* |
| **ganar** | *to earn* |
| **obtener** | *to obtain; to get* |
| **solicitar** | *to apply (for a job)* |

**6** **Completar** Escoge la respuesta que completa cada oración.

1. Voy a __b__ mi empleo.
   a. tener éxito b. renunciar a c. entrevistar
2. Quiero dejar mi __c__ porque no me gusta mi jefe.
   a. anuncio b. gerente c. puesto
3. Por eso, fui a una __b__ con una consejera de carreras.
   a. profesión b. reunión c. ocupación
4. Ella me dijo que necesito revisar mi __a__.
   a. currículum b. compañía c. aspirante
5. ¿Cuándo obtuviste __c__ más reciente?, me preguntó.
   a. la reunión b. la videoconferencia c. el aumento de sueldo
6. Le dije que deseo trabajar en una empresa con excelentes __a__.
   a. beneficios b. entrevistas c. solicitudes de trabajo
7. Y quiero tener la oportunidad de __a__ en la nueva empresa.
   a. invertir b. obtener c. perder

**¡LENGUA VIVA!**

**Trabajo, empleo,** and **puesto** all can translate as *job*, but each has additional meanings: **trabajo** means *work*, **empleo** means *employment*, and **puesto** means *position.*

**7** **Preguntas** Responde a cada pregunta con una respuesta breve. Answers will vary.

1. ¿En qué te gustaría especializarte?
2. ¿Has leído los anuncios de empleo en el periódico?
3. ¿Piensas que una carrera que beneficia a otros es más importante que un empleo con un salario muy bueno? Explica tu respuesta.
4. ¿Tus padres consiguen los puestos que quieren?
5. ¿Has tenido una entrevista de trabajo alguna vez?
6. ¿Crees que una persona debe renunciar a un puesto si no se ofrecen ascensos?
7. ¿Te gustaría (*Would you like*) más un teletrabajo o un trabajo tradicional en una oficina?
8. ¿Piensas que los jefes siempre tienen razón?
9. ¿Quieres tener tu propia empresa algún día?
10. ¿Cuál es tu carrera ideal?

Practice more at **descubre2.vhlcentral.com.**

**TEACHING OPTIONS**

**Heritage Speakers** Ask heritage speakers to write a description of a job that is unique to their cultural community. Ex: **gestor(a), aparejador(a), curandero/a, puestero/a.** Have them read their descriptions aloud. Write unfamiliar vocabulary on the board.

**Game** Have students make a Bingo card with the names of professions, and then ask them to exchange their cards with a classmate. Say a short description, such as **Trabaja en una oficina.** If a student has a corresponding profession on his or her board, he or she makes a check mark in the corner of the box. To win, a student must mark five professions in a row, read them back to you, and supply appropriate descriptions.

# Comunicación

8 **Una entrevista** Trabaja con un(a) compañero/a para representar los papeles de un(a) aspirante a un puesto y un(a) entrevistador(a). Answers will vary.

El/La entrevistador(a) debe describir...

- el puesto.
- las responsabilidades.
- el salario.
- los beneficios.

El/La aspirante debe...

- presentar su experiencia.
- obtener más información sobre el puesto.

Entonces...

- el/la entrevistador(a) debe decidir si va a contratar al/a la aspirante.
- el/la aspirante debe decidir si va a aceptar el puesto.

9 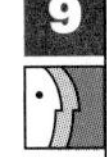

**Un(a) consejero/a de carreras** En parejas, representen los papeles de un(a) consejero/a de carreras y una persona que quiere saber cuál es la mejor ocupación para él/ella. El/La consejero/a debe hacerle preguntas sobre su educación, su experiencia y sus intereses y debe sugerir dos o tres profesiones posibles. Después, intercambien los papeles. Answers will vary.

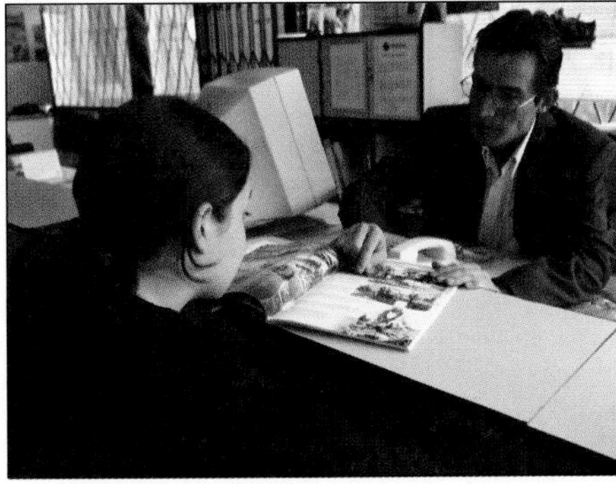

10 

**Una feria de trabajo** La clase va a celebrar una feria (*fair*) de trabajo. Unos estudiantes van a ser representantes de compañías que buscan empleados y otros van a estar buscando empleo. Los representantes deben preparar carteles con el nombre de su compañía y los puestos que ofrecen. Los que buscan empleo deben circular por la clase y hablar con tres representantes sobre sus experiencias de trabajo y el tipo de trabajo que están buscando. Los entrevistadores deben describir los puestos y conseguir los nombres y las referencias de los aspirantes. Answers will vary.

**8 Teaching Tips**

- To simplify, give students time to look at the photo and brainstorm. Then ask volunteers questions about the interview process. Ex: **En una entrevista, ¿quién explica las reponsabilidades del trabajo? ¿Quién pregunta sobre la experiencia de la otra persona?**
- Before beginning the activity, have students generate a list of different positions for which the **aspirante** could interview.

**8 Expansion** Ask volunteers to role-play their **entrevista** for the class.

**9 Teaching Tips**

- Have the class brainstorm questions an employment counselor might ask. Write the questions on the board.
- Model the activity by providing information for an imaginary client. Ex: **Una joven busca trabajo. Le gustan mucho los niños, pero no tiene carrera universitaria. Tiene muchos hermanos y gana dinero cuidando a los niños de sus vecinos. ¿Qué trabajo le recomienda la consejera? (ayudante de maestra; trabajadora de guardería)**

**10 Expansion** After the **feria,** ask the **representantes de compañías** to say which candidate seemed like the best match for their company. Then ask the **aspirantes** to say which company seemed like the best match for them.

**TEACHING OPTIONS**

**Small Groups** Have groups of three write a résumé for a famous person. Write a suggested format on the board for the class. Ex: **Objetivos profesionales, Formación académica, Experiencia laboral.** Have groups exchange and critique the completed résumés. Later, have groups review their classmates' comments.

**Game** Divide the class into teams of four. Give teams five minutes to write a job announcement. Then have them take turns reading their announcements. The other teams must guess what job is being announced. Award one point for each correct guess.

## Section Goals

In **Fotonovela**, students will:

- receive comprehensible input from free-flowing discourse
- learn functional phrases that preview lesson grammatical structures

**Instructional Resources**
**vText**
***Cuaderno de actividades,*** pp. 59–60
***e-Cuaderno***
**Supersite/DVD: Fotonovela**
**Supersite/TRCD/Print: Fotonovela** Videoscript & Translation, Answer Keys

**Video Recap: Lección 6**
Before doing this **Fotonovela** section, review the previous one with these questions:
**1. ¿Qué hicieron Martín y los estudiantes en la montaña? (Hicieron una excursión, sacaron fotos y disfrutaron del paisaje.) 2. ¿Por qué sacó Javier mil fotos? (Porque quería escenas para dibujar.) 3. ¿Quién nunca había hecho una excursión antes? (Maite nunca había hecho una excursión.) 4. ¿Les gustó la excursión a todos? (Sí, les encantó.)**

**Video Synopsis** Over dinner, **Don Francisco** and the students discuss their career plans. **Don Francisco** is going to start a tourism company. **Álex** will start an Internet company. **Maite** is going to have her own talk show on TV. **Javier** will be a famous artist, and **Inés** will be an archaeologist. The group makes toasts to the future.

**Teaching Tips**

- Have students glance at the video stills and scan the captions for words related to career plans. Then have students predict the content of this episode.
- Quickly review the predictions students made about the **Fotonovela**. Ask a few questions to help students summarize the plot.

# ¡Es un plan sensacional!

**Don Francisco y los estudiantes hablan de sus ocupaciones futuras.**

**PERSONAJES**

MAITE

INÉS

DON FRANCISCO

ÁLEX

JAVIER

1

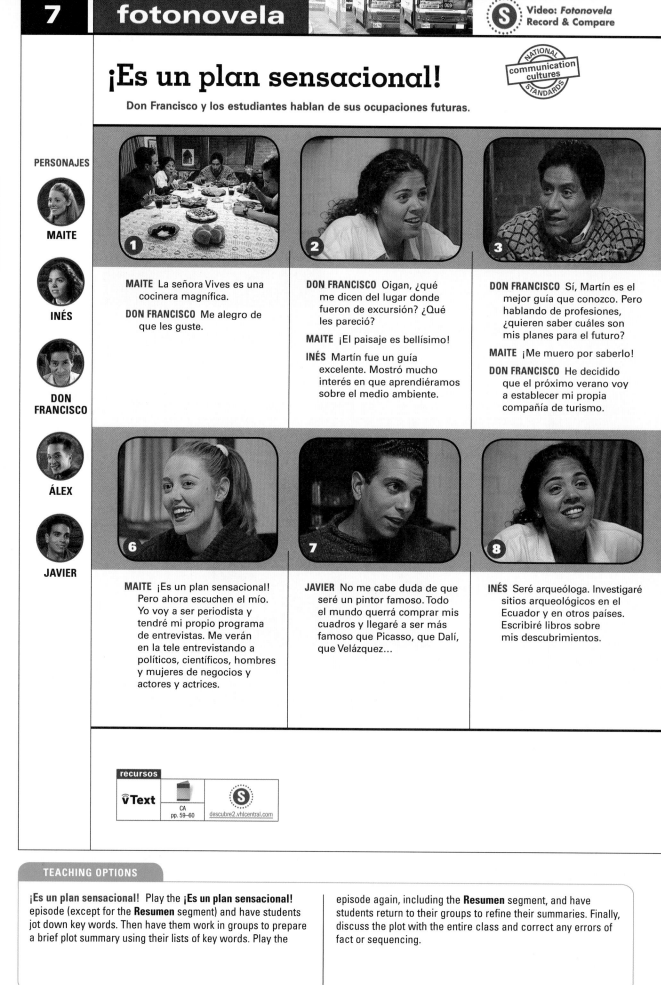

**MAITE** La señora Vives es una cocinera magnífica.

**DON FRANCISCO** Me alegro de que les guste.

2

**DON FRANCISCO** Oigan, ¿qué me dicen del lugar donde fueron de excursión? ¿Qué les pareció?

**MAITE** ¡El paisaje es bellísimo!

**INÉS** Martín fue un guía excelente. Mostró mucho interés en que aprendiéramos sobre el medio ambiente.

3

**DON FRANCISCO** Sí, Martín es el mejor guía que conozco. Pero hablando de profesiones, ¿quieren saber cuáles son mis planes para el futuro?

**MAITE** ¡Me muero por saberlo!

**DON FRANCISCO** He decidido que el próximo verano voy a establecer mi propia compañía de turismo.

6

**MAITE** ¡Es un plan sensacional! Pero ahora escuchen el mío. Yo voy a ser periodista y tendré mi propio programa de entrevistas. Me verán en la tele entrevistando a políticos, científicos, hombres y mujeres de negocios y actores y actrices.

7

**JAVIER** No me cabe duda de que seré un pintor famoso. Todo el mundo querrá comprar mis cuadros y llegaré a ser más famoso que Picasso, que Dalí, que Velázquez...

8

**INÉS** Seré arqueóloga. Investigaré sitios arqueológicos en el Ecuador y en otros países. Escribiré libros sobre mis descubrimientos.

**recursos**

| vText | CA pp. 59–60 | descubre2.vhlcentral.com |
|---|---|---|

**TEACHING OPTIONS**

**¡Es un plan sensacional!** Play the **¡Es un plan sensacional!** episode (except for the **Resumen** segment) and have students jot down key words. Then have them work in groups to prepare a brief plot summary using their lists of key words. Play the episode again, including the **Resumen** segment, and have students return to their groups to refine their summaries. Finally, discuss the plot with the entire class and correct any errors of fact or sequencing.

**JAVIER** ¡Buena idea, don Efe! Con su experiencia y talento, será un gran éxito.

**ÁLEX** Sí, estoy completamente de acuerdo.

**DON FRANCISCO** ¡Qué amables son! Pero, díganme, ¿cuáles son sus planes? Supongo que también ustedes han pensado en el futuro.

**ÁLEX** Pues claro, don Francisco. En cinco años habré establecido una compañía especializada en Internet.

**INÉS** Serás millonario, ¿eh?

**ÁLEX** Exactamente, porque muchísima gente habrá invertido montones de dinero en mi empresa.

**MAITE** ¡Fenomenal! Cuando sean famosos yo los invitaré a todos a mi programa. Y usted también vendrá, don Efe.

**DON FRANCISCO** ¡Enseguida! ¡Vendré conduciendo un autobús!

**DON FRANCISCO** ¡Por el porvenir!

**ESTUDIANTES** ¡Por el porvenir!

## Expresiones útiles

### Talking about future plans

- **¿Quieren saber cuáles son mis planes para el futuro?**
  *Do you want to know what my plans for the future are?*
  **Me muero por saberlo.**
  *I'm dying to know.*
- **¿Cuáles son tus/sus planes?**
  *What are your plans?*
  **Seré un(a) pintor(a) famoso/a.**
  *I will be a famous painter.*
  **Tendré mi propio programa.**
  *I will have my own program.*
- **¿Dónde trabajarás?**
  *Where will you work?*
  **Trabajaré en México.**
  *I will work in Mexico.*
- **¿Qué piensas hacer después de graduarte?**
  *What do you intend to do after graduating?*
  **Pienso establecer mi propia compañía.**
  *I intend to start my own company.*

### Agreement and disagreement

- **Estoy (completamente) de acuerdo.**
  *I agree (completely).*
- **Claro (que sí).**
  *Of course.*
- **Por supuesto.**
  *Of course.*
- **No estoy de acuerdo.**
  *I don't agree.*
- **No es así.**
  *That's not the way it is.*
- **De ninguna manera.**
  *No way.*

### Giving a toast

- **¡Por el porvenir!**
  *Here's to the future!*

**Teaching Tip** To practice pronunciation, go through the **Fotonovela**, asking for volunteers to read the various parts. You may want to repeat this process with different volunteers so that more students participate.

**Expresiones útiles** Explain that **trabajaré, trabajarás, seré,** and **tendré** are future forms. Have the class scan the **Fotonovela** captions for more examples of the future **(será, serás, tendré, verán, querrá, llegaré, investigaré, escribiré, invitaré, vendrá, vendré).** Then have students look at the caption of video still 2. Tell them that **aprendiéramos** is an example of the past subjunctive. Finally, point out video still 5. Explain that **habré establecido** and **habrá invertido** are examples of the future perfect, which is formed with a future form of **haber** and a past participle. Tell students that they will learn more about these structures in **Estructura**.

**TEACHING OPTIONS**

**TPR** Have students write **don Francisco, Álex, Maite, Javier,** and **Inés** on separate sheets of paper. Prepare descriptions about each character. As you read each description aloud, have students hold up the appropriate name(s). Ex: **Va a salir en la televisión. (Maite) Van a establecer una compañía. (don Francisco, Álex)**

**Extra Practice** Photocopy the **Fotonovela** Videoscript and white out words related to professions and future plans in order to create a master for a cloze activity. Distribute the photocopies and tell students to fill in the missing words as they watch the episode.

**1 Expansion** Give the class these sentences as items 5–8: **5. Maite dice que quiere ser actriz. (Falso. Maite quiere ser periodista.) 6. Javier dice que será un artista muy famoso. (Cierto.) 7. Inés dice que va a escribir sobre sus descubrimientos. (Cierto.) 8. Álex dice que va a establecer su propia compañía de turismo. (Falso. Don Francisco dice que va a establecer su propia compañía de turismo.)**

**2 Expansion** Give the class these statements as items 6–7: **6. Tendré mis propios autobuses. (don Francisco) 7. Voy a hablar con todos ustedes en mi programa de entrevistas. (Maite)**

**3 Expansion** Ask pairs to read their definitions aloud. Have the class guess the corresponding profession.

**4 Possible Conversation**
**E1: ¿Qué piensas hacer después de graduarte?**
**E2: Bueno, iré a la universidad para estudiar arquitectura. Quiero ser arquitecto y tener mi propia oficina.**
**E1: ¡Qué bien! ¿Quieres saber cuáles son mis planes para el futuro?**
**E2: Claro que sí. ¿Cuáles son tus planes?**
**E1: Yo también voy a ir a la universidad. Voy a ser una mujer de negocios. Este verano voy a trabajar en la oficina de mi tío para adquirir experiencia. Un día, pienso establecer mi propia compañía.**

# ¿Qué pasó?

**1** **¿Cierto o falso?** Indica si lo que dicen estas oraciones es **cierto** o **falso**. Corrige las oraciones falsas.

| | Cierto | Falso |
|---|---|---|
| 1. Álex será millonario porque mucha gente invertirá en su compañía. | ✓ | ○ |
| 2. Don Francisco preparó una comida deliciosa. La señora Vives preparó la comida. | ○ | ✓ |
| 3. Martín insistió en que los estudiantes aprendieran sobre la historia del Ecuador. Martín insistió en que aprendieran sobre el medio ambiente. | ○ | ✓ |
| 4. Inés será arqueóloga. | ✓ | ○ |

**2** **Identificar** Identifica quién puede decir estas oraciones.

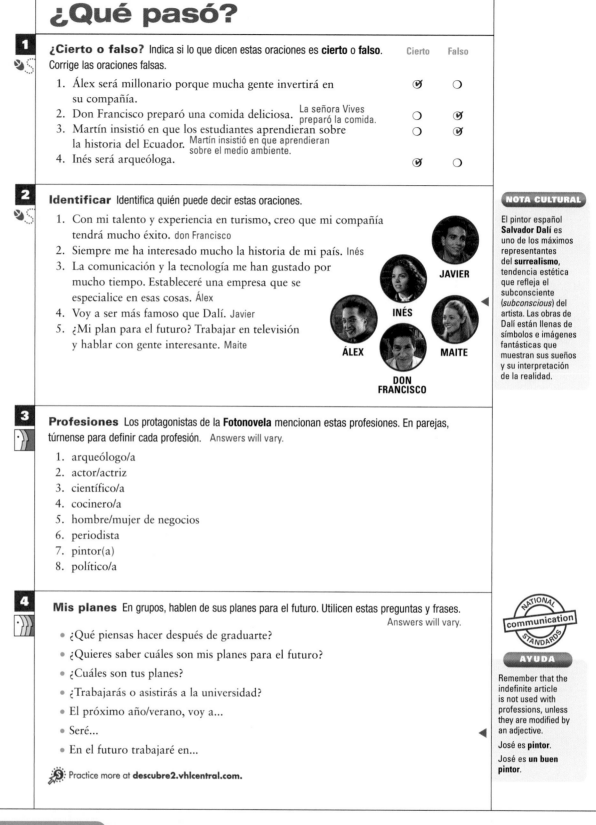

1. Con mi talento y experiencia en turismo, creo que mi compañía tendrá mucho éxito. don Francisco
2. Siempre me ha interesado mucho la historia de mi país. Inés
3. La comunicación y la tecnología me han gustado por mucho tiempo. Estableceré una empresa que se especialice en esas cosas. Álex
4. Voy a ser más famoso que Dalí. Javier
5. ¿Mi plan para el futuro? Trabajar en televisión y hablar con gente interesante. Maite

JAVIER
INÉS
ÁLEX
MAITE
DON FRANCISCO

**NOTA CULTURAL**

El pintor español **Salvador Dalí** es uno de los máximos representantes del **surrealismo**, tendencia estética que refleja el subconsciente (*subconscious*) del artista. Las obras de Dalí están llenas de símbolos e imágenes fantásticas que muestran sus sueños y su interpretación de la realidad.

**3**  **Profesiones** Los protagonistas de la **Fotonovela** mencionan estas profesiones. En parejas, túrnense para definir cada profesión. Answers will vary.

1. arqueólogo/a
2. actor/actriz
3. científico/a
4. cocinero/a
5. hombre/mujer de negocios
6. periodista
7. pintor(a)
8. político/a

**4** **Mis planes** En grupos, hablen de sus planes para el futuro. Utilicen estas preguntas y frases. Answers will vary.

- ¿Qué piensas hacer después de graduarte?
- ¿Quieres saber cuáles son mis planes para el futuro?
- ¿Cuáles son tus planes?
- ¿Trabajarás o asistirás a la universidad?
- El próximo año/verano, voy a...
- Seré...
- En el futuro trabajaré en...

 Practice more at **descubre2.vhlcentral.com.**

**AYUDA**

Remember that the indefinite article is not used with professions, unless they are modified by an adjective.

José es **pintor**.

José es **un buen pintor**.

**TEACHING OPTIONS**

**Extra Practice** Ask students a few questions about the **Fotonovela**. Ex: **¿Quién es el mejor guía que conoce don Francisco? (Martín) ¿Quién quiere ser más famoso que Picasso? (Javier) ¿Quién quiere hacer investigaciones arqueológicas en el Ecuador y en otros países? (Inés)**

**Pairs** Have students interview each other in pairs about where they want to be and what they want to be doing in five years, in ten years, in thirty years, and so forth. Have each student take notes on his or her partner's plans for the future. Then ask a few volunteers to report on their partners' plans.

# Ortografía

## Las letras **y**, **ll** y **h**

The letters **ll** and **y** were not pronounced alike in Old Spanish. Nowadays, however, **ll** and **y** have the same or similar pronunciations in many parts of the Spanish-speaking world. This results in frequent misspellings. The letter **h**, as you already know, is silent in Spanish, and it is often difficult to know whether words should be written with or without it. Here are some of the word groups that are spelled with each letter.

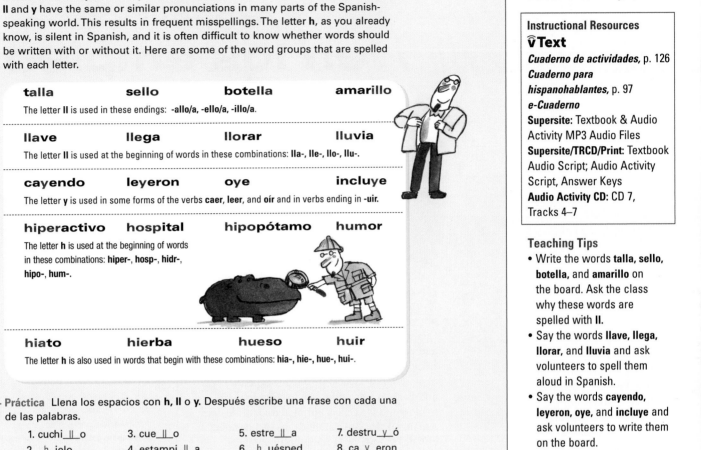

**talla** **sello** **botella** **amarillo**

The letter **ll** is used in these endings: **-allo/a**, **-ello/a**, **-illo/a**.

**llave** **llega** **llorar** **lluvia**

The letter **ll** is used at the beginning of words in these combinations: **lla-**, **lle-**, **llo-**, **llu-**.

**cayendo** **leyeron** **oye** **incluye**

The letter **y** is used in some forms of the verbs **caer**, **leer**, and **oír** and in verbs ending in **-uir**.

**hiperactivo** **hospital** **hipopótamo** **humor**

The letter **h** is used at the beginning of words in these combinations: **hiper-**, **hosp-**, **hidr-**, **hipo-**, **hum-**.

**hiato** **hierba** **hueso** **huir**

The letter **h** is also used in words that begin with these combinations: **hia-**, **hie-**, **hue-**, **hui-**.

**Práctica** Llena los espacios con **h**, **ll** o **y**. Después escribe una frase con cada una de las palabras.

| | | | |
|---|---|---|---|
| 1. cuchi_ll_o | 3. cue_ll_o | 5. estre_ll_a | 7. destru_y_ó |
| 2. _h_ielo | 4. estampi_ll_a | 6. _h_uésped | 8. ca_y_eron |

**Adivinanza** Aquí tienes una adivinanza (*riddle*). Intenta descubrir de qué se trata.

Una cajita chiquita, blanca como la nieve: todos la saben abrir, nadie la sabe cerrar.[1]
Pista: Es una comida.


1 El huevo

**recursos**

| vText | CA p. 126 | CH p. 97 | descubre2.vhlcentral.com |
|---|---|---|---|

## Section Goal

In **Ortografía**, students will learn about the spelling of words that contain **y**, **ll**, and **h**.

**Instructional Resources**

**vText**

***Cuaderno de actividades***, p. 126

***Cuaderno para hispanohablantes***, p. 97

***e-Cuaderno***

**Supersite:** Textbook & Audio Activity MP3 Audio Files

**Supersite/TRCD/Print:** Textbook Audio Script; Audio Activity Script, Answer Keys

**Audio Activity CD:** CD 7, Tracks 4–7

## Teaching Tips

- Write the words **talla, sello, botella,** and **amarillo** on the board. Ask the class why these words are spelled with **ll.**
- Say the words **llave, llega, llorar,** and **lluvia** and ask volunteers to spell them aloud in Spanish.
- Say the words **cayendo, leyeron, oye,** and **incluye** and ask volunteers to write them on the board.
- Write the words **hiperactivo, hospital, hipopótamo,** and **humor** on the board and ask the class why these words are spelled with **h.**
- Say the words **hiato, hierba, hueso,** and **huir** and ask volunteers to spell them aloud.

## TEACHING OPTIONS

**Small Groups** Have the class work in groups of three and make a list of six words that are spelled with **y**, **ll**, or **h** (two words for each letter). They should not use the words that appear on this page. Have them write a creative, humorous sentence that includes all six of these words. Have a few groups share their sentences with the class.

**Extra Practice** Add an auditory aspect to this **Ortografía** presentation. Read aloud a list of words that contain **y**, **ll**, or **h**. Ex: **ayer, llegaban, oyó, llamamos, humano, hueco, millonario, cayeron, leyó.** For each word, have students say **i griega, elle,** or **hache** to indicate which letter is used.

Additional Reading
Video: *Flash cultura*

## Section Goals

In **Cultura**, students will:

- read about work benefits in the Spanish-speaking world
- learn employment-related terms
- read about Mexican-American labor leader **César Chávez**
- read about labor equality

**Instructional Resources**
**vText**
***Cuaderno para hispanohablantes,*** p. 98
**Supersite/DVD:** ***Flash cultura***
**Supersite/TRCD/Print:**
***Flash cultura*** Videoscript & Translation

**En detalle**

**Antes de leer** Ask volunteers to mention some common benefits for full-time employees (insurance, vacation days, retirement).

**Lectura**

- Explain that, since Spaniards tend to take the majority of their thirty vacation days in August, many small shops and family businesses close for the entire month.
- As students read, have them compare the reading with what they know about their family members' jobs.

**Después de leer** Ask students what facts in this reading are new or surprising to them.

**1 Expansion** Give students these true-false statements as items 7–8: **7. Si una persona es soltera, es mal visto incluir esa información en el currículum vitae. (Falso. Es normal incluir información sobre el estado civil.) 8. En Chile, no hay una licencia pagada por maternidad. (Falso. Se ofrecen dieciocho semanas pagadas.)**

EN DETALLE

# Beneficios en los empleos

NATIONAL STANDARDS connections cultures

**¿Qué piensas si te ofrecen un trabajo que te da treinta días de vacaciones pagadas?** Los beneficios laborales° en los Estados Unidos, España e Hispanoamérica son diferentes en varios sentidos°. En España, por ejemplo, por ley federal los empleados tienen treinta días de vacaciones pagadas al año. Por otra parte, mientras que° en los Estados Unidos se otorga° una licencia por maternidad° de doce semanas, la ley° no especifica que sea pagada, esto depende de cada empresa. En muchos países hispanoamericanos las leyes dictan que esta licencia sea pagada. Países como Chile y Venezuela ofrecen a las madres trabajadoras° dieciocho semanas de licencia pagada.

Otra diferencia está en los sistemas de jubilación° de los países hispanoamericanos. Hasta la década de 1990, la mayoría de los países de Centroamérica y Suramérica tenía un sistema de jubilación público y estatal°. Es decir que las personas no tienen que pagar directamente por su jubilación, sino que el Estado la administraba. Sin embargo, en los últimos años las cosas han cambiado en Hispanoamérica: desde hace más de una década ya, casi todos los países han incorporado el sistema privado° de jubilación, y en muchos países podemos encontrar los dos sistemas (público y privado) funcionando a la misma vez, como en Colombia, Perú o Costa Rica.

### El currículum vitae

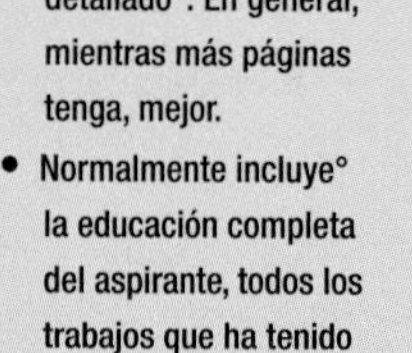

- El currículum vitae contiene información personal y es fundamental que sea muy detallado°. En general, mientras más páginas tenga, mejor.
- Normalmente incluye° la educación completa del aspirante, todos los trabajos que ha tenido e incluso sus gustos personales y pasatiempos.
- Puede también incluir detalles que no se suele incluir en los Estados Unidos: una foto del aspirante, su estado civil e incluso si tiene auto y de qué tipo.

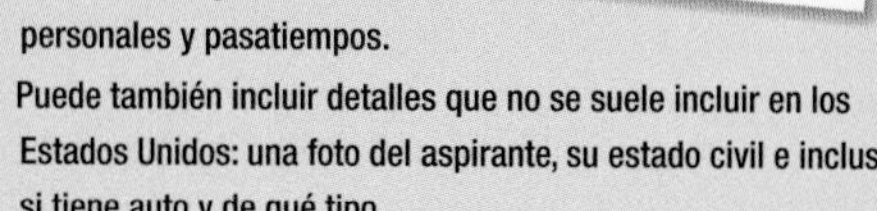

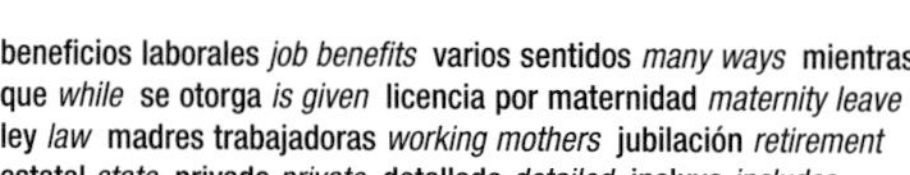

beneficios laborales *job benefits* varios sentidos *many ways* mientras que *while* se otorga *is given* licencia por maternidad *maternity leave* ley *law* madres trabajadoras *working mothers* jubilación *retirement* estatal *state* privado *private* detallado *detailed* incluye *includes*

ACTIVIDADES

**1** **¿Cierto o falso?** Indica si lo que dicen estas oraciones es **cierto** o **falso**. Corrige la información falsa.

1. La licencia por maternidad es igual en Hispanoamérica y los Estados Unidos. Falso. Son diferentes.
2. En Venezuela, la licencia por maternidad es de cuatro meses y medio. Cierto.
3. En España, los empleados tienen treinta días de vacaciones al año. Cierto.
4. Hasta 1990, muchos países hispanoamericanos tenían un sistema de jubilación privado. Falso. La mayoría de los países de Hispanoamérica tenía un sistema de jubilación público y estatal.
5. En general, el currículum vitae hispano y el estadounidense tienen contenido distinto. Cierto.
6. En Hispanoamérica, es importante que el currículum vitae tenga pocas páginas. Falso. Mientras más páginas tenga, mejor.

Practice more at **descubre2.vhlcentral.com.**

TEACHING OPTIONS

**National Standards: Connections** Have students imagine they are applying for a job in a Spanish-speaking country. Ask them to create a rough draft of their résumé, including information as indicated in the reading. Encourage students to also look at sample résumés in Spanish on the Internet to get ideas. Have them exchange their papers for peer editing.

**Pairs** Have pairs pick a country or region mentioned in **En detalle** and create a conversation between an employer and a job applicant. If possible, have them use their résumés from the Extra Practice activity. The applicant should try to negotiate something with the employer, such as extra vacation time. Have pairs role-play their conversations for the class.

## ASÍ SE DICE

### El trabajo

| | |
|---|---|
| **la chamba (Méx.); el curro (Esp.); el laburo (Arg.); la pega (Chi.)** | **el trabajo** |
| **el/la cirujano/a** | *surgeon* |
| **la huelga, el paro (Esp.)** | *strike* |
| **el/la niñero/a** | *babysitter* |
| **el impuesto** | *tax* |

## EL MUNDO HISPANO

### Igualdad° laboral

- **United Fruit Company** fue, por casi cien años, la mayor corporación estadounidense que monopolizó las exportaciones de frutas de Hispanoamérica. Influenció enormemente la economía y la política de la región hasta 1970.
- **Fair Trade Coffee** trabaja para proteger a los agricultores° de café de los abusos de las grandes compañías multinacionales. Ahora, en lugares como Centroamérica, los agricultores pueden obtener mejores ganancias° a través del comercio directo y los precios justos°.
- **Oxfam International** trabaja en países como Guatemala, Ecuador, Nicaragua y Perú para concientizar a la opinión pública° de que la igualdad entre las personas es tan importante como el crecimiento° económico de las naciones.

Igualdad *Equality* agricultores *farmers* ganancias *profits* justos *fair* concientizar a la opinión pública *to make the public aware* crecimiento *growth*

## PERFIL

# César Chávez

**César Estrada Chávez** (1927–1993) nació cerca de Yuma, Arizona. De padres mexicanos, empezó a trabajar en el campo a los diez años de edad. Comenzó a luchar contra la discriminación en los años 40, mientras estaba en la marina°. Fue en esos tiempos cuando se sentó en la sección para blancos en un cine segregacionista y se negó° a moverse.

Junto a su esposa, Helen Fabela, fundó° en 1962 la Asociación Nacional de Trabajadores del Campo° que después se convertiría en la coalición Trabajadores del Campo Unidos. Participó y organizó muchas huelgas en grandes compañías para lograr mejores condiciones laborales° y salarios más altos y justos para los trabajadores. Es considerado un héroe del movimiento laboral estadounidense. Desde el año 2000, la fecha de su cumpleaños es un día festivo pagado° en California y otros estados.

marina *navy* se negó *he refused* fundó *he established* Trabajadores del Campo *Farm Workers* condiciones laborales *working conditions* día festivo pagado *paid holiday*

### Conexión Internet

**¿Qué industrias importantes hay en los países hispanos?**

Go to descubre2.vhlcentral.com to find more cultural information related to this Cultura section.

## ACTIVIDADES

**2 Comprensión** Responde a las preguntas.

1. ¿Cómo dice un argentino "perdí mi trabajo"? Un argentino dice "perdí mi laburo".
2. ¿Cuál es el principio fundamental del Fair Trade Coffee? proteger a los agricultores de café
3. ¿Por qué César Chávez organizó huelgas contra grandes compañías? para lograr mejores condiciones laborales y salarios más altos para los trabajadores
4. ¿Qué día es un día festivo pagado en California? el cumpleaños de César Chávez

**3 Sus ambiciones laborales** En parejas, hagan una lista con al menos tres ideas sobre las expectativas que tienen sobre su futuro como trabajadores/as. Pueden describir las ideas y ambiciones sobre el trabajo que quieren tener. Luego van a exponer sus ideas ante la clase para un debate. Answers will vary.

recursos

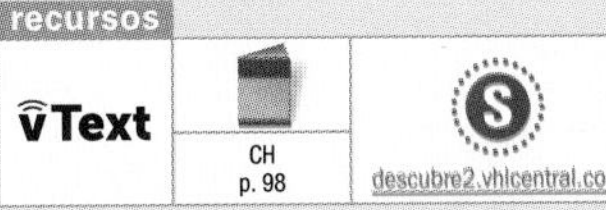


### TEACHING OPTIONS

**Pairs** Tell students to imagine they are organizing a student protest in order to convince a local cafe to serve Fair Trade Coffee. Have pairs write a letter in which they outline the advantages for the shop and its clientele. You may want to have students do research on the Internet for more information about Fair Trade Coffee.

**Heritage Speakers** Ask heritage speakers to share other work-related terms they are familiar with. Ex: **la palanca, la conexión,** or **el enchufe** are used to refer to preferential treatment.

**Small Groups** Have students look at job postings on Spanish-language websites and choose two job descriptions that interest them. In small groups, have students take turns describing the jobs and why they are appealing.

**Así se dice**

- Model the pronunciation of each term and have students repeat it.
- To challenge students, add these work-related words to the list: **botar (Cuba, Rep. Dom.), correr (Méx.), echar (Arg., Col., Esp.)** (*to fire*); **el/la canguro (Esp.), el/la cuidador(a) de niños (Perú, Ven.), la nana (Méx.), la nodriza (Chi.)** (*babysitter*); **chambear (Mex.), currar (Esp.), laburar (Arg.)** (*to work*); **el día hábil, el día laborable, el día de trabajo** (*work/ business day*); **fundar** (*to establish*); **la globalización** (*globalization*); **el/la recepcionista** (*receptionist*).

**Perfil César Chávez** had a difficult school life as a child. He grew up during a time of segregation and prejudice for Mexican-Americans. Spanish was banned in schools, and he recalled being punished for not speaking only English. Because of his family's migrant way of life, he attended 37 schools. Besides the holiday on March 31 (**Chávez's** birthday), many parks, libraries, schools, and streets have been named in his honor.

**El mundo hispano**

- Survey the class to find out who has had Fair Trade Coffee.
- If time permits, have students look at the Oxfam International website in Spanish and gather additional information about the organization's purpose and history.

**2 Expansion** Have students work in pairs to write four additional questions. Then have pairs exchange papers with another pair, who will answer the questions.

**3 Teaching Tip** Encourage students to use the subjunctive in this exercise. Ex: **Espero que mi futuro jefe me dé tres semanas de vacaciones.**

## 7.1 The future

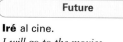

**ANTE TODO** You have already learned ways of expressing the near future in Spanish. You will now learn how to form and use the future tense. Compare the different ways of expressing the future in Spanish and English.

| Present indicative | Present subjunctive |
|---|---|
| **Voy** al cine mañana.<br>*I'm going to the movies tomorrow.* | Ojalá **vaya al cine** mañana.<br>*I hope I will go to the movies tomorrow.* |

| ir a + [*infinitive*] | Future |
|---|---|
| **Voy a ir** al cine.<br>*I'm going to go to the movies.* | **Iré** al cine.<br>*I will go to the movies.* |

**Future tense**

| | | estudiar | aprender | recibir |
|---|---|---|---|---|
| SINGULAR FORMS | yo | estudiar**é** | aprender**é** | recibir**é** |
| | tú | estudiar**ás** | aprender**ás** | recibir**ás** |
| | Ud./él/ella | estudiar**á** | aprender**á** | recibir**á** |
| PLURAL FORMS | nosotros/as | estudiar**emos** | aprender**emos** | recibir**emos** |
| | vosotros/as | estudiar**éis** | aprender**éis** | recibir**éis** |
| | Uds./ellos/ellas | estudiar**án** | aprender**án** | recibir**án** |

▶ In Spanish, the future is a simple tense that consists of one word, whereas in English it is made up of the auxiliary verb *will* or *shall*, and the main verb. **¡Atención!** Note that all of the future endings have a written accent except the **nosotros/as** form.

¿Cuándo **recibirás** el ascenso?
*When will you receive the promotion?*

Mañana **aprenderemos** más.
*Tomorrow we will learn more.*

▶ The future endings are the same for regular and irregular verbs. For regular verbs, simply add the endings to the infinitive. For irregular verbs, add the endings to the irregular stem.

**Irregular verbs in the future**

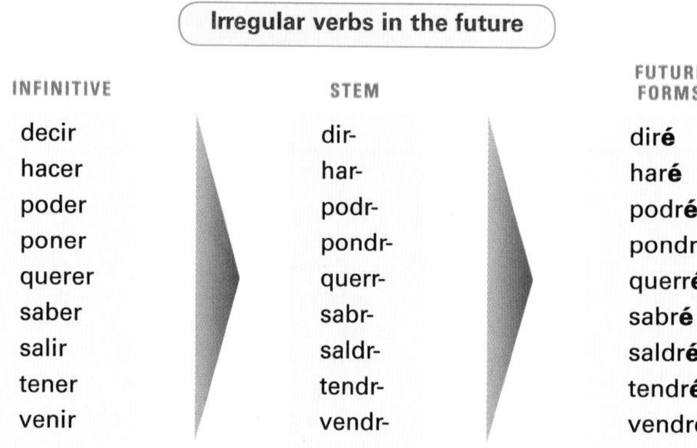

| INFINITIVE | STEM | FUTURE FORMS |
|---|---|---|
| decir | dir- | dir**é** |
| hacer | har- | har**é** |
| poder | podr- | podr**é** |
| poner | pondr- | pondr**é** |
| querer | querr- | querr**é** |
| saber | sabr- | sabr**é** |
| salir | saldr- | saldr**é** |
| tener | tendr- | tendr**é** |
| venir | vendr- | vendr**é** |

### Section Goals

In **Estructura 7.1**, students will learn:

- the future tense
- irregular verbs in the future
- the future as a means of expressing conjecture or probability

**Instructional Resources**
**vText**
***Cuaderno de actividades,*** pp. 29–30, 127
***Cuaderno de práctica,*** pp. 75–76
***Cuaderno para hispanohablantes,*** pp. 99–101
***e-Cuaderno***
**Supersite:** Audio Activity MP3 Audio Files
**Supersite/TRCD/Print:** *PowerPoints* (**Lección 7 Estructura** Presentation); Communication Activities, Audio Activity Script, Answer Keys
**Audio Activity CD:** CD 7, Tracks 8–11

### Teaching Tips

- Review the **ir a** + [*infinitive*] construction to express the future in Spanish. Then, work through the paradigm for the formation of the future. Go over regular and irregular verbs in the future point by point, calling students' attention to the information in **¡Atención!**
- Ask students about their future activities using **ir a** + [*infinitive*]. After they answer, repeat the information using the future. Ex: **Mis amigos y yo almorzaremos a la una.**
- Check for understanding by asking volunteers to give different forms of verbs that are not listed. Ex: **renunciar, ofrecer, invertir.**

### TEACHING OPTIONS

**Extra Practice** To provide oral practice, create sentences using the future. Say a sentence, have students repeat it, then change the subject. Have students then say the sentence with the new subject, changing the verb as necessary.

**Heritage Speakers** Ask heritage speakers to share any song excerpts they know that use the future, such as ***Son de la loma*** by **Trío Matamoros,** ***Seguiré*** by **Toño Rosario,** or ***Viviré*** by **Juan Luis Guerra**. Have the class analyze the use of the future.

**Game** Divide the class into teams of five. Each team should have a piece of paper. Give an infinitive in Spanish. The first team member will write the **yo** form of the verb and pass the paper to the second member, who will write the **tú** form, and so forth. The first team to finish the entire paradigm correctly wins a point. The team with the most points at the end wins.

▶ The future of **hay** (*inf.* **haber**) is **habrá** (*there will be*).

La próxima semana **habrá** dos reuniones.
*Next week there will be two meetings.*

**Habrá** muchos gerentes en la videoconferencia.
*There will be many managers at the videoconference.*

▶ Although the English word *will* can refer to future time, it also refers to someone's willingness to do something. In this case, Spanish uses **querer** + [*infinitive*], not the future tense.

**¿Quieres llamarme**, por favor?
*Will you please call me?*

**¿Quieren ustedes escucharnos**, por favor?
*Will you please listen to us?*

**COMPARE & CONTRAST**

In Spanish, the future tense has an additional use: expressing conjecture or probability. English sentences involving expressions such as *I wonder, I bet, must be, may, might,* and *probably* are often translated into Spanish using the *future of probability*.

—¿Dónde **estarán** mis llaves?
*I wonder where my keys are.*

—**Estarán** en la cocina.
*They're probably in the kitchen.*

—¿Qué hora **será**?
*What time can it be? (I wonder what time it is.)*

—**Serán** las once o las doce.
*It must be (It's probably) eleven or twelve.*

Note that although the future tense is used, these verbs express conjecture about *present* conditions, events, or actions.

**CONSULTA**

To review these conjunctions of time, see **Estructura 4.3**, p. 146.

▶ The future may also be used in the main clause of sentences in which the present subjunctive follows a conjunction of time such as **cuando, después (de) que, en cuanto, hasta que,** and **tan pronto como.**

**Cuando llegues** a la oficina, **hablaremos**.
*When you arrive at the office, we will talk.*

**Saldremos tan pronto como termine** su trabajo.
*We will leave as soon as you finish your work.*

**recursos**

vText

CA pp. 29–30, 127

CP pp. 75–76

CH pp. 99–101

descubre2.vhlcentral.com

**¡INTÉNTALO!** Conjuga los verbos entre paréntesis en futuro.

1. (dejar, correr, invertir) yo dejaré, correré, invertiré
2. (renunciar, beber, vivir) tú renunciarás, beberás, vivirás
3. (hacer, poner, venir) Lola hará, pondrá, vendrá
4. (tener, decir, querer) nosotros tendremos, diremos, querremos
5. (ir, ser, estar) ustedes irán, serán, estarán
6. (solicitar, comer, repetir) usted solicitará, comerá, repetirá
7. (saber, salir, poder) yo sabré, saldré, podré
8. (encontrar, jugar, servir) tú encontrarás, jugarás, servirás

**Teaching Tips**

- Go over the future of **haber**. Remind students that **hay/habrá** has only one form and does not agree with any element in a sentence.
- Go over the explanation of **querer** + [*infinitive*].
- Explain the use of the future for expressing conjecture, which English generally expresses with the present tense. Add a visual aspect to this grammar presentation. Use magazine pictures to get students to speculate about what people are thinking or going to do. Ex: **¿Qué pensará la mujer que está saliendo de la oficina? (Pensará en su entrevista.)**
- Go over the use of the future in the main clause of sentences in which the present subjunctive follows a conjunction of time. Check for understanding by asking individuals to supply the main clause to prompts of present subjunctive clauses. Ex: **En cuanto pueda...; Tan pronto como me lo digas...**
- Have students open to **Fotonovela,** pages 230–231. Ask students to identify the use of the future to express upcoming actions.

**TEACHING OPTIONS**

**Pairs** Ask students to write ten academic resolutions for the upcoming semester, using the future. Ex: **Haré dos o tres borradores para cada composición. Practicaré el español con los estudiantes hispanos.** Have students share their resolutions with a partner, who will then report back to the class. Ex: ____ **hará dos o tres borradores para cada composición.**

**Extra Practice** Ask students to finish these sentences logically: **1. En cuanto encuentre trabajo, ... 2. Tan pronto como termine mis estudios, ... 3. El día que gane la lotería, ... 4. Cuando lleguen las vacaciones, ... 5. Hasta que tenga un puesto profesional, ...**

# Práctica

**1 Planes** Celia está hablando de sus planes. Repite lo que dice, usando el tiempo futuro.

*modelo*

Voy a consultar el índice de Empresas 500 en la biblioteca.
*Consultaré el índice de Empresas 500 en la biblioteca.*

1. Álvaro y yo nos vamos a casar pronto. Nos casaremos...
2. Julián me va a decir dónde puedo buscar trabajo. Me dirá...
3. Voy a buscar un puesto con un buen sueldo. Buscaré...
4. Voy a leer los anuncios clasificados todos los días. Leeré...
5. Voy a obtener un puesto en mi especialización. Obtendré...
6. Mis amigos van a estar contentos por mí. Estarán...

**2 ¿Quién será? ¿Qué hará?** En parejas, imaginen que están con un(a) amigo/a en la cafetería y ven entrar a un(a) nuevo/a estudiante. Imaginen cómo será su vida y utilicen el futuro de probabilidad en su conversación. Usen estas preguntas como guía y después lean su conversación delante de la clase. Answers will vary.

*modelo*

**Estudiante 1:** *¿Será atlético/a?*
**Estudiante 2:** *Creo que sí porque lleva equipo atlético.*

- ¿De dónde será?
- ¿Cuántos años tendrá?
- ¿Tendrá novio/a?
- ¿Sabrá conducir?
- ¿En qué grado estará?
- ¿Dónde vivirá?
- ¿Estará esperando a alguien? ¿A quién?

**3 Preguntas** Imaginen que han aceptado uno de los puestos de los anuncios. En parejas, túrnense para hablar sobre los detalles (*details*) del puesto. Usen las preguntas como guía y hagan también sus propias preguntas. Answers will vary.

**Laboratorios LUNA**
Se busca científico con mucha imaginación para crear nuevos productos. Mínimo 3 años de experiencia. Puesto con buen sueldo y buenos beneficios. Tel: 492-38-67

**SE BUSCA CONTADOR(A)**
Mínimo 5 años de experiencia. Debe hablar inglés, francés y alemán. Salario: 120.000 dólares al año. Envíen currículum por fax al: 924-90-34.

**SE BUSCAN**
Actores y actrices con experiencia para telenovela. Trabajarán por las noches. Salario: 40 dólares la hora. Soliciten puesto en persona. Calle El Lago n. 24, Managua.

**SE NECESITAN**
Jóvenes periodistas para periódico nacional. Horario: 4:30 a 20:30. Comenzarán inmediatamente. Salario 20.000 dólares al año. Tel. contacto: 245-94-30.

1. ¿Cuál será el trabajo?
2. ¿Qué harás?
3. ¿Cuánto te pagarán?
4. ¿Sabes si te ofrecerán beneficios?
5. ¿Sabes el horario que tendrás? ¿Es importante saberlo?
6. ¿Crees que te gustará? ¿Por qué?
7. ¿Cuándo comenzarás a trabajar?
8. ¿Qué crees que aprenderás?

Practice more at **descubre2.vhlcentral.com.**

**1 Teaching Tips**
- Before beginning the activity, briefly explain the subtle difference between the future expressed by **ir a** + [*infinitive*] and the simple future.
- Have two volunteers read the **modelo**. Then change the subject of the sentence and ask another volunteer to say the new sentence. Ex: **Celia va a consultar el índice de Empresas 500 en la biblioteca. (Consultará el índice de Empresas 500 en la biblioteca.)**

**1 Expansion** For further oral practice, read these additional items to the class: **7. Después de cinco años Álvaro y yo vamos a tener nuestro propio negocio. (... tendremos...) 8. El negocio va a estar en un lugar bonito. (Estará...) 9. Ustedes van a querer comprar los productos de nuestra compañía. (Querrán...) 10. Vamos a jubilarnos cuando tengamos cuarenta años. (Nos jubilaremos...)**

**2 Expansion** Have partners tell each other about a real person they have seen somewhere but to whom they have never spoken. Have them speculate about that person. Ex: **Será el gerente del restaurante. Trabajará hasta muy tarde cada noche. Vivirá en las afueras de la ciudad.** Then, have pairs share their speculations with the class.

**3 Teaching Tip** To simplify, before beginning the activity, give students a few minutes to read the ads.

**3 Expansion** Have students answer the same questions about their dream job.

**Successful Language Learning** Ask students how they could use Spanish in their future careers.

**TEACHING OPTIONS**

**Large Group** Tell the class that everyone will soon have a new job. Using sticky notes, place the name of a profession on each student's back. Have students circulate around the room, asking closed-ended questions to find out what their new jobs are going to be. They should use the future to form their questions, and they are only allowed to ask two questions per classmate. Ex: **¿Trabajaré al aire libre? ¿Me pagarán mucho?**

**Video** Show the **Fotonovela** episode again to give students more input about the future. Stop the video where appropriate to discuss the use of the future to express coming events and as a means of expressing conjecture or probability.

# Comunicación

**4** **Conversar** Tú y tu compañero/a viajarán a la República Dominicana con un grupo de estudiantes por siete días. En parejas, indiquen lo que harán y no harán. Digan dónde, cómo, con quién o en qué fechas lo harán, usando el anuncio como guía. Pueden usar sus propias ideas también. Answers will vary.

*modelo*

**Estudiante 1:** *¿Qué haremos el martes?*
**Estudiante 2:** *Visitaremos el Jardín Botánico.*
**Estudiante 1:** *Pues, tú visitarás el Jardín Botánico y yo caminaré por el Mercado Modelo.*

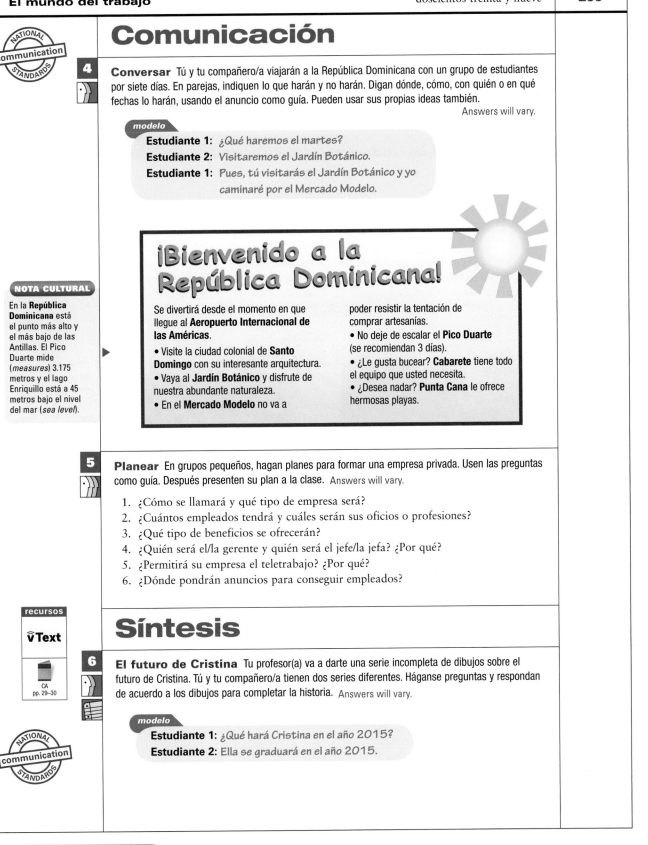

## ¡Bienvenido a la República Dominicana!

Se divertirá desde el momento en que llegue al **Aeropuerto Internacional de las Américas**.

- Visite la ciudad colonial de **Santo Domingo** con su interesante arquitectura.
- Vaya al **Jardín Botánico** y disfrute de nuestra abundante naturaleza.
- En el **Mercado Modelo** no va a poder resistir la tentación de comprar artesanías.
- No deje de escalar el **Pico Duarte** (se recomiendan 3 días).
- ¿Le gusta bucear? **Cabarete** tiene todo el equipo que usted necesita.
- ¿Desea nadar? **Punta Cana** le ofrece hermosas playas.

**NOTA CULTURAL**

En la **República Dominicana** está el punto más alto y el más bajo de las Antillas. El Pico Duarte mide (*measures*) 3.175 metros y el lago Enriquillo está a 45 metros bajo el nivel del mar (*sea level*).

**4 Teaching Tips**
- Encourage pairs to read the ad before they complete the activity.
- If you have any students of Dominican heritage in your class or if any of your students have visited the Dominican Republic, ask them to share what they know about the places named in the ad.

**4 Expansion** Have several pairs present their conversations to the class.

**5** **Planear** En grupos pequeños, hagan planes para formar una empresa privada. Usen las preguntas como guía. Después presenten su plan a la clase. Answers will vary.

1. ¿Cómo se llamará y qué tipo de empresa será?
2. ¿Cuántos empleados tendrá y cuáles serán sus oficios o profesiones?
3. ¿Qué tipo de beneficios se ofrecerán?
4. ¿Quién será el/la gerente y quién será el jefe/la jefa? ¿Por qué?
5. ¿Permitirá su empresa el teletrabajo? ¿Por qué?
6. ¿Dónde pondrán anuncios para conseguir empleados?

**5 Expansion** Have groups develop visual aids to accompany their presentations.

**recursos**

vText

CA pp. 29–30

# Síntesis

**6** **El futuro de Cristina** Tu profesor(a) va a darte una serie incompleta de dibujos sobre el futuro de Cristina. Tú y tu compañero/a tienen dos series diferentes. Háganse preguntas y respondan de acuerdo a los dibujos para completar la historia. Answers will vary.

*modelo*

**Estudiante 1:** *¿Qué hará Cristina en el año 2015?*
**Estudiante 2:** *Ella se graduará en el año 2015.*

**6 Teaching Tip** Divide the class into pairs and distribute the Communication Activities worksheets that correspond to this activity. Give students ten minutes to complete the activity.

**6 Expansion**
- Have students change partners, and have the new pairs use the future to retell the story without looking at the drawings. Later, ask students if their second retelling of the story differed from the first one with their original partner.
- Have pairs pick a person who is currently in the news and write predictions about his or her future. Ask pairs to share their predictions with the class.

**TEACHING OPTIONS**

**TPR** Have students stand in a circle. Name an infinitive and subject pronoun. Ex: **tener/ustedes**. Throw a foam or paper ball to a student, who must give the correct simple future form (Ex: **tendrán**) and toss the ball back to you. Keep a brisk pace.

**Large Groups** Assign a century to each corner of the room. Ex: 23rd century. Tell students they are going to go into the future in a time machine **(máquina del tiempo)**. They should pick which year they would like to visit and go to that corner. Once assembled, each group should develop a summary of life in their century. After groups have finished, call on a spokesperson in each group to report to the class.

## Section Goal

In **Estructura 7.2**, students will learn the future perfect.

**Instructional Resources**
**vText**
***Cuaderno de actividades,*** pp. 33, 128
***Cuaderno de práctica,*** p. 77
***Cuaderno para hispanohablantes,*** p. 102
***e-Cuaderno***
**Supersite:** Audio Activity MP3 Audio Files
**Supersite/TRCD/Print:** *PowerPoints* (**Lección 7 Estructura** Presentation); Communication Activities, Audio Activity Script, Answer Keys
**Audio Activity CD:** CD 7, Tracks 12–15

### Teaching Tips

- Write a series of dates on the board that correspond to key academic events and use them in sample sentences with the future perfect. Ex: **Para el 15 de enero, el semestre habrá comenzado.**
- Ask volunteers to read aloud the captions to the video stills and identify the future perfect verbs. Discuss **para** + [*time expression*] and **dentro de** + [*time expression*].
- Explain that the future perfect is also used to hypothesize about a past action. Ex: **Susana ya habrá salido de la oficina.**

# 7.2 The future perfect

**ANTE TODO** Like other compound tenses you have learned, the future perfect (**el futuro perfecto**) is formed with a form of **haber** and the past participle. It is used to talk about what will have happened by some future point in time.

**Future perfect**

| | | hablar | comer | vivir |
|---|---|---|---|---|
| SINGULAR FORMS | yo | **habré** hablado | **habré** comido | **habré** vivido |
| | tú | **habrás** hablado | **habrás** comido | **habrás** vivido |
| | Ud./él/ella | **habrá** hablado | **habrá** comido | **habrá** vivido |
| PLURAL FORMS | nosotros/as | **habremos** hablado | **habremos** comido | **habremos** vivido |
| | vosotros/as | **habréis** hablado | **habréis** comido | **habréis** vivido |
| | Uds./ellos/ellas | **habrán** hablado | **habrán** comido | **habrán** vivido |

**¡ATENCIÓN!**
As with other compound tenses, the past participle never varies in the future perfect; it always ends in **-o**.

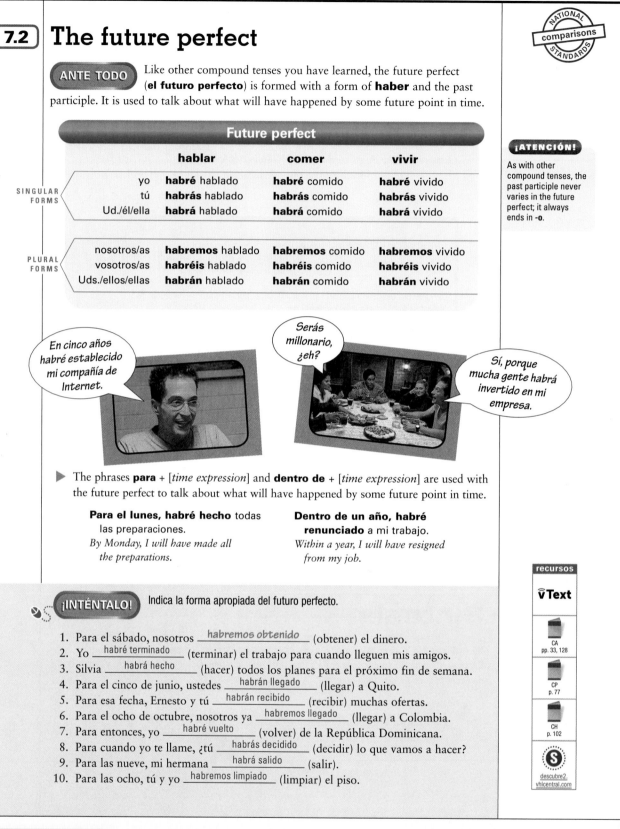

En cinco años habré establecido mi compañía de Internet.


Serás millonario, ¿eh?

Sí, porque mucha gente habrá invertido en mi empresa.

▶ The phrases **para** + [*time expression*] and **dentro de** + [*time expression*] are used with the future perfect to talk about what will have happened by some future point in time.

**Para el lunes, habré hecho** todas las preparaciones.
*By Monday, I will have made all the preparations.*

**Dentro de un año, habré renunciado** a mi trabajo.
*Within a year, I will have resigned from my job.*

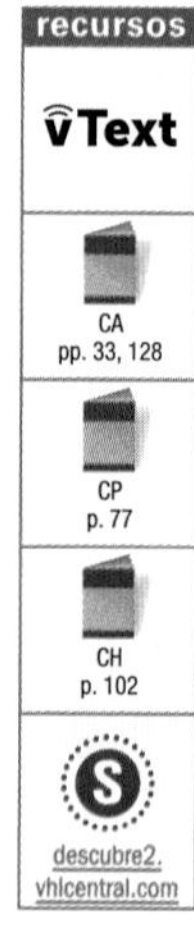

recursos
vText
CA pp. 33, 128
CP p. 77
CH p. 102
descubre2.vhlcentral.com


**¡INTÉNTALO!** Indica la forma apropiada del futuro perfecto.

1. Para el sábado, nosotros ___habremos obtenido___ (obtener) el dinero.
2. Yo ___habré terminado___ (terminar) el trabajo para cuando lleguen mis amigos.
3. Silvia ___habrá hecho___ (hacer) todos los planes para el próximo fin de semana.
4. Para el cinco de junio, ustedes ___habrán llegado___ (llegar) a Quito.
5. Para esa fecha, Ernesto y tú ___habrán recibido___ (recibir) muchas ofertas.
6. Para el ocho de octubre, nosotros ya ___habremos llegado___ (llegar) a Colombia.
7. Para entonces, yo ___habré vuelto___ (volver) de la República Dominicana.
8. Para cuando yo te llame, ¿tú ___habrás decidido___ (decidir) lo que vamos a hacer?
9. Para las nueve, mi hermana ___habrá salido___ (salir).
10. Para las ocho, tú y yo ___habremos limpiado___ (limpiar) el piso.

### TEACHING OPTIONS

**Small Groups** Divide the class into groups of three. Ask each group to work together to write a description of a celebrity's future success, using the future perfect. The group should not include the name of their subject. Then circulate the descriptions and ask the other groups to guess the identity of the celebrity whose future is being predicted.

**Extra Practice** To provide oral practice with the future perfect, give the students oral prompts with a future date. Ex: **Para el año 2020...** Say the prompt, have students repeat it, then call on individuals to add an appropriate ending using the future perfect. (**... habremos aprendido perfectamente el español.; ... usted se habrá jubilado.**)

# Práctica

1 **Escoger** Juan Luis habla de lo que habrá ocurrido en ciertos momentos del futuro. Escoge los verbos que mejor completen cada oración y ponlos en el futuro perfecto.

| | | |
|---|---|---|
| casarse | leer | solicitar |
| comprar | romperse | tomar |
| graduarse | ser | viajar |

1. Para mañana por la tarde, yo ya habré tomado mi examen de biología.
2. Para la semana que viene, el profesor habrá leído nuestros exámenes.
3. Dentro de tres meses, Juan y Marisa se habrán casado en Las Vegas.
4. Dentro de cinco meses, tú y yo nos habremos graduado de la escuela secundaria.
5. Para el fin de mayo, yo habré solicitado un trabajo de tiempo parcial.
6. Dentro de un año, tus tíos habrán comprado una casa nueva.
7. Antes de cumplir los 50 años, usted habrá viajado a Europa.
8. Dentro de 25 años, Emilia ya habrá sido presidenta de los EE.UU.

Practice more at **descubre2.vhlcentral.com.**

**1 Expansion** Use the same prepositional phrases to ask students about their future plans. Ex: **Para mañana por la tarde, ¿qué habrás hecho? Para la semana que viene, ¿con quién habrás hablado?**

# Comunicación

recursos

vText

CA p. 33

2 **Encuesta** Tu profesor(a) te va a dar una hoja de actividades. Pregúntales a tres compañeros/as para cuándo habrán hecho las cosas relacionadas con sus futuras carreras que se mencionan en la lista. Toma nota de las respuestas y comparte más tarde con la clase la información que obtuviste sobre tus compañeros/as. Answers will vary.

**modelo**

**Estudiante 1:** *¿Para cuándo habrás terminado tus estudios, Carla?*
**Estudiante 2:** *Para el año que viene, habré terminado mis estudios.*
**Estudiante 1:** *Carla habrá terminado sus estudios el año que viene.*

**2 Teaching Tips**
- Distribute the Communication Activities worksheets that correspond to this activity.
- Have two volunteers read the **modelo** aloud. Point out that the first example is the question asked, the second is the response, and the third is the rephrasing of the response by the first student.

# Síntesis

3 **Competir** En parejas, preparen una conversación hipotética (8 líneas o más) que ocurra en una fiesta. Una persona dice lo que habrá hecho para algún momento del futuro; la otra responde, diciendo cada vez algo más exagerado. Prepárense para representar la conversación delante de la clase. Answers will vary.

**modelo**

**Estudiante 1:** *Cuando tenga 30 años, habré ganado un millón de dólares.*
**Estudiante 2:** *Y yo habré llegado a ser multimillonaria.*
**Estudiante 1:** *Para el 2020, me habrán escogido como la mejor diseñadora de París.*
**Estudiante 2:** *Pues, yo habré ganado el Premio Nobel de literatura.*

**3 Teaching Tip** Have two volunteers read the **modelo** aloud. Model adding another exaggerated claim to the exchange. Ex: **Pues, yo ya me habré jubilado del Comité del Premio Nobel para esa fecha.**

**3 Expansion** After students have role-played their conversations for the class, ask students to evaluate the claims. Ex: **La hipótesis de ____ es la más exagerada. La más ambiciosa es la de ____. La más original es la de ____.**

**TEACHING OPTIONS**

**Pairs** In pairs, have students prepare skits about a prediction, using the future perfect. One student will play the part of a fortune-teller, a psychic, or another type of expert who claims to foresee the future. The other student will be the client. Encourage the students to bring in props and/or costumes for the performance of their skits.

**Game** Divide the class into teams of three. Write a future date on the board. Ex: **el 15 de noviembre de 2018**. Team members should confer and decide what will have happened by that date. When they have their answer, one team member should stand up. The first team to respond with a correct answer wins a point. Ex: **Para el 15 de noviembre de 2018, habremos tenido otras elecciones presidenciales.**

## Section Goal

In **Estructura 7.3**, students will learn the past subjunctive.

**Instructional Resources**
**vText**
***Cuaderno de actividades,*** pp. 31–32, 129
***Cuaderno de práctica,*** pp. 78–80
***Cuaderno para hispanohablantes,*** pp. 103–105
***e-Cuaderno***
**Supersite:** Audio Activity MP3 Audio Files
**Supersite/TRCD/Print:** *PowerPoints* (**Lección 7 Estructura** Presentation); Communication Activities, Audio Activity Script, Answer Keys
**Audio Activity CD:** CD 7, Tracks 16–19

**Teaching Tip** To demonstrate the use of the past subjunctive, ask volunteers closed-ended questions about a movie or recent event. Ex: **En la película ____, ¿te sorprendió que la heroína se casara con el enemigo del protagonista? ¿Esperabas que el gobernador tomara esa decisión?** As students answer, write the complete sentences on the board, underlining the past subjunctive form. Ex: **A todos nos sorprendió que la heroína se casara con el enemigo del protagonista. ____ no esperaba que el gobernador tomara esa decisión.**

**¡Lengua viva!** Point out that the use of **quiero** instead of **quisiera** can seem rather blunt and could seem rude. Compare: **Quisiera hablar con Marco** and **Quiero hablar con Marco**, or **¿Quisiera usted algo más?** and **¿Quiere usted algo más?**

# 7.3 The past subjunctive

NATIONAL STANDARDS comparisons

**ANTE TODO** You will now learn how to form and use the past subjunctive (**el pretérito imperfecto de subjuntivo**), also called the imperfect subjunctive. Like the present subjunctive, the past subjunctive is used mainly in multiple-clause sentences which express states and conditions such as will, influence, emotion, commands, indefiniteness, and non-existence.

**The past subjunctive**

| | | estudiar | aprender | recibir |
|---|---|---|---|---|
| SINGULAR FORMS | yo | estudia**ra** | aprendie**ra** | recibie**ra** |
| | tú | estudia**ras** | aprendie**ras** | recibie**ras** |
| | Ud./él/ella | estudia**ra** | aprendie**ra** | recibie**ra** |
| PLURAL FORMS | nosotros/as | estudiá**ramos** | aprendié**ramos** | recibié**ramos** |
| | vosotros/as | estudia**rais** | aprendie**rais** | recibie**rais** |
| | Uds./ellos/ellas | estudia**ran** | aprendie**ran** | recibie**ran** |

**¡ATENCIÓN!**
Note that the **nosotros/as** form of the past subjunctive always has a written accent.

- The past subjunctive endings are the same for all verbs.

| | |
|---|---|
| **-ra** | **-ramos** |
| **-ras** | **-rais** |
| **-ra** | **-ran** |

**¡LENGUA VIVA!**
The past subjunctive has another set of endings:

| | |
|---|---|
| **-se** | **-semos** |
| **-ses** | **-seis** |
| **-se** | **-sen** |

It's a good idea to learn to recognize these endings because they are sometimes used in literary and formal contexts.
**Deseaba que mi esposo recibiese un ascenso.**

- The past subjunctive is formed using the **Uds./ellos/ellas** form of the preterite. By dropping the **-ron** ending from this preterite form, you establish the stem of all the past subjunctive forms. To this stem you then add the past subjunctive endings.

| INFINITIVE | PRETERITE FORM | PAST SUBJUNCTIVE |
|---|---|---|
| hablar | ellos **habla**~~ron~~ | habla**ra**, habla**ras**, hablá**ramos** |
| beber | ellos **bebie**~~ron~~ | bebie**ra**, bebie**ras**, bebié**ramos** |
| escribir | ellos **escribie**~~ron~~ | escribie**ra**, escribie**ras**, escribié**ramos** |

- For verbs with irregular preterites, add the past subjunctive endings to the irregular stem.

| INFINITIVE | PRETERITE FORM | PAST SUBJUNCTIVE |
|---|---|---|
| dar | **die**~~ron~~ | die**ra**, die**ras**, dié**ramos** |
| decir | **dije**~~ron~~ | dije**ra**, dije**ras**, dijé**ramos** |
| estar | **estuvie**~~ron~~ | estuvie**ra**, estuvie**ras**, estuvié**ramos** |
| hacer | **hicie**~~ron~~ | hicie**ra**, hicie**ras**, hicié**ramos** |
| ir/ser | **fue**~~ron~~ | fue**ra**, fue**ras**, fué**ramos** |
| poder | **pudie**~~ron~~ | pudie**ra**, pudie**ras**, pudié**ramos** |
| poner | **pusie**~~ron~~ | pusie**ra**, pusie**ras**, pusié**ramos** |
| querer | **quisie**~~ron~~ | quisie**ra**, quisie**ras**, quisié**ramos** |
| saber | **supie**~~ron~~ | supie**ra**, supie**ras**, supié**ramos** |
| tener | **tuvie**~~ron~~ | tuvie**ra**, tuvie**ras**, tuvié**ramos** |
| venir | **vinie**~~ron~~ | vinie**ra**, vinie**ras**, vinié**ramos** |

**¡LENGUA VIVA!**
**Quisiera**, the past subjunctive form of **querer**, is often used to make polite requests.
**Quisiera hablar con Marco, por favor.**
*I would like to speak to Marco, please.*
**¿Quisieran ustedes algo más?**
*Would you like anything else?*

**TEACHING OPTIONS**

**Extra Practice** Write this drill on the board. Students should conjugate the verb according to each new subject. **1. estar: él/nosotros/tú 2. emplear: yo/ella/usted 3. insistir: ellos/ustedes/él 4. poder: ellas/yo/nosotros 5. obtener: nosotros/tú/ella**

**Heritage Speakers** Ask heritage speakers to talk about what used to be generally true in their cultural communities . Suggest topics for them to consider: family tendencies, typical career paths for men vs. women. Tell them to use the past subjunctive. Ex: **Los padres querían que los hijos adultos vivieran cerca de casa.**

**Pairs** Ask students to write ten sentences that use the past subjunctive to describe their experiences during their first days at your school. Ex: **Me sorprendió que la escuela fuera tan grande.** Ask them to share their sentences with a partner, who will report back to the class.

▶ **-Ir** stem-changing verbs and other verbs with spelling changes follow a similar process to form the past subjunctive.

| INFINITIVE | PRETERITE FORM | PAST SUBJUNCTIVE |
|---|---|---|
| preferir | **prefirie~~ron~~** | prefirie**ra,** prefirie**ras,** prefirié**ramos** |
| repetir | **repitie~~ron~~** | repitie**ra,** repitie**ras,** repitié**ramos** |
| dormir | **durmie~~ron~~** | durmie**ra,** durmie**ras,** durmié**ramos** |
| conducir | **conduje~~ron~~** | conduje**ra,** conduje**ras,** condujé**ramos** |
| creer | **creye~~ron~~** | creye**ra,** creye**ras,** creyé**ramos** |
| destruir | **destruye~~ron~~** | destruye**ra,** destruye**ras,** destruyé**ramos** |
| oír | **oye~~ron~~** | oye**ra,** oye**ras,** oyé**ramos** |

**AYUDA**

When a situation that triggers the subjunctive is involved, most cases follow these patterns: *main verb in present indicative → subordinate verb in present subjunctive* **Espero** que María **venga**. *main verb in past indicative → subordinate verb in past subjunctive* **Esperaba** que María **viniera**.

▶ The past subjunctive is used in the same contexts and situations as the present subjunctive and the present perfect subjunctive, except that it generally describes actions, events, or conditions that have already happened.

Me pidieron que no **llegara** tarde.
*They asked me not to arrive late.*

Me sorprendió que ustedes no **vinieran** a la cena.
*It surprised me that you didn't come to the dinner.*

Salió antes de que yo **pudiera** hablar contigo.
*He left before I could talk to you.*

Ellos querían que yo **escribiera** una novela romántica.
*They wanted me to write a romantic novel.*

No pensé que pudiéramos terminar la excursión.

Martín mostró mucho interés en que aprendiéramos sobre el medio ambiente.

**recursos**

vText

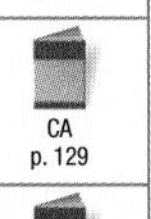
CA p. 129

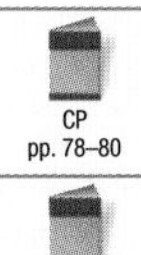
CP pp. 78–80

CH pp. 103–105

descubre2.vhlcentral.com

**¡INTÉNTALO!** Indica la forma apropiada del pretérito imperfecto de subjuntivo de los verbos entre paréntesis.

1. Quería que tú __vinieras__ (venir) más temprano.
2. Esperábamos que ustedes __hablaran__ (hablar) mucho más en la reunión.
3. No creían que yo __pudiera__ (poder) hacerlo.
4. Se opuso a que nosotros __invirtiéramos__ (invertir) el dinero ayer.
5. Sentí mucho que ustedes no __estuvieran__ (estar) con nosotros anoche.
6. No era necesario que ellas __hicieran__ (hacer) todo.
7. Me pareció increíble que tú __supieras__ (saber) dónde encontrarlo.
8. No había nadie que __creyera__ (creer) tu historia.
9. Mis padres insistieron en que yo __fuera__ (ir) a la universidad.
10. Queríamos salir antes de que ustedes __llegaran__ (llegar).

### Teaching Tips

- Check comprehension by writing the infinitive of three regular verbs on the board. Ask a volunteer to give the **ellos** form of the preterite. Have the class then give the subjunctive forms.
- Follow the same procedure with verbs that have irregular preterite forms or stem changes in the preterite.
- Use pairs of examples such as the following to illustrate that the past subjunctive generally occurs in the same situations as the present subjunctive, except that it deals with past events. Ex: **¿Es importante que estudies tanto? ¿Era importante que estudiaras tanto? Me sorprende que quieras ser político. Me sorprendió que quisieras ser político. No hay ningún teléfono que funcione. No había ningún teléfono que funcionara.**
- Ask volunteers to read aloud the captions to the video stills and indicate the past subjunctive forms.

### The Affective Dimension

If students feel intimidated by the past subjunctive, point out that its forms are fairly easy to learn and that it is used in familiar contexts.

### TEACHING OPTIONS

**Video** Show the **Fotonovela** episode again to give students more input on the use of the past subjunctive. Stop the video where appropriate to discuss how and why the past subjunctive was used.

**Extra Practice** Write this cloze paragraph on the board, asking students to complete it using the correct forms of these verbs: **querer, poder, estudiar, tener.**
**Mis padres siempre querían que yo ____ una carrera universitaria. (estudiara) Nunca dudaron de que yo ____ llegar a ser lo que ____. (podía, quisiera) Cuando ____ hijos, espero tener la misma confianza en ellos. (tenga)**

**1 Expansion** Assign pairs one of the three conversations. Ask partners to work together to continue the conversation using the past subjunctive. Ex: **A mí me pasó algo similar. Me aconsejaron que dejara un trabajo que me gustaba mucho por otro que pagaba mejor.**

**2 Teaching Tip** Before assigning the activity, ask students what kinds of New Year's resolutions people usually make, encouraging them to use the future.

**2 Expansion** Assign pairs to groups of six. Ask the pairs to read their answers aloud and have the group pick the most original responses. Then ask groups to write these responses on the board.

# Práctica

**1** **Diálogos** Completa los diálogos con el pretérito imperfecto de subjuntivo de los verbos entre paréntesis. Después representa los diálogos con un(a) compañero/a.

1. —¿Qué le dijo el consejero a Andrés? Quisiera saberlo.
   —Le aconsejó que __dejara__ (dejar) los estudios de arte y que __estudiara__ (estudiar) una carrera que __pagara__ (pagar) mejor.
   —Siempre el dinero. ¿No se enojó Andrés de que le __aconsejara__ (aconsejar) eso?
   —Sí, y le dijo que no creía que ninguna otra carrera le __fuera__ (ir) a gustar más.
2. —Qué lástima que ellos no te __ofrecieran__ (ofrecer) el puesto de gerente.
   —Querían a alguien que __tuviera__ (tener) experiencia en el sector público.
   —Pero, ¿cómo? ¿Y tu maestría? ¿No te molestó que te __dijeran__ (decir) eso?
   —No, no tengo experiencia en esa área, pero les gustó mucho mi currículum. Me pidieron que __volviera__ (volver) en un año y __solicitara__ (solicitar) el puesto otra vez. Para entonces habré obtenido la experiencia que necesito y podré conseguir el puesto que quiera.
3. —Cuánto me alegro de que tus hijas __vinieran__ (venir) ayer a visitarte. ¿Cuándo se van?
   —Bueno, yo esperaba que se __quedaran__ (quedar) dos semanas, pero no pueden. Ojalá __pudieran__ (poder). Hace mucho que no las veo.

**2** **Año nuevo, vida nueva** El año pasado, Juana y Manuel Sánchez querían cambiar de vida. Aquí tienen las listas con sus buenos propósitos para el Año Nuevo (*New Year's resolutions*). Ellos no consiguieron hacer realidad ninguno. En parejas, lean las listas y escriban por qué creen que no los consiguieron. Usen el pretérito imperfecto de subjuntivo. Answers will vary.

**modelo**

obtener un mejor puesto de trabajo

*Era difícil que Manuel consiguiera un mejor puesto porque su esposa le pidió que no cambiara de puesto.*

**AYUDA**

Puedes usar estas expresiones:

**No era verdad que...**
**Era difícil que...**
**Era imposible que...**
**No era cierto que...**
**Su esposo/a no quería que...**

Manuel

- pedir un aumento de sueldo
- tener una vida más sana
- visitar más a su familia
- dejar de fumar

Juana

- querer mejorar su relación de pareja
- terminar los estudios con buenas notas
- cambiar de casa
- ahorrar más

 Practice more at **descubre2.vhlcentral.com.**

**TEACHING OPTIONS**

**Large Groups** Ask students to write a plot summary of a movie they have seen, using the past subjunctive. In groups of five, have them read their summaries aloud. The other students should guess the movie. Ex: **Su mamá no quería que se casara. No permitió que Tita aceptara la petición de matrimonio de Pedro. Tita tuvo que esperar hasta que se muriera su madre para ser feliz. (*Como agua para chocolate*)**

**Extra Practice** Have students write a sentence using the past subjunctive to describe a favorite game or pastime they had as a child. Ex: **Yo insistía en que mis amigos y yo paseáramos en bicicleta.** Then go around the room asking each person to say his or her sentence aloud, but repeating all the previous sentences first.

# Comunicación

**3** **Reaccionar** Manuel acaba de llegar de Nicaragua. Reacciona a lo que te dice, usando el pretérito imperfecto de subjuntivo. Escribe las oraciones y luego compáralas con las de un(a) compañero/a. Answers will vary.

*modelo*
El día que llegué, me esperaban mi abuela y tres primos.
*¡Qué bien! Me alegré de que vieras a tu familia después de tantos años.*

1. Fuimos al volcán Masaya. ¡Y vimos la lava del volcán!
2. Visitamos la Catedral de Managua, que fue dañada por el terremoto *(earthquake)* de 1972.
3. No tuvimos tiempo de ir a la playa, pero pasamos unos días en el Hotel Dariense en Granada.
4. Fui a conocer el nuevo museo de arte y también fui al Teatro Rubén Darío.
5. Nos divertimos haciendo compras en Metrocentro.
6. Eché monedas *(coins)* en la fuente *(fountain)* de la Plaza de la República y pedí un deseo.

Catedral de Managua, Nicaragua

**NOTA CULTURAL**
El nicaragüense **Rubén Darío** (1867–1916) es uno de los poetas más famosos de Latinoamérica. *Cantos de vida y esperanza* es una de sus obras.

**4** **Oraciones** Escribe cinco oraciones sobre lo que otros esperaban de ti en el pasado y cinco más sobre lo que tú esperabas de ellos. Luego, en grupos, túrnense para compartir sus propias oraciones y para transformar las oraciones de sus compañeros/as. Sigan el modelo. Answers will vary.

*modelo*
**Estudiante 1:** *Mi profesora quería que yo fuera a Granada para estudiar español.*
**Estudiante 2:** *Su profesora quería que él fuera a Granada para estudiar español.*
**Estudiante 3:** *Yo deseaba que mis padres me enviaran a España.*
**Estudiante 4:** *Cecilia deseaba que sus padres la enviaran a España.*

# Síntesis

**5** **¡Vaya fiesta!** Dos amigos/as fueron a una fiesta y se enojaron. Uno/a quería irse temprano, pero el/la otro/a quería irse más tarde porque estaba hablando con el/la chico/a que le gustaba a su amigo/a. En parejas, inventen una conversación en la que esos/as amigos/as intentan arreglar todos los malentendidos (*misunderstandings*) que tuvieron en la fiesta. Usen el pretérito imperfecto de subjuntivo y después representen la conversación delante de la clase. Answers will vary.

*modelo*
**Estudiante 1:** *¡Yo no pensaba que fueras tan aburrido/a!*
**Estudiante 2:** *Yo no soy aburrido/a, sólo quería que nos fuéramos temprano.*

**3 Teaching Tips**
- Read the **modelo** aloud. Ask volunteers to give other possible responses to the prompt. Ex: **Fue estupendo que te recogieran en el aeropuerto.**
- Instead of having students compare their answers in pairs, have them do so in groups of four.

**3 Expansion** Ask students to find a poem by **Rubén Darío** and bring it to class. Or have them research the poet and **modernismo**.

**4 Teaching Tip** Ask four volunteers to read the **modelo** aloud. Give your own responses to provide another example. Ex: **Mi hijo quería que le permitiera viajar solo a México.** Then have a volunteer rephrase the corresponding statement in the third person.

**5 Teaching Tip** To simplify, ask the class to brainstorm suitable verbs for both the main and subjunctive clauses.

**5 Expansion** Have partners tell each other about an actual misunderstanding they had with someone. Ex: **Mi madre quería que yo limpiara el baño. Pero no era posible que yo lo hiciera.** Then, have students relate their partner's story to the class.

**Teaching Tip** See the Communication Activities worksheets for an additional activity to practice the material presented in this section.

**TEACHING OPTIONS**

**Extra Practice** Write these sentences on the board and ask students to complete them, using the past subjunctive and the preterite. **1. Cuando era pequeño/a quería que ____, pero ____. 2. Me aconsejaron que ____, pero ____. 3. Durante mucho tiempo insistía en que ____, pero ____. 4. Siempre fue importante para mí que ____, pero ____.**

**Game** Divide the class into teams of four. Each team will write a description of a famous villain or group of villains using as many verbs in the past subjunctive as possible and without using any names. Give teams ten minutes to write their descriptions. Ask teams to read their descriptions aloud and have the class guess who they are describing. The class will vote for their favorite one.

## Section Goal

In **Recapitulación**, students will review the grammar concepts from this lesson.

**Instructional Resources**
**vText**
**Supersite**
**Testing Program CD:** Tracks 25–28

**1 Teaching Tip** Complete this activity orally as a class.

**1 Expansion** To challenge students, add the verbs **saber, tener**, and **hacer** to the chart.

**2 Teaching Tip** Remind students that the **nosotros/as** form of the past subjunctive carries a written accent mark.

**2 Expansion**
- Have students provide the remaining forms of the verbs.
- Have students create sentences that call for the past subjunctive, using the verbs forms in the chart. Ex: **Me sorprendió que fueras a trabajar ayer.**

**3 Teaching Tips**
- To simplify, have students begin by identifying the past participle for each verb in parentheses. Call on a volunteer to conjugate **haber** in the future tense.
- Remind students that direct object pronouns should appear before the conjugated verb.

# Recapitulación

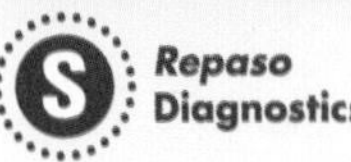

*Repaso Diagnostics*

**Completa estas actividades para repasar los conceptos de gramática que aprendiste en esta lección.**

**1 Completar** Completa el cuadro con el futuro. 6 pts.

| Infinitivo | yo | ella | nosotros |
|---|---|---|---|
| **decir** | **diré** | dirá | diremos |
| **poner** | pondré | pondrá | **pondremos** |
| **salir** | saldré | **saldrá** | saldremos |

**2 Verbos** Completa el cuadro con el pretérito imperfecto de subjuntivo. 6 pts.

| Infinitivo | tú | nosotras | ustedes |
|---|---|---|---|
| **dar** | dieras | diéramos | **dieran** |
| **saber** | supieras | **supiéramos** | supieran |
| **ir** | **fueras** | fuéramos | fueran |

**3 La oficina de empleo** La nueva oficina de empleo está un poco desorganizada. Completa los diálogos con expresiones de probabilidad, utilizando el futuro perfecto de los verbos. 10 pts.

SR. PÉREZ No encuentro el currículum de Mario Gómez.
SRTA. MARÍN (1) Lo habrá tomado (Tomarlo) la secretaria.

LAURA ¿De dónde vienen estas ofertas de trabajo?
ROMÁN No estoy seguro. (2) Habrán salido (Salir) en el periódico de hoy.

ROMÁN ¿Has visto la lista nueva de aspirantes?
LAURA No, (3) la habrás puesto (tú, ponerla) en el archivo.

SR. PÉREZ José Osorio todavía no ha recibido el informe.
LAURA (4) Nos habremos olvidado (Nosotros, olvidarse) de enviarlo por correo.

SRTA. MARÍN ¿Sabes dónde están las solicitudes de los aspirantes?
ROMÁN (5) Las habré dejado (Yo, dejarlas) en mi carro.

## RESUMEN GRAMATICAL

**7.1 The future** *pp. 236–237*

| Future tense of **estudiar*** | |
|---|---|
| estudiaré | estudiaremos |
| estudiarás | estudiaréis |
| estudiará | estudiarán |

*Same endings for -ar, -er, and -ir verbs.

| Irregular verbs in the future | | |
|---|---|---|
| Infinitive | Stem | Future forms |
| decir | dir- | diré |
| hacer | har- | haré |
| poder | podr- | podré |
| poner | pondr- | pondré |
| querer | querr- | querré |
| saber | sabr- | sabré |
| salir | saldr- | saldré |
| tener | tendr- | tendré |
| venir | vendr- | vendré |

- ► The future of **hay** is **habrá** (*there will be*).
- ► The future can also express conjecture or probability.

**7.2 The future perfect** *p. 240*

| Future perfect of **vivir** | |
|---|---|
| **habré** vivido | **habremos** vivido |
| **habrás** vivido | **habréis** vivido |
| **habrá** vivido | **habrán** vivido |

- ► The future perfect can also express probability in the past.

**7.3 The past subjunctive** *pp. 242–243*

| Past subjunctive of **aprender*** | |
|---|---|
| aprendiera | aprendiéramos |
| aprendieras | aprendierais |
| aprendiera | aprendieran |

*Same endings for -ar, -er, and -ir verbs.

### TEACHING OPTIONS

**TPR** Divide the class into two groups, **el futuro** and **el futuro perfecto**. Call out a statement in the present tense and select a member of each group. Students should step forward and change the sentence according to their assigned tense.

**Extra Practice** Tell students to imagine they were fired from a job. Now they must write a letter convincing their boss that they deserve a second chance. Give students fifteen minutes to complete this activity. Encourage use of lesson vocabulary and the future tense. Tell students they can offer excuses, using the past subjunctive. Ex: **Iba a entregar el reporte, pero un cliente me pidió que lo ayudara en ese momento.** Have students exchange letters for peer editing.

| Verbs with irregular preterites | | |
|---|---|---|
| **Infinitive** | **Preterite form** | **Past subjunctive** |
| dar | die~~ron~~ | diera |
| decir | dije~~ron~~ | dijera |
| estar | estuvie~~ron~~ | estuviera |
| hacer | hicie~~ron~~ | hiciera |
| ir/ser | fue~~ron~~ | fuera |
| poder | pudie~~ron~~ | pudiera |
| poner | pusie~~ron~~ | pusiera |
| querer | quisie~~ron~~ | quisiera |
| saber | supie~~ron~~ | supiera |
| tener | tuvie~~ron~~ | tuviera |
| venir | vinie~~ron~~ | viniera |

**4** 

**Una decisión difícil** Completa el párrafo con el pretérito imperfecto de subjuntivo de los verbos. 8 pts.

| | | |
|---|---|---|
| aceptar | graduarse | ir |
| contratar | hacer | poder |
| dejar | invertir | trabajar |

Cuando yo tenía doce años, me gustaba mucho pintar y mi profesor de dibujo me aconsejó que (1) fuera a una escuela de arte cuando (2) me graduara de la escuela secundaria. Mis padres, por el contrario, siempre quisieron que sus hijos (3) trabajaran en la empresa familiar, y me dijeron que (4) dejara el arte y que (5) hiciera una carrera con más futuro. Ellos no querían que yo (6) invirtiera mi tiempo y mi juventud en el arte. Mi madre en particular nos sugirió a mi hermana y a mí la carrera de administración de empresas, para que los dos (7) pudiéramos ayudarlos con los negocios en el futuro. No fue fácil que mis padres (8) aceptaran mi decisión de dedicarme a la pintura, pero están muy felices de tener mis obras en su sala de reuniones.

**5** 

**La semana de Rita** Con el futuro de los verbos, completa la descripción que hace Rita de lo que hará la semana próxima. 10 pts.

El lunes por la mañana (1) llegará (llegar) el traje que pedí por Internet y por la tarde Luis (2) me invitará (invitar, a mí) a ir al cine. El martes mi consejero y yo (3) comeremos (comer) en La Delicia y a las cuatro (yo) (4) haré (hacer) una entrevista de trabajo en Industrias Levonox. El miércoles por la mañana (5) iré (ir) a mi clase de inglés y por la tarde (6) visitaré (visitar) a Luis. El jueves por la mañana, los gerentes de Levonox (7) me llamarán (llamar, a mí) por teléfono para decirme si conseguí el puesto. Por la tarde (yo) (8) cuidaré (cuidar) a mi sobrino Héctor. El viernes Ana y Luis (9) vendrán (venir) a casa para trabajar conmigo y el sábado por fin (yo) (10) descansaré (descansar).

**6** 

**El futuro** Escribe al menos cinco oraciones describiendo cómo será la vida de varias personas cercanas a ti dentro de diez años. Usa tu imaginación y verbos en futuro y en futuro perfecto. 10 pts.
Answers will vary.

**7** 

**Canción** Escribe las palabras que faltan para completar este fragmento de la canción *Lo que pidas* de Julieta Venegas. ¡2 puntos EXTRA!

"Lo que más (1) quisiera pedirte
es que te quedes conmigo,
niño te (2) daré lo que pidas
sólo no te vayas nunca."

(1) yo, querer, pretérito imperfecto de subjuntivo
(2) yo, dar, futuro

 Practice more at **descubre2.vhlcentral.com.**

**4 Teaching Tip** To simplify, have students begin by identifying the subject for each item. Then have students identify the words or phrases that call for the subjunctive. Ex: **1. me aconsejó que**

**4 Expansion** For extra practice, have students write a paragraph about a difficult decision they made, using at least three examples of the past subjunctive. Then ask students to exchange papers for peer editing.

**5 Teaching Tip** Before beginning the activity, ask students to identify the irregular verbs in the future tense.

**5 Expansion** To challenge students, tell them to imagine that **Rita's** week did not go as she had planned. Have them rewrite **Rita's** description, using the past perfect and past subjunctive. Ex: **Me molestó que el traje que había pedido por Internet no llegara el lunes.**

**6 Teaching Tip** To add a visual aspect to this activity, have students draw a time line for each person they plan to write about.

**7 Teaching Tip** Have students identify the present subjunctive in the song lyrics.

**7 Expansion** Explain that Julieta Venegas (1970– ) is a Mexican pop singer. The song **Lo que pidas** is from the album **Sí**, which has sold over half a million copies.

## TEACHING OPTIONS

**Large Groups** Divide the class into two groups. Give one group cards with situations. Ex: **Llego a clase y no hay nadie.** Give the other group cards with statements using the future or future perfect to express conjecture or probability. Ex: **El profesor habrá cancelado la clase.** Students must find their partners.

**TPR** Divide the class into two teams. Give a memorable situation (Ex: **tu primer día en la escuela primaria**) and point to the first member of each team. The first student to reach the board and write a correct sentence about what their parent(s) told them to do earns a point for their team. Ex: **Mi madre me dijo que escuchara a la maestra.** Then repeat the activity with the future tense. Ex: **A mis hijos les diré que escuchen a la maestra.**

## Section Goals

In **Lectura**, students will:
- learn to recognize similes and metaphors
- read a poem by a Puerto Rican poet

**Instructional Resources**
**vText**
***Cuaderno para hispanohablantes***, pp. 106–109
**Supersite**

**Estrategia** Review similes and metaphors. Then write these sentences on the board: **Su pelo es como la seda. Sus palabras son poesía.** Ask volunteers which sentence is the simile and which is the metaphor. Ask students to make up a simile and a metaphor in Spanish and share them with the class.

**Examinar el texto**
- Students may note that this poem is written by the writer to herself.
- Point out this metaphor in the poem: **Tú eres ropaje.** Have students change it into a simile. **(Tú eres como el ropaje.)**

**¿Cómo son?** Ask pairs to share their thoughts about **yo interior** and **yo social**. Write any common themes on the board.

**Teaching Tips**
- Tell students that **Julia de Burgos** was an advocate for Puerto Rico's independence and a civil rights activist for women and Afro-Caribbean writers. Despite her family's poor economic situation, **Julia** was highly educated. She attended the University of Puerto Rico and thereafter became a teacher, writer, and political activist.
- Add a visual aspect to aid comprehension. Have students divide a sheet of paper into two columns. Have them write all the phrases from the poem written in the second person in one column, and all the phrases written in the first person in another.

# Lectura

## Antes de leer

### Estrategia
**Recognizing similes and metaphors**

Similes and metaphors are figures of speech that are often used in literature to make descriptions more colorful and vivid.

In English, a simile (**símil**) makes a comparison using the words *as* or *like*. In Spanish, the words **como** and **parece** are most often used. Example: **Estoy tan feliz como un niño con zapatos nuevos.**

A metaphor (**metáfora**) is a figure of speech that identifies one thing with the attributes and qualities of another. Whereas a simile says one thing is like another, a metaphor says that one thing *is* another. In Spanish, **ser** is most often used in metaphors. Example: **La vida es sueño.** (*Life is a dream.*)

**Examinar el texto**

Lee el texto una vez usando las estrategias de lectura de las lecciones anteriores. ¿Qué te indican sobre el contenido de la lectura? Toma nota de las metáforas y los símiles que aparecen. ¿Qué significan? ¿Qué te dicen sobre el tema de la lectura?

**¿Cómo son?**

En parejas, hablen sobre las diferencias entre el **yo interior** de una persona y su **yo social**. ¿Hay muchas diferencias entre su forma de ser "privada" y su forma de ser cuando están con otras personas?

***Las dos Fridas,***
*de Frida Kahlo*

# A Julia de Burgos

Julia de Burgos

*Julia de Burgos nació en 1914 en Carolina, Puerto Rico. Vivió también en La Habana, en Washington D.C. y en Nueva York, donde murió en 1953. Su poesía refleja temas como la muerte, la naturaleza, el amor y la patria°. Sus tres poemarios más conocidos se titulan* Poema en veinte surcos *(1938),* Canción de la verdad sencilla *(1939) y* El mar y tú *(publicado póstumamente).*

## Después de leer

**Comprensión**

Responde a las preguntas. Some answers may vary.

1. ¿Quiénes son las dos "Julias" presentes en el poema? Una es la persona interior y la otra es la imagen social de la escritora.
2. ¿Qué características tiene cada una? Una está limitada por su lugar en la sociedad y la otra es independiente y libre.
3. ¿Quién es la que habla de las dos? La que habla es la Julia libre, el yo interior.
4. ¿Qué piensas que ella siente por la otra Julia? A ella no le gusta cómo es la otra Julia y dice que es hipócrita y egoísta.
5. ¿Cuáles son los temas más importantes del poema? la honestidad, las presiones sociales, la libertad, la individualidad

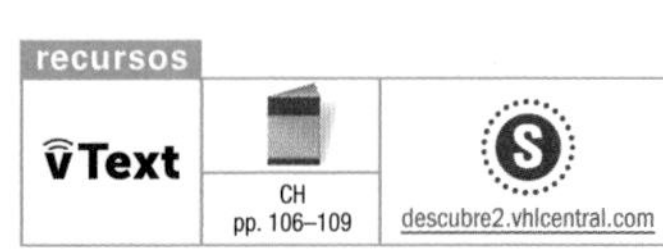


**TEACHING OPTIONS**

**TPR** Read a series of similes and metaphors. Tell students to stand up if the statement is an example of a simile and remain seated if it is a metaphor. Ex: **Este perro es feroz como un tigre.** (Students stand.)

**Small Groups** Have students write a description of **Julia de Burgos**, based on the poem. Have them include a physical description, her personality, where she lives, and any other significant information. Then, have students form groups of four and share their descriptions. Have groups reach a consensus on what **Julia** is like and share that description with the class.

Ya las gentes murmuran que yo soy tu enemiga
porque dicen que en verso doy al mundo tu yo.

Mienten°, Julia de Burgos. Mienten, Julia de Burgos.
La que se alza° en mis versos no es tu voz°: es mi voz;
porque tú eres ropaje° y la esencia soy yo;
y el más profundo abismo se tiende° entre las dos.

Tú eres fría muñeca° de mentira social,
y yo, viril destello° de la humana verdad.

Tú, miel° de cortesanas hipocresías; yo no;
que en todos mis poemas desnudo° el corazón.

Tú eres como tu mundo, egoísta; yo no;
que en todo me lo juego° a ser lo que soy yo.

Tú eres sólo la grave señora señorona°;
yo no; yo soy la vida, la fuerza°, la mujer.

Tú eres de tu marido, de tu amo°; yo no;
yo de nadie, o de todos, porque a todos, a todos,
en mi limpio sentir y en mi pensar me doy.

Tú te rizas° el pelo y te pintas°; yo no;
a mí me riza el viento; a mí me pinta el sol.

Tú eres dama casera°, resignada, sumisa,
atada° a los prejuicios de los hombres; yo no;
que yo soy Rocinante* corriendo desbocado°
olfateando° horizontes de justicia de Dios.

* **Rocinante:** El caballo de Don Quijote de la Mancha, personaje literario de fama universal que se relaciona con el idealismo y el poder de la imaginación frente a la realidad.

Tú en ti misma no mandas°; a ti todos te mandan;
en ti mandan tu esposo, tus padres, tus parientes,
el cura°, la modista°, el teatro, el casino,
el auto, las alhajas°, el banquete, el champán,
el cielo y el infierno, y el qué dirán social°.

En mí no, que en mí manda mi solo corazón,
mi solo pensamiento; quien manda en mí soy yo.

Tú, flor de aristocracia; y yo la flor del pueblo.
Tú en ti lo tienes todo y a todos se lo debes,
mientras que yo, mi nada a nadie se la debo.

Tú, clavada° al estático dividendo ancestral°,
y yo, un uno en la cifra° del divisor social,
somos el duelo a muerte° que se acerca° fatal.

Cuando las multitudes corran alborotadas°
dejando atrás cenizas° de injusticias quemadas,
y cuando con la tea° de las siete virtudes,
tras los siete pecados°, corran las multitudes,
contra ti, y contra todo lo injusto y lo inhumano,
yo iré en medio de ellas con la tea en la mano.

**patria** *homeland* **Mienten** *They are lying* **se alza** *rises up* **voz** *voice* **ropaje** *apparel* **se tiende** *lays* **muñeca** *doll* **destello** *sparkle* **miel** *honey* **desnudo** *I uncover* **me lo juego** *I risk* **señorona** *matronly* **fuerza** *strength* **amo** *master* **te rizas** *curl* **te pintas** *put on makeup* **dama casera** *home-loving lady* **atada** *tied* **desbocado** *wildly* **olfateando** *sniffing* **no mandas** *are not the boss* **cura** *priest* **modista** *dressmaker* **alhajas** *jewelry* **el qué dirán social** *what society would say* **clavada** *stuck* **ancestral** *ancient* **cifra** *number* **duelo a muerte** *duel to the death* **se acerca** *approaches* **alborotadas** *rowdy* **cenizas** *ashes* **tea** *torch* **pecados** *sins*

## Interpretación

Responde a las preguntas. Answers will vary.

1. ¿Qué te resulta llamativo (*striking*) en el título de este poema?
2. ¿Por qué crees que se repite el "tú" y el "yo" en el poema? ¿Qué función tiene este desdoblamiento (*split*)?
3. ¿Cómo interpretas los versos "tú eres fría muñeca de mentira social / y yo, viril destello de la humana verdad"? ¿Qué sustantivos (*nouns*) se contraponen en estos dos versos?
4. ¿Es positivo o negativo el comentario sobre la vida social: "miel de cortesanas hipocresías"?
5. Comenta la oposición entre "señorona" y "mujer" que aparece en los versos trece y catorce. ¿Podrías decir qué personas son las que dominan a la "señorona" y qué caracteriza, en cambio, a la mujer?

## Monólogo

Imagina que eres un personaje famoso de la historia, la literatura o la vida actual. Escribe un monólogo breve para presentar en clase. Debes escribirlo en segunda persona. Para la representación necesitarás un espejo. Tus compañeros/as deben adivinar quién eres. Sigue el modelo. Answers will vary.

**modelo**

*Eres una mujer que vivió hace más de 150 años. La gente piensa que eres una gran poeta. Te gustaba escribir y pasar tiempo con tu familia y, además de poesías, escribías muchas cartas. Me gusta tu poesía porque es muy íntima y personal.* (Emily Dickinson)

Escribe sobre estos temas.

- cómo lo/la ven las otras personas
- lo que te gusta y lo que no te gusta de él/ella
- lo que quieres o esperas que haga

 Practice more at **descubre2.vhlcentral.com.**

**Comprensión**

- If students have trouble with the meaning of any word or phrase, help them identify the corresponding context clue.
- Ask students additional questions. Ex: **¿Los temas del poema son explícitos o implícitos? ¿Qué tono tiene el poema?**

**Interpretación** Give students these questions as items 6–10: **6. ¿Qué propósito habrá tenido Julia de Burgos al escribir este poema? 7. ¿Cómo será la poeta en la vida real? 8. Cuando Julia hace referencia a "ellos" a lo largo del poema (dicen, mienten, mandan), ¿a quiénes se refiere? 9. ¿Cuál fue tu reacción la primera vez que leíste el poema? ¿Te gustó? Al leerlo una segunda vez, ¿tu impresión cambió? 10. ¿Crees que sea posible que los otros no te ven como tú te ves? ¿Es posible que los demás te conozcan de verdad?**

**Monólogo**

- Call on a volunteer to read the model aloud.
- As a variant, give each student an index card and have them write down the name of a famous person. Then have students draw a card out of a hat and write their monologue accordingly.

**TEACHING OPTIONS**

**Pairs** Have students reread lines 24–28 of the poem. Then have them work in pairs to think about the external forces that influence their own lives. Have them rewrite the lines of the poem accordingly. Ex: **Tú en ti mismo/a no mandas; a ti todos te mandan; / en ti mandan las clases, el equipo de tenis, tus padres, los profesores...**

**Cultural Comparison** Have students work in pairs. For homework, ask them to relate ***A Julia de Burgos*** to other representations of self-portraits, such as ***Las dos Fridas*** by **Frida Kahlo** (page 248). How are the self-portraits similar? How are they different? Have pairs present their comparisons to the class.

## Section Goals

In **Escritura**, students will:

- learn to use note cards as a study aid
- use note cards to prepare to write a composition
- write a composition about professional and personal goals for the future

**Instructional Resources**
**v̂Text**
***Cuaderno de actividades,*** pp. 153–154
***Cuaderno para hispanohablantes,*** pp. 110–111
**Supersite**

**Estrategia** Explain to students that using note cards in preparation for writing a composition will help greatly in organizing the information that they may want to include. Tell them they can use note cards to prepare to write the composition about their plans for the future. Suggest that they use several note cards for each category **(lugar, familia, empleo, finanzas, metas profesionales).** Remind them to number the cards by category.

**Tema** Go over the directions with the class, explaining that each student will write a composition on his or her plans for the future—professional and personal. In preparation for writing about professional goals they expect to have attained, have students review the conjugation of **haber** + [*past participle*] to form the future perfect tense.

# Escritura

## Estrategia

### Using note cards

Note cards serve as valuable study aids in many different contexts. When you write, note cards can help you organize and sequence the information you wish to present.

Let's say you are going to write a personal narrative about a trip you took. You would jot down notes about each part of the trip on a different note card. Then you could easily arrange them in chronological order or use a different organization, such as the best parts and the worst parts, traveling and staying, before and after, etc.

Here are some helpful techniques for using note cards to prepare for your writing:

- Label the top of each card with a general subject, such as **el avión** or **el hotel.**
- Number the cards in each subject category in the upper right corner to help you organize them.
- Use only the front side of each note card so that you can easily flip through them to find information.

Study the following example of a note card used to prepare a composition:

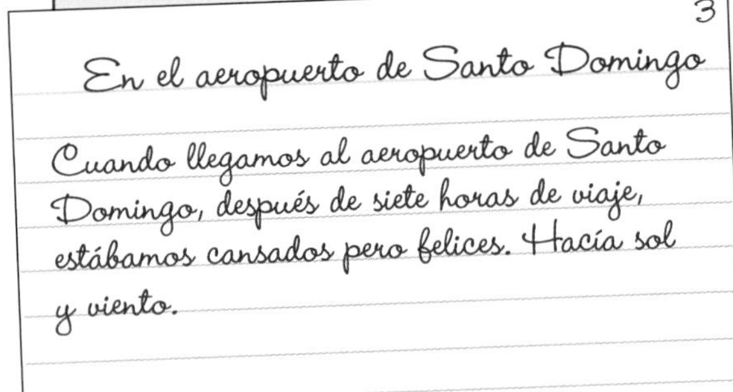

3
En el aeropuerto de Santo Domingo
Cuando llegamos al aeropuerto de Santo Domingo, después de siete horas de viaje, estábamos cansados pero felices. Hacía sol y viento.


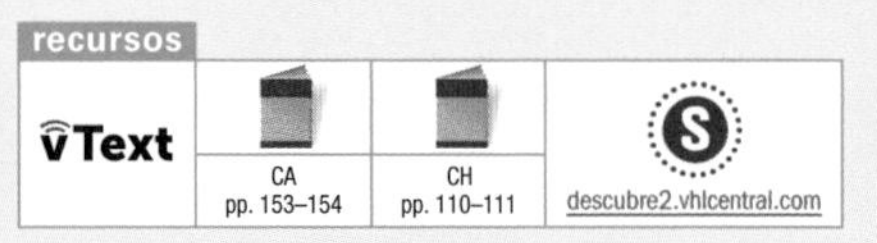

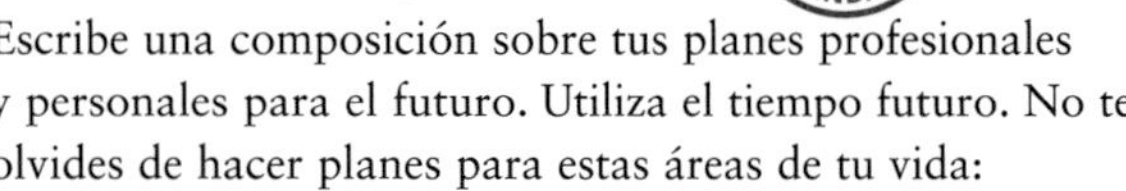


## Tema

### Escribir una composición

Escribe una composición sobre tus planes profesionales y personales para el futuro. Utiliza el tiempo futuro. No te olvides de hacer planes para estas áreas de tu vida:

**Lugar**

- ¿Dónde vivirás?
- ¿Vivirás en la misma ciudad siempre? ¿Te mudarás mucho?

**Familia**

- ¿Te casarás? ¿Con quién?
- ¿Tendrás hijos? ¿Cuántos?

**Empleo**

- ¿En qué profesión trabajarás?
- ¿Tendrás tu propia empresa?

**Finanzas**

- ¿Ganarás mucho dinero?
- ¿Ahorrarás mucho dinero? ¿Lo invertirás?

Termina tu composición con una lista de metas profesionales, utilizando el futuro perfecto.

Por ejemplo: **Para el año 2025, habré empezado mi propio negocio. Para el año 2035, habré ganado más dinero que Bill Gates.**

**EVALUATION: Composición**

| Criteria | Scale |
|---|---|
| Content | 1 2 3 4 |
| Organization | 1 2 3 4 |
| Use of vocabulary | 1 2 3 4 |
| Accuracy and mechanics | 1 2 3 4 |
| Creativity | 1 2 3 4 |

| Scoring | |
|---|---|
| Excellent | 18–20 points |
| Good | 14–17 points |
| Satisfactory | 10–13 points |
| Unsatisfactory | < 10 points |

# Escuchar

## Estrategia

**Using background knowledge/ Listening for specific information**

If you know the subject of something you are going to hear, your background knowledge will help you anticipate words and phrases you're going to hear, and will help you identify important information that you should listen for.

To practice these strategies, you will listen to a radio advertisement for the **Hotel El Retiro**. Before you listen, write down a list of the things you expect the advertisement to contain. Then make another list of important information you would listen for if you were a tourist considering staying at the hotel. After listening to the advertisement, look at your lists again. Did they help you anticipate the content of the advertisement and focus on key information? Explain your answer.

## Preparación

Mira la foto. ¿De qué crees que van a hablar? Haz una lista de la información que esperas oír en este tipo de situación.

## Ahora escucha  

Ahora vas a oír una entrevista entre la señora Sánchez y Rafael Ventura Romero. Antes de escuchar la entrevista, haz una lista de la información que esperas oír según tu conocimiento previo° del tema. Answers will vary.

1. ____________
2. ____________
3. ____________
4. ____________

Mientras escuchas la entrevista, llena el formulario con la información necesaria. Si no oyes un dato° que necesitas, escribe *Buscar en el currículum*. ¿Oíste toda la información que habías anotado en tu lista?

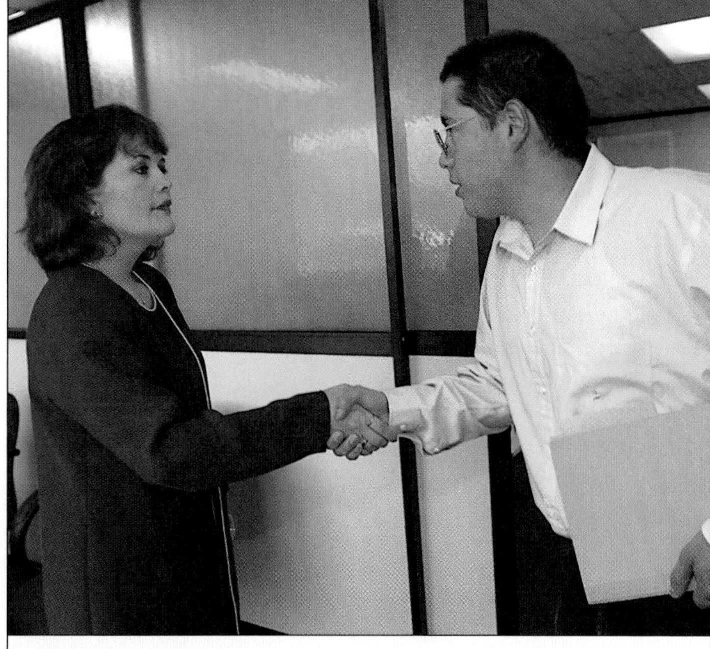

## Comprensión

**Puesto solicitado** contador general
**Nombre y apellidos del solicitante** Rafael Ventura Romero
**Dirección** Buscar en el currículum **Tel.** Buscar en el currículum

Educación Universidad Politécnica de Nicaragua
Experiencia profesional: Puesto contador
Empresa Dulces González
¿Cuánto tiempo? 3 años durante las vacaciones de la universidad

**Referencias:**
Nombre Héctor Cruz
Dirección Buscar en el currículum Tel. Buscar en el currículum
Nombre Prof. Armando Carreño
Dirección Buscar en el currículum Tel. Buscar en el currículum

**Preguntas**

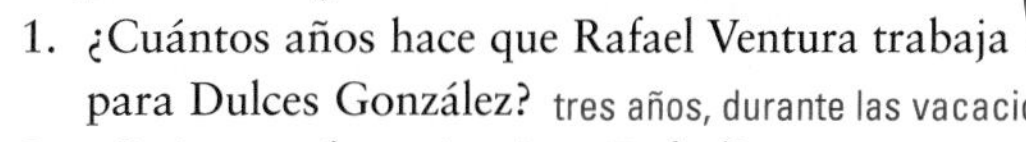

1. ¿Cuántos años hace que Rafael Ventura trabaja para Dulces González? tres años, durante las vacaciones
2. ¿Cuántas referencias tiene Rafael? dos
3. ¿Cuándo se gradúa Rafael? el 15 de diciembre
4. ¿Cuál es la profesión de Armando Carreño? Es profesor.
5. ¿Cómo sabes si los resultados de la entrevista han sido positivos para Rafael Ventura? Los resultados fueron positivos porque la jefa quiere que él empiece a trabajar antes de que se gradúe.

**conocimiento previo** *prior knowledge* **dato** *fact; piece of information*

### Section Goal

In **Escuchar**, students will use background knowledge and listen for specific information.

**Instructional Resources**
**vText**
**Supersite:** Textbook MP3 Audio Files
**Supersite/TRCD/Print:** Textbook Audio Script
**Textbook CD:** CD 2, Tracks 10–11

**Estrategia**

**Script** ¿Sufre usted de muchas tensiones? Con sólo una semana en el hotel El Retiro, usted podrá aliviar su estrés. Venga y disfrute de los espectaculares bosques que lo rodean, las habitaciones modernas y elegantes y las comidas sabrosas preparadas según su dieta. Además de los maravillosos baños térmicos volcánicos, se ofrecen masajes y sauna. El Retiro queda a 100 km de San José en un lugar que le traerá el descanso y la paz que usted necesita. Llame al 451-2356 para recibir más información.

**Ahora escucha**

**Script** SRA. SÁNCHEZ: Buenos días. Usted es Rafael Ventura Romero, ¿no? Soy la señora Sánchez, la jefa de esta compañía. Siéntese, por favor. RAFAEL VENTURA: Buenos días, señora. Estoy muy agradecido de tener esta oportunidad de hablar con usted hoy. S: Veo aquí que está solicitando el puesto de contador general. ¿Qué preparación tiene usted? V: En diciembre me gradúo de contador en la Universidad Politécnica de Nicaragua. Durante los últimos tres años he trabajado en Dulces González aquí en Managua como contador durante las vacaciones. Es la carrera que siempre he querido y sé que voy a tener éxito si usted me da la oportunidad. S: ¿Tiene usted algunas referencias? V: Sí, señora. El gerente de la

*(Script continues at far left in the bottom panels.)*

empresa donde he trabajado, el señor Héctor Cruz, y también el profesor Armando Carreño de la Facultad de Contaduría Pública y Finanzas. Los teléfonos y direcciones están apuntados en el currículum. S: Muy bien. Este puesto comienza con un salario mensual de 25.812 córdobas. Después de seis meses tiene la posibilidad de un aumento de sueldo. Ofrecemos beneficios excelentes. El horario es de 8:30 a 12:00 y de 2:00 a 6:00. ¿Está interesado? V: Estoy sumamente interesado. S: Pues, necesito unos días para comunicarme con las personas que usted ha dado de referencia. Si todo sale bien, lo llamaré antes del viernes. ¿Cuándo está dispuesto a comenzar a trabajar? Necesito a alguien lo más pronto posible. V: No me gradúo hasta el 15 de diciembre. Pero puedo trabajar media jornada por las siguientes tres semanas hasta la graduación. S: Creo que no va a haber ningún problema con eso. Entonces hablamos en unos días. V: Muchas gracias por la entrevista, señora Sánchez. Estoy muy emocionado por la posibilidad de trabajar en esta gran empresa. ¡Que tenga muy buen día!

## Section Goals

In **En pantalla**, students will:
- read about the U.S. dollar in Latin America
- watch a television commercial for **Banco Sudamericano**, a Peruvian bank

**Instructional Resources**
**vText**
**Supersite:** ***En pantalla***
Transcript & Translation

**Introduction**
To check comprehension, ask these questions. **1. ¿Por qué hay cierta homogeneización en el sistema monetario internacional? (por la economía, las comunicaciones y la inmigración) 2. ¿Cuál es la moneda oficial de El Salvador? (el dólar estadounidense) 3. Por lo general, ¿en qué lugares se puede pagar con dólares en Perú? (tiendas, hoteles, restaurantes y taxis de las grandes ciudades)**

**Antes de ver**
- Ask: **¿Alguna vez han tomado un examen para conseguir un trabajo? ¿Qué destrezas** (*skills*) **se necesitan para trabajar en un banco?**
- Read through the **Vocabulario útil** and model the pronunciation.
- Assure students that they do not need to understand every word they hear. Tell them to rely on visual clues and words from **Vocabulario útil**.

**Preguntas** Ask additional questions. Ex: **¿Qué habrá pensado el joven al encontrar el billete? ¿Creen que sabía que ésta era la prueba? ¿Qué mensaje presenta este anuncio sobre la credibilidad del banco?**

**La entrevista**
- Encourage students to look at job postings on Spanish-language websites for ideas.
- Remind students to use the formal register.
- After the interviews, have the interviewers tell the class who they will hire and why.

# En pantalla

La economía, las comunicaciones y la inmigración han provocado cierta° homogeneización en diversos sectores a nivel internacional. Por ejemplo, países hispanos como Ecuador y El Salvador tienen como moneda oficial el dólar estadounidense. También, si visitas países como la República Dominicana, México, Perú o Argentina te podrás dar cuenta de que, por razones prácticas, en las grandes ciudades es generalmente aceptable pagar con dólares en tiendas, hoteles, restaurantes o taxis.

**Vocabulario útil**

| | |
|---|---|
| **lo pasaste** | *you passed it* |
| **plata** | **dinero (Amér. S.)** |
| **respeto** | *respect* |
| **cobra mitad** | *charges half* |
| **billete** | *bill* |
| **demostrar** | *to prove; to demonstrate* |

### Preguntas

Responde a las preguntas. Some answers may vary.

1. ¿Por qué está el joven en la oficina? Porque está solicitando un empleo.
2. ¿Qué encuentra el joven en el suelo? un billete
3. ¿Qué hace con lo que encontró? Lo pone en el escritorio.
4. ¿Pasó el joven el examen? ¿Por qué? Sí, lo pasó porque demostró que es honesto.

### La entrevista

En grupos de tres, imaginen que son los dueños de una empresa y necesitan contratar a tres empleados. Piensen en las características que deben tener los candidatos para cada puesto. Primero, escriban las preguntas que les van a hacer a los candidatos. Después, reúnanse con otro grupo y entrevístenlos para los puestos. Answers will vary.

cierta *certain* avisar *to call (for them)* que te tomen *to give you (Peru)*

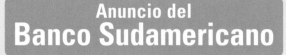

## Anuncio del Banco Sudamericano

NATIONAL STANDARDS communication cultures

**Voy a avisar°...**

**... que te tomen°...**

**... el examen.**

recursos

Practice more at **descubre2.vhlcentral.com.**

**TEACHING OPTIONS**

**Pairs** Tell students to imagine that the young man from the commercial kept the $100 for himself. Have pairs create a dialogue in which the interviewer confronts the young man. Then have students role-play their skits for the class.

**Small Groups** Explain that many employers also place importance on the questions that job candidates ask about the position, the business culture, or the organization itself. Have students work in small groups to create a list of questions they would ask a potential employer during an interview. Call on group representatives to read their questions aloud for the class. You may want to tell some groups to focus on a "good" interview and others to focus on a less successful one.

# Oye cómo va

## Sergio Vargas

El popular cantante dominicano **Sergio Vargas** (1963) comenzó su carrera artística con el grupo La Banda Brava. En 1982 empezó a trabajar con la orquesta de Dionis Fernández, uno de los intérpretes de merengue más populares de la República Dominicana. En 1986, Vargas creó su propia° orquesta, ganando° rápidamente fama internacional con su álbum *La quiero a morir*. En 1988 comenzó a realizar giras° internacionales con mucho éxito. Algunas de sus canciones más famosas son *Ni tú ni yo, Eres tú, Si volvieras, La tierra tembló* y *Vete y dile*. En 2006, Vargas fue electo para formar parte de la Cámara de Diputados° de la República Dominicana representando el lugar donde nació, Villa Altagracia.

Tu profesor(a) va a poner la canción en la clase. Escúchala y completa las actividades.

### ¿Cierto o falso?

Indica si lo que dice cada oración es **cierto** o **falso**. Corrige la información falsa.

1. Sergio Vargas nació en Santo Domingo. Falso. Nació en Villa Altagracia.
2. Empezó su carrera con el grupo La Banda Brava. Cierto.
3. Formó parte de la orquesta de Dionis Fernández. Cierto.
4. En 2006 Sergio Vargas fue elegido como presidente de la República Dominicana. Falso. En 2006 fue elegido como diputado.
5. Gisselle canta tango y música ranchera. Falso. Gisselle canta merengue y pop.

### Preguntas

En parejas, respondan a las preguntas. Answers will vary.

1. ¿Por qué uno de los protagonistas de la canción decide terminar con la relación?
2. ¿Creen que hay la posibilidad de recuperarla?
3. Imaginen que ellos se vuelven a encontrar en cinco años. Escriban un breve diálogo entre ellos donde se cuenten cómo han sido sus vidas desde su separación.

creó su propia *created his own* ganando *gaining* giras *tours*
Cámara de Diputados *Chamber of Deputies* agradecido *grateful*
aunque *although* herido *hurt* fingir *pretend* ha logrado *she has achieved*

## Para decir adiós (con Gisselle)

Para decir adiós, vida mía,
y que estaré por siempre agradecido°.
Me acordaré de ti algún día.
Para decir adiós, sólo tengo que decirlo.

Comprendo por mi parte tu triste decisión,
y aunque° el corazón lo tengo herido°,
si no puedo tenerte, entonces, pues, adiós.
No podemos fingir° cuando el amor se ha ido.

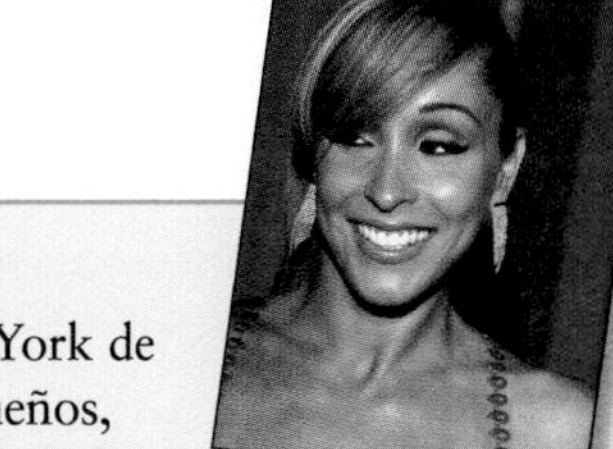

**Gisselle**
Nacida en Nueva York de padres puertorriqueños, la cantante Gisselle grabó su primer álbum como solista en 1995. Desde entonces ha logrado° una gran popularidad en todo el mundo hispano alternando entre el merengue y el pop. Algunas de sus canciones más conocidas son *Pesadilla, Júrame, Libre* y *Sin aire*.

recursos

Practice more at **descubre2.vhlcentral.com.**

### Section Goals

In **Oye cómo va**, students will:
- read about **Sergio Vargas** and **Gisselle**
- listen to a song by **Sergio Vargas**

**Instructional Resources**
**vText**
**Supersite**
**Vista Higher Learning**
***Cancionero***

**Antes de escuchar**
- Have students scan the lyrics and underline verbs in the future tense.
- Ask students to predict what type of song this is, based on the title and lyrics. Ask: **¿Será triste o alegre esta canción? ¿Qué ritmo tendrá?**

**¿Cierto o falso?** As a variant, call on volunteers to read each item aloud. If the statement is false, have students raise one hand; if it is true, have them raise both hands. Have the volunteers correct the false statements.

**Preguntas**
- Have pairs answer additional discussion questions. Ex: **¿Creen que los protagonistas de la canción están enojados? ¿Ha sido fácil para ellos dejar esta relación? ¿Por qué?**
- Call on volunteers to role-play their dialogues for the class.

**TEACHING OPTIONS**

**Extra Practice** Tell students that modern-day **merengue** music is often played by big bands, featuring a variety of instruments: saxophones, piano, electric bass guitars, and congas. Replay ***Para decir adiós*** and ask students to identify the instruments they hear. Students will read more about **merengue** in **Panorama**, page 257.

**Heritage Speakers** Ask heritage speakers if they or their family members listen to **merengue** music. If time and resources permit, have them bring in other examples by **Serio Vargas, Elvis Crespo, Wilfrido Vargas,** or **Juan Luis Guerra.**

## Section Goal

In **Panorama**, students will read about the geography, history, and culture of Nicaragua.

**Instructional Resources**

**vText**

***Cuaderno de actividades,*** pp. 77–78

***Cuaderno de práctica,*** p. 81

***e-Cuaderno***

**Supersite/DVD:** ***Panorama cultural***

**Supersite/TRCD/Print:** *PowerPoints* (Overheads #3, #4, #28); ***Panorama cultural*** Videoscript & Translation, Answer Keys

**Teaching Tip** Have students look at the map of Nicaragua or show *Overhead PowerPoint #28* and talk about the geographical features of the country. Point out the concentration of cities along the country's Pacific Coast, and note the sparse settlement in the eastern part of the country and along the Caribbean coast. Tell students that, nearly 100 years after the construction of the Panama Canal, plans are underway for a new interoceanic canal, utilizing the San Juan River and Lake Nicaragua.

**El país en cifras** After reading about the country's varied terrain and many volcanoes, tell students that Nicaragua's national slogan is **"Tierra de lagos y volcanes."** After students read about the capital, ask: **¿Qué porcentaje de nicaragüenses vive en Managua? (el 20%)** Tell students that one reason so many Nicaraguans live in the capital is due to the devastation experienced in much of the rest of the country over the past two decades due to war and natural disasters, such as Hurricane Mitch in 1998, and earthquakes and volcanic eruptions in 1999.

**¡Increíble pero cierto!** Lake Nicaragua is the largest lake in Central America. Over forty rivers drain into the lake.



Interactive Map
Video: *Panorama cultural*

# Nicaragua

NATIONAL STANDARDS connections cultures

## El país en cifras

- **Área:** 129.494 km² (49.998 millas²), *aproximadamente el área de Nueva York. Nicaragua es el país más grande de Centroamérica. Su terreno es muy variado e incluye bosques tropicales, montañas, sabanas° y marismas°, además de unos 40 volcanes.*
- **Población:** 6.637.000
- **Capital:** Managua—1.461.000
*Managua está en una región de una notable inestabilidad geográfica, con muchos volcanes y terremotos°. En décadas recientes, los nicaragüenses han decidido que no vale la pena° construir rascacielos° porque no resisten los terremotos.*
- **Ciudades principales:** León, Masaya, Granada

SOURCE: Population Division, UN Secretariat

- **Moneda:** córdoba
- **Idiomas:** español (oficial), misquito, inglés

Bandera de Nicaragua

### Nicaragüenses célebres

- **Rubén Darío,** poeta (1867–1916)
- **Violeta Barrios de Chamorro,** política y ex-presidenta (1929– )
- **Daniel Ortega,** político y presidente (1945– )
- **Gioconda Belli,** poeta (1948– )

Típico hogar misquito en la costa atlántica

Pintada° en una pared de Managua

Violeta Barrios de Chamorro

sabanas *grasslands* marismas *marshes* Pintada *Political graffiti* terremotos *earthquakes* no vale la pena *it's not worthwhile* rascacielos *skyscrapers* tiburón *shark* agua dulce *freshwater* bahía *bay* fue cercada *was closed off* atunes *tuna*

**recursos**

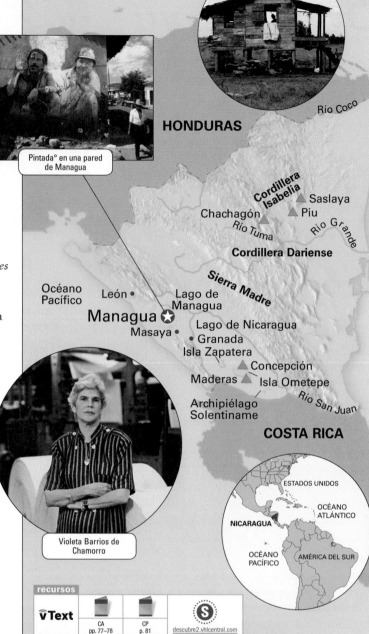

| vText | CA pp. 77–78 | CP p. 81 | descubre2.vhlcentral.com |
|---|---|---|---|

### ¡Increíble pero cierto!

En el Lago de Nicaragua está la única especie de tiburón° de agua dulce° del mundo. Los científicos creen que el lago fue antes una enorme bahía° que luego fue cercada° por erupciones volcánicas. Esta teoría explicaría la presencia de tiburones, atunes° y otras especies de peces que normalmente sólo viven en mares y océanos.

**TEACHING OPTIONS**

**Worth Noting** Managua is a city that has been destroyed and rebuilt multiple times due to wars and natural disasters. This has contributed to the unusual method used for listing street addresses in this capital city. Many places do not have an address that includes an actual building number and street name. Instead, the address includes a reference to a local landmark, and its relationship to other permanent features of the landscape, such as Lake Managua. Here is a typical Managua address: **De la Clínica Don Bosco, 2 cuadras al norte, 3 al sur.**

**Extra Practice** Invite students to compare the romantic poetry of **Rubén Darío** to the contemporary work of **Ernesto Cardenal** and **Gioconda Belli.** Students can choose several poems to read aloud to the class, and then comment on differences in style and content.

## Historia • Las huellas° de Acahualinca

La región de Managua se caracteriza por tener un gran número de sitios prehistóricos. Las huellas de Acahualinca son uno de los restos° más famosos y antiguos°. Se formaron hace más de 6.000 años, a orillas° del lago Managua. Las huellas, tanto de humanos como de animales, se dirigen° hacia una misma dirección, lo que ha hecho pensar a los expertos que éstos corrían hacia el lago para escapar de una erupción volcánica.

## Artes • Ernesto Cardenal (1925– )

Ernesto Cardenal, poeta, escultor y sacerdote° católico, es uno de los escritores más famosos de Nicaragua, país conocido por sus grandes poetas. Ha escrito más de 35 libros y se le considera uno de los principales autores de Latinoamérica. Desde joven creyó en el poder de la poesía para mejorar la sociedad y trabajó por establecer la igualdad y la justicia en su país. En los años 60, Cardenal estableció la comunidad artística del archipiélago Solentiname en el lago Nicaragua. Fue ministro de cultura del país desde 1979 hasta 1988 y también ha servido como vicepresidente de Casa de los Tres Mundos, una organización creada para el intercambio cultural internacional.

## Naturaleza • El lago de Nicaragua

El lago de Nicaragua, con un área de más de 8.000 km$^2$ (3.100 millas$^2$), es el lago más grande de Centroamérica. Tiene más de 370 islas, formadas por las erupciones del volcán Mombacho. La isla Zapatera, casi deshabitada ahora, fue un cementerio° indígena donde todavía se encuentran estatuas prehistóricas. En el lago también encontramos muchos peces exóticos.

**¿Qué aprendiste?** Responde a cada pregunta con una oración completa.

1. ¿Por qué no hay muchos rascacielos en Managua?
   No hay muchos rascacielos en Managua porque no resisten los terremotos.
2. Nombra a la ex-presidenta de Nicaragua.
   Violeta Barrios de Chamorro es la ex-presidenta de Nicaragua.
3. ¿Qué especie única vive en el lago de Nicaragua?
   La única especie de tiburón de agua dulce vive en el lago de Nicaragua.
4. ¿Cuál es una de las teorías sobre la formación de las huellas de Acahualinca?
   Una teoría dice que las personas y los animales corrían para escapar de una erupción volcánica.
5. ¿Por qué es famoso el archipiélago Solentiname?
   El archipiélago Solentiname es famoso porque es el sitio de la comunidad artística establecida por Cardenal.
6. ¿Qué cree Ernesto Cardenal acerca de la poesía?
   Cardenal cree que la poesía puede mejorar la sociedad.
7. ¿Cómo se formaron las islas del lago de Nicaragua?
   Las islas se formaron por las erupciones del volcán Mombacho.
8. ¿Qué hay de interés arqueológico en la isla Zapatera?
   En la isla Zapatera existió un cementerio indígena en el que todavía se encuentran estatuas prehistóricas.

**Conexión Internet** Investiga estos temas en **descubre2.vhlcentral.com.**

1. ¿Dónde se habla inglés en Nicaragua y por qué?
2. ¿Qué información hay ahora sobre la economía y/o los derechos humanos en Nicaragua?

**huellas** *footprints* **restos** *remains* **antiguos** *ancient* **orillas** *shores* **se dirigen** *are headed* **sacerdote** *priest* **cementerio** *cemetery* **dioses** *gods*

Practice more at **descubre2.vhlcentral.com.**

**Las huellas de Acahualinca** The **huellas de Acahualinca** were preserved in soft mud that was then covered with volcanic ash which became petrified, preserving the prints of bison, otter, deer, lizards, and birds—as well as humans.

**Ernesto Cardenal** After completing undergraduate courses in Nicaragua, **Ernesto Cardenal** studied in Mexico and in the United States, where he worked with the religious poet Thomas Merton at the Trappist seminary in Kentucky. He later studied theology in Colombia and was ordained in Nicaragua in 1965. Shortly after that, **Cardenal** founded the faith-based community of artists on the Solentiname Islands of Lake Nicaragua.

**El lago de Nicaragua** Environmental groups in Nicaragua have been concerned about the recent introduction of a variety of **tilapia** into Lake Nicaragua. Although **tilapia** are native to the lake, this variety is a more prolific species. Environmentalists are concerned that the Nicaraguan-Norwegian joint venture responsible for this initiative has not done an adequate environmental impact study, and that the delicate and unique ecology of the lake may be negatively impacted.

**Conexión Internet** Students will find supporting Internet activities and links at **descubre2.vhlcentral.com**.

**Teaching Tip** You may want to wrap up this section by playing the ***Panorama cultural*** video footage for this lesson.

**TEACHING OPTIONS**

**Worth Noting** On July 19, 1979, the **FSLN** (**Frente Sandinista de Liberación Nacional**), known as the **Sandinistas**, came to power in Nicaragua after winning a revolutionary struggle against the dictatorship of **Anastasio Somoza**. The **Sandinistas** began a program of economic and social reform that threatened the power of Nicaragua's traditional elite, leading to a civil war known as the **Contra** war. The United States became enmeshed in this conflict, illegally providing funding and arms to the **Contras**, who fought to oust the **Sandinistas**. The **Sandinistas** were voted out of power in 1990. However, **Sandinista** leader Daniel Ortega was voted president and took office in January 2007.

## Section Goal

In **Panorama**, students will read about the geography and culture of the Dominican Republic.

**Instructional Resources**
**vText**
***Cuaderno de actividades,*** pp. 79–80
***Cuaderno de práctica,*** p. 82
***e-Cuaderno***
**Supersite/DVD: *Panorama cultural***
**Supersite/TRCD/Print:** *PowerPoints* (Overheads #3, #4, #29); ***Panorama cultural*** Videoscript & Translation, Answer Keys

**Teaching Tip** Have students look at the map of the Dominican Republic or show *Overhead PowerPoint #29* and talk about geographical features of the country. Have students note that the majority of cities are located along the coast or close to it and that there are few cities in the center of the island. Point out that there are rugged mountains through the center of the country, with fertile valleys interspersed.

**El país en cifras** After reading **Población,** point out to students that the neighboring country of Haiti is the poorest in the western hemisphere. Ask students to speculate about how that might impact the Dominican Republic.

**¡Increíble pero cierto!** The actual whereabouts of the remains of Christopher Columbus are a matter of dispute. While Santo Domingo claims to house them, the navigator died in Spain and there is an elaborate tomb said to be his in the cathedral of Seville.

# La República Dominicana

NATIONAL STANDARDS: connections, cultures

## El país en cifras

- **Área:** 48.730 km² (18.815 millas²), *el área combinada de New Hampshire y Vermont*
- **Población:** 10.124.000

*La isla La Española, llamada así tras° el primer viaje de Cristóbal Colón, estuvo bajo el completo dominio de la corona° española hasta 1697, cuando la parte oeste de la isla pasó a ser propiedad° francesa. Hoy día está dividida políticamente en dos países, la República Dominicana en la zona este y Haití en el oeste.*

SOURCE: Population Division, UN Secretariat

- **Capital:** Santo Domingo—2.449.000
- **Ciudades principales:** Santiago de los Caballeros, La Vega, Puerto Plata, San Pedro de Macorís
- **Moneda:** peso dominicano
- **Idiomas:** español (oficial)

Bandera de la República Dominicana

### Dominicanos célebres

- **Juan Pablo Duarte,** político y padre de la patria° (1813–1876)
- **Celeste Woss y Gil,** pintora (1891–1985)
- **Juan Luis Guerra,** compositor y cantante de merengue (1957– )

tras *after* corona *crown* propiedad *property* padre de la patria *founding father* fortaleza *fortress* se construyó *was built* naufragó *was shipwrecked* Aunque *Although* enterrado *buried*

Hombres tocando los palos en una misa en Nochebuena

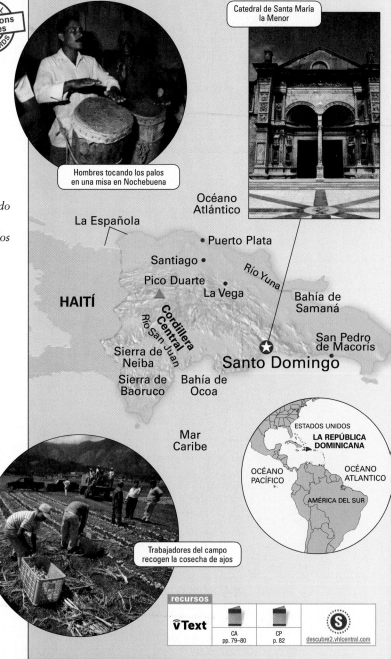

Catedral de Santa María la Menor

Océano Atlántico
La Española
Puerto Plata
Santiago
Río Yuna
Pico Duarte
La Vega
HAITÍ
Bahía de Samaná
Cordillera Central
Río San Juan
Sierra de Neiba
San Pedro de Macorís
Santo Domingo
Sierra de Baoruco
Bahía de Ocoa
Mar Caribe
ESTADOS UNIDOS
LA REPÚBLICA DOMINICANA
OCÉANO PACÍFICO
OCÉANO ATLÁNTICO
AMÉRICA DEL SUR

Trabajadores del campo recogen la cosecha de ajos

recursos

vText | CA pp. 79–80 | CP p. 82 | descubre2.vhlcentral.com

## ¡Increíble pero cierto!

La primera fortaleza° del Nuevo Mundo se construyó° en la República Dominicana en 1492 cuando la Santa María, uno de los tres barcos de Cristóbal Colón, naufragó° allí. Aunque° la fortaleza, hecha con los restos del barco, fue destruida por tribus indígenas, el amor de Colón por la isla nunca murió. Colón insistió en ser enterrado° allí.

### TEACHING OPTIONS

**Language Notes** Although the Arawak and Taíno people who were indigenous to Hispaniola were virtually eliminated following the European conquest, Caribbean Spanish continues to be marked by lexical items from these cultures. Point out these words of Native American origin that have entered Spanish: **ají, cacique, canoa, hamaca, huracán** *(chili pepper, political leader, canoe, hammock, hurricane).*

**Extra Practice** Bring in recordings by **Juan Luis Guerra,** such as his 1998 release ***Ni es lo mismo ni es igual.*** Invite students to follow the printed lyrics as they listen to a track such as ***Mi PC.*** Then, have students work together to create an English translation of the song.

## Ciudades • Santo Domingo

La zona colonial de Santo Domingo, fundada en 1496, posee° algunas de las construcciones más antiguas del hemisferio. Gracias a las restauraciones°, la arquitectura de la ciudad es famosa no sólo por su belleza sino también por el buen estado de sus edificios. Entre sus sitios más visitados se cuentan° la Calle de las Damas, llamada así porque allí paseaban las señoras de la corte del Virrey; el Alcázar de Colón, un palacio construido en 1509 por Diego Colón, hijo de Cristóbal; y la Fortaleza Ozama, la más vieja de las Américas, construida en 1503.

## Deportes • El béisbol

El béisbol es un deporte muy practicado en el Caribe. Los primeros países hispanos en tener una liga fueron Cuba y México, donde se empezó a jugar al béisbol en el siglo° XIX. Hoy día este deporte es una afición° nacional en la República Dominicana. Pedro Martínez (foto, derecha) y David Ortiz son sólo dos de los muchísimos beisbolistas dominicanos que han alcanzado° enorme éxito e inmensa popularidad entre los aficionados.

## Artes • El merengue

El merengue, un ritmo originario de la República Dominicana, tiene sus raíces° en el campo. Tradicionalmente las canciones hablaban de los problemas sociales de los campesinos°. Sus instrumentos eran el acordeón, el saxofón, el bajo°, el guayano° y la tambora, un tambor° característico del lugar. Entre 1930 y 1960, el merengue se popularizó en las ciudades y adoptó un tono más urbano. En este período empezaron a formarse grandes orquestas. Uno de los cantantes y compositores de merengue más famosos es Juan Luis Guerra.

**¿Qué aprendiste?** Responde a cada pregunta con una oración completa.

1. ¿Quién es Juan Luis Guerra?
   Juan Luis Guerra es un compositor y cantante de merengue.
2. ¿Cuándo se fundó la ciudad de Santo Domingo?
   Santo Domingo se fundó en 1496.
3. ¿Qué es el Alcázar de Colón?
   El Alcázar de Colón es un palacio construido en 1509 por Diego Colón, hijo de Cristóbal.
4. Nombra dos beisbolistas famosos de la República Dominicana.
   Dos beisbolistas famosos de la República Dominicana son Pedro Martínez y David Ortiz.
5. ¿De qué hablaban las canciones de merengue tradicionales?
   Las canciones de merengue tradicionales hablaban de los problemas sociales de los campesinos.
6. ¿Qué instrumentos se utilizaban para tocar (*play*) el merengue?
   Se utilizaban el acordeón, el saxofón, el bajo, el guayano y/o la tambora.
7. ¿Cuándo se transformó el merengue en un estilo urbano?
   El merengue se transformó en un estilo urbano entre los años 1930 y 1960.
8. ¿Qué cantante ha ayudado a internacionalizar el merengue?
   Juan Luis Guerra ha ayudado a internacionalizar el merengue.

**Conexión Internet** Investiga estos temas en **descubre2.vhlcentral.com.**

1. Busca más información sobre la isla La Española. ¿Cómo son las relaciones entre la República Dominicana y Haití?
2. Busca más información sobre la zona colonial de Santo Domingo: la Catedral de Santa María, la Casa de Bastidas o el Panteón Nacional. ¿Cómo son estos edificios? ¿Te gustan? Explica tus respuestas.

**posee** *possesses* **restauraciones** *restorations* **se cuentan** *are included* **siglo** *century* **afición** *love* **han alcanzado** *have reached* **raíces** *roots* **campesinos** *rural people* **bajo** *bass* **guayano** *metal scraper* **tambor** *drum*

Practice more at **descubre2.vhlcentral.com.**

**Santo Domingo** UNESCO has declared Santo Domingo a World Heritage site because of the abundance of historical architecture. Efforts are being made to restore buildings to their original grandeur, and to "correct" restorations made in the past that were not true to original architectural styles.

**El béisbol** Like many other Dominicans, baseball player **Sammy Sosa's** first baseball glove was a milk carton, his bat was a stick, and the ball was a rolled-up sock wound with tape. **Sosa** has not forgotten the difficult conditions experienced by most Dominicans. After a devastating hurricane swept the island, **Sosa's** charitable foundation raised $700,000 for reconstruction.

**El merengue** **Merengue** synthesizes elements of the cultures that make up the Dominican Republic's heritage. The gourd scraper—or **güiro**—comes from the Arawak people, the **tambora**—a drum unique to the Dominican Republic—is part of the nation's African legacy, the stringed instruments were adapted from the Spanish guitar, and the accordion was introduced by German merchants. Once students hear this quick-paced music, they will understand how it came to be named after meringue—a dessert made by furiously beating egg whites! For more information about **merengue,** you may want to play the ***Panorama cultural*** video footage for this lesson.

**Conexión Internet** Students will find supporting Internet activities and links at **descubre2.vhlcentral.com.**

### TEACHING OPTIONS

**Worth Noting** Students may enjoy learning more about Latin American baseball. They can check out reports of Caribbean League baseball games on the Internet, which follow Dominican, Cuban, and Venezuelan teams, among others. Encourage students to create a bilingual dictionary of baseball terms such as **jardinero, jardín, cuadrangular, jonrón, bateo, pitcheo, anotar carreras, ponchar, la goma, montículo,** and so forth. Encourage sports fans to help you identify Latin Americans currently playing in the Major Leagues.

Audio: Vocabulary Flashcards

**Instructional Resources**
**vText**
***Cuaderno de actividades,*** p. 129
***e-Cuaderno***
**Supersite:** Textbook & Vocabulary MP3 Audio Files
**Supersite/TRCD/Print:** Answer Keys; *Testing Program* (**Lección 7 Pruebas**, Test Generator, Testing Program MP3 Audio Files)
**Textbook CD:** CD 2, Tracks 12–15
**Audio Activity CD:** CD 7, Tracks 20–23
**Testing Program CD:** Tracks 25–28

## Las ocupaciones

| | |
|---|---|
| **el/la abogado/a** | *lawyer* |
| **el actor, la actriz** | *actor* |
| **el/la arqueólogo/a** | *archaeologist* |
| **el/la arquitecto/a** | *architect* |
| **el/la bombero/a** | *firefighter* |
| **el/la carpintero/a** | *carpenter* |
| **el/la científico/a** | *scientist* |
| **el/la cocinero/a** | *cook; chef* |
| **el/la consejero/a** | *counselor; advisor* |
| **el/la contador(a)** | *accountant* |
| **el/la corredor(a) de bolsa** | *stockbroker* |
| **el/la diseñador(a)** | *designer* |
| **el/la electricista** | *electrician* |
| **el hombre/la mujer de negocios** | *businessperson* |
| **el/la maestro/a** | *teacher* |
| **el/la peluquero/a** | *hairdresser* |
| **el/la pintor(a)** | *painter* |
| **el/la político/a** | *politician* |
| **el/la psicólogo/a** | *psychologist* |
| **el/la reportero/a** | *reporter; journalist* |
| **el/la secretario/a** | *secretary* |
| **el/la técnico/a** | *technician* |

## La entrevista

| | |
|---|---|
| **el anuncio** | *advertisement* |
| **el/la aspirante** | *candidate; applicant* |
| **los beneficios** | *benefits* |
| **el currículum** | *résumé* |
| **la entrevista** | *interview* |
| **el/la entrevistador(a)** | *interviewer* |
| **el puesto** | *position; job* |
| **el salario, el sueldo** | *salary* |
| **la solicitud (de trabajo)** | *(job) application* |
| **contratar** | *to hire* |
| **entrevistar** | *to interview* |
| **ganar** | *to earn* |
| **obtener** | *to obtain; to get* |
| **solicitar** | *to apply (for a job)* |

## El mundo del trabajo

| | |
|---|---|
| **el ascenso** | *promotion* |
| **el aumento de sueldo** | *raise* |
| **la carrera** | *career* |
| **la compañía, la empresa** | *company; firm* |
| **el empleo** | *job; employment* |
| **el/la gerente** | *manager* |
| **el/la jefe/a** | *boss* |
| **los negocios** | *business; commerce* |
| **la ocupación** | *occupation* |
| **el oficio** | *trade* |
| **la profesión** | *profession* |
| **la reunión** | *meeting* |
| **el teletrabajo** | *telecommuting* |
| **el trabajo** | *job; work* |
| **la videoconferencia** | *videoconference* |
| **dejar** | *to quit; to leave behind* |
| **despedir (e:i)** | *to fire* |
| **invertir (e:ie)** | *to invest* |
| **renunciar (a)** | *to resign (from)* |
| **tener éxito** | *to be successful* |
| **comercial** | *commercial; business-related* |

## Palabras adicionales

| | |
|---|---|
| **dentro de (diez años)** | *within (ten years)* |
| **en el futuro** | *in the future* |
| **el porvenir** | *the future* |
| **próximo/a** | *next* |

| | |
|---|---|
| **Expresiones útiles** | *See page 231.* |

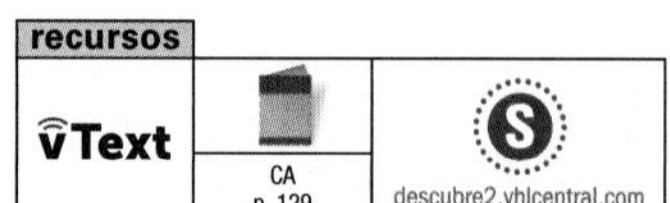

# Un festival de arte

# 8

## Communicative Goals

***You will learn how to:***

- **Talk about and discuss the arts**
- **Express what you would like to do**
- **Express hesitation**



**A PRIMERA VISTA**

- **¿Estará trabajando el hombre de la foto?**
- **¿Es artista o arquitecto?**
- **¿Tendrá un oficio?**
- **¿Será una persona creativa o no?**

## Lesson Goals

In **Lección 8**, students will be introduced to the following:

- fine arts terms
- vocabulary for television and film
- Venezuela's **Museo de Arte Contemporáneo de Caracas**
- Colombian artist **Fernando Botero**
- conditional tense
- conditional perfect tense
- past perfect subjunctive tense
- identifying stylistic devices
- finding biographical information
- writing a composition
- listening for key words and using context
- a parody of the television show ***¿Quién quiere ser millonario?***
- Salvadorian singer **Álvaro Torres**
- cultural and geographic information about El Salvador
- cultural and geographic information about Honduras

**A primera vista** Ask these additional questions based on the photo: **¿En el futuro, tendrás un trabajo creativo? Explica tu respuesta. ¿Te interesa el arte? ¿Quién es tu artista favorito? Para el año que viene, ¿habrás visitado algunos museos de arte? ¿Cuáles? ¿Vas mucho al cine? ¿Cuál es tu película favorita?**

**INSTRUCTIONAL RESOURCES**

**Student Materials**
**Print:** Student Book, Workbooks (*Cuaderno de actividades, Cuaderno de práctica, Cuaderno para hispanohablantes*)
**Technology:** **vText**, MAESTRO® *E-Cuaderno* and Supersite (Audio, Video, Practice)

**Teacher Materials**
DVDs (*Fotonovela, Flash cultura, Panorama cultural*)
Teacher's Resource CD-ROM (Scripts, Answer Keys, *PowerPoints*, Testing Program)
Testing Program, Textbook, Audio Activity CDs
MAESTRO® Supersite: Resources (Planning and Teaching Resources from Teacher's Resource CD-ROM); Learning Management System (Gradebook, Assignments)
Vista Higher Learning *Cancionero*
Resources also available in print

**DESCUBRE 2 Supersite:** descubre2.vhlcentral.com

## Section Goals

In **Contextos**, students will learn vocabulary related to:
- fine arts
- television and film

**Instructional Resources**
**vText**
***Cuaderno de actividades,*** pp. 35–36, 131
***Cuaderno de práctica,*** pp. 83–84
***Cuaderno para hispanohablantes,*** pp. 113–114
***e-Cuaderno***
**Supersite:** Textbook, Vocabulary, & Audio Activity MP3 Audio Files
**Supersite/TRCD/Print:** *PowerPoints* (**Lección 8 Contextos** Presentation, Overhead #30); Communication Activities, Textbook Audio Script, Audio Activity Script, Answer Keys
**Textbook CD:** CD 2, Tracks 16–17
**Audio Activity CD:** CD 8, Tracks 1–3

## Teaching Tips

- Tell the class about some of your favorite artists and why you like them. Write new vocabulary on the board as you use it. Ex: **¿Tienen ustedes un pintor favorito? A mí me fascina Pablo Picasso. Pintaba de una manera muy original.** Be sure to include singers, bands, and actors.
- Show *Overhead PowerPoint #30.* Point to an object or person on the transparency and ask students to name it. When you point to a person, ask what he or she is doing. As you go through the items, ask students about their opinions, eliciting the words in **Más vocabulario**. Ex: **¿Saben cuánto costó un boleto para el último concierto de ____? ¿Te parece caro, ____?** Also ask students who are interested in the arts about their experiences. Ex: ____, **estudias baile, ¿no? Para ti, ¿qué es lo más interesante del baile? Tienes que practicar muchísimo, ¿no?**

# Un festival de arte

## Más vocabulario

| | |
|---|---|
| **el/la compositor(a)** | *composer* |
| **el/la director(a)** | *director; (musical) conductor* |
| **el/la dramaturgo/a** | *playwright* |
| **el/la escritor(a)** | *writer* |
| **el personaje (principal)** | *(main) character* |
| **las bellas artes** | *(fine) arts* |
| **el boleto** | *ticket* |
| **la canción** | *song* |
| **la comedia** | *comedy; play* |
| **el cuento** | *short story* |
| **la cultura** | *culture* |
| **el drama** | *drama; play* |
| **el espectáculo** | *show* |
| **el festival** | *festival* |
| **la historia** | *history; story* |
| **la obra** | *work (of art, music, etc.)* |
| **la obra maestra** | *masterpiece* |
| **la ópera** | *opera* |
| **la orquesta** | *orchestra* |
| **aburrirse** | *to get bored* |
| **dirigir** | *to direct* |
| **presentar** | *to present; to put on (a performance)* |
| **publicar** | *to publish* |
| **artístico/a** | *artistic* |
| **clásico/a** | *classical* |
| **dramático/a** | *dramatic* |
| **extranjero/a** | *foreign* |
| **folklórico/a** | *folk* |
| **moderno/a** | *modern* |
| **musical** | *musical* |
| **romántico/a** | *romantic* |
| **talentoso/a** | *talented* |

## Variación léxica

banda ⟷ grupo musical (*Esp.*)
boleto ⟷ entrada (*Esp.*)

**recursos**

| vText | CA pp. 35–36, 131 | CP pp. 83–84 | CH pp. 113–114 | descubre2.vhlcentral.com |
|---|---|---|---|---|

Hace el papel de Romeo. (hacer)
La Tragedia de Romeo y Julieta
el público
El Teatro
el tejido
la estatua
Esculpe. (esculpir)
La Artesanía
el escultor
La Escultura
la bailarina
Aprecia. (apreciar)
el bailarín
Aplaude. (aplaudir)
La Danza

## TEACHING OPTIONS

**Variación léxica** Tell students that, as well as **boleto** and **entrada**, they may also hear the word **billete** used to name a ticket for admission to a concert or museum. A ticket window is called **la taquilla** in Spain, while in most of Latin America it is called **la boletería**.

**Extra Practice** Have students complete your statements with the vocabulary words from **Contextos**. Ex: **Miguel Ángel esculpió muchas ____ importantes. (estatuas)** ***Carmen*** **es una ____ de Georges Bizet. (ópera) Federico García Lorca es el ____ que escribió *Romancero gitano.* (poeta)**

# Práctica

**1 Escuchar** Escucha la conversación y contesta las preguntas.

1. ¿Adónde fueron Ricardo y Juanita?
   Ellos fueron a un festival de arte.
2. ¿Cuál fue el espectáculo que más le gustó a Ricardo?
   Le gustó más la tragedia de *Romeo y Julieta*.
3. ¿Qué le gustó más a Juanita?
   A Juanita le gustó la banda.
4. ¿Qué dijo Ricardo del actor?
   Ricardo dijo que él era excelente.
5. ¿Qué dijo Juanita del actor?
   Ella dijo que él era guapo.
6. ¿Qué compró Juanita en el festival?
   Ella compró un disco compacto.
7. ¿Qué compró Ricardo?
   Ricardo compró dos libros de poesía.
8. ¿Qué poetas le interesaron a Ricardo?
   A Ricardo le interesaron Claribel Alegría y Roque Dalton.

**2 Artes** Escucha las oraciones y escribe el número de cada oración debajo del arte correspondiente.

| teatro | artesanía | poesía |
|---|---|---|
| 1, 4, 7 | 5 | 6 |

| música | danza |
|---|---|
| 3, 8 | 2 |

**3 ¿Cierto o falso?** Indica si lo que se afirma en estas oraciones es **cierto** o **falso**.

| | Cierto | Falso |
|---|---|---|
| 1. Las bellas artes incluyen la pintura, la escultura, la música, el baile y el drama. | ✓ | ○ |
| 2. Un boleto es un tipo de instrumento musical que se usa mucho en las óperas. | ○ | ✓ |
| 3. El tejido es un tipo de música. | ○ | ✓ |
| 4. Un cuento es una narración corta que puede ser oral o escrita. | ✓ | ○ |
| 5. Un compositor es el personaje principal de una obra de teatro. | ○ | ✓ |
| 6. Publicar es la acción de hablar en público ante grupos grandes. | ○ | ✓ |

**4 Artistas** Indica la profesión de cada uno de estos artistas.

1. Antonio Banderas actor
2. Frida Kahlo pintora
3. Gloria Estefan cantante
4. Octavio Paz poeta, escritor
5. William Shakespeare dramaturgo, poeta
6. Miguel de Cervantes escritor
7. Joan Miró pintor, escultor
8. Leonard Bernstein compositor
9. Toni Morrison escritora
10. Mikhail Baryshnikov bailarín

**TEACHING OPTIONS**

**Heritage Speakers** Have heritage speakers choose a Hispanic artist and research his or her life and works. If the artist works in a visual medium, encourage students to bring reproductions of his or her work, if possible. Have students present their findings in a short oral report.

**TPR** Play a game of charades. Ask volunteers to choose a vocabulary word. Students act out the word for the class to guess.

**Large Group** Write the names of well-known artists on sticky notes and attach them to the backs of students. Tell them to walk around the room asking their classmates yes/no questions to determine their identity. Ex: **¿Soy dramaturgo? ¿Escribo tragedias? ¿Soy William Shakespeare?**

**1 Teaching Tip** Remind students to read the questions before listening to the audio.

**1 Script** JUANITA: Me encantó el festival de arte. Fue maravilloso, ¿verdad, Ricardo? RICARDO: Sí. Me divertí mucho. J: ¿Qué espectáculo te gustó más? R: Pues, pienso que me gustó más la tragedia de *Romeo y Julieta*. El actor que hizo el papel principal fue excelente. J: Y guapo. R: Supongo que sí. Y tú, Juanita, ¿cuál fue tu favorito? J: Sin duda alguna, la banda. La cantante era magnífica. R: Sí. Y los músicos tocaron con mucha pasión. Después, vendieron discos compactos. ¿Compraste uno? J: Sí. Y tú, ¿compraste algo? R: Sí, compré dos libros de poesía. Uno es de Claribel Alegría y el otro es de Roque Dalton. J: Bueno, espero que el festival regrese el próximo año. R: ¡Ojalá! *Textbook CD*

**2 Teaching Tip** To challenge students, have them jot down the vocabulary words they hear that fit under each heading. Ex: Under **teatro**, students write **1. actores, papeles.**

**2 Script** 1. Los actores representaron muy bien sus papeles. 2. El público aplaudió al bailarín principal. 3. La orquesta dio un concierto. 4. El director presentó a las actrices. 5. Las piezas de cerámica eran muy modernas. 6. El escritor presentó sus poemas. 7. La reportera entrevistó al dramaturgo extranjero. 8. El festival finalizó con la actuación de una cantante folklórica. *Textbook CD*

**3 Teaching Tip** To challenge students, have them correct the false statements.

**4 Expansion** After students have stated the profession of each person, ask them if they know the name of one of his or her works.

**Teaching Tip** Use information about programming in your area to introduce vocabulary by talking and asking questions about today's TV shows. Ex: **En el canal 5, la programación del día comienza con los dibujos animados. A las dos de la tarde, dan una telenovela. ¡Qué lástima que no la pueda ver! Tengo clase a esa hora. A las cuatro, dan *Oprah,* un programa de entrevistas muy famoso.**

**5 Teaching Tips**

- Ask individuals each of the items. Since the answers will vary, be sure to ask more than one student to respond to each one. Express your reactions to students' opinions.

**6 Expansion** Write a list of additional vocabulary words from **Contextos** on the board and ask pairs to come up with a definition for each one. Have them share their definitions with the class, who will guess the word.

**7 Teaching Tip** Ask students to explain the relationship between the first set of words. Then have them share their answers for the second set.

**7 Expansion** Ask students to think of other words that belong to the same "family" for these word pairs:
**1. pintura ↔ pintor (pintar) 2. cantante ↔ cantar (canción) 3. drama ↔ dramaturgo (dramático/a) 4. escultor ↔ escultura (esculpir)**

**5** **Los favoritos** En parejas, túrnense para preguntarse cuál es su programa favorito de cada categoría. Answers will vary.

*modelo*
una película musical
—*¿Cuál es tu película musical favorita?*
—*Mi película musical favorita es Brigadoon.*

1. una película de ciencia ficción
2. un programa de entrevistas
3. una telenovela
4. una película de horror
5. una película de acción
6. un concurso
7. una película de vaqueros
8. una película de aventuras
9. un documental
10. un programa de dibujos animados

**El cine y la televisión**

| | |
|---|---|
| **el canal** | *channel* |
| **el concurso** | *game show; contest* |
| **los dibujos animados** | *cartoons* |
| **el documental** | *documentary* |
| **la estrella (*m., f.*) de cine** | *movie star* |
| **el premio** | *prize; award* |
| **el programa de entrevistas** | *talk show* |
| **la telenovela** | *soap opera* |
| **...de acción** | *action* |
| **...de aventuras** | *adventure* |
| **...de ciencia ficción** | *science fiction* |
| **...de horror** | *horror* |
| **...de vaqueros** | *western* |

**6** **Completar** Completa las frases con las palabras adecuadas.

| | | | |
|---|---|---|---|
| aburrirse | canal | estrella | musical |
| aplauden | de vaqueros | extranjera | romántica |
| artística | director | folklórica | talentosa |

1. Una película que fue hecha en otro país es una película... extranjera.
2. Si las personas que asisten a un espectáculo lo aprecian, ellos... aplauden.
3. Una persona que puede hacer muchas cosas muy bien es una persona... talentosa.
4. Una película que trata del amor y de las emociones es una película... romántica.
5. Una persona que pinta, esculpe y/o hace artesanía es una persona... artística.
6. La música que refleja la historia de una región o de un país es música... folklórica.
7. Si la acción tiene lugar en el oeste de los EE.UU. durante el siglo XIX, probablemente es una película... de vaqueros.
8. Una obra en la cual los actores presentan la historia por medio de (*by means of*) canciones y bailes es un drama... musical.
9. Cuando una película no tiene una buena historia, el público empieza a... aburrirse.
10. Si quieres ver otro programa de televisión, es necesario que cambies de... canal.

**¡ATENCIÓN!**

**Apreciar** means *to appreciate* only in the sense of evaluating what something is worth. Use **agradecer** to express the idea *to be thankful for.*

Le **agradezco** mucho su ayuda.
*I thank you for your help.*

**7** **Analogías** En parejas, completen las analogías con las palabras adecuadas. Después, preparen una conversación utilizando al menos seis de las palabras que han encontrado.

1. alegre ⟷ triste ⊜ comedia ⟷ tragedia
2. escultor ⟷ escultora ⊜ bailarín ⟷ bailarina
3. drama ⟷ dramaturgo ⊜ pintura ⟷ pintor
4. *Los Simpson* ⟷ dibujos animados ⊜ *Jeopardy* ⟷ concurso
5. de entrevistas ⟷ programa ⊜ de vaqueros ⟷ película
6. aplaudir ⟷ público ⊜ hacer el papel ⟷ actor/actriz
7. poema ⟷ literatura ⊜ tejido ⟷ artesanía
8. músico ⟷ tocar ⊜ cantante ⟷ cantar

Practice more at **descubre2.vhlcentral.com.**

**¡LENGUA VIVA!**

Remember that Spanish last names do not have a plural form, although **los** may be used with a family name.

**Los Simpson**
*The Simpsons*

**TEACHING OPTIONS**

**Game** Divide the class into two teams. Have each team list a title that fits each of the categories in **El cine y la televisión** (e.g., **dibujos animados, documental, película/programa de acción**, and so forth). The first member of team A calls out a title from his or her team's list. Ex: **la película *King Kong*.** The first member of team B must name its category. Ex: **una película de acción.** Next, the second member of team B calls out a title and the second member of team A must name its category. Continue until all titles have been mentioned. The team with the most correct answers wins.

**Small Groups** Have groups of three role-play a situation in which there is only one television and no one can agree on which shows to watch. Students should discuss what shows are on that night, which are better and why, and so forth.

# Comunicación

recursos

vText

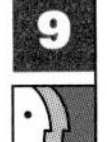
CA pp. 35–36

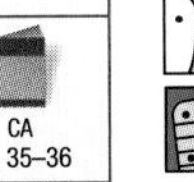

**8** **Crucigrama (*Crossword puzzle*)** Tu profesor(a) les va a dar un crucigrama incompleto. Tú tienes las palabras que necesita tu compañero/a y él/ella tiene las palabras que tú necesitas. Sin revelar las palabras, utilicen pistas (*clues*) que les permitan adivinar las respuestas.
Answers will vary.

modelo

**1 horizontal:** Fiesta popular que generalmente tiene lugar en las calles de las ciudades.
**2 vertical:** Novelas que puedes ver en la televisión.

**9** **Preguntas** Contesta estas preguntas sobre el arte en tu vida. Comparte tus respuestas con un(a) compañero/a de clase. Answers will vary.

**La música**

1. ¿Qué tipo de música prefieres? ¿Por qué?
2. ¿Tocas un instrumento? ¿Cuál?
3. ¿Qué instrumento quisieras aprender a tocar?

**El cine**

4. ¿Con qué frecuencia vas al cine?
5. ¿Qué tipos de películas prefieres?

**Las bellas artes**

6. ¿Qué haces que se puede considerar artístico? ¿Pintas, dibujas, esculpes, haces artesanías, actúas en dramas, tocas un instrumento, cantas o escribes poemas?
7. ¿Con qué frecuencia vas a un museo de arte o asistes a conciertos, al teatro o a lecturas públicas de poesía?
8. ¿Es el arte una parte importante de tu vida? ¿Por qué?

**10** **Programa** Trabajen en grupos pequeños para crear un programa de televisión o un corto (*short film*) para el canal de televisión de la escuela. Answers will vary.

- Primero decidan el género y el propósito del programa o del corto. Cada grupo debe escoger un género distinto. Algunos de los géneros posibles: documental, concurso, programa de entrevistas, película de acción.
- Después, escriban el programa o el corto y preséntenlo a la clase.

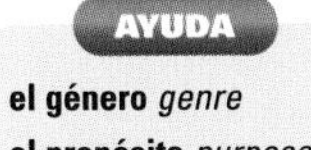
AYUDA
**el género** *genre*
**el propósito** *purpose*

**8 Teaching Tip** Divide the class into pairs and distribute the Communication Activities worksheets that correspond to this activity. Give students ten minutes to complete the activity. Walk around the room to make sure students are using Spanish to give the **pistas** to their partners.

**8 Expansion** Have pairs create four interview questions using answers from the crossword puzzle. Ask them to interview their classmates, asking follow-up questions when applicable.

**9 Teaching Tips**
- Ask students to read the questions silently to themselves and think about the answers they would give.
- Tell students to take notes as their partners answer a question. Then, have students select one category and summarize their partners' responses. Students should read the summaries to their partners to check for accuracy before sharing them with the class.

**10 Teaching Tip** To simplify, have groups write an outline. Then, have students divide up the scenes to be written, making sure that each one has about the same number of lines. When they have finished their drafts, students should exchange them for peer editing. Finally, the group puts all the scenes together and presents their program or film to the class.

**TEACHING OPTIONS**

**Pairs** Have pairs of students create a poster advertising an artistic event at school or in the community. Students should use six vocabulary words in their poster. Then, have pairs exchange posters. One student will try to convince the other to go to the event with him or her and the other will resist.

**Game** Add a visual aspect to this vocabulary practice by playing **Concentración**. Write words for various types of artists on index cards. On another set of cards, write their works. Shuffle the two sets and tape them facedown on the board. Divide the class into teams of four. Students should try to match the artists to their works. Ex: **dramaturgo / obra de teatro**. When a player makes a match, his or her team collects the cards. The team with the most cards at the end wins.

## Section Goals

In **Fotonovela**, students will:

- receive comprehensible input from free-flowing discourse
- learn functional phrases that preview lesson grammatical structures

**Instructional Resources**
**vText**
***Cuaderno de actividades,*** pp. 61–62
***e-Cuaderno***
**Supersite/DVD: Fotonovela**
**Supersite/TRCD/Print: Fotonovela** Videoscript & Translation, Answer Keys

**Video Recap: Lección 7**
Before doing this **Fotonovela** section, review the previous one with these questions:
**1. ¿Qué hará don Francisco en el futuro? (Establecerá su propia compañía de turismo.) 2. ¿Quién será millonario? ¿Por qué? (Álex será millonario porque mucha gente habrá invertido dinero en su empresa.) 3. ¿Quién tendrá un programa de tele? (Maite tendrá un programa de tele.) 4. ¿Qué profesiones tendrán los estudiantes? (Álex será hombre de negocios, Maite será periodista, Javier será un pintor famoso e Inés será arqueóloga.)**

**Video Synopsis** Outside the theater, **Álex** and **Maite** chat about their artistic interests. After the performance, they return to the house. **Javier** and **Inés** catch them in the middle of a romantic moment.

**Teaching Tips**

- Have students predict the plot of this episode, based on the title and the video stills. Write down their predictions.
- Quickly review the predictions students made about the episode. Through discussion, help the class summarize the plot.
- Work through **Expresiones útiles**. Ask students what they would like to be in the future. Ex: **¿Te gustaría ser profesor(a) de español? ¿Qué te gustaría hacer?**

# ¡Ahí vienen Romeo y Julieta!

**Álex y Maite van a ver una obra de teatro.**

**PERSONAJES**

MAITE

ÁLEX

JAVIER

INÉS

1

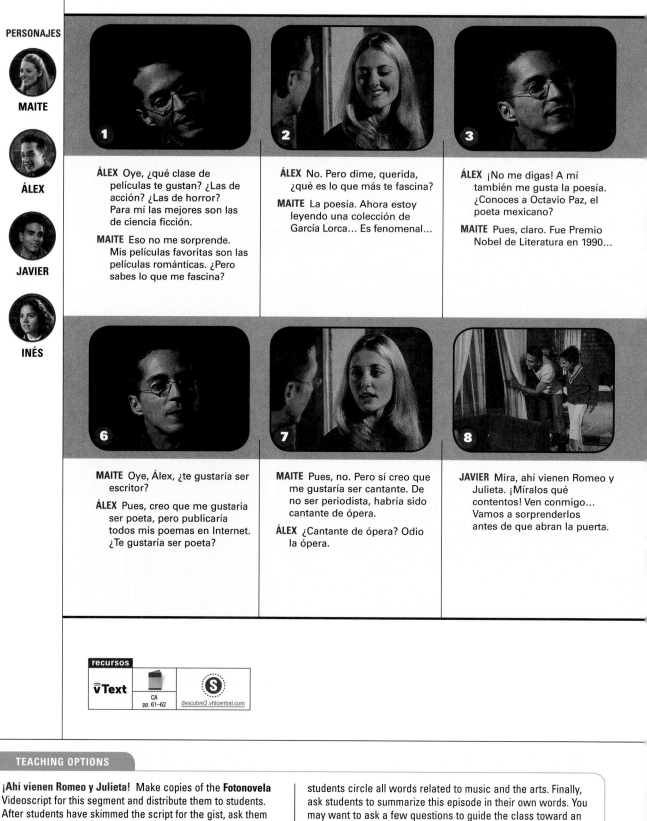

**ÁLEX** Oye, ¿qué clase de películas te gustan? ¿Las de acción? ¿Las de horror? Para mí las mejores son las de ciencia ficción.

**MAITE** Eso no me sorprende. Mis películas favoritas son las películas románticas. ¿Pero sabes lo que me fascina?

2

**ÁLEX** No. Pero dime, querida, ¿qué es lo que más te fascina?

**MAITE** La poesía. Ahora estoy leyendo una colección de García Lorca... Es fenomenal...

3

**ÁLEX** ¡No me digas! A mí también me gusta la poesía. ¿Conoces a Octavio Paz, el poeta mexicano?

**MAITE** Pues, claro. Fue Premio Nobel de Literatura en 1990...

6

**MAITE** Oye, Álex, ¿te gustaría ser escritor?

**ÁLEX** Pues, creo que me gustaría ser poeta, pero publicaría todos mis poemas en Internet. ¿Te gustaría ser poeta?

7

**MAITE** Pues, no. Pero sí creo que me gustaría ser cantante. De no ser periodista, habría sido cantante de ópera.

**ÁLEX** ¿Cantante de ópera? Odio la ópera.

8

**JAVIER** Mira, ahí vienen Romeo y Julieta. ¡Míralos qué contentos! Ven conmigo... Vamos a sorprenderlos antes de que abran la puerta.

**recursos**

| vText | CA pp. 61–62 | descubre2.vhlcentral.com |
|---|---|---|

**TEACHING OPTIONS**

**¡Ahí vienen Romeo y Julieta!** Make copies of the **Fotonovela** Videoscript for this segment and distribute them to students. After students have skimmed the script for the gist, ask them what this segment is about. Next, show the segment and have students circle all words related to music and the arts. Finally, ask students to summarize this episode in their own words. You may want to ask a few questions to guide the class toward an accurate plot summary.

**ÁLEX** ¡Uuuuyy! ¡Eres una experta en literatura!

**MAITE** Sí, leo de todo. Ahora en la mesita de noche tengo una colección de cuentos de Carme Riera, una española que también es periodista. En cuanto la termine te la dejo.

**ÁLEX** ¡Trato hecho!

*Álex y Maite se besan.*

**JAVIER** ¿Qué? ¿Les gustó la obra de teatro?

## Expresiones útiles

### Accepting an offer

- **¡Trato hecho!**
  *You've got a deal!*

### Talking about things you would like to do

- **¿Te gustaría ser escritor(a)?**
  *Would you* (fam.) *like to be a writer?*
  **Creo que me gustaría ser poeta/cantante.**
  *I think I would like to be a poet/singer.*
- **De no ser periodista, habría sido cantante de ópera.**
  *If I weren't a journalist, I would have been an opera singer.*

### Hesitating

- **Bueno...**
  *Well...*
- **Pues...**
  *Well...*
- **Este...**
  *Umm...*

**Teaching Tip** Have the class work in groups of three to read the **Fotonovela** captions aloud. Each group member should play a different role. You may want volunteers to ad-lib this episode for the class.

**Expresiones útiles** Have the class look at the caption of video still 6 of the **Fotonovela**. Tell them that **gustaría** and **publicaría** are examples of the conditional, which is used to talk about what *would* happen. Point out the caption of video still 7, and explain that **habría sido** is an example of the conditional perfect, which is used to talk about what *would have happened*. Tell students that they will learn more about these concepts in **Estructura**.

### TEACHING OPTIONS

**Pairs** Have students work in pairs. Tell them to write predictions about what will happen in the final episode of the **Fotonovela**. Then have volunteers read their predictions aloud and ask the class if they agree or disagree.

**Extra Practice** Ask students to imagine that they have just returned from a play. Have them write a paragraph consisting of eight sentences describing the experience. Students should use as many vocabulary words as possible in their paragraphs. Have them exchange their papers for peer editing.

**1 Teaching Tip** Have the class work through a few true/false items before doing this activity. Ex: **1. A Maite no le gusta la ópera. (Falso.) 2. Maite quiere ser actriz. (Falso.) 3. A Álex le gustaría publicar poemas en Internet. (Cierto.)**

**2 Expansion** Give these statements to the class as items 7–9: **7. ¿Has leído las obras de Octavio Paz? Es un escritor fascinante. (Álex) 8. Tengo un libro de cuentos en mi habitación. (Maite) 9. Sí, me gustaría mucho leer ese libro de cuentos. (Álex)**

**3 Expansion** Have students write definitions in Spanish for the words **exposición, concierto, telenovela, ópera, tragedia**. Have volunteers share their definitions with the class.

**4 Possible Conversation**
**E1: ¿Qué te gustaría hacer este fin de semana?**
**E2: Pues, como a mí me gusta la música, creo que me gustaría ver una ópera.**
**E1: ¡Uy, odio la ópera! Además, los boletos son muy caros.**
**E2: Ay, sí, es cierto. Este… ¿te gustaría asistir a un concierto de la orquesta nacional?**
**E1: Buena idea. Me gusta la música clásica.**
**E2: Y a ti, ¿qué te gustaría hacer?**
**E1: Bueno, como me gusta tanto el arte, me gustaría ver una exposición de arte moderno.**
**E2: ¡Trato hecho!**

# ¿Qué pasó?

**1 Seleccionar** Selecciona la respuesta correcta.

1. Maite está leyendo ahora a los autores __a__.
   a. Riera y García Lorca b. Octavio Paz y García Lorca c. Octavio Paz y Riera
2. __c__ ganó el Premio Nobel de Literatura en 1990.
   a. García Lorca b. Carme Riera c. Octavio Paz
3. __b__ dice que le gustaría ser poeta porque le gusta mucho la poesía.
   a. Maite b. Álex c. Javier
4. Si no estudiara periodismo, Maite sería __a__.
   a. cantante de ópera b. escritora de novelas románticas c. poeta
5. "Romeo y Julieta" hace referencia a __c__.
   a. Javier e Inés b. el espectáculo que vieron Álex y Maite c. Álex y Maite

**NOTA CULTURAL**

El español **Federico García Lorca** (1898–1936) es uno de los escritores más reconocidos del mundo hispano. Entre sus obras se destaca (*stands out*) *Poeta en Nueva York*. Además de escribir poesía, Lorca escribió obras de teatro, como *La casa de Bernarda Alba*. Vas a leer unos poemas de **García Lorca** en **Lectura,** pp. 282–283.

**2 Identificar** Identifica quién puede decir estas oraciones.

1. Me encantan los cuentos de Riera. ¿Te interesa leer sus libros? Maite
2. Ya llegaron los románticos. ¿Por qué no los sorprendemos? Javier
3. ¡Parece que sabes muchísimo de poesía y de novelas! Álex
4. Oye, ¿qué tal la obra que vieron? ¿Me la recomiendan o no? Javier
5. Me gusta mucho la ópera. A veces creo que me gustaría cantar profesionalmente. Maite
6. Prefiero las películas de ciencia ficción a las de horror o de acción. Álex

ÁLEX

JAVIER

MAITE

**3 Correspondencias** ¿A qué eventos culturales asistirán Álex y Maite juntos?

| una exposición de cerámica precolombina | un concierto | una ópera |
|---|---|---|
| una exposición de pintura española | una telenovela | una tragedia |

1. Escucharán música clásica y conocerán a un director muy famoso. un concierto
2. El público aplaudirá mucho a la señora que es soprano. una ópera
3. Como a Inés le gusta la historia, la llevarán a ver esto. una exposición de cerámica precolombina
4. Como a Javier le gustaría ver arte, entonces irán con él. una exposición de pintura española

**4 El fin de semana** Vas a asistir a dos eventos culturales el próximo fin de semana con un(a) compañero/a de clase. Comenten entre ustedes por qué les gustan o les disgustan algunas de las actividades que van sugiriendo. Escojan al final dos actividades que puedan realizar juntos/as. Usen estas frases y expresiones en su conversación. Answers will vary.

- ¿Qué te gustaría ver/hacer este fin de semana?
- ¿Te gustaría asistir a...?
- ¡Trato hecho!
- Odio..., ¿qué tal si...?

NATIONAL communication STANDARDS

Practice more at **descubre2.vhlcentral.com.**

**TEACHING OPTIONS**

**Small Groups** In small groups, ask students to write a paragraph about the future of **Maite** and **Álex's** relationship. Give students time to prepare, and ask a few groups to read their paragraphs to the class.
**TPR** Have students stand in a circle. Call out a statement that a famous artist could have made about him or herself. Ex: **Me gustaría escribir poemas sin letras mayúsculas.** Toss a ball to a student, who must identify the artist. Ex: **e.e. cummings.** Then reverse the activity by naming famous artists and having students make statements.
**Pairs** In pairs, have students talk about what they would like to do or be in the future and why. Tell them to use **te gustaría** and **me gustaría**. Then ask a few students to summarize what their partners told them.

# Ortografía

## Las trampas ortográficas

Some of the most common spelling mistakes in Spanish occur when two or more words have very similar spellings. This section reviews some of those words.

**compro** **compró** **hablo** **habló**

There is no accent mark in the **yo** form of **–ar** verbs in the present tense. There is, however, an accent mark in the **Ud./él/ella** form of **–ar** verbs in the preterite.

**este** (adjective) **éste** (pronoun) **esté** (verb)

The demonstrative adjectives **esta** and **este** do not have an accent mark. The demonstrative pronouns **ésta** and **éste** have an accent mark on the first syllable. The verb forms **está** (*present indicative*) and **esté** (*present subjunctive*) have an accent mark on the last syllable.

**jo-ven** **jó-ve-nes** **bai-la-rín** **bai-la-ri-na**

The location of the stressed syllable in a word determines whether or not a written accent mark is needed. When a plural or feminine form has more syllables than the singular or masculine form, an accent mark must sometimes be added or deleted to maintain the correct stress.

**No me gusta la ópera, sino el teatro.**
**No quiero ir al festival si no vienes conmigo.**

The conjunction **sino** (*but rather*) should not be confused with **si no** (*if not*). Note also the difference between **mediodía** (*noon*) and **medio día** (*half a day*) and between **por qué** (*why*) and **porque** (*because*).

**Práctica** Completa las frases con las palabras adecuadas para cada ocasión.

1. Javier me explicó que ___si no___ lo invitabas, él no iba a venir. (sino/si no)
2. Me gustan mucho las ___canciones___ folklóricas. (canciones/canciónes)
3. Marina ___presentó___ su espectáculo en El Salvador. (presento/presentó)
4. Yo prefiero ___éste___. (éste/esté)

**Palabras desordenadas** Ordena las letras para descubrir las palabras correctas. Después, ordena las letras indicadas para descubrir la respuesta a la pregunta.

¿Adónde va Manuel?

y u n a s e d ó ___ ___ ___ ___ ___ ___ ___ ___

q u e r o p ___ ___ ___ ___ ___ ___

z o g a d e l a ___ ___ ___ ___ ___ ___ ___ ___

á s e t ___ ___ ___ ___

h a i t e s a b o n c i ___ ___ ___ ___ ___ ___ ___ ___ ___ ___ ___ ___

Manuel va ___ ___ ___ ___ ___ ___ ___ ___ ___.[1]

Respuestas: desayunó, porque, adelgazo, ésta, habitaciones
[1] Manuel va al teatro.

**recursos**

| vText | CA p. 132 | CH p. 115 | descubre2.vhlcentral.com |
|---|---|---|---|

### Section Goal

In **Ortografía**, students will learn about Spanish words that have similar spellings.

**Instructional Resources**
**vText**
***Cuaderno de actividades,*** p. 132
***Cuaderno para hispanohablantes,*** p. 115
***e-Cuaderno***
**Supersite:** Textbook & Audio Activity MP3 Audio Files
**Supersite/TRCD/Print:** Textbook Audio Script, Audio Activity Script, Answer Keys
**Audio Activity CD:** CD 8, Tracks 4–7

### Teaching Tips

- Say the words **compro** and **hablo** and have volunteers write them on the board. Write the words **compró** and **habló** on the board and have volunteers pronounce them.
- Write the words **este, éste,** and **esté** on the board and have volunteers explain how the words are different. Have the class create a sentence that uses each word.
- Write the words **joven, jóvenes, bailarín,** and **bailarina** on the board and have the class explain why a written accent is needed in **jóvenes** but not in **bailarina.**
- Write the words **sino, si no, medio día, mediodía, por qué,** and **porque** on the board. Have volunteers explain what each word means. Have the class create a sentence that uses each word.

### TEACHING OPTIONS

**Small Groups** Working in small groups, have students write an amusing example sentence for each of the spelling rules presented on this page. Circulate around the class to verify correct spelling. Then ask a few volunteers to write their sentences on the board.

**Extra Practice** Add an auditory aspect to this **Ortografía** presentation. Read aloud a few sentences that contain words presented on this page and have students write them down. Then write the sentences on the board so that students can check their work. Ex: **1. Si no compro la comida hoy, la compraré mañana. 2. ¿Prefieres este vestido o éste? 3. La señora Pardo no es vieja, sino joven.**

Additional Reading
Video: *Flash cultura*

## Section Goals

In **Cultura**, students will:

- read about Venezuela's **Museo de Arte Contemporáneo de Caracas** and other museums in the Spanish-speaking world
- learn arts-related terms
- read about Colombian artist **Fernando Botero**
- read about Hispanic artists

**Instructional Resources**
**vText**
***Cuaderno para hispanohablantes,*** p. 116
**Supersite/DVD:** ***Flash cultura***
**Supersite/TRCD/Print:**
***Flash cultura*** Videoscript & Translation

**En detalle**

**Antes de leer** Ask students about their experiences with museums. Ex: **¿Qué museos han visitado? Describan su última visita a un museo. ¿Cómo fue? ¿Qué exponía?**

**Lectura**

- Have volunteers use the maps in their textbooks to find the locations of the museums mentioned in the reading.
- If time and resources permit, bring in additional pictures of art and other items from the museums mentioned in the reading. Have students choose their favorite pieces and tell what they like about them, using lesson vocabulary.

**Después de leer** Ask: **¿Cuál de estos museos te gustaría visitar? ¿Por qué?**

**1 Expansion** Ask students to write two additional true/false statements. Then have them exchange papers with a classmate and complete the activity.

EN DETALLE

NATIONAL STANDARDS connections cultures

# Museo de Arte Contemporáneo de Caracas

**Visitar el Museo de Arte Contemporáneo de Caracas Sofía Imbert (MACCSI) es una experiencia incomparable.** Su colección permanente incluye unas 3.000 obras de artistas de todo el mundo. Además, el museo organiza exposiciones temporales° de escultura, dibujo, pintura, fotografía, cine y video. En sus salas se pueden admirar obras de artistas como Matisse, Miró, Picasso, Chagall, Tàpies y Botero.

Exposición Cuerpo plural, MACCSI

En 2004 el museo tuvo que cerrar a causa de un incendio°. Entonces, su valiosa° colección fue trasladada al Museo de Bellas Artes, también en Caracas. Además se realizaron exposiciones en otros lugares, incluso al aire libre, en parques y bulevares.

*La lección de esquí*, de Joan Miró

Cuando el MACCSI reabrió° sus puertas, un año después, lo hizo con nuevos conceptos e ideas. Se dio más atención a las cerámicas y fotografías de la colección. También se creó una sala multimedia dedicada a las últimas tendencias° del arte como video-arte y *performance*.

El MACCSI es un importante centro cultural. Además de las salas de exposición, cuenta con° un jardín de esculturas, un auditorio y una biblioteca especializada en arte. También organiza talleres° y recibe a grupos escolares. Un viaje a Caracas no puede estar completo sin una visita a este maravilloso museo.

### Otros museos importantes

**Museo del Jade (San José, Costa Rica):** Tiene la colección de piezas de jade más grande del mundo. La colección tiene un gran valor° y una gran importancia histórica. Incluye muchas joyas° precolombinas.

**Museo de Instrumentos Musicales (La Paz, Bolivia):** Muestra más de 2.500 instrumentos musicales bolivianos y de otras partes del mundo. Tiene un taller de construcción de instrumentos musicales.

**Museo de Culturas Populares (México, D.F., México):** El museo investiga y difunde° las diferentes manifestaciones culturales de México, realiza exposiciones y organiza seminarios, cursos y talleres.

**Museo del Cine Pablo Ducrós Hicken (Buenos Aires, Argentina):** Dedicado a la historia del cine argentino, expone películas, libros, revistas, guiones°, carteles, fotografías, cámaras y proyectores antiguos.

exposiciones temporales *temporary exhibitions* incendio *fire* valiosa *valuable* reabrió *reopened* tendencias *trends* cuenta con *it has* talleres *workshops* valor *value* joyas *jewelry* difunde *spreads* guiones *scripts*

ACTIVIDADES

**1** **¿Cierto o falso?** Indica si lo que dice cada oración es **cierto** o **falso**. Corrige la información falsa.

1. La colección permanente del MACCSI tiene sólo obras de artistas venezolanos. Falso. Tiene obras de artistas de todo el mundo.
2. Durante el tiempo que el museo cerró a causa de un incendio, se realizaron exposiciones al aire libre. Cierto.
3. Cuando el museo reabrió, se dio más atención a la pintura. Falso. Se dio más atención a las cerámicas y fotografías de la colección.
4. En el jardín del museo también pueden admirarse obras de arte. Cierto.
5. La importancia del Museo del Jade se debe a las joyas europeas que se exponen en él. Falso. Se debe a las joyas precolombinas que se exponen en él.
6. En el Museo de Instrumentos Musicales de La Paz también se hacen instrumentos musicales. Cierto.
7. En Buenos Aires hay un museo dedicado a la historia del cine de Hollywood. Falso. Está dedicado al cine argentino.

TEACHING OPTIONS

**Small Groups** Have students work in groups of three. Tell them to imagine that they are owners of an art gallery specializing in art from Spanish-speaking countries. For homework, each student should research one art piece on the Internet and print an image of the work for the group's gallery. In class, have each group describe the style of their artwork and what they represent to the potential buyers (the class).

**Pairs** In pairs, have students research an art museum in a Spanish or Latin American city not mentioned in **En detalle**. Ask them to create a brochure describing the museum's location, history, famous works of art, current exhibitions, and any other significant information. Have pairs present their brochures to the class.

**ASÍ SE DICE**

## Arte y espectáculos

| | |
|---|---|
| las caricaturas (Méx.; El Salv.); los dibujitos (Arg.); los monitos (Col.); los muñequitos (Cuba) | los dibujos animados |
| el coro | *choir* |
| el escenario | *stage* |
| el estreno | *debut, premiere* |
| el/la guionista | *scriptwriter* |

**EL MUNDO HISPANO**

## Artistas hispanos

- **Myrna Báez** (Santurce, Puerto Rico, 1931) Innovó las técnicas de la pintura y el grabado° en Latinoamérica. En 2001, el Museo de Arte de Puerto Rico le rindió homenaje° a sus cuarenta años de carrera artística.
- **Joaquín Cortés** (Córdoba, España, 1969) Bailarín y coreógrafo. En sus espectáculos une° sus raíces gitanas° a influencias musicales de todo el mundo.
- **Tania León** (La Habana, Cuba, 1943) Compositora y directora de orquesta. Fue directora musical del *Dance Theater of Harlem* y compuso numerosas obras.
- **Rafael Murillo Selva** (Tegucigalpa, Honduras, 1936) Dramaturgo. En su obra refleja preocupaciones sociales y la cultura hondureña.

grabado *engraving* rindió homenaje *paid homage* une *combines* raíces gitanas *gypsy roots*

**PERFIL**

# Fernando Botero: un estilo único

El dibujante°, pintor y escultor **Fernando Botero** es un colombiano de fama internacional. Ha expuesto sus obras en galerías y museos de las Américas, Europa y Asia.

La pintura siempre ha sido su pasión. Su estilo se caracteriza por un cierto aire ingenuo° y unas proporciones exageradas. Mucha gente dice que Botero "pinta gordos", pero esto no es correcto. En su obra no sólo las personas son exageradas; los animales y los objetos también. Botero dice que empezó a pintar personas y cosas voluminosas por intuición. Luego, estudiando la pintura de los maestros italianos, se reafirmó su interés por el volumen y comenzó a usarlo conscientemente° en sus pinturas y esculturas, muchas de las cuales se exhiben en ciudades de todo el mundo. Botero es un trabajador incansable° y es que para él, lo más divertido del mundo es pintar y crear.

***El alguacil,***
**de Fernando Botero**

dibujante *drawer* ingenuo *naive* conscientemente *consciously* incansable *tireless*

**Conexión Internet**

**¿Qué otros artistas de origen hispano son famosos?**

Go to descubre2.vhlcentral.com to find more cultural information related to this Cultura section.

**ACTIVIDADES**

**2 Comprensión** Responde a las preguntas.

1. ¿Cómo se dice en español *The scriptwriter is on stage*? El/La guionista está en el escenario.
2. ¿Cuál fue la contribución de Myrna Báez al arte latinoamericano? Innovó las técnicas de la pintura y el grabado.
3. ¿Por qué actividades artísticas es famosa Tania León? Es directora de orquesta y compositora.
4. ¿En qué géneros del arte trabaja Fernando Botero? dibujo, pintura y escultura
5. ¿Cuáles son dos características del estilo de Botero? un aire ingenuo y unas proporciones exageradas

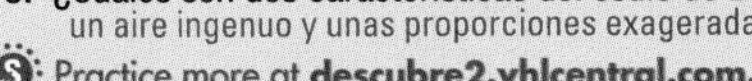

Practice more at **descubre2.vhlcentral.com.**

**3 Sus artistas favoritos** En grupos pequeños, hablen sobre sus artistas favoritos (de cualquier disciplina artística). Hablen de la obra que más les gusta de estos artistas y expliquen por qué. Answers will vary.

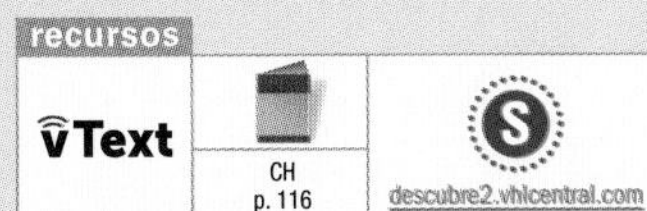


**TEACHING OPTIONS**

**Game** Play a modified version of **20 Preguntas**. On slips of paper, write names of places, art, people, or vocabulary from this **Cultura** section. Ex: **el Museo de Jade, Joaquín Cortés, los muñequitos, *El alguacil*.** Put the slips of paper in a large bag. Divide the class into two teams. Have students draw out a slip of paper and describe the person, place or thing. The other team tries to guess the item. Ex: **¿Es un lugar? ¿Es un museo? ¿Tiene joyas precolombinas? ¿Es el Museo del Jade?**

**Large Group** Have volunteers line up around the classroom and take an index card with the name of an artist mentioned in the reading. Then have the rest of the class circulate around the room and ask questions to guess which artist the volunteer has on their card. Ex: **¿Eres escultor o pintor? ¿De qué país eres? ¿Dónde se puede ver tu arte?**

**Así se dice** To challenge students, add these words to the list: **la banda sonora** (*soundtrack*); **el cortometraje** (*short [film]*); **emitir, transmitir** (*to broadcast*); **la naturaleza muerta** (*still life*); **la pintura al óleo** (*oil painting*); **rodar, filmar** (*to film*); **subtítulos** (*captions*).

**Perfil**

- **Botero** was born in 1932 in Medellín, Colombia, and was successful from an early age. At twenty-one years of age, he was the first artist to hold a solo exhibition at the Leo Matiz Gallery in Bogotá. Later, **Botero** spent time in Europe and the United States. His most recent work has explored darker themes, such as his paintings depicting violence in Colombia.
- You may want to ask students why they think that **Botero** chooses to depict rotund figures in a time when slender figures are idealized.

**El mundo hispano**

- Ask students if they know of any other artists from the Spanish-speaking world. Have them explain the type of art for which those artists are best known.
- If time and resources permit, bring in examples of **Myrna Báez's** paintings and etchings or **Tania León's** music.

**2 Expansion** Give students these questions as items 6–7: **6. ¿Qué tipo de pintura reafirmó el interés de Botero por pintar personas y cosas voluminosas? (la pintura italiana) 7. ¿Cómo dice un mexicano "los niños quieren ver dibujos animados"? (Los niños quieren ver caricaturas.)**

**3 Expansion** To challenge students, have them talk about what questions they would ask their favorite artists if they had the opportunity to meet them.

## Section Goals

In **Estructura 8.1**, students will learn:
- to use the conditional
- to make polite requests and hypothesize about past conditions

**Instructional Resources**
**vText**
***Cuaderno de actividades,*** pp. 39–41, 133
***Cuaderno de práctica,*** pp. 85–86
***Cuaderno para hispanohablantes,*** pp. 117–118
***e-Cuaderno***
**Supersite:** Audio Activity MP3 Audio Files
**Supersite/TRCD/Print:** *PowerPoints* (**Lección 8 Estructura** Presentation); Communication Activities, Audio Activity Script, Answer Keys
**Audio Activity CD:** CD 8, Tracks 8–11

### Teaching Tips

- Ask students to imagine they are attending an arts festival. Ask them what they would like to do there. Ex: **¿Qué te gustaría hacer o ver en el festival de arte? A mí me gustaría ver las comedias que dan. ¿Y a ti?** Tell students that **gustaría** is a polite form of **gustar** that they already know. The conditional can be used to make polite requests.
- Ask volunteers to read the captions to the video stills and indicate which verbs are in the conditional.
- Point out that, as with the future tense, there is only one set of endings for the conditional tense.
- Check for understanding by citing an infinitive and a subject pronoun while pointing to a specific student. The student should respond with the conditional form. Ex: **decir/nosotros (diríamos); venir/tú (vendrías)**
- Ask students what the future form of **hay** is. Then ask them what they would expect the conditional form to be.

# 8.1 The conditional

NATIONAL STANDARDS comparisons

**ANTE TODO** The conditional tense in Spanish expresses what you *would do* or what *would happen* under certain circumstances.

**The conditional tense**

| | | visitar | comer | aplaudir |
|---|---|---|---|---|
| SINGULAR FORMS | yo | visitar**ía** | comer**ía** | aplaudir**ía** |
| | tú | visitar**ías** | comer**ías** | aplaudir**ías** |
| | Ud./él/ella | visitar**ía** | comer**ía** | aplaudir**ía** |
| PLURAL FORMS | nosotros/as | visitar**íamos** | comer**íamos** | aplaudir**íamos** |
| | vosotros/as | visitar**íais** | comer**íais** | aplaudir**íais** |
| | Uds./ellos/ellas | visitar**ían** | comer**ían** | aplaudir**ían** |

Oye, Álex, ¿te gustaría ser escritor?

Pues creo que me gustaría ser poeta, pero publicaría todos mis poemas en Internet.


**¡ATENCIÓN!**
The polite expressions **Me gustaría...** (*I would like...*) and **Te gustaría...** (*You would like...*) used by Álex and Maite are other examples of the conditional.

- The conditional tense is formed much like the future tense. The endings are the same for all verbs, both regular and irregular. For regular verbs, you simply add the appropriate endings to the infinitive. **¡Atención!** All forms of the conditional have an accent mark.

- For irregular verbs, add the conditional endings to the irregular stems.

| INFINITIVE | STEM | CONDITIONAL | INFINITIVE | STEM | CONDITIONAL |
|---|---|---|---|---|---|
| decir | dir- | dir**ía** | querer | querr- | querr**ía** |
| hacer | har- | har**ía** | saber | sabr- | sabr**ía** |
| poder | podr- | podr**ía** | salir | saldr- | saldr**ía** |
| poner | pondr- | pondr**ía** | tener | tendr- | tendr**ía** |
| haber | habr- | habr**ía** | venir | vendr- | vendr**ía** |

**AYUDA**
The infinitive of **hay** is **haber**, so its conditional form is **habría**.

- While in English the conditional is a compound verb form made up of the auxiliary verb *would* and a main verb, in Spanish it is a simple verb form that consists of one word.

Yo no me **pondría** ese vestido.
*I would not wear that dress.*

¿**Vivirían** ustedes en otro país?
*Would you live in another country?*

**TEACHING OPTIONS**

**TPR** Line students up in teams of six several feet from the board. Call out an infinitive. The first team members race to the board and write the **yo** form of the verb in the conditional, then pass the chalk to the next team members, who write the **tú** form, and so on. The team that finishes first and has all the forms correct wins the round.

**Extra Practice** Ask students what they would do over the next six months if they could do anything their hearts desired and money and time were no object. Ex: **Yo viajaría por todo el mundo.** Call on volunteers to read their sentences, then ask the class comprehension questions about what was said. Ex: **¿Qué harían ____ y ____?**

▶ The conditional is commonly used to make polite requests.

| | |
|---|---|
| **¿Podrías** abrir la ventana, por favor?<br>*Would you open the window, please?* | **¿Sería** tan amable de venir a mi oficina?<br>*Would you be so kind as to come to my office?* |

▶ In Spanish, as in English, the conditional expresses the future in relation to a past action or state of being. In other words, the future indicates what *will happen* whereas the conditional indicates what *would happen*.

| | |
|---|---|
| **Creo** que mañana **hará** sol.<br>*I think it will be sunny tomorrow.* | **Creía** que hoy **haría** sol.<br>*I thought it would be sunny today.* |

**AYUDA**

Keep in mind the two parallel combinations shown in the example sentences:

1) present tense in main clause → future tense in subordinate clause
2) past tense in main clause → conditional tense in subordinate clause

▶ The English *would* is often used with a verb to express the conditional, but it can also mean *used to,* in the sense of past habitual action. To express past habitual actions, Spanish uses the imperfect, not the conditional.

| | |
|---|---|
| **Íbamos** al parque los sábados.<br>*We would go to the park on Saturdays.* | De adolescentes, **comíamos** mucho.<br>*As teenagers, we used to eat a lot.* |

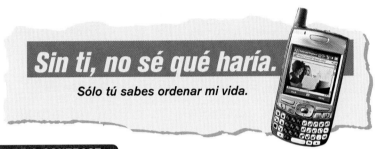

**Sin ti, no sé qué haría.**

*Sólo tú sabes ordenar mi vida.*

**COMPARE & CONTRAST**

In **Lección 7**, you learned the *future of probability.* Spanish also has the *conditional of probability,* which expresses conjecture or probability about a past condition, event, or action. Compare these Spanish and English sentences.

| | |
|---|---|
| **Serían** las once de la noche cuando Elvira me llamó.<br>*It must have been (It was probably) 11 p.m. when Elvira called me.* | Sonó el teléfono. **¿Llamaría** Emilio para cancelar nuestra cita?<br>*The phone rang. I wondered if it was Emilio calling to cancel our date.* |

Note that English conveys conjecture or probability with phrases such as *I wondered if, probably,* and *must have been.* In contrast, Spanish gets these same ideas across with conditional forms.

**recursos**

**v̂Text**

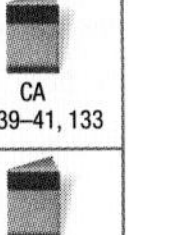

CA pp. 39–41, 133

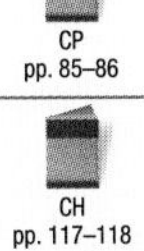

CP pp. 85–86

CH pp. 117–118

descubre2.vhlcentral.com

**¡INTÉNTALO!** Indica la forma apropiada del condicional de los verbos.

1. Yo *escucharía, leería, esculpiría* (escuchar, leer, esculpir)
2. Tú apreciarías, comprenderías, compartirías (apreciar, comprender, compartir)
3. Marcos pondría, vendría, querría (poner, venir, querer)
4. Nosotras seríamos, sabríamos, iríamos (ser, saber, ir)
5. Ustedes presentarían, deberían, aplaudirían (presentar, deber, aplaudir)
6. Ella saldría, podría, haría (salir, poder, hacer)
7. Yo tendría, tocaría, me aburriría (tener, tocar, aburrirse)
8. Tú dirías, verías, publicarías (decir, ver, publicar)

### Teaching Tips

- Discuss the use of the conditional in polite requests. Remind students of the forms **me gustaría** and **te gustaría,** which they have already learned. You might point out that usage tends to occur in set expressions, such as **¿Podrías...? ¿Sería usted tan amable de...? ¿Tendrían ustedes la bondad de...? ¿Me harías el favor de...?**
- Explain the concept of the conditional as *the future of the past.* Explain that the conditional is used to express some action that was yet to occur at some past time, and give examples. Ex: **Sé que el concierto será fabuloso. Sabía que el concierto sería fabuloso. Creo que el público llegará muy temprano. Creía que el público llegaría muy temprano.**
- Remind students of the future of probability. Point out that the conditional of probability functions just like it, but in the context of the past. Compare the second example in the Compare & Contrast box to the following: **Suena el teléfono. ¿Llamará Emilio para cancelar nuestra cita?**

**TEACHING OPTIONS**

**Extra Practice** Tell students to imagine that their families have come into a great deal of money. Ask them to write ten sentences describing what they and their family members would do with the money. Students should try to use as many different verbs and conjugations as possible. Ex: **Mi familia y yo ayudaríamos a los artistas de nuestra ciudad.**

**Pairs** Have students work together to role-play a reporter interviewing a candidate running for a seat on the arts council in their state. Reporters should ask the candidate about what he or she would do to help all artists statewide. Have students switch roles.

**1 Teaching Tip** To simplify, have students begin by identifying the verbs with irregular stems.

**1 Expansion** Ask six volunteers to write the completed sentences on the board. Have the class check for accurate spelling and grammar.

**2 Expansion** Ask questions about the responses to practice all forms of the conditional. Ex: **¿Con quién hablaría ____ en los Premios Ariel? (Hablaría con la gente famosa.) ¿Qué harían ____ y ____ allí? (Bailarían y comerían.)**

**3 Expansion**
- Have partners choose their three best suggestions to present to the class. Write them on the board, then ask the class to vote on which are the most helpful.
- Have pairs create sentences to include in a letter of recommendation in support of **Matilde**. Have them use the conditional. Ex: **Matilde llegaría temprano todas las mañanas y terminaría todo su trabajo antes de irse a casa.** Ask pairs to share their sentences with the class, who will vote for the most persuasive ones.

# Práctica

**1** **De viaje** A un grupo de artistas le gustaría hacer un viaje a Honduras. En estas oraciones nos cuentan sus planes de viaje. Complétalas con el condicional del verbo entre paréntesis.

1. Me __gustaría__ (gustar) llevar algunos libros de poesía de Leticia de Oyuela.
2. Ana __querría__ (querer) ir primero a Copán para conocer las ruinas mayas.
3. Yo __diría__ (decir) que fuéramos a Tegucigalpa primero.
4. Nosotras __preferiríamos__ (preferir) ver una obra del Grupo Dramático de Tegucigalpa. Luego __podríamos__ (poder) tomarnos un café.
5. Y nosotros __veríamos__ (ver) los cuadros del pintor José Antonio Velásquez. Y tú, Luisa, ¿qué __harías__ (hacer)?
6. Yo __tendría__ (tener) interés en ver o comprar cerámica de José Arturo Machado. Y a ti, Carlos, ¿te __interesaría__ (interesar) ver la arquitectura colonial?

**NOTA CULTURAL**

**Leticia de Oyuela** (1935–2008) es una escritora hondureña. En sus obras, Oyuela combina la historia con la ficción y, a través de sus personajes, cuestiona y desafía (*challenges*) las normas sociales.

**2** **¿Lo harías?** En parejas, pregúntense qué harían en estas situaciones. Answers will vary.

Estás en un concierto de tu banda favorita y la persona que está sentada delante no te deja ver.

Un amigo actor te invita a ver una película que acaba de hacer, y no te gusta nada cómo hace su papel.

Estás invitado/a a los Premios Ariel. Es posible que te vayan a dar un premio, pero ese día estás muy enfermo/a.

Te invitan, pagándote mucho dinero, para ir a un programa de televisión para hablar de tu vida privada y pelearte (*to fight*) con tu novio/a durante el programa.

**NOTA CULTURAL**

**Los Premios Ariel** de México son el equivalente a los Premios Oscar en los Estados Unidos. Cada año los entrega la Academia Mexicana de Ciencias y Artes Cinematográficas. Algunas películas que han ganado un premio Ariel son *Amores perros* y *El crimen del Padre Amaro.*

**3** **Sugerencias** Matilde busca trabajo. Dile seis cosas que tú harías si fueras ella. Usa el condicional. Luego compara tus sugerencias con las de un(a) compañero/a. Answers will vary.

*Si yo fuera tú, buscaría trabajo en el periódico.*

Practice more at **descubre2.vhlcentral.com.**

**AYUDA**

Here are two ways of saying *If I were you:*
**Si yo fuera tú...**
**Yo en tu lugar...**

**TEACHING OPTIONS**

**Pairs** Have students take turns asking each other for favors, using the conditional for courtesy. Partners respond by saying whether they will do the favor. If partners cannot do it, they should make up an excuse. Ex: **¿Me podrías recoger del gimnasio a las cinco de la tarde? (Lo siento, pero no puedo. Tengo un partido de fútbol.)**

**Heritage Speakers** Ask heritage speakers to think of a Spanish-speaking writer or artist that they would like to meet. Have students give a short presentation describing what the meeting would be like, where they would meet, and what they would talk about with their celebrity.

# Comunicación

recursos

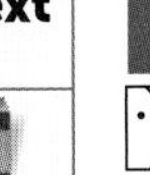

vText

CA pp. 39–40

**4** **Conversaciones** Tu profesor(a) te dará una hoja de actividades. En ella se presentan dos listas con diferentes problemas que supuestamente tienen los estudiantes. En parejas, túrnense para explicar los problemas de su lista; uno/a cuenta lo que le pasa y el/la otro/a dice lo que haría en esa situación usando la frase "Yo en tu lugar...". Answers will vary.

modelo

**Estudiante 1:** *¡Qué problema! Mi novio no me habla desde el domingo.*
**Estudiante 2:** *Yo en tu lugar, no le diría nada por unos días para ver qué pasa.*

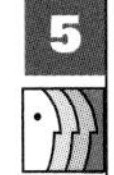

**5** **Luces, cámara y acción** En grupos pequeños, elijan una película que les guste y después escriban una lista con las cosas que habrían hecho de manera diferente si hubieran sido los directores. Después, uno del grupo tiene que leer su lista, y el resto de la clase tiene que adivinar de qué película se trata. Answers will vary.

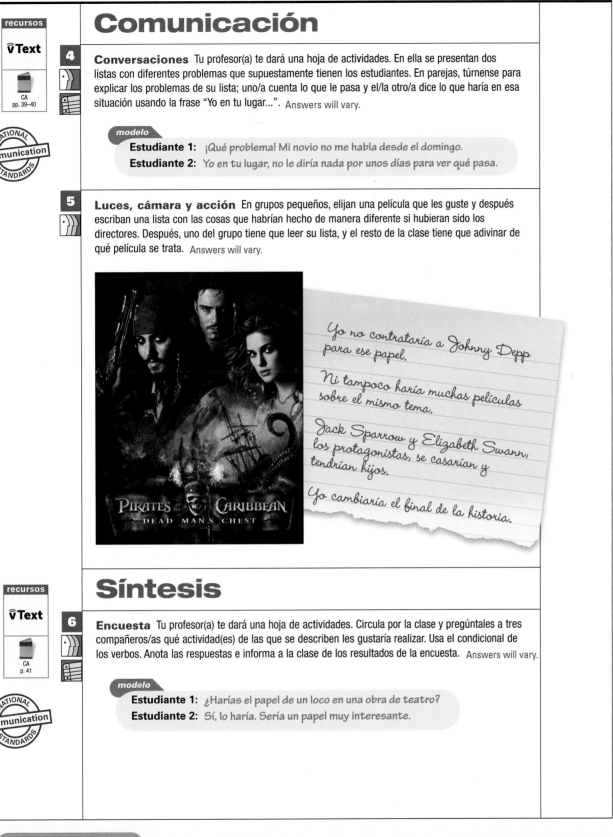

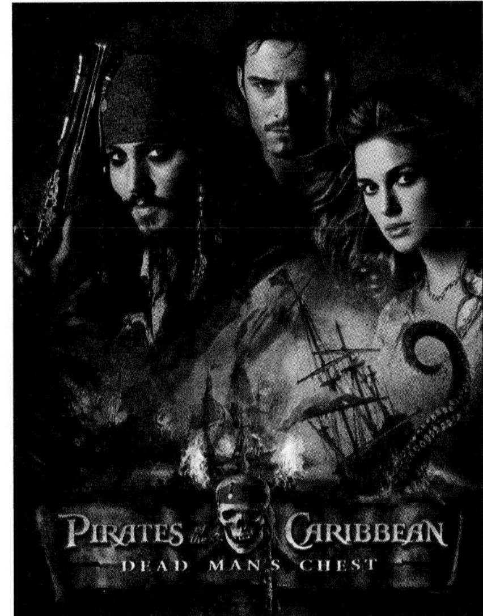

PIRATES of the CARIBBEAN
DEAD MAN'S CHEST
Yo no contrataría a Johnny Depp para ese papel.
Ni tampoco haría muchas películas sobre el mismo tema.
Jack Sparrow y Elizabeth Swann, los protagonistas, se casarían y tendrían hijos.
Yo cambiaría el final de la historia.

# Síntesis

recursos

vText

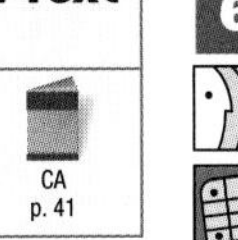

CA p. 41

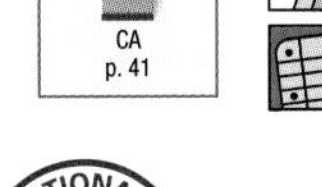

**6** **Encuesta** Tu profesor(a) te dará una hoja de actividades. Circula por la clase y pregúntales a tres compañeros/as qué actividad(es) de las que se describen les gustaría realizar. Usa el condicional de los verbos. Anota las respuestas e informa a la clase de los resultados de la encuesta. Answers will vary.

modelo

**Estudiante 1:** *¿Harías el papel de un loco en una obra de teatro?*
**Estudiante 2:** *Sí, lo haría. Sería un papel muy interesante.*

**4 Teaching Tip** Distribute the Communication Activities worksheets that correspond to this activity.

**4 Expansion** Working as a class, name a problem from one of the lists and ask several volunteers to share the suggestions they received. Encourage other students to comment on the suggestions.

**5 Expansion** Ask the class for titles of additional movies and write them on the board. Ask students to imagine that they are going to produce a sequel (**una continuación**) for each one. Have them use sentences like those in the activity to name the features that they would leave in the sequel. Ex: **Yo contrataría otra vez a ____ para ese papel.**

**6 Teaching Tip** Distribute the Communication Activities worksheets that correspond to this activity.

**6 Expansion** Encourage students to add two more activities to their list. Have them select from those listed on pages 260–261.

**TEACHING OPTIONS**

**Small Groups** Divide the class into groups of four. Have each group brainstorm a list of professions, both artistic and non-artistic. Each group member then chooses a different profession. Students take turns being interviewed by a three-person board about what they would do for their community in their chosen profession. Each board member should ask the interviewee at least two questions.

**Extra Practice** Ask students to write a short paragraph answering this question: **¿Qué harías para cambiar tu vida?** Call on volunteers to write their paragraphs on the board. Ask the class to check the paragraphs for accuracy.

## Section Goal

In **Estructura 8.2**, students will learn the use of the conditional perfect.

**Instructional Resources**
**vText**
***Cuaderno de actividades,*** pp. 37–38, 134
***Cuaderno de práctica,*** p. 87
***Cuaderno para hispanohablantes,*** p. 119
***e-Cuaderno***
**Supersite:** Audio Activity MP3 Audio Files
**Supersite/TRCD/Print:** *PowerPoints* (**Lección 8 Estructura** Presentation); Communication Activities, Audio Activity Script, Answer Keys
**Audio Activity CD:** CD 8, Tracks 12–14

### Teaching Tips

- Briefly review the **yo** forms of the present, past, and future perfect tenses. Point out that they are all formed by a conjugated form of **haber** + [*past participle*]. Then make a true statement about yourself, using the conditional perfect. Ex: **De no ser profesor(a), yo habría sido periodista.** Ask a volunteer to identify the conditional perfect he or she heard in your statement.
- Ask a volunteer to read the captions to the video stills aloud, pointing out the conditional perfect. Then engage students in a conversation about what they might have done last night if they had not been studying. Ask: **De no haber estudiado para la clase de español anoche, ¿qué habrían hecho ustedes? ¿Habrían ido al cine? ¿Habrían salido con los amigos?**

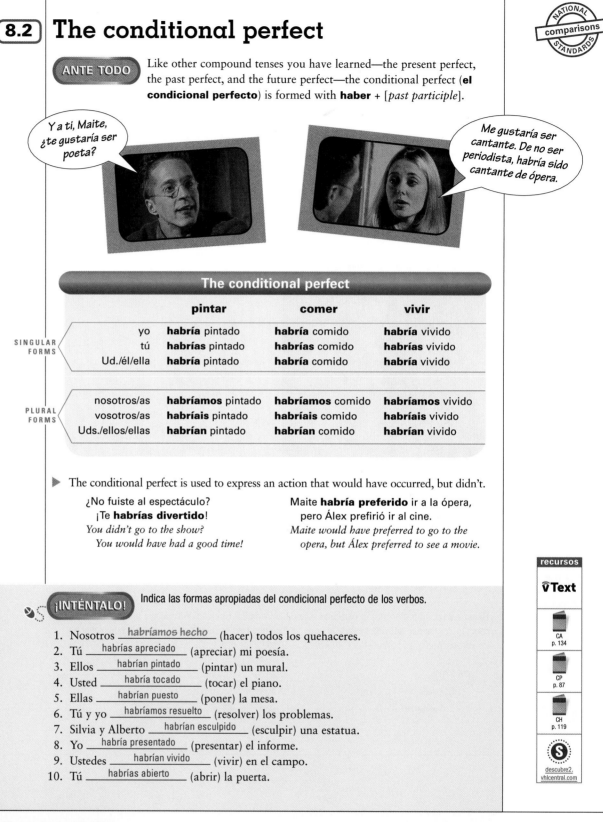

# 8.2 The conditional perfect

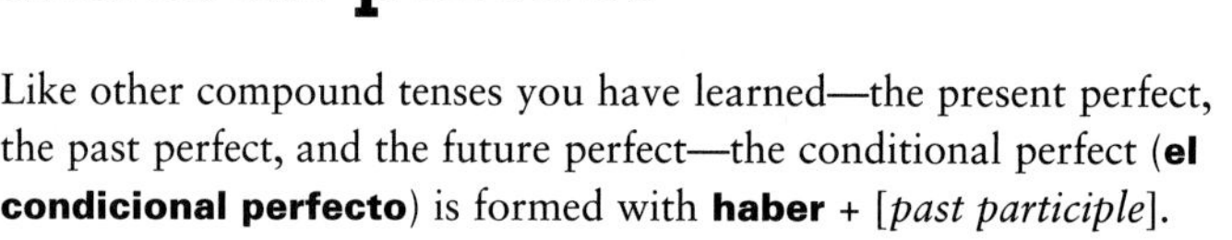

Like other compound tenses you have learned—the present perfect, the past perfect, and the future perfect—the conditional perfect (**el condicional perfecto**) is formed with **haber** + [*past participle*].

*Y a ti, Maite, ¿te gustaría ser poeta?*

**The conditional perfect**

| | | pintar | comer | vivir |
|---|---|---|---|---|
| SINGULAR FORMS | yo | **habría** pintado | **habría** comido | **habría** vivido |
| | tú | **habrías** pintado | **habrías** comido | **habrías** vivido |
| | Ud./él/ella | **habría** pintado | **habría** comido | **habría** vivido |
| PLURAL FORMS | nosotros/as | **habríamos** pintado | **habríamos** comido | **habríamos** vivido |
| | vosotros/as | **habríais** pintado | **habríais** comido | **habríais** vivido |
| | Uds./ellos/ellas | **habrían** pintado | **habrían** comido | **habrían** vivido |

▶ The conditional perfect is used to express an action that would have occurred, but didn't.

¿No fuiste al espectáculo? ¡Te **habrías divertido**!
*You didn't go to the show? You would have had a good time!*

Maite **habría preferido** ir a la ópera, pero Álex prefirió ir al cine.
*Maite would have preferred to go to the opera, but Álex preferred to see a movie.*

Indica las formas apropiadas del condicional perfecto de los verbos.

1. Nosotros habríamos hecho (hacer) todos los quehaceres.
2. Tú habrías apreciado (apreciar) mi poesía.
3. Ellos habrían pintado (pintar) un mural.
4. Usted habría tocado (tocar) el piano.
5. Ellas habrían puesto (poner) la mesa.
6. Tú y yo habríamos resuelto (resolver) los problemas.
7. Silvia y Alberto habrían esculpido (esculpir) una estatua.
8. Yo habría presentado (presentar) el informe.
9. Ustedes habrían vivido (vivir) en el campo.
10. Tú habrías abierto (abrir) la puerta.

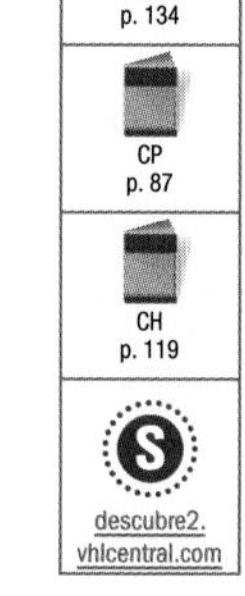


**TEACHING OPTIONS**

**Extra Practice** Ask students to write five sentences describing how the life of their favorite writer or artist would have been different if he or she had lived in another century. Ex: **Stephen King habría escrito sus novelas con una pluma de ave.**

**Small Groups** Give students five minutes to work in groups of three to describe what would have happened to Cinderella had she not lost her glass slipper. Tell students that the translations for *Cinderella, prince,* and *glass slipper* in Spanish are **Cenicienta, príncipe,** and **zapatilla de cristal**.

# Práctica

**1** **Completar** Completa los diálogos con la forma apropiada del condicional perfecto de los verbos de la lista. Luego, en parejas, representen los diálogos.

| divertirse | presentar | sentir | tocar |
|---|---|---|---|
| hacer | querer | tener | venir |

1. —Tú __habrías hecho__ el papel de Aída mejor que ella. ¡Qué lástima!
   —Sí, mis padres __habrían venido__ desde California sólo para oírme cantar en *Aída*.
2. —Olga, yo esperaba algo más. Con un poco de dedicación y práctica la orquesta __habría tocado__ mejor y los músicos __habrían tenido__ más éxito.
   —Menos mal que la compositora no los escuchó. Se __habría sentido__ avergonzada.
3. —Tania __habría presentado__ la comedia pero no pudo porque cerraron el teatro.
   —¡Qué lástima! Mi esposa y yo __habríamos querido__ ir a la presentación de la obra. Siempre veo tragedias y sé que __me habría divertido__.

**¡LENGUA VIVA!**
The expression **Menos mal que...** means *It's a good thing that...* or *It's just as well that...* It is followed by a verb in the indicative.

**2** **Combinar** En parejas, imaginen qué harían estas personas en las situaciones presentadas. Combina elementos de cada una de las tres columnas para formar seis oraciones usando el condicional perfecto. Answers will vary.

| A | B | C |
|---|---|---|
| con talento artístico | yo | estudiar... |
| con más tiempo libre | tú | pintar... |
| en otra especialización | la gente | esculpir... |
| con más aprecio de las artes | mis compañeros y yo | viajar... |
| con más dinero | los artistas | escribir... |
| en otra película | Alejandro González Iñárritu | publicar... |

**NOTA CULTURAL**
El director de cine **Alejandro González Iñárritu** forma parte de la nueva generación de directores mexicanos. Su película *Amores perros* fue nominada para el Oscar a la mejor película extranjera en 2001 y en 2006, su película *Babel* obtuvo varias nominaciones al Oscar.

**3** **¿Qué habrías hecho?** Estos dibujos muestran situaciones poco comunes. No sabemos qué hicieron estas personas, pero tú, ¿qué habrías hecho? Comparte tus respuestas con un(a) compañero/a. Answers will vary.

**AYUDA**
Here are some suggestions:
**Habría llevado el dinero a...**
**Yo habría atacado al oso** (*bear*) **con...**
**Yo habría...**

1. 2.

3. 4.

Practice more at **descubre2.vhlcentral.com.**

**1 Teaching Tip** Before beginning the activity, model the use of **menos mal que...** Ex: **¿No estudiaron anoche? Menos mal que no tenemos examen hoy.**

**1 Expansion** Have pairs choose one of the three dialogues and write four additional lines. Call on volunteers to role-play their expanded dialogues for the class.

**2 Teaching Tip** Have volunteers call out sentences using elements from each of the three columns. Have other volunteers act as secretaries, writing examples on the board. Ask the class to help you check for accurate grammar and spelling.

**3 Teaching Tip** To simplify, begin by asking students to describe each of the drawings. Write useful vocabulary on the board, including the expressions from **Ayuda**.

**TEACHING OPTIONS**

**Pairs** Ask students to tell their partners about the most embarrassing moment in their lives. Partners respond to the stories by telling them what they would have done in their place. Ex: **En tu lugar, yo habría...**

**Extra Practice** Ask students to state what these people would have done had they had more money: **mis padres, yo, mi mejor amigo/a, los estudiantes, mi profesor(a) de español.** Ex: **Con más dinero, mis padres habrían comprado una casa más grande.**

# Comunicación

**4 Expansion**
- Have students come up with four more questions to ask their partners.
- Have pairs give answers that are true for them today.
- Have pairs answer the same questions as an older member of their family would.

**4** **Preguntas** En parejas, imaginen que tienen cincuenta años y están hablando de sus años de juventud. ¿Qué habrían hecho de manera diferente? Answers will vary.

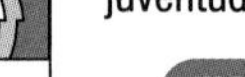


¿Te (interesar) aprender a tocar un instrumento?
**Estudiante 1:** *¿Te habría interesado aprender a tocar un instrumento?*
**Estudiante 2:** *Sí, habría aprendido a tocar el piano.*

1. ¿Te (gustar) viajar por Latinoamérica?
2. ¿Qué escritores (leer)?
3. ¿Qué clases (tomar)?
4. ¿Qué tipo de música (escuchar)?
5. ¿Qué tipo de amigos/as (tener)?
6. ¿A qué fiestas o viajes no (ir)?
7. ¿Con qué tipo de persona (salir)?
8. ¿Qué tipo de ropa (llevar)?

**5 Expansion** Ask students to respond to **Mario's** letter in writing. They should commiserate with him and state what they would have done differently.

**5** **Pobre Mario** En parejas, lean la carta que Mario le escribió a Enrique. Digan qué cosas Mario habría hecho de una manera diferente, de haber tenido la oportunidad. Answers will vary.

modelo

*Mario no habría hecho este musical.*

**¡LENGUA VIVA!**
The useful expression **de haber tenido la oportunidad** means *if I/he/you/etc. had had the opportunity.* You can use this construction in similar instances, such as **De haberlo sabido ayer, te habría llamado.**

Enrique:

Ya llegó el último día del musical. Yo creía que nunca iba a acabar. En general, los cantantes y actores eran bastante malos, pero no tuve tiempo de buscar otros, y además los buenos ya tenían trabajo en otras obras. Ayer todo salió muy mal. Como era la última noche, yo había invitado a unos críticos a ver la obra, pero no pudieron verla. El primer problema fue la cantante principal. Ella estaba enojada conmigo porque no quise pagarle todo el dinero que quería. Dijo que tenía problemas de garganta, y no salió a cantar. Conseguí otra cantante, pero los músicos de la orquesta todavía no habían llegado. Tenían que venir todos en un autobús no muy caro que yo había alquilado, pero el autobús salió a una hora equivocada. Entonces, el bailarín se enojó conmigo porque todo iba a empezar tarde. Quizás tuviera razón mi padre. Seguramente soy mejor contador que director teatral.

Escríbeme,
Mario

# Síntesis

**6 Teaching Tip** Encourage students to justify their mistakes. Ex: **Aquel semestre, mi padre estaba en el hospital y yo no tenía mucho tiempo para estudiar.**

**6 Expansion**
- Have students share their mistakes and their partners' solutions with the class. If any mistakes are common to two or more students, compare the different solutions and ask the class to decide which one makes the most sense.
- Add a visual aspect to this exercise. Use magazine pictures for additional practice with the conditional perfect, asking students what they would have done. Ex: **La ropa le queda pequeña. (Yo la habría lavado con agua fría.)**

**Teaching Tip** See the Communication Activities worksheets for an additional activity to practice the material presented in this section.

**6**  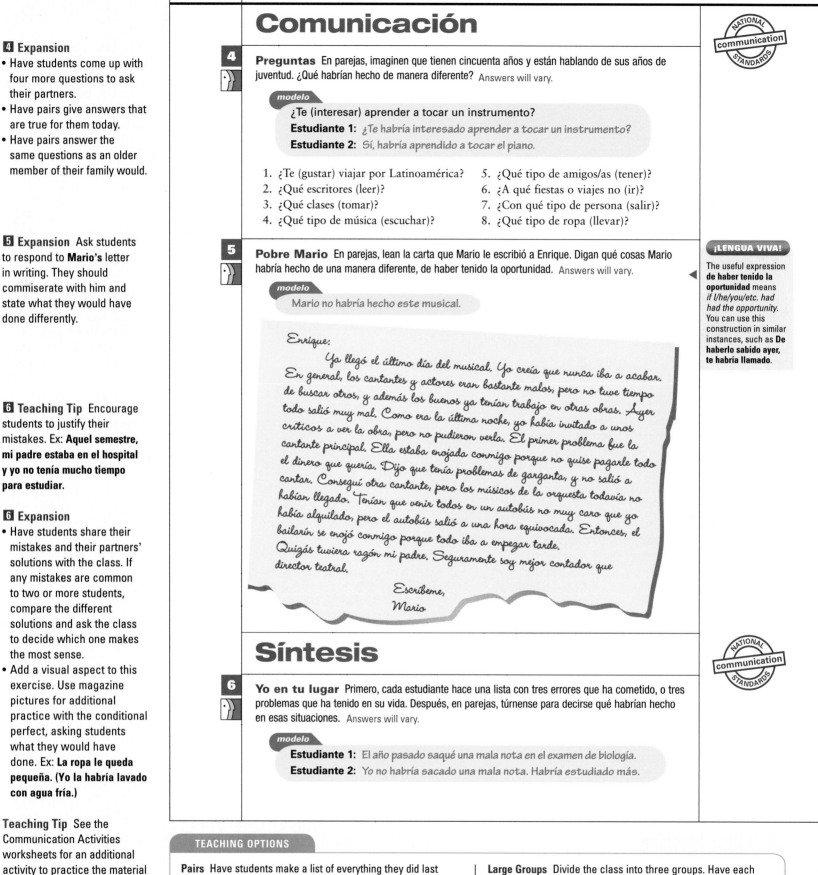 **Yo en tu lugar** Primero, cada estudiante hace una lista con tres errores que ha cometido, o tres problemas que ha tenido en su vida. Después, en parejas, túrnense para decirse qué habrían hecho en esas situaciones. Answers will vary.

modelo

**Estudiante 1:** *El año pasado saqué una mala nota en el examen de biología.*
**Estudiante 2:** *Yo no habría sacado una mala nota. Habría estudiado más.*

**TEACHING OPTIONS**

**Pairs** Have students make a list of everything they did last weekend. Then, ask students to tell their partners what they did, when they did it, and how they did it. Partners will counter with how they would have done each thing. Ex: **Bailé por cinco horas en una fiesta el sábado pasado. (Yo no habría bailado por tanto tiempo. Yo habría bailado sólo dos horas.)**

**Large Groups** Divide the class into three groups. Have each student answer this question: **¿Qué habrías hecho de una manera diferente este semestre?** After everyone has spoken, have the group discuss which missed opportunities would have been the most important in making a difference this semester.

## 8.3 The past perfect subjunctive

**CONSULTA**

To review the past perfect indicative, see **Estructura 6.2,** p. 208.

To review the present perfect subjunctive, see **Estructura 6.3,** p. 211.

**ANTE TODO** The past perfect subjunctive (**el pluscuamperfecto del subjuntivo**), also called the pluperfect subjunctive, is formed with the past subjunctive of **haber** + [*past participle*]. Compare the following subjunctive forms.

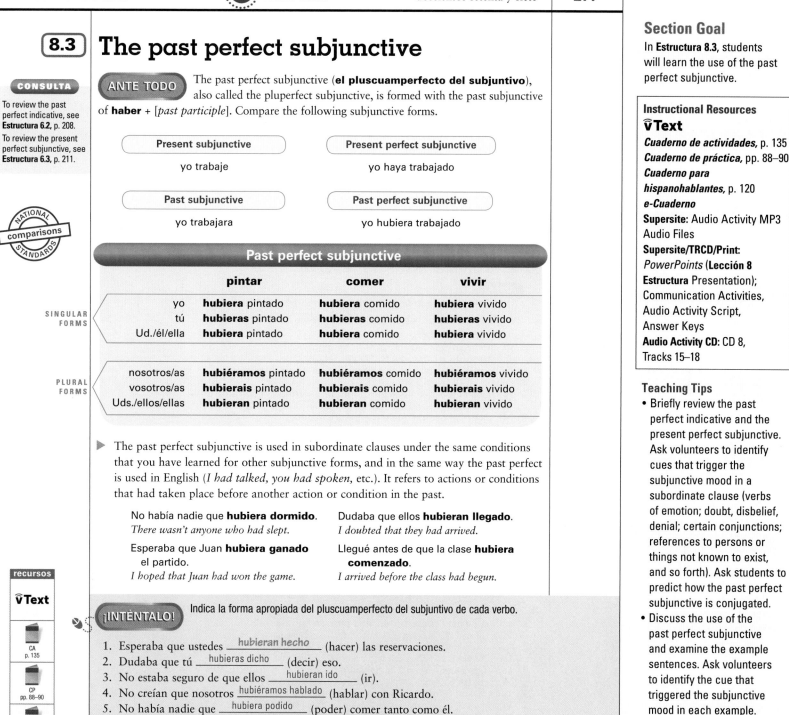

| Present subjunctive | Present perfect subjunctive |
|---|---|
| yo trabaje | yo haya trabajado |
| **Past subjunctive** | **Past perfect subjunctive** |
| yo trabajara | yo hubiera trabajado |

**Past perfect subjunctive**

| | | pintar | comer | vivir |
|---|---|---|---|---|
| SINGULAR FORMS | yo | **hubiera** pintado | **hubiera** comido | **hubiera** vivido |
| | tú | **hubieras** pintado | **hubieras** comido | **hubieras** vivido |
| | Ud./él/ella | **hubiera** pintado | **hubiera** comido | **hubiera** vivido |
| PLURAL FORMS | nosotros/as | **hubiéramos** pintado | **hubiéramos** comido | **hubiéramos** vivido |
| | vosotros/as | **hubierais** pintado | **hubierais** comido | **hubierais** vivido |
| | Uds./ellos/ellas | **hubieran** pintado | **hubieran** comido | **hubieran** vivido |

▶ The past perfect subjunctive is used in subordinate clauses under the same conditions that you have learned for other subjunctive forms, and in the same way the past perfect is used in English (*I had talked, you had spoken,* etc.). It refers to actions or conditions that had taken place before another action or condition in the past.

No había nadie que **hubiera dormido**.
*There wasn't anyone who had slept.*

Esperaba que Juan **hubiera ganado** el partido.
*I hoped that Juan had won the game.*

Dudaba que ellos **hubieran llegado**.
*I doubted that they had arrived.*

Llegué antes de que la clase **hubiera comenzado**.
*I arrived before the class had begun.*

**recursos**

vText | CA p. 135 | CP pp. 88–90 | CH p. 120 | descubre2.vhlcentral.com

**¡INTÉNTALO!** Indica la forma apropiada del pluscuamperfecto del subjuntivo de cada verbo.

1. Esperaba que ustedes *hubieran hecho* (hacer) las reservaciones.
2. Dudaba que tú *hubieras dicho* (decir) eso.
3. No estaba seguro de que ellos *hubieran ido* (ir).
4. No creían que nosotros *hubiéramos hablado* (hablar) con Ricardo.
5. No había nadie que *hubiera podido* (poder) comer tanto como él.
6. No había nadie que *hubiera visto* (ver) el espectáculo.
7. Me molestó que tú no me *hubieras llamado* (llamar) antes.
8. ¿Había alguien que no *hubiera apreciado* (apreciar) esa película?
9. No creían que nosotras *hubiéramos bailado* (bailar) en el festival.
10. No era cierto que yo *hubiera ido* (ir) con él al concierto.

### Section Goal

In **Estructura 8.3**, students will learn the use of the past perfect subjunctive.

**Instructional Resources**
**vText**
***Cuaderno de actividades,*** p. 135
***Cuaderno de práctica,*** pp. 88–90
***Cuaderno para hispanohablantes,*** p. 120
***e-Cuaderno***
**Supersite:** Audio Activity MP3 Audio Files
**Supersite/TRCD/Print:** *PowerPoints* (**Lección 8 Estructura** Presentation); Communication Activities, Audio Activity Script, Answer Keys
**Audio Activity CD:** CD 8, Tracks 15–18

### Teaching Tips

- Briefly review the past perfect indicative and the present perfect subjunctive. Ask volunteers to identify cues that trigger the subjunctive mood in a subordinate clause (verbs of emotion; doubt, disbelief, denial; certain conjunctions; references to persons or things not known to exist, and so forth). Ask students to predict how the past perfect subjunctive is conjugated.
- Discuss the use of the past perfect subjunctive and examine the example sentences. Ask volunteers to identify the cue that triggered the subjunctive mood in each example. Then ask them to suggest other sentences that follow the pattern of the example sentences. Ex: **Se sorprendió de que nadie se hubiera dormido mientras tocaba aquella banda.**
- Point out that in many parts of the Spanish-speaking world, the past perfect subjunctive is used instead of the conditional perfect. Ex: **Maite hubiera preferido ir a la ópera, pero Álex prefirió ir al cine.**

### TEACHING OPTIONS

**Extra Practice** Make a statement using the past perfect indicative. Then give the beginning of a reaction that calls for the subjunctive. Have students complete the reaction. Ex: **Jorge había esculpido una estatua para el festival. Fue maravilloso que... (Jorge hubiera esculpido una estatua para el festival).**

**TPR** Make a series of statements using either the present perfect subjunctive or the past perfect subjunctive. If students hear a statement using the present perfect subjunctive, they raise one hand. If they hear one with the past perfect subjunctive, they raise both hands.

**1 Expansion** Write four additional cloze sentences on the board, but do not provide infinitives. Be sure to give sentences that can take a variety of verbs. Have pairs complete them and then read them aloud. The class should vote for the most creative sentences.

**2 Expansion** After practicing the present perfect and past perfect subjunctives in the activity, have students rewrite the items. This time they should use the present and past subjunctives. Then have them read all four versions of each item aloud. Ex: **Dudo que hayan cerrado el museo. Dudaba que hubieran cerrado el museo. Dudo que cierren el museo. Dudaba que cerraran el museo.**

**3 Expansion** Ask students to imagine they have been on the same spaceship as **Emilio Hernández**. Have them write six statements about what they hoped had changed over the past thirty years. Ex: **Esperaba que hubieran descubierto cómo reducir la contaminación.**

# Práctica

**1**

**Completar** Completa las oraciones con el pluscuamperfecto del subjuntivo de los verbos.

1. Me alegré de que mi familia ___se hubiera ido___ (irse) de viaje.
2. Me molestaba que Carlos y Miguel no ___hubieran venido___ (venir) a visitarme.
3. Dudaba que la música que yo escuchaba ___hubiera sido___ (ser) la misma que escuchaban mis padres.
4. No creían que nosotros ___hubiéramos podido___ (poder) aprender español en un año.
5. Los músicos se alegraban de que su programa le ___hubiera gustado___ (gustar) tanto al público.
6. La profesora se sorprendió de que nosotros ___hubiéramos hecho___ (hacer) la tarea antes de venir a clase.

**2**

**Transformar** María está hablando de las emociones que ha sentido ante ciertos acontecimientos (*events*). Transforma sus oraciones según el modelo.

*modelo*

Me alegro de que hayan venido los padres de Micaela.
*Me alegré de que hubieran venido los padres de Micaela.*

1. Es muy triste que haya muerto la tía de Miguel.
   Fue muy triste que hubiera muerto la tía de Miguel.
2. Dudo que Guillermo haya comprado una casa tan grande.
   Dudaba que Guillermo hubiera comprado una casa tan grande.
3. No puedo creer que nuestro equipo haya perdido el partido.
   No podía creer que nuestro equipo hubiera perdido el partido.
4. Me alegro de que mi novio me haya llamado.
   Me alegré de que mi novio me hubiera llamado.
5. Me molesta que el periódico no haya llegado.
   Me molestó que el periódico no hubiera llegado.
6. Dudo que hayan cerrado el Museo de Arte.
   Dudaba que hubieran cerrado el Museo de Arte.

**¡LENGUA VIVA!**

Both the preterite and the imperfect can be used to describe past thoughts or emotions. In general, the imperfect describes a particular action or mental state without reference to its beginning or end; the preterite refers to the occurrence of an action, thought, or emotion at a specific moment in time.

**Pensaba que mi vida era aburrida.**

**Pensé que había dicho algo malo.**

**3**

**El regreso** Durante 30 años, el astronauta Emilio Hernández estuvo en el espacio sin tener noticias de la Tierra. Usa el pluscuamperfecto del subjuntivo para indicar lo que Emilio esperaba que hubiera pasado.

*modelo*

su esposa / no casarse con otro hombre
*Esperaba que su esposa no se hubiera casado con otro hombre.*

1. su hija Diana / conseguir ser una pintora famosa
   Esperaba que su hija Diana hubiera conseguido ser una pintora famosa.
2. los políticos / acabar con todas las guerras (*wars*)
   Esperaba que los políticos hubieran acabado con todas las guerras.
3. su suegra / irse a vivir a El Salvador
   Esperaba que su suegra se hubiera ido a vivir a El Salvador.
4. su hermano Ramón / tener un empleo por más de dos meses
   Esperaba que su hermano Ramón hubiera tenido un empleo por más de dos meses.
5. todos los países / resolver sus problemas económicos
   Esperaba que todos los países hubieran resuelto sus problemas económicos.
6. su esposa / ya pagar el préstamo de la casa
   Esperaba que su esposa ya hubiera pagado el préstamo de la casa.

Practice more at **descubre2.vhlcentral.com.**

**TEACHING OPTIONS**

**Pairs** Have students make six statements about something that happened last year. Partners counter with statements declaring that it wasn't certain that the action had really occurred. Ex: **El poeta Arturo Cruz se murió mientras leía su poesía. (No era cierto que Arturo Cruz se hubiera muerto mientras leía su poesía.)**

**Small Groups** Divide the class into groups of three. Have students take turns telling their group about things they wish had happened over the course of their lives. Ex: **¡Ojalá que hubiera aprendido a tocar el piano!**

# Comunicación

**4** **El robo** La semana pasada desaparecieron varias obras del museo. El detective sospechaba (*suspected*) que los empleados del museo le estaban mintiendo. En parejas, siguiendo el modelo, digan qué era lo que pensaba el detective. Después, intenten descubrir qué pasó realmente. Presenten su teoría del robo a la clase. Answers will vary.

*modelo*

El vigilante (*security guard*) le dijo que alguien había abierto las ventanas de una sala.

El detective dudaba (no creía, pensaba que no era cierto, etc.) que alguien hubiera abierto las ventanas de la sala.

1. El carpintero le dijo que ese día no había encontrado nada extraño en el museo.
2. La abogada le dijo que ella no había estado en el museo esa tarde.
3. El técnico le dijo que había comprado una casa porque había ganado la lotería.
4. La directora del museo le dijo que había visto al vigilante hablando con la abogada.
5. El vigilante dijo que la directora había dicho que esa noche no tenían que trabajar.
6. El carpintero se acordó de que la directora y el vigilante habían sido novios.

**5** **Reacciones** Imagina que estos acontecimientos (*events*) ocurrieron la semana pasada. Indica cómo reaccionaste ante cada uno. Comparte tu reacción con un(a) compañero/a. Answers will vary.

*modelo*

Vino a visitarte tu tía de El Salvador.

Me alegré de que hubiera venido a visitarme.

1. Perdiste tu mochila con tu teléfono celular.
2. Tus padres te dijeron que no puedes usar el auto por un mes entero.
3. Encontraste cincuenta mil dólares cerca del banco.
4. Tus amigos/as te hicieron una fiesta sorpresa.

# Síntesis

**6** **Noticias** En grupos, lean estos titulares (*headlines*) e indiquen cuáles hubieran sido sus reacciones si esto les hubiera ocurrido a ustedes. Luego escriban tres titulares más y compártanlos con los demás grupos. Utilicen el pluscuamperfecto del subjuntivo. Answers will vary.

**Un grupo de turistas se encuentra con Elvis en una gasolinera.**
El cantante los saludó, les cantó unas canciones y después se marchó hacia las montañas, caminando tranquilamente.

**Tres jóvenes estudiantes se perdieron en un bosque de Maine.**
Después de estar tres horas perdidos, aparecieron en una gasolinera de un desierto de Australia.

**Ayer, una joven hondureña, después de pasar tres años en coma, se despertó y descubrió que podía entender el lenguaje de los animales.**
La joven, de momento, no quiere hablar con la prensa, pero una amiga suya nos dice que está deseando ir al zoológico.

**4 Teaching Tip** To simplify, before beginning the activity, have the class brainstorm expressions of doubt that trigger the subjunctive in a subordinate clause.

**4 Expansion**
- After pairs have presented their theories, have the class decide which one is the most likely and which one is the least likely. Encourage students to defend their opinions.
- Have small groups write the police report the detective submitted to his superiors.

**5 Teaching Tip** Have students share a few reactions to what actually happened to them last week. Ex: **Me molestó que mis padres hubieran decidido comprar una casa nueva sin consultarme.**

**6 Expansion** Ask students to pick a fairy tale and write a five-sentence ending using the past perfect subjunctive. Ex: **No era verdad que el lobo se hubiera comido a la abuela...** Write any unfamiliar vocabulary on the board for reference.

**The Affective Dimension**
If students are feeling overwhelmed, reassure them that many tenses are made up of forms they have already learned. Encourage students to review previously learned tenses regularly.

**TEACHING OPTIONS**

**Extra Practice** Tell students to write six sentences describing how they felt about what happened at an arts festival held last weekend. Ex: **Fue una lástima que mi cantante favorito no hubiera cantado en el festival.**

**Small Groups** Divide students into groups of three. Student A picks an event, such as final exams, a birthday party or a concert. Student B begins a statement about the event in the past that triggers the subjunctive. Student C completes the sentence with a verb in the past perfect subjunctive. Ex: **el concierto de Shakira/No había nadie que.../... no se hubiera divertido.**

## Section Goal

In **Recapitulación**, students will review the grammar concepts from this lesson.

**Instructional Resources**
**vText**
**Supersite**
**Testing Program CD:** Tracks 29–32

**1 Teaching Tips**
- Remind students that every verb form in the conditional carries an accent mark.
- Complete this activity orally as a class.

**1 Expansion**
- Ask students to provide the remaining forms of the verbs.
- Add **decir, tener,** and **venir** to the chart.

**2 Teaching Tip** To simplify, have students identify the subject for each item.

**2 Expansion**
- Have students compose questions about the dialogue. Ex: **¿Nidia le dijo a Omar que Jaime y ella irían al concierto?**
- To challenge students, ask them to identify which sentences from the dialogue could be replaced by **ir a** + [*infinitive*] in the imperfect and retain the same meaning. Ex: **1. Yo creía que iba a llover, pero hizo sol.**

# Recapitulación

*Repaso*
**Diagnostics**

**Completa estas actividades para repasar los conceptos de gramática que aprendiste en esta lección.**

**1** **Completar** Completa el cuadro con la forma correcta del condicional de los verbos. 12 pts.

| Infinitivo | tú | nosotros | ellas |
|---|---|---|---|
| **pintar** | pintarías | pintaríamos | pintarían |
| querer | querrías | querríamos | **querrían** |
| poder | podrías | **podríamos** | podrían |
| haber | **habrías** | habríamos | habrían |

**2** **Diálogo** Completa el diálogo con la forma adecuada del condicional de los verbos de la lista. 8 pts.

| | | | |
|---|---|---|---|
| dejar | gustar | ir | poder |
| encantar | hacer | llover | sorprender |

**OMAR** ¿Sabes? El concierto al aire libre fue un éxito. Yo creía que (1) ___lovería___, pero hizo sol.

**NIDIA** Ah, me alegro. Te dije que Jaime y yo (2) ___iríamos___, pero tuvimos un imprevisto (*something came up*) y no pudimos. Y a Laura, ¿la viste allí?

**OMAR** Sí, ella vino. Al contrario que tú, al principio me dijo que ella y su amiga no (3) ___podrían___ venir, pero al final aparecieron. Necesitaba relajarse un poco; está muy estresada con sus estudios.

**NIDIA** A mí no me (4) ___sorprendería___ que se enfermara. Yo, en su lugar, (5) ___dejaría___ de estudiar obsesivamente y (6) ___haría___ más actividades interesantes fuera de la escuela.

**OMAR** Estoy de acuerdo. Oye, esta noche voy a ir al teatro. ¿(7) ___Te gustaría/Podrías___ venir conmigo? Jaime también puede venir. Es una comedia familiar.

**NIDIA** A nosotros (8) ___nos encantaría/nos gustaría___ ir. ¿A qué hora es?

**OMAR** A las siete y media.

### RESUMEN GRAMATICAL

**8.1 The conditional** *pp. 270–271*

| The conditional tense* of **aplaudir** | |
|---|---|
| aplaudiría | aplaudiríamos |
| aplaudirías | aplaudiríais |
| aplaudiría | aplaudirían |

*Same endings for **-ar**, **-er**, and **-ir** verbs.

**Irregular verbs**

| Infinitive | Stem | Conditional |
|---|---|---|
| decir | dir- | diría |
| hacer | har- | haría |
| poder | podr- | podría |
| poner | pondr- | pondría |
| haber | habr- | habría |
| querer | querr- | querría |
| saber | sabr- | sabría |
| salir | saldr- | saldría |
| tener | tendr- | tendría |
| venir | vendr- | vendría |

**8.2 The conditional perfect** *p. 274*

| **pintar** | |
|---|---|
| habría pintado | habríamos pintado |
| habrías pintado | habríais pintado |
| habría pintado | habrían pintado |

**8.3 The past perfect subjunctive** *p. 277*

| **cantar** | |
|---|---|
| hubiera cantado | hubiéramos cantado |
| hubieras cantado | hubierais cantado |
| hubiera cantado | hubieran cantado |

- To form the past perfect subjunctive, take the **Uds./ellos/ellas** form of the preterite of **haber**, drop the ending **(-ron)**, and add the past subjunctive endings **(-ra, -ras, -ra, -ramos, -rais, -ran)**.
- Note that the **nosotros/as** form takes an accent.

### TEACHING OPTIONS

**Extra Practice** Tell students to imagine that they are art critics. Bring in images of artwork from the Spanish-speaking world and have them explain what changes they would make and why. Ex: **Si yo fuera el artista, cambiaría los colores del paisaje para que fuera más realista.**

**TPR** Divide the class into two groups, **condicional** and **condicional perfecto**. Call out a sentence starter and indicate the first members of each group. The student whose group corresponds to the tense required in the second part of the sentence has five seconds to step forward and complete the sentence in a logical manner. Ex: **Si mis padres me hubieran enseñado a bailar salsa...** (Student from the **condicional perfecto** group steps forward and says: **...yo habría participado en concursos de baile.**)

**3** **Fin de curso** El espectáculo de fin de curso de la escuela ha sido cancelado por falta de interés y ahora todos se arrepienten (*regret it*). Completa las oraciones con el condicional perfecto. 8 pts.

1. La profesora de danza _habría convencido_ (convencer) a los mejores bailarines de que participaran.
2. Tú no _habrías escrito_ (escribir) en el periódico que el comité organizador era incompetente.
3. Los profesores _habrían animado_ (animar) a todos a participar.
4. Nosotros _habríamos invitado_ (invitar) a nuestros amigos y familiares.
5. Tú _habrías publicado_ (publicar) un artículo muy positivo sobre el espectáculo.
6. Los padres de los estudiantes _habrían dado_ (dar) más dinero y apoyo.
7. Mis compañeros de drama y yo _habríamos presentado_ (presentar) una comedia muy divertida.
8. El director _habría hecho_ (hacer) del espectáculo su máxima prioridad.

**4** **El arte** Estos estudiantes universitarios están decepcionados (*disappointed*) con sus estudios de arte. Escribe oraciones a partir de los elementos dados. Usa el imperfecto del indicativo y el pluscuamperfecto del subjuntivo. Sigue el modelo. 12 pts.

**modelo**

yo / esperar / la universidad / poner / más énfasis en el arte

*Yo esperaba que la universidad hubiera puesto más énfasis en el arte.*

1. Sonia / querer / el departamento de arte / ofrecer / más clases
   Sonia quería que el departamento de arte hubiera ofrecido más clases.
2. no haber nadie / oír / de ningún ex alumno / con éxito en el mundo artístico
   No había nadie que hubiera oído de ningún ex alumno con éxito en el mundo artístico.
3. nosotros / desear / haber / más exhibiciones de trabajos de estudiantes
   Nosotros deseábamos que hubiera habido más exhibiciones de trabajos de estudiantes.
4. ser una lástima / los profesores / no ser / más exigentes
   Era una lástima que los profesores no hubieran sido más exigentes.
5. Juanjo / dudar / nosotros / poder / escoger una universidad con menos recursos
   Juanjo dudaba que nosotros hubiéramos podido escoger una universidad con menos recursos.
6. ser increíble / la universidad / no construir / un museo más grande
   Era increíble que la universidad no hubiera construido un museo más grande.

**5** **Una vida diferente** Piensa en un(a) artista famoso/a (pintor(a), cantante, actor/actriz, bailarín/bailarina, etc.) y escribe al menos cinco oraciones que describan cómo sería tu vida ahora si fueras esa persona. Usa las tres formas verbales que aprendiste en esta lección ¡y también tu imaginación! 10 pts. Answers will vary.

**6** **Adivinanza** Completa la adivinanza con la forma correcta del condicional del verbo **ser** y adivina la respuesta. ¡2 puntos EXTRA!

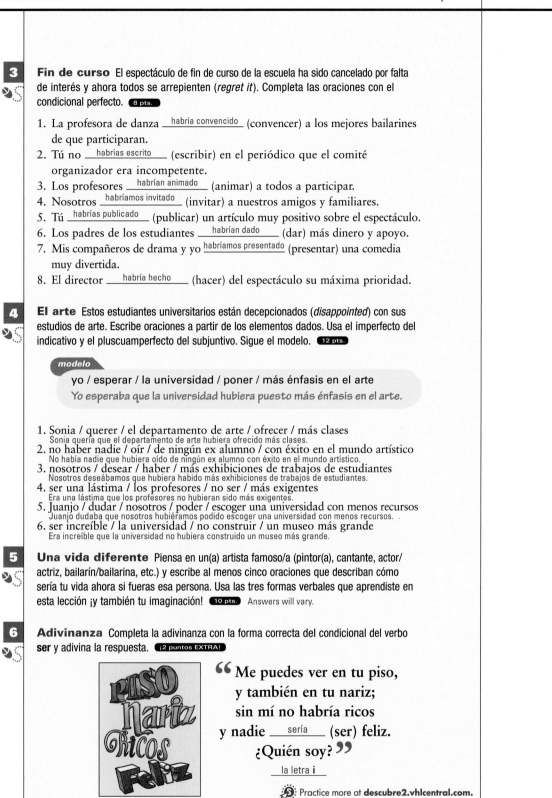

"Me puedes ver en tu piso,
y también en tu nariz;
sin mí no habría ricos
y nadie _sería_ (ser) feliz.
¿Quién soy?"

_la letra **i**_

Practice more at **descubre2.vhlcentral.com.**

recursos

vText

descubre2.vhlcentral.com

**3 Expansion** In pairs, have students write three additional statements of regret using the conditional perfect.

**4 Teaching Tips**

- To simplify, have students identify the verbs to be conjugated in the imperfect and the past subjunctive.
- Remind students to use the conjunction **que** for each sentence.

**4 Expansion** Give students these additional items: **7. Emilio y Javier / esperar / los profesores / enseñarles nuevas técnicas de pintura (Emilio y Javier esperaban que los profesores les hubieran enseñado nuevas técnicas de pintura.) 8. Piedad y yo / lamentar / los estudiantes / no poder / conocer ningún artista famoso (Piedad y yo lamentábamos que los estudiantes no hubieran podido conocer ningún artista famoso.)**

**5 Expansion** Ask volunteers to read their descriptions aloud without naming the artist. Have the class guess the person.

**6 Expansion** To challenge students, have them work in pairs and create an **adivinanza** about another letter of the alphabet. Encourage them to use rhyming words and vocabulary from this lesson, if possible.

**TEACHING OPTIONS**

**Extra Practice** Add an auditory exercise to this grammar review. Prepare statements about fictional characters or celebrities. Write the names on the board in random order. Read each statement aloud and have students match it to the appropriate name. Ex: **Si mi esposo hubiera recibido mi mensaje, él no se habría tomado el veneno y yo no me habría matado con un puñal. (Julieta)**

**Small Groups** In groups of four, tell students to imagine that they have just completed a trip to Latin America, during which they studied the region's art and artists. Have the group write eight sentences on what they would have changed about the trip. As a class, hold a discussion about their experiences. Ex: **El viaje habría sido más interesante si hubiéramos visitado los museos sin guía.**

## Section Goals

In **Lectura**, students will:

- learn to identify stylistic devices
- read three poems by a Spanish poet

**Instructional Resources**
**vText**
***Cuaderno para hispanohablantes***, pp. 121–124
**Supersite**

**Estrategia** Tell students that stylistic devices such as repetition and enumeration often contribute to the poem's overall meaning. Explain that when reading a poem for the first time, students should consider how these tools enhance or highlight aspects of the poem, as well as add to its musicality.

**Contestar** To challenge students, have them work in pairs and find a simile in the poems. Ex: **La guitarra es como la tarántula.**

**Resumen** Have students write two additional sentences about **Lorca** and his poetry.

### Teaching Tips

- Tell students that **Federico García Lorca** was part of the **Generación del 27**, a group of artists that included **Pablo Neruda, Salvador Dalí,** and **Luis Buñuel**. The group, which earned its name because they held their first formal meeting in 1927, was shattered with the onset of the Spanish Civil War in 1936.
- Explain that **Lorca's** works often dealt with themes of marginalization. At the same time, he often included traditional elements of Spanish culture, such as the sights and sounds of **flamenco**.
- To increase students' comprehension of the poems, divide the class into three groups and have each one read and analyze a different poem, comparing and contrasting the representations of the guitar. Then hold a class discussion about the poems.

# Lectura

## Antes de leer

### Estrategia

**Identifying stylistic devices**

There are several stylistic devices (**recursos estilísticos**) that can be used for effect in poetic or literary narratives. *Anaphora* consists of successive clauses or sentences that start with the same word(s). *Parallelism* uses successive clauses or sentences with a similar structure. *Repetition* consists of words or phrases repeated throughout the text. *Enumeration* uses the accumulation of words to describe something. Identifying these devices can help you to focus on topics or ideas that the author chose to emphasize.

### Contestar

1. ¿Cuál es tu instrumento musical favorito? ¿Sabes tocarlo? ¿Puedes describir su forma?
2. Compara el sonido de ese instrumento con algunos sonidos de la naturaleza. (Por ejemplo: El piano suena como la lluvia.)
3. ¿Qué instrumento es el "protagonista" de estos poemas de García Lorca?
4. Localiza en estos tres poemas algunos ejemplos de los recursos estilísticos que aparecen en la **Estrategia**. ¿Qué elementos o temas se enfatizan mediante esos recursos?

### Resumen

Completa el párrafo con palabras de la lista.

| artesanía | música | poeta |
|---|---|---|
| dramaturgo | poemas | talento |

Los __poemas__ se titulan *La guitarra, Las seis cuerdas* y *Danza*. Son obras del __poeta__ Federico García Lorca. Estos textos reflejan la importancia de la __música__ en la poesía de este escritor. Lorca es conocido por su __talento__.

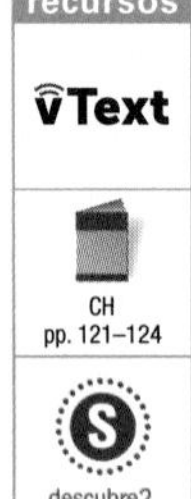


## Federico García Lorca

*El escritor español Federico García Lorca nació en 1898 en Fuente Vaqueros, Granada. En 1919 se mudó a Madrid y allí vivió en la residencia estudiantil donde se hizo° amigo del pintor Salvador Dalí y del cineasta° Luis Buñuel. En 1920 estrenó° su primera obra teatral,* El maleficio° de la mariposa°*. En 1929 viajó a los Estados Unidos, donde asistió a clases en la Universidad de Columbia. Al volver a España, dirigió la compañía de teatro universitario "La Barraca", un proyecto promovido° por el gobierno de la República para llevar el teatro clásico a los pueblos españoles. Fue asesinado en agosto de 1936 en Víznar, Granada, durante la dictadura° militar de Francisco Franco. Entre sus obras más conocidas están* Poema del cante jondo *(1931) y* Bodas de sangre *(1933). El amor, la muerte y la marginación son algunos de los temas presentes en su obra.*

## Danza

EN EL HUERTO° DE LA PETENERA°

En la noche del huerto,
seis gitanas°,
vestidas de blanco
bailan.

En la noche del huerto,
coronadas°,
con rosas de papel
y biznagas°.

En la noche del huerto,
sus dientes de nácar°,
escriben la sombra°
quemada.

Y en la noche del huerto,
sus sombras se alargan°,
y llegan hasta el cielo
moradas.

**TEACHING OPTIONS**

**Extra Practice** Add a visual aspect to this reading. Tell students that one of the most important aspects of poetry is the imagery it evokes for the reader. For homework, have students choose one of the three **Lorca** poems and draw a picture or create a collage to represent it. Encourage them to be creative and incorporate elements of the poetry into their drawings. Display the drawings and have the class guess which poem each drawing represents.

**Extra Practice** Have students look at the poems again and decide how many of the five senses it alludes to: **vista** (*sight*), **tacto** (*touch*), **gusto** (*taste*), **olfato** (*smell*), and **oído** (*hearing*). Then ask them to list as many words from the poems as possible that they associate with each sense.

## Las seis cuerdas

La guitarra,
hace llorar° a los sueños°.
El sollozo° de las almas°
perdidas,
se escapa por su boca
redonda°.
Y como la tarántula
teje° una gran estrella
para cazar suspiros°,
que flotan en su negro
aljibe° de madera°.

## La guitarra

Empieza el llanto°
de la guitarra.
Se rompen las copas
de la madrugada°.
Empieza el llanto
de la guitarra.
Es inútil
callarla°.
Es imposible
callarla.
Llora monótona
como llora el agua,
como llora el viento
sobre la nevada°.
Es imposible
callarla.
Llora por cosas
lejanas°.
Arena° del Sur caliente
que pide camelias blancas.
Llora flecha sin blanco°,
la tarde sin mañana,
y el primer pájaro muerto
sobre la rama°.
¡Oh guitarra!
Corazón malherido°
por cinco espadas°.

# Después de leer

### Comprensión

Completa cada oración con la opción correcta.

1. En el poema *La guitarra* se habla del "llanto" de la guitarra. La palabra "llanto" se relaciona con el verbo __c__.
   a. llover b. cantar c. llorar
2. El llanto de la guitarra en *La guitarra* se compara con __a__.
   a. el viento b. la nieve c. el tornado
3. En el poema *Las seis cuerdas* se personifica a la guitarra como __a__.
   a. una tarántula b. un pájaro c. una estrella
4. En *Danza*, las gitanas bailan en el __b__.
   a. teatro b. huerto c. patio

### Interpretación

En grupos pequeños, respondan a las preguntas. Answers will vary.

1. En los poemas *La guitarra* y *Las seis cuerdas* se personifica a la guitarra. Analicen esa personificación. ¿Qué cosas humanas puede hacer la guitarra? ¿En qué se parece a una persona?
2. ¿Creen que la música de *La guitarra* y *Las seis cuerdas* es alegre o triste? ¿En qué tipo de música te hace pensar?
3. ¿Puede existir alguna relación entre las seis cuerdas de la guitarra y las seis gitanas bailando en el huerto en el poema *Danza*? ¿Cuál?

### Conversación

Primero, comenta con un(a) compañero/a tus gustos musicales (instrumentos favoritos, grupos, estilo de música, cantantes). Después, intercambien las experiencias más intensas o importantes que hayan tenido con la música (un concierto, un recuerdo asociado a una canción, etc.). Answers will vary.

**se hizo** *he became* **cineasta** *filmmaker* **estrenó** *premiered* **maleficio** *curse; spell* **mariposa** *butterfly* **promovido** *promoted* **dictadura** *dictatorship* **huerto** *orchard* **petenera** *Andalusian song* **gitanas** *gypsies* **coronadas** *crowned* **biznagas** *type of plant* **nácar** *mother-of-pearl* **sombra** *shadow* **se alargan** *get longer* **llorar** *to cry* **sueños** *dreams* **sollozo** *sobbing* **almas** *souls* **redonda** *round* **teje** *spins* **suspiros** *sighs* **aljibe** *well* **madera** *wood* **llanto** *crying* **madrugada** *dawn* **inútil callarla** *useless to silence her* **nevada** *snowfall* **lejanas** *far-off* **Arena** *Sand* **flecha sin blanco** *arrow without a target* **rama** *branch* **malherido** *wounded* **espadas** *swords*

Practice more at **descubre2.vhlcentral.com.**

**Comprensión**
- Give students these sentences as items 5–7: **5. En *Danza,* las gitanas se visten de ____. (blanco) 6. En *La guitarra,* dice que es ____ callar el llanto de la guitarra. (inútil/imposible) 7. Las almas ____ se escapan por la guitarra del poema *Las seis cuerdas.* (perdidas)**
- Divide the board into three columns, with the titles of the poems as headings. As a class, fill in each column with the descriptive words and phrases **Lorca** uses to represent the guitar.

**Interpretación** Ask students these additional discussion questions: **4. En tu opinión, ¿cuál de los tres poemas representa más explícitamente la forma física de la guitarra? ¿Y cuál representa más la música de la guitarra? 5. ¿Qué referencias hace Lorca al color blanco en estos poemas? ¿Y al color negro? ¿Qué representan estos colores? 6. ¿Cómo se utiliza la naturaleza para describir la guitarra? ¿Qué efecto tiene en el lector?**

**Conversación**
- Before completing the activity, survey the class to find out students' musical tastes. If possible, pair students with different musical preferences together for this activity.
- Call on volunteers to summarize their discussions.
- If time permits, have students bring in examples of their favorite musical styles to play for the class.

**The Affective Dimension** Tell students that reading poetry can be daunting, even in one's native language, because poetry is often written in symbolic language. Point out that reading Spanish poetry will be less anxiety-provoking if students use the reading strategies they have learned so far.

**TEACHING OPTIONS**

**Extra Practice** To challenge students, ask them to write a poem about a musical instrument or genre. Encourage students to use at least one of the stylistic devices presented in the **Estrategia**. Have students exchange poems with a classmate for peer editing. Call on volunteers to read their poems aloud for the class.

**Heritage Speakers** Ask heritage speakers to prepare a brief presentation on their favorite Spanish-language poet, or if they do not have one, to research a heritage-speaker poet in the U.S. or Canada. Students should include a short biography of the poet and read aloud a favorite poem for the class.

## Section Goals

In **Escritura**, students will:
- learn to find biographical information
- integrate lesson vocabulary and structures
- write a composition

**Instructional Resources**
**vText**
***Cuaderno de actividades,*** pp. 155–156
***Cuaderno para hispanohablantes,*** pp. 125–126
**Supersite**

**Estrategia** Explain to students that when they research biographical information, it can be helpful to start with general resources and work their way toward specific sources. Guide students on where to look for biographical information on the Mexican muralist **Diego Rivera**. Students should mention resources such as the Internet, books on Mexican muralists, or books specifically about **Rivera**.

**Tema** Working as a class, brainstorm several artists, musicians, movie stars, scientists, historians, politicians, athletes, and others whom they would like to invite for dinner. Then have students brainstorm questions that they may wish to ask their dinner guests.

# Escritura

## Estrategia

### Finding biographical information

Biographical information can be useful for a great variety of writing topics. Whether you are writing about a famous person, a period in history, or even a particular career or industry, you will be able to make your writing both more accurate and more interesting when you provide detailed information about the people who are related to your topic.

To research biographical information, you may wish to start with general reference sources, such as encyclopedias and periodicals. Additional background information on people can be found in biographies or in nonfiction books about the person's field or industry. For example, if you wanted to write about Jennifer López, you could find background information from periodicals, including magazine interviews and movie or concert reviews. You might also find information in books or articles related to contemporary film and music.

Biographical information may also be available on the Internet, and depending on your writing topic, you may even be able to conduct interviews to get the information you need. Make sure to confirm the reliability of your sources whenever your writing includes information about other people.

You might want to look for the following kinds of information:

- date of birth
- date of death
- childhood experiences
- education
- family life
- place of residence
- life-changing events
- personal and professional accomplishments

## Tema

### ¿A quién te gustaría conocer?

Si pudieras invitar a cinco personas famosas a cenar en tu casa, ¿a quiénes invitarías? Pueden ser de cualquier° época de la historia y de cualquier profesión. Algunas posibilidades son:

- el arte
- la música
- el cine
- las ciencias
- la historia
- la política

Escribe una composición breve sobre la cena. Explica por qué invitarías a estas personas y describe lo que harías, lo que preguntarías y lo que dirías si tuvieras la oportunidad de conocerlas. Utiliza el condicional.

cualquier *any*

recursos

| vText | CA pp. 155–156 | CH pp. 125–126 | descubre2.vhlcentral.com |
|---|---|---|---|

**EVALUATION: Composición**

| Criteria | Scale |
|---|---|
| Content | 1 2 3 4 |
| Organization | 1 2 3 4 |
| Use of vocabulary | 1 2 3 4 |
| Grammatical accuracy | 1 2 3 4 |
| Creativity | 1 2 3 4 |

| Scoring | |
|---|---|
| Excellent | 18–20 points |
| Good | 14–17 points |
| Satisfactory | 10–13 points |
| Unsatisfactory | < 10 points |

# Escuchar

## Estrategia

**Listening for key words/ Using the context**

The comprehension of key words is vital to understanding spoken Spanish. Use your background knowledge of the subject to help you anticipate what the key words might be. When you hear unfamiliar words, remember that you can use context to figure out their meaning.

To practice these strategies, you will now listen to a paragraph from a letter sent to a job applicant. Jot down key words, as well as any other words you figured out from the context.

## Preparación

Basándote en el dibujo, ¿qué palabras crees que usaría un crítico en una reseña° de esta película?

## Ahora escucha

Ahora vas a escuchar la reseña de la película. Mientras escuches al crítico, recuerda que las críticas de cine son principalmente descriptivas. La primera vez que escuchas, identifica las palabras clave° y escríbelas en la columna A. Luego, escucha otra vez la reseña e identifica el significado de las palabras en la columna B mediante el contexto. Answers will vary.

| A | B |
|---|---|
| 1. ______ | 1. estrenar |
| 2. ______ | 2. a pesar de |
| 3. ______ | 3. con reservas |
| 4. ______ | 4. supuestamente |
| 5. ______ | 5. la trama |
| 6. ______ | 6. conocimiento |

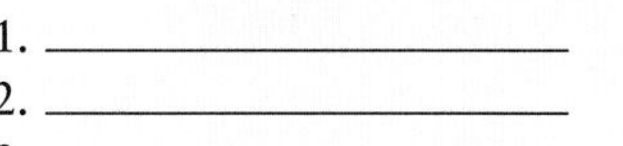

recursos

vText descubre2.vhlcentral.com

reseña *review* clave *key*

## Comprensión

### Cierto o falso

| | Cierto | Falso |
|---|---|---|
| 1. *El fantasma del lago Enriquillo* es una película de ciencia ficción. | ✓ | ○ |
| 2. Los efectos especiales son espectaculares. | ○ | ✓ |
| 3. Generalmente se ha visto a Jorge Verdoso en comedias románticas. | ✓ | ○ |
| 4. Jaime Rebelde es un actor espectacular. | ○ | ✓ |

### Preguntas

Answers will vary.

1. ¿Qué aspectos de la película le gustaron al crítico?
2. ¿Qué no le gustó al crítico de la película?
3. Si a ti te gustaran los actores, ¿irías a ver esta película? ¿Por qué?
4. Para ti, ¿cuáles son los aspectos más importantes de una película? Explica tu respuesta.

### Ahora ustedes

Trabaja con un grupo de compañeros/as. Escojan una película con actores muy famosos que no fue lo que esperaban. Escriban una reseña que describa el papel de los actores, la trama, los efectos especiales, la cinematografía u otros aspectos importantes de la película. Answers will vary.

hemos visto en comedias románticas y su arte tanto como su apariencia se prestan más a ese tipo de obra que a *El fantasma del lago Enriquillo*. La trama es tan exagerada que acaba siendo una sátira. La película tiene sus momentos especiales a pesar de sus limitaciones. Las escenas que Jorge Verdoso comparte con la estrella Lourdes del Río son destacadas y fascinantes. Hay una energía fabulosa entre estos artistas. Los efectos especiales no son los que hoy día esperamos ver; parecen ser algo de una película de hace quince años. Pero la música del gran compositor Jaime Rebelde es espectacular. Recomiendo la película pero con reservas. Los aficionados de las películas de Verdoso y del Río no se la van a querer perder. Pero vayan con el conocimiento de que algunos momentos supuestamente dramáticos son cómicos.

## Section Goals

In **Escuchar**, students will:

- listen to a letter sent to a job applicant
- practice the strategies of listening for key words and using context
- listen to a film review

**Instructional Resources**
**vText**
**Supersite:** Textbook, MP3 Audio Files
**Supersite/TRCD/Print:** Textbook Audio Script
**Textbook CD:** CD 2, Tracks 18–19

**Estrategia**
**Script** Estimada Srta. Negrón: Es un gran placer ofrecerle un puesto en el bufete de abogados Chirinos y Alemán. Como se mencionó durante su entrevista la semana pasada, el sueldo comenzará en $52.500 anuales. Los beneficios incluirán un seguro de salud, tres semanas de vacaciones pagadas y un seguro de vida. Quisiéramos que comenzara a trabajar el lunes, 17 de mayo. Favor de presentarse a las ocho en punto ese día. Si no le es posible comenzar ese día, favor de comunicarse conmigo lo más pronto posible.

**Teaching Tip** Before students listen to the film review, have them describe the poster and make predictions about the style and quality of film.

**Ahora escucha**
**Script** Hoy viernes, como siempre, les vamos a ayudar a hacer sus planes para el fin de semana. Les traemos una reseña de la película que estrenó esta semana, *El fantasma del lago Enriquillo*. Esta película, en la cual regresa a la pantalla el famoso artista Jorge Verdoso, se anuncia como una película de ciencia ficción. Es una lástima ver al talentoso Verdoso en esta película. Generalmente lo

*(Script continues at far left in the bottom panels.)*

## Section Goals

In **En pantalla**, students will:
- read about TV shows in Spanish-speaking countries
- watch a parody of the show ***¿Quién quiere ser millonario?***

**Instructional Resources**
**v̂Text**
**Supersite: *En pantalla***
Transcript & Translation

**Introduction**
Discuss the idea of replicating television shows in other countries. Ask: **¿Creen que se puede exportar un programa de televisión a otro país sin hacer muchos cambios al contenido?**

**Antes de ver**
- Have students look at the video stills, read the captions, and predict the relationship between the two men. Explain that this is a parody of a game show.
- Point out that the contestant is from the Spanish Canary Islands, where the accent is similar to that of Latin America. The final **-s** in words is often not pronounced, and the **z** does not have a *th* sound as it does in Peninsular Spanish. The interaction at the beginning of the parody caricatures this difference.
- Explain that this skit's humor is found in word play (the pronunciation of words, letters, and use of object pronouns). If students are familiar with *Who's on First?* by Abbott and Costello, explain that this skit is a similar example of linguistic misunderstandings.

**Indicar** Replay the clip and have students check their work.

**Las preguntas** Call on a representative from each group to act as the host. Have a student from another group be the contestant.

# En pantalla

En muchos países hispanos existen versiones en español de programas como *¿Quién quiere ser millonario?, Jeopardy, Operación triunfo* (similar a *American Idol*) y *¿Qué dice la gente?* (*Family Feud*) que son adaptados para el público de cada país o para la audiencia hispana de los Estados Unidos. Casos contrarios son *Big Brother*, que comenzó en España, y *Yo soy Betty, la fea*, una telenovela colombiana que tuvo un gran éxito en toda Latinoamérica y que ha sido adaptada al inglés como *Ugly Betty*. Bajo la producción de la actriz mexicana Salma Hayek, en ella participan America Ferrera, Eric Mabius, Vanessa Williams y Michael Urie.

**Vocabulario útil**

| | |
|---|---|
| **forrarte** | *to get a lot of money* |
| **avispado** | *smart* |
| **abecedario** | *alphabet* |
| **letra** | *letter* |
| **comodín** | *wild card* |
| **por ciento** | *percent* |
| **¿Nos arriesgamos?** | *Do we take the risk?* |
| **Me estás volviendo tonto.** | *You are driving me crazy.* |
| **boberías** | *silliness* |

**Indicar**

Indica las expresiones que escuches en la parodia.

✓ 1. Me llamo Guamedo Sánchez.
✓ 2. Y aquí tenemos el dinero.
__ 3. Ésta es la segunda pregunta.
✓ 4. Qué lástima.
__ 5. Opción B, letra D.
✓ 6. Tienes cuatro opciones.

**Las preguntas**

En grupos de tres, escriban cinco preguntas en español con cuatro opciones diferentes para cada respuesta como en el programa *¿Quién quiere ser millonario?* Después, lean sus preguntas para que la clase las responda.

Answers will vary.

**siguiente concursante** *next contestant* **fortísimo** *very loud*

***¿Quién quiere ser millonario?***

**Y continuamos aquí en *¿Quién quiere ser millonario?***

**... con nuestro siguiente concursante°...**

**... al que recibimos con un fortísimo° aplauso.**

recursos

Practice more at **descubre2.vhlcentral.com.**

**TEACHING OPTIONS**

**Language Notes** This skit humorously shows the potential misunderstandings involved with **laísmo** and **leísmo**. **Laísmo** is the tendency to use the feminine pronoun **la(s)** in place of **le(s)**. Ex: **La pegué.** Similarly, **leísmo** is the use of **le(s)** in place of **lo(s)** or **la(s)**. Ex: **No le conozco. Laísmo** is a linguistic phenomenon commonly found in the Canary Islands, while **leísmo** is often heard in central Spain.

**Heritage Speakers** Ask heritage speakers if they know of any television shows that have been recreated in their families' countries of origin, or vice versa. If so, ask them to share the similarities and differences that exist between the two versions.

# Oye cómo va

## Álvaro Torres

Nacido un 9 de abril de 1957 en Usulután, El Salvador, el cantautor° **Álvaro Torres** es conocido internacionalmente por sus interpretaciones románticas. Con sus más de treinta años de carrera artística, Torres supo desde muy pequeño que dedicaría su vida a la música. Después de explorar el mundo musical en su país natal, en 1975 se mudó a Guatemala, donde comenzó a grabar discos y a crear fama. En 1984 se fue a vivir a Denver, Colorado, y más adelante hizo de Florida su hogar° permanente. Algunas de sus canciones más populares son *El último romántico, Hazme olvidarla, Lo que se dice olvidar* y *Yo te amo*.

Tu profesor(a) va a poner la canción en la clase. Escúchala y completa las actividades.

### Emparejar

Indica qué elemento de la segunda columna está relacionado con cada elemento de la primera columna.

1. lugar donde nació Álvaro Torres f
2. año en que se mudó a Guatemala d
3. dueto con Selena g
4. cuando se mudó a Denver a
5. una de sus canciones más populares b
6. lugar donde vive c

a. 1984
b. *Hazme olvidarla*
c. Florida
d. 1975
e. Colorado
f. El Salvador
g. *Buenos amigos*

### Preguntas

En grupos pequeños, respondan a las preguntas. Answers will vary.

1. ¿Para quién piensan que está escrita la canción?
2. ¿Creen que el autor sigue enamorado? ¿Cómo lo saben?
3. ¿Qué piensan que haría el autor si esa persona regresara?
4. ¿Qué habrían hecho ustedes en su lugar para hacer que la relación funcionara?

cantautor *singer-songwriter* hogar *home* alma *soul*
tristeza *sadness* aunque *although*

## Si estuvieras conmigo

Si estuvieras conmigo,
como estás en mis sueños,
no tendría en el alma°
la tristeza° que siento.
Si estuvieras conmigo,
aunque° fuera un momento,
serviría de algo
este amor que te tengo.
Si estuvieras conmigo...
pero estás tan lejos.

Selena

### Duetos

Álvaro Torres ha grabado muchas canciones a dueto con diversos artistas. Algunas de ellas son:

- *Buenos amigos* (con Selena)
- *Patria querida* (con Barrio Boyzz)
- *Quiero volver a tu lado* (con Tatiana)
- *He venido a pedirte perdón* (con Monchy y Alexandra)
- *Mi amor por ti* (con Marisela)
- *No me vuelvo a enamorar* (con José Feliciano)

recursos

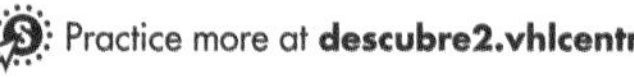


### Section Goals

In **Oye cómo va**, students will:
- read about **Álvaro Torres**
- listen to a song by **Álvaro Torres**

**Instructional Resources**
**vText**
**Supersite**
**Vista Higher Learning *Cancionero***

**Antes de escuchar**
- Ask about other singer-songwriters: **¿En qué se diferencian los cantautores de otros músicos? Den ejemplos de cantautores famosos y los temas de su música.**
- Call on a volunteer to read the lyrics aloud. Then ask what themes are present in the song (longing, regret).

**Emparejar** Have students form complete sentences based on their answers. Ex: **1. Álvaro Torres nació en El Salvador.**

**Preguntas** Ask these additional questions: **5. ¿Cómo describirían al autor de esta canción? 6. ¿Cómo creen que su percepción del mundo cambiaría si esta persona regresara? 7. Describan la relación entre estas dos personas antes de que se separaran.**

**TEACHING OPTIONS**

**Heritage Speakers** Ask heritage speakers if they are familiar with any of the singers with whom **Álvaro Torres** has sung duets. If time and resources permit, play one of the songs mentioned for the class and ask students to interpret the lyrics.

**Pairs** Tell students to imagine that the author of ***Si estuvieras conmigo*** sent the song lyrics to a loved one as an attempt to win the person back. Have pairs compose a response letter in which they express whether the song has or has not convinced the person to give the relationship another try.

Interactive Map
Video: *Panorama cultural*

## Section Goal

In **Panorama**, students will read about the geography and culture of El Salvador.

**Instructional Resources**
**vText**
***Cuaderno de actividades,*** pp. 81–82
***Cuaderno de práctica,*** p. 91
***e-Cuaderno***
**Supersite/DVD:** ***Panorama cultural***
**Supersite/TRCD/Print:** *PowerPoints* (Overheads #3, #4, #31); ***Panorama cultural*** Videoscript & Translation, Answer Keys

**Teaching Tip** Have students look at the map of El Salvador or show *Overhead PowerPoint #31*. Draw students' attention to the number of active volcanoes in El Salvador. Tell students that because of the fertility of El Salvador's volcanic soil, the country has a strong agricultural sector which, in turn, has promoted a large population. Have students look at the inset map as you point out that El Salvador is the only Central American country without a Caribbean coast. Look at the photos and ask volunteers to read the captions.

**El país en cifras** In the early 1970s, El Salvador's overpopulation, chronic economic problems, and lack of social justice resulted in social disturbances that the government put down with brutal force.

**¡Increíble pero cierto!** In the town of Concepción de Ataco, another legend claims that on the **Cerro La Empalizada** there is a cave containing plants that disorient anyone who steps on them.

# El Salvador

## El país en cifras

- **Área:** 21.040 km² (8.124 millas²), *el tamaño° de Massachusetts*
- **Población:** 8.017.000
*El Salvador es el país centroamericano más pequeño y el más densamente poblado. Su población, al igual que la de Honduras, es muy homogénea: casi el 95 por ciento de la población es mestiza.*
- **Capital:** San Salvador—1.807.000
- **Ciudades principales:** Soyapango, Santa Ana, San Miguel, Mejicanos

SOURCE: Population Division, UN Secretariat

- **Moneda:** dólar estadounidense
- **Idiomas:** español (oficial), náhuatl, lenca

Bandera de El Salvador

### Salvadoreños célebres

- **Óscar Romero,** arzobispo° y activista por los derechos humanos° (1917–1980)
- **Claribel Alegría,** poeta, novelista y cuentista (1924– )
- **Roque Dalton,** poeta, ensayista y novelista (1935–1975)
- **María Eugenia Brizuela,** política (1956– )

Óscar Romero

tamaño *size* arzobispo *archbishop* derechos humanos *human rights* laguna *lagoon* sirena *mermaid*

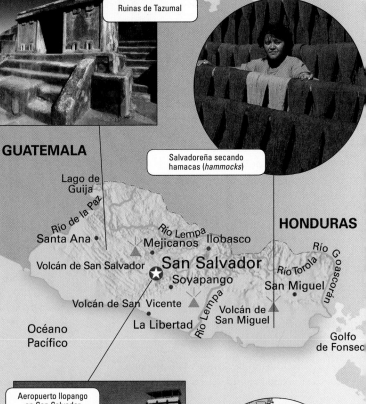

Ruinas de Tazumal

Salvadoreña secando hamacas (*hammocks*)

GUATEMALA
HONDURAS
Lago de Guija
Río de la Paz
Santa Ana
Río Lempa
Mejicanos
Ilobasco
Volcán de San Salvador
San Salvador
Soyapango
Río Torola
Río Goascorán
San Miguel
Volcán de San Vicente
Volcán de San Miguel
La Libertad
Océano Pacífico
Golfo de Fonseca

Aeropuerto Ilopango en San Salvador

ESTADOS UNIDOS
OCÉANO ATLÁNTICO
EL SALVADOR
OCÉANO PACÍFICO
AMÉRICA DEL SUR

recursos
vText | CA pp. 81–82 | CP p. 91 | descubre2.vhlcentral.com

## ¡Increíble pero cierto!

El rico folklore salvadoreño se basa sobre todo en sus extraordinarios recursos naturales. Por ejemplo, según una leyenda, las muertes que se producen en la laguna° de Alegría tienen su explicación en la existencia de una sirena° solitaria que vive en el lago y captura a los jóvenes atractivos.

TEACHING OPTIONS

**Worth Noting** Government repression in El Salvador intensified resistance, and by the mid-1970s a civil war was being fought between government forces and the **FMLN,** an armed guerrilla movement. Among the many martyrs of the war was the Archbishop of San Salvador, **Óscar Romero.** A descendent of the privileged class in El Salvador, **Romero** came to champion the cause of peace and social justice for the poor. This position made him the target of reactionary elements. On March 24, 1980, Archbishop **Romero** was assassinated while giving mass in the Cathedral of San Salvador. His life and death became an inspiration for those seeking social justice. Still, it was only in 1991 that a cease-fire brought an end to the civil war.

## Deportes • El surfing

El Salvador es uno de los destinos favoritos en Latinoamérica para la práctica del surfing. Cuenta con 300 kilómetros de costa a lo largo del Océano Pacifico y sus olas° altas son ideales para quienes practican este deporte. De sus playas, La Libertad es la más visitada por surfistas de todo el mundo, gracias a que está muy cerca de la capital salvadoreña. Sin embargo, los fines de semana muchos visitantes prefieren viajar a la Costa del Bálsamo, donde se concentra menos gente.

## Naturaleza • El Parque Nacional Montecristo

El Parque Nacional Montecristo se encuentra en la región norte del país. Se le conoce también como El Trifinio porque se ubica° en el punto donde se unen las fronteras de Guatemala, Honduras y El Salvador. Este bosque reúne muchas especies vegetales y animales, como orquídeas, monos araña°, pumas, quetzales y tucanes. Además, las copas (*tops*) de sus enormes árboles forman una bóveda (*cap*) que impide° el paso de la luz solar. Este espacio natural se encuentra a una altitud de 2.400 metros (7.900 pies) sobre el nivel del mar y recibe 200 centímetros (80 pulgadas°) de lluvia al año.

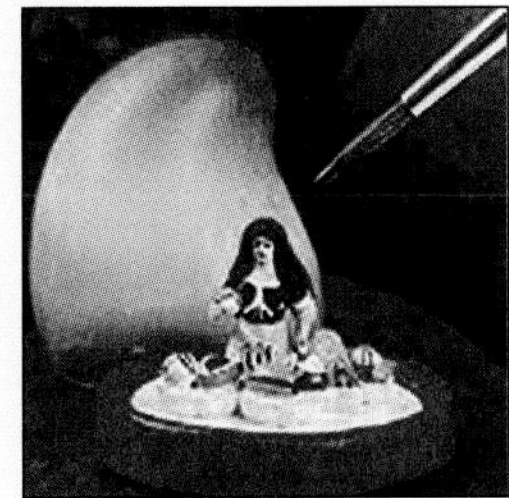

## Artes • La artesanía de Ilobasco

Ilobasco es un pueblo conocido por sus artesanías. En él se elaboran objetos con arcilla° y cerámica pintada a mano, como juguetes°, adornos° y utensilios de cocina. Además, son famosas sus "sorpresas", que son pequeñas piezas° de cerámica en cuyo interior se representan escenas de la vida diaria. Los turistas realizan excursiones para conocer paso a paso° la fabricación de estos productos.

**¿Qué aprendiste?** Responde a cada pregunta con una oración completa.

1. ¿Qué tienen en común las poblaciones de El Salvador y Honduras?
   Las poblaciones de los dos países son muy homogénas.
2. ¿Qué es el náhuatl?
   El náhuatl es un idioma que se habla en El Salvador.
3. ¿Quién es María Eugenia Brizuela?
   Es una política salvadoreña.
4. Hay muchos lugares ideales para el surfing en El Salvador. ¿Por qué? Sí, porque El Salvador recibe algunas de las mejores olas del océano Pacífico.
5. ¿A qué altitud se encuentra el Parque Nacional Montecristo?
   Se encuentra a una altitud de 2.400 metros.
6. ¿Cuáles son algunos de los animales y las plantas que viven en este parque?
   Hay orquídeas, monos araña, pumas, quetzales y tucanes.
7. ¿Por qué al Parque Nacional Montecristo se le llama también El Trifinio? Porque es el punto donde se unen Guatemala, Honduras y El Salvador.
8. ¿Por qué es famoso el pueblo de Ilobasco?
   Es famoso por los objetos de arcilla y por los artículos de cerámica pintados a mano.
9. ¿Qué se puede ver en un viaje a Ilobasco?
   Se puede ver la fabricación de los artículos de cerámica paso a paso.
10. ¿Qué son las "sorpresas" de Ilobasco? Las "sorpresas" son pequeñas piezas de cerámica con escenas de la vida diaria en su interior.

**Conexión Internet** Investiga estos temas en **descubre2.vhlcentral.com.**

1. El Parque Nacional Montecristo es una reserva natural; busca información sobre otros parques o zonas protegidas en El Salvador. ¿Cómo son estos lugares? ¿Qué tipos de plantas y animales se encuentran allí?
2. Busca información sobre museos u otros lugares turísticos en San Salvador (u otra ciudad de El Salvador).

**olas** *waves* **se ubica** *it is located* **monos araña** *spider monkeys* **impide** *blocks* **pulgadas** *inches* **arcilla** *clay* **juguetes** *toys* **adornos** *ornaments* **piezas** *pieces* **paso a paso** *step by step*

Practice more at **descubre2.vhlcentral.com.**

**El surfing** Tell students that **La Libertad** is a relatively small town that sees a large influx of beachgoers, not just surfers during the weekends and holidays. Black, volcanic sand covers the beach of La Libertad. About five miles east lies Zunzal beach, which, during Holy Week (**Semana Santa**) each year, is the site of international surfing competitions.

**El Parque Nacional Montecristo** The Montecristo cloud forest (**bosque nuboso**) is a protected area at the point where El Salvador, Honduras, and Guatemala meet. The point, at the summit of Montecristo, is called **El Trifinio**. Visitors have access to Montecristo only between October and March. The rest of the year it is closed to visitors.

**La artesanía de Ilobasco** Ilobasco is a crafts village that specializes in ceramics. **Sorpresas** are one of the most famous items. They are miniscule, intricate scenes and figures inside egg-shaped shells about the size of a walnut. Every year on September 29 a crafts fair is held, drawing thousands of visitors from around the world.

**Conexión Internet** Students will find supporting Internet activities and links at **descubre2.vhlcentral.com**.

### TEACHING OPTIONS

**Variación léxica Pupusa** is the name given to the Salvadoran version of the **tortilla**. In fact, **pupusas** are made by putting a filling such as red beans, onions, garlic, and cheese on one uncooked **tortilla**, laying another **tortilla** over it, and pressing the two together so they adhere, and then frying both in hot oil until the **pupusa** is golden and crunchy. Served sizzling from the fryer, **pupusas** are delicious. They are so popular that in El Salvador there are many stores, called **pupuserías**, that specialize in them. And if you visit a neighborhood in the United States where Salvadorans have settled, you will inevitably find a **pupusería**. You may want to play the ***Panorama cultural*** video footage for this lesson that shows how **pupusas** are made.

### Section Goal

In **Panorama**, students will read about the geography, economy, and culture of Honduras.

**Instructional Resources**
**vText**
***Cuaderno de actividades,*** pp. 83–84
***Cuaderno de práctica,*** p. 92
***e-Cuaderno***
**Supersite/DVD: *Panorama cultural***
**Supersite/TRCD/Print:** *PowerPoints* (Overheads #3, #4, #32); ***Panorama cultural*** Videoscript & Translation, Answer Keys

**Teaching Tip** Have students look at the map of Honduras or show *Overhead PowerPoint #32* and talk about the geographical features of the country. Hills and mountains cover three quarters of Honduras, with lowlands found only along coastal areas and in major river valleys. Deforestation is a major environmental challenge in Honduras. If deforestation continues at the current rate of 300 square kilometers per year, the country will have no trees left by 2020.

**El país en cifras** After reading about the indigenous populations of Honduras, tell students that the **miskito** people are also found along the Caribbean coast of Nicaragua. After students read about **Idiomas**, point out that **garífuna** speakers are descendants of indigenous Caribs who intermarried with African slaves following a shipwreck some 300 years ago.

**¡Increíble pero cierto!** Although the Honduran justice system is not known for its fairness, the case of the artisan prisoners at the **Penitenciaría Central de Tegucigalpa** is a surprising example of business ethics. All profits from the sale of the crafts go directly to the creators: the prisoners themselves.

# Honduras

NATIONAL STANDARDS connections cultures

## El país en cifras

- **Área:** 112.492 km² (43.870 millas²), *un poco más grande que Tennessee*
- **Población:** 8.780.000

*Cerca del 90 por ciento de la población de Honduras es mestiza. Todavía hay pequeños grupos indígenas como los jicaque, los miskito y los paya, que han mantenido su cultura sin influencias exteriores y que no hablan español.*

- **Capital:** Tegucigalpa—1.230.000

Tegucigalpa

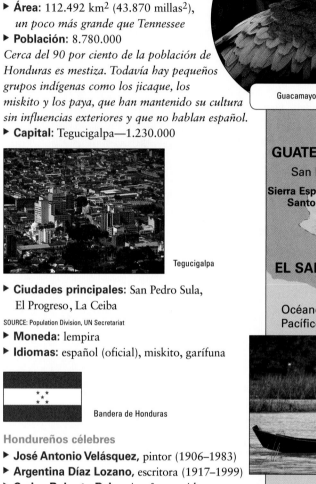

- **Ciudades principales:** San Pedro Sula, El Progreso, La Ceiba

SOURCE: Population Division, UN Secretariat

- **Moneda:** lempira
- **Idiomas:** español (oficial), miskito, garífuna

Bandera de Honduras

### Hondureños célebres

- **José Antonio Velásquez,** pintor (1906–1983)
- **Argentina Díaz Lozano,** escritora (1917–1999)
- **Carlos Roberto Reina,** juez° y presidente del país (1926–2003)
- **Roberto Sosa,** escritor (1930– )

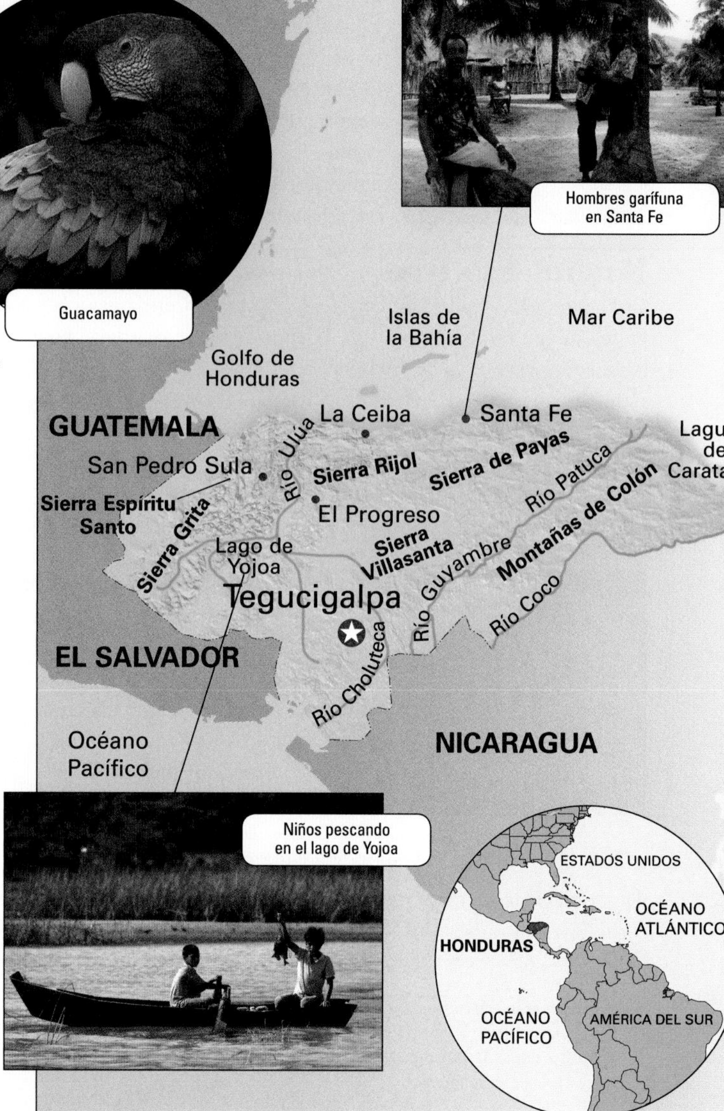


**recursos**

| vText | CA pp. 83–84 | CP p. 92 | descubre2.vhlcentral.com |
|---|---|---|---|

**juez** *judge* **presos** *prisoners* **madera** *wood* **hamacas** *hammocks*

### ¡Increíble pero cierto!

Los presos° de la Penitenciaría Central de Tegucigalpa hacen objetos de madera°, hamacas° y hasta instrumentos musicales. Sus artesanías son tan populares que los funcionarios de la prisión han abierto una pequeña tienda donde los turistas pueden regatear con este especial grupo de artesanos.

**TEACHING OPTIONS**

**Worth Noting** It was in Honduras, on his fourth voyage of discovery, that Christopher Columbus first set foot on the mainland of the continent that would become known as the Americas. On August 14, 1502, the navigator landed at a site near the town of Trujillo and named the country **Honduras** (*Depths*) because of the deep waters along the northern Caribbean coast.

**Extra Practice** Have students choose one of the people listed in **Hondureños célebres** and find out more about his or her work. They should report their findings to the class.

## Lugares • Copán

Copán es una zona arqueológica muy importante de Honduras. Fue construida por los mayas y se calcula que en el año 400 d.C. albergaba (*housed*) una gran ciudad, con más de 150 edificios y una gran cantidad de plazas, patios, templos y canchas° para el juego de pelota°. Las ruinas más famosas del lugar son los edificios adornados con esculturas pintadas a mano, los cetros° ceremoniales de piedra y el templo Rosalila.

## Economía • Las plantaciones de bananas

Desde hace más de cien años, las bananas son la exportación principal de Honduras y han tenido un papel fundamental en su historia. En 1889, la Standard Fruit Company empezó a exportar bananas del país centroamericano hacia Nueva Orleáns. Esta fruta resultó tan popular en los Estados Unidos que generó grandes beneficios° para esta compañía y para la United Fruit Company, otra empresa norteamericana. Estas transnacionales intervinieron muchas veces en la política hondureña gracias al enorme poder° económico que alcanzaron en la nación.

*San Antonio de Oriente,* 1957, José Antonio Velásquez

## Artes • José Antonio Velásquez (1906–1983)

José Antonio Velásquez fue un famoso pintor hondureño. Era catalogado como primitivista° porque en sus obras representaba aspectos de su vida cotidiana. En la pintura de Velásquez es notorio el énfasis en los detalles°, la falta casi total de los juegos de perspectiva y la pureza en el uso del color. Por todo ello, el artista ha sido comparado con importantes pintores europeos del mismo género° como Paul Gauguin o Emil Nolde.

**¿Qué aprendiste?** Responde a cada pregunta con una oración completa.

1. ¿Qué es el lempira?
   El lempira es la moneda nacional de Honduras.
2. ¿Por qué es famoso Copán?
   Porque es el sitio arqueológico más importante de Honduras.
3. ¿Dónde está el templo Rosalila?
   El templo Rosalila está en Copán.
4. ¿Cuál es la exportación principal de Honduras?
   Las bananas son la exportación principal de Honduras.
5. ¿Qué es la Standard Fruit Company? La Standard Fruit Company es una compañía norteamericana que exportaba bananas de Honduras e intervino muchas veces en la política hondureña.
6. ¿Cómo es el estilo de José Antonio Velásquez?
   El estilo de Velásquez es primitivista.
7. ¿Qué temas trataba Velásquez en su pintura?
   Velásquez pintaba la vida diaria que lo rodeaba.

**Conexión Internet** Investiga estos temas en **descubre2.vhlcentral.com.**

1. ¿Cuáles son algunas de las exportaciones principales de Honduras, además de las bananas? ¿A qué países exporta Honduras sus productos?
2. Busca información sobre Copán u otro sitio arqueológico en Honduras. En tu opinión, ¿cuáles son los aspectos más interesantes del sitio?

canchas *courts* juego de pelota *pre-Columbian ceremonial ball game* cetros *scepters* beneficios *profits* poder *power* primitivista *primitivist* detalles *details* género *genre*

 Practice more at **descubre2.vhlcentral.com.**

**Copán** Recent archaeological studies have focused on the abrupt disappearance of the Mayans from Copán around the ninth century C.E. Findings indicate that the Mayan dynasty suffered a sudden collapse that left the Copán valley virtually depopulated within a century. For more information about Copán, you may want to play the ***Panorama cultural*** video footage for this lesson.

**Las plantaciones de bananas** When Hurricane Mitch struck Central America in October 1998, it not only wiped out much of the infrastructure of Honduras, but also destroyed 60% of the projected agricultural exports. Instead of the 33 million boxes of bananas projected for export in 1999, only 4 million boxes were exported.

**José Antonio Velásquez** The primitive style established by **José Antonio Velásquez** is now being carried on by his son, **Tulio Velásquez. Tulio**, who was taught by his father, had his first exhibition in 1959. Since then, his primitive art has been exhibited throughout the Americas, in Europe, and in Asia. Have students view works by each artist and then write a brief comparison of their styles.

**Conexión Internet** Students will find supporting Internet activities and links at **descubre2.vhlcentral.com.**

### TEACHING OPTIONS

**Worth Noting** Honduras was among the hardest hit of the Central American nations when Hurricane Mitch struck in late October 1998. Major roadways and bridges were destroyed, entire communities were covered in mud, and an air of hopelessness and desperation pervaded the country. With one of the lowest per capita income levels and one of the highest illiteracy rates in Central America, Hondurans were already struggling before the devastation of the hurricane. Despite international aid, reconstruction was slow and the level of desperation in Honduras was reflected in the increase in violent crime.

**Heritage Speakers** Ask heritage speakers to research one of the Honduran topics mentioned in **Panorama** and write a three-paragraph essay about it. They may then present their findings orally to the class.

Audio: Vocabulary Flashcards

**Instructional Resources**
**vText**
***Cuaderno de actividades,*** p. 135
***e-Cuaderno***
**Supersite:** Textbook & Vocabulary MP3 Audio Files
**Supersite/TRCD/Print:** Answer Keys; *Testing Program* (**Lección 8 Pruebas**, Test Generator, Testing Program MP3 Audio Files)
**Textbook CD:** CD 2, Tracks 20–23
**Audio Activity CD:** CD 8, Tracks 19–22
**Testing Program CD:** Tracks 29–32

## Las bellas artes

| | |
|---|---|
| **el baile, la danza** | *dance* |
| **la banda** | *band* |
| **las bellas artes** | *(fine) arts* |
| **el boleto** | *ticket* |
| **la canción** | *song* |
| **la comedia** | *comedy; play* |
| **el concierto** | *concert* |
| **el cuento** | *short story* |
| **la cultura** | *culture* |
| **el drama** | *drama; play* |
| **la escultura** | *sculpture* |
| **el espectáculo** | *show* |
| **la estatua** | *statue* |
| **el festival** | *festival* |
| **la historia** | *history; story* |
| **la música** | *music* |
| **la obra** | *work (of art, music, etc.)* |
| **la obra maestra** | *masterpiece* |
| **la ópera** | *opera* |
| **la orquesta** | *orchestra* |
| **el personaje (principal)** | *(main) character* |
| **la pintura** | *painting* |
| **el poema** | *poem* |
| **la poesía** | *poetry* |
| **el público** | *audience* |
| **el teatro** | *theater* |
| **la tragedia** | *tragedy* |
| **aburrirse** | *to get bored* |
| **aplaudir** | *to applaud* |
| **apreciar** | *to appreciate* |
| **dirigir** | *to direct* |
| **esculpir** | *to sculpt* |
| **hacer el papel (de)** | *to play the role (of)* |
| **pintar** | *to paint* |
| **presentar** | *to present; to put on (a performance)* |
| **publicar** | *to publish* |
| **tocar (un instrumento musical)** | *to touch; to play (a musical instrument)* |
| **artístico/a** | *artistic* |
| **clásico/a** | *classical* |
| **dramático/a** | *dramatic* |
| **extranjero/a** | *foreign* |
| **folklórico/a** | *folk* |
| **moderno/a** | *modern* |
| **musical** | *musical* |
| **romántico/a** | *romantic* |
| **talentoso/a** | *talented* |

## Los artistas

| | |
|---|---|
| **el bailarín, la bailarina** | *dancer* |
| **el/la cantante** | *singer* |
| **el/la compositor(a)** | *composer* |
| **el/la director(a)** | *director; (musical) conductor* |
| **el/la dramaturgo/a** | *playwright* |
| **el/la escritor(a)** | *writer* |
| **el/la escultor(a)** | *sculptor* |
| **la estrella (*m., f.*) de cine** | *movie star* |
| **el/la músico/a** | *musician* |
| **el/la poeta** | *poet* |

## El cine y la televisión

| | |
|---|---|
| **el canal** | *channel* |
| **el concurso** | *game show; contest* |
| **los dibujos animados** | *cartoons* |
| **el documental** | *documentary* |
| **el premio** | *prize; award* |
| **el programa de entrevistas** | *talk show* |
| **la telenovela** | *soap opera* |
| **...de acción** | *action* |
| **...de aventuras** | *adventure* |
| **...de ciencia ficción** | *science fiction* |
| **...de horror** | *horror* |
| **...de vaqueros** | *western* |

## La artesanía

| | |
|---|---|
| **la artesanía** | *craftsmanship; crafts* |
| **la cerámica** | *pottery* |
| **el tejido** | *weaving* |

| | |
|---|---|
| **Expresiones útiles** | *See page 265.* |

recursos

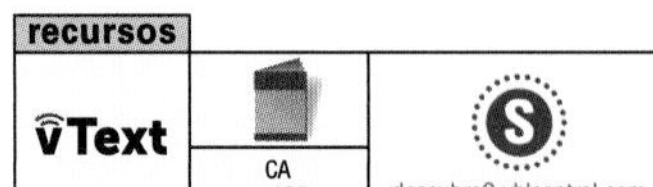

# Las actualidades

# 9

## Communicative Goals

***You will learn how to:***

- **Reflect on experiences, such as travel**
- **Discuss current events and issues**
- **Talk about and discuss the media**



**A PRIMERA VISTA**

- **¿Qué profesión tendrán estas personas? ¿Son reporteros? ¿Periodistas?**
- **¿Es una videoconferencia?**
- **¿Hacen entrevistas?**
- **¿Es posible que hablen con estrellas de cine? ¿Con políticos?**

## Lesson Goals

In **Lección 9**, students will be introduced to the following:

- terms for current events and social issues
- political terms
- media-related vocabulary
- social protests
- Chilean president **Michelle Bachelet** and Bolivian president **Evo Morales**
- **si** clauses in the subjunctive mood
- **si** clauses with verbs in the indicative mood
- review of subjunctive forms
- using the subjunctive, indicative, and infinitive in complex sentences
- recognizing chronological order
- writing strong introductions and conclusions
- writing a composition about improving the world
- recognizing genre and taking notes while listening
- a Mexican public service announcement about voting
- Uruguayan singer **Natalia Oreiro**
- cultural and geographic information about Paraguay
- cultural and geographic information about Uruguay

**A primera vista** Ask these additional questions based on the photo: **¿Ves mucho la tele? ¿Qué programas ves? Para obtener información, ¿prefieres leer el periódico y revistas o visitar sitios web? ¿Por qué? ¿Asistirías a un programa de entrevistas? ¿A cuál? ¿Harías un documental? ¿De qué?**

### INSTRUCTIONAL RESOURCES

**Student Materials**

**Print:** Student Book, Workbooks (*Cuaderno de actividades, Cuaderno de práctica, Cuaderno para hispanohablantes*)

**Technology:** **vText**, MAESTRO® *E-Cuaderno* and Supersite (Audio, Video, Practice)

**Teacher Materials**

DVDs (*Fotonovela, Flash cultura, Panorama cultural*)
Teacher's Resource CD-ROM (Scripts, Answer Keys, *PowerPoints*, Testing Program)
Testing Program, Textbook, Audio Activity CDs
MAESTRO® Supersite: Resources (Planning and Teaching Resources from Teacher's Resource CD-ROM); Learning Management System (Gradebook, Assignments)
Vista Higher Learning *Cancionero*
Resources also available in print

**DESCUBRE 2 Supersite:** descubre2.vhlcentral.com

Talking Picture
Tutorials, Games
Audio: Activities, Vocabulary

## Section Goals

In **Contextos**, students will learn and practice terminology related to:
- current events
- politics and social issues
- the media

**Instructional Resources**
**vText**
***Cuaderno de actividades,*** p. 137
***Cuaderno de práctica,*** pp. 93–94
***Cuaderno para hispanohablantes,*** pp. 127–128
***e-Cuaderno***
**Supersite:** Textbook, Vocabulary, & Audio Activity MP3 Audio Files
**Supersite/TRCD/Print:** *PowerPoints* (**Lección 9 Contextos** Presentation, Overhead #33); Textbook Audio Script, Audio Activity Script, Answer Keys
**Textbook CD:** CD 2, Tracks 24–25
**Audio Activity CD:** CD 9, Tracks 1–3

## Teaching Tips

- Bring in a current newspaper (Spanish-language if possible) and talk about the headlines and main stories. Ex: **¿Qué dice la prensa hoy? ¿Cuál es el reportaje principal? Anoche hubo un terremoto en...** Show other headlines and ask volunteers to share what they know about the story and what their opinions are.
- Show *Overhead PowerPoint #33*. Have students refer to the drawing and answer questions. Ex: **¿Qué tiempo hace? ¿Quién se presenta como candidato en las elecciones?** Also ask personalized questions. Ex: **¿Cuál es su opinión de los candidatos a ____? ¿Por qué creen eso?**
- You may want to explain that the acronym **SIDA** stands for **Síndrome de Inmunodeficiencia Adquirida.**

# Las actualidades

### Más vocabulario

| | |
|---|---|
| **el acontecimiento** | *event* |
| **las actualidades** | *news; current events* |
| **el artículo** | *article* |
| **la encuesta** | *poll; survey* |
| **el informe** | *report; paper (written work)* |
| **los medios de comunicación** | *media; means of communication* |
| **las noticias** | *news* |
| **la prensa** | *press* |
| **el reportaje** | *report* |
| **el desastre (natural)** | *(natural) disaster* |
| **el huracán** | *hurricane* |
| **la inundación** | *flood* |
| **el terremoto** | *earthquake* |
| **el desempleo** | *unemployment* |
| **la (des)igualdad** | *(in)equality* |
| **la discriminación** | *discrimination* |
| **la guerra** | *war* |
| **la libertad** | *liberty; freedom* |
| **la paz** | *peace* |
| **el racismo** | *racism* |
| **el sexismo** | *sexism* |
| **el SIDA** | *AIDS* |
| **anunciar** | *to announce; to advertise* |
| **comunicarse (con)** | *to communicate (with)* |
| **durar** | *to last* |
| **informar** | *to inform* |
| **luchar (por/contra)** | *to fight; to struggle (for/against)* |
| **transmitir, emitir** | *to broadcast* |
| **(inter)nacional** | *(inter)national* |
| **peligroso/a** | *dangerous* |

### Variación léxica

informe ⟷ trabajo (*Esp.*)
noticiero ⟷ informativo (*Esp.*)

**recursos**

| vText | CA p. 137 | CP pp. 93–94 | CH pp. 127–128 | descubre2.vhlcentral.com |
|---|---|---|---|---|

## TEACHING OPTIONS

**Heritage Speakers** Ask heritage speakers to watch a news broadcast in Spanish or surf the Internet for the latest news in their families' countries of origin. Have them summarize the report for the class, who can ask follow-up questions.

**Variación léxica** Introduce common newspaper terms: **el titular** (*headline*), **el artículo regular** (*column*), **la sección de deportes** (*sports section*), **la carta al/a la director(a)** (*letter to the editor*).

**Extra Practice** Write word groups on the board. Have students indicate which word does not belong. Ex: **1. discurso, elecciones, política, choque (choque) 2. televisión, prensa, locutora, radio (locutora) 3. lluvia, terremoto, inundación, tormenta (terremoto) 4. guerra, desastre, militar, ejército (desastre) 5. peligroso, huelga, trabajador, sueldo (peligroso)** To challenge students, have them explain why the word does not belong.

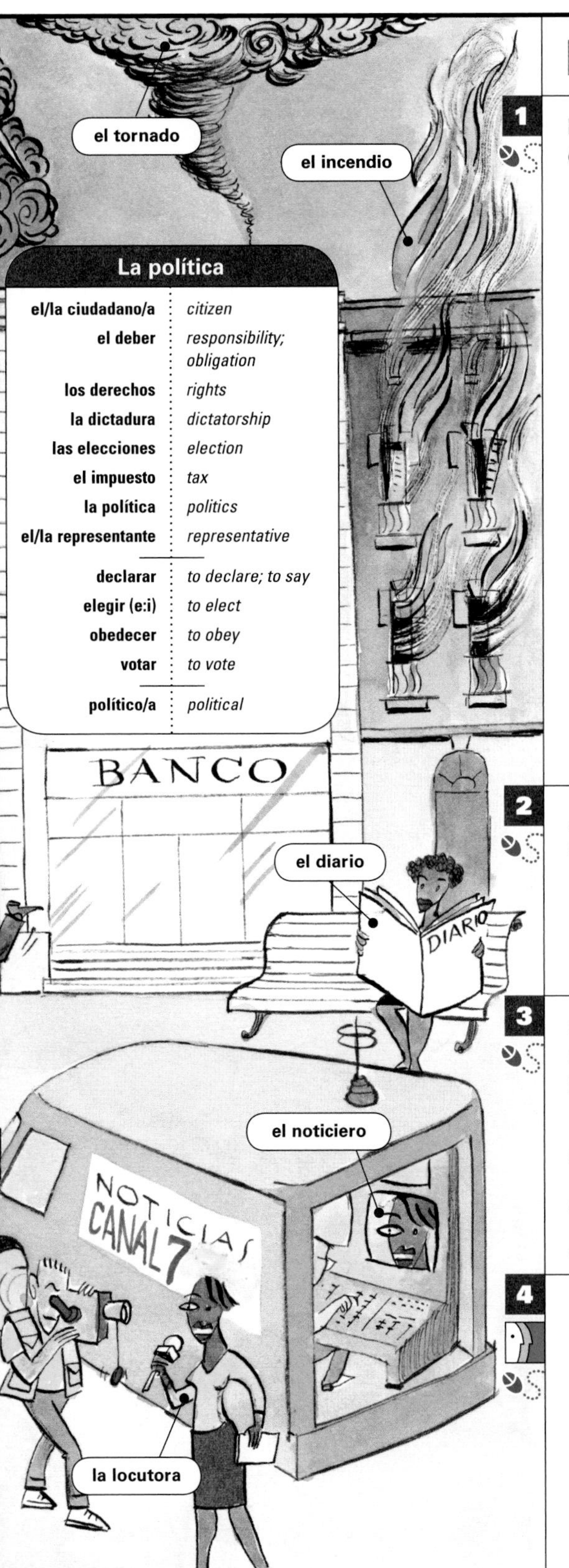

el tornado
el incendio
La política
el/la ciudadano/a : citizen
el deber : responsibility; obligation
los derechos : rights
la dictadura : dictatorship
las elecciones : election
el impuesto : tax
la política : politics
el/la representante : representative
declarar : to declare; to say
elegir (e:i) : to elect
obedecer : to obey
votar : to vote
político/a : political
BANCO
el diario
DIARIO
el noticiero
NOTICIAS CANAL 7
la locutora


# Práctica

**1 Escuchar** Escucha las noticias y selecciona la frase que mejor completa las oraciones.

1. Los ciudadanos creen que __b__.
   a. hay un huracán en el Caribe
   b. hay discriminación en la imposición de los impuestos
   c. hay una encuesta en el Caribe
2. Los ciudadanos creen que los candidatos tienen __a__.
   a. el deber de asegurar la igualdad en los impuestos
   b. el deber de hacer las encuestas
   c. los impuestos
3. La encuesta muestra que los ciudadanos __c__.
   a. quieren desigualdad en las elecciones
   b. quieren hacer otra encuesta
   c. quieren igualdad en los impuestos
4. Hay __b__ en el Caribe.
   a. un incendio grande b. una tormenta peligrosa c. un tornado
5. Los servicios de Puerto Rico predijeron anoche que __c__ podrían destruir edificios y playas.
   a. los vientos b. los terremotos c. las inundaciones

**2 ¿Cierto o falso?** Escucha las oraciones e indica si lo que dice cada una es **cierto** o **falso**, según el dibujo.

1. cierto
2. cierto
3. falso
4. falso
5. cierto
6. falso

**3 Categorías** Mira la lista e indica la categoría de cada uno de estos términos. Las categorías son: **desastres naturales, política, medios de comunicación.**

1. reportaje — medios de comunicación
2. inundación — desastres naturales
3. tornado — desastres naturales
4. candidato/a — política
5. encuesta — política
6. noticiero — medios de comunicación
7. prensa — medios de comunicación
8. elecciones — política
9. terremoto — desastres naturales

**4 Definir** Trabaja con un(a) compañero/a para definir estas palabras.
Answers will vary.

1. guerra
2. crimen
3. ejército
4. desempleo
5. discurso
6. acontecimiento
7. sexismo
8. impuesto
9. huelga
10. racismo
11. locutor(a)
12. libertad

**TEACHING OPTIONS**

**Pairs** In pairs, ask students to categorize all the nouns using different paradigms than those given. Ex: **fenómenos del tiempo relacionados con el agua: tormenta, huracán, inundación; conceptos democráticos: huelga, elecciones, derechos.** Have each pair read their categories aloud to the class.

**Extra Practice** Have students complete these analogies.
1. **locutora : ____ :: candidato : discurso (reportaje/noticias)**
2. **SIDA : salud :: ____ : libertad (dictadura)**
3. **pagar : impuesto :: ____ : candidato (votar)**
4. **lluvia : ____ :: viento : huracán (inundación/tormenta)**
5. **terminar : ____ :: desobedecer : obedecer (empezar/comenzar)**

**1 Teaching Tip** Help students check their answers by reading the script to the class and asking volunteers to read the completed sentences.

**1 Script** Las noticias de hoy de Montevideo y de todo el mundo… En noticias políticas… Ahora que se acercan las elecciones, una encuesta nacional muestra que los ciudadanos creen que hay discriminación en la imposición de los impuestos. Se cree que los candidatos tienen el deber de asegurar la igualdad de los impuestos para todos o, por lo menos, explicar claramente por qué la desigualdad en ciertos impuestos ayuda a mejorar el bienestar nacional. En noticias internacionales… Esta noche una tormenta peligrosa que ha durado muchos días se acerca a las islas del Caribe, con vientos de más de 120 kilómetros por hora.
*Script continues on page 296.*

**2 Teaching Tip** To challenge students, have them correct the false information.

**2 Script** 1. El canal siete emite el noticiero en vivo. 2. Una persona lee la prensa enfrente del banco. 3. El candidato Díaz da un discurso en un gimnasio. 4. Se produjo un choque entre tres coches. 5. Ha ocurrido un crimen en el banco. 6. Hay inundaciones en la ciudad.
*Textbook CD*

**3 Teaching Tip** Model the activity by naming a term not listed. Ex: **huracán, impuesto, diario**. Have volunteers identify the category.

**4 Expansion**
- Have pairs form groups of six and compare their definitions.
- Ask students to give antonyms for the first column of words. Possible answers: **paz, obedecer las leyes, población civil, empleo.**

**5 Script (continued)** Esta tormenta es casi un huracán. Los servicios de Puerto Rico y de la República Dominicana predijeron anoche que las inundaciones pueden destruir edificios, playas y productos agrícolas.
*Textbook CD*

**5 Teaching Tip** Have partners complete alternate sentences. Then ask them to check each other's responses.

**5 Expansion** Ask students to write a summary of a current news event using this activity as a model.

**6 Expansion** Have pairs convert the dialogue into a summary of events as reported by ***El País.*** Ex: **Hay cuatro artículos de interés en *El País* hoy. Agustín ha leído todos los artículos sobre los acontecimientos violentos, pero a Raúl le interesa el reportaje sobre los derechos humanos y la paz. Agustín no deja hablar a Raúl.**

**7 Teaching Tips**
- Go over the expressions in **Ayuda** by making statements about your life.
- This activity can also be done in small groups in round-robin fashion. Call on different students to report on their group's responses.

**7 Expansion** Assign students to groups of five, and ask them to develop a survey based on these statements. Have them survey students for the next class and present the results.

**Successful Language Learning** Tell students that watching or listening to the news in Spanish is a good way to practice their comprehension skills. Point out that many of the words used in news broadcasts are cognates.

**5 Completar** Completa la noticia con los verbos adecuados para cada oración. Conjuga los verbos en el tiempo verbal correspondiente.

1. El grupo <u>anunció</u> a todos los medios de comunicación que iba a organizar una huelga general de los trabajadores.
   a. durar b. votar c. anunciar
2. Los representantes les pidieron a los ciudadanos que <u>obedecieran</u> al presidente.
   a. comer b. obedecer c. aburrir
3. La oposición, por otro lado, <u>eligió</u> a un líder para promover la huelga.
   a. publicar b. emitir c. elegir
4. El líder de la oposición dijo que si el gobierno ignoraba sus opiniones, la huelga iba a <u>durar</u> mucho tiempo.
   a. transmitir b. obedecer c. durar
5. Hoy día, el líder de la oposición declaró que los ciudadanos estaban listos para <u>luchar</u> por sus derechos.
   a. informar b. comunicarse c. luchar

**6 Diálogo** Completa este diálogo con las palabras adecuadas.

| artículo | derechos | peligrosa |
|---|---|---|
| choque | dictaduras | transmitir |
| declarar | paz | violencia |

**RAÚL** Oye, Agustín, ¿leíste el (1) <u>artículo</u> del diario *El País*?
**AGUSTÍN** ¿Cuál? ¿El del (2) <u>choque</u> entre dos autobuses?
**RAÚL** No, el otro, sobre...
**AGUSTÍN** ¿Sobre la tormenta (3) <u>peligrosa</u> que viene mañana?
**RAÚL** No, hombre, el artículo sobre política...
**AGUSTÍN** ¡Ay, claro! Un análisis de las peores (4) <u>dictaduras</u> de la historia.
**RAÚL** ¡Agustín! Deja de interrumpir. Te quería hablar del artículo sobre la organización que lucha por los (5) <u>derechos</u> humanos y la (6) <u>paz</u>.
**AGUSTÍN** Ah, no lo leí.
**RAÚL** Parece que te interesan más las noticias sobre la (7) <u>violencia</u>, ¿eh?

**7 La vida civil** ¿Estás de acuerdo con estas afirmaciones? Comparte tus respuestas con la clase. Answers will vary.

1. Los medios de comunicación nos informan bien de las noticias.
2. Los medios de comunicación nos dan una visión global del mundo.
3. Los candidatos para las elecciones deben aparecer en todos los medios de comunicación.
4. Nosotros y nuestros representantes nos comunicamos bien.
5. Es importante que todos obedezcamos las leyes.
6. Es importante leer el diario todos los días.
7. Es importante mirar o escuchar un noticiero todos los días.
8. Es importante votar.

**AYUDA**
You may want to use these expressions:
**En mi opinión...**
**Está claro que...**
**(No) Estoy de acuerdo.**
**Según mis padres...**
**Sería ideal que...**

Practice more at **descubre2.vhlcentral.com.**

**TEACHING OPTIONS**

**TPR** Have students stand. Say a statement using lesson vocabulary (Ex: **Eres locutor.**) and point to a student who should perform an appropriate gesture. Vary by pointing to more than one student. Ex: **Ustedes están en un huracán.**

**Game** Have students write five trivia questions and answers concerning news events. Ask them to number their questions from 1 (**la más fácil**) to 5 (**la más difícil**). Use these questions and the format of any popular television game show such as *Jeopardy*, but have the students compete in teams rather than as individual contestants.

# Comunicación

**8** **Las actualidades** En parejas, describan lo que ven en las fotos. Luego, escriban una historia para explicar qué pasó en cada foto. Answers will vary.

**9** **Un noticiero** En grupos, trabajen para presentar un noticiero de la tarde. Presenten por lo menos tres reportajes sobre espectáculos, política, crimen y temas sociales. Answers will vary.

**¡LENGUA VIVA!**

Here are four ways to say *to happen:*
**acontecer**
**ocurrir**
**pasar**
**suceder**

**10** **Las elecciones** Trabajen en parejas para representar una entrevista entre un(a) reportero/a de la televisión y un(a) político/a que va a ser candidato/a en las próximas elecciones.

- Antes de la entrevista, hagan una lista de los temas de los que el/la candidato/a va a hablar y de las preguntas que el/la reportero/a le va a hacer.
- Durante la entrevista, la clase va a hacer el papel del público.
- Después de la entrevista, el/la reportero/a va a hacerle preguntas y pedirle comentarios al público.

Answers will vary.

**8 Teaching Tips**
- To simplify, give the class two minutes to note details in the photos and think of scenarios for the events.
- Ask closed-ended questions about each photo. Ex: **¿Ocurrió en la ciudad o en el campo? ¿Fue un acontecimiento político o un desastre natural? ¿Hubo muchas víctimas? ¿Es reciente el acontecimiento?**

**8 Expansion** Ask volunteers to summarize one of their descriptions.

**9 Teaching Tip** To simplify, point out **¡Lengua viva!** and give example sentences of the four ways to say *to happen* in Spanish. Then have groups use idea maps to brainstorm topics for their news reports.

**9 Expansion** Ask each group to choose one report and present it to the class. Alternatively, have all groups present their news reports during the next class. Encourage them to use props to enrich their presentations.

**10 Teaching Tips**
- Name a prominent politician and ask students what questions they would ask him or her. Write their suggestions on the board.
- Videotape the interviews and show segments during the next class.

**TEACHING OPTIONS**

**Small Groups** Assign groups of three for a debate on a current school-related issue. Give the teams some time in class to prepare their strategy, but ask each team member to prepare his or her argument of two to three minutes as homework. Have the rest of the class judge the debate.

**Game** Divide the class into teams of four. Give teams five minutes to write a job ad for one of the professions mentioned in **Contextos**. Then have them take turns reading their ads. The other teams must guess what job is being advertised. Award one point for each correct guess. The team with the most points at the end wins.

## Section Goals

In **Fotonovela**, students will:

- receive comprehensible input from free-flowing discourse
- learn functional phrases that preview lesson grammatical structures

**Instructional Resources**
**v̂Text**
***Cuaderno de actividades,*** pp. 63–64
***e-Cuaderno***
**Supersite/DVD:** ***Fotonovela***
**Supersite/TRCD/Print:** ***Fotonovela*** Videoscript & Translation, Answer Keys

**Video Recap: Lección 8**
Before doing this **Fotonovela** section, review the previous one with these questions:
**1. ¿A quién le gustan las películas románticas? (a Maite) 2. ¿Dónde publicaría Álex sus poemas? (Los publicaría en Internet.) 3. ¿De quiénes habla Javier cuando dice "ahí vienen Romeo y Julieta"? ¿Por qué? (Habla de Maite y Álex porque salieron juntos.) 4. ¿Quiénes se besaron? (Álex y Maite)**

**Video Synopsis** Upon the students' return to the university, **Maite's** friend **Roberto** interviews the group about their experiences on the excursion. Then, **don Francisco** and the students say goodbye to each other.

**Teaching Tips**

- Have the class read the title, scan the captions for cognates, and look at the stills. Ask students to predict what the episode will be about.
- Quickly review the predictions students made. Ask a few questions to help them summarize the plot.
- Practice the vocabulary in **Expresiones útiles** by asking students questions about recent vacations they have taken. Ex: **¿Adónde fuiste de vacaciones el verano pasado? ¿Cuál fue tu experiencia favorita?**

# ¡Hasta la próxima!

NATIONAL STANDARDS: communication, cultures

**Los estudiantes comparten con Roberto sus recuerdos (*memories*) favoritos de la aventura.**

**PERSONAJES**

MAITE

INÉS

DON FRANCISCO

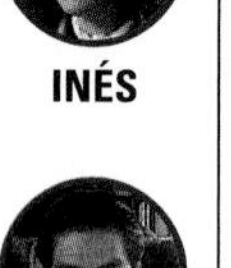
ÁLEX

JAVIER

SRA. RAMOS

ROBERTO

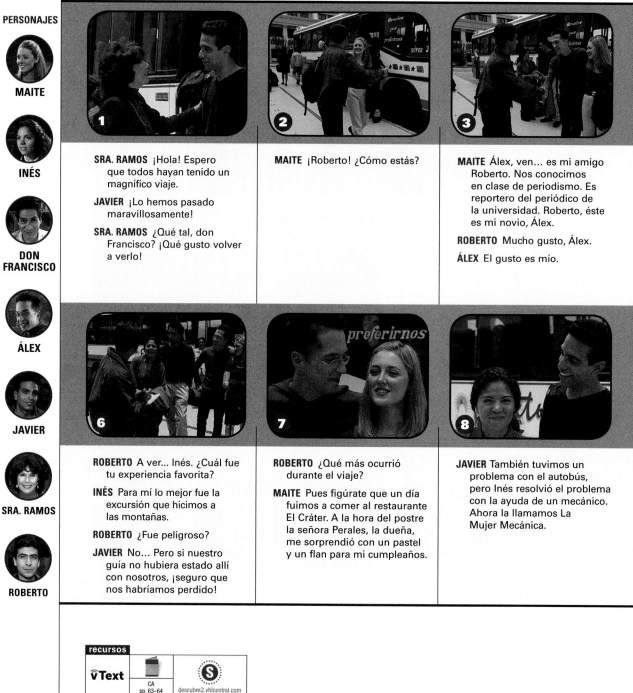

1

**SRA. RAMOS** ¡Hola! Espero que todos hayan tenido un magnífico viaje.

**JAVIER** ¡Lo hemos pasado maravillosamente!

**SRA. RAMOS** ¿Qué tal, don Francisco? ¡Qué gusto volver a verlo!

2

**MAITE** ¡Roberto! ¿Cómo estás?

3

**MAITE** Álex, ven... es mi amigo Roberto. Nos conocimos en clase de periodismo. Es reportero del periódico de la universidad. Roberto, éste es mi novio, Álex.

**ROBERTO** Mucho gusto, Álex.

**ÁLEX** El gusto es mío.

6

**ROBERTO** A ver... Inés. ¿Cuál fue tu experiencia favorita?

**INÉS** Para mí lo mejor fue la excursión que hicimos a las montañas.

**ROBERTO** ¿Fue peligroso?

**JAVIER** No... Pero si nuestro guía no hubiera estado allí con nosotros, ¡seguro que nos habríamos perdido!

7

**ROBERTO** ¿Qué más ocurrió durante el viaje?

**MAITE** Pues figúrate que un día fuimos a comer al restaurante El Cráter. A la hora del postre la señora Perales, la dueña, me sorprendió con un pastel y un flan para mi cumpleaños.

8

**JAVIER** También tuvimos un problema con el autobús, pero Inés resolvió el problema con la ayuda de un mecánico. Ahora la llamamos La Mujer Mecánica.

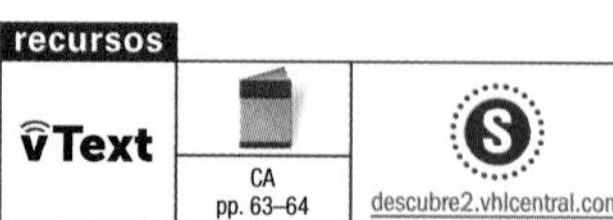


**TEACHING OPTIONS**

**¡Hasta la próxima!** Before you play the **¡Hasta la próxima!** segment, give students a list of questions. Tell them to read the questions and listen for the answers as they watch the video. After playing the segment, go over the questions with the class. If necessary, replay it. Sample questions: **¿Quiénes esperan a los estudiantes en la universidad? (señora Ramos, Roberto) ¿Quién es Roberto? (un amigo que Maite conoció en la clase de periodismo)**

4

**MAITE** Y éstos son mis amigos. Inés... Javier...

**INÉS Y JAVIER** ¡Hola!

5

**MAITE** Pero, ¿qué estás haciendo tú aquí?

**ROBERTO** Ay, Maite, es que estoy cansado de escribir sobre crimen y política. Me gustaría hacerles una entrevista sobre las experiencias del viaje.

**MAITE** ¡Fenomenal!

9

**ROBERTO** Si pudieran hacer el viaje otra vez, ¿lo harían?

**ÁLEX** Sin pensarlo dos veces. Viajar es una buena manera de conocer mejor a las personas y de hacer amigos.

10

**DON FRANCISCO** ¡Adiós, chicos!

**ESTUDIANTES** ¡Adiós! ¡Adiós, don Efe! ¡Hasta luego!

**DON FRANCISCO** ¡Hasta la próxima, señora Ramos!

## Expresiones útiles

### Saying you're happy to see someone

- **¡Qué gusto volver a verte!**
  *I'm happy to see you* (fam.) *again!*
- **¡Qué gusto volver a verlo/la!**
  *I'm happy to see you* (form.) *again!*
- **Gusto de verte.**
  *It's nice to see you* (fam.).
- **Gusto de verlo/la.**
  *It's nice to see you* (form.).

### Saying you had a good time

- **¡Lo hemos pasado maravillosamente!**
  *We've had a great time!*
- **¡Lo hemos pasado de película!**
  *We've had a great time!*
- **Lo pasamos muy bien.**
  *We had a good time.*
- **Nos divertimos mucho.**
  *We had a lot of fun.*

### Talking about your trip

- **¿Cuál fue tu experiencia favorita?**
  *What was your favorite experience?*
  **Lo mejor fue la excursión que hicimos a las montañas.**
  *The best thing was the hike we went on in the mountains.*
- **¿Qué más ocurrió durante el viaje?**
  *What else happened on the trip?*
  **Lo peor fue cuando tuvimos un problema con el autobús.**
  *The worst thing was when we had a problem with the bus.*
- **Si pudieran hacer el viaje otra vez, ¿lo harían?**
  *If you could take the trip again, would you do it?*
  **Sin pensarlo dos veces.**
  *I wouldn't give it a second thought.*

**Teaching Tip** Work through the **Fotonovela** by having volunteers read the various parts aloud. Ask a few of them to ad-lib the interview portion of the **Fotonovela**.

**Expresiones útiles** Have the class locate the sentence **Si pudieran hacer el viaje otra vez, ¿lo harían?** in the caption of video still 9. Tell students that this sentence contains a **si** clause that uses the past subjunctive, followed by a clause containing a conditional form. Have the class identify the two verb forms. Then have students look at the caption for video still 6 and find the sentence **Pero si nuestro guía no hubiera estado allí con nosotros, ¡seguro que nos habríamos perdido!** Explain that this sentence contains a **si** clause that uses the past perfect subjunctive, followed by a clause containing a conditional perfect form. Have the class identify the two verb forms. Tell students that they will learn more about these structures in **Estructura**.

**The Affective Dimension** Ask students if they feel more comfortable watching the video now than when they started the course. Recommend that they view all the episodes again to help them realize how much their proficiency has increased.

### TEACHING OPTIONS

**Extra Practice** Photocopy the **Fotonovela** Videoscript and white out key expressions and words in order to create a master for a cloze activity. Distribute copies of the master and, as you play the episode, have students fill in the blanks.

**Small Groups** Tell students to imagine that **Maite, Javier, Inés, Álex,** and **don Francisco** meet up again one year later. In small groups, have them write an epilogue. Encourage humor and creativity and give them time to prepare. Then ask groups to role-play their epilogues for the class. Have the class vote for their favorite one.

**1 Expansion** Give the class these sentences as items 6–8: **6. Roberto es el novio de Inés. (Falso. Es un amigo de Maite.) 7. Javier se divirtió mucho durante el viaje. (Cierto.) 8. Roberto quiere hablar con los estudiantes sobre el viaje. (Cierto.)**

**2 Teaching Tip** Before assigning this activity, have students skim the **Fotonovela** captions.

**2 Expansion** Give this additional item to the class: **6. ¿Tuvieron experiencias interesantes durante el viaje? (Roberto)**

**3 Expansion**
- In small groups, have students tell each other about their favorite episodes or scenes from the entire **Fotonovela**. As a class, discuss the most popular ones and ask students to share the reasons for their choices.
- Have pairs pick two **Fotonovela** characters and create a story about what will become of them. Have volunteers share their stories with the class.

**4 Possible Conversation**
**E1: ¡Hola! ¡Qué gusto volver a verte!**
**E2: Sí, gusto de verte. ¿Cómo has estado?**
**E1: Muy bien, gracias. Hice un viaje a Asia en junio.**
**E2: ¿Te divertiste?**
**E1: Sí, lo pasé de película.**
**E2: ¿Cuál fue tu experiencia favorita?**
**E1: Para mí lo mejor fue el viaje que hice a Tailandia. Vi muchas cosas fascinantes y comí muy bien.**
**E2: ¿Y cuál fue la peor experiencia?**
**E1: Lo peor fue cuando nos quedamos sin gasolina en una carretera en la China. Oye, ¿qué has hecho tú este verano?**
**E2: Acabo de volver de Europa...**

# ¿Qué pasó?

**1** **¿Cierto o falso?** Decide si lo que se afirma en las oraciones es **cierto** o **falso.** Corrige las oraciones falsas.

| | Cierto | Falso |
|---|---|---|
| 1. Roberto es reportero; escribe artículos para el periódico de la universidad. | ✓ | ○ |
| 2. Los artículos sobre el crimen y la política ya no le interesan tanto a Roberto. | ✓ | ○ |
| 3. Para Inés, la mejor experiencia fue cuando cenaron en el restaurante El Cráter. Para Inés, la mejor experiencia fue la excursión que hicieron a las montañas. | ○ | ✓ |
| 4. La señora Ramos sabe mucho de autobuses; por eso la llaman La Mujer Mecánica. Inés sabe mucho de autobuses; ella es "La Mujer Mecánica". | ○ | ✓ |
| 5. A Álex le encantó el viaje pero es algo que sólo haría una vez en su vida. Álex haría el viaje otra vez, sin pensarlo dos veces. | ○ | ✓ |

**2** **Identificar** Identifica quién puede hacer estas afirmaciones.

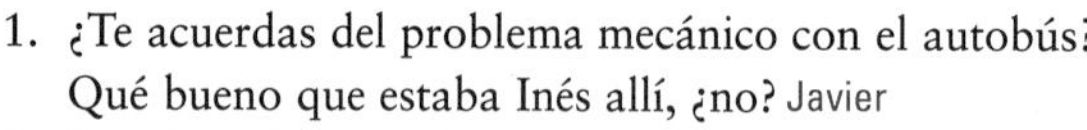
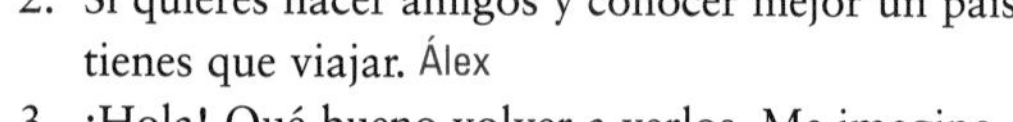
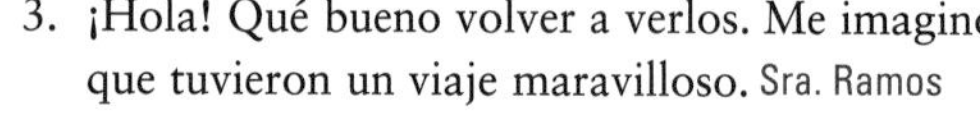

1. ¿Te acuerdas del problema mecánico con el autobús? Qué bueno que estaba Inés allí, ¿no? Javier
2. Si quieres hacer amigos y conocer mejor un país, tienes que viajar. Álex
3. ¡Hola! Qué bueno volver a verlos. Me imagino que tuvieron un viaje maravilloso. Sra. Ramos
4. Creo que el mejor día fue cuando fuimos a un restaurante y me prepararon un pastel. Maite
5. Ya no quiero escribir sobre cosas negativas. Prefiero hacer entrevistas sobre experiencias interesantes. Roberto

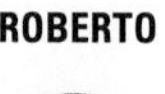

JAVIER
ROBERTO
ÁLEX
MAITE
SRA. RAMOS

**3** **Preguntas** Responde a las preguntas.

1. ¿Dónde se conocieron Maite y Roberto?
   Se conocieron en la universidad, en la clase de periodismo.
2. Normalmente, ¿sobre qué cosas escribe Roberto?
   Escribe sobre el crimen y la política.
3. ¿Piensa Javier que el viaje fue peligroso? ¿Qué habría pasado si Martín no hubiera estado con ellos?
   No. Si Martín no hubiera estado con ellos, se habrían perdido.
4. ¿Cuál fue la mejor experiencia de Maite? ¿Por qué? Fue cuando comieron en el restaurante El Cráter porque la sorprendieron con un pastel para su cumpleaños.
5. ¿Qué piensa Álex sobre viajar?
   Viajar es una buena forma de conocer mejor a las personas y de hacer amigos.

**4** **Mis experiencias** Tú y un(a) compañero/a de clase son unos/as amigos/as que no se han visto en algunos años. Hablen de las experiencias buenas y malas que tuvieron durante ese tiempo. Utilicen estas frases y expresiones en la conversación: Answers will vary.

- ¡Qué gusto volver a verte!
- Gusto de verte.
- Lo pasé de película/maravillosamente/muy bien.
- Me divertí mucho.
- Lo mejor fue...
- Lo peor fue...

Practice more at **descubre2.vhlcentral.com.**

**TEACHING OPTIONS**

**Extra Practice** Scramble the order of these events from the **Fotonovela** and have the class put them in order: **1. El autobús llega a la universidad. 2. Roberto le pregunta a Inés sobre el viaje. 3. Maite habla de su fiesta de cumpleaños. 4. Javier recuerda el problema con el autobús. 5. Don Francisco se va.**

**Extra Practice** Have students write a short paragraph about a memorable trip, real or imaginary. Tell them to be sure to describe the best and worst parts of the trip. You may want to have students share their paragraphs with the class, along with photographs, if possible.

# Ortografía

## Neologismos y anglicismos

As societies develop and interact, new words are needed to refer to inventions and discoveries, as well as to objects and ideas introduced by other cultures. In Spanish, many new terms have been invented to refer to such developments, and additional words have been "borrowed" from other languages.

| | | |
|---|---|---|
| **bajar un programa** *download* | **borrar** *to delete* | **correo basura** *junk mail* |
| **en línea** *online* | **enlace** *link* | **herramienta** *tool* |
| **navegador** *browser* | **pirata** *hacker* | **sistema operativo** *operating system* |

Many Spanish neologisms, or "new words," refer to computers and technology. Due to the newness of these words, more than one term may be considered acceptable.

**cederrón, CD-ROM** **escáner** **fax** **zoom**

In Spanish, many anglicisms, or words borrowed from English, refer to computers and technology. Note that the spelling of these words is often adapted to the sounds of the Spanish language.

**jazz, yaz** **rap** **rock** **walkman**

Music and music technology are another common source of anglicisms.

**gángster** **hippy, jipi** **póquer** **whisky, güisqui**

Other borrowed words refer to people or things that are strongly associated with another culture.

| | | | |
|---|---|---|---|
| **chárter** | **esnob** | **estrés** | **flirtear** |
| **gol** | **hall** | **hobby** | **iceberg** |
| **jersey** | **júnior** | **récord** | **yogur** |

There are many other sources of borrowed words. Over time, some anglicisms are replaced by new terms in Spanish, while others are accepted as standard usage.

**Práctica** Completa el diálogo usando las palabras de la lista.

| | | |
|---|---|---|
| borrar | correo basura | esnob |
| chárter | en línea | estrés |

**GUSTAVO** Voy a leer el correo electrónico.
**REBECA** Bah, yo sólo recibo correo basura. Lo único que hago con la computadora es borrar mensajes.
**GUSTAVO** Mira, cariño, hay un anuncio en Internet—un viaje barato a Punta del Este. Es un vuelo chárter.
**REBECA** Últimamente tengo tanto estrés. Sería buena idea que fuéramos de vacaciones. Pero busca un hotel muy bueno.
**GUSTAVO** Rebeca, no seas esnob, lo importante es ir y disfrutar. Voy a comprar los boletos ahora mismo en línea.

**Dibujo** Describe el dibujo utilizando por lo menos cinco anglicismos. Answers will vary.

**recursos**
vText | CA p. 138 | CH p. 129 | descubre2.vhlcentral.com

## Section Goals

In **Ortografía**, students will learn about:
- neologisms
- anglicisms

**Instructional Resources**
**vText**
***Cuaderno de actividades,*** p. 138
***Cuaderno para hispanohablantes,*** p. 129
***e-Cuaderno***
**Supersite:** Textbook & Audio Activity MP3 Audio Files
**Supersite/TRCD/Print:** Textbook Audio Script, Audio Activity Script, Answer Keys
**Audio Activity CD:** CD 9, Tracks 4–8

### Teaching Tips

- Ask the class to give you a few neologisms that refer to computers and technology. Then have students invent sentences that use these words. Write a few of their sentences on the board.
- Ask the class to give you a few anglicisms. Ask students to create sentences that use these words, and have volunteers write a few of their sentences on the board.
- Write the words **gángster, hipi, póquer, whisky, gol, yogur, récord,** and **esnob** on the board. Ask volunteers to explain what each word means and to use it in a sentence.

### TEACHING OPTIONS

**Small Groups** In groups of three or four, have students write a humorous paragraph using as many neologisms and anglicisms as possible. Then have a few volunteers read their paragraphs to the class.

**Extra Practice** Have students write questions using neologisms and/or anglicisms. Have volunteers write their questions on the board. Then work through the questions as a class.

**Worth Noting** New technology has long been the source of neologisms and cross-cultural borrowings. Most of the words of Arabic origin in Spanish, for instance, named "new technology" or products of their day. Ex: **azúcar** (*sugar*), **zafra** (*harvest of sugarcane*), **alberca** (*artificial pond, swimming pool*), **algodón** (*cotton*), **alquiler** (*rent*), **almohada** (*pillow*), **aduana** (*customs*).

## Section Goals

In **Cultura**, students will:
- read about social protests
- learn terms related to journalism and politics
- read about Chilean president **Michelle Bachelet** and Bolivian president **Evo Morales**
- read about famous Hispanics that made history

**Instructional Resources**
**vText**
***Cuaderno para hispanohablantes,*** p. 130
**Supersite/DVD:** ***Flash cultura***
**Supersite/TRCD/Print:**
***Flash cultura*** Videoscript & Translation

**En detalle**

**Antes de leer** Ask students about protests. Ex: **¿Alguna vez han participado en una protesta? ¿Creen que es una buena manera de luchar por algo?**

**Lectura**
- Ask heritage speakers if they can explain the derivation of the word **cacerolazo.** (It is the augmentative of **cacerola**; the suffix **-azo** denotes a hitting or striking action.)
- Tell students that while the first **cacerolazos** were spontaneous, they have since become an organized form of protest by political parties or interest groups in many Latin American countries.
- Add an auditory aspect to this reading. Model the intonation of the slogans and have students repeat. Ex: **¡El pueblo / unido / jamás será vencido!**

**Después de leer** Call on volunteers to explain the meanings of the political slogans.

**1 Expansion** Give students these true/false statements as items 9–10: **9. Una manera de protestar en el trabajo es demorar los procesos administrativos. (Cierto.) 10. Hay que salir de casa para participar en manifestaciones. (Falso. Se puede participar por Internet.)**

NATIONAL STANDARDS connections cultures

EN DETALLE

# Protestas sociales

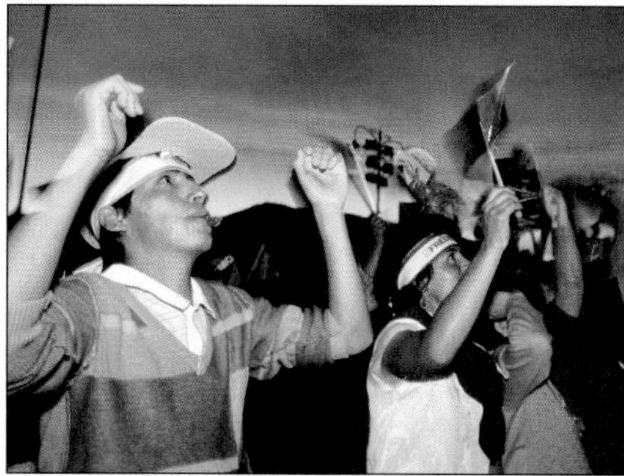

**¿Cómo reaccionas ante° una situación injusta?** ¿Protestas? Las huelgas y manifestaciones° son expresiones de protesta. Mucha gente asocia las huelgas con "no trabajar", pero no siempre es así. Hay huelgas donde los empleados del gobierno aplican las regulaciones escrupulosamente, demorando° los procesos administrativos; en otras, los trabajadores aumentan la producción. En países como España, las huelgas muchas veces se anuncian con anticipación° y, en los lugares que van a ser afectados, se ponen carteles que dicen: "Esta oficina cerrará el día 14 con motivo de la huelga. Disculpen las molestias°".

Las manifestaciones son otra forma de protesta: la gente sale a la calle llevando carteles con frases y eslóganes. Una forma original de manifestación son los "cacerolazos", en los cuales la gente golpea° cacerolas y sartenes°. Los primeros cacerolazos tuvieron lugar en Chile y más tarde pasaron a otros países. Otras veces, el buen humor ayuda a confrontar temas serios y los manifestantes° marchan bailando, cantando eslóganes y tocando silbatos° y tambores°.

Actualmente° se puede protestar sin salir de casa. Lo único que necesitas es tener una computadora con conexión a Internet para poder participar en manifestaciones virtuales. Y no sólo de tu país, sino de todo el mundo.

### Los lemas°

**El pueblo unido jamás será vencido°.** Es el primer verso° de una canción que popularizó el grupo chileno Quilapayún.

**Basta ya°.** Se usa muy comunmente en el País Vasco en España durante manifestaciones en contra del terrorismo.

**Agua para todos.** Se ha gritado en distintas manifestaciones como protesta contra la privatización del agua.

**Ni guerra que nos mate°, ni paz que nos oprima°.** Surgió° en el Foro de Mujeres por la Paz, en Colombia (2004) para reivindicar° la convivencia pacífica° y la igualdad.

**Ni un paso° atrás.** Ha sido usado en muchos países, como en Argentina por las Madres de la Plaza de Mayo*.

* Las Madres de la Plaza de Mayo es un grupo de mujeres que tiene hijos o familiares que desaparecieron durante la dictadura militar en Argentina (1976–1983).

ante *in the presence of* manifestaciones *demonstrations* demorando *delaying* con anticipación *in advance* Disculpen las molestias. *We apologize for any inconvenience.* golpea *bang* cacerolas y sartenes *pots and pans* manifestantes *demonstrators* silbatos *whistles* tambores *drums* Actualmente *Currently* lemas *slogans* vencido *defeated* verso *line* Basta ya. *Enough.* mate *kills* oprima *oppresses* Surgió *It arose* reivindicar *to try to restore or rescue* convivencia pacífica *peaceful coexistence* paso *step*

## ACTIVIDADES

**1 ¿Cierto o falso?** Indica si lo que dice cada oración es **cierto** o **falso**. Corrige la información falsa.

1. En algunas huelgas las personas trabajan más de lo normal. Cierto.
2. En España, las huelgas se hacen sin notificación previa. Falso. Se anuncian con anticipación.
3. En las manifestaciones virtuales se puede protestar sin salir de casa. Cierto.
4. En algunas manifestaciones la gente canta y baila. Cierto.
5. "Basta ya" es un lema que se usa en España en manifestaciones contra el terrorismo. Cierto.
6. En el año 2004 se celebró el Foro de Mujeres por la Paz en Argentina. Falso. Se celebró en Colombia.
7. Los primeros cacerolazos se hicieron en Venezuela. Falso. Se hicieron en Chile.
8. "Agua para todos" es un lema del grupo Quilapayún. Falso. Es un lema contra la privatización del agua.

Practice more at **descubre2.vhlcentral.com.**

### TEACHING OPTIONS

**Pairs** In pairs, have students research more about the political issues that spawned one of the slogans from the reading. Encourage students to find out any important historical facts, statistics, or political figures involved with their chosen issue. Then have pairs present their findings to the class, who will ask follow-up questions.

**TPR** Divide the class into five groups and assign each one a different political slogan. Describe a fictitious political situation and have students from the corresponding group raise their hands. Ex: **Dos pueblos indígenas luchan por sus derechos civiles.** (Group **El pueblo unido jamás será vencido** raises their hands). Call on a volunteer from the appropriate group to explain why their slogan represents that situation.

## ASÍ SE DICE

### Periodismo y política

| | |
|---|---|
| la campaña | *campaign* |
| el encabezado | *headline* |
| el paro (Esp.) | el desempleo |
| la prensa amarilla | *sensationalist/ tabloid press* |
| el sindicato | *(labor) union* |
| el suceso, el hecho | el acontecimiento |

## EL MUNDO HISPANO

### Hispanos en la historia

- **Ellen Ochoa** (Los Ángeles, California, 1958– ) Científica y doctora en Ingeniería Eléctrica, fue la primera mujer hispana que viajó al espacio.
- **Che Guevara** (Rosario, Argentina, 1928–La Higuera, Bolivia, 1967) Ernesto "Che" Guevara es una de las figuras más controversiales del siglo° XX. Médico de profesión, fue uno de los líderes de la revolución cubana y participó en las revoluciones de otros países.
- **Rigoberta Menchú Tum** (Laj Chimel, Guatemala, 1959– ) De origen maya, desde niña sufrió la pobreza y la represión, lo que la llevó muy pronto a luchar por los derechos humanos. En 1992 recibió el Premio Nobel de la Paz.
- **José Martí** (La Habana, Cuba, 1853–Dos Ríos, Cuba, 1895) Fue periodista, filósofo, poeta, diplomático e independentista°. Desde su juventud se opuso al régimen colonialista español. Murió luchando por la independencia de Cuba.

**siglo** *century* **independentista** *supporter of independence*

## PERFILES

### Dos nuevos líderes en Latinoamérica

En 2006, la chilena **Michelle Bachelet Jeria** y el boliviano **Juan Evo Morales Ayma** fueron proclamados presidentes de sus respectivos países. Para algunos, estos nombramientos fueron una sorpresa.

Michelle Bachelet estudió medicina y se especializó en pediatría y salud pública. Fue víctima de la represión de Augusto Pinochet, quien gobernó el país de 1973 a 1990, y vivió varios años exiliada. Regresó a Chile y en 2000 fue nombrada Ministra de Salud. En 2002 fue Ministra de Defensa Nacional. Y en 2006 se convirtió en la primera mujer presidente de Chile.

Evo Morales es un indígena del altiplano andino°. Su lengua materna es el aimará. De niño, trabajó como pastor° de llamas. Luego, se trasladó a Cochabamba donde participó en asociaciones campesinas°. Morales reivindicó la forma tradicional de vida y los derechos de los campesinos indígenas. En 2006 ascendió a la presidencia de Bolivia.

**altiplano andino** *Andean high plateau* **pastor** *shepherd* **campesinas** *farmers'*

**Conexión Internet**

¿Quiénes son otros líderes y pioneros hispanos?

Go to **descubre2.vhlcentral.com** to find more cultural information related to this **Cultura** section.

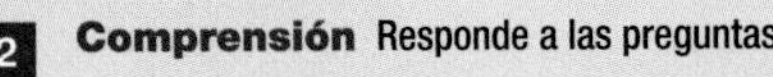

## ACTIVIDADES

**2** **Comprensión** Responde a las preguntas.

1. ¿Qué palabras son sinónimos de **acontecimiento**? suceso y hecho
2. ¿En qué fue una pionera Ellen Ochoa? Ella fue la primera mujer hispana que viajó al espacio.
3. ¿Qué cargos políticos ocupó Michelle Bachelet antes de ser presidenta? Primero fue Ministra de Salud y luego Ministra de Defensa Nacional.
4. ¿Por qué luchó Evo Morales en varias asociaciones campesinas? por la forma tradicional de vida y los derechos de los campesinos indígenas

**3** **Líderes** ¿Quién es el/la líder de tu comunidad o región que más admiras? Primero, escribe un breve párrafo explicando quién es, qué hace y por qué lo/la admiras. Luego, lee tu texto a la clase. Answers will vary.

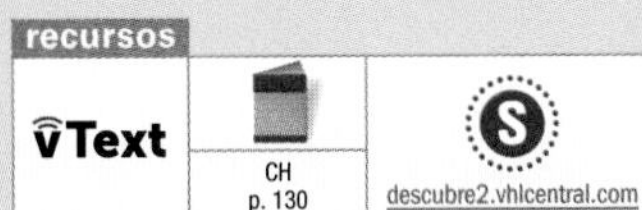


**Así se dice**

- To challenge students, add these words to the list: **la calumnia, la difamación** (*slander*); **el/la editor(a), el/la redactor(a) (de un diario)** (*editor*).
- Ask students questions using the terms. Ex: **¿Te gusta leer la prensa amarilla? ¿Te interesaría trabajar para una campaña política?**

**Perfiles**

- **Michelle Bachelet** represents Chile's Socialist party. One of her first political challenges was to deal with massive high-school student demonstrations in April 2006. Students demanded better education for the poor. Their protests have resulted in continuous negotiations for educational reform.
- **Evo Morales**, who represents the political party known as **Movimiento al Socialismo (MAS)**, actively explores economic alternatives to capitalism.

**El mundo hispano** Ask students if they know of any other important historic political figures from the Hispanic world.

**2 Expansion** In pairs, have students create three additional comprehension questions based on the reading. Then have them exchange papers with another pair and complete the activity.

**3 Teaching Tip** Encourage students to think beyond political leaders. Ex: A teacher or local businessperson who contributes positively to the community.

**3 Expansion** To challenge students, have them write three questions they would like to ask their chosen figure, as well as potential answers.

**TEACHING OPTIONS**

**Large Group** Have volunteers line up around the classroom and take a card with the name of a person mentioned in **El mundo hispano** or **Perfiles**. You might also include other influential Hispanics, such as **Evita, Hugo Chávez, Óscar Romero,** or **César Chávez**. Then have the rest of the class circulate around the room and ask yes/no questions in order to guess which historical figure's name the volunteer has on their card.

**Heritage Speakers** Ask heritage speakers to talk about any prominent political issues (historic or recent) in their families' home countries. Ex: Puerto Rican independence, communism in Cuba, immigrant issues in Spain. Have the class ask follow-up questions and contribute any additional information they might know about the topic.

## Section Goals

In **Estructura 9.1**, students will learn:
- **si** clauses in the subjunctive mood
- **si** clauses with verbs in the indicative mood

**Instructional Resources**
**vText**
***Cuaderno de actividades,*** pp. 43–44, 139
***Cuaderno de práctica,*** pp. 95–96
***Cuaderno para hispanohablantes,*** pp. 131–132
***e-Cuaderno***
**Supersite:** Audio Activity MP3 Audio Files
**Supersite/TRCD/Print:** *PowerPoints* (**Lección 9 Estructura** Presentation); Communication Activities, Audio Activity Script, Answer Keys
**Audio Activity CD:** CD 9, Tracks 9–12

**Teaching Tips**
- Ask students to look at the caption for the first video still on this page. Ask a volunteer to identify the tense and mood of the verb in the first clause and the one in the second clause. Ask another volunteer to translate the sentence into English.
- Compare and contrast contrary-to-fact statements using the example sentences on this page. Check understanding by providing main clauses and having volunteers finish the sentence with a **si** clause. Ex: **No lo haría... (si fuera tú.) El huracán habría destruido tu casa... (si no hubieras tomado precauciones.) No lo habría hecho... (si hubiera sido tú.)**
- Continue the process with clauses that express conditions or events that are possible or likely to occur. Ex: **Iré contigo... (si vas a participar en la huelga.)**
- Add a visual aspect to this grammar presentation. Use magazine pictures to reinforce **si** clauses. Ex: **Si hubiera sido este señor, me habría puesto un abrigo.**

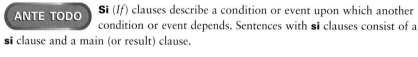

NATIONAL STANDARDS comparisons

## 9.1 Si clauses

ANTE TODO **Si** (*If*) clauses describe a condition or event upon which another condition or event depends. Sentences with **si** clauses consist of a **si** clause and a main (or result) clause.

Si pudieran hacer el viaje otra vez, ¿lo harían?

▶ **Si** clauses can speculate or hypothesize about a current event or condition. They express what *would happen* if an event or condition *were to occur.* This is called a contrary-to-fact situation. In such instances, the verb in the **si** clause is in the past subjunctive while the verb in the main clause is in the conditional.

Si **cambiaras** de empleo, **serías** más feliz.
*If you changed jobs, you would be happier.*

**Iría** de viaje a Suramérica si **tuviera** dinero.
*I would travel to South America if I had money.*

**¡ATENCIÓN!**
Remember the difference between **si** (*if*) and **sí** (*yes*).

▶ **Si** clauses can also describe a contrary-to-fact situation in the past. They can express what *would have happened* if an event or condition *had occurred.* In these sentences, the verb in the **si** clause is in the past perfect subjunctive while the verb in the main clause is in the conditional perfect.

Si **hubiera sido** estrella de cine, **habría sido** rico.
*If I had been a movie star, I would have been rich.*

No **habrías tenido** hambre si **hubieras desayunado.**
*You wouldn't have been hungry if you had eaten breakfast.*

**¡LENGUA VIVA!**
Note that in Spanish the conditional is never used immediately following **si**.

▶ **Si** clauses can also express conditions or events that are possible or likely to occur. In such instances, the **si** clause is in the present indicative while the main clause uses a present, near future, future, or command form.

Si **puedes** venir, **llámame.**
*If you can come, call me.*

Si **puedo** venir, **te llamo.**
*If I can come, I'll call you.*

Si **terminas** la tarea, **tendrás** tiempo para mirar la televisión.
*If you finish your homework, you will have time to watch TV.*

Si **terminas** la tarea, **vas a tener** tiempo para mirar la televisión.
*If you finish your homework, you are going to have time to watch TV.*

**TEACHING OPTIONS**

**TPR** Have students stand in a circle. Say a main clause, then toss a ball to a student. He or she should suggest a **si** clause, then throw the ball back to you. Ex: **... tendría que caminar a las clases. (Si no tuviera bicicleta, ...) ... hablaríamos español todo el día. (Si estuviéramos en México, ...) ... pondría el noticiero de la tarde. (Si estuviera en casa, ...)**

**Heritage Speakers** Ask heritage speakers to write a composition entitled **"Si mi familia no hablara español..."** The piece should describe how the student's life would have been different if he or she had not been born into a Spanish-speaking family. The compositions should have at least ten contrary-to-fact sentences with **si** clauses. Have students read their compositions to the class.

▶ When the **si** clause expresses habitual past conditions or events, *not* a contrary-to-fact situation, the imperfect is used in both the **si** clause and the main (or result) clause.

Si Alicia me **invitaba** a una fiesta, yo siempre **iba**.
*If (Whenever) Alicia invited me to a party, I would (used to) go.*

Mis padres siempre **iban** a la playa si **hacía** buen tiempo.
*My parents always went to the beach if the weather was good.*

▶ The **si** clause may be the first or second clause in a sentence. Note that a comma is used only when the **si** clause comes first.

**Si tuviera tiempo,** iría contigo.
*If I had time, I would go with you.*

Iría contigo **si tuviera tiempo.**
*I would go with you if I had time.*

## Summary of si clause sequences

| Condition | Si clause | Main clause |
|---|---|---|
| Possible or likely | **Si** + present | Present |
| Possible or likely | **Si** + present | Near future (**ir a** + infinitive) |
| Possible or likely | **Si** + present | Future |
| Possible or likely | **Si** + present | Command |
| Habitual in the past | **Si** + imperfect | Imperfect |
| Contrary-to-fact (present) | **Si** + past (imperfect) subjunctive | Conditional |
| Contrary-to-fact (past) | **Si** + past perfect (pluperfect) subjunctive | Conditional perfect |

**¡INTÉNTALO!** Cambia los tiempos y modos de los verbos que aparecen entre paréntesis para practicar todos los tipos de oraciones con **si** que se muestran en la tabla anterior.

1. Si usted ___va___ (ir) a la playa, tenga cuidado con el sol.
2. Si tú ___quieres___ (querer), te preparo la merienda.
3. Si ___hace___ (hacer) buen tiempo, voy a ir al parque.
4. Si mis amigos ___iban___ (ir) de viaje, sacaban muchas fotos.
5. Si ella me ___llamara___ (llamar), yo la invitaría a la fiesta.
6. Si nosotros ___quisiéramos___ (querer) ir al teatro, compraríamos los boletos antes.
7. Si tú ___te levantaras___ (levantarse) temprano, desayunarías antes de ir a clase.
8. Si ellos ___tuvieran___ (tener) tiempo, te llamarían.
9. Si yo ___hubiera sido___ (ser) astronauta, habría ido a la Luna.
10. Si él ___hubiera ganado___ (ganar) un millón de dólares, habría comprado una mansión.
11. Si ustedes me ___hubieran dicho___ (decir) la verdad, no habríamos tenido este problema.
12. Si ellos ___hubieran trabajado___ (trabajar) más, habrían tenido más éxito.

recursos
vText
CA p. 139
CP pp. 95–96
CH pp. 131–132
descubre2.vhlcentral.com

### Teaching Tips

- Have students open to **Fotonovela**, page 298, and read **Javier's** remark under video still 6. Make a question from his statement: **Si el guía no hubiera estado con ellos en las montañas, ¿qué habría pasado?** Have a volunteer state the mood and tense of the verbs, and another student translate the sentence.
- Go over the use of the indicative in a **si** clause when it expresses habitual past conditions or events. Give additional examples.
- After going over the summary of **si** clause sequences, give students a complex sentence in the indicative, and, in pairs, have them form seven sentences using **si** clauses as per the chart. Ex: **Cuando viene un tornado, bajamos al sótano. (Si viene un tornado, bajamos al sótano. Si viene un tornado, vamos a bajar al sótano. Si viene un tornado, bajaremos al sótano. Si viene un tornado, bajemos al sótano. Si venía…)**

### The Affective Dimension

If students feel intimidated by the variety of **si** clauses that can be created in Spanish, tell them that the chart on this page will help them sort out the possibilities and that they will feel more comfortable with **si** clauses with time and practice.

### TEACHING OPTIONS

**Pairs** Ask students to reflect on the past semester(s) studying Spanish. Then divide the class into pairs and have them write a list of eight complex sentences to express what they wish they had done and why. Ex: **Si hubiera hablado español con mi amiga puertorriqueña, ahora podría hablar mejor.**

**Extra Practice** To provide oral practice, ask students to finish these sentences logically: **1. Si tomas español otra vez el año próximo,… 2. Si hubieras estudiado periodismo,… 3. Si la tormenta no pasa pronto,… 4. Si no hubiera llegado el ejército,… 5. Si quieres ser locutor(a) de televisión,…**

# Práctica

**1 Expansion** Change the tense and/or mood in the **si** clauses, and have students change the main clause accordingly. Ex: **1. Si aquí hubiera habido terremotos,... (... no habríamos permitido edificios altos.) 2. Si me informara bien,... (... podría explicar el desempleo.) 3. Si te hubiera dado el informe,... (... ¿se lo habrías mostrado al director?)**

**2 Teaching Tip** In pairs, have one student fill in **Teresa's** answers and the other complete **Anita's.** Then have partners read and correct each other's answers.

**2 Expansion** Ask questions about the **minidiálogos** and have students answer in complete sentences. Ex: **¿Qué haría Teresa si tuviera tiempo? (Iría al cine con más frecuencia.)**

**3 Teaching Tips**
- Model the activity by having three or four volunteers complete item 1 in different ways.
- Encourage students to ask their partners follow-up questions. Ex: **¿Por qué llamarías primero a tus padres si tuvieras un accidente de carro?**

**1** 

**Emparejar** Empareja frases de la columna A con las de la columna B para crear oraciones lógicas.

| A | B |
|---|---|
| 1. Si aquí hubiera terremotos, __e__ | a. ¿se lo muestras al director? |
| 2. Si me informo bien, __d__ | b. habrían muerto muchos más. |
| 3. Si te doy el informe, __a__ | c. muchos van a pasar hambre. |
| 4. Si la guerra hubiera continuado, __b__ | d. podré explicar el desempleo. |
| 5. Si la huelga dura más de un mes, __c__ | e. no permitiríamos edificios altos. |

**AYUDA**

Remember these forms of **haber**:
**(si) hubiera**
*(if) there were*
**habría**
*there would be*

**2 Minidiálogos** Completa los minidiálogos entre Teresa y Anita. Some answers may vary.

**TERESA** ¿Qué (1) __habrías__ hecho tú si tu papá te (2) __hubiera__ regalado un carro?
**ANITA** Me (3) __habría__ muerto de la felicidad.

**ANITA** Si (4) __viajas__ a Paraguay, ¿qué vas a hacer?
**TERESA** (5) __Voy__ a visitar a mis parientes.

**TERESA** Si tú y tu familia (6) __tuvieran__ un millón de dólares, ¿qué comprarían?
**ANITA** Si nosotros tuviéramos un millón de dólares, (7) __compraríamos__ tres casas nuevas.

**ANITA** Si tú (8) __tuvieras__ tiempo, ¿irías al cine con más frecuencia?
**TERESA** Sí, yo (9) __iría__ con más frecuencia si tuviera tiempo.

**¡LENGUA VIVA!**

**Paraguay** es conocido como "El Corazón de América" porque está en el centro de Suramérica. Sus lugares más visitados son la capital Asunción, que está situada a orillas (*on the banks*) del río Paraguay y la ciudad de Itaguá, en donde se producen muchos textiles.

**3 Completar** En parejas, completen las frases de una manera lógica. Luego lean sus oraciones a sus compañeros. Answers will vary.

1. Si tuviera un accidente de carro...
2. Me volvería loco/a *(I would go crazy)* si mi familia...
3. Me habría ido a un programa de intercambio en Paraguay si...
4. No volveré a ver las noticias en ese canal si...
5. Habría menos problemas si los medios de comunicación...
6. Si mis padres hubieran insistido en que tomara clases durante el verano...
7. Si me ofrecen un viaje a la Luna...
8. Me habría enojado mucho si...
9. Si hubiera un desastre natural en mi ciudad...
10. Mi familia y yo habríamos viajado a Latinoamérica...

Practice more at **descubre2.vhlcentral.com.**

**TEACHING OPTIONS**

**Pairs** Have pairs write ten sentences about what they would do to improve their community or society. First, ask them to list the problems they would change and how they would do so. Then have them form their sentences as contrary-to-fact statements. Ex: **Si no se permitieran las contribuciones grandes a los candidatos, habría menos corrupción en el gobierno. Habría menos delincuencia si hubiera más lugares donde los jóvenes pudieran entretenerse.**

**Video** Replay the **Fotonovela** to give students more exposure to **si** clauses. Ask students to write each one down as they hear it. Afterward, have them compare their notes in groups of four.

# Comunicación

4 **Situaciones** Trabajen en grupos para contestar las preguntas. Después deben comunicar sus respuestas a la clase. Answers will vary.

1. ¿Qué harías si fueras de vacaciones con tu clase a Uruguay y al llegar no hubiera habitaciones en ninguno de los hoteles?
2. ¿Qué haces si encuentras dinero en la calle?
3. Imagina que estuviste en Montevideo por tres semanas. ¿Qué habrías hecho si hubieras presenciado (*witnessed*) un crimen allí?
4. ¿Qué harías tú si fueras de viaje y las líneas aéreas estuvieran en huelga?
5. ¿Qué haces si estás en la calle y alguien te pide dinero?
6. ¿Qué harías si estuvieras en un país extranjero y un reportero te confundiera (*confused*) con un actor o una actriz de Hollywood?
7. ¿Qué dirían tus padres si te vieran ahora mismo?
8. ¿Qué harías si fueras presidente/a de este país?

5 **¿Qué harían?** En parejas, túrnense para hablar de lo que hacen, harían o habrían hecho en estas circunstancias. Answers will vary.

1. si descubres que tienes un gran talento para la música
2. si hubieras ganado un viaje a Uruguay
3. si mañana tuvieras el día libre
4. si te robaran tu mochila
5. si tuvieras que cuidar a tus padres cuando sean mayores
6. si no tuvieras que preocuparte por el dinero
7. si fueras acusado/a de cometer un crimen
8. si hubieras vivido bajo una dictadura

# Síntesis

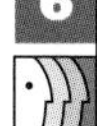

6 **Entrevista** En grupos, preparen cinco preguntas para hacerle a un(a) candidato/a a la presidencia de su país. Luego, túrnense para hacer el papel de entrevistador(a) y de candidato/a. El/La entrevistador(a) reacciona a cada una de las respuestas del/de la candidato/a. Answers will vary.

**Entrevistador(a):** *¿Qué haría usted sobre el sexismo en el ejército?*
**Candidato/a:** *Pues, dudo que las mujeres puedan luchar en una guerra. Creo que deben hacer trabajos menos peligrosos.*
**Entrevistador(a):** *¿Entonces usted no haría nada para eliminar el sexismo en el ejército?*
**Candidato/a:** *Si yo fuera presidente/a...*

**4 Expansion** Ask groups to write a short description of what they would do if they took a group trip to Uruguay. Write a prompt on the board to get them started. Ex: **Si nosotros hiciéramos un viaje a Uruguay,...**

**5 Teaching Tip** Ask students to formulate a multiple-choice survey with the sentence fragments given or with their own invented **si** clauses. Then have them survey one another and record the answers. Ex: **1. Si ves a tu novio/a con otro/a en el cine,... a. empiezas a llorar. b. haces un escándalo. c. los ignoras.**

**6 Teaching Tip** To simplify, begin by asking students to identify different political issues. Ex: **el crimen, el sexismo en el trabajo.** Write these issues on the board.

**Teaching Tip** See the Communication Activities worksheets for an additional activity to practice the material from this section.

## TEACHING OPTIONS

**Large Group** Ask each student to write a question that contains a **si** clause. Then have students circulate around the room until you signal them to stop. At your cue, each student should turn to the nearest classmate. Give students three minutes to ask and answer one another's questions before having them begin walking around the room again.

**Small Groups** Ask students to bring in the most outlandish news report they can find. Encourage them to look in tabloids. Assign students to groups of four and have them write a list of statements that use **si** clauses about each report. Ex: **Si los extraterrestres vuelven para reunirse con el presidente, deben entrevistarlo personalmente.**

## Section Goals

In **Estructura 9.2**, students will review:

- the forms of the subjunctive
- the use of the subjunctive, indicative, and infinitive in complex sentences

**Instructional Resources**

**vText**

***Cuaderno de actividades,*** pp. 45–46, 140
***Cuaderno de práctica,*** pp. 97–100
***Cuaderno para hispanohablantes,*** pp. 133–136
***e-Cuaderno***
**Supersite:** Audio Activity MP3 Audio Files
**Supersite/TRCD/Print:** *PowerPoints* (**Lección 9 Estructura** Presentation); Communication Activities, Audio Activity Script, Answer Keys
**Audio Activity CD:** CD 9, Tracks 13–16

## Teaching Tips

- Review the subjunctive with statements that use it. Ex: **En cuanto pasen unas semanas, habrá terminado el semestre. Espero que todos ustedes hayan aprendido mucho español.** Ask volunteers to identify the subjunctive forms.
- Restate a sentence in each subjunctive tense. Ex: **Cuando termine la discriminación, habrá justicia. Si terminara la discriminación, habría justicia. Si hubiera terminado la discriminación, ya habría habido justicia. Ojalá haya terminado la discriminación.**
- Have students look over the simple forms of the subjunctive of regular verbs. Ask them on which indicative form the present subjunctive is based (present-tense **yo** form) and on which one the past subjunctive is based (preterite **Uds./ellos/ellas** form). Then ask them to give the past and present subjunctive of common irregular verbs such as **decir, traer, introducir, conocer,** and **tener**. Finally, review the irregular verbs **dar, estar, haber, ir, saber,** and **ser**.

# 9.2 Summary of the uses of the subjunctive

NATIONAL STANDARDS comparisons

**ANTE TODO** Since **Lección 3**, you have been learning about subjunctive verb forms and practicing their uses. The following chart summarizes the subjunctive forms you have studied. The chart on page 309 summarizes the uses of the subjunctive you have seen and contrasts them with uses of the indicative and the infinitive. These charts will help you review and synthesize what you have learned about the subjunctive in this book.

¡Hola! Espero que todos hayan tenido un magnífico viaje.

Si nuestro guía no hubiera estado allí con nosotros, ¡seguro que nos habríamos perdido!


## Summary of subjunctive forms

| -ar verbs: Present subjunctive | -ar verbs: Past subjunctive | -er verbs: Present subjunctive | -er verbs: Past subjunctive | -ir verbs: Present subjunctive | -ir verbs: Past subjunctive |
|---|---|---|---|---|---|
| hable | hablara | beba | bebiera | viva | viviera |
| hables | hablaras | bebas | bebieras | vivas | vivieras |
| hable | hablara | beba | bebiera | viva | viviera |
| hablemos | habláramos | bebamos | bebiéramos | vivamos | viviéramos |
| habléis | hablarais | bebáis | bebierais | viváis | vivierais |
| hablen | hablaran | beban | bebieran | vivan | vivieran |

| -ar verbs: Present perfect subjunctive | -er verbs: Present perfect subjunctive | -ir verbs: Present perfect subjunctive |
|---|---|---|
| haya hablado | haya bebido | haya vivido |
| hayas hablado | hayas bebido | hayas vivido |
| haya hablado | haya bebido | haya vivido |
| hayamos hablado | hayamos bebido | hayamos vivido |
| hayáis hablado | hayáis bebido | hayáis vivido |
| hayan hablado | hayan bebido | hayan vivido |

| -ar verbs: Past perfect subjunctive | -er verbs: Past perfect subjunctive | -ir verbs: Past perfect subjunctive |
|---|---|---|
| hubiera hablado | hubiera bebido | hubiera vivido |
| hubieras hablado | hubieras bebido | hubieras vivido |
| hubiera hablado | hubiera bebido | hubiera vivido |
| hubiéramos hablado | hubiéramos bebido | hubiéramos vivido |
| hubierais hablado | hubierais bebido | hubierais vivido |
| hubieran hablado | hubieran bebido | hubieran vivido |

**CONSULTA**

To review the subjunctive, refer to these sections:
Present subjunctive, **Estructura 3.3**, pp. 108–109.
Present perfect subjunctive, **Estructura 6.3**, p. 211.
Past subjunctive, **Estructura 7.3**, pp. 242–243.
Past perfect subjunctive, **Estructura 8.3**, p. 277.

## TEACHING OPTIONS

**Small Groups** Bring in or prepare a news report in Spanish about a recent natural disaster. Go over it with the class, clarifying any unfamiliar vocabulary. Then ask small groups to write a summary of the article in which they use at least three sentences in the subjunctive.

**Game** Divide the class into teams of three. Ask teams to think of an important historical event. Have them write two contrary-to-fact statements about the event without naming it. Each team will read its statements aloud, and the others will try to guess the event. Award one point for each correct guess. Ex: **Si el Sur no hubiera atacado al Norte, los Estados Unidos no habría entrado en la guerra. Si Nixon no hubiera sido presidente, la guerra habría terminado antes. (la guerra de Vietnam)** To simplify guessing, list the events on the board in random order.

**The subjunctive is used...**

| | |
|---|---|
| **1.** After verbs and/or expressions of will and influence, when the subject of the subordinate clause is different from the subject of the main clause | Los ciudadanos **desean** que el candidato presidencial los **escuche.** |
| **2.** After verbs and/or expressions of emotion, when the subject of the subordinate clause is different from the subject of the main clause | Alejandra **se alegró** mucho de que le **dieran** el trabajo. |
| **3.** After verbs and/or expressions of doubt, disbelief, and denial | **Dudo** que **vaya** a tener problemas para encontrar su maleta. |
| **4.** After the conjunctions **a menos que, antes (de) que, con tal (de) que, en caso (de) que, para que,** and **sin que** | Cierra las ventanas **antes de que empiece** la tormenta. |
| **5.** After **cuando, después (de) que, en cuanto, hasta que,** and **tan pronto como** when they refer to future actions | **Tan pronto como haga** la tarea, podrá salir con sus amigos. |
| **6.** To refer to an indefinite or nonexistent antecedent mentioned in the main clause | Busco un empleado que **haya estudiado** computación. |
| **7.** After **si** to express something impossible, improbable, or contrary to fact | **Si hubieras escuchado** el noticiero, te habrías informado sobre el terremoto. |

**The indicative is used...**

| | |
|---|---|
| **1.** After verbs and/or expressions of certainty and belief | **Es cierto** que Uruguay **tiene** unas playas espectaculares. |
| **2.** After the conjunctions **cuando, después (de) que, en cuanto, hasta que,** and **tan pronto como** when they do not refer to future actions | Hay más violencia **cuando hay** desigualdad social. |
| **3.** To refer to a definite or specific antecedent mentioned in the main clause | Busco a la señora que me **informó** del crimen que ocurrió ayer. |
| **4.** After **si** to express something possible, probable, or not contrary to fact | Pronto habrá más igualdad **si luchamos** contra la discriminación. |

**The infinitive is used...**

| | |
|---|---|
| **1.** After expressions of will and influence when there is no change of subject from the main clause to the subordinate clause | Martín **desea ir** a Montevideo este año. |
| **2.** After expressions of emotion when there is no change of subject from the main clause to the subordinate clause | **Me alegro de conocer** a tu esposo. |

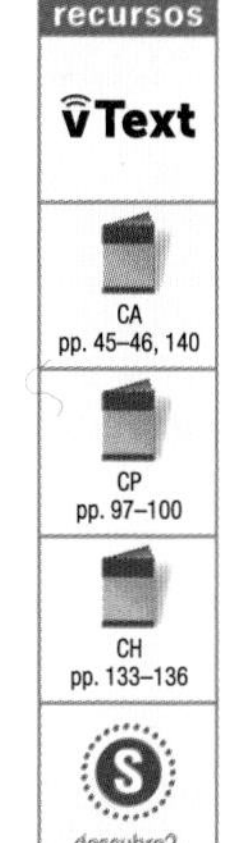


**Teaching Tips**

- Before working through the summary of subjunctive usage, review the concepts of the indicative and subjunctive. Explain that the indicative—the mood used to state facts and to express actions that the speaker considers real or definite—is the tense most commonly used in discourse. Then ask volunteers to tell you when the subjunctive is used. Write their statements on the board, revising them for clarity and accuracy.
- Compare the summaries of the use of the subjunctive, indicative, and infinitive. After you have worked through the comparison of the subjunctive versus the indicative with expressions of influence, emotion, doubt and certainty, discuss cases where the infinitive is used instead of the subjunctive. Compare and contrast the use of the subjunctive and the indicative with conjunctions.

**TEACHING OPTIONS**

**Large Group** Prepare sentences based on the example sentences from the chart. Break each sentence into two clauses or fragments and write each one on an index card. Distribute the cards and have students form sentences by finding their match. Ex: **Me alegro mucho de que... /... hayan publicado tu artículo sobre el SIDA. Quisiera... /... visitar Montevideo algún día.**

**Extra Practice** To provide oral practice, create sentences that follow the pattern of the example sentences in the chart. Say the sentence, have students repeat it, then change the tense of the main clause. Have students then restate the sentence, changing the subordinate clause as necessary. Ex: **Dudo que terminemos el proyecto pronto. Dudaba que... (... termináramos el proyecto pronto.)**

**1 Expansion**
- Ask volunteers to read the completed sentences and state their reason for choosing either the subjunctive or the indicative form.
- Have students summarize the conversation in the third person.

**2 Teaching Tip** To simplify, give students two minutes to study the phrases. Then have them write down the main idea of their piece and three supporting ideas on the basis of the sentence fragments.

**2 Expansion** In groups of three, have students read and comment on their paragraphs.

**3 Teaching Tips**
- Go over the expressions listed in **Ayuda**, asking volunteers to give example sentences using each one.
- Have two volunteers read the **modelo** aloud. Provide a second response using an infinitive. Ex: **No pienso preocuparme por eso.**

**3 Expansion** Call on several pairs to role-play their conversations for the class.

# Práctica

**1** **Conversación** Completa la conversación con el tiempo verbal adecuado.

**EMA** Busco al reportero que (1) publicó (publicar) el libro sobre la dictadura de Stroessner.
**ROSA** Ah, usted busca a Miguel Pérez. Ha salido.
**EMA** Le había dicho que yo vendría a verlo el martes, pero él me dijo que (2) viniera (venir) hoy.
**ROSA** No creo que a Miguel se le (3) olvidara/haya olvidado (olvidar) la cita. Si usted le (4) hubiera pedido (pedir) una cita, él me lo habría mencionado.
**EMA** Pues no, no pedí cita, pero si él me hubiera dicho que era necesario yo lo (5) habría hecho (hacer).
**ROSA** Creo que Miguel (6) fue (ir) a cubrir un incendio hace media hora. No pensaba que nadie (7) fuera (ir) a venir esta tarde. Si quiere, le digo que la (8) llame (llamar) tan pronto como (9) llegue (llegar). A menos que usted (10) quiera (querer) dejar un recado... *(Entra Miguel)*
**EMA** ¡Miguel! Amor, si hubieras llegado cinco minutos más tarde, no me (11) habrías encontrado (encontrar) aquí.
**MIGUEL** ¡Ema! ¿Qué haces aquí?
**EMA** Me dijiste que viniera hoy para que (12) pudiéramos (poder) pasar más tiempo juntos.
**ROSA** *(En voz baja)* ¿Cómo? ¿Serán novios?

**NOTA CULTURAL**

El general **Alfredo Stroessner** es el dictador que más tiempo ha durado en el poder en un país de Suramérica. Stroessner se hizo presidente de Paraguay en 1954 y el 3 de febrero de 1989 fue derrocado (*overthrown*) en un golpe militar (*coup*). Después de esto, Stroessner se exilió a Brasil, donde murió en 2006 a los 93 años.

**2** **Escribir** Escribe uno o dos párrafos sobre tu participación en las próximas elecciones del consejo estudiantil. Usa por lo menos cuatro de estas frases. Answers will vary.

- Votaré por... con tal de que...
- Quisiera saber...
- Si gana mi candidato/a...
- Espero que la economía...
- Estoy seguro/a de que...
- A menos que...
- Mis padres siempre me dijeron que...
- Si a la gente realmente le importara la familia...
- No habría escogido a ese/a candidato/a si...
- Si le preocuparan más los impuestos...
- Dudo que el/la otro/a candidato/a...
- En las próximas elecciones espero que...

**3** **Explicar** En parejas, escriban una conversación breve sobre cada tema de la lista. Usen por lo menos un verbo en el subjuntivo y otro en el indicativo o en el infinitivo. Sigan el modelo. Answers will vary.

| | | | |
|---|---|---|---|
| unas elecciones | una huelga | una inundación | la prensa |
| una guerra | un incendio | la libertad | un terremoto |

*modelo*

un tornado
**Estudiante 1:** *Temo que este año haya tornados por nuestra zona.*
**Estudiante 2:** *No te preocupes. Creo que este año no va a haber muchos tornados.*

**AYUDA**

Some useful expressions:
**Espero que...**
**Ojalá que...**
**Es posible que...**
**Es terrible que...**
**Es importante que...**

Practice more at **descubre2.vhlcentral.com.**

**TEACHING OPTIONS**

**Heritage Speakers** Have heritage speakers write a description of a particular news event that impacted their cultural community. Remind them to use complex sentences. Check for correct verb forms in the independent clauses before asking them to read their accounts to the class. Have the class ask follow-up questions.

**Pairs** In pairs, have students create an informative bulletin in Spanish with a description of a natural disaster and emergency instructions for such an event. Focus on problems typical in your region. Remind students to use complex sentences with various subjunctive, indicative, and infinitive verb forms.

# Comunicación

**4** **Preguntas** Entrevista a un(a) compañero/a usando estas preguntas. Answers will vary.

1. ¿Te irías a vivir a un lugar donde pudiera ocurrir un desastre natural? ¿Por qué?
2. ¿Te gustaría que tu vida fuera como la de tus padres? ¿Por qué? Y tus hijos, ¿preferirías que tuvieran experiencias diferentes a las tuyas? ¿Cuáles?
3. ¿Te parece importante que elijamos a una mujer como presidenta? ¿Por qué?
4. Si hubiera una guerra y te llamaran para entrar en el ejército, ¿obedecerías? ¿Lo considerarías tu deber? ¿Qué sentirías? ¿Qué pensarías?
5. Si sólo pudieras recibir noticias de un medio de comunicación, ¿cuál escogerías y por qué? Y si pudieras trabajar en un medio de comunicación, ¿escogerías el mismo?

**5** **Consejos** En parejas, lean la guía turística. Luego túrnense para representar los papeles de un(a) cliente/a y de un(a) agente de viajes. El/La agente le da consejos al/a la cliente/a sobre los lugares que debe visitar y el/la cliente/a da su opinión sobre los consejos. Answers will vary.

**NOTA CULTURAL**

**Uruguay** tiene uno de los climas más moderados del mundo: la temperatura media es de 22° C (72° F) en el verano y de 13° C (55° F) en el invierno. La mayoría de los días son soleados, llueve moderadamente y nunca nieva.

## ¡Conozca Uruguay!

La **Plaza Independencia** en **Montevideo**, con su **Puerta de la Ciudadela**, forma el límite entre la ciudad antigua y la nueva. Si le interesan las compras, desde este lugar puede comenzar su paseo por la **Avenida 18 de Julio**, la principal arteria comercial de la capital.

No deje de ir a **Punta del Este**. Conocerá uno de los lugares turísticos más fascinantes del mundo. No se pierda las maravillosas playas, el **Museo de Arte Americano** y la **Catedral Maldonado** (1895) con su famoso altar, obra del escultor **Antonio Veiga**.

Sin duda, querrá conocer la famosa ciudad vacacional de **Piriápolis**, con su puerto que atrae barcos cruceros, y disfrutar de sus playas y lindos paseos.

Tampoco se debe perder la **Costa de Oro**, junto al **Río de la Plata**. Para aquéllos interesados en la historia, dos lugares favoritos son la conocida iglesia **Nuestra Señora de Lourdes** y el chalet de **Pablo Neruda**.

# Síntesis

recursos

vText

CA pp. 45–46

**6** **Dos artículos** Tu profesor(a) les va a dar a ti y a tu compañero/a dos artículos. Trabajando en parejas, cada uno escoge y lee un artículo. Luego, háganse preguntas sobre los artículos.

Answers will vary.

**4 Teaching Tip** Tell students to take notes on what their partner says. After they complete the activity, ask questions about their responses.

**4 Expansion**
- Ask students to create two more additional questions for the interview, keeping within the framework of natural disasters and sociopolitical issues.
- Survey responses to find those on which there is general agreement and those on which there is not.

**5 Expansion** Have **los clientes** sit on one side of the room and **los agentes de viajes** on the other. Then ask individual students about the advice they gave or were given. Ex: **¿Qué monumentos te aconsejó que visitaras? ¿Qué consejos le diste sobre los museos?**

**6 Teaching Tips**
- Divide the class into pairs and distribute the Communication Activities worksheets that correspond to this activity. Give students ten minutes in order to complete this activity.
- Go over the directions. Have partners skim the articles and choose one.

**6 Expansion** Have partners develop three more questions about each article.

**TEACHING OPTIONS**

**Pairs** Have students write a news article about the end of the semester. The article should highlight the positive aspects of the class as well as the contributions of the students. Tell them to use the articles from **Actividad 6** as a guide.

**TPR** Write this cloze paragraph on the board. On separate note cards, write different forms of the verbs **ver, llegar, creer, hacer,** and **aprender**. Give each student a set of cards. As you read the paragraph aloud, have students hold up the correct form(s) of the appropriate verb. **Es difícil ____ (creer) que ____ (lleguemos/hayamos llegado) al final del semestre. Espero que todos ustedes ____ (hayan aprendido) mucho, no sólo español, sino sobre el lenguaje en general. Si deciden seguir estudiando el español, ____ (van a ver/verán) que se ____ (hace/hará) más fácil con el tiempo.**

## Section Goal

In **Recapitulación**, students will review the grammar concepts from this lesson.

**Instructional Resources**
**vText**
**Supersite**
**Testing Program CD:**
Tracks 33–36

**1 Expansion** To challenge students, have them rewrite each item in the remaining **si** clause sequences. Ex: **1. Todos estamos mejor informados si leemos el periódico todos los días. Todos habríamos estado mejor informados si hubiéramos leído el periódico todos los días.**

**2 Teaching Tips**

- To simplify, have students scan the items and identify verbs or phrases that trigger the subjunctive. Ex: **1. Ojalá que**
- Remind students that, in order to use the subjunctive, there must be a subject change and **que** must be present.

**2 Expansion** Give students these sentences as items 11–13: **11. El año que viene espero ____ (poder/pueda) trabajar para la campaña presidencial. (poder) 12. Era una lástima que muchos estudiantes no ____ (votaran/voten) en las elecciones nacionales. (votaran) 13. Cuando ____ (me gradúe/me gradué), decidí buscar trabajo como periodista en el diario local. (me gradué)**

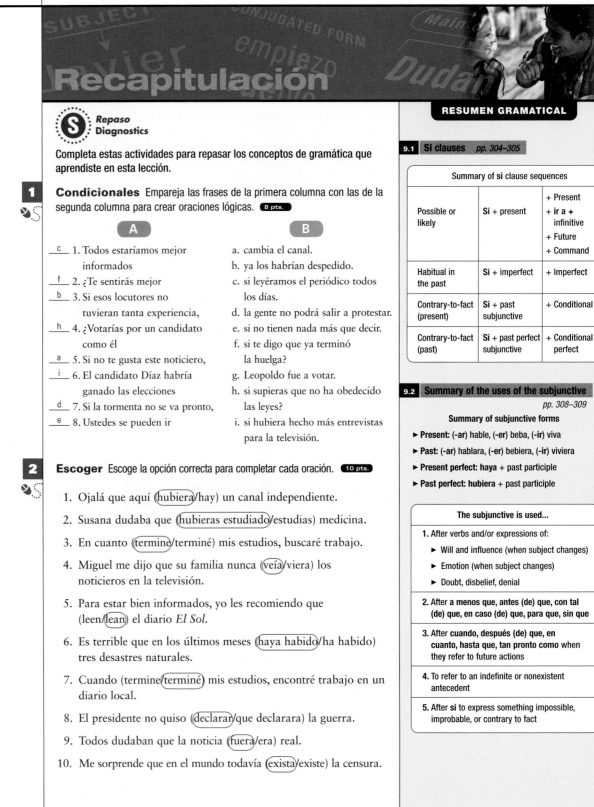

# Recapitulación

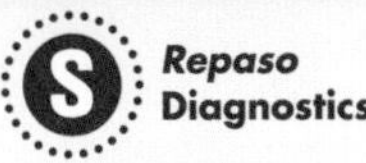


Completa estas actividades para repasar los conceptos de gramática que aprendiste en esta lección.

**1 Condicionales** Empareja las frases de la primera columna con las de la segunda columna para crear oraciones lógicas. 8 pts.

 A

 B

| A | B |
|---|---|
| c 1. Todos estaríamos mejor informados | a. cambia el canal. |
| f 2. ¿Te sentirás mejor | b. ya los habrían despedido. |
| b 3. Si esos locutores no tuvieran tanta experiencia, | c. si leyéramos el periódico todos los días. |
| h 4. ¿Votarías por un candidato como él | d. la gente no podrá salir a protestar. |
| a 5. Si no te gusta este noticiero, | e. si no tienen nada más que decir. |
| i 6. El candidato Díaz habría ganado las elecciones | f. si te digo que ya terminó la huelga? |
| d 7. Si la tormenta no se va pronto, | g. Leopoldo fue a votar. |
| e 8. Ustedes se pueden ir | h. si supieras que no ha obedecido las leyes? |
| | i. si hubiera hecho más entrevistas para la televisión. |

**2 Escoger** Escoge la opción correcta para completar cada oración. 10 pts.

1. Ojalá que aquí (**hubiera**/hay) un canal independiente.
2. Susana dudaba que (**hubieras estudiado**/estudias) medicina.
3. En cuanto (**termine**/terminé) mis estudios, buscaré trabajo.
4. Miguel me dijo que su familia nunca (**veía**/viera) los noticieros en la televisión.
5. Para estar bien informados, yo les recomiendo que (leen/**lean**) el diario *El Sol*.
6. Es terrible que en los últimos meses (**haya habido**/ha habido) tres desastres naturales.
7. Cuando (termine/**terminé**) mis estudios, encontré trabajo en un diario local.
8. El presidente no quiso (**declarar**/que declarara) la guerra.
9. Todos dudaban que la noticia (**fuera**/era) real.
10. Me sorprende que en el mundo todavía (**exista**/existe) la censura.

## RESUMEN GRAMATICAL

**9.1 Si clauses** pp. 304–305

Summary of si clause sequences

| | | |
|---|---|---|
| Possible or likely | Si + present | + Present<br>+ **ir a** + infinitive<br>+ Future<br>+ Command |
| Habitual in the past | Si + imperfect | + Imperfect |
| Contrary-to-fact (present) | Si + past subjunctive | + Conditional |
| Contrary-to-fact (past) | Si + past perfect subjunctive | + Conditional perfect |

**9.2 Summary of the uses of the subjunctive** pp. 308–309

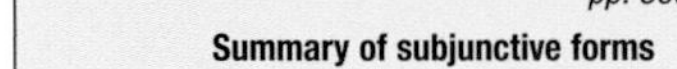

**Summary of subjunctive forms**

- **Present:** (-ar) hable, (-er) beba, (-ir) viva
- **Past:** (-ar) hablara, (-er) bebiera, (-ir) viviera
- **Present perfect: haya** + past participle
- **Past perfect: hubiera** + past participle

| The subjunctive is used... |
|---|
| 1. After verbs and/or expressions of:<br>▸ Will and influence (when subject changes)<br>▸ Emotion (when subject changes)<br>▸ Doubt, disbelief, denial |
| 2. After **a menos que, antes (de) que, con tal (de) que, en caso (de) que, para que, sin que** |
| 3. After **cuando, después (de) que, en cuanto, hasta que, tan pronto como** when they refer to future actions |
| 4. To refer to an indefinite or nonexistent antecedent |
| 5. After **si** to express something impossible, improbable, or contrary to fact |

### TEACHING OPTIONS

**Extra Practice** Tell students to imagine they are running for student government. Have them write five sentences about the school's problems and five sentences about what they would do. Ex: **Si hubiera más actividades extracurriculares, los estudiantes estarían más contentos. Yo buscaría...** You may want to stage election debates in class.

**Small Groups** Divide the class into groups of three. Have students take turns naming a past or present interpersonal conflict on a television show or movie. The other group members must comment on the conflict, using structures from this lesson. Ex: **Clark y Lana en *Smallville*. (Si Clark no hubiera roto con Lana, ella no se habría ido a vivir con Lex.)**

**3** **Las elecciones** Completa el diálogo con la forma correcta del verbo entre paréntesis eligiendo entre el subjuntivo, el indicativo o el infinitivo, según el contexto. 18 pts.

**SERGIO** ¿Ya has decidido por cuál candidato vas a votar en las elecciones del sábado?

**MARINA** No, todavía no. Es posible que no (1) ___vote___ (yo, votar). Para mí es muy difícil (2) ___decidir___ (decidir) quién será el mejor representante. Y tú, ¿ya has tomado una decisión?

**SERGIO** Sí. Mi amigo Julio nos aconsejó que (3) ___leyéramos___ (leer) la entrevista que le hicieron al candidato Rodríguez en el diario *Tribuna*. En cuanto la (4) ___leí___ (yo, leer), decidí votar por él.

**MARINA** ¿Hablas en serio? Espero que ya lo (5) ___hayas pensado___ (tú, pensar) muy bien. El diario *Tribuna* no siempre es objetivo. Dudo que (6) ___sea___ (ser) una fuente fiable (*reliable source*). No vas a tener una idea clara de las habilidades de cada candidato a menos que (7) ___compares___ (tú, comparar) información de distintas fuentes.

**SERGIO** Tienes razón, hoy día no hay ningún medio de comunicación que (8) ___diga___ (decir) toda la verdad de forma independiente.

**MARINA** Tengo una idea. Sugiero que (9) ___vayamos___ (nosotros, ir) esta noche a mi casa para (10) ___ver___ (ver) juntos el debate de los candidatos por televisión. ¿Qué te parece?

**SERGIO** Es una buena idea, pero no creo que (11) ___tenga___ (yo, tener) tiempo.

**MARINA** No te preocupes. Voy a grabarlo para que (12) ___puedas___ (tú, poder) verlo.

**4** **Escribir** Hoy día, cada vez más personas se mantienen informadas a través de Internet. Piensa cómo cambiaría tu vida diaria si no existiera este medio de comunicación. ¿Cómo te informarías de las actualidades del mundo y de las noticias locales? ¿Cómo te llegarían noticias de tus amigos si no existiera el correo electrónico ni los diarios en línea (*blogs*)? Escribe al menos siete oraciones con **si**. 14 pts.

Answers will vary.

**5** **Canción** Completa estos versos de una canción de Juan Luis Guerra con el pretérito imperfecto del subjuntivo de los verbos en la forma **nosotros/as**. ¡2 puntos EXTRA! Answers will vary.

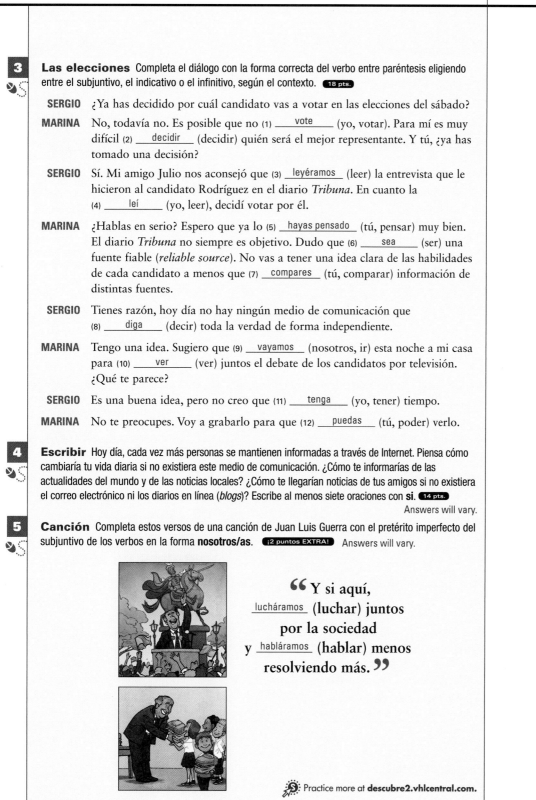

"Y si aquí, ___lucháramos___ (luchar) juntos por la sociedad y ___habláramos___ (hablar) menos resolviendo más."

Practice more at **descubre2.vhlcentral.com.**

**recursos**

**3 Teaching Tip** Have two volunteers role-play the dialogue for the class.

**3 Expansion** To challenge students, have pairs create a dialogue between **Sergio** and **Marina** after they have watched the political debate. Tell them to use at least four examples of the subjunctive.

**4 Teaching Tip** To help students get started, ask a few questions about their daily news habits. Ex: **¿Cuáles son tus fuentes** (*sources*) **de información? ¿Generalmente hablas de las noticias con tus amigos?**

**4 Expansion** Have students tell anecdotes about situations in which the Internet was the only way of finding information (the weather, a flight delay, research for class). Then ask: **¿Qué habrían hecho si no hubiera existido Internet?**

**5 Teaching Tip** Remind students that the past subjunctive **nosotros/as** form always carries a written accent mark.

## TEACHING OPTIONS

**TPR** Prepare several statements with **si** clauses, followed by clauses that contain the indicative, the future, the imperfect, or the conditional. Divide the board into four sections and label them **indicativo, futuro, imperfecto,** and **condicional**. As you read aloud each statement, have students point to the tense that represents what they hear in the main clause. Ex: **Si todos los países se oponen a los misiles nucleares, la gente no vivirá con miedo. (futuro)**

**Extra Practice** Add an auditory exercise to this grammar review. Bring in a recording of ***Si saliera petróleo*** by **Juan Luis Guerra**. As you play the song, have students write down the subjunctive forms they hear. Then have students work in pairs to compare their verb lists. Play the song a second time so that students can check their work.

## Section Goals

In **Lectura**, students will:

- learn to recognize chronological order
- read an excerpt from a Spanish novel

**Instructional Resources**
**vText**
***Cuaderno para hispanohablantes***, pp. 137–141
**Supersite**

**Estrategia** Tell students that understanding the order of events allows a reader to follow what is happening in the narrative.

**Successful Language Learning** Tell students to look for connecting words and transitions, because they are helpful in following a chain of events.

**Examinar el texto** Explain that **Miguel de Cervantes Saavedra** is widely considered to be Spain's greatest writer and that the novel ***El ingenioso hidalgo don Quijote de la Mancha*** is considered his masterpiece. Ask volunteers to tell what they know about the plot. Then have students scan the text. Explain any unfamiliar vocabulary. You may wish to have students read the excerpt aloud to aid comprehension.

**Ordenar** If students have trouble putting the events in order, have them refer to the text and help them find the passages that contain the information.

# Lectura

## Antes de leer

### Estrategia
**Recognizing chronological order**

Recognizing the chronological order of events in a narrative is key to understanding the cause and effect relationship between them. When you are able to establish the chronological chain of events, you will easily be able to follow the plot. In order to be more aware of the order of events in a narrative, you may find it helpful to prepare a numbered list of the events as you read.

**Examinar el texto**

Lee el texto usando las estrategias de lectura que has aprendido.

- ¿Ves palabras nuevas o cognados? ¿Cuáles son?
- ¿Qué te dice el dibujo sobre el contenido?
- ¿Tienes algún conocimiento previo° sobre don Quijote?
- ¿Cuál es el propósito° del texto?
- ¿De qué trata° la lectura?

**Ordenar**

Lee el texto otra vez para establecer el orden cronológico de los eventos. Luego ordena estos eventos según la historia.

__3__ Don Quijote lucha contra los molinos de viento pensando que son gigantes.
__5__ Don Quijote y Sancho toman el camino hacia Puerto Lápice.
__2__ Don Quijote y Sancho descubren unos molinos de viento en un campo.
__4__ El primer molino da un mal golpe a don Quijote, a su lanza y a su caballo.
__1__ Don Quijote y Sancho Panza salen de su pueblo en busca de aventuras.

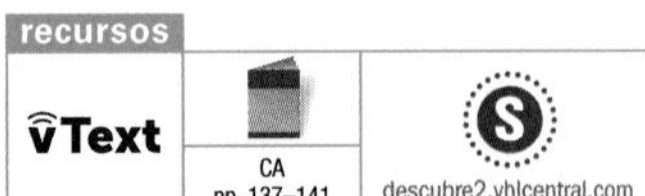


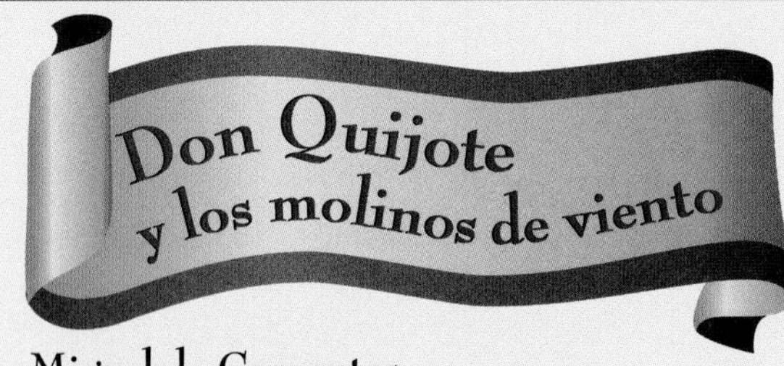


**Miguel de Cervantes**

**Fragmento adaptado de**
***El ingenioso hidalgo don Quijote de la Mancha***

*Miguel de Cervantes y Saavedra, el escritor más universal de la literatura española, nació en Alcalá de Henares en 1547 y murió en Madrid en 1616, tras° haber vivido una vida llena de momentos difíciles, llegando a estar en la cárcel° más de una vez. Su obra, sin embargo, ha disfrutado a través de los siglos de todo el éxito que se merece. Don Quijote representa no sólo la locura° sino también la búsqueda° del ideal. En esta ocasión presentamos el famoso episodio de los molinos de viento°.*

Entonces descubrieron treinta o cuarenta molinos de viento que había en aquel campo°. Cuando don Quijote los vio, dijo a su escudero°:

—La fortuna va guiando nuestras cosas mejor de lo que deseamos; porque allí, amigo Sancho Panza, se ven treinta, o pocos más, enormes gigantes con los que pienso hacer batalla y quitarles a todos las vidas, y comenzaremos a ser ricos; que ésta es buena guerra, y es gran servicio de Dios quitar tan malos seres° de la tierra.

—¿Qué gigantes?

—Aquéllos que ves allí —respondió su amo°— de los brazos largos, que algunos normalmente los tienen de casi dos leguas°.

## Después de leer

**¿Realidad o fantasía?**

Indica si las afirmaciones sobre la lectura pertenecen a la realidad o la fantasía.

1. Don Quijote desea matar° a los enemigos. realidad
2. Su escudero no ve a ningún ser sobrenatural. realidad
3. El caballero ataca a unas criaturas cobardes y viles. fantasía
4. Don Quijote no ganó la batalla porque los gigantes fueron transformados en molinos de viento. fantasía
5. El sabio Frestón transformó los gigantes en molinos de viento. fantasía

conocimiento previo *prior knowledge* propósito *purpose*
¿De qué trata...? *What is... about?* matar *to kill*

**TEACHING OPTIONS**

**Variación léxica** Explain that **Quijote** has an alternative, older spelling, **Quixote**. Also, explain that **don Quijote's** emblematic eccentric behavior engendered several terms derived from his name. Ex: **quijote** (*an enthusiastic but impractical person*), **quijotada** (*quixotic act*), **quijotesco** (*quixotic*), **quijotismo** (*quixotism*).

**Extra Practice** Ask students to research **Miguel de Cervantes** and to write a brief biography on this literary figure. Students should include a bibliography of his works.

**Game** Have students give clues about characters in ***Don Quijote*** **(don Quijote, Rocinante, Dulcinea, Sancho Panza, los gigantes, Frestón)** for the class to guess. Ex: **El amigo que trata de convencer a don Quijote que los molinos no son gigantes. (Sancho Panza)**

—Mire usted —respondió Sancho— que aquéllos que allí están no son gigantes, sino molinos de viento, y lo que parecen brazos son las aspas°, que movidas por el viento, hacen andar la piedra del molino.

—Bien veo —respondió don Quijote— que no estás acostumbrado a las aventuras: ellos son gigantes; y si tienes miedo, quítate de ahí y reza° mientras yo voy a combatir con ellos en fiera° batalla.

Y diciendo esto, dio de espuelas° a su caballo Rocinante, sin oír las voces que su escudero Sancho le daba, diciéndole que, sin duda alguna, eran molinos de viento, y no gigantes, aquéllos que iba a atacar. Pero él iba tan convencido de que eran gigantes, que ni oía las voces de su escudero Sancho, ni se daba cuenta, aunque estaba ya muy cerca, de lo que eran; antes iba diciendo en voz alta:

—No huyáis°, cobardes° y viles criaturas, que sólo os ataca un caballero°.

Se levantó entonces un poco de viento, y las grandes aspas comenzaron a moverse, y cuando don Quijote vio esto, dijo:

—Pues aunque mováis más brazos que los del gigante Briareo, me lo vais a pagar.

Y diciendo esto, y encomendándose de todo corazón° a su señora Dulcinea, pidiéndole que le ayudase en esta difícil situación, bien cubierto de su rodela°, con la lanza en posición de ataque, fue a todo el galope de Rocinante y embistió° el primer molino que estaba delante: y dándole con la lanza en el aspa, el viento la giró con tanta furia, que la rompió en pequeños fragmentos, llevándose con ella al caballo y al caballero, que fue dando vueltas por el campo. Fue rápidamente Sancho Panza a ayudarle, todo lo rápido que podía correr su asno°, y cuando llegó encontró que no se podía mover: tan grande fue el golpe° que se dio con Rocinante.

—¡Por Dios! —dijo Sancho—. ¿No le dije yo que mirase bien lo que hacía, que sólo eran molinos de viento, y la única persona que podía equivocarse era alguien que tuviese otros molinos en la cabeza?

—Calla°, amigo Sancho —respondió don Quijote—, que las cosas de la guerra, más que otras, cambian continuamente; estoy pensando que aquel sabio° Frestón, que me robó el estudio y los libros, ha convertido estos gigantes en molinos por quitarme la gloria de su vencimiento°: tan grande es la enemistad que me tiene; pero al final, sus malas artes no van a poder nada contra la bondad de mi espada°.

—Dios lo haga como pueda —respondió Sancho Panza.

Y ayudándole a levantarse, volvió a subir sobre Rocinante, que medio despaldado estaba°. Y hablando de la pasada aventura, siguieron el camino del Puerto Lápice.

**tras** *after* **cárcel** *jail* **locura** *insanity* **búsqueda** *search* **molinos de viento** *windmills* **campo** *field* **escudero** *squire* **seres** *beings* **amo** *master* **leguas** *leagues (measure of distance)* **aspas** *sails* **reza** *pray* **fiera** *vicious* **dio de espuelas** *he spurred* **No huyáis** *Do not flee* **cobardes** *cowards* **caballero** *knight* **encomendándose de todo corazón** *entrusting himself with all his heart* **rodela** *round shield* **embistió** *charged* **asno** *donkey* **golpe** *knock* **Calla** *Be quiet* **sabio** *magician* **vencimiento** *defeat* **espada** *sword* **que medio despaldado estaba** *whose back was half-broken*

**¿Realidad o fantasía?** Have partners take turns reading the statements aloud and deciding whether the statement is **realidad** or **fantasía**.

### Personajes

Answers will vary.

1. En este fragmento, se mencionan estos personajes. ¿Quiénes son?
   - don Quijote
   - Rocinante
   - Dulcinea
   - Sancho Panza
   - los gigantes
   - Frestón
2. ¿Qué puedes deducir de los personajes según la información que se da en este episodio?
3. ¿Quiénes son los personajes principales?
4. ¿Cuáles son las diferencias entre don Quijote y Sancho Panza? ¿Qué tienen en común?

### ¿Un loco o un héroe?

En un párrafo da tu opinión del personaje de don Quijote, basándote en la aventura de los molinos de viento. Ten en cuenta las acciones, los motivos y los sentimientos de don Quijote en su batalla contra los molinos de viento. Answers will vary.

### Una entrevista

Trabajen en grupos de tres para preparar una entrevista sobre los acontecimientos de este fragmento de la novela de Cervantes. Un(a) estudiante representará el papel del/de la entrevistador(a) y los otros dos asumirán los papeles de don Quijote y de Sancho Panza, quienes comentarán el episodio desde su punto de vista.

Answers will vary.

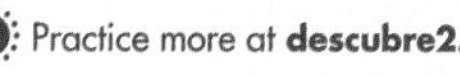
Practice more at **descubre2.vhlcentral.com.**

**Personajes** In pairs, have students pick a celebrity or someone they know personally who, like **don Quijote,** is an idealist with his or her head in the clouds. Ask them to tell each other about this person, then have students share their partner's description with the class.

**¿Un loco o un héroe?** Have heritage speakers work with non-heritage students. When they are finished, ask them to read their paragraphs aloud.

**Una entrevista** Have groups brainstorm their questions and write them out on cards. Ask them to practice asking and answering the questions and to perform their interviews for the class.

**Successful Language Learning** Ask students if they approach reading in Spanish or English differently after learning the strategies presented in **DESCUBRE.**

#### TEACHING OPTIONS

**Extra Practice** Ask students to write a paragraph about someone they consider to be a hero or heroine (**héroe, heroína**). Students should explain why they think that person is a hero and describe at least one heroic act (**acto heroico**) carried out by him or her.

**Heritage Speakers** Pair heritage speakers with students who are being exposed to Spanish for the first time. Have them write five contrary-to-fact statements about the episode. Ex: **Si don Quijote hubiera escuchado a su escudero, no habría atacado a los molinos.** Have pairs share their statements with the class.

## Section Goals

In **Escritura**, students will:
- learn to write strong introductions and conclusions
- write a composition

**Instructional Resources**
**vText**
***Cuaderno de actividades,*** pp. 157–158
***Cuaderno para hispanohablantes,*** pp. 142–143
**Supersite**

**Estrategia** Explain that to write a strong introduction, one should briefly outline the topic and tell readers of the important points that will be addressed. Ask students to tell why an introduction to a biography of **Miguel de Cervantes** that does not mention ***Don Quijote*** is not a strong introduction. Explain that a strong conclusion summarizes the information in the body of the composition and inspires the reader to find out more about the topic. Ask students to tell how the following conclusion could be stronger: **Cervantes fue un gran escritor.**

**Introducciones y conclusiones** Write weak introductions and conclusions on the board for each of the three topics. Discuss these with the class, calling on volunteers to give suggestions and to change or edit the passages to make them stronger.

**Tema** As a class, read through the list of questions and have students choose one. Tell students who have chosen the same question to get together and brainstorm ideas about the changes they would make.

# Escritura

## Estrategia

**Writing strong introductions and conclusions**

Introductions and conclusions serve a similar purpose: both are intended to focus the reader's attention on the topic being covered. The introduction presents a brief preview of the topic. In addition, it informs your reader of the important points that will be covered in the body of your writing. The conclusion reaffirms those points and concisely sums up the information that has been provided. A compelling fact or statistic, a humorous anecdote, or a question directed to the reader are all interesting ways to begin or end your writing.

For example, if you were writing a biographical report on Miguel de Cervantes, you might begin your essay with the fact that his most famous work, *Don Quijote de la Mancha,* is the second most widely published book ever. The rest of your introductory paragraph would outline the areas you would cover in the body of your paper, such as Cervantes' life, his works, and the impact of *Don Quijote* on world literature. In your conclusion, you would sum up the most important information in the report and tie this information together in a way that would make your reader want to learn even more about the topic. You could write, for example: "Cervantes, with his wit and profound understanding of human nature, is without peer in the history of world literature."

### Introducciones y conclusiones

Trabajen en parejas para escribir una oración de introducción y otra de conclusión sobre estos temas.

1. el episodio de los molinos de viento de *Don Quijote de la Mancha*
2. la definición de la locura
3. la realidad y la fantasía en la literatura

## Tema

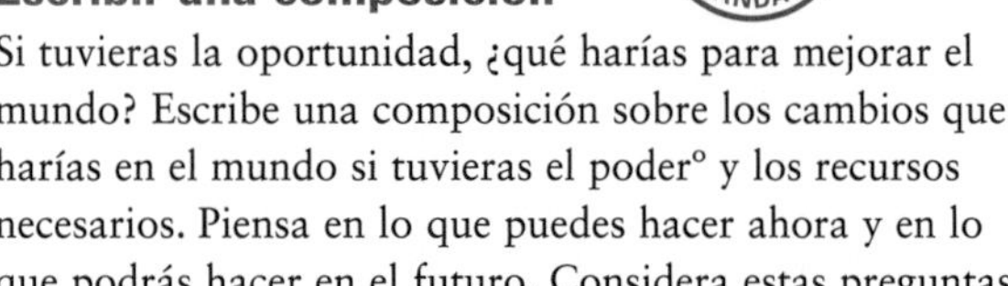


### Escribir una composición

Si tuvieras la oportunidad, ¿qué harías para mejorar el mundo? Escribe una composición sobre los cambios que harías en el mundo si tuvieras el poder° y los recursos necesarios. Piensa en lo que puedes hacer ahora y en lo que podrás hacer en el futuro. Considera estas preguntas:

- ¿Pondrías fin a todas las guerras? ¿Cómo?
- ¿Protegerías el medio ambiente? ¿Cómo?
- ¿Promoverías° la igualdad y eliminarías el sexismo y el racismo? ¿Cómo?
- ¿Eliminarías la corrupción en la política? ¿Cómo?
- ¿Eliminarías la escasez de viviendas° y el hambre?
- ¿Educarías a los demás sobre el SIDA? ¿Cómo?
- ¿Promoverías el fin de la violencia entre seres humanos?
- ¿Promoverías tu causa en los medios de comunicación? ¿Cómo?
- ¿Te dedicarías a alguna causa específica dentro de tu comunidad? ¿Cuál?
- ¿Te dedicarías a solucionar problemas nacionales o internacionales? ¿Cuáles?

**poder** *power* **Promoverías** *Would you promote* **escasez de viviendas** *homelessness*

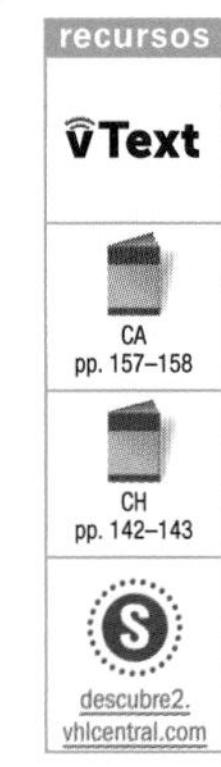

recursos
vText
CA
pp. 157–158
CH
pp. 142–143
descubre2.vhlcentral.com


**EVALUATION: Composición**

| Criteria | Scale |
|---|---|
| Content | 1 2 3 4 5 |
| Use of vocabulary | 1 2 3 4 5 |
| Grammatical accuracy | 1 2 3 4 5 |
| Use of introductions/conclusions | 1 2 3 4 5 |

| Scoring | |
|---|---|
| Excellent | 18–20 points |
| Good | 14–17 points |
| Satisfactory | 10–13 points |
| Unsatisfactory | < 10 points |

# Escuchar

## Estrategia

**Recognizing genre/ Taking notes as you listen**

If you know the genre or type of discourse you are going to encounter, you can use your background knowledge to write down a few notes about what you expect to hear. You can then make additions and changes to your notes as you listen.

To practice these strategies, you will now listen to a short toothpaste commercial. Before listening to the commercial, write down the information you expect it to contain. Then update your notes as you listen.

## Preparación

Basándote en la foto, anticipa lo que vas a escuchar en el siguiente fragmento. Haz una lista y anota los diferentes tipos de información que crees que vas a oír.

## Ahora escucha  

Revisa la lista que hiciste para **Preparación.** Luego escucha el noticiero presentado por Sonia Hernández. Mientras escuchas, apunta los tipos de información que anticipaste y los que no anticipaste.

**Tipos de información que anticipaste**

1. Answers will vary.
2. ______
3. ______

**Tipos de información que no anticipaste**

1. Answers will vary.
2. ______
3. ______

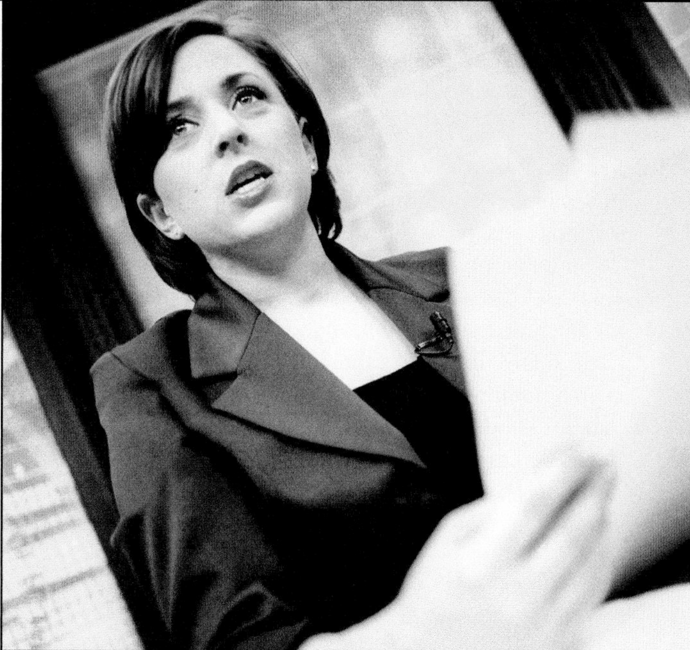

## Comprensión

**Preguntas**

1. ¿Dónde está Sonia Hernández?
   Está en una estación de televisión en Montevideo, Uruguay.
2. ¿Quién es Jaime Pantufla?
   Es un candidato presidencial.
3. ¿Dónde hubo una tormenta?
   Hubo una tormenta en las Filipinas.
4. ¿Qué tipo de música toca el grupo Maná?
   Toca música rock.
5. ¿Qué tipo de artista es Ugo Nespolo?
   Es un pintor.
6. Además de lo que Sonia menciona, ¿de qué piensas que va a hablar en la próxima sección del programa?
   Answers will vary.

**Ahora ustedes** 

En parejas, usen la presentación de Sonia Hernández como modelo para escribir un breve noticiero para la ciudad donde viven. Incluyan noticias locales, nacionales e internacionales. Luego compartan el papel de locutor(a) y presenten el noticiero a la clase. Pueden grabar el noticiero si quieren.
Answers will vary.

recursos
vText | descubre2.vhlcentral.com

internacionales. La tormenta que ha dejado más de 17 centímetros de lluvia sobre las Filipinas ha causado desastrosas inundaciones. Reportan que aproximadamente 12.000 personas han perdido sus casas y sus bienes. Las inundaciones también han traído gran peligro de enfermedades. Seguimos con los más importantes acontecimientos de arte y cultura. Pasado mañana, el conocido grupo de rock, Maná, presentará un concierto en el estacionamiento del Centro Comercial Portones en Montevideo. Hoy comienza la nueva exposición de las obras del pintor Ugo Nespolo en el Museo Nacional de Artes Visuales de Montevideo. Regresamos después de unas breves noticias con el pronóstico del tiempo de Montevideo y sus alrededores.

### Section Goals

In **Escuchar**, students will:
- practice recognizing genre and taking notes as they listen
- jot down the types of information they hear in a news broadcast

**Instructional Resources**
**vText**
**Supersite:** Textbook MP3 Audio Files
**Supersite/TRCD/Print:** Textbook Audio Script
**Textbook CD:** CD 2, Tracks 26–27

**Estrategia**
**Script** Con la nueva pasta de dientes BrillaBoca, usted gozará de dientes blancos y una boca fresca. Este producto le cambiará la vida. Nunca más estará solo en casa un sábado por la noche. ¡Disfrute de su vida! ¡Use pasta de dientes BrillaBoca!

**Successful Language Learning** Ask students if they approach listening to Spanish or English differently after using the strategies presented in **DESCUBRE**.

**Teaching Tip** Have students look at the photo and guess who the woman is. Guide them in recognizing that she is a newscaster. Have them list the types of information they would expect to hear in a news broadcast.

**Ahora escucha**
**Script** Buenas tardes. Les habla Sonia Hernández, dándoles la bienvenida al Noticiero del Mediodía. Y ahora las actualidades del miércoles, 21 de abril. El candidato presidencial Jaime Pantufla del Partido Colorado anunció en su discurso ante los ciudadanos de Salto su plan para mejorar la recaudación de impuestos en vista de la necesidad de mejorar la situación económica del país. Ahora las noticias

*(Script continues at far left in the bottom panels.)*

## Section Goals

In **En pantalla**, students will:
- read about voting regulations and practices
- watch a Mexican public service announcement

**Instructional Resources**
**vText**
**Supersite:** *En pantalla*
Transcript & Translation

**Introduction**
To check comprehension, have students answer these true/false statements.
**1. México estuvo gobernado por un solo partido durante casi veinte años. (Falso) 2. Hubo cinco candidatos a las elecciones de 2006. (Cierto) 3. En los países hispanos generalmente hay sólo dos candidatos a la presidencia. (Falso)**

**Antes de ver**
- This announcement was aired before Mexico's hotly contested 2006 presidential elections, in which **Andrés Manuel López Obrador, Felipe Calderón Hinojosa,** and **Roberto Madrazo Pintado** participated.
- Point out that the announcement features Mexican celebrities, starting with **Natalia y la Forquetina** (musical group), **Montserrat Oliver** (actress/model), and **Meme** (member of **Café Tacuba**). Others are: **José María Yaspik** (actor), **Cecilia Suárez** (actress), **Carlos Loret de Mola** (journalist), and **Gerardo Torrado** (soccer player).

**Preguntas** Ask additional questions. Ex: **¿Tendría el mismo efecto si las personas no fueran famosas? ¿Por qué? ¿Qué significa para ti el eslógan "tu rock es votar"?**

**Anuncio**
- Encourage students to come up with slogans for their ads.
- Have groups improvise and role-play their paragraphs as public service announcements.

# En pantalla

Las elecciones de 2006 en México han sido las más reñidas de su historia. Ésta es apenas la segunda elección después de más de setenta años de un gobierno federal encabezado° por un solo partido. Los votantes mexicanos, cada vez más involucrados y mejor informados, tuvieron que decidir entre los cinco candidatos contendientes, cuatro hombres y una mujer. A diferencia de los Estados Unidos, en México como en muchos países de Latinoamérica es muy común que haya cinco, seis o más candidatos a la presidencia.

**Vocabulario útil**

| | |
|---|---|
| **mitad** | *half* |
| **reñidas** | *hard-fought* |
| **cállate** | *be quiet* |
| **te quejas** | *you complain* |
| **concientizar** | *to raise awareness* |
| **campaña** | *campaign* |

### Preguntas

En grupos de tres, respondan a las preguntas. Answers will vary.

1. ¿Qué piensan que promueve (*promotes*) este anuncio?
2. ¿Para qué público está dirigido? ¿Cómo lo saben?
3. ¿A qué se refieren cuando dicen "cállate"?
4. ¿Creen que es un anuncio efectivo? ¿Por qué?
5. ¿Qué anuncios conocen que promuevan el mismo mensaje?

### Anuncio

En grupos pequeños, imaginen que tienen que crear un anuncio para televisión sobre un problema social o político que les preocupe. Escriban un párrafo donde digan de qué quieren hablar en el anuncio y por qué, qué celebridades quieren que aparezcan en él y dónde les gustaría filmarlo. Answers will vary.

encabezado *led* andar *to go out with (Mex.)*

## Anuncio sobre elecciones

**A ti no te gustaría que te dijeran...**

**... con quién tienes que andar°...**

**... cuál disco vas a comprar...**

recursos

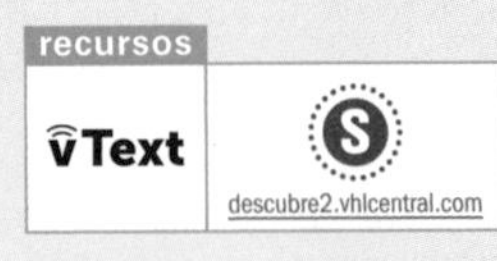


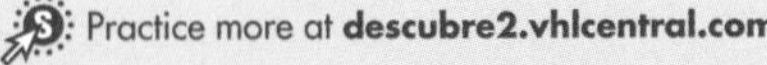


**TEACHING OPTIONS**

**Large Groups** Divide the class into two groups. Hold a debate about whether voting should be mandatory or not. One group should present three reasons why mandatory voting is necessary, and the other group should argue three points against it. You may want to brainstorm a list of useful vocabulary and phrases on the board for students to use in their arguments.

**Small Groups** In small groups, have students discuss their experiences with student, local, or presidential elections. Encourage them to ask each other questions. Ex: **¿Te mantienes informado/a durante las elecciones? ¿Cómo te informas?**

# Oye cómo va

## Natalia Oreiro

La actriz y cantante pop **Natalia Oreiro** nació en Uruguay en 1977. A los diecisiete años se mudó a Argentina donde comenzó a participar en telenovelas. En 1998 le llegó la consagración artística° con la telenovela *Muñeca Brava* —distribuida en más de cincuenta países— y con su primer papel cinematográfico. Al poco tiempo, la joven actriz logró cumplir el deseo de incursionar° en el canto y, a partir de allí, grabó tres álbumes. *Río de la Plata*, del álbum *Tu veneno*, cuenta cómo de niña creció entre tamboriles° y murgas°. El éxito de esta uruguaya no sabe de barreras culturales ni lingüísticas: sus canciones causan furor° tanto en Suramérica como en Grecia, Israel, India y toda Europa Oriental.

Tu profesor(a) va a poner la canción en la clase. Escúchala y completa las actividades.

### Completar

Completa las oraciones con la opción correcta.

1. Natalia Oreiro nació en __b__.
   a. Argentina b. Uruguay c. España
2. Se mudó a otro país cuando tenía __c__ años.
   a. 19 b. 18 c. 17
3. En __a__ consiguió su primer éxito como actriz.
   a. 1998 b. 1977 c. 1989
4. Para su papel en *Sos mi vida*, tuvo que aprender __c__.
   a. natación b. gimnasia c. boxeo

### Preguntas

En grupos pequeños, respondan a las preguntas. Answers will vary.

1. ¿De qué habla el autor en la canción?
2. ¿Creen que la canción refleja buenos o malos recuerdos de su niñez? ¿Cómo lo saben?
3. ¿Qué canciones o qué tipo de música relacionan con su niñez?
4. ¿Tienen una anécdota divertida que relacionen con alguna canción? Compartan sus anécdotas.

**consagración artística** *establishment as an artist* **incursionar** *making a foray* **tamboriles** *tabors* **murgas** *bands of street musicians* **causan furor** *are all the rage* **candombera** *fond of African-influenced music: candombe* **sueño** *dream* **a cuestas** *on one's shoulders* **sangre** *blood* **brilla** *shines, sparkles* **Sos** *You are*

## Río de la Plata

Soy del Río de la Plata
Corazón latino
Soy bien candombera°
Llevo siempre una sonrisa
Con mi sueño° a cuestas°
No tengo fronteras.
Soy del Río de la Plata
Que viva el candombe de
sangre° caliente
Ritmo que me enciende el alma
Que brilla° en los ojos de toda mi gente.

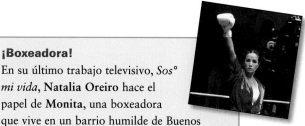

### ¡Boxeadora!

En su último trabajo televisivo, *Sos° mi vida*, **Natalia Oreiro** hace el papel de **Monita**, una boxeadora que vive en un barrio humilde de Buenos Aires llamado La Boca. Para este papel, la artista debió aprender boxeo y entrenar todas las noches. "Yo no había visto ni *Rocky*", confesó un día la actriz.

recursos

Practice more at **descubre2.vhlcentral.com.**

### Section Goals

In **Oye cómo va**, students will:
- read about **Natalia Oreiro**
- listen to a song by **Natalia Oreiro**

**Instructional Resources**
**vText**
**Supersite**
**Vista Higher Learning**
***Cancionero***

### Antes de escuchar

- Explain to students that the **Río de la Plata** is an estuary from the Uruguay and Paraná rivers that separates Argentina from Uruguay.
- Explain to students that the term **candombera** refers to the musical style **candombe.** This popular music, native to Uruguay, comes from the African rhythms brought to America by the slaves in colonial times.
- Have students read the biography and think of any other actresses-turned-singers they might know.
- Have students read **¡Boxeadora!** Ask them what other boxing movies they know. Do any of them feature women as protagonists?
- Have a volunteer read the lyrics aloud. Ask: **En su opinión, ¿cómo es una persona que no tiene fronteras?**

### TEACHING OPTIONS

**Pairs** Tell pairs to think of a movie in which this song might be featured. Pairs should support their decision by giving a movie synopsis and the scene where they think the song should be featured. Call on volunteers to share their ideas with the class.

**Extra Practice** This song is about immigration, leaving one's home, and patriotism. Ask students to look at all the information on **Natalia Oreiro**, as well as her music, and imagine the situation that inspired this song. Have them write a narrative in the first-person about the events that inspired her to write this song.

Interactive Map
Video: *Panorama cultural*

## Section Goal

In **Panorama**, students will read about the geography and culture of Paraguay.

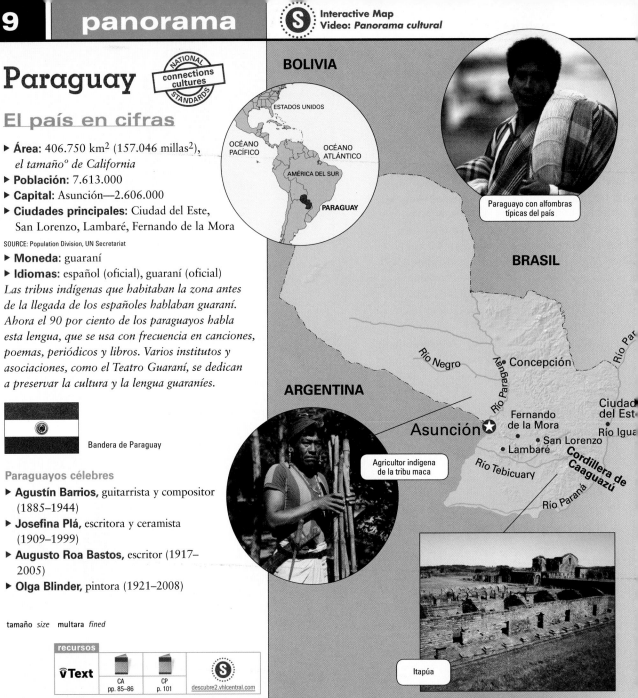

**Instructional Resources**
**vText**
***Cuaderno de actividades,*** pp. 85–86
***Cuaderno de práctica,*** p. 101
***e-Cuaderno***
**Supersite/DVD:** ***Panorama cultural***
**Supersite/TRCD/Print:** *PowerPoints* (Overheads #5, #6, #34); ***Panorama cultural*** Videoscript & Translation, Answer Keys

**Teaching Tip** Have students look at the map of Paraguay or show *Overhead PowerPoint #34*. Note that the major population centers lie east of the Paraguay River, which divides the country in two. West of the river is the **Gran Chaco,** a sparsely populated and largely infertile region. Point out that Paraguay is landlocked.

**El país en cifras** As you read **Idiomas,** point out that **guaraní** is also spoken in neighboring Bolivia, Brazil, and Argentina. However, as an officially bilingual nation, Paraguay has the largest concentration of **guaraní** speakers. As students read **Paraguayos célebres,** let them know that writer **Augusto Roa Bastos** is well known throughout Latin America as both a poet and novelist. His novels ***Yo, el Supremo*** and ***Hijo de hombre*** deal with the turbulent and difficult history of Paraguay.

**¡Increíble pero cierto!** Like Paraguay, several other Spanish-speaking countries impose fines on citizens for not voting. Ask students to research and name these countries. Ask the class if they think that such a measure should be implemented here to improve voter turnout at the polls.

# Paraguay

NATIONAL STANDARDS connections cultures

## El país en cifras

- **Área:** 406.750 km² (157.046 millas²), *el tamaño° de California*
- **Población:** 7.613.000
- **Capital:** Asunción—2.606.000
- **Ciudades principales:** Ciudad del Este, San Lorenzo, Lambaré, Fernando de la Mora

SOURCE: Population Division, UN Secretariat

- **Moneda:** guaraní
- **Idiomas:** español (oficial), guaraní (oficial)

*Las tribus indígenas que habitaban la zona antes de la llegada de los españoles hablaban guaraní. Ahora el 90 por ciento de los paraguayos habla esta lengua, que se usa con frecuencia en canciones, poemas, periódicos y libros. Varios institutos y asociaciones, como el Teatro Guaraní, se dedican a preservar la cultura y la lengua guaraníes.*

Bandera de Paraguay

### Paraguayos célebres

- **Agustín Barrios,** guitarrista y compositor (1885–1944)
- **Josefina Plá,** escritora y ceramista (1909–1999)
- **Augusto Roa Bastos,** escritor (1917–2005)
- **Olga Blinder,** pintora (1921–2008)

tamaño *size* multara *fined*

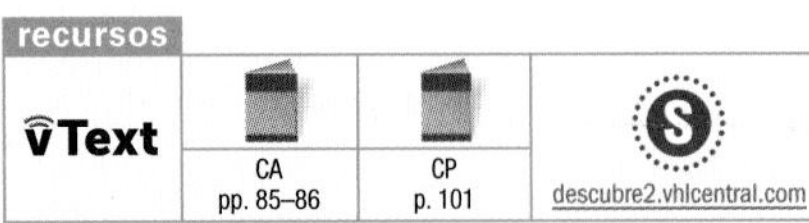

Paraguayo con alfombras típicas del país

Agricultor indígena de la tribu maca

Itapúa

### ¡Increíble pero cierto!

¿Te imaginas qué pasaría si el gobierno multara° a los ciudadanos que no van a votar? En Paraguay, es una obligación. Ésta es una ley nacional, que otros países también tienen, para obligar a los ciudadanos a participar en las elecciones. En Paraguay los ciudadanos que no van a votar tienen que pagar una multa al gobierno.

### TEACHING OPTIONS

**Worth Noting** Give students exposure to the **guaraní** language by sharing the names of these typical Paraguayan dishes: **chipa** (a baked good flavored with **anís**), **kiveve** (a stew made from **andaí**, a type of squash), and **pastel mandi'o** (turnovers made with the South American staple, manioc flour, and filled with **so'o ku'í,** chopped meat). Invite students who have visited or lived in Paraguay to share other information about traditional Paraguayan fare. Be sure to have them mention the national drink of Paraguay (as well as Uruguay, Argentina, and Rio Grande do Sul in Brazil), **yerba mate.** This is an infusion made from the leaves of a tree native to Paraguay and is sometimes called *Paraguayan tea* in English.

## Artesanía • El ñandutí

La artesanía más famosa de Paraguay se llama ñandutí y es un encaje° hecho a mano originario de Itaguá. En guaraní, la palabra ñandutí significa telaraña° y esta pieza recibe ese nombre porque imita el trazado° que crean los arácnidos. Estos encajes suelen ser° blancos, pero también los hay de colores, con formas geométricas o florales.

## Ciencias • La represa Itaipú

La represa° Itaipú es una instalación hidroeléctrica que se encuentra en la frontera entre Paraguay y Brasil. Su construcción inició en 1974 y duró 11 años. La cantidad de concreto que se utilizó durante los primeros cinco años de esta obra fue similar a la que se necesita para construir un edificio de 350 pisos. Cien mil trabajadores paraguayos participaron en el proyecto. En 1984 se puso en funcionamiento la Central Hidroeléctrica de Itaipú y gracias a su cercanía con las famosas Cataratas de Iguazú, muchos turistas la visitan diariamente.

## Naturaleza • Los ríos Paraguay y Paraná

Los ríos Paraguay y Paraná sirven de frontera natural entre Argentina y Paraguay, y son las principales rutas de transporte de este último país. El Paraná tiene unos 3.200 kilómetros navegables, y por esta ruta pasan barcos de más de 5.000 toneladas, los cuales viajan desde el estuario° del Río de la Plata hasta la ciudad de Asunción. El río Paraguay divide el Gran Chaco de la meseta° Paraná, donde vive la mayoría de los paraguayos.

**¿Qué aprendiste?** Responde a cada pregunta con una oración completa.

1. ¿Quién fue Augusto Roa Bastos?
   Augusto Roa Bastos fue un escritor paraguayo.
2. ¿Cómo se llama la moneda de Paraguay?
   La moneda de Paraguay se llama guaraní.
3. ¿Qué es el ñandutí?
   El ñandutí es un tipo de encaje.
4. ¿De dónde es originario el ñandutí?
   El ñandutí es originario de Itaguá.
5. ¿Qué forma imita el ñandutí?
   Imita la forma de una telaraña.
6. En total, ¿cuántos años tomó la construcción de la represa Itaipú?
   La construcción de la represa Itaipú tomó 11 años.
7. ¿A cuántos paraguayos dio trabajo la construcción de la represa?
   La construcción de la represa dio trabajo a 100.000 paraguayos.
8. ¿Qué países separan los ríos Paraguay y Paraná? Los ríos Paraguay y Paraná separan a Argentina y Paraguay.
9. ¿Qué distancia se puede navegar por el Paraná?
   Se pueden navegar 3.200 kilómetros.

**Conexión Internet** Investiga estos temas en **descubre2.vhlcentral.com.**

1. Busca información sobre Alfredo Stroessner, el ex presidente de Paraguay. ¿Por qué se le considera un dictador?
2. Busca información sobre la historia de Paraguay. En tu opinión, ¿cuáles fueron los episodios decisivos en su historia?

**encaje** *lace* **telaraña** *spiderweb* **trazado** *outline; design* **suelen ser** *are usually* **represa** *dam* **estuario** *estuary* **meseta** *plateau*

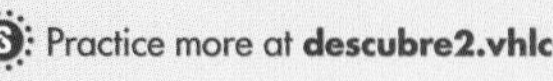
Practice more at **descubre2.vhlcentral.com.**

**El ñandutí** In recent years, the number of traditional **ñandutí** makers has been in serious decline. The artisans of Itaguá grew tired of the low levels of compensation they received, and many have turned to other, more profitable, sources of income. Formal instruction in the skill of making **ñandutí** has even been incorporated in the curriculum of local handicraft schools in an effort to keep this traditional art alive.

**La represa Itaipú** The Itaipú dam project is a joint venture between Brazil and Paraguay that has been remarkably successful. By 1995, four years after it went into production, the dam generated 25% of Brazil's energy supply, and 78% of Paraguay's. Annual electrical output continues to increase yearly.

**Los ríos Paraguay y Paraná** The Paraná River was a highway for the settlement of Paraguay. Along its banks, between the sixteenth and late eighteenth centuries, the Jesuits organized their **guaraní**-speaking parishioners into small, self-supporting city-states built around mission settlements, similar to the Franciscan mission system in California during the same period.

**Conexión Internet** Students will find supporting Internet activities and links at **descubre2.vhlcentral.com**.

**Teaching Tip** You may want to wrap up this section by playing the ***Panorama cultural*** video footage for this lesson.

### TEACHING OPTIONS

**Worth Noting** Paraguay has eight national parks, encompassing over 11,000 square miles. In addition, there are eight ecological reserves dedicated to the preservation of endangered flora and fauna. The rich diversity of plant and animal life, and the government's commitment to preserving these natural wonders, have made Paraguay a popular destination for ecotourists.

The parks cover a wide spectrum of ecology. The **Parque Nacional Defensores del Chaco** and **Parque Nacional Teniente Enciso** are located in the semi-arid **Chaco.** Other parks, like **Parque Nacional Caaguazú** southeast of Asunción, are covered with subtropical rainforest.

## Section Goal

In **Panorama**, students will read about the geography and culture of Uruguay.

**Instructional Resources**

**vText**

***Cuaderno de actividades,*** pp. 87–88

***Cuaderno de práctica,*** p. 102

***e-Cuaderno***

**Supersite/DVD:** ***Panorama cultural***

**Supersite/TRCD/Print:** ***PowerPoints*** (Overheads #5, #6, #35); ***Panorama cultural*** Videoscript & Translation, Answer Keys

**Teaching Tip** Have students look at the map of Uruguay or show *Overhead PowerPoint #35* and talk about the country's geographical features. Point out the long coastline that runs along the **Río de la Plata,** separating Uruguay from Argentina. Point out that Uruguay and Argentina have a great deal in common.

**El país en cifras** After reading the paragraph under **Capital,** tell students that at the time of European contact, the area from **Punta del Este** northward up the coast of Brazil to Rio Grande do Sul was one enormous, uninterrupted beach. Early explorers were awestruck by the natural beauty of the Uruguayan landscape, which had rich and varied wildlife. After reading **Uruguayos célebres,** point out that **Horacio Quiroga's** ***Cuentos de la selva*** are set amidst Uruguay's natural flora and fauna.

**¡Increíble pero cierto!** One **ñandú** egg can measure more than five inches, weigh one pound, and equal twelve chicken eggs. Males typically incubate the eggs and then watch fiercely over the chicks. Their paternal instinct is so intense that they might even raise other males' chicks as if they were their own.

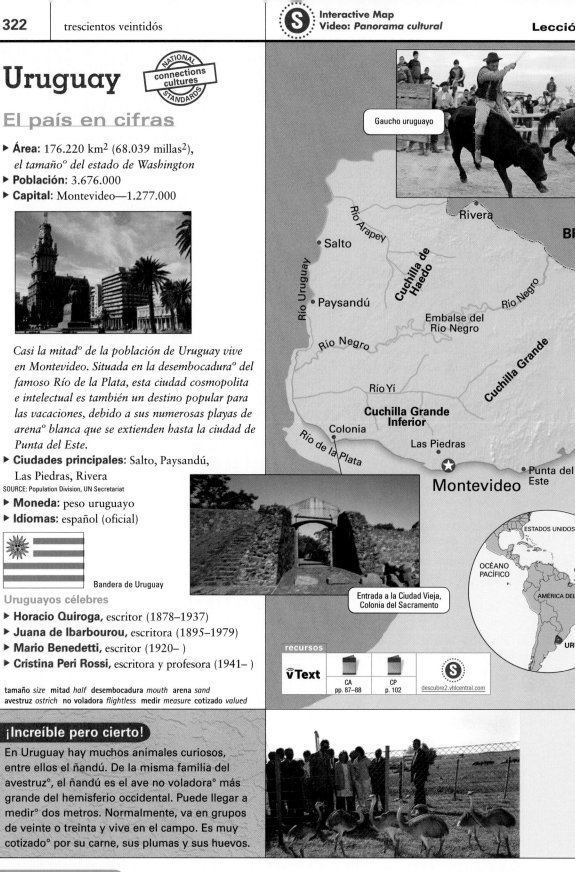

# Uruguay

## El país en cifras

- **Área:** 176.220 km$^2$ (68.039 millas$^2$), *el tamaño° del estado de Washington*
- **Población:** 3.676.000
- **Capital:** Montevideo—1.277.000

*Casi la mitad° de la población de Uruguay vive en Montevideo. Situada en la desembocadura° del famoso Río de la Plata, esta ciudad cosmopolita e intelectual es también un destino popular para las vacaciones, debido a sus numerosas playas de arena° blanca que se extienden hasta la ciudad de Punta del Este.*

- **Ciudades principales:** Salto, Paysandú, Las Piedras, Rivera

SOURCE: Population Division, UN Secretariat

- **Moneda:** peso uruguayo
- **Idiomas:** español (oficial)

Bandera de Uruguay

### Uruguayos célebres

- **Horacio Quiroga,** escritor (1878–1937)
- **Juana de Ibarbourou,** escritora (1895–1979)
- **Mario Benedetti,** escritor (1920– )
- **Cristina Peri Rossi,** escritora y profesora (1941– )

**tamaño** *size* **mitad** *half* **desembocadura** *mouth* **arena** *sand* **avestruz** *ostrich* **no voladora** *flightless* **medir** *measure* **cotizado** *valued*

Gaucho uruguayo

Entrada a la Ciudad Vieja, Colonia del Sacramento

recursos

| vText | CA pp. 87–88 | CP p. 102 | descubre2.vhlcentral.com |
|---|---|---|---|

### ¡Increíble pero cierto!

En Uruguay hay muchos animales curiosos, entre ellos el ñandú. De la misma familia del avestruz°, el ñandú es el ave no voladora° más grande del hemisferio occidental. Puede llegar a medir° dos metros. Normalmente, va en grupos de veinte o treinta y vive en el campo. Es muy cotizado° por su carne, sus plumas y sus huevos.

### TEACHING OPTIONS

**Variación léxica** Montevideo looks out across the wide estuary of the **Río de la Plata** at Buenos Aires, Argentina. The close proximity of the two cities has caused the Spanish of Uruguay's major city to have much in common with the **porteño** Spanish of its neighbor. When speaking, Uruguayans tend to use **vos** as frequently as **tú,** as well as the corresponding verb forms. The plural of both forms is **ustedes,** as in the rest of Latin America. In the northern part of Uruguay, along the border with Brazil, the majority of residents are bilingual in Portuguese and Spanish.

## Costumbres • La carne y el mate

En Uruguay y Argentina, la carne es un elemento esencial de la dieta diaria. Algunos platillos representativos de estas naciones son el asado°, la parrillada° y el chivito°. El mate, una infusión similar al té, también es típico de esta región. Esta bebida de origen indígena está muy presente en la vida social y familiar de estos países aunque, curiosamente, no se puede consumir en bares o restaurantes.

## Deportes • El fútbol

El fútbol es el deporte nacional de Uruguay. El primer equipo de balompié uruguayo se formó en 1891 y, en 1930, el país suramericano fue la sede° de la primera Copa Mundial de esta disciplina. El equipo nacional ha conseguido grandes éxitos a lo largo de los años: dos campeonatos olímpicos, en 1923 y 1928, y dos campeonatos mundiales, en 1930 y 1950. De hecho, los uruguayos están trabajando para que la Copa Mundial de Fútbol de 2030 se celebre en su país.

## Costumbres • El Carnaval

El Carnaval de Montevideo es el de mayor duración en el mundo. A lo largo de 40 días, los uruguayos disfrutan de los desfiles° y la música que inundan las calles de su capital. La celebración más conocida es el Desfile de las Llamadas, en el que participan bailarines al ritmo del candombe, una danza de tradición africana.

**¿Qué aprendiste?** Responde a cada pregunta con una oración completa.

1. ¿Qué tienen en común los uruguayos célebres mencionados en la página 322?
   Son escritores.
2. ¿Cuál es el elemento esencial de la dieta uruguaya?
   La carne es esencial en la dieta uruguaya.
3. ¿En qué países es importante la producción ganadera?
   La producción ganadera es importante en Uruguay y Argentina.
4. ¿Qué es el mate?
   El mate es una bebida indígena que es similar al té.
5. ¿Cuándo se formó el primer equipo uruguayo de fútbol?
   En 1891 se formó el primer equipo de fútbol uruguayo.
6. ¿Cuándo se celebró la primera Copa Mundial de fútbol?
   La primera Copa Mundial se celebró en 1930.
7. ¿Cómo se llama la celebración más conocida del Carnaval de Montevideo?
   La celebración más conocida del Carnaval de Montevideo se llama el Desfile de las Llamadas.
8. ¿Cuántos días dura el Carnaval de Montevideo?
   El Carnaval de Montevideo dura unos cuarenta días.

Edificio del Parlamento en Montevideo

**Conexión Internet** Investiga estos temas en **descubre2.vhlcentral.com.**

1. Uruguay es conocido como un país de muchos escritores. Busca información sobre uno de ellos y escribe una biografía.
2. Investiga cuáles son las comidas y bebidas favoritas de los uruguayos. Descríbelas e indica cuáles te gustaría probar y por qué.

**asado** *barbecued beef* **parrillada** *barbecue* **chivito** *goat* **sede** *site* **desfiles** *parades*

Practice more at **descubre2.vhlcentral.com.**

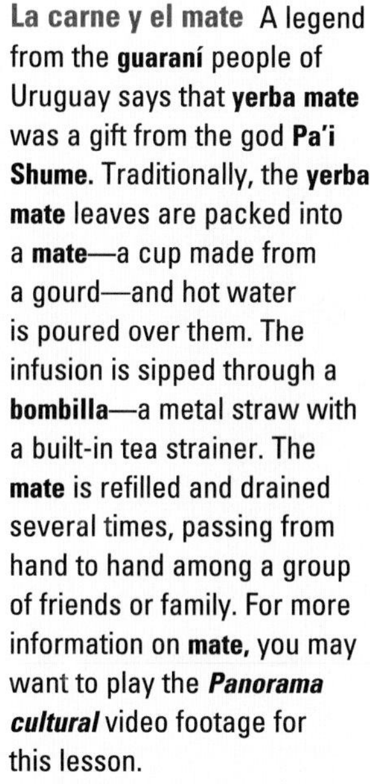

**La carne y el mate** A legend from the **guaraní** people of Uruguay says that **yerba mate** was a gift from the god **Pa'i Shume.** Traditionally, the **yerba mate** leaves are packed into a **mate**—a cup made from a gourd—and hot water is poured over them. The infusion is sipped through a **bombilla**—a metal straw with a built-in tea strainer. The **mate** is refilled and drained several times, passing from hand to hand among a group of friends or family. For more information on **mate,** you may want to play the ***Panorama cultural*** video footage for this lesson.

**El fútbol** Uruguayan women have begun to make their mark in soccer. Although the International Federation of Football Association (FIFA) established a women's league in 1982, it was not until 1985 that the first women's league—from Brazil—was formally established. The women's league of Uruguay now participates in international soccer play.

**El Carnaval** Like the rest of Latin America, Uruguay also imported slaves from Africa during the colonial period. The music of the African-influenced **candombe** culture is popular with Uruguayans from all sectors of society.

**Conexión Internet** Students will find supporting Internet activities and links at **descubre2.vhlcentral.com.**

### TEACHING OPTIONS

**Worth Noting** Uruguay is similar to its larger, more powerful neighbor, Argentina, in many ways: Uruguayans also love the **tango** and **yerba mate,** many play the Argentine card game **truco,** and many are devoted carnivores. Historically, raising cattle, the culture of the **gaucho,** and the great cattle ranches called **estancias** have been important elements in the Uruguayan culture. Another, less pleasant, similarity was in the Dirty War (**Guerra sucia**) waged by an Uruguayan military dictatorship against domestic dissidents during the 1970s and 80s. In 1984 the military allowed the election of a civilian government. Today, presidential and parliamentary elections are held every five years.

Audio: Vocabulary Flashcards

**Instructional Resources**
**vText**
***Cuaderno de actividades,*** p. 140
***e-Cuaderno***
**Supersite:** Textbook & Vocabulary MP3 Audio Files
**Supersite/TRCD/Print:** Answer Keys; *Testing Program* (**Lección 9 Pruebas**, Test Generator, Testing Program MP3 Audio Files)
**Textbook CD:** CD 2, Tracks 28–30
**Audio Activity CD:** CD 9, Tracks 17–19
**Testing Program CD:** Tracks 33–36

**Successful Language Learning** Tell students that they may want to review all the end-of-lesson vocabulary lists at this time. Tell them to imagine how they would use each lesson's vocabulary in everyday life.

**The Affective Dimension** Tell students to consider their feelings about speaking Spanish at the beginning of the year and think about how they feel about speaking Spanish now. Tell them that this is a good time to consider their motivations and set new goals as they continue learning the language.

## Los medios de comunicación

| | |
|---|---|
| **el acontecimiento** | *event* |
| **las actualidades** | *news; current events* |
| **el artículo** | *article* |
| **el diario** | *newspaper* |
| **el informe** | *report; paper (written work)* |
| **el/la locutor(a)** | *(TV or radio) announcer* |
| **los medios de comunicación** | *media; means of communication* |
| **las noticias** | *news* |
| **el noticiero** | *newscast* |
| **la prensa** | *press* |
| **el reportaje** | *report* |
| **anunciar** | *to announce; to advertise* |
| **comunicarse (con)** | *to communicate (with)* |
| **durar** | *to last* |
| **informar** | *to inform* |
| **ocurrir** | *to occur; to happen* |
| **transmitir, emitir** | *to broadcast* |
| **(inter)nacional** | *(inter)national* |
| **peligroso/a** | *dangerous* |

## Las noticias

| | |
|---|---|
| **el choque** | *collision* |
| **el crimen** | *crime; murder* |
| **el desastre (natural)** | *(natural) disaster* |
| **el desempleo** | *unemployment* |
| **la (des)igualdad** | *(in)equality* |
| **la discriminación** | *discrimination* |
| **el ejército** | *army* |
| **la experiencia** | *experience* |
| **la guerra** | *war* |
| **la huelga** | *strike* |
| **el huracán** | *hurricane* |
| **el incendio** | *fire* |
| **la inundación** | *flood* |
| **la libertad** | *liberty; freedom* |
| **la paz** | *peace* |
| **el racismo** | *racism* |
| **el sexismo** | *sexism* |
| **el SIDA** | *AIDS* |
| **el/la soldado** | *soldier* |
| **el terremoto** | *earthquake* |
| **la tormenta** | *storm* |
| **el tornado** | *tornado* |
| **la violencia** | *violence* |

## La política

| | |
|---|---|
| **el/la candidato/a** | *candidate* |
| **el/la ciudadano/a** | *citizen* |
| **el deber** | *responsibility; obligation* |
| **los derechos** | *rights* |
| **la dictadura** | *dictatorship* |
| **el discurso** | *speech* |
| **las elecciones** | *election* |
| **la encuesta** | *poll; survey* |
| **el impuesto** | *tax* |
| **la política** | *politics* |
| **el/la representante** | *representative* |
| **declarar** | *to declare; to say* |
| **elegir (e:i)** | *to elect* |
| **luchar (por/contra)** | *to fight; to struggle (for/against)* |
| **obedecer** | *to obey* |
| **votar** | *to vote* |
| **político/a** | *political* |

| | |
|---|---|
| **Expresiones útiles** | *See page 299.* |

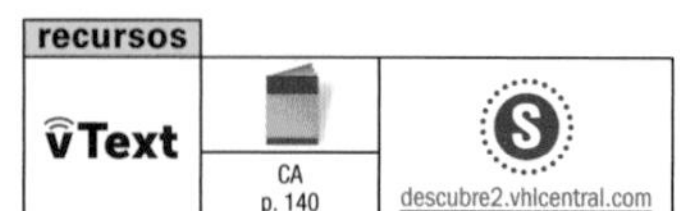

# Glossary of Grammatical Terms

**ADJECTIVE** A word that modifies, or describes, a noun or pronoun.

**muchos** libros
*many books*

un hombre **rico**
*a rich man*

las mujeres **altas**
*the tall women*

**Demonstrative adjective** An adjective that specifies which noun a speaker is referring to.

**esta** fiesta
*this party*

**ese** chico
*that boy*

**aquellas** flores
*those flowers*

**Possessive adjective** An adjective that indicates ownership or possession.

**mi** mejor vestido
*my best dress*

Éste es **mi** hermano.
*This is my brother.*

**Stressed possessive adjective** A possessive adjective that emphasizes the owner or possessor.

Es un libro **mío.**
*It's my book./It's a book of mine.*

Es amiga **tuya**; yo no la conozco.
*She's a friend of yours; I don't know her.*

**ADVERB** A word that modifies, or describes, a verb, adjective, or other adverb.

Pancho escribe **rápidamente.**
*Pancho writes quickly.*

Este cuadro es **muy** bonito.
*This picture is very pretty.*

**ARTICLE** A word that points out a noun in either a specific or a non-specific way.

**Definite article** An article that points out a noun in a specific way.

**el** libro
*the book*

**la** maleta
*the suitcase*

**los** diccionarios
*the dictionaries*

**las** palabras
*the words*

**Indefinite article** An article that points out a noun in a general, non-specific way.

**un** lápiz
*a pencil*

**una** computadora
*a computer*

**unos** pájaros
*some birds*

**unas** escuelas
*some schools*

**CLAUSE** A group of words that contains both a conjugated verb and a subject, either expressed or implied.

**Main (or Independent) clause** A clause that can stand alone as a complete sentence.

**Pienso ir a cenar pronto.**
***I plan to go to dinner soon.***

**Subordinate (or Dependent) clause** A clause that does not express a complete thought and therefore cannot stand alone as a sentence.

Trabajo en la cafetería **porque necesito dinero para la escuela.**
*I work in the cafeteria* ***because I need money for school.***

**COMPARATIVE** A construction used with an adjective or adverb to express a comparison between two people, places, or things.

Este programa es **más interesante que** el otro.
*This program is* ***more interesting than*** *the other one.*

Tomás no es **tan alto como** Alberto.
*Tomás is not* ***as tall as*** *Alberto.*

**CONJUGATION** A set of the forms of a verb for a specific tense or mood or the process by which these verb forms are presented.

Preterite conjugation of **cantar:**

| | |
|---|---|
| canté | cant**amos** |
| cant**aste** | cant**asteis** |
| cantó | cant**aron** |

**CONJUNCTION** A word used to connect words, clauses, or phrases.

Susana es de Cuba **y** Pedro es de España.
*Susana is from Cuba* ***and*** *Pedro is from Spain.*

No quiero estudiar, **pero** tengo que hacerlo.
*I don't want to study,* ***but*** *I have to.*

**CONTRACTION** The joining of two words into one. The only contractions in Spanish are **al** and **del**.

Mi hermano fue **al** concierto ayer.
*My brother went **to the** concert yesterday.*

Saqué dinero **del** banco.
*I took money **from the** bank.*

**DIRECT OBJECT** A noun or pronoun that directly receives the action of the verb.

| | |
|---|---|
| Tomás lee **el libro**. | **La** pagó ayer. |
| *Tomás reads **the book**.* | *She paid **it** yesterday.* |

**GENDER** The grammatical categorizing of certain kinds of words, such as nouns and pronouns, as masculine, feminine, or neuter.

**Masculine**
*articles* **el, un**
*pronouns* **él, lo, mío, éste, ése, aquél**
*adjective* **simpático**

**Feminine**
*articles* **la, una**
*pronouns* **ella, la, mía, ésta, ésa, aquélla**
*adjective* **simpática**

**IMPERSONAL EXPRESSION** A third-person expression with no expressed or specific subject.

| | |
|---|---|
| **Es muy importante.** | **Llueve** mucho. |
| ***It's very important.*** | ***It's raining** hard.* |

Aquí **se habla** español.
*Spanish **is spoken** here.*

**INDIRECT OBJECT** A noun or pronoun that receives the action of the verb indirectly; the object, often a living being, to or for whom an action is performed.

Eduardo **le** dio un libro **a Linda**.
*Eduardo gave a book **to Linda**.*

La profesora **me** dio una C en el examen.
*The professor gave **me** a C on the test.*

**INFINITIVE** The basic form of a verb. Infinitives in Spanish end in **-ar**, **-er**, or **-ir**.

| | | |
|---|---|---|
| hablar | correr | abrir |
| *to speak* | *to run* | *to open* |

**INTERROGATIVE** An adjective or pronoun used to ask a question.

| | |
|---|---|
| ¿**Quién** habla? | ¿**Cuántos** compraste? |
| ***Who** is speaking?* | ***How many** did you buy?* |

¿**Qué** piensas hacer hoy?
***What** do you plan to do today?*

**INVERSION** Changing the word order of a sentence, often to form a question.

*Statement:* Elena pagó la cuenta del restaurante.

*Inversion:* ¿Pagó Elena la cuenta del restaurante?

**MOOD** A grammatical distinction of verbs that indicates whether the verb is intended to make a statement or command or to express a doubt, emotion, or condition contrary to fact.

**Imperative mood** Verb forms used to make commands.

| | |
|---|---|
| **Di** la verdad. | **Caminen** ustedes conmigo. |
| ***Tell** the truth.* | ***Walk** with me.* |

¡**Comamos** ahora!
***Let's eat** now!*

**Indicative mood** Verb forms used to state facts, actions, and states considered to be real.

Sé que **tienes** el dinero.
*I know that **you have** the money.*

**Subjunctive mood** Verb forms used principally in subordinate (dependent) clauses to express wishes, desires, emotions, doubts, and certain conditions, such as contrary-to-fact situations.

Prefieren que **hables** en español.
*They prefer that **you speak** in Spanish.*

Dudo que Luis **tenga** el dinero necesario.
*I doubt that Luis **has** the necessary money.*

**NOUN** A word that identifies people, animals, places, things, and ideas.

| | |
|---|---|
| **hombre** | **gato** |
| ***man*** | ***cat*** |
| **México** | **casa** |
| ***Mexico*** | ***house*** |
| **libertad** | **libro** |
| ***freedom*** | ***book*** |

**NUMBER** A grammatical term that refers to singular or plural. Nouns in Spanish and English have number. Other parts of a sentence, such as adjectives, articles, and verbs, can also have number.

| Singular | Plural |
|---|---|
| **una** cosa<br>*a thing* | **unas** cosas<br>*some things* |
| **el** profesor<br>*the professor* | **los** profesores<br>*the professors* |

**NUMBERS** Words that represent amounts.

**Cardinal numbers** Words that show specific amounts.

**cinco** minutos
***five** minutes*

el año **dos mil siete**
*the year **2007***

**Ordinal numbers** Words that indicate the order of a noun in a series.

el **cuarto** jugador — *the **fourth** player*
la **décima** hora — *the **tenth** hour*

**PAST PARTICIPLE** A past form of the verb used in compound tenses. The past participle may also be used as an adjective, but it must then agree in number and gender with the word it modifies.

Han **buscado** por todas partes.
*They have **searched** everywhere.*

Yo no había **estudiado** para el examen.
*I hadn't **studied** for the exam.*

Hay una **ventana abierta** en la sala.
*There is an **open window** in the living room.*

**PERSON** The form of the verb or pronoun that indicates the speaker, the one spoken to, or the one spoken about. In Spanish, as in English, there are three persons: first, second, and third.

| Person | Singular | Plural |
|---|---|---|
| 1st | **yo** *I* | **nosotros/as** *we* |
| 2nd | **tú, Ud.** *you* | **vosotros/as, Uds.** *you* |
| 3rd | **él, ella** *he, she* | **ellos, ellas** *they* |

**PREPOSITION** A word or words that describe(s) the relationship, most often in time or space, between two other words.

Anita es **de** California.
*Anita is **from** California.*

La chaqueta está **en** el carro.
*The jacket is **in** the car.*

Marta se peinó **antes de** salir.
*Marta combed her hair **before** going out.*

**PRESENT PARTICIPLE** In English, a verb form that ends in *-ing*. In Spanish, the present participle ends in **-ndo**, and is often used with **estar** to form a progressive tense.

Mi hermana está **hablando** por teléfono ahora mismo.
*My sister is **talking** on the phone right now.*

**PRONOUN** A word that takes the place of a noun or nouns.

**Demonstrative pronoun** A pronoun that takes the place of a specific noun.

Quiero **ésta**.
*I want **this one**.*

¿Vas a comprar **ése**?
*Are you going to buy **that one**?*

Juan prefirió **aquéllos**.
*Juan preferred **those** (over there).*

**Object pronoun** A pronoun that functions as a direct or indirect object of the verb.

**Te** digo la verdad.
*I'm telling **you** the truth.*

**Me lo** trajo Juan.
*Juan brought **it** to **me**.*

**Reflexive pronoun** A pronoun that indicates that the action of a verb is performed by the subject on itself. These pronouns are often expressed in English with *-self: myself, yourself*, etc.

Yo **me bañé** antes de salir.
***I bathed (myself)** before going out.*

Elena **se acostó** a las once y media.
*Elena **went to bed** at eleven-thirty.*

**Relative pronoun** A pronoun that connects a subordinate clause to a main clause.

El chico **que** nos escribió viene a visitar mañana.
*The boy **who** wrote us is coming to visit tomorrow.*

Ya sé **lo que** tenemos que hacer.
*I already know **what** we have to do.*

**Subject pronoun** A pronoun that replaces the name or title of a person or thing, and acts as the subject of a verb.

**Tú** debes estudiar más.
***You** should study more.*

**Él** llegó primero.
***He** arrived first.*

**SUBJECT** A noun or pronoun that performs the action of a verb and is often implied by the verb.

**María** va al supermercado.
***María** goes to the supermarket.*

(**Ellos**) Trabajan mucho.
***They** work hard.*

Esos **libros** son muy caros.
*Those **books** are very expensive.*

**SUPERLATIVE** A word or construction used with an adjective or adverb to express the highest or lowest degree of a specific quality among three or more people, places, or things.

De todas mis clases, ésta es la **más interesante**.
*Of all my classes, this is the **most interesting**.*

Raúl es el **menos simpático** de los chicos.
*Raúl is the **least pleasant** of the boys.*

**TENSE** A set of verb forms that indicates the time of an action or state: past, present, or future.

**Compound tense** A two-word tense made up of an auxiliary verb and a present or past participle. In Spanish, there are two auxiliary verbs: **estar** and **haber**.

En este momento, **estoy estudiando**.
*At this time, **I am studying**.*

El paquete no **ha llegado** todavía.
*The package **has** not **arrived** yet.*

**Simple tense** A tense expressed by a single verb form.

María **estaba** mal anoche.
*María **was** ill last night.*

Juana **hablará** con su mamá mañana.
*Juana **will** speak with her mom tomorrow.*

**VERB** A word that expresses actions or states-of-being.

**Auxiliary verb** A verb used with a present or past participle to form a compound tense. **Haber** is the most commonly used auxiliary verb in Spanish.

Los chicos **han** visto los elefantes.
*The children **have** seen the elephants.*

Espero que **hayas** comido.
*I hope you **have** eaten.*

**Reflexive verb** A verb that describes an action performed by the subject on itself and is always used with a reflexive pronoun.

**Me compré** un carro nuevo.
*I **bought myself** a new car.*

Pedro y Adela **se levantan** muy temprano.
*Pedro and Adela **get (themselves) up** very early.*

**Spelling change verb** A verb that undergoes a predictable change in spelling, in order to reflect its actual pronunciation in the various conjugations.

| | | | |
|---|---|---|---|
| **practicar** | c→qu | practico | practi**qu**é |
| **dirigir** | g→j | dirigí | diri**j**o |
| **almorzar** | z→c | almorzó | almor**c**é |

**Stem-changing verb** A verb whose stem vowel undergoes one or more predictable changes in the various conjugations.

| | |
|---|---|
| entender (i:ie) | ent**ie**ndo |
| pedir (e:i) | p**i**den |
| dormir (o:ue, u) | d**ue**rmo, d**u**rmieron |

# Verb Conjugation Tables

### The verb lists

The list of verbs below, and the model-verb tables that start on page 332 show you how to conjugate every verb taught in **DESCUBRE**. Each verb in the list is followed by a model verb conjugated according to the same pattern. The number in parentheses indicates where in the verb tables you can find the conjugated forms of the model verb. If you want to find out how to conjugate **divertirse**, for example, look up number 33, **sentir**, the model for verbs that follow the **e:ie** stem-change pattern.

### How to use the verb tables

In the tables you will find the infinitive, present and past participles, and all the simple forms of each model verb. The formation of the compound tenses of any verb can be inferred from the table of compound tenses, pages 332–333, either by combining the past participle of the verb with a conjugated form of **haber** or by combining the present participle with a conjugated form of **estar**.

**abrazar** (z:c) like cruzar (37)
**abrir** like vivir (3) *except* past participle is abierto
**aburrir(se)** like vivir (3)
**acabar de** like hablar (1)
**acampar** like hablar (1)
**acompañar** like hablar (1)
**aconsejar** like hablar (1)
**acordarse** (o:ue) like contar (24)
**acostarse** (o:ue) like contar (24)
**adelgazar** (z:c) like cruzar (37)
**afeitarse** like hablar (1)
**ahorrar** like hablar (1)
**alegrarse** like hablar (1)
**aliviar** like hablar (1)
**almorzar** (o:ue) like contar (24) *except* (z:c)
**alquilar** like hablar (1)
**andar** like hablar (1) *except* preterite stem is anduv-
**anunciar** like hablar (1)
**apagar** (g:gu) like llegar (41)
**aplaudir** like vivir (3)
**apreciar** like hablar (1)
**aprender** like comer (2)
**apurarse** like hablar (1)
**arrancar** (c:qu) like tocar (43)
**arreglar** like hablar (1)
**asistir** like vivir (3)
**aumentar** like hablar (1)
**ayudar(se)** like hablar (1)
**bailar** like hablar (1)
**bajar(se)** like hablar (1)
**bañarse** like hablar (1)
**barrer** like comer (2)
**beber** like comer (2)
**besar(se)** like hablar (1)
**borrar** like hablar (1)
**brindar** like hablar (1)
**bucear** like hablar (1)
**buscar** (c:qu) like tocar (43)
**caber** (4)
**caer(se)** (5)
**calentarse** (e:ie) like pensar (30)
**calzar** (z:c) like cruzar (37)
**cambiar** like hablar (1)
**caminar** like hablar (1)
**cantar** like hablar (1)
**casarse** like hablar (1)
**cazar** (z:c) like cruzar(37)
**celebrar** like hablar (1)
**cenar** like hablar (1)
**cepillarse** like hablar (1)
**cerrar** (e:ie) like pensar (30)
**cobrar** like hablar (1)
**cocinar** like hablar (1)
**comenzar** (e:ie) (z:c) like empezar (26)
**comer** (2)
**compartir** like vivir (3)
**comprar** like hablar (1)
**comprender** like comer (2)
**comprometerse** like comer (2)
**comunicarse** (c:qu) like tocar (43)
**conducir** (c:zc) (6)
**confirmar** like hablar (1)
**conocer** (c:zc) (35)
**conseguir** (e:i) (gu:g) like seguir (32)
**conservar** like hablar (1)
**consumir** like vivir (3)
**contaminar** like hablar (1)
**contar** (o:ue) (24)
**controlar** like hablar (1)
**correr** like comer (2)
**costar** (o:ue) like contar (24)
**creer** (y) (36)
**cruzar** (z:c) (37)
**cubrir** like vivir (3) *except* past participle is cubierto
**cuidar** like hablar (1)
**cumplir** like vivir (3)
**dañar** like hablar (1)
**dar** (7)
**deber** like comer (2)
**decidir** like vivir (3)
**decir** (e:i) (8)
**declarar** like hablar (1)
**dejar** like hablar (1)
**depositar** like hablar (1)
**desarrollar** like hablar (1)
**desayunar** like hablar (1)
**descansar** like hablar (1)
**descargar** like llegar (41)
**describir** like vivir (3) *except* past participle is descrito
**descubrir** like vivir (3) *except* past participle is descubierto
**desear** like hablar (1)
**despedirse** (e:i) like pedir (29)
**despertarse** (e:ie) like pensar (30)
**destruir** (y) (38)
**dibujar** like hablar (1)
**dirigir** (g:j) like vivir (3) *except* (g:j)
**disfrutar** like hablar (1)
**divertirse** (e:ie) like sentir (33)
**divorciarse** like hablar (1)
**doblar** like hablar (1)
**doler** (o:ue) like volver (34) *except* past participle is regular
**dormir(se)** (o:ue) (25)
**ducharse** like hablar (1)
**dudar** like hablar (1)
**durar** like hablar (1)
**echar** like hablar (1)
**elegir** (e:i) like pedir (29) *except* (g:j)
**emitir** like vivir (3)

**empezar** (e:ie) (z:c) (26)
**enamorarse** like hablar (1)
**encantar** like hablar (1)
**encontrar(se)** (o:ue) like contar (24)
**enfermarse** like hablar (1)
**engordar** like hablar (1)
**enojarse** like hablar (1)
**enseñar** like hablar (1)
**ensuciar** like hablar (1)
**entender** (e:ie) (27)
**entrenarse** like hablar (1)
**entrevistar** like hablar (1)
**enviar** (envío) (39)
**escalar** like hablar (1)
**escoger** (g:j) like proteger (42)
**escribir** like vivir (3) *except* past participle is escrito
**escuchar** like hablar (1)
**esculpir** like vivir (3)
**esperar** like hablar (1)
**esquiar** (esquío) like enviar (39)
**establecer** (c:zc) like conocer (35)
**estacionar** like hablar (1)
**estar** (9)
**estornudar** like hablar (1)
**estudiar** like hablar (1)
**evitar** like hablar (1)
**explicar** (c:qu) like tocar (43)
**explorar** like hablar (1)
**faltar** like hablar (1)
**fascinar** like hablar (1)
**firmar** like hablar (1)
**fumar** like hablar (1)
**funcionar** like hablar (1)
**ganar** like hablar (1)
**gastar** like hablar (1)
**grabar** like hablar (1)
**graduarse** (gradúo) (40)
**guardar** like hablar (1)
**gustar** like hablar (1)
**haber** (hay) (10)
**hablar** (1)
**hacer** (11)
**importar** like hablar (1)
**imprimir** like vivir (3)
**informar** like hablar (1)
**insistir** like vivir (3)
**interesar** like hablar (1)
**invertir** (e:ie) like sentir (33)
**invitar** like hablar (1)
**ir(se)** (12)
**jubilarse** like hablar (1)
**jugar** (u:ue) (g:gu) (28)
**lastimarse** like hablar (1)
**lavar(se)** like hablar (1)
**leer** (y) like creer (36)
**levantar(se)** like hablar (1)
**limpiar** like hablar (1)
**llamar(se)** like hablar (1)
**llegar** (g:gu) (41)
**llenar** like hablar (1)
**llevar(se)** like hablar (1)
**llover** (o:ue) like volver (34) *except* past participle is regular
**luchar** like hablar (1)
**mandar** like hablar (1)
**manejar** like hablar (1)
**mantener(se)** (e:ie) like tener (20)
**maquillarse** like hablar (1)
**mejorar** like hablar (1)
**merendar** (e:ie) like pensar (30)
**mirar** like hablar (1)
**molestar** like hablar (1)
**montar** like hablar (1)
**morir** (o:ue) like dormir (25) *except* past participle is muerto
**mostrar** (o:ue) like contar (24)
**mudarse** like hablar (1)
**nacer** (c:zc) like conocer (35)
**nadar** like hablar (1)
**navegar** (g:gu) like llegar (41)
**necesitar** like hablar (1)
**negar** (e:ie) like pensar (30) *except* (g:gu)
**nevar** (e:ie) like pensar (30)
**obedecer** (c:zc) like conocer (35)
**obtener** (e:ie) like tener (20)
**ocurrir** like vivir (3)
**odiar** like hablar (1)
**ofrecer** (c:zc) like conocer (35)
**oír** (y) (13)
**olvidar** like hablar (1)
**pagar** (g:gu) like llegar (41)
**parar** like hablar (1)
**parecer** (c:zc) like conocer (35)
**pasar** like hablar (1)
**pasear** like hablar (1)
**patinar** like hablar (1)
**pedir** (e:i) (29)
**peinarse** like hablar (1)
**pensar** (e:ie) (30)
**perder** (e:ie) like entender (27)
**pescar** (c:qu) like tocar (43)
**pintar** like hablar (1)
**planchar** like hablar (1)
**poder** (o:ue) (14)
**poner(se)** (15)
**practicar** (c:qu) like tocar (43)
**preferir** (e:ie) like sentir (33)
**preguntar** like hablar (1)
**preocuparse** like hablar (1)
**preparar** like hablar (1)
**presentar** like hablar (1)
**prestar** like hablar (1)
**probar(se)** (o:ue) like contar (24)
**prohibir** like vivir (3)
**proteger** (g:j) (42)
**publicar** (c:qu) like tocar (43)
**quedar(se)** like hablar (1)
**quemar** like hablar (1)
**querer** (e:ie) (16)
**quitar(se)** like hablar (1)
**recetar** like hablar (1)
**recibir** like vivir (3)
**reciclar** like hablar (1)
**recoger** (g:j) like proteger (42)
**recomendar** (e:ie) like pensar (30)
**recordar** (o:ue) like contar (24)
**reducir** (c:zc) like conducir (6)
**regalar** like hablar (1)
**regatear** like hablar (1)
**regresar** like hablar (1)
**reír(se)** (e:i) (31)
**relajarse** like hablar (1)
**renunciar** like hablar (1)
**repetir** (e:i) like pedir (29)
**resolver** (o:ue) like volver (34)
**respirar** like hablar (1)
**revisar** like hablar (1)
**rogar** (o:ue) like contar (24) *except* (g:gu)
**romper(se)** like comer (2) *except* past participle is roto
**saber** (17)
**sacar** (c:qu) like tocar (43)
**sacudir** like vivir (3)
**salir** (18)
**saludar(se)** like hablar (1)
**secar(se)** (c:q) like tocar (43)
**seguir** (e:i) (32)
**sentarse** (e:ie) like pensar (30)
**sentir(se)** (e:ie) (33)
**separarse** like hablar (1)
**ser** (19)
**servir** (e:i) like pedir (29)
**solicitar** like hablar (1)
**sonar** (o:ue) like contar (24)
**sonreír** (e:i) like reír(se) (31)
**sorprender** like comer (2)
**subir** like vivir (3)
**sudar** like hablar (1)
**sufrir** like vivir (3)
**sugerir** (e:ie) like sentir (33)
**suponer** like poner (15)
**temer** like comer (2)
**tener** (e:ie) (20)
**terminar** like hablar (1)
**tocar** (c:qu) (43)
**tomar** like hablar (1)
**torcerse** (o:ue) like volver (34) *except* (c:z) and past participle is regular; e.g. yo tuerzo
**toser** like comer (2)
**trabajar** like hablar (1)
**traducir** (c:zc) like conducir (6)
**traer** (21)
**transmitir** like vivir (3)
**tratar** like hablar (1)
**usar** like hablar (1)
**vender** like comer (2)
**venir** (e:ie) (22)
**ver** (23)
**vestirse** (e:i) like pedir (29)
**viajar** like hablar (1)
**visitar** like hablar (1)
**vivir** (3)
**volver** (o:ue) (34)
**votar** like hablar (1)

## Regular verbs: simple tenses

| | | INDICATIVE | | | | | SUBJUNCTIVE | | IMPERATIVE |
|---|---|---|---|---|---|---|---|---|---|
| | Infinitive | Present | Imperfect | Preterite | Future | Conditional | Present | Past | |
| 1 | hablar | hablo | hablaba | hablé | hablaré | hablaría | hable | hablara | |
| | | hablas | hablabas | hablaste | hablarás | hablarías | hables | hablaras | habla tú (no hables) |
| | **Participles:** | habla | hablaba | habló | hablará | hablaría | hable | hablara | hable Ud. |
| | hablando | hablamos | hablábamos | hablamos | hablaremos | hablaríamos | hablemos | habláramos | hablemos |
| | hablado | habláis | hablabais | hablasteis | hablaréis | hablaríais | habléis | hablarais | hablad (no habléis) |
| | | hablan | hablaban | hablaron | hablarán | hablarían | hablen | hablaran | hablen Uds. |
| 2 | comer | como | comía | comí | comeré | comería | coma | comiera | |
| | | comes | comías | comiste | comerás | comerías | comas | comieras | come tú (no comas) |
| | **Participles:** | come | comía | comió | comerá | comería | coma | comiera | coma Ud. |
| | comiendo | comemos | comíamos | comimos | comeremos | comeríamos | comamos | comiéramos | comamos |
| | comido | coméis | comíais | comisteis | comeréis | comeríais | comáis | comierais | comed (no comáis) |
| | | comen | comían | comieron | comerán | comerían | coman | comieran | coman Uds. |
| 3 | vivir | vivo | vivía | viví | viviré | viviría | viva | viviera | |
| | | vives | vivías | viviste | vivirás | vivirías | vivas | vivieras | vive tú (no vivas) |
| | **Participles:** | vive | vivía | vivió | vivirá | viviría | viva | viviera | viva Ud. |
| | viviendo | vivimos | vivíamos | vivimos | viviremos | viviríamos | vivamos | viviéramos | vivamos |
| | vivido | vivís | vivíais | vivisteis | viviréis | viviríais | viváis | vivierais | vivid (no viváis) |
| | | viven | vivían | vivieron | vivirán | vivirían | vivan | vivieran | vivan Uds. |

## All verbs: compound tenses

| PERFECT TENSES | | | | | | | | | | | |
|---|---|---|---|---|---|---|---|---|---|---|---|
| INDICATIVE | | | | | | | | SUBJUNCTIVE | | | |
| Present Perfect | | Past Perfect | | Future Perfect | | Conditional Perfect | | Present Perfect | | Past Perfect | |
| he | | había | | habré | | habría | | haya | | hubiera | |
| has | | habías | | habrás | | habrías | | hayas | | hubieras | |
| ha | hablado | había | hablado | habrá | hablado | habría | hablado | haya | hablado | hubiera | hablado |
| hemos | comido | habíamos | comido | habremos | comido | habríamos | comido | hayamos | comido | hubiéramos | comido |
| habéis | vivido | habíais | vivido | habréis | vivido | habríais | vivido | hayáis | vivido | hubierais | vivido |
| han | | habían | | habrán | | habrían | | hayan | | hubieran | |

| PROGRESSIVE TENSES | | | | | |
|---|---|---|---|---|---|
| INDICATIVE | | | | SUBJUNCTIVE | |
| Present Progressive | Past Progressive | Future Progressive | Conditional Progressive | Present Progressive | Past Progressive |
| estoy<br>estás<br>está<br>estamos<br>estáis<br>están } hablando / comiendo / viviendo | estaba<br>estabas<br>estaba<br>estábamos<br>estabais<br>estaban } hablando / comiendo / viviendo | estaré<br>estarás<br>estará<br>estaremos<br>estaréis<br>estarán } hablando / comiendo / viviendo | estaría<br>estarías<br>estaría<br>estaríamos<br>estaríais<br>estarían } hablando / comiendo / viviendo | esté<br>estés<br>esté<br>estemos<br>estéis<br>estén } hablando / comiendo / viviendo | estuviera<br>estuvieras<br>estuviera<br>estuviéramos<br>estuvierais<br>estuvieran } hablando / comiendo / viviendo |

## Irregular verbs

| | Infinitive | INDICATIVE Present | Imperfect | Preterite | Future | Conditional | SUBJUNCTIVE Present | Past | IMPERATIVE |
|---|---|---|---|---|---|---|---|---|---|
| 4 | caber<br><br>**Participles:**<br>cabiendo<br>cabido | **quepo**<br>cabes<br>cabe<br>cabemos<br>cabéis<br>caben | cabía<br>cabías<br>cabía<br>cabíamos<br>cabíais<br>cabían | **cupe**<br>**cupiste**<br>**cupo**<br>**cupimos**<br>**cupisteis**<br>**cupieron** | **cabré**<br>**cabrás**<br>**cabrá**<br>**cabremos**<br>**cabréis**<br>**cabrán** | **cabría**<br>**cabrías**<br>**cabría**<br>**cabríamos**<br>**cabríais**<br>**cabrían** | **quepa**<br>**quepas**<br>**quepa**<br>**quepamos**<br>**quepáis**<br>**quepan** | **cupiera**<br>**cupieras**<br>**cupiera**<br>**cupiéramos**<br>**cupierais**<br>**cupieran** | <br>cabe tú (no **quepas**)<br>**quepa** Ud.<br>**quepamos**<br>cabed (no **quepáis**)<br>**quepan** Uds. |
| 5 | caer(se)<br><br>**Participles:**<br>**cayendo**<br>**caído** | **caigo**<br>caes<br>cae<br>caemos<br>caéis<br>caen | caía<br>caías<br>caía<br>caíamos<br>caíais<br>caían | caí<br>**caíste**<br>**cayó**<br>**caímos**<br>**caísteis**<br>**cayeron** | caeré<br>caerás<br>caerá<br>caeremos<br>caeréis<br>caerán | caería<br>caerías<br>caería<br>caeríamos<br>caeríais<br>caerían | **caiga**<br>**caigas**<br>**caiga**<br>**caigamos**<br>**caigáis**<br>**caigan** | **cayera**<br>**cayeras**<br>**cayera**<br>**cayéramos**<br>**cayerais**<br>**cayeran** | <br>cae tú (no **caigas**)<br>**caiga** Ud.<br>**caigamos**<br>caed (no **caigáis**)<br>**caigan** Uds. |
| 6 | conducir<br>(c:zc)<br><br>**Participles:**<br>conduciendo<br>conducido | **conduzco**<br>conduces<br>conduce<br>conducimos<br>conducís<br>conducen | conducía<br>conducías<br>conducía<br>conducíamos<br>conducíais<br>conducían | **conduje**<br>**condujiste**<br>**condujo**<br>**condujimos**<br>**condujisteis**<br>**condujeron** | conduciré<br>conducirás<br>conducirá<br>conduciremos<br>conduciréis<br>conducirán | conduciría<br>conducirías<br>conduciría<br>conduciríamos<br>conduciríais<br>conducirían | **conduzca**<br>**conduzcas**<br>**conduzca**<br>**conduzcamos**<br>**conduzcáis**<br>**conduzcan** | **condujera**<br>**condujeras**<br>**condujera**<br>**condujéramos**<br>**condujerais**<br>**condujeran** | <br>conduce tú (no **conduzcas**)<br>**conduzca** Ud.<br>**conduzcamos**<br>conducid (no **conduzcáis**)<br>**conduzcan** Uds. |

| | Infinitive | INDICATIVE | | | | | SUBJUNCTIVE | | IMPERATIVE |
|---|---|---|---|---|---|---|---|---|---|
| | | Present | Imperfect | Preterite | Future | Conditional | Present | Past | |
| 7 | dar | **doy** | daba | **di** | daré | daría | **dé** | **diera** | |
| | | das | dabas | **diste** | darás | darías | des | **dieras** | da tú (no des) |
| | **Participles:** | da | daba | **dio** | dará | daría | **dé** | **diera** | **dé** Ud. |
| | dando | damos | dábamos | **dimos** | daremos | daríamos | demos | **diéramos** | demos |
| | dado | **dais** | dabais | **disteis** | daréis | daríais | **deis** | **dierais** | dad (no **deis**) |
| | | dan | daban | **dieron** | darán | darían | den | **dieran** | den Uds. |
| 8 | decir (e:i) | **digo** | decía | **dije** | **diré** | **diría** | **diga** | **dijera** | |
| | | **dices** | decías | **dijiste** | **dirás** | **dirías** | **digas** | **dijeras** | **di** tú (no **digas**) |
| | **Participles:** | **dice** | decía | **dijo** | **dirá** | **diría** | **diga** | **dijera** | **diga** Ud. |
| | **diciendo** | decimos | decíamos | **dijimos** | **diremos** | **diríamos** | **digamos** | **dijéramos** | **digamos** |
| | **dicho** | decís | decíais | **dijisteis** | **diréis** | **diríais** | **digáis** | **dijerais** | decid (no digáis) |
| | | **dicen** | decían | **dijeron** | **dirán** | **dirían** | **digan** | **dijeran** | **digan** Uds. |
| 9 | estar | **estoy** | estaba | **estuve** | estaré | estaría | **esté** | **estuviera** | |
| | | **estás** | estabas | **estuviste** | estarás | estarías | **estés** | **estuvieras** | **está** tú (no **estés**) |
| | **Participles:** | **está** | estaba | **estuvo** | estará | estaría | **esté** | **estuviera** | **esté** Ud. |
| | estando | estamos | estábamos | **estuvimos** | estaremos | estaríamos | estemos | **estuviéramos** | estemos |
| | estado | estáis | estabais | **estuvisteis** | estaréis | estaríais | estéis | **estuvierais** | estad (no estéis) |
| | | **están** | estaban | **estuvieron** | estarán | estarían | **estén** | **estuvieran** | **estén** Uds. |
| 10 | haber | **he** | había | **hube** | **habré** | **habría** | **haya** | **hubiera** | |
| | | **has** | habías | **hubiste** | **habrás** | **habrías** | **hayas** | **hubieras** | |
| | **Participles:** | **ha** | había | **hubo** | **habrá** | **habría** | **haya** | **hubiera** | |
| | habiendo | **hemos** | habíamos | **hubimos** | **habremos** | **habríamos** | **hayamos** | **hubiéramos** | |
| | habido | habéis | habíais | **hubisteis** | **habréis** | **habríais** | **hayáis** | **hubierais** | |
| | | **han** | habían | **hubieron** | **habrán** | **habrían** | **hayan** | **hubieran** | |
| 11 | hacer | **hago** | hacía | **hice** | **haré** | **haría** | **haga** | **hiciera** | |
| | | haces | hacías | **hiciste** | **harás** | **harías** | **hagas** | **hicieras** | **haz** tú (no **hagas**) |
| | **Participles:** | hace | hacía | **hizo** | **hará** | **haría** | **haga** | **hiciera** | **haga** Ud. |
| | haciendo | hacemos | hacíamos | **hicimos** | **haremos** | **haríamos** | **hagamos** | **hiciéramos** | **hagamos** |
| | **hecho** | hacéis | hacíais | **hicisteis** | **haréis** | **haríais** | **hagáis** | **hicierais** | haced (no **hagáis**) |
| | | hacen | hacían | **hicieron** | **harán** | **harían** | **hagan** | **hicieran** | **hagan** Uds. |
| 12 | ir | **voy** | **iba** | **fui** | iré | iría | **vaya** | **fuera** | |
| | | **vas** | **ibas** | **fuiste** | irás | irías | **vayas** | **fueras** | **ve** tú (no **vayas**) |
| | **Participles:** | **va** | **iba** | **fue** | irá | iría | **vaya** | **fuera** | **vaya** Ud. |
| | **yendo** | **vamos** | **íbamos** | **fuimos** | iremos | iríamos | **vayamos** | **fuéramos** | **vamos** (no **vayamos**) |
| | ido | **vais** | **ibais** | **fuisteis** | iréis | iríais | **vayáis** | **fuerais** | id (no **vayáis**) |
| | | **van** | **iban** | **fueron** | irán | irían | **vayan** | **fueran** | **vayan** Uds. |
| 13 | oír (y) | **oigo** | oía | oí | oiré | oiría | **oiga** | **oyera** | |
| | | **oyes** | oías | **oíste** | oirás | oirías | **oigas** | **oyeras** | **oye** tú (no **oigas**) |
| | **Participles:** | **oye** | oía | **oyó** | oirá | oiría | **oiga** | **oyera** | **oiga** Ud. |
| | **oyendo** | **oímos** | oíamos | **oímos** | oiremos | oiríamos | **oigamos** | **oyéramos** | **oigamos** |
| | **oído** | oís | oíais | **oísteis** | oiréis | oiríais | **oigáis** | **oyerais** | **oíd** (no **oigáis**) |
| | | **oyen** | oían | **oyeron** | oirán | oirían | **oigan** | **oyeran** | **oigan** Uds. |

| | Infinitive | INDICATIVE | | | | | SUBJUNCTIVE | | IMPERATIVE |
|---|---|---|---|---|---|---|---|---|---|
| | | Present | Imperfect | Preterite | Future | Conditional | Present | Past | |
| 14 | poder (o:ue)<br><br>**Participles:**<br>**pudiendo**<br>podido | **puedo**<br>**puedes**<br>**puede**<br>podemos<br>podéis<br>**pueden** | podía<br>podías<br>podía<br>podíamos<br>podíais<br>podían | **pude**<br>**pudiste**<br>**pudo**<br>**pudimos**<br>**pudisteis**<br>**pudieron** | **podré**<br>**podrás**<br>**podrá**<br>**podremos**<br>**podréis**<br>**podrán** | **podría**<br>**podrías**<br>**podría**<br>**podríamos**<br>**podríais**<br>**podrían** | **pueda**<br>**puedas**<br>**pueda**<br>podamos<br>podáis<br>**puedan** | **pudiera**<br>**pudieras**<br>**pudiera**<br>**pudiéramos**<br>**pudierais**<br>**pudieran** | **puede** tú (no **puedas**)<br>**pueda** Ud.<br>podamos<br>poded (no podáis)<br>**puedan** Uds. |
| 15 | poner<br><br>**Participles:**<br>poniendo<br>**puesto** | **pongo**<br>pones<br>pone<br>ponemos<br>ponéis<br>ponen | ponía<br>ponías<br>ponía<br>poníamos<br>poníais<br>ponían | **puse**<br>**pusiste**<br>**puso**<br>**pusimos**<br>**pusisteis**<br>**pusieron** | **pondré**<br>**pondrás**<br>**pondrá**<br>**pondremos**<br>**pondréis**<br>**pondrán** | **pondría**<br>**pondrías**<br>**pondría**<br>**pondríamos**<br>**pondríais**<br>**pondrían** | **ponga**<br>**pongas**<br>**ponga**<br>**pongamos**<br>**pongáis**<br>**pongan** | **pusiera**<br>**pusieras**<br>**pusiera**<br>**pusiéramos**<br>**pusierais**<br>**pusieran** | **pon** tú (no **pongas**)<br>**ponga** Ud.<br>**pongamos**<br>poned (no **pongáis**)<br>**pongan** Uds. |
| 16 | querer (e:ie)<br><br>**Participles:**<br>queriendo<br>querido | **quiero**<br>**quieres**<br>**quiere**<br>queremos<br>queréis<br>**quieren** | quería<br>querías<br>quería<br>queríamos<br>queríais<br>querían | **quise**<br>**quisiste**<br>**quiso**<br>**quisimos**<br>**quisisteis**<br>**quisieron** | **querré**<br>**querrás**<br>**querrá**<br>**querremos**<br>**querréis**<br>**querrán** | **querría**<br>**querrías**<br>**querría**<br>**querríamos**<br>**querríais**<br>**querrían** | **quiera**<br>**quieras**<br>**quiera**<br>queramos<br>queráis<br>**quieran** | **quisiera**<br>**quisieras**<br>**quisiera**<br>**quisiéramos**<br>**quisierais**<br>**quisieran** | **quiere** tú (no **quieras**)<br>**quiera** Ud.<br>queramos<br>quered (no queráis)<br>**quieran** Uds. |
| 17 | saber<br><br>**Participles:**<br>sabiendo<br>sabido | **sé**<br>sabes<br>sabe<br>sabemos<br>sabéis<br>saben | sabía<br>sabías<br>sabía<br>sabíamos<br>sabíais<br>sabían | **supe**<br>**supiste**<br>**supo**<br>**supimos**<br>**supisteis**<br>**supieron** | **sabré**<br>**sabrás**<br>**sabrá**<br>**sabremos**<br>**sabréis**<br>**sabrán** | **sabría**<br>**sabrías**<br>**sabría**<br>**sabríamos**<br>**sabríais**<br>**sabrían** | **sepa**<br>**sepas**<br>**sepa**<br>**sepamos**<br>**sepáis**<br>**sepan** | **supiera**<br>**supieras**<br>**supiera**<br>**supiéramos**<br>**supierais**<br>**supieran** | sabe tú (no **sepas**)<br>**sepa** Ud.<br>**sepamos**<br>sabed (no **sepáis**)<br>**sepan** Uds. |
| 18 | salir<br><br>**Participles:**<br>saliendo<br>salido | **salgo**<br>sales<br>sale<br>salimos<br>salís<br>salen | salía<br>salías<br>salía<br>salíamos<br>salíais<br>salían | salí<br>saliste<br>salió<br>salimos<br>salisteis<br>salieron | **saldré**<br>**saldrás**<br>**saldrá**<br>**saldremos**<br>**saldréis**<br>**saldrán** | **saldría**<br>**saldrías**<br>**saldría**<br>**saldríamos**<br>**saldríais**<br>**saldrían** | **salga**<br>**salgas**<br>**salga**<br>**salgamos**<br>**salgáis**<br>**salgan** | saliera<br>salieras<br>saliera<br>saliéramos<br>salierais<br>salieran | **sal** tú (no **salgas**)<br>**salga** Ud.<br>**salgamos**<br>salid (no **salgáis**)<br>**salgan** Uds. |
| 19 | ser<br><br>**Participles:**<br>siendo<br>sido | **soy**<br>**eres**<br>**es**<br>**somos**<br>**sois**<br>**son** | **era**<br>**eras**<br>**era**<br>**éramos**<br>**erais**<br>**eran** | **fui**<br>**fuiste**<br>**fue**<br>**fuimos**<br>**fuisteis**<br>**fueron** | seré<br>serás<br>será<br>seremos<br>seréis<br>serán | sería<br>serías<br>sería<br>seríamos<br>seríais<br>serían | **sea**<br>**seas**<br>**sea**<br>**seamos**<br>**seáis**<br>**sean** | **fuera**<br>**fueras**<br>**fuera**<br>**fuéramos**<br>**fuerais**<br>**fueran** | **sé** tú (no **seas**)<br>**sea** Ud.<br>**seamos**<br>sed (no **seáis**)<br>**sean** Uds. |
| 20 | tener<br><br>**Participles:**<br>teniendo<br>tenido | **tengo**<br>**tienes**<br>**tiene**<br>tenemos<br>tenéis<br>**tienen** | tenía<br>tenías<br>tenía<br>teníamos<br>teníais<br>tenían | **tuve**<br>**tuviste**<br>**tuvo**<br>**tuvimos**<br>**tuvisteis**<br>**tuvieron** | **tendré**<br>**tendrás**<br>**tendrá**<br>**tendremos**<br>**tendréis**<br>**tendrán** | **tendría**<br>**tendrías**<br>**tendría**<br>**tendríamos**<br>**tendríais**<br>**tendrían** | **tenga**<br>**tengas**<br>**tenga**<br>**tengamos**<br>**tengáis**<br>**tengan** | **tuviera**<br>**tuvieras**<br>**tuviera**<br>**tuviéramos**<br>**tuvierais**<br>**tuvieran** | **ten** tú (no **tengas**)<br>**tenga** Ud.<br>**tengamos**<br>tened (no **tengáis**)<br>**tengan** Uds. |

| | Infinitive | INDICATIVE | | | | | SUBJUNCTIVE | | IMPERATIVE |
|---|---|---|---|---|---|---|---|---|---|
| | | Present | Imperfect | Preterite | Future | Conditional | Present | Past | |
| 21 | traer | **traigo** | traía | **traje** | traeré | traería | **traiga** | **trajera** | |
| | | traes | traías | **trajiste** | traerás | traerías | **traigas** | **trajeras** | trae tú (no **traigas**) |
| | **Participles:** | trae | traía | **trajo** | traerá | traería | **traiga** | **trajera** | **traiga** Ud. |
| | **trayendo** | traemos | traíamos | **trajimos** | traeremos | traeríamos | **traigamos** | **trajéramos** | **traigamos** |
| | **traído** | traéis | traíais | **trajisteis** | traeréis | traeríais | **traigáis** | **trajerais** | traed (no **traigáis**) |
| | | traen | traían | **trajeron** | traerán | traerían | **traigan** | **trajeran** | **traigan** Uds. |
| 22 | venir | **vengo** | venía | **vine** | **vendré** | **vendría** | **venga** | **viniera** | |
| | | **vienes** | venías | **viniste** | **vendrás** | **vendrías** | **vengas** | **vinieras** | **ven** tú (no **vengas**) |
| | **Participles:** | **viene** | venía | **vino** | **vendrá** | **vendría** | **venga** | **viniera** | **venga** Ud. |
| | **viniendo** | venimos | veníamos | **vinimos** | **vendremos** | **vendríamos** | **vengamos** | **viniéramos** | **vengamos** |
| | venido | venís | veníais | **vinisteis** | **vendréis** | **vendríais** | vengáis | **vinierais** | venid (no **vengáis**) |
| | | **vienen** | venían | **vinieron** | **vendrán** | **vendrían** | **vengan** | **vinieran** | **vengan** Uds. |
| 23 | ver | **veo** | **veía** | **vi** | veré | vería | **vea** | viera | |
| | | ves | **veías** | viste | verás | verías | **veas** | vieras | ve tú (no **veas**) |
| | **Participles:** | ve | **veía** | **vio** | verá | vería | **vea** | viera | **vea** Ud. |
| | viendo | vemos | **veíamos** | vimos | veremos | veríamos | **veamos** | viéramos | **veamos** |
| | **visto** | **veis** | **veíais** | visteis | veréis | veríais | **veáis** | vierais | ved (no **veáis**) |
| | | ven | **veían** | vieron | verán | verían | **vean** | vieran | **vean** Uds. |

## Stem-changing verbs

| | Infinitive | INDICATIVE | | | | | SUBJUNCTIVE | | IMPERATIVE |
|---|---|---|---|---|---|---|---|---|---|
| | | Present | Imperfect | Preterite | Future | Conditional | Present | Past | |
| 24 | contar (o:ue) | **cuento** | contaba | conté | contaré | contaría | **cuente** | contara | |
| | | **cuentas** | contabas | contaste | contarás | contarías | **cuentes** | contaras | **cuenta** tú (no **cuentes**) |
| | **Participles:** | **cuenta** | contaba | contó | contará | contaría | **cuente** | contara | **cuente** Ud. |
| | contando | contamos | contábamos | contamos | contaremos | contaríamos | contemos | contáramos | contemos |
| | contado | contáis | contabais | contasteis | contaréis | contaríais | contéis | contarais | contad (no contéis) |
| | | **cuentan** | contaban | contaron | contarán | contarían | **cuenten** | contaran | **cuenten** Uds. |
| 25 | dormir (o:ue) | **duermo** | dormía | dormí | dormiré | dormiría | **duerma** | **durmiera** | |
| | | **duermes** | dormías | dormiste | dormirás | dormirías | **duermas** | **durmieras** | **duerme** tú (no **duermas**) |
| | **Participles:** | **duerme** | dormía | **durmió** | dormirá | dormiría | **duerma** | **durmiera** | **duerma** Ud. |
| | **durmiendo** | dormimos | dormíamos | dormimos | dormiremos | dormiríamos | **durmamos** | **durmiéramos** | **durmamos** |
| | dormido | dormís | dormíais | dormisteis | dormiréis | dormiríais | **durmáis** | **durmierais** | dormid (no **durmáis**) |
| | | **duermen** | dormían | **durmieron** | dormirán | dormirían | **duerman** | **durmieran** | **duerman** Uds. |
| 26 | empezar | **empiezo** | empezaba | **empecé** | empezaré | empezaría | **empiece** | empezara | |
| | (e:ie) (z:c) | **empiezas** | empezabas | empezaste | empezarás | empezarías | **empieces** | empezaras | **empieza** tú (no **empieces**) |
| | | **empieza** | empezaba | empezó | empezará | empezaría | **empiece** | empezara | **empiece** Ud. |
| | **Participles:** | empezamos | empezábamos | empezamos | empezaremos | empezaríamos | **empecemos** | empezáramos | **empecemos** |
| | empezando | empezáis | empezabais | empezasteis | empezaréis | empezaríais | **empecéis** | empezarais | empezad (no **empecéis**) |
| | empezado | **empiezan** | empezaban | empezaron | empezarán | empezarían | **empiecen** | empezaran | **empiecen** Uds. |

| | Infinitive | INDICATIVE | | | | | SUBJUNCTIVE | | IMPERATIVE |
|---|---|---|---|---|---|---|---|---|---|
| | | Present | Imperfect | Preterite | Future | Conditional | Present | Past | |
| 27 | entender | **entiendo** | entendía | entendí | entenderé | entendería | **entienda** | entendiera | |
| | (e:ie) | **entiendes** | entendías | entendiste | entenderás | entenderías | **entiendas** | entendieras | **entiende** tú (no **entiendas**) |
| | | **entiende** | entendía | entendió | entenderá | entendería | **entienda** | entendiera | **entienda** Ud. |
| | **Participles:** | entendemos | entendíamos | entendimos | entenderemos | entenderíamos | entendamos | entendiéramos | entendamos |
| | entendiendo | entendéis | entendíais | entendisteis | entenderéis | entenderíais | entendáis | entendierais | entended (no entendáis) |
| | entendido | **entienden** | entendían | entendieron | entenderán | entenderían | **entiendan** | entendieran | **entiendan** Uds. |
| 28 | jugar (u:ue) | **juego** | jugaba | **jugué** | jugaré | jugaría | **juegue** | jugara | |
| | (g:gu) | **juegas** | jugabas | jugaste | jugarás | jugarías | **juegues** | jugaras | **juega** tú (no **juegues**) |
| | | **juega** | jugaba | jugó | jugará | jugaría | **juegue** | jugara | **juegue** Ud. |
| | **Participles:** | jugamos | jugábamos | jugamos | jugaremos | jugaríamos | **juguemos** | jugáramos | **juguemos** |
| | jugando | jugáis | jugabais | jugasteis | jugaréis | jugaríais | **juguéis** | jugarais | jugad (no **juguéis**) |
| | jugado | **juegan** | jugaban | jugaron | jugarán | jugarían | **jueguen** | jugaran | **jueguen** Uds. |
| 29 | pedir (e:i) | **pido** | pedía | pedí | pediré | pediría | **pida** | **pidiera** | |
| | | **pides** | pedías | pediste | pedirás | pedirías | **pidas** | **pidieras** | **pide** tú (no **pidas**) |
| | **Participles:** | **pide** | pedía | **pidió** | pedirá | pediría | **pida** | **pidiera** | **pida** Ud. |
| | **pidiendo** | pedimos | pedíamos | pedimos | pediremos | pediríamos | **pidamos** | **pidiéramos** | **pidamos** |
| | pedido | pedís | pedíais | pedisteis | pediréis | pediríais | **pidáis** | **pidierais** | pedid (no **pidáis**) |
| | | **piden** | pedían | **pidieron** | pedirán | pedirían | **pidan** | **pidieran** | **pidan** Uds. |
| 30 | pensar (e:ie) | **pienso** | pensaba | pensé | pensaré | pensaría | **piense** | pensara | |
| | | **piensas** | pensabas | pensaste | pensarás | pensarías | **pienses** | pensaras | **piensa** tú (no **pienses**) |
| | **Participles:** | **piensa** | pensaba | pensó | pensará | pensaría | **piense** | pensara | **piense** Ud. |
| | pensando | pensamos | pensábamos | pensamos | pensaremos | pensaríamos | pensemos | pensáramos | pensemos |
| | pensado | pensáis | pensabais | pensasteis | pensaréis | pensaríais | penséis | pensarais | pensad (no penséis) |
| | | **piensan** | pensaban | pensaron | pensarán | pensarían | **piensen** | pensaran | **piensen** Uds. |
| 31 | reír (e:i) | **río** | reía | reí | reiré | reiría | **ría** | **riera** | |
| | | **ríes** | reías | **reíste** | reirás | reirías | **rías** | **rieras** | **ríe** tú (no **rías**) |
| | **Participles:** | **ríe** | reía | **rió** | reirá | reiría | **ría** | **riera** | **ría** Ud. |
| | **riendo** | **reímos** | reíamos | **reímos** | reiremos | reiríamos | **riamos** | **riéramos** | **riamos** |
| | **reído** | reís | reíais | **reísteis** | reiréis | reiríais | **riáis** | **rierais** | **reíd** (no **riáis**) |
| | | **ríen** | reían | **rieron** | reirán | reirían | **rían** | **rieran** | **rían** Uds. |
| 32 | seguir (e:i) | **sigo** | seguía | seguí | seguiré | seguiría | **siga** | **siguiera** | |
| | (gu:g) | **sigues** | seguías | seguiste | seguirás | seguirías | **sigas** | **siguieras** | **sigue** tú (no **sigas**) |
| | | **sigue** | seguía | **siguió** | seguirá | seguiría | **siga** | **siguiera** | **siga** Ud. |
| | **Participles:** | seguimos | seguíamos | seguimos | seguiremos | seguiríamos | **sigamos** | **siguiéramos** | **sigamos** |
| | **siguiendo** | seguís | seguíais | seguisteis | seguiréis | seguiríais | **sigáis** | **siguierais** | seguid (no **sigáis**) |
| | seguido | **siguen** | seguían | **siguieron** | seguirán | seguirían | **sigan** | **siguieran** | **sigan** Uds. |
| 33 | sentir (e:ie) | **siento** | sentía | sentí | sentiré | sentiría | **sienta** | **sintiera** | |
| | | **sientes** | sentías | sentiste | sentirás | sentirías | **sientas** | **sintieras** | **siente** tú (no **sientas**) |
| | **Participles:** | **siente** | sentía | **sintió** | sentirá | sentiría | **sienta** | **sintiera** | **sienta** Ud. |
| | **sintiendo** | sentimos | sentíamos | sentimos | sentiremos | sentiríamos | **sintamos** | **sintiéramos** | **sintamos** |
| | sentido | sentís | sentíais | sentisteis | sentiréis | sentiríais | **sintáis** | **sintierais** | sentid (no **sintáis**) |
| | | **sienten** | sentían | **sintieron** | sentirán | sentirían | **sientan** | **sintieran** | **sientan** Uds. |

| | Infinitive | INDICATIVE Present | Imperfect | Preterite | Future | Conditional | SUBJUNCTIVE Present | Past | IMPERATIVE |
|---|---|---|---|---|---|---|---|---|---|
| 34 | volver (o:ue) | **vuelvo** | volvía | volví | volveré | volvería | **vuelva** | volviera | |
| | | **vuelves** | volvías | volviste | volverás | volverías | **vuelvas** | volvieras | **vuelve** tú (no **vuelvas**) |
| | **Participles:** | **vuelve** | volvía | volvió | volverá | volvería | **vuelva** | volviera | **vuelva** Ud. |
| | volviendo | volvemos | volvíamos | volvimos | volveremos | volveríamos | volvamos | volviéramos | volvamos |
| | **vuelto** | volvéis | volvíais | volvisteis | volveréis | volveríais | volváis | volvierais | volved (no volváis) |
| | | **vuelven** | volvían | volvieron | volverán | volverían | **vuelvan** | volvieran | **vuelvan** Uds. |

## Verbs with spelling changes only

| | Infinitive | INDICATIVE Present | Imperfect | Preterite | Future | Conditional | SUBJUNCTIVE Present | Past | IMPERATIVE |
|---|---|---|---|---|---|---|---|---|---|
| 35 | conocer | **conozco** | conocía | conocí | conoceré | conocería | **conozca** | conociera | |
| | (c:zc) | conoces | conocías | conociste | conocerás | conocerías | **conozcas** | conocieras | conoce tú (no **conozcas**) |
| | | conoce | conocía | conoció | conocerá | conocería | **conozca** | conociera | **conozca** Ud. |
| | **Participles:** | conocemos | conocíamos | conocimos | conoceremos | conoceríamos | **conozcamos** | conociéramos | **conozcamos** |
| | conociendo | conocéis | conocíais | conocisteis | conoceréis | conoceríais | **conozcáis** | conocierais | conoced (no **conozcáis**) |
| | conocido | conocen | conocían | conocieron | conocerán | conocerían | **conozcan** | conocieran | **conozcan** Uds. |
| 36 | creer (y) | creo | creía | creí | creeré | creería | crea | **creyera** | |
| | | crees | creías | **creíste** | creerás | creerías | creas | **creyeras** | cree tú (no creas) |
| | **Participles:** | cree | creía | **creyó** | creerá | creería | crea | **creyera** | crea Ud. |
| | **creyendo** | creemos | creíamos | **creímos** | creeremos | creeríamos | creamos | **creyéramos** | creamos |
| | **creído** | creéis | creíais | **creísteis** | creeréis | creeríais | creáis | **creyerais** | creed (no creáis) |
| | | creen | creían | **creyeron** | creerán | creerían | crean | **creyeran** | crean Uds. |
| 37 | cruzar (z:c) | cruzo | cruzaba | **crucé** | cruzaré | cruzaría | **cruce** | cruzara | |
| | | cruzas | cruzabas | cruzaste | cruzarás | cruzarías | **cruces** | cruzaras | cruza tú (no **cruces**) |
| | **Participles:** | cruza | cruzaba | cruzó | cruzará | cruzaría | **cruce** | cruzara | **cruce** Ud. |
| | cruzando | cruzamos | cruzábamos | cruzamos | cruzaremos | cruzaríamos | **crucemos** | cruzáramos | **crucemos** |
| | cruzado | cruzáis | cruzabais | cruzasteis | cruzaréis | cruzaríais | **crucéis** | cruzarais | cruzad (no **crucéis**) |
| | | cruzan | cruzaban | cruzaron | cruzarán | cruzarían | **crucen** | cruzaran | **crucen** Uds. |
| 38 | destruir (y) | **destruyo** | destruía | destruí | destruiré | destruiría | **destruya** | **destruyera** | |
| | | **destruyes** | destruías | destruiste | destruirás | destruirías | **destruyas** | **destruyeras** | **destruye** tú (no **destruyas**) |
| | **Participles:** | **destruye** | destruía | **destruyó** | destruirá | destruiría | **destruya** | **destruyera** | **destruya** Ud. |
| | **destruyendo** | destruimos | destruíamos | destruimos | destruiremos | destruiríamos | **destruyamos** | **destruyéramos** | **destruyamos** |
| | destruido | destruís | destruíais | destruisteis | destruiréis | destruiríais | **destruyáis** | **destruyerais** | destruid (no **destruyáis**) |
| | | **destruyen** | destruían | **destruyeron** | destruirán | destruirían | **destruyan** | **destruyeran** | **destruyan** Uds. |
| 39 | enviar | **envío** | enviaba | envié | enviaré | enviaría | **envíe** | enviara | |
| | (envío) | **envías** | enviabas | enviaste | enviarás | enviarías | **envíes** | enviaras | **envía** tú (no **envíes**) |
| | | **envía** | enviaba | envió | enviará | enviaría | **envíe** | enviara | **envíe** Ud. |
| | **Participles:** | enviamos | enviábamos | enviamos | enviaremos | enviaríamos | enviemos | enviáramos | enviemos |
| | enviando | enviáis | enviabais | enviasteis | enviaréis | enviaríais | enviéis | enviarais | enviad (no enviéis) |
| | enviado | **envían** | enviaban | enviaron | enviarán | enviarían | **envíen** | enviaran | **envíen** Uds. |

| | Infinitive | INDICATIVE | | | | | SUBJUNCTIVE | | IMPERATIVE |
|---|---|---|---|---|---|---|---|---|---|
| | | Present | Imperfect | Preterite | Future | Conditional | Present | Past | |
| 40 | graduarse<br>(gradúo)<br><br>**Participles:**<br>graduando<br>graduado | **gradúo**<br>**gradúas**<br>**gradúa**<br>graduamos<br>graduáis<br>**gradúan** | graduaba<br>graduabas<br>graduaba<br>graduábamos<br>graduabais<br>graduaban | gradué<br>graduaste<br>graduó<br>graduamos<br>graduasteis<br>graduaron | graduaré<br>graduarás<br>graduará<br>graduaremos<br>graduaréis<br>graduarán | graduaría<br>graduarías<br>graduaría<br>graduaríamos<br>graduaríais<br>graduarían | **gradúe**<br>**gradúes**<br>**gradúe**<br>graduemos<br>graduéis<br>**gradúen** | graduara<br>graduaras<br>graduara<br>graduáramos<br>graduarais<br>graduaran | <br>**gradúa** tú (no **gradúes**)<br>**gradúe** Ud.<br>graduemos<br>graduad (no graduéis)<br>**gradúen** Uds. |
| 41 | llegar (g:gu)<br><br>**Participles:**<br>llegando<br>llegado | llego<br>llegas<br>llega<br>llegamos<br>llegáis<br>llegan | llegaba<br>llegabas<br>llegaba<br>llegábamos<br>llegabais<br>llegaban | **llegué**<br>llegaste<br>llegó<br>llegamos<br>llegasteis<br>llegaron | llegaré<br>llegarás<br>llegará<br>llegaremos<br>llegaréis<br>llegarán | llegaría<br>llegarías<br>llegaría<br>llegaríamos<br>llegaríais<br>llegarían | **llegue**<br>**llegues**<br>**llegue**<br>**lleguemos**<br>**lleguéis**<br>**lleguen** | llegara<br>llegaras<br>llegara<br>llegáramos<br>llegarais<br>llegaran | <br>llega tú (no **llegues**)<br>**llegue** Ud.<br>**lleguemos**<br>llegad (no **lleguéis**)<br>**lleguen** Uds. |
| 42 | proteger (g:j)<br><br>**Participles:**<br>protegiendo<br>protegido | **protejo**<br>proteges<br>protege<br>protegemos<br>protegéis<br>protegen | protegía<br>protegías<br>protegía<br>protegíamos<br>protegíais<br>protegían | protegí<br>protegiste<br>protegió<br>protegimos<br>protegisteis<br>protegieron | protegeré<br>protegerás<br>protegerá<br>protegeremos<br>protegeréis<br>protegerán | protegería<br>protegerías<br>protegería<br>protegeríamos<br>protegeríais<br>protegerían | **proteja**<br>**protejas**<br>**proteja**<br>**protejamos**<br>**protejáis**<br>**protejan** | protegiera<br>protegieras<br>protegiera<br>protegiéramos<br>protegierais<br>protegieran | <br>protege tú (no **protejas**)<br>**proteja** Ud.<br>**protejamos**<br>proteged (no **protejáis**)<br>**protejan** Uds. |
| 43 | tocar (c:qu)<br><br>**Participles:**<br>tocando<br>tocado | toco<br>tocas<br>toca<br>tocamos<br>tocáis<br>tocan | tocaba<br>tocabas<br>tocaba<br>tocábamos<br>tocabais<br>tocaban | **toqué**<br>tocaste<br>tocó<br>tocamos<br>tocasteis<br>tocaron | tocaré<br>tocarás<br>tocará<br>tocaremos<br>tocaréis<br>tocarán | tocaría<br>tocarías<br>tocaría<br>tocaríamos<br>tocaríais<br>tocarían | **toque**<br>**toques**<br>**toque**<br>**toquemos**<br>**toquéis**<br>**toquen** | tocara<br>tocaras<br>tocara<br>tocáramos<br>tocarais<br>tocaran | <br>toca tú (no **toques**)<br>**toque** Ud.<br>**toquemos**<br>tocad (no **toquéis**)<br>**toquen** Uds. |

# Guide to Vocabulary

### Contents of the glossary

This glossary contains the words and expressions listed on the **Vocabulario** page found at the end of each lesson in **DESCUBRE,** as well as other useful vocabulary. The number following an entry indicates the **DESCUBRE** level and lesson where the word or expression was introduced. Check the **Estructura** sections of each lesson for words and expressions related to those grammar topics.

### Abbreviations used in this glossary

| | | | | | |
|---|---|---|---|---|---|
| *adj.* | adjective | *form.* | formal | *pl.* | plural |
| *adv.* | adverb | *indef.* | indefinite | *poss.* | possessive |
| *art.* | article | *interj.* | interjection | *prep.* | preposition |
| *conj.* | conjunction | *i.o.* | indirect object | *pron.* | pronoun |
| *def.* | definite | *m.* | masculine | *ref.* | reflexive |
| *d.o.* | direct object | *n.* | noun | *sing.* | singular |
| *f.* | feminine | *obj.* | object | *sub.* | subject |
| *fam.* | familiar | *p.p.* | past participle | *v.* | verb |

### Note on alphabetization

In current practice, for purposes of alphabetization, **ch** and **ll** are not treated as separate letters, but **ñ** still follows **n**. Therefore, in this glossary you will find that **año**, for example, appears after **anuncio**.

## Spanish-English

### A

**a** *prep.* at; to 1.1
**a bordo** aboard 1.1
**a dieta** on a diet 2.6
**a la derecha** to the right 1.2
**a la izquierda** to the left 1.2
**a la plancha** grilled 1.8
**a la(s) +** *time* at + *time* 1.1
**a menos que** *conj.* unless 2.4
**a menudo** *adv.* often 2.1
**a nombre de** in the name of 1.5
**a plazos** in installments 2.5
**¿A qué hora...?** At what time...? 1.1
**A sus órdenes.** At your service. 2.2
**a tiempo** *adv.* on time 2.1
**a veces** *adv.* sometimes 2.1
**a ver** let's see 1.2
**abajo** *adv.* down
**abeja** *f.* bee
**abierto/a** *adj.* open 1.5, 2.5
**abogado/a** *m., f.* lawyer 2.7
**abrazar(se)** *v.* to hug; to embrace (each other) 2.2
**abrazo** *m.* hug
**abrigo** *m.* coat 1.6
**abril** *m.* April 1.5
**abrir** *v.* to open 1.3
**abuelo/a** *m., f.* grandfather; grandmother 1.3
**abuelos** *pl.* grandparents 1.3
**aburrido/a** *adj.* bored; boring 1.5
**aburrir** *v.* to bore 1.7
**aburrirse** *v.* to get bored 2.8
**acabar de (+** *inf.***)** *v.* to have just (*done something*) 1.6
**acampar** *v.* to camp 1.5
**accidente** *m.* accident 2.1
**acción** *f.* action 2.8
**de acción** action (*genre*) 2.8
**aceite** *m.* oil 1.8
**ácido/a** *adj.* acid 2.4
**acompañar** *v.* to go with; to accompany 2.5
**aconsejar** *v.* to advise 2.3
**acontecimiento** *m.* event 2.9
**acordarse (de) (o:ue)** *v.* to remember 1.7
**acostarse (o:ue)** *v.* to go to bed 1.7
**activo/a** *adj.* active 2.6
**actor** *m.* actor 2.7
**actriz** *f.* actor 2.7
**actualidades** *f., pl.* news; current events 2.9
**acuático/a** *adj.* aquatic 1.4
**adelgazar** *v.* to lose weight; to slim down 2.6
**además (de)** *adv.* furthermore; besides 2.1
**adicional** *adj.* additional
**adiós** *m.* good-bye 1.1
**adjetivo** *m.* adjective
**administración de empresas** *f.* business administration 1.2
**adolescencia** *f.* adolescence 1.9
**¿adónde?** *adv.* where (to)? (*destination*) 1.2
**aduana** *f.* customs 1.5
**aeróbico/a** *adj.* aerobic 2.6
**aeropuerto** *m.* airport 1.5
**afectado/a** *adj.* affected 2.4
**afeitarse** *v.* to shave 1.7
**aficionado/a** *adj.* fan 1.4
**afirmativo/a** *adj.* affirmative
**afueras** *f., pl.* suburbs; outskirts 2.3
**agencia de viajes** *f.* travel agency 1.5
**agente de viajes** *m., f.* travel agent 1.5
**agosto** *m.* August 1.5
**agradable** *adj.* pleasant
**agua** *f.* water 1.8
**agua mineral** mineral water 1.8
**ahora** *adv.* now 1.2
**ahora mismo** right now 1.5
**ahorrar** *v.* to save (*money*) 2.5
**ahorros** *m.* savings 2.5
**aire** *m.* air 1.5
**ajo** *m.* garlic 1.8
**al** (*contraction of* **a + el**) 1.2
**al aire libre** open-air 1.6
**al contado** in cash 2.5
**al este** to the east 2.5

**al fondo (de)** at the end (of) 2.3
**al lado de** beside 1.2
**al norte** to the north 2.5
**al oeste** to the west 2.5
**al sur** to the south 2.5
**alcoba** *f.* bedroom 2.3
**alegrarse (de)** *v.* to be happy 2.4
**alegre** *adj.* happy; joyful 1.5
**alegría** *f.* happiness 1.9
**alemán, alemana** *adj.* German 1.3
**alérgico/a** *adj.* allergic 2.1
**alfombra** *f.* carpet; rug 2.3
**algo** *pron.* something; anything 1.7
**algodón** *m.* cotton 1.6
**alguien** *pron.* someone; somebody; anyone 1.7
**algún, alguno/a(s)** *adj., pron.* any; some 1.7
**alimentación** *f.* diet
**alimento** *m.* food
**aliviar** *v.* to reduce 2.6
**aliviar el estrés/la tensión** to reduce stress/tension 2.6
**allí** *adv.* there 1.5
**allí mismo** right there 2.5
**almacén** *m.* department store 1.6
**almohada** *f.* pillow 2.3
**almorzar (o:ue)** *v.* to have lunch 1.4
**almuerzo** *m.* lunch 1.8
**aló** *interj.* hello (*on the telephone*) 2.2
**alquilar** *v.* to rent 2.3
**alquiler** *m.* rent (payment) 2.3
**alternador** *m.* alternator 2.2
**altillo** *m.* attic 2.3
**alto/a** *adj.* tall 1.3
**aluminio** *m.* aluminum 2.4
**ama de casa** *m., f.* housekeeper; caretaker 2.3
**amable** *adj.* nice; friendly 1.5
**amarillo/a** *adj.* yellow 1.6
**amigo/a** *m., f.* friend 1.3
**amistad** *f.* friendship 1.9
**amor** *m.* love 1.9
**anaranjado/a** *adj.* orange 1.6
**andar** *v.* **en patineta** to skateboard 1.4
**animal** *m.* animal 2.4
**aniversario (de bodas)** *m.* (wedding) anniversary 1.9
**anoche** *adv.* last night 1.6
**anteayer** *adv.* the day before yesterday 1.6
**antes** *adv.* before 1.7
**antes (de) que** *conj.* before 2.4
**antes de** *prep.* before 1.7
**antibiótico** *m.* antibiotic 2.1
**antipático/a** *adj.* unpleasant 1.3
**anunciar** *v.* to announce; to advertise 2.9
**anuncio** *m.* advertisement 2.7
**año** *m.* year 1.5
**año pasado** last year 1.6
**apagar** *v.* to turn off 2.2
**aparato** *m.* appliance
**apartamento** *m.* apartment 2.3
**apellido** *m.* last name 1.3
**apenas** *adv.* hardly; scarcely 2.1
**aplaudir** *v.* to applaud 2.8
**apreciar** *v.* to appreciate 2.8
**aprender (a +** *inf.***)** *v.* to learn 1.3
**apurarse** *v.* to hurry; to rush 2.6
**aquel, aquella** *adj.* that (over there) 1.6
**aquél, aquélla** *pron.* that (over there) 1.6
**aquello** *neuter pron.* that; that thing; that fact 1.6
**aquellos/as** *pl. adj.* those (over there) 1.6
**aquéllos/as** *pl. pron.* those (ones) (over there) 1.6
**aquí** *adv.* here 1.1
**Aquí está...** Here it is... 1.5
**Aquí estamos en...** Here we are at/in... 1.2
**aquí mismo** right here 2.2
**árbol** *m.* tree 2.4
**archivo** *m.* file 2.2
**armario** *m.* closet 2.3
**arqueólogo/a** *m., f.* archaeologist 2.7
**arquitecto/a** *m., f.* architect 2.7
**arrancar** *v.* to start (*a car*) 2.2
**arreglar** *v.* to fix; to arrange 2.2; to neaten; to straighten up 2.3
**arriba** *adv.* up
**arroba** *f.* @ symbol 2.2
**arroz** *m.* rice 1.8
**arte** *m.* art 1.2
**artes** *f., pl.* arts 2.8
**artesanía** *f.* craftsmanship; crafts 2.8
**artículo** *m.* article 2.9
**artista** *m., f.* artist 1.3
**artístico/a** *adj.* artistic 2.8
**arveja** *m.* pea 1.8
**asado/a** *adj.* roast 1.8
**ascenso** *m.* promotion 2.7
**ascensor** *m.* elevator 1.5
**así** *adv.* like this; so (*in such a way*) 2.1
**así así** so-so
**asistir (a)** *v.* to attend 1.3
**aspiradora** *f.* vacuum cleaner 2.3
**aspirante** *m. f.* candidate; applicant 2.7
**aspirina** *f.* aspirin 2.1
**atún** *m.* tuna 1.8
**aumentar de peso** to gain weight 2.6
**aumento** *m.* increase 2.7
**aumento de sueldo** *m.* pay raise 2.7
**aunque** *conj.* although
**autobús** *m.* bus 1.1
**automático/a** *adj.* automatic
**auto(móvil)** *m.* auto(mobile) 1.5
**autopista** *f.* highway 2.2
**ave** *f.* bird 2.4
**avenida** *f.* avenue
**aventura** *f.* adventure 2.8
**de aventura** adventure (*genre*) 2.8
**avergonzado/a** *adj.* embarrassed 1.5
**avión** *m.* airplane 1.5
**¡Ay!** *interj.* Oh!
**¡Ay, qué dolor!** Oh, what pain!
**ayer** *adv.* yesterday 1.6
**ayudar(se)** *v.* to help (each other) 2.2, 2.3
**azúcar** *m.* sugar 1.8
**azul** *adj.* blue 1.6

## B

**bailar** *v.* to dance 1.2
**bailarín/bailarina** *m., f.* dancer 2.8
**baile** *m.* dance 2.8
**bajar(se) de** *v.* to get off of/out of (*a vehicle*) 2.2
**bajo/a** *adj.* short (*in height*) 1.3
**bajo control** under control 1.7
**balcón** *m.* balcony 2.3
**baloncesto** *m.* basketball 1.4
**banana** *f.* banana 1.8
**banco** *m.* bank 2.5
**banda** *f.* band 2.8
**bandera** *f.* flag
**bañarse** *v.* to bathe; to take a bath 1.7
**baño** *m.* bathroom 1.7
**barato/a** *adj.* cheap 1.6
**barco** *m.* boat 1.5
**barrer** *v.* to sweep 2.3
**barrer el suelo** to sweep the floor 2.3
**barrio** *m.* neighborhood 2.3
**bastante** *adv.* enough; rather 2.1; pretty 2.4
**basura** *f.* trash 2.3
**baúl** *m.* trunk 2.2
**beber** *v.* to drink 1.3
**bebida** *f.* drink 1.8
**béisbol** *m.* baseball 1.4
**bellas artes** *f., pl.* fine arts 2.8
**belleza** *f.* beauty 2.5
**beneficio** *m.* benefit 2.7
**besar(se)** *v.* to kiss (each other) 2.2
**beso** *m.* kiss 1.9
**biblioteca** *f.* library 1.2
**bicicleta** *f.* bicycle 1.4
**bien** *adj., adv.* well 1.1

**bienestar** *m.* well-being 2.6
**bienvenido(s)/a(s)** *adj.* welcome 2.3
**billete** *m.* paper money; ticket
**billón** *m.* trillion
**biología** *f.* biology 1.2
**bisabuelo/a** *m., f.* great-grandfather/great-grandmother 1.3
**bistec** *m.* steak 1.8
**bizcocho** *m.* biscuit
**blanco/a** *adj.* white 1.6
**bluejeans** *m., pl.* jeans 1.6
**blusa** *f.* blouse 1.6
**boca** *f.* mouth 2.1
**boda** *f.* wedding 1.9
**boleto** *m.* ticket 2.8
**bolsa** *f.* purse, bag 1.6
**bombero/a** *m., f.* firefighter 2.7
**bonito/a** *adj.* pretty 1.3
**borrador** *m.* eraser 1.2
**borrar** *v.* to erase 2.2
**bosque** *m.* forest 2.4
  **bosque tropical** tropical forest; rain forest 2.4
**bota** *f.* boot 1.6
**botella** *f.* bottle 1.9
  **botella de vino** bottle of wine 1.9
**botones** *m., f. sing.* bellhop 1.5
**brazo** *m.* arm 2.1
**brindar** *v.* to toast (*drink*) 1.9
**bucear** *v.* to scuba dive 1.4
**buen, bueno/a** *adj.* good 1.3, 1.6
  **¡Buen viaje!** Have a good trip! 1.6
  **buena forma** good shape (*physical*) 2.6
  **Buena idea.** Good idea. 1.4
  **Buenas noches.** Good evening. Good night. 1.1
  **Buenas tardes.** Good afternoon. 1.1
  **buenísimo** extremely good
  **¿Bueno?** Hello. (*on telephone*) 2.2
  **Buenos días.** Good morning. 1.1
**bueno...** *interj.* well... 1.2, 2.8
**bulevar** *m.* boulevard
**buscar** *v.* to look for 1.2
**buzón** *m.* mailbox 2.5

## C

**caballo** *m.* horse 1.5
**cabaña** *f.* cabin 1.5
**cabe: no cabe duda de** there's no doubt 2.4
**cabeza** *f.* head 2.1
**cada** *adj.* each 1.6
**caerse** *v.* to fall (down) 2.1
**café** *m.* café 1.4; coffee 1.8; *adj.* brown 1.6
**cafeína** *f.* caffeine 2.5
**cafetera** *f.* coffeemaker 2.3
**cafetería** *f.* cafeteria 1.2
**caído** *p.p.* fallen 2.5
**caja** *f.* cash register 1.6
**cajero/a** *m., f.* cashier 2.5
  **cajero automático** *m.* ATM 2.5
**calcetín (calcetines)** *m.* sock(s) 1.6
**calculadora** *f.* calculator 2.2
**caldo** *m.* soup 1.8
  **caldo de patas** *m.* beef soup 1.8
**calentarse (e:ie)** *v.* to warm up 2.6
**calidad** *f.* quality 1.6
**calle** *f.* street 2.2
**calor** *m.* heat 1.4
**caloría** *f.* calorie 2.6
**calzar** *v.* to take size... shoes 1.6
**cama** *f.* bed 1.5
**cámara de video** *f.* video camera 2.2
**cámara digital** *f.* digital camera 2.2
**camarero/a** *m., f.* waiter; waitress 1.8
**camarón** *m.* shrimp 1.8
**cambiar (de)** *v.* to change 1.9
**cambio de moneda** *m.* currency exchange
**caminar** *v.* to walk 1.2
**camino** *m.* road
**camión** *m.* truck; bus
**camisa** *f.* shirt 1.6
**camiseta** *f.* t-shirt 1.6
**campo** *m.* countryside 1.5
**canadiense** *adj.* Canadian 1.3
**canal** *m.* (TV) channel 2.2, 2.8
**canción** *f.* song 2.8
**candidato/a** *m., f.* candidate 2.9
**cansado/a** *adj.* tired 1.5
**cantante** *m., f.* singer 2.8
**cantar** *v.* to sing 1.2
**capital** *f.* capital city 1.1
**capó** *m.* hood 2.2
**cara** *f.* face 1.7
**caramelo** *m.* caramel 1.9
**carne** *f.* meat 1.8
  **carne de res** *f.* beef 1.8
**carnicería** *f.* butcher shop 2.5
**caro/a** *adj.* expensive 1.6
**carpintero/a** *m., f.* carpenter 2.7
**carrera** *f.* career 2.7
**carretera** *f.* highway 2.2
**carro** *m.* car; automobile 2.2
**carta** *f.* letter 1.4; (playing) card 1.5
**cartel** *m.* poster 2.3
**cartera** *f.* wallet 1.6
**cartero/a** *m., f.* mail carrier 2.5
**casa** *f.* house; home 1.2
**casado/a** *adj.* married 1.9
**casarse (con)** *v.* to get married (to) 1.9
**casi** *adv.* almost 2.1
**catorce** *n., adj.* fourteen 1.1
**cazar** *v.* to hunt 2.4
**cebolla** *f.* onion 1.8
**cederrón** *m.* CD-ROM 2.2
**celebrar** *v.* to celebrate 1.9
**celular** *adj.* cellular 2.2
**cena** *f.* dinner 1.8
**cenar** *v.* to have dinner 1.2
**centro** *m.* downtown 1.4
  **centro comercial** *m.* shopping mall 1.6
**cepillarse los dientes/el pelo** *v.* to brush one's teeth/one's hair 1.7
**cerámica** *f.* pottery 2.8
**cerca de** *prep.* near 1.2
**cerdo** *m.* pork 1.8
**cereales** *m., pl.* cereal; grains 1.8
**cero** *m.* zero 1.1
**cerrado/a** *adj.* closed 1.5, 2.5
**cerrar (e:ie)** *v.* to close 1.4
**césped** *m.* grass 2.4
**ceviche** *m.* marinated fish dish 1.8
  **ceviche de camarón** *m.* lemon-marinated shrimp 1.8
**chaleco** *m.* vest
**champán** *m.* champagne 1.9
**champiñón** *m.* mushroom 1.8
**champú** *m.* shampoo 1.7
**chaqueta** *f.* jacket 1.6
**chau** *fam. interj.* bye 1.1
**cheque** *m.* (bank) check 2.5
  **cheque de viajero** *m.* traveler's check 2.5
**chévere** *adj., fam.* terrific
**chico/a** *m., f.* boy; girl 1.1
**chino/a** *adj.* Chinese 1.3
**chocar (con)** *v.* to run into
**chocolate** *m.* chocolate 1.9
**choque** *m.* collision 2.9
**chuleta** *f.* chop (*food*) 1.8
  **chuleta de cerdo** *f.* pork chop 1.8
**cibercafé** *m.* cybercafé
**ciclismo** *m.* cycling 1.4
**cielo** *m.* sky 2.4
**cien(to)** *n., adj.* one hundred 1.2
**ciencia** *f.* science 1.2
  **de ciencia ficción** science fiction (*genre*) 2.8
**científico/a** *m., f.* scientist 2.7
**cierto/a** *adj.* certain 2.4
  **es cierto** it's certain 2.4
  **no es cierto** it's not certain 2.4
**cinco** *n., adj.* five 1.1
**cincuenta** *n., adj.* fifty 1.2
**cine** *m.* movie theater 1.4
**cinta** *f.* (audio)tape

**cinta caminadora** *f.* treadmill 2.6
**cinturón** *m.* belt 1.6
**circulación** *f.* traffic 2.2
**cita** *f.* date; appointment 1.9
**ciudad** *f.* city 1.4
**ciudadano/a** *m., f.* citizen 2.9
**Claro (que sí).** *fam.* Of course. 2.7
**clase** *f.* class 1.2
**clase de ejercicios aeróbicos** *f.* aerobics class 2.6
**clásico/a** *adj.* classical 2.8
**cliente/a** *m., f.* customer 1.6
**clínica** *f.* clinic 2.1
**cobrar** *v.* to cash (*a check*) 2.5
**coche** *m.* car; automobile 2.2
**cocina** *f.* kitchen; stove 2.3
**cocinar** *v.* to cook 2.3
**cocinero/a** *m., f.* cook, chef 2.7
**cofre** *m.* hood 2.5
**cola** *f.* line 2.5
**colesterol** *m.* cholesterol 2.6
**color** *m.* color 1.6
**comedia** *f.* comedy; play 2.8
**comedor** *m.* dining room 2.3
**comenzar (e:ie)** *v.* to begin 1.4
**comer** *v.* to eat 1.3
**comercial** *adj.* commercial; business-related 2.7
**comida** *f.* food; meal 1.8
**como** *prep., conj.* like; as 1.8
**¿cómo?** *adv.* what?; how? 1.1
**¿Cómo es...?** What's... like? 1.3
**¿Cómo está usted?** *form.* How are you? 1.1
**¿Cómo estás?** *fam.* How are you? 1.1
**¿Cómo les fue...?** *pl.* How did ... go for you? 2.6
**¿Cómo se llama (usted)?** *form.* What's your name? 1.1
**¿Cómo te llamas (tú)?** *fam.* What's your name? 1.1
**cómoda** *f.* chest of drawers 2.3
**cómodo/a** *adj.* comfortable 1.5
**compañero/a de clase** *m., f.* classmate 1.2
**compañero/a de cuarto** *m., f.* roommate 1.2
**compañía** *f.* company; firm 2.7
**compartir** *v.* to share 1.3
**completamente** *adv.* completely 2.7
**compositor(a)** *m., f.* composer 2.8
**comprar** *v.* to buy 1.2
**compras** *f., pl.* purchases 1.5
**ir de compras** to go shopping 1.5
**comprender** *v.* to understand 1.3
**comprobar (o:ue)** *v.* to check
**comprometerse (con)** *v.* to get engaged (to) 1.9
**computación** *f.* computer science 1.2
**computadora** *f.* computer 1.1
**computadora portátil** *f.* portable computer; laptop 2.2
**comunicación** *f.* communication 2.9
**comunicarse (con)** *v.* to communicate (with) 2.9
**comunidad** *f.* community 1.1
**con** *prep.* with 1.2
**Con él/ella habla.** This is he/she. (*on telephone*) 2.2
**con frecuencia** *adv.* frequently 2.1
**Con permiso.** Pardon me.; Excuse me. 1.1
**con tal (de) que** *conj.* provided (that) 2.4
**concierto** *m.* concert 2.8
**concordar (o:ue)** *v.* to agree
**concurso** *m.* game show; contest 2.8
**conducir** *v.* to drive 1.6, 2.2
**conductor(a)** *m., f.* driver 1.1
**confirmar** *v.* to confirm 1.5
**confirmar una reservación** to confirm a reservation 1.5
**confundido/a** *adj.* confused 1.5
**congelador** *m.* freezer 2.3
**congestionado/a** *adj.* congested; stuffed-up 2.1
**conmigo** *pron.* with me 1.4, 1.9
**conocer** *v.* to know; to be acquainted with 1.6
**conocido/a** *adj.; p.p.* known
**conseguir (e:i)** *v.* to get; to obtain 1.4
**consejero/a** *m., f.* counselor; advisor 2.7
**consejo** *m.* advice
**conservación** *f.* conservation 2.4
**conservar** *v.* to conserve 2.4
**construir** *v.* to build
**consultorio** *m.* doctor's office 2.1
**consumir** *v.* to consume 2.6
**contabilidad** *f.* accounting 1.2
**contador(a)** *m., f.* accountant 2.7
**contaminación** *f.* pollution 2.4
**contaminación del aire/del agua** air/water pollution 2.4
**contaminado/a** *adj.* polluted 2.4
**contaminar** *v.* to pollute 2.4
**contar (o:ue)** *v.* to count; to tell 1.4
**contar con** *v.* to count (on) 2.3
**contento/a** *adj.* happy; content 1.5
**contestadora** *f.* answering machine 2.2
**contestar** *v.* to answer 1.2
**contigo** *fam. pron.* with you 1.9
**contratar** *v.* to hire 2.7
**control** *m.* control 1.7
**control remoto** *m.* remote control 2.2
**controlar** *v.* to control 2.4
**conversación** *f.* conversation 1.2
**conversar** *v.* to converse, to chat 1.2
**copa** *f.* goblet 2.3
**corazón** *m.* heart 2.1
**corbata** *f.* tie 1.6
**corredor(a) de bolsa** *m., f.* stockbroker 2.7
**correo** *m.* mail; post office 2.5
**correo electrónico** *m.* e-mail 1.4
**correr** *v.* to run 1.3
**cortesía** *f.* courtesy
**cortinas** *f., pl.* curtains 2.3
**corto/a** *adj.* short (*in length*) 1.6
**cosa** *f.* thing 1.1
**costar (o:ue)** *f.* to cost 1.6
**cráter** *m.* crater 2.4
**creer** *v.* to believe 2.4
**creer en** *v.* to believe in 1.3
**no creer en** *v.* not to believe in 2.4
**creído/a** *adj., p.p.* believed 2.5
**crema de afeitar** *f.* shaving cream 1.7
**crimen** *m.* crime; murder 2.9
**cruzar** *v.* to cross 2.5
**cuaderno** *m.* notebook 1.1
**cuadra** *f.* (city) block 2.5
**cuadro** *m.* picture 2.3
**¿cuál(es)?** *pron.* which?; which one(s)? 1.2
**¿Cuál es la fecha de hoy?** What is today's date? 1.5
**cuando** *conj.* when 1.7, 2.4
**¿cuándo?** *adv.* when? 1.2
**¿cuánto(s)/a(s)?** *adj.* how much/how many? 1.1
**¿Cuánto cuesta...?** How much does... cost? 1.6
**¿Cuántos años tienes?** *fam.* How old are you? 1.3
**cuarenta** *n., adj.* forty 1.2
**cuarto** *m.* room 1.2, 1.7
**cuarto de baño** *m.* bathroom 1.7
**cuarto/a** *n., adj.* fourth 1.5
**menos cuarto** quarter to (*time*)
**y cuarto** quarter after (*time*) 1.1
**cuatro** *n., adj.* four 1.1
**cuatrocientos/as** *n., adj.* four hundred 1.2
**cubierto** *p.p.* covered
**cubiertos** *m., pl.* silverware
**cubrir** *v.* to cover
**cuchara** *f.* tablespoon; large spoon 2.3
**cuchillo** *m.* knife 2.3
**cuello** *m.* neck 2.1
**cuenta** *f.* bill 1.9; account 2.5

**cuenta corriente** *f.* checking account 2.5
**cuenta de ahorros** *f.* savings account 2.5
**cuento** *m.* short story 2.8
**cuerpo** *m.* body 2.1
**cuidado** *m.* care 1.3
**cuidar** *v.* to take care of 2.4
**¡Cuídense!** *form. pl.* Take care! 2.5
**cultura** *f.* culture 2.8
**cumpleaños** *m., sing.* birthday 1.9
**cumplir años** *v.* to have a birthday 1.9
**cuñado/a** *m., f.* brother-in-law; sister-in-law 1.3
**currículum** *m.* résumé 2.7
**curso** *m.* course 1.2

## D

**danza** *f.* dance 2.8
**dañar** *v.* to damage; to break down 2.1
**dar** *v.* to give 1.6, 1.9
**dar direcciones** to give directions 2.5
**dar un consejo** to give advice
**darse con** *v.* to bump into; to run into (*something*) 2.1
**darse prisa** to hurry; to rush 2.6
**de** *prep.* of; from 1.1
**de algodón** (made) of cotton 1.6
**de aluminio** (made) of aluminum 2.4
**de buen humor** in a good mood 1.5
**de compras** shopping 1.5
**de cuadros** plaid 1.6
**¿De dónde eres?** *fam.* Where are you from? 1.1
**¿De dónde es usted?** *form.* Where are you from? 1.1
**de excursión** hiking 1.4
**de hecho** in fact
**de ida y vuelta** roundtrip 1.5
**de la mañana** in the morning; A.M. 1.1
**de la noche** in the evening; at night; P.M. 1.1
**de la tarde** in the afternoon; in the early evening; P.M. 1.1
**de lana** (made) of wool 1.6
**de lunares** polka-dotted 1.6
**de mal humor** in a bad mood 1.5
**de mi vida** of my life 2.6
**de moda** in fashion 1.6
**De nada.** You're welcome. 1.1
**De ninguna manera.** No way. 2.7
**de niño/a** as a child 2.1
**de parte de** on behalf of 2.2
**¿De parte de quién?** Who is calling? (*on telephone*) 2.2
**de plástico** (made) of plastic 2.4
**¿de quién...?** *pron., sing.* whose...? 1.1
**¿de quiénes...?** *pron., pl.* whose...? 1.1
**de rayas** striped 1.6
**de repente** *adv.* suddenly 1.6
**de seda** (made) of silk 1.6
**de vaqueros** western (*genre*) 2.8
**de vez en cuando** from time to time 2.1
**de vidrio** (made) of glass 2.4
**debajo de** *prep.* below; under 1.2
**deber** *m.* responsibility; obligation 2.9
**deber (+ *inf.*)** *v.* should; must; ought to 1.3
**Debe ser...** It must be... 1.6
**debido a** due to (the fact that)
**débil** *adj.* weak 2.6
**decidido/a** *adj.* decided 2.5
**decidir (+ *inf.*)** *v.* to decide 1.3
**décimo/a** *n., adj.* tenth 1.5
**decir (e:i)** *v.* to say; to tell 1.4, 1.9
**decir la respuesta** to say the answer 1.4
**decir la verdad** to tell the truth 1.4
**decir mentiras** to tell lies 1.4
**decir que** to say that 1.4
**declarar** *v.* to declare; to say 2.9
**dedo** *m.* finger 2.1
**dedo del pie** *m.* toe 2.1
**deforestación** *f.* deforestation 2.4
**dejar** *v.* to let 2.3; to quit; to leave behind 2.7
**dejar de (+ *inf.*)** *v.* to stop (*doing something*) 2.4
**dejar una propina** *v.* to leave a tip 1.9
**del** (*contraction of* **de + el**) of the; from the
**delante de** *prep.* in front of 1.2
**delgado/a** *adj.* thin; slender 1.3
**delicioso/a** *adj.* delicious 1.8
**demás** *adj.* the rest
**demasiado/a** *adj., adv.* too much 1.6
**dentista** *m., f.* dentist 2.1
**dentro de (diez años)** within (ten years) 2.7; inside
**dependiente/a** *m., f.* clerk 1.6
**deporte** *m.* sport 1.4
**deportista** *m.* sports person
**deportivo/a** *adj.* sports-related 1.4
**depositar** *v.* to deposit 2.5
**derecha** *f.* right 1.2
**a la derecha de** to the right of 1.2
**derecho** *adv.* straight (ahead) 2.5
**derechos** *m.* rights 2.9
**desarrollar** *v.* to develop 2.4
**desastre (natural)** *m.* (natural) disaster 2.9
**desayunar** *v.* to have breakfast 1.2
**desayuno** *m.* breakfast 1.8
**descafeinado/a** *adj.* decaffeinated 2.6
**descansar** *v.* to rest 1.2
**descargar** *v.* to download 2.2
**descompuesto/a** *adj.* not working; out of order 2.2
**describir** *v.* to describe 1.3
**descrito** *p.p.* described 2.5
**descubierto** *p.p.* discovered 2.5
**descubrir** *v.* to discover 2.4
**desde** *prep.* from 1.6
**desear** *v.* to wish; to desire 1.2
**desempleo** *m.* unemployment 2.9
**desierto** *m.* desert 2.4
**desigualdad** *f.* inequality 2.9
**desordenado/a** *adj.* disorderly 1.5
**despacio** *adv.* slowly 2.1
**despedida** *f.* farewell; good-bye
**despedir (e:i)** *v.* to fire 2.7
**despedirse (e:i) (de)** *v.* to say good-bye (to) 1.7
**despejado/a** *adj.* clear (*weather*)
**despertador** *m.* alarm clock 1.7
**despertarse (e:ie)** *v.* to wake up 1.7
**después** *adv.* afterwards; then 1.7
**después de** *prep.* after 1.7
**después de que** *conj.* after 2.4
**destruir** *v.* to destroy 2.4
**detrás de** *prep.* behind 1.2
**día** *m.* day 1.1
**día de fiesta** *m.* holiday 1.9
**diario** *m.* diary 1.1; newspaper 2.9
**diario/a** *adj.* daily 1.7
**dibujar** *v.* to draw 1.2
**dibujo** *m.* drawing 2.8
**dibujos animados** *m., pl.* cartoons 2.8
**diccionario** *m.* dictionary 1.1
**dicho** *p.p.* said 2.5
**diciembre** *m.* December 1.5
**dictadura** *f.* dictatorship 2.9
**diecinueve** *n., adj.* nineteen 1.1
**dieciocho** *n., adj.* eighteen 1.1
**dieciséis** *n., adj.* sixteen 1.1
**diecisiete** *n., adj.* seventeen 1.1
**diente** *m.* tooth 1.7
**dieta** *f.* diet 2.6

**comer una dieta equilibrada** to eat a balanced diet 2.6
**diez** *n., adj.* ten 1.1
**difícil** *adj.* difficult; hard 1.3
**Diga.** Hello. (*on telephone*) 2.2
**diligencia** *f.* errand 2.5
**dinero** *m.* money 1.6
**dirección** *f.* address 2.5
**dirección electrónica** *f.* e-mail address 2.2
**direcciones** *f., pl.* directions 2.5
**director(a)** *m., f.* director; (*musical*) conductor 2.8
**dirigir** *v.* to direct 2.8
**disco compacto** *m.* compact disc (CD) 2.2
**discriminación** *f.* discrimination 2.9
**discurso** *m.* speech 2.9
**diseñador(a)** *m., f.* designer 2.7
**diseño** *m.* design
**disfrutar (de)** *v.* to enjoy; to reap the benefits (of) 2.6
**diversión** *f.* fun activity; entertainment; recreation 1.4
**divertido/a** *adj.* fun 1.7
**divertirse (e:ie)** *v.* to have fun 1.9
**divorciado/a** *adj.* divorced 1.9
**divorciarse (de)** *v.* to get divorced (from) 1.9
**divorcio** *m.* divorce 1.9
**doblar** *v.* to turn 2.5
**doble** *adj.* double
**doce** *n., adj.* twelve 1.1
**doctor(a)** *m., f.* doctor 1.3, 2.1
**documental** *m.* documentary 2.8
**documentos de viaje** *m., pl.* travel documents
**doler (o:ue)** *v.* to hurt 2.1
**dolor** *m.* ache; pain 2.1
**dolor de cabeza** *m.* headache 2.1
**doméstico/a** *adj.* domestic 2.3
**domingo** *m.* Sunday 1.2
**don/doña** title of respect used with a person's first name 1.1
**donde** *conj.* where
**¿dónde?** *adv.* where? 1.1
**¿Dónde está...?** Where is...? 1.2
**dormir (o:ue)** *v.* to sleep 1.4
**dormirse (o:ue)** *v.* to go to sleep; to fall asleep 1.7
**dormitorio** *m.* bedroom 2.3
**dos** *n., adj.* two 1.1
**dos veces** *adv.* twice; two times 1.6
**doscientos/as** *n., adj.* two hundred 1.2
**drama** *m.* drama; play 2.8
**dramático/a** *m., f..* dramatic 2.8
**dramaturgo/a** *m., f.* playwright 2.8
**droga** *f.* drug 2.6
**drogadicto/a** *m., f.* drug addict 2.6
**ducha** *f.* shower 1.7
**ducharse** *v.* to shower; to take a shower 1.7
**duda** *f.* doubt 2.4
**dudar** *v.* to doubt 2.4
**no dudar** *v.* not to doubt 2.4
**dueño/a** *m., f.* owner; landlord 1.8
**dulces** *m., pl.* sweets; candy 1.9
**durante** *prep.* during 1.7
**durar** *v.* to last 2.9

## E

**e** *conj.* (used instead of **y** before words beginning with **i** and **hi**) and 1.4
**echar** *v.* to throw
**echar (una carta) al buzón** to put (a letter) in the mailbox; to mail 2.5
**ecología** *f.* ecology 2.4
**economía** *f.* economics 1.2
**ecoturismo** *m.* ecotourism 2.4
**Ecuador** *m.* Ecuador 1.1
**ecuatoriano/a** *adj.* Ecuadorian 1.3
**edad** *f.* age 1.9
**edificio** *m.* building 2.3
**edificio de apartamentos** *m.* apartment building 2.3
**(en) efectivo** *m.* cash 1.6
**ejercicio** *m.* exercise 2.6
**ejercicios aeróbicos** *m. pl.* aerobic exercises 2.6
**ejercicios de estiramiento** *m. pl.* stretching exercises 2.6
**ejército** *m.* army 2.9
**el** *m., sing., def. art.* the 1.1
**él** *sub. pron.* he 1.1; *pron., obj. of prep.* him 1.9
**elecciones** *f. pl.* election 2.9
**electricista** *m., f.* electrician 2.7
**electrodoméstico** *m.* electric appliance 2.3
**elegante** *adj.* elegant 1.6
**elegir (e:i)** *v.* to elect 2.9
**ella** *sub. pron.* she 1.1; *pron., obj. of prep.* her 1.9
**ellos/as** *sub. pron.* they 1.1; *pron., obj. of prep.* them 1.9
**embarazada** *adj.* pregnant 2.1
**emergencia** *f.* emergency 2.1
**emitir** *v.* to broadcast 2.9
**emocionante** *adj.* exciting
**empezar (e:ie)** *v.* to begin 1.4
**empleado/a** *m., f.* employee 1.5
**empleo** *m.* job; employment 2.7
**empresa** *f.* company; firm 2.7
**en** *prep.* in; on; at 1.2
**en casa** at home 1.7
**en caso (de) que** *conj.* in case (that) 2.4
**en cuanto** *conj.* as soon as 2.4
**en efectivo** in cash 2.5
**en exceso** in excess; too much 2.6
**en línea** in-line 1.4
**¡En marcha!** Let's get going! 2.6
**en mi nombre** in my name
**en punto** on the dot; exactly; sharp (*time*) 1.1
**¿en qué?** in what?; how? 1.2
**¿En qué puedo servirles?** How can I help you? 1.5
**enamorado/a (de)** *adj.* in love (with) 1.5
**enamorarse (de)** *v.* to fall in love (with) 1.9
**encantado/a** *adj.* delighted; Pleased to meet you. 1.1
**encantar** *v.* to like very much; to love (*inanimate objects*) 1.7
**¡Me encantó!** I loved it! 2.6
**encima de** *prep.* on top of 1.2
**encontrar (o:ue)** *v.* to find 1.4
**encontrar(se) (o:ue)** *v.* to meet (each other); to run into (each other) 2.2
**encuesta** *f.* poll; survey 2.9
**energía** *f.* energy 2.4
**energía nuclear** *f.* nuclear energy 2.4
**energía solar** *f.* solar energy 2.4
**enero** *m.* January 1.5
**enfermarse** *v.* to get sick 2.1
**enfermedad** *f.* illness 2.1
**enfermero/a** *m., f.* nurse 2.1
**enfermo/a** *adj.* sick 2.1
**enfrente de** *adv.* opposite; facing 2.5
**engordar** *v.* to gain weight 2.6
**enojado/a** *adj.* mad; angry 1.5
**enojarse (con)** *v.* to get angry (with) 1.7
**ensalada** *f.* salad 1.8
**enseguida** *adv.* right away 1.9
**enseñar** *v.* to teach 1.2
**ensuciar** *v.* to get (*something*) dirty 2.3
**entender (e:ie)** *v.* to understand 1.4
**entonces** *adv.* then 1.7
**entrada** *f.* entrance 2.3; ticket 2.8
**entre** *prep.* between; among 1.2
**entremeses** *m., pl.* hors d'oeuvres; appetizers 1.8
**entrenador(a)** *m., f.* trainer 2.6
**entrenarse** *v.* to practice; to train 2.6
**entrevista** *f.* interview 2.7

**entrevistador(a)** *m., f.* interviewer 2.7
**entrevistar** *v.* to interview 2.7
**envase** *m.* container 2.4
**enviar** *v.* to send; to mail 2.5
**equilibrado/a** *adj.* balanced 2.6
**equipado/a** *adj.* equipped 2.6
**equipaje** *m.* luggage 1.5
**equipo** *m.* team 1.4
**equivocado/a** *adj.* wrong 1.5
**eres** *fam., sing.* you are 1.1
**es** he/she/it is 1.1
**Es bueno que...** It's good that... 2.3
**Es de...** He/She is from... 1.1
**es extraño** it's strange 2.4
**Es importante que...** It's important that... 2.3
**es imposible** it's impossible 2.4
**es improbable** it's improbable 2.4
**Es la una.** It's one o'clock. 1.1
**Es malo que...** It's bad that... 2.3
**Es mejor que...** It's better that... 2.3
**Es necesario que...** It's necessary that... 2.3
**es obvio** it's obvious 2.4
**es ridículo** it's ridiculous 2.4
**es seguro** it's sure 2.4
**es terrible** it's terrible 2.4
**es triste** it's sad 2.4
**es una lástima** it's a shame 2.4
**Es urgente que...** It's urgent that... 2.3
**es verdad** it's true 2.4
**esa(s)** *f., adj.* that; those 1.6
**ésa(s)** *f., pron.* that (one); those (ones) 1.6
**escalar** *v.* to climb 1.4
**escalar montañas** to climb mountains 1.4
**escalera** *f.* stairs; stairway 2.3
**escoger** *v.* to choose 1.8
**escribir** *v.* to write 1.3
**escribir un mensaje electrónico** to write an e-mail message 1.4
**escribir una carta** to write a letter 1.4
**escribir una postal** to write a postcard 1.4
**escrito** *p.p.* written 2.5
**escritor(a)** *m., f* writer 2.8
**escritorio** *m.* desk 1.2
**escuchar** *v.* to listen (to)
**escuchar la radio** to listen to the radio 1.2
**escuchar música** to listen to music 1.2
**escuela** *f.* school 1.1
**esculpir** *v.* to sculpt 2.8
**escultor(a)** *m., f.* sculptor 2.8
**escultura** *f.* sculpture 2.8
**ese** *m., sing., adj.* that 1.6
**ése** *m., sing., pron.* that (one) 1.6
**eso** *neuter pron.* that; that thing 1.6
**esos** *m., pl., adj.* those 1.6
**ésos** *m., pl., pron.* those (ones) 1.6
**España** *f.* Spain 1.1
**español** *m.* Spanish (*language*) 1.2
**español(a)** *adj.* Spanish 1.3
**espárragos** *m., pl.* asparagus 1.8
**especialización** *f.* major 1.2
**espectacular** *adj.* spectacular 2.6
**espectáculo** *m.* show 2.8
**espejo** *m.* mirror 1.7
**esperar** *v.* to hope; to wish 2.4
**esperar (+** *inf.***)** *v.* to wait (for); to hope 1.2
**esposo/a** *m., f.* husband; wife; spouse 1.3
**esquí (acuático)** *m.* (water) skiing 1.4
**esquiar** *v.* to ski 1.4
**esquina** *m.* corner 2.5
**está** he/she/it is; you are 1.2
**Está bien.** That's fine. 2.2
**Está (muy) despejado.** It's (very) clear. (*weather*)
**Está lloviendo.** It's raining. 1.5
**Está nevando.** It's snowing. 1.5
**Está (muy) nublado.** It's (very) cloudy. (*weather*) 1.5
**esta(s)** *f., adj.* this; these 1.6
**esta noche** tonight 1.4
**ésta(s)** *f., pron.* this (one); these (ones) 1.6
**Ésta es...** *f.* This is... (*introducing someone*) 1.1
**establecer** *v.* to start, to establish 2.7
**estación** *f.* station; season 1.5
**estación de autobuses** *f.* bus station 1.5
**estación del metro** *f.* subway station 1.5
**estación de tren** *f.* train station 1.5
**estacionamiento** *m.* parking lot 2.5
**estacionar** *v.* to park 2.2
**estadio** *m.* stadium 1.2
**estado civil** *m.* marital status 1.9
**Estados Unidos** (EE.UU.; E.U.) *m.* United States 1.1
**estadounidense** *adj.* from the United States 1.3
**estampado/a** *adj.* print
**estampilla** *f.* stamp 2.5
**estante** *m.* bookcase; bookshelves 2.3
**estar** *v.* to be 1.2
**estar a (veinte kilómetros) de aquí.** to be (20 kilometers) from here 2.2
**estar a dieta** to be on a diet 2.6
**estar aburrido/a** to be bored 1.5
**estar afectado/a (por)** to be affected (by) 2.4
**estar bajo control** to be under control 1.7
**estar cansado/a** to be tired 1.5
**estar contaminado/a** to be polluted 2.4
**estar de acuerdo** to agree 2.7
**estar de moda** to be in fashion 1.6
**estar de vacaciones** to be on vacation 1.5
**estar en buena forma** to be in good shape 2.6
**estar enfermo/a** to be sick 2.1
**estar listo/a** to be ready 2.6
**estar perdido/a** to be lost 2.5
**estar roto/a** to be broken 2.1
**estar seguro/a** to be sure 1.5
**estar torcido/a** to be twisted; to be sprained 2.1
**Estoy (completamente) de acuerdo.** I agree (completely). 2.7
**No estoy de acuerdo.** I don't agree. 2.7
**No está nada mal.** It's not bad at all. 1.5
**estatua** *f.* statue 2.8
**este** *m.* east 2.5; *interj.* um 2.8
**este** *m., sing., adj.* this 1.6
**éste** *m., sing., pron.* this (one) 1.6
**Éste es...** *m.* This is... (*introducing someone*) 1.1
**estéreo** *m.* stereo 2.2
**estilo** *m.* style
**estiramiento** *m.* stretching 2.6
**esto** *neuter pron.* this; this thing 1.6
**estómago** *m.* stomach 2.1
**estornudar** *v.* to sneeze 2.1
**estos** *m., pl., adj.* these 1.6
**éstos** *m., pl., pron.* these (ones) 1.6
**estrella** *f.* star 2.4
**estrella de cine** *m., f.* movie star 2.8
**estrés** *m.* stress 2.6
**estudiante** *m., f.* student 1.1, 1.2
**estudiantil** *adj.* student 1.2

**estudiar** *v.* to study 1.2
**estufa** *f.* stove 2.3
**estupendo/a** *adj.* stupendous 1.5
**etapa** *f.* stage 1.9
**evitar** *v.* to avoid 2.4
**examen** *m.* test; exam 1.2
**examen médico** *m.* physical exam 2.1
**excelente** *adj.* excellent 1.5
**exceso** *m.* excess; too much 2.6
**excursión** *f.* hike; tour; excursion
**excursionista** *m., f.* hiker
**éxito** *m.* success 2.7
**experiencia** *f.* experience 2.9
**explicar** *v.* to explain 1.2
**explorar** *v.* to explore
**expresión** *f.* expression
**extinción** *f.* extinction 2.4
**extranjero/a** *adj.* foreign 2.8
**extraño/a** *adj.* strange 2.4

## F

**fabuloso/a** *adj.* fabulous 1.5
**fácil** *adj., adv.* easy 1.3
**falda** *f.* skirt 1.6
**faltar** *v.* to lack; to need 1.7
**familia** *f.* family 1.3
**famoso/a** *adj.* famous 2.7
**farmacia** *f.* pharmacy 2.1
**fascinar** *v.* to fascinate 1.7
**favorito/a** *adj.* favorite 1.4
**fax** *m.* fax (machine) 2.2
**febrero** *m.* February 1.5
**fecha** *f.* date 1.5
**feliz** *adj.* happy 1.5
**¡Feliz cumpleaños!** Happy birthday! 1.9
**¡Felicidades!** Congratulations! (*for an event such as a birthday or anniversary*) 1.9
**¡Felicitaciones!** Congratulations! (*for an event such as an engagement or a good grade on a test*) 1.9
**fenomenal** *adj.* great, phenomenal 1.5
**feo/a** *adj.* ugly 1.3
**festival** *m.* festival 2.8
**fiebre** *f.* fever 2.1
**fiesta** *f.* party 1.9
**fijo/a** *adj.* fixed, set 1.6
**fin** *m.* end 1.4
**fin de semana** *m.* weekend 1.4
**finalmente** *adv.* finally 2.6
**firmar** *v.* to sign (*a document*) 2.5
**física** *f.* physics 1.2
**flan (de caramelo)** *m.* baked (caramel) custard 1.9
**flexible** *adj.* flexible 2.6
**flor** *f.* flower 2.4
**folklórico/a** *adj.* folk; folkloric 2.8
**folleto** *m.* brochure
**fondo** *m.* end 2.3
**forma** *f.* shape 2.6
**formulario** *m.* form 2.5
**foto(grafía)** *f.* photograph 1.1
**francés, francesa** *adj.* French 1.3
**frecuentemente** *adv.* frequently 2.1
**frenos** *m., pl.* brakes
**fresco/a** *adj.* cool 1.5
**frijoles** *m., pl.* beans 1.8
**frío/a** *adj.* cold 1.5
**frito/a** *adj.* fried 1.8
**fruta** *f.* fruit 1.8
**frutería** *f.* fruit store 2.5
**frutilla** *f.* strawberry 1.8
**fuente de fritada** *f.* platter of fried food
**fuera** *adv.* outside
**fuerte** *adj.* strong 2.6
**fumar** *v.* to smoke 2.6
**no fumar** *v.* not to smoke 2.6
**funcionar** *v.* to work 2.2; to function
**fútbol** *m.* soccer 1.4
**fútbol americano** *m.* football 1.4
**futuro/a** *adj.* future 2.7
**en el futuro** in the future 2.7

## G

**gafas (de sol)** *f., pl.* (sun)glasses 1.6
**gafas (oscuras)** *f., pl.* (sun)glasses
**galleta** *f.* cookie 1.9
**ganar** *v.* to win 1.4; to earn (*money*) 2.7
**ganga** *f.* bargain 1.6
**garaje** *m.* garage; (mechanic's) repair shop 2.2; garage (*in a house*) 2.3
**garganta** *f.* throat 2.1
**gasolina** *f.* gasoline 2.2
**gasolinera** *f.* gas station 2.2
**gastar** *v.* to spend (*money*) 1.6
**gato** *m.* cat 2.4
**gemelo/a** *m., f.* twin 1.3
**gente** *f.* people 1.3
**geografía** *f.* geography 1.2
**gerente** *m., f.* manager 2.7
**gimnasio** *m.* gymnasium 1.4
**gobierno** *m.* government 2.4
**golf** *m.* golf 1.4
**gordo/a** *adj.* fat 1.3
**grabadora** *f.* tape recorder 1.1
**grabar** *v.* to record 2.2
**gracias** *f., pl.* thank you; thanks 1.1
**Gracias por todo.** Thanks for everything. 1.9, 2.6
**Gracias una vez más.** Thanks again. 1.9
**graduarse (de/en)** *v.* to graduate (from/in) 1.9
**gran, grande** *adj.* big; large 1.3
**grasa** *f.* fat 2.6
**gratis** *adj.* free of charge 2.5
**grave** *adj.* grave; serious 2.1
**gravísimo/a** *adj.* extremely serious 2.4
**grillo** *m.* cricket
**gripe** *f.* flu 2.1
**gris** *adj.* gray 1.6
**gritar** *v.* to scream 1.7
**guantes** *m., pl.* gloves 1.6
**guapo/a** *adj.* handsome; good-looking 1.3
**guardar** *v.* to save (*on a computer*) 2.2
**guerra** *f.* war 2.9
**guía** *m., f.* guide
**gustar** *v.* to be pleasing to; to like 1.2
**Me gustaría...** I would like...
**gusto** *m.* pleasure 2.8
**El gusto es mío.** The pleasure is mine. 1.1
**Gusto de verlo/la.** *form.* It's nice to see you. 2.9
**Gusto de verte.** *fam.* It's nice to see you. 2.9
**Mucho gusto.** Pleased to meet you. 1.1
**¡Qué gusto volver a verlo/la!** *form.* I'm happy to see you again! 2.9
**¡Qué gusto volver a verte!** *fam.* I'm happy to see you again! 2.9

## H

**haber** (*aux.*) *v.* to have (*done something*) 2.6
**Ha sido un placer.** It's been a pleasure. 2.6
**habitación** *f.* room 1.5
**habitación doble** *f.* double room 1.5
**habitación individual** *f.* single room 1.5
**hablar** *v.* to talk; to speak 1.2
**hacer** *v.* to do; to make 1.4
**Hace buen tiempo.** The weather is good. 1.5
**Hace (mucho) calor.** It's (very) hot. (*weather*) 1.5
**Hace fresco.** It's cool. (*weather*) 1.5
**Hace (mucho) frío.** It's very cold. (*weather*) 1.5
**Hace (mucho) sol.** It's (very) sunny. (*weather*) 1.5

**Hace mal tiempo.** The weather is bad. 1.5
**Hace (mucho) viento.** It's (very) windy. (*weather*) 1.5
**hacer cola** to stand in line 2.5
**hacer diligencias** to run errands 2.5
**hacer ejercicio** to exercise 2.6
**hacer ejercicios aeróbicos** to do aerobics 2.6
**hacer ejercicios de estiramiento** to do stretching exercises 2.6
**hacer el papel (de)** to play the role (of) 2.8
**hacer gimnasia** to work out 2.6
**hacer juego (con)** to match (with) 1.6
**hacer la cama** to make the bed 2.3
**hacer las maletas** to pack (one's) suitcases 1.5
**hacer quehaceres domésticos** to do household chores 2.3
**hacer turismo** to go sightseeing 2.5
**hacer un viaje** to take a trip 1.5
**hacer una excursión** to go on a hike; to go on a tour 2.5
**hacia** *prep.* toward 2.5
**hambre** *f.* hunger 1.3
**hamburguesa** *f.* hamburger 1.8
**hasta** *prep.* until 1.6; toward
**Hasta la vista.** See you later. 1.1
**Hasta luego.** See you later. 1.1
**Hasta mañana.** See you tomorrow. 1.1
**hasta que** *conj.* until 2.4
**Hasta pronto.** See you soon. 1.1
**hay** *v.* there is; there are 1.1
**Hay (mucha) contaminación.** It's (very) smoggy.
**Hay (mucha) niebla.** It's (very) foggy.
**Hay que** It is necessary that 2.5
**No hay de qué.** You're welcome. 1.1
**No hay duda de** There's no doubt 2.4
**hecho** *p.p.* done 2.5
**heladería** *f.* ice cream shop 2.5
**helado** *m.* ice cream 1.9
**helado/a** *adj.* iced 1.8
**hermanastro/a** *m., f.* stepbrother; stepsister 1.3
**hermano/a** *m., f.* brother; sister 1.3
**hermano/a mayor/menor** *m., f.* older/younger brother/sister 1.3
**hermanos** *m., pl.* siblings (brothers and sisters) 1.3
**hermoso/a** *adj.* beautiful 1.6
**hierba** *f.* grass 2.4
**hijastro/a** *m., f.* stepson; stepdaughter 1.3
**hijo/a** *m., f.* son; daughter 1.3
**hijo/a único/a** *m., f.* only child 1.3
**hijos** *m., pl.* children 1.3
**historia** *f.* history 1.2; story 2.8
**hockey** *m.* hockey 1.4
**hola** *interj.* hello; hi 1.1
**hombre** *m.* man 1.1
**hombre de negocios** *m.* businessman 2.7
**hora** *f.* hour 1.1; the time
**horario** *m.* schedule 1.2
**horno** *m.* oven 2.3
**horno de microondas** *m.* microwave oven 2.3
**horror** *m.* horror 2.8
**de horror** horror (*genre*) 2.8
**hospital** *m.* hospital 2.1
**hotel** *m.* hotel 1.5
**hoy** *adv.* today 1.2
**hoy día** *adv.* nowadays
**Hoy es...** Today is... 1.2
**huelga** *f.* (*labor*) strike 2.9
**hueso** *m.* bone 2.1
**huésped** *m., f.* guest 1.5
**huevo** *m.* egg 1.8
**humanidades** *f., pl.* humanities 1.2
**huracán** *m.* hurricane 2.9

## I

**ida** *f.* one way (*travel*)
**idea** *f.* idea 1.4
**iglesia** *f.* church 1.4
**igualdad** *f.* equality 2.9
**igualmente** *adv.* likewise 1.1
**impermeable** *m.* raincoat 1.6
**importante** *adj.* important 1.3
**importar** *v.* to be important to; to matter 1.7
**imposible** *adj.* impossible 2.4
**impresora** *f.* printer 2.2
**imprimir** *v.* to print 2.2
**improbable** *adj.* improbable 2.4
**impuesto** *m.* tax 2.9
**incendio** *m.* fire 2.9
**increíble** *adj.* incredible 1.5
**individual** *adj.* private (*room*) 1.5
**infección** *f.* infection 2.1
**informar** *v.* to inform 2.9
**informe** *m.* report; paper (*written work*) 2.9
**ingeniero/a** *m., f.* engineer 1.3
**inglés** *m.* English (*language*) 1.2
**inglés, inglesa** *adj.* English 1.3
**inodoro** *m.* toilet 1.7
**insistir (en)** *v.* to insist (on) 2.3
**inspector(a) de aduanas** *m., f.* customs inspector 1.5
**inteligente** *adj.* intelligent 1.3
**intercambiar** *v.* to exchange
**interesante** *adj.* interesting 1.3
**interesar** *v.* to be interesting to; to interest 1.7
**internacional** *adj.* international 2.9
**Internet** *m., f.* Internet 2.2
**inundación** *f.* flood 2.9
**invertir (e:ie)** *v.* to invest 2.7
**invierno** *m.* winter 1.5
**invitado/a** *m., f.* guest (*at a function*) 1.9
**invitar** *v.* to invite 1.9
**inyección** *f.* injection 2.1
**ir** *v.* to go 1.4
**ir a (+ *inf.*)** to be going to (*do something*) 1.4
**ir de compras** to go shopping 1.5
**ir de excursión (a las montañas)** to go for a hike (in the mountains) 1.4
**ir de pesca** to go fishing
**ir de vacaciones** to go on vacation 1.5
**ir en autobús** to go by bus 1.5
**ir en auto(móvil)** to go by auto(mobile); to go by car 1.5
**ir en avión** to go by plane 1.5
**ir en barco** to go by boat 1.5
**ir en metro** to go by subway
**ir en motocicleta** to go by motorcycle 1.5
**ir en taxi** to go by taxi 1.5
**ir en tren** to go by train
**irse** *v.* to go away; to leave 1.7
**italiano/a** *adj.* Italian 1.3
**izquierdo/a** *adj.* left 1.2
**a la izquierda de** to the left of 1.2

## J

**jabón** *m.* soap 1.7
**jamás** *adv.* never; not ever 1.7
**jamón** *m.* ham 1.8
**japonés, japonesa** *adj.* Japanese 1.3
**jardín** *m.* garden; yard 2.3
**jefe, jefa** *m., f.* boss 2.7
**joven** *adj.* young 1.3; *m., f.* youth; young person 1.1
**joyería** *f.* jewelry store 2.5
**jubilarse** *v.* to retire (*from work*) 1.9

**juego** *m.* game
**jueves** *m., sing.* Thursday 1.2
**jugador(a)** *m., f.* player 1.4
**jugar (u:ue)** *v.* to play 1.4
**jugar a las cartas** to play cards 1.5
**jugo** *m.* juice 1.8
**jugo de fruta** *m.* fruit juice 1.8
**julio** *m.* July 1.5
**jungla** *f.* jungle 2.4
**junio** *m.* June 1.5
**juntos/as** *adj.* together 1.9
**juventud** *f.* youth 1.9

## K

**kilómetro** *m.* kilometer 2.2

## L

**la** *f., sing., def. art.* the 1.1; *f., sing., d.o. pron.* her, it, *form.* you 1.5
**laboratorio** *m.* laboratory 1.2
**lago** *m.* lake 2.4
**lámpara** *f.* lamp 2.3
**lana** *f.* wool 1.6
**langosta** *f.* lobster 1.8
**lápiz** *m.* pencil 1.1
**largo/a** *adj.* long 1.6
**las** *f., pl., def. art.* the 1.1; *f., pl., d.o. pron.* them; *form.* you 1.5
**lástima** *f.* shame 2.4
**lastimarse** *v.* to injure oneself 2.1
**lastimarse el pie** to injure one's foot 2.1
**lata** *f.* (tin) can 2.4
**lavabo** *m.* sink 1.7
**lavadora** *f.* washing machine 2.3
**lavandería** *f.* laundromat 2.5
**lavaplatos** *m., sing.* dishwasher 2.3
**lavar** *v.* to wash 2.3
**lavar (el suelo/los platos)** to wash (the floor/the dishes) 2.3
**lavarse** *v.* to wash oneself 1.7
**lavarse la cara** to wash one's face 1.7
**lavarse las manos** to wash one's hands 1.7
**le** *sing., i.o. pron.* to/for him, her, *form.* you 1.6
**Le presento a…** *form.* I would like to introduce… to you. 1.1
**lección** *f.* lesson 1.1
**leche** *f.* milk 1.8
**lechuga** *f.* lettuce 1.8
**leer** *v.* to read 1.3
**leer correo electrónico** to read e-mail 1.4
**leer un periódico** to read a newspaper 1.4
**leer una revista** to read a magazine 1.4
**leído** *p.p.* read 2.5
**lejos de** *prep.* far from 1.2
**lengua** *f.* language 1.2
**lenguas extranjeras** *f., pl.* foreign languages 1.2
**lentes (de sol)** *m. pl.* (sun)glasses
**lentes de contacto** *m., pl.* contact lenses
**lento/a** *adj.* slow 2.2
**les** *pl., i.o. pron.* to/for them, *form.* you 1.6
**letrero** *m.* sign 2.5
**levantar** *v.* to lift 2.6
**levantar pesas** to lift weights 2.6
**levantarse** *v.* to get up 1.7
**ley** *f.* law 2.4
**libertad** *f.* liberty; freedom 2.9
**libre** *adj.* free 1.4
**librería** *f.* bookstore 1.2
**libro** *m.* book 1.2
**licencia de conducir** *f.* driver's license 2.2
**limón** *m.* lemon 1.8
**limpiar** *v.* to clean 2.3
**limpiar la casa** to clean the house 2.3
**limpio/a** *adj.* clean 1.5
**línea** *f.* line 1.4
**listo/a** *adj.* ready; smart 1.5
**literatura** *f.* literature 1.2
**llamar** *v.* to call 2.2
**llamar por teléfono** to call on the phone
**llamarse** *v.* to be called; to be named 1.7
**llanta** *f.* tire 2.2
**llave** *f.* key 1.5
**llegada** *f.* arrival 1.5
**llegar** *v.* to arrive 1.2
**llenar** *v.* to fill 2.2, 2.5
**llenar el tanque** to fill the tank 2.2
**llenar (un formulario)** to fill out (a form) 2.5
**lleno/a** *adj.* full 2.2
**llevar** *v.* to carry 1.2; to wear; to take 1.6
**llevar una vida sana** to lead a healthy lifestyle 2.6
**llevarse bien/mal (con)** to get along well/badly (with) 1.9
**llover (o:ue)** *v.* to rain 1.5
**Llueve.** It's raining. 1.5
**lluvia** *f.* rain 2.4
**lluvia ácida** *f.* acid rain 2.4
**lo** *m., sing. d.o. pron.* him, it, *form.* you 1.5
**¡Lo hemos pasado de película!** We've had a great time! 2.9
**¡Lo hemos pasado maravillosamente!** We've had a great time! 2.9
**lo mejor** the best (thing) 2.9
**Lo pasamos muy bien.** We had a good time. 2.9
**lo peor** the worst (thing) 2.9
**lo que** *conj.* that which; what 2.3
**Lo siento.** I'm sorry. 1.1
**Lo siento muchísimo.** I'm so sorry. 1.4
**loco/a** *adj.* crazy 1.6
**locutor(a)** *m., f.* (TV or radio) announcer 2.9
**lomo a la plancha** *m.* grilled flank steak 1.8
**los** *m., pl., def. art.* the 1.1; *m., pl., d.o. pron.* them, *form.* you 1.5
**luchar (contra/por)** *v.* to fight; to struggle (against/for) 2.9
**luego** *adv.* then 1.7; later 1.1
**lugar** *m.* place 1.4
**luna** *f.* moon 2.4
**lunares** *m.* polka dots 1.6
**lunes** *m., sing.* Monday 1.2
**luz** *f.* light; electricity 2.3

## M

**madrastra** *f.* stepmother 1.3
**madre** *f.* mother 1.3
**madurez** *f.* maturity; middle age 1.9
**maestro/a** *m., f.* teacher 2.7
**magnífico/a** *adj.* magnificent 1.5
**maíz** *m.* corn 1.8
**mal, malo/a** *adj.* bad 1.3
**maleta** *f.* suitcase 1.1
**mamá** *f.* mom 1.3
**mandar** *v.* to order 2.3; to send; to mail 2.5
**manejar** *v.* to drive 2.2
**manera** *f.* way 2.7
**mano** *f.* hand 1.1
**¡Manos arriba!** Hands up!
**manta** *f.* blanket 2.3
**mantener** *v.* to maintain 2.6
**mantenerse en forma** to stay in shape 2.6
**mantequilla** *f.* butter 1.8
**manzana** *f.* apple 1.8
**mañana** *f.* morning, A.M. 1.1; *adv.* tomorrow 1.1
**mapa** *m.* map 1.2
**maquillaje** *m.* makeup 1.7
**maquillarse** *v.* to put on makeup 1.7
**mar** *m.* sea 1.5
**maravilloso/a** *adj.* marvelous 1.5
**mareado/a** *adj.* dizzy; nauseated 2.1

**margarina** *f.* margarine 1.8
**mariscos** *m., pl.* shellfish 1.8
**marrón** *adj.* brown 1.6
**martes** *m., sing.* Tuesday 1.2
**marzo** *m.* March 1.5
**más** *pron., adj., adv.* more 1.2
**más de (+** *number***)** more than 1.8
**más tarde** *adv.* later (on) 1.7
**más... que** more... than 1.8
**masaje** *m.* massage 2.6
**matemáticas** *f., pl.* mathematics 1.2
**materia** *f.* course 1.2
**matrimonio** *m.* marriage 1.9
**máximo/a** *adj.* maximum 2.2
**mayo** *m.* May 1.5
**mayonesa** *f.* mayonnaise 1.8
**mayor** *adj.* older 1.3
**el/la mayor** *adj.* the eldest 1.8; the oldest
**me** *sing., d.o. pron.* me 1.5; *sing., i.o. pron.* to/for me 1.6
**Me duele mucho.** It hurts me a lot. 2.1
**Me gusta...** I like... 1.2
**Me gustaría(n)...** I would like... 2.8
**Me llamo...** My name is... 1.1
**Me muero por...** I'm dying to (for)...
**No me gustan nada.** I don't like them at all. 1.2
**mecánico/a** *m., f.* mechanic 2.2
**mediano/a** *adj.* medium
**medianoche** *f.* midnight 1.1
**medias** *f., pl.* pantyhose, stockings 1.6
**medicamento** *m.* medication 2.1
**medicina** *f.* medicine 2.1
**médico/a** *m., f.* doctor 1.3; *adj.* medical 2.1
**medio/a** *adj.* half 1.3
**medio ambiente** *m.* environment 2.4
**medio/a hermano/a** *m., f.* half-brother; half-sister 1.3
**mediodía** *m.* noon 1.1
**medios de comunicación** *m., pl.* means of communication; media 2.9
**y media** thirty minutes past the hour (*time*) 1.1
**mejor** *adj.* better 1.8
**el/la mejor** *adj.* the best 1.8
**mejorar** *v.* to improve 2.4
**melocotón** *m.* peach 1.8
**menor** *adj.* younger 1.3
**el/la menor** *adj.* the youngest 1.8
**menos** *adv.* less 2.1
**menos cuarto..., menos quince...** quarter to... (*time*) 1.1
**menos de (+** *number***)** fewer than 1.8
**menos... que** less... than 1.8
**mensaje de texto** *m.* text message 2.2
**mensaje electrónico** *m.* e-mail message 1.4
**mentira** *f.* lie 1.4
**menú** *m.* menu 1.8
**mercado** *m.* market 1.6
**mercado al aire libre** *m.* open-air market 1.6
**merendar (e:ie)** *v.* to snack 1.8; to have an afternoon snack
**merienda** *f.* afternoon snack 2.6
**mes** *m.* month 1.5
**mesa** *f.* table 1.2
**mesita** *f.* end table 2.3
**mesita de noche** night stand 2.3
**metro** *m.* subway 1.5
**mexicano/a** *adj.* Mexican 1.3
**México** *m.* Mexico 1.1
**mí** *pron., obj. of prep.* me 1.9
**mi(s)** *poss. adj.* my 1.3
**microonda** *f.* microwave 2.3
**horno de microondas** *m.* microwave oven 2.3
**miedo** *m.* fear 1.3
**mientras** *adv.* while 2.1
**miércoles** *m., sing.* Wednesday 1.2
**mil** *m.* one thousand 1.2
**mil millones** *m.* billion
**Mil perdones.** I'm so sorry. (*lit.* A thousand pardons.) 1.4
**milla** *f.* mile 2.2
**millón** *m.* million 1.2
**millones (de)** *m.* millions (of)
**mineral** *m.* mineral 2.6
**minuto** *m.* minute 1.1
**mío(s)/a(s)** *poss. adj. and pron.* my; (of) mine 2.2
**mirar** *v.* to look (at); to watch 1.2
**mirar (la) televisión** to watch television 1.2
**mismo/a** *adj.* same 1.3
**mochila** *f.* backpack 1.2
**moda** *f.* fashion 1.6
**módem** *m.* modem
**moderno/a** *adj.* modern 2.8
**molestar** *v.* to bother; to annoy 1.7
**monitor** *m.* (computer) monitor 2.2
**monitor(a)** *m., f.* trainer
**montaña** *f.* mountain 1.4
**montar a caballo** to ride a horse 1.5
**monumento** *m.* monument 1.4
**mora** *f.* blackberry 1.8
**morado/a** *adj.* purple 1.6
**moreno/a** *adj.* brunet(te) 1.3
**morir (o:ue)** *v.* to die 1.8
**mostrar (o:ue)** *v.* to show 1.4
**motocicleta** *f.* motorcycle 1.5
**motor** *m.* motor
**muchacho/a** *m., f.* boy; girl 1.3
**muchísimo** *adj., adv.* very much 1.2
**mucho/a** *adj., adv.* a lot of; much 1.2; many 1.3
**(Muchas) gracias.** Thank you (very much).; Thanks (a lot). 1.1
**muchas veces** a lot; many times 2.1
**Muchísimas gracias.** Thank you very, very much. 1.9
**Mucho gusto.** Pleased to meet you. 1.1
**mudarse** *v.* to move (*from one house to another*) 2.3
**muebles** *m., pl.* furniture 2.3
**muela** *f.* tooth; molar
**muerte** *f.* death 1.9
**muerto** *p.p.* died 2.5
**mujer** *f.* woman 1.1
**mujer de negocios** *f.* businesswoman 2.7
**mujer policía** *f.* female police officer
**multa** *f.* fine
**mundial** *adj.* worldwide
**mundo** *m.* world 2.4
**municipal** *adj.* municipal
**músculo** *m.* muscle 2.6
**museo** *m.* museum 1.4
**música** *f.* music 1.2, 2.8
**musical** *adj.* musical 2.8
**músico/a** *m., f.* musician 2.8
**muy** *adv.* very 1.1
**Muy amable.** That's very kind of you. 1.5
**(Muy) bien, gracias.** (Very) well, thanks. 1.1

## N

**nacer** *v.* to be born 1.9
**nacimiento** *m.* birth 1.9
**nacional** *adj.* national 2.9
**nacionalidad** *f.* nationality 1.1
**nada** *pron., adv.* nothing 1.1; not anything 1.7
**nada mal** not bad at all 1.5
**nadar** *v.* to swim 1.4
**nadie** *pron.* no one, nobody, not anyone 1.7
**naranja** *f.* orange 1.8
**nariz** *f.* nose 2.1
**natación** *f.* swimming 1.4
**natural** *adj.* natural 2.4
**naturaleza** *f.* nature 2.4
**navegar (en Internet)** *v.* to surf (the Internet) 2.2
**Navidad** *f.* Christmas 1.9
**necesario/a** *adj.* necessary 2.3
**necesitar (+** *inf.***)** *v.* to need 1.2

**negar (e:ie)** *v.* to deny 2.4
**no negar** *v.* not to deny 2.4
**negativo/a** *adj.* negative
**negocios** *m., pl.* business; commerce 2.7
**negro/a** *adj.* black 1.6
**nervioso/a** *adj.* nervous 1.5
**nevar (e:ie)** *v.* to snow 1.5
**Nieva.** It's snowing. 1.5
**ni... ni** *conj.* neither... nor 1.7
**niebla** *f.* fog
**nieto/a** *m., f.* grandson; granddaughter 1.3
**nieve** *f.* snow
**ningún, ninguno/a(s)** *adj., pron.* no; none; not any 1.7
**ningún problema** no problem
**niñez** *f.* childhood 1.9
**niño/a** *m., f.* child 1.3
**no** *adv.* no; not 1.1
**¿no?** right? 1.1
**No cabe duda de...** There is no doubt... 2.4
**No es así.** That's not the way it is. 2.7
**No es para tanto.** It's not a big deal. 2.3
**no es seguro** it's not sure 2.4
**no es verdad** it's not true 2.4
**No está nada mal.** It's not bad at all. 1.5
**no estar de acuerdo** to disagree
**No estoy seguro.** I'm not sure.
**no hay** there is not; there are not 1.1
**No hay de qué.** You're welcome. 1.1
**No hay duda de...** There is no doubt... 2.4
**No hay problema.** No problem. 1.7
**¡No me diga(s)!** You don't say! 2.2
**No me gustan nada.** I don't like them at all. 1.2
**no muy bien** not very well 1.1
**No quiero.** I don't want to. 1.4
**No sé.** I don't know.
**No se preocupe.** *form.* Don't worry. 1.7
**No te preocupes.** *fam.* Don't worry. 1.7
**no tener razón** to be wrong 1.3
**noche** *f.* night 1.1
**nombre** *m.* name 1.1
**norte** *m.* north 2.5
**norteamericano/a** *adj.* (North) American 1.3
**nos** *pl., d.o. pron.* us 1.5; *pl., i.o. pron.* to/for us 1.6
**Nos divertimos mucho.** We had a lot of fun. 2.9
**Nos vemos.** See you. 1.1
**nosotros/as** *sub. pron.* we 1.1; *pron., obj. of prep.* us 1.9
**noticias** *f., pl.* news 2.9
**noticiero** *m.* newscast 2.9
**novecientos/as** *n., adj.* nine hundred 1.2
**noveno/a** *n., adj.* ninth 1.5
**noventa** *n., adj.* ninety 1.2
**noviembre** *m.* November 1.5
**novio/a** *m., f.* boyfriend; girlfriend 1.3
**nube** *f.* cloud 2.4
**nublado/a** *adj.* cloudy 1.5
**Está (muy) nublado.** It's (very) cloudy. 1.5
**nuclear** *adj.* nuclear 2.4
**nuera** *f.* daughter-in-law 1.3
**nuestro(s)/a(s)** *poss. adj.* our 1.3; *poss. adj. and pron.* (of) ours 2.2
**nueve** *n., adj.* nine 1.1
**nuevo/a** *adj.* new 1.6
**número** *m.* number 1.1; (shoe) size 1.6
**nunca** *adv.* never; not ever 1.7
**nutrición** *f.* nutrition 2.6
**nutricionista** *m., f.* nutritionist 2.6

## O

**o** *conj.* or 1.7
**o... o** either... or 1.7
**obedecer** *v.* to obey 2.9
**obra** *f.* work (*of art, literature, music, etc.*) 2.8
**obra maestra** *f.* masterpiece 2.8
**obtener** *v.* to obtain; to get 2.7
**obvio/a** *adj.* obvious 2.4
**océano** *m.* ocean
**ochenta** *n., adj.* eighty 1.2
**ocho** *n., adj.* eight 1.1
**ochocientos/as** *n., adj.* eight hundred 1.2
**octavo/a** *n., adj.* eighth 1.5
**octubre** *m.* October 1.5
**ocupación** *f.* occupation 2.7
**ocupado/a** *adj.* busy 1.5
**ocurrir** *v.* to occur; to happen 2.9
**odiar** *v.* to hate 1.9
**oeste** *m.* west 2.5
**oferta** *f.* offer 2.3
**oficina** *f.* office 2.3
**oficio** *m.* trade 2.7
**ofrecer** *v.* to offer 1.6
**oído** *m.* (*sense*) hearing; inner ear 2.1
**oído** *p.p.* heard 2.5
**oír** *v.* to hear 1.4
**Oiga./Oigan.** *form., sing./pl.* Listen. (*in conversation*) 1.1
**Oye.** *fam., sing.* Listen. (*in conversation*) 1.1
**ojalá (que)** *interj.* I hope (that); I wish (that) 2.4
**ojo** *m.* eye 2.1
**olvidar** *v.* to forget 2.1
**once** *n., adj.* eleven 1.1
**ópera** *f.* opera 2.8
**operación** *f.* operation 2.1
**ordenado/a** *adj.* orderly 1.5
**ordinal** *adj.* ordinal (number)
**oreja** *f.* (outer) ear 2.1
**orquesta** *f.* orchestra 2.8
**ortografía** *f.* spelling
**ortográfico/a** *adj.* spelling
**os** *fam., pl., d.o. pron.* you 1.5; *fam., pl., i.o. pron.* to/for you 1.6
**otoño** *m.* autumn 1.5
**otro/a** *adj.* other; another 1.6
**otra vez** *adv.* again

## P

**paciente** *m., f.* patient 2.1
**padrastro** *m.* stepfather 1.3
**padre** *m.* father 1.3
**padres** *m., pl.* parents 1.3
**pagar** *v.* to pay 1.6, 1.9
**pagar a plazos** to pay in installments 2.5
**pagar al contado** to pay in cash 2.5
**pagar en efectivo** to pay in cash 2.5
**pagar la cuenta** to pay the bill 1.9
**página** *f.* page 2.2
**página principal** *f.* home page 2.2
**país** *m.* country 1.1
**paisaje** *m.* landscape 1.5
**pájaro** *m.* bird 2.4
**palabra** *f.* word 1.1
**pan** *m.* bread 1.8
**pan tostado** *m.* toasted bread 1.8
**panadería** *f.* bakery 2.5
**pantalla** *f.* screen 2.2
**pantalones** *m., pl.* pants 1.6
**pantalones cortos** *m., pl.* shorts 1.6
**pantuflas** *f., pl.* slippers 1.7
**papa** *f.* potato 1.8
**papas fritas** *f., pl.* fried potatoes; French fries 1.8
**papá** *m.* dad 1.3
**papás** *m., pl.* parents 1.3
**papel** *m.* paper 1.2; role 2.8
**papelera** *f.* wastebasket 1.2
**paquete** *m.* package 2.5

**par** *m.* pair 1.6
**par de zapatos** *m.* pair of shoes 1.6
**para** *prep. for;* in order to; by; used for; considering 2.2
**para que** *conj.* so that 2.4
**parabrisas** *m., sing.* windshield 2.2
**parar** *v.* to stop 2.2
**parecer** *v.* to seem 1.6
**pared** *f.* wall 2.3
**pareja** *f.* (married) couple; partner 1.9
**parientes** *m., pl.* relatives 1.3
**parque** *m.* park 1.4
**párrafo** *m.* paragraph
**parte: de parte de** on behalf of 2.2
**partido** *m.* game; match (*sports*) 1.4
**pasado/a** *adj.* last; past 1.6
**pasado** *p.p.* passed
**pasaje** *m.* ticket 1.5
**pasaje de ida y vuelta** *m.* roundtrip ticket 1.5
**pasajero/a** *m., f.* passenger 1.1
**pasaporte** *m.* passport 1.5
**pasar** *v.* to go through 1.5
**pasar la aspiradora** to vacuum 2.3
**pasar por el banco** to go by the bank 2.5
**pasar por la aduana** to go through customs
**pasar tiempo** to spend time
**pasarlo bien/mal** to have a good/bad time 1.9
**pasatiempo** *m.* pastime; hobby 1.4
**pasear** *v.* to take a walk; to stroll 1.4
**pasear en bicicleta** to ride a bicycle 1.4
**pasear por** to walk around 1.4
**pasillo** *m.* hallway 2.3
**pasta de dientes** *f.* toothpaste 1.7
**pastel** *m.* cake; pie 1.9
**pastel de chocolate** *m.* chocolate cake 1.9
**pastel de cumpleaños** *m.* birthday cake
**pastelería** *f.* pastry shop 2.5
**pastilla** *f.* pill; tablet 2.1
**patata** *f.* potato 1.8
**patatas fritas** *f., pl.* fried potatoes; French fries 1.8
**patinar (en línea)** *v.* to (in-line) skate 1.4
**patineta** *f.* skateboard 1.4
**patio** *m.* patio; yard 2.3
**pavo** *m.* turkey 1.8
**paz** *f.* peace 2.9
**pedir (e:i)** *v.* to ask for; to request 1.4; to order (*food*) 1.8
**pedir prestado** to borrow 2.5
**pedir un préstamo** to apply for a loan 2.5
**peinarse** *v.* to comb one's hair 1.7
**película** *f.* movie 1.4
**peligro** *m.* danger 2.4
**peligroso/a** *adj.* dangerous 2.9
**pelirrojo/a** *adj.* red-haired 1.3
**pelo** *m.* hair 1.7
**pelota** *f.* ball 1.4
**peluquería** *f.* beauty salon 2.5
**peluquero/a** *m., f.* hairdresser 2.7
**penicilina** *f.* penicillin 2.1
**pensar (e:ie)** *v.* to think 1.4
**pensar (+ *inf.*)** *v.* to intend to 1.4; to plan to (*do something*)
**pensar en** *v.* to think about 1.4
**pensión** *f.* boardinghouse
**peor** *adj.* worse 1.8
**el/la peor** *adj.* the worst 1.8
**pequeño/a** *adj.* small 1.3
**pera** *f.* pear 1.8
**perder (e:ie)** *v.* to lose; to miss 1.4
**perdido/a** *adj.* lost 2.5
**Perdón.** Pardon me.; Excuse me. 1.1
**perezoso/a** *adj.* lazy
**perfecto/a** *adj.* perfect 1.5
**periódico** *m.* newspaper 1.4
**periodismo** *m.* journalism 1.2
**periodista** *m., f.* journalist 1.3
**permiso** *m.* permission
**pero** *conj.* but 1.2
**perro** *m.* dog 2.4
**persona** *f.* person 1.3
**personaje** *m.* character 2.8
**personaje principal** *m.* main character 2.8
**pesas** *f. pl.* weights 2.6
**pesca** *f.* fishing
**pescadería** *f.* fish market 2.5
**pescado** *m.* fish (*cooked*) 1.8
**pescador(a)** *m., f.* fisherman; fisherwoman
**pescar** *v.* to fish 1.5
**peso** *m.* weight 2.6
**pez** *m.* fish (*live*) 2.4
**pie** *m.* foot 2.1
**piedra** *f.* stone 2.4
**pierna** *f.* leg 2.1
**pimienta** *f.* black pepper 1.8
**pintar** *v.* to paint 2.8
**pintor(a)** *m., f.* painter 2.7
**pintura** *f.* painting; picture 2.3, 2.8
**piña** *f.* pineapple 1.8
**piscina** *f.* swimming pool 1.4
**piso** *m.* floor (*of a building*) 1.5
**pizarra** *f.* blackboard 1.2
**placer** *m.* pleasure 2.6
**Ha sido un placer.** It's been a pleasure. 2.6
**planchar la ropa** to iron the clothes 2.3
**planes** *m., pl.* plans 1.4
**planta** *f.* plant 2.4
**planta baja** *f.* ground floor 1.5
**plástico** *m.* plastic 2.4
**plato** *m.* dish (*in a meal*) 1.8; plate 2.3
**plato principal** *m.* main dish 1.8
**playa** *f.* beach 1.5
**plaza** *f.* city or town square 1.4
**plazos** *m., pl.* installments 2.5
**pluma** *f.* pen 1.2
**población** *f.* population 2.4
**pobre** *adj.* poor 1.6
**pobreza** *f.* poverty
**poco/a** *adj.* little; few 1.5, 2.1
**poder (o:ue)** *v.* to be able to; can 1.4
**poema** *m.* poem 2.8
**poesía** *f.* poetry 2.8
**poeta** *m., f.* poet 2.8
**policía** *f.* police (force) 2.2
**política** *f.* politics 2.9
**político/a** *m., f.* politician 2.7; *adj.* political 2.9
**pollo** *m.* chicken 1.8
**pollo asado** *m.* roast chicken 1.8
**ponchar** *v.* to go flat
**poner** *v.* to put; to place 1.4; to turn on (*electrical appliances*) 2.2
**poner la mesa** to set the table 2.3
**poner una inyección** to give an injection 2.1
**ponerse (+ *adj.*)** *v.* to become (+ *adj.*) 1.7; to put on 1.7
**por** *prep.* in exchange for; for; by; in; through; around; along; during; because of; on account of; on behalf of; in search of; by way of; by means of 2.2
**por aquí** around here 2.2
**por avión** by plane
**por ejemplo** for example 2.2
**por eso** that's why; therefore 2.2
**por favor** please 1.1
**por fin** *adv.* finally 2.2
**por la mañana** in the morning 1.7
**por la noche** at night 1.7
**por la tarde** in the afternoon 1.7
**por lo menos** *adv.* at least 2.1
**¿por qué?** *adv.* why? 1.2
**Por supuesto.** Of course. 2.7

**por teléfono** by phone; on the phone
**por último** *adv.* finally 1.7
**porque** *conj.* because 1.2
**portátil** *m.* portable 2.2
**porvenir** *m.* future 2.7
**¡Por el porvenir!** Here's to the future! 2.7
**posesivo/a** *adj.* possessive 1.3
**posible** *adj.* possible 2.4
**es posible** it's possible 2.4
**no es posible** it's not possible 2.4
**postal** *f.* postcard 1.4
**postre** *m.* dessert 1.9
**practicar** *v.* to practice 1.2
**practicar deportes** to play sports 1.4
**precio (fijo)** *m.* (fixed; set) price 1.6
**preferir (e:ie)** *v.* to prefer 1.4
**pregunta** *f.* question
**preguntar** *v.* to ask (*a question*) 1.2
**premio** *m.* prize; award 2.8
**prender** *v.* to turn on 2.2
**prensa** *f.* press 2.9
**preocupado/a (por)** *adj.* worried (about) 1.5
**preocuparse (por)** *v.* to worry (about) 1.7
**preparar** *v.* to prepare 1.2
**preposición** *f.* preposition
**presentación** *f.* introduction
**presentar** *v.* to introduce; to present 2.8; to put on (*a performance*) 2.8
**Le presento a...** I would like to introduce (*name*) to you. *form.* 1.1
**Te presento a...** I would like to introduce (*name*) to you. *fam.* 1.1
**presiones** *f., pl.* pressures 2.6
**prestado/a** *adj.* borrowed
**préstamo** *m.* loan 2.5
**prestar** *v.* to lend; to loan 1.6
**primavera** *f.* spring 1.5
**primer, primero/a** *n., adj.* first 1.5
**primo/a** *m., f.* cousin 1.3
**principal** *adj.* main 1.8
**prisa** *f.* haste 1.3
**darse prisa** *v.* to hurry; to rush 2.6
**probable** *adj.* probable 2.4
**es probable** it's probable 2.4
**no es probable** it's not probable 2.4
**probar (o:ue)** *v.* to taste; to try 1.8
**probarse (o:ue)** *v.* to try on 1.7
**problema** *m.* problem 1.1
**profesión** *f.* profession 1.3, 2.7
**profesor(a)** *m., f.* teacher 1.1, 1.2
**programa** *m.* 1.1
**programa de computación** *m.* software 2.2
**programa de entrevistas** *m.* talk show 2.8
**programador(a)** *m., f.* computer programmer 1.3
**prohibir** *v.* to prohibit 2.1; to forbid
**pronombre** *m.* pronoun
**pronto** *adv.* soon 2.1
**propina** *f.* tip 1.9
**propio/a** *adj.* own 2.7
**proteger** *v.* to protect 2.4
**proteína** *f.* protein 2.6
**próximo/a** *adj.* next 2.7
**prueba** *f.* test; quiz 1.2
**psicología** *f.* psychology 1.2
**psicólogo/a** *m., f.* psychologist 2.7
**publicar** *v.* to publish 2.8
**público** *m.* audience 2.8
**pueblo** *m.* town 1.4
**puerta** *f.* door 1.2
**Puerto Rico** *m.* Puerto Rico 1.1
**puertorriqueño/a** *adj.* Puerto Rican 1.3
**pues** *conj.* well 1.2, 2.8
**puesto** *m.* position; job 2.7; *p.p.* put 2.5
**puro/a** *adj.* pure 2.4

## Q

**que** *conj.* that; which; who 2.3
**¡Qué...!** How...! 1.3
**¡Qué dolor!** What pain!
**¡Qué ropa más bonita!** What pretty clothes! 1.6
**¡Qué sorpresa!** What a surprise!
**¿qué?** *pron.* what? 1.1
**¿En qué...?** In which...? 1.2
**¿Qué día es hoy?** What day is it? 1.2
**¿Qué hay de nuevo?** What's new? 1.1
**¿Qué hora es?** What time is it? 1.1
**¿Qué les parece?** What do you *(pl.)* think?
**¿Qué pasa?** What's happening?; What's going on? 1.1
**¿Qué pasó?** What happened? 2.2
**¿Qué precio tiene?** What is the price?
**¿Qué tal...?** How are you?; How is it going? 1.1; How is/are...? 1.2
**¿Qué talla lleva/usa?** What size do you wear? *form.* 1.6
**¿Qué tiempo hace?** How's the weather? 1.5
**quedar** *v.* to be left over; to fit (*clothing*) 1.7; to be left behind; to be located 2.5
**quedarse** *v.* to stay; to remain 1.7
**quehaceres domésticos** *m., pl.* household chores 2.3
**quemado/a** *adj.* burned (out) 2.2
**quemar** *v.* to burn (*a CD*) 2.2
**querer (e:ie)** *v.* to want; to love 1.4
**queso** *m.* cheese 1.8
**quien(es)** *pron.* who; whom; that 2.3
**¿quién(es)?** *pron.* who?; whom? 1.1
**¿Quién es...?** Who is...? 1.1
**¿Quién habla?** Who is speaking? (*telephone*) 2.2
**química** *f.* chemistry 1.2
**quince** *n., adj.* fifteen 1.1
**menos quince** quarter to (*time*) 1.1
**y quince** quarter after (*time*) 1.1
**quinceañera** *f.* young woman's fifteenth birthday celebration; fifteen-year old girl 1.9
**quinientos/as** *n., adj.* five hundred 1.2
**quinto/a** *n., adj.* fifth 1.5
**quisiera** *v.* I would like 2.8
**quitar el polvo** *v.* to dust 2.3
**quitar la mesa** *v.* to clear the table 2.3
**quitarse** *v.* to take off 1.7
**quizás** *adv.* maybe 1.5

## R

**racismo** *m.* racism 2.9
**radio** *f.* radio (*medium*) 1.2; *m.* radio (set) 1.2
**radiografía** *f.* x-ray 2.1
**rápido/a** *adv.* quickly 2.1
**ratón** *m.* mouse 2.2
**ratos libres** *m., pl.* spare (free) time 1.4
**raya** *f.* stripe 1.6
**razón** *f.* reason 1.3
**rebaja** *f.* sale 1.6
**recado** *m.* (telephone) message 2.2
**receta** *f.* prescription 2.1
**recetar** *v.* to prescribe 2.1
**recibir** *v.* to receive 1.3
**reciclaje** *m.* recycling 2.4
**reciclar** *v.* to recycle 2.4
**recién casado/a** *m., f.* newlywed 1.9
**recoger** *v.* to pick up 2.4

**recomendar (e:ie)** *v.* to recommend 1.8, 2.3
**recordar (o:ue)** *v.* to remember 1.4
**recorrer** *v.* to tour an area
**recurso** *m.* resource 2.4
  **recurso natural** *m.* natural resource 2.4
**red** *f.* network; Web 2.2
**reducir** *v.* to reduce 2.4
**refresco** *m.* soft drink 1.8
**refrigerador** *m.* refrigerator 2.3
**regalar** *v.* to give (*a gift*) 1.9
**regalo** *m.* gift 1.6
**regatear** *v.* to bargain 1.6
**región** *f.* region; area 2.4
**regresar** *v.* to return 1.2
**regular** *adj.* so-so; OK 1.1
**reído** *p.p.* laughed 2.5
**reírse (e:i)** *v.* to laugh 1.9
**relaciones** *f., pl.* relationships
**relajarse** *v.* to relax 1.9
**reloj** *m.* clock; watch 1.2
**renunciar (a)** *v.* to resign (from) 2.7
**repetir (e:i)** *v.* to repeat 1.4
**reportaje** *m.* report 2.9
**reportero/a** *m., f.* reporter; journalist 2.7
**representante** *m., f.* representative 2.9
**reproductor de DVD** *m.* DVD player 2.2
**reproductor de MP3** *m.* MP3 player 2.2
**resfriado** *m.* cold (*illness*) 2.1
**residencia estudiantil** *f.* dormitory 1.2
**resolver (o:ue)** *v.* to resolve; to solve 2.4
**respirar** *v.* to breathe 2.4
**respuesta** *f.* answer
**restaurante** *m.* restaurant 1.4
**resuelto** *p.p.* resolved 2.5
**reunión** *f.* meeting 2.7
**revisar** *v.* to check 2.2
  **revisar el aceite** to check the oil 2.2
**revista** *f.* magazine 1.4
**rico/a** *adj.* rich 1.6; tasty; delicious 1.8
**ridículo/a** *adj.* ridiculous 2.4
**río** *m.* river 2.4
**riquísimo/a** *adj.* extremely delicious 1.8
**rodilla** *f.* knee 2.1
**rogar (o:ue)** *v.* to beg; to plead 2.3
**rojo/a** *adj.* red 1.6
**romántico/a** *adj.* romantic 2.8
**romper** *v.* to break 2.1
  **romper con** *v.* to break up with 1.9
  **romperse la pierna** to break one's leg 2.1
**ropa** *f.* clothing; clothes 1.6
  **ropa interior** *f.* underwear 1.6
**rosado/a** *adj.* pink 1.6
**roto/a** *adj.* broken 2.1, 2.5
**rubio/a** *adj.* blond(e) 1.3
**ruso/a** *adj.* Russian 1.3
**rutina** *f.* routine 1.7
  **rutina diaria** *f.* daily routine 1.7

## S

**sábado** *m.* Saturday 1.2
**saber** *v.* to know; to know how 1.6; to taste 1.8
  **saber a** to taste like 1.8
**sabrosísimo/a** *adj.* extremely delicious 1.8
**sabroso/a** *adj.* tasty; delicious 1.8
**sacar** *v.* to take out
  **sacar fotos** to take photos 1.5
  **sacar la basura** to take out the trash 2.3
  **sacar(se) un diente** to have a tooth removed 2.1
**sacudir** *v.* to dust 2.3
  **sacudir los muebles** to dust the furniture 2.3
**sal** *f.* salt 1.8
**sala** *f.* living room 2.3; room
  **sala de emergencia(s)** *f.* emergency room 2.1
**salario** *m.* salary 2.7
**salchicha** *f.* sausage 1.8
**salida** *f.* departure; exit 1.5
**salir** *v.* to leave 1.4; to go out
  **salir (con)** to go out (with); to date 1.9
  **salir de** to leave from
  **salir para** to leave for (*a place*)
**salmón** *m.* salmon 1.8
**salón de belleza** *m.* beauty salon 2.5
**salud** *f.* health 2.1
**saludable** *adj.* healthy 2.1
**saludar(se)** *v.* to greet (each other) 2.2
**saludo** *m.* greeting 1.1
  **saludos a...** greetings to... 1.1
**sandalia** *f.* sandal 1.6
**sandía** *f.* watermelon
**sándwich** *m.* sandwich 1.8
**sano/a** *adj.* healthy 2.1
**se** *ref. pron.* himself, herself, itself, themselves; *form.* yourself; *form.* yourselves 1.7
**se** *impersonal* one 2.1
  **Se nos dañó...** The... broke down. 2.2
  **Se hizo...** He/She/It became...
  **Se nos pinchó una llanta.** We had a flat tire. 2.2
**secadora** *f.* clothes dryer 2.3
**secarse** *v.* to dry oneself 1.7
**sección de (no) fumar** *f.* (non)smoking section 1.8
**secretario/a** *m., f.* secretary 2.7
**secuencia** *f.* sequence
**sed** *f.* thirst 1.3
**seda** *f.* silk 1.6
**sedentario/a** *adj.* sedentary; related to sitting 2.6
**seguir (e:i)** *v.* to follow; to continue 1.4
**según** *prep.* according to
**segundo/a** *n., adj.* second 1.5
**seguro/a** *adj.* sure; safe 1.5
**seis** *n., adj.* six 1.1
**seiscientos/as** *n., adj.* six hundred 1.2
**sello** *m.* stamp 2.5
**selva** *f.* jungle 2.4
**semana** *f.* week 1.2
  **fin de semana** *m.* weekend 1.4
  **semana pasada** *f.* last week 1.6
**semestre** *m.* semester 1.2
**sendero** *m.* trail; trailhead 2.4
**sentarse (e:ie)** *v.* to sit down 1.7
**sentir(se) (e:ie)** *v.* to feel 1.7; to be sorry; to regret 2.4
**señor (Sr.)** *m.* Mr.; sir 1.1
**señora (Sra.)** *f.* Mrs.; ma'am 1.1
**señorita (Srta.)** *f.* Miss 1.1
**separado/a** *adj.* separated 1.9
**separarse (de)** *v.* to separate (from) 1.9
**septiembre** *m.* September 1.5
**séptimo/a** *n., adj.* seventh 1.5
**ser** *v.* to be 1.1
  **ser aficionado/a (a)** to be a fan (of) 1.4
  **ser alérgico/a (a)** to be allergic (to) 2.1
  **ser gratis** to be free of charge 2.5
**serio/a** *adj.* serious
**servilleta** *f.* napkin 2.3
**servir (e:i)** *v.* to serve 1.8; to help 1.5
**sesenta** *n., adj.* sixty 1.2
**setecientos/as** *n., adj.* seven hundred 1.2
**setenta** *n., adj.* seventy 1.2
**sexismo** *m.* sexism 2.9
**sexto/a** *n., adj.* sixth 1.5
**sí** *adv.* yes 1.1
**si** *conj.* if 1.4
**SIDA** *m.* AIDS 2.9
**sido** *p.p.* been 2.6
**siempre** *adv.* always 1.7
**siete** *n., adj.* seven 1.1
**silla** *f.* seat 1.2
**sillón** *m.* armchair 2.3
**similar** *adj.* similar

**simpático/a** *adj.* nice; likeable 1.3
**sin** *prep.* without 1.2, 2.4
**sin duda** without a doubt
**sin embargo** *adv.* however
**sin que** *conj.* without 2.4
**sino** *conj.* but (rather) 1.7
**síntoma** *m.* symptom 2.1
**sitio web** *m.* website 2.2
**situado** *p.p.* located
**sobre** *m.* envelope 2.5; *prep.* on; over 1.2
**sobrino/a** *m., f.* nephew; niece 1.3
**sociología** *f.* sociology 1.2
**sofá** *m.* couch; sofa 2.3
**sol** *m.* sun 1.4, 1.5, 2.4
**solar** *adj.* solar 2.4
**soldado** *m., f.* soldier 2.9
**soleado/a** *adj.* sunny
**solicitar** *v.* to apply (*for a job*) 2.7
**solicitud (de trabajo)** *f.* (job) application 2.7
**solo/a** *adj.* alone
**sólo** *adv.* only 1.3
**soltero/a** *adj.* single 1.9
**solución** *f.* solution 2.4
**sombrero** *m.* hat 1.6
**Son las dos.** It's two o'clock. 1.1
**sonar (o:ue)** *v.* to ring 2.2
**sonreído** *p.p.* smiled 2.5
**sonreír (e:i)** *v.* to smile 1.9
**sopa** *f.* soup 1.8
**sorprender** *v.* to surprise 1.9
**sorpresa** *f.* surprise 1.9
**sótano** *m.* basement; cellar 2.3
**soy** I am 1.1
**Soy yo.** That's me. 1.1
**Soy de...** I'm from... 1.1
**su(s)** *poss. adj.* his; her; its; *form.* your; their 1.3
**subir(se) a** *v.* to get on/into (*a vehicle*) 2.2
**sucio/a** *adj.* dirty 1.5
**sucre** *m.* former Ecuadorian currency 1.6
**sudar** *v.* to sweat 2.6
**suegro/a** *m., f.* father-in-law; mother-in-law 1.3
**sueldo** *m.* salary 2.7
**suelo** *m.* floor 2.3
**sueño** *m.* sleep 1.3
**suerte** *f.* luck 1.3
**suéter** *m.* sweater 1.6
**sufrir** *v.* to suffer 2.1
**sufrir muchas presiones** to be under a lot of pressure 2.6
**sufrir una enfermedad** to suffer an illness 2.1
**sugerir (e:ie)** *v.* to suggest 2.3
**supermercado** *m.* supermarket 2.5
**suponer** *v.* to suppose 1.4
**sur** *m.* south 2.5
**sustantivo** *m.* noun
**suyo(s)/a(s)** *poss. adj. and pron.* (of) his/her; (of) hers; (of) its; *form.* (of) your, (of) yours; (of) their, (of) theirs 2.2

## T

**tal vez** *adv.* maybe 1.5
**talentoso/a** *adj.* talented 2.8
**talla** *f.* size 1.6
**talla grande** *f.* large 1.6
**taller mecánico** *m.* garage; mechanic's repairshop 2.2
**también** *adv.* also; too 1.2, 1.7
**tampoco** *adv.* neither; not either 1.7
**tan** *adv.* so 1.5
**tan pronto como** *conj.* as soon as 2.4
**tan... como** as... as 1.8
**tanque** *m.* tank 2.2
**tanto** *adv.* so much
**tanto... como** as much... as 1.8
**tantos/as... como** as many... as 1.8
**tarde** *adv.* late 1.7; *f.* afternoon; evening; P.M. 1.1
**tarea** *f.* homework 1.2
**tarjeta** *f.* card
**tarjeta de crédito** *f.* credit card 1.6
**tarjeta postal** *f.* postcard 1.4
**taxi** *m.* taxi 1.5
**taza** *f.* cup 2.3
**te** *sing., fam., d.o. pron.* you 1.5; *sing., fam., i.o. pron.* to/for you 1.6
**¿Te gusta(n)...?** Do you like...? 1.2
**¿Te gustaría?** Would you like to? 2.8
**Te presento a...** *fam.* I would like to introduce... to you. 1.1
**té** *m.* tea 1.8
**té helado** *m.* iced tea 1.8
**teatro** *m.* theater 2.8
**teclado** *m.* keyboard 2.2
**técnico/a** *m., f.* technician 2.7
**tejido** *m.* weaving 2.8
**teleadicto/a** *m., f.* couch potato 2.6
**teléfono (celular)** *m.* (cell) telephone 2.2
**telenovela** *f.* soap opera 2.8
**teletrabajo** *m.* telecommuting 2.7
**televisión** *f.* television 1.2, 2.2
**televisión por cable** *f.* cable television 2.2
**televisor** *m.* television set 2.2
**temer** *v.* to fear 2.4
**temperatura** *f.* temperature 2.1
**temprano** *adv.* early 1.7
**tenedor** *m.* fork 2.3
**tener** *v.* to have 1.3
**tener... años** to be... years old 1.3
**Tengo... años.** I'm... years old. 1.3
**tener (mucho) calor** to be (very) hot 1.3
**tener (mucho) cuidado** to be (very) careful 1.3
**tener dolor** to have a pain 2.1
**tener éxito** to be successful 2.7
**tener fiebre** to have a fever 2.1
**tener (mucho) frío** to be (very) cold 1.3
**tener ganas de (+ *inf.*)** to feel like (*doing something*) 1.3
**tener (mucha) hambre** to be (very) hungry 1.3
**tener (mucho) miedo (de)** to be (very) afraid (of); to be (very) scared (of) 1.3
**tener miedo (de) que** to be afraid that
**tener planes** to have plans 1.4
**tener (mucha) prisa** to be in a (big) hurry 1.3
**tener que (+ *inf.*)** to have to (*do something*) 1.3
**tener razón** to be right 1.3
**tener (mucha) sed** to be (very) thirsty 1.3
**tener (mucho) sueño** to be (very) sleepy 1.3
**tener (mucha) suerte** to be (very) lucky 1.3
**tener tiempo** to have time 1.4
**tener una cita** to have a date; to have an appointment 1.9
**tenis** *m.* tennis 1.4
**tensión** *f.* tension 2.6
**tercer, tercero/a** *n., adj.* third 1.5
**terminar** *v.* to end; to finish 1.2
**terminar de (+ *inf.*)** *v.* to finish (*doing something*) 1.4
**terremoto** *m.* earthquake 2.9
**terrible** *adj.* terrible 2.4
**ti** *pron., obj. of prep., fam.* you
**tiempo** *m.* time 1.4; weather 1.5
**tiempo libre** free time
**tienda** *f.* shop; store 1.6
**tienda de campaña** *f.* tent
**tierra** *f.* land; soil 2.4
**tío/a** *m., f.* uncle; aunt 1.3
**tíos** *m. pl.* aunts and uncles 1.3
**título** *m.* title
**tiza** *f.* chalk 1.2

**toalla** *f.* towel 1.7
**tobillo** *m.* ankle 2.1
**tocadiscos compacto** *m.* compact disc player 2.2
**tocar** *v.* to play (*a musical instrument*) 2.8; to touch 2.4
**todavía** *adv.* yet; still 1.5
**todo** *m.* everything 1.5
  **Todo está bajo control.** Everything is under control. 1.7
**todo(s)/a(s)** *adj.* all 1.4; whole
  **en todo el mundo** throughout the world 2.4
  **todo derecho** straight (ahead) 2.5
  **todos los días** *adv.* every day 2.1
**todos** *m., pl.* all of us; everybody; everyone
  **¡Todos a bordo!** All aboard! 1.1
**tomar** *v.* to take; to drink 1.2
  **tomar clases** to take classes 1.2
  **tomar el sol** to sunbathe 1.4
  **tomar en cuenta** to take into account
  **tomar fotos** to take photos 1.5
  **tomar la temperatura** to take someone's temperature 2.1
**tomate** *m.* tomato 1.8
**tonto/a** *adj.* silly; foolish 1.3
**torcerse (o:ue) (el tobillo)** *v.* to sprain (one's ankle) 2.1
**torcido/a** *adj.* twisted; sprained 2.1
**tormenta** *f.* storm 2.9
**tornado** *m.* tornado 2.9
**tortilla (de maíz)** *f.* (corn) tortilla 1.8
**tos** *f., sing.* cough 2.1
**toser** *v.* to cough 2.1
**tostado/a** *adj.* toasted 1.8
**tostadora** *f.* toaster 2.3
**trabajador(a)** *adj.* hard-working 1.3
**trabajar** *v.* to work 1.2
**trabajo** *m.* job; work 2.7
**traducir** *v.* to translate 1.6
**traer** *v.* to bring 1.4
**tráfico** *m.* traffic 2.2
**tragedia** *f.* tragedy 2.8
**traído** *p.p.* brought 2.5
**traje (de baño)** *m.* (bathing) suit 1.6
**tranquilo/a** *adj.* calm; quiet 2.6
  **Tranquilo.** Don't worry.; Be cool. 1.7
**transmitir** *v.* to broadcast 2.9
**tratar de (+ *inf.*)** *v.* to try (*to do something*) 2.6
**Trato hecho.** You've got a deal. 2.8
**trece** *n., adj.* thirteen 1.1
**treinta** *n., adj.* thirty 1.1, 1.2
  **y treinta** thirty minutes past the hour (*time*) 1.1
**tren** *m.* train 1.5
**tres** *n., adj.* three 1.1
**trescientos/as** *n., adj.* three hundred 1.2
**trimestre** *m.* trimester; quarter 1.2
**triste** *adj.* sad 1.5
**tú** *fam. sub. pron.* you 1.1
  **Tú eres...** You are... 1.1
**tu(s)** *fam. poss. adj.* your 1.3
**turismo** *m.* tourism 1.5
**turista** *m., f.* tourist 1.1
**turístico/a** *adj.* touristic
**tuyo(s)/a(s)** *fam. poss. adj. and pron.* your; (of) yours 2.2

## U

**u** *conj.* (used instead of **o** before words beginning with **o** and **ho**) or
**Ud.** *form., sing., sub. pron.* you 1.1
**Uds.** *form., pl., sub. pron.* you 1.1
**último/a** *adj.* last
**un, un(a)** *indef. art.* a; an 1.1
**uno/a** *n., adj.* one 1.1
  **a la una** at one o'clock 1.1
  **una vez** *adv.* once; one time 1.6
  **una vez más** one more time 1.9
**unos/as** *pl. indef. art.* some; *pron.* some 1.1
**único/a** *adj.* only 1.3
**universidad** *f.* university; college 1.2
**urgente** *adj.* urgent 2.3
**usar** *v.* to wear; to use 1.6
**usted (Ud.)** *form., sing., sub. pron.* you 1.1
**ustedes (Uds.)** *form., pl., sub. pron.* you 1.1
**útil** *adj.* useful
**uva** *f.* grape 1.8

## V

**vaca** *f.* cow 2.4
**vacaciones** *f. pl.* vacation 1.5
**valle** *m.* valley 2.4
**vamos** let's go 1.4
**vaquero** *m.* cowboy 2.8
  **de vaqueros** *m., pl.* western (*genre*) 2.8
**varios/as** *adj., pl.* various; several 1.8
**vaso** *m.* glass 2.3
**veces** *f., pl.* times 1.6
**vecino/a** *m., f.* neighbor 2.3
**veinte** *n., adj.* twenty 1.1
**veinticinco** *n., adj.* twenty-five 1.1
**veinticuatro** *n., adj.* twenty-four 1.1
**veintidós** *n., adj.* twenty-two 1.1
**veintinueve** *n., adj.* twenty-nine 1.1
**veintiocho** *n., adj.* twenty-eight 1.1
**veintiséis** *n., adj.* twenty-six 1.1
**veintisiete** *n., adj.* twenty-seven 1.1
**veintitrés** *n., adj.* twenty-three 1.1
**veintiún, veintiuno/a** *n., adj.* twenty-one 1.1
**vejez** *f.* old age 1.9
**velocidad** *f.* speed 2.2
  **velocidad máxima** *f.* speed limit 2.2
**vendedor(a)** *m., f.* salesperson 1.6
**vender** *v.* to sell 1.6
**venir** *v.* to come 1.3
**ventana** *f.* window 1.2
**ver** *v.* to see 1.4
  **a ver** let's see 1.2
  **ver películas** to see movies 1.4
**verano** *m.* summer 1.5
**verbo** *m.* verb
**verdad** *f.* truth
  **¿verdad?** right? 1.1
**verde** *adj.* green 1.6
**verduras** *pl., f.* vegetables 1.8
**vestido** *m.* dress 1.6
**vestirse (e:i)** *v.* to get dressed 1.7
**vez** *f.* time 1.6
**viajar** *v.* to travel 1.2
**viaje** *m.* trip 1.5
**viajero/a** *m., f.* traveler 1.5
**vida** *f.* life 1.9
**video** *m.* video 1.1
**video(casete)** *m.* video (cassette) 2.2
**videocasetera** *f.* VCR 2.2
**videoconferencia** *f.* videoconference 2.7
**videojuego** *m.* video game 1.4
**vidrio** *m.* glass 2.4
**viejo/a** *adj.* old 1.3
**viento** *m.* wind 1.5
**viernes** *m., sing.* Friday 1.2
**vinagre** *m.* vinegar 1.8
**vino** *m.* wine 1.8
  **vino blanco** *m.* white wine 1.8
  **vino tinto** *m.* red wine 1.8
**violencia** *f.* violence 2.9

**visitar** *v.* to visit 1.4
**visitar monumentos** to visit monuments 1.4
**visto** *p.p.* seen 2.5
**vitamina** *f.* vitamin 2.6
**viudo/a** *m., f.* widower; widow 1.9; *adj.* widowed 1.9
**vivienda** *f.* housing 2.3
**vivir** *v.* to live 1.3
**vivo/a** *adj.* bright; lively; living
**volante** *m.* steering wheel 2.2
**volcán** *m.* volcano 2.4
**vóleibol** *m.* volleyball 1.4
**volver (o:ue)** *v.* to return 1.4
**volver a ver(te/lo/la)** *v.* to see (you/him/her) again 2.9
**vos** *pron.* you
**vosotros/as** *sub. pron., fam., pl.* you 1.1
**votar** *v.* to vote 2.9
**vuelta** *f.* return trip
**vuelto** *p.p.* returned 2.5
**vuestro(s)/a(s)** *poss. adj., fam.* your 1.3; *poss. adj. and pron., fam.* (of) yours 2.2

## W

**walkman** *m.* walkman

## Y

**y** *conj.* and 1.1
**y cuarto** quarter after (*time*) 1.1
**y media** half-past (*time*) 1.1
**y quince** quarter after (*time*) 1.1
**y treinta** thirty (minutes past the hour) 1.1
**¿Y tú?** *fam.* And you? 1.1
**¿Y usted?** *form.* And you? 1.1
**ya** *adv.* already 1.6
**yerno** *m.* son-in-law 1.3
**yo** *sub. pron.* I 1.1
**Yo soy...** I'm... 1.1
**yogur** *m.* yogurt 1.8

## Z

**zanahoria** *f.* carrot 1.8
**zapatería** *f.* shoe store 2.5
**zapatos de tenis** *m., pl.* tennis shoes, sneakers 1.6

# English-Spanish

## A

a **un/una** *m., f., sing.; indef. art.* 1.1
@ symbol **arroba** *f.* 2.2
A.M. **mañana** *f.* 1.1
able: be able to **poder (o:ue)** *v.* 1.4
aboard **a bordo** 1.1
accident **accidente** *m.* 2.1
accompany **acompañar** *v.* 2.5
account **cuenta** *f.* 2.5
checking account **cuenta corriente** *f.* 2.5
on account of **por** *prep.* 2.2
savings account **cuenta de ahorros** *f.* 2.5
accountant **contador(a)** *m., f.* 2.7
accounting **contabilidad** *f.* 1.2
ache **dolor** *m.* 2.1
acid **ácido/a** *adj.* 2.4
acid rain **lluvia ácida** 2.4
acquainted: to be acquainted with **conocer** *v.* 1.6
action (*genre*) **de acción** *f.* 2.8
active **activo/a** *adj.* 2.6
actor **actor** *m.*, **actriz** *f.* 2.7
addict *(drug)* **drogadicto/a** *m., f.* 2.6
additional **adicional** *adj.*
address **dirección** *f.* 2.5
adjective **adjetivo** *m.*
adolescence **adolescencia** *f.* 1.9
adventure (*genre*) **de aventura** *f.* 2.8
advertise **anunciar** *v.* 2.9
advertisement **anuncio** *m.* 2.7
advice **consejo** *m.* 1.6
give advice **dar consejos** 1.6
advise **aconsejar** *v.* 2.3
advisor **consejero/a** *m., f.* 2.7
aerobic **aeróbico/a** *adj.* 2.6
aerobics class **clase de ejercicios aeróbicos** *f.* 2.6
to do aerobics **hacer ejercicios aeróbicos** 2.6
affected **afectado/a** *adj.* 2.4
be affected (by) **estar afectado/a (por)** 2.4
affirmative **afirmativo/a** *adj.*
afraid: be (very) afraid (of) **tener (mucho) miedo (de)** 1.3
be afraid that **tener miedo (de) que**
after **después de** *prep.* 1.7; **después de que** *conj.* 2.4
afternoon **tarde** *f.* 1.1
again **otra vez** *adv.*
age **edad** *f.* 1.9
agree **concordar (o:ue)** *v.*; **estar de acuerdo** 2.7
I agree (completely). **Estoy (completamente) de acuerdo.** 2.7
I don't agree. **No estoy de acuerdo.** 2.7
agreement **acuerdo** *m.* 2.7
AIDS **SIDA** *m.* 2.9
air **aire** *m.* 2.4
air pollution **contaminación del aire** *f.* 2.4
airplane **avión** *m.* 1.5
airport **aeropuerto** *m.* 1.5
alarm clock **despertador** *m.* 1.7
all **todo(s)/a(s)** *adj.* 1.4
All aboard! **¡Todos a bordo!** 1.1
all of us **todos** 1.1
all over the world **en todo el mundo**
allergic **alérgico/a** *adj.* 2.1
be allergic (to) **ser alérgico/a (a)** 2.1
alleviate **aliviar** *v.*
almost **casi** *adv.* 2.1
alone **solo/a** *adj.*
along **por** *prep.* 2.2
already **ya** *adv.* 1.6
also **también** *adv.* 1.2, 1.7
alternator **alternador** *m.* 2.2
although **aunque** *conj.*
aluminum **aluminio** *m.* 2.4
(made) of aluminum **de aluminio** 2.4
always **siempre** *adv.* 1.7
American *(North)* **norteamericano/a** *adj.* 1.3
among **entre** *prep.* 1.2
amusement **diversión** *f.*
and **y** 1.1, **e** *(before words beginning with* **i** *or* **hi***)* 1.4
And you? **¿Y tú?** *fam.* 1.1; **¿Y usted?** *form.* 1.1
angry **enojado/a** *adj.* 1.5
get angry (with) **enojarse** *v.* **(con)** 1.7
animal **animal** *m.* 2.4
ankle **tobillo** *m.* 2.1
anniversary **aniversario** *m.* 1.9
wedding anniversary **aniversario de bodas** *m.* 1.9
announce **anunciar** *v.* 2.9
announcer *(TV/radio)* **locutor(a)** *m., f.* 2.9
annoy **molestar** *v.* 1.7
another **otro/a** *adj.* 1.6
answer **contestar** *v.* 1.2; **respuesta** *f.*
answering machine **contestadora** *f.* 2.2
antibiotic **antibiótico** *m.* 2.1
any **algún, alguno(s)/a(s)** *adj., pron.* 1.7
anyone **alguien** *pron.* 1.7
anything **algo** *pron.* 1.7
apartment **apartamento** *m.* 2.3
apartment building **edificio de apartamentos** *m.* 2.3
appear **parecer** *v.*
appetizers **entremeses** *m., pl.* 1.8
applaud **aplaudir** *v.* 2.8
apple **manzana** *f.* 1.8
appliance (electric) **electrodoméstico** *m.* 2.3
applicant **aspirante** *m., f.* 2.7
application **solicitud** *f.* 2.7
job application **solicitud de trabajo** *f.* 2.7
apply *(for a job)* **solicitar** *v.* 2.7
apply for a loan **pedir un préstamo** 2.5
appointment **cita** *f.* 1.9
have an appointment **tener una cita** 1.9
appreciate **apreciar** *v.* 2.8
April **abril** *m.* 1.5
aquatic **acuático/a** *adj.*
archaeologist **arqueólogo/a** *m., f.* 2.7
architect **arquitecto/a** *m., f.* 2.7
area **región** *f.* 2.4
arm **brazo** *m.* 2.1
armchair **sillón** *m.* 2.3
army **ejército** *m.* 2.9
around **por** *prep.* 2.2
around here **por aquí** 2.2
arrange **arreglar** *v.* 2.2
arrival **llegada** *f.* 1.5
arrive **llegar** *v.* 1.2
art **arte** *m.* 1.2
arts **artes** *f., pl.* 2.8
fine arts **bellas artes** *f., pl.* 2.8
article **artículo** *m.* 2.9
artist **artista** *m., f.* 1.3
artistic **artístico/a** *adj.* 2.8
as **como** *prep.* 1.8
as… as **tan… como** 1.8
as a child **de niño/a** 2.1
as many… as **tantos/as… como** 1.8
as much…as **tanto… como** 1.8
as soon as **en cuanto** *conj.* 2.4; **tan pronto como** *conj.* 2.4
ask *(a question)* **preguntar** *v.* 1.2
ask for **pedir (e:i)** *v.* 1.4
asparagus **espárragos** *m., pl.* 1.8
aspirin **aspirina** *f.* 2.1
at **a** *prep.* 1.1; **en** *prep.* 1.2
at + *time* **a la(s) +** *time* 1.1
at home **en casa** 1.7
at least **por lo menos** 2.1
at night **por la noche** 1.7
at the end (of) **al fondo (de)** 2.3
At what time…? **¿A qué hora…?** 1.1
At your service. **A sus órdenes.** 2.2
ATM **cajero automático** *m.* 2.5
attend **asistir (a)** *v.* 1.3
attic **altillo** *m.* 2.3

attract **atraer** *v.* 1.4
audience **público** *m.* 2.8
August **agosto** *m.* 1.5
aunt **tía** *f.* 1.3
aunts and uncles **tíos** *m., pl.* 1.3
automatic **automático/a** *adj.*
automobile **automóvil** *m.* 1.5; **carro** *m.*, **coche** *m.* 2.2
autumn **otoño** *m.* 1.5
avenue **avenida** *f.*
avoid **evitar** *v.* 2.4
award **premio** *m.* 2.8

## B

backpack **mochila** *f.* 1.2
bad **mal, malo/a** *adj.* 1.3
It's bad that... **Es malo que...** 2.3
It's not at all bad. **No está nada mal.** 1.5
bag **bolsa** *f.* 1.6
bakery **panadería** *f.* 2.5
balanced **equilibrado/a** *adj.* 2.6
eat a balanced diet **comer una dieta equilibrada** 2.6
balcony **balcón** *m.* 2.3
ball **pelota** *f.* 1.4
banana **banana** *f.* 1.8
band **banda** *f.* 2.8
bank **banco** *m.* 2.5
bargain **ganga** *f.* 1.6; **regatear** *v.* 1.6
baseball *(game)* **béisbol** *m.* 1.4
basement **sótano** *m.* 2.3
basketball *(game)* **baloncesto** *m.* 1.4
bathe **bañarse** *v.* 1.7
bathing suit **traje** *m.* **de baño** 1.6
bathroom **baño** *m.* 1.7; **cuarto de baño** *m.* 1.7
be **ser** *v.* 1.1; **estar** *v.* 1.2
be... years old **tener... años** 1.3
beach **playa** *f.* 1.5
beans **frijoles** *m., pl.* 1.8
beautiful **hermoso/a** *adj.* 1.6
beauty **belleza** *f.* 2.5
beauty salon **peluquería** *f.* 2.5; **salón de belleza** *m.* 2.5
because **porque** *conj.* 1.2
because of **por** *prep.* 2.2
become (+ *adj.*) **ponerse (+** *adj.***)** *v.* 1.7; **convertirse (e:ie)** *v.*
bed **cama** *f.* 1.5
go to bed **acostarse (o:ue)** *v.* 1.7
bedroom **alcoba** *f.*, **dormitorio** *m.* 2.3; **recámara** *f.*
beef **carne de res** *f.* 1.8
beef soup **caldo de patas** *m.* 1.8
been **sido** *p.p.* 2.6
beer **cerveza** *f.* 1.8
before **antes** *adv.* 1.7; **antes de** *prep.* 1.7; **antes (de) que** *conj.* 2.4
beg **rogar (o:ue)** *v.* 2.3
begin **comenzar (e:ie)** *v.* 1.4; **empezar (e:ie)** *v.* 1.4
behalf: on behalf of **de parte de** 2.2
behind **detrás de** *prep.* 1.2
believe (in) **creer** *v.* **(en)** 1.3, 2.4
not to believe **no creer** 2.4
believed **creído** *p.p.* 2.5
bellhop **botones** *m., f. sing.* 1.5
below **debajo de** *prep.* 1.2
belt **cinturón** *m.* 1.6
benefit **beneficio** *m.* 2.7
beside **al lado de** *prep.* 1.2
besides **además (de)** *adv.* 2.1
best **el/la mejor** *adj.* 1.8; **lo mejor** *neuter* 2.9
better **mejor** *adj.* 1.8
It's better that... **Es mejor que...** 2.3
between **entre** *prep.* 1.2
beverage **bebida** *f.*
alcoholic beverage **bebida alcohólica** *f.* 2.6
bicycle **bicicleta** *f.* 1.4
big **gran, grande** *adj.* 1.3
bill **cuenta** *f.* 1.9
billion **mil millones** *m.*
biology **biología** *f.* 1.2
bird **ave** *f.* 2.4; **pájaro** *m.* 2.4
birth **nacimiento** *m.* 1.9
birthday **cumpleaños** *m., sing.* 1.9
have a birthday **cumplir años** 1.9
biscuit **bizcocho** *m.*
black **negro/a** *adj.* 1.6
blackberry **mora** *f.* 1.8
blackboard **pizarra** *f.* 1.2
blanket **manta** *f.* 2.3
block (city) **cuadra** *f.* 2.5
blond(e) **rubio/a** *adj.* 1.3
blouse **blusa** *f.* 1.6
blue **azul** *adj.* 1.6
boarding house **pensión** *f.*
boat **barco** *m.* 1.5
body **cuerpo** *m.* 2.1
bone **hueso** *m.* 2.1
book **libro** *m.* 1.2
bookcase **estante** *m.* 2.3
bookshelves **estante** *m.* 2.3
bookstore **librería** *f.* 1.2
boot **bota** *f.* 1.6
bore **aburrir** *v.* 1.7
bored **aburrido/a** *adj.* 1.5
be bored **estar aburrido/a** 1.5
get bored **aburrirse** *v.* 2.8
boring **aburrido/a** *adj.* 1.5
born: be born **nacer** *v.* 1.9
borrow **pedir prestado** 2.5
borrowed **prestado/a** *adj.*
boss **jefe** *m.*, **jefa** *f.* 2.7
bother **molestar** *v.* 1.7
bottle **botella** *f.* 1.9
bottle of wine **botella de vino** *f.* 1.9
bottom **fondo** *m.*
boulevard **bulevar** *m.*
boy **chico** *m.* 1.1; **muchacho** *m.* 1.3
boyfriend **novio** *m.* 1.3
brakes **frenos** *m., pl.*
bread **pan** *m.* 1.8
break **romper** *v.* 2.1
break (one's leg) **romperse (la pierna)** 2.1
break down **dañar** *v.* 2.1
break up (with) **romper** *v.* **(con)** 1.9
The... broke down. **Se nos dañó el/la...** 2.2
breakfast **desayuno** *m.* 1.2, 1.8
have breakfast **desayunar** *v.* 1.2
breathe **respirar** *v.* 2.4
bring **traer** *v.* 1.4
broadcast **transmitir** *v.* 2.9; **emitir** *v.* 2.9
brochure **folleto** *m.*
broken **roto/a** *adj.* 2.1, 2.5
be broken **estar roto/a** 2.1
brother **hermano** *m.* 1.3
brothers and sisters **hermanos** *m., pl.* 1.3
brother-in-law **cuñado** *m.* 1.3
brought **traído** *p.p.* 2.5
brown **café** *adj.* 1.6; **marrón** *adj.* 1.6
brunet(te) **moreno/a** *adj.* 1.3
brush **cepillar** *v.* 1.7
brush one's hair **cepillarse el pelo** 1.7
brush one's teeth **cepillarse los dientes** 1.7
build **construir** *v.* 1.4
building **edificio** *m.* 2.3
bump into *(something accidentally)* **darse con** 2.1; *(someone)* **encontrarse** *v.* 2.2
burn *(a CD)* **quemar** *v.* 2.2
burned (out) **quemado/a** *adj.* 2.2
bus **autobús** *m.* 1.1
bus station **estación** *f.* **de autobuses** 1.5
business **negocios** *m. pl.* 2.7
business administration **administración** *f.* **de empresas** 1.2
business-related **comercial** *adj.* 2.7
businessperson **hombre/mujer de negocios** *m., f.* 2.7
busy **ocupado/a** *adj.* 1.5
but **pero** *conj.* 1.2; (rather) **sino** *conj. (in negative sentences)* 1.7
butcher shop **carnicería** *f.* 2.5
butter **mantequilla** *f.* 1.8
buy **comprar** *v.* 1.2
by **por** *prep.* 2.2; **para** *prep.* 2.2
by means of **por** *prep.* 2.2

by phone **por teléfono** 2.2
by plane **en avión** 1.5
by way of **por** *prep.* 2.2
bye **chau** *interj. fam.* 1.1

## C

cabin **cabaña** *f.* 1.5
cable television **televisión** *f.* **por cable** 2.2
café **café** *m.* 1.4
cafeteria **cafetería** *f.* 1.2
caffeine **cafeína** *f.* 2.6
cake **pastel** *m.* 1.9
chocolate cake **pastel de chocolate** *m.* 1.9
calculator **calculadora** *f.* 2.2
call **llamar** *v.* 2.2
be called **llamarse** *v.* 1.7
call on the phone **llamar por teléfono**
calm **tranquilo/a** *adj.* 2.6
calorie **caloría** *f.* 2.6
camera **cámara** *f.* 2.2
camp **acampar** *v.* 1.5
can *(tin)* **lata** *f.* 2.4; **poder (o:ue)** *v.* 1.4
Canadian **canadiense** *adj.* 1.3
candidate **aspirante** *m., f.* 2.7; **candidato/a** *m., f.* 2.9
candy **dulces** *m., pl.* 1.9
capital city **capital** *f.* 1.1
car **coche** *m.* 2.2; **carro** *m.* 2.2; **auto(móvil)** *m.* 1.5
caramel **caramelo** *m.* 1.9
card **tarjeta** *f.*; *(playing)* **carta** *f.* 1.5
care **cuidado** *m.* 1.3
Take care! **¡Cuídense!** *form. pl.* 2.6
take care of **cuidar** *v.* 2.4
career **carrera** *f.* 2.7
careful: be (very) careful **tener (mucho) cuidado** 1.3
caretaker **ama** *m., f.* **de casa** 2.3
carpenter **carpintero/a** *m., f.* 2.7
carpet **alfombra** *f.* 2.3
carrot **zanahoria** *f.* 1.8
carry **llevar** *v.* 1.2
cartoons **dibujos** *m, pl.* **animados** 2.8
case: in case (that) **en caso (de) que** *conj.* 2.4
cash *(a check)* **cobrar** *v.* 2.5
cash **(en) efectivo** 1.6
pay in cash **pagar al contado** 2.5; **pagar en efectivo** 2.5
cash register **caja** *f.* 1.6
cashier **cajero/a** *m., f.*
cat **gato** *m.* 2.4
CD-ROM **cederrón** *m.* 2.2
celebrate **celebrar** *v.* 1.9
celebration **celebración** *f.*
young woman's fifteenth birthday celebration **quinceañera** *f.* 1.9
cellar **sótano** *m.* 2.3
cellular **celular** *adj.* 2.2
cellular telephone **teléfono celular** *m.* 2.2
cereal **cereales** *m., pl.* 1.8
certain **cierto/a** *adj.*; **seguro/a** *adj.* 2.4
it's (not) certain **(no) es cierto/seguro** 2.4
chalk **tiza** *f.* 1.2
champagne **champán** *m.* 1.9
change **cambiar** *v.* **(de)** 1.9
channel *(TV)* **canal** *m.* 2.2, 2.8
character *(fictional)* **personaje** *m.* 2.2, 2.8
main character **personaje principal** *m.* 2.8
chat **conversar** *v.* 1.2
chauffeur **conductor(a)** *m., f.* 1.1
cheap **barato/a** *adj.* 1.6
check **comprobar (o:ue)** *v.*; **revisar** *v.* 2.2; *(bank)* **cheque** *m.* 2.5
check the oil **revisar el aceite** 2.2
checking account **cuenta** *f.* **corriente** 2.5
cheese **queso** *m.* 1.8
chef **cocinero/a** *m., f.* 2.7
chemistry **química** *f.* 1.2
chest of drawers **cómoda** *f.* 2.3
chicken **pollo** *m.* 1.8
child **niño/a** *m., f.* 1.3
childhood **niñez** *f.* 1.9
children **hijos** *m., pl.* 1.3
Chinese **chino/a** *adj.* 1.3
chocolate **chocolate** *m.* 1.9
chocolate cake **pastel** *m.* **de chocolate** 1.9
cholesterol **colesterol** *m.* 2.6
choose **escoger** *v.* 1.8
chop *(food)* **chuleta** *f.* 1.8
Christmas **Navidad** *f.* 1.9
church **iglesia** *f.* 1.4
citizen **ciudadano/a** *m., f.* 2.9
city **ciudad** *f.* 1.4
class **clase** *f.* 1.2
take classes **tomar clases** 1.2
classical **clásico/a** *adj.* 2.8
classmate **compañero/a** *m., f.* **de clase** 1.2
clean **limpio/a** *adj.* 1.5; **limpiar** *v.* 2.3
clean the house **limpiar la casa** 2.3
clear *(weather)* **despejado/a** *adj.*
clear the table **quitar la mesa** 2.3
It's (very) clear. *(weather)* **Está (muy) despejado.**
clerk **dependiente/a** *m., f.* 1.6
climb **escalar** *v.* 1.4
climb mountains **escalar montañas** 1.4
clinic **clínica** *f.* 2.1
clock **reloj** *m.* 1.2
close **cerrar (e:ie)** *v.* 1.4
closed **cerrado/a** *adj.* 1.5
closet **armario** *m.* 2.3
clothes **ropa** *f.* 1.6
clothes dryer **secadora** *f.* 2.3
clothing **ropa** *f.* 1.6
cloud **nube** *f.* 2.4
cloudy **nublado/a** *adj.* 1.5
It's (very) cloudy. **Está (muy) nublado.** 1.5
coat **abrigo** *m.* 1.6
coffee **café** *m.* 1.8
coffeemaker **cafetera** *f.* 2.3
cold **frío** *m.* 1.5; *(illness)* **resfriado** *m.* 2.1
be (feel) (very) cold **tener (mucho) frío** 1.3
It's (very) cold. *(weather)* **Hace (mucho) frío.** 1.5
college **universidad** *f.* 1.2
collision **choque** *m.* 2.9
color **color** *m.* 1.6
comb one's hair **peinarse** *v.* 1.7
come **venir** *v.* 1.3
comedy **comedia** *f.* 2.8
comfortable **cómodo/a** *adj.* 1.5
commerce **negocios** *m., pl.* 2.7
commercial **comercial** *adj.* 2.7
communicate (with) **comunicarse** *v.* **(con)** 2.9
communication **comunicación** *f.* 2.9
means of communication **medios** *m. pl.* **de comunicación** 2.9
community **comunidad** *f.* 1.1
compact disc (CD) **disco** *m.* **compacto** 2.2
compact disc player **tocadiscos** *m. sing.* **compacto** 2.2
company **compañía** *f.* 2.7; **empresa** *f.* 2.7
comparison **comparación** *f.*
completely **completamente** *adv.* 2.7
composer **compositor(a)** *m., f.* 2.8
computer **computadora** *f.* 1.1
computer disc **disco** *m.*
computer monitor **monitor** *m.* 2.2
computer programmer **programador(a)** *m., f.* 1.3
computer science **computación** *f.* 1.2
concert **concierto** *m.* 2.8
conductor *(musical)* **director(a)** *m., f.* 2.8
confirm **confirmar** *v.* 1.5
confirm a reservation **confirmar una reservación** 1.5
confused **confundido/a** *adj.* 1.5
congested **congestionado/a** *adj.* 2.1

Congratulations! *(for an event such as a birthday or anniversary)* **¡Felicidades!** 1.9; *(for an event such as an engagement or a good grade on a test)* **¡Felicitaciones!** 1.9
conservation **conservación** *f.* 2.4
conserve **conservar** *v.* 2.4
considering **para** *prep.* 2.2
consume **consumir** *v.* 2.6
container **envase** *m.* 2.4
contamination **contaminación** *f.*
content **contento/a** *adj.* 1.5
contest **concurso** *m.* 2.8
continue **seguir (e:i)** *v.* 1.4
control **control** *m.*; **controlar** *v.* 2.4
  be under control **estar bajo control** 1.7
conversation **conversación** *f.* 1.1
converse **conversar** *v.* 1.2
cook **cocinar** *v.* 2.3; **cocinero/a** *m., f.* 2.7
cookie **galleta** *f.* 1.9
cool **fresco/a** *adj.* 1.5
  Be cool. **Tranquilo.** 1.7
  It's cool. *(weather)* **Hace fresco.** 1.5
corn **maíz** *m.* 1.8
corner **esquina** *f.* 2.5
cost **costar (o:ue)** *v.* 1.6
cotton **algodón** *f.* 1.6
  (made of) cotton **de algodón** 1.6
couch **sofá** *m.* 2.3
couch potato **teleadicto/a** *m., f.* 2.6
cough **tos** *f.* 2.1; **toser** *v.* 2.1
counselor **consejero/a** *m., f.* 2.7
count (on) **contar** *v.* **(con)** 1.4, 2.3
country *(nation)* **país** *m.* 1.1
countryside **campo** *m.* 1.5
couple (married) **pareja** *f.* 1.9
course **curso** *m.* 1.2; **materia** *f.* 1.2
courtesy **cortesía** *f.*
cousin **primo/a** *m., f.* 1.3
cover **cubrir** *v.*
covered **cubierto** *p.p.*
cow **vaca** *f.* 2.4
crafts **artesanía** *f.* 2.8
craftsmanship **artesanía** *f.* 2.8
crater **cráter** *m.* 2.4
crazy **loco/a** *adj.* 1.6
create **crear** *v.*
credit **crédito** *m.* 1.6
  credit card **tarjeta** *f.* **de crédito** 1.6
crime **crimen** *m.* 2.9
cross **cruzar** *v.* 2.5
culture **cultura** *f.* 2.8
cup **taza** *f.* 2.3
currency exchange **cambio** *m.* **de moneda**
current events **actualidades** *f., pl.* 2.9
curtains **cortinas** *f., pl.* 2.3
custard *(baked)* **flan** *m.* 1.9
custom **costumbre** *f.* 1.1
customer **cliente/a** *m., f.* 1.6
customs **aduana** *f.* 1.5
customs inspector **inspector(a)** *m., f.* **de aduanas** 1.5
cybercafé **cibercafé** *m.* 2.2
cycling **ciclismo** *m.* 1.4

## D

dad **papá** *m.* 1.3
daily **diario/a** *adj.* 1.7
  daily routine **rutina** *f.* **diaria** 1.7
damage **dañar** *v.* 2.1
dance **bailar** *v.* 2.1; **danza** *f.* 2.8; **baile** *m.* 2.8
dancer **bailarín/bailarina** *m., f.* 2.8
danger **peligro** *m.* 2.4
dangerous **peligroso/a** *adj.* 2.9
date *(appointment)* **cita** *f.* 1.9; *(calendar)* **fecha** *f.* 1.5; *(someone)* **salir** *v.* **con (alguien)** 1.9
  have a date **tener una cita** 1.9
daughter **hija** *f.* 1.3
daughter-in-law **nuera** *f.* 1.3
day **día** *m.* 1.1
  day before yesterday **anteayer** *adv.* 1.6
deal **trato** *m.* 2.8
  It's not a big deal. **No es para tanto.** 2.3
  You've got a deal! **¡Trato hecho!** 2.8
death **muerte** *f.* 1.9
decaffeinated **descafeinado/a** *adj.* 2.6
December **diciembre** *m.* 1.5
decide **decidir (+** *inf.***)** *v.* 1.3
decided **decidido/a** *adj., p.p.* 2.5
declare **declarar** *v.* 2.9
deforestation **deforestación** *f.* 2.4
delicious **delicioso/a** *adj.* 1.8; **rico/a** *adj.* 1.8; **sabroso/a** *adj.* 1.8
delighted **encantado/a** *adj.* 1.1
dentist **dentista** *m., f.* 2.1
deny **negar (e:ie)** *v.* 2.4
  not to deny **no negar** 2.4
department store **almacén** *m.* 1.6
departure **salida** *f.* 1.5
deposit **depositar** *v.* 2.5
describe **describir** *v.* 1.3
described **descrito** *p.p.* 2.5
desert **desierto** *m.* 2.4
design **diseño** *m.*
designer **diseñador(a)** *m., f.* 2.7
desire **desear** *v.* 1.2
desk **escritorio** *m.* 1.2
dessert **postre** *m.* 1.9
destroy **destruir** *v.* 2.4
develop **desarrollar** *v.* 2.4
diary **diario** *m.* 1.1
dictatorship **dictadura** *f.* 2.9
dictionary **diccionario** *m.* 1.1
die **morir (o:ue)** *v.* 1.8
died **muerto** *p.p.* 2.5
diet **dieta** *f.* 2.6; **alimentación** *f.*
  balanced diet **dieta equilibrada** *f.* 2.6
  be on a diet **estar a dieta** 2.6
difficult **difícil** *adj.* 1.3
digital camera **cámara** *f.* **digital** 2.2
dining room **comedor** *m.* 2.3
dinner **cena** *f.* 1.2, 1.8
  have dinner **cenar** *v.* 1.2
direct **dirigir** *v.* 2.8
directions **direcciones** *f., pl.* 2.5
  give directions **dar direcciones** 2.5
director **director(a)** *m., f.* 2.8
dirty **sucio/a** *adj.* 1.5
  get *(something)* dirty **ensuciar** *v.* 2.3
disagree **no estar de acuerdo**
disaster **desastre** *m.* 2.9
discover **descubrir** *v.* 2.4
discovered **descubierto** *p.p.* 2.5
discrimination **discriminación** *f.* 2.9
dish **plato** *m.* 1.8, 2.3
  main dish **plato principal** *m.* 1.8
dishwasher **lavaplatos** *m., sing.* 2.3
disk **disco** *m.*
disorderly **desordenado/a** *adj.* 1.5
dive **bucear** *v.* 1.4
divorce **divorcio** *m.* 1.9
divorced **divorciado/a** *adj.* 1.9
  get divorced (from) **divorciarse (de)** *v.* 1.9
dizzy **mareado/a** *adj.* 2.1
do **hacer** *v.* 1.4
  do aerobics **hacer ejercicios aeróbicos** 2.6
  do household chores **hacer quehaceres domésticos** 2.3
  do stretching exercises **hacer ejercicios de estiramiento** 2.6
doctor **doctor(a)** *m., f.* 1.3, 2.1; **médico/a** *m., f.* 1.3
documentary *(film)* **documental** *m.* 2.8
dog **perro** *m.* 2.4
domestic **doméstico/a** *adj.*
  domestic appliance **electrodoméstico** *m.* 2.3
done **hecho** *p.p.* 2.5
door **puerta** *f.* 1.2
dormitory **residencia** *f.* **estudiantil** 1.2

double **doble** *adj.* 1.5
double room **habitación** *f.* **doble** 1.5
doubt **duda** *f.* 2.4; **dudar** *v.* 2.4
not to doubt **no dudar** 2.4
There is no doubt... **No cabe duda de...** 2.4; **No hay duda de...** 2.4
down **abajo**
download **descargar** *v.* 2.2
downtown **centro** *m.* 1.4
drama **drama** *m.* 2.8
dramatic **dramático/a** *adj.* 2.8
draw **dibujar** *v.* 1.2
drawing **dibujo** *m.* 2.8
dress **vestido** *m.* 1.6
get dressed **vestirse (e:i)** *v.* 1.7
drink **beber** *v.* 1.3; **tomar** *v.* 1.2; **bebida** *f.* 1.8
drive **conducir** *v.* 1.6; **manejar** *v.* 2.2
driver **conductor(a)** *m., f.* 1.1
drug **droga** *f.* 2.6
drug addict **drogadicto/a** *m., f.* 2.6
dry oneself **secarse** *v.* 1.7
during **durante** *prep.* 1.7; **por** *prep.* 2.2
dust **sacudir** *v.* 2.3; **quitar el polvo** 2.3
dust the furniture **sacudir los muebles** 2.3
DVD player **reproductor** *m.* **de DVD** 2.2

## E

each **cada** *adj.* 1.6
eagle **águila** *f.*
ear (outer) **oreja** *f.* 2.1
early **temprano** *adv.* 1.7
earn **ganar** *v.* 2.7
earthquake **terremoto** *m.* 2.9
ease **aliviar** *v.*
east **este** *m.* 2.5
to the east **al este** 2.5
easy **fácil** *adj.* 1.3
eat **comer** *v.* 1.3
ecology **ecología** *f.* 2.4
economics **economía** *f.* 1.2
ecotourism **ecoturismo** *m.* 2.4
Ecuador **Ecuador** *m.* 1.1
Ecuadorian **ecuatoriano/a** *adj.* 1.3
effective **eficaz** *adj.*
egg **huevo** *m.* 1.8
eight **ocho** *n., adj.* 1.1
eight hundred **ochocientos/as** *n., adj.* 1.2
eighteen **dieciocho** *n., adj.* 1.1
eighth **octavo/a** *n., adj.* 1.5
eighty **ochenta** *n., adj.* 1.2
either... or **o... o** *conj.* 1.7
eldest **el/la mayor** *adj.* 1.8
elect **elegir** *v.* 2.9
election **elecciones** *f. pl.* 2.9
electric appliance **electrodoméstico** *m.* 2.3
electrician **electricista** *m., f.* 2.7
electricity **luz** *f.* 2.3
elegant **elegante** *adj.* 1.6
elevator **ascensor** *m.* 1.5
eleven **once** *n., adj.* 1.1
e-mail **correo** *m.* **electrónico** 1.4
e-mail address **dirección** *f.* **electrónica** 2.2
e-mail message **mensaje** *m.* **electrónico** 1.4
read e-mail **leer el correo electrónico** 1.4
embarrassed **avergonzado/a** *adj.* 1.5
embrace (each other) **abrazar(se)** *v.* 2.2
emergency **emergencia** *f.* 2.1
emergency room **sala** *f.* **de emergencia** 2.1
employee **empleado/a** *m., f.* 1.5
employment **empleo** *m.* 2.7
end **fin** *m.* 1.4; **terminar** *v.* 1. 2
end table **mesita** *f.* 2.3
energy **energía** *f.* 2.4
engaged: get engaged (to) **comprometerse** *v.* **(con)** 1.9
engineer **ingeniero/a** *m., f.* 1.3
English *(language)* **inglés** *m.* 1.2; **inglés, inglesa** *adj.* 1.3
enjoy **disfrutar** *v.* **(de)** 2.6
enough **bastante** *adv.* 2.1
entertainment **diversión** *f.* 1.4
entrance **entrada** *f.* 2.3
envelope **sobre** *m.* 2.5
environment **medio ambiente** *m.* 2.4
equality **igualdad** *f.* 2.9
equipped **equipado/a** *adj.* 2.6
erase **borrar** *v.* 2.2
eraser **borrador** *m.* 1.2
errand **diligencia** *f.* 2.5
establish **establecer** *v.*
evening **tarde** *f.* 1.1
event **acontecimiento** *m.* 2.9
every day **todos los días** 2.1
everybody **todos** *m., pl.*
everything **todo** *m.* 1.5
Everything is under control. **Todo está bajo control.** 1.7
exactly **en punto** 1.1
exam **examen** *m.* 1.2
excellent **excelente** *adj.* 1.5
excess **exceso** *m.* 2.6
in excess **en exceso** 2.6
exchange **intercambiar** *v.*
in exchange for **por** 2.2
exciting **emocionante** *adj.*
excursion **excursión** *f.*
excuse **disculpar** *v.*
Excuse me. *(May I?)* **Con permiso.** 1.1; *(I beg your pardon.)* **Perdón.** 1.1
exercise **ejercicio** *m.* 2.6; **hacer** *v.* **ejercicio** 2.6
exit **salida** *f.* 1.5
expensive **caro/a** *adj.* 1.6
experience **experiencia** *f.* 2.9
explain **explicar** *v.* 1.2
explore **explorar** *v.*
expression **expresión** *f.*
extinction **extinción** *f.* 2.4
extremely delicious **riquísimo/a** *adj.* 1.8
extremely serious **gravísimo/a** *adj.* 2.4
eye **ojo** *m.* 2.1

## F

fabulous **fabuloso/a** *adj.* 1.5
face **cara** *f.* 1.7
facing **enfrente de** *prep.* 2.5
fact: in fact **de hecho**
fall *(season)* **otoño** *m.* 1.5
fall (down) **caerse** *v.* 2.1
fall asleep **dormirse (o:ue)** *v.* 1.7
fall in love (with) **enamorarse** *v.* **(de)** 1.9
fallen **caído** *p.p.* 2.5
family **familia** *f.* 1.3
famous **famoso/a** *adj.* 2.7
fan **aficionado/a** *adj.* 1.4
be a fan (of) **ser aficionado/a (a)** 1.4
far from **lejos de** *prep.* 1.2
farewell **despedida** *f.*
fascinate **fascinar** *v.* 1.7
fashion **moda** *f.* 1.6
be in fashion **estar de moda** 1.6
fast **rápido/a** *adj.*
fat **gordo/a** *adj.* 1.3; **grasa** *f.* 2.6
father **padre** *m.* 1.3
father-in-law **suegro** *m.* 1.3
favorite **favorito/a** *adj.* 1.4
fax (machine) **fax** *m.* 2.2
fear **miedo** *m.* 1.3; **temer** *v.* 2.4
February **febrero** *m.* 1.5
feel **sentir(se) (e:ie)** *v.* 1.7
feel like *(doing something)* **tener ganas de (+** *inf.***)** 1.3
festival **festival** *m.* 2.8
fever **fiebre** *f.* 2.1
have a fever **tener fiebre** 2.1
few **pocos/as** *adj., pl.*
fewer than **menos de (+** *number***)** 1.8
field: major field of study **especialización** *f.*
fifteen **quince** *n., adj.* 1.1
fifteen-year-old girl **quinceañera** *f.* 1.9
young woman's fifteenth birthday celebration **quinceañera** *f.* 1.9

fifth **quinto/a** *n., adj.* 1.5
fifty **cincuenta** *n., adj.* 1.2
fight (for/against) **luchar** *v.* **(por/contra)** 2.9
figure (*number*) **cifra** *f.*
file **archivo** *m.* 2.2
fill **llenar** *v.* 2.2
  fill out (a form) **llenar (un formulario)** 2.5
  fill the tank **llenar el tanque** 2.2
finally **finalmente** *adv.* 2.6; **por último** 1.7; **por fin** 2.2
find **encontrar (o:ue)** *v.* 1.4
  find (each other) **encontrar(se)** *v.*
fine **multa** *f.*
  That's fine. **Está bien.** 2.2
fine arts **bellas artes** *f., pl.* 2.8
finger **dedo** *m.* 2.1
finish **terminar** *v.* 1.2
  finish *(doing something)* **terminar** *v.* **de (+** *inf.***)** 1.4
fire **incendio** *m.* 2.9; **despedir (e:i)** *v.* 2.7
firefighter **bombero/a** *m., f.* 2.7
firm **compañía** *f.* 2.7; **empresa** *f.* 2.7
first **primer, primero/a** *n., adj.* 1.5
fish (*food*) **pescado** *m.* 1.8; *(live)* **pez** *m.* 2.4; **pescar** *v.* 1.5
fish market **pescadería** *f.* 2.5
fisherman **pescador** *m.*
fisherwoman **pescadora** *f.*
fishing **pesca** *f.* 1.5
fit (*clothing*) **quedar** *v.* 1.7
five **cinco** *n., adj.* 1.1
five hundred **quinientos/as** *n., adj.* 1.2
fix (*put in working order*) **arreglar** *v.* 2.2
fixed **fijo/a** *adj.* 1.6
flag **bandera** *f.*
flank steak **lomo** *m.* 1.8
flat tire: We had a flat tire. **Se nos pinchó una llanta.** 2.2
flexible **flexible** *adj.* 2.6
flood **inundación** *f.* 2.9
floor (*of a building*) **piso** *m.* 1.5; **suelo** *m.* 2.3
  ground floor **planta baja** *f.* 1.5
  top floor **planta alta** *f.*
flower **flor** *f.* 2.4
flu **gripe** *f.* 2.1
fog **niebla** *f.*
folk **folklórico/a** *adj.* 2.8
follow **seguir (e:i)** *v.* 1.4
food **comida** *f.* 1.8; **alimento** *m.*
foolish **tonto/a** *adj.* 1.3
foot **pie** *m.* 2.1
football **fútbol** *m.* **americano** 1.4
for **para** *prep.* 2.2; **por** *prep.* 2.2
  for example **por ejemplo** 2.2
  for me **para mí** 1.8
forbid **prohibir** *v.*
foreign **extranjero/a** *adj.* 2.8
  foreign languages **lenguas** *f. pl.* **extranjeras** 1.2
forest **bosque** *m.* 2.4
forget **olvidar** *v.* 2.1
fork **tenedor** *m.* 2.3
form **formulario** *m.* 2.5
forty **cuarenta** *n., adj.* 1.2
four **cuatro** *n., adj.* 1.1
four hundred **cuatrocientos/as** *n., adj.* 1.2
fourteen **catorce** *n., adj.* 1.1
fourth **cuarto/a** *n., adj.* 1.5
free **libre** *adj.* 1.4
  be free (of charge) **ser gratis** 2.5
  free time **tiempo libre;** 1.4 **ratos libres** 1.4
freedom **libertad** *f.* 2.9
freezer **congelador** *m.* 2.3
French **francés, francesa** *adj.* 1.3
French fries **papas** *f., pl.* **fritas; patatas** *f., pl.* **fritas** 1.8
frequently **frecuentemente** *adv.* 2.1; **con frecuencia** *adv.* 2.1
Friday **viernes** *m., sing.* 1.2
fried **frito/a** *adj.* 1.8
  fried potatoes **papas** *f., pl.* **fritas; patatas** *f., pl.* **fritas** 1.8
  platter of fried food **fuente** *f.* **de fritada**
friend **amigo/a** *m., f.* 1.3
friendly **amable** *adj.* 1.5
friendship **amistad** *f.* 1.9
from **de** *prep.* 1.1; **desde** *prep.* 1.6
  from the United States **estadounidense** *adj.* 1.3
  from time to time **de vez en cuando** 2.1
  He/She/It is from... **Es de...** 1.1
  I'm from... **Soy de...** 1.1
fruit **fruta** *f.* 1.8
fruit juice **jugo** *m.* **de fruta** 1.8
fruit store **frutería** *f.* 2.5
full **lleno/a** *adj.* 2.2
fun **divertido/a** *adj.* 1.7
  fun activity **diversión** *f.* 1.4
  have fun **divertirse (e:ie)** *v.* 1.9
function **funcionar** *v.*
furniture **muebles** *m., pl.* 2.3
furthermore **además (de)** *adv.* 2.1
future **futuro** *adj.* 2.7; **porvenir** *m.* 2.7
  Here's to the future! **¡Por el porvenir!** 2.7
  in the future **en el futuro** 2.7

## G

gain weight **aumentar** *v.* **de peso** 2.6; **engordar** *v.* 2.6
game **juego** *m.; (match)* **partido** *m.* 1.4
game show **concurso** *m.* 2.8
garage *(in a house)* **garaje** *m.* 2.3; (*repair shop*) **garaje** *m.* 2.2; **taller (mecánico)** *m.* 2.2
garden **jardín** *m.* 2.3
garlic **ajo** *m.* 1.8
gas station **gasolinera** *f.* 2.2
gasoline **gasolina** *f.* 2.2
geography **geografía** *f.* 1.2
German **alemán, alemana** *adj.* 1.3
get **conseguir (e:i)** *v.* 1.4; **obtener** *v.* 2.7
  get along well/badly (with) **llevarse bien/mal (con)** 1.9
  get bored **aburrirse** *v.* 2.8
  get off/out of (a vehicle) **bajar(se)** *v.* **de** 2.2
  get on/into (a vehicle) **subir(se)** *v.* **a** 2.2
  get up **levantarse** *v.* 1.7
gift **regalo** *m.* 1.6
girl **chica** *f.* 1.1; **muchacha** *f.* 1.3
girlfriend **novia** *f.* 1.3
give **dar** *v.* 1.6, 1.9; *(as a gift)* **regalar** 1.9
glass *(drinking)* **vaso** *m.* 2.3; **vidrio** *m.* 2.4
  (made) of glass **de vidrio** 2.4
glasses **gafas** *f., pl.* 1.6
  sunglasses **gafas** *f., pl.* **de sol** 1.6
gloves **guantes** *m., pl.* 1.6
go **ir** *v.* 1.4
  be going to *(do something)* **ir a (+** *inf.***)** 1.4
  go away **irse** 1.7
  go by boat **ir en barco** 1.5
  go by bus **ir en autobús** 1.5
  go by car **ir en auto(móvil)** 1.5
  go by motorcycle **ir en motocicleta** 1.5
  go by taxi **ir en taxi** 1.5
  go by the bank **pasar por el banco** 2.5
  go down **bajar(se)** *v.*
  go on a hike (in the mountains) **ir de excursión (a las montañas)** 1.4
  go out **salir** *v.* 1.9
  go out (with) **salir** *v.* **(con)** 1.9
  go up **subir** *v.*
  go with **acompañar** *v.* 2.5
  Let's go. **Vamos.** 1.4
goblet **copa** *f.* 2.3
golf **golf** *m.* 1.4

good **buen, bueno/a** *adj.* 1.3, 1.6
Good afternoon. **Buenas tardes.** 1.1
Good evening. **Buenas noches.** 1.1
Good idea. **Buena idea.** 1.4
Good morning. **Buenos días.** 1.1
Good night. **Buenas noches.** 1.1
It's good that... **Es bueno que...** 2.3
good-bye **adiós** *m.* 1.1
say good-bye (to) **despedirse** *v.* **(e:i) (de)** 1.7
good-looking **guapo/a** *adj.* 1.3
government **gobierno** *m.* 2.4
graduate (from/in) **graduarse** *v.* **(de/en)** 1.9
grains **cereales** *m., pl.* 1.8
granddaughter **nieta** *f.* 1.3
grandfather **abuelo** *m.* 1.3
grandmother **abuela** *f.* 1.3
grandparents **abuelos** *m., pl.* 1.3
grandson **nieto** *m.* 1.3
grape **uva** *f.* 1.8
grass **césped** *m.* 2.4; **hierba** *f.* 2.4
grave **grave** *adj.* 2.1
gray **gris** *adj.* 1.6
great **fenomenal** *adj.* 1.5
great-grandfather **bisabuelo** *m.* 1.3
great-grandmother **bisabuela** *f.* 1.3
green **verde** *adj.* 1.6
greet (each other) **saludar(se)** *v.* 2.2
greeting **saludo** *m.* 1.1
Greetings to... **Saludos a...** 1.1
grilled *(food)* **a la plancha** 1.8
grilled flank steak **lomo a la plancha** *m.* 1.8
ground floor **planta baja** *f.* 1.5
guest *(at a house/hotel)* **huésped** *m., f.* 1.5; *(invited to a function)* **invitado/a** *m., f.* 1.9
guide **guía** *m., f.* 2.4
gymnasium **gimnasio** *m.* 1.4

## H

hair **pelo** *m.* 1.7
hairdresser **peluquero/a** *m., f.* 2.7
half **medio/a** *adj.* 1.3
half-past... *(time)* **...y media** 1.1
half-brother **medio hermano** 1.3
half-sister **media hermana** 1.3
hallway **pasillo** *m.* 2.3
ham **jamón** *m.* 1.8
hamburger **hamburguesa** *f.* 1.8
hand **mano** *f.* 1.1
Hands up! **¡Manos arriba!**
handsome **guapo/a** *adj.* 1.3
happen **ocurrir** *v.* 2.9
happiness **alegría** *v.* 1.9
happy **alegre** *adj.* 1.5; **contento/a** *adj.* 1.5; **feliz** *adj.* 1.5
be happy **alegrarse** *v.* **(de)** 2.4
Happy birthday! **¡Feliz cumpleaños!** 1.9
hard **difícil** *adj.* 1.3
hard-working **trabajador(a)** *adj.* 1.3
hardly **apenas** *adv.* 2.1
haste **prisa** *f.* 1.3
hat **sombrero** *m.* 1.6
hate **odiar** *v.* 1.9
have **tener** *v.* 1.3
Have a good trip! **¡Buen viaje!** 1.1
have a tooth removed **sacar(se) un diente** 2.1
have time **tener tiempo** 1.4
have to *(do something)* **tener que (+** *inf.***)** 1.3; **deber (+** *inf.***)** *v.*
he **él** *sub. pron.* 1.1
head **cabeza** *f.* 2.1
headache **dolor de cabeza** *m.* 2.1
health **salud** *f.* 2.1
healthy **saludable** *adj.* 2.1; **sano/a** *adj.* 2.1
lead a healthy lifestyle **llevar una vida sana** 2.6
hear **oír** *v.* 1.4
heard **oído** *p.p.* 2.5
hearing *(sense)* **oído** *m.* 2.1
heart **corazón** *m.* 2.1
heat **calor** *m.* 1.5
Hello. **Hola.** 1.1; *(on the telephone)* **Aló.** 2.2; **¿Bueno?** 2.2; **Diga.** 2.2
help **ayudar** *v.* 2.3; **servir (e:i)** *v.* 1.5
help each other **ayudarse** *v.* 2.2
her **su(s)** *poss. adj.* 1.3; **suyo(s)/a(s)** *poss. adj.* 2.2; **la** *f., sing., d.o. pron.* 1.5
to/for her **le** *f., sing., i.o. pron.* 1.6
here **aquí** *adv.* 1.1
Here it is. **Aquí está.** 1.5
Here we are at/in... **Aquí estamos en...** 1.2
hers **suyo(s)/a(s)** *poss. pron.* 2.2
Hi. **Hola.** 1.1
highway **autopista** *f.* 2.2; **carretera** *f.* 2.2
hike **excursión** *f.* 1.4
go on a hike **hacer una excursión** 1.5; **ir de excursión** 1.4
hiker **excursionista** *m., f.*
hiking **de excursión** 1.4
him **lo** *m., sing., d.o. pron.* 1.5
*to/for him* **le** *m., sing., i.o. pron.* 1.6
hire **contratar** *v.* 2.7
his **su(s)** *poss. adj.* 1.3; (of) his **suyo(s)/a(s)** *poss. adj. and pron.* 2.2
history **historia** *f.* 1.2, 2.8
hobby **pasatiempo** *m.* 1.4
hockey **hockey** *m.* 1.4
holiday **día** *m.* **de fiesta** 1.9
home **casa** *f.* 1.2
home page **página** *f.* **principal** 2.2
homework **tarea** *f.* 1.2
hood **capó** *m.* 2.2; **cofre** *m.* 2.2
hope **esperar** *v.* **(+** *inf.***)** 1.2; **esperar** *v.* 2.4
I hope (that) **ojalá (que)** 2.4
horror *(genre)* **de horror** *m.* 2.8
hors d'oeuvres **entremeses** *m., pl.* 1.8
horse **caballo** *m.* 1.5
hospital **hospital** *m.* 2.1
hot: be *(feel)* (very) hot **tener (mucho) calor** 1.3
It's (very) hot. **Hace (mucho) calor.** 1.5
hotel **hotel** *m.* 1.5
hour **hora** *f.* 1.1
house **casa** *f.* 1.2
household chores **quehaceres** *m. pl.* **domésticos** 2.3
housekeeper **ama** *m., f.* **de casa** 2.3
housing **vivienda** *f.* 2.3
How...! **¡Qué...!** 1.3
how? **¿cómo?** *adv.* 1.1
How are you? **¿Qué tal?** 1.1; **¿Cómo estás?** *fam.* 1.1; **¿Cómo está usted?** *form.* 1.1
How can I help you? **¿En qué puedo servirles?** 1.5
How did it go for you...? **¿Cómo le/les fue...?** 2.6
How is it going? **¿Qué tal?** 1.1
How is/are...? **¿Qué tal...?** 1.2
How is the weather? **¿Qué tiempo hace?** 2.6
How much/many? **¿Cuánto(s)/a(s)?** *adj.* 1.1
How much does... cost? **¿Cuánto cuesta...?** 1.6
How old are you? **¿Cuántos años tienes?** *fam.* 1.3
however **sin embargo**
hug (each other) **abrazar(se)** *v.* 2.2
humanities **humanidades** *f., pl.* 1.2
hundred **cien, ciento** *n., adj.* 1.2
hunger **hambre** *f.* 1.3
hungry: be (very) hungry **tener (mucha) hambre** 1.3
hunt **cazar** *v.* 2.4

hurricane **huracán** *m.* 2.9
hurry **apurarse** *v.* 2.6; **darse prisa** 2.6
be in a (big) hurry **tener (mucha) prisa** 1.3
hurt **doler (o:ue)** *v.* 2.1
It hurts me a lot... **Me duele mucho...** 2.1
husband **esposo** *m.* 1.3

## I

I **yo** *sub. pron.* 1.1
I am... **Yo soy...** 1.1
I hope/wish (that) **Ojalá (que)** *interj.* 2.4
ice cream **helado** *m.* 1.9
ice cream shop **heladería** *f.* 2.5
iced **helado/a** *adj.* 1.8
iced tea **té** *m.* **helado** 1.8
idea **idea** *f.* 1.4
if **si** *conj.* 1.4
illness **enfermedad** *f.* 2.1
important **importante** *adj.* 1.3
be important to **importar** *v.* 1.7
It's important that... **Es importante que...** 2.3
impossible **imposible** *adj.* 2.4
it's impossible **es imposible** 2.4
improbable **improbable** *adj.* 2.4
it's improbable **es improbable** 2.4
improve **mejorar** *v.* 2.4
in **en** *prep.* 1.2; **por** *prep.* 2.2
in a good/bad mood **de buen/mal humor** 1.5
in front of **delante de** *prep.* 1.2
in love (with) **enamorado/a (de)** *adj.* 1.5
in search of **por** *prep.* 2.2
in the afternoon **de la tarde** 1.1; **por la tarde** 1.7
in the direction of **para** *prep.* 1.1
in the early evening **de la tarde** 1.1
in the evening **de la noche** 1.1; **por la tarde** 1.7
in the morning **de la mañana** 1.1; **por la mañana** 1.7
increase **aumento** *m.* 2.7
incredible **increíble** *adj.* 1.5
inequality **desigualdad** *f.* 2.9
infection **infección** *f.* 2.1
inform **informar** *v.* 2.9
injection **inyección** *f.* 2.1
give an injection **poner una inyección** 2.1
injure (oneself) **lastimarse** *v.* 2.1
injure (one's foot) **lastimarse** *v.* **(el pie)** 2.1
inner ear **oído** *m.* 2.1
inside **dentro** *adv.*
insist (on) **insistir** *v.* **(en)** 2.3
installments: pay in installments **pagar a plazos** 2.5
intelligent **inteligente** *adj.* 1.3
intend to **pensar** *v.* **(+** *inf.***)** 1.4
interest **interesar** *v.* 1.7
interesting **interesante** *adj.* 1.3
be interesting to **interesar** *v.* 1.7
international **internacional** *adj.* 2.9
Internet **Internet** *m., f.* 2.2
interview **entrevista** *f.* 2.7; **entrevistar** *v.* 2.7
interviewer **entrevistador(a)** *m., f.* 2.7
introduction **presentación** *f.*
I would like to introduce (*name*) to you. **Le presento a...** *form.* 1.1; **Te presento a...** *fam.* 1.1
invest **invertir (e:ie)** *v.* 2.7
invite **invitar** *v.* 1.9
iron (clothes) **planchar** *v.* **(la ropa)** 2.3
it **lo/la** *sing., d.o., pron.* 1.5
It's me. **Soy yo.** 1.1
Italian **italiano/a** *adj.* 1.3
its **su(s)** *poss. adj.* 1.3, **suyo(s)/a(s)** *poss. pron.* 2.2

## J

jacket **chaqueta** *f.* 1.6
January **enero** *m.* 1.5
Japanese **japonés, japonesa** *adj.* 1.3
jeans **bluejeans** *m., pl.* 1.6
jewelry store **joyería** *f.* 2.5
job **empleo** *m.* 2.7; **puesto** *m.* 2.7; **trabajo** *m.* 2.7
job application **solicitud** *f.* **de trabajo** 2.7
jog **correr** *v.*
journalism **periodismo** *m.* 1.2
journalist **periodista** *m., f.* 1.3; **reportero/a** *m., f.* 2.7
joy **alegría** *f.* 1.9
give joy **dar alegría** 1.9
joyful **alegre** *adj.* 1.5
juice **jugo** *m.* 1.8
July **julio** *m.* 1.5
June **junio** *m.* 1.5
jungle **selva** *f.*; **jungla** *f.* 2.4
just **apenas** *adv.*
have just (*done something*) **acabar de (+** *inf.***)** 1.6

## K

key **llave** *f.* 1.5
keyboard **teclado** *m.* 2.2
kilometer **kilómetro** *m.* 2.2
kind: That's very kind of you. **Muy amable.** 1.5
kiss **beso** *m.* 1.9
kiss each other **besarse** *v.* 2.2
kitchen **cocina** *f.* 2.3
knee **rodilla** *f.* 2.1
knife **cuchillo** *m.* 2.3
know **saber** *v.* 1.6; **conocer** *v.* 1.6
know how **saber** *v.* 1.6

## L

laboratory **laboratorio** *m.* 1.2
lack **faltar** *v.* 1.7
lake **lago** *m.* 2.4
lamp **lámpara** *f.* 2.3
land **tierra** *f.* 2.4
landlord **dueño/a** *m., f.* 1.8
landscape **paisaje** *m.* 1.5
language **lengua** *f.* 1.2
laptop (computer) **computadora** *f.* **portátil** 2.2
large **grande** *adj.* 1.3; (*clothing size*) **talla** *f.* **grande** 1.6
last **durar** *v.* 2.9; **pasado/a** *adj.* 1.6; **último/a** *adj.*
last name **apellido** *m.* 1.3
last night **anoche** *adv.* 1.6
last week **semana** *f.* **pasada** 1.6
last year **año** *m.* **pasado** 1.6
late **tarde** *adv.* 1.7
later (on) **más tarde** 1.7
See you later. **Hasta la vista.** 1.1; **Hasta luego.** 1.1
laugh **reírse (e:i)** *v.* 1.9
laughed **reído** *p.p.* 2.5
laundromat **lavandería** *f.* 2.5
law **ley** *f.* 2.4
lawyer **abogado/a** *m., f.* 2.7
lazy **perezoso/a** *adj.*
learn **aprender** *v.* **(a +** *inf.***)** 1.3
least: at least **por lo menos** *adv.* 2.1
leave **salir** *v.* 1.4; **irse** *v.* 1.7
leave a tip **dejar una propina** 1.9
leave behind **dejar** *v.* 2.7
leave for (*a place*) **salir para**
leave from **salir de**
left **izquierdo/a** *adj.* 1.2
be left over **quedar** *v.* 1.7
to the left of **a la izquierda de** 1.2
leg **pierna** *f.* 2.1
lemon **limón** *m.* 1.8
lend **prestar** *v.* 1.6
less **menos** *adv.* 2.1
less... than **menos... que** 1.8
less than **menos de (+** *number***)** 1.8
lesson **lección** *f.* 1.1

let **dejar** *v.* 2.3
let's see **a ver** 1.2
letter **carta** *f.* 1.4, 2.5
lettuce **lechuga** *f.* 1.8
liberty **libertad** *f.* 2.9
library **biblioteca** *f.* 1.2
license *(driver's)* **licencia** *f.* **de conducir** 2.2
lie **mentira** *f.* 1.4
life **vida** *f.* 1.9
of my life **de mi vida** 2.6
lifestyle: lead a healthy lifestyle **llevar una vida sana** 2.6
lift **levantar** *v.* 2.6
lift weights **levantar pesas** 2.6
light **luz** *f.* 2.3
like **como** *prep.* 1.8; **gustar** *v.* 1.2
Do you like... **¿Te gusta(n)...?** *fam.* 1.2
I don't like them at all. **No me gustan nada. 1.2**
I like... **Me gusta(n)...** 1.2
like this **así** *adv.* 2.1
like very much **encantar** *v.;* **fascinar** *v.* 1.7
likeable **simpático/a** *adj.* 1.3
likewise **igualmente** *adv.* 1.1
line **línea** *f.* 1.4; **cola** *(queue) f.* 2.5
listen (to) **escuchar** *v.* 1.2
Listen! *(command)* **¡Oye!** *fam., sing.* 1.1; **¡Oiga/ Oigan!** *form., sing./pl.* 1.1
listen to music **escuchar música** 1.2
listen to the radio **escuchar la radio** 1.2
literature **literatura** *f.* 1.2
little *(quantity)* **poco/a** *adj.* 1.5; **poco** *adv.* 2.1
live **vivir** *v.* 1.3
living room **sala** *f.* 2.3
loan **préstamo** *m.* 2.5; **prestar** *v.* 1.6, 2.5
lobster **langosta** *f.* 1.8
located **situado/a** *adj.*
be located **quedar** *v.* 2.5
long **largo/a** *adj.* 1.6
look (at) **mirar** *v.* 1.2
look for **buscar** *v.* 1.2
lose **perder (e:ie)** *v.* 1.4
lose weight **adelgazar** *v.* 2.6
lost **perdido/a** *adj.* 2.5
be lost **estar perdido/a** 2.5
lot: a lot **muchas veces** *adv.* 2.1
a lot of **mucho/a** *adj.* 1.2, 1.3
love *(another person)* **querer (e:ie)** *v.* 1.4; *(inanimate objects)* **encantar** *v.* 1.7; **amor** *m.* 1.9
in love **enamorado/a** *adj.* 1.5
I loved it! **¡Me encantó!** 2.6
luck **suerte** *f.* 1.3
lucky: be (very) lucky **tener (mucha) suerte** 1.3
luggage **equipaje** *m.* 1.5
lunch **almuerzo** *m.* 1.8
have lunch **almorzar (o:ue)** *v.* 1.4

## M

ma'am **señora (Sra.)** *f.* 1.1
mad **enojado/a** *adj.* 1.5
magazine **revista** *f.* 1.4
magnificent **magnífico/a** *adj.* 1.5
mail **correo** *m.* 2.5; **enviar** *v.*, **mandar** *v.* 2.5; **echar (una carta) al buzón** 2.5
mailbox **buzón** *m.* 2.5
mail carrier **cartero/a** *m., f.* 2.5
main **principal** *adj.* 1.8
maintain **mantener** *v.* 2.6
major **especialización** *f.* 2
make **hacer** *v.* 1.4
make the bed **hacer la cama** 2.3
makeup **maquillaje** *m.* 1.7
put on makeup **maquillarse** *v.* 1.7
man **hombre** *m.* 1.1
manager **gerente** *m., f.* 2.7
many **mucho/a** *adj.* 1.3
many times **muchas veces** 2.1
map **mapa** *m.* 1.2
March **marzo** *m.* 1.5
margarine **margarina** *f.* 1.8
marinated fish **ceviche** *m.* 1.8
lemon-marinated shrimp **ceviche de camarón** *m.* 1.8
marital status **estado** *m.* **civil** 1.9
market **mercado** *m.* 1.6
open-air market **mercado** *m.* **al aire libre** 1.6
marriage **matrimonio** *m.* 1.9
married **casado/a** *adj.* 1.9
get married (to) **casarse** *v.* **(con)** 1.9
marvelous **maravilloso/a** *adj.* 1.5
marvelously **maravillosamente** *adv.* 2.9
massage **masaje** *m.* 2.6
masterpiece **obra maestra** *f.* 2.8
match *(sports)* **partido** *m.* 1.4
match (with) **hacer juego (con)** 1.6
mathematics **matemáticas** *f., pl.* 1.2
matter **importar** *v.* 1.7
maturity **madurez** *f.* 1.9
maximum **máximo/a** *adj.* 2.2
May **mayo** *m.* 1.5
maybe **tal vez** *adv.* 1.5; **quizás** *adv.* 1.5
mayonnaise **mayonesa** *f.* 1.8
me **me** *sing., d.o. pron.* 1.5; **mí** *pron., obj. of prep.* 1.9
to/for me **me** *sing., i.o. pron.* 1.6
meal **comida** *f.* 1.8
means of communication **medios** *m. pl.* **de comunicación** 2.9
meat **carne** *f.* 1.8
mechanic **mecánico/a** *m., f.* 2.2
mechanic's repair shop **taller** *m.* **mecánico** 2.2
media **medios** *m., pl.* **de comunicación** 2.9
medical **médico/a** *adj.* 2.1
medication **medicamento** *m.* 2.1
medicine **medicina** *f.* 2.1
medium **mediano/a** *adj.*
meet (each other) **encontrar(se)** *v.* 2.2; **conocerse(se)** *v.* 1.8
meeting **reunión** *f.* 2.7
menu **menú** *m.* 1.8
message *(telephone)* **recado** *m.* 2.2; **mensaje** *m.*
Mexican **mexicano/a** *adj.* 1.3
Mexico **México** *m.* 1.1
microwave **microonda** *f.* 2.3
microwave oven **horno** *m.***de microondas** 2.3
middle age **madurez** *f.* 1.9
midnight **medianoche** *f.* 1.1
mile **milla** *f.* 2.2
milk **leche** *f.* 1.8
million **millón** *m.* 1.2
million of **millón de** *m.* 1.2
mine **mío(s)/a(s)** *poss. pron.* 2.2
mineral **mineral** *m.* 2.6
mineral water **agua** *f.* **mineral** 1.8
minute **minuto** *m.* 1.1
mirror **espejo** *m.* 1.7
Miss **señorita (Srta.)** *f.* 1.1
miss **perder (e:ie)** *v.* 1.4
mistaken **equivocado/a** *adj.*
modem **módem** *m.*
modern **moderno/a** *adj.* 2.8
mom **mamá** *f.* 1.3
Monday **lunes** *m., sing.* 1.2
money **dinero** *m.* 1.6
monitor **monitor** *m.* 2.2
month **mes** *m.* 1.5
monument **monumento** *m.* 1.4
moon **luna** *f.* 2.4
more **más** 1.2
more... than **más... que** 1.8
more than **más de** **(+** *number***)** 1.8
morning **mañana** *f.* 1.1
mother **madre** *f.* 1.3
mother-in-law **suegra** *f.* 1.3
motor **motor** *m.*
motorcycle **motocicleta** *f.* 1.5
mountain **montaña** *f.* 1.4
mouse **ratón** *m.* 2.2
mouth **boca** *f.* 2.1
move (*from one house to another*) **mudarse** *v.* 2.3
movie **película** *f.* 1.4
movie star **estrella** *f.* **de cine** 2.8
movie theater **cine** *m.* 1.4

MP3 player **reproductor** *m.* **de MP3** 2.2
Mr. **señor (Sr.); don** *m.* 1.1
Mrs. **señora (Sra.); doña** *f.* 1.1
much **mucho/a** *adj.* 1.2, 1.3
very much **muchísimo/a** *adj.* 1.2
municipal **municipal** *adj.*
murder **crimen** *m.* 2.9
muscle **músculo** *m.* 2.6
museum **museo** *m.* 1.4
mushroom **champiñón** *m.* 1.8
music **música** *f.* 1.2, 2.8
musical **musical** *adj.* 2.8
musician **músico/a** *m., f.* 2.8
must **deber** *v.* **(+** *inf.***)** 1.3
It must be... **Debe ser...** 1.6
my **mi(s)** *poss. adj.* 1.3; **mío(s)/a(s)** *poss. adj. and pron.* 2.2

## N

name **nombre** *m.* 1.1
be named **llamarse** *v.* 1.7
in the name of **a nombre de** 1.5
last name **apellido** *m.*
My name is... **Me llamo...** 1.1
napkin **servilleta** *f.* 2.3
national **nacional** *adj.* 2.9
nationality **nacionalidad** *f.* 1.1
natural **natural** *adj.* 2.4
natural disaster **desastre** *m.* **natural** 2.9
natural resource **recurso** *m.* **natural** 2.4
nature **naturaleza** *f.* 2.4
nauseated **mareado/a** *adj.* 2.1
near **cerca de** *prep.* 1.2
neaten **arreglar** *v.* 2.3
necessary **necesario/a** *adj.* 2.3
It is necessary that... **Hay que...** 2.3, 2.5
neck **cuello** *m.* 2.1
need **faltar** *v.* 1.7; **necesitar** *v.* **(+** *inf.***)** 1.2
negative **negativo/a** *adj.*
neighbor **vecino/a** *m., f.* 2.3
neighborhood **barrio** *m.* 2.3
neither **tampoco** *adv.* 1.7
neither... nor **ni... ni** *conj.* 1.7
nephew **sobrino** *m.* 1.3
nervous **nervioso/a** *adj.* 1.5
network **red** *f.* 2.2
never **nunca** *adv.* 1.7; **jamás** *adv.* 1.7
new **nuevo/a** *adj.* 1.6
newlywed **recién casado/a** *m., f.* 1.9
news **noticias** *f., pl.* 2.9; **actualidades** *f., pl.* 2.9
newscast **noticiero** *m.* 2.9
newspaper **periódico** *m.* 1.4; **diario** *m.* 2.9
next **próximo/a** *adj.* 2.7
next to **al lado de** *prep.* 1.2
nice **simpático/a** *adj.* 1.3; **amable** *adj.* 1.5
niece **sobrina** *f.* 1.3
night **noche** *f.* 1.1
night stand **mesita** *f.* **de noche** 2.3
nine **nueve** *n., adj.* 1.1
nine hundred **novecientos/as** *n., adj.* 1.2
nineteen **diecinueve** *n., adj.* 1.1
ninety **noventa** *n., adj.* 1.2
ninth **noveno/a** *n., adj.* 1.5
no **no** *adv.* 1.1; **ningún, ninguno/a(s)** *adj.* 1.7
no one **nadie** *pron.* 1.7
No problem. **No hay problema.** 1.7
no way **de ninguna manera** 2.7
nobody **nadie** *pron.* 1.7
none **ningún, ninguno/a(s)** *pron.* 1.7
noon **mediodía** *m.* 1.1
nor **ni** *conj.* 1.7
north **norte** *m.* 2.5
to the north **al norte** 2.5
nose **nariz** *f.* 2.1
not **no** 1.1
not any **ningún, ninguno/a(s)** *adj.* 1.7
not anyone **nadie** *pron.* 1.7
not anything **nada** *pron.* 1.7
not bad at all **nada mal** 1.5
not either **tampoco** *adv.* 1.7
not ever **nunca** *adv.* 1.7; **jamás** *adv.* 1.7
Not very well. **No muy bien.** 1.1
not working **descompuesto/a** *adj.* 2.2
notebook **cuaderno** *m.* 1.1
nothing **nada** *pron.* 1.1, 1.7
noun **sustantivo** *m.*
November **noviembre** *m.* 1.5
now **ahora** *adv.* 1.2
nowadays **hoy día** *adv.*
nuclear **nuclear** *adj.* 2.4
nuclear energy **energía nuclear** *f.* 2.4
number **número** *m.* 1.1
nurse **enfermero/a** *m., f.* 2.1
nutrition **nutrición** *f.* 2.6
nutritionist **nutricionista** *m., f.* 2.6

## O

obey **obedecer** *v.* 2.9
obligation **deber** *m.* 2.9
obtain **conseguir (e:i)** *v.* 1.4; **obtener** *v.* 2.7
obvious **obvio/a** *adj.* 2.4
it's obvious **es obvio** 2.4
occupation **ocupación** *f.* 2.7
occur **ocurrir** *v.* 2.9
o'clock: It's... o'clock. **Son las...** 1.1
It's one o'clock. **Es la una.** 1.1
October **octubre** *m.* 1.5
of **de** *prep.* 1.1
Of course. **Claro que sí.** 2.7; **Por supuesto.** 2.7
offer **oferta** *f.* 2.3; **ofrecer** *v.* 1.6
office **oficina** *f.* 2.3
doctor's office **consultorio** *m.* 2.1
often **a menudo** *adv.* 2.1
Oh! **¡Ay!**
oil **aceite** *m.* 1.8
OK **regular** *adj.* 1.1
It's okay. **Está bien.**
old **viejo/a** *adj.* 1.3
old age **vejez** *f.* 1.9
older **mayor** *adj.* 1.3
older brother/sister **hermano/a mayor** *m., f.* 1.3
oldest **el/la mayor** *adj.* 1.8
on **en** *prep.* 1.2; **sobre** *prep.* 1.2
on behalf of **por** *prep.* 2.2
on the dot **en punto** 1.1
on time **a tiempo** 2.1
on top of **encima de** *prep.* 1.2
once **una vez** 1.6
one **un, uno/a** *m., f., sing. pron.* 1.1
one hundred **cien(to)** *n., adj.* 1.2
one million **un millón** *m.* 1.2
one more time **una vez más** 1.9
one thousand **mil** *n., adj.* 1.2
one time **una vez** 1.6
onion **cebolla** *f.* 1.8
only **sólo** *adv.* 1.3; **único/a** *adj.* 1.3
only child **hijo/a único/a** *m., f.* 1.3
open **abierto/a** *adj.* 1.5, 2.5; **abrir** *v.* 1.3
open-air **al aire libre** 1.6
opera **ópera** *f.* 2.8
operation **operación** *f.* 2.1
opposite **enfrente de** *prep.* 2.5
or **o** *conj.* 1.7; **u** *conj. (before words beginning with* **o** *or* **ho***)*
orange **anaranjado/a** *adj.* 1.6; **naranja** *f.* 1.8
orchestra **orquesta** *f.* 2.8
order **mandar** 2.3; *(food)* **pedir (e:i)** *v.* 1.8
in order to **para** *prep.* 2.2
orderly **ordenado/a** *adj.* 1.5
ordinal *(numbers)* **ordinal** *adj.*
other **otro/a** *adj.* 1.6
ought to **deber** *v.* **(+** *inf.***)** 1.3
our **nuestro(s)/a(s)** *poss. adj.* 1.3

ours **nuestro(s)/a(s)** *poss. pron.* 2.2
out of order **descompuesto/a** *adj.* 2.2
outskirts **afueras** *f., pl.* 2.3
oven **horno** *m.* 2.3
over **sobre** *prep.* 1.2
own **propio/a** *adj.* 2.7
owner **dueño/a** *m., f.* 1.8

## P

P.M. **tarde** *f.* 1.1
pack (one's suitcases) **hacer las maletas** 1.5
package **paquete** *m.* 2.5
page **página** *f.* 2.2
pain **dolor** *m.* 2.1
  have a pain **tener dolor** 2.1
paint **pintar** *v.* 2.8
painter **pintor(a)** *m., f.* 2.7
painting **pintura** *f.* 2.3, 2.8
pair **par** *m.* 1.6
  pair of shoes **par de zapatos** *m.* 1.6
pants **pantalones** *m., pl.* 1.6
pantyhose **medias** *f., pl.* 1.6
paper **papel** *m.* 1.2; *(report)* **informe** *m.* 2.9
Pardon me. *(May I?)* **Con permiso.** 1.1; *(Excuse me.)* **Perdón.** 1.1
parents **padres** *m., pl.* 1.3; **papás** *m., pl.* 1.3
park **estacionar** *v.* 2.2; **parque** *m.* 1.4
parking lot **estacionamiento** *m.* 2.5
partner *(one of a married couple)* **pareja** *f.* 1.9
party **fiesta** *f.* 1.9
passed **pasado/a** *adj., p.p.*
passenger **pasajero/a** *m., f.* 1.1
passport **pasaporte** *m.* 1.5
past **pasado** *adj.* 1.6
pastime **pasatiempo** *m.* 1.4
pastry shop **pastelería** *f.* 2.5
patient **paciente** *m., f.* 2.1
patio **patio** *m.* 2.3
pay **pagar** *v.* 1.6
  pay in cash **pagar al contado; pagar en efectivo** 2.5
  pay in installments **pagar a plazos** 2.5
  pay the bill **pagar la cuenta** 1.9
pea **arveja** *m.* 1.8
peace **paz** *f.* 2.9
peach **melocotón** *m.* 1.8
pear **pera** *f.* 1.8
pen **pluma** *f.* 1.2
pencil **lápiz** *m.* 1.1
penicillin **penicilina** *f.* 2.1
people **gente** *f.* 1.3
pepper *(black)* **pimienta** *f.* 1.8
per **por** *prep.* 2.2
perfect **perfecto/a** *adj.* 1.5
perhaps **quizás; tal vez** *adv.*
permission **permiso** *m.*
person **persona** *f.* 1.3
pharmacy **farmacia** *f.* 2.1
phenomenal **fenomenal** *adj.* 1.5
photograph **foto(grafía)** *f.* 1.1
physical *(exam)* **examen** *m.* **médico** 2.1
physician **doctor(a)** *m., f.* 1.3; **médico/a** *m., f.* 1.3
physics **física** *f.* 1.2
pick up **recoger** *v.* 2.4
picture **cuadro** *m.* 2.3; **pintura** *f.* 2.3
pie **pastel** *m.* 9
pill *(tablet)* **pastilla** *f.* 2.1
pillow **almohada** *f.* 2.3
pineapple **piña** *f.* 1.8
pink **rosado/a** *adj.* 1.6
place **lugar** *m.* 1.4; **poner** *v.* 1.4
plaid **de cuadros** 1.6
plans **planes** *m., pl.* 1.4
  have plans **tener planes** 1.4
plant **planta** *f.* 2.4
plastic **plástico** *m.* 2.4
  (made) of plastic **de plástico** 2.4
plate **plato** *m.* 2.3
play **drama** *m.* 2.8; **comedia** *f.* 2.8; **jugar (u:ue)** *v.* 1.4; *(a musical instrument)* **tocar** *v.* 2.8
play cards **jugar a las cartas** 1.5
play sports **practicar deportes** 1.4
play a role **hacer el papel de** 2.8
player **jugador(a)** *m., f.* 1.4
playwright **dramaturgo/a** *m., f.* 2.8
plead **rogar (o:ue)** *v.* 2.3
pleasant **agradable** *adj.*
please **por favor** 1.1
  Pleased to meet you. **Mucho gusto.** 1.1; **Encantado/a.** *adj.* 1.1
pleasing: be pleasing to **gustar** *v.* 1.7
pleasure **gusto** *m.* 1.1; **placer** *m.* 2.6
  It's a pleasure to... **Gusto de (+** *inf.***)** 2.9
  It's been a pleasure. **Ha sido un placer.** 2.6
  The pleasure is mine. **El gusto es mío.** 1.1
poem **poema** *m.* 2.8
poet **poeta** *m., f.* 2.8
poetry **poesía** *f.* 2.8
police (force) **policía** *f.* 2.2
political **político/a** *adj.* 2.9
politician **político/a** *m., f.* 2.7
politics **política** *f.* 2.9
polka-dotted **de lunares** 1.6
poll **encuesta** *f.* 2.9
pollute **contaminar** *v.* 2.4
polluted **contaminado/a** *adj.* 2.4
  be polluted **estar contaminado/a** 2.4
pollution **contaminación** *f.* 2.4
pool **piscina** *f.* 1.4
poor **pobre** *adj.* 1.6
population **población** *f.* 2.4
pork **cerdo** *m.* 1.8
  pork chop **chuleta** *f.* **de cerdo** 1.8
portable **portátil** *adj.* 2.2
  portable computer **computadora** *f.* **portátil** 2.2
position **puesto** *m.* 2.7
possessive **posesivo/a** *adj.* 1.3
possible **posible** *adj.* 2.4
  it's (not) possible **(no) es posible** 2.4
postcard **postal** *f.* 1.4
poster **cartel** *m.* 2.3
post office **correo** *m.* 2.5
potato **papa** *f.* 1.8; **patata** *f.* 1.8
pottery **cerámica** *f.* 2.8
practice **entrenarse** *v.* 2.6; **practicar** *v.* 1.2
prefer **preferir (e:ie)** *v.* 1.4
pregnant **embarazada** *adj.* 2.1
prepare **preparar** *v.* 1.2
preposition **preposición** *f.*
prescribe *(medicine)* **recetar** *v.* 2.1
prescription **receta** *f.* 2.1
present **regalo** *m.*; **presentar** *v.* 2.8
press **prensa** *f.* 2.9
pressure **presión** *f.*
  be under a lot of pressure **sufrir muchas presiones** 2.6
pretty **bonito/a** *adj.* 1.3; **bastante** *adv.* 2.4
price **precio** *m.* 1.6
  fixed/set price **precio** *m.* **fijo** 1.6
print **estampado/a** *adj.*; **imprimir** *v.* 2.2
printer **impresora** *f.* 2.2
private (*room*) **individual** *adj.*
prize **premio** *m.* 2.8
probable **probable** *adj.* 2.4
  it's (not) probable **(no) es probable** 2.4
problem **problema** *m.* 1.1
profession **profesión** *f.* 1.3, 2.7
professor **profesor(a)** *m., f.*
program **programa** *m.* 1.1
programmer **programador(a)** *m., f.* 1.3
prohibit **prohibir** *v.* 2.1
promotion (*career*) **ascenso** *m.* 2.7
pronoun **pronombre** *m.*

protect **proteger** *v.* 2.4
protein **proteína** *f.* 2.6
provided (that) **con tal (de) que** *conj.* 2.4
psychologist **psicólogo/a** *m., f.* 2.7
psychology **psicología** *f.* 1.2
publish **publicar** *v.* 2.8
Puerto Rican **puertorriqueño/a** *adj.* 1.3
Puerto Rico **Puerto Rico** *m.* 1.1
pull a tooth **sacar una muela**
purchases **compras** *f., pl.* 1.5
pure **puro/a** *adj.* 2.4
purple **morado/a** *adj.* 1.6
purse **bolsa** *f.* 1.6
put **poner** *v.* 1.4; **puesto** *p.p.* 2.5
 put (a letter) in the mailbox **echar (una carta) al buzón** 2.5
 put on (*a performance*) **presentar** *v.* 2.8
 put on (*clothing*) **ponerse** *v.* 1.7
 put on makeup **maquillarse** *v.* 1.7

## Q

quality **calidad** *f.* 1.6
quarter **trimestre** *m.* 1.2
 quarter after *(time)* **y cuarto** 1.1; **y quince** 1.1
 quarter to *(time)* **menos cuarto** 1.1; **menos quince** 1.1
question **pregunta** *f.* 1.2
quickly **rápido** *adv.* 2.1
quiet **tranquilo/a** *adj.* 2.6
quit **dejar** *v.* 2.7
quiz **prueba** *f.* 1.2

## R

racism **racismo** *m.* 2.9
radio *(medium)* **radio** *f.* 1.2;
 radio (set) **radio** *m.* 2.2
rain **llover (o:ue)** *v.* 1.5; **lluvia** *f.* 2.4
 It's raining. **Llueve.** 1.5; **Está lloviendo.** 1.5
raincoat **impermeable** *m.* 1.6
rain forest **bosque** *m.* **tropical** 2.4
raise *(salary)* **aumento de sueldo** *m.* 2.7
rather **bastante** *adv.* 2.1
read **leer** *v.* 1.3; **leído/a** *p.p.* 2.5
 read a magazine **leer una revista** 1.4
 read a newspaper **leer un periódico** 1.4
 read e-mail **leer correo electrónico** 1.4
ready **listo/a** *adj.* 1.5
 (Are you) ready? **¿(Están) listos?** 2.6
reap the benefits (of) **disfrutar** *v.* **(de)** 2.6
receive **recibir** *v.* 1.3
recommend **recomendar (e:ie)** *v.* 1.8, 2.3
record **grabar** *v.* 2.2
recreation **diversión** *f.* 1.4
recycle **reciclar** *v.* 2.4
recycling **reciclaje** *m.* 2.4
red **rojo/a** *adj.* 1.6
red-haired **pelirrojo/a** *adj.* 1.3
reduce **reducir** *v.* 2.4
 reduce stress/tension **aliviar el estrés/la tensión** 2.6
refrigerator **refrigerador** *m.* 2.3
region **región** *f.* 2.4
regret **sentir (e:ie)** *v.* 2.4
relatives **parientes** *m., pl.* 1.3
relax **relajarse** *v.* 1.9
remain **quedarse** *v.* 1.7
remember **acordarse (o:ue)** *v.* **(de)** 1.7; **recordar (o:ue)** *v.* 1.4
remote control **control remoto** *m.* 2.2
rent **alquilar** *v.* 2.3; *(payment)* **alquiler** *m.* 2.3
repeat **repetir (e:i)** *v.* 1.4
report **informe** *m.* 2.9; **reportaje** *m.* 2.9
reporter **reportero/a** *m., f.* 2.7
representative **representante** *m., f.* 2.9
request **pedir (e:i)** *v.* 1.4
reservation **reservación** *f.* 1.5
resign (from) **renunciar (a)** *v.* 2.7
resolve **resolver (o:ue)** *v.* 2.4
resolved **resuelto** *p.p.* 2.5
resource **recurso** *m.* 2.4
responsibility **deber** *m.* 2.9; **responsabilidad** *f.*
rest **descansar** *v.* 1.2
restaurant **restaurante** *m.* 1.4
résumé **currículum** *m.* 2.7
retire (*from work*) **jubilarse** *v.* 1.9
return **regresar** *v.* 1.2; **volver (o:ue)** *v.* 1.4
 return trip **vuelta** *f.*
returned **vuelto** *p.p.* 2.5
rice **arroz** *m.* 1.8
rich **rico/a** *adj.* 1.6
ride: ride a bicycle **pasear en bicicleta** 1.4
 ride a horse **montar a caballo** 1.5
ridiculous **ridículo/a** *adj.* 2.4
 it's ridiculous **es ridículo** 2.4
right **derecha** *f.* 1.2
 be right **tener razón** 1.3
 right? *(question tag)* **¿no?** 1.1; **¿verdad?** 1.1
 right away **enseguida** *adv.* 1.9
 right here **aquí mismo** 2.2
 right now **ahora mismo** 1.5
 right there **allí mismo** 2.5
 to the right of **a la derecha de** 1.2
rights **derechos** *m.* 2.9
ring *(a doorbell)* **sonar (o:ue)** *v.* 2.2
river **río** *m.* 2.4
road **camino** *m.*
roast **asado/a** *adj.* 1.8
 roast chicken **pollo** *m.* **asado** 1.8
rollerblade **patinar en línea** *v.*
romantic **romántico/a** *adj.* 2.8
room **habitación** *f.* 1.5; **cuarto** *m.* 1.2, 1.7
 living room **sala** *f.* 2.3
roommate **compañero/a** *m., f.* **de cuarto** 1.2
roundtrip **de ida y vuelta** 1.5
 roundtrip ticket **pasaje** *m.* **de ida y vuelta** 1.5
routine **rutina** *f.* 1.7
rug **alfombra** *f.* 2.3
run **correr** *v.* 1.3
 run errands **hacer diligencias** 2.5
 run into *(have an accident)* **chocar (con)** *v.*; *(meet accidentally)* **encontrar(se) (o:ue)** *v.* 2.2; *(run into something)* **darse (con)** 2.1; *(each other)* **encontrar(se) (o:ue)** *v.* 2.2
rush **apurarse** *v.* 2.6; **darse prisa** 2.6
Russian **ruso/a** *adj.* 1.3

## S

sad **triste** *adj.* 1.5, 2.4
 it's sad **es triste** 2.4
safe **seguro/a** *adj.* 1.5
said **dicho** *p.p.* 2.5
salad **ensalada** *f.* 1.8
salary **salario** *m.* 2.7; **sueldo** *m.* 2.7
sale **rebaja** *f.* 1.6
salesperson **vendedor(a)** *m., f.* 1.6
salmon **salmón** *m.* 1.8
salt **sal** *f.* 1.8
same **mismo/a** *adj.* 1.3
sandal **sandalia** *f.* 1.6
sandwich **sándwich** *m.* 1.8
Saturday **sábado** *m.* 1.2
sausage **salchicha** *f.* 1.8
save *(on a computer)* **guardar** *v.* 2.2; *(money)* **ahorrar** *v.* 2.5
savings **ahorros** *m.* 2.5

savings account **cuenta** *f.* **de ahorros** 2.5
say **decir** *v.* 1.4; **declarar** *v.* 2.9
say that **decir que** *v.* 1.4, 1.9
say the answer **decir la respuesta** 1.4
scarcely **apenas** *adv.* 2.1
scared: be (very) scared (of) **tener (mucho) miedo (de)** 1.3
schedule **horario** *m.* 1.2
school **escuela** *f.* 1.1
science **ciencia** *f.* 1.2
science fiction **ciencia ficción** *f.* 2.8
scientist **científico/a** *m., f.* 2.7
screen **pantalla** *f.* 2.2
scuba dive **bucear** *v.* 1.4
sculpt **esculpir** *v.* 2.8
sculptor **escultor(a)** *m., f.* 2.8
sculpture **escultura** *f.* 2.8
sea **mar** *m.* 1.5
season **estación** *f.* 1.5
seat **silla** *f.* 1.2
second **segundo/a** *n., adj.* 1.5
secretary **secretario/a** *m., f.* 2.7
sedentary **sedentario/a** *adj.* 2.6
see **ver** *v.* 1.4
see (you/him/her) again **volver a ver(te/lo/la)** 2.9
see movies **ver películas** 1.4
See you. **Nos vemos.** 1.1
See you later. **Hasta la vista.** 1.1; **Hasta luego.** 1.1
See you soon. **Hasta pronto.** 1.1
See you tomorrow. **Hasta mañana.** 1.1
seem **parecer** *v.* 1.6
seen **visto** *p.p.* 2.5
sell **vender** *v.* 1.6
semester **semestre** *m.* 1.2
send **enviar** *v.* 2.5; **mandar** *v.* 2.5
separate (from) **separarse** *v.* **(de)** 1.9
separated **separado/a** *adj.* 1.9
September **septiembre** *m.* 1.5
sequence **secuencia** *f.*
serious **grave** *adj.* 2.1
serve **servir (e:i)** *v.* 1.8
set *(fixed)* **fijo/a** *adj.* 1.6
set the table **poner la mesa** 2.3
seven **siete** *n., adj.* 1.1
seven hundred **setecientos/as** *n., adj.* 1.2
seventeen **diecisiete** *n., adj.* 1.1
seventh **séptimo/a** *n., adj.* 1.5
seventy **setenta** *n., adj.* 1.2
several **varios/as** *adj. pl.* 1.8
sexism **sexismo** *m.* 2.9
shame **lástima** *f.* 2.4
it's a shame **es una lástima** 2.4
shampoo **champú** *m.* 1.7
shape **forma** *f.* 2.6
be in good shape **estar en buena forma** 2.6
stay in shape **mantenerse en forma** 2.6
share **compartir** *v.* 1.3
sharp *(time)* **en punto** 1.1
shave **afeitarse** *v.* 1.7
shaving cream **crema** *f.* **de afeitar** 1.7
she **ella** *sub. pron.* 1.1
shellfish **mariscos** *m., pl.* 1.8
ship **barco** *m.*
shirt **camisa** *f.* 1.6
shoe **zapato** *m.* 1.6
shoe size **número** *m.* 1.6
shoe store **zapatería** *f.* 2.5
tennis shoes **zapatos** *m., pl.* **de tenis** 1.6
shop **tienda** *f.* 1.6
shopping: to go shopping **ir de compras** 1.5
shopping mall **centro comercial** *m.* 1.6
short *(in height)* **bajo/a** *adj.* 1.3; *(in length)* **corto/a** *adj.* 1.6
short story **cuento** *m.* 2.8
shorts **pantalones cortos** *m., pl.* 1.6
should *(do something)* **deber** *v.* **(+ *inf.*)** 1.3
show **espectáculo** *m.* 2.8; **mostrar (o:ue)** *v.* 1.4
game show **concurso** *m.* 2.8
shower **ducha** *f.* 1.7; **ducharse** *v.* 1.7
shrimp **camarón** *m.* 1.8
siblings **hermanos/as** *m., f. pl.* 1.3
sick **enfermo/a** *adj.* 2.1
be sick **estar enfermo/a** 2.1
get sick **enfermarse** *v.* 2.1
sign **firmar** *v.* 2.5; **letrero** *m.* 2.5
silk **seda** *f.* 1.6
(made of) silk **de seda** 1.6
silly **tonto/a** *adj.* 1.3
since **desde** *prep.*
sing **cantar** *v.* 1.2
singer **cantante** *m., f.* 2.8
single **soltero/a** *adj.* 1.9
single room **habitación** *f.* **individual** 1.5
sink **lavabo** *m.* 1.7
sir **señor (Sr.)** *m.* 1.1
sister **hermana** *f.* 1.3
sister-in-law **cuñada** *f.* 1.3
sit down **sentarse (e:ie)** *v.* 1.7
six **seis** *n., adj.* 1.1
six hundred **seiscientos/as** *n., adj.* 1.2
sixteen **dieciséis** *n., adj.* 1.1
sixth **sexto/a** *n., adj.* 1.5
sixty **sesenta** *n., adj.* 1.2
size **talla** *f.* 1.6
shoe size **número** *m.* 1.6
skate (in-line) **patinar (en línea)** 1.4
skateboard **andar en patineta** *v.* 1.4
ski **esquiar** *v.* 1.4
skiing **esquí** *m.* 1.4
waterskiing **esquí** *m.* **acuático** 1.4
skirt **falda** *f.* 1.6
sky **cielo** *m.* 2.4
sleep **dormir (o:ue)** *v.* 1.4; **sueño** *m.* 1.3
go to sleep **dormirse (o:ue)** *v.* 1.7
sleepy: be (very) sleepy **tener (mucho) sueño** 1.3
slender **delgado/a** *adj.* 1.3
slim down **adelgazar** *v.* 2.6
slippers **pantuflas** *f., pl.* 1.7
slow **lento/a** *adj.* 2.2
slowly **despacio** *adv.* 2.1
small **pequeño/a** *adj.* 1.3
smart **listo/a** *adj.* 1.5
smile **sonreír (e:i)** *v.* 1.9
smiled **sonreído** *p.p.* 2.5
smoggy: It's (very) smoggy. **Hay (mucha) contaminación.** 1.4
smoke **fumar** *v.* 1.8, 2.6
not to smoke **no fumar** 2.6
smoking section **sección** *f.* **de fumar** 1.8
nonsmoking section *f.* **sección de no fumar** 1.8
snack **merendar (e:ie)** *v.* 1.8, 2.6
afternoon snack **merienda** *f.* 2.6
have a snack **merendar (e:ie)** *v.*
sneakers **zapatos de tenis** *m., pl.* 1.6
sneeze **estornudar** *v.* 2.1
snow **nevar (e:ie)** *v.* 1.5; **nieve** *f.*
snowing: It's snowing. **Nieva.** 1.5; **Está nevando.** 1.5
so *(in such a way)* **así** *adv.* 2.1; **tan** *adv.* 1.5
so much **tanto** *adv.*
so-so **regular** 1.1, **así así**
so that **para que** *conj.* 2.4
soap **jabón** *m.* 1.7
soap opera **telenovela** *f.* 2.8
soccer **fútbol** *m.* 1.4
sociology **sociología** *f.* 1.2
sock(s) **calcetín (calcetines)** *m.* 1.6
sofa **sofá** *m.* 2.3
soft drink **refresco** *m.* 1.8
software **programa** *m.* **de computación** 2.2
soil **tierra** *f.* 2.4
solar **solar** *adj.* 2.4
solar energy **energía** *f.* **solar** 2.4
soldier **soldado** *m., f.* 2.9
solution **solución** *f.* 2.4
solve **resolver (o:ue)** *v.* 2.4

some **algún, alguno(s)/a(s)** *adj., pron.* 1.7; **unos/as** *pron.; m., f., pl. indef. art.* 1.1
somebody **alguien** *pron.* 1.7
someone **alguien** *pron.* 1.7
something **algo** *pron.* 1.7
sometimes **a veces** *adv.* 2.1
son **hijo** *m.* 1.3
song **canción** *f.* 2.8
son-in-law **yerno** *m.* 1.3
soon **pronto** *adv.* 2.1
 See you soon. **Hasta pronto.** 1.1
sorry: be sorry **sentir (e:ie)** *v.* 2.4
 I'm sorry. **Lo siento.** 1.4
 I'm so sorry. **Mil perdones.** 1.4; **Lo siento muchísimo.** 1.4
soup **caldo** *m.* 1.8; **sopa** *f.* 1.8
south **sur** *m.* 2.5
 to the south **al sur** 2.5
Spain **España** *f.* 1.1
Spanish (*language*) **español** *m.* 1.2; **español(a)** *adj.* 1.3
spare time **ratos libres** *m.* 1.4
speak **hablar** *v.* 1.2
spectacular **espectacular** *adj.* 2.6
speech **discurso** *m.* 2.9
speed **velocidad** *f.* 2.2
 speed limit **velocidad** *f.* **máxima** 2.2
spelling **ortografía** *f.*; **ortográfico/a** *adj.*
spend (*money*) **gastar** *v.* 1.6
spoon (*table or large*) **cuchara** *f.* 2.3
sport **deporte** *m.* 1.4
 sports-related **deportivo/a** *adj.* 1.4
spouse **esposo/a** *m., f.* 1.3
sprain (one's ankle) **torcerse (o:ue)** *v.* **(el tobillo)** 2.1
sprained **torcido/a** *adj.* 2.1
 be sprained **estar torcido/a** 2.1
spring **primavera** *f.* 1.5
square (city or town) **plaza** *f.* 1.4
stadium **estadio** *m.* 1.2
stage **etapa** *f.* 1.9
stairs **escalera** *f.* 2.3
stairway **escalera** *f.* 2.3
stamp **estampilla** *f.* 2.5; **sello** *m.* 2.5
stand in line **hacer cola** 2.5
star **estrella** *f.* 2.4
start **establecer** *v.* 2.7; (*a vehicle*) **arrancar** *v.* 2.2
station **estación** *f.* 1.5
statue **estatua** *f.* 2.8
status: marital status **estado** *m.* **civil** 1.9
stay **quedarse** *v.* 1.7
 stay in shape **mantenerse en forma** 2.6
steak **bistec** *m.* 1.8
steering wheel **volante** *m.* 2.2
step **etapa** *f.*
stepbrother **hermanastro** *m.* 1.3
stepdaughter **hijastra** *f.* 1.3
stepfather **padrastro** *m.* 1.3
stepmother **madrastra** *f.* 1.3
stepsister **hermanastra** *f.* 1.3
stepson **hijastro** *m.* 1.3
stereo **estéreo** *m.* 2.2
still **todavía** *adv.* 1.5
stockbroker **corredor(a)** *m., f.* **de bolsa** 2.7
stockings **medias** *f., pl.* 1.6
stomach **estómago** *m.* 2.1
stone **piedra** *f.* 2.4
stop **parar** *v.* 2.2
 stop (*doing something*) **dejar de (+** *inf.***)** 2.4
store **tienda** *f.* 1.6
storm **tormenta** *f.* 2.9
story **cuento** *m.* 2.8; **historia** *f.* 2.8
stove **cocina** *f.* 2.3; **estufa** *f.* 2.3
straight **derecho** *adv.* 2.5
 straight (ahead) **derecho** 2.5
straighten up **arreglar** *v.* 2.3
strange **extraño/a** *adj.* 2.4
 it's strange **es extraño** 2.4
strawberry **frutilla** *f.* 1.8, **fresa** *f.*
street **calle** *f.* 2.2
stress **estrés** *m.* 2.6
stretching **estiramiento** *m.* 2.6
 do stretching exercises **hacer ejercicios de estiramiento** 2.6
strike (*labor*) **huelga** *f.* 2.9
stripe **raya** *f.* 1.6
 striped **de rayas** 1.6
stroll **pasear** *v.* 1.4
strong **fuerte** *adj.* 2.6
struggle (for/against) **luchar** *v.* **(por/contra)** 2.9
student **estudiante** *m., f.* 1.1, 1.2; **estudiantil** *adj.* 1.2
study **estudiar** *v.* 1.2
stuffed-up (*sinuses*) **congestionado/a** *adj.* 2.1
stupendous **estupendo/a** *adj.* 1.5
style **estilo** *m.*
suburbs **afueras** *f., pl.* 2.3
subway **metro** *m.* 1.5
 subway station **estación** *f.* **del metro** 1.5
success **éxito** *m.* 2.7
successful: be successful **tener éxito** 2.7
such as **tales como**
suddenly **de repente** *adv.* 1.6
suffer **sufrir** *v.* 2.1
 suffer an illness **sufrir una enfermedad** 2.1
sugar **azúcar** *m.* 1.8
suggest **sugerir (e:ie)** *v.* 2.3
suit **traje** *m.* 1.6
suitcase **maleta** *f.* 1.1
summer **verano** *m.* 1.5
sun **sol** *m.* 1.5, 2.4
sunbathe **tomar el sol** 1.4
Sunday **domingo** *m.* 1.2
sunglasses **gafas** *f., pl.* **de sol** 1.6
sunny: It's (very) sunny. **Hace (mucho) sol.** 1.5
supermarket **supermercado** *m.* 2.5
suppose **suponer** *v.* 1.4
sure **seguro/a** *adj.* 1.5
 be sure **estar seguro/a** 1.5
surf (the Internet) **navegar** *v.* **(en Internet)** 2.2
surprise **sorprender** *v.* 1.9; **sorpresa** *f.* 1.9
survey **encuesta** *f.* 2.9
sweat **sudar** *v.* 2.6
sweater **suéter** *m.* 1.6
sweep (the floor) **barrer** *v.* **(el suelo)** 2.3
sweets **dulces** *m., pl.* 1.9
swim **nadar** *v.* 1.4
swimming **natación** *f.* 1.4
swimming pool **piscina** *f.* 1.4
symptom **síntoma** *m.* 2.1

## T

table **mesa** *f.* 1.2
tablespoon **cuchara** *f.* 2.3
tablet (*pill*) **pastilla** *f.* 2.1
take **tomar** *v.* 1.2; **llevar** *v.* 1.6
 take a bath **bañarse** *v.* 1.7
 take a shoe size **calzar** *v.* 1.6
 take a shower **ducharse** *v.* 1.7
 take care of **cuidar** *v.* 2.4
 take off **quitarse** *v.* 1.7
 take out the trash *v.* **sacar la basura** 2.3
 take photos **tomar fotos** 1.5; **sacar fotos** 1.5
 take someone's temperature **tomar la temperatura** 2.1
talented **talentoso/a** *adj.* 2.8
talk *v.* **hablar** 1.2
talk show **programa** *m.* **de entrevistas** 2.8
tall **alto/a** *adj.* 1.3
tank **tanque** *m.* 2.2
tape (*audio*) **cinta** *f.*
tape recorder **grabadora** *f.* 1.1
taste **probar (o:ue)** *v.* 1.8; **saber** *v.* 1.8
 taste like **saber a** 1.8

tasty **rico/a** *adj.* 1.8; **sabroso/a** *adj.* 1.8
tax **impuesto** *m.* 2.9
taxi **taxi** *m.* 1.5
tea **té** *m.* 1.8
teach **enseñar** *v.* 1.2
teacher **profesor(a)** *m., f.* 1.1, 1.2; **maestro/a** *m., f.* 2.7
team **equipo** *m.* 1.4
technician **técnico/a** *m., f.* 2.7
telecommuting **teletrabajo** *m.* 2.7
telephone **teléfono** *m.* 2.2
  cellular telephone **teléfono** *m.* **celular** 2.2
television **televisión** *f.* 1.2, 2.2
  television set **televisor** *m.* 2.2
tell **contar (o:ue)** *v.* 1.4; **decir** *v.* 1.4
  tell (that) **decir (que)** 1.4, 1.9
  tell lies **decir mentiras** 1.4
  tell the truth **decir la verdad** 1.4
temperature **temperatura** *f.* 2.1
ten **diez** *n., adj.* 1.1
tennis **tenis** *m.* 1.4
tennis shoes **zapatos** *m., pl.* **de tenis** 1.6
tension **tensión** *f.* 2.6
tent **tienda** *f.* **de campaña**
tenth **décimo/a** *n., adj.* 1.5
terrible **terrible** *adj.* 2.4
  it's terrible **es terrible** 2.4
terrific **chévere** *adj.*
test **prueba** *f.* 1.2; **examen** *m.* 1.2
text message **mensaje** *m.* **de texto** 2.2
Thank you. **Gracias.** 1.1
  Thank you very much. **Muchas gracias.** 1.1
  Thank you very, very much. **Muchísimas gracias.** 1.9
  Thanks (a lot). **(Muchas) gracias.** 1.1
  Thanks again. **Gracias una vez más.** *(lit.* Thanks one more time.*)* 1.9
  Thanks for everything. **Gracias por todo.** 1.9, 2.6
that **que, quien(es), lo que** *conj.* 2.3
  that (one) **ése, ésa, eso** *pron.* 1.6; **ese, esa** *adj.* 1.6
  that (over there) **aquél, aquélla, aquello** *pron.* 1.6; **aquel, aquella** *adj.* 1.6
  that which **lo que** *conj.* 2.3
  That's me. **Soy yo.** 1.1
  That's not the way it is. **No es así.** 2.7
  that's why **por eso** 2.2
the **el** *m., sing.* **la** *f., sing.,* **los** *m. pl.* **las** *f. pl.* 1.1
theater **teatro** *m.* 2.8
their **su(s)** *poss. adj.* 1.3; **suyo(s)/a(s)** *poss. adj.* 2.2
theirs **suyo(s)/a(s)** *poss. pron.* 2.2
them **los/las** *pl., d.o. pron.* 1.5; **ellos/as** *pron., obj. of prep.* 1.9
  to/for them **les** *pl., i.o. pron.* 1.6
then **después** *(afterward) adv.* 1.7; **entonces** *(as a result) adv.* 1.7; **luego** *(next) adv.* 1.7; **pues** *adv.* 2.6
there **allí** *adv.* 1.5
  There is/are... **Hay...** 1.1
  There is/are not... **No hay...** 1.1
therefore **por eso** *adv.* 2.2
these **éstos, éstas** *pron.* 1.6; **estos, estas** *adj.* 1.6
they **ellos** *m. pron.,* **ellas** *f. pron.* 1.1
thin **delgado/a** *adj.* 1.3
thing **cosa** *f.* 1.1
think **pensar (e:ie)** *v.* 1.4; *(believe)* **creer** *v.*
  think about **pensar en** *v.* 1.4
third **tercero/a** *n., adj.* 1.5
thirst **sed** *f.* 1.3
thirsty: be (very) thirsty **tener (mucha) sed** 1.3
thirteen **trece** *n., adj.* 1.1
thirty **treinta** *n., adj.* 1.1; 1.2
thirty *(minutes past the hour)* **y treinta; y media** 1.1
this **este, esta** *adj.;* **éste, ésta, esto** *pron.* 1.6
  This is... *(introduction)* **Éste/a es...** 1.1
  This is he/she. *(on the telephone)* **Con él/ella habla.** 2.2
those **ésos, ésas** *pron.* 1.6; **esos, esas** *adj.* 1.6
those *(over there)* **aquéllos, aquéllas** *pron.* 1.6; **aquellos, aquellas** *adj.* 1.6
thousand **mil** *m.* 1.6
three **tres** *n., adj.* 1.1
three hundred **trescientos/as** *n., adj.* 1.2
throat **garganta** *f.* 2.1
through **por** *prep.* 2.2
throughout: throughout the world **en todo el mundo** 2.4
Thursday **jueves** *m., sing.* 1.2
thus *(in such a way)* **así** *adj.*
ticket **boleto** *m.* 2.8; **pasaje** *m.* 1.5
tie **corbata** *f.* 1.6
time **vez** *f.* 1.6; **tiempo** *m.* 1.4
  have a good/bad time **pasarlo bien/mal** 1.9
  We had a great time. **Lo pasamos de película.** 2.9
  What time is it? **¿Qué hora es?** 1.1
  (At) What time...? **¿A qué hora...?** 1.1
times **veces** *f., pl.* 1.6
  many times **muchas veces** 2.1
  two times **dos veces** 1.6
tip **propina** *f.* 1.9
tire **llanta** *f.* 2.2
tired **cansado/a** *adj.* 1.5
  be tired **estar cansado/a** 1.5
to **a** *prep.* 1.1
toast **pan** *m.* **tostado;** *(drink)* **brindar** *v.* 1.9
toasted **tostado/a** *adj.* 1.8
  toasted bread **pan** *m.* **tostado** 1.8
toaster **tostadora** *f.* 2.3
today **hoy** *adv.* 1.2
  Today is... **Hoy es...** 1.2
toe **dedo** *m.* **del pie** 2.1
together **juntos/as** *adj.* 1.9
toilet **inodoro** *m.* 1.7
tomato **tomate** *m.* 1.8
tomorrow **mañana** *f.* 1.1
  See you tomorrow. **Hasta mañana.** 1.1
tonight **esta noche** *adv.* 1.4
too **también** *adv.* 1.2, 1.7
  too much **demasiado** *adv.* 1.6; **en exceso** 2.6
tooth **diente** *m.* 1.7
toothpaste **pasta** *f.* **de dientes** 1.7
tornado **tornado** *m.* 2.9
tortilla **tortilla** *f.* 1.8
touch **tocar** *v.* 2.4, 2.8
tour **excursión** *f.* 1.4
  tour an area **recorrer** *v.*
tourism **turismo** *m.* 1.5
tourist **turista** *m., f.* 1.1; **turístico/a** *adj.*
toward **hacia** *prep.* 2.5; **para** *prep.* 2.2
towel **toalla** *f.* 1.7
town **pueblo** *m.* 1.4
trade **oficio** *m.* 2.7
traffic **circulación** *f.* 2.2; **tráfico** *m.* 2.2
traffic signal **semáforo** *m.*
tragedy **tragedia** *f.* 2.8
trail **sendero** *m.* 2.4
trailhead **sendero** *m.* 2.4
train **entrenarse** *v.* 2.6; **tren** *m.* 1.5
  train station **estación** *f.* **de tren** 1.5
trainer **entrenador/a** *m., f.* 2.6
translate **traducir** *v.* 1.6
trash **basura** *f.* 2.3
travel **viajar** *v.* 1.2
travel agent **agente** *m., f.* **de viajes** 1.5
traveler **viajero/a** *m., f.* 1.5
  traveler's check **cheque de viajero** *m.* 2.5

treadmill **cinta caminadora** *f.* 2.6
tree **árbol** *m.* 2.4
trillion **billón** *m.*
trimester **trimestre** *m.* 1.2
trip **viaje** *m.* 1.5
take a trip **hacer un viaje** 1.5
tropical forest **bosque** *m.* **tropical** 2.4
true **verdad** *adj.* 2.4
it's (not) true **(no) es verdad** 2.4
trunk **baúl** *m.* 2.2
truth **verdad** *f.*
try **intentar** *v.*; **probar (o:ue)** *v.* 1.8
try *(to do something)* **tratar de (+** *inf.***)** 2.6
try on **probarse (o:ue)** *v.* 1.7
t-shirt **camiseta** *f.* 1.6
Tuesday **martes** *m., sing.* 1.2
tuna **atún** *m.* 1.8
turkey **pavo** *m.* 1.8
turn **doblar** *v.* 2.5
turn off *(electricity/appliance)* **apagar** *v.* 2.2
turn on *(electricity/appliance)* **poner** *v.* 2.2; **prender** *v.* 2.2
twelve **doce** *n., adj.* 1.1
twenty **veinte** *n., adj.* 1.1
twenty-eight **veintiocho** *n., adj.* 1.1
twenty-five **veinticinco** *n., adj.* 1.1
twenty-four **veinticuatro** *n., adj.* 1.1
twenty-nine **veintinueve** *n., adj.* 1.1
twenty-one **veintiún, veintiuno/a** *n., adj.* 1.1
twenty-seven **veintisiete** *n., adj.* 1.1
twenty-six **veintiséis** *n., adj.* 1.1
twenty-three **veintitrés** *n., adj.* 1.1
twenty-two **veintidós** *n., adj.* 1.1
twice **dos veces** *adv.* 1.6
twin **gemelo/a** *m., f.* 1.3
twisted **torcido/a** *adj.* 2.1
be twisted **estar torcido/a** 2.1
two **dos** *n., adj.* 1.1
two times **dos veces** 1.6
two hundred **doscientos/as** *n., adj.* 1.2

## U

uncle **tío** *m.* 1.3
under **bajo** *adv.* 1.7; **debajo de** *prep.* 1.2
understand **comprender** *v.* 1.3; **entender (e:ie)** *v.* 1.4
underwear **ropa interior** *f.* 1.6
unemployment **desempleo** *m.* 2.9
United States **Estados Unidos (EE.UU.)** *m. pl.* 1.1
university **universidad** *f.* 1.2
unless **a menos que** *conj.* 2.4
unmarried **soltero/a** *adj.*
unpleasant **antipático/a** *adj.* 1.3
until **hasta** *prep.* 1.6; **hasta que** *conj.* 2.4
up **arriba** *adv.* 2.6
urgent **urgente** *adj.* 2.3
It's urgent that... **Es urgente que...** 2.3
us **nos** *pl., d.o. pron.* 1.5
to/for us **nos** *pl., i.o. pron.* 1.6
use **usar** *v.* 1.6
used for **para** *prep.* 2.2
useful **útil** *adj.*

## V

vacation **vacaciones** *f. pl.* 1.5
be on vacation **estar de vacaciones** 1.5
go on vacation **ir de vacaciones** 1.5
vacuum **pasar la aspiradora** 2.3
vacuum cleaner **aspiradora** *f.* 2.3
valley **valle** *m.* 2.4
various **varios/as** *adj. pl.* 1.8
VCR **videocasetera** *f.* 2.2
vegetables **verduras** *pl., f.* 1.8
verb **verbo** *m.*
very **muy** *adv.* 1.1
very much **muchísimo** *adv.* 1.2
(Very) well, thank you. **(Muy) bien, gracias.** 1.1
video **video** *m.* 1.1
video camera **cámara** *f.* **de video** 2.2
videocassette **videocasete** *m.* 2.2
videoconference **videoconferencia** *f.* 2.7
video game **videojuego** *m.* 1.4
vinegar **vinagre** *m.* 1.8
violence **violencia** *f.* 2.9
visit **visitar** *v.* 1.4
visit monuments **visitar monumentos** 1.4
vitamin **vitamina** *f.* 2.6
volcano **volcán** *m.* 2.4
volleyball **vóleibol** *m.* 1.4
vote **votar** *v.* 2.9

## W

wait (for) **esperar** *v.* **(+** *inf.***)** 1.2
waiter/waitress **camarero/a** *m., f.* 1.8
wake up **despertarse (e:ie)** *v.* 1.7
walk **caminar** *v.* 1.2
take a walk **pasear** *v.* 1.4
walk around **pasear por** 1.4
walkman **walkman** *m.*
wall **pared** *f.* 2.3
wallet **cartera** *f.* 1.6
want **querer (e:ie)** *v.* 1.4
I don't want to. **No quiero.** 1.4
war **guerra** *f.* 2.9
warm (oneself) up **calentarse** *v.* 2.6
wash **lavar** *v.* 2.3
wash one's face/hands **lavarse la cara/las manos** 1.7
wash oneself *v.* **lavarse** 1.7
wash the floor, the dishes **lavar el suelo, los platos** 2.3
washing machine **lavadora** *f.* 2.3
wastebasket **papelera** *f.* 1.2
watch **mirar** *v.* 1.2; **reloj** *m.* 1.2
watch television **mirar (la) televisión** 1.2
water **agua** *f.* 1.8
water pollution **contaminación del agua** *f.* 2.4
waterskiing **esquí acuático** *m.* 1.4
way **manera** *f.* 2.7
we **nosotros(as)** *sub. pron.* 1.1
weak **débil** *adj.* 2.6
wear **llevar** *v.* 1.6; **usar** *v.* 1.6
weather **tiempo** *m.*
The weather is bad. **Hace mal tiempo.** 1.5
The weather is good. **Hace buen tiempo.** 1.5
weaving **tejido** *m.* 2.8
Web **red** *f.* 2.2
website **sitio** *m.* **web** 2.2
wedding **boda** *f.* 1.9
Wednesday **miércoles** *m., sing.* 1.2
week **semana** *f.* 1.2
weekend **fin** *m.* **de semana** 1.4
weight **peso** *m.* 2.6
lift weights **levantar pesas** 2.6
welcome **bienvenido(s)/a(s)** *adj.* 2.3
well **pues** *adv.* 1.2, 2.8; **bueno** *adv.* 1.2, 2.8
(Very) well, thanks. **(Muy) bien, gracias.** 1.1
well organized **ordenado/a** *adj.*
well-being **bienestar** *m.* 2.6
west **oeste** *m.* 2.5
to the west **al oeste** 2.5
western *(genre)* **de vaqueros** 2.8
what **lo que** *pron.* 2.3
What a pleasure to... ! **¡Qué gusto (+** *inf.***)...!** 2.9
what? **¿qué?** *pron.* 1.1
At what time...? **¿A qué hora...?** 1.1
What day is it? **¿Qué día es hoy?** 1.2

What do you guys think? **¿Qué les parece?** 1.9
What happened? **¿Qué pasó?** 2.2
What is today's date? **¿Cuál es la fecha de hoy?** 1.5
What nice clothes! **¡Qué ropa más bonita!** 1.6
What size do you take? **¿Qué talla lleva (usa)?** *form.* 1.6
What time is it? **¿Qué hora es?** 1.1
What's going on? **¿Qué pasa?** 1.1
What's happening? **¿Qué pasa?** 1.1
What's... like? **¿Cómo es...?** 1.3
What's new? **¿Qué hay de nuevo?** 1.1
What's the weather like? **¿Qué tiempo hace?** 1.5
What's wrong? **¿Qué pasó?** 2.2
What's your name? **¿Cómo se llama usted?** *form.* 1.1
What's your name? **¿Cómo te llamas (tú)?** *fam.* 1.1
when **cuando** *conj.* 1.7, 2.4
When? **¿Cuándo?** *adv.* 1.2
where **donde** *prep.*
where (to)? (*destination*) **¿adónde?** *adv.* 1.2; (*location*) **¿dónde?** *adv.* 1.1
Where are you from? **¿De dónde eres (tú)?** *fam.* 1.1; **¿De dónde es (usted)?** *form.* 1.1
Where is...? **¿Dónde está...?** 1.2
which **que** *pron.*, **lo que** *pron.* 2.3
which? **¿cuál?** *pron.* 1.2; **¿qué?** *adj.* 1.2
In which...? **¿En qué...?** 1.2
which one(s)? **¿cuál(es)?** *pron.* 1.2
while **mientras** *conj.* 2.1
white **blanco/a** *adj.* 1.6
white wine **vino blanco** *m.* 1.8
who **que** *pron.* 2.3; **quien(es)** *pron.* 2.3
who? **¿quién(es)?** *pron.* 1.1
Who is...? **¿Quién es...?** 1.1
Who is calling? (*on the telephone*) **¿De parte de quién?** 2.2
Who is speaking? (*on the telephone*) **¿Quién habla?** 2.2
whom **quien(es)** *pron.* 2.3
whole **todo/a** *adj.*
whose **¿de quién(es)?** *pron., adj.* 1.1
why? **¿por qué?** *adv.* 1.2
widower/widow **viudo/a** *m., f., adj.* 1.9
wife **esposa** *f.* 1.3
win **ganar** *v.* 1.4
wind **viento** *m.* 1.5
window **ventana** *f.* 1.2
windshield **parabrisas** *m., sing.* 2.2
windy: It's (very) windy. **Hace (mucho) viento.** 1.5
wine **vino** *m.* 1.8
red wine **vino tinto** *m.* 1.8
white wine **vino blanco** *m.* 1.8
wineglass **copa** *f.* 2.3
winter **invierno** *m.* 1.5
wish **desear** *v.* 1.2; **esperar** *v.* 2.4
I wish (that) **ojalá (que)** 2.4
with **con** *prep.* 1.2
with me **conmigo** 1.4; 1.9
with you **contigo** *fam.* 1.9
within (ten years) **dentro de** *prep.* **(diez años)** 2.7
without **sin** *prep.* 1.2, 2.4, 2.6; **sin que** *conj.* 2.4
woman **mujer** *f.* 1.1
wool **lana** *f.* 1.6
(made of) wool **de lana** 1.6
word **palabra** *f.* 1.1
work **trabajar** *v.* 1.2; **funcionar** *v.* 2.2; **trabajo** *m.* 2.7; (*of art, literature, music, etc.*) **obra** *f.* 2.8
work out **hacer gimnasia** 2.6
world **mundo** *m.* 2.4
worldwide **mundial** *adj.*
worried (about) **preocupado/a (por)** *adj.* 1.5
worry (about) **preocuparse** *v.* **(por)** 1.7
Don't worry. **No se preocupe.** *form.* 1.7; **No te preocupes.** *fam.* 1.7; **Tranquilo.**
worse **peor** *adj.* 1.8
worst **el/la peor** *adj.* **lo peor** *neuter* 1.8, 2.9
Would you like to...? **¿Te gustaría...?** *fam.* 1.4
write **escribir** *v.* 1.3
write a letter/postcard/e-mail message **escribir una carta/una postal/un mensaje electrónico** 1.4
writer **escritor(a)** *m., f.* 2.8
written **escrito** *p.p.* 2.5
wrong **equivocado/a** *adj.* 1.5
be wrong **no tener razón** 1.3

## X

x-ray **radiografía** *f.*

## Y

yard **jardín** *m.* 2.3; **patio** *m.* 2.3
year **año** *m.* 1.5
be... years old **tener... años** 1.3
yellow **amarillo/a** *adj.* 1.6
yes **sí** *interj.* 1.1
yesterday **ayer** *adv.* 1.6
yet **todavía** *adv.* 1.5
yogurt **yogur** *m.* 1.8
you **tú** *fam.*, **usted (Ud.)** *form. sing.*, **vosotros/as** *m., f. fam.*, **ustedes (Uds.)** *form., pl.* 1.1; (to, for) you **te** *fam. sing.*, **os** *fam., pl.*, **le** *form. sing.*, **les** *form., pl.* 1.6
you **te** *fam., sing.*, **lo/la** *form., sing.*, **os** *fam., pl.*, **los/las** *form., pl, d.o. pron.* 1.5
You are. . . **Tú eres...** 1.1
You don't say! **¡No me digas!** *fam.;* **¡No me diga!** *form.* 2.2
You're welcome. **De nada.** 1.1; **No hay de qué.** 1.1
young **joven** *adj.* 1.3
young person **joven** *m., f.* 1.1
young woman **señorita (Srta.)** *f.*
younger **menor** *adj.* 1.3
younger brother/sister **hermano/a menor** *m., f.* 1.3
youngest **el/la menor** *adj.* 1.8
your **su(s)** *poss. adj. form.* 1.3; **tu(s)** *poss. adj. fam. sing.* 1.3; **vuestro(s)/a(s)** *poss. adj. form. pl.* 1.3; **suyo(s)/a(s)** *poss. adj. form.* 2.2; **tuyo(s)/a(s)** *poss. adj. fam. sing.* 2.2
yours **suyo(s)/a(s)** *poss. pron. form.* 2.2; **tuyo(s)/a(s)** *poss. pron. fam. sing.* 2.2; **vuestro(s)/a(s)** *poss. pron. fam.* 2.2
youth **juventud** *f.* 1.9

## Z

zero **cero** *m.* 1.1

| MATERIAS | ACADEMIC SUBJECTS |
|---|---|
| **la administración de empresas** | business administration |
| **la agronomía** | agriculture |
| **el alemán** | German |
| **el álgebra** | algebra |
| **la antropología** | anthropology |
| **la arqueología** | archaeology |
| **la arquitectura** | architecture |
| **el arte** | art |
| **la astronomía** | astronomy |
| **la biología** | biology |
| **la bioquímica** | biochemistry |
| **la botánica** | botany |
| **el cálculo** | calculus |
| **el chino** | Chinese |
| **las ciencias políticas** | political science |
| **la computación** | computer science |
| **las comunicaciones** | communications |
| **la contabilidad** | accounting |
| **la danza** | dance |
| **el derecho** | law |
| **la economía** | economics |
| **la educación** | education |
| **la educación física** | physical education |
| **la enfermería** | nursing |
| **el español** | Spanish |
| **la filosofía** | philosophy |
| **la física** | physics |
| **el francés** | French |
| **la geografía** | geography |
| **la geología** | geology |
| **el griego** | Greek |
| **el hebreo** | Hebrew |
| **la historia** | history |
| **la informática** | computer science |
| **la ingeniería** | engineering |
| **el inglés** | English |
| **el italiano** | Italian |
| **el japonés** | Japanese |
| **el latín** | Latin |
| **las lenguas clásicas** | classical languages |
| **las lenguas romances** | Romance languages |
| **la lingüística** | linguistics |
| **la literatura** | literature |
| **las matemáticas** | mathematics |
| **la medicina** | medicine |
| **el mercadeo/ la mercadotecnia** | marketing |
| **la música** | music |
| **los negocios** | business |
| **el periodismo** | journalism |
| **el portugués** | Portuguese |
| **la psicología** | psychology |
| **la química** | chemistry |
| **el ruso** | Russian |
| **los servicios sociales** | social services |
| **la sociología** | sociology |
| **el teatro** | theater |
| **la trigonometría** | trigonometry |

| LOS ANIMALES | ANIMALS |
|---|---|
| **la abeja** | bee |
| **la araña** | spider |
| **la ardilla** | squirrel |
| **el ave (*f.*), el pájaro** | bird |
| **la ballena** | whale |
| **el burro** | donkey |
| **la cabra** | goat |
| **el caimán** | alligator |
| **el camello** | camel |
| **la cebra** | zebra |
| **el ciervo, el venado** | deer |
| **el cochino, el cerdo, el puerco** | pig |
| **el cocodrilo** | crocodile |
| **el conejo** | rabbit |
| **el coyote** | coyote |
| **la culebra, la serpiente, la víbora** | snake |
| **el elefante** | elephant |
| **la foca** | seal |
| **la gallina** | hen |
| **el gallo** | rooster |
| **el gato** | cat |
| **el gorila** | gorilla |
| **el hipopótamo** | hippopotamus |
| **la hormiga** | ant |
| **el insecto** | insect |
| **la jirafa** | giraffe |
| **el lagarto** | lizard |
| **el león** | lion |
| **el lobo** | wolf |
| **el loro, la cotorra, el papagayo, el perico** | parrot |
| **la mariposa** | butterfly |
| **el mono** | monkey |
| **la mosca** | fly |
| **el mosquito** | mosquito |
| **el oso** | bear |
| **la oveja** | sheep |
| **el pato** | duck |
| **el perro** | dog |
| **el pez** | fish |
| **la rana** | frog |
| **el ratón** | mouse |
| **el rinoceronte** | rhinoceros |
| **el saltamontes, el chapulín** | grasshopper |
| **el tiburón** | shark |
| **el tigre** | tiger |
| **el toro** | bull |
| **la tortuga** | turtle |
| **la vaca** | cow |
| **el zorro** | fox |

## EL CUERPO EL CUERPO HUMANO Y LA SALUD — THE HUMAN BODY AND HEALTH

### El cuerpo humano — The human body

| | |
|---|---|
| **la barba** | beard |
| **el bigote** | mustache |
| **la boca** | mouth |
| **el brazo** | arm |
| **la cabeza** | head |
| **la cadera** | hip |
| **la ceja** | eyebrow |
| **el cerebro** | brain |
| **la cintura** | waist |
| **el codo** | elbow |
| **el corazón** | heart |
| **la costilla** | rib |
| **el cráneo** | skull |
| **el cuello** | neck |
| **el dedo** | finger |
| **el dedo del pie** | toe |
| **la espalda** | back |
| **el estómago** | stomach |
| **la frente** | forehead |
| **la garganta** | throat |
| **el hombro** | shoulder |
| **el hueso** | bone |
| **el labio** | lip |
| **la lengua** | tongue |
| **la mandíbula** | jaw |
| **la mejilla** | cheek |
| **el mentón, la barba, la barbilla** | chin |
| **la muñeca** | wrist |
| **el músculo** | muscle |
| **el muslo** | thigh |
| **las nalgas, el trasero, las asentaderas** | buttocks |
| **la nariz** | nose |
| **el nervio** | nerve |
| **el oído** | (inner) ear |
| **el ojo** | eye |
| **el ombligo** | navel, belly button |
| **la oreja** | (outer) ear |
| **la pantorrilla** | calf |
| **el párpado** | eyelid |
| **el pecho** | chest |
| **la pestaña** | eyelash |
| **el pie** | foot |
| **la piel** | skin |
| **la pierna** | leg |
| **el pulgar** | thumb |
| **el pulmón** | lung |
| **la rodilla** | knee |
| **la sangre** | blood |
| **el talón** | heel |
| **el tobillo** | ankle |
| **el tronco** | torso, trunk |
| **la uña** | fingernail |
| **la uña del dedo del pie** | toenail |
| **la vena** | vein |

### Los cinco sentidos — The five senses

| | |
|---|---|
| **el gusto** | taste |
| **el oído** | hearing |
| **el olfato** | smell |
| **el tacto** | touch |
| **la vista** | sight |

### La salud — Health

| | |
|---|---|
| **el accidente** | accident |
| **alérgico/a** | allergic |
| **el antibiótico** | antibiotic |
| **la aspirina** | aspirin |
| **el ataque cardiaco, el ataque al corazón** | heart attack |
| **el cáncer** | cancer |
| **la cápsula** | capsule |
| **la clínica** | clinic |
| **congestionado/a** | congested |
| **el consultorio** | doctor's office |
| **la curita** | adhesive bandage |
| **el/la dentista** | dentist |
| **el/la doctor(a), el/la médico/a** | doctor |
| **el dolor (de cabeza)** | (head)ache, pain |
| **embarazada** | pregnant |
| **la enfermedad** | illness, disease |
| **el/la enfermero/a** | nurse |
| **enfermo/a** | ill, sick |
| **la erupción** | rash |
| **el examen médico** | physical exam |
| **la farmacia** | pharmacy |
| **la fiebre** | fever |
| **la fractura** | fracture |
| **la gripe** | flu |
| **la herida** | wound |
| **el hospital** | hospital |
| **la infección** | infection |
| **la inyección** | injection |
| **el insomnio** | insomnia |
| **el jarabe** | (cough) syrup |
| **mareado/a** | dizzy, nauseated |
| **el medicamento** | medication |
| **la medicina** | medicine |
| **las muletas** | crutches |
| **la operación** | operation |
| **el/la paciente** | patient |
| **el/la paramédico/a** | paramedic |
| **la pastilla, la píldora** | pill, tablet |
| **los primeros auxilios** | first aid |
| **la pulmonía** | pneumonia |
| **los puntos** | stitches |
| **la quemadura** | burn |
| **el quirófano** | operating room |
| **la radiografía** | x-ray |
| **la receta** | prescription |
| **el resfriado** | cold (illness) |
| **la sala de emergencia(s)** | emergency room |
| **saludable** | healthy, healthful |
| **sano/a** | healthy |
| **el seguro médico** | medical insurance |
| **la silla de ruedas** | wheelchair |
| **el síntoma** | symptom |
| **el termómetro** | thermometer |
| **la tos** | cough |
| **la transfusión** | transfusion |

| | |
|---|---|
| **la vacuna** | vaccination |
| **la venda** | bandage |
| **el virus** | virus |
| **cortar(se)** | to cut (oneself) |
| **curar** | to cure, to treat |
| **desmayar(se)** | to faint |
| **enfermarse** | to get sick |
| **enyesar** | to put in a cast |
| **estornudar** | to sneeze |
| **guardar cama** | to stay in bed |
| **hinchar(se)** | to swell |
| **internar(se) en el hospital** | to check into the hospital |
| **lastimarse (el pie)** | to hurt (one's foot) |
| **mejorar(se)** | to get better; to improve |
| **operar** | to operate |
| **quemar(se)** | to burn |
| **respirar (hondo)** | to breathe (deeply) |
| **romperse (la pierna)** | to break (one's leg) |
| **sangrar** | to bleed |
| **sufrir** | to suffer |
| **tomarle la presión a alguien** | to take someone's blood pressure |
| **tomarle el pulso a alguien** | to take someone's pulse |
| **torcerse (el tobillo)** | to sprain (one's ankle) |
| **vendar** | to bandage |

## EXPRESIONES ÚTILES PARA LA CLASE — USEFUL CLASSROOM EXPRESSIONS

### Palabras útiles — Useful words

| | |
|---|---|
| **ausente** | absent |
| **el departamento** | department |
| **el dictado** | dictation |
| **la conversación, las conversaciones** | conversation(s) |
| **la expresión, las expresiones** | expression(s) |
| **el examen, los exámenes** | test(s), exam(s) |
| **la frase** | sentence |
| **la hoja de actividades** | activity sheet |
| **el horario de clases** | class schedule |
| **la oración, las oraciones** | sentence(s) |
| **el párrafo** | paragraph |
| **la persona** | person |
| **presente** | present |
| **la prueba** | test, quiz |
| **siguiente** | following |
| **la tarea** | homework |

### Expresiones útiles — Useful expressions

| | |
|---|---|
| **Abra(n) su(s) libro(s).** | Open your book(s). |
| **Cambien de papel.** | Change roles. |
| **Cierre(n) su(s) libro(s).** | Close your book(s). |
| **¿Cómo se dice ___ en español?** | How do you say ___ in Spanish? |
| **¿Cómo se escribe ___ en español?** | How do you write ___ in Spanish? |
| **¿Comprende(n)?** | Do you understand? |
| **(No) comprendo.** | I (don't) understand. |
| **Conteste(n) las preguntas.** | Answer the questions. |
| **Continúe(n), por favor.** | Continue, please. |
| **Escriba(n) su nombre.** | Write your name. |
| **Escuche(n) la cinta (el disco compacto).** | Listen to the tape (compact disc). |
| **Estudie(n) la Lección tres.** | Study Lesson three. |
| **Haga(n) la actividad (el ejercicio) número cuatro.** | Do activity (exercise) number four. |
| **Lea(n) la oración en voz alta.** | Read the sentence aloud. |
| **Levante(n) la mano.** | Raise your hand(s). |
| **Más despacio, por favor.** | Slower, please. |
| **No sé.** | I don't know. |
| **Páse(n)me los exámenes.** | Pass me the tests. |
| **¿Qué significa ___?** | What does ___ mean? |
| **Repita(n), por favor.** | Repeat, please. |
| **Siénte(n)se, por favor.** | Sit down, please. |
| **Siga(n) las instrucciones.** | Follow the instructions. |
| **¿Tiene(n) alguna pregunta?** | Do you have any questions? |
| **Vaya(n) a la página dos.** | Go to page two. |

## COUNTRIES & NATIONALITIES — PAÍSES Y NACIONALIDADES

| North America | Norteamérica | |
|---|---|---|
| Canada | **Canadá** | ***canadiense*** |
| Mexico | **México** | ***mexicano/a*** |
| United States | **Estados Unidos** | ***estadounidense*** |

| Central America | Centroamérica | |
|---|---|---|
| Belize | **Belice** | ***beliceño/a*** |
| Costa Rica | **Costa Rica** | ***costarricense*** |
| El Salvador | **El Salvador** | ***salvadoreño/a*** |
| Guatemala | **Guatemala** | ***guatemalteco/a*** |
| Honduras | **Honduras** | ***hondureño/a*** |
| Nicaragua | **Nicaragua** | ***nicaragüense*** |
| Panama | **Panamá** | ***panameño/a*** |

| The Caribbean | El Caribe | |
|---|---|---|
| Cuba | **Cuba** | *cubano/a* |
| Dominican Republic | **República Dominicana** | *dominicano/a* |
| Haiti | **Haití** | *haitiano/a* |
| Puerto Rico | **Puerto Rico** | *puertorriqueño/a* |
| **South America** | **Suramérica** | |
| Argentina | **Argentina** | *argentino/a* |
| Bolivia | **Bolivia** | *boliviano/a* |
| Brazil | **Brasil** | *brasileño/a* |
| Chile | **Chile** | *chileno/a* |
| Colombia | **Colombia** | *colombiano/a* |
| Ecuador | **Ecuador** | *ecuatoriano/a* |
| Paraguay | **Paraguay** | *paraguayo/a* |
| Peru | **Perú** | *peruano/a* |
| Uruguay | **Uruguay** | *uruguayo/a* |
| Venezuela | **Venezuela** | *venezolano/a* |
| **Europe** | **Europa** | |
| Armenia | **Armenia** | *armenio/a* |
| Austria | **Austria** | *austríaco/a* |
| Belgium | **Bélgica** | *belga* |
| Bosnia | **Bosnia** | *bosnio/a* |
| Bulgaria | **Bulgaria** | *búlgaro/a* |
| Croatia | **Croacia** | *croata* |
| Czech Republic | **República Checa** | *checo/a* |
| Denmark | **Dinamarca** | *danés, danesa* |
| England | **Inglaterra** | *inglés, inglesa* |
| Estonia | **Estonia** | *estonio/a* |
| Finland | **Finlandia** | *finlandés, finlandesa* |
| France | **Francia** | *francés, francesa* |
| Germany | **Alemania** | *alemán, alemana* |
| Great Britain (United Kingdom) | **Gran Bretaña (Reino Unido)** | *británico/a* |
| Greece | **Grecia** | *griego/a* |
| Hungary | **Hungría** | *húngaro/a* |
| Iceland | **Islandia** | *islandés, islandesa* |
| Ireland | **Irlanda** | *irlandés, irlandesa* |
| Italy | **Italia** | *italiano/a* |
| Latvia | **Letonia** | *letón, letona* |
| Lithuania | **Lituania** | *lituano/a* |
| Netherlands (Holland) | **Países Bajos (Holanda)** | *holandés, holandesa* |
| Norway | **Noruega** | *noruego/a* |
| Poland | **Polonia** | *polaco/a* |
| Portugal | **Portugal** | *portugués, portuguesa* |
| Romania | **Rumania** | *rumano/a* |
| Russia | **Rusia** | *ruso/a* |
| Scotland | **Escocia** | *escocés, escocesa* |
| Serbia | **Serbia** | *serbio/a* |
| Slovakia | **Eslovaquia** | *eslovaco/a* |
| Slovenia | **Eslovenia** | *esloveno/a* |
| Spain | **España** | *español(a)* |
| Sweden | **Suecia** | *sueco/a* |
| Switzerland | **Suiza** | *suizo/a* |
| Ukraine | **Ucrania** | *ucraniano/a* |
| Wales | **Gales** | *galés, galesa* |
| Yugoslavia | **Yugoslavia** | *yugoslavo/a* |
| **Asia** | **Asia** | |
| Bangladesh | **Bangladés** | *bangladesí* |
| Cambodia | **Camboya** | *camboyano/a* |
| China | **China** | *chino/a* |
| India | **India** | *indio/a* |
| Indonesia | **Indonesia** | *indonesio/a* |
| Iran | **Irán** | *iraní* |
| Iraq | **Iraq, Irak** | *iraquí* |

| | | |
|---|---|---|
| Israel | **Israel** | *israelí* |
| Japan | **Japón** | *japonés, japonesa* |
| Jordan | **Jordania** | *jordano/a* |
| Korea | **Corea** | *coreano/a* |
| Kuwait | **Kuwait** | *kuwaití* |
| Lebanon | **Líbano** | *libanés, libanesa* |
| Malaysia | **Malasia** | *malasio/a* |
| Pakistan | **Pakistán** | *pakistaní* |
| Russia | **Rusia** | *ruso/a* |
| Saudi Arabia | **Arabia Saudí** | *saudí* |
| Singapore | **Singapur** | *singapurés, singapuresa* |
| Syria | **Siria** | *sirio/a* |
| Taiwan | **Taiwán** | *taiwanés, taiwanesa* |
| Thailand | **Tailandia** | *tailandés, tailandesa* |
| Turkey | **Turquía** | *turco/a* |
| Vietnam | **Vietnam** | *vietnamita* |
| Africa | **África** | |
| Algeria | **Argelia** | *argelino/a* |
| Angola | **Angola** | *angoleño/a* |
| Cameroon | **Camerún** | *camerunés, camerunesa* |
| Congo | **Congo** | *congolés, congolesa* |
| Egypt | **Egipto** | *egipcio/a* |
| Equatorial Guinea | **Guinea Ecuatorial** | *ecuatoguineano/a* |
| Ethiopia | **Etiopía** | *etíope* |
| Ivory Coast | **Costa de Marfil** | *marfileño/a* |
| Kenya | **Kenia, Kenya** | *keniano/a, keniata* |
| Libya | **Libia** | *libio/a* |
| Mali | **Malí** | *maliense* |
| Morocco | **Marruecos** | *marroquí* |
| Mozambique | **Mozambique** | *mozambiqueño/a* |
| Nigeria | **Nigeria** | *nigeriano/a* |
| Rwanda | **Ruanda** | *ruandés, ruandesa* |
| Somalia | **Somalia** | *somalí* |
| South Africa | **Sudáfrica** | *sudafricano/a* |
| Sudan | **Sudán** | *sudanés, sudanesa* |
| Tunisia | **Tunicia, Túnez** | *tunecino/a* |
| Uganda | **Uganda** | *ugandés, ugandesa* |
| Zambia | **Zambia** | *zambiano/a* |
| Zimbabwe | **Zimbabue** | *zimbabuense* |
| Australia and the Pacific | **Australia y el Pacífico** | |
| Australia | **Australia** | *australiano/a* |
| New Zealand | **Nueva Zelanda** | *neozelandés, neozelandesa* |
| Philippines | **Filipinas** | *filipino/a* |

## MONEDAS DE LOS PAÍSES HISPANOS

## CURRENCIES OF HISPANIC COUNTRIES

| País<br>COUNTRY | Moneda<br>CURRENCY |
|---|---|
| **Argentina** | el peso |
| **Bolivia** | el boliviano |
| **Chile** | el peso |
| **Colombia** | el peso |
| **Costa Rica** | el colón |
| **Cuba** | el peso |
| **Ecuador** | el sucre, el dólar estadounidense |
| **El Salvador** | el colón, el dólar estadounidense |
| **España** | el euro |
| **Guatemala** | el quetzal, el dólar estadounidense |
| **Guinea Ecuatorial** | el franco |
| **Honduras** | el lempira |
| **México** | el peso |
| **Nicaragua** | el córdoba |
| **Panamá** | el balboa, el dólar estadounidense |
| **Paraguay** | el guaraní |
| **Perú** | el sol |
| **Puerto Rico** | el dólar estadounidense |
| **República Dominicana** | el peso |
| **Uruguay** | el peso |
| **Venezuela** | el bolívar |

## EXPRESIONES Y REFRANES / EXPRESSIONS AND SAYINGS

### Expresiones y refranes con partes del cuerpo / Expressions and sayings with parts of the body

| | |
|---|---|
| **A cara o cruz** | Heads or tails |
| **A corazón abierto** | Open heart |
| **A ojos vistas** | Clearly, visibly |
| **Al dedillo** | Like the back of one's hand |
| **¡Choca/Vengan esos cinco!** | Put it there!/Give me five! |
| **Codo con codo** | Side by side |
| **Con las manos en la masa** | Red-handed |
| **Costar un ojo de la cara** | To cost an arm and a leg |
| **Darle a la lengua** | To chatter/To gab |
| **De rodillas** | On one's knees |
| **Duro de oído** | Hard of hearing |
| **En cuerpo y alma** | In body and soul |
| **En la punta de la lengua** | On the tip of one's tongue |
| **En un abrir y cerrar de ojos** | In a blink of the eye |
| **Entrar por un oído y salir por otro** | In one ear and out the other |
| **Estar con el agua al cuello** | To be up to one's neck with/in |
| **Estar para chuparse los dedos** | To be delicious/To be finger-licking good |
| **Hablar entre dientes** | To mutter/To speak under one's breath |
| **Hablar por los codos** | To talk a lot/To be a chatterbox |
| **Hacer la vista gorda** | To turn a blind eye on something |
| **Hombro con hombro** | Shoulder to shoulder |
| **Llorar a lágrima viva** | To sob/To cry one's eyes out |
| **Metérsele (a alguien) algo entre ceja y ceja** | To get an idea in your head |
| **No pegar ojo** | Not to sleep a wink |
| **No tener corazón** | Not to have a heart |
| **No tener dos dedos de frente** | Not to have an ounce of common sense |
| **Ojos que no ven, corazón que no siente** | Out of sight, out of mind |
| **Perder la cabeza** | To lose one's head |
| **Quedarse con la boca abierta** | To be thunderstruck |
| **Romper el corazón** | To break someone's heart |
| **Tener buen/mal corazón** | Have a good/bad heart |
| **Tener un nudo en la garganta** | Have a knot in your throat |
| **Tomarse algo a pecho** | To take something too seriously |
| **Venir como anillo al dedo** | To fit like a charm/To suit perfectly |

### Expresiones y refranes con animales / Expressions and sayings with animals

| | |
|---|---|
| **A caballo regalado no le mires el diente.** | Don't look a gift horse in the mouth. |
| **Comer como un cerdo** | To eat like a pig |
| **Cuando menos se piensa, salta la liebre.** | Things happen when you least expect it. |
| **Llevarse como el perro y el gato** | To fight like cats and dogs |
| **Perro ladrador, poco mordedor./Perro que ladra no muerde.** | His/her bark is worse than his/her bite. |
| **Por la boca muere el pez.** | Talking too much can be dangerous. |
| **Poner el cascabel al gato** | To stick one's neck out |
| **Ser una tortuga** | To be a slowpoke |

### Expresiones y refranes con alimentos / Expressions and sayings with food

| | |
|---|---|
| **Agua que no has de beber, déjala correr.** | If you're not interested, don't ruin it for everybody else. |
| **Con pan y vino se anda el camino.** | Things never seem as bad after a good meal. |
| **Contigo pan y cebolla.** | You are all I need. |
| **Dame pan y dime tonto.** | I don't care what you say, as long as I get what I want. |
| **Descubrir el pastel** | To let the cat out of the bag |
| **Dulce como la miel** | Sweet as honey |
| **Estar como agua para chocolate** | To furious/To be at the boiling point |
| **Estar en el ajo** | To be in the know |
| **Estar en la higuera** | To have one's head in the clouds |
| **Estar más claro que el agua** | To be clear as a bell |
| **Ganarse el pan** | To earn a living/To earn one's daily bread |
| **Llamar al pan, pan y al vino, vino.** | Not to mince words. |
| **No hay miel sin hiel.** | Every rose has its thorn./There's always a catch. |
| **No sólo de pan vive el hombre.** | Man doesn't live by bread alone. |
| **Pan con pan, comida de tontos.** | Variety is the spice of life. |
| **Ser agua pasada** | To be water under the bridge |
| **Ser más bueno que el pan** | To be kindness itself |
| **Temblar como un flan** | To shake/tremble like a leaf |

### Expresiones y refranes con colores / Expressions and sayings with colors

| | |
|---|---|
| **Estar verde** | To be inexperienced/wet behind the ears |
| **Poner los ojos en blanco** | To roll one's eyes |
| **Ponerle a alguien un ojo morado** | To give someone a black eye |
| **Ponerse rojo** | To turn red/To blush |
| **Ponerse rojo de ira** | To turn red with anger |
| **Ponerse verde de envidia** | To be green with envy |
| **Quedarse en blanco** | To go blank |
| **Verlo todo de color de rosa** | To see the world through rose-colored glasses |

| Refranes | Sayings |
|---|---|
| **A buen entendedor, pocas palabras bastan.** | A word to the wise is enough. |
| **Ande o no ande, caballo grande.** | Bigger is always better. |
| **A quien madruga, Dios le ayuda.** | The early bird catches the worm. |
| **Cuídate, que te cuidaré.** | Take care of yourself, and then I'll take care of you. |
| **De tal palo tal astilla.** | A chip off the old block. |
| **Del dicho al hecho hay mucho trecho.** | Easier said than done. |
| **Dime con quién andas y te diré quién eres.** | A man is known by the company he keeps. |
| **El saber no ocupa lugar.** | One never knows too much. |
| **Lo que es moda no incomoda.** | You have to suffer in the name of fashion. |
| **Más vale maña que fuerza.** | Brains are better than brawn. |
| **Más vale prevenir que curar.** | Prevention is better than cure. |
| **Más vale solo que mal acompañado.** | Better alone than with people you don't like. |
| **Más vale tarde que nunca.** | Better late than never. |
| **No es oro todo lo que reluce.** | All that glitters is not gold. |
| **Poderoso caballero es don Dinero.** | Money talks. |

## COMMON FALSE FRIENDS

False friends are Spanish words that look similar to English words but have very different meanings. While recognizing the English relatives of unfamiliar Spanish words you encounter is an important way of constructing meaning, there are some Spanish words whose similarity to English words is deceptive. Here is a list of some of the most common Spanish false friends.

**actualmente** ≠ actually
**actualmente** = nowadays, currently
actually = **de hecho, en realidad, en efecto**

**argumento** ≠ argument
**argumento** = plot
argument = **discusión, pelea**

**armada** ≠ army
**armada** = navy
army = **ejército**

**balde** ≠ bald
**balde** = pail, bucket
bald = **calvo/a**

**batería** ≠ battery
**batería** = drum set
battery = **pila**

**bravo** ≠ brave
**bravo** = wild; fierce
brave = **valiente**

**cándido/a** ≠ candid
**cándido/a** = innocent
candid = **sincero/a**

**carbón** ≠ carbon
**carbón** = coal
carbon = **carbono**

**casual** ≠ casual
**casual** = accidental, chance
casual = **informal, despreocupado/a**

**casualidad** ≠ casualty
**casualidad** = chance, coincidence
casualty = **víctima**

**colegio** ≠ college
**colegio** = school
college = **universidad**

**collar** ≠ collar (of a shirt)
**collar** = necklace
collar = **cuello (de camisa)**

**comprensivo/a** ≠ comprehensive
**comprensivo/a** = understanding
comprehensive = **completo, extensivo**

**constipado** ≠ constipated
**estar constipado/a** = to have a cold
to be constipated = **estar estreñido/a**

**crudo/a** ≠ crude
**crudo/a** = raw, undercooked
crude = **burdo/a, grosero/a**

**divertir** ≠ to divert
**divertirse** = to enjoy oneself
to divert = **desviar**

**educado/a** ≠ educated
**educado/a** = well-mannered
educated = **culto/a, instruido/a**

**embarazada** ≠ embarrassed
**estar embarazada** = to be pregnant
to be embarrassed = **estar avergonzado/a; dar/tener vergüenza**

**eventualmente** ≠ eventually
**eventualmente** = possibly
eventually = **finalmente, al final**

**éxito** ≠ exit
**éxito** = success
exit = **salida**

**físico/a** ≠ physician
**físico/a** = physicist
physician = **médico/a**

**fútbol** ≠ football
**fútbol** = soccer
football = **fútbol americano**

**lectura** ≠ lecture
**lectura** = reading
lecture = **conferencia**

**librería** ≠ library
**librería** = bookstore
library = **biblioteca**

**máscara** ≠ mascara
**máscara** = mask
mascara = **rímel**

**molestar** ≠ to molest
**molestar** = to bother, to annoy
to molest = **abusar**

**oficio** ≠ office
**oficio** = trade, occupation
office = **oficina**

**rato** ≠ rat
**rato** = while, time
rat = **rata**

**realizar** ≠ to realize
**realizar** = to carry out; to fulfill
to realize = **darse cuenta de**

**red** ≠ red
**red** = net
red = **rojo/a**

**revolver** ≠ revolver
**revolver** = to stir, to rummage through
revolver = **revólver**

**sensible** ≠ sensible
**sensible** = sensitive
sensible = **sensato/a, razonable**

**suceso** ≠ success
**suceso** = event
success = **éxito**

**sujeto** ≠ subject (topic)
**sujeto** = fellow; individual
subject = **tema, asunto**

## LOS ALIMENTOS / FOODS

### Frutas / Fruits

| | |
|---|---|
| **la aceituna** | olive |
| **el aguacate** | avocado |
| **el albaricoque, el damasco** | apricot |
| **la banana, el plátano** | banana |
| **la cereza** | cherry |
| **la ciruela** | plum |
| **el dátil** | date |
| **la frambuesa** | raspberry |
| **la fresa, la frutilla** | strawberry |
| **el higo** | fig |
| **el limón** | lemon; lime |
| **el melocotón, el durazno** | peach |
| **la mandarina** | tangerine |
| **el mango** | mango |
| **la manzana** | apple |
| **la naranja** | orange |
| **la papaya** | papaya |
| **la pera** | pear |
| **la piña** | pineapple |
| **el pomelo, la toronja** | grapefruit |
| **la sandía** | watermelon |
| **las uvas** | grapes |

### Vegetales / Vegetables

| | |
|---|---|
| **la alcachofa** | artichoke |
| **el apio** | celery |
| **la arveja, el guisante** | pea |
| **la berenjena** | eggplant |
| **el brócoli** | broccoli |
| **la calabaza** | squash; pumpkin |
| **la cebolla** | onion |
| **el champiñón, la seta** | mushroom |
| **la col, el repollo** | cabbage |
| **la coliflor** | cauliflower |
| **los espárragos** | asparagus |
| **las espinacas** | spinach |
| **los frijoles, las habichuelas** | beans |
| **las habas** | fava beans |
| **las judías verdes, los ejotes** | string beans, green beans |
| **la lechuga** | lettuce |
| **el maíz, el choclo, el elote** | corn |
| **la papa, la patata** | potato |
| **el pepino** | cucumber |
| **el pimentón** | bell pepper |
| **el rábano** | radish |
| **la remolacha** | beet |
| **el tomate, el jitomate** | tomato |
| **la zanahoria** | carrot |

### El pescado y los mariscos / Fish and shellfish

| | |
|---|---|
| **la almeja** | clam |
| **el atún** | tuna |
| **el bacalao** | cod |
| **el calamar** | squid |
| **el cangrejo** | crab |
| **el camarón, la gamba** | shrimp |
| **la langosta** | lobster |
| **el langostino** | prawn |
| **el lenguado** | sole; flounder |
| **el mejillón** | mussel |
| **la ostra** | oyster |
| **el pulpo** | octopus |
| **el salmón** | salmon |
| **la sardina** | sardine |
| **la vieira** | scallop |

### La carne / Meat

| | |
|---|---|
| **la albóndiga** | meatball |
| **el bistec** | steak |
| **la carne de res** | beef |
| **el chorizo** | hard pork sausage |
| **la chuleta de cerdo** | pork chop |
| **el cordero** | lamb |
| **los fiambres** | cold cuts, food served cold |
| **el filete** | fillet |
| **la hamburguesa** | hamburger |
| **el hígado** | liver |
| **el jamón** | ham |
| **el lechón** | suckling pig, roasted pig |
| **el pavo** | turkey |
| **el pollo** | chicken |
| **el cerdo** | pork |
| **la salchicha** | sausage |
| **la ternera** | veal |
| **el tocino** | bacon |

### Otras comidas / Other foods

| | |
|---|---|
| **el ajo** | garlic |
| **el arroz** | rice |
| **el azúcar** | sugar |
| **el batido** | milkshake |
| **el budín** | pudding |
| **el cacahuete, el maní** | peanut |
| **el café** | coffee |
| **los fideos** | noodles, pasta |
| **la harina** | flour |
| **el huevo** | egg |
| **el jugo, el zumo** | juice |
| **la leche** | milk |
| **la mermelada** | marmalade, jam |
| **la miel** | honey |
| **el pan** | bread |
| **el queso** | cheese |
| **la sal** | salt |
| **la sopa** | soup |
| **el té** | tea |
| **la tortilla** | omelet (Spain), tortilla (Mexico) |
| **el yogur** | yogurt |

### Cómo describir la comida / Ways to describe food

| | |
|---|---|
| **a la plancha, a la parrilla** | grilled |
| **ácido/a** | sour |
| **al horno** | baked |
| **amargo/a** | bitter |
| **caliente** | hot |
| **dulce** | sweet |
| **duro/a** | tough |
| **frío/a** | cold |
| **frito/a** | fried |
| **fuerte** | strong, heavy |
| **ligero/a** | light |
| **picante** | spicy |
| **sabroso/a** | tasty |
| **salado/a** | salty |

| DÍAS FESTIVOS | HOLIDAYS |
|---|---|
| **enero** | January |
| **Año Nuevo (1)** | New Year's Day |
| **Día de los Reyes Magos (6)** | Three Kings Day (Epiphany) |
| **Día de Martin Luther King, Jr.** | Martin Luther King, Jr. Day |
| **febrero** | February |
| **Día de San Blas (Paraguay) (3)** | St. Blas Day (Paraguay) |
| **Día de San Valentín, Día de los Enamorados (14)** | Valentine's Day |
| **Día de los Presidentes** | Presidents' Day |
| **Carnaval** | Carnival (Mardi Gras) |
| **marzo** | March |
| **Día de San Patricio (17)** | St. Patrick's Day |
| **Nacimiento de Benito Juárez (México) (21)** | Benito Juárez's Birthday (Mexico) |
| **abril** | April |
| **Semana Santa** | Holy Week |
| **Pésaj** | Passover |
| **Pascua** | Easter |
| **Declaración de la Independencia de Venezuela (19)** | Declaration of Independence of Venezuela |
| **Día de la Tierra (22)** | Earth Day |
| **mayo** | May |
| **Día del Trabajo (1)** | Labor Day |
| **Cinco de Mayo (5) (México)** | Cinco de Mayo (May 5th) (Mexico) |
| **Día de las Madres** | Mother's Day |
| **Independencia Patria (Paraguay) (15)** | Independence Day (Paraguay) |
| **Día Conmemorativo** | Memorial Day |
| **junio** | June |
| **Día de los Padres** | Father's Day |
| **Día de la Bandera (14)** | Flag Day |
| **Día del Indio (Perú) (24)** | Native People's Day (Peru) |
| **julio** | July |
| **Día de la Independencia de los Estados Unidos (4)** | Independence Day (United States) |
| **Día de la Independencia de Venezuela (5)** | Independence Day (Venezuela) |
| **Día de la Independencia de la Argentina (9)** | Independence Day (Argentina) |
| **Día de la Independencia de Colombia (20)** | Independence Day (Colombia) |
| **Nacimiento de Simón Bolívar (24)** | Simón Bolívar's Birthday |
| **Día de la Revolución (Cuba) (26)** | Revolution Day (Cuba) |
| **Día de la Independencia del Perú (28)** | Independence Day (Peru) |
| **agosto** | August |
| **Día de la Independencia de Bolivia (6)** | Independence Day (Bolivia) |
| **Día de la Independencia del Ecuador (10)** | Independence Day (Ecuador) |
| **Día de San Martín (Argentina) (17)** | San Martín Day (anniversary of his death) (Argentina) |
| **Día de la Independencia del Uruguay (25)** | Independence Day (Uruguay) |
| **septiembre** | September |
| **Día del Trabajo (EE. UU.)** | Labor Day (U.S.) |
| **Día de la Independencia de Costa Rica, El Salvador, Guatemala, Honduras y Nicaragua (15)** | Independence Day (Costa Rica, El Salvador, Guatemala, Honduras, Nicaragua) |
| **Día de la Independencia de México (16)** | Independence Day (Mexico) |
| **Día de la Independencia de Chile (18)** | Independence Day (Chile) |
| **Año Nuevo Judío** | Jewish New Year |
| **Día de la Virgen de las Mercedes (Perú) (24)** | Day of the Virgin of Mercedes (Peru) |
| **octubre** | October |
| **Día de la Raza (12)** | Columbus Day |
| **Noche de Brujas (31)** | Halloween |
| **noviembre** | November |
| **Día de los Muertos (2)** | All Souls Day |
| **Día de los Veteranos (11)** | Veterans' Day |
| **Día de la Revolución Mexicana (20)** | Mexican Revolution Day |
| **Día de Acción de Gracias** | Thanksgiving |
| **Día de la Independencia de Panamá (28)** | Independence Day (Panama) |
| **diciembre** | December |
| **Día de la Virgen (8)** | Day of the Virgin |
| **Día de la Virgen de Guadalupe (México) (12)** | Day of the Virgin of Guadalupe (Mexico) |
| **Januká** | Chanukah |
| **Nochebuena (24)** | Christmas Eve |
| **Navidad (25)** | Christmas |
| **Año Viejo (31)** | New Year's Eve |

**NOTE:** In Spanish, dates are written with the day first, then the month. Christmas Day is **el 25 de diciembre**. In Latin America and in Europe, abbreviated dates also follow this pattern. Halloween, for example, falls on 31/10. You may also see the numbers in dates separated by periods: 14.2.07. When referring to centuries, roman numerals are always used. The 16th century, therefore, is **el siglo XVI**.

## PESOS Y MEDIDAS

## WEIGHTS AND MEASURES

### Longitud / Length

| **El sistema métrico**<br>Metric system | **El equivalente estadounidense**<br>U.S. equivalent |
|---|---|
| **milímetro = 0,001 metro**<br>millimeter = 0.001 meter | = 0.039 inch |
| **centímetro = 0,01 metro**<br>centimeter = 0.01 meter | = 0.39 inch |
| **decímetro = 0,1 metro**<br>decimeter = 0.1 meter | = 3.94 inches |
| **metro**<br>meter | = 39.4 inches |
| **decámetro = 10 metros**<br>dekameter = 10 meters | = 32.8 feet |
| **hectómetro = 100 metros**<br>hectometer = 100 meters | = 328 feet |
| **kilómetro = 1.000 metros**<br>kilometer = 1,000 meters | = .62 mile |

| U.S. system<br>**El sistema estadounidense** | Metric equivalent<br>**El equivalente métrico** |
|---|---|
| inch<br>**pulgada** | = 2.54 centimeters<br>**= 2,54 centímetros** |
| foot = 12 inches<br>**pie = 12 pulgadas** | = 30.48 centimeters<br>**= 30,48 centímetros** |
| yard = 3 feet<br>**yarda = 3 pies** | = 0.914 meter<br>**= 0,914 metro** |
| mile = 5,280 feet<br>**milla = 5.280 pies** | = 1,609 kilometers<br>**= 1.609 kilómetros** |

### Superficie / Surface Area

| **El sistema métrico**<br>Metric system | **El equivalente estadounidense**<br>U.S. equivalent |
|---|---|
| **metro cuadrado**<br>square meter | = 10.764 square feet |
| **área = 100 metros cuadrados**<br>area = 100 square meters | = 0.025 acre |
| **hectárea = 100 áreas**<br>hectare = 100 ares | = 2.471 acres |

| U.S. system<br>**El sistema estadounidense** | Metric equivalent<br>**El equivalente métrico** |
|---|---|

**yarda cuadrada = 9 pies cuadrados = 0,836 metros cuadrados**
square yard = 9 square feet = 0.836 square meters
**acre = 4.840 yardas cuadradas = 0,405 hectáreas**
acre = 4,840 square yards = 0.405 hectares

### Capacidad / Capacity

| **El sistema métrico**<br>Metric system | **El equivalente estadounidense**<br>U.S. equivalent |
|---|---|
| **mililitro = 0,001 litro**<br>milliliter = 0.001 liter | = 0.034 ounces |
| **centilitro = 0,01 litro**<br>centiliter = 0.01 liter | = 0.34 ounces |
| **decilitro = 0,1 litro**<br>deciliter = 0.1 liter | = 3.4 ounces |
| **litro**<br>liter | = 1.06 quarts |
| **decalitro = 10 litros**<br>dekaliter = 10 liters | = 2.64 gallons |
| **hectolitro = 100 litros**<br>hectoliter = 100 liters | = 26.4 gallons |
| **kilolitro = 1.000 litros**<br>kiloliter = 1,000 liters | = 264 gallons |

| U.S. system<br>**El sistema estadounidense** | Metric equivalent<br>**El equivalente métrico** |
|---|---|
| ounce<br>**onza** | = 29.6 milliliters<br>**= 29,6 mililitros** |
| cup = 8 ounces<br>**taza = 8 onzas** | = 236 milliliters<br>**= 236 mililitros** |
| pint = 2 cups<br>**pinta = 2 tazas** | = 0.47 liters<br>**= 0,47 litros** |
| quart = 2 pints<br>**cuarto = 2 pintas** | = 0.95 liters<br>**= 0,95 litros** |
| gallon = 4 quarts<br>**galón = 4 cuartos** | = 3.79 liters<br>**= 3,79 litros** |

### Peso / Weight

| **El sistema métrico**<br>Metric system | **El equivalente estadounidense**<br>U.S. equivalent |
|---|---|
| **miligramo = 0,001 gramo**<br>milligram = 0.001 gram | |
| **gramo**<br>gram | = 0.035 ounce |
| **decagramo = 10 gramos**<br>dekagram = 10 grams | = 0.35 ounces |
| **hectogramo = 100 gramos**<br>hectogram = 100 grams | = 3.5 ounces |
| **kilogramo = 1.000 gramos**<br>kilogram = 1,000 grams | = 2.2 pounds |
| **tonelada (métrica) = 1.000 kilogramos**<br>metric ton = 1,000 kilograms | = 1.1 tons |

| U.S. system<br>**El sistema estadounidense** | Metric equivalent<br>**El equivalente métrico** |
|---|---|
| ounce<br>**onza** | = 28.35 grams<br>**= 28,35 gramos** |
| pound = 16 ounces<br>**libra = 16 onzas** | = 0.45 kilograms<br>**= 0,45 kilogramos** |
| ton = 2,000 pounds<br>**tonelada = 2.000 libras** | = 0.9 metric tons<br>**= 0,9 toneladas métricas** |

### Temperatura / Temperature

**Grados centígrados**
Degrees Celsius
To convert from Celsius to Fahrenheit, multiply by $\frac{9}{5}$ and add 32.

**Grados Fahrenheit**
Degrees Fahrenheit
To convert from Fahrenheit to Celsius, subtract 32 and multiply by $\frac{5}{9}$

## NÚMEROS / NUMBERS

### Números ordinales / Ordinal numbers

| Números ordinales | | Ordinal numbers | |
|---|---|---|---|
| **primer, primero/a** | **1º/1ª** | first | 1st |
| **segundo/a** | **2º/2ª** | second | 2nd |
| **tercer, tercero/a** | **3º/3ª** | third | 3rd |
| **cuarto/a** | **4º/4ª** | fourth | 4th |
| **quinto/a** | **5º/5ª** | fifth | 5th |
| **sexto/a** | **6º/6ª** | sixth | 6th |
| **séptimo/a** | **7º/7ª** | seventh | 7th |
| **octavo/a** | **8º/8ª** | eighth | 8th |
| **noveno/a** | **9º/9ª** | ninth | 9th |
| **décimo/a** | **10º/10ª** | tenth | 10th |

### Fracciones / Fractions

| Fracciones | | Fractions |
|---|---|---|
| $\frac{1}{2}$ | **un medio, la mitad** | one half |
| $\frac{1}{3}$ | **un tercio** | one third |
| $\frac{1}{4}$ | **un cuarto** | one fourth (quarter) |
| $\frac{1}{5}$ | **un quinto** | one fifth |
| $\frac{1}{6}$ | **un sexto** | one sixth |
| $\frac{1}{7}$ | **un séptimo** | one seventh |
| $\frac{1}{8}$ | **un octavo** | one eighth |
| $\frac{1}{9}$ | **un noveno** | one ninth |
| $\frac{1}{10}$ | **un décimo** | one tenth |
| $\frac{2}{3}$ | **dos tercios** | two thirds |
| $\frac{3}{4}$ | **tres cuartos** | three fourths (quarters) |
| $\frac{5}{8}$ | **cinco octavos** | five eighths |

### Decimales / Decimals

| Decimales | | Decimals | |
|---|---|---|---|
| **un décimo** | **0,1** | one tenth | 0.1 |
| **un centésimo** | **0,01** | one hundredth | 0.01 |
| **un milésimo** | **0,001** | one thousandth | 0.001 |

| OCUPACIONES | OCCUPATIONS |
|---|---|
| **el/la abogado/a** | lawyer |
| **el actor, la actriz** | actor |
| **el/la administrador(a) de empresas** | business administrator |
| **el/la agente de bienes raíces** | real estate agent |
| **el/la agente de seguros** | insurance agent |
| **el/la agricultor(a)** | farmer |
| **el/la arqueólogo/a** | archaeologist |
| **el/la arquitecto/a** | architect |
| **el/la artesano/a** | artisan |
| **el/la auxiliar de vuelo** | flight attendant |
| **el/la basurero/a** | garbage collector |
| **el/la bibliotecario/a** | librarian |
| **el/la bombero/a** | firefighter |
| **el/la cajero/a** | bank teller, cashier |
| **el/la camionero/a** | truck driver |
| **el/la cantinero/a** | bartender |
| **el/la carnicero/a** | butcher |
| **el/la carpintero/a** | carpenter |
| **el/la científico/a** | scientist |
| **el/la cirujano/a** | surgeon |
| **el/la cobrador(a)** | bill collector |
| **el/la cocinero/a** | cook, chef |
| **el/la comprador(a)** | buyer |
| **el/la consejero/a** | counselor, advisor |
| **el/la contador(a)** | accountant |
| **el/la corredor(a) de bolsa** | stockbroker |
| **el/la diplomático/a** | diplomat |
| **el/la diseñador(a) (gráfico/a)** | (graphic) designer |
| **el/la electricista** | electrician |
| **el/la empresario/a de pompas fúnebres** | funeral director |
| **el/la especialista en dietética** | dietician |
| **el/la fisioterapeuta** | physical therapist |
| **el/la fotógrafo/a** | photographer |
| **el/la higienista dental** | dental hygienist |
| **el hombre/la mujer de negocios** | businessperson |
| **el/la ingeniero/a en computación** | computer engineer |
| **el/la intérprete** | interpreter |
| **el/la juez(a)** | judge |
| **el/la maestro/a** | elementary school teacher |
| **el/la marinero/a** | sailor |
| **el/la obrero/a** | manual laborer |
| **el/la oficial de prisión** | prision guard |
| **el/la obrero/a de la construcción** | construction worker |
| **el/la optometrista** | optometrist |
| **el/la panadero/a** | baker |
| **el/la paramédico/a** | paramedic |
| **el/la peluquero/a** | hairdresser |
| **el/la piloto** | pilot |
| **el/la pintor(a)** | painter |
| **el/la plomero/a** | plumber |
| **el/la político/a** | politician |
| **el/la programador(a)** | computer programer |
| **el/la psicólogo/a** | psychologist |
| **el/la quiropráctico/a** | chiropractor |
| **el/la redactor(a)** | editor |
| **el/la reportero/a** | reporter |
| **el/la sastre** | tailor |
| **el/la secretario/a** | secretary |
| **el/la supervisor(a)** | supervisor |
| **el/la técnico/a (en computación)** | (computer) technician |
| **el/la vendedor(a)** | sales representative |
| **el/la veterinario/a** | veterinarian |

## Text Credits

**184–185** © Carmen Laforet. Fragment of the novel *Nada*, reprinted by permission of Random House Publishing Group.
**216–217** © Gabriel García Márquez, *Un día de éstos*, reprinted by permission of Carmen Balcells.
**248–249** © Julia de Burgos, "A Julia de Burgos" from *Song of the Simple Truth: The Complete Poems of Julia de Burgos*, 1996. Published by Curbstone Press. Distributed by Consortium.
**282–283** © Federico García Lorca, *Danza, Las seis cuerdas, La guitarra*. Reprinted by permission of Herederos de Federico García Lorca.

## Fine Art Credits

**xviii** Pablo Picasso. *Woman with hat*. 1935. Colección: Musée National d'Art Moderne, Centre Georges Pompidou, Paris, France. CNAC/MNAM/Dist. Réunion des Musées Nationaux/Art Resources, NY.
**248** (b) Frida Kahlo. *Las dos Fridas*. 1939. Oil on Canvas. 5'8.5" x 5'8.5" © Banco de México Trust.
**268** (r) Joan Miró. *La lección de esquí*.
**270** (r) Fernando Botero. *El alguacil*. 20th Century © Fernando Botero.
**291** (b) José Antonio Velásquez. *San Antonio de Oriente*. 1957. Colección: Art Museum of the Americas, Organization of American States. Washington, D.C.

## Photography Credits

All images © Vista Higher Learning unless otherwise noted.

**Special thanks to:** Martín Bernetti, Esteban Corbo, Maribel Garcia, Pascal Pernix, Oscar Artavia Solano

**Cover:** © Images.com/Corbis

**Front Matter (TAE): T1** © Images.com/Corbis; **T20** © F64/Getty Images; **T22** © Ian Shaw/Getty Images; **T26** © Sean Justice/Getty Images

**Front Matter: i** © Images.com/Corbis; **xvi** (l) © Bettmann/Corbis; **xvi** (r) © Ann Cecil/Lonely Planet Images; **xvii** (l) © Lawrence Manning/Corbis; **xvii** (r) © Design Pics Inc./Alamy; **xviii** © Jennifer Grimes/AP Wide World Photos; **xix** (l) © Digital Vision/Getty Images; **xix** (r) © andres/Big Stock Photo; **xx** © Fotolia IV/Fotolia; **xxi** (l) © Goodshoot/Corbis; **xxi** (r) © Ian Shaw/Alamy; **xxii** © Frank Micelotta/Getty Images; **xxvi** (t) © Gabe Palmer/Corbis; **xxvi** (b) © moodboard/Fotolia; **xxvii** (t) © Digital Vision/Getty Images; **xxvii** (b) © Getty ImagesPurestock/Getty Images

**Lección preliminar: 1** (full pg) © Denis Doyle/Getty Images; **6** © Jack Hollingsworth/Getty Images; **8** © AFP/Getty Images; **9** © Emiliano Gatica; **13** © The Kobal Collection/Lucas Film/20th Century Fox

**Lesson One: 17** (full pg) © Marco Lensi/Fotolia; **26** (t) © Alex Segre/Alamy; **26** (b) © Ricardo Figueroa/AP Wide World Photos; **27** (t) © The Art Archive/Templo Mayor Library Mexico/Dagli Orti/The Picture-desk; **27** (m) © face to face Bildagentur GmbH/Alamy; **27** (b) © AFP/Getty Images; **31** © ISO K° - photography/Fotolia; **35** © Tom Grill/Corbis; **45** © Galen Rowell/Corbis; **46** © Stuart Hughes/Corbis; **49** (t) © Amet Jean Pierre/Corbis SYGMA; **49** (b) courtesy Notimex; **50** (tl) © Martin Rogers/Corbis; **50** (mm) © Jan Butchofsky-Houser/Corbis; **50** (ml) © Bill Gentile/Corbis; **50** (mr) © Dave G. Houser/Corbis; **50** (b) © Bob Winsett/Corbis; **51** (tl) © Frank Burek/Corbis; **51** (tr, b) © Martin Rogers/Corbis; **51** (ml) © Jacques M. Chenet/Corbis

**Lesson Two: 53** (full pg) © John Lund/Drew Kelly/Age Fotostock; **62** (l) © Ariel Skelley/Getty Images; **62** (r) © Galina Barskaya/iStock; **63** (l) © Gabrielle Wallace; **71** © kvv515kvv/Big Stock Photo; **81** © Laurence Kesterson/Corbis SYGMA; **82** © Chad Johnston/Masterfile; **83** © morchella/Fotolia; **85** (t) © AFP/Getty Images; **85** (b) © Reuters/Corbis; **86** (t, b) © Pablo Corral V./Corbis; **86** (ml) © Arvind Garg/Corbis; **86** (mm, mr) © Galen Rowell/Corbis; **87** (tl, b) © Pablo Corral V./Corbis; **87** (tr) © Massimo Mastrorillo/Corbis; **87** (ml) © Tibor Bognár/Corbis

**Lesson Three: 89** (full pg) © Rolf Bruderer/Corbis; **98** (l) © Dusko Despotovic/Corbis; **99** (r) © Michele Falzone/Alamy; **102** © Blend Images/Alamy; **118** © Danny Lehman/Corbis; **123** (t) © Paul Hawthorne/Getty Images; **123** (b) © Miramax/Colombia/The Kobal Collection/Torres, Rico/The Picture-desk; **124** (tl) © Kevin Schafer/Corbis; **124** (tr, m) © Danny Lehman/Corbis; **125** (tl) © Danny Lehman/Corbis; **125** (tr) © Peter Guttman/Corbis; **125** (m) © Ralph A. Clevenger/Corbis; **125** (b) © Jose Fuste Raga/Corbis

**Lesson Four:** **127** (full pg) © Michael DeYoung/Corbis; **129** (tl) © Karl R. Martin/Shutterstock; **129** (tr) © egdigital/iStock; **129** (bl) © Achilles/Dreamstime; **129** (br) © Yashkru/Dreamstime; **136** (t) © Clive Tully/Alamy; **136** (b) © Digital Vision/ Fotosearch; **137** (l) © Eric L. Wheater/Lonely Planet Images; **137** (m) © David South/Alamy; **137** (r) © Krzysztof Dydynski/ Lonely Planet Images; **140** © Tifonimages/Dreamstime; **154** © Rinderart/Dreamstime; **157** (t, b) © AFP/Getty Images; **158** (tr) © Karl & Anne Purcell/Corbis; **158** (ml, mr) © Jeremy Horner/Corbis; **158** (b) © Adam Woolfitt/Corbis; **159** (tl) © Gianni Dagli Orti/Corbis; **159** (tr) © Reuters/Corbis; **159** (bl, br) © Jeremy Horner/Corbis

**Lesson Five:** **161** (full pg) © David R. Frazier/Danita Delimont; **170** (l) www.metro.df.gob.mx; **170** (r) © Alex Segre/Alamy; **171** (t, b) © Barragan Foundation, Switzerland/ProLitteris, Zürich, Switzerland; **184** © www.joanducros.net Permission Requested. Best efforts made.; **185** © Bureau L.A. Collection/Corbis; **189** (t) © Gregory Bull/AP Wide World Images; **189** (b) © Santiago Llanquin/AP Wide World Images; **190** (t) © John Madere/Corbis; **190** (mt) © Kevin Schafer/Corbis; **190** (mb) © Buddy Mays/Corbis; **190** (b) © Peter Guttman/Corbis; **191** (tl) © Reuters/Corbis; **191** (tr) © Royalty Free/Corbis; **191** (bl, br) © Pablo Corral V./Corbis

**Lesson Six:** **193** (full pg) © Thinkstock LLC; **202** (l) © Krysztof Dydynski/Getty Images; **202** (r) © Kevin Schafer/Corbis; **203** (l) © VStock/Alamy; **203** (r) © Jeff Greenberg/Alamy; **216–217** © Tom Grill/Corbis; **218** © Kemter/iStock; **219** © Redbaron/Dreamstime; **221** (t) © Los Kjarkas; **221** (b) © Hemis/Alamy; **222** (tl) © Anders Ryman/Corbis; **222** (m) © Reuters NewMedia Inc./Sergio Moraes/Corbis; **222** (b) © Pablo Corral V./Corbis; **223** (tl) © Hubert Stadler/Corbis; **223** (m) © AFP/Corbis

**Lesson Seven:** **225** (full pg) © Chris Schmidt/iStock; **234** (l) © PhotoAlto/Alamy; **235** (t) © 2002 USPS; **235** (b) © Galen Rowell/Corbis; **244** © pezography/Big Stock Photo; **245** © rj lerich/Big Stock Photo; **248** © Schalkwijk/Art Resource; **250** © SCPhotog/Big Stock Photo; **253** (t) © 2000 J. Fernando Lamadrid; **253** (b) © WireImage/Getty Images; **254** (tl) © Jeremy Horner/Corbis; **254** (tr, m) © Bill Gentile/Corbis; **254** (b) © Stephen Frink/Corbis; **255** (t) © Brian A. Vikander/Corbis; **255** (m) © Claudia Daut/Reuters/Corbis; **255** (b) © Gary Braasch/Corbis; **256** (tr) © Reinhard Eisele/Corbis; **256** (m) © Richard Bickel/Corbis; **257** (t) © Jeremy Horner/Corbis; **257** (m) © Reuters/Corbis; **257** (b) © Lawrence Manning/Corbis

**Lesson Eight:** **268** (l) © Exposicion Cuerpo Plural, Museo de Arte Contemporaneo, Caracas, Venezuala, octubre 2005 (Sala 1). Fotografia Morella Munoz-Tebar. Archivo MAC.; **268** (r) © Art Resource, NY; **269** (t) © Raul Benegas/Corbis; **269** (b) © Christie's Images/Corbis; **271** © Mark Lennihan/AP Wide World Photos; **273** © Walt Disney/The Kobal Collection.; **287** (t) © WireImage/Getty Images; **287** (b) © George Gongora-Corpus Christi Caller-Times/AP Wide World Photos; **288** (tl) © José F. Poblete/Corbis; **288** (tr) © Peter Guttman/Corbis; **288** (ml) © Leif Skoogfors/Corbis; **288** (mr) © Lake County Museum/Corbis; **288** (b) © Royalty Free/Corbis; **289** (t) © Guy Motil/Corbis; **289** (m) © Royalty Free/Corbis; **289** (b) © Romeo A. Escobar, La Sala de La Miniatura, San Salvador. www.ilobasco.net.; **290** (tl) © Stuart Westmorland/Corbis; **290** (tr, ml) © Macduff Everton/Corbis; **290** (mr) © Tony Arruza/Corbis; **291** (t) © Macduff Everton/Corbis; **291** (m) © Owen Franklin/Corbis; **291** (b) © Coleccion: Art of the Americas, Organization of American States. Washington D.C.

**Lesson Nine:** **293** (full pg) © Douglas Kirkland/Corbis; **297** (t) © Owen Franken/Corbis; **297** (b) © Andrew Winning/ Reuters/Corbis; **302** (l) © Gustavo Gilabert/Corbis SABA; **302** (r) © Homer Sykes/Alamy; **303** © Alex Ibanez, HO/AP Wide World Photos; **311** (l) © Rolf Richardson/Alamy; **316** © Reuters/Corbis; **317** © John Lund/Corbis; **319** (t, b) www.nataliaoreiro.com; **320** (t) © Peter Guttman/Corbis; **320** (ml) © Paul Almasy/Corbis; **320** (b) © Carlos Carrion/Corbis; **321** (t) © Chris R. Sharp/DDB Stock; **321** (m) © Joel Creed; Ecoscene/Corbis; **321** (b) © Francis E. Caldwell/DDB Stock; **322** (tl) © Bettmann/Corbis; **322** (tr) © Reuters/Corbis; **322** (m) © Diego Lezama Orezzoli/Corbis; **322** (b) © Tim Graham/Corbis SYGMA; **323** (tl) © Stephanie Maze/Corbis; **323** (tr) © Simon Bruty/SI/NewSport/Corbis; **323** (m) © Andres Stapff/Reuters/ Corbis; **323** (b) © Wolfgang Kaehler/Corbis